NINTH EDITION

마케팅의 기초

FOUNDATIONS OF MARKETING

William M. Pride · O.C. Ferrell

김준석 · 문재학 · 장우정 · 전광호 · 황선주 공역

초아출판사

Cengage

Australia • Brazil • Canada • Mexico • Singapore • United Kingdom • United States

역자 소개

김준석_경희대학교 경영대학 경영학부 교수

현재 경희대학교 경영대학 경영학부 교수로 재직 중이며, 미국 텍사스주 알링턴 소재 University of Texas 경영대학 마케팅학과에서 마케팅 박사를 취득하였다. 국가브랜드 경쟁력지수(NBCI)와 자가 진단 모델 개발을 비롯하여 사기업의 브랜드 순자본 진단 모델, 신도시 브랜드 네이밍, 브랜드 아이덴티티와 브랜드 커뮤니케이션 전략 구축 등 사기업, 공기업 및 지자체에서 마케팅과 브랜딩의 자문과 교육을 해오고 있다. 정부 부처의 혁신브랜드 위원장의 공적(정부 혁신브랜드 KISS ... 등 개발)을 인정받아 혁신 유공자로 대통령 표창장과 대한민국 근정포장을 수여(2007년) 받았으며 대한민국 마케팅/브랜드 대표 신지식인으로 선정(2011년 지식경제부)되었다. 다수의 마케팅 / 브랜딩 저역서를 집필하였고 브랜드 마케팅 전략 관련 논문발표와 연구에 매진하고 있다.

문재학_신라대학교 광고홍보영상미디어학부 교수

광고마케팅 산업현장에서의 다양한 경험을 배경으로 2004년부터 신라대학교 교수로 재직 중이며 인재개발처장, 학생지원처장, 경제경영연구소장, 사회봉사센터장 등 다양한 교내 활동을 하였으며 지방공기업_부산교통공사 비상임이사, 국제올림픽위원회 IOC후원-The 4th Busan World Sport for All Games Organizing Committee 기획경영본부장, 부산광역시 시정혁신위원, 부산광역시 경제특보실 특임자문역, 보건복지부-한국노인인력개발원 기획홍보자문위원 부산국제광고제조직위 집행위원 등 중앙정부 및 광역시 자문 및 위원을 다수 역임하였다. 또한 대한민국 기업커뮤니케이션 대상 심사위원 등 다수의 광고마케팅 관련 심의 및 심사를 하였으며 한국마케팅커뮤니케이션학회 회장, 한국마케팅관리학회 부회장, 한국광고학회 상임이사, 한국소비문화학회 감사, 한국경영학회 이사 등 교내외 폭 넓은 사회봉사활동을 하였고 현재에도 교수의 기본 책무인 수업과 교육을 최우선에 두고 실천하고 있으며 부임 후, 빠짐없이 소속 학과의 1학년 전공수업을 열정적으로 강의하고 있다.

장우정_서울시립대학교 경영학과 교수

현재 서울시립대학교 경영학과 교수로 재직 중이다. 고려대학교 독어독문학과를 졸업하고, 동 대학 경영대학에서 마케팅 석사를, 미국 알라바마 대학교(University of Alabama)에서 마케팅으로 경영학 박사학위를 받았다. 일리노이 주립대학교(Illinois State University)에서 조교수로 재직했으며, 현재 (사)한국마케팅학회 총무이사로 활동하고 있다. 주된 연구 분야는 마케팅 전략, 특히 기업의 고귀한 자원으로서 고객, 고객관계를, 어떻게 효과적으로 활용하여 마케팅 성과를 향상시킬 수 있는지에 관심이 많다. 이러한 연구 노력은 마케팅 분야의 최고 권위지인 Journal of Marketing을 포함하여, European Journal of Marketing, Journal of Business Research 등 유수 저널에 발표되었다.

전광호_서울사이버대학교 경영학과 교수

현재 서울사이버대학교 경영학과 교수로 재직하고 있으며, 고려대학교를 졸업하고, 대학원에서 경영학 박사학위를 취득하였다. 서울사이버대학교에서 학생처장과 입학 부총장을 역임했으며, 한국마케팅학회 이사와 한국유통학회 부회장을 역임하였다. 한국유통경영학회 상임이사와 국세청 국세심사위원으로 활동하고 있다. 「CEO에서 사원까지 마케팅에 집중하라(2006)」와 「노하우로 승리하라(2007)」를 번역·출간하였으며, 마케팅 전략, 영업전략, Learning Analytics 관련 다수의 연구논문를 발표하였다.

황선주_부산외국어대학교 경영학과 초빙교수

부경대학교에서 석사를 마치고 부산외국어대학교에서 학위를 취득하였으며 창업경험을 토대로 현재 부산외국어대학교 경영학과 초빙교수로 학생들을 교육하고 있으며, ㈜유이디자인에서 경영자문이사로 활동하고 있다. 한국산업정보학회 이사, 한국인터넷상거래학회 상임이사 등의 직책을 역임하여 학회의 활동에도 열정적으로 참여하고 있다. 저역서로서 초아출판사에서 출판한 경영학의 이해(2022), 북넷에서 출판한 창업경영(2023), 유통론(2023) 등이 있다. 논문으로는 "포스트 코르나 시대를 대비한 항공 서비스품질 개발에 대한 탐색 및 사례연구(무역경영연 구, 2022)"외 다수가 있다.

마케팅의 기초 제9판

발행일 2023년 2월 28일 9판 1쇄
지은이 William M. Pride, O.C. Ferrell
옮긴이 김준석, 문재학, 장우정, 전광호, 황선주
발행인 송자영
발행처 초아출판사
주소 서울시 성북구 정릉로 36길 41
대표전화 070-8739-0036
팩스 0504-178-5627
E-mail choapublish@hanmail.net
디자인 에이팩토리 bikoon73@daum.net

ISBN 979-11-88425-20-4
정가 38,000원

Brief Contents

Contents

PART 1. 전략적 마케팅과 환경 15

PART 2. 마케팅 조사와 표적시장 88

PART 3. 고객 행동과 E-마케팅 165

5장 소비자 구매행동 166

6장 비즈니스 시장과 구매행동 204

PART 3. 고객 행동과 E-마케팅

7장 디지털 마케팅과 소셜 네트워킹 234

PART 4. 제품과 가격 의사 결정 275

8장 제품, 브랜딩 및 패키징 개념 276

PART 4. 제품과 가격 의사 결정

9장 재화와 서비스의 개발과 관리 318

10장 가격책정 개념과 경영 358

PART 5. 유통의사결정 399

PART 6. 촉진 의사결정 489

PART 6. 촉진 의사결정

15장 인적 판매와 판매 촉진 562

STRATEGIC MARKETING AND ITS ENVIRONMENT

AYA IMAGES/SHUTTERSTOCK.COM

PART.1
전략적 마케팅과 환경

1부는 마케팅의 개념과 마케팅의 다양한 구성요소들을 살펴보고 분석할 수 있는 전반적인 프레임워크를 살펴본다.

1장에서는 마케팅의 개념을 정의하고, 고객, 목표시장, 마케팅믹스, 관계마케팅, 마케팅 개념, 가치와 같은 마케팅의 주요 개념들을 살펴본다.

2장에서는 전략적 마케팅을 계획, 실행, 평가하는 전반적인 틀을 살펴보는데, 전략적 계획 수립에 조직의 자원과 기회가 미치는 영향, 기업 미션의 역할, 기업단계, 사업부단계, 그리고 마케팅단계의 전략 수립, 실행 프로세스를 살펴본다.

MRMOHOCK/SHUTTERSTOCK.COM

CUSTOMER-DRIVEN STRATEGIC MARKETING

CHAPTER.1 고객 지향적 전략적 마케팅

학습목표

1-1 마케팅의 정의를 이해한다.

1-2 마케팅 믹스의 구성요소를 알아본다.

1-3 마케팅이 어떻게 가치를 창조하는지 살펴본다.

1-4 마케팅 환경을 이해한다.

1-5 마케팅 개념을 이해한다.

1-6 고객관계의 중요성을 이해한다.

1-7 글로벌 경제에서 마케팅의 중요성을 살펴본다.

마케팅 들여다보기

ANDRIY BLOKHIN/SHUTTERSTOCK.COM

홀푸드 마켓은 고객에게 포괄적인 서비스를 제공한다.

두 명의 기업가인 존 맥키(John Mackey)와 르네 로손 하디(Renee Lawson Hardy)는 45,000 달러 대출을 바탕으로 건강한 삶과 건전한 자본주의 가치를 표방하는 어려운 도전을 시작하였다. 그들은 세이퍼웨이(SaferWay)라는 소규모의 유기농 식품을 판매하는 상점을 열었으며, 이는 이후 홀푸드(Whole Foods)로 이름을 변경하였다. 홀푸드는 고객 니즈를 만족시키고 최상의 품질의 천연, 유기농 제품을 판매하고자 하는 자신들의 핵심 가치를 실현시켜 나갔다. 현재 아마존(Amazon)이 소유하고 있는 홀푸드는 공급업자들과 긍정적이고 윤리적인 파트너십을 만들고 커뮤니티와 환경을 생각하면서 성장과 수익 창출을 달성하기 위해 노력하고 있다. 홀푸드는 아마존 프라임 서비스 고객들을 위해 할인을 제공하고 아마존 프라임 나우 고객들에게는 식료품 배송 서비스를 제공하고 있다. 아마존은 홀푸드를 인수한 이후 지속적으로 전략적인 변화들을 실현해 왔다. 예를 들어, 올해 초 아마존은 보다 저렴한 유기농 제품들을 제공하고자 기획한 새로운 형태의 매장인 “홀푸드 365”의 건설을 중단하기로 결정했다. 아마존은 홀푸드를 인수한 이후 비용을 지속적으로 줄이고 있었는데 추가적으로 “홀푸드 365” 매장을 여는 것이 불필요하다고 판단하였다. 이미 운영 중인 “홀푸드 365”에서 쇼핑을 하고 있는 고객들에게 다행인 것은 이미 존재하는 매장들은 영업을 지속할 것이란 점이다. 홀푸드와 그들의 새로운 인수자인 아마존은 지속적으로 그들 고객을 위한 성공적인 마케팅 전략을 실행해 나갈 것이며, 아마존 역시 추가적인 변화들을 약속했다.[1]

아마존은 홀푸드 슈퍼마켓을 여전히 높은 품질의 천연, 유기농 식료품을 판매하지만 보다 저렴한 가격으로 판매하기 위해 노력중이다. 그러나 홀푸드는 트레이더 조즈(Trader Joe's), 스프라우츠 파머스 마켓(Sprouts Farmers Market), 프레시 마켓(The Fresh Market)과 같은 경쟁자들에 직면해 있다. 다른 기업들처럼 홀푸드와 아마존 역시 마케팅 의사결정을 내려야만 하고 이를 통해 만족스러운 교환 관계를 성립시켜야 한다. 1장에서는 전략적 마케팅의 개념과 의사결정을 소개한다. 우선 마케팅의 정의를 알아보고, 이러한 정의를 구성하는 핵심적인 요소들을 상세히 살펴본다. 그 후, 가치 지향적인 마케팅의 중요성을 살펴볼 것이다. 또한 마케팅 개념과 마케팅 개념을 실행하기 위해 고려해야 할 몇 가지 이슈들을 살펴볼 것이다. 추가적으로 고객 관계 관리와 관계 마케팅이 무엇인지를 살펴보도록 한다. 마지막으로 글로벌 세상에서 왜 마케팅이 중요한지 살펴보도록 하겠다.

1-1 마케팅의 정의

 # 학습목표　마케팅의 정의를 이해한다.

마케팅 변화하는 환경 안에서 고객과의 만족스러운 교환 관계를 활성화하고 이해관계자와 우호적인 관계를 지속하고자 제품, 서비스, 아이디어를 창조하고, 가격을 부여하며, 유통하고, 촉진하는 과정

만약 여러분이 마케팅이 무엇인지를 묻는다면, 아마도 여러분은 다양한 설명들을 듣게 될 것이다. 많은 사람들은 마케팅이 광고 혹은 판매라고 생각하지만 마케팅은 사람들이 생각하는 것보다 훨씬 복잡한 개념이다. 이 책에서 **마케팅Marketing**이란 변화하는 환경 안에서 고객과 만족스러운 교환 관계를 활성화하고 이해관계자와 우호적인 관계를 지속하고자 제품, 서비스, 아이디어를 창조하고, 가격을 부여하며, 유통하고, 촉진하는 과정으로 정의한다. 이러한 정의는 마케팅을 "고객, 파트너, 사회를 위해 가치를 지니고 있는 제공물을 창조하고 커뮤니케이션하며, 전달하고 교환하는 일련의 과정, 제도, 활동"[2] 으로 정의한 미국마케팅협회(AMA: American Marketing Association)의 정의와 일맥상통한다.

마케팅 믹스 변수들은 마케터들에 의해 변경될 수 있기 때문에 종종 통제 가능한 것으로 여겨진다. 그러나 마케팅 관리자들이 마케팅 믹스 변수들을 통제할 수 있는 정도에는 제한이 존재한다. 경제적 요인, 경쟁 구조, 정부의 규제는 마케팅 관리자가 마케팅 믹스를 자주 심각하게 변경하는 것을 어렵게 만들지도 모른다. 마케팅 믹스 변수별로 마케팅 관리자가 통제할 수 있는 정도를 살펴보자. 대부분 유형의 제품의 규격, 형태, 디자인을 변경하는 것은 많은 비용이 소모되기도 한다. 그러므로 제품 형태/특징은 자주 변경되지 않는다. 서비스의 경우 상대적으로 변경하기 쉽고 소비자들이 변경된 서비스를 선택하는 기회가 제공될 수 있다. 촉진의 경우, 고객들과 커뮤니케이션하고 그들의 구매를 설득하기 위한 촉진 캠페인과 방법들은 하루밤 사이에 변경하

그림 1.1 전략적 마케팅의 구성 요소

는 것이 쉽지 않다. 유통의 경우, 이커머스의 도입으로 과거보다 제품을 유통하는 방식의 변화는 상대적으로 쉬워진 경향이 있다. 제품의 가격은 마케팅 믹스 변수들 중, 마케팅 관리자들에 의해 변경하기 가장 쉬운 변수이다.

1-1a 마케팅은 고객에게 집중한다

기업이 개발하여 가격을 매기고 유통하고 촉진하는 제품의 구매자인 **고객customers**은 마케팅 활동의 핵심 대상이다 (그림 1.1). 기업들은 그들의 제품을 기업이 만들거나 생산하는 것이 아닌 기업이 고객을 만족시키기 위해 창조하는 것으로 정의한다. 월트 디즈니는 자신을 테마 파크 비즈니스가 아니라, 고객을 행복하게 만들기 위한 엔터테인먼트 비즈니스로 정의한다. 디즈니 월드에서 고객들은 디즈니 월드를 방문하는 사람들이며, 직원들은 엔터테인먼트 경험을 고객들에게 제공하는 출연진인 것이다.

고객 기업 제품의 구매자, 기업의 모든 마케팅 활동의 핵심 대상

마케팅의 본질은 고객과 마케팅 관리자 모두에게 도움이 되는 만족스러운 교환 관계를 세우는 것이다. 고객은 이러한 교환 관계에서 보상을 얻기를 기대하며, 교환관계에서 발생한 비용보다 더 큰 효익을 얻기를 바란다. 교환 관계에서 마케팅 관리자는 고객에게 제공한 효익에 대한 댓가를 얻기를 기대하며, 일반적으로 제품에 부과된 가격이 댓가로 인식된다. 고객은 구매자

SOURCE: KRAFT FOODS GROUP, INC.

목표 시장의 관심을 끌다 크래프트는 모든 고객 구성원을 위한 스낵을 만들어 판매 한다

와 판매자 간의 상호작용을 통해 판매자의 미래 행동에 대한 기대를 형성하게 된다. 마케팅 관리자는 이러한 고객의 기대를 만족시키기 위해 고객에게 제공하기로 한 약속을 지켜야 한다. 이러한 상호작용이 반복됨에 따라 구매자와 판매자는 서로 간의 관계를 형성한다. 예를 들어, 웬디스(Wendy's)나 서브웨이(Subway)와 같은 패스트푸드 음식점 비즈니스는 만족한 고객들의 재구매에 의존하는데 고객들의 만족은 음식의 맛, 가치, 변함없는 좋은 서비스와 같은 요소들에 의해 결정되곤 한다.

기업들은 일반적으로 **목표 시장target market**이라 부르는 특정한 고객들의 집단에 기업의 마케팅 노력을 집중시킨다. 크래프트(Kraft)의 광고를 보면 아이들과 자기 자신 모두를 만족시키는 스낵을 원하는 부모들이 크래프트 제품의 목표 시장임을 알 수 있다.

목표 시장 기업이 자신의 마케팅 노력을 집중하는 특정한 고객 집단

마케팅 관리자는 자사 목표 시장을 많은 사람들로 구성하거나 혹은 상대적으로 적은 수의 사람으로 구성된 집단으로 정의할 수 있다. 몇몇 기업들은 다양한 고객 집단을 목표 시장으로 삼을 수 있고, 각각의 고객 집단을 위한 제품과 가격, 유통 시스템과 촉진 프로그램을 다양하게 구성할 수도 있다. 다른 기업들은 보다 작은 니치 시장을 목표로 기업을 운영하기도 한다. 예를 들어, 미국 노스 캐롤라이나에 기반한 크루즈바이크(Cruzbike)는 상대적으로 아주 작은 니치 시장이라 할 수 있는 등, 목, 손목에 통증을 갖고 있거나 부상을 입은 사람들을 대상으로 그들의 통증과 부상을 완화해줄 수 있는 고품질의 누워서 탈 수 있는 자전거를 디자인해 판매하고 있다.[3] 반면 홈디포(Home Depot)는 다양한 종류의 제품들을 갖고 다양한 고객들로 구성된 복수의 목표 시장을 타깃하고 있다.

1-2 마케팅은 제품, 가격, 유통, 촉진을 다룬다

 # 학습목표 **마케팅 믹스의 구성요소를 알아본다.**

마케팅은 고객 니즈를 만족시켜줄 제품을 개발하고 관리하는 일을 다룬다. 또한 마케팅은 제품에 대해 고객들이 보다 잘 이해하고 그 제품이 고객의 니즈를 만족시켜 주는 지를 결정하는 데 도움이 되도록 촉진 활동을 진행한다. 마케팅은 고객이 원하는 적절한 장소에 적절한 가격으로 제

품이 구매가능하다는 점을 고객들에게 알리는 역할도 담당한다. 모든 마케팅 활동들은 목표 시장 고객들의 니즈를 만족시키기 위하여 잘 계획, 실행되고 통제된다. 마케팅 담당자들은 이러한 일련의 마케팅 활동들을 **마케팅 믹스marketing mix**라 부르며 이는 제품, 가격, 유통, 촉진 활동으로 구성되어 있다. 마케팅은 마케팅 믹스의 적절한 구성을 통해 고객을 위한 가치를 창출한다. 마케팅 담당자들의 핵심 목표는 고객 니즈를 충족시키는 마케팅 믹스의 최적의 조합을 만드는 것이다. 마케팅 담당자들은 각각의 마케팅 믹스 변수를 어떻게 활용하여야 하며, 그들 변수들을 어떻게 조화시켜야 하는지 결정해야 한다. 그림 1.1은 마케팅 믹스가 고객 니즈를 만족시키기 위해 밀접하게 연결되어 있음을 보여준다. 아마존은 마케팅 믹스를 잘 실행하는 것으로 유명하다. 아마존은 인공지능 스피커인 에코(Echo)와 같은 신제품을 개발하기 위해 끊임없이 R&D를 진행하며, 광고, 소셜미디어, 미디어 이벤트를 통해 이러한 제품을 효율적으로 알린다. 아마존 제품들은 고품질과 효율성을 자랑하기 때문에 아마존 제품을 판매하는 베스트 바이(Best Buy)와 같은 소매점들은 아마존 제품을 경쟁 제품보다 비싼 프리미엄 가격으로 판매할 수 있다.

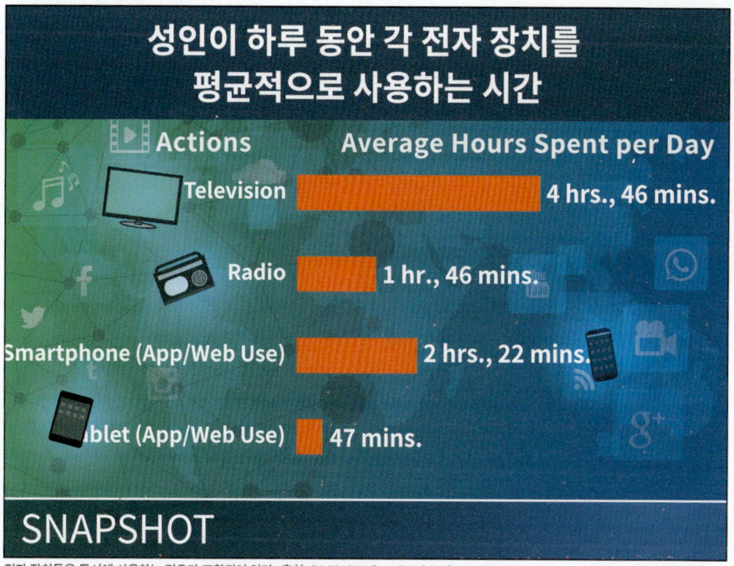

전자 장치들을 동시에 사용하는 경우가 포함되어 있다. 출처: Q1 2018 Neilsen Total Audience Report

마케팅 믹스 기업이 목표 시장 고객들의 니즈를 만족시키기 위해 활용할 수 있는 4가지의 마케팅 관련 변수들로, 제품, 가격, 유통, 촉진으로 구성.

마케팅 담당자들은 자신들의 목표 시장에 속한 고객들의 니즈에 부합하는 마케팅 믹스 조합을 구성하기 위해 노력한다. 예를 들어, 모던 마켓 이터리(Modern Market Eatery)와 같은 레스토랑은 음식의 칼로리를 제한하는데 관심이 많은 고객들의 니즈를 만족시키고자 음식의 양이 일반적인 레스토랑 음식의 절반 밖에 되지 않는다.[4] 마케팅 담당자들은 자사의 지속적인 성공을 위해 경쟁자들을 끊임없이 모니터하며 자사의 제품, 가격, 유통, 촉진 의사결정을 고객들의 니즈에 맞게 변화시켜 나가야 한다.

마케팅 관리자들은 마케팅 믹스를 개발하기 전에 고객 니즈에 관한 좀 더 명확한 최신 정보를 파악해야만 한다. 고객의 니즈를 파악하기 위해 목표 시장 고객들의 나이, 수입, 인종, 성별, 교육수준 뿐만 아니라 제품에 대한 고객들의 선호, 경쟁자 제품에 대한 고객들의 태도, 고객들이 그 제품을 사용하는 빈도 등에 관한 다양한 정보를 수집해야 한다. 오늘날 마케팅 담당자들은 소셜미디어를 포함한 다양한 정보원을 통해 고객들의 구매 활동을 추적할 수 있으며 이를 통해 고객들에 관한 방대한 데이터를 얻을 수 있다. 예를 들어, 사이클과 관련된 옷과 악세사리를 판매하는 기업인 크롬 인더스트리(Chrome Industries)는 변화하는 트렌드를 지속적으로 면밀히 관찰하고 이를 반영하여 마케팅 믹스를 조정해 나간다. 이를 통해 고객들에게 기능적인 면과 스타일 면에서 우수한 제품을 지속적으로 공급하고 있다. 마케팅 관리자들은 최신 정보를 업데이트 함으로써 특정 목표 시장 고객이 만족할 수 있는 마케팅 믹스를 보다 잘 개발할 수 있다. 이제 마케팅 믹스 변수 각각과 관련된 의사결정과 활동들을 하나하나 살펴보도록 하자.

1-2a 제품

특정 제품에 대한 마케팅 성공 여부는 그 제품이 고객의 일상 속에 얼마나 깊숙이 관여하는지와 밀접한 관계가 있다. 코카콜라, 리바이스 청바지, 비자카드, 타이레놀 진통제, 마이크로소프트의 오피스 제품들과 같이 고객의 일상 속에 잘 스며든 제품들의 지속적인 높은 고객 만족도를 살펴보면 충분히 이해가 갈 것이다. 마케팅 믹스에 있어서 제품은 고객의 니즈가 제품에 반영되어 최종적으로 그것을 사용하는 고객의 만족도로 이어지는 것을 의미한다. 제품은 고객에게 가치를 제공하는 요소들의 결합으로 이해할 수 있다. 마케팅에서 **제품product**이란 재화, 서비스, 혹은 아이디어를 의미한다. 재화는 유형 제품으로서 손으로 만질 수 있다. 오클리(Oakley)사의 선글라스, 나이키 러닝화, 테슬라 자동차가 재화의 예이다.

제품 재화, 서비스, 혹은 아이디어를 의미.

서비스는 인간 혹은 기계 작동을 통해 고객에게 무형적 가치를 제공하는 것으로 항공 여행, 교육, 숙박, 은행 업무, 의료 서비스, 어린이집 서비스 등이 예이다. 아이디어는 개념, 철학, 이미지 등을 포함한다. 예를 들어, 개인 헬스 트레이너는 돈을 받고 고객들의 건강을 위해 고객들이 운동하는 것을 돕고 그들의 건강을 관리하기 위한 아이디어를 제공한다. 정당, 교회 혹은 동물보호단체에서 제공하는 아이디어도 이에 속한다. 마케팅에서 제품이란 개인적인 사용을 위해 디자인 될 수도 있고 개인이 아닌 다른 기업들이 사용하고자 디자인 될 수도 있다. 팀원 간의 원활한 커뮤니케이션을 위한 플랫폼인 슬랙 (Slack) 광고에서 보이는 것처럼 슬랙은 개인이 아닌 비즈니스 고객들이 보다 효율적으로 협력할 수 있는 도구를 제공하고 이러한 비즈니스 고객들을 타깃으로 삼는다.

SOURCE: SLACK.COM

제품의 종류 슬랙은 클라우드를 바탕으로 기업 간 커뮤니케이션과 협력을 위한 도구를 제공한다. 이처럼 슬랙은 개인이 아닌 기업 고객을 타깃으로 비즈니스를 진행하는 기업의 예이다.

마케팅 믹스에서 제품 변수는 브랜드 네임과 패키징을 개발하거나 수정하는 것, 그리고 품질보증이나 수리에 관한 의사결정까지 포함한다. 예를 들어, 코카콜라는 제품의 주된 색으로 코카콜라의 전통적인 빨간색을 특징으로 하는 새로운 제품 디자인을 공개하고 이를 글로벌 시장 전역에서 공통적으로 사용하고 있다. 이와 같은 일관된 브랜드 전략은 글로벌 시장에서 탄산음료 브랜드인 코카콜라가 통일된 이미지를 형성하도록 돕는다.

제품 관련 의사결정과 이에 연관된 활동들은 제품 개발과 직접적으로 연관성이 있기 때문에 고객의 니즈에 합당한 제품을 제공한다는 차원에서 매우 중요하다. 애플(Apple)은 아이폰 11, 아이폰 SE, 아이폰 XR 등 끊임없이 아이폰을 업그레이드하고 있으며, 이를 통해 애플이 지속적으로 고객의 니즈에 부합하기 위해 제품을 조정하고 있음을 시장에 알리고 있다. 제품이 시장에서 지속 가능하게 유지되려면 고객의 니즈에 맞는 신제품을 개발하고 현재 판매되는 제품은 고객의 니즈에 좀 더 적합하게 조정하고, 또한 고객에게 신뢰받지 못하거나 충분한 수익을 창출하지 못하는 제품은 생산라인에서 중지해야 한다.

1-2b 가격

제품에 부과되는 가격은 제품의 가치를 정하는 데 도움이 된다. 제품 가격은 기업의 가격 목표와 정책에 따라 결정된다. 고객들은 제품으로부터 얻는 효익과 제품을 얻기 위해 지불하는 비용을 함께 고려하기 때문에 가격은 마케팅 믹스의 중요한 변수이다. 또한 가격은 기업에게 경쟁 우위를 제공할 수 있는 중요한 경쟁 도구이기도 하다. 높은 제품 가격은 제품의 프리미엄 이미지를 형성하기 위한 경쟁 도구로 사용될 수 있다. 예를 들어, 청바지 브랜드인 제이 브랜드(J Brand)와 세븐 포 올 맨카인드(7 For All Mankind)는 고객들에게 높은 지위를 연상시키는 상징적 이미지를 주기 위해 높은 품질과 높은 가격을 유지한다. 다른 기업들은 경쟁자 보다 낮은 가격으로 제품을 공급하는데 탁월하다. 아마존은 그들의 방대한 파트너들과 비용 효율성을 적극적으로 활용하여 낮은 가격으로 제품을 공급하는데 탁월한 능력을 보인다. 오프라인 소매기업들은 아마존과 같이 낮은 가격으로 제품을 공급할 수 없었기 때문에 이러한 낮은 가격은 아마존에게 상당한 경쟁 우위를 제공해 왔다. 가격은 다른 마케팅 믹스 변수들과 달리 빠르게 변경이 가능하기 때문에 가장 유연한 마케팅 믹스 변수라 할 수 있다. 또한 가격에 판매된 제품 수량을 곱한 것이 바로 기업의 매출이기 때문에 가격은 중요한 변수로 인식된다.

1-2c 유통

고객을 만족시키기 위해서 제품은 고객이 원하는 시간과 장소에서 판매 가능해야 한다. 예를 들어, 샌드위치 가게인 서브웨이(Subway)는 쇼핑몰뿐만 아니라 월마트나 홈디포와 같은 소매점의 내부, 세탁소, 교회, 병원, 심지어 기부품을 모아 판매하는 굿윌스토어(Goodwill stores), 자동차 대리점, 전자 제품 판매처까지 다양한 공간에 입점해 있다. 서브웨이는 맥도날드를 넘어서는 전 세계에서 가장 큰 패스트푸드 체인으로 전 세계 약 45,000 개의 매장을 통해 고객들이 원하는 장소와 시간에 샌드위치를 구매할 수 있도록 돕는다.

유통과 관련해서 마케팅 관리자는 가능한 한 많은 목표 고객들에게 많은 제품을 판매하고 재고를 관리하고 운송과 보관 비용을 가능한 한 낮춰야 한다. 또한 중간상(도매, 소매상)을 신중하게 선정하고 그들에게 동기부여를 해야 하며, 제품 재고 통제 프로세스와 운송과 보관 관리 시스템을 개발하고 유지해야 한다.

유통 변수와 관련된 의사결정은 로지스틱스(logistics) 활동을 통해 제품의 원활한 흐름을 관리하는 공급망 관리(Supply Chain Management: SCM)도 포함한다. 제품의 구매, 이동, 보관, 수송 등의 과정을 통해 고객이 원하는 제품을 구매하길 원하는 위치로 옮기는데 소요되는 모든 자원과 관련된 네트워크를 구성하는 결정도 유통 의사결정에 포함된다. 특히 공급망 관리는 오늘날 온라인 시장의 성공에 있어서 매우 중요한 요소이다. 오늘날 기업들은 각 나라마다 유통을 위한 별도의 설비를 갖추지 않고도 전 세계에 자사 제품을 유통할 수 있게 되었다. 예를 들어, 넷플릭스(Netflix)는 1998년 미국에서 우편을 통해 영화 DVD를 대여해주는 비즈니스로 시작했는데 현재는 인터넷을 통해 190개가 넘는 국가에 넷플릭스의 스트리밍 서비스를 제공하고 있다. 유통에 대해서는 11장과 12장에서 좀 더 구체적으로 다룰 것이다.

1-2d 촉진

촉진은 목표 고객에게 제품을 알리고 구매를 설득하기 위한 모든 활동을 말한다. 촉진은 대중에게 기업이나 제품을 알리고 이에 대한 인지도를 높이는 역할을 한다. 로레알(L'Oreal)은 자사의 목표 시장에 소구하는 유명인을 이용하여 촉진활동을 진행하고 있다. 촉진은 기업과 제품을 알릴뿐만 아니라, 고객들이 제품을 직접 구매할 수 있는 웹사이트에 방문하게 만드는 것과 같은 고객들의 직접적인 구매 반응을 이끌어 내는데도 도움이 된다. 인터넷 자동차 보험회사인 가이코(GEICO)은 TV와 라디오 광고를 통해 고객들이 자동차 보험에 15% 이상의 돈을 아낄 수 있다는 광고를 지속하여 많은 고객들이 자동차 보험료를 아끼기 위해 가이코 보험회사에 연락하도록 유도하고 있다.

SOURCE: L'ORÉAL

촉진 로레알은 자사의 셀프 태닝 제품인 서브림 브론즈(Sublime Bronze)를 촉진하기 위해 싱어송라이터인 카멜라 카베요를 광고 모델로 활용하고 있다.

촉진 활동들은 고객들에게 제품의 특징을 설명해 주는 역할도 담당한다. 또한 촉진활동은 사람들이 투표, 흡연, 약물 남용과 같은 정치적 혹은 사회적 이슈에 관해 어떠한 견해를 취하도록 설득하는 역할을 담당하기도 한다. 이런 측면에서 촉진을 단순히 광고라 생각하는 것은 잘못된 생각이다. 인적 판매(personal selling)는 기업의 촉진 활동의 한 종류인데, 거의 모든 형태의 제품 판매에는 일정 부분의 인적 판매가 필요하며, 인적판매는 기업이 매출을 창출하고 성공하는데 기여한다. 고객에게 쿠폰을 제공하거나 온라인 할인 코드를 제공하는 것과 같은 판매 촉진(sales promotions)은 또 다른 형태의 촉진 활동인데, 이 역시 제품 판매가 지속적으로 활성화되도록 돕는다. 일반적으로 대중 매체를 통해 정보를 제공하는 홍보 활동 역시 기업이 관리해야만 하는 촉진 활동 중 하나이다. 촉진 믹스(promotional mix)는 이처럼 다양한 촉진 활동 도구들을 말하는데, 이들을 이용하여 고객에게 제품 관련 정보를 알리고 고객이 물건을 구매하도록 설득하기 위하여 잘 조합하여 통합적으로 사용하는 것을 목표로 삼는다.[5]

푸딩 브랜드인 젤로(Jell-O)나 세탁세제 브랜드인 타이드(Tide)와 같이 수십년 간 시장에 존재해 왔던 브랜드들에게 촉진은 지속적으로 고객들의 마음 속에 관심을 불러 일으키는 역할을 담당한다. 이를 위해 많은 기업들은 웹사이트, 스마트폰 앱, 소셜 미디어를 활용하여 기업과 그들의 제품에 대한 정보를 끊임없이 고객들과 소통한다. 이러한 목적을 위해 주로 디저트 제품을 판매하는 베티 크로커(Betty Crocker)와 다양한 식료품을 제공하는 크래프트 푸드(Kraft Foods)는 자사 제품을 활용한 유명한 레시피 사이트를 운영하고 있다.[6]

1-3 마케팅은 가치를 창조한다

 # 학습목표 **마케팅이 어떻게 가치를 창조하는지 살펴본다.**

가치는 고객과 장기적인 좋은 관계를 유지하고 마케팅 개념을 구체화 시키는 데 있어 중요한 요소이다. **가치value**는 제품의 획득과 관련되는 비용 대비 고객이 주관적으로 평가하는 혜택으로 정의 할 수 있다. 즉, 제품의 가치는 고객이 제품을 사용함으로써 얻는 혜택과 고객이 제품을 구매하는 데 드는 비용 간의 차이를 의미한다. 고객은 그들이 생각하는 제품의 품질과 제품 획득에 대한 금전적 손실을 주관적으로 통합함으로써 제품의 가치라는 개념을 평가한다.[7] 기업은 고객이 원하는 가치를 유지하는 것과 기업의 수익 목표를 달성하는 것 사이의 상충관계가 존재하는 데 이들 간의 균형을 잘 유지하는 것이 기업에게 중요하다.[8]

가치 제품의 획득과 관련되는 비용 대비 고객이 주관적으로 평가하는 혜택

고객이 얻는 혜택이란 기업과의 교환 관계에서 고객이 얻을 수 있는 모든 것을 포함한다. 예를 들어, 호텔이나 모텔의 경우 기본적으로 침대와 화장실을 갖춘 객실을 통해 혜택을 제공한다. 그러나 각 호텔 브랜드들은 자신들의 고객을 만족시키기 위해 서로 다른 수준의 서비스, 편의시설, 환경을 제공한다. 라마다 모텔(Ramada Inn)은 저렴한 가격에 괜찮은 숙박 시설을 제공하기 위해 요구되는 최소한의 서비스만을 제공하지만, 리츠 칼튼 호텔(The Ritz-Carlton)은 호텔 투숙객이 바라는 최상의 서비스를 제공하기 위해 노력하고 있다. 리츠 칼튼 호텔은 심지어 고객들의 불만을 해결하기 위해 호텔 종업원들에게 2,000달러까지 사용할 수 있는 권한을 제공하여 최상의 서비스를 제공하고자 한다.[9] 반면 에어비앤비(Airbnb)는 전통적인 호텔이나 모텔과는 달리 특정 고객이 가치 있는 가격이라 판단한 숙소에 접근할 수 있는 권한만을 제공함으로써, 기존의 숙박시설들과 경쟁하고 있다. 고객들은 숙박시설에 대하여 스스로 자신들이 바라는 혜택

DISRUPTIVE MARKETING

파괴적 마케팅

코로나19가 기존의 마케팅 믹스를 변화시키다.

2020년 미국을 강타한 코로나19 팬데믹은 글로벌 경제를 대대적으로 변화시켰다. 호흡기 전염병인 코로나19는 심각한 공중 위생 문제를 야기했으며, 그 결과 여행 금지, 재택 명령, 필수적이지 않은 비즈니스의 경우 운영 금지 등의 조치가 내려졌다. 이러한 새로운 경제 환경 속에서 많은 브랜드들은 살아남기 위해 자신들의 마케팅믹스를 조정해야만 했다.

식물성 대체육을 판매하는 임파서블 푸즈(Impossible Foods)는 코로나 이후 식료품 매장을 통한 유통을 강화하기 위해 전미 1,700개의 크로거(Kroger) 식료품 매장을 통해 식물성 대체육을 판매하기 시작하였다. 기업들은 코로나19이후 자사의 제품 전략도 조정하였다. 사람, 사물이 물리적인 공간에서 어떻게 움직이는 지를 평가하는 공간 지능 플랫폼인 패써(Pathr)는 시뮬레이터를 통해 사람들이 가게 안에서 어떻게 움직이는지를 알 수 있도록 하여 기업들이 다시 비즈니스를 시작할 때, 어떻게 제품들을 준비해야하는지 시사점을 제공하였다.

코로나19는 기업의 가격전략에도 영향을 미쳤다. 코로나19로 인하여 프로 스포츠를 포함한 스포츠 활동이 중단되자 스포츠 용품의 가격은 곤두박질쳤다. 코로나19로 항공, 호텔, 기름 판매액이 줄어들자, 가격 역시 급락하였다. 촉진 전략 역시 코로나19로 인하여 변화를 겪었다. 예를 들어, 유니레버(Unilever)는 사람들이 집에 머무는 것을 권장하기 위해 코로나19 이후 자사의 세탁세제 브랜드의 캠페인인 “더러움은 좋은 것이야 (Dirt is Good)”을 “집은 좋은 것이야(Home is Good)”으로 변경하여 진행하였다.

코로나19를 통해 마케팅 관리자들은 고객들이 기대했던 것보다 훨씬 변화하는 상황에 적극적으로 대처해 나갈 수 있음을 깨달았다. 코로나19가 기업들에게 미칠 장기적인 영향은 여전히 진행 중이지만, 글로벌 경제는 안정을 찾을 것이고 고객들 역시 다시 활기를 찾을 것이다.

과 그 혜택을 누리기 위해 지불해야 하는 비용을 고려하면서 자신들에게 최상의 가치를 제공하는 숙박시설이 무엇인지 판단한다.

반면 고객이 지불해야하는 비용이란 고객이 그 제품이 제공하는 혜택을 얻기 위해 포기해야만 하는 모든 것을 의미한다. 가장 기본적인 비용은 당연히 금전적으로 지불해야 하는 제품의 가격이다. 그러나 고객들이 제품의 가치를 결정할 때 가격이 아닌 비금전적인 비용 역시 중요하다. 대표적인 두 가지의 비금전적인 비용은 고객이 원하는 제품을 찾고 구매하는 데 필요한 시간과 노력이다. 따라서 기업은 고객들이 그 제품을 얻기 위해 들여야만 하는 시간과 노력을 줄이기 위해 그 제품이 쉽게 접근 가능하도록 만들어야 하며, 이를 통해 고객들은 그 제품을 보다 편리하게 구매할 수 있다. 또 다른 비금전적인 비용은 고객이 제품을 구매하는 과정에서 느끼는 위험인데, 이러한 위험은 고객에게 제품에 대한 보증을 제공함으로써 감소시킬 수 있다.[10] 한 가지 구체적인 위험 감소 전략은 고객들에게 100% 만족하지 않으면 제품을 반품할 수 있게 하는 전략이다. 이러한 전략은 오늘날 카탈로그/전화/인터넷 쇼핑과 같은 환경에서 구매를 하는 고객들이 느끼는 위험을 줄여주기 위해 널리 사용되고 있다. 1,300개 이상의 신발과 의류 브랜드를 판매하는 자포스(Zappos)의 경우, 100% 고객만족 보장 전략을 활용하여 고객들이 1년 안에 어느 때라도 무료로 신발을 환불할 수 있게 해준다.

고객들이 제품의 가치를 판단하는 과정은 매우 다양하다. 대부분의 고객은 제품에 대한 자신의 기대 수준과 과거의 경험을 바탕으로 제품의 가치를 어렴풋이 판단하는 경향이 있다. 예를 들어, 자동차 대여, 항공 요금, 컴퓨터 등의 가치를 경쟁 제품의 가치와 직접 비교하여 평가한다. 또한 영화나 스포츠 관람, 예술 작품 등의 가치는 보다 개인적인 취향과 감정에 따라 주관적으로 판단하는 경향이 있다. 대부분의 제품에 관해 고객들은 그 제품과 관련된 혜택과 비용을 과학적으로 하나하나 평가하기 보다 자신들의 기대 수준과 경험에 따라 어렴풋이 판단하는 것이 일반적이다. 이러한 평가 과정을 통해 고객들은 제너럴 밀즈(General Mills)의 치리오스(Cheerios) 시리얼과 맥도날드(McDonald's)를 가치 있는 제품으로 즉각적으로 판단하게 되는 것이다. 그러나 자동차나 산악 자전거를 구매할 경우, 고객의 감정적인 가치 판단이 포함되기는 하지만 보다 이성적인 판단과정에 따라 가치 판단이 이뤄질 것이다.

무선 전화 서비스 기업인 스트레이트 토크 와이어리스(Straight Talk Wireless) 회사의 광고를 생각해 보자. 이 광고는 자사의 무제한 데이터, 통화, 문자 플랜이 경쟁자들의 무선 전화 플랜보다 월등하다고 광고하고 있다. 스트레이트 토크 와이어리스는 경쟁력있는 데이터 전송 속도와 가격을 제공함으로써 자사 제품의 가치를 증가시키고 있다. 그러나 스트레이트 토크 와이어리스의 제품과 달리 꽃과 같은 미적 제품의 가치는 고객들의 취향이 너무 달라 가치에 대한 평가도 고객마다 매우 다를 수 있다.

마케팅 관리자들이 마케팅 활동을 기획할 때 고객들은 제품으로부터 얻는 혜택을 고객들의 경험을 바탕으로 인식한다는 점을 이해할 필요가 있다. 예를 들어, 많은 가전제품 고객들은 가전제품의 신속한 배송, 쉬운 설치, 기술적인 조언 제공, 교육적 지원 등을 가전제품 가치를 결정하는 중요한 요소라 여긴다.[11] 또한 호텔과 레스토랑에서 고객이 느끼는 가치는 고객들이 직접 느낀 경험과 주변 환경에 의해 결정되기도 한다. 이 때문에 힐튼(Hilton) 호텔은 고객이 호텔 로비에 들어서는 순간부터 높은 수준의 서비스를 고객에게 제공하기 위해 노력한다. 고객이 느끼는 가치는 주변 환경에 의해 영향을 받기도 한다. 예를 들어, 해산물을 판매하는 레스토랑인 레드 랍스터(Red Lobster)를 방문한 고객이 느끼는 가치는 해산물을 주제로 꾸민 레드 랍스터 레스토

SOURCE: STRAIGHT TALK WIRELESS

가치 지향적 마케팅 스트레이트 토크 와이어리스는 경쟁력 있는 데이터 전송 속도와 가격으로 고객에게 우수한 가치를 제공하고 있다.

랑의 내부 환경과 인테리어에 영향을 받기도 한다. 웹사이트 상황에서는 고객들이 웹사이트를 얼마나 쉽게 탐색할 수 있는지와 같은 고객이 느끼는 경험과 환경 요소가 고객들이 인지하는 제품 가치에 막대한 영향을 미치기도 한다.

마케팅 관리자가 조합한 마케팅믹스는 고객이 느끼는 제품의 가치를 높이는데 영향을 미칠 수 있다. 마케팅믹스 중 제품은 기본적으로 제품의 특성을 고객에게 전달하여 고객들에게 혜택을 느끼게 한다. 촉진활동은 고객들이 그 제품에 관해 특정 이미지와 고급스러운 특성을 인식하도록 함으로써 고객들이 제품의 가치를 더 높게 인식하도록 돕는다. 때로는 자사 제품을 단지 경쟁사 제품 대비하여 가장 저렴한 가격으로 판매함으로써 고객들에게 자사 제품이 가치 있는 제품으로 인식되게 만들 수도 있다. 예를 들어 많은 고객들은 주방에서 사용하는 키친타월을 구매할 때 품질에 연연하기 보다는 키친타월은 무언가를 닦아낸 후 바로 버릴 것이므로 가장 가격이 저렴한 키친타월을 원하고 그러한 제품을 가치 있다 평가한다. 반면 신속과 편의성이 높은 것에 가치를 부여하는 고객들은 가격에 덜 민감한 경향이 있다. 이러한 고객들은 직접 재료부터 구매하여 식사를 준비하는 것이 금액적으로 더 저렴할지라도 신속하고 편리한 것에 높은 가치를 두기 때문에 이미 만들어진 음식을 구매하여 먹는다. 이들은 저렴한 음식보다는 편리하게 먹을 수 있는 음식이 가장 큰 가치를 제공한다고 여긴다. 마케팅믹스의 또 다른 요소인 유통 역시 고객들이 제품의 가치를 높게 인식하는데 도움을 줄 수 있다. 멕시칸 패스트푸드 레스토랑인 타코 벨(Taco Bell)은 타코 벨 레스토랑이 음식을 원하는 사람들이 원하는 시간과 장소에 언제나 위치하게 함으로써 고객들이 타코 벨 제품의 가치를 높게 평가하길 원한다. 따라서 타코 벨은 자사의 음식들을 타코 벨 매장뿐만 아니라 슈퍼마켓, 자판기, 대학 캠퍼스를 포함한 다양하고 접근성 높은 지역에서 판매하고 있다. 정리하면 효과적인 마케팅 전략이란 고객의 니즈를 이해하는 일로부터 시작하며, 그들의 니즈를 만족시키기 위해 마케팅믹스를 기획하여 고객들이 원하는 가치를 제공하는 것이라 할 수 있다.

1-3a 마케팅은 고객과 이해당사자들 과의 관계를 형성한다.

교환 기업은 제품, 서비스, 아이디어를 고객에게 제공하고 대신에 가치 있는 무언가를 되돌려 받는다.

마케팅은 이해관계자들과의 관계를 형성함으로써 가치를 창출하기도 한다. 개인과 조직은 마케팅을 통해 재화, 서비스, 아이디어를 제공하고 반대 급부로 가치 있는 무언가를 얻는 **교환 exchanges** 관계를 촉진시킨다. 이러한 교환 관계에서 재화, 서비스, 아이디어 등 어떠한 것이라도 교환의 대상이 될 수 있으며, 교환 관계에 참여한 개인과 조직은 그 제품이 자신들이 지불한 댓가 이상의 가치를 제공하면 혜택을 얻게 되는 것이다.

교환 관계가 성립되기 위해서는 다음과 같은 네 가지 조건이 성립해야 한다. 첫째, 두 명 이상의 개인, 그룹, 혹은 조직이 교환 관계에 참여해야 하며, 거래 당사자는 거래 상대방이 원하는 가치 있는 무엇을 제공해야 한다. 둘째, 교환 관계가 성립하기 위해서는 거래에 참여하는 두 당사자 모두에게 혜택 혹은 만족이 발생해야 한다. 셋째, 교환 관계가 성립하기 위해서는 서로가 상대방이 보유한 가치 있는 무언가에 대한 확신이 있어야 한다. 저스틴 팀버레이크(Justin Timberlake)나 리한나(Rihanna)의 콘서트를 간다고 하자. 고객들은 이들 아티스트들의 공연이 멋질 것이란 기대와 확신을 갖고 있어야 교환 관계가 성립할 수 있다. 마지막으로 이러한 교환 관계가 신뢰를 형성하려면 교환 관계에 참여한 모든 당사자들이 상대방의 기대치에 부응해야만 한다.

그림 1.2는 교환 과정을 보여준다. 그림의 화살표는 구매자와 판매자가 교환을 할 가치 있는 그 무언가를 주고받는 과정을 의미한다. 교환 과정은 앞서 언급한 조건들이 단지 존재한다고 일어나지는 않으며 실제 거래나 판매가 일어나지 않아도 마케팅 활동들은 일어날 수 있다. 고객들이 서브제로(Sub-Zero) 냉장고의 광고를 볼지라도 그 고가의 냉장고를 구매하지 않을 수도 있다. 자신의 가치 있는 대상과 상대방의 가치 있는 대상 혹은 금전이 실제로 거래되었을 때 비로소 교환이 이뤄지는 것이다.

마케팅 활동은 거래 당사자들 간의 만족스런 교환 관계를 형성, 유지하는데 일조해야 한다. 당사자 간의 교환 관계를 지속적으로 유지하기 위해 구매자는 자신이 얻은 재화, 서비스 혹은 아이디어에 만족해야 하며, 판매자 역시 구매자로부터 얻은 금전적 보상 혹은 반대 급부에 만족해야만 한다. 고객과의 교환 관계는 장기간에 걸쳐 일어나는 경우가 많으므로, 기업에게 고객들의 반복 구매는 매우 중요한 요소이다. 기업과의 교환 관계에 불만족한 고객은 그러한 교환관계에 신뢰를 잃고 다른 기업이나 제품을 찾게 될 것이기 때문이다.

그림 1.2 구매자와 판매자 간의 교환

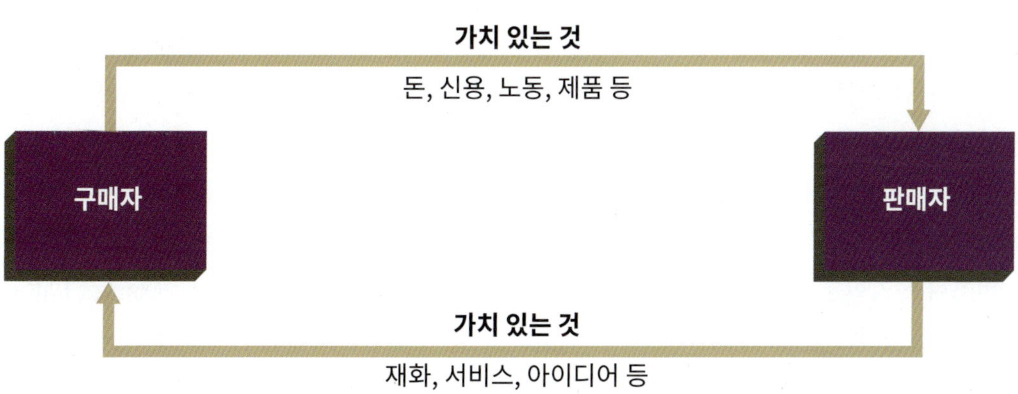

이해당사자 기업이 제공하는 제품, 산업, 시장 그 밖에 연관된 활동에 직간접적으로 관여하고 있는 고객, 종업원, 투자자, 공급업체 등 모든 관계자

마케팅 관리자들은 고객뿐만 아니라 관련 있는 다른 이해 당사자와의 관계를 형성하고 유지하는데도 관심을 기울여야 한다. **이해당사자stakeholders**는 기업이 제공하는 제품, 산업, 시장, 그 밖의 연관된 활동에 직간접적으로 관여하고 있는 고객, 종업원, 투자자, 공급업체, 정부, 커뮤니티, 경쟁자 등 모든 관계자를 의미한다. 기업은 마케팅 활동을 진행할 때 이러한 이해관계자들의 요구에 적극적으로 대응해야만 한다. 이처럼 이해관계자의 요구 사항에 적극적으로 부응하는 것은 기업의 재무적 성과를 올리는데 도움이 된다.[12]

그러므로 이해당사자들과 우호적인 관계를 형성하고 유지하는 것은 기업과 제품의 장기적인 성공을 위해 중요하다. 종업원들은 고객 만족 향상에 직접적으로 영향을 미치며, 믿을 만한 공급업체는 좋은 품질의 제품을 만드는데 필수적이기 때문이다. 뿐만 아니라 또 다른 이해관계자인 커뮤니티는 기업이 사회적, 경제적 기여를 만들 수 있는 기회를 제공함으로써 기업의 평판을 긍정적으로 이끄는데 도움이 된다. 이들 뿐만 아니라 고객과 경쟁자는 기업이 자사의 마케팅 전략을 수립하는데 가장 중요한 핵심적인 이해관계자라 할 수 있다.[13] 이처럼 다양한 이해당사자들과 우호적인 관계를 형성하는 것은 기업의 장기적인 성공에 매우 중요한 요소이다.

1-4 마케팅은 역동적 환경에서 이해해야 한다

 # 학습목표 **마케팅 환경을 이해한다.**

마케팅 환경 고객을 둘러싼 경쟁적, 경제적, 정치적, 법률적, 기술적, 사회문화적 환경들로 기업의 마케팅믹스에 영향을 미친다.

기업의 마케팅 활동은 진공 상태에서 진행되는 것이 아니라, 고객을 둘러싼 **마케팅 환경marketing environment**에서 이뤄진다. 마케팅 환경이란 고객을 둘러싸고 일어나고 있는 경쟁적, 경제적, 정치적, 법률적, 기술적, 사회문화적인 환경을 의미하는 것으로 기업이 행하는 마케팅 활동인 마케팅믹스에 영향을 미친다 (그림 1.1 참조). 이러한 마케팅 환경이 구매자와 판매자에게 미치는 영향은 때로는 너무 역동적이어서 마케팅환경의 영향을 예상하는 것이 쉽지 않다. 시장의 변화는 이해관계자들이 어떤 제품을 어떻게 인식하는지에 영향을 미치기 때문에 마케팅환경의 변화는 고객이 인식하는 제품의 가치에 광범위하게 영향을 미친다. 마케팅환경은 마케팅 관리자에게 위협을 만들기도 하지만, 때로는 신제품이나 고객과 연결되는 새로운 방법을 고안할 수 있도록 하여 마케팅 관리자에게 새로운 기회를 제공하기도 한다. 코로나19 팬데믹은 2020년 마케팅환경을 대대적으로 변화시켜왔지만 코로나19에서 고객들의 새로운 니즈를 만족시키는 기업들에게는 새로운 비즈니스 기회를 제공하기도 하였다. 예를 들어, 모던 마켓 이터리(Modern Market Eatery)라는 레스토랑 체인은 코로나19 이후 식료품을 간편하게 구매하고자 하는 고객들의 새로운 니즈를 만족시키기 위해 다양한 식재료로 구성된 식료품 박스를 판매하였다.[14]

마케팅환경은 세 가지 측면에서 마케팅 관리자가 가치 지향적 마케팅 교환 활동을 창조하는데 영향을 미친다. 첫째, 마케팅환경은 고객의 라이프스타일, 삶의 방식, 제품에 대한 선호와 니즈에 영향을 미친다. 마케팅 관리자는 고객을 만족시키기 위해 마케팅믹스를 변화, 조정해야하기 때문에 마케팅환경이 고객에게 미친 영향은 결국은 마케팅믹스 요소에 간접적으로 영향을 미치게 된다. 예를 들면, 고단백 식이에 대한 인기는 기업들이 제품 패키징에 영양요소를 강조하고 고단백을 제공하고 있음을 강조하도록 영향을 미쳤다. 오스카 마이어(Oscar Mayer) 광고를 보면 이 기업은 고객들의 고단백에 대한 요구를 P3 포터블 프로틴 팩(P3 Portable Protein Pack)이란 제품을 통해 만족시켜 주고자 한다. 둘째, 마케팅환경은 마케팅 관리자가 어떠한 마케팅 활동을 어떻게 할 수 있는지 결정하는데 도움을 준다. 마지막으로 마케팅환경은 고객들이 기업의 마케팅믹스에 어떻게 반응할 것인지에 영향을 미쳐 결국은 마케팅 관리자의 의사결정에 영향을 미친다.

SOURCE: OSCARMAYER

마케팅환경 고단백 음식을 원하는 고객들이 늘어나자 오스카 마이어는 이러한 고객들의 변화하는 선호를 만족시키기 위해 고단백 간식을 판매하고 있다.

이렇게 마케팅 관리자의 의사결정에 상당한 영향을 미치는 마케팅환경은 빠르고 급진적으로 변화하고 있다. 마케팅환경을 구성하는 다양한 요소들은 서로 밀접하게 연관되어 있기 때문에 마케팅 환경 한 요소에서의 변화가 다른 요소에서의 변화를 유발할 수도 있다. 예를 들어, 어린이들의 탄산음료와 패스트푸드 소비가 건강에 악영향을 미친다는 발견은 부정적인 여론을 형성시켰고 그 결과 공립학교에서 탄산 음료 판매를 규제하는 법률의 도입을 공론화했다. 이에 몇몇 탄산음료 기업들은 자발적으로 어린이들에게 보다 건강한 새로운 음료를 도입함으로써 이러한 환경적 변화에 적극적으로 대응하였다. 또 다른 예로 매콤한 음식의 인기가 올라가자, 맥도날드(McDonald's), 타코벨(Taco Bell), 서브웨이(Subway), 칙필레(Chick-fil-A), 웬디스(Wendy's), 버거킹(Burger King), 애플비(Applebee's) 등의 레스토랑은 스리라차 핫소스를 기반으로 만든 새로운 메뉴를 도입하였다.

마케팅 환경의 변화는 마케팅 관리자들에게 불확실성을 유발하고 때로는 그들의 마케팅 노력을 헛되게 만들기도 한다. 그러나 때로는 마케팅환경의 변화가 마케팅 관리자들에게 새로운 기회를 창조해 주기도 한다. 예를 들어, 자동차 기름 값이 상승하자 고객들은 자전거, 버스, 기차, 카풀, 전기차, 하이브리드 차 등 대안적인 운송 수단으로 옮겨가기 시작했다. 이러한 마케팅환경의 변화를 감지한 마케팅 관리자는 그러한 새로운 변화를 기회로 활용할 수 있다. 제품, 가격, 유통, 촉진으로 구성된 마케팅 믹스는 기업이 통제 가능한 변수들이지만 마케팅 환경은 기업이 통제하기 어렵다. 그러나 마케팅 관리자가 마케팅 환경의 변화를 완벽하게 예측하고 통제할 수 없다는 사실을 인지하더라도 마케팅 관리자는 환경의 변화에 대한 준비와 계획을 세워야 한다. 왜냐하면 마케팅 환경의 변화는 마케팅 활동에 심오한 영향을 미치기 때문이다.

1-5 마케팅 개념을 이해하자

 # 학습목표 **마케팅 개념을 이해한다.**

기업들은 종종 자신들의 비즈니스를 고객의 니즈를 만족시키는데 도움이 되는 무언가를 제공하는 것으로 정의하기 보다는 단순히 제품을 만드는 것으로 정의함으로써 고객의 마음을 사로잡는데 실패한다. 속쓰림 치료제인 넥시엄 24시간(Nexium 24HR)은 자사 제품을 반복적으로 찾아오는 속쓰림의 고통을 완화시키길 원하는 고객들의 니즈를 만족시켜 주는 것으로 정의하고 있다. 넥시엄 24시간 광고에서도 자사 제품이 속쓰림 고통에서 벗어나 편안한 잠을 취하고자 하는 목표 시장 고객들의 니즈를 어떻게 만족시켜 줄 수 있는지를 강조하고 있다.

마케팅 개념 기업의 잘 조직화된 활동들을 통해 고객의 니즈를 만족시키도록 노력해야만 한다는 기업의 철학.

마케팅개념marketing concept이란 기업의 철학으로 기업은 잘 조직화된 활동을 통해 고객의 니즈를 만족시키는 제품을 제공해야만 하며, 이를 통해 기업 목적을 달성해야 한다는 것이다. 고객 만족은 마케팅개념의 핵심이다. 마케팅 개념을 실행하기 위해 기업은 고객이 무엇을 원하는지 알기위해 끊임없이 노력해야 하며, 이를 통해 고객들이 만족할 수 있는 제품을 제공해야 한다. 마케팅개념은 고객의 니즈를 밝히기 위해 고객 분석, 경쟁자 분석을 진행해야 하며, 이를 바탕으로 고객에게 가치와 만족을 제공하고 기업의 장기적인 수익을 보장하기 위해 기업의 다양한 자원을 효과적으로 통합해야 한다.[15] 뿐만 아니라 기업은 고객들의 변화하는 기호에 맞춰가기 위해 자사 제품을 끊임없이 변경, 개발해야만 한다. 스타벅스의 창업자이자 전 CEO인 하워드 슐츠(Howard Schultz)는 이러한 마케팅 개념을 잘 보여주었다. 그는 스타벅스가 커피 비즈니스가 아니라 커피를 제공함으로써 고객을 만족시키는 비즈니스라 정의 내렸다. 스타벅스의 경영진들은 자사를 인간에 대한 비즈니스라 정의하면서 고객뿐만 아니라 사회 전체의 복지를 위해 노력한다는 사실을 강조하고 있다.[16] 이처럼 마케팅 개념의 시작과 끝에는 고객이 있고 고객을 만족 시키는 것을 강조한다. 마케팅개념을 바탕으로 고객을 만족시키는 것은 주주 가치에 기여하며 훌륭한 종업원을 직원으로 영입, 유지하는데도 도움이 된다.[17]

SOURCE: ASTRAZENECA

마케팅 개념의 실행 넥시엄 24시간은 속쓰림의 고통에서 벗어나 편안한 잠을 청하기를 원하는 고객들의 니즈를 만족시켜 주고 있다.

마케팅 개념은 마케팅의 또 다른 정의가 아니다. 이는 기업의 전반적인 활동을 이끄는 기업의 관리 철학이다. 이러한 철학은 단지 마케팅이 아닌 기업의 모든 활동이 어느 방향으로 움직여야 할지에 영향을 미친다. 생산, 재무, 회계, 인적자원, 마케팅 부서는 마케팅개념의 철학에 따라 조화롭게 함께 일해야 한다. 예를 들어, 프록터 앤드 갬블(Procter & Gamble)은 고객을 만족시킬 수 있는 생활용품을 공급하기 위해 마케팅개념을 바탕으로 마케팅 부서를 주축으로 연구개발, 유통, 자원 할당 등의 다양한 활동들이 조화롭게 조율되고 있다.

또 다른 측면에서 마케팅 개념은 기업의 목표를 달성하기 위한 전략적 접근법이다. 마케팅 개념을 받아들이는 기업은 고객의 목적을 만족시켜야 하지만 동시에 기업의 목적 역시 만족시켜야 한다. 기업의 목적을 만족시키지 못한다면 기업은 비즈니스를 오랜 기간 지속할 수 없을 것이다. 기업의 기본적인 목적이란 수익, 시장 점유율, 판매액의 증가를 의미한다. 마케팅 개념은 기업이 고객 지향적으로 활동함으로써 위와 같은 기업의 목적을 달성할 수 있음을 강조한다. 그러므로 마케팅 개념을 실행한다는 것은 고객을 만족시키는 동시에 기업에게도 도움이 되는 개념인 것이다.

오늘날 마케팅 개념은 고객 니즈를 만족시키는 것에서 사회의 장기적인 니즈를 만족시키는 것으로 확장되고 있다. 고객의 니즈를 만족시키기 위해 사회의 장기적인 상태를 희생시키는 것은 옳지 않다. 예를 들어 고객들의 대형 SUV와 트럭에 대한 수요가 항상 존재하지만 대형 SUV와 트럭은 환경에 치명적인 위협이 될 수 있다. 따라서 환경주의자들과 정부 관계자들은 자동차 제조업체들이 좋은 연비를 갖춰 보다 효율적인 자동차를 생산하도록 규제를 가하고 있다.

1-5a 마케팅 개념의 발전

몇몇 기업들은 마케팅 개념을 적용하여 고객 만족을 기업의 중요 목표로 삼아왔고 이를 통해 비즈니스의 성공을 거두었다. 그러나 역사적으로 모든 기업들이 마케팅 개념을 성공적으로 실행해 온 것은 아니다. 마케팅 개념은 생산, 판매, 시장지향적 관점이라는 크게 3개의 개념을 바탕으로 진화해 왔다. 마케팅 개념의 발전을 이렇게 3단계로 구분하는 것이 지나치게 개념을 단순화하는 경향이 있지만 이러한 구분은 시간의 변화에 따른 마케팅 개념의 변화를 이해하는데 도움이 된다.

생산 지향적 관점

19세기 후반, 미국의 산업혁명이 최고조에 달했을 때 전기와 철도를 이용한 운송수단, 분업, 생산라인, 대량 생산은 제품을 좀 더 효율적으로 생산하는 데 큰 기여를 했다. 이러한 신기술 개발과 노동력의 새로운 활용 방법은 생산제품의 수요가 급증하는 시기에 충분한 양의 제품을 생산하는데 기여했다. 기업이 좀 더 많은 제품을 좀 더 빠른 시간 안에 생산 할 수 있게 됨에 따라 기업 간의 경쟁은 점점 치열해져 갔다.

판매 지향적 관점

판매는 이윤과 밀접한 관계를 맺고 있다. 20세기 초반 기업 간의 경쟁이 점점 심화되어 감에 따라 기업들에게 더 많은 제품을 더 많은 고객에게 판매하는 것이 매우 중요한 이슈가 되었다. 모든 기업은 판매야말로 이윤을 추구할 수 있는 가장 강력한 방법이라 생각하고 이를 추구함에 따라 이 시기를 판매 지향적 시기라 부른다. 이 시기 경영 관리자들은 기업의 가장 중요한 마케팅 활동을 인적 판매, 광고, 유통이라 생각했다. 마케팅의 개념은 판매의 범주를 넘어서지만 오늘날에도 마케팅을 판매 지향적 관점으로 이해하고 운영하는 기업들이 있다.

시장 지향적 관점

역사적 관점에서 볼 때, 어떤 기업들은 시장 지향적 관점이 도입되기도 전부터 항상 고객이 필요로 하는 제품을 생산, 판매해왔다. 그러나 기업과 학계에서는 1950년대에 이르러 고객 지향적 철학이 왜 기업의 성공을 위해 꼭 필요한지를 이론적으로 정립하게 된다. 이론에 따르면 기업은 고객이 원하는 바를 먼저 이해하고 그에 맞춰 제품을 생산해야 하며, 기업의 관점에서 제품을 먼저 생산한 후, 왜 그 제품이 고객에게 필요한 것인지 설득하고 판매하는 것을 지양해야 한다. 점점 더 많은 기업이 고객만족의 중요성을 인지함에 따라 이제 사회는 시장 지향적 마케팅 관점을 받아들이고 있다.

시장지향성 조직 전체가 고객 니즈에 대한 정보를 모으고 이를 반영하는 데 전념하겠다는 지향성

시장 지향성market orientation은 "현재와 미래의 고객의 니즈에 대한 정보를 모으고, 모아진 정보를 조직 전체에 공유하여 그러한 고객 니즈에 기업이 조직적으로 대응하는 것"[18]을 의미한다. 시장지향성은 기업이 신규 제품을 개발하고 생산하는 데 전략적 초점을 목표 고객에게 맞추고 진행할 수 있도록 도와준다.[19] 예를 들어, 유명한 아웃도어 스토어인 레이(REI)는 고객이 제품을 일년 안에 반품한다면 전액 환불을 받을 수 있도록 하고 있다. 이와 같은 레이(REI)의 고객 친화적인 너그러운 환불 정책은 시간의 압박없이 제품을 환불하고자 하는 고객들의 니즈를 만족시키고 있다.[20]

기업이 시장지향성을 갖추고 실행하는 데는 기업의 최고 경영진들, 마케팅 관리자, 고객뿐만 아니라, 생산, 재무, 인적 관리 등 마케팅이 아닌 부서에서 근무하는 모든 관리자들의 노력이 필요하다. 기업이 보다 시향지향적인 조직이 되기 위해서는 신뢰, 개방성, 약속을 소중히 여기는 것, 존경, 협력, 그리고 기업의 존재 이유로 시장을 생각하는 것이 중요하다.[21]

시장지향성은 기업의 성과를 향상시킬 수 있는 가치를 창조하는 능력이 기업에게 필요함을 인지할 때 달성될 수 있다.[22] 은행은 자사의 가치 창조 능력으로 고객이 원하는 서비스를 전달할 때 시장지향적 조직이 될 수 있는 것이다. 마케팅 관리자가 조직간 갈등을 최소화하고 끊임없이 고객 중심적 리더십을 발휘할 수 없다면 조직의 시장지향성은 달성하기 어려울 것이다. 마케팅 부서가 아닌 다른 부서의 관리자들 역시 그들이 얻어낸 고객 정보를 마케팅 관리자와 함께 끊임없이 공유하며 고객지향적인 조직이 되어야 한다. 마지막으로 시장지향성은 지속적으로 변화하는 고객들의 니즈에 계속적으로 맞춰 나가는 것이다. 커피 등 음료 제조업체인 큐리그 그린 마운틴(Keurig Green Mountain)은 커피, 커피 머신, 커피 캡슐과 같은 성공적인 제품들을 시장에

출시해 왔는데, 이는 모두 그 기업이 고객이 무엇을 원하는 지를 잘 이해했기 때문에 가능한 일이었다. 고객의 니즈를 파악하는 것은 고객들의 기호가 빠르게 변화함에 따라 점점 더 어려워지고 있다. 오늘날 기업들은 고객을 만족시키고 고객들과 장기적으로 우호적인 관계를 맺기를 원한다. 이것이 바로 기업들이 재무적인 성과를 달성할 수 있는 길이기 때문이다.[23]

1-5b 마케팅 개념의 실현

이처럼 마케팅 개념은 기업 성공의 핵심이지만 마케팅 개념을 기업에 실제 적용하는 것은 매우 어렵다. 기업에서 마케팅 개념을 제대로 실현하려면 몇 가지 조건들을 만족시켜야 한다. 결국 이러한 조건을 만족시키지 못한 기업들은 마케팅 개념을 실현하지 못한다.

우선 마케팅 개념을 실현하기 위해 경영 관리자는 정보 시스템을 구축하여 고객의 진짜 니즈를 파악하고 이를 바탕으로 고객 니즈를 만족시키는 제품을 개발해야 한다. 애플(Apple), 할리 데이비슨(Harley-Davidson), 아마존(Amazon)과 같은 기업들은 고객의 소리에 귀기울이고 이를 통해 고객들이 만족할 만한 제품을 제공하는 데 매우 뛰어나다. 이처럼 고객이 만족하지 못하는 점과 개선을 원하는 사항들을 새겨듣고 이를 제품에 반영하는 것이 바로 마케팅 개념을 실행하는 핵심인 것이다[24]. 정보 시스템은 일반적으로 매우 고가이기 때문에 경영진이 이러한 정보 시스템을 개발, 유지하는 데는 많은 시간과 비용이 든다. 그러나 고객의 니즈를 찾는데 바탕이 되는 적절한 정보 시스템 없이 시장지향적 조직이 되기 어렵다.

다음으로 기업이 마케팅 개념을 실행하기 위해서는 기업의 다양한 활동들이 잘 조화를 이뤄야한다. 이를 위해 기업의 내부 프로세스인 생산, 마케팅과 다른 기업 부서들을 새롭게 구성하는 것이 필요할 수도 있다. 또한 기업이 고객의 변화하는 니즈와 같은 외부 환경의 변화에 끊임없이 적응해 나가야 한다. 외부 환경의 변화를 지속적으로 모니터하는 기업은 외부의 큰 변화를 좀 더 빠르게 예측할 수 있고 따라서 성공적으로 그러한 변화에 대응할 수 있다. 럭셔리 패션을 판매하는 제이슨 우(Jason Wu) 브랜드는 최근 상대적으로 저렴한 럭셔리 패션 제품들을 도입하여 젊은 고객들의 니즈에 부합하고 기업의 이미지를 새롭게 창조해 나가고 있다. 제이슨 우는 빠르게 변화하는 고객들의 니즈에 맞춰 그들의 목표 시장을 확대하고 이들을 만족시키기 위해 변화하고 있다.[25] 만약 마케팅이 기업의 최고 의사결정과정에 포함되지 않는다면 그 기업은 고객의 실제 니즈와 욕구를 반영하는데 어려움을 겪을 수 있다. 마케팅 개념의 실행은 최고경영진의 협력뿐만 아니라 조직 전체의 다양한 기능에 속한 관리자와 종업원들의 협력이 요구되는 전사적인 노력이 뒷받침되어야 가능하다. 미국의 식품 기업 제너럴 밀즈(General Mills)의 CEO인 켄 파웰(Ken Powell)이 유기농과 건강한 식재료에 대한 늘어나는 고객들의 니즈를 반영하기 위한 마케팅 전략에 적극 협력하고 리더십을 제공한 것은 최고경영진을 비롯한 조직 전체가 마케팅 개념 실행을 위해 함께 노력해야 함을 잘 보여주고 있다.

1-6 고객관계관리

 # 학습목표 고객관계의 중요성을 이해한다.

고객관계관리 고객에 관한 정보를 활용하여 고객과 바람직한 관계를 정립하고 유지하기 위한 마케팅 전략을 수립하는 활동

고객관계관리customer relationship management, CRM는 고객에 관한 정보를 활용하여 고객과 바람직한 관계를 정립하고 유지하기 위한 마케팅 전략을 수립하는 것을 말한다. 하나하나의 고객과의 관계로부터 얻을 수 있는 수익을 극대화하는 것이 기업의 가장 기본적인 마케팅 전략의 목적이다. 따라서 고객과의 관계를 유지, 관리하는 것은 모든 비즈니스의 생명선이라 할 수 있다. 기업은 기본적으로 고객과의 관계를 통해 다음과 같은 방법으로 수익을 창출한다. 즉, (1) 신규 고객을 유치하거나, (2) 기존 고객으로부터 얻을 수 있는 수익을 늘리거나, (3) 기존 고객과의 관계를 지속적으로 연장함으로써 기업은 수익을 창출할 수 있다.

기업은 신규 고객을 유치하거나 기존 고객을 유지하는 것뿐만 아니라 그 기업과의 관계를 끊었던 떠난 고객들을 다시 유치하고 관리하는데도 관심을 기울여야 한다.[26] 마케팅 개념을 실행한다는 것은 달리 말하면 교환 관계, 즉 기업이 고객과의 관계를 잘 유지하기 위한 투자와 이를 통해 고객을 유지하고 고객 충성도를 얻음으로써 얻게 된 수익 사이의 관계를 잘 관리한다는 것을 의미한다. 기업은 고객과의 관계를 세우고 관리하기 위해 이메일, 블로그, 전화, 로열티 프로그램, 소셜미디어 등 다양한 수단을 활용하고 있다. 기업은 새로운 고객을 얻기 위해 기존 고객을 유지하는 데 필요한 비용보다 훨씬 많은 비용을 지출해야 하기 때문에 기업이 기존 고객을 잘 유지하는 것은 기업 수익을 올리는 데 매우 중요하다.

관계 마케팅 장기적이고 모두에게 만족스러운 구매자와 판매자 간의 관계를 세우는 것

고객과 긍정적인 관계를 유지하는 것은 마케팅 관리자의 중요한 목표이다. **관계 마케팅 relationship marketing**이란 "장기적인 안목에서 판매자와 구매자 간의 서로 만족하는 교환을 통해 서로가 추구하는 가치를 상승시켜 나가는 상호간의 활동"[27]으로 정의할 수 있다. 관계 마케팅 활동은 기업에 대한 고객의 믿음을 더 견고하게 만들며, 고객의 믿음이 커짐에 따라 기업은 고객의 니즈를 보다 잘 이해하게 된다. 그러므로 기업과 고객은 서로에게 가치를 창조할 수 있는 친밀한 관계로 발전하게 된다.[28] 성공적인 마케팅 관리자는 고객 니즈를 잘 맞춰주며 지속적으로 고객들에게 더 많은 가치를 전달하기 위해 노력한다. 결국 고객 니즈를 맞춰주고 고객은 자신들의 니즈를 더 많이 공유하는 반복적인 상호작용을 통해 기업과 고객은 보다 탄탄한 관계를 형성하게 된다. 사우스웨스트 항공(Southwest Airlines)은 고객을 자사의 가장 중요한 이해관계자로 여기며 관계 마케팅을 실천해 오고 있다. 이러한 점을 잘 반영하여 사우스웨스트 항공의 기업 사명은 "따뜻함, 친근함, 긍지와 기업 정신에 입각하여 최상의 고객 서비스를 지속적으로 전달"하는 것이다.[29]

관계 마케팅은 고객과의 모든 접점에서 고객에 관한 정보를 획득하고 이를 분석하여 고객의 니즈와 습관을 좀 더 깊이 이해하고 이를 바탕으로 기업과 고객 간에 서로 만족하는 교환을 창출

한다. 즉, 관계 마케팅은 최신 기술력을 이용하여 고객 데이터베이스를 구축하고 이에 대한 분석을 통해 전략과 방법을 고안하여 한명한명 고객의 평생가치를 극대화하는 데 그 목적이 있다[30].

오늘날 마케팅 관리자는 고객과 장기적인 관계를 세우고 유지하기 위해 점점 더 데이터 분석에 집중하고 있다. 기업들은 데이터 분석을 통해 고객에게 지속적으로 향상된 가치를 제공할 수 있고 이를 통해 고객은 그 기업에 대한 높은 충성도를 형성하게 되고 결국 기업은 장기적인 높은 수익성을 확보할 수 있는 것이다. 항공사들은 항공 마일리지 프로그램을 통해 고객관계관리를 실천하고 있다. 항공 마일리지 프로그램을 통해 항공사들은 개인 고객에 정보를 수집하고 이러한 정보를 통해 각각의 고객이 항공사로부터 무엇을 원하는지를 보다 잘 이해할 수 있다. 뿐만 아니라 모아진 정보를 통해 서로 다른 고객 취향과 고객이 항공사에 기여하는 가치에 따라 각각의 고객에게 차별적인 서비스를 제공할 수도 있다. 기존 연구들에 따르면 항공 마일리지 프로그램처럼 고객과의 관계를 쌓기 위한 기업의 노력은 고객 가치를 증가시킨다고 한다.[31]

오늘날 기업들은 인터넷을 기반으로 하는 마케팅 전략(e-marketing)을 통해 하나하나 고객과의 관계를 개인 맞춤화할 수 있다. 인터넷 기반 마케팅을 통해 다양한 제품에 대한 광고를 개별 고객의 선호와 관심사에 따라 맞춤화 할 수 있다. 이처럼 고객관계관리는 고객과의 장기적인 관계 유지를 위해 정보 기술과 분석 능력을 활용한다. 기업은 고객 가치를 높이고 고객을 보다 만족시키기 위해 정보 기술과 분석 능력을 이용하고, 고객은 기업의 이러한 노력에 대한 보답으로 기업 제품을 구매함으로써 그들 간의 관계를 공고히 한다.

1-7 글로벌 경제에서 마케팅의 중요성

 # 학습목표 **글로벌 경제에서 마케팅의 중요성을 살펴본다.**

지금까지 마케팅의 정의와 마케팅 활동들을 살펴보면서 왜 우리가 마케팅을 공부해야 하는지는 명확해졌다. 이번 절에서는 마케팅이 개인에게 미치는 영향과 점점 글로벌화 되어가는 사회에서 어떠한 역할을 하는지 알아보고자 한다.

1-7a 마케팅 비용은 구매자의 구매 비용의 상당 부분을 차지한다.

다양한 마케팅 활동들은 고객에게 만족스런 제품과 서비스를 제공하기 위해 필요하다. 당연히 이러한 마케팅 활동들은 비용을 수반한다. 고객이 지불하는 비용의 약 절반정도가 마케팅 비용으로 소비된다. 예를 들어 10달러인 립스틱을 구매했다면 촉진과 유통을 포함한 마케팅 비용에 가격의 50~60%의 비용이 소비되었을 것이다. 반면 립스틱 생산에는 약 2.50달러, 즉 제품 가격의 약 25%가 소비된다. 이를 한 달에 6,000달러를 버는 가족에게 적용해 보자. 한 달에 6,000달러를 버는 가족은 세금으로 1,200달러를 지불하고 4,800달러를 제품 구매 등에 활용할 수 있다. 이 경우 약 절반정도가 마케팅 비용으로 소비되는 것을 감안하면, 평균적으로 매달 2,400달러가 마케팅 활동을 위한 비용으로 지불되는 것이다. 마케팅 비용으로 이렇게 많은 비용이 소모되는 것을 감안한다면 고객들은 이러한 마케팅 비용이 어떻게 소비되는지 제대로 이해할 필요가 있다.

1-7b 마케팅은 비영리단체에도 적용된다.

마케팅이란 말을 들었을 때 대부분의 사람들은 코카콜라, 포드 자동차, AT&T를 위한 광고처럼 수익을 위해 활동하는 기업의 활동을 떠올리겠지만 마케팅은 비영리단체의 활동에도 중요한 역할을 한다. 예를 들면, 중앙 정부, 주정부, 지방 정부는 그들의 미션과 목표를 달성하기 위해 마케팅 활동을 활용하며 대학교들 역시 학생들을 모집하고 학교의 졸업생과 기업들로부터 기부금을 모집하기 위해 활발한 마케팅 활동을 진행한다. 영리기업처럼 비영리 단체들 역시 자신들이 목표로 삼은 특정한 집단을 위해 프로그램을 만들고 가격을 부여하고 이러한 프로그램을 유통하고 그 프로그램을 고객들에게 알리는 마케팅 활동에 참여한다. 예를 들어, 베스트 프렌즈 애니멀 소사이어티(Best Friends Animal Society)는 전국에 걸쳐 동물 구조 서비스와 같은 동물 복지를 위한 서비스를 제공하고 있는데, 이러한 프로그램을 운영하기 위한 기부금을 모집하기 위해 다양한 촉진 메시지를 제공하고 있다. 주어진 베스트 프렌즈 애니멀 소사이어티 광고를 보면 동물 입양을 촉진하기 위한 메시지를 전달하고 있다. 비영리단체도 영리 기업과 마찬가지로 고객을 만족시켜야 하고 수익을 창조해야만 한다. 비영리 단체 역시 그들의 고객인 기부자들과의 만족스러운 교환 관계를 창조하기 위해 마케팅 활동이 필요한 것이다.

SOURCE: BEST FRIENDS ANIMAL SOCIETY

비영리단체를 위한 마케팅 베스트 프렌즈 애니멀 소사이어티는 비영리단체로서 반려동물 입양 활성화와 동물 복지 서비스를 제공하기 위해 마케팅활동을 진행한다.

1-7c 마케팅은 기업과 경제 모두에 중요하다.

기업은 마케팅 활동을 통해 고객에게 필요한 제품과 서비스를 제공함으로써 생존하고 성장한다. 마케팅은 기업의 제품을 판매하여 수익을 올림으로써 기업이 끊임없이 운영될 수 있도록 하며 투자자들에게는 이윤을 환원하는 중추적인 역할을 담당하고 있다.

또한 마케팅은 기업이 혁신과 신제품 개발을 통해 비즈니스 성공을 이끌고 고객들의 충성도를 높이는데 기여한다. 이러한 활동들을 통해 기업은 일자리를 만들고 이윤을 창조하고 세금을 내며, 사회에 기부도 한다. 기업 사회 기부 활동을 통해 비영리단체의 활동도 존재할 수 있는 것이다. 구체적으로 기업은 마케팅 활동을 통해 기업 생존에 필수적인 수익을 창출할 수 있다. 수익이 창출되어야만 기업은 원재료를 구매하여 제품을 만들 수 있고 새로운 종업원을 고용할 수 있으며 자본을 끌어 모으고 추가적인 수익을 창출할 수 있는 제품도 만들 수 있는 것이다. 뿐만 아니라 기업이 수익을 창출할 수 없다면 마케팅 관리자들은 사회적 목적을 위한 선한 활동에 기여할 수도 없다. 자선 단체들은 사회적으로 요구되는 기부 활동들을 진행하는데 기업들이 자선단체에 기부하고 자선단체를 위한 촉진활동들을 도움으로써 이들 자선 단체들의 활동을 지원한다. 종합하면 마케팅은 위와 같은 활동들을 통해 경제뿐만 아니라 사회 전체의 복지에 기여하고 있는 것이다.

1-7d 마케팅은 글로벌 경제에 원동력이 된다.

마케팅은 글로벌 경제를 발전시키는 데 기여한다. 기술의 발전과 글로벌 시장에서 정치 경제적 벽이 허물어지는 것, 그리고 인류의 보다 나은 삶에 대한 열정은 글로벌 경제에서 마케팅의 역할을 강화해 왔다. 전 세계를 통한 커뮤니케이션이 가능해졌고 국제여행이 일반화됨에 따라 많은 글로벌 브랜드들은 전 세계적으로 사랑받고 있다. 구글(Google), 페이스북, 마이크로소프트(Microsoft)와 같은 많은 미국 기업들은 창업 때부터 글로벌 시장을 대상으로 한 기업이다. 동시에 미국 국내 시장 고객들은 미국 기업들의 브랜드뿐만 아니라 일본의 도요타(Toyota), 독일의 제약기업 바이엘(Bayer), 스위스의 네슬레(Nestle)와 같이 다양한 외국 브랜드들의 제품을 미국 국내 시장에서 쉽게 접하고 구매하고 있다. 전 세계 사람들은 월마트(Walmart)에서 구매한 삼성과 소니 텔레비전으로 CNN과 MTV를 시청하고 소셜 미디어와 인터넷은 기업들이 전 세계에 있는 고객들과 연결되어 거래를 할 수 있도록 한다.

1-7e 마케팅 지식은 고객의 인식을 향상시킨다.

마케팅 활동은 글로벌 경제에 기여할 뿐만 아니라 우리 삶의 질을 향상 시킨다. 오늘날 고객들은 웹사이트, 소셜 미디어, 정보 공개를 통해 과거 보다 제품에 대한 보다 정확한 정보를 얻을 수 있다. 또한 쇼핑을 하고 제품의 가격을 비교하는 것이 보다 수월해 졌으며 구매 후 만족하지 않는 제품을 반품하는 것도 보다 쉬워졌다. 최근 통계에 따르면 미국인은 3조 3천억 달러에 해당하는 제품을 구매하여 이중 260억 달러 정도 가치의 제품을 반품했다고 한다.[33] 이렇게 반품된 제품들은 일반적으로 아울렛에서 판매되며 아마존은 자신들의 웹사이트에 약간 사용된 제품을 판매하는 별도의 섹션을 운영하고 있다. 소비자들이 점점 보다 많은 정보를 갖게 됨에 따라 이들은 보다 나은 구매 의사결정을 내릴 수 있을 뿐만 아니라 소비자 자신과 경제적 복지에 도움이 되는 일을 할 수 있다. 마케팅 활동을 이해하고 보다 많은 정보를 얻게 됨에 따라 사람들은 법률, 규제, 산업 가이드라인과 같은 시정 명령을 보다 잘 이해하게 되었고 이를 이용하여 불공평하거나 비윤리적인 기업의 마케팅 활동을 막을 수 있다. 또한 마케팅에 대한 지식은 잠재적으로 우리의 경제적 복지에 영향을 미칠 수도 있는 마케팅에 관한 정부 정책을 보다 잘 이해하도록 돕고 있다. 종합하면 마케팅 활동이 어떻게 운영되는 지를 잘 이해하는 것은 우리 스스로가 더 나은 소비자가 되도록 할 뿐만 아니라 소비자의 구매 활동이 사회에 미치는 가치를 극대화하는데도 도움이 된다.

1-7f 마케팅은 기술을 통해 사람들을 연결한다.

기술, 특히 정보 기술은 마케팅 관리자가 더 많은 고객들을 이해하고 만족시키도록 돕는다. 인터넷의 사용은 소비자들의 일상을 완벽히 변화시켰다. 인터넷뿐만 아니라 모바일기기, 이메일, 페이스북, 트위터, 구글 등의 새로운 기술을 일상생활에서 폭넓게 사용함에 따라 고객들이 의사소통하

그림 1.3 소비자들의 스마트폰 사용용도

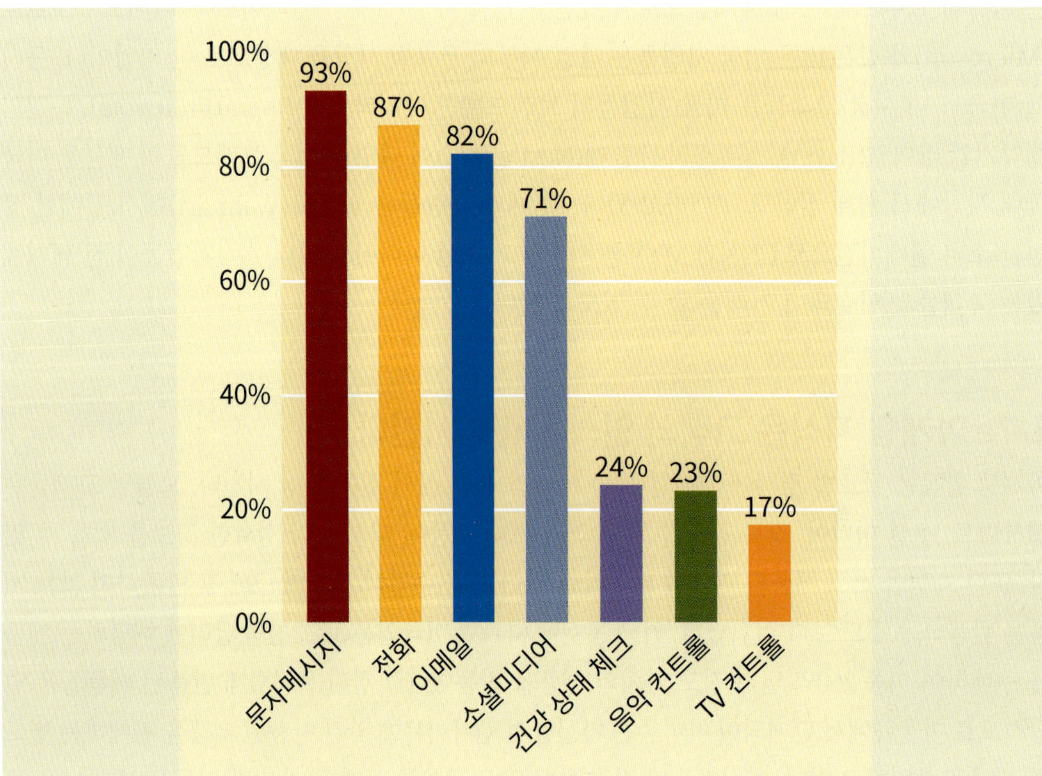

출처: Deloitte Global Mobile Consumer Survey: U.S. Edition 2018

며, 제품에 대한 정보를 모으고, 구매를 하고 구매한 제품에 대한 의견을 나누는 방식이 완벽히 달라졌다. 특히 전 세계적으로 모바일기기를 폭넓게 사용함에 따라 마케팅 관리자와 고객들이 관계를 맺는 방식에 변화가 생겼고, 이에 기존 마케팅 믹스가 실행되던 방식이 효율적인지에 대한 의문을 만들었다. 진화하는 소프트웨어 역시 무언가를 창조하고 저장하고 공유하고 협력하는 것을 과거보다 쉽게 만듦으로써 마케팅 활동의 변화를 이끌었다.[34]

마케팅 관리자들은 빅데이터에 접근이 가능한 플랫폼이란 새로운 방식을 통해 정보를 저장하고 의사소통하며 공유하고 있다. 빅데이터란 다양한 숫자로 변환될 수 있는 정형화된 혹은 비정형화된 데이터베이스로부터 얻어진 방대한 양의 데이터를 의미한다. 세일즈포스(Salesforce.com)와 같은 기업들은 고객관계관리 서비스를 기업들에게 제공하기 위해 빅데이터를 적극 활용한다. 새로운 세대의 고객들은 문자화된 문서나 이메일 보다는 소셜 네트워크나 모바일 메시지와 같은 것에 훨씬 익숙하다.[35] 그림 1.3은 일반 소비자들이 스마트폰을 이용해서 무슨 활동을 가장 많이 하는지를 보여준다.

인터넷은 기업들이 고객에게 제품에 대한 막대한 정보를 손쉽게 제공하게 할뿐만 아니라 이메일, 웹사이트를 통해 고객들과 상호작용하는 것도 수월하게 한다. 예를 들어, 고객이 신차를 구매하는 상황을 생각해보자. 이 고객은 신차를 구매하기 위해 자동차 제조업체의 웹사이트를 방문하여 자신이 원하는 차를 구성하고 웹사이트를 통해 그 자동차의 가격에 대한 정보를 즉각적으로 얻을 수 있다. 혹은 자동차를 구매하려는 고객들은 오토바이텔(Autobytel), 에드먼즈(Edmunds)와 같은 웹사이트에 방문하여 다양한 차에 대한 전문가의 리뷰를 찾아보거나 가격 정보를 비교해 볼 수 있다. 때로는 제품에 대한 다른 소비자들의 견해를 얻기 위해 엘프(Yelp)와 같은 사이트를 방문할 수도 있다. 이러한 정보 획득 과정 후에 소비자들은 자동차를 온라인으로 구매할 수도 있고 자동차 대리점을 통해 구매할 수도 있다. 많은 기업들은 이처럼 페이스북, 틱톡(TikTok)과 같은 소셜 미디어와 블로그를 통해 고객들과 연결된다. 디지털 마케팅에 대한 보다 상세한 내용은 7장에서 논의될 것이다. 심지어 기술은 고객들이 일상 식료품을 구매하는 방식까지 변화시키고 있다. 오늘날 고객들이 점점 시간에 쫓기는 삶을 살게 되면서 고객들은 그들의 식료품 구매를 앱으로 먼저하고 제품들을 픽업할 수 있게 되었다. 혹은 시간 절약을 위해 고객들은 자신들의 식료품 픽업이나 배달을 미리 주문해 놓을 수도 있다.[36]

인공지능(Artificial Ilntelligence: AI)은 인간의 인지적 기능을 자극하는 기계 학습(머신 러닝: Machine Learning)을 포함한다. 인공지능은 방대한 빅데이터를 분석하여 마케팅 환경을 획기적으로 변화 시킬 수 있다. 인공지능은 고객 서비스를 포함한 다양한 분야에 활용될 수 있다.

인공지능에 바탕을 둔 챗봇은 제품 사용에 관한 방법을 안내하거나 고객 질문에 답변을 하거나 제품 주문을 받는 서비스를 제공할 수 있다. 인공지능이 장착된 로봇은 배달을 하거나 고객들의 행동을 관찰하거나 매장 안을 돌아다니며 재고를 확인하는 업무를 할 수도 있다. 이 뿐만 아니라 블록체인 정보 시스템과 결합하여 인공지능은 주문된 거래 기록을 데이터 블록으로 만들

INTEGRITY IN MARKETING

마케팅의 정직성

와비 파커 광학 산업을 분석하다

2008년 4명의 와튼 경영대학원 학생들은 고가의 스타일리쉬한 안경 사업을 위해 뭉쳤다. 이들은 이 사업이 거의 특정 기업의 독점시장에 가까워 안경 가격이 상승한다는 점에 주목하였다. 와비 파커(Warby Parker)의 약속은 간단하였다. 전통적인 높은 마진을 포기하고 하우스 안경을 디자인하고 제작하여 온라인에서 안경당 95달러에 스타일리쉬한 디자이너 안경을 판매한다는 것이다. 또한 와비 파커가 안경을 판매한 갯수만큼을 개발도상국 소비자들에게 그들이 부담할 수 있는 저렴한 가격으로 공급하겠다는 계획이었다. 비전스프링(VisionSpring)과 파트너십을 통해 진행한 이러한 "Buy a pair, Give a pair" 프로그램을 통해 와비 파커는 전 세계 50여개 국에 저렴한 가격으로 5백만 개의 안경을 제공하였다.

고객들에게 보다 나은 시력을 보장해 주는 것은 와비 파커 기업의 또 다른 중요 목표이며, 이를 위해 "pupils project" 가 진행되었다. 이 프로젝트는 학생들을 위해 무료로 시력 검사와 안경을 제공하는 것이다. 현재 교육부와 도시, 학교들의 도움으로 와비 파커는 64,000 건이 넘는 검사와 54,000개가 넘는 안경을 필요로 하는 학생들에게 무료로 안경을 제공하였다. 이처럼 와비 파커는 제품을 만들어 그 제품을 필요로 하는 일반 소비자들이 보다 쉽게 구매하도록 하고 사회의 복지를 위해 노력하고 있다. 이러한 점이 와비 파커를 다른 기업들과 구별되는 돋보이는 기업으로 만들고 있다.

어 저장할 수도 있다. 블록체인은 기록 보관 기술로 아무도 변경할 수 없는 분권화된 데이터베이스를 창조한다. 데이터를 저장한 각 데이터 블록은 기존 데이터 블록에 추가되어 시간 순서대로 저장되어 영원히 보관될 수 있다. 이를 통해 데이터 보관 과정의 투명성을 향상시키고 사기 범죄를 감소시키는데 도움을 줄 수 있다. 세계적인 유통 체인인 월마트 역시 블록체인 기술을 활용하고 있는데, 이를 통해 취급하는 다양한 제품들을 각각의 유통점으로 어떻게 이동/운반하는지 그 과정을 면밀히 추적하는 능력을 향상시켰다. 월마트에서 판매하는 음식 제품 오염 사고가 발생했을 때, 블록체인 기술을 통해 이 오염된 음식이 어디서 시작되었는지를 효율적으로 알아낼 수 있었기 때문에 신속하게 제품 리콜을 실시할 수 있었다.

혁신적인 기술은 때로는 마케팅뿐만 아니라 기업의 전반적인 비즈니스 모델 변화에 막대한 영향을 미치기도 한다. 일반 개인 간 의사소통이 가능하게 하는 기술은 공유 경제를 활성화하는데 영향을 미쳤다. 개인 간 차량 서비스를 연결해 주는 우버(Uber), 리프트(Lyft), 개인 간 필요한 노동 서비스(예: 청소, 배달)를 연결시켜주는 태스크래빗(TaskRabbit)은 기존 비즈니스에 존재하는 경쟁 관계를 무너뜨리는 새로운 비즈니스 모델을 창조했다. 개인들은 점점 더 독립적인 계약 주체가 되고 있고, 자기 스스로 비즈니스를 운영하는 개인의 수는 지난 10년 동안 40%나 상승했다.[37]

클라우드 컴퓨팅과 저렴한 비용의 정보기술은 이제 개인과 작은 기업들도 대기업에 맞서 경쟁력을 갖출 수 있도록 돕고 있다. 이러한 기술들이 마케팅이 고객을 위해 가치를 창조하고 촉진하며 효율적으로 전달할 수 있게 돕는다. 특히 이러한 혁신적인 기술들은 마케팅 활동 중에서 유통, 인적 판매, 광고에 큰 영향을 미치고 있다. 혁신적 기술을 바탕으로 한 높아진 예측 기술은 기업이 목표 시장을 정밀하게 타깃하고 그 목표 시장 고객들의 인구 통계적 혹은 행동적 특성을 바탕으로 효과적인 촉진 활동을 진행할 수 있도록 하였다. 이와 같은 변화는 고객들의 행동 방식도 바꾸었는데, 오늘날 인터넷을 사용하는 약 40%의 미국인들은 과거와 달리 전화로 종업원과 직접 이야기 하는 것보다는 디지털 고객 서비스를 이용하는 것을 선호한다고 밝혔다.[38]

1-7g 마케팅의 사회적 책임: 고객과 주주의 복지를 증진시킨다.

현재 우리 경제 시스템의 성공은 고객과 다양한 이해관계자가 믿음과 협력의 관계에서 서로의 가치를 증진시키고, 마케팅 활동을 통해 자신들의 문제점을 해결해 나가는 데 달려있다. 사회적 책임과 윤리적 행동이란 기업의 전략적 방향과 마케팅 활동 실행의 중요한 부분이라 할 수 있다. 몇몇 마케팅 관리자들의 무책임하고 비윤리적인 행동들이 신문의 1면을 장식하기도 하지만 대부분의 마케팅 관리자들은 고객과 이해관계자들과 장기적으로 우호적인 관계를 유지하기 위해 책임 있는 행동을 취하고 있다. 기업은 기업에 대한 고객들의 믿음이 윤리적인 행동에서 생겨남을 인식하고 있다.

자연환경을 유지하는 것이 중요한 시대에 기업들은 **그린 마케팅green marketing** 개념을 점점 더 적극적으로 받아들이고 있다. 그린 마케팅이란 기업이 자연환경을 잘 보존 유지하면서 고객들에게 혜택을 제공하여 장기적인 관계를 유지하고자 하는 기업의 전략적 마케팅 활동이라 할 수 있다. 많은 기업들은 에너지 소비량을 줄이고 환경 친화적인 패키징을 개발하고 재활용이 쉬운 제품을 개발하기 위해 노력하고 있다. 이러한 기업의 그린 마케팅 활동은 기업 활동이 환경에 미칠 수 있는 부정적인 효과를 줄일 뿐만 아니라 지속가능한 경영을 하고자 하는 기업의 좋은 평판을 높이는데도 일조하고 있다.

그린 마케팅 기업이 자연환경을 잘 보존, 유지하면서 고객들에게 혜택을 제공하여 장기적인 관계를 유지하고자 하는 기업의 전략적 마케팅 활동

새로운 기술은 마케팅 활동의 효과성, 효율성을 높이는데 도움을 주고 있다. 그러나 인공지능 로봇이나 드론과 관련된 새로운 기술들은 다양한 마케팅의 윤리적 문제들을 만들고 있다. 마치 인간처럼 사고, 행동하는 인공지능 로봇 시스템을 개발하는 것은 다양한 윤리적, 사회적 책임을 갖추어야 할 필요성을 야기 시킨다. 예를 들어, 인공지능을 바탕으로 한 예측 기술이 인간의 다양성이나 소외계층 보호의 개념을 고려하지 않고 목표 시장을 타깃한다면 어떤 세분 시장에 속한 사람들은 차별을 경험할지도 모른다. 또한 인공지능을 바탕으로 한 빅데이터나 분석 기술은 이를 통해 모

아진 인간의 개인사생활에 관한 자료들이 마케팅에서 어떻게 사용되어야 하는지, 개인의 사생활은 어떻게 보호되어야 하는지의 윤리적 문제에 직면하게 될 것이다. 반면 감사 추적을 할 수 있게 해주는 블록체인 시스템과 같은 기술은 소비자들을 사기범죄로부터 보호하고 정확한 거래 기록을 제공하도록 도울 수도 있다. 이처럼 새로운 기술은 사회에 긍정적 혹은 부정적으로 사용될 수 있기 때문에 공익을 위해 기술을 활용하는 것이 목적이 되어야 한다. 기업은 마케팅이 사회에 미칠 수 있는 영향력을 인지하면서 사회적으로 책임 있는 마케팅 활동과 수익 창조로 사회에 기여해야 한다.

1-7h 마케팅은 다양한 직업군을 창조한다.

마케팅 분야는 전 세계를 통해 흥미롭고 도전적인 다양한 직업 기회를 제공한다. 제품 개발, 인적 판매, 소셜 미디어 관리자, 유통, 가격 산정, 광고, 마케팅 조사, 도매, 소매 등 마케팅과 관련된 직업 기회는 아주 다양하다. 헬스 케어, 스포츠, 소비재 산업, 비영리 단체, 정부, 심지어 농업과 정유 산업까지 마케팅 업무를 포함하지 않는 산업은 존재하지 않는다. 실업률이 높을 경우, 판매 직군은 가장 매력적인 직업 기회 중 하나로 인식된다. 또한 마케팅 직업군은 고객과의 관계 관리의 중요성 때문에 가장 안정적인 직업 군 중 하나로 인식되기도 한다.

그러나 미래에 기술의 급속한 발전은 마케팅 안에 존재하는 직업의 종류를 현격하게 변화시킬 것이다. 판매, 고객 서비스, 유통 등의 활동은 클라우드 컴퓨팅과 인공 지능이 결합하여 인간의 도움 없이 이뤄질 수 있다. 드론은 기업이 정보를 모으는 관찰 활동을 자동화하여 많은 마케팅 활동을 도울 수 있다. 예를 들어 드론은 보험 사고가 발생했을 때 드론으로 촬영한 영상 정보를 신속하게 제공하여 기업 활동에 도움을 줄 수 있다. 새로운 기술이 기존의 마케팅 종사자들의 업무를 대신할 수 있음에 따라 마케팅 관련 업무 종사자들은 그들에게 변화된 역할이 존재하며 마케팅 분석과 같은 새로운 기술이 요구될 것이란 점을 인식할 필요가 있다. 판매원들은 이제 제품을 구매할 가능성이 높은 고객을 찾아내고 고객들에게 보다 우수한 서비스를 제공하기 위해 최신 기술로 무장한 시스템의 도움을 받게 될 것이다. 이를 위해 데이터 분석 능력과 같은 기술을 보유하는 것은 성공적인 마케팅 직무를 위해 중요하다. 미래 마케팅 직무를 위한 기회들은 점점 더 늘어날 것이고 중요해 질 것이다.

마케팅원론을 듣는 학생 모두가 마케팅 분야에서 자신의 직업을 구하지는 않겠지만 학생들의 궁극적인 직업 선택에 있어서 마케팅이 조직에게 어떠한 역할을 하는지를 이해하는 것은 매우 중요하다. 기업의 관리자가 되고자 하는 사람들은 보다 나은 의사결정을 하기 위해 기업의 다양한 기능인 회계, 재무, 생산관리, 인사조직, 정보기술, 마케팅을 이해해야 한다. 그 중 마케팅은 전체 기업에서 유일하게 매출을 만드는 것과 관련된 기능이다. 즉 효과적인 마케팅 기능 없이는 기업이 생존하고 지속적으로 운영하는 것 자체가 불가능하다. 마케팅의 핵심은 고객이며, 고객 없이는 어떠한 비즈니스도 존재할 수 없다.

요약

1-1 마케팅을 정의한다.

마케팅은 변화하는 환경 안에서 고객과의 만족스러운 교환 관계를 활성화하고 이해관계자와 우호적인 관계를 지속하고자 제품, 서비스, 아이디어를 창조하고, 가격을 부여하며, 유통하고, 촉진하는 과정을 의미한다. 마케팅의 핵심은 고객과 기업 모두에게 도움이 되는 만족스런 교환관계를 세우는 것이다. 일반적으로 기업은 목표 시장이라 부르는 특정한 고객 그룹을 대상으로 마케팅 노력을 집중한다. 목표 시장은 기업이 자신의 마케팅 노력을 집중하는 고객 그룹을 의미한다.

1-2 마케팅 믹스의 구성요소를 알아본다.

마케팅은 고객 니즈를 만족 시키는 제품을 개발하고 관리하며, 그 제품을 고객이 원하는 장소에서 구매할 수 있도록 하고 고객이 감당할 수 있는 가격으로 판매하며, 그 제품이 고객의 니즈를 만족시키는 지를 결정하는 데 도움이 되는 정보를 전달하는 활동들을 포함한다. 이와 같은 제품, 가격, 유통, 촉진의 4개 변수를 마케팅 믹스라 부르며 마케팅 관리자들은 마케팅 믹스 변수 각각을 어떻게 운영해야 하는지 결정해야 한다. 마케팅 관리자들은 자사의 목표 시장에 속한 고객들의 니즈를 만족시킬 수 있는 마케팅 믹스를 조합해야 한다. 마케팅 관리자는 적절한 마케팅 믹스를 개발하기 전에 고객 니즈에 관한 최신 정보를 깊이 있게 수집해야 한다. 마케팅 믹스 변수 중 제품은 고객 니즈를 밝혀내고 그 니즈를 만족시키는 제품을 개발하는 활동을 다룬다. 이 때 제품이란 물리적 실체가 있는 재화일 수도 있고 서비스 혹은 아이디어 일 수도 있다. 가격 변수는 제품 가격을 결정하고 가격 정책에 관한 모든 의사결정과 활동을 다룬다. 또 다른 마케팅 믹스 변수인 유통은 마케팅 관리자가 제품을 원하는 고객의 수만큼 제품이 구매 가능하도록 만드는 것이 핵심이다. 마지막으로 촉진 변수는 기업 혹은 그 기업의 제품을 고객들에게 알리는 모든 활동들을 말한다. 이러한 마케팅 믹스 변수들은 마케팅 관리자의 결정에 따라 변화될 수 있기 때문에 관리 가능한 변수라 여겨지지만 마케팅 믹스 변수를 무조건 원하는 대로 변화시킬 수 있는 것은 아니다.

1-3 마케팅이 어떻게 가치를 창조하는지 살펴본다.

개인과 조직은 재화, 서비스, 아이디어를 제공해주고 반대 급부로 가치 있는 무언가를 얻는 교환관계를 활성화하기 위해 마케팅 활동에 참여한다. 교환 관계가 일어나기 위해서는 4가지 조건을 만족시켜야 한다. 첫째, 둘 이상의 개인, 그룹, 기업이 참여하여야 하며, 각각은 상대방이 원하는 가치 있는 무언가를 소유하고 있어야 한다. 둘째, 교환 관계는 거래에 참여하는 모든 참여자들에게 혜택이나 만족을 제공해야만 한다. 셋째, 각 참여자는 상대방이 가치 있는 무언가를 제공할 것이라는 믿음을 갖고 있어야만 한다. 마지막으로 교환 관계에 참여하는 참여자들은 서로에 대한 믿음을 세우기 위해 상대방에 대한 기대치를 지속적으로 만족시켜야 한다. 마케팅 활동들은 만족스런 교환 관계를 창조, 유지하기 위해 노력해야 한다.

1-4 마케팅 환경을 이해한다.

마케팅 환경이란 고객과 마케팅 믹스를 둘러싼

경쟁적, 경제적, 정치적, 기술적, 사회문화적 상황을 의미한다. 마케팅 환경은 마케팅 관리자들에게 위협이 되기도 하며 동시에 신제품 개발 혹은 고객과 의사소통할 수 있는 새로운 방법을 제공하는 것과 같은 기회를 제공할 수도 있다. 마케팅 환경은 고정되어 있는 것이 아니라 급격히 변화하므로 마케팅 관리자들은 변화하는 마케팅 환경을 잘 이해하는 것이 필요하다.

1-5 마케팅 개념을 이해한다.

마케팅 개념에 따르면 기업은 기업의 목표를 달성하면서 잘 조직화된 마케팅 활동들을 통해 고객 니즈를 만족시키는 제품을 제공하고자 노력해야 한다. 고객 만족은 마케팅 개념의 가장 중요한 목표이다. 마케팅 개념은 생산 지향적, 판매 지향적 시대를 거쳐 1950년대 미국에서 대두되었다. 마케팅 개념에 따라 기업 활동들을 조직한 기업을 시장 지향적 조직이라 한다. 기업이 마케팅 개념을 실행하기 위해서는 시장 지향적 조직이 고객 니즈를 밝혀낼 수 있는 정보 시스템을 구성하고 그를 통해 얻은 정보를 활용하여 만족스러운 제품을 개발해야 한다. 또한 고객 니즈를 만족시키고 고객 가치를 창조하기 위해 모든 활동들을 잘 조합하고 마케팅 믹스를 구성하여야 한다.

1-6 고객관계의 중요성을 알아본다.

관계 마케팅은 장기적으로 상호 만족스런 구매자-판매자 관계를 세우는 것을 의미한다. 고객관계관리(CRM)는 만족스런 고객 관계를 세우고 유지하기 위해 고객에 관한 정보를 활용하는 것을 바탕으로 한다. 고객 관계를 관리하는 것은 기업에게 수익을 가져다 줄 수 있는 목표 시장을 타깃으로 그들의 구매 행동과 정보를 발견, 활용하는 것이 핵심이다. 고객평생가치는 특정 고객이 기업과의 모든 거래 기간동안 기업에게 제공할 수 있는 무형의 자산을 의미한다. 고객평생가치는 고객과 기업과의 거래 기간 동안 기업이 지속적으로 변화하는 고객 니즈와 선호를 맞춰줌으로써 증가될 수 있다.

고객평생가치는 지속적인 관계 마케팅 노력을 바탕으로 고객이 한 평생 기업에 기여할 수 있는 경제적 가치를 예측하는 핵심 척도라 할 수 있다. 각 고객의 잠재적인 평생 가치를 평가하는 것은 마케팅 관리자가 자사의 마케팅 자원을 어떻게 효율적으로 할당할 수 있는지 결정하는데 도움을 준다.

1-7 글로벌 경제에서 마케팅의 중요성을 이해한다.

마케팅은 글로벌 경제에도 중요하다. 마케팅 활동에 드는 비용은 구매자가 지불하는 비용의 약 절반정도를 차지한다. 마케팅 활동들은 영리 기업뿐만 아니라 비영리단체 모두를 위해 적용할 수 있다. 마케팅 활동들은 기업들이 수익을 얻을 수 있도록 돕고 글로벌 경제가 확대되어 가는 것을 돕는다. 마케팅을 이해하는 것은 고객들의 인식을 높일 수 있다. 새로운 기술은 마케팅 관리자들이 고객들과 연결될 수 있는 능력을 향상시킨다. 인공지능과 클라우드 컴퓨팅과 같은 기술은 마케팅 활동뿐만 아니라 기업의 비즈니스 모델을 변화시키기도 한다. 사회적으로 책임이 있는 마케팅 활동은 고객과 사회의 복지를 증진시키는 데 도움이 된다. 그린 마케팅은 기업이 자연환경을 잘 보존, 유지하면서 고객들에게 혜택을 제공하여 장기적인 관계를 유지하고자 하는 기업의 전략적 마케팅 활동이라 할 수 있다. 마지막으로 마케팅은 흥미로운 다양한 직업 기회를 제공하고 있다.

주요 개념

- 마케팅
- 고객
- 목표 시장
- 마케팅 믹스
- 제품
- 가치
- 교환
- 이해관계자
- 마케팅 환경
- 마케팅 개념
- 시장 지향성
- 고객관계관리(CRM)
- 관계 마케팅
- 그린 마케팅

마케팅 계획 수립하기

성공적인 기업들은 그들의 제품을 판매하기 위한 전략적인 마케팅 계획을 전개한다. 이러한 전략적 마케팅 계획은 마케팅 관리자가 제품, 가격, 유통, 촉진 활동을 결정하도록 돕는다. 마케팅의 기본을 잘 이해하는 것은 구체적인 마케팅 계획을 세우는 데 필수적이다. 이 장에서 배운 마케팅의 기본 개념을 이용하여 마케팅 계획을 수립할 때, 올바른 방향을 제시하고자 다음과 같은 이슈들을 고려해 보자.

1. 마케팅 개념이 기업의 장기적인 성공에 어떻게 기여하는지 논의하라.
2. 현재 자사의 시장지향성이 어느 정도인지 서술하라. 시장지향성은 기업의 신제품 성공에 어떻게 기여하는지 논의하라.
3. 제품은 고객에게 어떠한 혜택을 제공하는가? 이러한 혜택이 제품에 대한 고객 가치 결정에 어떠한 역할을 하는지 논의하라.

연습 문제

1. 마케팅이란 무엇인가? 이 책의 1장을 읽기 전에는 스스로 마케팅의 개념을 어떻게 정의했는지 서술하라.
2. 모든 마케팅 활동의 핵심은 무엇이며, 왜 그렇게 생각하는지 논의하라.
3. 마케팅 믹스의 4가지 변수는 무엇인가? 이러한 요소들을 왜 변수라고 부르는지 논의하라.
4. 가치란 무엇인가? 마케팅 관리자는 제품에 대한 가치를 증진시키기 위해 마케팅 믹스를 어떻게 활용할 수 있는가?
5. 교환관계가 성립하기 위해서는 어떠한 조건들이 만족되어야 하는가? 당신이 참여한 최근의 교환 관계 1개를 서술하라.
6. 마케팅 환경에 작용하는 요인들은 어떤 것이 있는가? 마케팅 관리자들은 이러한 마케팅 환경 요인들을 어느 정도 통제할 수 있는지 논의하라.
7. 마케팅 개념의 기본적인 요인들을 논의하라. 마케팅 개념을 사용하고 있는 비즈니스의 예를 설명하고 왜 그렇게 생각하는지 설명하라.
8. 기업은 마케팅 개념을 어떻게 실행할 수 있는가?
9. 고객관계관리란 무엇인가? 왜 고객과의 관계를 관리하는 것이 중요한가?
10. 우리 사회에서 마케팅 개념이 중요한 이유는 무엇인가? 우리가 마케팅을 공부해야만 하는 이유를 설명하라.

◎ 케이스 1

애플: 소매업, 교육, 그리고 엔터테인먼트의 미래

캘리포니아 쿠페르티노에 본사를 둔 애플(Apple Inc.)은 비즈니스를 운영하는 동안 수많은 도전을 경험해 왔다. 1997년 애플의 주가는 단지 3.30달러에 불과했다. 오늘날 애플의 주가를 확인한다면 믿을 수 없을 만큼의 수익에 놀랄 것이다. 오늘날 애플은 가장 존경받는 기업 리스트의 상위에 주기적으로 이름을 올리고, 수많은 고객들에게 높은 품질과 명성 그리고 혁신의 대명사로 인식되고 있다. 고객 니즈를 정확히 예측하고 그를 실현시켜주는 애플의 역량은 그 기업을 약 1조 달러의 시장 가치를 지닌 세상에서 가장 가치 있는 기업으로 만들었다. 또한 고객 니즈를 예측하고 실현하는 능력은 애플이 전자 제품 소매 시장에서 리더로서 자리 잡을 수 있도록 도왔다. 애플은 애플 매장에서 고객 니즈에 섬세하게 맞춤화된 매장 경험을 제공함으로써 고객들에게 가치를 창조하였다.

다른 측면에서 애플의 성공은 애플이 제공하는 제품, 유통, 촉진, 가격의 마케팅 믹스 때문이기도 하다. 처음 애플은 컴퓨터 회사로 시작했지만 애플의 전 CEO인 스티브 잡스(Steve Jobs)는 지적 재산권을 개발, 보호하며 분권적인 조직 문화를 창조함으로써 애플을 소비재 가전제품 기업으로 탈바꿈해야 한다는 방향성을 갖고 있었다. 이에 애플은 전자제품 산업 안에 새로운 제품 라인들로 확장을 해나갔다. 2001년 애플은 음악 산업의 구조를 완벽히 변화시킨 휴대용 음악 플레이어인 아이팟(iPod)을 시장에 출시하여 음악 플레이어를 들고 다니면서 자유롭게 음악을 듣고자 하는 고객들의 니즈를 만족시켰다. 애플은 또한 일종의 쥬크박스 소프트웨어인 아이튠(iTunes)을 출시하였는데, 아이튠은 소비자들이 음악 CD에 수록된 음악들을 자신의 컴퓨터에 업로드한 후, 자신의 취향에 맞는 개인화된 음악 모음을 만들어 들을 수 있게 하는 소프트웨어이다. 아이튠 출시 2년 후, 애플은 0.99달러에 자신이 좋아하는 곡들을 다운로드 할 수 있는 아이튠 스토어(iTunes Store)를 시장에 도입하였다.

2007년 스티브 잡스는 소비재 가전제품 기업으로의 기업 개념을 확실히 부각하기 위해 회사의 공식 명칭을 애플컴퓨터(Apple Computer Inc.)에서 애플(Apple Inc.)로 변경하였다. 애플은 시장에서 지속적으로 경쟁 우위를 달성하기 위해 끊임없이 새로운 계획과 목표 수립에 중점을 두었다. 애플은 이러한 자사의 전략적 계획의 일환으로 지속적으로 새로운 제품 라인으로 확장해 나갔다. 2007년에는 휴대폰 산업을 대대적으로 혁신한 아이폰(iPhone)을 시장에 출시했다. 2010년에는 아이패드(iPad)를 출시하여 컴퓨터 산업을 대대적으로 변화시키기도 했다. 스티브 잡스 이후 팀쿡(Tim Cook)은 애플 CEO를 맡고 있는데 그는 스티브 잡스의 경영층을 유지하며 함께 일하고 있다. 팀 쿡의 리더십 아래서 애플은 웨어러블 기술의 중심 스마트와치인 애플 와치(Apple Watch)를 출시하였다. 사실 아이팟(iPod)은 세계 최초의 MP3 플레이어가 아니었으며 아이패드 역시 세계 최초의 태블릿은 아니었다. 그러나 아이팟과 아이패드는 그 산업의 기준으로 인식되며 산업에서 성공하기 위해 꼭 최초가 될 필요는 없음을 보여주었다. 그 후에도 애플은 스마트 스피커인 홈팟(HomePod)과 에어팟(AirPods) 등 새로운 제품 라인들을 지속적으로 출시하였다. 또한 애플은 미래를 위해 자율주행 자동차를 개발하는데 몰두하고 있으며 증강 현실을 iOS 오퍼레이션 시스템에 결합하기 위해 노력하고 있다. 이를 통해 애플은 최신 기술 트렌드를 리드하고 관련 산업들의 성장을 지원하기 위해 노력하고 있다. 뿐만 아니라 애플은 새로운 세대를 위한 새로운 형식의 첫 번째 소매 매장을 오픈하였다. 애플이 지속적으로 제품들을 출시하면서 애플은 소비자 스스로 애플제품의 강력한 옹호자가 되도록 하는 목표를 지속해 나갔다. 사실 애플의 옹호자 개념은 오랜 기간 애플 문화에서 중요한 부분을 차지해 왔는데, 이 개념은 특히 스티브 잡스 시절 애플 문화에서 특별히 중요하게 여겨졌다. 기업의 옹호자들은 그 기업의 제품을 열렬히 홍보하고 옹호하는 사람들을 의미한다. 심지어 애플은 회사 안에 최고 옹호자라는 직함을 가진 사람이 있는데, 최고 옹호자의 주된 업무는 애플에 관한 메시지를 퍼뜨리고 애플 제품들이 고객들의 옹호를 얻을 수 있도록 만드는 것이다. 애플의 옹호자들은 단순히 스스로 애플 제품을 좋아하는 것을 넘어 보다 많은 역할을 담당하고 있다. 옹호자들은 애플에 대한 강력한 믿음을 바탕으로 그 믿음을 적극적으로 다른 사람들에게 퍼뜨리고 결국 다른 이들을 설득하기 위해 노력한다. 그러므로 애플의 옹호자들은 애플의 고객이자 종업원인 것이다. 유사한 방식으로 애플은 “맥 컬트”라고 불리는 사람들을 생성할 수 있었다. 맥 컬트는 애플의 맥 컴퓨터에 매우 충성도가 높은 고객들로 맥 컴퓨터에 관한 긍정적인 메시지를 자신의 친구와 가족들에게 적극적으로 알리는 고객들이다.

오늘날 애플은 소매업의 미래 역시 새롭게 정의내리고 있다. 미국 샌프란시스코에 위치한 애플의 플래그십 매장은 매장 밖에서의 일들이 매장 안으로 들어온 것과 같다. 애플 플래그십 매장의 내부에는 여러 그루의 나무들로 장식되어 있는데, 이는 매우 편안한 매장 환경을 조성한다. 마치 숲과 같은 애플 매장 안에서 애플의 종업원들은 음악과 서비스를 제공한다. 이러한 애플 플래그십 매장 면적의 20%는 교육과 엔터테인먼트를 위해 할애되고 있다. 애플 매장은 단순히 물건을 판매하려는 매장이 아닌 함께 어울리고 즐거움을 느끼는 장소가 되도록 디자인되었다. 애플은 현재 운영 중인 다수의 애플 매장을 타운 스퀘어로 재디자인 하겠다는 계획을 발표했다. 타운 스퀘어 매장은 그 매장에서 고객들이 사진 워크샵, 음악을 만드는 수업, 아이폰 편집 방법 수업과 같은 무료 수업들을 참여할 수 있도록 한다. 이와 같이 애플 매장들을 교육, 소통 그리고 창조의 중심으로 변화시키는 경험 중심적인 전략은 애플 브랜드와 제품의 가치를 상승시키고 있다. 경험 중심적인 전자제품 소매상으로서의 애플의 혁신은 애플이 시장의 다른 소매상들과 차별점을 갖고 돋보일 수 있도록 만든다.

애플은 마케팅 개념을 실현하는데 있어 고객이 원하는 바를 만족시켜야 할 뿐만 아니라 애플 자신의 목표 역시 달성해야 한다. 애플의 목표를 달성하지 못하면 애플은 지속적으로 성공적으로 남을 수 없기 때문이다. 애플은 자사의 목적을 달성하기 위해 자사의 구체적인 운영 목표가 제대로 설정되었는지 체크한다. 하나의 예로 애플은 자사 매장 위치 디자인과 이들 매장을 위한 종업원의 고용과 같은 구체적인 운영 목표가 적절한지 체크한다. 애플은 매장에서 일하는 종업원이 애플 문화에 잘 맞고, 고객들이 매장 안에서 환영받고 있는 느낌을 갖도록 만드는 종업원들을 고용하기 위해 노력한다. 애플 매장은 고객들이 최신 애플 제품들을 테스트하고 사용해 볼 수 있는 공간이다. 고객 만족에 직접적인 영향을 미치는 종업원들은 고객들과 이야기를 나누고 2분 안에 고객들이 애플 매장으로 들어올 수 있도록 설득하도록 훈련받아 왔다. 애플은 자사 종업원들이 의욕 넘치게 일할 수 있도록 자사 종업원들에게 더 많은 교육 기회를 제공하고, 유사한 다른 소매 매장에서 일하는 종업원들보다 더 많은 보수를 제공한다. 뿐만 아니라 애플은 자사의 종업원들이 매니저, 지니어스 (보다 어려운 고객 질문에도 응답할 수 있도록 훈련된 종업원), 혹은 크리에이티브 (1대1 혹은 워크샵을 통해 고객을 훈련하는 종업원)로 승진할 수 있는 다양한 기회 역시 제공한다. 이러한 전략적, 전술적, 운영상의 목표를 포함하는 모든 애플의 계획들은 애플이 경쟁자와 구별되는 특별한 역량을 갖고 성공할 수 있도록 돕고 있다.[39]

토론을 위한 질문

1. 시장 지향성은 애플의 성공에 어떻게 도움이 되었다고 생각합니까?
2. 애플이 마케팅 개념을 어떻게 기업 내에 실제로 실현했는지 토론하세요.
3. 경쟁이 심화된 소비자 전자제품 산업에서 효과적으로 경쟁하기 위해 애플은 어떤 전략을 사용하고 있는지 논의하세요.

PLANNING, IMPLEMENTING, AND EVALUATING MARKETING STRATEGIES

CHAPTER.2
마케팅 전략의 계획, 실행, 평가

학습목표

2-1 전략적 계획 과정을 이해한다.

2-2 기업의 미션, 기업 전략, 사업부 전략의 중요성을 이해한다.

2-3 기업이 보유한 자원과 마케팅 환경을 분석하는 것이 기업이 기회를 발견하고 경쟁우위를 창조하는데 어떻게 도움이 될 수 있는지 이해한다.

2-4 기업이 마케팅 목표를 개발하고 전략을 수립하는 과정을 이해한다.

2-5 효과적인 마케팅 전략을 실행하기 위해 무엇이 필요한지 이해한다.

2-6 전략적 성과 평가를 위한 4가지 핵심 요소를 알아본다.

2-7 마케팅 계획 개발의 큰 틀을 세운다.

마케팅 들여다보기

Piotr Swat/Shutterstock.com

디지털 고객 경험을 강조하는 크로거의 전략

19세기에 설립된 기업이 기술에 민감한 21세기 쇼핑객들에게 어떻게 여전히 매력적인 기업으로 남을 수 있을까? 이것이 신시내티에 본사를 둔 유통 채널 크로거(Kroger)가 직면한 도전과제이다. 크로거는 1883년 비즈니스를 시작하여 현재 1,230억 달러의 연매출을 올리는 소매기업이다. 크로거는 미국 35개 주 2,700개의 소매점을 크로거(Kroger), 랄프(Ralphs), 프레드 마이어(Fred Meyer)와 같이 잘 알려진 이름으로 운영하고 있다. 월마트를 포함한 경쟁 기업들의 압력이 거세짐에 따라 크로거는 기술과 혁신적인 제품의 조합을 통해 고객 경험을 극대화하는데 중점을 두고 있다.

최근 들어 시간에 쫓기는 고객들이 원하는 식료품 배달 서비스를 생각해 보자. 크로거는 이러한 고객들의 니즈를 만족시키기 위해, 직접 투자를 통해 배송 네트워크를 새롭게 구축하는 대신 인스타카트(Instacart)라는 배송 기업과 파트너십을 맺어 보다 넓은 지역의 식료품 배달 서비스를 가능하게 만들었다. 크로거 고객들은 식료품을 온라인이나 앱을 통해 구매하고, 구매한 식료품은 인스타카트가 2시간 안에 고객 집까지 배송해 주는 것이다.

또한 크로거는 고객이 원하는 물건을 원하는 시간과 장소에서 편리하게 쇼핑하게 하기 위해 오카도(Ocado)라는 이커머스 기업과도 파트너십을 맺었다. 오카도와의 파트너십을 통해 크로거가 고객이 원하는 필요한 식료품을 원하는 시장에 신속하게 배송할 수 있는 시스템을 갖춤으로써 디지털 매체를 이용하여 식료품 쇼핑을 하는 고객들의 니즈를 보다 만족시키고 있다.

추가적으로 집에서 빠르고 쉽게 요리하기를 원하는 고객들의 니즈를 만족시키기 위해 크로거는 고객 스스로 구성할 수 있는 냉동 식품과 다양한 종류의 밀키트를 제공하고 있다. 주로 식료품 판매에 집중하던 크로거는 적당한 가격의 패션 브랜드인 딥(Dip)을 만들어 식료품이 아닌 비식료품 분야 제품 판매로도 비즈니스를 확장하고 있다. 아울러 기업을 운영하는데 낭비를 줄이는 일, 그리고 퇴역 군인을 돕는 단체를 후원하는 등의 커뮤니티 활동들에도 매진하고 있다.[1]

전략적 마케팅 관리 기업의 마케팅 활동이 효율적, 효과적으로 이뤄지도록 계획하고, 실행하고, 마케팅 활동의 성과를 체계적으로 평가하는 과정

기업은 고객 가치를 창조하고 기업의 목표를 달성하기 위해 노력해야 한다. 고객 가치 창조와 목표 달성은 그냥 이뤄지는 것이 아니라 전략적 마케팅 관리 활동을 성공적으로 수행함으로써 얻어질 수 있다. **전략적 마케팅 관리**strategic marketing management란 기업의 마케팅 활동이 효율적, 효과적으로 이뤄지도록 계획하고, 실행하고, 마케팅 활동의 성과를 체계적으로 평가하는 과정을 말한다. 이때 효과성과 효율성은 전략적 마케팅 관리를 이해하기 위한 핵심적인 개념이다. 효과성(effectiveness)이란 기업의 마케팅 활동이 기업 목표를 달성하는 데 얼마나 도움이 되는지를 의미한다. 반면 효율성(efficiency)은 마케팅 활동을 수행하기 위해 기업이 사용하는 자원을 얼마나 최소화할 수 있는지의 문제이다. 그러므로 전략적 마케팅 관리는 마케팅 활동들을 가능한 한 비용을 절감하여 효율적으로 진행하면서 고객과의 우호적인 관계를 높이는 기업 목표를 효과적으로 달성하는 것을 목표로 한다.

2장에서는 전략적 마케팅 관리를 위해 전략적 계획 수립과정과 마케팅 전략의 본질에 대한 논의를 진행할 것이다. 이러한 논의들은 마케팅 전략을 수립, 실행, 평가하는 전반적인 프레임워크를 이해하는 데 도움이 될 것이다. 마지막으로 본 장에서는 구체적인 마케팅 계획을 어떻게 수립할 수 있는지를 논의할 것이다.

2-1 전략적 계획 과정

 # 학습목표 **전략적 계획 과정을 이해한다.**

전략적 계획 기업이 미션과 목표를 수립하고 이를 달성하기 위해 기업 전략, 마케팅 목표와 전략, 계획을 수립하는 과정

기업은 **전략적 계획**strategic planning 수립과정을 통해 기업의 미션, 기업 전략, 마케팅 목표, 마케팅 전략을 수립한다.[2] 이때 기업은 시장 지향성을 바탕으로 기업의 전반적인 전략적 계획 수립과정이 고객 만족을 극대화할 수 있도록 진행되도록 해야 한다.[3]

그림 2.1은 기업의 전략적 계획 수립과정을 구성하는 다양한 요소들을 보여주고 있다. 우선 전략적 계획 수립을 위해 기업은 자신의 미션과 목표를 수립하거나 이들을 수정해야 한다면 수정하고 재정립하는 것이 필요하다.

그 후, 기업은 자신의 미션과 목표를 달성하기 위해 기업 단위와 전략 사업부 단위의 전략을 수립해야 한다. 기업과 전략 사업부 단위의 전략을 구체적으로 수행하기 위해서는 기능 단위별 전략을 수립해야 하는데, 이를 위해서는 기업의 강점과 약점이 무엇이며 시장에는 어떤 기회와 위협이 존재하는지 환경 분석을 진행해야 한다. 환경 분석의 결과를 바탕으로 기업의 기능 단위들은 (예: 마케팅, 생산, 재무, 인사 등) 기능 단위별 세부 목표를 세우고 이를 달성하기 위한 세부 전략을 세워야 한다. 이제부터 그림 2.1에 보이는 전략적 계획 수립과정에 포함된 각각의 단계 요소별로보다 구체적으로 알아보도록 하자.

■■ 그림 2.1 전략적 계획 과정의 구성 요소

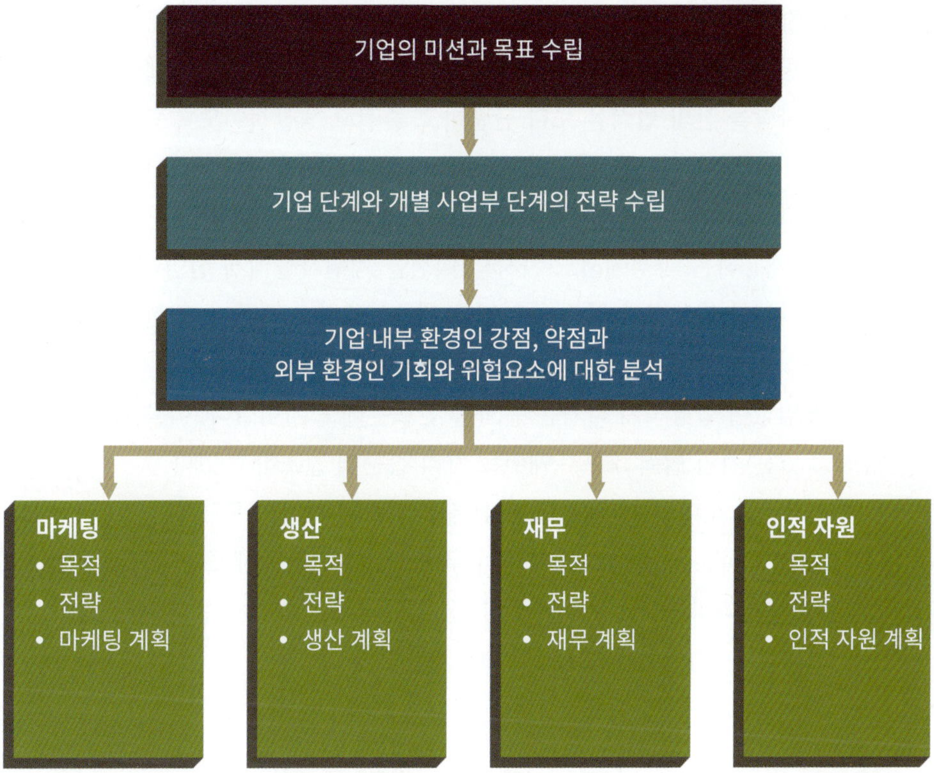

2-2 기업의 미션과 목표 수립

 # 학습목표 기업의 미션, 기업 전략, 사업부 전략의 중요성을 이해한다.

전략적 계획 수립과정은 기업의 존재 이유를 나타내는 미션과 목표를 결정하는 일부터 시작한다. 기업의 미션과 목표는 기업의 의미와 나아가야 할 방향성을 지정해 주는 역할을 한다.

2-2a 기업 미션과 목표 수립

기업의 목표는 그 기업이 미래에 어떤 존재가 되길 원하는지에 관한 장기적인 비전을 설명한 **미션mission statement**으로부터 도출된다. 예를 들어 페이스북(Facebook)의 미션은 "사람들에게 커뮤니티를 구성하고 전 세계가 점점 더 가까워질 수 있는 능력을 제공하는 것"인데, 이는 전 세계가 의사소통을 하는 방식을 혁신하고자 하는 페이스북의 바람을 대변하고 있다.[4]

미션 기업이 미래에 되고자 하는 장기적인 비전

기업의 미션과 목표는 목표한 결과를 달성하기 위해 적절히 실행되어야 한다. 우선 기업의 미션과 목표를 대중과 고객, 종업원, 이해관계자들에게 널리 공표하는 것이 도움이 되는데, 이를 통해 기업의 관련자들은 그 기업으로부터 무엇을 얻을 수 있는지를 이해하게 된다. 슬랙(Slack)은 클라우드를 바탕으로 팀원들 간 효율적으로 협력을 진행할 수 있는 서비스를 제공하는 기업이다. 이 기업은 "사람들 간의 협력을 보다 단순하고 즐겁고 생산적이도록 만들자"라는 미션을 수립하였다. 슬랙은 이러한 미션을 달성하기 위해 자사의 전략을 수립하고 반복적인 수정과정을 거쳐 완성하였다. 이렇게 수립된 기업의 미션은 기업의 모든 활동 방향을 결정한다. 예를 들어 신규 종업원을 채용하는 과정에서도 자사의 미션을 지원자들에게 설명하고 그러한 미션을 공감하고 기업의 가치를 따르고자 하는 종업원을 채용하고자 노력한다. 또한 슬랙의 미션은 이 기업이 보다 포용적인 문화, 투명성, 즉각적인 피드백을 중시하도록 만들며, 실수로부터 배우는 것을 용인하며 끊임없이 향상시켜 나가는 문화를 만드는데도 기여한다. 이를 통해 슬랙이 가장 빠르게 성장하고 있는 기업 협력 소프트웨어로 자리 잡는데 일조하고 있다.[5]

기업은 먼저 자신들의 미션을 세운 후, 미션에서 도출된 기업의 목표를 설정해야 한다. 기업의 목표는 기업이 추구하는 최종적인 결과물이 무엇이어야 하는지에 초점을 맞춘다. 기업 관리자들과 기업 안에 속한 다양한 기능 부서들은 미션을 반영하여 기업 활동이 어떤 방향성을 가져야 하는지를 잘 보여주는 명확한 목표를 수립해야만 한다.

2-2b 기업 단계와 개별 사업부 단계의 전략 수립

대부분의 기업들은 전략적 계획을 수립할 때, 보다 상위 수준의 전략 즉 전체 기업 단계의 전략을 먼저 수립하고 그 후 개별 사업부 수준, 마지막으로 마케팅 전략과 같은 기능별 전략을 수립한다. 오늘날 기업들은 전략적 계획을 수립하기 위해 기업 내부의 다양한 단계에 위치한 전문가들의 의견을 폭넓게 청취한다.

그림 2.2는 기업이 전략적 계획 수립과정을 실현하는 3가지 단계, 기업 단계, 개별 사업부 단계, 그리고 기능별 단계의 하나인 마케팅 전략 수립과정을 보여준다. 기업 단계 전략은 전략 중 가장 폭넓은 상위 수준 전략으로, 기업의 전반적인 미션을 달성하기 위한 방향으로 수립되어야 한다. 사업부 단계 전략은 기업 단계 전략의 방향성을 반영하면서 각각 사업부의 니즈를 만족할 수 있도록 수립되어야 한다. 마지막으로 기능별 단계 전략인 마케팅 전략은 기업과 사업부 단계 전략들을 구체적으로 실현하기 위해 마케팅믹스를 어떻게 활용할 것인지를 결정한다. 스포츠 음료인 게토레이의 광고를 생각해 보자. 게토레이는 자사의 제품을 주로 운동선수들에게 판매하기 때문에 게토레이 마케팅 전략은 자사 제품의 전해질 성분이 수분보충을 돕고 기온이 높은 상황에서도 운동 성능을 끌어올릴 수 있도록 돕는다는 점을 강조한다. 이러한 강조점을 잘 보여주기 위해 게토레이 광고는 게토레이 음료를 마신 야구선수의 퍼포먼스가 폭발하는 듯한 이미지

■■ 그림 2.2 전략적 계획의 단계

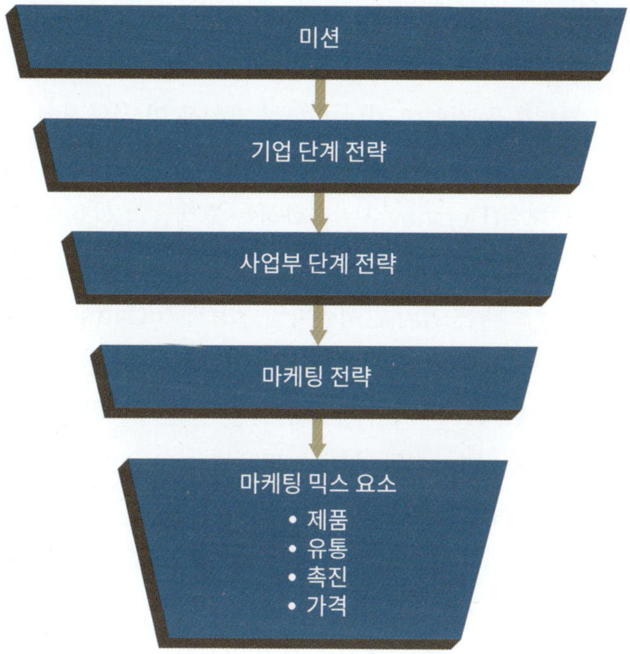

기업 전략 기업 목적을 달성하기 위해 기업의 각 기능들 사이에 한정된 자원을 어떻게 적절하게 분배할지를 결정하는 전략

를 형상화하고 있다. 이러한 마케팅 전략 활동을 통해 게토레이는 판매를 늘리고 게토레이 브랜드를 소유하고 있는 펩시코(PepsiCo) 사의 수익을 올리는데 기여하고 있다.

Source: The Gatorade Company, Inc.

전략적 마케팅 게토레이는 자신의 목표 시장이 누구인지를 명확히 밝혀내고 이들 목표 시장의 니즈를 만족시키기 위한 마케팅 믹스를 개발함으로써 전략적 마케팅 활동을 수행하고 있다.

기업 단계 전략

기업 전략Corporate strategy은 기업의 목표를 달성하기 위해 기업 내부의 다양한 기능 부서들 (예: 마케팅, 생산, 재무, 연구&개발, 인적 관리) 사이에 기업의 유한한 자원을 어떻게 배분, 활용할 것인지를 결정한다. 기업 전략은 기업 비즈니스의 범위를 확정하고 기업 내부의 자원을 어떻게 할당, 배분하며 기능별 부서들 간의 업무와 역할을 전반적으로 조율하고 기업이 어떻게 하면 경쟁우위를 누릴 수 있는지 고민한다. 기업 최고 경영층이 자원을 어떻게 효율적으로 배분할 것인가에 관한 의사결정은 매출액 증가와 이윤에 큰 영향을 미친다. 기업 전략이란 기업에게 가장 근원이 되는 두 가지 질문인 "우리 기업의 고객은 누구인가?"와 "우리 기업의 핵심 역량은 무엇인가?"를 다루고 있다. 여기서 말하는 기업 전략은 기업의 규모나 종류에 관계없이 기업의 최고 경영층이 결정해야 하는 가

Oleg Gawriloff/Shutterstock.com

기업 전략 애플은 새로운 디자인의 기술적으로 발전한 제품을 자주 출시하는 것을 기업 전략으로 삼고 있다.

장 상위의 전략을 의미한다.

기업 전략을 계획할 때는 다양한 이슈들을 고려해야 한다. 기업 문화, 경쟁 상황, 차별화, 다각화, 기업 사업부 사이의 관계, 환경적 혹은 사회적 이슈들까지 기업 전략 수립을 위해 고려해야 한다. 기업 전략을 수립하는 최고 경영층은 기업이 지닌 유한한 자원을 외부 환경에 존재하는 기회를 활용하고 위협에 대처하기 위해 어떻게 배분, 활용해야 하는지 고민한다. 예를 들어, 허쉬(Hershey's)는 변화하는 고객들의 선호를 반영하기 위해 앰프리파이 스낵(Amplify Snack)과 파이러츠(Pirate)라는 기업을 인수했다. 앰프리파이 스낵은 귀리 단백질바인 오트메가(Oatmega)와 유전자변형 옥수수를 사용하지 않는 스키니팝(SkinnyPop) 팝콘을 판매하는 기업이다. 파이러츠는 튀기는 방식이 아닌 굽는 방식을 채택한 신선한 스낵, 파이러츠 부티(Pirate's Booty)와 스마트 퍼프(Smart Puffs)를 판매하는 기업이다. 허쉬는 이처럼 보다 건강한 스낵을 판매하는 기업들을 인수함으로써, 기존 허쉬의 제품들이 판매량이 감소할 때 당이 적은 보다 건강한 스낵을 추구하는 소비자들의 새로운 니즈를 만족시켰다.[6] 기업 전략은 기업 비즈니스의 범위를 어떻게 정하고 최종적인 목적 달성을 위해 기업 안의 사업부들의 역할은 무엇인지를 결정하므로 기업이 장래에 어떤 방향으로 혁신해 나갈지에 영향을 미친다.

사업부 단계 전략

전략 사업부 모기업 안에 속한 하나의 부서, 제품 라인, 혹은 개별적인 이익 단위

기업이 기업 단계 전략을 결정하고 난 후에는 기업 안에 소속된 각각의 사업부별 전략인 사업부 단계 전략을 결정해야 한다. **전략 사업부strategic business unit(SBU)**란 모기업 안에 속한 하나의 부서, 제품 라인, 혹은 개별적인 이익 책임 단위를 의미한다. 예를 들어, 세계적인 제약회사인 글락소스미스클라인(GlaxoSmithKline)은 기업 내부에 제약 사업부, 백신 사업부, 헬스케어 사업부와 같이 서로 다른 제품 라인에 집중하는 별도의 전략 사업부를 갖고 있다.[7] 각각의 전략 사업부는 특별한 니즈를 갖고 있는 고객 집단을 대상으로 제품군을 판매한다. 따라서 각 전략 사업부는 사업부 마다 서로 다른 경쟁자를 갖고 있으며, 한 전략 사업부의 매출, 비용, 투자 비용, 전략적 계획은 모기업과 구분되어 별도로 평가 받는다. 개별 전략 사업부는 서로 다른 시장성장률, 기회, 경쟁, 이익 창출 잠재력을 갖고 있는 별도의 목표 시장을 갖고 있다. 따라서 사업부 단계 전략은 그 사업부의 목표 시장에서 가치를 창출하고 성과를 올리도록 설계되어야 한다. 사업부 단계에서 적절한 목표 세분시장을 발견하여 타깃하고 전략적 활동들을 실행하기 위해서는 마케팅 조사가 실행되어야 한다.[8]

사업부 단계 전략을 계획할 때는 각 전략 사업부의 성과를 정확히 파악하고 한 기업 안에 속한 전략 사업부 사이에 자원을 어떻게 할당할지를 신중히 결정해야 한다. 몇 가지 도구들은 전

략 사업부가 속한 시장의 매력도와 그 사업부의 상대적 시장 점유율을 기준으로 기업이 자사의 전략 사업부 혹은 자사에 속한 다양한 개별 제품들을 평가하여 그들 간 자원을 어떻게 할당할지에 도움을 줄 수 있다. 이때 **시장market**이란 특정 제품군에 속한 제품에 니즈를 갖고 있고 그러한 제품을 구매할 능력과 의사가 있는 개인들 혹은 기업들의 집합을 의미한다. **시장 점유율market share**은 특정 시장에 속한 그룹들 중에 특정 기업으로부터 제품을 실제로 구매한 그룹들의 비율을 말한다. 예를 들어, 구글(Google)은 미국의 검색 엔진 시장에서 독보적인 시장 점유율을 갖고 있는데, 구체적으로 데스크탑을 이용한 검색 시장의 85%, 모바일을 이용한 검색 시장의 경우는 거의 90% 점유율을 보인다.[9] 각 전략 사업부의 성공은 제품의 품질과 시장에 진입한 순서, 그리고 시장 점유율에 따라 영향 받는다.[10]

시장 특정 제품군에 속한 제품에 니즈를 갖고 있고 그러한 제품을 구매할 능력과 의사가 있는 개인들 혹은 기업들의 집합

시장 점유율 특정 시장에 속한 그룹들 중에 특정 기업으로 부터 제품을 실제로 구매한 그룹들의 비율

마케팅 관리자가 사업부 전략을 고려할 때 사용하는 가장 유용한 도구 중 하나는 보스턴 컨설팅 그룹(Boston Consulting Group: BCG)이 개발한 **시장 성장률/시장 점유율 매트릭스 market growth/market share matrix**이다. 이 도구는 제품이 속한 시장의 성장률과 그 제품이 그 시장에서 현재 차지하고 있는 시장 점유율이 사업부 전략을 결정하는데 중요한 기본적인 요소라는 생각에 바탕을 두고 있다. 이 매트릭스를 활용하려면 우선 기업은 자사에 속한 모든 전략 사업부 혹은 개별 제품들을 하나의 매트릭스에 통합하여, 자사 안의 전략 사업부들/제품들이 서로 비교되고 평가되도록 해야 한다. 하나의 매트릭스 안에서 기업 안에 속한 전략 사업부/제품들을 시장성장률과 시장 점유율이 높고 낮은 상황에 따라 4개의 서로 다른 상황으로 구분함으로써 각각의 전략 사업부 혹은 제품이 향후 기업에 얼마나 수익적 기여를 할지 얼마나 많은 투자를 필요로 할지를 평가할 수 있다. 그러나 이러한 보스턴 컨설팅 그룹 매트릭스 분석 결과는 기업의 미래 전략을 처방한다는 목적보다는 현재 상황을 진단하는 도구로 사용하는 것이 적절하다.

시장 성장률/시장 점유율 매트릭스 시장의 성장률과 시장 점유율의 두 가지를 바탕으로 한 기업에 속한 다양한 전략 사업부 혹은 제품들을 위한 전략을 결정하는 데 도움을 주는 도구

그림 2.3은 보스턴 컨설팅 그룹이 제안한 기업의 다양한 전략 사업부 혹은 제품들을 4개의 타입, 별(stars), 캐시 카우(cash cows), 개(dogs), 물음표(question marks)로 구분하는 매트릭스를 보여준다. 보스턴 컨설팅 그룹 매트릭스에서 별은 높은 시장 성장률을 보여줄 것으로 예상되는 시장에서 상대적으로 높은 시장 점유율을 확보하고 있는 전략 사업부/제품들을 말한다. 그러나 별에 속한 사업부/제품들은 끊임없이 성장하고 시장 점유율을 높여나가야 하는 상황이기 때문에 수익보다는 많은 투자를 요구하는 상황이라 할 수 있다. 엔비디아(Nvidia) 기업의 예를 사용하면 엔비디아의 컴퓨터 그래픽 카드를 별로 판단할 수 있다. 엔비디아의 컴퓨터 그래픽 카드는 게임 유저들에게 선호되는 제품으로 그래픽 카드 시장의 약 57%의 시장 점유율을 확보하고 있다. 뿐만 아니라 엔비디아가 개발한 새로운 기술은 그래픽 카드 전체 시장의 성장률을 올릴 것으로 예상된다.[11] 보스턴 컨설팅 그룹 매트릭스 상에서 캐시 카우에 속한 사업부/제품은 독보적인 시장 점유율을 갖고 있지만 그 시장 자체의 성장률은 높지 않은 경우를 말한다. 캐시 카우에 속한 제품들은 높은 시장 점유율을 바탕으로 충분한 수익을 창출한다. 프록터앤갬블(Procter & Gamble)이 생산하는 키친 타월인 바운티(Bounty paper towels)는 시장에서 안정

■ 그림 2.3 보스턴 컨설팅 그룹 시장 성장률-점유율 매트릭스

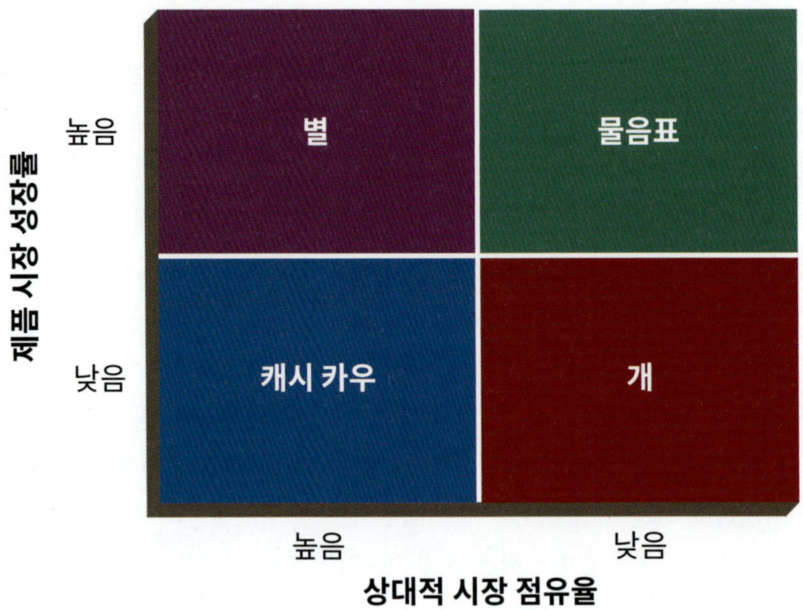

적으로 잘 팔리는 상품으로 프록터앤갬블에게 캐시 카우에 해당한다. 보스턴 컨설팅 그룹 매트릭스에서 개는 시장 점유율도 낮고 그 시장 자체의 성장률도 좋지 않은 상황에 속한 사업부/제품들을 의미한다. 개에 속한 제품들은 일반적으로 이미 성숙기에 접어든 시장에서 자주 발견된다. 예를 들어, 오늘날 사람들은 음악을 MP3가 아닌 자신의 핸드폰으로 듣는 것을 선호하기 때문에 애플에게 그들의 MP3 플레이어는 개에 속한 제품으로 생각할 수 있다. 마지막으로 물음표(때로는 문제아로 불리기도 한다)는 시장 자체는 빠르게 성장하고 있지만 자사의 사업부/제품은 아직 상대적으로 낮은 시장 점유율만을 확보하고 있는 상태를 의미하는 것으로 그 시장에서 시장 점유율을 높이기 위해 많은 투자를 요구하는 시장이다. 애플의 가정용 인공지능 스피커는 알렉사를 장착한 아마존의 에코 인공지능 스피커에 비해 낮은 시장 점유율을 보임으로써 물음표에 속한다고 할 수 있다.

보스턴 컨설팅 그룹 매트릭스 상 어느 곳에 속한 사업부/제품들의 포트폴리오를 갖고 있는지는 기업이 장기적으로 건전하게 성장하는데 매우 중요하다. 왜냐하면 한 기업의 사업부/제품들 중 몇몇은 충분한 수익을 창출해주고 몇몇 사업부/제품들은 성장을 위해 기업이 창출한 그 수익을 적절히 활용해야하기 때문이다. 따라서 기업의 전반적인 건전성은 사업부/제품들이 캐시 카우에 얼마나 많이 포진되어 있고 안정적인지, 별에 속할 가능성 있는 사업부는 얼마나 많은지, 그리고 물음표와 개로 분류될 수 있는 사업부/제품의 수는 몇 개인지 등의 지표로 판단할 수 있다. 기업은 충분한 투자를 필요로 하는 사업부/제품에 특별히 주의를 기울여야 하는데 기업의

한정된 자원을 너무 여기저기 분산하면 기업은 유망한 새로운 사업부/제품을 도입하는데 충분한 투자를 할 수 없기 때문이다. 프랑스 다국적 제약기업 사노피(Sanofi)는 자사의 자원을 시장 성장률이 좋은 사업부와 브랜드에 집중적으로 투자하기 위해 카피약과 동물을 위한 의약품 개발 사업부에는 투자를 철회하였다.[12]

경쟁적 성장 전략

기업은 하나의 제품 혹은 사업부에 대한 분석을 바탕으로 경쟁 전략을 선정한다. 그림 2.4는 제품-시장 매트릭스에 기반한 적절한 경쟁 전략들을 보여준다. 이 제품-시장 매트릭스는 특정 제품/사업부가 속한 시장과 제품의 성격에 따라 어떤 경쟁 전략을 사용하는 것이 보다 효과적인지를 보여준다.

시장침투전략(market penetration)은 기업이 이미 현재 비즈니스를 하고 있는 시장에서 존재하는 제품의 판매를 증가시키기 위해 사용하는 경쟁 성장 전략이다. 예를 들어, 코카콜라는 콜라라는 기존 시장에서 코카콜라라는 이미 존재하는 제품의 판매를 늘리기 위해 다양한 사람 이름이나 "친구","가족"과 같은 특정 문구를 콜라 병에 기재하는 촉진활동을 전개하여 매출을 늘렸다. 개인 맞춤화된 콜라 병 문구는 인스타그램에 #shareacoke 해시태그를 갖고 개인 맞춤화된 콜라병의 사진을 공유하는 것을 좋아하는 젊은 세대에게 인기를 끌었다.[13] 시장 개발 전략(market development)은 기업이 판매하는 기존 제품을 새로운 시장으로 확장 판매함으로써 매출을 늘리는 전략이다. 예를 들어, 암앤해머(Arm & Hammer)는 베이킹소다를 자사의 대

그림 2.4 경쟁적 성장 전략

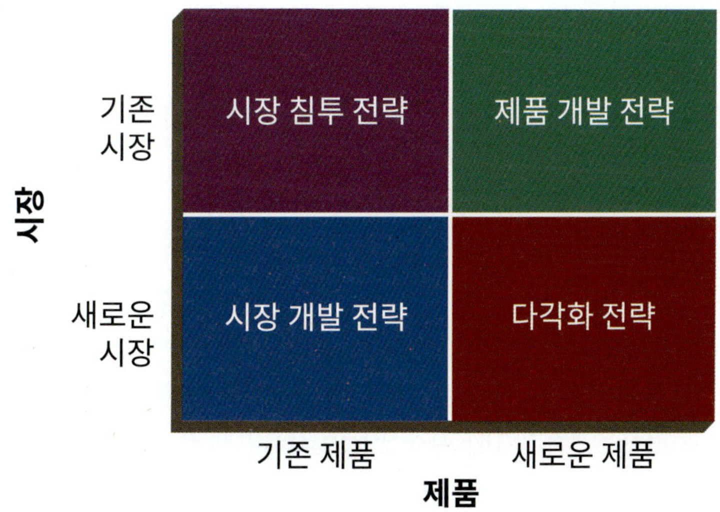

출처: H.I. Ansoff, New Corporate Strategy, (New York: Wiley, 1988), p. 109.

창의적 마케팅

빌려서 탈 준비 되었나요? 공유 경제에 전동 킥보드도 추가되다.

우버(Uber), 리프트(Lyft), 포드(Ford), 라임(Lime), 버드(Bird)의 공통점은 무엇일까요? 이들 5개 기업은 최근 공유 경제에서 새로운 트렌드로 자리 잡은 충전식 전동 킥보드 시장에 진입한 기업이라는 것이다. 우버나 리프트가 제공하는 서비스처럼 자동차를 소유하는 대신 앱을 통해 차를 공유하는 서비스는 새로운 서비스가 아니다. 사실 포드를 포함한 자동차 제조업체들은 이미 한 동안 자동차 공유 서비스를 테스트하고 투자해 왔다.

도심이나 캠퍼스 안을 이동할 때, 편리하고 저렴하면서 환경 친화적인 수단을 찾는 소비자들이 점점 늘어남에 따라 전동 킥보드가 공유 경제의 새로운 트렌드로 등장했다. 일반적으로 전동 킥보드 이용 고객들은 단순히 회사의 앱을 다운받은 후, 앱을 통해 전동 킥보드를 활성화 시키면 사용할 수 있다. 가격은 전동 킥보드를 활성화하는 비용(보통 5달러 이하)에 사용료 (일반적으로 1분당 1이하)를 더하면 된다. 전동 킥보드의 최고 속력은 1시간에 15마일 정도이며 한 번에 1명만 탈 수 있다.

공유 전동 킥보드 시장의 선구자인 라임과 버드는 대기업들이 이 사업을 시작하기 몇 달 전에 이미 미국의 중요 도시와 대학 캠퍼스 안에 수백대의 전동 킥보드를 설치하였다. 우버의 경우 처음에는 라임에 투자를 하는 형태로 공유 전동 킥보드 사업에 뛰어들었는데 우버 고객이 우버 앱을 통해 라임 전동 킥보드를 사용할 수 있는 형태였다. 그러나 현재 우버는 자체 공유 킥보드를 개발하고 있다.

자동차 제조업체인 포드 역시 처음에는 공유 전동 킥보드 스타트업인 스핀(Spin)을 인수함으로써 시장에 진출하였다. 미국 자동차 제조업체들은 단지 자동차를 판매하거나 리스해 주는 사업이 아닌 다양한 모빌리티 옵션을 고객들에게 제공하기 위해 노력하고 있다. 공유 전동 킥보드도 이와 같이 시장이 원하는 바를 반영하면서 새로운 모빌리티 옵션을 제공하는 것이라 할 수 있다. 공유 킥보드 시장을 이용하는 고객들이 점점 늘어남에 따라, 시장에 먼저 진입한 스타트업들이 선도 진입자 우위를 계속 누릴 수 있을지를 살펴볼 필요가 있다.[a]

표 제품으로 갖고 있다. 암앤해머는 자사의 베이킹소다 제품을 이 기업이 진출한 적 없던 새로운 시장인 카펫 냄새제거, 세탁 세제, 치약 제품을 위한 새로운 시장으로 진출함으로써 매출을 늘렸다. 또한 시장 개발 전략은 이케아(IKEA)가 인도에 자신의 매장을 낸 것과 같이 기업이 새로운 글로벌 시장에 자사 제품을 출시할 때도 적용된다.

제품 개발 전략(product development)은 현재 목표 시장을 위해 판매 중인 제품을 개선하거나 새로운 제품을 개발하여 판매함으로써 성장하려는 전략이다. 기저귀를 판매하는 팸퍼스(Pampers)는 기저귀를 구매하고자 하는 기존 시장에 팸퍼스 퓨어라는 새로운 제품을 도입하였다. 팸퍼스 퓨어는 라텍스, 향료, 로션 등이 첨가되지 않아 보다 높은 품질에 환경에 해가 되지 않는 원료를 사용하여 이러한 니즈를 갖고 있는 부모들을 만족시키고자 했다.[14] 제품 개발 전략의 대표적인 예는 자동차 시장에서 찾아볼 수 있는데, 자동차 제조업체는 부분변경 혹은 완전변경 신차 모델을 기존 고객 시장에 지속적으로 출시하여 매출을 늘리려고 한다. 마지막으로 다각화 전략(diversification)은 새로운 시장을 목표로 새롭게 개발된 신제품을 판매하는 전략을 말한다. 다각화 전략은 기업이 자사가 확보하고 있는 기술적, 재정적, 관리적 자원들을 보다 효과적으로 넓게 사용하도록 한다.

마이크로소프트에 팔릴 때까지 핸드폰 제조업체로 유명했던 노키아(Nokia)는 노키아 브랜드 이름 아래 혈압 측정계, 체중계, 체온계와 같은 인터넷으로 연결된 다양한 헬스관련 장치들을 다수 개발하였다.[15] 다각화 전략은 기업이 자사가 지닌 위험을 다양한 시장 안에 분산할 수 있도록 돕기 때문에 하나의 사업만을 운영하는 기업에 비해 도움이 될 수 있다.

2-3 기업의 자원과 기회에 대한 분석

 # 학습목표 **기업이 보유한 자원과 마케팅 환경을 분석하는 것이 기업이 기회를 발견하고 경쟁우위를 창조하는데 어떻게 도움이 될 수 있는지 이해한다.**

미션 수립과 기업과 사업부 단계의 전략을 수립한 후에는 기업이 제품을 판매하는 산업을 포함하는 마케팅 환경에 대한 분석이 필요하다. 외부 마케팅 환경은 경쟁적, 경제적, 정치적, 법률적, 기술적, 그리고 사회 문화적인 요소에 의해 영향 받는 것으로 기업 활동에 위협이 되기도 한다. 뿐만 아니라 외부 마케팅 환경을 구성하는 다양한 요소들은 기업이 외부 환경에서 얻을 수 있는 자원의 종류와 양에도 영향을 미쳐 기업에게 기회를 제공하고 그 결과 기업이 자사의 목표를 달성하는 것을 돕기도 한다.

기업이 전략적 계획을 적절히 수립하기 위해서는 기업이 보유하고 있는 재정적, 인적 자원과 역량, 그리고 시간이 지남에 따라 기업이 보유하고 있는 자원과 역량이 어떻게 변화할 것인지를 고려해야만 한다. 적절한 자원이 지원되어야만 기업은 고객 만족과 충성도를 높이고 좋은 평판을 만들 수 있다. 뿐만 아니라 기업은 높은 고객 만족과 충성도, 평판을 통해 잘 알려진 브랜드를 만들고 재정적 성과를 달성할 수 있다. IBM, 코카콜라, 구글은 모두 높은 브랜드 인지도와 평판을 통해 이익을 창출하고 있다. 기업이 보유하고 있는 자원은 그 기업의 **핵심역량core competencies**도 포함한다. 기업의 핵심 역량이란 경쟁자보다 매우 잘 하는 것으로 그 기업이 경

핵심 역량 경쟁자보다 매우 잘 하는 것으로 그 기업이 경쟁자 보다 시장에서 우위를 누릴 수 있도록 돕는다.

INTEGRITY IN MARKETING

마케팅의 정직성

이게 박물관이야?

아이스크림 박물관에서 피자 박물관까지 셀피를 예쁘게 찍을 수 있는 박물관이 인기를 끌고 있다. 셀피 친화적인 박물관에서 고객들은 박물관이란 이름하면 떠오르는 전통적인 경험을 기대하지 않는다. 이런 박물관들은 테마가 있는 제공물을 보여줌으로써 박물관이라기보다는 마케팅 활동처럼 보이며 소셜 미디어에 공유할 수 있는 새롭고 재미있는 경험을 원하는 고객들을 끌어 모으고 있다.

불과 몇 년 사이에 수백만 달러의 입장 티켓을 판매한 아이스크림 박물관의 예를 들어 보자. 공동 창업자인 메리엘리스 번(Maryellis Bunn)과 매니시 보라(Manish Vora)는 인스타그램에 수많은 아이스크림 사진이 올라오는 것을 보고 아이스크림 박물관 아이디어를 얻었다. 그들은 아이스크림이 많은 사람들에게 인기 있다는 사실을 바탕으로 뉴욕에 아이스크림 박물관을 임시로 개장했다. 박물관 방문객에게 셀피를 찍고 셀피를 아이스크림 토핑과 같은 모양으로 꾸밀 수 있는 기회를 제공하였다. 이러한 셀피들이 인스타그램에 포스팅되자, 이를 본 사람들이 자신들도 같은 경험을 하고자 아이스크림 박물관을 방문하기 시작했다. 시장 기회가 존재함을 깨달은 공동 창립자들은 곧바로 캘리포니아와 플로리다에도 아이스크림 박물관을 개장했다.

또 다른 예로 피자 박물관을 들 수 있다. 피자 박물관은 디지오르노(DiGiorno) 냉동 피자 기업의 후원을 받아 뉴욕시에 한 달간 개장하였다. 이 박물관은 입장료 35달러를 받으며 피자를 주제로 한 영화, 예술을 소개할 뿐만 아니라 피자의 역사도 보여주고 있다. 이 박물관을 광고하기 위해 #MoPi라는 해시태그를 이용하여 입소문을 퍼뜨렸다.

샌프란시스코와 뉴욕시에 임시로 개장한 칼라 팩토리(Color Factory)는 방문객들이 강력한 색감을 보이는 방을 걸으면서 셀피를 찍을 수 있도록 한다.

위와 같은 예는 소셜 미디어 포스팅과 공유를 위한 경험을 원하는 고객들을 대상으로 한 박물관 같지 않은 박물관의 몇 가지 예이다. 이러한 트렌드는 언제까지 지속될 수 있을까?[b]

쟁자 보다 시장에서 우위를 누릴 수 있도록 돕는다.

마케팅 환경 분석은 기업이 비즈니스를 하는 산업 안에 어떤 기회가 존재하는 지를 밝혀내는 일도 포함한다. 이를 위해서 기업은 산업에 대한 철저한 이해를 수반해야 한다. **시장 기회market opportunity**는 상황적 변수와 타이밍이 절묘하게 맞아떨어져서 기업이 목표 고객을 대상으로 마케팅 활동을 펼칠 때 존재한다. 여행용 가방 제조 기업인 어웨이(Away)의 창업자들은 창업 당시 시장에 잘 만들어진 적절한 가격대의 여행용 가방이 부족하며 이것이 기회가 될 수 있다 느꼈다. 어웨이는 공항보안검색이 가능한 허가된 자물쇠를 장착하고 있으며 튼튼한 지퍼와 핸드폰을 충

시장 기회 상황적 변수와 타이밍이 절묘하게 맞아떨어져서 기업이 목표 고객을 대상으로 마케팅 활동을 펼칠수 있는 상황

전할 수 있는 배터리가 준비되어있고, 눈에 띄는 예쁜 색상과 평생 품질 보증까지 제공하는 여행용 가방을 출시했다.[16] 이처럼 시장의 요구 사항과 기업의 역량이 조화를 이뤄 기업이 고객이 원하는 바를 제공할 수 있는 적절한 타이밍을 **전략적 창문strategic windows**이라 한다.[17]

기업은 자신의 핵심 역량을 시장에 존재하는 기회와 잘 조화시켰을 때 **경쟁 우위competitive advantage**를 가질 수 있다. 기업은 자신이 보유하고 있는 제조 능력, 기술, 혹은 마케팅 기술을 시장 기회를 잡을 수 있도록 사용하고, 그 결과로 경쟁 우위를 얻는다. 코스트코(Costco)의 경우, 비즈니스를 효율적으로 운영하고 공급업자들과 좋은 관계를 유지하여 이를 통해 매우 저렴한 가격으로 제품을 공급할 수 있는 역량을 갖추고 있다. 이를 통해 충성도가 높은 고객들을 유지하여 경쟁우위를 누리고 있다.[18] 트랜스걸프(TransGulf)의 광고는 이 기업이 28톤이나 되는 냉장 제품들을 집집마다 효율적으로 운송하는 역량을 지니고 있으며 이를 통해 경쟁 우위를 누리고 있음을 강조한다. 이 광고는 트랜스걸프가 커버하는 지역을 지도로 보여주며 기업 고객들에게 이 기업이 어떤 서비스를 제공할 수 있는지 그리고 이러한 서비스에 대한 보다 많은 정보를 위한 담당자 연락처도 함께 제공하고 있다.

전략적 창문 시장의 요구 사항과 기업의 역량이 조화를 이뤄, 기업이 고객이 원하는 바를 제공하는데 매우 유리한 일정한 기간

경쟁우위 기업이 자사의 핵심역량을 활용하여 시장 기회를 효과적으로 이용하게 되어 그 결과로 다른 기업보다 우위의 상태에 위치하게 되는 것

2-3a SWOT 분석

SWOT 분석은 기업이 속한 산업에서 자사의 역량과 자원을 평가하는 데 도움이 되는 도구이다. 구체적으로 **SWOT 분석SWOT analysis**은 기업이 현재 보유하고 있는 강점(strengths)과 약점(weaknesses)이 무엇이며, 외부에 존재하는 기회 (opportunities)와 위협(threats)은 무엇인지를 평가하는데 이용된다. 기업은 SWOT 분석을 이용하여 새로운 지역이나 제품 카테고리로 진입하고자 할 때, 적절한 시점이 언제인지에 대한 시사점을 얻을 수 있다. 그림 2.5는 사분면으로 구성된 SWOT 분석 매트릭스를 보여주고 있다. 이 SWOT 매트릭스는 마케팅 관리자들이 SWOT 분석을 통해 발견한 자사의 약점은 강점으로, 외부의 위협은 기회로 변환하도록 해야 하며, 자사 내부의 강점은 외부의 기회와 조화를 이뤄 경쟁우위를 창출해야 함을 보여주고 있다. SWOT 분석에서 강점과 약점은 기업의 내부적인 요소로 목표 시장을 만족시키는 데 필요한 기업의 능력에 영향을 미친다. 구체적으로 강점(strengths)은 그 기업이 보유하고 있는 핵심 역량으로, 그 기업이 목표 시장의 니즈를 경쟁자보다 더 잘 만족 시킬 수 있도록 하여 그 기업이 경쟁우위를 누릴 수 있도록 돕는다. 약점(weaknesses)은 마케팅 전략을 수립하고 실행하는데 기업이 직면하고 있는 부족한 점, 제한점을 의미한다. 예를 들어, 오랫동안 시장을 지배해 왔던 월마트는 경쟁자들을 걱정할 필요도 없었다. 그러나 아마존이 저렴한 비용과 높은 고객 만족도를 달성하면서 월마트에게 아마존은 새로운 위협이 되고 있다. 월마트는 온라인 판매와 기술 혁신 분야에 있어 아마존에 비해 심각한 약점을 갖고 있다. 이러한 위협 상황에 대처하기 위해 월마트는 제트 닷컴(Jet.com)과 같은 다양한 인수합병을 진행하였고 이를 통해 월마트의 온라인 쇼핑

SWOT 분석 기업이 지닌 내부 강점과 약점, 외부 기회와 위협을 분석하는 것

Source: TransGulf

경쟁 우위 운송 기업 트랜스걸프는 광고를 통해 자사의 경쟁 우위를 광고한다.

경험과 배송을 향상시키도록 노력하고 있다.[19] 마케팅 관리자는 SWOT 분석을 실시할 때 기업이 고객 니즈를 만족시키는데 도움이 되거나 어려움을 만드는 기업 내부의 강점과 약점을 찾는데 집중해야 한다.

반면 기회와 위협은 기업 외부에 독자적으로 존재하기 때문에 특정 산업, 시장, 지역에 위치한 모든 기업들에게 영향을 미치는 요소이다. 기회(opportunities)는 외부 환경에 존재하는 우호적인 상황으로 제대로 이용하면 기업에게는 보상이 따를 수 있는 것이다. 즉 기회는 외부에 존재하지만 그냥 얻어지는 것이 아닌 기업이 그 기회를 적극적으로 활용할 때 긍정적인 결과를 이끌어 낼 수 있는 것이다. 마지막으로 위협(threats)은 기업이 자사의 목적 달성에 방해가 되는 장애 상황을 말한다. 기회와 위협은 마케팅 환경에 존재하는 다양한 원인으로부터 발생한다. 예를 들면, 제너럴 밀즈, 펩시(Pepsi), 캠벨(Campbell's)과 같은 기업들은 소비자들이 점점 건강한 음식을 선호하게 되고 합리적인 가격의 유통업자 브랜드를 선호하게 되자 위협에 직면하고 있다.[20]

경쟁자가 새로운 제품을 도입하여 자사에게 새로운 위협이 될 때 기업은 방어 전략을 세워야 한다. 만약 기업이 경쟁자의 제품과 비슷하거나 혹은 성능을 능가하는 새로운 제품을 시장에 도입할 수 있다면 그 기업은 주어진 위협을 기회로 전환할 수 있다. SWOT 분석은 기업 성공을 이끌 수 있는 다양한 가능성들을 타진해 보고자 기업 내부와 외부 환경을 열린 마인드로 살펴보는데 사용하는 것이 적절하다. 즉, SWOT 분석을 특정 결론을 확정하기 위한 도구라기 보다는 열린 마음으로 내부와 외부 상황을 탐험해 보는 도구로 사용하는 것이 적절하다.[21]

2-3b 초기 시장 진입과 늦은 시장 진입의 이점

마케팅 관리자들이 기업이 보유하고 있는 자원과 시장에 존재하는 기회를 조화 시키는 과정에서 고려해야만 하는 또 다른 이슈는 기업이 시장에 경쟁자들 보다 먼저 초기에 진입해야 하는지 아니면 경쟁자들이 시장에 진입하고 난 후 늦게 시장에 진입하는 것이 기업에게 유리한지를 판단하는 것이다. **초기 시장 진입 이점first-mover advantage**은 혁신적인 기업이 시장에 경쟁자들보다 먼저 진입하여 특정 제품을 가장 먼저 판매함으로써 장기적인 경쟁우위를 얻는 것을 의미한다. 시장에 최초로 진입하는 것은 기업이 혁신자, 시장 리더로서의 평판을 얻도록 돕는다. 아마

초기 시장 진입 이점 혁신적인 기업이 시장에 경쟁자들보다 먼저 진입하여 특정 제품을 가장 먼저 판매함으로써 장기적인 경쟁우위를 얻는 것

■ 그림 2.5 SWOT 분석의 4분면

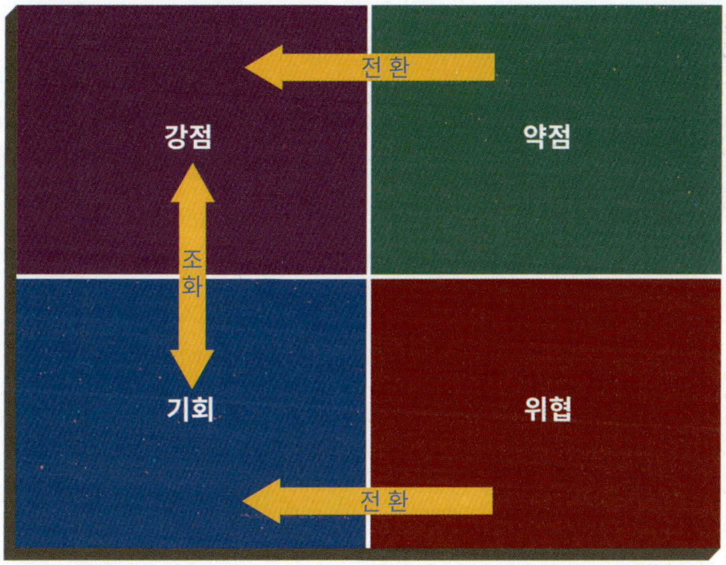

출처: Adapted from Nigel F. Piercy, Market-Led Strategic Change. Copyright 1992, Butterworth-Heinemann Ltd., p. 371. Reprinted with permission.

존, 이베이, 넷플릭스는 경쟁자들 보다 먼저 혁신하여 시장에 최초로 진입한 선도 기업들이었으며 현재도 시장의 리더로 남아 있다. 시장에 먼저 진입하여 선도 기업이 되는 것은 경쟁자들이 유사한 경쟁 제품을 개발하는 시간이 필요하기 때문에 최소한 짧은 기간만이라도 경쟁이 없는 상황을 누릴 수 있는 장점이 있다. 또한 선도 기업만이 시장에서 비즈니스를 하는 상황에서 고객들은 사실상 다른 선택 옵션이 없기 때문에 고객들의 브랜드 충성도를 높일 수 있고, 이는 추후 고객들이 다른 브랜드로 전환하는 것을 어렵게 만드는 역할을 한다. 뿐만 아니라 시장에서 최초로 특정 제품을 개발하는 선도자가 되는 것은 특허를 통해 신제품과 관련된 비밀이나 기술을 보호할 수 있는 이점도 있다.

반면, 시장에 최초로 진입 하는 것은 위험 요소 또한 포함한다. 기업이 새로운 제품을 최초로 개발한다는 것은 방대한 마케팅 조사를 실시해야 하고 생산 방법에 대한 문제, 고객들에게 새로운 제품을 알리고 학습 시켜야 하는 등 많은 비용이 든다. 또한 훌륭한 신제품을 개발했을 지라도 기업이 수요를 과대 평가했거나 목표 시장을 적절히 타깃하지 못하면 그 제품의 초기 판매는 기대한 것만큼 성장하지 않을 수도 있다. 동시에 시장에 먼저 진입한 선도 기업은 시장 불확실성의 위험이 크고, 그 제품과 관련된 고객들의 니즈가 정확히 무엇인지를 발견하기 어려운 문제점이 있다.

Riccosta/Shutterstock.com

초기 시장 진입 이점 넷플릭스는 영화와 TV 프로그램 스트리밍 서비스에 있어서 초기 시장 진입 이점을 갖고 있다. 넷플릭스는 초기 선도자로서 어떤 이점을 누리고 있을까?

늦은 시장 진입 이점 시장에 특정 제품을 최초로 제공하지 않고 후발자로 제공함으로써 장기적인 경쟁 우위를 얻는 것

늦은 시장 진입 이점late-mover advantage은 시장에 특정 제품을 최초로 제공하지 않고 후발자로 제공함으로써 장기적인 경쟁 우위를 얻는 것을 의미한다. 시장에 후발자로 진입한 기업들은 시장에 초기에 진입한 선도자의 실수를 보고 제품 디자인이나 마케팅 전략을 수정, 향상할 기회를 얻는다. 인공지능 스피커인 구글 홈(Google Home)의 사례를 생각해 보자. 구글 홈은 인공지능 스피커 시장의 선도자가 아니었지만 구글의 앞선 기술과 음성 검색 경험, 다양한 추가 기능을 더함으로써 시장 선도자인 아마존 에코(Amazon Echo)에 비해 늦게 시장에 진입했지만 늦은 시장 진입 이점을 얻을 수 있었다.[22] 후발 기업이 얻을 수 있는 또 다른 이점은 시장에 초기에 진입한 선발자가 이미 유통 채널을 만들어 놓고 그 제품군이 무엇인지 고객들을 교육 시켜 놓았기 때문에 후발 기업은 상대적으로 초기 투자 비용이 적은 경향이 있다. 뿐만 아니라 후발 기업이 시장에 진입했을 때는 이미 그 제품군에 대한 소비자의 반응 데이터가 축적되어 있고 이를 통해 보다 불확실성을 제거하고 제품의 성공을 이끌 가능성이 커진다.

그러나 기업이 후발자로 시장에 진입하는 것 역시 불리한 점을 갖고 있다. 시장에 선제적으로 진입한 기업은 특허 등을 통해 특정 기술을 보호하여 후발주자가 유사한 제품을 생산하는 것을 막을 수 있다. 또한 이미 선발자의 제품을 구매한 고객들은 후발 주자 제품으로 전환하는 것이 전환 비용이 크다고 판단하여 후발 기업이 시장 점유율을 얻는데 장애물이 될 수 있다.

이처럼 기업이 시장에 진입하는 시점을 결정하는 것은 중요하다. 일반적으로 시장에 최초로 선발자가 진입하고 난 직후 빠르게 시장에 진입하는 기업들은 시장 점유율을 높이고 브랜드 충성도를 세우는데 도움이 된다고 한다. 그러나 이미 많은 경쟁자들이 시장에 진입하고 난 후 시장에 늦게 진입하는 것은 경쟁이 너무 치열하고 다양한 늦은 시장 진입 단점에 직면하게 된다.

2-4 마케팅 목표와 전략 수립

 # 학습목표 **기업이 마케팅 목표를 개발하고 전략을 수립하는 과정을 이해한다.**

마케팅 목표 마케팅 활동을 통해 성취하고자 하는 것

전략적 계획 수립의 다음 단계는 마케팅 목표 달성을 위해 마케팅 계획과 전략을 수립하는 것이다. **마케팅 목표marketing objective**는 마케팅 활동을 통해 성취하고자 하는 것을 말한다. 마케팅 목표는 신제품 도입, 제품 향상, 혁신, 매출 향상, 수익성 향상, 시장 점유율 향상, 가격, 유통, 광고 혹은 종업원 교육 활동에 관한 목표 등으로 작성된다. 예를 들어, UPS의 경우 다양성과 포용성을

높이는 것을 종업원에 관한 목표, 전략으로 삼고 있다. 이를 위해 기업 광고에서 아프리카계 미국인 비즈니스 여성이 미소 짓는 사진을 바탕으로 UPS가 최고 경영자 이사회와 협력하여 다양성과 포용성을 바탕으로 다양한 배경의 경영자들을 모집하고 있음을 강조하고 있다. 또한 UPS의 웹사이트를 통해 이러한 기업의 노력에 대한 보다 상세한 정보를 제공하고 있다. 기업이 적절한 마케팅 목표를 세우기 위해서는 SWOT 분석의 내용을 바탕으로 자사의 강점을 외부 시장의 기회와 조화시키고, 자사의 약점은 극복하고 외부 시장 위협은 최소화하도록 노력해야 한다.

적절한 마케팅 목표는 다음과 같은 특성을 지녀야 한다. 첫째, 적절한 마케팅 목표는 간단, 명료하게 표현되어 기업에 속한 마케팅 혹은 비마케팅 종업원들이 기업이 달성하고자 하는 바를 정확히 이해할 수 있어야 한다. 둘째, 마케팅 목표는 측정 가능한 형태여야 한다. 마케팅 목표가 측정 가능해야 기업이 마케팅 목표의 달성 정도를 확인하고 이를 기준점과 비교할 수 있다.

마케팅 전략 기업이 목표 시장을 선정하고 그 목표 시장의 니즈를 만족시켜 줄 수 있는 마케팅 믹스를 창조하는 계획

예를 들어, UPS가 미국에서 "UPS Next Day Air Early"라는 빠른 배송 서비스를 도입함으로써 시장 점유율을 10% 증가하는 것을 마케팅 목표로 삼는다면, UPS는 그 기업이 정한 마케팅 목표를 달성했는지를 평가하기 위해 자사의 시장 점유율을 명확히 측정할 수 있어야만 한다. 셋째, 마케팅 목표는 6개월, 1년 안과 같이 설정한 목표를 달성해야 하는 시간을 명시해야 한다. 마지막으로 마케팅 목표는 기업의 하위 기능 전략이므로 기업의 사업부 단계, 기업 단계 전략과 조화를 이뤄야 하며, 기업의 다양한 수준에서 일하고 있는 사람들에 의해 일관되게 추진되어야 한다. 마케팅 목표는 달성 가능해야 하며, 기업이 보유한 자원을 효과적으로 활용하여 달성해야 한다. 이를 통해 마케팅 목표는 기업 단계 전략 달성에 기여하게 된다.

마케팅 전략은 기업이 마케팅 목표를 달성하기 위한 계획이라 할 수 있다. **마케팅 전략marketing strategy**은 기업이 목표 시장을 선정하고 그 목표 시장의 니즈를 만족시켜 줄 수 있는 마케팅 믹스를 창조하는 것을 의미한다. 마케팅 전략은 자사의 마케팅 목표를 달성하기 위해 기업이 보유한 자원을 어떻게 최고로 효율적, 효과적으로 사용할 수 있는 지를 결정한다. 또한 마케팅 전략은 기업이 경쟁 우위를 높이기 위해 보유한 자원을 어떻게 배분해야 하는지도 결정한다. 마케팅 전략은 기업의 경쟁력을 강화하기 위한 핵심이라 할 수 있다.[23]

그러나 훌륭한 마케팅 전략이라도 고정되어 있는 것이 아니다. 마케팅 전략은 외부 환경이 변화함에 따라 끊임없이 수정, 변화될 필요가 있다. 몇몇 기업들은 외부의 경쟁상황, 소비자 행동 변화, 혹은 새로운 마케팅 전략을 필요로 하는 변화에 적절히 응답하지 못해 실패하고 만다.[24] 안드로이드 스마트폰 시장에서 앞

Source: UPS

마케팅 목표 UPS는 이 광고를 통해 어떤 목표를 달성하고자 함을 보여주고 있습니까?

서가던 삼성(Samsung) 역시 안드로이드 스마트폰이 일반화됨에 따라 기존의 마케팅 전략이 아닌 새로운 스마트폰 기능과 변화를 반영하여 새로운 마케팅 전략을 구성해야만 했다. 이러한 시장의 니즈와 변화를 반영하여 삼성은 갤럭시 S10(Galaxy S10)을 개발하여 시장에 출시하였다.

2-4a 목표 시장 선정

기업이 적절한 목표 시장을 선정하는 것은 전략적 계획 수립과정에서 기업이 정해야 하는 가장 중요한 결정이다. 목표 시장은 기업이 고객의 니즈를 만족시켜 주기 위한 마케팅 믹스를 결정하기 전에 결정되어야 한다. 만약 기업이 적절하지 않은 목표 시장을 선정했다면, 그 목표 시장을 향한 모든 마케팅 의사결정들은 헛수고일 수밖에 없다.

그러므로 적절한 목표 시장 선정은 성공적인 마케팅 활동에 중요한 요소이다. 기업은 때로 자사 제품에게 적합한 최적의 목표 시장을 제대로 결정하지 못해, 그 제품 혹은 심지어 그 기업 전체가 어려움을 겪는 경우도 있다. 모든 고객들이 원하는 바를 만족시키려는 시도는 어떤 고객의 니즈도 정확히 만족시켜 줄 수 없다. 따라서 목표 시장을 대상으로 그들의 니즈를 철저히 분석하여야만 기업이 자사의 목표 시장에 맞는 보다 효과적인 마케팅 믹스를 개발할 수 있다.

마케팅 관리자들이 목표 시장을 어디로 선정해야하는 지를 고심할 때, 그 시장에 진입하는 것이 자사의 매출, 비용, 수익에 어떤 영향을 미치는 지를 고려해야 한다. 또한 선택한 목표 시장 고객들에게 집중하기 위해 시장에 관한 정보를 모아야 한다. 아울러 회계와 정보 시스템을 이용하여 목표 시장 고객 그룹별로 매출과 비용이 각각 얼마나 발생하는 지를 확인할 수 있어야 한다. 기업은 수익 증가를 위해 종업원들이 보다 수익성이 좋은 고객들에 집중하는 것을 권장해야 한다. 또한 종업원들이 변화하는 마케팅 환경에 적극적으로 대응할 수 있는 유연한 고객 지향성을 갖도록 노력해야 한다.

마케팅 관리자들은 목표 시장을 선택할 때, 선택된 목표 시장이 자사의 전반적인 미션과 목표에 부합하는지를 평가해야 한다. 선택된 목표 시장이 자사의 전반적인 미션에 부합한다면, 기업은 자사가 선택한 목표 시장의 니즈를 만족시키기 위한 마케팅 믹스(제품, 가격, 유통, 촉진)를 개발하기에 적절한 자원을 보유하고 있는지 평가해야 한다. 목표 시장 선정 시, 목표 시장으로 생각한 시장에 이미 얼마나 많은 경쟁자와 경쟁 제품이 존재하는지 역시 고려해야 한다. 예를 들어, 최근 들어 모바일 게임 시장은 폭발적으로 성장하였다. 따라서 모바일 게임 시장은 이미 매우 경쟁이 치열하고 기업이 이 시장에 새롭게 진입하고자 한다면 스마트폰이나 테블릿 게임 시장에 충분한 수요가 존재하고 자사의 모바일 게임 제품이 시장에 존재하는 기존 제품과 달리 독특한 향상된 점이 존재하는지 면밀히 평가해야 한다. 조사에 따르면 모바일 게임 시장은 2020년까지 1,435억 달러 시장이 될 것이라 한다.[25]

2-4b 마케팅 믹스 창조

기업은 이용 가능한 모든 정보를 동원하여 자사에 가장 적합한 목표 시장을 선정해야만 이들에게 가장 효과적인 마케팅 믹스를 개발할 수 있다. 테슬라(Tesla Motors)는 전기차 시장 중 특별한 니즈를 갖고 있는 세분 시장을 목표 시장으로 선정한 후, 이들의 니즈를 만족 시키고자 기존 자동차 기업과 달리 자동차 제조업자에게서 직접 자동차를 주문하는 등 새로운 형태의 마케팅 믹스를 개발하였다. 또한 테슬라는 그들의 목표 시장인 고급 전기차 시장 고객들을 만족시키기 위해 전기차 가격을 결정하였고 이에 적합한 촉진 방법을 선택하였다.[26]

기업은 자사 목표 시장 고객에 적합한 제품 디자인, 가격, 유통, 촉진을 개발하기 위해 목표 시장 고객의 인구통계학적 정보, 고객들의 니즈와 행동을 상세히 분석하여야 한다. 고급 오토바이 브랜드인 할리 데이비슨(Harley-Davidson)은 자사의 기존 핵심 목표 시장인 베이비 부머(Baby Boomer) 세대를 넘어 밀레니얼 세대를 목표 시장으로 확장하기 위해 밀레니얼 세대에 적합한 할리 데이비슨 오토바이를 주제로 한 비디오 게임, 스폰서십 활동을 전개하였으며, 할리 데이비슨 구매를 권유하는 유명인이 등장하는 소셜 미디어 캠페인도 전개하였다.[27]

자사 목표 시장을 위한 마케팅 믹스를 결정할 때 기업은 일관성과 유연성, 두 가지를 고려해야 한다. 기업의 마케팅 믹스와 관련된 결정은 사업부 단계뿐만 아니라 기업 단계 전략과 일관성을 유지해야 한다. 그래야만 기업이 기업, 사업부, 기능 수준 모두에서 자사의 목표를 달성할 수 있다. 반면 유연성은 기업이 시장 상황, 경쟁 상황, 고객 니즈의 변화에 맞춰 적절한 마케팅 믹스로 변화해 가야하기 때문에 중요하다. 마케팅 전략의 유연성은 기업이 변화하는 환경에 보다 적절히 대처하게 함으로써 기업 성과에 긍정적인 영향을 미친다.

BalkansCat/Shutterstock.com

kevin brine/Shutterstock.com

목표 시장 선정 하이 엔드 시장을 목표로 삼는 힐튼 호텔과 햄프턴 인&스위트는 동일한 시장을 타깃으로 삼고 있을까요?

지속적 경쟁 우위 경쟁자가 가까운 미래에 자사의 우수한 점을 모방할 수 없어 자사가 지속적으로 경쟁 우위를 누리는 상태

마케팅 믹스를 적절히 활용하면서 기업은 지속적 경쟁 우위를 달성할 수 있다. **지속적 경쟁 우위**sustainable competitive advantage란 경쟁자가 가까운 미래에 자사의 우수한 점을 모방할 수 없어 자사가 지속적인 경쟁 우위를 누리는 상태를 의미한다. 예를 들어, 월마트는 다른 슈퍼마켓들과 비교하여 매우 효율적이고 비용이 적게 드는 유통 시스템을 구축하였기 때문에 이를 바탕으로 식료품 판매에 있어서 지속적 경쟁 우위를 유지하고 있다. 이러한 경쟁 우위는 월마트가 끊임없이 낮은 가격을 유지할 수 있도록 도왔으며, 식료품 시장에서 가장 높은 시장 점유율을 달성할 수 있도록 만들었다. 이와 같은 지속적 경쟁 우위를 갖는 것은 불확실한 환경 변화에 맞서 지속적으로 마케팅 믹스를 변화해 가는 유연성을 필요로 한다.

2-5 마케팅 실행 관리

 # 학습목표 효과적인 마케팅 전략을 실행하기 위해 무엇이 필요한지 이해한다.

마케팅 실행 마케팅 전략들을 실제 실행으로 옮기는 과정

마케팅 실행marketing implementation이란 마케팅 전략들을 실제 실행으로 옮기는 과정을 말한다. 마케팅 관리자들은 계획을 통해 기업의 마케팅 노력을 어떤 목적과 어떤 방향으로 나아가야 할지 결정하고 구체적인 마케팅 전략을 실행해 나간다. 효과적인 마케팅 실행은 마케팅 부서가 잘 조직화되어 있을 때 이룰 수 있다. 즉, 마케팅 부서는 종업원들에게 적절히 동기를 부여하고 그들과 효과적으로 의사소통하며 다양한 마케팅 활동들을 조화롭게 구성하고 마케팅 활동이 완료되어야 할 합리적인 스케쥴을 제시할 수 있어야만 한다. 관리자들은 종업원들이 마케팅 전략을 실행하는 행동들을 평가하고 이를 바탕으로 적절한 보상을 제공하고 위험을 줄이는 관리 감독 업무를 적절히 수행함으로써 바람직한 결과물을 만들어 낼 수 있다.[28]

2-5a 마케팅 부서의 구성

마케팅 부서에 속한 개인 간의 명령 체계나 의사소통 방식을 포함하는 마케팅 부서의 구성을 어떻게 할 것인가는 마케팅 활동에 강력한 영향을 미친다. 진정으로 마케팅 개념을 받아들인 기업은 고객의 니즈를 기업의 모든 의사결정의 중심에 두는 조직 문화를 키운다.

중앙집권적 조직 최고위층 관리자들이 모든 의사결정을 내리며 하위 단위에게 의사결정 권한을 덜 부여하는 구조

분권화된 조직 기업의 의사결정 권한이 낮은 단계까지 위임되어 있어서 모든 사업 단위 의사결정이 이뤄지는 구조

마케팅 부서 구성에 관하여 기업은 조직을 중앙집권화할지 분권화할지를 결정해야 한다. 이러한 의사결정 구조의 선택은 마케팅 의사결정과 전략 실행에 직접적인 영향을 미친다. **중앙 집권화된 조직**centralized organization에서 최고위층 관리자는 권한을 낮은 수준 관리자에게 덜 위임하지만, **분권화된 조직**decentralized organization에서는 가능한 한 의사결정을 낮은 단위 종업

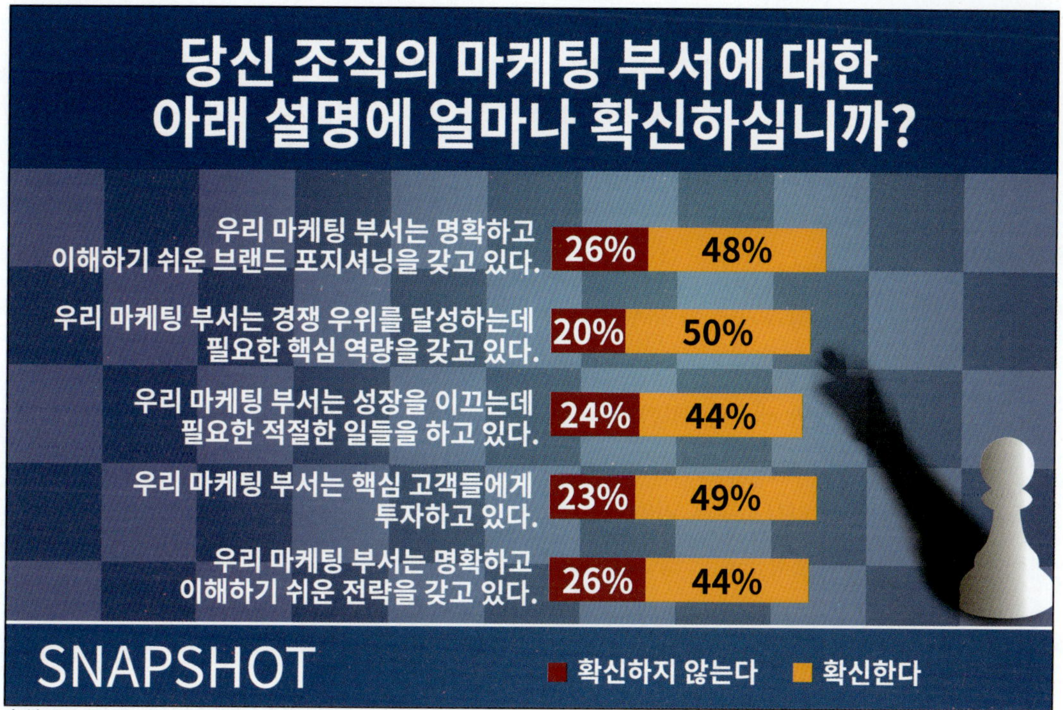

출처: Marketers Are Confident About the Economy and Their Brands in 2018, Michelle Markelz, American Marketing Association (AMA).

원에게 까지 위임한다. 따라서 중앙집권화된 조직에서 마케팅 의사결정은 최고위층에서 결정된다. 그러나 이러한 중앙집권적 의사결정 방식은 고객의 수요가 심하게 요동쳐서 기업이 신속하게 의사결정과 변화를 결정해야 할 때 비효율적이다. 반면 분권화된 의사결정 체계는 기업이 변화하는 고객 니즈에 신속하게 대응하도록 함으로써 도움이 된다.

의사결정의 권한이 위임된 구조뿐만 아니라 마케팅 부서가 어떻게 구조화되어 있는지도 기업이 마케팅 전략을 효과적으로 실행할 수 있는지에 영향을 미친다. 다양한 마케팅 활동들을 기업의 전반적인 마케팅 목표에 맞춰 조화롭게 구성하는 것은 기업의 효율성과 성과를 높이는 데 도움이 된다. 마케팅 부서는 부서 조직원들 사이에서 누가 의사결정자이고 누가 의사결정에 따른 사업을 수행해야 할 책임이 있는지 명확하게 공유해야 한다.

2-5b 마케팅 부서 사이의 조정과 의사소통

마케팅 관리자들은 마케팅 목표를 달성하고 기업 안의 다양한 영역(예: 연구개발, 생산, 재무, 회계, 인적자원)의 역할과 마케팅 역할이 조화를 이루기 위해 기업의 다양한 종업원들과 밀접하게 일해야만 한다. 뿐만 아니라 마케팅 관리자들은 기업 내부 마케팅 직원의 업무와 외부에서 기업의 마케팅 활동에 관여하는 기업들 (예: 광고 에이전시, 도매 혹은 소매업자, 연구자, 배송업자)

간의 활동도 잘 조화시켜야 한다. 이를 위해 마케팅 관리자는 관련된 종업원들이 자신의 업무가 다른 이들의 업무와 어떻게 연관되어 있으며, 전체 마케팅 목표 달성에 어떻게 기여하고 있는지 인식하도록 하는 것이 필요하다. 각각의 종업원들이 이를 명확하게 인식하기 위해서는 마케팅 과정에 속한 모든 이들과 효과적으로 의사소통하고 그들의 의욕을 북돋는 것이 중요하다.

마케팅 관리자들은 최고위층 관리자들에게 마케팅 부서가 기업의 전반적인 목적을 인식하고 있으며, 마케팅 활동들은 그 목적을 위해 일관되게 구성되어 있음을 명확히 알려야 한다. 또한 마케팅 부서는 마케팅 활동들이 재무 혹은 인적 자원 부서와 같은 기업의 다른 부서의 일들과 적절히 조화를 이루기 위해 노력해야 한다. 예를 들어, 마케팅 부서 직원은 고객의 니즈를 반영한 새로운 기능을 추가한 제품을 개발할 때 마케팅 부서 혼자 진행하는 것이 아니라 이러한 제품을 구체화 시켜줄 생산 부서 직원들과 조화를 이뤄 일해야만 하는 것이다.

마케팅 부서 간의 의사소통은 기업의 가장 최전방에 위치한 종업원으로부터 상위 관리자들에게로 상향식으로 진행되는 것이 중요하다. 고객과의 접점에 위치한 종업원들은 고객들의 니즈를 직접적으로 듣고 이해하는 고유한 위치를 차지하고 있다. 따라서 고객과의 접점에 위치한 종업원들이 고객으로부터 직접 얻은 지식을 마케팅 관리자들에게 직접 전달하는 것이 가능해야 한다. 이렇게 해야지만 마케팅 관리자들이 고객이 무엇을 원하고, 제품이 어떻게 판매되고, 마케팅 활동들의 효과성은 어떠한지, 마케팅 실행 과정에서 문제점은 없는 지 등에 관한 풍부한 정보를 얻을 수 있다. 이러한 상향식 의사소통 방식은 마케팅 관리자들이 고객과의 접점에서 고객과 직접적으로 상호작용하는 중요한 인력인 종업원들이 업무처리 과정에서 무엇이 필요하고 어떤 문제가 있는지를 보다 상세히 이해하는데 도움을 준다.

마케팅 종업원들이 다른 종업원들과 효과적으로 의사소통하기 위해서는 훈련이 필수적이다. 효과적인 훈련 프로그램은 종업원들에게 새로운 것을 배우고 질문할 기회를 제공한다. 이를 통해 마케팅 종업원들은 스스로가 권한을 부여 받았다고 생각하고 자신이 행한 마케팅 활동에 책임을 지게 된다. 오늘날 많은 기업들은 공식화된 최첨단 정보 시스템을 활용하여 마케팅 종업원들 사이의 의사소통을 촉진한다. 기업의 정보 시스템은 다양한 정보를 수집하고 마케팅 관리자, 판매 관리자, 영업 사원 사이에 실시간으로 정보를 공유하고 의사소통할 수 있는 방법을 제공하여 원활한 정보 공유와 의사소통이 가능하도록 한다. 기업 정보 시스템은 부서 내뿐만 아니라 부서 간 의사소통을 신속하게 하여, 다양한 부서끼리 서로 도움이 될 수 있도록 돕는다. 예를 들어, 정보 시스템은 기업의 한정된 자원을 부서 간 배분하는 문제, 계획, 예산, 판매실적 분석, 성과 평가나 결과 자료 분석 등에 이르기까지 기업의 여러 가지 필수 활동을 원활히 공유하게 하여 의사결정을 돕는다.

iStock.com/Nattakorn Maneerat

인정(recognition) 뛰어난 성과를 인정하는 것은 기업이 마케팅 종업원들을 보다 의욕적으로 만드는 하나의 수단이다.

마케팅 부서가 효과적으로 활동들을 실행하기 위해서는 마케팅 종업원들이 높은 수준의 직업 만족도를 가질 수 있도록 그들의 니즈를 충족해 주어야 한다. 종업원 동기화와 보상 프로그램은 공정하고 윤리적으로 설계되어야 하며, 기업 종업원들이 잘 이해하고 있어야 한다. 또한 종업원의 보상 시스템은 기업의 목표와도 연계되어 있어야 한다. 기업은 종업원들을 다양한 방법을 통해 동기화 시킬 수 있다. 예를 들어 기업은 종업원들에게 그들의 활동이 부서와 기업의 성과 그리고 그들 자신의 보상에 어떻게 영향을 미치고 있는지 잘 알려줌으로써 종업원을 동기화시킬 수 있다. 혹은 종업원들에게 적절하고 충분한 보상을 제공해 주거나 개인의 성과에 따라 보상을 연동하여 지급하는 방법, 종업원에게 재무적 보상뿐만 아니라 다양한 혜택 프로그램을 제공하는 것, 혹은 종업원이 기업의 의사결정에 참여하도록 하는 등의 방법을 통해 종업원들을 보다 의욕적으로 만들 수 있다.

그런데 기업 안에 종업원들이 다양하게 구성되어 있는 것은 종업원 동기를 고취하는 전략을 구성하는 것을 어렵게 만든다. 다양한 세대와 문화에 속하는 종업원들은 서로 다른 요소에 의해 의욕적이 될 지도 모른다. 예를 들어, 어떤 종업원들은 재무적인 보상 보다는 권한을 부여 받거나 인정받는 것과 같은 것을 보다 가치 있게 여길지 모른다. 이럴 경우, 관리자들은 종업원들은 비재무적인 보상인 직원의 성과를 인정해 주거나, 직업에 관련된 권한을 보다 많이 부여하거나 맡은 업무의 중요성을 높이거나 처리한 업무에 대한 피드백을 더 많이 주거나 심지어 보다 편안한 복장 규정을 제공함으로써 종업원들이 보다 직장에서 의욕적으로 일하게 할 수 있다. 이때 관리자들이 그들의 종업원들을 자랑스럽게 여겨 종업원들이 기업에 자부심을 갖도록 하는 것도 중요하다.

2-5c 마케팅 목표 달성을 위한 시간 관리

성공적으로 마케팅을 실행하기 위해서는 종업원이 구체적으로 어떤 활동들을 언제까지 완료해야 하는지를 명확히 인식하는 것이 필요하다. 마케팅 목표 달성을 위한 스케쥴을 세우는 것은 몇 가지 단계가 필요하다. (1) 우선 마케팅 목표 달성을 위해 실행해야 하는 활동들이 무엇인지 확인하고, (2) 각각의 활동을 완료하는데 필요한 시간을 결정한다. (3) 그 후 실행해야 하는 활동들을 동시에 진행해도 되는 일과 순서대로 진행해야 하는 일들로 구분하여 (4) 필요한 일들을 적절한 실행 순서대로 조정한다. (5) 마지막으로 실행해야 하는 각각의 활동을 종업원, 팀, 혹은 관리자별로 책임을 부여하고 담당자들이 각각의 업무를 완수하도록 한다. 마케팅 목표 달성을 위해 실행해야 하는 일들을 스케쥴에 맞춰 완성하는 것은 마케팅 부서 내부뿐만 아니라 생산 부서와 같이 마케팅 활동에 기여하는 다른 부서와의 원활한 조율을 필요로 한다. 어떤 업무들이 동시에 진행할 수 있는지를 명확히 하는 것은 전체 마케팅 전략을 실행하는 데 소요되는 총시간을 줄일 수 있다. 스케쥴링은 복잡한 작업이므로 대부분의 기업들은 마케팅 활동들의 시간 관리를 위해 소프트웨어를 사용한다.

2-6 마케팅 전략의 평가

#학습목표 **전략적 성과 평가를 위한 4가지 핵심 요소를 알아본다.**

전략적 성과 평가 성과 평가의 기준을 세우고, 실제 성과를 측정하고, 측정한 실제 성과를 성과 평가 기준과 비교하여 필요하다면 마케팅 전략을 수정해 나가는 과정

마케팅 목표를 달성하기 위해 마케팅 관리자들은 마케팅 전략을 효과적으로 평가해야 한다. **전략적 성과 평가**strategic performance evaluation는 성과 평가의 기준을 세우고, 실제 성과를 측정하고, 측정한 실제 성과를 성과 평가 기준과 비교하여 필요하다면 마케팅 전략을 수정해 나가는 과정을 의미한다.

2-6a 마케팅 성과 기준 수립

성과 기준 실제 성과와 비교하는 성과 수준에 대한 기대치

성과 기준performance standard은 실제 기업의 성과를 비교하는 성과 수준에 대한 기대치를 의미한다. 예를 들어, 성과 기준은 고객 불평의 20% 감소, 한 달 매출 150,000 달러 달성, 매달 새로운 고객 획득 10% 증가와 같이 수립할 수 있다. 성과 기준은 기업이 세운 마케팅 목표에 따라 결정된다. 기업은 마케팅 목표를 세움으로써 마케팅 전략이 무엇을 달성해야 하는 지를 결정한다. 따라서 마케팅 목표는 직간접적으로 성과 기준에 영향을 미치며, 마케팅 성과 기준은 매출, 비용, 브랜드 인지도, 제품 회상 정도 등으로 정해질 수 있다. 기업이 실제 거둔 성과는 원활한 비교를 위해 마케팅 성과 기준으로 측정되어야 한다.

2-6b 실제 성과 분석

마케팅 담당자는 마케팅 전략이 얼마나 효과적으로 마케팅 목표를 달성했는지를 측정하기 위해 마케팅 전략이 실제로 산출한 성과를 분석한다. 보다 강력한 진통제인 엑스트라-스트렝스 타이레놀의 광고를 생각해 보자. 이 광고에 소요된 비용을 측정하는 것은 어렵지 않지만, 이 광고 전략이 얼마나 효과적인지를 평가하는 것은 쉬운 일이 아니다. 이 광고는 광고에 등장하는 밝은 빨간색과 명료한 하얀색, 그리고 문구를 통해 광고를 보는 사람들의 관심을 끈다. 이 광고는 의사들이 고혈압 환자나 심장 질환 때문에 아스피린 요법을 받고 있는 환자들에게 타이레놀과 같은 아세타미노펜 진통제를 추천한다는 사실을 강조하고 있다. 타이레놀 마케팅 관리자는 이러한 광고가 얼마나 효과적인지를 평가하기 위해서 이 광고를 실행하기 전에 타이레놀의 매출 혹은 브랜드 인지도를 측정하고, 광고를 실행하고 난 후의 매출 혹은 브랜드 인지도와 비교해야 한다.

그런데 한 가지 조심해야 할 것은 광고를 실시하기 전 후의 매출 혹은 브랜드 인지도에 차이가 발생했을 지라도 이러한 차이가 광고 캠페인 실행 때문인지 아니면 다양한 다른 요소들에 의해 일어난 것인지를 분명히 밝히기 어렵다는 점이다. 그러나 일반적으로 다양한 기술의 발전이

기업이 실제 성과를 분석하는 것을 보다 쉽게 돕고 있어 오늘날 기업들의 실제 성과 분석은 보다 쉬워지고 있다.

실제 성과를 측정하는 또 다른 방법으로 기업이 소비자 리서치나 설문조사를 활용할 수도 있다. 이 절에서는 마케팅 전략의 실제 성과를 평가하기 위해 널리 사용되는 두 가지인 판매 분석과 마케팅 비용 분석을 상세히 알아보도록 하자.

판매 분석

판매 분석 sales analysis은 판매 데이터를 활용하여 기업의 현재 성과를 평가하는 것을 말한다. 판매 분석은 기업의 판매 데이터가 이미 수집되어 있고 그 데이터가 목표 시장이 실행한 마케팅 믹스 전략을 어떻게 평가하는 지를 보여주기 때문에 기업의 마케팅 성과 평가 방법으로 널리 활용된다. 만약 특정한 마케팅 믹스가 실행되고 난 후, 그 제품의 매출이 급상승하였다면 마케팅 담당자는 그러한 마케팅 믹스가 그 제품 목표 시장의 니즈를 만족시키는데 효과적이라 판단할 수 있다. 맥도널드(McDonald's)는 자사의 유명한 빅맥 햄버거를 원래보다 더 큰 사이즈와 더 작은 사이즈의 다양한 버전으로 판매하기 시작하면서 빅맥 햄버거의 판매가 급상승하는 것을 경험하였다.[29] 그러나 제품의 현재 판매 데이터만으로는 성과를 평가하기에 충분치 않다. 마케팅 담당자는 제품의 현재 매출을 미래 예상되는 매출, 제품이 속한 산업의 평균 매출, 특정 경쟁자의 매출, 그리고 매출을 달성하기 위해 소요된 마케팅 비용과 비교하여 보다 유용한 정보를 발견해야 한다. 예를 들어, 만약 타이레놀을 만든 제약회사인 존슨앤드존슨(Johnson & Johnson)이 다음 분기 엑스트라-스트랭스 타이레놀 진통제의 판매액이 600만 달러에 달할 것으로 예상했지만 실제로는 700만 달러가 판매되었다면, 마케팅 담당자는 아마도 새롭게 진행한 타이레놀 광고와 다른 요소들이 제품의 판매에 긍정적인 영향을 미쳤을 것으로 예상할 것이다.

판매 분석 기업의 판매 데이터를 활용하여 기업의 현재 성과를 평가하는 방법

판매는 다양한 방법으로 측정될 수 있지만 기본적으로는 판매 거래를 기준으로 측정한다. 판매 거래는 특정한 날 영업사원이나 영업팀이 특정한 조건하에 고객에게 판매한 제품의 구체적인 주문량을 말한다. 기업은 이러한 한 건의 판매 거래가 만드는 모든 정보를 기록하여 판매 데이터를 판매 금액 혹은 시장 점유율 등으로

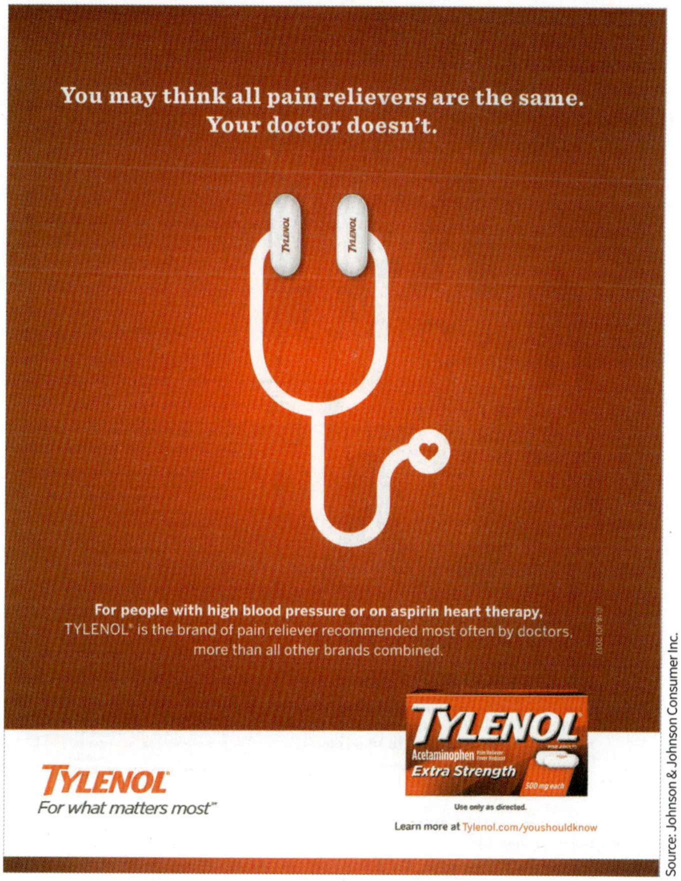

성과 평가 광고 캠페인의 비용을 측정하는 것은 어렵지 않지만 광고 캠페인이 얼마나 효과적인지를 평가하는 것은 쉬운 일이 아니다.

분석해야 한다. 많은 경우 기업은 자사의 판매 데이터 분석을 판매 금액을 기준으로 진행한다. 판매, 판매에 소요되는 비용, 수익 등이 모두 금액을 공통 분모로 하기 때문에 판매 데이터를 금액 기준으로 분석하면 비교하기 쉽기 때문이다. 마케팅 관리자가 금액 기준으로 판매 데이터를 분석할 때, 제품 가격 변화가 판매 금액 총합에 미친 영향력은 삭제해야 한다. 만약 이를 삭제하지 않으면 실제보다 제품 판매 금액이 더 많거나 적게 왜곡될 수 있기 때문이다.

기업의 시장 점유율은 시장에 존재하는 모든 경쟁제품들의 총 판매액 중, 자사 제품 판매액을 비율로 표현한 것이다. 시장 점유율 분석은 기업이 자사의 마케팅 전략의 효과성을 경쟁자 전략의 효과성과 비교하는데 도움을 준다. 시장 점유율 분석을 활용하는 가장 기본적인 이유는 매출의 변화가 자사 마케팅 전략의 효과 때문에 일어났는지 아니면 외부의 통제 불가능한 환경적 요소 때문에 발생했는지를 가늠해 볼 수 있기 때문이다. 자사의 판매량 자체는 줄어들었지만 시장 전체에서 차지하는 점유율은 그대로라면, 외부의 어떤 요소에 의해 시장 자체의 판매가 줄어들고 있다고 판단할 수 있다. 그러나 자사가 판매량과 시장 점유율 모두가 줄고 있다면 그 기업은 시장에서 보다 효과적으로 영향력을 보일 수 있는 새로운 마케팅 전략으로 변화를 고려해야 한다.

시장 점유율 분석이 자사 마케팅 전략의 효과성을 평가하는데 유용하긴 하지만, 시장 점유율 분석을 사용하는 담당자들은 분석 결과를 해석할 때 주의를 할 필요가 있다. 예를 들어, 마케팅 담당자가 자사 판매 감소가 외부 환경 요소 때문이라고 판단했을 지라도 외부의 동일한 환경 요소일지라도 각각의 기업은 서로 다른 전략과 목표를 사용하고 있기 때문에 시장 안의 모든 기업에게 동일하게 영향을 미치지는 않는다. 시장 안의 한 기업이 전략을 수정하면 이것은 그 기업뿐만 아니라 시장 안의 모든 기업들의 시장 점유율에 영향을 미칠 수 있다.

시장에 새로운 기업이 진입하거나 경쟁 기업이 신제품을 도입하거나 시장 안에 활동하던 기업이 사업을 포기하는 것과 같은 일들도 기업의 시장 점유율을 변화시킬 수 있다. 시장 점유율 분석을 할 때는 위와 같은 효과들이 존재함을 고려해야 한다. 예를 들어, 애플이 시장에 태블릿 아이패드를 도입했을 때, 경쟁자들은 애플의 신제품 도입으로 인해 새로운 혁신과 자사의 마케팅 전략 수정을 실행해야만 했다.

마케팅 비용 분석

판매 분석이 자사가 실시하는 마케팅 전략이 얼마나 효과적인지를 평가하는데 중요하긴 하지만, 판매 분석이 기업 성과의 모든 면을 이야기 하지는 않는다. 매우 성공적으로 판매를 끌어올린 마케팅 전략일지라도 이러한 전략을 실행하는 것이 많은 비용을 수반했다면 이는 효과적인 전략이라고 할 수 없다. 따라서 기업은 자사가 목표로 하는 판매 수준을 달성하는데 마케팅 전략이 얼마나 효율적인지를 적절히 분석하기 위해 판매 분석뿐만 아니라 비용까지 함께 분석해야 한다. **마케팅 비용 분석**marketing cost analysis은 기업의 마케팅 활동에 소요되는 비용을 세부 활

마케팅 비용 분석 기업의 마케팅 활동에 소요되는 비용을 세부 활동에 따라 구분하여 분석하는 것

동에 따라 구분하여 분석하는 것을 말한다. 마케팅 활동을 진행하는 데 소요한 비용과 그를 통해 얻은 매출을 비교해 보는 것은 기업이 자사의 자원을 보다 효율적으로 활용하는 데 도움이 된다. 마케팅 비용 분석은 판매 분석에서 나아가 달성한 판매와 그 판매를 이루기 위해 소요된 비용까지 함께 고려함으로써 기업 마케팅 전략이 얼마나 효과적인지를 평가할 수 있도록 돕는다. 특히 마케팅 비용 분석은 정확히 어디, 어떤 활동에서 비용이 발생한 것인지를 명확히 구분함으로써 수익에 도움이 되는 고객, 제품, 지역을 구분해 내는데 도움이 된다.

기업은 자사 활동에 소요되는 비용을 적절히 분석하고 관리하여 경쟁 우위를 누릴 수 있다. 마케팅 비용 분석은 자사 활동에 소요되는 비용을 시장 평균 비용과 비교하는 데 활용된다. 즉, 마케팅 및 기업 운영에 필요한 자사가 소비한 비용을 기업이 속한 산업의 기업들이 평균적으로 사용하는 비용과 비교함으로써 자사의 효율성을 향상시키기 위해 어느 부분을 개선해야 하는지 발견할 수 있다. 그런데 기업이 산업 평균 비용과 자사 비용을 비교할 때, 기업은 자사의 독특한 상황을 고려할 필요가 있다. 기업이 소비하는 비용은 다양한 이유로 산업 평균 비용과 다를 수 있다. 기업의 마케팅 목표가 다르거나 비용 구조, 제품을 판매하는 지역, 고객 타입, 혹은 생산 규모 등에 따라 기업마다 소요되는 비용이 다를 수 있으니 이러한 기업 특유 상황을 고려할 필요가 있다.

마케팅 비용 분석을 할 때, 비용은 다양한 방식으로 구분지어질 수 있다. 한 가지 방법은 판매나 생산량에 영향을 받는 비용들, 즉 변동비를 구분해 내는 것이다. 반면 어떤 비용은 고정비로 분류되어 기업 생산량이나 판매량과 관계없이 일정한 성격을 띠는 것도 있다. 예를 들어, 고정비는 임대료, 종업원 급료와 같이 생산량 혹은 매출에 영향을 받지 않는 비용들이다. 일반적으로 고정비를 분석하는 것은 어떻게 마케팅 비용을 보다 효과적으로 사용할 수 있는지에 많은 시사점을 주지 않는다. 기업이 1년 임대료로 80,000달러을 지불한다는 것은 마케팅 비용을 효율적으로 쓰는 것과는 별 관련이 없기 때문이다. 그러나 마케팅 관리자들이 80,000달러 중 32,000달러은 마케팅 활동과 관련된 시설에 지불되는 비용이란 것을 구분해 낸다면 이것은 마케팅 활동의 효율성을 올리는데 도움이 될 수 있다.

변동비는 생산량과 매출에 따라 증가되거나 감소하는 비용이다. 따라서 변동비는 한 개 제품 당 비용으로 표기된다. 변동비는 특정 제품을 한 단위 생산하거나 판매할 때 소요되는 비용으로, 원료비, 인건비, 제품을 판매할 때 영업사원이 받는 수수료 등을 포함한다.

변동비와 고정비가 아니라 비용을 구분하는 또 다른 방법은 기업의 기능별로 비용을 산정하는 것이다. 기업이 소비한 비용은 그 비용을 사용한 기업의 기능들에게 할당하는 것이다. 예를 들어, 만약 기업이 생산, 재고, 판매 설비를 위한 공간을 임대하기 위해 연간 80,000달러를 지불한다면 총 임대료를 3개 기능, 생산, 재고, 판매에 각 기능이 사용한 공간의 면적에 따라 비용을 나누어 할당하는 것이다. 그러나 기업이 소비하는 대출 이자, 정부에 지불하는 세금, 최고 경영층의 임금과 같은 비용은 어느 기능에도 할당할 수 없는 문제점이 있다.

2-6c 실제 성과와 성과 기준 비교

기업이 실제 얻은 성과와 목표로 삼은 성과 기준을 비교하면 실제 성과가 성과 기준을 넘어 설 수도 있고 그렇지 못할 수도 있다. 기업이 실제로 달성한 성과가 성과 기준을 넘는다면 마케팅 담당자는 만족하며 활용한 마케팅 전략이 효과적이라 판단할 것이다. 이때 마케팅 담당자는 왜 그 마케팅 전략이 효과적이었는지를 면밀히 분석해 내는 것이 중요하다. 마케팅 전략이 효과적이었던 사유를 안다면 마케팅 전략을 보다 더 효과적으로 수정해 나가는 데 도움이 될 수 있기 때문이다.

반면 기업의 실제 성과가 성과 기준을 만족시키지 못했을 경우, 마케팅 담당자는 왜 사용한 마케팅 전략이 기대보다 효과가 없었는지를 이해해야 한다. 예를 들어, 가격과 같은 마케팅 믹스 변수가 목표 시장 니즈에 적절히 만족되지 않았을 수도 있고 이것이 성과가 기대에 미치지 못하는 결과를 이끌었을 수 있다. 혹은 예상치 못했던 외부 환경의 변화나 경쟁자의 공격적인 활동이 자사 마케팅 전략이 성과를 내지 못하게 했을 수도 있다.

자사의 마케팅 전략이 기대에 미치지 못했다면 혹시 기업이 설정한 마케팅 목표가 비현실적인 것은 아닌지 확인해 볼 필요가 있다. 때로는 기업이 세운 마케팅 목표가 비현실적으로 높아 성과 기준을 만족하지 못하는 경우를 발견하기도 한다. 이런 경우, 마케팅 담당자들은 마케팅 목표를 보다 현실적인 기대치로 조정해야 한다. 또한 기업의 실제 성과가 기대치를 못 미치는 것은 마케팅 전략에 충분한 지원이 제공되지 않아 낮은 성과를 창출할 수도 있다. 기업은 낮은 성과의 원인이 높은 기대치 설정 혹은 마케팅 전략 실행에 충분한 지원이 제공되지 않았는지 등을 면밀히 분석해야 한다.

2-7 마케팅 계획 수립

 # 학습목표 마케팅 계획 개발의 큰 틀을 세운다.

마케팅 계획 기업이 마케팅 전략을 실행하고 평가하기 위해 실천해야 하는 마케팅 활동들을 구체적으로 나열한 문서

전략적 마케팅 계획은 궁극적으로 마케팅 계획이라는 큰 틀에 맞는 전략을 세우고 실행하는 과정이다. **마케팅 계획marketing plan**은 기업이 마케팅 전략을 실행하고 평가하기 위해 실천해야 하는 마케팅 활동들을 구체적으로 나열한 문서이다. 시간이 많이 드는 일이기는 하지만 명확하고 잘 짜여 진 마케팅 계획을 작성하는 것은 매우 중요하다. 마케팅 계획은 기업 구성원 전체에게 동일한 마케팅 비전을 제공하고 이를 바탕으로 기업 내부 마케팅 관련 의견을 소통할 수 있다. 또한 잘 짜여 진 마케팅 계획은 마케팅의 책임과 해야 할 일들을 정확히 명시하고 실행에 관한 스케쥴을 보여준다. 마케팅 계획은 마케팅 목표를 제시하고 기업이 보유한 자원을 마케팅 목

표를 달성하기 위해 어떻게 할당할 것인지를 명시한다. 마지막으로 마케팅 계획은 관리자들이 마케팅 전략의 성과를 추적하고 평가하는데 도움을 준다.

하나의 마케팅 계획이 전체 기업에 적용될 수도 있지만 일반적으로 기업은 각 브랜드 혹은 제품에 관한 별도의 마케팅 계획을 개발한다. 각 브랜드와 제품을 위한 여러 개의 마케팅 계획들은 기업의 전체적인 전략적 비즈니스 계획의 일부이며 전체 전략의 특정 부분을 실행하기 위해 활용된다.

기업은 마케팅 계획을 세울 때 다양한 형식을 사용한다. 예를 들어, 마케팅 계획은 전략 사업부, 제품 라인, 개별 제품 혹은 브랜드, 특정 시장을 위해 작성될 수 있다. 핵심은 마케팅 계획이 기업과 사업부 단계 전략과 조화를 이뤄야 하며 기업의 모든 핵심 종업원들이 마케팅 계획을 이해하고 공유해야 한다는 것이다. 마케팅 계획은 기업의 전반적인 전략 수립의 중요한 요소라 할 수 있다. 마케팅 계획은 기업 문화를 반영하고 다양한 부서를 대표할 수 있어야 한다.

성공적인 기업들은 마케팅 계획과 실행을 서로 밀접하게 연계시킨다. 마케팅 계획은 사고를 자극할 전반적인 틀을 제공하고 전략적 방향성을 제공한다면, 마케팅 실행은 실제에서 벌어지는 이슈들, 기회, 기대하지 않았던 상황들, 예를 들어 마케팅 계획에 반영되어 있지 않았던 매출을 떨어뜨리는 경기 침체에 어떻게 대처할지에 관심을 갖는다.

표 2.1은 일반적인 마케팅 계획의 중요한 요소들을 보여준다. 표에 포함된 각 요소는 맨 마지막 요소인 성과 평가에 기반을 둔다. 첫 번째 요소인 '경영층을 위한 요약'은 전체적인 마케팅 계획의 큰 그림을 설명하여 경영자들이 핵심 문제가 무엇이며 마케팅 계획과 실행 과정에서 무슨 일을 해야 하는 지를 신속하게 이해하도록 돕는다. 경영층을 위한 요약은 서론, 마케팅 계획의 중요 파트에 대한 설명, 그리고 마케팅 계획을 위한 비용에 대한 설명으로 구성된다.

마케팅 계획의 두 번째 구성 요소는 환경 분석이다. 환경 분석은 기업을 둘러싼 마케팅 환경, 목표 시장, 자사의 현재 목표와 성과에 관한 정보를 모으고 분석하는 단계이다. 환경 분석은 마케팅 활동에 영향을 미칠 수 있는 경쟁적, 경제적, 정치적, 법률적, 기술적, 사회문화적 환경들을 분석하는 것이다. 외부 환경 분석이 끝나면 기업의 목표 시장 고객들의 니즈가 무엇인지 분석해야 한다.

환경 분석의 마지막 부분에서는 자사 마케팅 목표와 성과를 평가하여 자사의 마케팅 목표가 변화하는 마케팅 환경에 적합한지를 평가하게 된다.

마케팅 계획의 세 번째 구성요소는 SWOT 분석이다. 이 분석은 환경 분석에서 얻은 자료를 바탕으로 자사의 강점, 약점, 외부적 환경에 존재하는 기회와 위협 요소를 판단하는 것이다.

환경 분석과 SWOT 분석이 끝나면, 마케팅 계획은 마케팅 목표를 작성해야 한다. 마케팅 목표는 SWOT 분석 결과를 활용하여 기업이 시장의 어떤 위치에 포지셔닝해야 할지를 결정하여 마케팅 활동을 통해 기업이 성취하고자 하는 바를 명시하는 것이다. 그 후 마케팅 전략 구성 요소는 기업이 수립한 마케팅 목표를 어떻게 달성할 수 있으며 기업의 목표 시장과 목표 시장을 위한 마케팅 믹스를 어떻게 구성할 것인지를 포함한다. 마케팅 목표와 전략을 수립하면, 마케팅 계획은 마케팅 실행을 결정해야 한다. 마케팅 실행은 수립한 마케팅 전략을 구체적으로 어떻게 실

표 2.1 마케팅 계획의 구성 요소

마케팅 계획 구성요소	구성요소 요약	핵심 내용
경영층을 위한 요약	1-2장 분량으로 구성된 전체 마케팅 계획에 대한 요약	1. 핵심 사항 강조 2. 기업을 차별적으로 만들어 주는 1-3가지의 핵심 사항 설명
환경 분석	기업을 둘러싼 현재 마케팅 환경에 대한 정보 분석	1. 마케팅 환경 요소들 분석 2. 목표 시장 분석 3. 기업의 현재 마케팅 목표와 성과 분석
SWOT 분석	기업의 강점, 약점, 외부의 기회와 위협들을 분석	1. 자사 강점 분석 2. 자사 약점 분석 3. 외부 기회 분석 4. 외부 위협 분석
마케팅 목표	기업의 마케팅 목표에 대한 상세 설명	1. 기업이 성취하고자 하는 정성적 목표 2. 기업이 성취하고자 하는 정량적 목표
마케팅 전략	기업이 마케팅 목표를 어떻게 달성할 것인가에 관한 전반적인 설명	1. 목표 시장 결정 2. 마케팅 믹스 결정
마케팅 실행	기업이 수립한 마케팅 전략을 어떻게 실행할 것인지 전반적으로 설명	1. 실행을 위한 마케팅 조직 2. 실행해야 하는 일과 책임 3. 실행과 관련된 스케쥴
성과 평가	기업이 마케팅 계획을 실행한 후 얻은 성과를 어떻게 평가할지 설명	1. 성과 기준 2. 재무적 성과 평가 3. 감사

행할 것인지 큰 틀을 결정하는 것이다. 마케팅 전략을 성공적으로 진행하는 것은 적절한 전략을 수립하는 것도 중요하지만 구체적으로 마케팅 전략 실행이 얼마나 실현 가능성이 있는지에 달려 있다. 마케팅 계획의 마지막 구성 요소는 성과 평가이다. 성과 평가는 마케팅 전략을 실행으로 옮긴 후 얻은 결과물을 무엇을 기준으로 측정하고 평가할지에 관한 평가 기준을 세우는 것이다. 또한 성과 평가는 기업이 실제로 얻은 성과와 목표로 삼은 성과 사이의 차이를 줄이기 위해 기업이 무엇을 해야 하는 지를 설명하는 요소라 할 수 있다.

표 2.1을 통해 마케팅 계획에 일반적으로 포함되는 핵심 구성요소들을 설명했지만 기업들은 마케팅 계획을 설명하기 위한 다양한 형식을 갖고 있다. 그러므로 마케팅 계획은 계획을 개발한 기업에 맞춰 작성되어야 한다.

기업은 마케팅 계획을 세우고 이를 실행함으로써 마케팅 목표, 더 나아가 사업부와 기업 단계의 목표를 달성하게 된다. 그러나 좋은 마케팅 계획은 계획을 수립할 때 충분한 정보를 고려하고 마케팅 계획을 수립하는 과정에 노력과 창의성을 충분히 반영해야 한다. 따라서 기업이 좋은 마케팅 정보 시스템을 갖추고 이를 통해 믿을 만한 충분한 데이터를 수집, 분석하는 것은 좋은 마케팅 계획을 수립하는데 중요하다. 또한 마케팅 전략 수립과정 동안 관리자들의 판단이 중요한 역할을 하는 경우가 많다. 마케팅 계획을 수립하는 것이 전략적 계획에서 중요한 단계이지만 이것이 최종 단계는 아니다. 성공적으로 전략적 계획을 진행하기 위해 기업은 좋은 계획을 세우는 것뿐만 아니라 변화하는 마케팅 환경에 충분히 유연하게 적응, 대처할 수 있는 계획을 수립, 운영해야 한다.

요약

2-1 전략적 계획 과정

전략적 계획 과정을 통해 기업은 기업의 미션을 세우고 목표, 기업 단계 전략, 마케팅 목표와 마케팅 전략을 순차적으로 수립한다.

2-2 기업의 미션과 목표 수립

기업의 목표는 기업이 미래에 되고자 하는 장기적인 비전인 미션과 조화를 이뤄야 한다. 잘 구성된 미션은 기업에게 명확한 목적과 전략적 방향성을 제공하여 그 기업을 경쟁자들과 차별화 시키며 전략적 계획의 방향성을 제시하고 기업이 고객에 집중하는 문화를 창조한다. 기업전략의 목적은 상위 목표로서 전략적 계획 과정의 나머지 하위 단계들이 나아가야 하는 방향을 가이드하는 역할을 한다. 기업 단계 전략은 기업의 목표를 달성하기 위해 기업 내부의 생산, 재무, 연구 개발, 인적 자원, 마케팅의 기능들이 자사가 보유한 자원을 어떻게 할당하고 활용해야 하는지를 결정한다. 반면 사업부 단계 전략은 기업 전체가 아닌 전략 사업부별 전략을 의미한다. 전략 사업부란 모기업 안에 속한 하나의 부서, 제품 라인, 혹은 개별적인 이익 단위를 말하는데, 전략 사업부별로 특정 마케팅 계획을 작성하기 위한 단위로 사용된다. 보스턴 컨설팅 그룹이 제안한 시장 성장률/시장 점유율 매트릭스는 한 기업의 다양한 제품들 혹은 전략 사업부를 하나의 매트릭스에 통합하여, 개별 제품과 전략 사업부의 전략이 적절한지를 평가하기 위한 도구로 사용된다. 보스턴 컨설팅 그룹 매트릭스 분석 결과를 바탕으로 기업은 시장 침투 전략, 시장 개발 전략, 제품 개발 전략, 다각화 전략 중 한 개 혹은 복수의 경쟁 전략을 선택, 실행한다.

2-3 기업의 자원과 기회에 대한 분석

경쟁적, 경제적, 정치적, 법률적, 기술적, 그리고 사회 문화적 요소들을 포함하는 마케팅 환경은 기업이 사용 가능한 자원에 영향을 미칠 수 있다. 기업이 보유한 자원은 기업이 핵심 역량-기업이 경쟁자 보다 매우 잘하는 것-을 개발할 수 있게 만들어 기업에게 경쟁 우위를 누릴 수 있도록 돕는다. 외부 환경과 기업이 외부 환경을 이용할 수 있는 타이밍이 적절히 맞으면 기업은 특정 목표 시장에 집중하여 시장 기회를 만들 수 있다. 전략적 창문이란 시장의 요구 사항과 기업의 역량이 조화를 이뤄 기업이 고객이 원하는 바를 제공할 수 있는 적절한 기간을 말한다. 자사의 핵심 역량이 시장에 존재하는 기회를 활용할 수 있을 경우, 기업은 경쟁 우위를 갖게 된다. 마케팅 담당자는 기업이 경쟁 우위를 달성할 수 있는 능력을 지니고 있는지 평가하기 위해 SWOT 분석을 통해 자사의 강점과 약점, 외부의 기회와 위협을 분석할 수 있다.

마케팅 담당자가 언제 시장에 진입하는 것이 경쟁 우위 창출에 도움이 되는지 이해하고자 한다면, 초기 시장 진입 이점과 늦은 시장 진입 이점을 비교해 보는 것이 도움이 될 것이다.

2-4 마케팅 목표와 전략 수립

전략적 계획 수립 단계의 다음 단계는 마케팅 목표와 전략을 수립하는 것이다. 마케팅 목표는 마케팅 활동을 통해 무엇을 달성해야 하는지를 의미하는 것으로 기업 단계 전략, 사업부 단계 전략과 일관되게 수립되어야 한다. 반면 마케팅 전략은 세 개 단계의 전략(기업 단계, 사업부 단계, 마케팅 전략) 중 가장 상세한 하위 수준 전략으로, 목표 시장을 선정하고 목표 시장 고객의 니즈를 만족시키기 위해 마케팅 믹스를 어떻게 구성할 것인지에 관한 것이다. 목표 시장 선정은 그 시장 고객들의 니즈를 만족시키기 위한 마케팅 믹스를 어떻게 구성해야 하는지에 근간이 된다. 마케팅 믹스 전략 역시 사업부 단계, 기업 단계 전략과 일관되게 수립되어야 한다. 또한 마케팅 믹스 전략은 시장 상황, 경쟁 상황, 그리고 고객 니즈가 변화함에 따라 이에 적절히 대응하기 위해 충분히 유연하게 변화할 수 있어야 한다. 마케팅 담당자는 서로 다른 마케팅 전략을 수행하기 위해 마케팅 믹스의 구체적인 구성요소들을 변경할 수 있다.

2-5 마케팅 실행 관리

마케팅 실행은 마케팅 전략을 실제로 수행에 옮기는 과정이다. 마케팅 관리자는 계획을 통해 기업 마케팅 활동의 목적이 무엇이며 어떤 방향으로 나아가야 하는지 결정한다. 마케팅 관리자들은 구체적인 마케팅 활동들을 실행에 옮기기 전에 마케팅 실행의 문제점과 이슈들은 없는지를 살펴보아야 한다.

마케팅 조직은 다양한 마케팅 활동들을 조화롭게 운영하기 위해 일관된 내부 구조를 갖춰야 한다. 중앙집권적인 기업은 최고 경영층이 낮은 수준에 속한 종업원에게 권한을 거의 위임하지 않지만, 분권화된 기업은 의사결정 권한을 가능하면 낮은 단계에 속한 종업원들에게 까지 위임한다. 마케팅 관리자는 기업 내부 마케팅 관련자들의 다양한 활동들을 효과적으로 조율해야 할 뿐만 아니라 마케팅 전략을 실행하는 외부 조직의 마케팅 활동들도 조화롭게 통합해야 한다.

적절한 의사소통은 최고 경영층에서 실무 종업원들에게로 그리고 실무 종업원에게서 최고 경영층으로 자유롭게 이뤄져야 한다. 마케팅 관리자들은 마케팅 종업원의 니즈가 무엇인지 확인하여 그들이 마케팅 목표를 달성하기 위해 의욕적으로 일할 수 있는 방법들을 고안하여야 한다.

마지막으로 성공적으로 마케팅을 실행하기 위해 언제까지 마케팅 활동을 마무리해야 하는지 정확한 스케쥴이 확정되어야 한다. 실행 스케쥴을 확립하는 것은 다양한 단계를 거치는데, 각 마케팅 종업원들이 정확히 어떤 마케팅 활동을 담당해야 하며 그 활동을 언제까지 마쳐야 하는지 마케팅 종업원들이 확실히 알게 하는 것이 필요하다. 모든 마케팅 활동을 계획한 시간 안에 마치려면 마케팅 활동을 수행하는 데 연관된 부서들 간의 조율이 필요하다. 이를 위해 기업들은 마케팅 활동 스케줄을 계획하는 소프트웨어를 활용하기도 한다.

2-6 마케팅 전략의 평가

전략적 성과 평가는 성과 기준을 세우고 실제 성과를 측정하여 성과 기준과 기업의 실제 성과를 비교하여 필요하다면 실제 성과를 개선하기 위해 마케팅 전략을 수정하는 것으로 구성된다. 마케팅 관리자들은 기업이 실제로 얻은 성과를 이미 수립해 놓은 성과 기준과 비교하면서 둘 간에 차이가 있는지, 차이가 있다면 성과 기준 자체를 변경하거나 실제 성과를 향상하기 위해 마케팅 전략을 새롭게 구성하는 활동이 필요한지를 결정해야 한다. 마케팅 전략의 실제 성과를 측정하는 방법은 다양하지만 가장 보편적으로 활용되는 방법은 제품의 매출을 분석하는 판매 분석과 매출을 달성하기 위해 소요된 비용을 분석하는 마케팅 비용 분석이다.

판매 분석은 기업의 현재 성과를 판단하기 위해 판매액을 활용한다. 판매 분석은 가장 보편적인 성과 평가 방법인데, 판매 데이터는 목표 시장이 기업이 실시한 마케팅 믹스 전략에 긍정적 혹은 부정적으로 반응하는 지를 평가할 수 있는 좋은 잣대기 때문이다. 마케팅 비용 분석은 기업의 마케팅 활동에 소요되는 비용을 세부 활동에 따라 구분하여 분석하는 것을 말한다. 마케팅 비용 분석의 결과를 활용하여 기업은 수익성이 높거나 낮은 고객층, 제품군, 지역을 발견하여 이들 사이에 유한한 마케팅 자원을 어떻게 할당하는 것이 최적인지 결정할 수 있다.

2-7 마케팅 계획 수립

마케팅 계획이란 기업이 마케팅 전략을 실행하고 평가하기 위해 실천해야 하는 마케팅 활동들을 구체적으로 나열한 문서이다. 마케팅 계획은 관련된 종업원들 사이의 의사소통을 촉진하고 그들 간의 책임과 스케쥴을 확정하며, 기업이 보유한 자원을 목표 달성을 위해 어떻게 할당할 것인지를 결정한다. 또한 마케팅 계획은 마케팅 관리자들이 마케팅 전략의 성과를 모니터하고 평가하는데 도움을 준다.

주요 개념

- 전략적 마케팅 관리
- 전략적 계획
- 미션
- 기업 단계 전략
- 전략 사업부(SBU)
- 시장
- 시장 점유율
- 시장 성장률/시장 점유율 매트릭스
- 핵심 역량
- 시장 기회
- 전략적 창문
- 경쟁 우위
- SWOT 분석
- 초기 시장 진입자 이점
- 늦은 시장 진입자 이점
- 마케팅 목표
- 마케팅 전략
- 지속적 경쟁 우위
- 마케팅 실행
- 중앙집권적 조직
- 분권화된 조직
- 전략적 성과 평가
- 성과 기준
- 판매 분석
- 마케팅 비용 분석
- 마케팅 계획

마케팅 계획 수립하기

성공적인 마케팅 전략은 자사에 대한 철저한 분석을 기반으로 한다. 무슨 제품을 어느 목표 시장에 어떻게 도달해야 할지에 대해 최적의 결정을 내리기 위해서는 자사의 강점과 약점을 정확히 인식해야 한다. 자사의 강점과 약점에 대한 분석 정보는 기업이 마케팅 계획에서 다양한 마케팅 의사결정을 내릴 때 기반이 된다. 마케팅 계획을 수립하고자 할 때 이 장에서 배운 내용들은 다음과 같은 문제 결정에 도움을 준다.

1. 자사의 핵심 역량은 무엇입니까? 자사의 핵심역량이 현재 기업의 경쟁 우위에 도움이 됩니까? 만약 그렇지 않다면 경쟁 우위를 얻기 위해 어떤 변화가 필요한가?

2. 자사의 강점과 약점을 발견하기 위해 자사의 SWOT 분석을 실시하라. 아울러 SWOT 분석을 통해 시장에 존재하는 기회와 자사에게 영향을 미칠 수 있는 위협 요소들은 어떤 것이 있는지 확인해 보자.

3. SWOT 분석 결과를 바탕으로 자사의 핵심 역량을 잘 활용할 수 있는 시장 기회가 존재하는지 확인해 보자. 또한 신중한 마케팅 계획을 통해 자사의 약점을 강점으로 전환할 수 있을지 논의하라.

연습 문제

1. 전략적 계획 과정의 핵심 요소가 무엇이며 그들 핵심 요소들이 어떻게 관련되어 있는지 설명하라.
2. 기업이 기업 단계와 사업부 단계에서 어떻게 경쟁 우위를 창조할 수 있는지 설명하라.
3. 자사가 보유하고 있는 자원과 기회를 분석하기 위해 무엇을 고려해야 하나요? 이러한 요소들이 마케팅 목표와 마케팅 전략에 어떻게 영향을 미치는지 설명하라.
4. SWOT 분석이 무엇이며 왜 중요한지 설명하라.
5. 기업은 어떻게 지속적 경쟁 우위를 창조할 수 있을까요? 기업이 지속적 경쟁 우위를 유지하는 것이 얼마나 어려운지 논의하라.
6. 기업이 어떻게 마케팅 목표를 수립하는지 설명하라.
7. 마케팅 전략의 2개 가장 중요한 부분은 무엇 인가?
8. 전략적 계획 과정을 고려할 때, 어떤 요소들이 마케팅 전략 수립에 영향을 미치는가?
9. 마케팅 전략을 실행할 때 중요한 관리적 차원에서의 역할은 무엇인지 논의하세요.
10. 전략적 계획 과정 중 어떤 요소가 성과 기준을 수립하는데 중요한 역할을 하는지 설명하라.
11. 마케팅 전략의 실제 성과를 평가할 때 마케팅 담당자는 마케팅 비용 분석도 해야 하는가? 그렇게 생각한 이유도 함께 설명하라.
12. 마케팅 계획의 핵심 구성요소들이 각각 무엇인지 설명하라.

◎ 케이스 2

성장을 위한 테슬라의 전략

2003년 창업이후 테슬라(Tesla)는 공격적인 성장 전략을 추구해 왔다. 이 기업의 미션은 지구를 지키고 에너지를 절약하는 자동차로의 전환을 가속화하는 것이다. 이러한 미션 속에 핵심 단어는 "가속화"이다. 테슬라는 재생 에너지를 기반으로 하는 자동차 세상 구축이라는 장기적인 비전과 현재 고객들이 운전하고자 하는 친환경적인 자동차의 창조라는 단기적인 전략을 결합하고 있다.

테슬라는 기술 기업이기 때문에 테슬라의 본사가 HP와 페이스북과 같은 거대 기술 기업들이 위치해있는 캘리포니아의 팔로 알토(Palo Alto)에 위치해 있다는 것은 놀랄 일도 아니다. 테슬라는 캘리포니아 프리몬트(Fremont)에 자동화된 제조 공장을 운영하고 있다. 또한 이 기업은 자사의 전기차에 장착될 리튬이온 배터리를 공급하기 위해 거대한 생산 설비를 스스로 갖추고 전 미국을 커버하는 전기차 충전소 네트워크를 건설했다. 자동차를 딜러를 통해 판매하는 기존 자동차 산업과 달리 테슬라는 자사의 전기차를 고객들에게 직접 판매하는 방식을 채택하였다. 이러한 판매 방식은 판매 과정에 테슬라가 보다 많은 통제력을 갖도록 하며, 딜러를 유통 경로에 포함시키지 않았기 때문에 자동차 1대당 더 높은 수익을 얻을 수 있다.

테슬라는 자사의 전기차를 계획하는 과정에서 단순히 친환경적인 측면을 부각하는 대신, 자사 전기차의 스타일, 속도, 지위들을 강조하여 특별한 운전 경험을 추구하는 고객들을 대상으로 마케팅을 펼쳤다. 2008년 시장에 진출한 낮은 차체에 멋을 낸 스포츠카인 로드스터(Roadster)를 생각해 보자. 이 매력적이고 스포티한 차는 기존 전기차의 기본 형태를 거부하고 테슬라가 대중들의 주목을 받을 수 있도록 만들었다.

테슬라는 2011년 로드스터 전기차 판매를 중단하고 그 후, 자율주행 기술을 장착한 스타일리쉬한 고급 세단인 모델 S에 집중해왔다. 테슬라의 디자이너 수장은 아우디, BMW, 메르세데스 벤츠와 같은 글로벌 거대 자동차 기업들이 수많은 자동차를 갖고 치열하게 경쟁하는 상황에서 경쟁하기 위해서는 돋보이는 전기차 세단을 디자인해야만 한다고 생각했다. 그가 디자인한 모델 S는 전통적인 우아함을 간직하고 있으면서도 미래지향적인 외관을 갖춘 현재와 미래의 최상의 조합이었다. 테슬라의 발전된 배터리 기술 덕분에 충전으로 이동할 수 있는 거리를 확대한 것도 모델 S의 성공에 디자인 못지않게 중요한 역할을 하였다.

그 후, 테슬라는 매력적인 모델 X를 시장에 도입했다. 모델 X는 럭셔리 SUV인데 뒷좌석에 탑승하기 위해서는 매의 날개 모양을 본뜬 자동차 문이 옆이 아닌 위쪽으로 열리는 독특한 디자인을 취하고 있다. 수천명의 고객들은 모델 X의 초기 고객이 되기 위해 앞 다퉈 계약금을 걸었다. 이러한 엄청난 수요에도 불구하고, 테슬라는 모델 X 생산을 늘리는데 어려움을 겪었는데, 이는 이러한 독특한 자동차를 제조하는 어려움과 부품 부족 때문이었다. 테슬라는 이러한 어려움 때문에 자동차 주문에서 배송까지 몇 달이 지연되었다.

계속해서 제품라인을 확장하고 새로운 고객 세분 시장을 타깃하면서 테슬라는 모델 3를 시장에 도입했다. 모델 3는 테슬라의 기존 자동차에 비해 가격이 저렴한 세단으로, 대규모 전기차 주류 시장에 진입하기 위한 테슬라 전략의 일부이다. 테슬라의 모델 3는 현대적이고 심플한 디자인을 취하고 있다. 모델 3 내부의 대시보드 역시 심플한 형태를 취하고 있는데 기존 자동차 대시보드에 위치한 복잡한 버튼들과 구성을 하나의 터치 스크린 컨트롤 패널로 심플하게 대체하였다. 또한 모델 3의 "오토파일럿" 기능은 완전하지는 않지만 운전자 없이 자동차를 운행하는 것을 가능하게 하여 테슬라의 기술 기업으로서의 명성을 높이는데 기여하였다. 이미 450,000이 넘는 고객들이 모델 3를 예약하기 위해 1,000달러의 계약금을 지불하였다. 여전히 테슬라는 자동차 생산을 최고 속력으로 끌어 올리는데 어려움을 겪고 있으며, 그 결과 모델 3 역시 완제품 배송까지 상당한 지연이 발생하고 있다.

장기적으로 1년에 50만대의 자동차를 생산하고 규모의 경제를 통해 수익을 창출하겠다는 목표를 갖고 테슬라는 수천명의 직원을 고용하고 있으며 더 나은 생산성을 위해 생산 설비를 개선하고 있다. 테슬라는 새로운 로드스터 스포츠카, 모델 Y 크로스오버 자동차와 세미 트럭을 포함한 여러 종류의 새로운 자동차 도입을 준비하고 있다. 테슬라는 자사의 야심찬 목표를 달성하고 경쟁자들을 물리치고 재생에너지 자동차 세상으로의 전환을 가속화하면서 지속적으로 수익을 창출할 수 있을까? [30]

토론을 위한 질문

1. 테슬라의 강점, 약점, 기회, 위협은 무엇이라 생각하는지 논의하라.
2. 테슬라의 핵심역량은 무엇인가? 테슬라의 핵심역량은 테슬라가 이미 자동차 기업들이 선점하고 있는 시장에서 경쟁하는데 어떻게 도움이 되는지 논의하라.
3. 테슬라는 자사 성과를 평가할 기준으로 어떤 것들을 고려하고 있습니까? 테슬라가 사용하고 있지 않은 성과 기준들 중, 전략적 성과 평가를 위해 테슬라가 추가적으로 활용해야 할 기준들이 있다면 제안하고 그렇게 생각한 이유가 무엇인지 설명하라.

MARKETING RESEARCH AND TARGET MARKETS

TOIL HORN P/SHUTTERSTOCK.COM

PART.2
마케팅 조사와 표적시장

2부는 마케터가 정보와 기술을 활용하여 고객을 더 잘 이해하고 표적화 하는 방법에 관해 살펴본다.

제 3장은 마케팅 조사와 마케팅 분석 과정의 기본 단계 및 마케팅 정보 시스템을 통하여 구매자를 분석할 수 있는 토대를 제공한다.

제 4장은 마케팅 전략 개발의 주요 단계 중 하나인 표적시장을 선택하고 분석하는 것을 다룬다.

CHAPTER.3
마케팅 조사와 마케팅 분석

학습목표

3-1 마케팅 조사의 정의와 중요성을 이해한다.

3-2 탐색적 조사와 결론적 조사를 구분한다.

3-3 두 가지 유형의 데이터와 4가지 설문조사 방법을 포함하여 마케팅 조사를 수행하는 5가지 기본 단계에 대해 이해한다.

3-4 마케팅 의사 결정에 유용한 마케팅 분석과 데이터베이스, 빅데이터와 같은 분석 도구를 설명한다.

3-5 마케팅 조사에서 윤리적 및 국제적 문제를 이해한다.

마케팅 들여다보기

ROMAN SAMBORSKYI/SHUTTERSTOCK.COM

마케팅 분석은 수익을 창출한다.

마케팅 조사 분야가 변화하고 있다. 디지털 리소스의 성장과 함께 마케터는 인공지능을 사용하여 고객의 온라인 트래픽, 관심 제품과 구매 및 구매 경로를 추적한다. 이 정보를 통해 기업은 최신 트렌드에 맞는 매력적인 광고, 제품과 서비스를 만들고 보다 효율적인 방식으로 투자 수익을 보장할 수 있다. 이러한 정보를 사용하려면 기업은 마케팅 분석에 집중해야 한다. 마케팅 분석의 세 가지 주요 유형은 다음과 같다: 설명적 유형, 예측적 유형 및 처방적 유형이다.

이전에는 설명적 마케팅분석이 도움이 되어왔지만, 과거 구매행동에 대한 초점이 맞추어져 있어, 미래 구매행동에 초점을 맞춘 예측적 마케팅 분석 및 처방적 마케팅 분석 보다 덜 유용하다.

보고서에 따르면 조사 대상 기업의 37%가 향후 2년 동안 예측적 마케팅 분석을 사용할 계획이다. 기업은 소비자 선호도와 퀵 배송의 중요성을 이해하고 있으며, 기술이 계속 발전함에 따라 소비자는 거의 즉각적인 결과를 기대한다. 기업은 소비자 선호도에 기반한 새로운 혁신을 예측하고 처방함으로써 빠르게 변화하는 디지털 세계와 의기투합할 수 있다. 기업이 빅데이터를 수집함에 따라, 많은 데이터를 구분하고 정렬하는데 도움이 되는 데이터 분석 서비스 제공업체가 생겨나고 있다. CBIS컨설팅(CBIG Consulting, LatentView Analytics), 잠재비전 분석(LatentView Analytics) 및 통계 솔루션(Stratistics Solution)은 현재 기업이 이용할 수 있는 몇 안되는 데이터 분석 업체들이다.[1]

마케팅 조사와 분석을 통해 기업은 기업의 상품 및 서비스가 표적시장에 있는 고객의 니즈를 충족하는지 여부와 충족 시키는 방법에 대한 정보를 얻을 수 있도록 지원함으로써, 마케팅 개념을 구현할 수 있다. 특히 이러한 정보가 효과적으로 사용되어, 마케터가 고객의 니즈를 예측하고 충족시키는 데 집중할 수 있도록 함으로써 관계 마케팅을 쉽게 실현하게 한다. 따라서 기업이 마케팅 전략을 개발하고 구현하는 데 도움이 되는 실용적이고 객관적인 정보를 제공하는 마케팅 조사 및 분석은 효과적인 마케팅에 필수적이다.

이 장에서는 마케팅 의사결정을 내리는 데 필요한 정보를 마케터가 수집하는 방법에 중점을 둘 것이다. 먼저, 마케팅 조사를 정의하고 다양한 데이터 수집 방법을 포함하여 마케팅 조사 프로세스의 단계들을 검토한다. 다음으로, 우리는 IT기술이 마케팅 조사 데이터를 수집, 구성 및 해석하는 데 어떻게 도움이 되는지 살펴본다. 또한 오늘날 마케팅 조사에서 빅데이터 및 마케팅 분석이 어떻게 사용되는지 알아본다. 마지막으로 마케팅 조사의 윤리적 및 국제적인 이슈들을 고려한다.

3-1 마케팅 조사의 중요성

 # 학습목표 마케팅 조사의 정의와 중요성을 이해한다.

마케팅 조사 마케터가 특정 마케팅 문제를 해결하거나 마케팅 기회를 활용할 수 있게 하는 정보의 체계적인 설계, 수집, 해석 및 보고에 관한 과정이다.

마케팅 조사 Marketing research는 마케터가 특정 마케팅 문제를 해결하거나 마케팅 기회를 활용할 수 있게 하는 정보의 체계적인 설계, 수집, 해석 및 보고에 관한 프로세스이다. 조사라는 단어에서 이미 알 수 있듯이, 의사 결정자가 아직 사용할 수 없는 필요한 정보를 수집하는 프로세스이다. 마케팅 조사의 목적은 고객의 니즈와 욕구, 특정 제품에 대한 마케팅 기회, 변화하는 고객의 태도 및 구매 패턴을 기업에 알리는 것이다. 시장에 관한 정보는 정보에 입각한 의사 결정을 내리고 고객의 니즈에 대응하는 기업의 능력을 증가시켜, 기업의 마케팅 수행 능력을 향상시킨다. 소비자의 구매행동과 태도의 변화를 감지하면 기업은 끊임없이 변화하는 시장에 반응할 수 있다. 기업의 전략적 계획은 이러한 시장에서의 기회나 위협을 평가하는 과정을 용이하게 하기 위해 마케팅 조사를 필요로 한다.

마케팅 조사는 기업이 시장에서의 기회를 더 잘 이해하고, 신제품의 성공 잠재력을 파악하고, 마케팅 전략의 타당성을 결정하는 데 도움이 될 수 있다. 또한 그것은 새로운 시장 동향을 소개할 수 있다. 예를 들어, 나스카(NASCAR)의 평균 TV 시청률은 2005년 인기가 높아진 이후 500만 회 이상 감소했으며, 시청하는 관객의 나이가 올라가고 있었다. 이러한 발견은 시청률을 높이기 위한 접근법을 결정하기 위한 추가 마케팅 조사의 필요성을 나타낸다. 그러므로 마케팅 조사를 수행하지 않는다면 기업이 경쟁 우위를 유지하는 것은 불가능할 것이다.

경제상황의 변화는 마케터의 의사결정 전략을 크게 변화시켰다. 더 많은 기업이 변화하는 소비자의 행동에 신속하게 대응하고 생존하기 위하여 속도와 민첩성을 필요로 한다. 효과적인 마케팅 전략을 세우기 위해 시장을 이해하는 것이 중요하며, 마케팅 조사는 시장의 변화에 대해 이해하기 위해 시험 마케팅, 설문조사 및 단기간 범위의 예측과 같은 소규모 조사에 초점을 맞추고 있다.

그러나 장기적인 시장에서의 성공을 위해서는 대규모의 고부가 가치 마케팅 조사 프로젝트가 필요하다. 6개월 이상 걸리는 연구를 수행하는 것도 허용되지만, 많은 기업들에게 좋은 결정을 내릴 수 있도록 하는 실시간 정보는 마케팅 조사에 있어서 필수적이다. 이 장에서 논의되는 것과 같이, 빅데이터 및 마케팅 분석 도구의 사용은 기업이 전술적이고 전략적인 결정을 내릴 수 있도록 시장정보를 통합하는 데 도움이 된다. 그러므로, 마케팅 조사원은 정보를 수집하는 가장 효율적이고 효과적인 방법을 식별할 수 있는 능력을 필요로 한다.

마케팅 조사의 진정한 가치는 정보에 입각하여 의사결정을 내리는 마케터들의 능력에 의해 매겨진다.

마케팅 조사의 중요성 SAP 하나(HANA)는 마케팅 조사원 1명으로는 불가능한 데이터를 분석하는 데 사용된다. 이 데이터에서 수집한 인사이트는 이 플랫폼을 사용하는 기업에 경쟁 우위를 제공할 미래 소비자 동향을 예측하는 것에 사용되고 있다.

많은 기업에서 마케팅 조사는 고객의 니즈를 충족하는 마케팅 믹스를 개발하는 것에 도움을 준다. 오늘날과 같이 빠르게 변화하는 마케팅 환경에서 기업은 빠른 변화에 적응하는 데 필요한 속도와 민첩성을 갖추는 것이 중요하다. 마케팅 조사에 있어서의 수집 능력과 마케터의 의사 결정 능력을 향상시키기 위해 일부 기업은 마케팅 조사와 관련된 데이터 수집 및 평가를 지원할 수 있는 컨설턴트를 고용한다. 다양한 서비스를 제공하는 컴퓨팅 플랫폼이자 데이터 관리 시스템인 SAP의 하나(HANA) 시스템에 대한 광고를 살펴보자. 비즈니스 기업을 대상으로 하는 SAP의 광고는 고객 자신을 포함하여 다른 누구보다 먼저 고객을 파악하고 고객의 니즈를 예측하는 것의 중요성을 강조한다. SAP 하나는 빅데이터를 사용하여 미래 트렌드를 예측한다. 이러한 유형의 마케팅 조사는 고객과 연결하기 위한 마케팅 전략을 개발하고 적용하는 데 중요하다.

시장의 문제를 완전히 이해하면 기업이 성과를 높이고 경쟁자보다 우위를 확보하는 데 도움이 될 수 있다. 소니(Sony)와 틴더(Tinder)는 온라인 데이터를 보다 효율적으로 구성하기 위해 인트라나(Interana)의 데이터 분석 프로그램을 테스트하고 있다. 인트라나는 의뢰 기업이 각 고객에 대한 파일을 저장할 수 있도록 하여 고객 데이터를 보다 쉽게 분석할 수 있도록 한다. 마케터는 재정과 인적 자본이 자원인 것처럼 정보도 자원의 하나로 취급해야 하며 정보 획득의 비용과 이익을 저울질해야 한다. 정보가 기업의 표적 고객을 더 잘 만족시키는 마케팅 활동으로 이어져 매출 및 이익 증가로 이어지거나 혹은 기업의 다른 목표를 달성하는 데 도움이 되는 경우 정보는 가치 있는 것으로 간주되어야 한다.

3-2 마케팅 조사의 유형

 # 학습목표 탐색적 조사와 결론적 조사를 구분한다.

기업이 수행하는 마케팅 조사의 성격과 유형은 조사 설계 및 조사 중인 가설에 따라 달라질 수 있다. 마케팅 조사에는 두 가지 형태의 데이터가 포함된다. 정성적 데이터 (Qualitative data)는 기술적이고 수치적이지 않은 정보를 산출하고 정량적 데이터 (Quantitative data)는 숫자나 지표를 통해 전달할 수 있는 정보를 산출한다. 마케터는 원하는 정보에 따라 둘 중 하나 또는 둘 다를 수집하도록 선택할 수 있다. 데이터를 수집하기 위해 마케터는 탐색적 조사 또는 결론적 조사를 수행한다. 각각 고유한 목적이 있지만 형식화 및 유연성 수준은 다르다. 표3.1에는 이 두 데이터 유형의 차이점이 요약되어 있다.

표 3.1 탐색적 조사와 결론적 조사의 차이

마케팅 조사 과정의 구성요소	탐색적 조사	결론적 조사
조사 목적	일반적 : 시장 상황에 대한 통찰력 생성	구체적 : 통찰력을 규명하고 행동 방침을 선정
데이터 수요	막연함	명확함
데이터 출처	불분명함	정확함
데이터 수집 형태	개방형	구조형
표본	상대적으로 작은 수량, 주관적으로 표집 통찰력을 최대화하기 위함	상대적으로 많은 수량. 주관적으로 표집 조사 결과의 일반화를 허용하기 위함
데이터 수집	융통성 있음, 설정된 절차 없음	엄격함, 잘 설계된 절차를 따름
데이터 분석	형식이 없음, 비정량적 분석	형식이 있음, 정량적 분석
추론/권고	최종적이 아닌 임시적	임시적이 아닌 최종적

3-2a 탐색적 조사

마케터는 문제에 대한 자세한 정보가 필요하거나 잠정적 가설을 보다 구체적으로 만들고 싶을 때, **탐색적 조사exploratory research** 를 수행한다. 탐색적 조사의 주요 목적은 문제나 상황을 더 잘 이해하고 추가 데이터 요구 사항이나 결정 대안을 식별하는 것에 도움을 주는 것이다. 탐색적 연구는 일반적으로 질적 조사 기술과 관련이 있다. 질적 조사는 측정지표와 복잡한 데이터 분석이 아니라 이야기, 시각적 묘사, 해석 및 표현적인 설명에 초점을 둔다. 탐색적 마케팅 조사는 일반적으로 통계 분석을 위해 숫자 값을 할당하는 정량적 데이터를 제공하지 않는다. 탐색적 질적 조사에는 브랜드 인식을 이해하기 위해 온라인 참가자 관찰 또는 소셜 네트워크에 참여하는 넷노그래피가 포함될 수도 있다. 예를 들어, 조사원은 브랜드와 소비자 관심사를 더 잘 이해하기 위해 온라인 플레이스테이션(PlayStation) 커뮤니티에 참여할 수 있다. 이러한 유형의 탐색적 조사는 마케터가 소비자가 주제 또는 제품을 보는 방식을 더 잘 이해하는 데 도움이 될 수 있으며, 이는 회사가 더 나은 제품과 표적시장에서 마케팅 믹스를 개발하는 데 도움이 될 수 있다.

탐색적 조사 문제에 대한 자세한 정보를 수집하거나 잠정적 가설을 보다 구체적으로 만들기 위해 실시한다.

일부 기업에서는 신제품 아이디어를 위한 울림판(sound board) 역할을 하고 제품, 가격, 유통 및 판촉을 포함한 회사의 마케팅 전략에 대한 고객의 감정과 태도에 대한 통찰력을 조사원에게 제공하는 소규모 그룹의 실제 고객으로 구성된 **고객 자문 위원회 customer advisory boards**를 활용한다 이러한 자문 위원회는 질적 탐색 정보를 제공한다. 고객 자문 위원회는 기업이 가치 있는 고객과 강력한 관계를 유지하는 데 도움이 되는 것만 아니라, 마케팅 조사 질문에 대한 이해도를 높일 수도 있다. 오라클(Oracle)은 고객이 제품을 사용하고, 임원 및 제품 전문가와 공동 세션에 참여하고, 피드백을 제공할 수 있도록 하는 고객 자문 위원회를 유지관리하고 있다.

고객 자문 위원회 신제품 아이디어와 회사의 제품 및 마케팅 전략에 대한 고객의 감정과 태도에 대한 통찰력을 제공한다.

탐색적 조사를 수행하는 일반적인 방법 중 하나는 포커스 그룹을 사용하는 것이다. **포커스 그룹focus group**은 여러 사람들이 모인 설정 그룹으로 진행자에 의해 특정 주제가 논의된다. 쉐보레(Chevrolet)은 대형 트럭 구매자로 구성된 포커스 그룹의 피드백 결과 이중 스택 헤드라이트 디자인을 특징으로 하는 새로운 실버라도(Silverado) 트럭을 출시했다. 포커스 그룹은 구조화된 설문지 없이 비공식적으로 진행되는 경우가 많다. 이를 통해 고객의 태도, 행동, 라이프스타일, 고객의 니즈 및 욕구를 유연하고 창의적인 방식으로 탐색할 수 있다. 질문은 개방형이며 응답자가 자신의 말로 응답하도록 자극한다. 전통적인 포커스 그룹은 8-12명의 개인으로 구성되며 리서치 회사 또는 기업에서 고용한 독립적인 개인인 진행자가 주도한다. 진행자는 모든 참가자가 대화에 참여하도록 권장하고 필요할 때 질문을 함으로써 토론을 진행한다.

포커스 그룹 회원들이 아이디어나 개념에 노출될 때 상호 작용을 관찰하기 위해 구조화된 설문지없이 비공식적으로 인터뷰를 수행하는 기능을 가진 8~12명으로 이루어진 소규모 그룹

STOCKFOUR/SHUTTERSTOCK.COM

포커스 그룹 기업은 피드백을 요청하고 변화하는 소비자의 태도와 니즈를 더 잘 이해하기 위해 소비자를 모은다.

포커스 그룹은 회사에 신제품에 대한 아이디어를 제공하

거나 기존 제품에 대한 마케팅 전략을 테스트하는 포럼이 될 수 있다. 이 형식은 포커스 그룹 구성원이 서로 참여할 때 새로운 주제가 발생할 수 있기 때문에 조사원이 참가자에게 물어보지 않을 수 있는 주제를 포함하여 상세한 정보를 얻을 수 있다.

그러나 대면 포커스 그룹에는 몇 가지 단점이 있다. 예를 들어, 때때로 포커스 그룹의 토론은 지나치게 말을 많이 하거나 대립적이거나 수줍은 개인에 의해 방해를 받을 수 있다. 일부 참가자는 사교적이거나 참가 대가로 돈 및/또는 음식을 받으려는 노력에서 정직한 의견을 피력하지 않을 수 있다. 또한 포커스 그룹은 정량적 데이터를 제공하지 않으므로 정량화 가능한 마케팅 조사 기술을 사용하여 추가로 탐색할 수 있는 문제를 발견하는 데 가장 잘 사용된다.

사용 용이성으로 인해 온라인 포커스 그룹은 증가하는 추세이고, 참가자는 웹사이트에 로그인하여 제공된 조사지에 응답을 입력하거나 화상 채팅에 로그인한다.

온라인 포커스 그룹은 지리적으로 다양한 대규모 그룹에서 데이터를 수집하는 비용을 절감하는 효율적인 방법이 될 수 있다. 온라인 포커스 그룹의 조사를 수행하기 위한 편리한 기술들이 있다. 온라인 포커스 그룹은 위치에 관계없이 자신의 집에서 참여할 수 있기 때문에 기존 포커스 그룹보다 참가자에게 더 편리하다. 그러나 이 방법은 참가자들에게 제품의 냄새나 맛을 묻는 질문에는 적합하지 않아 모든 상품에 적합하지는 않다. 웹사이트 로그인을 사용할 때 조사원은 종종 토론된 질문이나 주제에 대한 좋지않은 반응을 드러내는 참가자의 비언어적 신호와 신체 언어를 관찰할 수 없다. 그러므로, 마케터는 특정 제품에 대한 연구 프로젝트를 설계할 때 이러한 문제를 염두에 두어야 한다.

탐색적 질적 조사의 다른 형태로는 관찰, 대화 및 한 시간 이상 지속될 수 있는 심층 면접이 있다. 심층 면접은 포커스 그룹보다 개인의 인식에 대한 더 많은 통찰력을 제공한다. 이러한 탐색적 조사 기술은 정성적 정보를 제공하는 반면, 결론적 마케팅 조사는 문제와 기회에 대한 정량적 심층 분석을 제공한다.

3-2b 결론적 조사

결론적 조사 객관적인 절차를 통해 통찰력을 검증하고 마케터가 의사 결정을 내릴 수 있게 도와주도록 설계된 조사

결론적 조사Conclusive research는 마케터가 결정을 내릴 수 있도록 객관적인 절차를 통해 통찰력을 검증하도록 설계되어 있다. 결론에 도달하는 데 도움이 되며 정량적 정보를 제공한다. 이 조사는 마케터가 몇 가지 대안으로 자신의 결정을 좁힐 때 의사 결정의 마지막 단계에서 사용된다, 특정 제품 및 특정 표적 소비자에게 가장 적합한 접근 방식을 결정하는 데 도움이 되는 잘 정의되고 구조적인 조사 프로젝트가 필요한 경우 결론적 조사가 도움이 된다. 결론적 조사는 일반적으로 형식적이고 구체적이며 검증 가능한 방법을 가지고 있다. 이러한 결론적 조사는 기술적 조사와 실험적 조사의 두 가지 유형으로 나누어진다.

마케터가 특정 문제를 해결하기 위해 특정 현상의 특성을 이해해야 하는 경우 **기술적 조사**

descriptive research가 도움이 될 수 있다. 기술적 조사는 고객의 교육, 직업 또는 연령에 대한 일반 설문조사에서 십대가 스포츠 음료를 섭취하는 빈도 또는 고객이 새 신발을 구매하는 빈도에 대한 특정 정보를 찾는 것까지 아주 다양하다. 예를 들어 나이키(Nike)와 리복(Reebok)이 더 많은 젊은 여성을 마케팅 표적으로 하려는 경우 15~35세 여성에게 운동 빈도, 운동화 착용 빈도, 1년 안에 운동화를 몇 켤레 구매하는지 물을 수 있다. 이러한 기술적 조사는 운동화 시장에 대한 구체적 마케팅 전략을 개발하는 데 사용될 수 있다. 기술적 조사는 일반적으로 상당한 사전 지식을 요구하며 문제 또는 이슈가 명확하게 정의되어 있다고 가정한다. 일부 기술적 조사는 통계 분석 및 예측 도구를 필요로 하며, 마케터의 주요 임무는 데이터를 수집하고 측정하기 위한 적절한 방법을 선택하는 것이다.

기술적 조사 특정 문제를 해결하기 위해 특정 현상의 특성을 명확히 하기 위해 수행되는 조사

기술적 조사는 연구자가 인과적 추론(즉, 변수 X가 변수 Y를 유발함)을 할 수 있도록 충분한 정보를 제공하지 않는다. 실험적 조사Experimental research를 통해 마케터는 변수 간의 관계에 대해 이러한 인과적 추론을 할 수 있다. 실험은 하나의 변수를 제어하고 하나 이상의 다른 변수를 무작위화 한다. 이러한 실험은 독립변수(변수 X, 다른 변수의 영향을 받지 않는 변수)를 조작하고 결과적으로 종속변수(변수 Y, 독립변수의 영향을 받는 변수)의 변화를 측정해야 한다. 다른 변수를 통제하면서 독립 변수를 조작하는 것은 실험적 조사를 기반한 기술적 조사를 신뢰받지 못하게 한다. 이러한 방식으로, 연구자는 마케팅 전략을 개발할 때 매우 중요한 인과 관계를 결정할 수 있다.

실험적 조사 마케터가 변수 간의 관계에 대해 인과적 추론을 할 수 있도록 하는 조사

3-3 마케팅 조사 과정

 # 학습목표 **두 가지 유형의 데이터와 4가지 설문조사 방법을 포함하여 마케팅 조사를 수행하는 5가지 기본 단계에 대해 이해한다.**

우리는 구체적인 프로젝트에 적용되어야 하는 마케팅 조사 프로세스에 대한 일반화된 접근 방식을 검토할 것이다. 마케팅 조사는 마케팅 결정을 위한 최상의 정보를 제공하는 방법을 사용하도록 맞춤화되어야 한다. 분석적 접근 방식은 유연하고 통찰력 있는 정보를 제공한다.

정확한 정보를 얻기 위해 마케팅 조사원은 다음과 같은 논리적인 절차로 접근한다. (1) 문제 또는 이슈를 찾아 정의하고, (2) 조사 프로젝트를 설계하고, (3) 데이터를 수집하고, (4) 조사 결과를 해석하고, (5) 조사 결과를 보고한다(그림 3.1 참조). 이러한 단계는 엄격한 규칙이 아니라 조사 수행에 대한 전반적인 접근 방식의 일부로 간주되어야 한다. 마케터는 각 단계를 고려하고 당면한 문제를 해결하기 위해 적용할 수 있는 방법을 결정해야 한다.

3-3a 문제 또는 이슈의 정의

마케팅 조사를 시작하는 첫 번째 단계는 문제 또는 이슈를 정의하는 것이다. 이것은 조사원들로 하여금 마케팅 전략이나 실행과 관련하여 상황의 진정한 본질과 한계에 초점을 맞추도록 장려하는 것이다. 문제의 첫 번째 징후는 일반적으로 이전에 달성할 수 있었던 목표를 달성하지 못하는 것과 같이 정상적인 기능에서 벗어난 것이다. 기업의 목표가 매출 12% 증가이고 현재 마케팅 전략에서 6%만 증가했다면 마케터는 이러한 불일치를 분석하여 마케팅 전략을 보다 효과적으로 적용해야 한다. 판매 감소는 문제 자체가 아니라 이미 문제의 증상이다. 매출 감소, 비용 증가, 이익 감소는 모두 기업이 조사해야 할 가치가 있는 문제를 나타낸다. 반대로 매출이 급격히 증가하거나 다른 긍정적인 이벤트가 발생하면 마케터는 기회를 활용하기 위해 변경 이유를 조사해야 한다. 종종 불일치는 마케팅 관련 이슈와 관련이 있다.

마케팅 조사는 시장 기회 또는 환경 변화를 식별하고 정의하는 데 중점을 둔다. 기업이 시장 기회를 발견하면 상황을 이해하고 적절한 마케팅 전략을 수립하기 위해 조사를 수행해야 한다. 예를 들어 UPS는 드론을 사용하여 패키지를 배달할 수 있는지 알고 싶어할 수 있으며, 이를 위해서는 기존 고객에 대한 설문조사가 필요할 수 있다.

문제를 올바르게 식별하고 정의하기 위해 마케터는 피상적인 증상에 주의가 산만하지 않도록 주의해야 한다. 주어진 문제의 피상적인 증상을 해결하였음에도 마케팅 활동의 실패를 식별하지 못하고 근본적인 이슈의 지속으로 이어질 수 있다. 그러므로 조사원과 의사 결정자는 문제를 해결하는 조사 계획을 설계했다고 확신할 때까지 필요한 만큼 문제 또는 이슈의 정의 단계에 남아 있어야 한다. 조사원이 광범위하고 불확실한 문제나 이슈를 정확하고 검증 가능한 조사 보고서로 구체화할 수 있도록 필요한 조치를 취하는 것은 조사 과정의 다음 단계를 위한 전제 조건이다.

3-3b 마케팅 조사 프로젝트 설계

조사 설계 조사 문제 또는 이슈를 해결하는 데 필요한 정보를 얻기위한 전반적인 계획

문제 또는 이슈가 정의되면 다음 단계는 문제를 해결하는 데 필요한 정보를 얻기 위한 전반적인 계획인 **조사 설계research design**를 만드는 것이다. 이 단계에서는 가설을 공식화하고 결과가 신뢰할 수 있고 유효한지 확인하기 위해 가설을 테스트하는 데 가장 적합한 조사 유형을 결정해야

그림 3.1 마케팅 조사 프로세스의 다섯 단계

한다. 이러한 조사 프로젝트는 작은 규모의 접근 방식이나 방법으로 제한되어서는 않된다. 마케터는 접근 방식이 매우 다양하다는 것을 인식해야 하며 가장 중요한 조사 질문을 해결하기 위해 접근 방식 및 방법의 맞춤화를 시도해야 한다.

가설 개발

마케팅 조사 프로젝트의 객관적인 보고서에는 이전 조사와 예상되는 조사 결과를 기반으로 한 가설이 포함되어야 한다. **가설**hypothesis은 특정 문제 또는 특정 상황에 대한 정보에 입각한 추측 또는 가정이다. 그것은 조사원이 증명하거나 반증하려고 하는 것이며, 이전 조사 및 기타 출처에서 문제 또는 상황에 대해 사용할 수 있는 모든 통찰력과 지식을 기반으로 한 것이다. 정보가 수집됨에 따라 조사원은 가설을 테스트한다. 예를 들어, 화장품 회사의 마케터는 화장품의 향기가 매장 내 구매 패턴에 영향을 미칠 것이라는 가설을 제안할 수 있다. 그런 다음 마케팅 조사원은 매장에서 냄새를 테스트하고 판매가 변경되는지 확인하여 데이터를 수집한다. 다음 단계로 조사원은 데이터를 분석하고 가설이 맞는지 결론을 내린다. 때때로 조사 프로젝트 과정에서 몇 가지 가설이 개발된다. 수용되거나 거부된 가설이 조사의 결론이 될 것이다.

가설 특정 문제 또는 특정 상황에 대한 정보에 입각한 추측 또는 가정

조사의 신뢰성 및 타당성

조사를 설계할 때 마케팅 조사원은 조사 기술이 신뢰할 수 있고 유효한지 확인해야 한다. 조사 기술이 반복 시도에서 거의 동일한 결과를 생성하면 **신뢰성**reliability을 확보한다. **타당성**validity을 갖기 위해서는 조사 방법 및 기법이 측정해야 하는 것을 측정해야 한다. 이것은 모든 신뢰할 수 있는 조사 결과가 유효하지 않다는 것을 의미한다. 예를 들어, 고객 그룹이 등급 척도에 따라 동일한 수준의 만족도를 나타낼 수 있지만 개인으로서는 서로 다른 개인적 특성으로 인해 동일한 재구매행동을 나타내지 않을 수 있다. 만족도 평가의 목적이 잠재적인 재구매행동을 추정하는 것이라면 이 결과는 만족이 재구매행동과 관련이 없는 경우 만족도 척도의 타당성에 의문을 제기할 수 있다. 광고가 매출에 미치는 영향을 측정하는 조사는 광고가 매출에 영향을 미치는 다른 요인 및 변수와 분리될 수 있는 경우 타당성을 가질 것이다. 마케팅 조사 프로젝트는 복제 가능하여 신뢰성을 확보해야 하며, 조사 프로젝트에서 실현하는 조사 방법 및 기법은 타당성을 확보해야 한다.

신뢰성 조사 기술이 반복된 시험에서 거의 동일한 결과를 생성하게 하는 조건

타당성 조사 방법 및 기법이 측정해야 하는 것을 정확히 측정하게 하는 조건

3-3c 데이터 수집

마케팅 조사 프로세스의 다음 단계는 연구 가설을 증명하거나 반증하는 데 도움이 되는 데이터를 수집하는 것이다. 조사 설계는 수집할 데이터 유형과 수집 방법을 지정해야 한다.

데이터 유형

1차 데이터 응답자로부터 직접 관찰 및 기록 또는 수집된 데이터

2차 데이터 현재 조사 이외의 목적으로 조직 내부 및 외부에서 수집된 데이터

마케팅 조사원들은 두 가지 유형의 데이터를 마음대로 사용할 수 있다. **1차 데이터Primary data**는 응답자로부터 직접 관찰 및 기록 또는 수집된다. 현상을 관찰하거나 관심있는 사람들을 조사하여 1차 데이터를 수집해야한다. **2차 데이터Secondary data**는 현재 직접적 조사 이외의 목적으로 조직 내부와 외부 모두에서 수집한 데이터이다. 2차 데이터에는 다른 조직 내부 및 온라인 데이터베이스에서 수집한 일반 보고서가 포함된다. 그러한 보고서는 시장 점유율, 소매 재고 수준 및 고객의 구매행동을 포함한 다양한 주제를 다룰 수 있다. 포함된 정보가 마케터가 테스트하는 가설과 관련이 있는 경우 조사에 유용하다. 대부분의 마케팅 조사는 상대적으로 저렴한 비용과 노력으로 필요한 정보를 제공하기 때문에 2차 데이터에서 비롯된다. 인터넷은 이용 가능한 2차 데이터의 양을 기하급수적으로 증가시켜 연구를 더 쉽고 복잡하게 만들었다. 이제 조사원들은 필요한 정보를 찾기 위해 많은 양의 2차 데이터(일부는 품질이 의심되는 데이터)를 분류하는 작업에 직면해 있다.

SOURCE: SALESFORCE

2차 데이터의 출처 CRM 시스템과 같은 2차 데이터의 내부 소스는 조사에 기여할 수 있다. 기업은 세일즈포스의 B2B 마케팅 자동화 도구 파돗과 같은 플랫폼을 사용하여 데이터를 수집하고 분석하여 매출 보고서를 만들 수 있다.

2차 데이터의 출처

마케터는 종종 2차 데이터를 수집하여 마케팅 조사 과정의 데이터 수집 단계를 시작한다. 그들은 마케팅 문제를 조사하기 위해 내부 및 외부 소스에서 사용 가능한 보고서 및 기타 정보를 사용할 수 있다.

고객 데이터베이스, 매출 기록 및 조사 보고서와 같은 2차 데이터의 내부 자료는 기업 자체의 마케팅 활동에 대한 정보를 제공하기 때문에 도움이 될 수 있다. 이 정보는 가설을 테스트하고 문제를 정확히 찾아내는 데 사용될 수 있다. 예를 들어, 매출 보고서에서 제품의 연중 가장 인기 있는 시기, 가장 잘 팔리는 색상 및 크기와 같은 정보를 수집할 수 있다. 마케터는 데이터 검색에서 마케팅, 경영 또는 재정적 목적을 위해 사용 가능한 도구를 살펴보아야 한다. 세일즈포스(Salesforce)의 파돗(Pardot) 광고를 고려해보자. 이 플랫폼은 마케팅 조사를 위한 2차 데이터로 사용될 수 있는 강력한 분석을 기업에 제공한다. 광고는 마케터가 매출 데이터를 사용하여 비즈니스 결정을 내리는 데 도움이 되는 많은 보고서 중 하나를 플랫폼에서 찾을 수 있음을 강조 표시한다. 회계 기록은 종종 간과되지만 양적 데이터의 풍부한 자원으로 될 수 있다. 일반적으로 다른 부서로 자동으로 전달되지는 않지만 이러한

기록은 비용, 매출, 고객 계정 및 이익에 대한 자세한 정보를 제공한다. 내부 2차 데이터의 또 다른 소스는 영업 팀에서 수집한 경쟁 정보이다.

2차 데이터의 외부 출처로는 무역 협회, 정기 간행물, 정부 간행물, 미공개 소스 및 온라인 데이터베이스가 포함된다. 미국 마케팅 협회(American Marketing Association)와 같은 무역 협회는 정보로 가득 찬 안내서와 디렉토리를 제공한다.

블룸버그, 비즈니스위크, 월스트리트저널, 세일즈앤마케팅경영(Sales and Marketing Management), 애드에이지(Ad Age), 마케팅 리서치(Marketing Research), 다이렉트 셀링 뉴스(Direct Selling News)와 같은 정기간행물은 마케터가 문제를 정의하고 가설을 세우는 데 도움이 되는 일반 정보를 게시한다.

많은 마케터들은 또한 미국 통계 요약 (Statistical Abstract of the United States)과 같은 연방 정부 간행물과 기업, 농업 및 인구에 관한 미국 인구 조사국의 간행물을 참조한다. 마케팅 담당자는 인구 조사 웹사이트를 통해 제공되는 검색 가능한 온라인 데이터베이스를 사용하여 다양한 주제에 대한 데이터를 수집할 수 있다. 미국 정부는 10년마다 1차 인구조사만 수행하지만 매년 인구 표본에 더하는 ACS(American Community Survey)도 수행한다. ACS는 10년 단위 인구 조사만큼 포괄적이지는 않지만 마케터에게 국가 인구에 대한 최신 정보를 제공한다. 기업은 인구 통계 데이터를 사용하여 특정 지역의 인구 통계, 교육 및 소득 수준이 쇼핑몰을 건설하기에 좋은 장소로 만들 수 있는지 여부를 결정할 수 있다.

인터넷은 매우 유용한 조사 도구이다. 검색 엔진은 마케터가 다양한 유형의 2차 데이터, 뉴스 및 학술 연구 중에서 관심 있는 정보를 빠르게 찾을 수 있도록 도와준다. 예를 들어, 많은 온라인 소매업체는 고객의 니즈, 욕구, 라이프스타일 및 소득 수준을 보다 완벽하게 이해하기 위해 고객 구매를 추적한다. 이 정보를 통해 기업은 고객의 이전 구매를 기반으로 개인에게 추천을 제공할 수 있다. 이러한 마케팅 시스템은 기업이 가장 가치 있는 고객의 변화하는 욕구와 구매 습관을 추적하는 데 도움이 된다. 또한 마케팅 조사원은 소비자가 제품에 대해 긍정적이든 부정적이든 무엇을 말하는지 알아보기 위해 블로그를 점점 더 모니터링하고 있다. 많은 소매업체는 인기 있는 블로거가 제품을 사용하고 웹사이트에 제품과 리뷰를 게시하기를 바라면서 제품을 시장에 선보인다.

1차 데이터를 수집하는 방법

1차 데이터를 수집하는 것은 2차 데이터를 수집하는 것보다 더 길고 비용이 많이 들고 복잡한 프로세스이다. 1차 데이터를 수집하기 위해 조사원은 표본추출, 설문조사 및 관찰을 도구로 이용한다. 이러한 노력은 기업 자체 조사 부서에서 사내에서 처리하거나 닐슨(Nielsen) 또는 IRI와 같은 민간 연구 회사와 계약할 수 있다.

모집단 특정 연구를 위해 연구자가 관심을 갖는 모든 요소, 단위 또는 개인

표본 전체 모집단의 특성을 나타내기 위해 선택된 제한된 수의 단위

확률 표본추출법 조사 대상 모집단의 모든 요소가 조사 대상으로 선택될 확률이 알려진 표본추출 유형

무작위 표본추출법 모집단의 모든 단위가 표본에 나타날 확률이 동일하고 발생할 수 있는 다양한 이벤트가 발생할 확률이 동일하거나 알려진 확률 표본추출법의 유형

층화 표본추출법 모집단이 공통 속성을 가진 그룹으로 분할되고 각 그룹 내에서 임의(무작위) 표본이 선택되는 확률 표본추출법의 유형

비확률 표본추출법 조사 대상 모집단의 특정 요소가 선택될 가능성을 계산할 방법이 없는 표본추출 기법

할당 표본추출법 조사원이 모집단을 그룹으로 나눈 다음 각 그룹에서 참가자를 임의로 선택하는 비확률 표본추출법의 한 가지 기법

표본추출 조사에 사용할 수 있는 시간과 자원이 제한되어 있기 때문에 표적시장의 모든 구성원을 조사하는 것은 거의 불가능하다. **모집단 population** 또는 "전체"는 구체적 조사에 대해 조사원이 관심을 갖는 모든 요소, 단위 또는 개인을 포함한다. 대통령 선거 결과를 예측하기 위해 고안된 갤럽 여론 조사를 생각해 보자. 미국에 등록된 모든 유권자가 모집단을 구성한다. 전체 모집단의 특성을 나타내는 제한된 수의 단위인 **표본sample**을 선택함으로써 조사원은 모집단의 행동을 예측할 수 있다. 따라서 마케팅 조사에서 표본추출은 모집단에서 대표 단위를 선택하는 과정이다. 표본추출 기술을 사용하면 마케터가 전체 모집단으로부터 응답을 수집하지 않고도 구매행동을 상당히 정확하게 예측할 수 있다. 대부분의 상황에서 전체 시장이나 세분시장에서 반응을 수집하는 것이 불가능하기 때문에 대부분의 마케팅 조사 유형은 표본추출 기법을 사용한다.

표본추출에는 확률 표본추출법과 비확률 표본추출법의 두 가지 기본 유형이 있다. **확률 표본추출법probability sampling**을 사용하면 조사 대상 모집단의 모든 요소가 조사 대상으로 선택될 확률이 알려져 있다. **무작위 표본추출법random sampling**은 확률 표본추출법의 한 형태이다. 마케터가 무작위 표본추출법을 사용하면 모집단의 모든 단위가 표본에 나타날 확률이 동일하다. 마찬가지로, 발생할 수 있는 다양한 이벤트는 동일하거나 알려진 확률로 발생한다. 예를 들어, 카드 게임에서 특정 카드가 뽑힐 확률은 52분의 1이다. 표본의 단위는 일반적으로 통계적으로 생성된 난수 표에서 선택되므로 각 숫자는 동일한 확률로 발생한다고 가정한다. 순차적으로 번호가 매겨진 모집단의 요소는 난수 표에서 숫자로 선택되어 무작위로 표본추출이 된다. 랜덤 ORG(Random.org)와 같은 난수 생성기가 온라인에서 무료로 제공되며 무작위 표본추출법을 위해 난수 목록을 생성한다.

또 다른 유형의 확률 표본추출법은 관심 모집단을 공통 속성에 따라 그룹으로 나눈 다음 각 하위 그룹 내에서 무작위 샘플을 선택하는 **층화 표본추출법stratified sampling**이다. 층화 표본추출법은 무작위 표본추출법의 오류를 줄이고 표본이 실수로 과대하게 대표되지 않도록 할 수 있다.

모집단을 그룹으로 분할함으로써 연구자는 각 분할된 하위 그룹이 표본 단위의 비례적인 몫을 받도록 하고 조사자가 각 하위 그룹에서 너무 많거나 너무 적은 표본 단위를 포함하지 않도록 할 수있다. 표본은 일반적으로 다양한 유형의 응답자 간에 응답 차이가 있을 수 있다고 생각할 때 층화된다. 예를 들어, 많은 정치적 여론 조사는 성별, 인종, 연령 및/또는 지리적 위치에 따라 층화되어진다.

두 번째 유형의 표본추출인 **비확률 표본추출법nonprobability sampling**은 조사 대상 모집단의 특정 요소가 선택될 확률을 계산할 방법이 없기 때문에 확률 표본추출법보다 더 주관적이다. 예를 들어 할당 표본추출법은 참가자의 최종 선택이 조사원에게 있기 때문에 매우 주관적이다. **할당 표본추출법quota sampling**에서 조사원은 모집단을 그룹으로 나눈 다음 각 하위 그룹에서에서 참가자를 임의로 선택한다. 할당 표본추출법에서 조사원들은 응답자의 대표 범주가 하위 그룹

표 3.2 4가지 기본 설문조사 방법의 비교

	우편 설문조사	전화 설문조사	온라인 설문조사	개인 면접 설문조사
경제성	전화 또는 개인 설문조사보다 면접당 비용이 잠재적으로 낮을 수 있다. 낮은 응답률은 한계이다.	조사원의 여행 경비에 대한 지출이 불필요하다. 대부분의 인구가 휴대 전화를 사용하기에 전화 조사는 제한적이다	가장 저렴한 방법이다. 비응답 및 개인 정보 보호는 응답자에 대한 접근을 제한한다.	가장 비싼 조사 방법. 쇼핑몰과 포커스 그룹 인터뷰는 방문 면접보다 비용이 작게 든다.
유연성	유연하지 않음. 설문지는 짧고 쉽게 작성할 수 있어야 한다.	조사원이 심층 질문을 할 수 있기 때문에 유연하지만 응답자를 관찰할 수 없다.	유연하지않음. 온라인 사용자가 수신하고 반환하기 쉬워야 한다. 짧고 간결한 질문은 가장 잘 작동된다.	가장 유연한 방법. 응답자는 시각적 자료에 반응할 수 있다. 심층 면접이 가능하다.
조사원의 편향성	제거된다. 설문지는 익명으로 반환된다.	일부 익명성이 보장된다, 하지만 응답자에 대한 신뢰를 찾기 어려울 수도 있다.	조사원 편향은 제거되지만 개인 정보 보호 문제가 존재한다.	객관성을 유지하지 못하는 조사원으로 인하여 편견을 초래할 수 있다.
표본추출과 응답자의 협력	전체 주소 목록을 얻는 것은 어렵다. 비응답은 큰 단점이다.	접근 가능한 전화기를 가진 응답자로 제한된 표본이다. 응답 거절이 문제이다.	사용 가능한 이메일 주소 목록은 대표성을 띤 표본이 아닐 수 있다. 응답 거절이 문제이다.	방문 면접이 아닌 경우, 포커스 그룹과 쇼핑몰 인터뷰를 통해 대체될 수 있는 조사이다.

에 포함되도록 참가자 선택에 대해 몇 가지 변인 통제(보통 연령, 성별 또는 인종과 같은 2~3개의 변수로 제한됨)를 적용한다. 예를 들어 안경을 착용하는 사람들에 대한 연구는 동일한 수의 남성과 여성을 인터뷰하여 수행할 수 있다. 할당 표본은 확률 표본이 아니므로 모든 사람이 선택될 기회가 동일하지 않으며 표본 오류를 통계적으로 측정할 수 없다. 할당 표본은 조사원이 아직 테스트할 가설을 생성하지 않은 탐색 조사에서 가장 자주 사용된다. 이 경우 결과는 문제에 대한 귀중한 통찰력을 제공할 수 있지만 전체 모집단으로 외삽할 수는 없다.

설문조사 방법 마케팅 조사원은 종종 우편, 전화, 개인 면접, 온라인 또는 소셜 네트워킹 설문조사를 통해 1차 데이터를 수집하기 위한 표본추출을 시도한다. 표 3.2는 다양한 조사 방법의 장점을 요약하고 비교한 것이다. 이러한 설문조사의 결과는 구매행동을 설명하고 분석하는 데 사용된다. 선택한 조사 방법은 문제 또는 이슈의 특성, 가설을 테스트하는 데 필요한 데이터, 조사원이 사용할 수 있는 리소스(예: 자금 및 인력)를 비롯한 다양한 요인에 따라 다르다. 마케터는 조사 프로젝트의 목표에 따라 하나 이상의 설문조사 방법을 사용할 수 있다.

설문조사는 비용이 많이 들 수 있지만 온라인 설문조사 서비스 덕분에 소규모 회사에서도 이 방법을 훨씬 더 저렴하게 사용할 수 있다. 서베이몽키(SurveyMonkey) 또는 퀄트릭스

SOURCE: FOCUSVISION WORLDWIDE, INC

1차 데이터 수집 포커스비전은 기업이 정성적 및 정량적 1차 시장 데이터를 모두 수집하는 데 사용할 수 있는 다양한 도구를 제공한다.

(Qualtrics)와 같이 무료 또는 저비용 설문조사 서비스를 제공하는 많은 회사가 있다. 마케팅 리서치 회사인 포커스비전(FocusVision)의 광고를 생각해 보자. 포커스비전은 양적 및 질적 데이터를 모두 수집하는 데 사용할 수 있는 제품군을 설명하기 위해 멀티툴 이미지를 사용한다. 예를 들어 포커스비전 의뢰인은 디사이퍼(Decipher) 플랫폼을 사용하여 모바일 및 웹 설문조사를 통해 1차 데이터를 수집할 수 있다.

많은 사람들이 설문조사에 응답하는 데 너무 많은 개인 시간이 필요하다고 생각하고 개인 정보 침해 및 개인 정보가 사용되는 방식에 대한 우려를 가질 수 있기 때문에 설문조사를 통한 정보 수집이 어려울 수도 있다. 마케팅 조사로 위장한 판매 기법을 비윤리적으로 사용하는 것도 협력을 감소시키는 원인이 된다. 따라서 설문조사를 수행하기로 선택한 기업은 상당히 높은 무응답률을 예상해야 한다. 무응답률이 높을 때 설문조사 응답에 의존하는 것은 결과가 전체 표본을 대표하지 않는 위험에 직면한다.

우편 설문조사 응답자가 우편으로 보낸 설문지에 답하는 조사 방법

우편(메일) 설문조사mail survey 에서는 설문지를 작성하여 잘 반환할 것으로 고려되는 응답자에게 설문지를 보낸다. 우편 조사는 표본에 포함된 개인이 넓은 지역에 분포되어 있고 조사 자금이 제한적일 때 가장 자주 사용된다. 우편 설문조사는 응답률이 신뢰할 수 있는 결과를 낼 만큼 충분히 높기만 하면 전화나 개인 인터뷰 설문조사보다 비용이 적게 든다.

응답자가 설문지를 반환에 적극적일 수 있도록 하는 프리미엄 또는 인센티브는 우편 설문조사 응답률을 장려하고 정기적으로 인터뷰하는 응답자 패널을 개발하는 데 효과적일 수 있다.

표적시장 또는 세분시장을 대표하기 위해 선택된 이러한 우편(메일) 패널은 신제품을 평가하고 고객에 대한 일반 정보와 구매 기록(구매 일지 형식)을 제공하는 것으로 특히 유용하다. 메일 패널과 구매 일지는 맞춤 메일 설문조사보다 훨씬 더 널리 사용되지만 모두 단점이 있다. 일지를 작성하는 우편 패널이 소득, 교육 또는 쇼핑 활동을 기반으로 하는 일반 모집단과 다를 수 있다는 것이다. 모든 인구 통계가 이러한 미디어를 동등하게 활용하는 것은 아니지만, 인터넷 및 소셜 네트워킹 설문조사도 유사하게 제한적이지만 조사원들에게 인기를 얻고 있다.

전화 설문조사 설문에 대한 응답자의 답변을 조사원이 전화로 녹음하는 조사 방법

전화 설문조사telephone survey에서 조사원은 전화로 설문에 대한 응답자의 답변을 녹음한다. 전화 설문조사는 우편 설문조사 보다 몇 가지 장점이 있다. 설문지를 작성하여 회신하는 것보다 전화와 통화에 응답하는 노력이 덜 들기 때문에 응답률이 더 높다. 충분한 조사원이 있으면 전화 설문조사를 매우 빠르게 완료할 수 있다. 이벤트에 대한 즉각적인 반응을 원하는 정치 후보자 또는 기업은 이 방법을 선택할 수 있다. 또한 전화 설문조사를 통해 조사원은 응답자와 신뢰

관계(rapport)를 맺고 조사 질문을 할 수 있다.

대화형 음성 응답 또는 "로보서베이"라고도 하는 자동화된 전화 설문조사는 녹음된 음성에 의존하여 질문을 하는 반면 컴퓨터 프로그램은 응답자의 답변을 녹음한다. 자동화된 설문조사의 주요 이점은 실제 연구원에 의해 도입될 수 있는 편견이 제거된다는 것이다. 그러나 정치 캠페인 등의 행사에서 로보서베이의 남용으로 인해 많은 사람들은 로보서베이에 대해 부정적인이다.

또 다른 옵션은 **전화 심층 면접**telephone depth interview으로, 전통적인 포커스 그룹의 조사 능력과 전화 설문조사가 제공하는 기밀성을 결합한 것이다. 이러한 유형의 인터뷰는 소규모 대상 그룹 중 질적 조사 프로젝트에 가장 적합하다. 이 방법은 인터뷰 시간과 날짜를 선택할 수 있기 때문에 바쁜 응답자에게 매력적일 수 있다. 이 방법은 구현하기 어렵지만 마케팅 조사에 참여하지 않으려는 응답자로부터 공개 정보를 얻을 수 있는 이점이 있다.

전화 심층 면접 전통적인 포커스 그룹의 조사 능력과 전화 설문조사를 통해 제공되는 기밀성을 결합한 인터뷰.

주요 단점은 소수의 인구만이 전화 설문조사나 인터뷰에 참여하는 것을 좋아한다는 것이다. 많은 가구가 선택(비공개 번호)에 의해 전화번호부에서 제외되거나 전화번호부가 게시된 후 거주자가 이사했기 때문에 제외될 수도 있다. 잠재적 응답자는 종종 전화 자동 응답기, 음성 메일 또는 발신자 ID를 사용하여 걸러내거나 통화를 차단한다. 수백만 명이 "전화 걸지 마세요"에도 가입했다. 유선 전화의 감소로 인하여 전화 설문조사를 수행하는 것을 더 어렵게 만들고 있다. 사실, 52% 이상의 가구가 휴대 전화는 있지만 유선 전화는 없다. 이러한 요인들은 설문 참여를 크게 제한하고 대표성을 왜곡할 수 있다. 또한 전화를 통한 설문조사와 인터뷰는 구두 의사소통으로 제한되며 시각 자료나 관찰이 포함되지 않는다. 따라서, 많은 기업에서 조사원이 응답자와 개인적으로 교류하고 제품을 보여줄 수 있도록 스카이프(Skype)나 줌(Zoom)을 사용하고 있다. 이 방법은 구현하기 어렵지만 마케팅 조사에 참여하지 않으려는 응답자로부터 공개된 정보를 얻을 수 있다.

개인 면접 설문조사personal interview survey에서 응답자는 얼굴을 맞대고 질문에 응답한다. 사진, 제품, 도표 또는 사전 녹음된 광고 카피와 같은 다양한 시청각 자료를 개인 면접에 통합할 수 있다. 직접적인 상호 작용을 통해 얻은 관계는 일반적으로 조사, 후속 질문 또는 심리 테스트를 포함하여 보다 심층적인 면접를 허용한다. 또한 개인 면접은 다른 설문조사 유형보다 더 길 수 있기 때문에 더 많은 정보를 얻을 수 있다. 응답자를 더 신중하게 선택할 수 있으며 응답하지 않는 이유를 탐색할 수 있다. 그러한 조사 기술 중 하나는 **방문 면접**in-home (door-to-door) interview이다. 철저한 자기공개와 집단영향 제거가 중요할 때 방문 면접은 분명한 이점이 있다. 45~90분의 심층 면접에서 응답자는 자신의 진정한 동기, 감정, 행동 및 열망을 밝히도록 조사할 수 있다. 방문 면접은 응답자와 조사원의 보안 및 안전 문제로 인해 점점 더 어려워지고 있다. 이 방법은 콘도나 아파트와 같은 폐쇄된 커뮤니티에서 특히 제한된다.

개인 면접 설문조사 참가자들이 설문조사 질문에 대면하여 응답하는 조사 방법

방문 면접 응답자의 집에서 진행되는 개인 면접

시간이 지남에 따라 개인 면접의 성격이 바뀌었다. 과거에는 무작위 표본추출법이나 사전 약속을 기반으로 한 대부분의 개인 면접이 응답자의 집에서 이루어졌다. 오늘날 많은 개인 면접

쇼핑몰 면접 쇼핑몰에서 "특정" 지점을 지나가는 개인을 면접하는 조사 방법

이 쇼핑몰이나 기타 공공 장소에서 이루어진다. **쇼핑몰 인터뷰shopping mall intercept interview**는 설문조사를 위한 쇼핑몰의 "특정(intercept)" 지점을 통과하는 개인을 면접하는 조사 방법이다. 여느 대면 면접과 마찬가지로 쇼핑몰 면접에도 장점이 있다. 면접관은 응답자의 비언어적 행동을 인식하고 반응할 수 있는 위치에 있고, 응답자는 제품 원형, 광고 동영상 및 기타 자료를 보고 의견을 제공할 수 있다. 또한, 쇼핑몰 환경은 개인의 가정에 존재할 수 있는 복잡한 상황 변수를 제어할 수 있게 한다.

현장 컴퓨터 면접 응답자가 컴퓨터 모니터에 표시된 설문지를 작성하는 쇼핑몰 면접의 변형

현장 컴퓨터 면접on-site computer interview은 응답자가 컴퓨터 모니터에 표시되는 설문지를 작성하는 쇼핑몰 면접의 변형이다. 그러한 면접을 수행하기 위해 컴퓨터 소프트웨어 앱이나 패키지를 사용한다. 소프트웨어 작동 방법에 대한 간단한 수업 후 응답자는 자신의 속도로 설문조사를 진행하게 된다. 응답자가 자신의 태도에 대한 유용한 정보를 제공할 수 있는 항목(일반적으로 전체 척도의 하위 집합)만 볼 수 있도록 설문지를 조정할 수도 있다.

온라인 및 소셜 미디어 설문조사 점점 더 많은 소비자가 인터넷에 접속하고 정기적으로 연결함에 따라 인터넷은 점점 더 중요한 조사 및 마케팅 자원이 되고 있다. 인터넷 설문조사는 상대적으로 저렴한 비용과 구체적 표본을 표적으로 할 수 있는 능력 때문에 부분적으로 일반 모집단 표본 추출을 위한 주요 도구가 되고 있다. **온라인 설문조사online survey**에서 설문지는 이메일이나 웹사이트를 통해 응답자에게 전송된다. 마케팅 조사원은 종종 이러한 설문조사를 전문 브로커로부터 구매하거나 회사에서 수집한 온라인 패널 표본에게 보낸다. 프릴로섹(Prilosec OTC)는 12년 연속으로 의사가 추천하는 위염 치료제 1위를 차지했다고 광고한다. 프릴로섹은 온라인 설문조사에서 수집한 데이터를 사용한다. 이메일은 반대화형이므로 수신자가 질문에 대한 설명을 요청하거나 스스로 질문할 수 있다. 온라인 설문조사의 잠재적인 이점은 응답률이 적절할 경우 기존의 우편, 전화 및 개인 면접 설문조사보다 빠른 응답 시간과 저렴한 비용이다. 점점 더 많은 기업들이 웹사이트를 사용하여 설문조사를 수행하고 있다. 여기에는 참여를 장려하기 위해 경품 당첨 기회와 같은 프리미엄이 포함될 수 있다. 또한 모바일을 통해 온라인 설문조사를 완료할 수도 있다. 예를 들어, 스마트폰의 앱은 응답자의 적극적인 참여 없이 온라인 정보를 수집할 수 있다.

온라인 설문조사 응답자가 이메일이나 웹 사이트를 통해 설문지에 응답하는 연구 방법

온라인 기술 제공업체는 인터넷 설문조사를 수행하기 위한 소프트웨어도 제공한다. 가장 큰 온라인 설문조사 제공업체 중 하나는 퀄트릭스이다. 퀄트릭스는 온라인에서 배포할 수 있는 자체 온라인 설문조사를 개발하려는 기업에 소프트웨어를 제공한다. 이 회사는 또한 개념 테스트, 데이터 수집 및 직원 피드백과 같은 서비스를 9,000명의 고객에게 제공한다. 퀄트릭스의 유연성과 연구 능력은 젯블루(JetBlue)를 포함하여 고객에 대해 더 자세히 알고자 하는 많은 회사의 관심을 끌었다. 젯블루는 퀄트릭스소프트웨어를 사용하여 개별 항공편에 대한 고객 의견을 이해했다.

소셜 네트워킹 사이트는 설문조사를 수행하는 데 사용된다. 마케터는 또한 대화방, 블로그, 뉴스 그룹 및 연구 커뮤니티와 같은 디지털 미디어 포럼을 활용하여 소비자 관심 및 소비 패턴의

추세를 식별할 수 있다. 예를 들어, 스타벅스는 소셜 미디어에서 개인 그룹과 계정을 사용하여 보다 자연스럽고 깊이 있는 방식으로 고객에게 다가가려고 한다. 비공개 그룹은 대부분 페이스북에 있지만 스타벅스는 이러한 개인 그룹을 인스타그램 및 기타 소셜 미디어 플랫폼으로 확장하기를 희망한다. 스타벅스는 이 계정을 사용하여 제품 개발에 대해 소비자와 더 잘 소통할 수 있다고 생각한다. 그러나 설문조사를 수행하기 위해 이러한 포럼을 사용하는 데는 한계가 있다. 소비자는 특정 소셜 미디어 사이트나 블로그를 방문하도록 선택해야 하므로 표본 무작위성이 제거되고 사이트 트래픽이나 참여율이 낮으면 대표 표본 크기를 얻기 어려울 수 있다. 다른 한편으로, 마케터에게 소비자 동향과 선호도에 대한 일반적인 아이디어를 제공할 수 있다. 영화,가전 제품, 음식 및 컴퓨터는 많은 온라인 커뮤니티에서 인기 있는 주제이다. 실제로 진행 중인 온라인 대화를 모니터링하는 것만으로도 마케터는 신제품 기회와 소비자 요구를 식별할 수 있다. 구글 어널리틱스와 같은 무료 및 저렴한 서비스는 기업이 웹사이트에 대한 온라인 트래픽을 모니터링하고 사용자가 소셜 네트워킹 사이트에서 링크했는지 여부를 추적하는 데 도움이 될 수 있다.

SOURCE: THE PROCTER & GAMBLE COMPANY

온라인 설문조사 많은 설문지가 온라인으로 전달된다. 프릴로섹는 프로보이스(ProVoice) 설문조사를 사용하여 광고에 대한 의사의 선호도를 결정한다.

크라우드소싱crowdsourcing은 군중(crowd)과 아웃소싱(outsourcing)이라는 단어의 합성어로 일반적으로 마케터나 조사원이 수행하는 작업을 공개하여 군중 또는 잠재적 시장에 아웃소싱하는 것을 의미한다. 디지털 마케팅의 경우 크라우드소싱은 종종 군중(또는 잠재적 시장)의 의견이나 요구를 얻기 위해 사용된다.

크라우드소싱 군중(crowd)과 아웃소싱(outsourcing)이라는 단어의 합성어로 일반적으로 마케터나 조사원이 수행하는 작업을 공개하여 군중 또는 잠재적 시장에 아웃소싱하는 것을 의미한다.

펩시코는 "Do Us Flavor" 콘테스트를 통해 레이(Lay)의 감자 칩에 대한 한정판 크리스피 타코 맛에 대하여 크라우드소싱을 하였다. 팬들은 독특한 풍미를 나타내는 아이디어를 제출하고 가장 좋아하는 것에 투표하도록 초대되었다. 크라우드소싱은 마케터가 기꺼이 소비자로부터 직접 의견을 수집하고 제품에 대한 사람들의 아이디어와 평가를 적극적으로 경청하는 방법이다.

크라우드소싱을 사용하여 전 세계 사람들을 연결하는 인터넷 시스템 중 하나는 아마존의 미케니컬 테크(MTurk)이다. 미케니컬 테크는 작업을 수행하도록 요청한 사람과 작업을 완료하려는 작업자를 연결하는 온라인 시장이다. 미케니컬 테크는 컴퓨터가 아닌 사람만이 할 수 있는 다양한 작업이 여전히 존재한다는 전제 하에 운영되고 있다. 이 아이디어를 기반으로 미케니컬 테크는 기업과 기업가가 전 세계 근로자에게 인간 지능 작업 (HIT,human intelligence tasks)을 크라우드소싱 할 수 있도록 한다. 이러한 작업을 완료할 수 있는 근로자는 집에서 자신의 시간

ENTREPRENEURSHIP IN MARKETING

마케팅과 기업가 정신

빅데이터는 식스스포크에서 크게 발전한다.

비즈니스의 성공은 소비자와 관련된 제품을 지속적으로 만들고 서비스를 제공하는 데 크게 좌우된다. 사회적 트렌드는 빠르게 변화하고 있으며, 기업은 변화하는 사회적 요인을 미리 파악하고 한발 앞서가는 것이 중요하다. 이러한 노력을 돕기 위해 시장 조사 데이터는 필요하다. 기업가 에드워드 김(Edward Kim)은 디지털 마케팅 스타트업 식스 스포크(Six Spoke)를 만들기 위해 모든 것을 걸었다. 수학을 전공한 김씨는 새로운 형태의 광고대행사가 필요하다고 생각했다. 식스 스포크는 소셜 미디어에서 수집한 통찰력을 사용하여, 제품을 광고에 많이 올리기 보다는 필요에 따라 고객이 제품을 홍보할 수 있도록 한다.

식스 스포크는 소셜 미디어 사이트의 알고리즘을 리버스 엔지니어링하여 게시물 및 기타 마케팅 활동에서 통찰력 있는 분석을 산출하는 방법론을 개발했다. 하지만 신생 기업이라 고객사 확보에 어려움을 겪었다. 소니가 범죄 스릴러 영화의 출시를 홍보하기 위해 고용했을 때 기회를 얻었다. 소니는 타겟 시장을 18-25세의 남성으로 보았다. 그러나 식스 스포크는 소셜 미디어 사이트에서 데이터를 수집하고 분석하면서 이 영화가 여성에게 더 많은 공감을 불러일으키는 것으로 나타난 놀라운 사실을 발견했다.

이러한 지식을 바탕으로 식스 스포크는 여성 인구를 대상으로 하는 소셜 미디어 캠페인을 출시하여 이 영화를 홈 박스 오피스 차트에서 히트 시켰다. 오늘날 식스 스포크의 수익은 1,200만 달러 이상이며 파트너에는 클라우드 앱, 니콘 및 페이팔과 같은 기술 대기업이 포함되어 있다.

에 일할 수 있는 유연성이 있다. 작업을 위한 작업비용은 미케니컬 테크 계정에 입금된다. 이러한 크라우드소싱 프로세스에서 생성된 데이터는 보다 전통적인 방법을 통해 수집된 데이터만큼 신뢰할 수 있는 것으로 밝혀지고 있다. 그러나 조사원으로서는 응답자가 자신을 정확하게 대표하는지 여부를 판단하는 것이 때때로 불가능하기 때문에 미케니컬 테크를 비판한다. 더 많은 응답자가 미국 이외의 국가에서 온 경향이 있고, 미케니컬 테크를 이용하는 프리랜서는 이들이 숙련된 작업자가 아닌 알고리즘보다 조금 나은 정도라고 불평하기도 한다.

마케팅 조사는 미래에 온라인 설문조사에 크게 의존할 것이다. 특히 전화 설문조사와 같은 다른 설문조사 방법에 대한 부정적인 태도로 인해 이러한 설문조사가 대표성이 떨어지고 비용이 더 많이 들기 때문이다. 인터넷 설문조사는 네트워크로 연결된 조직과 회원의 이메일 주소를 게시하는 협회에서 특히 강력한 잠재력을 가지고 있다. 그러나 일부 설문 응답자는 자신의 개인 정보가 그들의 허락없이 제3자에게 제공되거나 판매될 것을 두려워하고 있다. 그러므로 "스팸"

으로 간주될 수 있는 원치 않는 이메일과 개인 정보 보호등 마케팅 조사에 이메일을 사용할 때 고려해야 할 몇 가지 윤리적 문제가 발생한다. 또한 우편물과 마찬가지로 특히 매일 수십 개의 이메일로 발송되는 인터넷 설문조사는 이를 받는 사용자가 폐기할 가능성이 아주 높다.

온라인 설문조사를 수행하는 기업의 심각한 문제는 모집단을 대표하는 표본을 확보하는 것이다. 인터넷 설문조사를 통해 응답자는 익명성과 유연성을 유지할 수 있지만 설문조사 응답자가 시스템을 남용할 수도 있다. 예를 들어, 일부 설문조사 응답자는 특히 설문조사가 응답자에게 보상을 지급하거나 제공할 때 여러 번 응답하거나 다른 사람인 것처럼 가장한다.

이 문제를 해결하기 위해 기업은 선별 메커니즘을 개발하고 한 사람이 수행할 수 있는 설문조사 수에 제한을 두고 있다. 퀄트릭스와 같은 설문조사 프로그램은 의심스러운 설문조사를 자동으로 삭제한다.

설문지 구성 신중하게 구성된 설문지는 모든 설문조사의 성공에 필수적이다. 질문은 명확하고 이해하기 쉬우며 특정 목표를 지향해야 한다. 즉, 조사의 데이터 요구 사항을 충족하는 정보를 이끌어낼 수 있도록 설계되어야 한다. 설문을 구성하기 전에 설문지의 목적을 정의하면 질문의 내용에 대한 지침을 제공하고 조사 프로젝트에 기여하는 유용한 정보를 얻을 수 있다. 질문을 작성할 때 가장 중요한 규칙은 공정성을 유지하는 것이다. 질문은 일반적으로 개방형, 이분형 및 객관식의 세 가지 유형이 있다. 개방형 질문은 후에 데이터를 쉽게 분석할 수 있도록 설문 응답을 코딩하는 것이 매우 어렵기 때문에 신중하게 사용해야 한다. 한 결과에 대한 응답이 다른 결과보다 많을 때, 이분형 또는 객관식 설문 분석에서 문제가 발생할 수 있다. 예를 들어, 응답자에게 "구매" 또는 "구매하지 않음" 중에서 선택하도록 요청하는 이분형 설문은 분석할 응답이 충분하지 않은 경우 불균형적으로 더 작은 그룹에서 추가 표본추출이 필요할 수 있다. 또한, 조사원은 응답자가 너무 개인적이라고 생각할 수 있는 설문이나 다른 사람들이 비난할 가능성이 있는 활동을 인정해야 할 수 있는 설문에 대해 매우 주의해야 한다. 연구자는 응답자의 기분을 상하게 하지 않도록 설문을 신중하게 질문하도록 해야한다.

관찰 방법 조사 표본의 대상을 관찰할 때 조사원은 개인의 명백한 행동을 기록하고 신체 조건과 사건을 기록해야 한다. 피험자와의 직접적인 접촉을 피하고 대신 그들의 행동을 체계적으로 모니터링해야 한다. 예를 들어, 조사원들은 관찰 방법을 사용하여 "평균적인 맥도날드 레스토랑 고객이 서비스을 받기 전에 얼마나 오래 줄을 서서 기다려야 합니까?"라는 질문에 답할 수 있다. 관찰에는 고객이 실제 환경에서 제품과 상호 작용하는 것을 관찰하는 것과 같은 민족지학적 (ethnographic) 기법의 사용이 포함될 수도 있다. 관찰은 인터뷰와 결합될 수도 있다. 예를 들어, 개인 면접 중에 응답자의 집이나 기타 소지품의 상태를 관찰하고 기록할 수 있다. 조사원은 또한 인종, 대략적인 나이, 성별과 같은 인구통계학적 정보를 직접 관찰하고 확인할 수 있다.

관찰을 통해 수집된 데이터는 대상이 관찰 과정을 인식하고 그에 따라 자신의 행동을 조정하는 경우 편향될 수 있다. 그러나 조사원은 쇼핑객의 행동에 영향을 주지 않고 식료품점과 같은 자연 시장 환경에 관찰자를 배치할 수 있다. 인간 관찰자의 존재가 결과를 편향시킬 가능성이 있거나 인간의 감각 능력이 부적절하다면 기계적 수단을 사용하여 행동을 기록할 수도 있다. 기계적 관찰 장치에는 카메라, 기록기, 계수기, 스캐너 및 생리적 변화를 기록하는 장비가 포함될 수 있다. 예를 들어, 드론은 야외 이벤트와 소비자 행동에 대한 항공 감시를 제공하기도 한다. 또한 상점에서 제고품들을 가져오는 데 드론을 사용할 수 있다. 또한 특수 카메라를 사용하여 광고를 볼 때 사람들의 눈 움직임을 기록할 수 있다. 놀랍게도 온라인 쇼핑객의 안구 운동을 추적한 결과 기능 및 비기능의 제품 특성이 더 큰 안구 운동 및 강도를 초래하는 것으로 나타났다. 이는 제품 설명에 이러한 속성을 사용하면 시청자의 참여를 더욱 철저하게 유도할 수 있음을 시사한다. 카메라는 읽는 순서와 광고에서 가장 주목받는 부분을 감지한다. 슈퍼마켓에서 사용되는 전자 스캐너는 관찰 데이터를 수집하는 또 다른 기계적 수단이다. 판매 및 고객의 구매 패턴에 대한 정확한 데이터를 제공한다. 많은 경우 마케팅 조사원은 매장에서 데이터를 구입할 수 있다. 소매업체는 관찰을 과학으로 전환하여 모든 개별 구매자의 구매 및 인구 통계 정보에 대한 방대한 데이터베이스를 유지하여 구매자에 대한 종합적인 개요와 각 개별 고객의 라이프스타일, 습관 및 제품 요구 사항이 시간이 지남에 따라 어떻게 변하는지 대한 완전한 그림을 수집할 수 있다.

관찰은 간단하고, 응답자가 자신의 진정한 감정이나 의견을 진술하도록 동기를 부여하지 못하게 한다. 관찰은 서술적이며, 인과 관계에 대한 통찰력을 제공하지 못할 수 있다. 또 다른 단점은 관찰에 기반한 분석이 관찰자의 편견이나 사용되는 장치의 한계에 영향을 받을 수 있다는 것이다.

3-3d 마케팅 조사 결과 해석

데이터를 수집하여 가설을 테스트한 후 마케터는 조사 결과를 해석해야 한다. 마케터가 조사 프로세스 초기에 데이터 분석 방법을 신중하게 계획하면 데이터 해석이 더 쉬워진다. 그리고 전체 수집 기간 동안 데이터를 지속적으로 평가할 수 있어야 한다. 이러한 방식으로 마케터는 조사해야 하는 영역에 대한 귀중한 통찰력을 얻을 수 있다.

대부분의 경우 조사원이 취하는 첫 번째 단계는 데이터를 테이블 형식으로 조합하는 것이다. 교차표 (Cross-tabulation)는 조사 대상이나 사람의 범주에 걸쳐 사용될 데이터에 대해 표로 작성할 때 유용하다. 예를 들어, 성별과 구매율의 두 변수를 사용하는 교차표는 자동차 타이어 구매에 있어 남성과 여성이 어떻게 다른 지를 보여줄 것이다.

데이터를 표로 만든 후에는 분석해야 한다. **통계적 해석Statistical interpretation**은 전형적인 것과 평균에서 벗어난 것에 초점을 맞춘다. 응답이 얼마나 광범위하게 변하고, 측정되는 변수와 관련하여 어떻게 분포되어 있는지를 나타낸다. 마케터는 통계를 해석할 때 예상 오차의 추

통계적 해석 전형적인 것과 평균에서 벗어난 것 분석

정치 또는 모집단의 실제 값과의 편차를 고려해야 한다. 데이터 분석을 통해 가설을 수락하거나 거부할 수 있다. 데이터는 신중한 해석이 필요하며 기업은 정확성을 보장하기 위해 전문 컨설턴트나 컴퓨터 소프트웨어를 선택할 수 있다. 점점 더 많은 데이터로 채워지는 마케팅 환경에서 오류가 발생할 수 있으며 데이터를 올바르게 해석하는 것이 그 어느 때보다 중요하다. 연구원이 데이터를 부적절하게 분석하면 잘못된 결론에 도달하여 마케팅 전략을 무용지물로 만들 수 있다. 많은 기업이 하이테크 분석에 참여하기 때문에 기업은 경쟁력 있는 도구를 사용할 수 있도록 조치를 취해야 한다.

조사 결과 해석 마케팅 연구 팀은 데이터를 검토하고 결과를 해석하는 데 상당한 시간을 할애한다.

연구 결과가 유효하면 의사 결정자는 조치를 취해야 한다. 그러나 설문이 잘못되었거나 잘못 표현된 경우 결과가 잘못된 결정을 초래할 수 있다. 응답자에게 "진정한 맛"과 같은 기준에 따라 제품을 평가하도록 요청한 조사를 고려해보자. 이러한 결과는 광고 목적으로 유용할 수 있지만 주관적인 용어 '진정한 맛'에 대한 의미를 객관적으로 결정할 수 없기 때문에 제품 개발에 그다지 도움이 되지 않는다. 그러므로 경영자는 조사 결과를 이해하고 효과적인 의사 결정을 내릴 수 있는 맥락과 반드시 관련시켜야 한다.

3-3e 마케팅 조사 결과 보고

마케팅 조사 프로세스의 마지막 단계는 조사 결과를 보고하는 것이다. 보고서를 준비하기 전에 마케터는 조사 결과를 객관적으로 분석하여 가능하다면 조사가 완전한지, 데이터가 조사 설문에 얼마나 잘 응답하고 가설을 지지하거나 부정하는지 결정해야 한다. 대부분의 조사는 조사 설문에 완전한 응답을 하지 못할 것이다. 따라서 조사원은 보고서에서 결함과 그 원인을 지적해야 한다. 작성하기 전에 조사원은 포함할 세부 정보와 지원 데이터의 양을 결정해야 하고, 작성하는 동안 고객을 염두에 두고 조사 결과가 기업과 관련이 있는지 확인해야 한다. 조직의 전반적인 전략과 목표를 뒷받침하지 않는 한 조사는 유용하지 않다.

외부 연구 기관과 계약을 맺었다면 의뢰인의 업무를 충분히 이해하는 것이 중요하다. 보고서 준비 책임자는 시간이 지남에 따라 변할 수 있으므로 결과를 환경에 맞게 쉽게 조정해야 한다. 보고서는 지속적으로 마케터와 경영자에게 도움이 되어야 한다.

보고서는 일반적으로 형식적인 서면 문서이다. 이 작업은 시간이 많이 소요될 수 있으므로 조사원은 보고서 작성을 위해 프로젝트를 계획하고 일정을 잡을 때 충분한 시간을 할당해야 한다. 보고서 작성자는 기업 경영진이 짧고 명확하며 단순하게 표현된 보고서를 선호한다는 점을 명심해야 한다. 이러한 요구 사항을 해결하기 위해 조사원들은 종종 요약에서 먼저 권장 사항을 제공한 다음 결과를 얻은 방법에 대한 세부 정보를 제공한다. 이러한 방식은 경영진으로 하여금 세부 사항에 시간을 들이지 않고도 보고서의 결과를 쉽게 볼 수 있게 한다. 기술 보고서는 조사 방법과 절차 및 수집된 가장 중요한 데이터를 설명하기 때문에 사용자가 데이터를 분석하고 권장 사항을 해석할 수 있다. 따라서 조사원은 보고서 사용자의 니즈와 기대를 인식하고 이에 적응해야 한다.

3-4 마케팅 분석

 # 학습목표 **마케팅 의사 결정에 유용한 마케팅 분석과 데이터베이스, 빅데이터와 같은 분석 도구를 설명한다.**

마케팅 분석 데이터베이스, 빅데이터 및 정보기술로 구현된 마케팅 측정 방법을 사용하여 기업의 마케팅 활동의 효과를 측정하고 해석한다.

마케팅 분석 Marketing analytics은 데이터베이스, 빅데이터 및 정보기술로 구현된 마케팅 측정 방법을 사용하여. 기업의 마케팅 활동의 효과를 측정하고 해석한다 마케팅 분석을 관리하는 마케터는 마케팅 전략 구현의 모든 요소를 측정하는 설계 및 실행을 담당한다. 마케터에 의해 실행된 마케팅 조사는 모든 측정 가능한 마케팅 활동과 관련된 데이터를 기반으로 통찰력을 제공한다. 마케팅 분석은 기업의 의사 결정을 지원하는 마케팅 정보 시스템 및 마케팅 의사 결정 지원 시스템의 생성으로 이어진다. 마케팅 분석은 빅데이터와 방대한 데이터 파일로부터 시작된다. 데이터베이스는 접근 및 검색을 위해 구조화된 빅데이터에서 개발할 수 있다.

구조화된 데이터는 구체적 목적을 위한 데이터 파일을 제공한다. 여기에는 매출, 이벤트의 시간순 배열, 문자열 단어나 숫자가 포함될 수 있다. 이러한 유형의 정보는 블록체인 정보 시스템으로 구성할 수도 있다. 블록체인은 데이터(또는 원장)의 변경을 불가능하게 한 기록 보관 기술이다. 데이터의 각 "블록"은 다음 블록에 추가되어 시간을 기록한 채로 보관된다. 이러한 블록체인에는 시간 순으로 규칙에 따라 정렬된 거래 데이터가 포함된다. 블록체인에는 중앙 제어가 없으므로 아무도 데이터를 변경할 수 없다. 이는 블록체인 정보 시스템을 안전하고 신뢰할 수 있게 한다. 마케팅 분석에서 블록체인 정보 시스템은 의사 결정을 위한 높은 무결성 데이터를 제공할 수 있는 구조화된 데이터를 제공할 잠재력이 있다.

소비자 피드백은 마케팅 조사의 중요한 측면이며, 새로운 마케팅 분석 기술은 이 프로세스를 향상시켰다. 아마존, 넷플릭스 및 프라이스라인(Priceline)과 같은 온라인 소매업체는 고객이 사이트에 책, 영화, 호텔 등에 관한 의견을 게시할 수 있도록 하여 평점과 리뷰로 활용하고 있다. 마케터는 이러한 소셜 미디어에서 리뷰를 사용하여 고객이 말하는 내용을 면밀히 모니터링할 수 있다. 부정적인 피드백의 경우 마케터는 전통적인 마케팅 채널보다 더 쉽게 문제나 불만을 해결하기 위해 소비자와 소통할 수 있다. 기업은 부정적인 피드백에 잘 응답하여 부정적인 응답자를 충성도 높은 고객으로 전환할 수 있다. 소비자가 제품에 대해 말하는 내용을 조사함으로써 기업은 제품 믹스의 어떤 기능을 홍보하거나 수정해야 하는지 이해할 수 있다.

전 세계에서 사용할 수 있는 데이터의 양은 놀라운 속도로 증가하고 있다. 실제로 전 세계 데이터의 90%가 지난 2년 동안 생성된 것으로 추정된다. 수집된 데이터의 증가 외에도 데이터 분석에 사용되는 많은 요소와 기술이 계속 발전하고 있다. 가장 주목할 만한 것 중 하나는 기존 소프트웨어로는 처리할 수 없는 방대한 양의 정형 및 비정형 데이터를 제공하는 빅데이터의 부상이다. 소셜 미디어를 분석하는 대부분의 기업은 빅데이터를 다룬다. 트위터, 페이스북, 인스타그램과 같은 다른 사이트에서 데이터를 가져올 뿐만 아니라 텍스트, 비디오, 오디오, 트위터의 "리트윗" 또는 페이스북의 "좋아요"와 같은 사용자 반응도 포함된다.

마지막으로, 모든 규모의 기업은 산업계 예측, 비즈니스 동향 및 고객 구매행동에 액세스할 수 있으므로 커뮤니케이션, 마케팅 환경에 대한 이해 및 마케팅 조사 역량이 향상된다.

많은 기업에서 마케팅 정보 시스템, CRM(고객 관계 관리) 기술 및 클라우드 컴퓨팅을 사용하여 기술을 네트워크화하고 사용 가능한 마케팅 데이터를 집적한다. 이 섹션에서는 마케팅 조사원이 마케팅 조사 데이터를 얻고 관리하는 데 도움이 되는 구체적 기술들을 살펴본다.

3-4a 빅데이터

빅데이터는 기업이 마케팅 조사를 수집하고 맞춤형 캠페인을 개발하는 방식을 혁신할 잠재력이 있다. **빅데이터Big data**에는 방대한 정형 및 비정형 데이터가 포함된다. 빅데이터는 마케터가 고유한 통찰력을 발견하고 보다 정확한 마케팅 결정을 내리는 데 사용할 수 있는 대용량 데이터로 구성되는 경우가 많다. 빅데이터에는 소셜 네트워크, RFID 소매 스캔, 구매, 물류 및 생산에서 수집한 방대한 데이터가 포함될 수 있다. 소비자 활동 및 구매 패턴에서 수집할 수 있는 데이터의 양은 마케터에게 중요한 통찰력을 제공한다. 빅데이터의 복잡성으로 인해 이를 저장하고 분석하는 정교한 소프트웨어가 필요하다. 또한 마케터는 이 데이터를 사용하여 보다 강력한 고객 관계를 구축하는 방법을 식별하고 이해해야 한다. 월마트, 홀 푸드(Whole Foods), GE(General Electric)과 같은 많은 기업들은 이질적인 데이터를 통합하고 소비자에 대한 가장 많은 통찰력을 얻기 위해 중앙 집중식 시스템을 채택하고 있다.

빅데이터에는 마케터가 고유한 통찰력을 발견하고 전략적 결정을 내리는 데 사용할 수 있는 대규모 구조화된 데이터와 비정형 데이터가 포함된다.

용량, 다양성, 속도, 가변성 및 복잡성은 모두 데이터를 설명하는 데 사용되는 일반적인 용어이다. 용량 (Volume)은 데이터의 양과 관련이 있다. 다양성 (Variety) 은 데이터의 최대 85%가 구조화되지 않은 것과 관련이 있으며 정량적 분석으로 변환해야 한다. 텍스트, 오디오 및 비디오는 비정형 데이터의 예들이다. 속도 (Velocity) 는 시스템에 들어가는 데이터의 속도와 관련이 있다. 대용량 데이터의 전송 속도에 대응할 수 있는 인프라가 필요하다. 가변성 (Variability)

은 데이터가 일관되지 않거나 고정된 패턴을 갖지 않는 것과 관련된다. 변동적이고 불안정한 데이터는 관리하기 어렵다. 복잡성 (Complexity)은 시스템 간에 데이터를 연결, 일치 및 변환하는 어려움과 관련이 있다. 복잡한 관계는 분석을 더 어렵게 만든다.

빅데이터는 의사 결정을 지원하고 마케팅 분석에 사용할 수 있도록 새로운 기회를 제공한다. 데이터의 양은 모바일 장치, 인터넷 검색, 행동 관찰, 구매행동 추적을 포함한 다양한 생성을 통해 빠르게 증가하고 있다. 마케터는 이 데이터를 사용하여 고객 행동에 대한 새로운 통찰력을 발견하는 데 도움이 되는 경쟁 우위를 만들고 싶어한다. 많은 기업들이 빅데이터 분석 및 해석을 위한 방법론의 진보가 사회에 큰 영향을 미치는 새로운 혁신의 개발로 이어질 것이라고 낙관하고 있다. 그러나 새로운 도전 과제도 함께 제공된다. 마케터는 정의되지 않은 비정형 데이터를 사용하지 않도록 노력해야 한다. 신중한 통합, 적절한 유지 관리 및 효과적인 분석을 통해 기업은 데이터를 사용하여 소비자를 더 잘 이해하고 그에 따라 제품과 서비스를 맞춤화할 수 있다.

마케팅 분석은 과거, 현재, 미래에 관한 보고서라야 한다. 어떻게 소셜 미디어, 전자 메일 또는 영업 인력이 기대치를 충족했는지에 대하여 평가할 수 있어야 한다. 지금 무슨 일이 일어나고 있는지 아는 것도 중요하다. 현재 소비자 참여는 미래를 예측하는 중요한 부분이어야 한다. 영업 사원, 광고, 판촉, 제품 믹스 및 기타 마케팅 전략 구성 요소의 할당은 예측을 통해 향상될 수 있다.

마케터는 정보 과부하를 처리하고 있다. 예를 들어 SAS 리테일 서비스(SAS Retail Services)에 따르면 월마트는 시간당 100만 명의 고객 거래를 처리한다. 페이스북은 매일 2억 5,000만 장의 사진 업로드와 8억 명의 사용자 간 상호 작용을 처리한다. 전 세계적으로 50억 명이 넘는 사람들이 휴대전화로 전화를 걸고, 문자를 보내고, 트윗하고, 검색하고 있다. 이 데이터는 볼륨, 다양성, 속도, 그리고 마지막으로 가치를 제공하는 관련 데이터를 생성한다.

빅데이터가 마케팅에 미친 긍정적인 영향은 부인할 수 없다. 예를 들어, 삼성 모바일 마케터는 고객 데이터를 사용하여 주요 표적시장의 우선 순위를 정하고 마케팅 활동을 개선하였다.

그 결과 미국에서 브랜드 선호도의 상대 점수가 -6점에서 +2점으로 높아졌다. 연구 조사에 따르면 마케팅에 빅데이터를 효과적으로 활용하는 기업의 81%가 그 결과 매출이 증가하고 고객 만족도가 73% 증가한 것으로 나타났다. 다른 형태의 마케팅 조사와 달리 빅데이터를 사용하면 다른 방법으로는 찾기 어려운 소비자에 대한 구체적인 세부 정보를 밝힐 수 있다. 소셜 데이터를 분석하는 조직인 데이터시프트(DataSift)의 마케팅 부사장은 자사의 소프트웨어가 280자 트윗에서 400개의 데이터를 찾을 수 있다고 결론지었다. 이러한 이유로 존슨앤드존슨은 IBM과 협력하여 IBM의 빅데이터 서비스인 왓슨(Watson)을 사용하여 시장에 출시되기 전에 약물의 성공 가능성을 평가하고 있다. 존슨앤드존슨은 이 파트너십이 신약 개발 속도를 높이는 데 도움이 되기를 바라고 있다.

빅데이터는 마케터가 소비 행동 패턴을 살펴보고 미래의 구매행동을 예측하는 추세를 발견할 수 있기 때문에 중요하다. 이러한 모든 패턴이 전통적인 마케팅 조사 방법을 통해 볼 수 있는 것은 아니다. 예를 들어, 아기 용품을 구입하는 여성은 임신했거나 새 아기를 가졌을 가능성이 아주 크다. 그러나 다른 소비 패턴은 분명하지 않았지만, 타깃(Target)은 무향 로션, 면봉, 무향 비누 및 보조제를 대량으로 구매하는 것도 임신을 예측할 수 있다는 사실을 발견했다. 타깃은 소비자 구매에 대한 데이터 수집을 분석하여 이러한 경향을 발견했다. 이러한 발견을 통해 회사는 임신을 정확하게 예측할 수 있었다. 그 결과 기저귀 쿠폰과 같은 마케팅 자료를 이 인구 집단에게 보낼 수 있었고 그들이 미래의 단골 고객이 되기를 희망했다. 따라서 빅데이터는 기업과 소비자 간의 관계를 개선할 수 있다.

마케팅 조사에 대한 빅데이터의 이점에도 불구하고 마케터가 직면한 과제는 부분 데이터를 사용하여 보다 표적화된 마케팅 전략을 개발하는 방법을 파악하는 것이다. 마케터는 조사할 데이터, 사용할 분석 도구, 이 데이터를 고객에 대한 통찰력으로 변환하는 방법을 알아야 한다. 기업의 마케터가 빅데이터의 사용 방법을 모른다면 빅데이터는 쓸모가 없다. 고객 통찰력을 위한 빅데이터 채굴(mining)에는 많은 시간과 에너지를 필요로 한다. 마케터를 설문조사한 한 연구 조사에서 절반을 조금 넘는 기업의 마케터가 빅데이터에 대해 잘 알고 있다고 응답했다고 밝혔다. 주된 이유는 많은 마케터가 빅데이터의 정의나 그 이점을 이해하지 못하기 때문이다. 또한 마케팅 조사와 마찬가지로 빅데이터는 여전히 편향, 예측 오류 및 표본추출 문제의 대상이 될 수 있다.

고립 데이터data silo는 조직의 나머지 부분과 격리된 한 부서에 있는 고정 데이터 파일이다. 대규모 데이터 풀 또는 "데이터 호수"를 만드는 것만으로는 데이터의 고립을 방지하기에 충분하지 않다. 대신, 경영진은 기업의 비즈니스 요구 사항을 파악하고 데이터 분석이 개선을 주도할 수 있는 영역을 선택해야 한다. 그런 다음 이러한 영역과 관련된 데이터가 적절하게 공유되고 관련되는 모든 팀과 부서가 참여하고 있는지 확인해야 한다. 그렇게 함으로서 기업은 이 공유 정보를 사용하여 문제를 해결하고 솔루션을 제공할 수 있다. 이러한 조치는 데이터의 고립을 방지하고 기업이 모든 데이터를 최대한 활용할 수 있도록 한다.

고립 데이터 조직의 나머지 부분에서 격리된 한 부서에 있는 고정 데이터 파일

또 다른 일반적인 실수는 모든 상관 관계가 무언가를 의미한다고 가정하는 것이다. 예를 들어, 소매업체는 온라인 마케팅의 효과를 분석하고자 할 수 있다. 이미 자사의 웹사이트를 방문한 적이 있는 소비자에게 광고하는 것은 논리적으로 보인다. 수집한 데이터에 따르면 광고를 본 소비자는 일반 사람보다 신발을 구매할 가능성이 더 높으며 이는 광고가 효과적임을 의미한다. 그러나 이것은 이미 웹사이트를 방문한 사람들이 처음에 자신의 사이트에서 구매할 가능성이 더 높다는 점으로도 설명될 수 있다.

빅데이터는 소비자 선호도, 라이프스타일 및 행동에 대한 엄청난 통찰력을 제공하지만 심각한 개인 정보 문제도 발생시킨다. 많은 소비자들은 자신의 구매 또는 행동을 추적하는 것을 좋아하지 않으며, 때로는 마케팅 목적으로 빅데이터를 사용하면 충돌이 발생한다. 반면, 페이스북 및 트위터와 같은 소셜 미디어 네트워크는 제품 및 기업에 대한 대화를 모니터링하기 위해 청취 센

SOURCE: ZOOMDATA

빅데이터 줌데이터는 기업이 빅데이터를 분석할 수 있도록 지원하는 회사이다.

터를 제공한다. 다양한 소셜 미디어에 귀를 기울이면 소비자가 특정 브랜드, 경쟁자, 산업에 대해 말하는 내용과 소비자가 이러한 모든 요소와 상호 작용하는 방식을 알 수 있다. 표적시장의 니즈와 욕구를 정확히 파악하면, 전략 개발을 지원하고 기존 전략을 조정하는 방법을 나타내는 마케팅 분석에 필요한 빅데이터 파일을 생성할 수 있다.

마케팅을 위한 빅데이터의 이점은 많지만 소비자 개인 정보를 희생시킬 수 있다. 일부 소비자는 특별히 자신의 니즈를 겨냥한 마케팅 자료를 받는 추가 이점을 높이 평가하지만, 다른 소비자는 기업이 자신의 니즈에 대해 너무 많이 아는 것을 불편하게 생각한다. 동시에 빅데이터를 무시하는 기업은 더 강력한 마케팅 전략과 고객 관계를 개발할 기회를 놓치고 있다. 줌데이터(Zoomdata)와 같은 회사는 모든 데이터 유형에서 빠르게 시각화할 수 있도록 빅데이터를 구성하는 데 도움을 준다. 줌데이터는 마케팅 통찰력을 제공하여 올바른 결정을 내릴 수 있는 분석을 제공한다. 빅데이터를 피하면 기업이 경쟁 우위를 희생할 수 있다. 정보 보호 이슈에 대한 쉬운 해결책은 없지만, 소비자가 매장 구매를 추적당하지 않으려면 한 가지만 할 수 있다. 바로 현금 지불이다. 그러나 일부 상점에서는 빈번한 구매 보상을 위해 고객 계정 번호를 기록하여 두고 있으므로, 이런 경우 소비자의 구매가 추적당한다.

3-4b 데이터베이스

데이터베이스 쉽게 접근하고 검색할 수 있도록 정리된 정보의 집합

데이터베이스database는 쉽게 접근하고 검색할 수 있도록 배열된 정보의 집합이다. 다양한 방법으로 사용할 수 있는 구조화된 데이터의 집합이다. 데이터베이스를 통해 마케터는 마케팅 결정을 내리는 데 유용한 정보(내부 매출 보고서, 신문 기사, 회사 보도 자료, 정부 경제 보고서, 참고문헌)를 종종 컴퓨터 시스템을 통해 액세스할 수 있다. 정보 기술은 기업이 전략적 계획을 세우고 고객 서비스를 개선하기 위해 속도와 저장 용량이 크게 향상된 데이터베이스를 개발하는 것을 가능하게 했다.

CRM(고객 관계 관리)은 데이터베이스 마케팅 기술을 사용하여 다양한 유형의 고객을 식별하고 각 고객과 상호 작용하기 위한 구체적 전략을 개발한다. CRM은 다음 세 가지 요소를 통합한다:

파괴적 마케팅

인공 지능은 더 스마트 한 광고를 만든다.

인공지능(AI)을 활용해 특정 고객에게 상품을 추천해 고객 경험을 향상시킬 수 있다. 마이크로소프트와 크로거(Kroger)는 고객 쇼핑 목록과 주문 내역을 사용하여 매장 내 화면에 고객을 위한 표적 광고를 표시할 수 있는 매장을 만들기 위해 협력했다. 스마트폰으로 복사할 수 있는 QR 코드와 함께 화면에 개인화된 품목을 보여주고 쿠폰을 표시한다.

기업은 인공 지능을 활용하여 소셜 미디어를 분석하여 제품이나 브랜드에 대한 피드백을 수집할 수 있다. 인공 지능은 입력되는 사진에 제품이나 브랜드 이름이 포함되어 있지 않아도 어느 제품 사진인지를 식별할 수 있다. 인공 지능 소프트웨어는 게시물의 색조를 해석하여 고객이 제품 또는 브랜드와 긍정적 또는 부정적인 연관성을 가지고 있는지 식별할 수도 있다.

예를 들면, 세포라(Sephora)는 인공 지능 소프트웨어를 사용하여 고객이 미용 제품을 디지털 방식으로 테스트할 수 있도록 한다. 세포라 앱을 통해 고객은 자신의 사진을 찍고 앱의 인공 지능 도구는 얼굴 특징을 식별하여 고객이 다양한 메이크업 및 립스틱 제품으로 어떻게 보일지 표시한다. 앱은 사진을 기반으로 맞춤형 추천을 할 수 있으며 고객은 앱에서 직접 제품을 주문할 수 있다.

1. 광범위한 인구 통계, 라이프스타일 및 구매 정보를 포함하여 현재 및 잠재 소비자의 데이터베이스를 식별하고 구축한다.
2. 기존 미디어 채널과 신규 미디어 채널을 통해 각 소비자의 기호와 특성에 따른 차별화된 메시지를 전달한다.
3. 개별 고객을 유지하는 비용과 고객의 구매에 대한 고객생애가치를 모니터링하기 위해 고객 관계를 추적한다.

거의 모든 회사는 데이터베이스에서 고객 정보를 수집한다. 예를 들어, 많은 상업 웹사이트는 소비자가 사이트에 액세스하거나 구매하기 전에 등록하고 개인 정보를 제공하도록 요구한다. 상용 비행 프로그램은 충성도가 높은 고객에게 자신의 니즈와 욕구에 대한 설문조사에 참여하도록 요청하고, 시간, 주, 월, 연도별로 최고의 비행 패턴을 추척한다. 슈퍼마켓은 종종 계산대 스캐너를 통해 구매에 대한 소비자 데이터를 얻을 수 있는 상점 할인 카드를 제공한다.

많은 회사와 브랜드는 페이스북 및 구글과 같은 제3자에 계속 의존하기보다는 자체 소비자 데이터를 생성, 수집 및 보호하려고 한다. 이러한 기업은 단일 플랫폼을 사용하여 데이터 수집

프로세스를 개선할 수 있다면 고객 경험을 이끄는 리더가 될 수 있다고 믿는다.

마케팅 조사원은 렉시스넥시스(LexisNexis) 또는 온라인 상업 데이터베이스와 같은 데이터베이스를 유료로 사용하여 마케팅 결정에 유용한 정보를 얻을 수도 있다. 데이터베이스 내에서 조사하는 것을 찾기 위해 사용자는 일반적으로 키워드, 주제 또는 기업별로 검색하고, 이에 따라 데이터베이스 서비스는 초록, 기사 또는 보고서를 생성한다. 가구 인구 통계, 구매, 텔레비전 시청 행동, 쿠폰 및 무료 샘플과 같은 판촉에 대한 반응 등 단일 기업에서 제공한 이러한 정보를 **단일출처 데이터** single-source data라고 한다. 예를 들어, IRI에서 제공하는 비헤이비어스캔(BehaviorScan Rx) 광고 테스트를 통해 동일한 시장에서 다양한 TV 광고를 재생할 수 있다. 또한 TV 시청 행동과 소비자 활동 사이의 중요한 연관성을 발견할 수 있다. 마케터는 단일출처 데이터의 유용성을 극대화하기 위해 고객에 대한 종단적(장기) 정보를 수집하는 것이 중요하다.

단일출처 데이터 단일 기업에서 제공하는 정보

인간 지능의 일부 측면을 보여줄 수 있는 기계 학습을 포함하는 인공 지능(AI)은 시장 조사에 큰 기회를 제공한다. 데이터를 수집하고 과거 및 현재 정보에 대한 복잡한 분석을 제공하고 " 만약에What if"라는 가상 시나리오를 예측하는 이러한 다양한 기능들은 강력한 도구로 제공된다. 기계 학습과 진보한 분석은 개인화, 표적시장 찾기, 가격책정, 공급망 및 고객 서비스에 이르는 딥 러닝 기술과 정보를 제공한다. 인공 지능 기반 분석은 마케팅 전략을 개발하고 구현하는 데 있어 효율성과 효능을 높일 수 있다.

소비자 데이터를 얻고 분석할 기회가 빠르게 확대되었다. 모든 고객 접촉 플랫폼, 소통 채널 및 고객참여 지점에서 데이터를 분석하는 기능은 정보에 입각한 결정을 내리기 위해 정보를 통합할 수 있는 기회를 제공한다. 인공 지능은 광고 캠페인 실행과 같은 특정 활동에서 벗어나 고객과의 상호 작용 주기를 생성하여 소비자 중심으로 마케팅을 하도록 한다.

3-4c 마케팅 분석의 실현

빅데이터는 데이터를 측정하고 해석하여 통찰력을 얻고 더 잘 표적화된 캠페인을 개발하는 도구 없이는 거의 사용될 수 없다. 디지털 마케팅이 대중화되고 마케팅 분야가 더 복잡해짐에 따라 기업에서는 마케팅 전략의 효과를 측정하는 방법에 더 광범위하게 집중할 필요가 있음을 알게 되었다.

마케팅 분석의 목적은 마케팅 전략에 대한 기업의 투자 수익률(ROI)을 평가하고 필요에 따라 조정하는 것이다. 여기에는 일반적으로 데이터를 추적, 저장 및 분석할 수 있는 소프트웨어에 대한 투자가 포함된다. 분석 소프트웨어에 연결된 빅데이터는 의사결정준비 지능을 통해 통찰력을 제공한다. 예를 들어, SAP은 예측 기능이 있는 고급 마케팅 분석 소프트웨어를 제공한다. 마케팅 분석에 대한 투자에는 (1) 측정할 대상과 사용할 도구 정의, (2) 데이터 수집, (3) 보고 기능 개발, (4) 캠페인 구현 및 결과 분석의 네 단계가 포함된다. 데이터가 풍부한 비즈니스 환경에서는 올바른 데이터와 올바른 방법이 필요하다.

마케팅 분석에는 데이터 및 정보기술을 사용하여 마케팅 활동을 계획, 평가 및 제어하는 작업이 포함된다. 그러나 마케팅 분석의 핵심 측정항목은 마케팅 수행능력이다. 이 측정항목은 ROI, 효율성 또는 마케팅 도달범위를 통해 평가할 수 있다. 원인과 관련된 속성들, 사람이나 대상의 특성 또는 품질이 분석의 초점이 될 수 있다. 마케팅 분석은 일정 기간 동안 많은 정보 채널에 걸친 데이터를 포함하기 때문에 기존 분석과 다르다. 따라서 현재 마케팅 활동이 어떻게 수행되고 있는지에 대한 피드백이 있고, 미래 결과에 대한 예측이 가능하다. 직관적으로 경쟁업체 및 업계 평균과 비교할 수 있으며, 또한 마케팅 분석을 통해 자원이 적절하게 할당되었는지 평가할 수 있다.

대부분의 마케터는 분석 기술을 개발해야 한다. 마케팅 조사는 종종 회사 외부에서 수행되지만 마케터는 마케팅 결정에 분석을 사용하는 방법을 알아야 한다. 대부분의 기업에는 소비자를 이해하고 소비자에게 도달하기 위해 분석해야 하는 데이터가 있다. 분석을 감독하는 직위도 있다. 종종 마케터는 분석을 지원 도구로 사용할 권한을 가진다. 판매, 광고, 제품 개발, 유통 및 가격책정 결정에는 마케팅 분석의 지원이 필요하다. 많은 기업에서 마케팅 분석을 용이하게 하는 소프트웨어를 제공한다. 예를 들어, SAS 비주얼 애널리틱스(SAS Visual Analytics)는 패턴, 향후 조사 기회, 컴퓨터나 태블릿에서 접근할 수 있는 완전한 보고서를 보여주는 대시보드를 제공한다. 가장 중요한 것은 시장 분석이 데이터에만 집중하는 것이 아니라는 것이다. 마케팅 원칙과 프레임워크에 대한 지식 없이는 올바른 활동, 설문 및 결정이 이루어지지 않는다.

마케팅 분석은 전략적 결정 및 마케팅 구현을 지원하는 가장 중요한 마케팅 조사 도구 중 하나로 간주된다. 소프트웨어의 발달은 마케터가 사용할 수 있는 방대한 양의 데이터 분석을 자동화할 수 있게 하였다. 데이터베이스는 소비자의 태도와 행동을 더 잘 이해하기 위해 데이터 마이닝(발굴)에 참여할 수 있는 기회를 제공한다. 소매업체는 구매 패턴을 결정하는 데 사용할 수 있는 계산대 스캐너에서 데이터를 생성한다. 예를 들어 슈퍼마켓에서 소비자가 카시 시리얼과 실크 두유를 동시에 구매하는 경우, 공동 판촉을 예상할 수 있다.

대시보드는 의사 결정을 위한 중요한 정보를 시각적으로 전달하는 데이터 관리 도구이다. 대시보드는 데이터 분석을 사용하기 쉬운 핵심 성과 지표(KPI)로 변환할 수 있다. 대시보드는 결과 보고서를 제공하고 이를 사용할 수 있도록 하여 다양한 직책에 있는 다양한 마케터가 데이터를 사용하여 결정을 내릴 수 있도록 한다. 예를 들어, 웨이브 애널리틱스(Wave Analytics)는 마케터가 모든 장치에서 즉시 볼 수 있는 셀프 서비스 분석을 제공하는 IT 회사이다. 따라서 의사 결정자는 지식을 얻고 조치를 취할 수 있다. 수조 기가바이트의 데이터를 활용하고 이를 사용 가능한 정보로 변환하는 기능은 주문형 마케팅 조사 결과를 제공하게 한다.

클라우드 기반 분석을 통해 기업은 저렴한 비용으로 상당한 컴퓨팅 성능에 접근할 수 있다. 이는 대기업이 방대한 양의 데이터를 처리하는 데 도움이 되는 동시에 소규모 기업이 마케팅 분

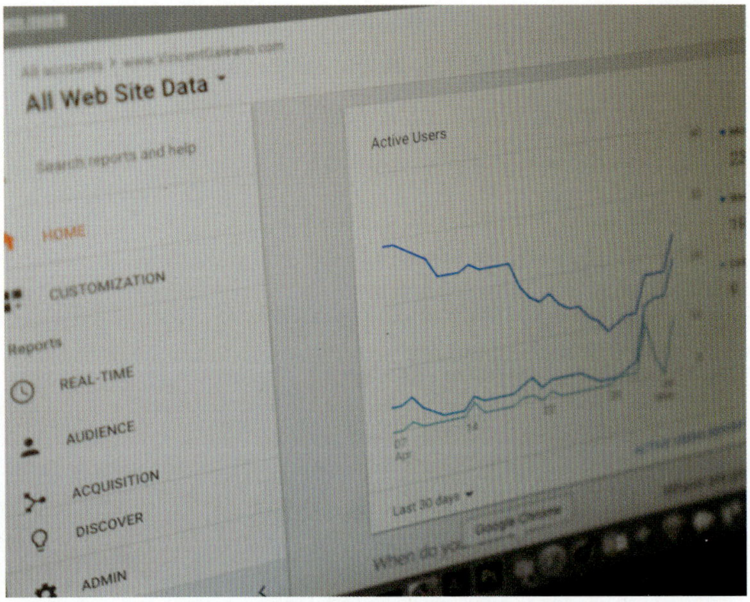

GALEANOSTOCK/SHUTTERSTOCK.COM

마케팅 분석 구글 애널리틱스는 가장 인기 있는 웹 분석 소프트웨어이다.

석을 사용할 수 있는 기회를 제공한다. 마케터가 복잡한 데이터를 구조화하고 분석하는 데 도움이 되도록 하는 새로운 프로그래밍 언어가 만들어졌다. 또한 프로세스에서 사용자를 제거하고, 기계 학습이 자체적으로 의사결정이나 권장 사항을 내릴 수 있도록 자율 애플리케이션이 개발되고 있다. 이와 같은 변화는 마케팅 분석 분야가 지난 10년 동안 상당히 성장하는 데 도움이 되었으며, 앞으로도 계속 발전해야 할 것이다.

중간 규모 및 소규모 기업에서도 마케팅 분석을 이용하는 것이 마케팅 활동에서 점점 더 중요한 부분이 되고 있다. 30% 이상의 기업이 마케팅 분석을 기업의 일상 활동에 통합했다. 마케팅 전문가들은 마케팅 예산의 증가하는 비율이 마케팅 분석에 사용되어야 한다고 생각한다.

웹 분석은 마케팅 효과를 측정하는 데 매우 중요해졌다. 분석 도구를 사용하는 마케터의 82% 이상이 자신들의 웹사이트 트래픽과 성능을 측정한다. 구글 애널리틱스는 가장 인기 있는 웹 분석 소프트웨어이며 기본 기능을 무료로 사용할 수 있기 때문에 마케팅 예산이 적은 중소기업에 유용할 수 있다. 마케터는 구글 애널리틱스를 사용하여 웹사이트 방문자, 페이지 조회수, 신규 방문 비율, 방문 중 평균 이용 시간 등을 측정한다. ROI와 연결될 수 있는 마케팅 활동의 효과를 보다 심층적으로 살펴보고자 하는 마케터는 더욱 정교한 마케팅 분석 소프트웨어를 사용할 수 있다. 마케팅 분석을 통해 마케터가 가지는 가장 높은 목표는 더 잘 표적화된 마케팅 전략을 개발하는 방법을 식별하는 것이다.

예를 들어, 영국항공(British Airways)는 마케팅 분석을 성공적으로 사용하여 고객과의 관계 형성을 위한 활동을 증가시켰다. 이 회사는 고객 충성도에 대한 정보와 회사의 2,000만 고객의 온라인 행동 및 구매 패턴에 대한 정보를 결합한 마케팅 분석 프로그램을 채택했다. 이 소프트웨어를 통해 회사는 가장 충성도가 높은 고객에게 감사 메시지를 표시하고 인센티브를 제공할 수 있었다. 마케팅 분석의 성공적인 활용은 긍정적이고 지속 가능한 마케팅 성과와 관련이 있다. 조사에 따르면 마케팅 분석 지표의 활용이 1단위 증가하면 회사의 자산 수익이 8% 증가한다고 한다. 따라서 마케터는 마케팅 성과를 개선하고 경쟁 우위를 유지하기 위해 회사에 어떤 마케팅 분석 측정항목이 가장 효과적인지 조사하는 것이 필수적이다.

3-4d 마케팅 정보와 지원 시스템

마케팅 의사결정 지원 시스템(MDSS)Marketing Decision Support System는 마케터가 특정 의사 결정의 효과를 예상하도록 도와줌으로써 의사 결정을 돕는 맞춤형 컴퓨터 소프트웨어이다. MDSS는 빅데이터 및 마케팅 분석의 가용성과 연결된다. MDSS는 뛰어난 계산 및 모델링 기능을 제공하고 광범위한 고급 마케팅 분석을 제공하므로 마케터가 다양한 대안을 탐색할 수 있다. 예를 들어, MDSS는 더 높거나 더 낮은 이자율에 의해 매출 및 이익이 어떻게 영향을 받을 수 있는지 또는 판매 예측, 광고 지출, 생산 수준 등이 전체 수익에 어떻게 영향을 미칠 수 있는지 결정할 수 있다. 이러한 이유로 MDSS 소프트웨어는 종종 기업 마케팅 정보 시스템의 주요 구성 요소가 된다. 일부 의사결정 지원 시스템에는 인공 지능 및 기타 고급 정보기술이 통합되어 있다.

마케팅 의사결정 지원 시스템(MDSS) 마케팅 관리자의 의사 결정에 도움이 되는 맞춤형 컴퓨터 소프트웨어

모건 스탠리(Morgan Stanley)는 고객 목표, 투자 상품, 이메일 등을 고려하는 알고리즘을 사용하여 어드바이저에게 추천한다. 그런 다음 어드바이저는 클라이언트에게 전달할 권장 사항을 선택한다. 또 다른 방법은 제품이나 서비스를 통해 고객이 직접 데이터를 사용할 수 있도록 하는 것이다. 자동차 기업들은 운전자에게 오일이 없는 상태까지 남아 있는 킬로미터 수 또는 남은 오일 수명의 백분율을 표시해주는 게이지 정보 시스템의 기능을 최대한 활용하고 있다. 기업은 또한 데이터를 사용하여 품질을 개선하거나 비용을 절감할 수 있다. 병원은 정보와 통계를 사용하여 대기 시간을 줄이고 환자 경험을 향상시킨다. 일부 기업의 경우 전체 비즈니스 모델이 소비자에게 데이터를 판매하는 데 중점을 둔다. 23앤미(23andMe)는 이전에 알지 못했던 자신에 대한 데이터로 고객을 연결한다.

마케팅 정보 시스템(MIS)marketing information system은 조직 내부 및 외부에서 정기적으로 수집되는 정보를 일상적으로 관리하고 구조화하기 위한 프레임워크이다.

마케팅 정보 시스템(MIS) 기업 내부 및 외부 에서 정기적으로 수집되는 정보를 관리하고 구조화하기 위한 프레임워크

이처럼 MIS는 가격, 광고비, 판매, 경쟁, 유통 비용에 대한 정보의 지속적인 흐름을 제공하며 효과적인 마케팅 전략을 수립하는 데 중요한 자산이 될 수 있다. MIS의 주요 목적은 데이터 저장 및 검색, 컴퓨터 기능 향상, 경영진의 정보 요구 사항을 충족시키는 것이다. MIS는 제품 또는 시장 범주 별 정기 매출 보고서, 재고 수준에 대한 데이터, 판매원 활동 기록을 생성하는 데 도움이 될 수 있으며, 이는 모두 마케팅 의사결정에 도움이 된다. 대부분의 기업은 전략적 및 전술적 결정을 위한 경영 보고서에 데이터를 통합할 수 있는 대시보드 디스플레이를 개발하고 있다.

효과적인 MIS는 정보 사용의 목적을 결정하는 것에서 시작된다. 그런 다음 기업은 외부 및 내부 환경에 대한 정기적이고 적절한 정보를 제공하기 위해 지속적인 모니터링을 위한 정보 시스템을 지정한다. 페덱스와 같은 운송 기업은 기업과 고객 간의 즉각적인 커뮤니케이션을 제공하는 양방향 마케팅 정보 시스템을 보유하고 있다. 고객은 인터넷을 통해 패키지를 추적하고, 배송에 관한 즉각적인 피드백을 받을 수 있다. 기업 웹사이트는 조사원들에게 고객 이용에 대한 정보를 제공하고 고객이 기업 서비스에 대한 의견을 전달할 수 있도록 설계되었다. 발전하는 통신 및 컴퓨터 기술로 인해 마케터는 정보 시스템을 사용하여 고객과의 일대일 관계를 구축할 수 있다.

3-5 마케팅 조사의 문제

 # 학습목표 **마케팅 조사에서 윤리적 및 국제적 문제를 이해한다.**

마케터는 윤리적 문제 및 국제 환경과 같이 조사의 무결성에 영향을 줄 수 있는 우려 사항을 식별하고 인식해야 한다. 윤리적 문제는 일관되게 고품질 정보를 수집하고 유지하는 데 있어 끊임없는 위험이 되고 있다. 국제적 문제는 문화, 법적 요구 사항, 기술 수준 및 경제 발전과 같은 환경 차이와 관련이 있다.

3-5a 윤리적 마케팅 조사의 중요성

마케터와 기타 전문가들은 더 나은 결정을 내리기 위해 마케팅 조사, 마케팅 정보 시스템 및 신기술에 점점 더 의존하고 있다. 따라서 마케팅 조사의 신뢰성을 판단할 수 있는 전문적인 기준을 마련하는 것이 필수적이다. 이러한 기준은 마케팅 조사 데이터를 수집하는 과정에서 발생할 수 있는 윤리적, 법적 문제 때문에 필요하다.

예를 들어, 많은 소비자들은 마케터가 수집한 개인 정보가 어떻게 사용되는지, 특히 제3자에게 판매되는지 여부를 경계한다. 데이터 개인정보보호에 관련된 이슈는 7장에서 자세히 논의한다.

마케팅 조사에는 데이터 수집, 분석 및 보고의 무결성을 보장하는 허용 가능한 활동에 대한 이해가 필요하다. 표준과 지침을 제공하기 위해 마케팅 조사 협회(Marketing Research Association)와 같은 조직은 윤리적 마케팅 조사를 촉진하는 행동 강령과 지침을 개발하였다. 그러한 지침이 효과적이려면, 부정행위를 피하는 방법에 대해 마케팅 조사원에게 알려주어야 한다.

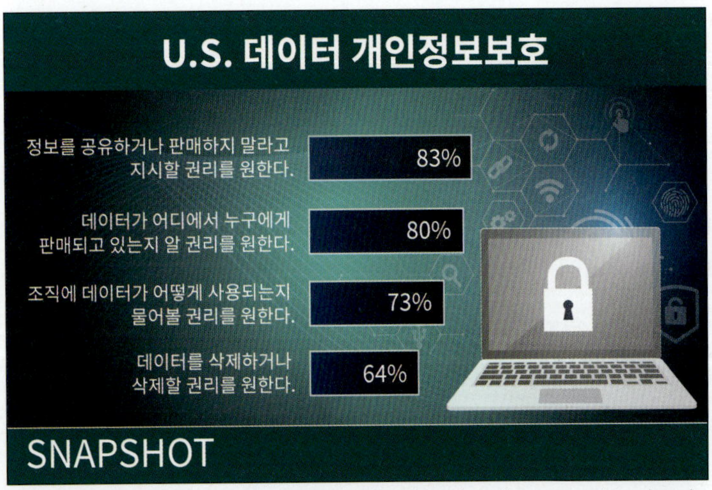

Source: SAS, "Data Privacy: Are You Concerned?" December 10, 2018, https://www.sas.com/en_us/news/press-releases/2018/december/data-management-data-privacy-survey.html (accessed March 24, 2019).

표 3.3은 응답자의 협조와 만족을 보장하기 위해 조사원이 고객에게 설문지를 소개할 때 지켜야 하는 단계를 표시한 것이다.

기업은 고객에 대한 인구 통계, 관심사 및 행동에 대한 세부 데이터를 오용하지 않을 책임이 있다. 이 정보를 통해 기업은 고객의 행동과 삶의 변화를 보다 정확하게 예측할 수 있지만, 많은 고객들은 이것이 소비자의 프라이버시를 침해한다고 생각한다. 아마존, 넷플릭스 및 이베이는 모두 데이터를 사용하여 고객의 관심사, 평점 또는 과거 구매를 기반으

표 3.3 설문지 소개 가이드라인

• 조사원이 이름으로 자신을 소개할 수 있도록 허용한다.
• 마케팅 조사 회사의 이름을 명시한다.
• 설문지가 마케팅 조사 프로젝트임을 나타낸다.
• 어떤 판매도 하지 않을 것이라고 설명한다.
• 일반적인 토론 주제를 기록한다 (블라인드 조사에서 문제가 될수 있으므로, "소비자 의견"과 같은 기술은 허용된다).
• 가능한 인터뷰에 걸리는 시간을 명시한다.
• 응답자의 익명성과 모든 답변의 기밀성을 보장한다.
• 해당되는 경우, 사례금을 명시한다(많은 B2B 및 의학 연구의 경우 정성적 및 정량적 조사 모두에 대해 선행적으로 수행됨).
• "정답이나 오답이 없으므로 각 질문에 대해 사려 깊고 진솔한 답변을 부탁드립니다."(많은 고객이 추천함)와 같은 말로 응답자를 안심시킨다.

Source: Reprinted with the permission of The Marketing Research Association.

로 맞춤 추천을 제공한다. 기업은 소비자의 온라인 행동 추적을 전문으로 하는 기업에서 수집한 데이터를 사용한다. 이러한 데이터를 통해 기업은 보다 개인화된 서비스를 제공할 수 있지만 정책 입안자는 "가치 있는" 고객으로 보이지 않는 소비자를 차별할 수도 있다고 우려한다. 또한 많은 소비자들도 그들의 온라인 행동이 그들을 개인적으로 식별하는 데 사용될 수 있다고 믿는다.

3-5b 마케팅 조사와 국제적 문제

사회문화적, 경제적, 정치적, 법적, 기술적 힘은 세계의 여러 지역에서 다르게 나타난다. 이러한 변형은 마케팅 조사를 통해 외국 고객을 이해하려는 기업에 어려움을 야기한다. 그러므로 마케팅 조사 프로세스는 일반적으로 전 세계적으로 동일하지만 일부 지역적 차이가 존재한다. 기업이 글로벌 및 지역적 차이를 충분히 인식할 수 있도록 하기 위해 많은 기업은 해당 국가에서 경험이 있는 조사 회사 또는 적어도 조사원을 유치한다. 가장 큰 마케팅 조사 회사의 대부분은 미국 이외의 지역에서 수행된 조사에서 상당한 수익을 얻고 있다. 예를 들어, 세계에서 가장 큰 마케팅 조사 기업인 닐슨은 100개 이상의 국가에서 운영하는 미국 기업이다. 닐슨 수익의 약 47.5%가 미국 이외의 지역에서 발생한다.

전문가들은 국제 마케팅 조사를 수행하는 데 두 갈래의 접근 방식을 권장한다. 첫 번째 단계에서는 특정 마케팅 환경을 더 잘 이해하고 1차 데이터에 영향을 미칠 수 있는 주요 지역 문제를 정확히 찾아내기 위해, 2차 데이터에 대한 자세한 검색 및 분석을 포함시킨다. 2차 데이터는 경제, 법률, 문화 및 인구 통계 문제를 포함하여 시장에 대한 일반적인 이해를 구축하는 데, 특히 해당 시장에서 사업을 하는 기회와 위험을 평가할 때, 수요 예측과 함께 도움이 될 수 있다. 마케팅 조사원은 종종 월스트리트 저널, 무역 및 일반 비즈니스 간행물, 국가별 간행물 및 웹사이트와 함께 미국 상무부의 국가 무역 보고서를 통해 일반적인 개요를 얻는 것으로 조사를 시작한다. 이러한 소스는 한 국가의 마케팅 환경에 대한 통찰력을 제공할 수 있으며 미개척 시장 기회를 찾을 수 있게 한다.

두 번째 단계에서는 고객의 구체적 니즈와 선호도에 대한 기업의 이해를 개선하기 위해 포커스 그룹 및 전화 설문조사를 포함하여 현장 조사가 포함된다. 국가 간의 차이는 데이터 수집 기술에 지대한 영향을 미칠 수 있다. 예를 들어, 방문 면접이 일부 지역에서는 불법이다. 개발 도상국에서는 많은 사람들이 휴대 전화만 가지고 있기 때문에 전형적인 전화 설문조사가 실용적이지 않고, 모집단을 대표하지도 않는다. 잠재적 응답자에게 접근하는 방법을 이해하고 자국의 언어로 접근할 수 있는 현지 조사원을 기업이 고용한다면 1차 데이터 수집은 일반적으로 더 큰 성공 기회를 가질 것이다. 미국이든 해외이든 1차 데이터를 수집하는 데 사용되는 특정 방법에 관계없이, 조사 목표는 특정 표적시장의 니즈를 인식하여 각 시장에서 고객의 니즈를 충족시킬 수 있는 최상의 마케팅 전략을 세우는 것이다. 우리는 4장에서 이것을 다시 살펴보게 될 것이다.

요약

3-1 마케팅 조사의 정의와 중요성을 이해한다.

마케팅 조사는 마케팅 전략 개발의 중요한 단계이다. 마케터가 특정 마케팅 문제를 해결하거나 마케팅 기회를 활용할 수 있도록 정보를 체계적으로 설계, 수집, 해석 및 보고하는 프로세스이다. 현재 의사 결정자가 이용할 수 없는 정보를 수집하기 위한 프로세스이다. 마케팅 조사는 기업이 시장 기회를 더 잘 이해하고 신제품의 성공 가능성을 확인하며 특정 마케팅 전략의 실행 가능성을 결정하는 데 도움이 될 수 있다. 마케팅 조사의 가치는 정보에 입각하여 의사결정을 내리는 마케터들의 능력에 의해 매겨진다.

3-2 탐색적 조사와 결론적 조사를 구분한다.

마케터는 문제에 대한 더 많은 정보가 필요하거나 잠정적 가설을 더 구체적으로 만들고 싶을 때 탐색적 조사를 수행한다. 이는 마케터가 소비자가 주제나 제품을 보는 방식을 더 잘 이해하는 데 도움이 될 수 있으며, 이는 기업이 더 나은 제품과 더 표적화된 마케팅 믹스를 개발하는 데 도움이 될 수 있다. 탐색적 조사의 주요 목적은 문제나 상황을 더 잘 이해하고/하거나 추가 데이터 요구 사항이나 의사 결정 대안을 식별하는 데 도움이 되는 것이다.

반면에 결론적 조사는 객관적인 절차를 통해 통찰력을 검증하는 데 사용된다. 마케터가 자신의 결정을 몇 가지 대안으로 좁힐 때 의사결정의 마지막 단계에서 주로 사용된다.

3-3 두 가지 유형의 데이터와 4가지 설문조사 방법을 포함하여 마케팅 조사를 수행하는 5가지 기본 단계에 대해 이해한다.

정확한 정보를 얻기 위해 마케팅 조사원은 다음과 같은 논리적인 절차로 접근한다. (1) 문제 또는 이슈를 찾아 정의하고, (2) 조사 프로젝트를 설계하고, (3) 데이터를 수집하고, (4) 연구 결과를 해석하고, (5) 조사 결과를 보고한다(그림 3.1 참조).

마케팅 조사를 시작하는 첫 번째 단계는 문제 또는 이슈를 정의하는 것이다. 이것은 조사원들로 하여금 마케팅 전략이나 실행과 관련하여 상황의 진정한 본질과 한계에 초점을 맞추게 하는 것이다. 기업이 시장 기회를 발견하면 적절한 마케팅 전략을 세울 수 있도록 상황을 보다 정확하게 이해하기 위해 조사를 수행해야 한다.

두 번째 단계에서 마케팅 조사원은 상황을 해결하는 데 필요한 정보를 얻기 위해 조사 프로젝트를 설계한다. 이 단계에서는 가설을 공식화하고, 결과가 신뢰할 수 있고 유효한지 확인하기 위해 가설을 테스트하는 데 가장 적합한 조사 유형을 결정해야 한다. 가설은 특정 문제 또는 특정 상황에 대한 정보에 입각한 추측 또는 가정이다. 반복된 시도에서 거의 동일한 결과를 생성하는 조사는 신뢰할 수 있는 것으로 간주된다. 측정해야 할 것을 측정하는 경우, 이 조사 기법은 타당하다.

조사 프로세스의 세 번째 단계는 데이터 수집이다. 이를 위해 두 가지 유형의 데이터를 사용할 수 있다. 1차 데이터는 응답자로부터 직접 관찰 및 기록 또는 수집된다. 2차 데이터는 현재 직접적 조사 이외의 목적으로 조직 내부와 외부 모두에서 수집한 데이터이다. 2차 데이터의 출처로는 조직 자체 데이터베이스 및 기타 내부 소스, 정기 간행물, 정부 간행물, 미공개 소스 및 온라인 데이터베이스가 포함된다. 1차 데이터를 수집하는 방법에는 표본추출, 조사, 관찰이 있다. 표본추출에는 전체 모집단에서 대표 단위를 선택하는 작업이 포함된다. 확률 표본추출법에서는 조사 대상 모집단의 모든 요소가 조사 대상으로 선택될 수도 있다. 비확률 표본추출법은 조사 대상 모집단의 특정 요소가 선택될 확률을 계산할 방법이 없기 때문에 확률 표본추출법보다 더 주관적이다.

마케팅 조사원은 표본추출을 사용하여 우편, 전화, 온라인 또는 개인 면접 설문조사를 통해 1차 데이터를 수집한다. 신중하게 구성된 설문지는 모든 설문조사의 성공에 필수적이다. 관찰 방법을 사용할 때 조사원은 응답자의 명백한 행동을 기록하고 물리적 조건과 사건을 기록한다.

조사 데이터를 의사 결정에 적용하기 위해 마케터는 결과를 해석하고 보고해야 한다. 이는 마케팅 조사 프로세스의 마지막 두 단계이다. 통계적 해석은 일반적이거나 평균에서 벗어난 것에 중점을 둔다. 조사 결과를 해석한 후, 조사원은 의사 결정자가 이해하고 사용할 수 있는 결과에 대한 보고서를 작성해야 한다. 또한 조사원들은 편견과 왜곡을 피하도록 주의해야 한다.

3-4 마케팅 의사 결정에 유용한 마케팅 분석과 데이터베이스, 빅데이터와 같은 분석 도구를 설명한다.

사용 가능한 데이터의 양이 빠르게 증가하고 있다. 마케팅 분석을 관리하는 마케터는 마케팅 전략 구현의 모든 요소를 측정하는 설계 및 실행을 담당한다. 마케터에 의해 실행된 마케팅 조사는 모든 측정 가능한 마케팅 활동과 관련된 데이터를 기반으로 통찰력을 제공한다. 마케팅 분석은 빅데이터와 방대한 데이터 파일에서 시작된다. 기술은 효과적인 정보 수집 및 분석에 필수적이다.

최신 기술 도구를 활용하지 않는 기업은 불리하다. 많은 기업에서 기술을 사용하여 기업 내부 및 외부에서 정기적으로 수집되는 정보를 관리하고 구성하기 위한 프레임워크인 마케팅 정보 시스템(MIS)을 만든다. 데이터베이스는 쉽게 접근하고 검색할 수 있도록 정렬된 정보의 집합이다. 빅데이터에는 정형 및 비정형 데이터베이스 모두에서 얻을 수 있는 방대한 데이터 파일이 포함된다. 기업은 고정된 데이터 파일이 기업의 나머지 부서와 떨어져서 한 부서에 격리되는 데이터 고립을 피해야 한다. 마케팅 분석은 데이터베이스, 빅데이터 및 정보기술로 구현된 마케팅 측정 방법을 사용하여 기업의 마케팅 활동의 효과를 측정하고 해석한다.

3-5 마케팅 조사에서 윤리적 및 국제적 문제를 이해한다.

비윤리적인 마케팅 조사 관행을 제거하고 조사 수행을 위해 일반적으로 허용되는 절차를 수립하는 것은 마케팅 조사의 중요한 목표이다. 국내 및 국제 마케팅 모두 동일한 마케팅 조사 프로세스를 사용하지만 국제 마케팅은 지역적 차이를 해결하기 위해 데이터 수집 방법을 수정해야 할 수도 있다.

주요 개념

- 마케팅 조사
- 탐색적 조사
- 고객 자문 위원회
- 포커스 그룹
- 결론적 조사
- 기술적 조사
- 실험적 조사
- 조사 설계
- 가설
- 신뢰성
- 타당성
- 1차 데이터
- 2차 데이터
- 모집단(인구)
- 표본
- 표본추출
- 확률 표본추출법
- 무작위 표본추출법
- 층화 표본추출법
- 비확률 표본추출법
- 할당 표본추출법
- 우편 설문조사
- 전화 설문조사
- 전화 심층 면접
- 개인 면접 설문조사
- 방문 면접
- 쇼핑몰 면접
- 현장 컴퓨터 인터뷰
- 온라인 설문조사
- 크라우드소싱
- 통계적 해석
- 마케팅 분석
- 빅데이터
- 고립 데이터
- 데이터베이스
- 단일 출처 데이터
- 마케팅 의사 결정 지원 시스템(MDSS)
- 마케팅 정보 시스템(MIS)

마케팅 계획 수립하기

어떤 시장 기회를 추구해야 하는 지, 고객의 니즈를 무엇으로 만족시켜야 하는 지, 어떻게 잠재 고객에게 도달해야 하는 지에 대한 결정은 진공 상태에서 이루어지지 않는다. 마케팅 조사를 통해 제공되는 정보는 마케팅 전략 계획과 특정 마케팅 믹스를 개발하는 데 필수적이다. 이 장의 개념을 마케팅 계획의 개발과 연관시킬 때 다음 문제에 초점을 맞추어 보자.

1. 시장과 관련하여 답변해야 하는 질문의 성격과 범위를 정의한다. 이러한 질문에 답하기 위해 시장에 대해 필요한 정보 유형을 식별한다. 예를 들어 구매 습관, 가계 소득 수준 또는 잠재 고객의 태도에 대해 알아야 한다
2. 이 정보를 2차 데이터 출처에서 가져올 수 있는지 여부를 결정한다.
3. 표 3.2를 사용하여 정보 요구 사항 중 하나에 대한 1차 데이터를 수집하는 데 사용되는 적절한 측정 방법을 선택한다. 어떤 표본 추출 방법을 사용해야하는가?

연습 문제

1. 마케팅 조사는 무엇인가? 왜 중요한가?
2. 마케팅 조사 프로세스의 다섯 단계를 설명하라.
3. 마케팅 조사에서 문제를 정의하는 것과 가설을 세우는 것의 차이점은 무엇인가?
4. 마케팅 조사를 수행하는 5가지 기본 단계를 설명하라.
5. 마케팅 조사를 위한 데이터는 어디에서 얻을수 있는가? 내부 및 외부 데이터의 예를 들어라.
6. 확률 표본추출법과 비확률 표본추출법의 차이점은 무엇인가? 어떤 상황에서 무작위 표본추출법이 가장 좋을까?
7. 응답자들이 우편 설문조사에 참여하도록 장려하는 몇 가지 방법을 제안하라.
8. 전화 번호가 기재되어 있는 모든 가정에 대한 설문조사를 수행해야 하는 경우 어떤 표본추출 설계를 사용해야 하나?
9. 관찰에서 얻은 정보를 통해 해결할 수 있는 몇 가지 마케팅 문제를 설명하라.
10. 마케팅 정보 시스템(MIS)은 무엇이며 무엇을 제공해야 하나?
11. 데이터베이스를 정의하라! 그 목적은 무엇이며, 무엇을 포함해야 하는가?
12. 마케터는 어떻게 빅데이터 및 마케팅 분석을 사용하여 마케팅 전략을 개선할 수 있는가?
13. 마케팅 조사에서 윤리는 어떤 역할을 하는가? 조사원에게 윤리적인 것이 왜 중요한가?
14. 다른 나라의 마케팅 조사는 한국의 마케팅 조사와 어떻게 다른가?

◎ 케이스 3

완벽한 사진: 인스타그램이 빅데이터를 사용하는 방법

인스타그램은 일일 사용자가 5억 명을 돌파한 사진 공유 앱이다. 반면, 라이벌 스냅챗(Snapchat)은 2억 2900만 명을 보유하고 있다. 인스타그램은 사용자가 다양한 필터로 사진을 조작하고 해시태그 및 위치 태그를 사용하여 친구 및 더 큰 인스타그램 커뮤니티와 공유할 수 있도록 한다. 플랫폼이 사용자에게 매력적인 이유 중 하나는 인스타그램이 인공 지능과 빅데이터를 사용하여 개인화된 경험을 할 수 있도록 한다.

매일 7,000만 개 이상의 새로운 사진이 앱에 게시되어 있는 인스타그램은 사용자가 게시물에 참여하는 방식에서 끝없이 데이터를 기록한다. 인스타그램은 사용자가 플랫폼에서 콘텐츠를 탐색할 수 있는 앱 영역인 Explore 탭을 기계 학습을 사용하여 채운다. 커뮤니티 랩(Community Lab)의 책임자인 댄 토피(Dan Toffye)에 따르면 인스타그램은 사람들이 플랫폼을 사용하는 방식을 이해하고 사용자를 위한 선별된 경험을 만들어 내기 위해 방대한 양의 데이터로 뛰어든다고 한다. 예를 들어 인스타그램은 좋아요, 댓글, 팔로우, 검색 환경 설정 등을 기반으로 사용자의 선택을 조정할 수 있다. 앱은 사용자 행동에서 지속적으로 학습하고 시간이 지남에 따라 적응한다.

“우리는 계정 집합을 찾는 데 사용할 수 있는 풍부하고 다양한 데이터를 보유하고 있다. 그러면 우리는 사용자들과 함께 가서 사용자들이 무엇을 하고 있는지 이해할 수 있다.”라고 토피가 말한다. 인스타그램의 커뮤니티 랩 팀은 데이터가 나타내는 추세에서 통찰력을 발굴하기 위해 노력한다. 빅데이터는 가치가 있지만 회사에서 활용하지 못하면 소용이 없다. 고객에 대한 통찰력을 얻기 위한 빅데이터 마이닝에는 많은 시간과 자원이 소요될 수 있다. 인스타그램은 이를 우선적으로 처리하고 제품 개발을 주도하면서, 그 결과로서 고객 커뮤니티에 대한 통찰력을 추출할 수 있다. 인스타그램은 인공 지능과 인간이 수행하는 선별작업 사이의 균형을 맞춰 개인화된 콘텐츠와 사용자에게 관심 밖의 주제를 전달하여 새로운 참여 기회를 창출한다.

또한 인스타그램은 이러한 데이터를 사용하여 다양한 사용자 그룹에 도달하려는 회사에 광고를 판매한다. 페이스북은 2012년 인스타그램을 10억 달러에 인수해 모바일 시장에 진출했다. 모바일 앱을 사용하거나 스마트폰을 통해 인터넷에 접속하는 사람들이 늘어남에 따라 모바일 기기를 통한 사진 공유의 사용이 증가하고 있다. 이러한 현상은 인스타그램이 고도로 표적화된 광고를 제공하기 위해 작업해야 하는 데이터 풀에 데이터를 추가하도록 한다.

또한, 인스타그램은 인공 지능을 사용하여 스팸 게시물과 댓글을 걸러낸다. 딥 텍스트(DeepText)라는 시스템은 페이스북에서 영어, 중국어, 러시아어, 아랍어 등 9개 언어의 가짜 메시지를 제거하기 위해 만들었다. 그것은 나쁜 단어 뿐만 아니라 단어들이 배열되는 맥락을 이해하는 능력을 가지고 있다.

딥 텍스트는 메시지를 분류하고 스팸 여부를 분류하는 인간에 의해 훈련되었다. 괴롭힘, 인종 차별주의 또는 성희롱 범주에 속하는 메시지도 제거하도록 확장되었다. 완벽한 시스템은 아니지만 필터는 항상 학습하므로 정적 알고리즘보다 성능이 뛰어나다.

"과거의 어떤 알고리즘이나 인간이 할 수 있었던 것보다 뉘앙스를 이해하는 것이 인간 보다 머신 러닝이 훨씬 우수하다는 것이다."라고 인스타그램의 전 CEO이자 공동 창립자인 케빈 시스트롬(Kevin Systrom)은 말한다. “그리고 우리가 해야 할 일은 이러한 회색 지대에 들어가는 방법을 알아내고 시간이 지남에 따라 이 알고리즘의 성능을 판단하여 실제로 상황을 개선하는지 확인하는 것이다. 그런데 문제가 발생하고 작동하지 않으면 폐기하고 새로운 것으로 시작하면 되기 때문이다."

무엇보다 인스타그램의 빅데이터 사용은 사용자 경험을 개선하여 사용자가 계속해서 더 많은 것을 찾아 돌아올 수 있도록 하는 것을 목표로 한다.

토론을 위한 질문

1. 탐색 페이지에서 콘텐츠를 채우는 인스타그램의 프로세스에 대해 설명하라.
2. 인스타그램이 각 사용자에 맞게 맞춤형 앱 환경을 만드는 것이 중요한 이유는 무엇인가?
3. 인스타그램이 플랫폼을 개선하기 위해 빅데이터를 사용할 수 있는 다른 방법은 무엇인가?

CHAPTER.4

표적시장: 세분화와 평가

학습목표

4-1 시장은 무엇이고 어떻게 분류되는가를 설명한다.

4-2 목표 시장을 선정하는 5단계를 나열한다.

4-3 세 가지 타깃팅 전략을 비교 설명한다.

4-4 주요 세분화 변수를 규명한다.

4-5 세분 시장의 프로필은 무엇이고 어떻게 활용하는가를 설명한다.

4-6 세분 시장을 어떻게 평가하는가를 설명한다.

4-7 목표 시장으로 사용할 특정한 세분 시장 선정에 영향을 주는 요소들을 규명한다.

4-8 매출 예측 방법을 논의한다.

마케팅 들여다보기

Lester Balajadia/Shutterstock.com

레고랜드: 작은 브릭, 많은 방문객

레고(LEGO) 브릭의 인기는 멀린엔터테인먼트(Merlin Entertainment)가 소유한 레고랜드(LEGOLAND) 테마파크의 마케팅 강점이다. 레고랜드 테마파크는 미국(플로리다, 캘리포니아, 뉴욕), 영국, 덴마크, 독일, 일본, 말레이시아, UAE, 한국에 있다. 또한 이 회사는 숙박하는 가족을 위한 레고 브랜드의 경험을 더 해주고자 파크 주변에 레고랜드 호텔을 운영하고 있다.

월트 디즈니 같은 경쟁업체는 10대와 성인뿐만 아니라 어린이들을 고객으로 끌어들이려고 한다. 이에 반해, 레고랜드는 레고 블록의 마케팅의 핵심 시장인 2세에서 12세 사이의 자녀가 있는 가족에게 초점을 맞추고 있다. 레고랜드는 어린이와 십대 초반-그리고 그 부모-의 특별한 관심과 행동을 바탕으로 방문객 수를 높일 수 있는 적절한 공원 및 호텔 기능을 개발하고 있다. 예를 들어, 일부 놀이기구에는 최소 신장 요건이 없어서 모두가 놀이기구를 즐길 수 있다. 많은 놀이기구가 나이 더 많은 형제자매나 부모가 아이와 함께 타야만 한다. 레고랜드에는 아주 어린 방문객을 위한 장소도 마련되어 있다. 부모는 아이돌봄센터에서 아이에게 우유를 먹이고 기저귀를 갈아 줄 수 있으며, 미취학 아동은 특별한 "토트스팟(Tot Spot)" 방에서 뛰어놀 수 있다. 레고랜드는 아이들에게 레고 브릭으로 만들어진 가상 자연에서 신나는 롤러코스터를 즐길 수 있게 더 나은 가상 현실을 만들어가고 있다.

레고랜드 호텔은 마법사와 공주 객실에서 레고 브릭 세트의 테마를 전달한다. 이는 전 세계 어디에서든 레고랜드 테마파크를 방문하는 어린이와 부모에게 레고 브릭의 세계에서 휴가를 보내는 듯한 즐거움을 드리고자 하는 아이디어이다. 레고랜드 테마파크를 일년에 6,600만 명이 방문한다는 사실이 이상한 일은 아니다.[1]

멀린엔터테인먼트와 마찬가지로 효과적으로 경쟁하려는 대부분의 기업은 마케팅 활동을 어떤 고객 집단에게 할 것인가를 명확하게 해야한다. 이 과정은 특별한 고객들의 니즈를 만족시키는 마케팅 믹스를 개발하고 지속시키는 것을 포함한다. 이번 장에서는 시장과 시장 세분화의 개념을 정의하고 살펴볼 것이다. 먼저 시장의 주요 구성 요소들을 설명하고 나서, 적절한 타깃팅 전략을 규명하고, 소비재와 산업재 시장을 세분화하는 변수들을 결정하고, 세분시장의 프로필을 개발하고, 연관된 세분시장을 평가하고, 목표 시장을 선정하는 것을 포함하는 목표 시장 선정 과정의 단계들을 논의할 것이다. 판매 예측을 개발하기 위한 다양한 방법에 대한 논의로 마감한다.

4-1 시장이란?

 # 학습목표 **시장은 무엇이고 어떻게 분류되는가를 설명한다.**

2장에서 시장은 특정 제품군에서 제품을 원하거나 필요로 하며 제품을 구매할 능력, 의지, 권한을 갖고 있는 개인들이나 기업들의 집단으로 정의했다. 학생들은 교재 시장의 구성원이며, 노트북, 스마트 폰, 옷, 식품과 음악 같은 다른 시장의 구성원도 된다. 실제로 시장이 구성되려면 소비자는 위에서 언급한 네 가지 특성를 모두 갖고 있어야 한다. 예를 들어, 십대는 주류 시장의 구성원은 아니다. 십대는 술 구매를 원하며 의지와 능력이 있다고 해도, 십대가 주류를 구매하는 행위는 법으로 금지되어 있기 때문에 구매를 할 권한을 갖지는 못한다.

소비자 시장 구매한 제품을 소비하거나 편익을 추구하고자 하며 이익을 만들어내려거나 기업의 니즈에 제공하고자 구매하지는 않는 구매자와 가계 구성원

시장은 소비자 시장과 비즈니스 시장으로 나뉜다. 이러한 분류는 시장을 구성하고 있는 개인과 집단의 특성과 제품을 구매하는 목적을 기반으로 분류된다. **소비자 시장consumer market**은 구매한 제품을 소비하거나 혜택을 추구하고자 하며 이익을 만들어내려거나 기업의 니즈에 제공하고자 구매하지는 않는 구매자와 가계 구성원으로 이루어진다. 소비자 시장은 기업과 소비자 간(business-to-consumer, B2C)의 시장이라고도 한다. 5장에서 다룰 주택, 식품, 의류, 자동차, 개인 서비스, 가전제품, 가구, 여가 장비 같은 제품군에서 구매를 할 수 있는 우리는 거대한 소비자 시장에 속한다.

비즈니스 시장 재판매 목적의 제품, 다른 제품을 생산하기 위한 제품 혹은 일반적인 일상 업무용의 제품을 구매하는 개인 혹은 집단

비즈니스 시장business market은 세가지의 목적-재판매 목적의 제품, 다른 제품을 생산하기 위한 제품, 혹은 일반적인 일상 업무용 제품-중의 하나를 위해 특정 제품을 구매하는 개인 혹은 집단으로 구성된다. 예를 들어, 탁상용 램프를 생산하기 위해 전선을 구입하는 기업은 전선 비즈니스 시장의 구성원이다. 일부 제품은 최종 사용 용도에 따라 비즈니스 또는 소비자 시장의 구성원이 될 수 있다. 예를 들어 집에서 사용할 의자를 구입하는 경우 해당 의자는 소비자 시장의 제품이다. 그러나 사무실 관리자가 사무실에서 사용하기 위해 동일한 의자를 구입하는 경우 이

Source: Nestle Purina

Source: NetJets IP, LLC

시장의 유형 팬시피스타를 생산하는 퓨리나는 소비자 시장을 대상으로 광고를 하고, 반면에 넷제트는 비즈니스 시장을 대상으로 광고를 한다.

기업은 비즈니스 시장의 구성원이다. 비즈니스 시장은 기업과 기업 간(business-to-business, B2B)의 시장, 산업 혹은 기업 시장이라고도 하며 6장에서 다룰 생산자, 재판매자, 정부와 기관 시장으로 나눌 수 있다.

팬시 피스트(Fancy Feast)와 넷젯(NetJets)에 대한 두 광고를 비교해보자. 팬시 피스트 고양이 먹이는 고양이 소유주를 대상으로 하며 많은 소매점에서 찾을 수 있다. 이 광고는 팬시 피스트 메들리(Medley)와 기존의 고양이 먹이를 비교한 뒤 "사랑은 세심함에 있다"는 슬로건을 제시하며 아름다운 하얀 고양이를 보여줌으로써 고양이를 사랑하는 소비자에게 호소하고 있다. 반면 넷제트 광고는 기업을 대상으로 한다. 이 광고는 넷제트의 대규모 개인 전용 항공기 보유, 전 세계 운항노선 및 전용 보딩 라운지의 장점을 내세워 사업가들에게 출장을 위한 넷제트의 서비스를 광고하고 있다.

4-2 목표시장의 선정 과정

 # 학습목표 **목표 시장을 선정하는 5단계를 나열한다.**

마케팅 전략을 개발하는 데 있어 주요한 두 가지 요소 중 첫 번째는 목표 시장을 선정하는 것이다. 마케터가 목표 시장을 선정하는 방법은 여러 가지가 있지만, 이 책에서는 일반적인 5단계 과정을 따른다. 이 과정은 그림 4.1에서 보여주고, 이어지는 절들에서 다루고 있다.

4-3 1단계: 적절한 티깃팅 전략 규명하기

 # 학습목표 **세 가지 타깃팅 전략을 비교 설명한다.**

목표 시장은 기업이 집단 구성원들의 니즈를 만족시키기 위해 특별히 설계된 마케팅 믹스 를 만들고 지속하기 위한 사람들 혹은 조직들의 집단이다. 목표 시장을 선정하기 위해 사용되는 전략은 목표 시장의 특성, 제품 속성, 기업의 목표와 자원의 영향을 받는다. 가장 효과적인 세분화 변수를 반영하지 못하면 재무적 결과에 부정적인 영향을 미칠 수 있다. 마케팅 조사는 마케터가 최적의 세분화 변수를 선택하기 위한 고객 행동을 찾아내고 분석하는 데 도움이 될 것이다. 그림 4.2는 세 가지 기본적인 타깃팅 전략-비차별적, 집중적, 차별적-을 설명하고 있다.

4-3a 비차별적 타깃팅 전략

비차별적 타깃팅 전략
기업이 단일 마케팅 믹스를 설계하고 하나의 제품으로 전체 시장을 향해 마케팅 믹스를 전개하는 전략

기업은 때때로 한 제품에 대한 목표 시장으로 하나의 전체 시장을 정의한다. 기업이 단일 마케팅 믹스를 설계하고 하나의 제품으로 전체 시장을 향해 마케팅 믹스를 전개할 때 기업은 **비차별적 타깃팅 전략**undifferentiated targeting strategy을 사용하는 것이다. 그림 4.2에서 보여주듯이, 목표

그림 4.1 목표 시장 선정 과정

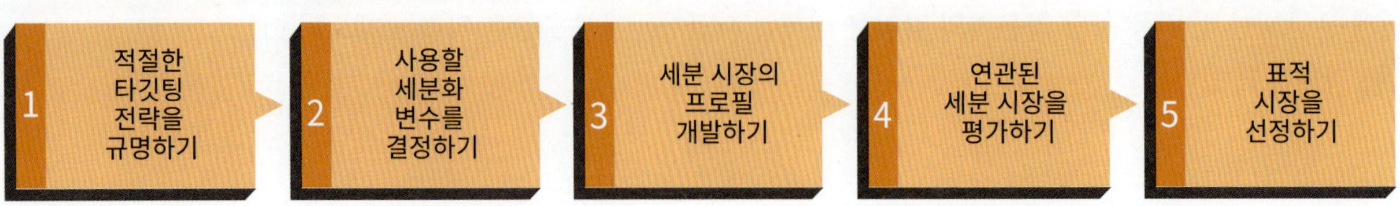

시장의 모든 고객은 유사한 니즈를 갖고 있어서 기업은 단일 마케팅 믹스로 대부분의 고객을 만족시킬 수 있다고 가정하는 전략이다. 비차별적 타깃팅 전략으로 시장 공략을 성공적으로 해낸 제품은 설탕, 소금과 전통적인 방식으로 재배된 농산물 같은 생필품이다.

비차별적 타깃팅 전략은 두 가지 조건하에서 효과적이다. 첫째, 전체 시장에서 대규모의 고객들이 제품에 대해 유사한 니즈를 갖고 있어야 하며 이를 **동질적 시장**homogeneous market이라 규정한다. 다양한 니즈를 가진 고객들로 구성된 전체 시장에 단일 마케팅 믹스를 펼치는 마케터는 마케팅 믹스가 매우 적은 수의 고객을 만족시킨다는 사실을 알게 될 것 이다. 예를 들어, 다양한 니즈를 가진 상이한 고객들에게 보편적인 자동차를 판매하려는 비차별적 전략은 성공하기 어렵다는 것이다. 둘째, 기업은 전체 시장에서 가장 많은 고객의 니즈를 만족시킬 수 있는 단일 마케팅 전략을 개발할 수 있는 자원과 마케팅 믹스를 유지할 수 있는 관리 능력을 갖고 있어야 한다.

동질적 시장 전체 시장에서 대규모의 고객들이 제품에 대해 유사한 니즈를 갖고 있는 시장

현실은 고객들이 유사한 니즈를 갖는 소수의 제품만이 고객들을 만족시킬 수 있지만, 대부분의 제품에서 별개의 마케팅 믹스가 필요할 만큼 고객들의 니즈는 다르다. 이러한 이유로 기업은 집중적 혹은 차별적 타깃팅 전략을 전개한다.

4-3b 시장 세분화를 통한 집중화 전략

대부분의 소비자들이 동일한 백설탕으로 만족하지만, 모든 소비자가 같은 차, 같은 가구, 같은 옷을 원하지는 않는다. 시장은 **이질적 시장**heterogeneous market이라 불리는 다양한 제품 니즈를 갖는 개인들 혹은 조직들로 구성된다. 예를 들어 어떤 소비자는 작업장에서 무거운 짐을 적재해야 하기에 포드(Ford) 트럭을 원하는 반면에, 도시에 살며 주차가 용이하고 연비가 좋은 토요타 프리우스(Prius)를 원하는 소비자도 있다. 그래서 자동차 시장은 이질적이다.

이질적 시장 특정 제품군 내에 다양한 제품 니즈를 갖는 개인들 혹은 조직들로 구성된 시장

이질적 시장에 있어서 시장 세분화는 가장 좋은 접근법이다. **시장 세분화**market segmentation는 전체 시장을 상대적으로 유사한 제품 니즈를 갖는 소비자들 혹은 조직들로 구성된 집단 혹은 하위 집단으로 나누는 과정이다. 시장 세분화의 목적은 마케터가 선정된 세분 시장의 고객들의 니즈에 좀 더 정확하게 맞는 마케팅 믹스를 설계할 수 있게 해주는 것이다. **세분 시장**market segment은 고객들이 상대적으로 유사한 제품 니즈를 갖고 있기에 하나 이상의 유사한 특성을 공유하는 개인, 집단 또는 조직으로 구성된다. 청바지의 전체 시장은 다양한 세분 시장으로 나눌 수 있다. 가격 민감형 고객들은 월마트(Walmart)나 로스(Ross)에서 저렴한 청바지를 구입할 수 있다. 작업복으로 브랜드 칼하트(Carhartt) 같은 기능성 청바지를 구매하는 고객들도 있다. 패션 청바지를 찾는 고객들은 세븐 포 올 맨카인드 (7 for All Mankind)처럼 하나에 수백 달러짜리 청바지를 구입하기도 한다.

시장 세분화 전체 시장을 고객들의 니즈에 맞는 마케팅 믹스를 설계하기 위해 상대적으로 유사한 제품 니즈를 갖는 집단으로 나누는 과정

세분 시장 상대적으로 유사한 제품 니즈를 갖고 있기에 하나 이상의 유사한 특성을 공유하는 개인, 집단 또는 조직

그림 4.2 티깃팅 전략

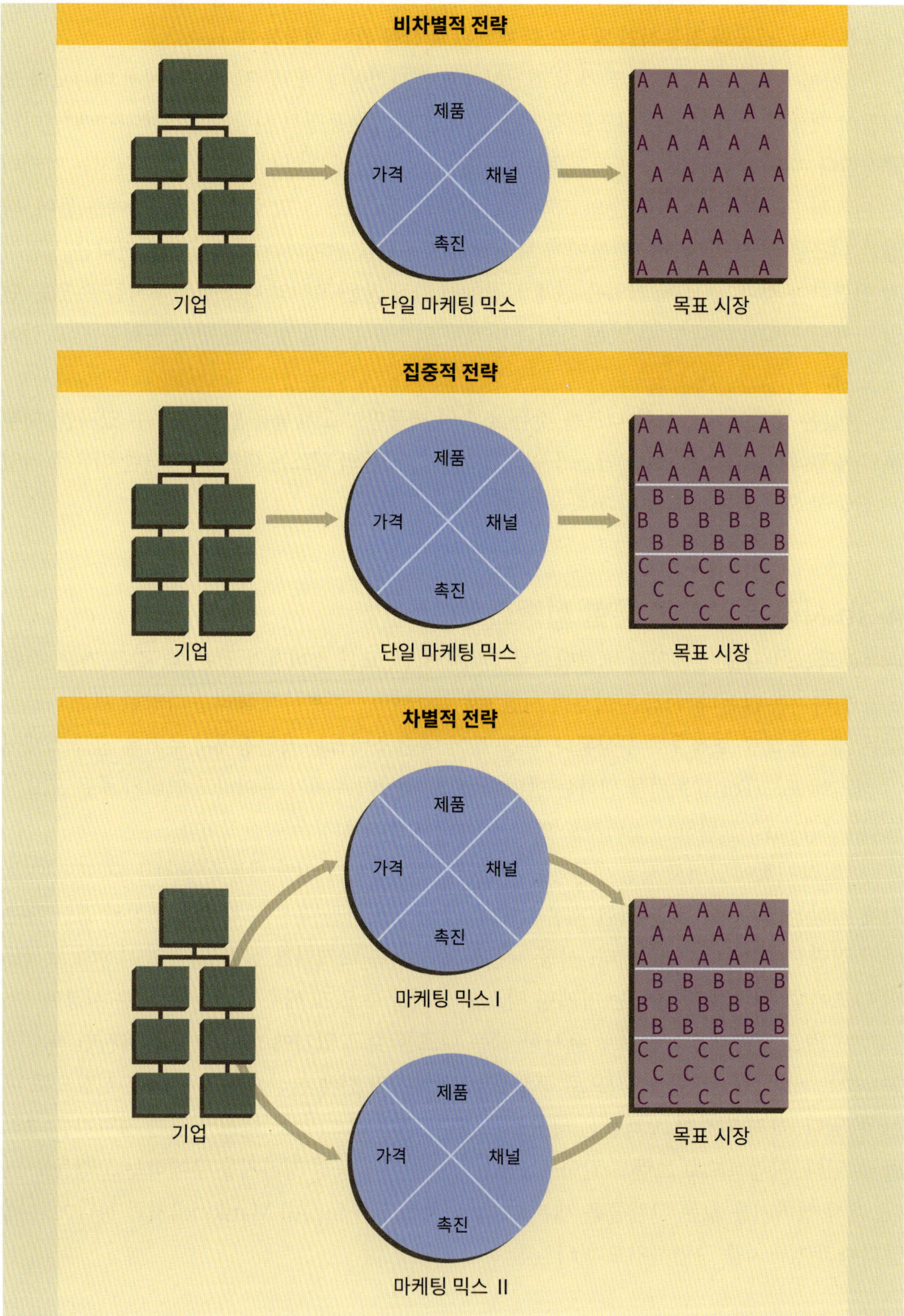
비차별적 전략
제품
가격
채널
촉진
기업
단일 마케팅 믹스
목표 시장
집중적 전략
제품
가격
채널
촉진
기업
단일 마케팅 믹스
목표 시장
차별적 전략
제품
가격
채널
촉진
마케팅 믹스 I
기업
목표 시장
제품
가격
채널
촉진
마케팅 믹스 II

이질적인 시장을 세분화하는 이유는 고객들의 니즈가 점점 더 다양해지고 있기에 기업은 전체 시장의 일부에 대해 만족스러운 마케팅 믹스를 개발하는 것이 가장 성공적일 것이다. 예를 들어 전기차 시장에서는 전기차에 대한 지식의 정도와 태도가 상이하므로 시장 세분화가 필요하다.[2] 대부분의 기업은 고객의 니즈를 가장 잘 충족시키기 위해 시장을 세분화한다.

시장 세분화가 성공적으로 되기 위해서는 다음의 다섯 조건이 있어야 한다. 첫째, 제품에 대한 고객의 니즈는 이질적이어야 한다. 그렇지 않다면, 시장을 세분화하는 것은 자원을 낭비하는 것이 된다. 둘째, 세분 시장은 식별되고 나눌 수 있어야 한다. 기업은 전체 시장을 상대적으로 유사한 제품 니즈를 가진 개인들로 구성된 집단으로 효과적으로 분리하기 위해 필요한 특성, 혹은 변수들을 찾아낼 수 있어야 한다. 셋째, 추정 판매 가능성, 원가, 이익의 관점에서 상이한 세분 시장을 마케터가 비교할 수 있어야 한다. 넷째, 세분 시장을 위한 마케팅 믹스를 개발하고 유지할 만큼의 충분한 이익 잠재성을 세분 시장은 갖고 있어야 한다. 마지막으로, 기업은 특정 마케팅 믹스를 갖는 세분 시장에 접근할 수 있어야 한다. 어떤 시장들은 법적, 사회적, 혹은 유통 규제 때문에 접근이 어렵거나 불가능할 수도 있다. 예를 들어, 담배 제품 생산자는 18세 미만이 합법적으로 담배를 소비할 수 없기 때문에 미국 어린이에게 담배 제품을 촉진하거나 배포할 수 없다.

집중적 타깃팅 전략 기업이 한 개의 마케팅 믹스 전략으로 단일 세분 시장에 마케팅 노력을 전개하는 시장 세분화 전략

기업이 한 개의 마케팅 믹스 전략으로 단일 세분 시장에 마케팅 노력을 전개할 때 **집중적 타깃팅 전략**concentrated targeting strategy을 채택했다고 한다. 그림 4.2에서 집중적 전략을 사용하는 기업은 "B" 고객에게만 마케팅 믹스를 목표로 하고 있음을 주목하라. 예를 들어 해피캠퍼 글루텐 프리(Happy Campers Gluten Free)는 글루텐, 밀, 유제품, 계란, 쌀, 옥수수가 포함되지 않은 건강한 빵으로 식품 조건과 알레르기가 있는 소비자와 그 가족을 목표로 한다.[3]

SOURCE: Centrum

차별적 타깃팅 전략 센트룸은 여성용 멀티 거미로 여성을 대상으로 하고 남성용 멀티거미로 남성을 대상으로 한다.

집중적 전략의 장점은 기업의 전문화를 가능하게 해준다는 것이다. 기업은 목표 고객 집단의 특성과 니즈를 분석하고, 목표 집단의 니즈를 만족시키기 위해 기업의 모든 역량을 투입할 수 있다. 세분 시장이 충분히 크다면 기업은 단일 세분 시장만으로도 큰 규모의 판매를 이끌어낼 수 있다. 단일 세분 시장에 집중함으로써, 자원이 한정된 기업이 더 작은 세분 시장을 간과한 대기업과 경쟁할 수 있게 해준다.

그러나 전문화는 기업이 자사의 모든 자원을 단일 목표 세분 시장에 투입하는 것을 의미한다. 기업의 매출이 단일 세분 시장에 의존하고 있고 해당 부문의 제품 수요가 감소하면, 기업의 재무 건전성도 나빠진다. 기업이 한 세분시장에 침투할 때 그 시장의 인기로 인해 기업이 마케팅 노력을 다른 세분 시장으로 확장하지 못할 수도 있기 때문에 집중적 전략은 기업이 성공할 수 있는 다른 세분 시장을 목표로 하는 것을 막을 수도 있다.

4-3c 시장 세분화를 통한 차별적 타깃팅 전략

차별적 타깃팅 전략 기업이 각 세분 시장에 하나의 마케팅 믹스를 개발하고 2개 이상의 세분 시장에 마케팅 노력을 투입하는 전략

차별적 타깃팅 전략differentiated targeting strategy을 펼치는 기업은 각 세분 시장에 하나의 마케팅 믹스를 개발하고 2개 이상의 세분 시장에 마케팅 노력을 투입하는 것이다(그림 4.2 참조). 기업이 하나의 세분 시장에 집중적 타깃팅 전략을 성공적으로 실행한 이후, 추가적인 세분 시장으로 확장하려는 마케팅 노력을 할 수도 있다. 예를 들어, 스티치 픽스(Stitch Fix)는 주로 여성 의류의 온라인 유료 회원제 서비스로 알려져 있다. 남성과 플러스 사이즈 소비자에게서도 추가적 잠재 시장 기회가 있음을 인지한 스티치 픽스는 최근 이러한 수익성 높은 부문에 소구하기 위한 유료 회원제 서비스 계획과 새로운 의류 브랜드를 출시했다.[4]

차별화된 마케팅 전략을 사용하여 서로 다른 두 시장을 공략하고 있는 센트룸(Centrum) 비타민 광고를 살펴보자. 센트룸 여성용 멀티거미(MultiGummies)는 여성이 목표이고, 센트룸 남성용 멀티거미는 남성이 목표이다. 광고는 비타민의 혁신과 많은 성인들에게 부족한 고 함량의 비타민 D3를 광고하고 있다. 다양한 비타민이 목표 시장의 니즈에 맞게 특별히 제조되었다. 잠재적 구매를 유인하기 위해 센트룸은 광고 내에 4달러 할인쿠폰을 제시하고 있다.

차별적 접근 방법의 이점은 마케팅 믹스들이 더 많은 고객을 목표로 하고 있기 때문에 기업이 전체 시장에서 매출을 높일 수 있다는 것이다. 이러한 이유로 추가적인 세분 시장에서 제품을 판매함으로써 초과 생산능력을 소화해내는 데 도움을 줄 수 있기에 충분한 생산능력을 갖춘 기업은 차별적 타깃팅 전략의 이점을 추구하려고 한다. 반면에 각 마케팅 믹스의 차별적 요소들이 다양하기 때문에 차별적 타깃팅 전략은 더 많은 생산 과정과 물적/인적 자원을 필요로 한다. 따라서 차별적 타깃팅 전략의 생산원가는 집중적 타깃팅 전략의 생산원가보다 훨씬 더 높다.

4-4 2단계: 사용할 시장 세분화 변수 결정하기

 # 학습목표 **주요 세분화 변수를 규명한다.**

시장 세분화 변수 하나의 시장을 세분 시장으로 나누기 위해 사용하는 개인, 집단, 혹은 조직의 특성들

시장 세분화 변수segmentation variable는 하나의 시장을 세분 시장으로 나누기 위해 사용하는 개인, 집단, 혹은 조직의 특성들이다. 위치, 연령, 성별, 제품 사용률 등 모든 것이 시장을 세분화하는 데 기준이 될 수 있다. 마케터는 시장을 세분화할 때 여러 변수들을 조합하여 사용해야 한다. 예를 들어 치어와인(Cheerwine)은 노스캐롤라이나에서 제조된 탄산음료 브랜드이다. 치어와인은 남부와 중부 대서양주의 주요 유통 지역 내의 탄산음료를 마시는 사람들과 광고 및 촉진적 효과를 위해 온라인 및 소셜 미디어를 많이 사용하는 젊은이들을 목표로 한다. 상대적으로 제한

된 지역에서만의 판매로 인해 치어와인은 멋진 지역 제품을 선호하는 소비자들 사이에서 인기를 유지하고 있다.[5] 세분화 변수는 가장 매력적인 세분 시장을 선정하기 위해 사용해야 한다. 선정 기준은 수익성을 창출하는 지속 가능한 경쟁 우위가 있는 지역을 포함한다. 따라서 경쟁력 분석은 최적의 세분화 변수를 찾는 데 강력한 예측 변수가 될 수 있다.[6]

세분화 변수를 선정하기 위해 마케터는 여러 사항들을 고려해야 한다. 세분화 변수는 제품 사용에 대한 고객들의 니즈 및 제품에 대한 고객들의 행동과 연관되어야 한다. 사람들의 자동차 선호도는 종교에 따라 크게 달라지지 않기 때문에 자동차 제품의 마케터는 종교가 아닌 소득, 연령, 성별로 자동차 시장을 세분화할 가능성이 높은 것을 생각해 보자. 전체 시장에 있는 개인 혹은 조직을 정확하게 분류할 수 있다면, 마케터는 연령, 위치, 성별 같은 측정 가능한 세분화 변수를 선택해야 한다.

시장을 세분화하는 가장 좋은 방법은 없으며 접근 방식은 여러 요인에 따라 달라진다. 기업의 자원과 능력은 사용되는 세분화 변수들의 수와 크기에 영향을 준다. 제품의 형태와 소비자 니즈의 변화 정도도 목표 세분 시장의 수와 크기에 영향을 준다. 어떤 접근 방법이 사용되든 간에, 하나 혹은 그 이상의 세분화 변수를 선택하는 것은 시장을 효율적으로 타깃팅하는 데 매우 중요한 단계이다. 부적절한 변수를 선정할 경우 성공적인 마케팅 전략을 개발할 기회가 제한된다. 따라서 잠재적 세분화 변수를 더 잘 이해하기 위해 다음 절에서는 소비자 시장 과 비즈니스 시장을 세분화하는 데 사용된 주요 변수들 간의 차이를 살펴볼 것이다.

4-4a 소비자 시장을 세분화하는 변수

소비자 시장을 세분화하는 마케터는 하나 혹은 여러 개의 변수들을 선택할 수 있다. 그림 4.3에서 보여주듯이, 세분화 변수는 인구통계적, 지리통계적, 심리통계적, 행동통계적이라 는 네 가지 핵심 차원으로 범주화할 수 있다.

인구통계적 변수

인구통계학자는 연령과 성별 분포, 출산율, 이주 패턴, 사망률 같은 전체적인 인구 특성을 연구한다. 마케터가 사용하는 인구통계학적인(demographic) 특성들은 연령, 성별, 인종, 민족, 소득, 교육, 직업, 가족 수, 가족생활주기, 종교와 사회계층을 포함한다. 마케터가 시장을 인구통계학적으로 세분화하는 이유는 고객의 니즈와 구매행동에 매우 밀접하게 연결되어 있고 쉽게 측정할 수 있기 때문이다.

연령은 세분화 목적을 위한 공유 변수이다. 자라, 포에버21, 아메리칸이글 아웃피터스(American Eagle Outfitters) 같은 소매점은 십대와 젊은 성인들을 대상으로 한다. 연령으로 시장을 세분화했다면 마케터는 연령 분포를 알아야 하고, 연령 분포가 어떻게 변화하고 있으

그림 4.3 소비자 시장의 세분화 변수

인구통계적 변수
- 연령
- 성별
- 인종
- 민족
- 소득
- 교육
- 직업
- 가족 수
- 가족생애주기
- 종교
- 사회계층

지리통계적 변수
- 지역
- 도시
- 교외
- 지방
- 도시 규모(도/시/군/읍/면/리)
- 시장 밀도
- 기후
- 지형

심리통계적 변수
- 개성
- 동기
- 라이프스타일

행동통계적 변수
- 사용량
- 사용 용도
- 추구 편익
- 브랜드 충성도
- 가격 민감성

며, 그러한 분포가 다양한 형태의 제품에 어떻게 영향을 줄 것인지를 알아야 한다. 베이비 부머 세대(1946년과 1964년 사이 출생)가 퇴직 연령에 도달하는 비율이 증가하고 있다. 한편, 밀레니얼 세대(1981년과 1996년 사이 출생)는 현재 총 6,200만 명이며 곧 베이비 부머 세대를 능가할 것이다. 1970년의 미국 시민의 평균 연령은 28.1세였으나 현재는 38세이다.[8] 미국인의 평균 연령이 높아짐에 따라 많은 마케터가 자사의 제품을 나이 든 성인을 대상으로 하는 방법을 강구하고 있다. 그림 4.4에서 보여주듯이 상이한 연령그룹에 속해있는 미국 소비자들은 상이한 라이프스타일, 가족의 사회적 신분과 건강 상태로 인해 상이한 제품 니즈를 갖는다. 예를 들어 65세 이상의 소비자들은 건강 관리에 대부분을 소비하고, 35세에서 64세 사이의 소비자들은 대부분을 주거와 식비에 소비한다. 힐튼 호텔은 작은 객실과 저렴한 가격, 트렌디한 레스토랑과 바를 이용할 수 있는 새로운 호텔 개념인 모토 바이 힐튼(Motto by Hilton)으로 35세 미만 고객을 공략하고 있다. 다양한 모든 고객층을 대상으로 호텔 제품을 보유하고 있는 힐튼은 이러한 새로운 개념이 밀레니얼 세대를 에어비앤비 및 기타 공유 숙박 웹사이트로부터 유인할 수 있기를 기대한다.[9]

성별은 의류, 음료, 처방전 없이 살 수 있는 약, 잡지, 식품, 개인위생용품을 포함하는 많은 제품들의 시장을 세분화하는 데 보통 사용한다. 맥주는 전통적으로 남성을 대상으로 판매되었지만, 앤하이저부시(Anheuser-Busch)의 과일 맛 맥주인 오렌지와 라임 버드라이트뿐만 아니라 마가리타 맛 맥주인 라임에이리타(Lime-A-Rita)는 여성 맥주 고객을 목표로 한다.[10]

그림4.4 제품군별 세대별 지출 수준

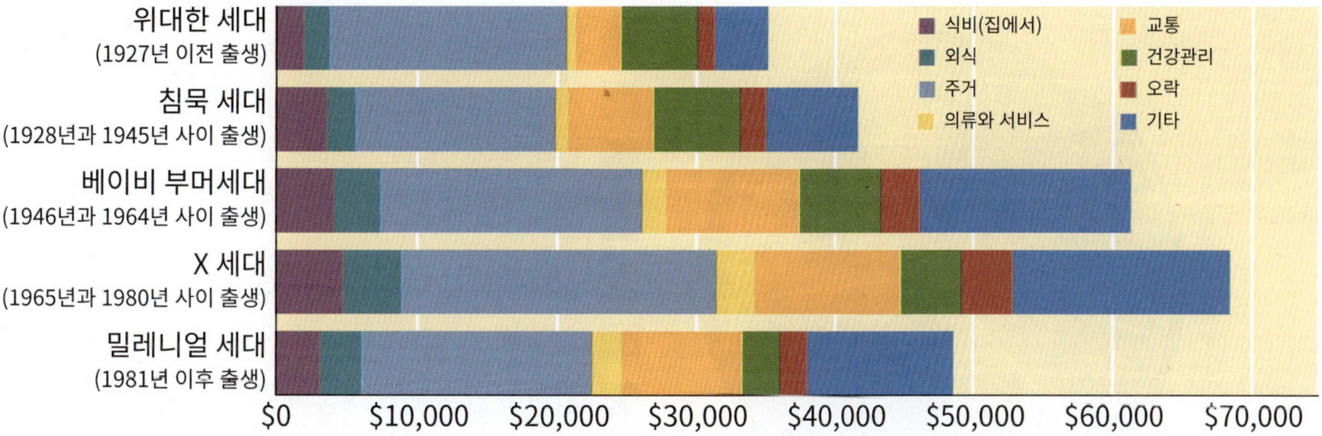

출처: "Why This Counts: Maximizing Our Data Using the Consumer Expenditure Survey," U.S. Bureau of Labor Statistics, press release, March 6, 2018, https://beta.bls.gov/labs/blogs/2018/03/06 /why-this-counts-maximizing-our-data-using-the-consumer-expenditure-survey/ (accessed January 4, 2019).

인구조사국의 발표에 따르면, 미국 전체 인구의 50.8%가 여성이고 49.2%가 남성이다.[11] 여성은 인구의 절반 이상을 차지하지만 구매 결정에 불균형적으로 영향을 미친다. 모든 소비자 구매의 85%가 여성이며, 이러한 이유로 마케터는 마케팅 의사결정 시에 여성 고객을 중심에 놓는다.[12] 로레알 파리 컬러리스타 스프레이(L'Oréal Paris Colorista Spray) 염모제 광고를 살펴보자. 젊은 여성 잡지의 광고에는 선명한 자주색을 머리에 뿌린 모델의 사진을 보여준다. 사진 아래에는 십대 소녀와 젊은 여성이 관심을 가질 만한 제품의 혜택을 설명하고 있다.

마케터는 많은 제품 시장을 세분화하는 변수로 인종과 민족을 사용한다. 예를 들어 화장품은 고객의 피부색과 제품의 색조를 맞추는 것이 중요한 산업이다. 이만(Iman) 화장품은 에티오피아의 슈퍼모델 이만이 만든 라인으로, 다양한 인종과 민족의 여성들의 피부톤을 돋보이게 하기 위해 더 강렬한 색상을 만든다. 이 제품은 피부 톤이 밝은 여성을 고객으로 하지 않는다.[13]

소득도 소비자의 제품 구매에 강력한 영향을 주기 때문에 시장 세분화에 사용되는 변수이다. 소득은 소비자의 라이

Source: L'Oréal

성별로 세분화하기 모발 관리 제품은 성별에 따라 세분화된다. 로레알의 컬러리스타 스프레이는 여성 전용이다.

그림 4.5 전체 가구의 비율로 본 가족생애주기

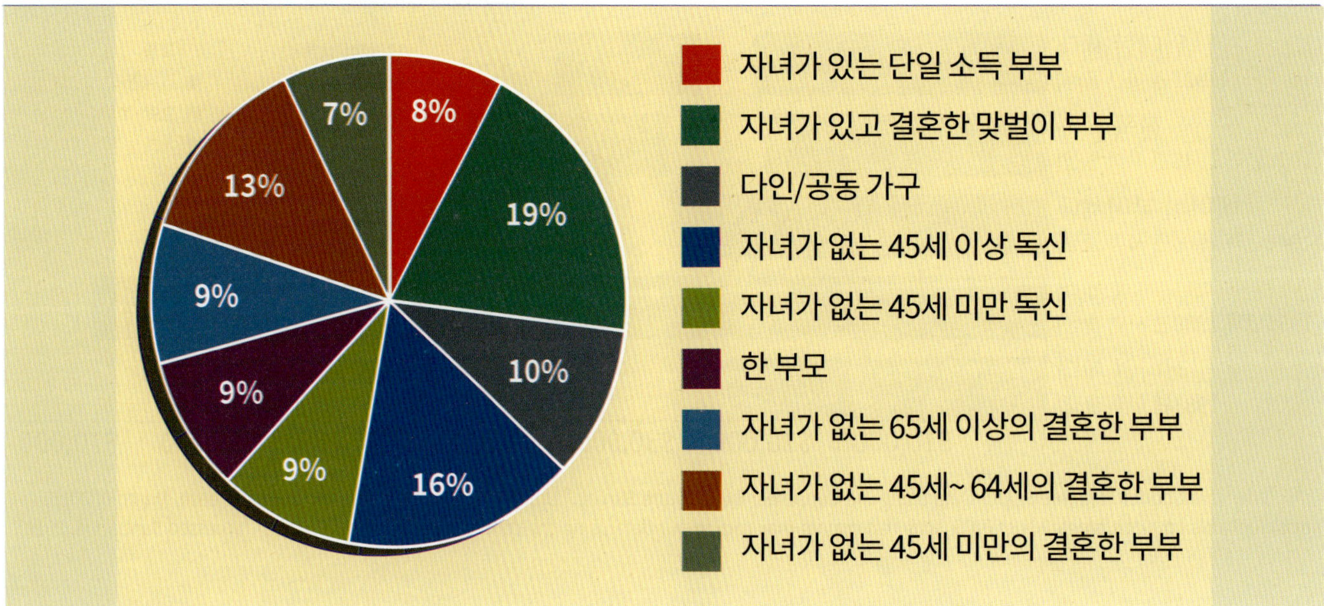

프스타일과 소비자가 무엇을 구매할 수 있는가에도 영향을 준다. 스포츠 용품, 주택, 가구, 화장품, 의류, 보석, 주방가전, 자동차, 전자제품 시장은 소득으로 세분화가 된다. 더 큰 구매력 때문에 고소득 소비자를 목표로 삼는 것이 명백해 보일 수 있지만 많은 마케터는 저소득 세분시장이 전 세계적으로 훨씬 더 많은 인구를 대표하기 때문에 저소득 세분 시장을 목표로 선택한다.

가구 소득과 제품 니즈에 영향을 주는 변수들 중에는 결혼 상태, 자녀의 유무와 자녀의 연령도 있다. 종종 결합되어 가족생애주기라고 불리는 이러한 변수들은 주택, 가전 제품, 식품, 음료, 자동차와 레크리에이션 장비에 대한 소비자의 니즈에 영향을 미친다. 결혼 같은 생애주기 단계 간의 전환도 마케터에게는 관심사이다. 미국에서 매년 200만 건 이상의 결혼식이 진행되고 평균 결혼식 비용이 35,329달러임을 생각해 보자. 마케터는 예비 부모가 아기를 주제로 한 마케팅에 관심을 가지고 약혼한 커플은 결혼 관련 마케팅 메시지에 매우 관심을 가질 것이라는 점을 알고 있어 결혼과 약혼 시장은 매우 매력적인 세분시장이 될 것이라고 예측한다.[14] 가족생애주기는 그림 4.5와 같이 다양하게 나눌 수 있다. 이 그림은 9개의 범주로 분류된 단계를 보여준다.

가족생애주기와 연관된 미국 가구의 구성은 지난 몇십 년 동안 크게 변해왔다. 한 부모 가구가 증가하고 있으며 18세 미만 아동의 27%가 한 부모와 함께 살고 있다. 실제로 첫 번째 결혼한 부모가 함께 사는 가구는 1960년대 미국 전체 가구의 73%에서 2018년에는 46%로 감소했다.[15] 미국인의 거의 15%가 혼자 살고 있지만 그 수치는 노령층에 편중되어 있다.[16] 소규모 가구가 최근에 증가함에 따라 마케터의 관심을 불러일으키고 있다. 예를 들어, 약 1,800만 가구가 미혼 부부로 구성되어 있으며, 이는 2007년에 1,400만 가구에서 증가한 수치이다.[17] 동성 간에 함께 사는 가구도 거의 90만 가구에 이른다.[18] 소비자들은 다양한 형태로 살아가며 재화와 서비스에 대한 요구도 상이하다. 따라서 이러한 인구통계적 변화를 추적함으로써 마케터는 소비자의 변화하는 라이프스타일에 맞춘 새로운 마케팅 믹스로 목표 시장의 니즈를 만족시키는 데 도움을 받는 것이다.

지리통계적 세분화 기후는 많은 시장에 영향을 미친다. 타이어 같은 사동사 부품에 대한 고객 니즈는 기후에 따라 다르다.

iStock.com/LeManna

지리통계적 변수

기후, 지형, 도시 규모, 시장 밀도, 도시/교외지역 같은 지리통계적(geographic) 변수도 소비자의 제품 니즈에 영향을 준다. 위치, 기후, 지역의 차이가 소비자의 니즈에 영향을 주기 때문에 시장은 지리통계적 변수로 나누어진다. 예를 들어 미국 남부에 거주하는 소비자들은 스노우 타이어에 대한 니즈가 전혀 없다. 미국 전국에 제품을 판매하고 있는 기업은 미국을 태평양, 남서부, 중부, 중서부, 남동부, 중부대서양 그리고 뉴잉글랜드 지역으로 나눌 수 있다. 하나 혹은 여러 주에서 판매를 하고 있는 기업은 시, 군, 우편번호 등으로 시장을 나눌 수도 있다.

도시 규모는 중요한 시장 세분화 변수가 될 수 있다. 많은 기업은 인구수가 적으면 적절한 이익을 만들어낼 수가 없다고 판단하여 특정 규모가 넘는 도시들에 한해 마케팅 노력을 하려고 한다. 다른 기업들은 더 작은 도시에서 적극적으로 기회를 찾는다. 월마트의 예를 보면, 처음에 작은 도시에서만 시작했지만, 지금도 다른 대형 소매점이 멀리 떨어져 있는 작은 도시에 진출하고 있다. 만일 마케터가 도시 규모 같은 지리통계적 변수로 시장을 나눌 경우 인구수와 인구통계에 관한 미국 인구 조사국의 보고서도 상당히 좋은 자료가 될 것이다.

시장 밀도market density는 평방마일 같은 토지 면적 단위 안의 잠재적인 고객 수를 말한 다. 시장 밀도가 일반적으로 인구 밀도와 연관되어 있지만 상관관계는 정확하지 않다. 예를 들어, 규모와 인구가 거의 같은 두 개의 서로 다른 지리통계적 시장에서 사무용품의 시장 밀도는 교외 같은 주로 주거 지역인 다른 지역보다 시내 중심가 같이 많은 비즈니스 고객이 포함된 지역에서 훨씬 더 높을 것이다. 저밀도 시장은 고밀도 시장과는 다른 판매, 광고와 유통 활동을 필요로 하기 때문에 시장 밀도는 유용한 시장 세분화 변수이다.

시장 밀도 토지 면적 단위 안의 잠재고객의 수

마케터는 지리인구통계학적 시장 세분화를 한다. **지리인구통계학적 세분화geodemographic segmentation**는 라이프스타일과 인구통계학적 정보를 바탕으로 우편번호 혹은 지역 단위로 소비자들을 나눈다. 소비자들이 기본적인 라이프스타일과 정치적 신념이 유사한 지역에 거주하려

지리인구통계학적 세분화 라이프스타일과 인구통계학적 정보를 바탕으로 우편번호 혹은 지역 단위로 소비자들을 나누는 시장 세분화 방법

고 할 때 이러한 방식의 타깃팅이 효과적일 수도 있다. 도넬리 마케팅 정보 서비스(Donnelley Marketing Information Services)와 클라리타스(Claritas) 같은 정보 회사는 각각 프로스펙트 존(Prospect Zone) 및 프리즘(PRIZM)이라는 지리 인구통계학적 데이터 서비스를 제공한다. 예를 들어, 프리즘은 거주자의 인구통계학적 정보를 바탕으로 우편번호 지역을 68개의 세분 시장으로 분류하고 있다.[19]

미시마케팅 공동체와 개인지역 같은 아주 작은 지리통계학적 시장에 정밀한 마케팅 노력을 집중하는 시장 세분화 접근법

지리인구통계학적 세분화로 마케터는 미시마케팅을 실행할 수 있다. **미시마케팅micro-marketing**은 공동체와 개인지역 같은 아주 작은 지리통계학적 시장에 정밀한 마케팅 노력을 집중하는 것을 포함한다. 금융 및 건강관리 서비스업, 소매업과 소비재 기업들이 미시마케팅을 사용한다. 많은 소매업체가 개별 점포의 제품 믹스를 결정하기 위해 미시마케팅을 사용한다. 정확한 이익집단을 찾아주는 인터넷의 능력으로 기업들은 온라인 소매업에 미시마케팅을 적용하고 있다. 정확한 이익 그룹을 타깃팅하는 인터넷의 능력을 감안할 때 온라인 소매업에서 기업들의 미시 마케팅의 사용이 점점 더 증가할 것이다. 전통적인 미시마케팅과는 달리, 온라인 미시마케팅은 지리적으로 제한되지 않는다. 온라인에 풍부한 소비자 정보로 마케터는 매우 구체적인 소비자 틈새시장에 효율적이고 효과적으로 소구할 수 있다.

기후는 소비자 행동과 제품 니즈에 광범위하게 영향을 주기 때문에 지리적 세분화 변수로 널리 사용된다. 기후에 영향을 받는 제품 시장은 냉방과 난방용품, 벽난로용품, 의류, 원예 용품, 오락용품, 건축자재 시장이다. 마케팅 분석은 마케터가 기후와 날씨를 기반으로한 세분 시장을 보다 더 정확하게 타겟팅하는 데 도움이 될 수 있다. 예를 들어 일기예보사이트(www.weather.com)의 광고주가 추세를 파악하여 이상적인 기회에 매우 구체적인 세분시장에 광고가 나갈 수 있도록 일기예보 채널은 상세히 세분화한 기후 데이터와 판매 데이터를 결합했다. 한 에어컨 회사는 폭염이 예상되는 지역에 광고를 집중할 수 있었다. 또 한 예로 팬틴은 습도가 높은 지역의 여성만을 대상으로 곱슬거림을 펴주는 프로 브이 스므스(Pro-V Smooth) 제품에 대한 광고를 했다.[20] 디지털 마케팅과 마케팅 분석이 세분 시장을 매우 정확하게 타겟팅할 수 있도록 상당한 도움을 주고 있다.

심리통계적 변수

마케터는 개성, 동기와 라이프스타일 같은 심리통계적(psychographic) 변수를 사용한다. 심리통계적 변수는 단독으로 사용될 수도 있고 다른 세분화 변수와 결합하여 사용될 수도 있다. 예를 들어 자녀를 위한 소프트웨어와 테크놀러지를 구매할 때 인구통계학적 변수보다는 부모의 태도와 동기가 더 주요한 구매 결정 요인이 된다. 심리통계적 변수를 사용하여 마케팅 조사자는 가족 테크놀러지 시장을 세 개의 세분시장으로 나눌 수 있다. 자녀가 스스로 테크놀러지 결정을 내릴 수 있다고 자신하는 조력자는 엔터테인먼트 가치를 기반으로 제품에 관심을 가진다. 자녀의 스크린 타임을 최소화하기 위해 노력하는 제한자는 일반적으로 자녀의 학업 능력을 향상시킬 수

있는 제품에 관심을 가진다. 마지막으로, 자녀의 테크놀러지 사용을 적극적으로 장려하고 지도하는 것을 선호하는 부모는 일반적으로 재미와 교육적 가치의 균형을 맞춘 제품을 찾는다. 이러한 세분화는 기본 인구통계학적 변수를 기반으로 하는 세분화와는 다른 세분시장들에 도달하기 위한 다른 전략들을 제안한다.[21]

Source: Toyota Motor Corporation

라이프스타일 세분화 토요타 TRD 프로 시리즈 광고는 오프로드 모험 같은 특정 라이프스타일을 추구하는 고객들에게 어필하고 있다.

경쟁제품 간에 차별점이 없고 소비자의 니즈가 다른 세분화 변수와 의미 있게 연결되지 않을 때 개성은 세분화의 유용한 수단이 될 수 있다. 그러나 개성에 따라 시장을 세분화하는 것은 위험할 수도 있다. 마케팅 실무자들이 소비자 의사결정과 제품 사용이 개성에 따라 다양하다고 오랫동안 믿어왔지만, 마케팅 조사자는 약한 관계만이 있음을 지적하고 있다. 특히 대부분의 개성 항목 관련 질문은 세분화 목적이 아닌 진단 용도로 개발되었기 때문에 개성 특성을 정확하게 측정하기는 어렵는 것이다.

개성 특성으로 소구될 때, 마케터는 많은 소비자가 긍정적으로 보는 것을 대부분 선택하게 된다. 이러한 특성을 갖고 싶어 하는 소비자뿐만 아니라 이러한 특성을 가진 소비자는 그 마케터의 브랜드를 구매하도록 영향을 받을 것이다. 이 접근 방법을 사용하는 마케터는 얼마나 많은 소비자가 긍정적으로 평가되는 개성 특성을 갖고 있는지를 측정하는 것에 대해서는 걱정하지 않는다. 마케터들은 목표 시장의 매우 많은 소비자가 그 개성 특성을 갖고 있거나 갖기를 바란다고 가정하고 있다.

동기로 시장을 세분화할 때 시장은 소비자가 구매하는 이유에 따라 나누어진다. 개인의 외모, 소속감, 신분, 안전과 건강은 소비자가 구매한 제품의 형태와 소비자의 구매 점포 선택에 영향을 주는 동기의 예이다. 특별한 동기 기반의 마케팅 노력은 기업의 경쟁우위가 될 수 있다.

라이프스타일 세분화는 소비자들이 시간을 어떻게 쓰는 지, 자신의 환경에서 사물의 중요성(예를 들어, 가정 혹은 일), 자신과 다양한 문제에 대한 믿음, 그리고 소득과 교육 같은 인구통계학적 특성에 따라 소비자 개개인을 집단화 한다.[22] 예를 들어 토요타 트럭과 SUV 광고를 보자. 이 광고는 심한 진흙탕 길을 달리는 토요타 TRD Pro 트럭들을 보여준다. 그러나 트럭과 SUV를 즐기는 모든 사람을 대상으로 하는 것이 아니라 자신의 라이프스타일을 만족시키기 위해 더러워질 수 있는 견고한 차량을 필요로 하는 열렬한 오프로드 모험가를 대상으로 한다. 광고는 목표 고객에게 "더러워지기 전까지는 당신의 것이 아닙니다."라고 슬로건을 제시하고 있다. 라이프스

DISRUPTIVE MARKETING

파괴적 마케팅

지미니 크리켓 : 크립스 칩은 미래의 간식인가?

식스 푸드(Six Foods)에서 판매하는 크립스(Chirps) 칩은 귀뚜라미라는 놀라운 재료가 포함된 바삭바삭한 또띠야 종류의 칩이다. 크립스 칩은 옥수수가루, 네이비 콩가루, 향신료와 귀뚜라미 가루를 포함하여 천연재료만 사용하여 만든 글루텐 프리, 고단백 건강식 칩이다. 이는 풍부한 단백질 공급원인 가루로 만든 귀뚜라미가 들어 있다. 귀뚜라미는 다리가 6개이기 때문에 회사 이름이 식스 푸드이다.

설립자인 로즈 왕(Rose Wang), 로라 디아사로(Laura D'Asaro)와 메릴 브레이드바트(Meryl Breidbart)는 벌레로 만든 음식을 맛본 후 크립스 칩에 대한 아이디어를 얻었다. 그들은 전 세계적으로 수억 명의 사람들이 매일 식단의 일부로 전갈과 다른 곤충을 먹는다는 것을 알고 있었다. 곤충 단백질은 소와 기타 전통적인 단백질 공급원보다 더 싸고 더 부드럽다. 450g의 쇠고기를 생산하려면 4,000리터 이상의 물이 필요하나, 귀뚜라미 가루 450g을 생산하는 데는 물 4리터가 필요하다.

식스 푸드의 목표는 "대체 단백질 공급원으로 곤충 섭취를 확산시키는 것"이라고 메릴은 말한다. 식스 푸드는 '샤크 탱크(Shark Tank)'라는 리얼리티 TV 쇼에서 크립스 칩를 소개한 후 억만장자 기업가인 마크 큐번(Mark Cuban)으로부터 막대한 투자를 유치했다. 식스 푸드는 고단백 귀뚜라미 가루로 만든 글루텐 프리 칩의 참신함과 영양 성분을 좋아하며 환경을 생각하고 건강한 라이프스타일을 추구하는 소비자를 대상으로 한다. 크립스 칩은 전국적으로 천 개 이상의 점포와 아마존에서 온라인으로 구입할 수 있다. 또한 가정에서도 만들 수 있도록 귀뚜라미가 풍부한 쿠키 믹스와 귀뚜라미 가루를 판매한다. 크립스 칩은 미국의 간식 습관을 바꾸고 짭짤한 간식을 선호하는 미국 시장을 흔들어 놓을 수 있을까?[a]

타일은 소비자들의 활동(예: 업무, 취미, 오락, 운동), 관심(예: 가족, 가정, 패션, 식품, 테크놀러지), 의견 (예: 정치적, 사회적 이슈들, 교육, 미래)에 관련된 수많은 특성들을 포함하고 있기 때문에 라이프스타일 분석은 소비자들에 대한 광범위한 관점을 제공한다.

마케터들은 인구통계학적 변수로 세분화하는 데 클라리타스의 프리즘을 널리 사용한다. 프리즘은 심리통계적 변수와 라이프스타일을 기준으로 시장을 세분화하는 데 사용할 수 있다. 프리즘은 마케터를 위한 가장 강력한 도구의 결과물로 마케터가 자신의 고객과 잠재 고객을 규명하고, 이해하고, 접근하는 데 도움을 주기 위해 인구통계학적, 소비자 행동, 지리통계학적 자료를 결합했다.[23] 프리즘은 좋아함, 싫어함, 라이프스타일과 구매행동 같은 요인들을 반영하여 미국 가구들을 인구통계학적, 행동통계학적으로 명확한 세분 시장으로 나눈다. 수천 명의 마케터가 사용하고 있는 프리즘은 마케터가 매우 다양하고 복잡한 시장에서 고객을 이해하고 도달하는 데 도움을 주는 일반적인 도구이다. 포춘 잡지 500 기업들 중 많은 기업을 포함하여 수천 명의 마케터가 사용하는 프리즘은 매우 다양하고 복잡한 시장에서 고객을 이해하고 접근하기 위한 일반전인 도구이다.

행동통계적 변수들

기업들은 일반적으로 제품 사용의 측면에 관련된 소비자 행동에 따라 시장을 나눌 수 있다. 그래서 시장은 사용자-대량 사용자, 중량 사용자, 소량 사용자-와 비사용자로 분류한다. 대량 사용자 같은 특정 집단을 만족시키기 위해 마케터는 독특한 제품을 개발하고 가격을 정하거나 특별한 촉진과 유통 활동을 시작할 수도 있다. 1인당 소비 자료는 제품군별 상이한 사용 수준의 결정을 도와준다. 특정 방식으로 제품을 사용하는 고객들을 만족시키기 위해 패키징, 크기, 질감, 색상 같은 특징을 활용해서 제품의 사용을 더 쉽고, 안전하고, 더 편리하게 만들 수 있다. 사용자가 스마트폰이나 기타 모바일 장치를 사용하고 있을 때를 감지하고 모바일 사용자에게 최적의 영상을 제공하기 위해 화질을 조정하는 방향으로 많은 웹 기반 서비스가 수정되고 있다.

편익 세분화 소비자들이 제품으로부터 원하는 편익에 따라 시장을 나누는 것

편익 세분화benefit segmentation는 소비자들이 제품으로부터 원하는 편익에 따라 시장을 나누는 것이다. 대부분의 시장 세분화가 변수와 고객 니즈의 관계를 가정하지만, 편익 세분화는 고객들이 추구하는 편익이 제품의 니즈라는 점에서 다르다. 처방전이 필요 없는 감기약을 구매하려는 고객이 두 가지 편익(콧물 멈춤과 울혈 완화)에 특별히 관심이 있다고 생각해 보자. 바라는 편익을 결정함으로써 마케터는 소비자들이 추구하는 편익으로 집단을 나눌 수 있다. 그러한 세분화의 효과성은 다음의 세 가지 조건에 달려있다. (1) 추구하는 편익은 식별이 가능해야 하며, (2) 이 편익들을 활용하여 마케터는 소비자를 인지 가능한 세분 시장으로 나눌 수 있어야 하고, (3) 하나 혹은 그 이상의 세분 시장에 기업의 마케팅 노력이 반영될 수 있어야 한다.

마케터는 많은 특성을 사용하여 소비자 시장을 세분화할 수 있다. 그러나 마케터는 비즈니스 시장을 세분화하기 위해 같은 변수를 사용하지 않는다. 다음 절에서 비즈니스 시장 세분화에 대해 살펴볼 것이다.

4.4b 비즈니스 시장을 세분화하는 변수들

소비자 시장과 마찬가지로 비즈니스 시장도 마케팅 목적을 위해 세분화된다. 마케터는 비즈니스 시장을 지리적 위치, 기업의 형태, 고객 규모, 제품용도에 따라 세분화한다.

마케팅과 기업가 정신

운전자가 주차 공간을 찾을 수 있도록 도와주는 스팟히어로

10년 전 마크 로렌스(Mark Lawrence)는 복잡한 시카고 시내에서 주차 공간을 찾아 한참을 헤매이며 답답고 고 화가 났던 경험을 했다. 그는 시간이 지나면서 잘못된 장소에 주차를 하는 경우 주차위반 티켓을 받을 것을 알고 있었다. 시간과 돈 낭비에 지친 로렌스는 필요할 때 언제 어디서나 주차 공간을 예약하기 위한 기술 기반 해결책으로 2011년 스팟히어로(SpotHero)를 설립했다.

처음에는 웹 사이트로 출발하였으나 지금은 앱을 통해 편리하게 사용할 수 있는 스팟히어로는 목적지 근처의 주차장과 차고를 찾고, 가격을 비교하고, 예약하고, 선결제를 통해 운전자가 미리 계획할 수 있도록 해준다. 고객이 예약한 주차장에 도착하여 출력해 온 "주차권"이나 앱의 예약 화면을 보여주고 주차를 하면 된다.

처음 3년 동안 스팟히어로는 본사가 위치한 시카고에서만 운영하면서 공격적인 확장 계획을 실행하기 전까지 고객의 니즈를 조사하고 서비스에 대해 미세한 수정을 했다. 현재 스팟히어로는 북미 50개 도시의 5,000개 이상의 주차 시설에 대한 예약 서비스를 제공하고 있다. 회사의 수익은 고객이 예약하는 모든 지점에 대해 저렴한 수수료를 통해 빠르게 증가하고 있다.

CEO는 기술 기반의 고객 편의에 맞춘 주차 서비스에 대한 수요가 앞으로 계속 증가할 것으로 내다보고 있다. 그렇기 때문에 스팟히어로는 통신과 내비게이션에 진보된 시스템이 장착된 차량과 구글 어시스턴트와 함께 연동되어 사용할 수 있어야 한다. 또한 CEO는 최신 무인 자동차를 수용할 수 있는 수백 개의 주차 시설 확보도 준비하고 있다. 목표 시장의 변화하는 니즈를 충족시키기 위해 지속적인 혁신을 하고 있는 스팟히어로를 지켜보자.[b]

지리적 위치

기후, 지형, 혹은 지역 고객 선호도의 차이 때문에 일부 소비재에 대한 수요는 지역 간에 매우 다르다고 앞에서 언급했다. 산업재에 대한 수요도 지리적 위치에 따라 다르다. 예를 들어, 목재 생산자들은 고객들의 니즈가 지역별로 다르기 때문에 목재 시장을 지역에 따라 나눈다. 가구와 직물 생산자들이 남동부 지역에 집중되어 있는 것처럼 지리통계적 세분화는 특정 지역에 집중되어 있는 산업들을 찾는 생산자들에게 매우 적절할 수 있다.

기업의 형태

대부분의 기업들이 상이한 제품 특성, 유통체계, 가격구조와 판매 전략을 필요로 하기 때문에 기업은 시장 내의 기업의 형태에 따라 그 시장을 세분화한다. 이러한 다양성을 반영하여, 기업은 하나의 마케팅 믹스(집중화 타깃팅 전략)로 하나의 세분 시장에 집중하거나 다중 믹스(차별적 타깃팅 전략)로 여러 집단에 초점을 맞출 수도 있다. 예를 들어, 카펫 생산자는 잠재 고객을 자동차 제조업체, 주택 건설업체, 상업용 카펫 계약업체(대형 상업용 건물에 카펫을 까는 회사), 카펫 도매상들과 소매 카펫 아웃렛 같은 집단으로 세분화한다.

Source: Capital One

비즈니스 시장 세분화하기 캐피털원의 스파크 비즈니스 신용 카드는 소기업을 목표로 하고 있다.

고객 규모

기업의 규모는 구매 절차와 그 기업이 원하는 제품의 유형과 수량에 영향을 미친다. 따라서 규모는 비즈니스 시장을 세분화하기 위한 효과적인 변수가 된다. 특정 규모의 세분 시장에 도달하기 위해 마케터는 하나 이상의 마케팅 믹스 요소를 조정해야 한다. 예를 들어, 대량으로 구매하는 고객들에게는 구매 인센티브 같은 할인을 해주는 경우도 있다. 중소기업을 대상으로 하는 캐피털원 스파크 비즈니스(Capital One Spark Business) 신용카드 광고를 생각해 보자. 마케팅 전략의 일환으로 광고에서 스파크 비즈니스 카드가 카드 사용금액에 대해 2%의 캐쉬백이 어떻게 소기업에게 도움이 되는지를 알리고 있다. 광고에서 강조하고 있는 것은 신용 카드의 캐쉬백 혜택 덕분에 직원들에게 의료 혜택을 제공할 수 있는 자원을 찾을 수 있었던 한 중소기업의 예이다. 더 높은 수준의 고객 서비스가 요구되거나 주문의 규모나 복잡성으로 더 높은 수준의 고객 서비스를 요구하는 규모가 큰 고객들의 비즈니스 시장에서의 인적 판매는 일반적이며 예상되는 것이다. 대량 구매자와 소량 구매자들의 니즈는 서로 다른 경향이 있기 때문에 마케터는 목표 고객 집단에 도달하기 위해 상이한 마케팅 방식을 사용한다.

제품용도

특정 제품, 특히 철강, 석유, 플라스틱, 목재 같은 기본 원자재는 제품을 생산하기 위해 다양한 방식으로 사용된다. 이러한 다양함은 구매되는 제품의 유형과 양뿐만 아니라 구매되는 방식에도 영향을 준다. 예를 들어 컴퓨터는 엔지니어링 목적, 기초 과학 연구 및 워드 프로세싱, 회계 및 통신 같은 비즈니스 운영에 사용된다. 따라서 컴퓨터 제조업체는 컴퓨터 하드웨어 및 소프트웨어에 대한 기업의 니즈가 제품 구매 목적에 따라 다르기 때문에 사용 유형별로 컴퓨터 시장을 세분화할 수 있다.

4-5 3단계: 세분시장 프로필 개발하기

 # 학습목표 세분 시장의 프로필은 무엇이고 어떻게 활용하는가를 설명한다.

세분 시장 프로필은 세분 시장 내 잠재적 고객들의 유사성을 서술해주고, 다른 세분 시장에 속한 고객들과 조직들 사이의 차이점을 설명해준다. 프로필은 인구통계적 특성, 지리통계적 요인들, 추구하는 제품 편익, 라이프스타일, 브랜드 선호도와 사용률 같은 측면들을 포함한다. 세분 시장 내의 개인들과 기업들은 여러 특징들과 제품 니즈의 관점에서 상대적으로 유사하지만 다른 세분 시장에 속한 개인들 및 기업들과는 매우 다르다. 마케터들은 자사의 제품이 잠재 고객들의 제품 니즈에 적합한 정도를 평가하기 위해 세분 시장 프로필을 사용한다. 세분 시장 프로필은 잠재적인 고객 집단에 서비스하기 위해 기업이 자사의 역량을 어떻게 사용할 수 있는지를 마케터들이 이해하는 데 도움을 준다.

세분 시장 프로필은 기업의 강점, 약점, 목표 및 자원에 관련하여 어떤 세분 시장 혹은 세분 시장들이 기업에 가장 매력적인지를 파악하는 데 도움을 준다. 마케터는 처음에는 특정 세분 시장이 매력적이라고 생각할 수 있지만, 세분 시장 프로필은 상반된 정보를 산출할 수 있다. 세분 시장 프로필은 특정 세분 시장 혹은 세분 시장들에 관련하여 기업이 마케팅 의사결정을 하는 데 유용하다.

4-6 4단계: 세분시장 평가하기

 # 학습목표 세분 시장을 어떻게 평가하는가를 설명한다.

세분 시장 프로필을 분석한 후 마케팅 담당자는 추가 분석이 필요한 유망한 세분 시장들을 찾아낼 수 있어야 한다. 마케터는 각 세분 시장에 관련하여 매출 추정(sales estimates), 경쟁력 평가(competitive assessment) 및 원가 추정(cost estimates)을 분석해야 한다.

4-6a 매출 추정

세분시장의 잠재적 매출은 제품수준, 지리적 영역, 시기와 경쟁수준을 포함한 여러 차원에 따라 측정된다.[24] 제품수준의 관점에서, 잠재적 매출은 특정 제품(예를 들어, 생강 라임 다이어트 코크) 혹은 전체 제품라인(예를 들어, 다이어트 코크, 다이어트 코크 체리, 다이어트 코크 오렌지, 다이어트 코크

망고와 다이어트 코크 생강 라임은 하나의 제품 라인을 구성하는 제품들이다)에 대해서 측정할 수 있다. 마케터는 매출 추정에 포함할 지역 또한 결정해야 한다. 시기와 관련하여, 매출 추정은 단기(1년 이하), 중기(1~5년), 혹은 장기(5년 이상)가 된다. 경쟁 수준은 매출이 단일 기업에 대한 추정인지 혹은 산업 전체에 대한 추정인지를 구체화한다.

출처: 2017 Edelman Earned Brand study.

시장 잠재력market potential은 산업 전반에 걸친 마케팅 활동의 특정 수준에서 일정 기간 동안 고객들이 구매할 제품의 총량이다. 시장 잠재력은 금액 혹은 단위로 나타낸다. 세분 시장의 시장 잠재력은 경제적, 사회문화적 및 기타 환경요인에 의해 영향을 받는다. 마케팅 노력의 구체적인 수준은 기업마다 다르며, 모든 기업들의 마케팅 활동을 합하면 업계 전체의 마케팅 노력 합계가 된다. 마케터는 시간이 지남에 따라 업계의 마케팅 노력이 변화할지 여부와 어느 정도로 변할 것인지도 추정해야 한다.

시장 잠재력 산업 전반에 걸친 마케팅 활동의 특정 수준에서 일정 기간 동안 고객들이 구매할 제품의 전체 양

기업의 매출 잠재력company sales potential은 특정 산업군에서 개별 기업이 특정 제품으로 얻을 것으로 기대할 수 있는 시장 점유율의 최대 비율이다. 세분 시장에 대한 기업의 매출 잠재력에 영향을 주는 세 가지 요인은 다음과 같다. 첫째, 시장 잠재력은 기업이 시장 잠재력을 초과할 수 없다는 기업의 매출 잠재력의 규모에 대한 절대 범위를 정해준다. 둘째, 산업 전반에 걸친 마케팅 활동의 규모는 기업의 매출 잠재력에 간접적이지만 확실하게 영향을 미친다. 예를 들어, 도미노 피자가 배달을 광고할 때, 그 활동은 일반적으로 피자를 간접적으로 광고한다. 이 광고는 피자에 대한 욕구를 만들어 낼 수 있지만, 피자헛이 더 친숙하기 때문에 피자헛에 전화를 하게 할 수도 있다. 셋째, 경쟁자의 마케팅 활동 대비 기업의 마케팅 활동의 강도와 효과는 기업의 매출 잠재력의 규모에 영향을 준다. 만일 기업이 마케팅 노력에 어떤 경쟁자보다 2배나 더 많이 지출하고 지출된 단위당 금액이 매출을 만드는 데 더 효과적이라면, 이 기업의 매출 잠재력은 경쟁자의 매출 잠재력에 비해 상대적으로 클 것이다.

기업의 매출 잠재력 특정 산업군에서 개별 기업이 특정 제품으로 얻을 것으로 기대할 수 있는 시장 점유율의 최대 비율

기업의 매출 잠재력을 측정하는 두 가지 방법은 하향과 상향이다. **하향 접근법**breakdown approach에서, 마케터는 특정 기간 동안에 일반적인 경제적 예측을 먼저 개발한다. 다음에, 마케터는 경제적 예측을 기반으로 시장 잠재력을 추정한다. 마케터는 경제적 예측과 시장 잠재력 추정으로부터 기업의 매출 잠재력을 도출한다. **상향 접근법**buildup approach에서, 마케터는 판매구역 같은 특정 지역의 잠재 구매자가 주어진 기간 동안에 구매할 제품의 금액을 추정하는 것으로 시작한다. 이어서 마케터는 그 지역의 전체 잠재 구매자의 수에 잠재 구매 금액을 곱한다. 마케터는 기업

하향 접근법 특정 기간에 대한 일반적인 경제적 예측과 그로부터 파생된 시장 잠재력을 기반으로 기업의 매출 잠재력을 측정하는 것

상향 접근법 특정 지역의 잠재 구매자가 주어진 기간에 얼마나 많은 제품을 구입할 것인가를 추정하고 잠재 구매자의 수에 추정치를 곱한 다음 고려되는 모든 지역의 합계를 더함으로써 기업의 매출 잠재력을 측정하는 것

이 제품을 판매하는 각 지역에 대해 동일한 계산을 한 후에 각 지역의 총금액을 합산하여 시장 잠재력을 계산한다. 기업 매출 잠재력을 결정하기 위해, 마케터는 기업 마케팅 활동의 계획된 수준을 기반으로 기업이 논리적으로 얻을 수 있는 전체 시장 잠재력의 비율을 추정해야 한다.

4-6b 경쟁력 평가

매출 추정을 파악하는 것 외에, 고려하고 있는 세분 시장에서 이미 활동하고 있는 경쟁자를 평가하는 것도 매우 중요하다. 매출 추정을 기반으로 매력적인 것으로 보이는 세분 시장은 경쟁력 평가가 이루어진 후에 훨씬 덜 매력적인 세분 시장인 것으로 판명될 수 있다. 그러한 평가에 대해서는 경쟁자에 관하여 다음 질문을 해야 한다: 얼마나 많은 경쟁자가 있는가? 경쟁자들의 강점과 약점은 무엇인가? 몇몇 경쟁자들이 주요 시장을 점유하고 있으며 그 세분 시장을 지배하고 있는가? 자사는 경쟁자들의 마케팅 믹스에 효과적으로 경쟁할 수 있는 마케팅 믹스를 수립할 수 있는가? 새로운 경쟁자들이 이 세분 시장에 진입할 가능성은 있는가? 만일 그렇다면, 성공적으로 대응할 수 있는 자사의 능력에 어떻게 영향을 미칠 것인가? 이 질문들에 대한 답은 잠재적인 세분 시장에서의 경쟁을 적절하게 평가하는데 중요하다.

4-6c 원가 추정

목표 세분 시장의 니즈를 충족시키기 위해, 기업은 해당 세분 시장의 원츠와 니즈를 정확하 게 충족하는 마케팅 믹스를 개발하고 유지해야 한다. 독특한 제품 특징들, 매력적인 패키지 디자인, 넉넉한 제품보증기간, 광범위한 광고, 매력적인 판촉, 경쟁력이 있는 가격, 우수한 인적 서비스는 기업의 많은 자원을 사용하게 된다. 어떤 경우에는 마케터가 세분 시장에 도달하는 데 필요한 비용이 너무 높아 그 세분 시장에 접근할 수 없다고 결론을 내리기도 한다. 비용에 대한 또 다른 고려사항은 기업이 세분 시장에 도달하는 비용이 경쟁사의 비용과 같거나 낮은 비용으로 세분 시장에 도달할 수 있는지 여부이다. 만일 자사의 비용이 더 많이 든다면, 그 세분 시장에서 장기간 경쟁할 수 없을 것이다.

4-7 5단계: 특정 세분시장을 선정하기

 # 학습목표 **목표 시장으로 사용할 특정한 세분 시장 선정에 영향을 주는 요소들을 규명한다.**

하나 이상의 세분 시장이 기업의 목적을 실현할 수 있는 기회를 제공한다고 가정하면, 마케터는 어떤 세분 시장이 합리적인 비용으로 가장 많은 매출 잠재력이 있는지를 결정해야 한다. 정상적으로 이전 단계에서 수집된 정보-매출 추정, 경쟁력 평가, 원가 추정-는 장기적인 마케팅 기회를 결정하기 위해 최종 단계에서 면밀하게 검토되어야 한다. 마케팅 분석은 어떤 세분 시장이 유망한 잠재력을 가지고 있는지에 대한 유용한 통찰력을 얻기 위해 이 모든 정보를 조사하는데 점점 더 많이 사용되고 있다. 예를 들어 넷플릭스는 인구통계학적 데이터와 시청 습관을 결합하여 특정 취향을 선호하는 넷플릭스 시청자를 약 2,000개 군집으로 구분했다. 새로운 TV 시리즈에 수백만 달러를 투자할지 여부를 결정할 때 넷플릭스는 데이터를 분석하여 시리즈를 시청할 군집을 추정한 후 총 잠재 고객이 넷플릭스 전용 새 시리즈 제작을 정당화할 만큼 충분히 큰지를 예측한다.[25]

이 시점에서 기업 경영자는 기업이 선정한 세분 시장에서 효과적으로 경쟁하기 위한 재무적 자원, 관리 능력, 직원 전문성과 시설을 충분히 갖고 있는지 여부도 조사해야 한다. 또한 일부 세분 시장의 요건들이 기업의 전반적인 목적과 서로 상충될 수 있는 가능성 및 법적 문제, 이해 그룹들과의 갈등과 기술적 진보로 특정 세분 시장이 매력을 잃을 가능성도 고려해야 한다. 마지막으로, 마케터는 장기적인 성장과 단기적인 성장도 고려해야 한다. 장기적인 전망이 약하다면 마케터는 궁극적으로 비용을 회수하기가 어려울 것이라는 이유로 특정 세분 시장을 선택하지 않을 것이다.

적절한 목표 시장을 선정하는 것은 마케팅 개념 철학에 대한 조직의 효과적인 수용과 활용에 중요하다. 올바른 목표 시장을 식별해내는 것은 성공적인 마케팅 전략을 실행하는 데 핵심이다. 그렇게 못하면 낮은 매출, 높은 비용과 심각한 재무적 손실을 가져올 것이다. 면밀한 목표 시장 분석으로 기업은 고객의 니즈를 충족시키고 자사의 목적을 실현할 수 있는 강력한 입지를 갖게 된다.

4-8 매출 예측 개발하기

 # 학습목표 **매출 예측 방법을 논의한다.**

기업이 목표 시장을 선정한 후에 기업은 매출 예측을 해야만 한다. **매출 예측sales forecast**은 마케팅 활동의 특정 수준에서 특정 기간 동안에 기업이 판매를 기대하는 제품의 양이다. 기업 마케팅 노력의 어떤 수준에서 실제 매출이 어느 정도가 될 것인지에 집중되는 매출 예측은 기업의 매출 잠재력과는 다르다. 기업의 매출 잠재력은 어떤 환경 여건들이 전개될 것인지를 가정하고 마케팅 활동의 여러 수준에서 어느 정도의 매출이 가능한지를 평가한다. 기업들은 자사의 활동을 계획하고, 조직하고, 실행하고, 통제하는 데 매출 예측을 활용한다. 수많은 활동의 성공은 이러한

매출 예측 마케팅 활동의 특정 수준에서 특정 기간 동안에 기업이 판매를 기대하는 제품의 양

예측의 정확성에 달려있다. 실패한 기업들의 공통적인 문제는 부적절한 계획과 현실적인 매출 예측의 부족에 있다. 지나치게 낙관적인 매출 예측은 과잉구매, 과잉투자와 기업의 강점과 입지를 약화시키는 높은 원가에 직면하게 된다.

매출을 예측하기 위해 마케터가 선택할 수 있는 많은 예측 방법이 있는데, 어떤 방법은 임의적이며 빠르나 또 어떤 방법은 더 과학적이고 복잡하며 많은 시간이 소요된다. 방법에 대한 기업의 선택은 관련된 비용, 제품의 유형, 시장 특성, 예측의 기간과 목적, 매출 기록 자료의 안정성, 필요한 정보의 가용성, 경영진의 선호, 예측조사자의 전문성과 경험에 달려 있다.[26] 일반적인 예측 방법은 경영자 판단, 설문조사, 시계열 분석, 회귀 분석, 시장 시험이라는 다섯 가지 범주로 나뉜다.

4-8a 경영자 판단

경영자 판단 한 명 혹은 그 이상의 경영자 직관에 기반을 두는 매출 예측 방법

경영자 판단executive judgment은 한 명 혹은 그 이상의 경영자 직관이다. 이는 매출 예측에 있어 비과학적이지만 편리하고 저렴한 방법이다. 제품 수요가 비교적 안정적이고 예측조사자가 오랜 시장 관련 경험을 갖고 있을 때, 경영자 판단은 매우 정확한 방법은 아니지만 매우 유용한 방법이다. 그러나 직관은 최근 경험에 크게 영향을 받기 때문에, 예측이 지나치게 낙관적이거나 지나치게 비관적이게 된다. 경영자 판단의 또 다른 단점은 예측조사자가 앞으로 어디로 나아가야 할지를 결정하는 지침으로 과거의 경험만을 활용한다는 점이다.

4-8b 설문조사

고객 예측 설문조사 특정 기간 동안에 고객들이 구매의도를 갖고 있는 제품의 유형과 수량을 고객들에게 묻는 설문조사

매출을 예측하는 또 다른 방법은 고객들, 판매원들, 혹은 전문가들에게 미래의 구매에 대한 기대치에 관해 물어보는 것이다. **고객 예측 설문조사customer forecasting survey**에서 마케터들은 특정 기간 동안 고객들이 구매의도를 갖고 있는 제품의 유형과 수량을 고객들에게 묻는다. 이 방법은 상대적으로 소수의 고객들을 갖고 있는 비즈니스에서 유용하다. 미국 정부의 가장 큰 계약자인 록히드 마틴(Lockheed Martin)을 살펴보자. 계약의 대부분이 같은 고객인 미국 정부이기 때문에 록히드 마틴은 고객 예측 설문조사를 효과적으로 실행할 수 있었다. 반면에, 펩시코(PepsiCo)의 고객은 수백만 명이어서 미래의 매출을 예측하기 위해 고객 설문조사를 활용하는 방법은 적절하지 않을 수 있다.

영업사원 예측 설문조사 특정 기간 동안에 자신들의 구역에서 예상되는 매출을 추정하기 위해 기업의 영업사원들에게 묻는 설문조사

영업사원 예측 설문조사sales force forecasting survey에서 기업의 영업사원들이 특정 기간 동안에 자신의 구역에서 예상되는 매출을 추정한다. 예측자는 이러한 예측치를 결합하여 잠정적인 예측을 한다. 영업사원들이 기업의 어느 누구보다 고객과 일상적으로 가장 가까이에 있다는 가장 중요한 이유로 마케터는 영업사원들에게 설문조사를 한다. 따라서 영업사원들은 고객의

제품 니즈에 관하여 직접 얻는 지식을 갖고 있다. 게다가 영업 관리자가 예측 개발을 지원할 때, 영업 관리자는 예측의 달성을 위해 과정에 적극적으로 참여하고 더 열심히 일할 가능성이 크다. 영업사원 예측이 효과적이기 위해서는 영업사원에게 예측의 중요성에 대해 교육을 하고 책임을 명확하게 규정하고 쉽게 참여할 수 있도록 해야 한다.[27]

기업이 **전문가 예측 설문조사expert forecasting survey**를 원할 때, 기업은 매출 예측을 하는 데 도움을 줄 전문가들을 고용한다. 이러한 전문가들은 경제학자, 경영 컨설턴트, 광고대행사 임원, 대학교수, 또는 특정 시장에서 경험이 있는 기업 외부의 개인들이다. 이들의 경험, 그리고 기업 및 시장에 대한 활용 가능한 정보의 분석을 토대로 전문가들은 예측을 준비하여 발표하거나 질문에 답을 한다. 전문가들을 활용하는 것은 정보를 얻기 위한 빠르고 비교적 저렴한 방법이다. 그러나 전문가들은 기업 외부에서 활동하기 때문에 효과적으로 업무를 수행하려는 기업 내부의 직원들보다 동기부여가 덜할 수 있다.

전문가 예측 설문조사 경제학자, 경영 컨설턴트, 광고 대행사 임원, 대학교수 같은 기업 외부의 전문가들에 의해 측정된 매출 예측

전문가 예측 설문조사의 더 복잡한 형식은 델파이 기법이다. **델파이 기법delphi technique**은 전문가들이 초기 예측을 해서 기업에 제출하면 기업은 예측들의 평균을 내서 전문가들에게 결과를 알려주며, 전문가들이 다시 개별적으로 예측을 정제해가는 방법이다. 델파이 기법을 사용할 때, 전문가들은 범주 밖에 있는 것을 제거하고 자신의 예측을 정제하기 위해 평균 결과를 활용한다. 개별적으로 작업을 수행하는 전문가들이 예측에 대한 동의에 이를 때까지 이 절차가 여러 번 반복된다. 델파이 기법은 극단적인 자료를 제거하기 때문에 델파이 기법을 활용하는 궁극적인 목적은 매우 신뢰할 수 있는 매출 예측을 만드는 것이다.

델파이 기법 전문가들이 초기 예측을 하고 예측들의 평균을 내고 나서 예측을 정제해가는 방법

4-8c 시계열 분석

시계열 분석time series analysis으로 예측자는 일정 기간에 걸친 기업의 매출에서 패턴을 찾기 위해 기업의 과거 매출 기록 자료를 사용한다. 패턴을 찾으면, 패턴을 이용하여 매출을 예측한다. 이 예측 방법은 과거의 매출 패턴이 미래에도 계속될 것이라고 가정한다. 시계열 분석의 정확성과 유용성은 이러한 가정의 타당성에 달려있다.

시계열 분석에서 예측자는 대개 네 가지 유형-트렌드, 순환, 계절성, 무작위 요인-의 분석을 한다. **트렌드 분석trend analysis**은 연매출이 전반적으로 증가하는지, 감소하는지 혹은 현상 유지되고 있는지를 결정하기 위해 여러 해에 걸친 기업의 연간 매출 같은 총매출 자료에 초점을 맞추고 있다. **순환 분석cycle analysis**을 통해 예측자는 매출이 일관성을 갖고 주기적으로 변동하는지를 확인하기 위해 3~5년에 걸친 매출 자료(대개는 월별 매출 자료)를 분석한다. **계절성 분석seasonal analysis**을 실행할 때, 예측자는 기후나 휴일 활동 같은 계절적 요인들이 매출에 영향을 주는 정도를 평가하기 위해 일별, 주별, 혹은 월별 매출 자료를 분석한다. **무작위 요인 분석random factor analysis**에서 예측자는 일정치 않은 매출 변동이 지역 정전, 자연재해 혹은 해외 시

시계열 분석 일정 기간에 걸친 기업의 매출에서 패턴을 찾기 위해 기업의 과거 매출 자료를 사용하는 예측 방법

트렌드 분석 연매출의 전반적인 트렌드를 결정하기 위해 여러 해에 걸친 기업의 연간 매출 같은 총매출 자료에 초점을 맞추는 분석

순환 분석 매출이 일관성을 갖고 주기적으로 변동하는지를 확인하기 위해 3~5년에 걸친 매출 자료 분석

계절성 분석 기후나 휴일 활동 같은 계절적 요인들이 매출에 영향을 주는 정도를 평가하기 위해 일별, 주별, 혹은 월별 매출 자료 분석

무작위 요인 분석 일정치 않은 매출 변동이 무작위적이고 비반복적인 사건 때문에 생겼는지에 대한 조사

장의 정치적 불안 같은 무작위적이고 비반복적인 사건 때문에 생겼는지를 조사한다. 이러한 분석이 개별로 수행된 후에, 예측자는 그 결과들을 조합하여 매출 예측을 한다. 시계열 분석은 수요가 매우 안정적인 제품들에서는 효과적인 예측 방법이지만, 수요가 불규칙적인 제품들에서는 효과적인 예측 방법은 아니다.

4-8d 회귀분석

회귀 분석 과거의 매출액과 인구 혹은 소득 같은 하나 이상의 독립변수들 사이에 있는 관계를 찾는 것에 기반으로 매출을 예측하는 방법

시계열 분석과 마찬가지로 회귀분석도 매출 기록 자료를 필요로 한다. **회귀 분석regression analysis**에서 예측자는 과거의 매출액(종속변수)과 인구, 1인당 소득, GDP 같은 하나 이상의 독립변수들 사이에 있는 관계를 찾으려고 한다. 단순회귀 분석은 하나의 독립변수를 사용하는 반면에 다중회귀분석은 2개 이상의 독립변수들을 포함한다. 회귀분석의 목적은 기업의 매출과 하나 이상의 독립변수들 사이의 관계를 정확하게 설명해주는 수학적 공식을 개발하는 것이다. 일단 정확한 공식을 만들고 나면, 예측자는 필요한 정보를 이 공식에 대입하여 매출 예측을 얻게 된다.

정밀한 연관성이 설립될 때는 회귀분석이 유용하다. 그러나 예측자가 완벽한 상관관계를 찾아내는 것은 거의 불가능하다. 또한 활용 가능한 매출 기록 자료가 풍부할 때만 이 방법을 사용할 수 있다. 따라서 회귀 분석은 신제품의 매출을 예측하는 데는 유용하지 않다.

4-8e 시장 시험

시장 시험 제품을 하나 이상의 시험 지역에서 구매자들에게 이용 가능하게 하고 마케팅 노력에 대한 소비자 반응과 구매를 측정하는 것

시장 시험market test은 하나 이상의 시험 지역에서 구매자들에게 제품을 이용 가능하게 하고 제품, 가격, 유통, 촉진에 대한 소비자 반응과 구매를 측정하는 것을 포함한다. 시험 지역은 인구가 200,000~500,000명인 중소도시이지만, 인구가 50,000~200,000명 규모인 작은 소도시가 될 수도 있다. 시험 지역은 기업의 목표 시장의 대표성을 띠는 지역을 선택한다.

시장 시험은 소비자의 구매의도보다는 실제 구매에 관한 정보를 제공한다. 게다가 광고, 점포 내 촉진, 가격 정책, 패키징과 유통 같은 마케팅 활동의 강도와 관련하여 구매량을 평가할 수 있다. 예측자는 시험 지역에서 소비자 반응을 기반으로 더 큰 지리통계적 단위에 대한 매출을 예측한다. 예를 들어 칙필레(Chick-fil-A)는 150개 레스토랑에서 밀키트를 시험 판매를 했다. 고객은 밀키트 서비스에 가입하거나, 앱 주문을 하거나, 또는 미리 주문하지 않고 드라이브 스루에서 약 16달러에 2인용 치킨 밀키트 5종류 중 하나를 선택할 수 있다. 이 테스트 결과가 성공적이면, 칙필레는 전국적으로 밀키트를 출시할 계획이다.[28]

매출 기록 자료를 필요로 하지 않기 때문에 시장 시험은 신제품의 매출이나 새로운 지역에서 기존 제품의 매출을 예측하는 데 효과적이다. 시장 시험은 마케터에게 마케팅 믹스의 여러 요소

들을 시험할 수 있는 기회를 제공한다. 그러나 이 시험은 시간이 많이 소요되며 비용도 많이 든다. 게다가 시장 시험기간 동안의 소비자 반응이 전제 시장의 반응을 나타내는지 또는 그러한 반응이 미래에도 계속될 것인지를 마케터는 확신할 수 없다.

4-8f 다중 예측방법 사용하기

일부 기업이 단일 예측 방법에 의존하고 있지만, 대부분의 기업은 여러 기법을 사용하고 있다. 다양한 제품라인을 마케팅할 때 기업은 여러 방법을 사용해야 하지만, 특히 특정 제품이 상이한 세분 시장에서 판매될 때는 단일 제품라인에도 여러 예측 방법이 필요할 수 있다. 따라서 자동차 타이어의 생산업자는 새 차에 대한 타이어 매출을 예측하기 위해 한 방법을 사용하고, 대체 타이어에 대한 매출을 예측하는 데는 다른 방법을 사용한다. 예측기간의 차이에 따라 여러 가지 예측 방법이 사용된다. 단기예측을 하는 데 한 방법을 사용하는 기업은 그 방법이 장기 예측에는 적합하지 않을 수 있다. 마케터는 한 방법의 결과를 하나 이상의 다른 방법을 사용해서 얻은 결과와 비교함으로써 예측을 검증한다.

요약

4-1 시장은 무엇이고 어떻게 분류되는가를 설명한다.

시장은 개인들이나 조직들로서 특정 제품 계층의 제품에 대한 니즈를 갖고 있으며, 그러한 제품을 구입할 능력, 의지와 권한을 갖고 있는 사람들의 집단이다. 시장은 특정한 시장을 구성하고 있는 개인과 조직의 특성을 기반으로, 그리고 제품을 구매하는 목적을 기반으로 소비자 시장과 비즈니스 시장으로 분류된다. 소비재 시장은 기업과 소비자 간B2C의 시장이라고도 하며, 구매한 제품을 소비하거나 편익을 취하고자 하며 이익을 만들어 내려고 구매하지는 않는 구매자와 가계 구성원으로 이루어진다. 비즈니스 시장은 기업과 기업 간B2B의 시장이라고도 하며 재판매 목적의 제품, 다른 제품을 생산하기 위한 제품 혹은 일상 업무용 제품의 세 가지 중 하나의 목적을 가지고 제품을 구매하는 개인 혹은 집단으로 구성된다.

4-2. 목표 시장을 선정하는 5단계를 나열한다.

일반적으로 목표 시장을 선정할 때 다섯 단계를 사용한다. 첫 단계는 적절한 타깃팅 전략을 규명하는 것이다. 두 번째 단계는 사용할 세분화 변수를 결정하는 것이다. 세 번째 단계는 세분 시장의 프로필을 개발하는 것이다. 네 번째 단계는 연관된 세분 시장을 평가하는 것이다. 마지막 단계는 목표 시장을 선정하는 것이다. 모든 마케터가 이 다섯 단계를 순서대로 모두 따르는 것은 아니지만 이 과정은 좋은 일반적인 지침서이다.

4-3 세 가지 타깃팅 전략을 비교 설명한다.

목표 시장 선정 과정의 첫 단계는 적절한 타깃팅 전략을 규명하는 것이다. 기업이 단일 마케팅 믹스를 설계하고 하나의 제품으로 전체 시장을 향해 마케팅 믹스를 전개할 때 기업은 비차별적 타깃팅 전략을 사용하고 있다. 비차별적 전략은 동질적인 시장에서 효과적이지만 이질적 시장은 집중적 타깃팅 전략이나 차별적 타깃팅 전략을 사용할 수 있는 세분화가 되어야 한다. 집중적 및 차별적 타깃팅 전략은 시장들을 하나 이상의 유사한 특성들을 가지며 유사한 제품 니즈로 연결될 수 있는 개인들, 집단들 혹은 조직들로 이루어진 세분 시장으로 나눈다. 기업이 집중적 전략을 사용할 때는 1개의 마케팅 믹스 전략으로 단일 세분 시장에 마케팅 노력을 전개한다. 차별적 타깃팅 전략을 펼치는 기업은 각 세분 시장에 하나의 마케팅 믹스를 개발하고 2개 이상의 세 분 시장에 마케팅 노력을 투입하는 것이다.

시장 세분화가 효과적으로 되려면 다음과 같은 조건이 필요하다. 첫째, 제품에 대한 고객의 니즈는 이질적이어야 한다. 둘째, 세분 시장은 식별되고 나눌 수 있어야 한다. 셋째, 전체 시장은 매출 예측, 원가, 이익의 관점에서 비교될 수 있는 상이한 세분 시장으로 나누어져야 한다. 넷째, 최소한 하나의 세분 시장은 세분 시장을 위한 마케팅 믹스를 개발하고 유지할 만큼의 충분한 이익 잠재성을 갖고 있어야 한다. 마지막으로, 기업은 특정 마케팅 믹스를 갖는 세분 시장에 접근할 수 있어야 한다.

4-4 주요 세분화 변수를 규명한다.

두 번째 단계는 하나의 전체 시장을 세분 시장으로 나누기 위해 사용하는 개인, 집단, 혹은 조직의 특성들로 어떤 세분화 변수를 사용할 것인가를 결정하는 것이다. 세분화 변수는 제품 사용에 대한 고객들의 니즈와 제품에 대한 고객들의 행동과 연관되어야 한다. 소비자 시장에 대한 세분화 변수들은 다음과 같은 네 가지 범주로 나눌 수 있다. 인구통계적 변수 (연령, 성별, 민족, 가족생애주기), 지리통계적 변수(인구, 시장 밀도, 기후), 심리통계적 변수(개성, 동기, 라이프스타일), 행동통계적 변수(사용량, 사용 용도, 추구 편익, 브랜드 충성도, 가격 민감성). 비즈니스 시장을 세분화하는 변수는 지리적 위치, 기업의 형태, 고객 규모, 제품 용도이다.

4-5 세분 시장의 프로필은 무엇이고 어떻게 활용하는가를 설명한다.

목표 시장 선정 과정의 세 번째 단계는 세분 시장 프로필을 개발하는 것이다. 이러한 세분 시장 프로필은 세분 시장 내의 잠재적 고객들 사이의 유사성을 설명해주고, 상이한 세분 시장에 있는 사람들과 조직들 간의 차이를 설명해준다. 세분 시장 프로필은 기업의 제품이 잠재 고객들의 제품 니즈에 부합되는 정도를 평가하는 데 사용된다. 처음에 매력적으로 보였던 세분 시장도 세분 시장 프로필이 완성되고 나서는 생각보다 덜 매력적이라고 판단될 수 있다.

4-6 세분 시장을 어떻게 평가하는가를 설명한다.

네 번째 단계는 세분 시장을 평가하는 것이다. 마케터들은 각 세분 시장에 연결된 매출 추정,

경쟁력과 비용 추정 같은 중요한 요인들을 분석한다. 세분 시장의 잠재적 매출은 제품 수준, 지역, 시기와 경쟁 수준을 포함한 여러 차원에 따라 측정된다. 매출 추정을 파악하는 것 외에, 고려하고 있는 세분 시장에서 이미 활동하고 있는 경쟁자를 평가하는 것도 매우 중요하다. 경쟁력 평가 없는 매출 추정은 잘못된 결과를 가져올 수도 있다. 세분 시장에서 개인들의 욕구와 니즈를 만족시키기 위한 마케팅 믹스를 개발하는 비용도 고려되어야 한다. 세분 시장에서 경쟁하는 데 필요한 기업의 비용이 매우 높을 경우, 장기적인 측면에서 보면 세분 시장에서 경쟁이 어려울 수도 있다.

4-7 목표 시장으로 사용할 특정한 세분 시장 선정에 영향을 주는 요소들을 규명한다.

마지막 단계는 특정 목표 시장을 실제로 선정하는 것을 포함한다. 이 단계에서 기업은 시장 세분화가 필요한 만큼 고객들의 니즈가 다른지를 고려해야 한다. 만일 고객 니즈가 이질적이라면, 어떤 세분 시장을 대상으로 할 것인지를 따져서 목표 시장을 선정해야 한다. 어떤 세분 시장이 대상으로 선정되어야 하는지를 결정할 때 기업은 기업의 가용 자원, 관리 능력, 직원 전문성, 시설, 기업의 목표, 법적 문제, 이해집단과의 충돌, 기술적 진보 같은 요소들을 고려해야 한다.

4-8 매출 예측 방법을 논의한다.

매출 예측은 마케팅 활동의 특정 수준에서 특정 기간에 기업이 제품을 팔 수 있을 것으로 예상되는 제품의 양이다. 매출을 예측하기 위해 마케터들은 여러 기법들 중에서 선택을 할 수 있다. 선택은 관련된 비용, 제품의 유형, 시장 특성, 예측의 기간과 목적에 달려 있다. 매출 예측의 다섯 가지 방법은 경영자의 판단, 설문조사, 시계열 분석, 회귀 분석, 시장 시험이다. 경영자의 판단은 한 명 이상의 경영자 직관에 토대를 두고 있다. 설문조사는 고객, 영업사원 및 전문가 예측을 포함한다. 시계열 분석은 일정 기간에 걸친 기업 매출 패턴을 찾기 위해 기업의 과거 매출 기록 자료를 이용하며, 네 가지 주요 형태의 분석(트렌드, 순환, 계절성, 무작위 요인)을 활용한다. 회귀 분석에서 예측자들은 과거의 매출과 하나 이상의 독립변수들 사이의 관계를 찾으려고 한다. 시장 시험은 하나 이상의 시험 지역에서 구매자들이 제품을 구매할 수 있게 하고 유통, 촉진 및 가격에 대한 소비자 반응과 구매를 측정하는 것과 관련된다. 많은 기업이 다중 예측 방법을 사용한다.

주요 개념

- 소비자 시장
- 비즈니스 시장
- 비차별적 타깃팅 전략
- 동질적 시장
- 이질적 시장
- 시장 세분화
- 세분 시장
- 집중적 타깃팅 전략
- 차별적 타깃팅 전략
- 시장 세분화 변수
- 시장 밀도
- 지리인구통계적 세분화
- 미시마케팅
- 편익 세분화
- 시장 잠재력
- 매출 잠재력
- 하향 접근법
- 상향 접근법
- 매출 예측
- 경영자 판단
- 고객 예측 설문조사
- 영업사원 예측 설문조사
- 전문가 예측 설문조사
- 델파이 기법
- 시계열 분석
- 트렌드 분석
- 순환 분석
- 계절성 분석
- 무작위 요인 분석
- 회귀 분석
- 시장 시험

마케팅 계획 수립하기

목표 시장의 식별과 분석은 마케팅 전략 수립에 있어 주요한 요소이다. 제품의 목표 시장을 명확하게 이해하고 설명하는 것은 유용한 마케팅 계획을 개발하는 데 중요하다. 목표 시장의 여러 차원들의 언급은 마케팅 계획의 여러 곳에 서 나타날 수 있다. 이번 장에서 다룬 정보들이 어떻게 귀사의 마케팅 계획 구축에 관련되는지 이해를 돕기 위해 다음 질문들을 살펴보자.

1. 타깃팅 전략의 어떤 형태가 귀사의 제품에 사용되고 있는가? 다른 타깃팅 전략을 적용해야 하는가?
2. 귀사의 제품을 위한 시장을 세분화하는 데 가장 적절한 세분화 기준 변수들을 선택하고 그 이유를 설명하라. 만일 제품이 소비재라면 가장 적절한 세분화 기준 변수에 관한 아이디어를 그림 4.3을 사용하여 설명하라. 만일 제품이 산업재라면 비즈니스 시장 세분화를 위한 변수들에 관하여 논의한 절의 내용을 참고하라.
3. 귀사의 제품이 경쟁사 제품의 포지션과 비교하여 목표 시장에서 고객의 마음에 어떻게 포지션되어야 하는가를 논의하라.

연습 문제

1. 시장이란 무엇인가? 시장의 요건들은 무엇인가?
2. 당신 지역에서 시장을 대표하며 제품 니즈에 만족하지 못한 사람의 집단을 규명하라. 이 시장에 비즈니스 조직이 도달할 수 있는가? 그 이유는 무엇인가?
3. 목표 시장 선정 과정의 다섯 단계를 설명하라.
4. 비차별적 전략은 무엇인가? 어떤 조건에서 그 전략이 가장 유용한가? 어떤 회사가 비차별적 전략을 사용하고 있는 현재의 시장 상황을 파악해보라. 그 기업은 성공을 거두고 있는가? 왜 그렇다고 생각하는가?
5. 시장 세분화란 무엇인가? 효과적인 세분화를 위한 기본적인 조건들을 설명하라. 시장 세분화를 활용하고 있는 기업들을 찾아보라.
6. 집중적 전략과 차별적 전략의 차이를 설명하고, 각각의 장점과 단점을 설명하라.
7. 소비자 시장을 세분화하는 데 사용될 수 있는 네 가지의 주요 범주를 설명하라. 각 범주의 변수로 세분화한 제품 시장의 예를 찾아 제시해보라.
8. 비즈니스 시장을 세분화하기 위해 어떤 차원들을 이용하는가?
9. 지리인구통계적 세분화를 정의하라. 지리인구통계적 세분화를 활용한 기업들의 형태를 규명하고, 그 이유를 설명하라.
10. 세분 시장 프로필이란 무엇인가? 왜 그것은 목표 시장 선정 과정에서 중요한가?
11. 세분 시장을 평가하기 위해 마케터들이 분석해야 하는 중요한 요인들을 설명하라.
12. 목표 시장을 선정하려고 할 때 왜 마케터는 매출 잠재력에 관심을 갖는가?
13. 적절한 목표 시장을 선정하는 것이 마케팅 철학을 수용하려는 조직에 왜 중요한가?
14. 매출 예측이란 무엇인가? 그것은 왜 중요한가?
15. 기업이 매출을 예측하기 위해 사용하는 설문조사의 두 가지 주요 형태는 무엇인가? 기업은 왜 외부 전문가 예측 설문조사를 사용하는가?
16. 어떤 조건하에서 매출 예측을 위해 시장 시험이 유용한가? 시장 시험의 장점과 단점은 무엇인가?
17. 어떤 조건하에서 기업이 다중 예측 방법을 사용하는가?

◎ 케이스 4

나이키는 판매 쟁탈전에서 어떻게 타깃팅을 사용하는가.

유명한 스워시 로고와 "Just do it" 광고 캠페인을 만든 회사인 나이키(Nike)는 오랫동안 운동화, 의류 및 장비 마케팅에서 주요한 강자였다. 다양한 스포츠 중에서도 달리기, 농구, 축구, 테니스, 스케이트보드, 축구, 라크로스의 운동선수와 소비자를 타깃으로 혁신적인 신발과 의류를 만들고 있다. 오리건에 기반을 둔 이 회사의 최근 몇 년 동안 연간 매출은 300억 달러를 넘어섰고, 2022년 연 매출은 500억 달러 달성이라는 목표를 향해 나아가고 있다. 운동화 시장에서 더 높은 점유율을 확보하려는 이 치열한 경쟁에서 나이키는 아디다스, 푸마 및 다른 경쟁자들을 앞서고자 한다.

나이키의 운동화 마케팅 전략의 핵심 요소는 세심한 주의를 기울인 타깃팅이다. 마라톤 주자들이 26.2마일을 앞으로 달릴 수 있도록 설계된 고기능성 운동화인 나이키의 줌 베이퍼플라이(Zoom Vaporfly) 4%를 생각해 보자. 이 특별한 신발은 효과적인 쿠션재로 경량발포 고무를 사용하였고 달리는 모든 순간에서 스프링을 역할을 하도록 탄소 섬유 삽입물을 넣었다. 나이키는 이 제품의 더 나은 구성 요소를 개발하고 실험하는 데 많은 투자를 했으며, 이 제품은 선수들의 효율성을 최대 4%까지 높일 수 있다고 홍보하고 있다.

목표 시장은 10분의 1초라도 줄여 결승선에 도달할 때 모든 차이를 만들 수 있다는 것을 알고 있는 훈련 중인 운동선수와 주말에만 운동을 하는 사람 둘다이다. 나이키는 세계에서 가장 경쟁이 치열한 마라톤에서 뛰는 최상의 선수를 위해 줌 베이퍼플라이 엘리트라는 신발 버전을 판매한다. 고가의 줌 베이퍼플라이 4%는 개인 성능을 향상시키고자 하는 선수들을 위한 운동화다.

제품 출시에 앞서 최고 마라토너인 엘리우드 킵초게, 렐리사 데시사, 제르세네이 타데세가 줌 베이퍼플라이 엘리트 신발을 신고 달리는 비공식 마라톤 이벤트 '브레이킹2'를 개최했다. 그들의 목표는 마라톤 역사상 유례가 없는 기록인 2시간 이내에 코스를 완주하는 것이다. 우승자는 올림픽 마라톤 챔피언인 킵초게로 2시간 25초라는 놀라운 기록을 세웠다. 이후 많은 세계 정상급 주자들이 줌 베이퍼플라이 엘리트 신발을 신고 공식 마라톤에서 우승하며 목표 시장에서 제품의 명성과 만족도를 높였다. 나이키는 모든 수준의 운동선수에게 진정한 경기력 상승을 제공하고자 운동화를 개선하는 데 필요한 자료로 운동선수들의 피드백을 지속해서 요청하고 있다.

나이키는 NBA의 전설 마이클 조던과 르브론 제임스의 브랜드 제품 라인과 함께 미국 농구화 시장을 장악하고 있다. 나이키 에어 조던 운동화는 성능을 향상시키는 새로운 기능과 이 클래식 신발에 유행을 반영하는 스타일리시한 터치로 정기적으로 업데이트되면서 30년 넘게 잘 팔리고 있다. 그리고 르브론 제임스가 농구 코트에서 자신의 최신 나이키 신발을 신을 때마다 스포츠를 좋아하는 팬들은 기능 개선에 집중하는 반면 패션에 관심이 많은 소비자는 최신 색상, 패턴 및 소재를 확인한다.

또한 나이키는 운동화 열성 수집가이고 최신 제품을 가장 먼저 갖고자 하는 소비자인 "스니커헤드"를 타깃으로 삼는다. 이 시장을 염두에 두고 나이키는 남성이든 여성이든 구매를 원하는 모든 사람이 최신 유행의 새로운 스타일을 구매할 수 있도록 유니섹스 사이즈의 영역을 확장하고 있다. 구매자가 자신의 라이프 스타일에 맞고 개성을 표현할 수 있는 신발 선택을 스타일리스트가 도와주는 매장도 있다. 또한 매우 갖고 싶은 한정판 운동화를 언제 어디서 구입할 수 있는지를 스니커헤드에게 알려주는 Snkrs라는 앱을 운영하고 있다. 이것은 스니커헤드를 행복하게 하고, 결과적으로 나이키 브랜드에 대한 충성도를 높여준다.[29]

토론을 위한 질문

1. 나이키가 운동화 시장을 세분화할 때 어떤 유형의 변수를 사용하는가? 이러한 변수가 적절한 이유는?
2. 나이키는 운동화 구매자를 타깃팅하기 위해 비차별적, 차별적 혹은 집중적 타깃팅 전략 중 어떤 전략을 사용하고 있는가? 그 이유는?
3. 나이키는 줌 베이퍼플라이와 같은 고기능성 러닝화를 구매하는 소비자 세분시장에 마케팅하는 경쟁업체를 어떻게 평가해야 하는가?

CUSTOMER BEHAVIOR AND E-MARKETING

SFIO CRACHO/Shutterstock.com

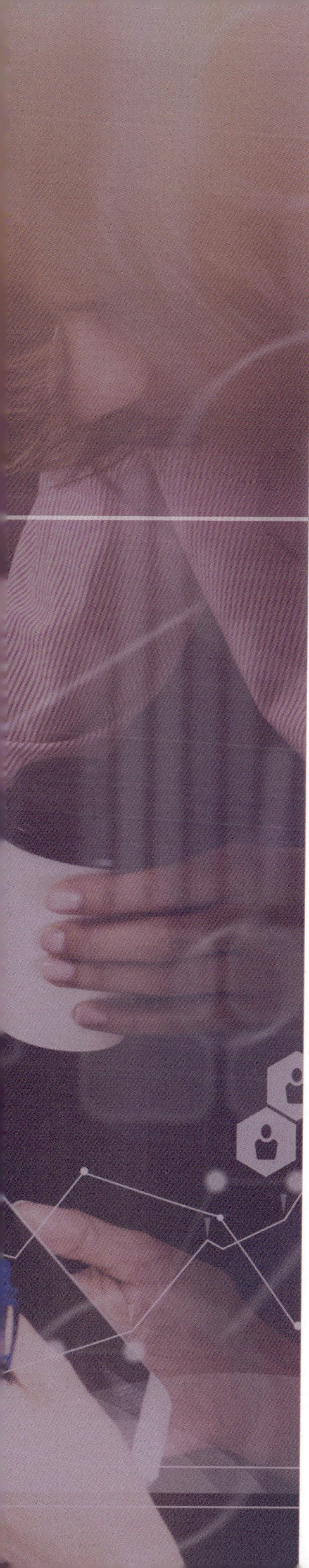

PART.3 고객 행동과 E-마케팅

3부는 고객에 초점을 맞춘다. 구매 결정에 영향을 주는 요인를 이해하면 마케터는 고객의 니즈를 분석하고 특정 마케팅 전략이 이러한 요구를 충족시킬 수 있는 방법을 평가할 수 있다.

제 5장에서는 소비자 구매행동, 구매의사결정 과정과 구매 결정에 영향을 미치는 요인들을 조사한다.

제 6장은 산업재 시장, 기업 구매자, 구매 센터 및 조직 구매 의사결정 과정을 강조한다.

제 7장에서는 마케터가 글로벌 시장에 어떻게 도달할 수 있는지, 마케터가 국제적으로 사용하는 행동, 관여 및 전략에 대해 살펴본다.

제 8장에서는 온라인 소셜 네트워킹과 디지털 미디어가 새로운 커뮤니케이션 채널을 구축하여 마케팅 전략에 어떤 영향을 미쳤는지, 이러한 새로운 기술 및 트렌드와 관련된 고객 행동을 살펴본다.

CHAPTER.5
소비자 구매행동

학습목표

5-1 소비자 구매의사결정 과정의 단계를 이해한다.

5-2 소비자의 의사결정 유형과 관여도 수준을 이해한다.

5-3 상황적 영향이 소비자 구매의사결정 과정에 어떤 영향을 미칠 수 있는지 설명한다.

5-4 소비자 구매의사결정 과정에 영향을 미칠 수 있는 심리적 영향을 이해한다.

5-5 소비자 구매의사결정 과정에 영향을 미칠 수 있는 사회적 영향을 이해한다.

5-6 소비자 부정행위에 대해 알아본다.

마케팅 들여다보기

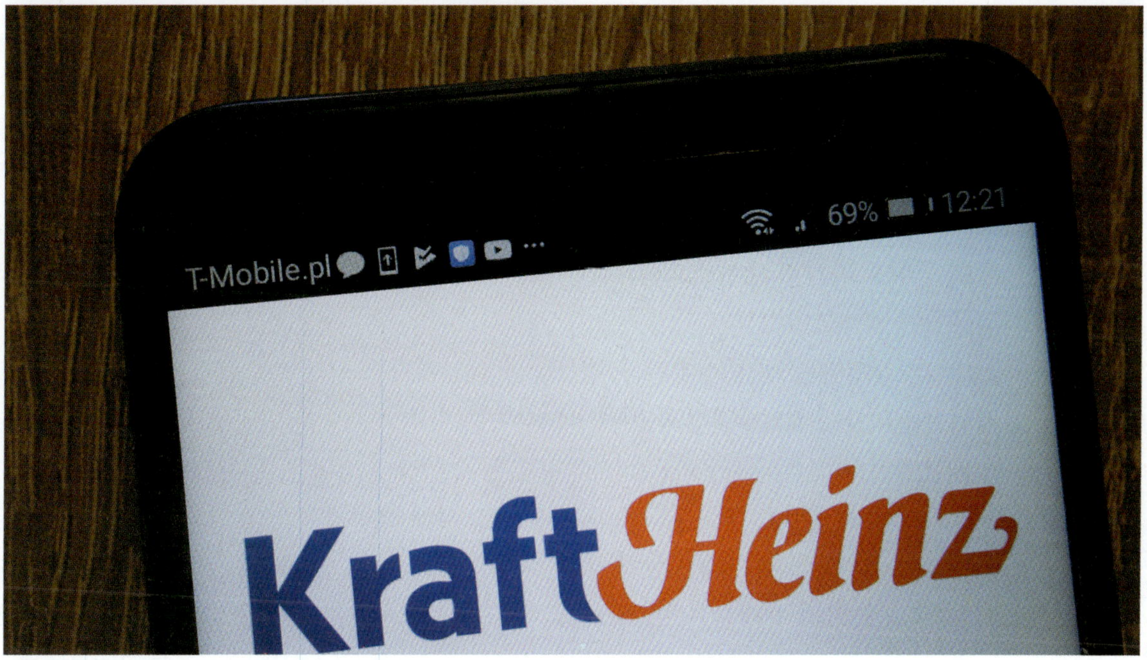

Piotr Swat/Shutterstock.com

뜨겁고 빠른 아침 식사를 위해 "그냥 계란을 까라"

건강하고 따끈 따끈한 아침 식사를 준비할 시간이 있는 사람은 몇이나 될까? 오늘날의 바쁜 소비자들이 영양가 있는 아침 식사를 주중에 처음부터 준비하는 경우가 거의 없다는 것을 인식하고 크래프트 하인즈(Kraft Heinz)는 "그냥 계란을 까라"라는 혁신적인 냉장 제품을 출시했다. 이 제품은 깍둑썰기한 감자, 치즈 및 기타 재료를 전자레인지에 사용할 수 있는 용기에 담아 오레이다(Ore-Ida) 브랜드로 판매되고 있다. 소비자는 용기에 계란을 까서 넣고 포함된 채소를 올려 전자레인지에 돌리기만 하면 된다. 그 결과 단백질이 풍부하고 맛이 좋은 아침 식사가 2분 이내에 혼란 없이 신선하게 만들어진다.

제품 소개를 이끄는 마케팅 임원은 "기존의 아침 식사 선택에는 편의성과 신선도 사이에 본질적인 타협과 절충이 있었습니다."라고 말한다. 이와는 대조적으로, 크래프트 하인즈의 마케팅은 요구르트 및 기타 조리하지 않은 아침 식사 식품에 대한 빠르고 뜨거운 대안으로 "그냥 계란을 까라"의 신선함을 강조한다. 맛과 영양, 간편함을 중시하는 소비자를 표적으로 한 "그냥 계란을 까라"는 신선한 맛과 건강한 재료, 간편한 조리방법으로 차별화를 꾀해 뜨거운 아침식사를 순식간에 완성한다.

슈퍼마켓은 계란 근처의 냉장 진열장에 "그냥 계란을 까라" 용기를 보관하고 있는데, 이는 제품이 신선하고 아침 식사 제품라인에 속한다는 신호이다. 크래프트 하인즈의 광고 및 디지털 마케팅 노력은 준비가 쉬운 따뜻한 아침 식사를 즐기는 이점에 중점을 둔다. 마지막으로, 광고 슬로건인 "Breakfast want you back"은 소비자들에게 "그냥 계란을 까라"가 바쁜 하루를 시작하는 좋은 방법임을 상기시킨다.

크래프트 하인즈와 기타 전통적 마케터와 온라인 마케터는 고객의 니즈와 욕구를 이해하기 위해 많은 노력을 기울인다. 이러한 정보는 제품 구매 및 사용에 관련된 사람들의 의사결정 과정과 행동으로 정의되는 **구매행동buying behavior**에 대한 통찰력을 제공한다. **소비자 구매행동 Consumer buying behavior**은 사업 목적이 아닌 개인용 또는 가정용으로 제품을 구매하는 최종 소비자의 구매행동을 나타낸다. 마케터는 여러 가지 이유로 구매행동을 이해하려고 한다. 첫째, 기업의 제품에 대한 고객의 전반적인 의견과 태도는 기업의 성공에 큰 영향을 미친다. 둘째, 1장에서 보았듯이 마케팅 개념은 기업이 고객의 니즈를 충족시키는 마케팅 믹스를 만들어야 한다고 강조한다. 소비자를 만족시키는 것이 무엇인지 알아내기 위해 마케터는 무엇을, 어디서, 언제, 어떻게 구매하는지에 대한 주요 영향 요인들을 조사해야 한다. 셋째, 구매행동에 영향을 미치는 요인을 더 깊이 이해함으로써 마케터는 소비자가 마케팅 전략에 어떻게 반응할지 예측할 수 있다.

구매행동 람들의 의사결정 과정과 행동

소비자 구매행동 사업 목적이 아닌 개인용 또는 가정용으로 제품을 구매하는 최종 소비자의 구매행동

본 장에서는 먼저 문제 인식, 정보탐색, 대안평가를 시작으로 구매 및 구매 후 평가로 이어지는 **소비자 구매의사결정 과정consumer buying decision process**의 주요 단계를 살펴본다. 고객의 관여 수준이 그들이 사용하는 의사결정 유형에 어떻게 영향을 미치는지 조사하고 소비자 의사결정 과정의 유형에 대해 논의한다. 다음으로, 구매 결정에 영향을 미치는 상황적 영향(주변 환경, 시간, 구매 이유, 구매자의 기분 및 조건)을 살펴본다. 계속해서, 구매 결정에 대한 심리적 영향(인식, 동기부여, 학습, 태도, 성격 및 자아 개념, 라이프스타일)을 고려할 것이다. 다음으로 역할, 가족, 준거 그룹, 디지털 영향, 오피니언 리더, 사회 계층, 문화 및 하위 문화를 포함하여 구매행동에 영향을 미치는 사회적 영향에 대해 논의한다. 끝으로 소비자의 부정행위에 대한 논의로 결론을 맺을 것이다.

소비자 구매의사결정 과정 문제 인식, 정보 검색, 대안 평가, 구매 및 구매 후 평가를 포함하는 5단계 구매의사결정 과정

5-1 소비자 구매결정 과정

 # 학습목표 소비자 구매의사결정 과정의 단계를 이해한다.

그림 5.1에 표시된 소비자 구매결정 과정은 문제 인식, 정보 검색, 대안 평가, 구매 및 구매 후 평가의 5단계로 구성된다. 각 단계를 검토하기 전에 다음과 같은 중요한 사항을 고려한다. 첫째, 이 과정은 그림 5.1과 같이 상황적, 심리적, 사회적으로 분류되는 수많은 영향에 의해 영향을 받을 수 있다.

그림 5.1 소비자 구매의사결정 과정과 영향 요인들

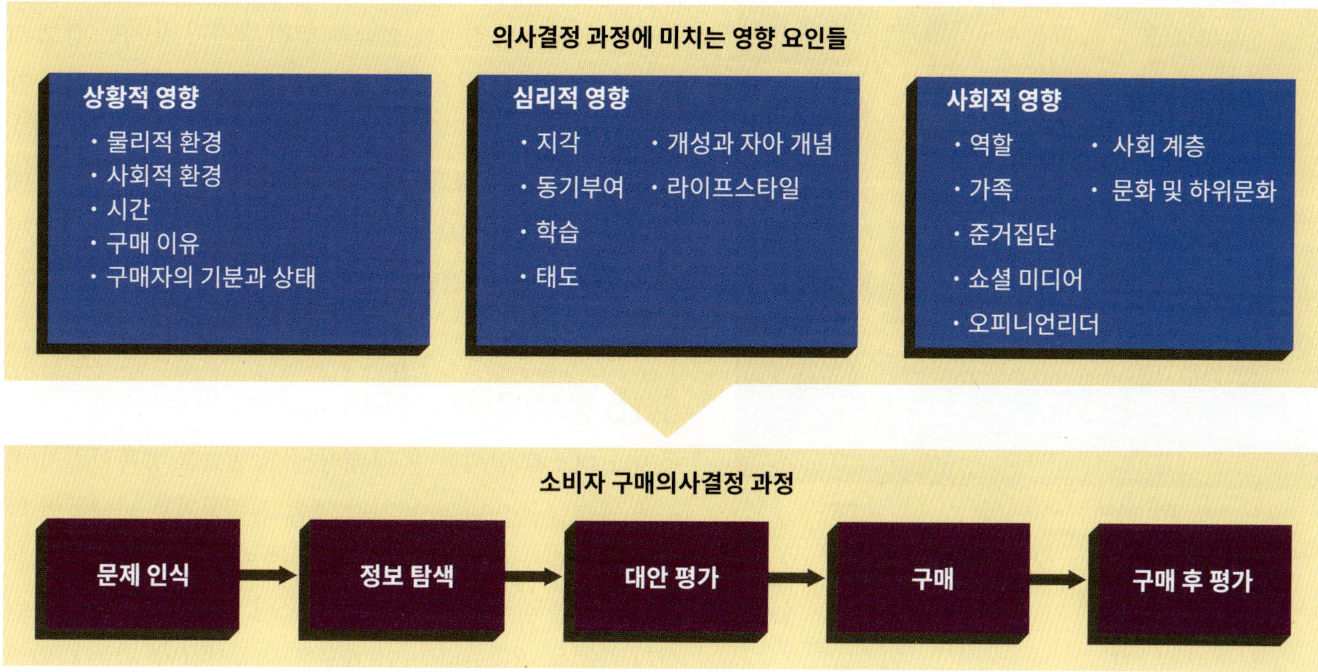

둘째, 실제 구매 행위는 일반적으로 소비자 구매의사결정 과정의 첫 번째 단계에서 이루어지지 않는다. 셋째, 모든 의사결정 과정이 구매로 이어지는 것은 아니다. 소비자는 모든 단계에서 이 과정을 종료할 수 있다. 마지막으로 모든 소비자 구매의사결정에 5단계가 모두 포함되는 것은 아니다. 모바일 기술, 특히 스마트폰의 사용이 증가함에 따라 소비자가 언제 어디서든 구매 결정 과정에 참여할 수 있는 기회가 더 많이 제공되어 부분적으로는 이를 사용하는 사람들의 구매 결정 과정이 빨라지고 있다.

5-1a 문제 인식

문제 인식은 구매자가 원하는 상태와 실제 상태의 차이를 인식할 때 발생한다. 예를 들어, 어떤 사람은 깨끗한 바닥에 대한 욕구를 인식하지만 그 필요를 충족시킬 작동하는 진공 청소기가 없을 수 있다. 소비자 문제 인식 속도는 빠르거나 느릴 수 있다. 마케터가 지적할 때까지 사람은 문제나 필요성을 인식하지 못할 수 있다. 마케터는 판매 직원, 광고 및 포장을 사용하여 그러한 니즈나 문제를 인식하도록 돕는다. 예를 들어, 마케터는 광고를 사용하여 소비자에게 진통제의 필요성을 알릴 수 있다. 소비자는 통증을 느끼기 전까지 이 제품의 필요성을 인식하지 못할 수 있다. 가족에게 비상 사태가 일어날 경우에 대해 응급 처치에 도움을 주는 퍼스트 얼러트(First Alert) 비상 경보 제품 광고를 살펴보자. 퍼스트 얼러트 소화기, 연기 감지기 및 기타 경보 제품을 들고 안전 계획을 자신있게 실행하는 만화로 그려진 가족을 보여주고 있다. 이 광고는 가족들에게 안전에 대해 배우고 탈출 계획을 세우고 실천할 것을 촉구하고 잠재적인 구매자를 firstalert.com으로 보내 추가 정보를 얻도록 함으로써 가족 비상사태를 해결할 수 있는 제품의 능력을 알리고 있다.

Source: First Alert

문제 인식 이 광고는 가족 비상사태 대비에 대해 독자에게 질문하고, 연기 감지기 및 기타 응급 관련 제품이 어떻게 도움이 될 수 있는지 알려줌으로써 문제 인식을 자극하려고 한다.

5-1b 정보 검색

문제나 니즈를 인식한 후 구매자는 그 필요를 충족시킬지 여부를 결정할 것이다. 소비자가 계속 진행하기로 선택하면 다음에는 문제를 해결하거나 니즈를 충족하는 데 도움이 되는 제품 정보를 검색한다. 예를 들어, 소비자가 깨끗한 바닥을 원한다는 것을 깨닫는다면 이 요구를 충족시킬 수 있는 다양한 제품들을 검색할 것이다.

정보 검색에는 두 가지 측면이 있다. **내부 검색internal search**으로 구매자는 문제를 해결할 수 있는 제품에 대한 정보를 자신의 기억에서 검색한다. 결정을 내리기 위해 기억에서 충분한 정보를 검색할 수 없으면 **외부 검색external search**을 통해 외부 소스에서 추가 정보를 찾는다. 외부 검색은 친구 또는 친척과의 커뮤니케이션, 사용 가능한 브랜드 및 가격 비교, 마케터가 제공하는 출처 및/또는 공개 출처에 중점을 둘 수 있다. 개인 연락처(친구, 친척, 동료)는 종종 그들을 신뢰하고 존중하기 때문에 영향력 있는 정보 출처가 된다. 그러나 소비자는 가족과 친구의 제품 지식을 과대평가하지 않도록 주의해야 한다. 또한 소비자는 영업사원, 광고, 웹사이트, 포장 라벨, 매장 내 시연 및 전시와 같이 일반적으로 소비자의 노력이 거의 필요하지 않는 마케터가 제공하는 정보 자원을 사용할 수도 있다.

내부 검색 구매자가 문제를 해결할 수 있는 제품에 대한 정보를 기억에서 검색하는 정보 검색

외부 검색 구매자가 자신의 기억 이외의 소스에서 정보를 찾는 정보 검색

인터넷은 소비자 구매의사결정 과정에서 주요 자원이 되었으며 구매자는 종종 온라인 검색을 시작하여 구매 가이드, 제품 설명, 리뷰, 가격 등을 조사한다. 또한 구매자는 정부 보고서, 뉴스, 소비자 보고서와 같은 간행물, 제품 테스트 기관의 보고서와 같은 독립적인 출처에서 정보를 얻을 수 있다.

사실에 근거하고 편향되지 않은 특성 때문에 이러한 출처의 정보를 신뢰할 수 있는 것으로 소비자는 간주한다. 소비 후에도 평가하기 어려운 서비스(예: 법률 자문)의 경우 소비자는 판매

원, 친구 및 가족, 독립적인 소비자 리뷰어에 더 많이 의존한다. 오늘날 구매자는 제품과 서비스에 대한 통찰력을 얻기 위해 옐프(Yelp), 저갯(Zagat), 트립어드바이저(TripAdvisor) 및 앤지(Angie's List)와 같은 사용자 리뷰 사이트 및 앱을 일상적으로 찾고 있다.

광고주가 자주 사용하는 기술인 반복은 소비자의 정보 보유 및 회상을 증가시킨다. 광고 메시지를 처음 보거나 들을 때 수신자는 메시지의 중요한 세부 사항을 모두 이해하지 못할 수 있지만 메시지가 반복되면 더 많은 세부 사항을 기억한다. 그러나 마케터는 메시지를 너무 많이 반복하지 않도록 주의해야 한다. 소비자가 메시지에 질려 좋지 않은 반응을 보일 수 있기 때문이다. 정보는 언어, 숫자 또는 시각적으로 표시될 수 있다. 마케터는 광고 자료의 시각적 구성 요소에 큰 관심을 기울여야 한다.

5-1c 대안 평가

제품 범주 내에서 성공적인 정보 검색은 구매자가 가능한 대안으로 보는 브랜드 그룹을 생성한다. 이 브랜드 그룹을 **고려 상표군consideration set**(또는 환기 상표군 evoked set)이라고 한다. 소비자는 이름 외에는 브랜드에 대해 아무것도 모르는 경우에도 들어 본 적이 없는 브랜드 보다 들어본 브랜드에 더 큰 가치를 부여한다. 예를 들어, 노트북 컴퓨터의 고려 상표군에는 애플, 마이크로소프트, 델 또는 에이서(Acer)와 같은 브랜드가 포함될 수 있다. 소비자는 추가 검색을 수행하기 전에 자신에게 가장 친숙하거나 친구가 선호하는 제품을 선호할 것이다.

고려 상표군 구매자가 구매를 위한 대안으로 보는 제품 범주내의 브랜드 그룹

고려 상표군의 제품을 평가하기 위해 구매자는 **평가 기준evaluative criteria**을 사용한다. 구매자는 자신에게 중요한 객관적 특성(크기, 속도, 용량, 배터리 수명 등)과 주관적 특성(스타일 등)을 평가 기준으로 사용한다. 어떤 노트북 구매자는 대형 디스플레이를 선호하고 다른 구매자는 메모리 용량이 큰 컴퓨터를 선호할 수 있다. 구매자는 각 기준에 특정 수준의 중요도를 할당한다. 그러나 일부 기능과 특성은 소비자 선호도에 따라 다른 것보다 더 중요하게 여겨진다. 구매자는 선택한 평가 기준을 사용하여 고려 상표군에서 브랜드를 평가하고 최종 순위를 지정한다. 대안 평가 단계에서 구매자가 구매하려는 브랜드가 없을 수도 있다. 이 경우에는 추가 정보 검색이 필요할 수 있다.

평가 기준 구매자에게 중요한 객관적이고 주관적인 제품 특성들

마케터는 대안을 속성으로 구조화한 프레이밍(framing)으로 소비자의 평가에 영향을 줄 수 있다. 마케터는 구조화된 속성을 소비자에게 더 중요하게 보이게 하고 기억에서 쉽게 회상할 수 있도록 한다. 예를 들어, 자동차 제조업체는 경쟁사보다 자동차의 우수한 편안함과 안전 기능을 강조함으로써 소비자의 관심을 이러한 점으로 유도할 수 있다. 진열되어 있는 제품이 너무 매력적이어서 그냥 사야 하고, 집에 돌아와서는 덜 만족스러워 보이는 미식가의 식료품점이나 고급 의류 매장에 들어간 적이 있다면 프레이밍 효과를 경험한 적이 있을 것이다. 프레이밍 효과는 경험이 없는 구매자의 의사결정 과정에 더 큰 영향을 미친다. 대안에 대한 평가를 통해 소비

자가 구매할 의사가 있는 하나 이상의 브랜드가 나오면 의사결정 과정의 다음 단계인 구매로 넘어갈 준비가 된 것이다.

5-1d 구매

구매 단계에서 소비자는 대안의 평가를 통해 산출된 제품이나 브랜드를 구매하기로 선택한다. 그러나 제품 가용성은 궁극적으로 구매하는 브랜드에 영향을 미칠 수 있다. 평가에서 가장 높은 순위를 기록한 브랜드를 사용할 수 없어 구매자가 다시 사용할 수 있을 때까지 기다리기를 원하지 않는 경우, 구매자는 두 번째 순위에 있는 브랜드를 구매할 수 있다. 예를 들어, 소비자가 쇼핑몰에서 청바지를 쇼핑하고 있고 선호하는 리바이스(Levis)의 사이즈가 재고가 없지만 리(Lee) 브랜드 청바지가 있는 경우 소비자가 나중에 쇼핑몰로의 다시 내방하지 않기 위해 리 브랜드의 청바지 구매를 선택할 수 있다.

이 단계에서 구매자는 제품을 판매할 판매자도 선택한다. 특정 소매점, 체인점 또는 온라인 소매점일 수도 있다. 판매자 선택은 최종 제품 선택에 영향을 미칠 수 있으므로 협상 가능한 경우 이 단계에서 판매 조건이 결정된다. 소비자는 이 시점에서 가격, 배송, 보증, 유지 보수 계약, 설치 및 신용 계약과 같은 다른 문제도 해결한다. 마지막으로 실제 구매가 발생한다(소비자는 이 단계에서도 구매의사결정 과정을 종료하기로 결정할 수 있음).

5-1e 구매 후 평가

구매 후 구매자는 실제 성능이 예상 수준에 맞는지 확인하기 위해 제품을 평가한다. 대안을 평가하는 데 사용되는 많은 기준은 성능 비교를 위해 구매 후 평가에서 다시 적용된다. 이 단계의 결과는 만족 또는 불만족으로 소비자가 브랜드나 제품을 재구매하거나, 판매자에게 불만을 표시하거나, 다른 가능한 구매자와 긍정적 또는 부정적으로 의사 소통할지 여부에 영향을 미친다. 재구매 의도는 소비자마다 다를 수 있다. 예를 들어, 구매 후 지각된 가치는 남성보다 여성의 재구매 의도에 더 약한 영향을 미친다. 반면에 새 매장으로 전환하는데 드는 비용과 노력은 여성보다 남성의 재구매 결정에 훨씬 더 큰 영향을 미친다.

인지 부조화 구매 직후 구매자의 결정이 올바른 결정인 지에 대한 의심

이 단계는 고가 품목의 경우 특히 중요하다. 고가의 제품을 구매한 직후, 평가는 **인지 부조화 cognitive dissonance** 또는 제품 구매가 올바른 결정인지에 대한 구매자의 마음에 의심을 초래할 수 있다. 인지 부조화는 경쟁 브랜드의 바람직한 기능에 비해 부족한 것으로 밝혀진 값비싼 고관여 제품을 최근에 구입했을 때 가장 잘 발생한다. 인지 부조화를 겪고 있는 구매자는 제품을 반품하려고 시도하거나 제품 선택을 정당화하기 위해 리뷰와 같은 긍정적인 정보를 찾을 수 있다. 예를 들어, 나이키 신발을 정가로 샀다가 일주일 후에 세일하는 것을 발견했다면 인지 부조화를

경험할 가능성이 크다. 마케터는 때때로 최근 고객에게 전화를 걸거나 이메일을 보내 새로운 구매에 만족하는지 확인함으로써 인지 부조화를 줄이려고 시도한다.

그림 5.1에서 볼 수 있듯이 세 가지 주요 범주의 영향 요인들이 소비자 구매의사결정 과정에 영향을 미치는 것으로 나타난다. 이것들은 상황적, 심리적, 사회적 영향 요인들이다. 이 장의 뒷부분에서 각각의 주요 영향에 대해 별도로 논의하지만 소비자 의사결정 과정에 미치는 영향은 서로 관련되어 있다.

5-2 소비자 의사결정 유형과 관여도 수준

 # 학습목표 **소비자의 의사결정 유형과 관여도 수준을 이해한다.**

현재와 미래의 니즈를 충족시키는 제품을 얻기 위해 소비자는 제품의 특성에 따라 다양한 유형의 의사결정 과정에 관여한다. 소비자가 문제를 해결하는 데 소비하는 정신적 육체적 노력의 양은 제품의 비용과 유형에 따라 상당히 다르다.

5-2a 소비자 의사결정의 유형

소비자 의사결정에는 관여도 수준과 기타 요인에 따른 세 가지 유형이 있으며, 이는 일상적 반응 행동, 한정된 의사결정, 확장된 의사결정이다(표 5.1 참조).

소비자는 검색 및 결정 노력이 거의 필요하지 않은 자주 구매하는 저가 품목을 구매할 때 **일상적 반응 행동routinized response behavior**을 보인다. 소비자는 브랜드 선호도를 가질 수 있지만, 여러 브랜드 제품 또는 제품의 일반 또는 매장(점포) 브랜드에 만족할 것이다.

일반적으로 관여도 수준이 낮은 제품(저관여도 제품)은 일상적 반응 행동, 즉 거의 자동으로 구매된다. 예를 들어, 구매자는 생수, 칩 또는 배터리와 같은 대부분의 슈퍼마켓 품목을 선택하는 데 거의 시간이나 노력을 들이지 않는다.

구매자는 친숙한 제품 범주의 생소한 브랜드에서 제품을 구매할 때 **한정적 의사결정limited decision making**에 관여한다. 이러한 유형의 의사결정은 정보 수집 및 심의에 약간 더 많은 시간을 필요로 한다. 예를 들어, 에너지 효율이 더 높은 세탁소가 집 근처에 문을 열면 서비스를 사용해 보기 전에 해당 서비스를 사용한 친구에게 물어보거나, 광고를 보거나, 회사 웹사이트를 방문하여 이에 대한 추가 정보를 찾을 수 있다.

가장 복잡한 유형의 의사결정인 **확장적 의사결정extended decision making**은 관여도 수준이

일상적 반응 행동 검색 및 결정 노력이 거의 필요하지 않고 자주 구매하는 저가 품목을 구매할 때 사용되는 소비자 문제 해결 과정

한정적 의사결정 친숙한 제품 범주의 생소한 브랜드에서 제품을 구매할 때 사용되는 소비자 문제 해결 과정

확장적 의사결정 익숙하지 않거나 비싸거나 자주 구매하지 않는 제품을 구매할 때 사용하는 소비자 문제 해결 과정

표 5.1 소비자 의사결정 유형

	일상적 반응 행동	한정적 의사결정	확장적 의사결정
제품 비용	낮음	낮음에서 보통	높음
검색 범위	작음	작음에서 중간	광범위
소요 시간	짧음	짧음에서 중간	많음
브랜드 선호도	하나 이상이 허용 가능하지만 하나가 선호될 수 있음	여러 가지 허용	다양함, 일반적으로 많음

높은 제품(고관여도 제품), 익숙하지 않거나 비싸거나 드물게 구매하는 제품(예: 자동차, 컴퓨터 또는 변호사나 의사의 서비스)에서 발생한다. 구매자는 많은 기준을 사용하여 대체 브랜드 또는 자신의 선택을 평가하고 구매하기 전에 정보를 찾고 결정하는 데 많은 시간을 보낸다.

특정 제품을 구매한다고 해서 매번 같은 유형의 의사결정 과정을 이끌어내는 것은 아니다. 제품을 처음 구매할 때 확장적 의사결정을 내릴 수 있지만 다시 구매할 때는 한정적 의사결정으로 충분하다는 것을 알게 된다. 일상적으로 구매하는 브랜드가 단종되거나 더 이상 만족스럽지 않으면 새 브랜드로 전환하기 위해 한정적 또는 확장적 의사결정을 사용할 수 있다. 따라서 우리가 일반적으로 구매하는 진통제 브랜드가 더 이상 잘 작동하지 않는다는 것을 알게 되면 한정적 의사결정을 통해 다른 브랜드를 찾을 수 있다.

충동구매 즉시 뭔가를 구입하는 강력한 충동에서 발생하는 계획되지 않은 구매 행동

소비자의 의사결정이 항상 합리적이지는 않다는 점에 유의하는 것도 중요하다. 대부분의 소비자는 때때로 이 세 가지 의사결정 과정을 기반으로 하지 않고 충동적으로 구매한다. **충동구매** Impulse buying는 의식적인 계획이 필요하지 않으며 즉시 구매하려는 강력한 충동에서 비롯된다. 조사에 따르면 약 70%의 소비자가 식품을 충동구매한다고 한다. 소비자의 약 85%는 할인이 충동구매를 촉발했다고 말한다. 소매상들은 충동구매를 장려하기 위해 금전 등록기 근처에 껌, 육포, 땅콩 및 잡지를 설치한다.

5-2b 소비자 관여도 수준

관여도 수준 어떤 제품에 대한 개인의 관심 정도와 해당 개인이 갖는 그 제품의 중요성

소비자 의사결정 과정 유형의 주요 요소는 고객의 **관여도 수준**level of involvement, 즉 제품에 대한 관심의 정도와 해당 제품에 대한 개인의 중요성에 따라 달라질 수 있다. 예를 들어, 관여도 수준은 와이너리를 방문할 소비자를 분류하는 데 사용될 수 있다. 와인에 대한 높은 관여도를 가진 소비자(고관여도 소비자)는 방문 동기와 패턴이 낮은 관여도로 식별된 소비자(저관여도 소비자)와 크게 다르다. 건강 관리와 같은 중요도가 높은 문제도 높은 수준의 관여도와 관련이 있

다. 저관여 제품은 식료품이나 약국에서 판매하는 제품과 같이 훨씬 저렴하고 관련된 사회적 위험도 적다.

제품 또는 제품 범주에 대한 개인의 지속적이고 장기적인 관심의 정도를 장기적 관여도(enduring involvement)라고 한다.

대부분의 소비자는 아주 적은 수의 활동이나 제품에만 지속적으로 관여한다. 이러한 활동은 가장 관심이 있는 제품 범주에서 발생한다. 예를 들어, 많은 소비자들은 충성도와 신뢰를 불러일으키는 브랜드인 애플 제품에 장기적 관여도를 보이고 있다. 이 소비자들은 최신 아이폰출시를 기다리고 최신 맥북의 다양한 기능에 대한 기사를 읽으며 애플 제품을 구매하고 배우기 위해 많은 노력을 기울인다. 대조적으로 상황적 관여도(situational involvement)는 일시적이고 역동적이며, 현재 노트북이 오작동을 일으켜 갑자기 새 노트북을 구입해야 하는 것과 같은 특정 상황의 결과로 발생한다. 짧은 시간 동안 소비자는 다양한 컴퓨터 브랜드, 소매업체 및 가격을 조사하지만 소비자가 가능한 한 빠른 시간내에 컴퓨터를 필요로 하기 때문에 비교적 빨리 선택에 몰입할 것이다. 일단 구매가 이루어지면 소비자의 관심과 관여도는 빠르게 줄어든다. 소비자 관여도는 제품 범주(예: 스포츠), 특정 브랜드에 대한 충성도, 특정 광고(예: 재미있는 광고) 또는 매체(예: 텔레비전 쇼)에 대한 관심, 또는 특정 결정 및 행동(예: 쇼핑에 대한 사랑)에 연결될 수 있다. 재미있는 광고를 찾는 것과 같은 관심이 반드시 소비자가 브랜드에 관여하게 된다는 것을 의미하지는 않는다. 고객이 현재 가지고 있는 니즈를 충족시키지 못하는 경우, 고객은 즉시 다른 브랜드에 충성할 수 있다.

Arne Beruldsen/Shutterstock.com

저관여도 제품 두루마리 종이 타올은 관여도가 낮은 제품이다. 종이 타올을 구입할 때 소비자는 일반적으로 일상적 반응 행동을 사용한다.

구매자의 참여도 수준에 영향을 미치는 몇 가지 요소가 있다. 가장 중요한 것은 구매에 대한 지각된 위험이다. 특히 고가의 상품은 미래 구매력의 재정적 손실 위험을 더 크게 한다. 예를 들어, 새 차를 구입하려면 일반적으로 월별 예산에서 다른 항목에 대한 구매력을 크게 줄이는 월별 지출이 필요하다. 따라서 고가의 제품은 더 높은 관여도 수준에 관련되는 경향이 있다. 반면에 구매자는 이전에 여러 번 구매한 제품에 대해 광범위한 의사결정에 관여할 필요가 없기 때문에, 제품에 대한 이전 경험은 일반적으로 관여도 수준을 낮추어 준다. 마지막으로, 무언가에 높은 관심을 가진 구매자는 그렇지 않은 사람보다 더 높은 수준의 관여도를 가질 가능성이 높다. 열렬한 달리기를 생활화한 고객을 고려해보자. 그녀는 달리기와 마라톤에 관한 잡지와 블로그 뿐만 아니라 운동화와 스포츠 음료에 관심을 가질 가능성이 가장 높다. 운동화 한 켤레에 대한 그녀의 관여도 수준은 캠퍼스에서 신을 신발을 구입하는 대학생보다 높을 가능성이 매우 크다.

5-3 구매의사결정 과정에 대한 상황적 영향

 # 학습목표 **상황적 영향이 소비자 구매의사결정 과정에 어떤 영향을 미칠 수 있는지 설명한다.**

상황적 영향 소비자 구매의사결정 과정에 영향을 미치는 상황, 시간 및 위치로 인한 영향

상황적 영향situational influences은 소비자의 구매 결정 과정에 영향을 미치는 상황, 시간 및 위치에서 비롯된다. 자동차를 세차하는 동안 현재 사용하고 있는 타이어 중 하나가 심하게 마모되었음을 알게 된 후 자동차 타이어를 구입한다고 상상해 보자. 이것은 고속도로에서 타이어가 찢어진 직후에 타이어를 구입하는 것과는 다른 경험이다. 상황적 영향 요인은 소비자 구매의사결정 과정의 모든 단계에서 구매자에게 영향을 줄 수 있으며, 개인이 그 과정을 단축, 연장 또는 종료하게 할 수 있다. 상황적 영향 요인으로 물리적 환경, 사회적 환경, 시간, 구매 이유, 구매자의 순간적인 기분 및 상태의 5가지 범주로 분류할 수 있다.

물리적 환경에는 위치, 매장 분위기, 냄새, 소리, 조명, 날씨 및 의사결정 과정에서 발생하는 물리적 환경의 기타 요인들이 포함된다.

예를 들어, 축구 경기장에는 경기장과 관람석뿐 아니라 매점, 기념품 가게, 엔터테인먼트, 음악 및 관객의 에너지가 포함된다. 소매 체인점들은 쇼핑을 가능한 한 즐겁고 쉽게 하는 방식으로 매장 환경과 매장 배경을 설계하려고 노력하므로 소비자는 더 오래 머무르고 구매하려는 경향이 있다. 은행, 백화점, 전문점의 마케터는 구매 결정을 내리는 데 도움이 되는 물리적 환경을 조성하기 위해 상당한 노력과 비용을 들인다. 예를 들어 세포라는 직원의 전문 지식과 상호 작용하여 고객이 아마존에서 화장품을 구매하는 대신 광택 있는 흑백 매장을 계속 방문하도록 하는 환경을 만들었다. 회사의 뷰티 팁 워크샵(Beauty Tip Workshop) 매장은 고객이 제품과 사용 방법을 배우는 좋은 경험을 하고 새로운 룩을 만드는 즐거움을 누릴 수 있도록 '가르치고, 영감을 주고, 놀 수 있는' 공간으로 설계되었다. 올리브 가든(Olive Garden)과 같은 레스토랑 체인 그리고 칠리스(Chili's)는 독특하고 고객의 경험을 향상시키는 환경을 제공하기 위해 종종 처음부터 새로 짓는 체인점에 많은 투자를 한다. 매장의 물리적 환경을 리모델링하더라도 매출에 직접적인 영향을 미칠 수 있다. 리모델링은 기존 고객보다 더 많은 비용을 지출하고 매장을 더 자주 방문하는 신규 고객에 대한 매출을 증가시키는 경향이 있다.

Source: 크리스티나 우

상황적 영향 결혼식은 사람들의 삶에서 중요한 사건이다. 주요 생활 사건과 관련된 구매는 매우 중요하다. 이러한 고객의 구매 이유는 고객이 상당한 시간을 들이고 선택이 올바른 지 확인하기 위해 상당한 노력을 기울이는 결과를 낳는다.

그러나 일부 상황에서는 날씨, 교통 소음 및 냄새와 같은 차원이 마케터의 통제 범위를 분명히 벗어난다. 예를 들어 일반적인 기후 조건은 특정 기능(예: 4륜 구동)이 있는 특정 유형의 차량(예: SUV)을 구매하려는 고객의 결정에 영향을 미칠 수 있다. 현재 기상 조건 또는 기타 외부 요인은 소비자가 특정 제품을 찾을 때 고무적일 수도 있고 낙담할 수도 있다. 악천후가 예보되면 고객이 기본 필수품을 비축하게 되는 것과 같은 경우가 발생하므로, 그러한 물리적 환경 요인이 선호될 수 있다.

사회적 환경에는 구매의사결정 과정 중에 존재하는 친구, 친척, 판매원 및 기타 고객과의 상호 작용이 포함된다. 구매자는 레스토랑, 상점 또는 스포츠 경기장과 같은 공공 장소에 있기 때문에 특정 방식으로 행동해야 한다는 압박감을 느낄 수 있다. 제품이 사용되거나 소비될 때 주위에 누가 있을 것인지에 대한 생각은 사회적 환경의 또 다른 측면이다. 과밀한 매장이나 고객과 판매원 간의 다툼과 같은 물리적 환경의 부정적인 요소는 소비자가 물건을 구매하기 전에 매장을 떠나게 할 수 있다.

시간 차원은 여러 가지 방식으로 구매의사결정 과정에 영향을 준다. 제품에 대한 학습, 검색, 구매 및 사용을 포함하여 구매의사결정 과정의 단계를 진행하는 데 다양한 시간이 걸리기도 한다. 또한 시간은 소비자가 제품 사용 빈도, 사용 시간, 전체 제품 수명을 고려할 때 중요한 역할을 한다. 구매에 영향을 줄 수 있는 다른 시간 차원에는 시간, 요일 또는 월, 계절 및 공휴일이 포함된다. 예를 들어, 시간 제약이 있는 고객은 빠른 구매 결정을 내리거나 결정을 지연시킬 수 있다. 반면에 소비자는 자신의 니즈에 따라 특정 제품을 구매하기 위해 더 오래 기다릴 수 있다. 애플 애호가는 최신 아이폰이 출시되기를 기다리는 데 상당한 시간을 할애하고 있다.

구매 이유에는 무슨 제품의 구매가 이루어졌는지, 누가 구매를 하는 지에 대한 것이 포함된다. 일반적으로 소비자는 개인용, 가정용 또는 선물용으로 제품을 구매한다. 구매 선택은 구매 이유에 따라 달라질 수 있다. 크리스티나 우(Christina Wu)의 웨딩드레스에 대한 광고를 고려해보자. 절제된 광고는 크리스티나 우가 만든 웨딩드레스를 입은 아름다운 신부를 보여주고, 예비 신부는 소매점을 찾기 위해 회사 웹 사이트로 안내되어진다.

웨딩드레스는 결혼 상황에 전적으로 의존하며 다른 용도로 구매하지 않을 가능성이 크다. 결과적으로 구매자는 완벽한 제품을 찾기 위해 많은 시간과 돈을 소비한다.

구매자의 기분(예: 분노, 불안 또는 만족) 또는 상태(예: 피로, 질병 또는 현금 보유)도 소비자 구매의사결정 과정에 영향을 줄 수 있다. 그러한 기분이나 상태는 순간적이며 구매 결정이 내려지는 상황 직전에 발생한다. 구매자의 기분 또는 상태는 정보를 검색하거나 대안을 찾고 평가하려는 개인의 능력과 욕구에 영향을 미칠 수 있다. 기분은 또한 소비자의 구매 후 평가에 상당한 영향을 미칠 수 있다. 구매 직후에 기분이 좋으면 기분을 제품 탓으로 돌리고 호의적으로 판단할 가능성이 더 크다.

5-4 구매의사결정 과정에 대한 심리적 영향

 # 학습목표 **소비자 구매의사결정 과정에 영향을 미칠 수 있는 심리적 영향을 이해한다.**

심리적 영향 사람들의 일반적인 행동을 부분적으로 결정하여 소비자의 행동에 영향을 미치는 요소.

심리적 영향 Psychological influences은 사람들의 일반적인 행동을 부분적으로 결정하여 소비자 행동에 영향을 미친다. 소비자 행동에 대한 주요 심리적 영향 요인은 지각, 동기부여, 학습, 태도, 성격 및 자아 개념, 라이프스타일 등이다. 이러한 심리적 요인은 내부적으로 작용하지만 외부의 사회적 요인에 의해서는 크게 영향을 받는다.

5-4a 지각

지각 의미 창출을 위해 정보 입력을 선택, 조직 및 해석하는 과정

정보 입력 시력, 미각, 청각, 후각, 촉각을 통해 받은 감각

사람들은 같은 시간에 같은 사건이나 사물을 다른 방식으로 지각한다. 그림을 처음 보았을 때, 두 명의 여성 또는 세 개의 기둥이 보이는가? 이렇게 동일한 개인이 다른 시간에 다른 방식으로 데이터를 인식할 수 있다. **지각**Perception은 의미를 생성하기 위해 정보 입력을 선택, 조직 및 해석하는 과정이다. **정보 입력**Information inputs은 시각, 미각, 청각, 후각, 촉각을 통해 받은 감각이다. 라디오에서 광고를 듣거나, 친구를 만나거나, 식당에서 요리하는 냄새를 맡거나, 제품을 만지면 정보 입력을 받고 있는 것이다. 지각은 복잡하고 다양한 요인에 의해 영향을 받고 복합적으로 될 수 있다. 예를 들어, 조사에 따르면 한 번에 여러 감각에 호소하는 식품 광고가 맛에만 집중하는 광고보다 더 효과적이다라고 지적한다.

선택적 노출 인식에 도달하기 위해 일부 입력을 선택하는 과정

지각은 다양한 방식으로 해석될 수 있다. 왜냐하면 우리는 지속적으로 정보를 수신하지만 소수만이 우리의 인식에 도달하기 때문이다. 우리가 모든 감각 입력에 동일한 주의를 기울인다면 완전히 압도되었을 것이다.

다행스럽게도 우리는 일부를 선택하고 다른 것은 무시한다. 이 과정은 개인이 어떤 정보 입력이 인식에 도달할지(대부분 무의식적으로) 선택하기 때문에 **선택적 노출**selective exposure이라고 한다. 이 문단에 집중하고 있다면, 아마도 밖에 있는 차가 소음을 내는 것, 방의 조명이 켜져 있는 것, 배경 화면에서 노래가 재생되고 있는 것, 심지어 페이지를 만지고 있다는 것조차 인식하지 못할 수도 있다. 이러한 정보 입력을 수신하더라도 주의를 끌 때까지 인식에 도달하지 않게 된다. 개인의 현재 니즈는 선택적 노출에 영향을 미친다. 가장 강력한 니즈와 관련된 정보 입력은 의식적인 인식에 도달할 가능성이 더 크

Juriah Mosin/Shutterstock.com

지각 두 명의 여성 또는 세 개의 기둥이 보이는가?

다. 많은 패스트푸드 광고가 식사 시간 근처에 방영되는 것은 우연이 아니다. 고객들은 이 시기에 이러한 광고에 더 주의를 기울일 것이다.

지각의 선택적 특성은 선택적 왜곡과 선택적 유지라는 두 가지 다른 조건을 초래할 수도 있다.

선택적 왜곡Selective distortion은 수신된 정보를 변경하거나 왜곡하는 것이다. 개인의 감정이나 신념과 일치하지 않는 정보를 받고 정보를 해석하여 기대에 더 가깝게 일치하도록 의미를 변경할 때 발생한다. 선택적 왜곡은 뒷받침하는 증거가 제시되더라도 왜 사람들이 논리적 정보를 거부하는 지에 대한 이유의 배경이다. 선택적 왜곡은 마케터에게 도움이 될 수도 있고 피해를 줄 수도 있다. 예를 들어, 소비자는 다른 브랜드가 더 우수하다는 증거에 직면했을 때에도 한 브랜드에 충성하고 충성을 유지할 수 있다. 또 다른 예로서, 소비자는 제품이 환경에 도움이 되도록 의도적으로 재설계되었다는 사실을 알게 되면 친환경 제품을 구매할 가능성이 오히려 줄어든다. 왜냐하면 소비자는 의도적으로 지속 가능하도록 설계된 제품을 사용하려면 제품 개발자가 다른 영역에서 자원을 빼야 한다고 믿는 선택적 왜곡을 하는 경향이 있기 때문이다. 즉, 그들은 의도하지 않은 부작용보다 환경적 이점을 선호한다면서 선택적 왜곡을 시도한 것이다. **선택적 유지selective retention**에서 개인은 개인의 감정과 신념을 뒷받침하는 정보 입력을 기억하고 그렇지 않은 입력은 잊어버린다. 예를 들어, 판매 프레젠테이션을 듣고 매장을 떠난 고객은 제품에 대한 개인적인 신념이나 선입견과 모순되는 경우, 그 제품을 빨리 잊어버릴 수 있다.

선택적 왜곡 개인의 감정이나 신념과 일치하지 않는 정보의 변경 또는 왜곡

선택적 유지 개인의 감정과 신념을 지원하는 정보 입력을 기억하고 그렇지 않은 정보 입력을 잊어버리는 경우

지각 과정의 두 번째 단계는 지각적 조직화이다. 인식에 도달하는 정보 입력은 조직화된 형태로 수신되지 않는다. 의미를 생성하기 위해 개인은 새로운 정보를 조직화하고 이미 기억에 저장된 정보와 통합해야 한다. 완결(closure)이라고 하는 한 가지 방법은 패턴이나 진술에 부합하는 방식으로 누락된 정보를 채울 때 발생한다. 브랜드에 대한 관심을 끌기 위해 광고주는 광고에 불완전한 이미지, 사운드 또는 설명을 사용하는데, 이는 지각적 조직화의 한 방법인 완결을 광고에 이용한 경우이다.

지각 과정의 세 번째 단계인 해석은 조직된 정보에 의미를 부여하는 것을 포함한다. 사람은 자신이 기대하는 것 또는 익숙한 것에 따라 정보를 해석한다. 이러한 이유로 제품이나 포장을 변경하는 제조업체는 오래되고 친숙한 제품 또는 포장을 찾고, 새로운 것을 인식하지 못하거나 좋아하지 않는 소비자 반발에 직면할 수 있다. 제품이나 패키지 변경 사항을 알리는 판촉 프로그램이 수반되지 않는 한 기업은 매출 감소를 겪을 수 있다.

마케터는 구매자의 지각을 통제할 수 없지만 종종 영향을 미치려고 한다. 그러나 이러한 시도에서 몇 가지 문제가 발생할 수 있다. 첫째, 소비자의 지각 과정은 판매자의 정보가 결코 도달하지 않도록 작동할 수 있다. 예를 들어, 구매자는 의도적으로 잡지의 광고를 완전히 차단하고, 눈치 채지 못할 수 있다. 둘째, 구매자는 정보를 받았지만 의도한 것과 다르게 지각할 수 있다. 이는 선택적 왜곡에 의해서 발생한다. 예를 들어, 치약 생산자가 "이 치약을 사용하는 사람들의

35%가 충치가 적다"고 광고하면 고객은 사용자의 65%가 충치가 더 많다고 추론할 수 있다. 셋째, 정보 입력이 이전 신념과 일치하지 않는다고 지각하는 구매자는 선택적 유지의 경우와 같이 정보를 빨리 잊어버릴 가능성이 있다.

5-4b 동기부여

동기부여 개인의 행동과 행위 뒤에 있는 내부 원동력 또는 원인

동기부여Motivation는 개인의 행동과 행위 이면에 있는 내적 원동력 또는 원인을 나타낸다. 일반적으로 사람들은 현재의 수용 가능한 상태를 유지하거나, 자신의 상태를 더 원하는 수준으로 개선하거나, 부정적인 결과를 피하려는 동기를 부여 받는다. 예를 들어, 어떤 사람은 임대료가 오르면 현재 생활 상태를 유지하기 위해 가격 인상을 추구하거나, 원하는 수준으로 상태를 개선하기 위해 바람직한 기능이 있는 새 스마트폰을 구입하도록 동기를 부여 받기도 한다. 동기부여는 신체적 감정, 마음 상태 또는 감정에서 비롯될 수 있다. 지각된 위험뿐만 아니라 자아 개념, 가치, 필요, 목표 및 자기 통제 등의 요소가 동기부여에 영향을 미친다. 소비자에게 특정 목표를 달성하려는 동기가 부여되면, 제품과 해결책을 조사하는 데 관여하는 상당한 노력을 기울일 것이다.

매슬로의 욕구의 위계구조 인간이 충족하고자 하는 5단계 욕구(가장 중요한 것부터 가장 덜 중요한 것까지)

동기부여는 인식된 욕구나 필요를 충족시키도록 사람을 이끌 수 있다. 미국의 심리학자 아브라함 매슬로(Abraham Maslow)는 욕구의 위계를 기반으로 한 동기 이론을 고안했다. 매슬로에 따르면, 인간은 그림 5.2와 같이 가장 낮은 기본적인 생리적 욕구(생존 욕구)로부터, 자아실현 욕구에 이르기까지 5가지 수준의 욕구를 충족하려고 한다. 이 피라미드는 **매슬로의 욕구 위계 구조 Maslow's hierarchy of needs**로 알려져 있다. 매슬로는 사람들이 위계 구조의 상위 단계로

그림 5.2 매슬로의 욕구의 위계구조

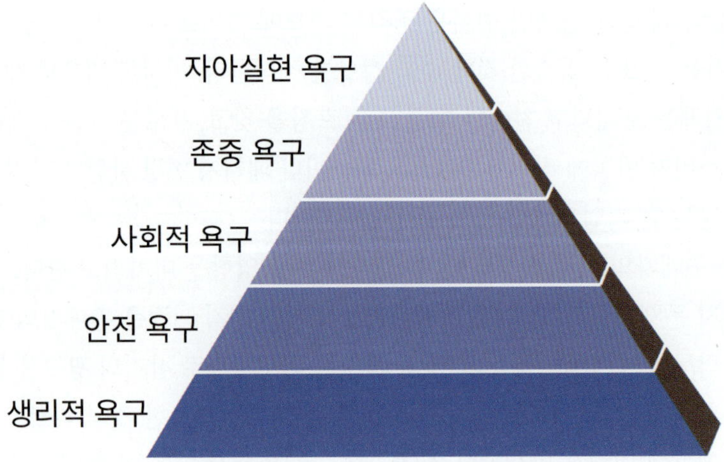

올라가기 위해 끊임없이 노력하고, 한 단계의 욕구를 충족하고, 다음 단계를 충족하기 위해 열망한다고 제안했다.

가장 기본적인 수준에서는 생리적 욕구(physiological needs), 즉 음식, 물, 섹스, 의복, 주거지와 같은 생존을 위한 욕구이며 사람들이 가장 먼저 충족시키려는 욕구이다. 식품 및 음료 마케터는 종종 성적 매력이나 배고픔과 같은 생리적 욕구에 호소한다. 다음 단계에는 신체적, 정서적 고통과 고통으로부터의 안전과 자유를 포함하는 안전 욕구(safety needs)가 있다. 생명 보험, 자동차 에어백, 일산화탄소 감지기, 비타민 및 충치 방지 치약은 소비자가 안전 욕구를 충족하기 위해 구매하는 제품이다. 다음은 사회적 욕구(social needs)이다. 사랑과 애정, 소속감에 대한 욕구이다. 화장품 및 기타 미용 제품, 보석, 심지어 자동차에 대한 광고는 종종 이러한 제품을 구입하는 것이 사랑과 사회적 수용을 가져올 것임을 암시하며 따라서 사회적 욕구에 호소한다. 존중 욕구(esteem needs)에서 사람들은 타인의 존중과 인정을 필요로 하며, 자신의 가치에 대한 자존감도 필요로 한다. 메르세데스를 소유하거나, 값비싼 핸드백을 구입하거나, 일등석을 타는 것은 존중 욕구를 충족시킬 것이다. 위계의 맨 위에는 자아실현 욕구(self-actualization needs)가 있다. 이것은 성장하고 발전하고, 될 수 있는 것이 되기 위한 사람들의 욕구를 나타낸다.

미 육군은 모집 광고에서 "당신이 될 수 있는 모든 것이 되십시오"라고 말한다. 이는 사람들이 미군에 입대함으로써 잠재력을 최대한 발휘할 수 있음을 암시하는 메시지이다.

5-4c 학습

학습 정보와 경험으로 인한 개인의 사고과정과 행동의 변화

학습Learning은 정보와 경험으로 인한 개인의 사고 과정과 행동의 변화를 의미한다. 행동의 결과는 학습 과정에 큰 영향을 미친다. 긍정적인 결과를 초래하는 행동은 반복되는 경향이 있다. 예를 들어, 미용실에서 머리를 자른 것에 매우 만족한 소비자는 그 미용실을 다시 방문하여 같은 미용사를 요청할 가능성이 아주 높다. 이렇게 학습된 소비자는 더 이상 만족을 제공받지 못할 때까지 재화나 서비스를 계속 구매할 것이다.

서비스의 결과가 더 이상 만족스럽지 않거나 더 이상 기여하지 않을 때 소비자는 다른 제품이나 조직으로 전환할 수 있다. 예를 들어 미용사가 미용실을 떠날 때, 자신의 헤어스타일을 이발할 수 있는 사람이 아무도 없다면 소비자는 미용실

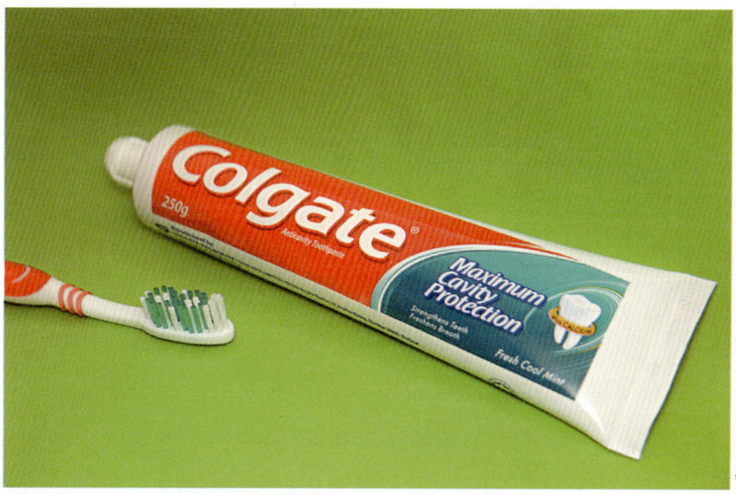

Hilman Ka maruzzaman/Shutterstock.com

안전 욕구 Colgate 브랜드 치약은 충치와 싸움으로써 사용자에게 더 나은 치아 건강을 제공하는 안전 욕구에 호소하여 제품을 판매한다.

마케팅의 정직성

재활용, 자라 스타일

스페인에 본사를 둔 자라(Zara)는 2,200개의 매장으로 글로벌 네트워크로 구성하여 최신 스타일을 가속화하는 패스트 패션 소매업체로 전 세계적으로 유명하다. 디자이너들은 96개 지역에서 고객의 취향과 구매행동을 연구하여 각 시장의 선호도에 맞는 제품을 계획한다. 디자인 및 제조 후, 고객이 끊임없이 변화하는 크기, 색상 및 스타일 중에서 선택할 수 있도록 회사는 매주 두 개의 신제품 발송물을 각 매장에 보낸다.

이제 자라는 패션과 직물의 혁신적인 재활용 업체로서의 명성을 구가하고 있다. 친환경 제품에 관심이 있는 소비자들에게 즉각적인 호소력을 발휘하는 것 외에도, 모회사 인디텍스(Inditex)의 장기 전략의 핵심 요소인 자라의 재활용 정책은 폐기물을 줄이고 환경적 지속 가능성을 지원하고 있다. 예를 들어, 자라의 조인 라이프(Join Life) 제품 라인은 모두 재활용 면과 같은 재활용 재료로 만든" 과거가 있는 재활용 의복"을 특징으로 한다.

또한 자라는 고객에게 중고 및 원하지 않는 의류를 30개국에 있는 수백 개의 자라 매장 수거통에 보관토록 초대한다. 그리고 적십자와 구세군과 같은 자선 단체에 기부하여 이러한 중고 의류에 두 번째 생명을 주고 있다. 이러한 재활용 노력은 수톤의 중고 의류를 매립하지 않도록 함으로써 지구를 도울 뿐만 아니라 도움이 필요한 사람들에게도 혜택이 되어 준다. 자라와 그 모회사는 장기적인 목표를 향한 진행 상황을 결정하는 데 사용되는 전사적 지속 가능성 지표 중 두 가지로서 모든 재활용 활동과 의류 기부 수를 추적한다.

을 가는 것을 그만 둘 수 있다.

구매 결정을 내리기 위해서는 고객이 정보를 처리해야 하며 이는 개인마다 다른 능력이다. 경험이 없는 구매자가 사용하는 정보의 유형은 제품 및 구매 상황에 익숙한 경험이 있는 구매자가 사용하는 정보의 유형과 다를 수 있다. 따라서 골동품 책상을 구매하려는 두 잠재 구매자는 구매 결정을 내릴 때 서로 다른 유형의 정보를 사용할 수 있다. 경험이 없는 구매자는 가격과 외관으로 책상의 가치를 판단할 수 있지만, 경험이 많은 구매자는 책상의 구성과 상태는 물론 제조사, 기간, 원산지 정보를 보고 품질과 가치를 평가할 수 있다. 경험이 부족한 소비자는 구매할 때 다른 사람에게 정보를 구하고 경험이 풍부한 친구를 데려갈 수도 있다. 경험 많은 구매자는 제품에 대해 더 많은 자신감과 지식을 갖고 있으며 어떤 제품 기능이 품질에 대한 신뢰할 수 있는 요인인지 인식할 수 있다.

마케터는 고객이 제품에 대한 경험을 쌓을 수 있도록 하여 고객이 제품에 대해 더 잘 알 수 있도록 돕는다. 마케터는 무료 샘플을 통해 잠재적인 구매자의 초기 경험을 형성하는 데 관여하고, 때로는 고객이 쿠폰과 함께 사용하여 평가판을 장려하고 구매 위험을 줄일 수 있도록 한다. 예를 들어, 일부 소비자는 일상적이지 않은 새로운 제품을 시도하는 것을 경계할 수 있기 때문에 코스트코, H-E-B의 센트럴 마켓(Central Market) 및 홀 푸드(Whole Foods)는 회사가 매장의 통로에서 제품을 시식할 수 있도록 허용한다. 개인 관리 제품에는 때때로 패키지에 다른 제품의 샘플이 포함된다. 매장 내 시연을 통해 제품 사용에 대한 지식을 키울 수 있도록, 소프트웨어 생산자는 매장에서 제품 시연을 수행하여 신제품을 소개하거나 잠재 고객이 소프트웨어를 좋아하는지 확인하기 위해 한 달 동안 소프트웨어의 무료 평가판을 다운로드할 수 있도록 한다. 시승은 잠재적인 신차 구매자에게 자동차 기능에 대한 약간의 경험을 제공한다.

소비자는 판매원, 광고, 웹사이트, 인터넷 비디오, 소셜 미디어, 친구 및 친척의 정보를 통해 간접적으로 제품을 경험함으로써 학습한다. 이를 통해 마케터는 제품과 마케터에 대해 호의적인 소비자 태도를 형성할 수 있게 하는 정보를 구매 전(때로는 후)에 제공할 수 있다.

고객이 관심을 가질 만한 추가 제품을 식별하기 위해 마케팅 분석을 활용하여 고객의 탐색 활동 및 구매 패턴을 학습하는 아마존을 예를 들어 살펴보자. 새로운 유아용 침대를 찾고 있던 고객은 아마존에서 유아용 가구, 의류 및 기저귀에 대한 권장 사항을 볼 수 있을 것이다. 실제로 아마존 구매의 약 35%가 성공적인 개인화된 추천에서 비롯된다.

5-4d 태도

태도attitude는 대상이나 아이디어에 대한 감정과 행동 경향에 대한 개인의 지속적인 평가이다. 우리가 대하는 태도는 유형이 될 수도 무형이 될 수도 있고, 살아있는 것이 될 수도 있고 살아있지 않은 것이 될 수도 있다. 예를 들어, 우리는 자동차, 축구, 아침 시리얼에 대한 태도와 마찬가지로 섹스, 종교, 정치 및 음악에 대한 태도를 가지고 있다. 태도는 시간이 지남에 따라 변할 수 있지만 일반적으로 안정적으로 유지되며 특히 단기적으로는 변하지 않는다. 사람의 태도는 동일한 영향을 미치지 않으며, 일부에게 더 강력하게 영향을 미친다. 개인은 경험과 다른 사람들과의 상호 작용을 통해 태도를 습득한다.

태도 대상 또는 아이디어에 대한 감정과 행동 경향에 대한 개인의 지속적인 평가

태도는 인지적, 정서적, 행동적이라는 세 가지 주요 구성 요소로 구성된다. 인지적 구성 요소는 대상 또는 아이디어에 대한 개인의 지식 및 정보이다. 예를 들어, 소비자들이 건강, 비만, 양질의 재료에 대해 더 많이 알게 되면서 청량 음료와 패스트푸드에 대한 태도가 덜 호의적이 되었고 맥도날드, 코카콜라와 같은 회사의 매출이 감소했다. 정서적 요소는 대상이나 아이디어에 대한 개인의 느낌과 감정으로 구성된다. 감정에는 심리적 요소와 생물학적 요소가 모두 포함되어있다. 감정은 느낌과 관련이 있으며 행동으로 이어지는 본능적 반응을 일으킬 수 있다. 사랑, 증오, 분노, 두려움은 행동에 영향을 줄 수 있는 감정이다. 어떤 사람들에게는 나이키, 스타벅스

또는 레이(REI)와 같은 특정 브랜드가 강한 감정적 반응을 이끌어낸다. 고객과의 정서적 경험 또는 연결을 성공적으로 창출하는 기업은 고객 충성도를 높일 수 있는 긍정적인 브랜드 이미지를 구축한다. 예를 들어, 사우스웨스트 항공((Southwest Airlines)는 유머를 비행 중 웹 사이트에서 창의적으로 사용함으로써 많은 고객과 정서적 유대감을 형성하였다. 이 항공사는 고객과 직원 모두에 대한 헌신을 보여주기 위해, 모든 상호 작용에서 이러한 유머스러운 개인적인 접촉을 확장해 간다. 이는 마케터가 소비자가 감정적 수준에서 공감할 수 있는 진정성 있는 메시지를 생성하는 것이 중요하다는 것을 의미한다. 행동적 구성 요소는 대상이나 아이디어에 관한 개인의 행동에서 나타난다. 인지적, 정서적 또는 행동적 구성요소의 변화는 다른 구성요소에 영향을 미칠 수 있다.

기업과 그 제품에 대한 소비자의 태도는 기업의 마케팅 전략의 성패에 큰 영향을 미친다. 소비자가 기업의 마케팅 관행의 한 가지 또는 그 이상의 측면에 대해 매우 부정적인 태도를 가질 때, 그들은 제품 사용을 중단할 뿐만 아니라 친척과 친구들에게도 그렇게 하도록 촉구할 수 있다. 태도는 소비자 행동을 결정하는 데 중요한 역할을 하기 때문에 마케터는 가격, 패키지 디자인, 브랜드 이름, 광고, 판매원, 수리 서비스, 매장 위치, 기존 또는 제안된 제품의 기능, 사회적 책임 노력에 대한 소비자 태도를 정기적으로 측정해야 한다.

태도를 이해하려는 노력은 대상 모델에 대한 태도(Fishbein 모델)와 행동 의도 모델(합리적 행동 이론이라고도 함)이라는 두 가지 주요 학문적 모델로 이어졌다. 이러한 모델은 의사결정에서 태도의 역할에 대한 이해를 제공한다. 대상 모델에 대한 태도는 소비자의 태도를 이해하고 예측하는 데 사용할 수 있다. 이 태도는 제품 속성에 대한 신념, 신념의 강도, 신념 평가의 세 가지 요소로 구성된다. 이러한 요소가 결합하여 제품에 대한 전반적인 태도라고 불리는 것을 형성한다.

행동 의도 모델은 속성에 초점을 맞추기보다 행동하거나 구매하려는 의도에 초점을 맞춘다. 이 모델은 다른 사람들, 특히 동료들이 일련의 대안 중에서 최선의 선택이라고 믿는 것에 대한 소비자 인식을 고려한다,

이름에서 알 수 있듯이 행동 의도 모델은 대상에 대한 태도가 아니라 구매행동에 대한 태도에 중점을 두고 있다. 주관적 규범 구성 요소는 개인이 본질적으로 사회적 환경에 살고 있으며 다른 사람들이 생각하고 믿는 것에 영향을 받는다는 것을 인식하는 중요한 요소이다. 개인의 외모(옷, 헤어스타일, 피어싱, 문신)에 대한 태도 변화를 고려해보자. 소비자는 다른 사람들이 자신의 결정에 대해 어떻게 생각할지 고려할 것이다. 많은 사람들이 다른 사람들이 수용할 수 있는 규범으로 여기는 것을 준수하고 전통적인 구전 커뮤니케이션, 미디어 및 온라인 소셜 네트워킹을 통해 긴밀한 커뮤니케이션을 유지하려는 동기를 부여 받는다.

소비자 태도를 측정하는 데 도움이 되는 몇 가지 방법들이 있다. 가장 간단한 방법 중 하나는 사람들에게 직접 질문하는 것이다. 인터넷과 소셜 네트워킹 사이트는 소비자로부터 직접 태

도에 대한 정보를 얻으려는 마케터에게 유용한 도구가 된다. 기업은 페이스북과 같은 사이트를 사용하여 소비자에게 피드백 및 제품 리뷰를 요청할 수 있다.

마케터는 또한 **태도 척도attitude scale**를 통해 고객의 태도를 평가한다. 태도 척도는 일반적으로 대상에 대한 일련의 형용사, 구 또는 문장으로 구성된다. 응답자는 형용사, 구 또는 문장에 반응하여 대상에 대한 감정의 강도를 나타낸다. 예를 들어, 쇼핑에 대한 사람들의 태도를 측정하는 마케터는 응답자에게 "쇼핑은 텔레비전을 보는 것보다 더 재미있다"와 같은 진술에 동의하거나 동의하지 않는 정도를 표시하도록 요청할 수 있다.

태도 척도 형용사, 구 또는 문장에 대한 개인의 반응 강도를 측정하여 소비자의 태도를 평가하는 수단

마케터가 상당수의 소비자가 마케팅 믹스의 한 측면에 대해 부정적인 태도를 갖고 있다고 판단하면 이러한 태도를 개선하려고 노력할 수 있다. 이 작업은 일반적으로 시간이 오래 걸리고 비용이 많이 들고 어렵고 광범위한 홍보 노력을 필요로 한다. 더 많은 소비자가 특정 브랜드를 구매하도록 응답을 변경하기 위해 기업은 소비자 태도의 인지적 구성 요소를 변경하기 위해 정보 중심 캠페인을 시작하거나 정서적 구성 요소에 영향을 미치기 위해 설득적(감정적) 캠페인을 시작할 수 있다. 무료 샘플을 배포하는 것과 같은 사례는 고객에게 제품을 시험해 볼 수 있는 무료 수단을 제공함으로써 행동 요소를 변경하는 데 도움이 될 것이다.

기업은 건강과 안전에서부터 제품 기능과 가격에 이르기까지 마케팅 메시지를 사용하여 사람들의 태도를 바꾸려고 노력한다. 예를 들어 켈로그(Kellogg)의 Special K 시리얼 광고를 살펴보자. 켈로그는 건강한 시리얼 섭취자만을 표적으로 하지 않고, 스페셜K에는 비타민 B가 함유되어 있다는 점을 강조하여 활력 있는 아침식사 시리얼을 찾는 건강을 생각하는 모든 소비자를 표적으로 광고를 한다. 제품에 대한 소비자의 인식에 더욱 영향을 미치기 위해 광고는 활기찬 만화 글자체로 강조된 시리얼 한 그릇을 보여주고 있다.

5-4e 성격과 자아개념

성격personality은 특정 상황에서 일관된 행동 패턴을 초래하는 일련의 내부 특성과 뚜렷한 행동 경향이다. 개인의 성격은 유전적 특성과 개인적 경험의 독특한 조합이다. 성격은 일반적으로 강박성, 야망, 사교성, 독단주의, 권위주의, 내향성, 외향성 및 경쟁성과 같은 하나 이상의 특성을 갖는 것으로 기술된다. 마케팅 조사원은 이러한 특성과 구매행동 간의 관계를 찾는다. 여러 성격 특성과 구매자 행동 사이의 몇 가지 연결이 확인되었지만 조사에서 결정적인 연결이 입증되지 않았다. 그러나 성격과 구매행동 사이의 약한 연관성이 있을 수 있다.

성격 특정 상황에서 일관된 행동 패턴을 초래하는 일련의 내부 특성과 뚜렷한 행동 경향

많은 마케터들은 성격이 구매하는 제품의 유형과 브랜드에 영향을 미친다고 확신한다. 이러한 신뢰 관계 때문에 마케터는 특정 성격 유형에 광고를 맞추기도 한다.

예를 들어, 트럭 광고는 전형적 미국인의 종종 완고한 개인주의를 강조한다. 마케터는 일반적으로 둔감함이나 소심함과 같이 부정적으로 평가되는 특성보다는 보안 의식, 사교성, 독립성

Source: Kellogg NA Co

태도에 영향을 미치는 광고 켈로그(Kellogg)는 활력을 주는 비타민 B 성분을 첨가하여 스페셜K 시리얼의 에너지 가치에 대한 소비자의 태도에 긍정적인 영향을 미치려고 노력하고 있다.

또는 경쟁력과 같은 긍정적인 성격 특성에 중점을 둔다.

개인의 자아개념은 성격과 밀접하게 연결되어 있다. **자아개념 Self-concept**(자아 이미지 self-image 라고도 함)은 자신에 대한 인식 또는 관점이다. 개인은 심리적 차원과 사회적 차원 간의 상호 작용을 기반으로 자아개념을 개발하고 변경한다. 조사에 따르면 구매자는 자신의 자아개념을 반영하고 강화하는 제품을 구매하며, 이러한 구매 결정은 안정적인 자아개념을 개발하고 유지하는 데 중요하다. 예를 들어, 자아개념에 대해 불안함을 느끼는 소비자는 자아개념을 강화하는 데 도움이 될 것이라고 믿는 제품을 구매할 수 있다. 소비자의 자아개념은 특정 제품 범주의 제품을 구매하는지 여부에 영향을 미칠 수 있으며 브랜드 선택과 자주 방문하는 소매업체에 영향을 미칠 수 있다.

5-4f 라이프스타일

많은 마케터는 라이프스타일에 따라 시장을 세분화한다. **라이프스타일lifestyle**은 활동, 관심 및 의견을 통해 표현되는 개인의 생활양식이다. 라이프스타일에는 사람들이 시간을 보내는 방식, 다른 사람들과의 상호 작용 정도, 삶에 대한 일반적인 관점이 포함된다. 사람들은 부분적으로 자신의 라이프스타일을 결정하지만 라이프스타일은 성격과 연령, 교육, 소득 및 사회 계층과 같은 인구 통계학적 요소의 영향도 받는다. 라이프스타일은 문제 인식에서 구매 후 평가에 이르기까지 소비자 구매의사결정 과정의 여러 측면에 강한 영향을 미친다. 라이프스타일은 소비자의 제품 요구 사항과 브랜드 선호도, 사용하는 미디어 유형, 쇼핑 방법과 장소에 영향을 미친다.

자아개념 자신에 대한 인식이나 견해

라이프스타일 활동, 관심, 의견을 통해 표현되는 개인의 생활양식

소비자 라이프스타일과 구매행동에 미치는 영향을 이해하기 위한 가장 인기 있는 규격화된 제품 중의 하나가 프리즘(PRIZM)이다.

원래 클라리타스(Claritas)에서 개발한 프리즘은 세계 최고의 소비자 행동 연구 기업 중 하나인 닐슨에 인수되었다. 프리즘은 미국 소비자를 교육, 소득, 기술 사용, 고용 및 사회 단체와 같은 다양한 변수에 따라 68개의 개별 그룹으로 나누었다. 소비자의 라이프스타일 및 교육과 같은 요인이 어떻게 구매 습관에 영향을 미치는 지에 대해 마케터가 이해하도록 이러한 그룹들은 도움을 제공한다.

마케팅과 기업가 정신

펠로톤은 피트니스 수요를 창출한다

소비자가 스피닝(자전거 바퀴돌리기), 걷기, 달리기 또는 이것들의 다양한 조합 등 무엇을 선호하든 간에 펠로톤(Peloton)은 라이프 스타일에 맞는 모든 피트니스 부가 가치 제품들과 피트니스 장비들을 마케팅한다.

공동 창립자이자 현재 CEO인 존 폴리(John Foley)는 인기 있는 강사가 이끄는 스핀 수업에 반복적으로 자신이 참여하지 않는다는 사실을 알게 되면서 회사를 만들기 시작하였다. 자신의 경험을 건강에 민감한 많은 소비자들이 흔히 겪는 좌절로 인식하고, 폴리는 기술 기반 장비와 앱을 통해 가정에서 소비자에게 전문적인 그룹 스타일의 피트니스 경험을 제공할 수 있도록 하였다.

펠로톤의 첫 번째 제품은 최고 강사가 보유한 라이브 또는 녹화된 스핀 수업을 스트리밍하기 위한 고화질 스크린이 장착된 고급 고정 자전거였다. 가격은 1,995달러이며, 자전거는 가정용으로 설계되었다. 고객은 피트니스 센터에 가는 대신에 월 사용료를 지불하여 녹화 수업 또는 생방송으로 진행되는 스핀수업을 스트리밍하고 집에서 원할 때마다 운동한다.

다음으로, 펠로톤은 고화질 스크린을 갖춘 매끄러운 고급 러닝머신을 출시했다. 3,995달러의 러닝머신은 원활한 달리기와 걷기를 위한 특별한 표면을 가지고 있으며, 월간 구독으로 라이브 또는 녹화된 교육을 제공한다.

폴리는 집에서의 기록경쟁이 그룹 수업을 이끄는 강사들이 있는 고가의 체육관으로 비유된다고 말한다. 왜냐하면 펠로톤의 고객은 집에서 로그인하여 자동으로 기록되는 실행 통계를 가지고 운동에 참여하기 때문이다.

수업 기록판에 기록이 전송됨으로 이는 모든 사람들이 최선을 다하도록 격려해주는 효과를 낸다.

이제 펠로톤은 회사의 값비싼 장비를 구입하지 않고 스트리밍 수업에 액세스하려는 소비자를 위한 피트니스 앱 마케팅을 시작했다, 한 달에 20달러 미만의 비용으로 가입자는 집을 떠나거나 수업 공간을 예약하지 않고도 필요에 따라 펠로톤의 강사와 함께 자전거 바퀴돌리기를 하거나 달리기를 할 수 있다.

5-5 구매의사결정 과정에 대한 사회적 영향

 # 학습목표 **소비자 구매의사결정 과정에 영향을 미칠 수 있는 사회적 영향을 이해한다.**

다른 사람들이 구매행동에 가하는 힘을 **사회적 영향social influences**이라고 한다. 그림 5.1(이 장의 시작 부분에 있음)에서 볼 수 있듯이 사회적 영향은 역할, 가족, 준거집단, 쇼설 미디어, 오피니언 리더, 사회 계층, 문화 및 하위문화의 7개 주요 요인으로 나뉜다.

사회적 영향 다른 사람들이 자신의 구매행동에 발휘하는 힘

5-5a 역할

역할 맡은 직책에서 특정 위치에 있는 사람이 개인 및 주변인의 기대에 따라 수행해야 하는 행동 및 활동

우리 모두는 그룹, 조직 및 기관 내에서 직책을 맡고 있다. 이러한 직책에서 특정 위치에 있는 사람이 개인과 주변 사람들 모두의 기대에 따라 수행해야 하는 일련의 행동 및 활동인 하나 이상의 **역할roles**을 수행한다. 모든 사람은 수많은 직책을 맡고, 많은 역할을 수행한다. 예를 들어, 남성은 아들, 남편, 아버지, 직원 또는 고용주, 교인, 시민 단체 회원 및 학생의 역할을 수행할 수 있다. 따라서 각 사람의 행동에는 여러 가지 기대치가 있다.

개인의 역할은 일반적인 행동과 구매행동에 영향을 미친다. 역할에 대한 요구는 다양할 수 있으며 때로는 일관성이 없거나 확률에 따라 다를 수 있다. 수업, 직장, 파티 또는 체육관에 갈지 여부에 따라 구입하고 착용하는 다양한 종류의 옷을 생각해 보면 이해가 쉬울 것이다. 이러한 환경에 있는 귀하와 다른 사람들은 행사에 적합한 복장에 대해 기대하고 있다. 따라서 우리 주변 사람들의 기대는 다양한 유형의 의류 및 기타 제품 구매에 영향을 미친다.

5-5b 가족

소비자 사회화 소비자로서 기능하기 위한 지식과 기술을 습득하는 과정

가족의 영향은 소비자 구매의사결정 과정에 직접적인 영향을 미친다. 부모는 자녀가 구매 결정을 내리는 데 도움이 되는 문제를 포함하여 다양한 문제에 대처하는 방법을 가르친다. **소비자 사회화consumer socialization**는 개인이 소비자로서 기능하기 위한 지식과 기술을 습득하는 과정이다. 종종 아이들은 구매 상황에서 부모와 나이 많은 형제 자매를 관찰함으로써 이러한 지식과 일련의 기술을 습득한다. 아이들은 가족의 브랜드 선호도와 구매 관행을 관찰하고, 성인이 되어서도 가족을 만들고 아이들을 키울 때 이러한 브랜드 선호도와 구매 관행 중 일부를 유지할 것이다. 가족이 내리는 구매 결정은 그룹과 개인의 결정이 결합된 것이다.

가족 구성원이 가족 의사결정에 참여하는 정도는 가족 및 제품 범주에 따라 다르다. 전통적으로 가족의 의사결정 과정은 표 5.2에서 볼 수 있듯이 자율형, 남편 주도형, 아내 주도형, 융합형이라는 네 가지 범주로 분류되었다. 시간이 지남에 따라 여성의 역할이 바뀌었지만 여전히 가정에서 여성이 구매 결정의 대부분을 수행한다. 실제로 조사에 따르면 모든 소비자 구매의 85%에서 여성이 여전히 주요 의사결정자임을 나타낸다. 가족이 강한 전통적 성 역할 지향성을 가지고 있을 때, 특정 업무는 전형적으로 남성적이거나 여성적인 것으로 간주되며, 덜 전통적인 가족보다 더 많은 결정이 남편이 주도하는 경향이 있다.

가족생애주기 단계는 가족 구성원의 개인 및 공동 요구에 영향을 미친다. 가족생애주기 단계는 주택, 의복, 개인 생활용품에서 오락 및 투자 상품에 이르기까지 다양하게 구매에 영향을 미친다. 예를 들어, 최근에 결혼한 "20대"의 자동차 요구 사항이 아기가 있는 "30대"이거나 십대가 있는 "40대"인 부부의 자동차 요구 사항과 어떻게 비교되는지 살펴보자. 클라이슬러(Chrysler)는 전기 미니밴인 포털(Portal)을 개발 중이며 구매자가 변화하는 가족생애주기 단계에 맞게 필요

표 5.2 가족 의사결정 유형

의사결정 유형	의사결정자	제품유형
남편 주도형	가장으로서의 남성	잔디깍이, 기계공구, 스테레오, 자동차 부품
아내 주도형	가장으로서의 여성	어린이 의류, 여성의류, 식료품, 가정용 기구
자율형	동등하게 남편 또는 아내에게 주어짐(둘 다 동시에 의사결정에 참여치 않음)	남성 의류, 수하물, 장난감 및 게임기, 스포츠 장비, 카메라
혼합형	부부 간의 합의에 의한 의사결정	휴가, TV, 거실 가구, 카펫, 재정 계획 , 자동차

에 따라 재구성할 수 있다. 가족생애주기의 변경은 구매 결정에 관여하는 가족 구성원과 구매한 제품 유형에 영향을 줄 수 있다. 아이들 또한 가족 구매의사결정에 큰 영향을 미친다.

두 명 이상의 가족이 구매에 참여할 때, 각자의 역할에 따라 구매 아이디어를 내고, 정보 수집, 구매할 제품 가격 결정, 제품 구매 여부 결정 또는 구체적 브랜드 선택과 같은 특정 구매 관련 작업을 수행할 책임이 주어진다. 수행되는 구체적 구매 작업은 고려 중인 제품의 유형, 채택된 가족 구매의사결정 과정의 종류 및 자녀가 구매의사결정 과정에서 미치는 영향의 유무와 정도에 따라 달라진다. 따라서 가족 구매 과정에서 각각의 가족 구성원은 다른 역할을 맡는다.

가정 내에서 개인은 구매 결정과 관련된 하나 이상의 역할을 수행할 수 있다. 게이트 키퍼는 가격 및 품질 비교, 판매자 위치, 가구 요구 사항에 가장 적합한 브랜드 평가 등의 정보를 수집하고 통제하는 문지기 같은 가구 구성원이다. 예를 들어, 가족이 여름휴가를 계획하고 있다면, 게이트 키퍼는 호텔 가격과 항공료를 비교하여 가장 좋은 가격을 결정하는 대안을 찾아 준다. 인플루언서(영향력 행사자)는 자신의 의견을 표현하여 구매 결정에 영향을 끼치려는 가족 구성원이다. 언급된 가족 휴가의 예에서 인플루언서는 디즈니 월드에 가고 싶어하는 어린이나 스키장에 가고 싶어하는 십대일 수 있다. 의사결정자는 구매를 선택하는 가족 구성원이다. 이 역할은 구매하는 제품의 유형과 비용에 따라 바뀐다. 가족 휴가의 경우 의사결정자는 어린이보다는 정보, 영향력 및 자신의 선호도를 소유한 성인일 가능성이 높다. 구매자는 실제로 제품을 구매하는 가족 구성원이다. 사용자는 제품을 소비하거나 사용하는 가족 구성원이다. 디즈니 월드에서 가족 휴가를 즐긴다면 가족의 모든 구성원은 사용자일 것이다.

iStock.com/monkeybusinessimages

가족의 영향 주택 구입과 관련된 구매의사결정 과정은 부모와 자녀의 영향을 받는다. 또한, 아이들은 주택을 구입하는 것에 대해 배우고, 이는 그들이 성인이 되어 비슷한 결정을 내릴 때 적용된다.

5-5c 준거집단

준거집단 멤버쉽에 관계 없이 개인이 구성원이 나타내는 가치, 태도 및 행동을 수용할 정도로 강력하게 일치하기를 원하는 집단

준거집단reference group은 멤버십에 관계없이 개인이 그 집단 구성원이 나타내는 가치, 태도 및 행동을 채택할 정도로 강력하게 일치하기를 원하는 집단이다. 그 규모는 클 수도 작을 수도 있다. 대부분의 사람들은 가족, 직장 관련 그룹, 형제회 또는 여학생 클럽, 시민 클럽, 전문가 조직 또는 교회 관련 그룹과 같은 여러 준거집단에 소속되어 있다.

일반적으로 준거집단에는 멤버십 준거집단, 열망 준거집단 및 해리 준거집단이라는 세 가지 주요 유형이 있다. 멤버십 준거집단은 개인이 실제로 속해 있는 집단으로, 그 개인이 그 집단에 속한 사람들의 가치, 태도, 행동을 취할 만큼 충분히 강렬하게 동일시한다. 열망 준거집단은 사람들이 속하기를 열망하는 집단이다. 열망 준거집단에 소속되기를 원하는 개인은 그 집단의 구성원처럼 되고 싶어한다. 이것이 기업이 유명인과 협력하여 브랜드나 제품을 마케팅하는 이유이다. 예를 들어 언더 아머(Under Armour)는 프로젝트 록(Project Rock) 의류 라인과 여러 광고에서 드웨인 "The Rock" 존슨과 파트너 관계를 맺었다. 이 운동선수이고 배우인 드웨인 존슨의 팬들은 언더 아머의 표적시장의 소비자로서 동일시된다. 그러므로 드웨인 존슨은 브랜드 메시지에 연관된 자신의 이미지를 전달하기에 이상적인 인플루언서가 된다. 개인이 연관되기를 원하지 않는 준거집단이 해리 준거집단이다. 개인은 이러한 해리 준거집단 구성원의 가치, 태도 및 행동을 채택하기를 원하지 않는다.

준거집단은 개인의 비교 기준 및 정보 출처 역할을 할 수 있다. 고객의 행동은 시간이 지남에 따라 준거집단 구성원의 행동과 신념에 더 부합하도록 변경될 수 있다. 예를 들어, 준거집단 구성원의 조언과 선호도에 따라 다른 브랜드의 셔츠로 바꾸기도 한다. 소비자는 특정 제품을 어디에서 구매할 수 있는 지와 같은 예상 구매와 관련된 정보를 준거집단에서 구할 수 있다.

준거집단은 개인이 제품을 구매하는지 여부, 제품 범주 내에서 특정 유형의 제품을 구매하는지 또는 특정 브랜드를 구매하는지 여부에 영향을 미친다. 준거집단이 구매 결정에 영향을 미치는 정도는 제품이 눈에 띄는 정도와 준거집단의 영향에 대한 개인의 감수성에 달려 있다. 일반적으로 눈에 띄는 제품일수록 준거집단이 소비자의 구매 결정에 영향을 미칠 가능성이 더욱 높다. 제품의 눈에 띄는 것은 다른 사람이 볼 수 있는지 여부와 주목을 받는지 여부에 따라 결정된다. 마케터는 때때로 특정 그룹의 사람들에게 제품을 구매하고 만족하도록 광고에서 준거집단의 영향력을 사용하려고 시도한다. 이러한 종류의 광고가 성공할지 여부는 광고가 메시지를 얼마나 효과적으로 전달하는지, 제품 유형, 준거집단 영향에 대한 개인의 감수성이라는 세 가지 요소에 달려 있다. 이러한 유형의 광고에서 광고주는 많은 사람들이 제안된 그룹을 준거집단으로 받아들이고 제품을 구매(또는 더 호의적으로 반응)하기를 바란다.

5-5d 소셜 미디어

한 세대 전, 구매자는 각 구매에 대해 소수의 이웃, 동료 또는 친구의 입소문(구전) 추천에 영향을 받았다. 그러나 오늘날 구매자는 소셜 미디어 네트워크와 같은 디지털 소스, 전자 상거래 사이트의 리뷰 및 옐프(Yelp)와 같은 리뷰 앱을 통해 수백 또는 수천 명의 의견에 크게 영향을 받고 있다. 프라이스워터하우스쿠퍼스(PricewaterhouseCoopers)의 설문 조사에 따르면 전 세계 온라인 쇼핑객의 거의 절반이 소셜 미디어에서 리뷰, 댓글 및 피드백을 읽는 것이 쇼핑 결정에 영향을 미친다고 보고했다. 온라인 쇼핑객이 온라인 구매행동에 영향을 미칠 수 있는 기타 활동에는 온라인 상에서 판촉 제안 받기, 최신 패션 및 제품 동향 파악, 특정 브랜드 또는 소매업체 연결 등이 있다. 여성 중 81%는 페이스북, 인스타그램, 핀터리스트(Pinterest) 및 기타 소셜 네트워크에서 공유된 제품을 자주 구매한다고 말한다. 설문에 응한 여성의 거의 4분의 3이 소셜 미디어에서 추천 항목을 찾을 수 있는 능력이 새 제품을 구매할 때 위험을 줄인다고 말하고 있다.

구매자는 인식 여부에 관계없이 감정적이며, 다른 사람의 경험과 의견을 활용하는 것이 구매결정 과정에서 중요한 역할을 한다. 아마존 또는 옐프 리뷰에서 전달된 다른 사람의 경험에서 정보를 얻음으로써 쇼핑객은 알려지지 않은 제품을 구매할 위험을 줄일 수 있다. 온라인에서 소비자는 의견을 찾을 수 있을 뿐만 아니라 사진, 비디오, 구매 경험, 특정 브랜드나 소매업체로 연결될 수 있는 방법 및 아이디어와 함께 피드백도 얻을 수 있다.

컴퓨터, 스마트폰, 웨어러블 기기, 매장 내 키오스크 및 모바일 결제 장치는 전 세계의 온라인 매장 내 쇼핑 행동에 영향을 미친다. 이러한 도구는 매장 내 고객 행동을 근본적으로 바꾸고 있지만 국가에 따라 영향을 미치는 속도는 다르다. 오늘날 소비자는 장소에 상관없이 점점 더 온라인에 접속하고 있다. 커피숍에서 줄을 서는 시간에 정보검색 단계의 구매자는 제품에 대한 리뷰를 읽고, 판매하는 매장을 찾고, 가장 가까운 매장이 표시된 지도를 볼 수 있다. 인스타그램, 유투브 또는 트위터에 로그인하면 친구나 좋아하는 유명인이 입고 있는 옷을 볼 수 있다. 따라서 구매결정 과정에 대한 디지털 영향은 마케터에게 점점 더 중요해지고 있다.

5-5e 오피니언 리더

오피니언 리더 특정 주제에 대한 정보를 다른 그룹 구성원에게 제공하는 비공식 그룹의 구성원

오피니언 리더(의견 선도자)opinion leader는 정보를 찾는 다른 집단 구성원에게 스마트폰과 같은 특정 주제에 대한 정보를 제공하는 비공식 집단의 구성원이다. 오피니언 리더는 주제에 대해 신뢰할 수 있는 정보를 제공하는 위치(직책)에 있거나, 이러한 신뢰할 수 있는 정보에 대한 지식이나 전문 지식을 가지고 있는 개인이다. 오피니언 리더는 종종 소셜 미디어를 통해 쉽게 접근할 수 있으며 하나 또는 여러 주제에 대해 잘 알고 있는 것으로 간주된다. 오피니언 리더가 모든 주제에 대한 최고 권위자는 아니다. 그러나 자신이 오피니언 리더이기에 특정 주제에 대해 계속 정보를 얻고, 광고, 제조업체 광고 소책자, 영업 사원 및 기타 정보 출처를 찾아 소비자에게 의견

을 제공하는 의견 선도자 역할을 한다. 오피니언 리더는 특히 제품 채택 및 구매와 관련하여 집단 내 다른 사람들의 행동에 강한 영향을 미친다.

오피니언 리더는 소비자가 제품 관여도는 높지만 제품 지식이 낮을 때, 오피니언 리더의 가치와 태도를 공유할 때, 제품 세부 정보가 많거나 복잡할 때 가장 영향력이 있을 수 있다. 오피니언 리더가 다루는 주제는 표 5.3에 나와 있다.

5-5f 사회 계층

사회 계층 비슷한 사회적 지위를 가진 개인들의 열린 집단

모든 사회에서 사람들은 다른 사람들 보다 더 높은 위치 혹은 낮은 위치에 있을 수 있다. 사회 계층화라고 하는 이러한 순위 지정 과정은 사회 계층을 생성한다. **사회 계층social class**은 비슷한 사회적 지위를 가진 사람들의 개방된 집단이다. 사람들이 들어오고 나갈 수 있기 때문에 개방된 사회 계층이라고 한다. 사람들을 계층으로 분류하는 기준은 사회마다 다르다. 미국에서는 직업, 교육, 수입, 부, 인종, 민족 및 소유물을 포함한 많은 요소들을 고려한다. 사회 계층을 분류하기 위해, 언급된 모든 요소를 포함한 기준을 적용하는 것은 아니다. 때로는 소득의 역할이 사회 계층을 결정하는 데 지나치게 강조되는 경향이 있다.

물론, 소득이 사회 계층을 결정하는 데 도움이 되지만 다른 요소도 역할을 한다. 사회 계층 내에서 소득과 지출 습관은 구성원 간에 크게 다를 수 있다.

어느 정도 까지는, 사회 계층 내의 개인들은 일반적인 행동 패턴을 나타낸다고 가정한다. 그들은 비슷한 태도, 가치, 언어 패턴 및 소유물을 가질 수 있다. 사회 계층은 사람들의 삶의 많은 측면에 영향을 미친다. 사람들은 자신의 사회 계층 내에서 다른 사람들과 가장 자주 상호 작용하기 때문에, 다른 사회 계층의 사람들보다 자신의 사회 계층 내 다른 사람들의 영향을 받을 가능성이 더 크다. 사회 계층은 종교 선택, 재정 계획 결정, 교육 기회, 직업 및 여가 활동에 영향을 미친다.

사회 계층은 또한 사람들의 지출, 저축 및 신용 관행에 영향을 미친다. 또한 소비자가 구매

표5.3 오피니언 리더와 제공 주제의 예

오피니언 리더	제공하는 주제
지역의 종교 지도자	자선 단체 지원, 정치적 견해, 라이프 스타일 선택
영화광 지인	극장에서 볼 수 있는 영화, 대여, 스트림, 또는 구매 가능한 영화, 시청할 텔레비전 프로그램
가정 주치의	처방약, 비타민, 건강 제품
IT제품 마니아	컴퓨터 및 기타 전자 제품 구매, 소프트웨어 구매 인터넷 서비스 선택, 비디오 게임 구매

하고 사용하는 제품의 유형, 품질 및 수량을 결정하는데 영향을 미친다. 의복, 식품, 금융 및 의료 서비스, 여행, 레크리에이션, 오락, 가구 구매등에 영향을 미친다. 사회 계층 내의 행동은 다른 사람들에게도 영향을 줄 수 있다. 가장 흔한 것은 낮은 계층의 구성원이 바람직한 자동차, 큰 집을 구입하고 심지어 자녀에게 특정 이름을 지어주는 것과 같은 상위 사회 계층의 구성원을 모방하려고 시도하는 "낙수 trickle-down " 효과이다. 상류층을 위해 디자인된 꾸뛰르(귀족) 패션은 중산층이 자주 찾는 백화점에서 판매되는 의류의 스타일에 영향을 미치며, 이는 결국 할인 의류 매장에서 쇼핑하는 서민층에게도 판매된다. 전통적으로 하류 계급과 관련된 제품이 상류 계급 사이에서 지위와 인기를 얻는 경우는 아주 드물다. 사회적 계층은 또한 개인의 쇼핑 패턴과 단골 매장 유형에도 영향을 미친다. 경우에 따라 마케터는 매장 위치 및 인테리어 디자인, 제품 디자인 및 기능, 가격책정 전략, 개인 판매 활동 및 광고를 통해 특정 사회 계층에 초점을 맞추려고 한다. 많은 기업들이 중산층과 노동계급에 초점을 맞추고 있다. 왜냐하면 그들이 인구의 많은 부분을 차지하기 때문이다. 미국 이외의 인도, 중국, 브라질과 같은 지역에서 중산층이 빠르게 성장하고 있어 이러한 소비자가 마케팅의 대상이 되고 있다.

일부 기업은 다양한 가격대의 다양한 제품으로 다양한 클래스를 목표로 삼고 있다. 이전에 부유층만을 위한 옷을 만든 디자이너들도 다양한 가격대의 아이템을 제공하는 것의 이점에 대해 배웠다. 예를 들어, 고급 패션 브랜드이자 디자이너인 아이작 미즈라히(Isaac Mizrahi), 마이클 그레이브스(Michael Graves), 헌터(Hunter)는 타깃에서만 독점적으로 판매되는 한정판 컬렉션을 만들었다. 이러한 파트너십이 고객과 공감할 수 있도록 타깃은 마케팅 분석을 활용하여 소셜 미디어 네트워크에서 "소셜 감정 데이터"를 마이닝(채굴)하여, 중산층 소비자가 어떻게 반응하는지 측정하였다.

5-5g 문화와 하위문화

문화culture는 사회가 환경에 대처하고 미래 세대에 전달하기 위해 사용하는 가치, 지식, 신념, 관습, 대상 및 개념의 축적이다. 문화는 도시의 건물 스타일, 우리가 받는 교육, 국가를 관할하는 법률에 이르기까지 우리가 하는 대부분의 일과 상호 작용하는 대상에 스며들어가 있다. 문화에는 사회 고유의 핵심 가치와 광범위한 행동의 수용 범위도 포함된다. 예를 들어, 미국 문화에서 고객과 기업은 윤리적으로 행동해야 한다.

문화 사회가 환경에 대처하고 미래 세대에 전달하기 위해 사용하는 가치, 지식, 신념, 관습, 대상 및 개념의 축적

문화는 일상 생활에 스며들기에 구매행동에 영향을 미친다. 우리의 문화는 우리가 무엇을 입고 무엇을 먹고 어디에서 거주하고 여행하는지를 결정하는데 영향을 미친다. 식품의 건강에 대한 사회의 관심은 제품 개발 및 홍보에 대한 식품 회사의 접근 방식에 영향을 미친다. 문화는 또한 우리가 제품을 구매하고 사용하는 방식과 제품에서 얻는 만족도에도 영향을 미친다.

글로벌 마케터가 다른 국가에서 제품을 판매할 때 특정 문화가 제품 구매 및 사용에 미치는 엄청난 영향을 반드시 인식해야 한다. 글로벌 마케터는 세계의 다른 지역에 있는 사람들이 서로

다른 태도, 가치, 필요를 갖고 있다는 것을 알게 될 것이며, 이에 따라 다양한 비즈니스 방법과 다양한 마케팅 믹스를 필요로 한다. 일부 글로벌 마케터는 문화적 차이에 적응하지 못하거나 적응할 수 없기 때문에 실패한다.

하위문화 특성, 가치 및 행동 양식이 그룹 내에서 유사하고 주변 문화의 사람들과 다른 특성, 가치 및 행동 패턴을 가진 개인들의 그룹

문화는 다양한 하위문화로 구성된다. **하위문화subculture**는 특성, 가치 및 행동 패턴이 그룹 내에서 유사하고, 주변 문화의 사람들과 다른 개인들의 집단이다. 미국 문화는 힙스터(유행 추종자), 괴짜, 폭주족, 지구력 스포츠 애호가 및 카우보이와 같은 다양한 하위문화를 나타내는 것으로 특징 지워진다. 하위문화 내에서는 더 넓은 문화 내에서 보다 사람들의 태도, 가치 및 행동에서 더 큰 유사성이 존재한다. 다른 하위 문화에 비해 한 하위문화의 개인은 특정 유형의 의복, 가구, 음식 또는 소비자 전자 제품에 대해 더 강한 선호도를 가질 수 있다.

하위문화는 사람들이 광고에 반응하는 방식에 중요한 역할을 한다. 마케터는 한 사람이 하나 이상의 하위문화의 구성원이 될 수 있으며 특정 하위문화에 기인한 행동 패턴과 가치가 모든 그룹 구성원에게 반드시 적용되는 것은 아니라는 점을 이해하는 것이 중요하다.

하위문화의 경계는 연령, 종교, 인종 및 민족성과 같은 지리적 특성과 인구통계학적 특성을 기반으로 할 수 있다. 인종적 구분에 의한 하위문화를 구성하는 미국에서 다양한 인종의 비율은 증가했으며, 계속 증가할 것으로 예상된다. 2050년까지 미국 인구의 약 절반이 소수 인종 및 소수 민족이 될 것이다. 미국에서 가장 크고 빠르게 성장하는 세 가지 하위문화는 아프리카계, 히스패닉계, 아시아계 미국인들이다. 이러한 민족적 및 인종적 하위문화의 인구 증가는 문화적 고유한 취향과 욕구 때문에 마케터에게 엄청난 기회를 부여한다. 기업은 성공하기 위해 마케팅 전략이 이러한 다양한 하위문화의 가치, 요구, 관심, 쇼핑 패턴 및 구매 습관을 고려해야 한다는 것을 알고 있다. 전체 시장 점유율이 43%인 미국의 많은 하위문화에서 인기 있는프록터 앤드 갬블의 타이드(Tide)의 광고를 살펴보자. 프록터 앤드 갬블이 타이드의 시장 점유율을 유지하는 한 가지 방법은 모든 판촉에서 인종과 젠더를 긍정적으로 표현하여 의도적으로 다양성과 포용성을 촉진하고, 광고에서 오랫동안 흔히 볼 수 있는 고정관념을 피하기 위한 노력을 하는 것이다. 타이드 광고는 모두 일반인의 모습으로 광고 되지만 배우와 모델은 타이드고객의 다양성을 반영한다.

Source: Clairol Professional

하위문화 클레롤은 뷰티 콜렉션의 헤어 제품라인으로 머리카락을 곧게 펴고 싶어 하는 아프리카계 미국인 여성들의 하위문화에 호소하고 있다.

아프리카계 미국인 하위문화

미국에서 아프리카계 미국인 하위문화는 인구의 13.4%를 차지한다. 아프리카계 미국인 소비자의 결합된 구매력은 2024년까

지 1조 5천억 달러에 이를 것으로 예상된다. 아프리카계 미국인 소비자는 온라인에서 쇼핑하고 소셜 미디어를 통해 브랜드와 상호 작용할 가능성이 더 높기 때문에 이 수익성 있는 하위문화를 표적으로로 하는 마케터에게 많은 마케팅 기회를 부여한다. 그리고 젊은 아프리카계 미국인은 인종이나 민족에 관계없이 모든 젊은 미국 소비자의 트렌드세터(유행 설정자)로 되었다.

젊은 아프리카계 미국인 구매력과 영향력이 커짐에 따라 기업이 아프리카계 미국인 커뮤니티(공동체)에 대한 관심을 높이는 것은 놀라운 일이 아니다. 예를 들어, 올스테이트(Allstate)는 유투브, 인스타그램 및 페이스북 페이지에서 국가적인 캠페인을 시작하여 사회에 긍정적인 영향을 미치고 있는 아프리카계 미국인의 기여를 강조했다. "Worth Telling" 캠페인은 이미지와 비디오를 사용하여 이러한 개인들이 가져온 긍정적인 영향을 기념하고, 보험 상품과 관련하여 흑인 소비자와 연결하기 위해 노력한다. 클레롤 뷰티 콜렉션(Clairol Beautiful Collection)의 모발 영양제 제품라인 광고를 살펴보자. 단발머리를 좋아하는 유색인종 여성들은 이 광고의 표적이 되는 하위문화의 구성원들이다. 클레롤은 "클래식의 편안함(Relax with Classic)"이라는 태그와 함께 현대적인 의상을 입은 현대 여성과 1950년대의 단정한 여성을 보여줌으로써 모발을 편안하게 해주는 고품질 제품의 오랜 전통을 강조한다.

히스패닉계 미국인 하위문화

히스패닉은 미국 인구의 17% 이상을 차지하지만 이 수치는 2060년까지 28%로 증가할 것으로 예상된다. 히스패닉 구매력은 2024년까지 약 2조 달러로 추산되고 있다. 히스패닉의 구매행동을 고려할 때 마케터는 이 하위 문화가 실제로 쿠바, 멕시코, 푸에르토리코, 카리브해, 스페인 및 도미니카를 포함하여 거의 24개 국적을 포함하는 거대한 지리적 특성에서 오는 많은 다양한 문화로 구성되어 있다는 점을 명심해야 한다. 각각은 소비자 선호도와 구매행동에 영향을 미치는 고유한 역사와 고유한 문화를 가지고 있다.

히스패닉 시장의 4개 집단은 언어 선호도에 따라 다음과 같이 식별된다 : 보유자(스페인어를 주요 언어로 사용하는 자), 이중 문화자(스페인어와 영어를 번갈아 사용하는 자), 동화자(영어를 구사하지만 히스패닉 배경을 인정하는 자), 기타 비식별자. 실제로 마케터는 스페인어 TV가 히스패닉 소비자, 특히 미국 태생의 젊은 라틴계 소비자를 대상으로 하는 최선의 경로는

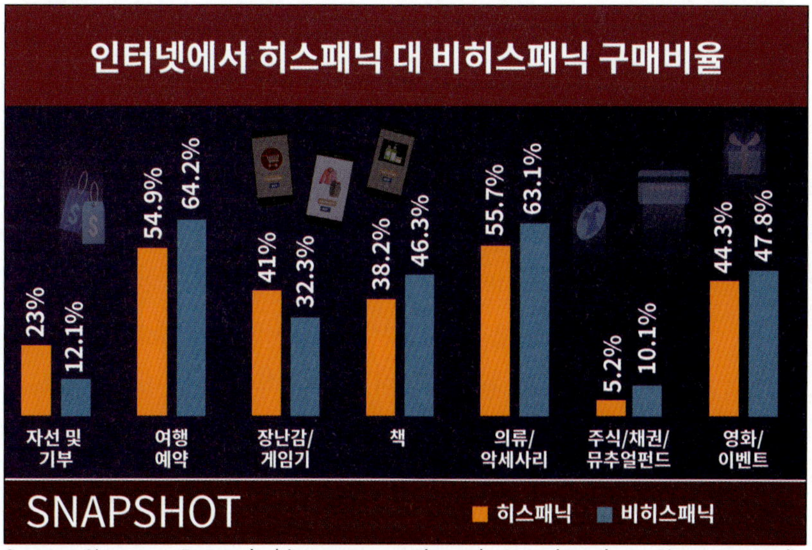

Source: Simmons Research (simmonsresearch.com). Data based on Simmons Media Behavior Trends, Fall 2017.

아니라는 점을 인식해야 한다. 마케터는 또한 히스패닉(Hispanic)과 라티노(Latino)라는 용어가 인종적 구별이 아니라 민족적 범주를 의미한다는 점도 인식해야 한다.

히스패닉은 크고 강력한 하위 문화를 대표하며 마케터에게 매력적인 소비자 집단이다. 예를 들어, 메리어트(Marriott)는 유투브, 판도라, 페이스북 및 트위터에 광고를 게재하여 #LoveTravels라는 캠페인을 만들었다. 이 캠페인은 여배우 다이앤 게레로(Diane Guerrero)와 유튜버 보이스 에비뉴(Boyce Avenue)와 같은 히스패닉계 인플루언서(영향력 행사자)에 의존하여 모든 여행자가 "개인적인 열정을 탐구하고 독특한 관점과 경험을 기념해야 한다"는 메리어트의 메시지를 전달했다. 메이시스(Macy's)는 다양한 방식으로 라틴계 고객에게 다가가고 있지만 특히 모바일 미디어를 통해 접근하고 있다. 이 소매업체는 인기 가수이자 텔레노벨라 스타인 탈리아(Ariadna Thalía Sodi Miranda)의 의류, 신발 및 보석 컬렉션도 선보였다. 이 제품라인은 현재 유행하는 제품을 특징으로 하며 다른 문화의 라티노들에게 어필하도록 디자인된 색상과 패턴을 포함한다. 마케터는 단순히 영어를 사용하는 광고를 스페인어로 번역하는 것이 히스패닉 소비자에게 반향을 일으키지 않을 수 있으며 역효과를 낳을 수도 있음을 인식해야 한다. 캘리포니아 우유 가공업자 위원회(California Milk Processor Board)가 인기 있고 오래 실행되어온 "Got Milk?(우유를 먹었니?)" 캠페인을 스페인어로 번역하려고 했을 때 실제 스페인어 원어민과 상의하지 않았으며, 그 결과 캠페인은 "당신은 수유 중 입니까?"로 실패했다.

아시아계 미국인 하위문화

아시아계 미국인이라는 용어는 필리핀인, 중국인, 일본인, 남아시아인 인도인, 한국인 및 베트남인을 포함하며 40개 이상의 출신 국가에서 온 사람들을 포함한다. 이 그룹은 미국 인구의 5.6%를 차지하며, 그들의 결합된 구매력은 2022년까지 1조 3,000억 달러에 이를 것으로 예상된다. 대부분의 사람들은 아시아계 미국인으로 지칭되기보다 출신 국가(예: 일본인 또는 일본계 미국인)로 자신을 지칭하는 것을 선호한다. 각 그룹의 개별 언어, 종교 및 가치 체계는 구성원의 구매 결정에 영향을 미친다.

아시아계 미국인은 미국의 아프리카계 미국인 및 히스패닉계 미국인 보다 작은 하위문화이지만 더 빠르게 성장하고 있다. 그러나 아시아계 미국인은 다른 하위문화에 비해 서비스 광고를 덜 받는 것으로 보인다. 예를 들어 광고주들은 이 중요한 세분시장에 도달하는 것에 더 적은 비용을 지출한다. 그러나 이러한 중요한 세분시장를 무시하는 것은 마케터들에게는 마케팅 기회를 놓치는 것이 된다. 일부 회사는 이를 개선하기 시작했다. 예를 들어 보험 회사인 스테이트 팜(State Farm)은 아시아계 미국인 문화의 측면을 반영하고 고객을 이해하는 보험사임을 강조하는 유머가 있는 광고로 디지털 광고 캠페인을 시작했다.

5-6 소비자 부정행위

 # 학습목표 소비자 부정행위에 대해 알아본다.

부적절한 소비자 행동에 대한 주제에 접근하는 것은 잘못된 행동을 구성하는 것에 대한 다양한 태도와 문화적 정의 때문에 약간의 주의가 필요하다. 그러나 좀도둑질이나 불법 약물 구매와 같은 일부 행위는 기존 규범에서 허용되지 않는 활동 범주에 해당한다는 데 일반적으로 동의한다. 따라서 우리는 **소비자 부정행위consumer misbehavior**를 특정 사회에서 일반적으로 받아 들여지는 규범을 위반하는 행동으로 정의한다. 좀도둑질은 가장 명백한 위법 행위 영역 중 하나이다. 미국 소매업체는 식료품, 전자 제품 등을 좀도둑질하는 개인과 직원 절도로 인해 매년 거의 470억 달러의 손실을 보고 있으며 이러한 손실 비용은 제품에 대한 더 높은 가격책정으로 소비자에게 전가된다. 범죄 조직이 개입하여 소매 및 온라인 상점에서 대규모 절도를 하는 조직적인 소매 범죄는 소매업체뿐만 아니라 정부를 포함한 모든 조직에 주요 위협이 되고 있다. 전문가들은 조직화된 소매 범죄로 인해 기업이 연간 약 300억 달러의 비용을 지출하는 것으로 추정한다. 암시장에서 상품을 판매하는 것 외에도, 좀도둑질을 하고 싶어하는 동기에는 적발될 위험이 적고, 동료 그룹(특히 젊은이들 사이에서)에게 인정받고자 하는 욕구, 좀도둑질에 관련된 흥분이 포함되기 때문이다.

소비자 부정행위 특정 사회에서 일반적으로 받아들여지는 규범을 위반하는 행동

소비자 사기에는 거래 중에 다른 사람을 이용하거나 피해를 입히려는 의도적인 행동이 포함된다. 사기로 얻은 신용 카드, 직불 카드, 수표 또는 은행 계좌를 사용하는 것은 허위 보험 청구를 하는 것과 같은 범주에 속한다. 의식하는 사람은 적지만, 특별한 행사를 위해 드레스를 구입하고, 태그를 숨긴 채 한 번 입었다가 반품하는 것도 사기이다. 물품을 실제로 선물로 받았거나 도난당했을 때 현금으로 물품을 반환하는 것은 사기의 또 다른 예가 될 수 있다. 소매업체는 사기에 돈을 반환함으로 연간 약 150억 달러의 손실을 본다. 일부 소비자는 신분 도용에 관여하는데, 이는 특히 점점 더 많은 쇼핑이 온라인으로 이루어지고 규제와 보안을 시행하기가 더 어려워짐에 따라 심각하고, 매우 폭증하는 법적 문제이다.

불법 복제는 제작자에게 비용을 지불하지 않고 컴퓨터 소프트웨어, 비디오 게임, 영화 또는 음악을 복사하는 것이다. 글로벌 기업은 불법 복제 소프트웨어와 관련된 문제를 해결하기 위해 약 3,590억 달러를 지출하는 것으로 추산된다. 또한 불법 복제 소프트웨어는 종종 사용자를 데이터 해킹 및 기타 보안 위협에 취약하게 만들 수 있는 맬웨어(원치 않는 악성 소프트웨어) 및 결함의 원인으로 관련이 있다. 음반 업계는 왜 음악 공유가 허용되지 않는지 설명하는 메시지를 방송하지만 여전히 심각한 문제이다. 불법 복제에 대한 동기를 이해하는 것은 문제를 해결하기 위한 계획을 개발하는 데 도움이 될 수 있다(표 5.4 참조).

표 5.4 비윤리적 또는 불법적 행위에 대한 동기

• 정당화/합리화	• 스릴감
• 경제적 이유	• 잡힐 위험이 거의 없이 이익획득
• 동료에 의해 받아 들여짐	• 동료들의 인증

Source: Kevin J. Shanahan and Michael J. Hyman, "Motivators and Enablers of SCOURing: A Study of Online Piracy in the US and UK," Journal of Business Research 63, 9–10 (2010): 1095–1102.

소비자의 잘못된 행동과 관련하여 우려되는 또 다른 영역은 학대적 소비자이다. 무례한 고객은 언어적 또는 신체적 학대에 가담하고 비협조적일 수 있으며 정책을 위반할 수도 있다. 항공사는 직원과 다른 승객에게 위협이 되는 욕설을 하는 고객을 제어한다. 특히 술집이나 비행기와 같은 환경에서 호전적으로 취한 고객은 다른 사람을 보호하기 위해 제어되어야 한다. 소비자 부정행위에 대한 심리적, 사회적 이유를 이해하면 문제를 예방하거나 대응하는 데 도움이 될 수 있다.

요약

5-1 소비자 구매의사결정 과정의 단계를 이해한다.

소비자 구매의사결정 과정은 문제 인식, 정보 검색, 대안 평가, 구매, 구매 후 평가의 5단계로 구성된다. 모든 구매의사결정 과정이 구매로 끝나는 것은 아니며, 모든 소비자 구매의사결정이 5단계를 모두 포함하는 것도 아니다. 문제 인식은 구매자가 원하는 상태와 실제 상태의 차이를 인식할 때 발생한다. 문제 또는 니즈를 인식한 후 구매자는 문제를 해결하거나 니즈를 충족시키는 데 도움이 되는 제품에 대한 정보를 검색한다. 내부 검색으로 구매자는 문제를 해결할 수 있는 제품에 대한 정보를 자신의 기억에서 검색한다. 결정을 내리기에 충분한 정보를 기억에서 검색할 수 없으면 외부 검색을 통해 추가 정보를 찾는다. 성공적인 검색은 구매자가 가능한 대안으로 보는 고려 상표군이라고 하는 상표군을 생성한다. 고려 상표군의 제품을 평가하기 위해 구매자는 여러 제품을 비교, 평가 및 순위를 지정하는 특정 기준을 설정한다. 마케터가 대안을 제시함으로써 소비자의 제품 평가에 영향을 미칠 수 있다. 구매 단계에서 소비자는 대안 평가 단계의 결과 및 기타 차원을 기반으로 제품 또는 브랜드를 선택한다. 구매자는 또한 제품을 판매할 판매자도 선택한다. 구매 후 구매자는 제품을 평가하여 실제 성능이 예상 수준을 충족하는지 확인한다.

5-2 소비자의 의사결정 유형과 관여도 수준을 이해한다.

구매행동은 제품 구매 및 사용에 관련된 소비

자들의 구매의사결정 과정 및 구매행위로 구성된다. 소비자 구매행동은 궁극적인 소비자의 구매행위이다. 개인의 관여도 수준(특정 상황에서 제품에 대한 중요도 및 관심 정도)은 사용되는 구매의사결정 과정의 유형에 영향을 미친다. 장기적 관여도는 개인적인 관련성 때문에 제품 클래스에 대한 지속적인 관심인 반면, 상황적 관여도는 구매자가 자신을 발견하는 특정 상황이나 환경에서 비롯되는 일시적인 관심이다. 소비자 의사결정에는 세 가지 종류가 있다. 이는 일상적 반응 행동, 한정적 의사결정, 확장적 의사결정이다. 소비자는 검색 및 결정 노력이 거의 필요하지 않은 자주 구매하는 저가 품목을 구매할 때 일상적인 반응 행동에 의존한다. 한정적 의사결정은 가끔 구매하는 제품에 사용되거나 구매자가 친숙한 제품 범주에서 생소한 브랜드에 대한 정보를 획득해야 할 때 사용된다. 소비자는 생소하거나 비싸거나 자주 구매하지 않는 제품을 구매할 때 확장적 의사결정에 관여한다. 특정 제품의 구매가 항상 같은 유형의 의사결정을 이끌어내는 것은 아니다. 충동구매는 의식적으로 계획된 구매행동이 아니라 즉시 구매하려는 강력한 충동을 수반한다.

5-3 상황적 영향이 소비자 구매의사결정 과정에 어떤 영향을 미칠 수 있는지 설명한다.

상황적 영향은 소비자의 구매 결정 과정에 영향을 미치는 상황, 시간 및 위치에서 비롯된다. 상황적 영향은 소비자가 구매 결정을 내릴 때 존재하는 외부 환경 또는 조건이다. 상황적 영향에는 환경, 시간, 구매 이유, 구매자의 기분과 상태가 포함된다.

5-4 소비자 구매의사결정 과정에 영향을 미칠 수 있는 심리적 영향을 이해한다.

심리적 영향은 사람들의 일반적인 행동을 부분적으로 결정하여 소비자 행동에 영향을 미친다. 소비자 행동에 대한 주요 심리적 영향 요인은 지각, 동기부여, 학습, 태도, 성격 및 자아개념, 라이프스타일 등이다. 지각은 의미를 생성하기 위해 정보 입력(시각, 미각, 청각, 후각 및 촉각을 통해 받은 감각)을 선택, 조직 및 해석하는 과정이다. 지각 과정의 세 단계는 선택, 조직 및 해석이다. 개인은 구매 결정 과정에 영향을 미치는 패키지, 제품, 브랜드 및 조직에 대해 수많은 인식을 가지고 있다. 동기는 개인의 행동과 행동 이면에 있는 내적 원동력 또는 원인을 나타낸다. 학습은 정보와 경험으로 인한 개인의 사고 과정과 행동의 변화를 의미한다. 마케터는 소비자가 구매하는 제품에 영향을 미치기 위해 소비자가 학습하는 내용을 구체화하려고 노력한다. 태도는 대상이나 아이디어에 대한 감정과 행동 경향에 대한 개인의 지속적인 평가이며, 인지적, 정서적 및 행동적 태도라는 세 가지 주요 구성 요소로 구성된다.

성격은 한 사람을 독특하게 만드는 특성과 행동의 집합이다. 성격과 밀접하게 연결된 자아개념은 자신에 대한 인식 또는 견해이다. 연구자들은 구매자가 자신의 자아개념을 반영하고 향상시키는 제품을 구매한다는 사실을 발견했다. 라이프스타일은 활동, 관심 및 의견을 통해 표현되는 개인의 생활 양식이다. 라이프스타일은 소비자의 니즈, 브랜드 선호도, 쇼핑 방법과 장소에 영향을 미친다.

5-5 소비자 구매의사결정 과정에 영향을 미칠 수 있는 사회적 영향을 이해한다.

사회적 영향은 다른 사람들이 구매행동에 가하는 힘이다. 여기에는 역할, 가족, 준거집단, 소셜 미디어, 오피니언 리더, 사회 계층, 문화 및 하위문화가 포함된다. 모든 사람은 그룹, 조직 및 기관 내에서 위치를 차지하며 각 위치에는 역할을 수행하는 것이 포함된다. 즉, 역할은 특정 위치에 있는 사람이 개인과 주변 사람들의 기대에 따라 수행해야 하는 일련의 행동 및 활동이다. 가정에서 아이들은 구매 결정과 같은 결정을 내리는 방법을 부모와 나이 많은 형제 자매로부터 배운다. 소비자 사회화는 개인이 소비자로서 기능하기 위한 지식과 기술을 습득하는 과정이다. 소비자 사회화 과정은 부분적으로 가족의 영향을 통해 이루어진다.

준거집단은 한 개인이 집단 구성원의 가치, 태도 및 행동을 채택할 정도로 강력하게 동일시하기를 원하는 집단이다. 준거집단의 세 가지 주요 유형은 멤버쉽 준거집단, 열망 준거집단 및 해리 준거집단으로 이루어져있다. 구매자는 소셜 미디어 네트워크, 전자 상거래 사이트의 리뷰 및 리뷰 앱과 같은 디지털 소스를 통해 수백 또는 수천 명의 의견에 점점 더 많은 영향을 받는다. 오피니언 리더는 다른 그룹 구성원에게 특정 주제에 대한 정보를 제공하는 비공식 그룹의 구성원이다. 사회 계층은 비슷한 사회적 지위를 가진 사람들의 개방된 집단이다.

사회 계층은 사람들의 지출, 저축 및 신용 관행에 영향을 미친다. 문화는 사회가 환경에 대처하고 미래 세대에게 전달하기 위해 사용하는 가치, 지식, 신념, 관습, 대상 및 개념의 축적이다. 문화는 하위문화, 즉 특징적인 가치와 행동 패턴이 서로 비슷하지만 주변 문화와 다른 개인들의 그룹으로 구성된다. 미국 마케터는 아프리카계 미국인, 히스패닉계 미국인과 아시아계 미국인의 세 가지 주요 하위문화에 중점을 둔다.

5-6 소비자 부정행위에 대해 알아본다.

소비자 부정행위는 특정 사회에서 일반적으로 받아들여지는 규범을 위반하는 행동으로 정의된다. 소비자 부정행위의 한 형태는 좀도둑으로 소매점에서 물건을 훔치는 것과 관련이 있다. 조직적인 소매 범죄가 증가하고 있으며, 사람들이 소매점에서 특정 상품을 훔치기 위해 다른 사람에게 돈을 지불하고, 일반적으로 장물은 암시장에서 거래된다. 다른 형태의 소비자 부정행위는 소비자 사기이며, 이는 다른 사람을 이용하거나 피해를 입히기 위한 의도적인 행동을 포함한다. 소비자 사기의 일반적인 예는 허위 보험 청구, 신분 도용, 착용 후 의류 품목 반환, 신용 카드, 수표 및 은행 계좌를 사기로 이득을 취득하는 것이다. 소비자의 또 다른 부정행위는 음악, 영화, 비디오 게임 및 컴퓨터 소프트웨어를 복사하거나 공유하는 불법 복제이다. 소비자 부정행위와 관련하여 마지막으로 우려되는 사람들은 무례한 고객, 언어적 또는 신체적 학대 및/또는 일부 회사의 정책을 위반할 수 있는 비협조적인 고객을 포함하는 학대적 소비자들이다. 증가하는 이러한 문제에 대응하거나 예방하기 위해 기업은 소비자의 부정행위에 대한 심리적, 사회적 이유를 이해해야 한다.

주요 개념

- 구매행동
- 소비자 구매행동
- 소비자 구매의사결정 과정
- 내부 검색
- 외부 검색
- 고려 상표군
- 평가 기준
- 인지 부조화
- 일상적 반응 행동
- 한정적 의사결정
- 확장적 의사결정
- 충동구매
- 관여도수준
- 상황적 영향
- 심리적 영향
- 지각
- 정보 입력
- 선택적 노출
- 선택적 왜곡
- 선택적 유지
- 동기부여
- 매슬로의 욕구의 위계구조
- 학습
- 태도
- 태도 척도
- 성격
- 자아개념
- 라이프스타일
- 사회적 영향
- 역할
- 소비자 사회화
- 준거집단
- 오피니언 리더
- 사회 계층
- 문화
- 하위문화
- 소비자 부정행위

마케팅 계획 수립하기

개별 소비자가 제품을 구매할 때 거치는 소비자 구매의사결정 과정을 이해하는 것은 마케팅 전략을 수립하는 데 필수적이다. 잠재 고객의 구매행동에 대한 지식은 특정 마케팅 계획에서 많은 구매 결정의 기초가 된다. 이 장의 정보를 활용하여 다음을 결정할 수 있어야 한다.

1. 표 5.1을 참고하여, 귀사의 제품을 구매할 때 고객이 사용할 수 있는 구매의사결정 유형은 무엇인가.
2. 대체 브랜드 중에서 제품을 선택할 때 표적시장이 사용할 평가 기준에 대해 설명하라.
3. 표5.2를 사용하여 표적시장이 어떤 유형의 가족 의사결정을 내릴 수 있는 지를 설명하라.
4. 표적시장의 제품 선택에 영향을 미칠 수 있는 준거집단 또는 하위문화를 식별하라.

연습 문제

1. 소비자 구매의사결정 과정의 주요 단계는 무엇인가? 이 모든 단계가 모든 소비자 구매 결정에 사용되는가? 그 이유는 무엇인가?
2. 소비자의 관여도 수준은 구매의사결정 과정의 선택에 어떤 영향을 미치는가?
3. 소비자 구매의사결정 과정의 유형을 식별하라. 각 유형을 사용하여 구입한 제품을 나열하라. 충동적으로 제품을 구매한 적이 있는가? 그렇다면 상황을 설명하라.
4. 소비자 구매행동에 영향을 미치는 상황적 영향 요인들은 무엇인가? 이러한 각각의 영향 요인들이 구매자의 구매결정에 어떻게 영향을 미치는지 설명하라.
5. 선택적 노출이란 무엇인가? 사람들은 왜 그것에 관여하는가?
6. 마케터는 어떻게 소비자의 학습을 형성하려고 하는가?
7. 마케터는 왜 소비자의 태도에 대해 고려하는가?
8. 라이프스타일은 소비자 구매의사결정 과정에 어떤 영향을 미치는가?
9. 역할은 개인의 구매행동에 어떤 영향을 미치는가? 사례를 들어라.
10. 가족의 영향은 무엇이며 구매행동에 어떤 영향을 끼치는가?
11. 준거집단이란 무엇인가? 구매행동에 어떤 영향을 미치는가? 자신이 선택한 준거집단의 일부의 이름을 밝혀라.
12. 오피니언 리더는 준거집단 구성원의 구매 결정 과정에 어떤 영향을 미치는가?
13. 사회 계층은 개인의 구매결정에 어떤 영향을 미치는가?
14. 문화란 무엇인가? 소비자의 구매행동에 어떤 영향을 미치는가?
15. 당신이 속한 하위문화를 설명하라. 하위문화에 기인한 독특한 구매행동이 있다면 설명하라.
16. 소비자 부정행위는 무엇인가? 다양한 형태의 소비자 부정행위를 설명하라.

케이스 5

"캠벨" 수프 회사는 새로운 마케팅을 요리한다.

캠벨 수프 회사(Campbell Soup Company)는 오늘날의 소비자가 식품을 준비, 구매 및 소비하는 방식을 주시하면서 새로운 라이프스타일과 인구 통계에 의한 새로운 마케팅을 준비하느라 분주했다. 150년의 역사를 지닌 이 회사는 여전히 친숙한 빨간색과 흰색 라벨이 붙은 통조림 캔에 담긴 전통적인 농축 수프와 쉽게 요리된 가열식 통조림 수프를 제공한다. 또한 페러리지 농장(Pepperidge Farms), 뻐레고(Prego), 스완슨(Swanson) 및 V8과 같은 잘 알려진 브랜드로 여러가지 다양한 식품을 판매한다. 그러나 수익이 정체되면서 캠벨은 식료품 저장실을 리모델링하고 밀레니얼 및 젊은 가족의 변화하는 구매 패턴에 대응하는 등 장기적인 성장을 위한 새로운 조리 방법을 개발해야 했다.

지난 10년 동안 캠벨은 제품 구성을 다양화하고 더 많은 소비자에게 다가가기 위해 건강한 식생활과 관련된 여러 브랜드와 제품을 성공적으로 인수했다. 예를 들어 당근, 샐러드 드레싱, 스무디, 과일 주스를 판매하는 볼트하우스 팜스(Bolthouse Farms)를 인수했다.

이 회사를 인수함으로 소비자가 신선하고 영양가 있는 것으로 인식하는 식품 카테고리에서 캠벨의 강점을 더욱 강화했다. 캠벨은 또한 천연 이유식과 간식을 만드는 푸름 오가닉(Plum Organics)을 인수하여 건강을 중시하는 부모들이 선호하는 급성장하는 틈새 시장으로 제품을 확장했다. 그런 다음 냉장 살사, 후머스, 딥을 만드는 가든 프레시 고메(Garden Fresh Gourmet)를 인수하여 풍미 있고 신선한 재료를 선호하는 소비자에게 다가갔다. 그리고 현지에서 조달한 재료로 만든 천연 수프, 일반 수프, 유제품이 아닌 음료로 유명한 퍼시픽푸드(Pacific Foods)를 인수하여, "깨끗한" 성분 목록을 선호하는 젊은 세대에게 다가가기 위해 모든 인공 향과 색상을 제거하기 위해 고전적인 캠벨의 수프 조리법을 수정했다

Source: Kellogg NA Co

캠벨 수프사의 마케터가 발견한 또 다른 트렌드는 이동이 잦은 소비자가 항상 즐기는 스낵 식품 시장의 등장이다. 이에 대한 대응으로 캠벨은 기존 페러리지 농장 브랜드로 새로운 스낵 제품을 출시하고 있다. 케이프코드 감자칩, 팝 시크릿 팝콘, 스나이더스 프레첼 등 인기 스낵의 모회사인 스나이더 랜스(Snyder's-Lance)도 사들였다. 이렇게 인수한 제품으로 캠벨의 수익은 이제 100억 달러를 초과한다. 그 못지않게 중요한 것은 인수를 통해 회사의 제품 포트폴리오가 현대의 취향과 라이프스타일에 맞는 식품 쪽으로 기울어졌다는 것이다.

캠벨 수프사는 또한 점점 더 모험심이 강한 소비자들의 미뢰를 유혹할 새로운 맛을 식별하기 위해 열심히 노력하고 있다. 회사 소속 요리사들은 레스토랑, 푸드트럭, 농장을 방문하기위해 전 세계를 여행하며 현지 농산물과 독특한 향신료를 시식하고, 그런 다음 그들은 캠벨 제품라인구성에 더해지는 신제품에 대한 영감으로 현지 요리를 만드는 법을 배우는 데 시간을 보낸다. 이러한 시도는 새로운 제품에 사용하거나 기존 제품의 레시피에 풍미를 더하기 위해 한 지역에서만 자란 특별한 감자와 같은 새로운 재료 또는 재료 원천를 찾는 데 도움이 된다.

축척된 내부 자료들은 제품 영감의 또 다른 원천이다. 100년 전 캠벨 수프사를 이끌었던 존 도랜스(John Dorrance)는 농축 수프 발명가였다. 도랜스의 토마토 수프 레시피를 기반으로 회사 요리사는 최근 뉴저지 토마토를 사용하여 한정판 비프 스테이크 토마토 수프를 만들었다. 최근 캠벨의 제과제빵 연구소 소장은 페러리지 농장의 설립자인 마가렛 루드킨(Margaret Rudkin)의 오리지널 레시피를 연구하고 있다. 그는 구식 요리의 장점과 오늘날의 미각을 위한 혁신적인 풍미를 결합하는 방법에 대해 생각하고 있다.

오늘날 소비자들은 슈퍼마켓과 전문 식료품점에서 쇼핑할 뿐만 아니라 온라인으로 더 많은 식품을 구매하고 있다. 이를 염두에 두고 캠벨 수프사는 유리병에 포장되어 소비자의 집 앞까지 배달되는 프리미엄 즉석 수프의 온라인 판매를 테스트하기 시작했다. 수프는 생산 공장 근처에서 직접 재배한 신선한 재료로 만들고, 포장은 기존 통조림 수프와 달리 고급스러움을 반영하도록 디자인되었다. 이 테스트는 신제품의 매력에 대한 피드백을 제공할 뿐만 아니라 캠벨 수프사의 전자 상거래에서 더 많은 경험을 쌓고, 식료품 저장실에서 더 넓은 범위의 식품, 음료 및 스낵을 판매하는 데 적용할 수 있도록 도와준다.

토론을 위한 질문

1. 일반적인 소비자는 유아용 제품에 비해 캠벨 수프의 성인용 식품에 얼마나 관여할 것 같은가? 회사의 마케팅 노력에 대하여 어떻게 생각하나 ?
2. 캠벨수프사의 마케팅 활동에는 어떤 사회적 영향이 구매 결정 과정에 반영되며, 그 이유는 무엇인가?
3. 캠벨 수프사의 마케팅 노력이 구매결정과정에 미치는 심리적 영향은 무엇인가?

BUSINESS MARKETS AND BUYING BEHAVIOR

CHAPTER.6

비즈니스 시장과 구매행동

학습목표

6-1 4가지 유형의 비즈니스 시장을 구분한다.

6-2 산업분류체계에 대해 살펴보고 비즈니스 시장을 분류하여 분석하는데 이 체계가 어떻게 활용되는지를 설명한다.

6-3 비즈니스 고객 및 거래의 특성을 파악한다.

6-4 구매센터, 조직구매의사결정 단계 및 이에 영향을 미치는 요인들을 설명한다.

6-5 인터넷이 기업의 구매행동과 마케팅에 미치는 영향력을 파악한다.

마케팅 들여다보기

Mr. Whiskey/Shutterstock.com

아마존 비즈니스는 모든 규모의 기업에 서비스를 제공함으로써 빅 비즈니스를 구축하고 있다.

아마존 비즈니스(Amazon Business)는 노트북 컴퓨터, 실험실 장비, 프린트 용지, 키친타월 등 기업, 학교, 병원, 정부기관, 기타 여러 조직이 구매하고자 하는 수많은 상품들을 판매하고 있다. 대표적인 온라인 유통업체인 아마존 닷컴(Amazon.com)이 2012년 해당 사업단위를 개설했을 때의 초기 이름은 아마존 서플라이(Amazon Supply)였다. 이 사업단위는 2015년 아마존 비즈니스로 이름이 바뀌었고, 아마존과 수천 개에 달하는 외부 업체들이 비즈니스 구매자들에게 상품을 판매할 수 있는 온라인 마켓플레이스로 운영되고 있다.

아마존 비즈니스의 순수 온라인 판매전략은 온·오프라인 모두에서 기업 고객들을 상대로 판매를 하는 스테이플스(Staples), 그레인저(Grainger) 등과 같은 기업들과의 경쟁 능력에 뒤처지는 전략이 아니었다. 아마존 비즈니스의 연매출액은 2016년 10억 달러에서 2018년 100억 달러로 급증하였으며, 기업 고객 또한 세계 70여 개 국가로 확대되었다. 현재 미국과 영국의 대기업 중 절반 이상이 아마존 비즈니스에서 상품을 구매하고 있다.

아마존 닷컴의 회원사가 되는 것이 소매업체에게 제공하는 장점은 그들에게 아마존이라는 명성의 후광효과를 볼 수 있게 해 준다는 점과 여러 비즈니스 고객들이 아마존에서 개인 구매를 하고 있기 때문에 새로운 비즈니스 기회를 창출할 수 있다는 점이다. 개인 소비자가 일정 비용을 지불하고 아마존 프라임(Amazon Prime)에 가입하면 무료 2일 내 배송 서비스를 받을 수 있는 것처럼, 기업 고객도 비즈니스 프라임(Business Prime)에 가입하면 2일 내 배송 서비스 및 기타 혜택을 받을 수 있다. 아마존 비즈니스는 기업 고객들이 선호하는 구매방식에 대한 명확한 이해를 바탕으로 그들에게 쉽게 가격을 비교하고, 수량 할인을 받을 수 있으며, 선불 결제 대신 송장 발행을 준비하고, 기업 고객들의 지출 패턴을 분석할 수 있는 서비스를 제공해 준다. 마지막으로, 기업 고객들은 구매와 관련된 일간 조사를 하지 않을 때조차도 단일 웹사이트에서 다양한 제품과 공급업체를 검색할 수 있는 편리함을 누릴 수 있다.[1]

마케터는 최종 소비자의 욕구를 충족시키는 것과 마찬가지로 기업 고객의 욕구 충족에도 동일한 관심을 기울인다. 예를 들어, 아마존의 마케터는 자사 기업 고객을 심도 있게 이해해서 판매하는 제품들에 대한 만족도를 제고시키고 그들과의 장기적인 관계를 개발·유지하고자 한다.

이 장에서는 비즈니스 시장과 비즈니스 구매의사결정과정에 대해 살펴볼 것이다. 먼저 다양한 유형의 비즈니스 시장과 그 시장을 구성하고 있는 기업 구매자들에 대해 알아볼 것이다. 이어서 비즈니스 구매의 차원들 예를 들면, 거래 특성, 고객 속성 및 관심사항, 구매방식, 비즈니스 제품 수요의 특성 등을 다룰 것이다. 그런 다음 비즈니스 구매의사결정은 어떠한 과정을 거쳐 이루어지는지, 누가 실제 구매를 담당하는지를 살펴볼 것이다. 마지막으로 기업이 비즈니스 고객들을 대상으로 마케팅하고 관계를 구축할 때 기술과 인터넷이 어떠한 영향을 미치는가를 살펴볼 것이다.

6-1 비즈니스 시장

 # 학습목표 4가지 유형의 비즈니스 시장을 구분한다.

4장에서 살펴본 바와 같이, 비즈니스 시장(기업간 시장 또는 B2B 시장)은 다음과 같은 세 가지 목적 중 하나로 제품을 구매하는 개인, 조직, 집단으로 구성된다. 세 가지 목적은 재판매, 다른 제품의 생산, 그리고 일상적인 운영 등을 포함한다. 기업을 대상으로 하는 마케팅도 최종 소비자를 대상으로 하는 마케팅과 마찬가지로 목표시장을 정의하고, 구매 행동을 이해하고, 효과적인 마케팅 믹스를 개발하는 것과 같은 동일한 마케팅 개념을 지향한다. 하지만 비즈니스 시장은 소비자 시장과는 구별되는 중요한 구조적/행동적 차이점이 있다. 최종 소비자가 아닌 기업을 상대로 상품을 판매하는 기업은 자사 제품이 다른 제조업체나 유통업자에게 미치는 영향을 고려해야 한다. 비즈니스 제품은 기술적으로 복잡하고, 비즈니스 시장은 상품에 대한 지식이 풍부한 구매자들로 구성되어 있기 때문이다. 예를 들어, 의료 기기, 로봇 및 컴퓨터 시스템 등을 구매하는 데는 구매자의 전문적인 지식이 요구된다.

비즈니스 시장은 전체 고객 수가 적기 때문에 그 세분시장을 구성하는 고객의 수 또한 소수이며 심지어 한 기업 고객이 하나의 세분시장을 구성하는 경우도 있다.예를 들면, 미국의 철도 설비 시장은 비엔에스에프(BNSF)와 같은 소수의 주요 철도회사들이 고객이 된다. 일부 상품은 비즈니스 고객 뿐만 아니라 개인 고객에게도 판매될 수 있다. 애플의 아이패드는 전통적으로 소비재로 생각될 수도 있지만, 일부 레스토랑에서는 고객들에게 메뉴를 보여주거나 주문을 받는데 이를 사용하고 있다. 또한 많은 자동차 대리점의 영업사원들도 아이패드를 자동차 판매의 주요 보조수단으로 활용하고 있다. 하지만 동일한 제품이라도 소비자 시장이냐 기업 시장이냐에 따라 그 구매 수량 및 방법에서 큰 차이를 보인다. 기업마케팅(business marketing)은 협력, 신뢰 및 협업 등을 기반으로 하는 마케팅 채널 구성원 간의 장기적인 상호 이익이 되는 관계를 기반으로 한다. 경우에 따라 제조업체는 신제품의 공동개발을 위해 기업 고객과 마케팅 조사, 생산, 일정관리, 재고관리 및 정보시스템을 공유하기도 한다. 기업 간의 거래 형태는 거래 기간에 따라 장기적인 관계에서 단기적 시장거래에 이르기까지 다양한 형태를 보인다. 기업간 거래에서 대다수의 마케터들은 고객의 필요를 이해하고 관계의 초점을 새로운 고객을 창출하는데 두기 보다는 고객을 유지하고 관계를 발전시키는 가치기반 교환관계를 구축하는 것을 목표로 한다.

iStock.com/B&M Noskowski

생산자 시장 화학공장은 생산자 시장의 일원이다. 다른 제품을 생산하기 위해 타사가 제공하는 원자재와 상품을 활용하기 때문이다.

비즈니스 시장을 구성하는 주요 주체는 생산자, 재판매업자, 정부, 기관 등이다. 다음에서는 그 각각에 대해 설명하고자 한다.

6-1a 생산자 시장

생산자 시장 이윤을 목적으로 다른 제품을 생산하거나 기업의 운영을 위해 특정 제품을 구매하는 개인이나 기업들로 구성된 시장

개인 또는 기업이 이윤을 목적으로 다른 제품을 생산하거나 기업의 운영을 위해 특정 제품을 구매할 수 있는데, 이를 **생산자 시장producer markets**이라고 한다. 생산자 시장에는 원자재 구매자

표 6.1 산업별 등록 기업 수

산업	기업 수
농림수산업	22,368
광산·채석·석유/가스 채굴업	29,225
건설업	682,390
제조업	292,825
운송·창고업	228,382
설비업	17,990
금융·보험업	470,062
부동산업	321,871

출처: "2015 SUSB Annual Data Tables by Establishment Industry," U.S. Bureau of the Census, January 2018, https://www.census.gov/data/tables/2015/econ/susb/2015-susb-annual.html (accessed January 4, 2019).

뿐만 아니라, 다른 제품을 생산하는데 사용되는 반제품, 완제품 및 서비스 구매자도 이에 포함된다. 생산자 시장에는 농업, 석유 및 가스 추출 채굴업, 광업, 건설업, 제조업, 운송업, 서비스업 및 설비업 등 광범위한 산업이 포함된다. 표 6.1에서 알 수 있듯이 생산자 시장의 기업 수는 엄청나다. 예를 들어, 제조업자는 원자재와 부품을 구매하여 제품 생산에 이를 직접 활용한다. 식료품점과 수퍼마켓도 생산자 시장의 주요 일원인데, 그들은 종이, 비닐 봉지, 선반, 카운터, 스캐너 등과 같은 수많은 지원제품(support products)을 구매한다. 농부들 또한 농기계, 비료, 종자, 가축 등을 구매하기 때문에 생산자 시장이라고 할 수 있다. 병원은 의료 장비를 구매하여 의료서비스를 제공하기 때문에 생산자 시장의 일원이 될 수 있다. 페더럴 익스프레스(Federal Express), 은행, 항공사 등과 같은 서비스 기업들도 중요한 생산자 시장이다. 예를 들어, 호텔이나 레스토랑은 건설업, 농업 및 설비 산업의 생산자 시장의 일부라고 할 수 있다.

6-1b 재판매자 시장

재판매시장 이윤을 목적으로 완제품을 구매해서 재판매하는 유통업체로 구성된 시장

재판매자 시장reseller markets은 도매상이나 소매상과 같이 완제품을 구매하여 이윤을 위해 이를 다시 판매하는 유통업자들로 구성된다.이들은 구매한 완제품을 외형에 물리적 변화를 거의 가하지 않고 있는 그대로를 다시 판매한다. 재판매업자는 서비스 및 무형의 제품을 판매하는 기업에도 존재한다. 예를 들어, 주식과 채권과 같은 금융상품에 대한 재판매시장이 있다. 프라이스라인(Priceline), 오비츠(Orbitz), 카약(Kayak) 등은 호텔 서비스의 재판매 역할을 담당한다. 제조업체가 직접 소비자에게 판매하는 품목을 제외하고 소비자 시장에 판매되는 모든 제품은 먼저 재판매 시장에서 판매된다.

도매업자는 제품을 구매하여 소매업자, 다른 도매업자, 제조업체, 정부, 기타 기관에 이를 다시 판매한다. 도매업자는 지리적으로 집중되어 있는 경향을 보인다. 412,437개에 달하는 미국의 도매업체 중 대다수가 뉴욕, 캘리포니아, 일리노이, 텍사스, 오하이오, 펜실베니아, 뉴저지 및 플로리다 등에 몰려 있다.[2] 소수의 품목은 제조업자가 직접 소비자에게 판매하는 경우도 있지만, 대부분의 제조업자는 도매업체에 제품을 전달하고, 도매업자는 유통시스템에 포함된 소매업자나 기타 도매업자를 포함한 다른 기업에 제품을 판매한다. 예를 들어, 해산물은 생산자, 가공업자, 도매업자 또는 유통업자를 포함하여 소매업자와 최종 고객에 이르기까지 수많은 중간상을 거치게 된다. 따라서 도매업자는 생산자가 고객에게 제품을 전달하는데 매우 중요한 역할을 담당하게 되는 것이다.[3]

소매업체는 제품을 구매하여 최종 소비자에게 다시 판매를 한다. 미국에는 100만 개 이상의 소매업체들이 있고, 이들은 1,570만 명 이상의 직원을 고용하고 있으며, 연간 약 5조 7천억 달러의 매출을 올리고 있다. 미국에서는 소매업체들의 파워가 지속적으로 강해지고 있다. 세계 10대 소매업체 중 7개 업체가 미국에 본사를 두고 있다. 이들은 월마트(Walmart), 코스트코(Costco), 크로거(Kroger), 월그린 부츠 얼라이언스(Walgreens Boots Alliance), 아마존닷컴(Amazon.com), 홈디

포(Home Depot) 및 CVS 헬스(CVS Health) 등이다.[4] 세이프웨이(Safeway), 펫스마트(PetSmart), 스테이플스(Staples) 등과 같은 일부 소매업체는 엄청난 수의 품목을 취급한다. 수퍼마켓은 최대 50,000개 이상의 다양한 상품을 판매하고 있다. 개인 소유의 소규모 소매점에서는 점주 또는 관리자가 구매결정을 내린다. 체인점에서는 일반적으로 본부의 관리자나 구매위원회에서 체인점이 구비해야 할 상품구매에 대한 결정을 내린다. 그러나 많은 제품의 경우 지역 관리자가 특정 점포에 대한 실제 구매 결정을 내린다.

재판매업자들은 구매결정 시 다음과 같은 몇 가지 요인을 고려한다. 그들은 제품에 대한 수요가 얼마나 되는가를 평가하여 구매 수량과 판매 가격을 결정한다. 소매업체는 제품을 취급하는데 필요한 매장면적을 결정할 때 잠재적인 이익을 고려하며, 단위 면적 당 판매량이 기준으로 사용되곤 한다. 고객들은 필요한 제품에 대한 구매를 전적으로 유통업체에 의존하기 때문에 유통업체는 공급업체를 평가할 때, 그들이 적절한 수량을 제공할 수 있는 능력을 소유했는가를 주요 평가요소로 활용한다. 예를 들어, 콜게이트 팔모리브(Cogate Palmolive)는 구강 캐어 부서를 두고 있다. 이 부서는 타깃(Target)과 같은 소매업체들이 치약, 구강청정제 및 기타 구강 케어 제품과 관련된 매장과 상품을 평가하는 것을 지원하는 부서이다. 재판매업자는 주문의 용이성과 공급업체의 기술 지원 및 교육 프로그램 제공 여부 등도 중시한다. 그리고 재판매자는 제품을 구매하기에 앞서 자신들이 현재 취급하고 있는 기존 제품과 신제품이 경쟁관계에 있는지 아니면 보완 관계에 있는지를 검토한다. 이런 점들이 재판매 시장이 여타 시장과 구별되는 점이다. 제조업체는 재판매업자가 최종 고객에게 그들이 제공한 제품을 판매하는데 도움을 줄 수도 있다. 콜게이트 팔모리브는 구강 케어 제품을 유통시키고 있는 타깃을 지원하기 위해 미네소타에 사무실을 두고 있다.

6-1c 정부시장

정부시장government markets은 중앙정부와 지방자치단체 등으로 구성된다. 이들은 내부 운영을 지원하고 시민들에게 도로건설, 교육, 에너지 등의 서비스를 제공하기 위해 사무용품 및 의료 서비스에서 차량, 중장비 및 무기에 이르기까지 다양한 상품 및 서비스를 구매하는데 연간 수십억 달러를 지출한다. 미국의 정부지출은 국내 총생산(gross domestic product, GDP)의 거의 36%를 차지한다.[5] 정부는 또한 호텔 객실, 음식 서비스, 차량 대여, 법률 및 컨설팅 서비스와 같은 서비스를 구매하기도 한다. 최근 수 십년 간 미국의 중앙정부와 지방정부가 지출한 금액은 꾸준히 증가해 왔다. 이는 중앙 및 지방정부의 기관의 수와 더불어 그들이 제공하는 서비스의 양이 모두 증가했기 때문이다. 이들이 제공하는 서비스의 비용 또한 증가했다.

정부 시장 내부 운영과 공공서비스를 제공하기 위해 상품이나 서비스를 구매하는 중앙정부와 지방정부 등으로 구성된 시장

정부 기관은 공공서비스 제공에 필요한 제품을 구매하기 위해 세금을 사용하기 때문에 책임이 뒤 따르며 이로 인해 정부 기관의 구매절차는 복잡성을 띤다. 일부 기업은 구매절차의 복잡성에 기인한 추가적인 시간 소요와 관료주의적 절차에 따른 비용 부담으로 인해 정부구매자에게 판매하기

iStock.com/benedek

기관 시장 스테인드글라스 창문 제조업체는 주로 교회에 제품을 공급한다. 교회는 기관시장의 대표적인 예이다.

를 꺼려하기도 한다. 그러나 많은 마케터들은 이러한 절차를 걸림돌로 생각하지 않고 정부 계약의 혜택을 충분히 누리고자 한다. 국방 관련 품목과 같은 특정 제품의 경우, 정부가 유일한 고객일 수 있다.

정부는 입찰이나 계약조건에 대한 공시를 통해 구매에 필요한 사항들을 공지한다. 복잡한 입찰 절차 때문에 정부시장으로의 진입을 꺼려하는 기업도 있지만, 입찰 과정에 참여하여 이 과정을 이해한 기업들은 손쉽게 정부시장에 진입을 하게 된다. 기업이 정부의 입찰 시스템에 진입하여 입찰을 따내기 위해서는 입찰자 목록에 등록을 하고 적격 여부를 승인받아야 한다. 이는 정부기관이 구매를 하고자 할 때 자격을 갖춘 입찰자에게만 구매할 제품에 대한 명세를 보내기 때문이다. 정부의 요구에 부합하는 제품을 소유한 기업은 입찰가를 제출한다. 일반적으로 정부는 최저가 입찰을 한 기업을 선정한다.

표준화되어 있지 않은 제품이나 기술적으로 복잡한 제품을 구매할 경우, 정부는 수의계약을 활용하기도 한다. 수의계약 시 정부는 소수의 기업을 선택한 다음 사양과 계약조건을 협상한다. 정부는 이러한 협상과정을 통해 적합한 업체를 선정한다.

6-1d 기관시장

기관 시장 자선단체, 교육기관, 공익 및 기타 비영리단체 등으로 구성된 시장

기관시장institutional markets은 자선단체, 교육기관 및 기타 비영리단체 등을 포함하는 시장을 말한다. 기관시장에는 교회, 일부 병원, 협회 및 여성단체, 자선단체 및 사립학교 등이 포함된다. 기관 구매자들은 자체 운영 활동을 하거나 다양한 대중들에게 상품, 서비스 및 아이디어를 제공하기 위해 매년 수백만 달러 상당의 제품을 구매한다. 기관들은 종종 다른 유형의 조직 구매자들과는 다른 목표를 지니고 있고 자원이 부족한 경우가 많기 때문에, 마케터들은 기관 구매자에게 특별한 서비스를 제공하기 위해 특별한 노력을 기울일 수 있다. 예를 들어, 아라마크(Aramark)사는 학교, 병원, 스포츠 경기장, 공원 및 요양보호센터 등을 포함한 기관시장에 다양한 제품을 제공한다. 이 기업은 종종 업계에서 가장 존경받는 기업 중 하나로 선정된다. 대학 구내 식당 서비스와 같은 분야에서 아라마크는 대학생들에게 직접적으로 자사의 마케팅 노력을 집중한다.[6]

6-2 산업분류체계

 # 학습목표 **산업분류체계에 대해 살펴보고 비즈니스 시장을 분류하여 분석하는데 이 체계가 어떻게 활용되는지를 설명한다.**

마케터는 정부간행물, 산업간행물, 인터넷으로부터 엄청나게 많은 잠재적인 비즈니스 고객 정보에 접근할 수 있다. 마케터는 이러한 정보를 활용하여 비즈니스 잠재고객을 식별하고 그들의 구매력을 추정할 수 있다. **북미산업분류체계North American Industry Classification System, NAICS**는 미국, 캐나다 및 멕시코 3개국의 비교 가능한 통계를 위해 사용하는 산업분류체계이다. 북미산업분류체계는 생산 활동을 기반으로 한다. 북미산업분류체계는 유럽 및 세계 여러 지역에서 사용되는 국제표준산업분류(International Standard Industrial Classification, ISIC) 시스템과 유사하다.

북미산업분류체계 미국, 캐나다 및 멕시코 3개 국의 비교 가능한 통계를 위해 사용하는 산업분류체계

북미산업분류체계는 산업 활동을 1,170개의 산업분류와 함께 20개 부문으로 구분한다. 북미산업분류체계는 이전 표준산업분류(Standard Industrial Classification, SIC)보다 더 포괄적이고 최신 정보이며 서비스 산업 및 하이테크 제품에 대한 훨씬 더 많은 정보를 제공한다[7]. 표 6.2는 애플사와 에티앤티(AT&T)에 대한 일부 북미산업분류체계 코드의 예시이다. 산업분류 시스템은 제공되는 상품 및 서비스 유형과 같은 요소를 기반으로 기업을 분류하는 수단이다. 산업분류체계의 원래 취지는 산업을 세분화하는 것이지만, 마케터는 그들이 접근할 수 있는 정확한 비즈니스 고객이 누구이며 어떤 접근 방식이 적절한지에 대한 소중한 정보원천으로서 산업분류체계를 여타 자료와 결합하여 활용한다.

마케터는 전화번호부나 스탠다드앤푸어스 등록(Standard & Poor's Register) 기업명부와 던

표 6.2 북미산업분류체계의 예

에티앤티사의 NAICS 위계		애플사의 NAICS 위계	
Sector 51	정보	Sector 31-33	제조업
Subsector 517	통신	Subsector 334	컴퓨터 및 전자제품 제조업
Industry Group 5173	유무선 통신사업자	Industry Group 3341	컴퓨터 및 주변기기 제조업
Industry 51731	유무선 통신사업자	Industry 33411	컴퓨터 및 주변기기 제조업
Industry 517311	유선 통신사업자	U.S. Industry 334111	전자 컴퓨터 제조업
Industry 517312	무선 통신사업자		

출처: NAICS Association, www.census.gov/eos/www/naics/ (accessed January 4, 2019).

앤브래드스트리트(Dun & Bradstreet)의 밀리언 달러 데이터베이스(Million Dollar Database)와 같은 상업적 기업 명부를 활용하여 특정 고객집단에서 잠재적 고객을 규명하여 그들의 위치를 파악할 수 있다. 이러한 정보원천은 기업명, 북미산업분류체계, 주소, 전화번호, 연매출액 등과 같은 기업에 관련된 정보들을 포함하고 있다. 마케터는 이러한 정보원천 중 하나 이상을 참조하여 산업분류번호로 잠재고객을 규명하여 그 위치를 찾고 원하는 지역별로 잠재고객의 목록을 작성할 수 있다.

비용이 더 많이 들기는 하지만 보다 편리한 방법은 상용 데이터 서비스를 사용하는 것이다. 예를 들어, 던앤브래드스트리트는 특정 산업 분류 집단에 속하는 기업목록을 제공할 수 있다. 목록에 있는 각 기업에 대해 던앤브래드스트리트(는 기업명, 소재지, 매출액, 직원 수, 취급 제품 유형, 최고경영자 이름 및 기타 관련 정보를 제공한다. 두 방법 모두 산업 및 지역별로 잠재고객 집단을 효과적으로 식별하고 그 위치를 찾을 수 있다. 마케터는 이런 기본적인 정보를 토대로 어떤 비즈니스 고객이 더 큰 구매 잠재력이 있는지 연구해야 하며, 어떤 고객에게 우선적으로 접근해야 할지 결정해야 한다.

비즈니스 고객의 구매 잠재력을 추정하기 위해 마케터는 그 고객의 잠재 구매량 규모와 종업원 수 같은 의미 있는 변수 간 관계를 살펴볼 필요가 있다. 가령 페인트 제조업자는 평균적인 종업원 1인당 페인트 수요량을 알아내어 목표 회사의 전체 종업원 수에 곱하는 방법으로 그 회사의 전체 구매 잠재력을 추정할 수 있다. 이런 식으로 비즈니스 고객집단의 총 잠재력도 계산할 수 있다. 이러한 추정치를 산출한 후 마케터는 매출 및 이익 잠재력이 가장 높은 고객 집단을 선택할 수 있다.

6-3 비즈니스 고객 및 거래의 차원

 # 학습목표 **비즈니스 고객 및 거래의 특성을 파악한다.**

앞서 비즈니스 고객의 유형과 그들을 구분하는 방법을 살펴보았다. 여기에서는 거래 특성, 비즈니스 고객의 속성 및 그들의 주요 관심사, 구매방식, 주요 구매 유형, 비즈니스 제품에 대한 수요 특성을 포함한 비즈니스 고객 및 거래의 마케팅 차원들을 살펴볼 것이다(그림 6.1 참조).

6-3a 비즈니스 고객과의 거래 특성

기업 간 거래는 여러 측면에서 개별 소비자를 대상으로 한 판매와 차이가 있다. 기업 고객의 주문량은 개인 소비자의 소비량과는 비교할 수 없을 정도로 대규모로 이루어진다. 주요 정부 계약

그림 6.1 비즈니스 고객 및 거래의 차원

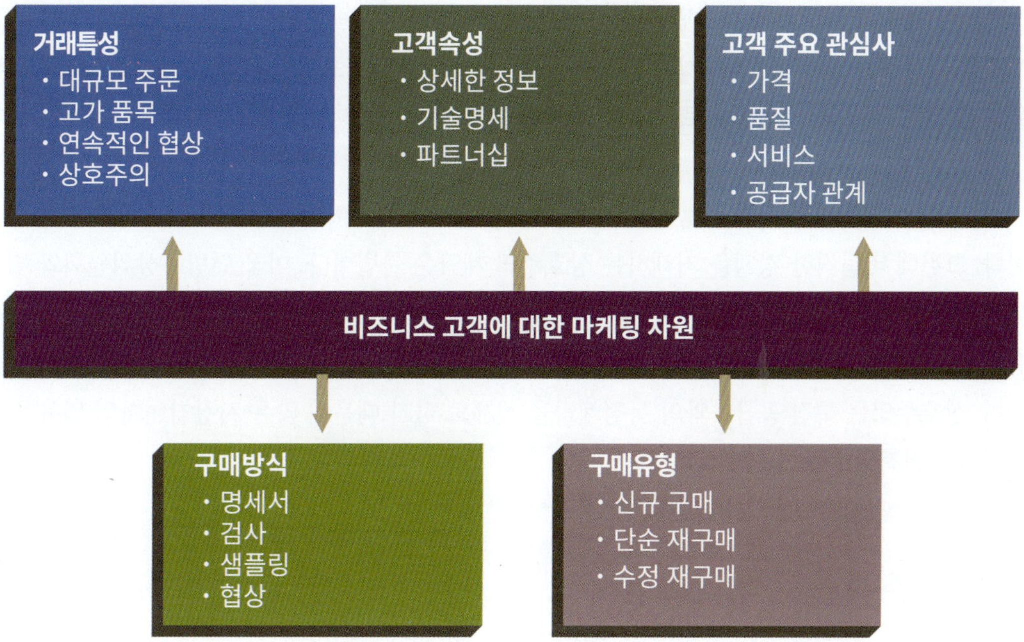

업체인 부즈 앨러 해밀턴(Booz Allen Hamilton)은 다양한 정부 기관에 의료 및 IT 지원 평가 및 서비스를 공급하기 위해 최대 5억 달러 상당의 계약을 체결하곤 한다.[8] 부피가 크거나 가격이 고가인 복잡한 제품을 취급하는 공급자는 대규모 판매를 통해서만 이윤을 남길 수밖에 없는 경우가 종종 있다. 일반적으로 비즈니스 마케터는 소량 주문하는 개인 고객을 그다지 선호하지 않는다.

일부 비즈니스 구매에는 복잡한 군사용 시스템과 같은 고가 품목이 포함된다. 예를 들어 보잉(Boeing)은 항공기 현대화를 지원하기 위해 351대의 훈련용 제트기를 제공하는 90억 달러 규모의 계약을 미 공군과 체결하였다[9]. 원자재나 부품 등과 같은 기타 제품은 지속적으로 생산에 사용되기 때문에 그런 품목에 대한 공급은 빈번한 보충이 필요하다. 이러한 품목의 판매 조건에 관한 계약은 장기 계약일 가능성이 높다.

비즈니스 구매와 관련한 논의와 협상은 상당한 마케팅 시간의 투자와 판매 노력이 요구된다. 구매 결정은 종종 위원회에서 이루어지며 주문은 대규모의 거액 거래 형태이며, 고객의 특정 요구 사항을 충족하기 위해 제품을 맞춤 제작해야 하는 경우가 많다. 구매 과정에 복수의 인사들과 부서가 관련되는 경우가 많다. 예를 들어, 한 부서에서 제품에 대한 필요성을 피력하면, 두 번째 부서는 명세를 작성하고, 세 번째 부서는 최대 지출규모를 설정하고, 네 번째 부서는 주문을 실행하는 식이다.

비즈니스 고객은 목표를 달성하는데 필요한 솔루션을 찾고자 한다. 따라서 공급업체는 자사의 제품이 고객에게 가치를 제공할 수 있는 포지션이 어디인가를 규명하는 능력을 갖춰야 한다. 스테이플스는 이러한 필요성을 인식해서 사무용품을 공급하는 소매업체가 중소기업의 성공에 어떻게 기여할 수 있는가를 보여주는 텔레비전 광고 캠페인을 집행했다.[10] 공급업체가 성공을 하려면 경쟁업체의 제품과 차별화를 해야만 한다. 브랜드 평판을 구축하는 것은 기업간 관계를 장기적인 관계로 발전시키는데 효과적인 방법이다.[11] 예를 들어, 페더럴 익스프레스(Federal Express)는 추적, 운송 및 배송 서비스 제공업체로서 고객 솔루션을 통합함으로써 비즈니스 고객과 장기적인 관계를 발전시킨다.

비즈니스 시장의 독특한 관행 중 하나는 상호주의로 두 기업이 서로 구매하기로 합의하는 방식이다. 그런데 바람직한 경쟁을 저해하는 상호주의 계약은 불법이다. 미국 연방통상위원회와 법무부는 경쟁을 회피하는 상호주의 계약에 대해 감시하고 위반 시 법적인 조취를 취한다. 하지만 작은 규모의 비즈니스 거래에서는 상호주의가 적지 않으며, 발생빈도는 적지만 대기업 사이에서도 발생한다. 상호주의는 특정 공급자와의 독점계약을 전제로 하기 때문에 많은 시장참여자의 의욕을 저하시키며 최적의 시장 균형을 해친다.

6-3b 비즈니스 고객의 속성

비즈니스 고객은 개별 소비자와는 몇 가지 측면에서 다르다. 일반적으로 비즈니스 고객은 그들이 구매하는 제품에 대해 개별 소비자보다 많은 지식을 보유한다. 따라서 비즈니스 고객은 해당 제품이 그들의 욕구를 충족시키는지 확신할 수 있도록 제품의 기능적 특징과 기술적 명세가 어떠한지 파악하고자 한다. 한편 개인적 목표도 비즈니스 구매행동에 영향을 미칠 수 있다. 대부분의 구매자는 비즈니스 구매로 인한 기업의 발전 및 재무적 보상과 함께 제공되는 심리적 만족을 추구한다. 합리적인 비즈니스 구매 행동을 일관되게 보이는 구매자는 기업의 목표를 달성하는 데 큰 기여를 할 수 있기 때문에 개인 목표를 동시에 달성할 가능성이 높다. 공급업체는 개인 수준의 의사결정과 비슷한 형태로 기업의 구매행동이 이루어질 것이라는 점을 염두해 두어야 한다. 종종 개별 구매자의 반응이 제품 구매를 유발하고 제품에 대한 기업의 광범위한 수용에 영향을 미친다.[12] 오늘날 많은 공급자와 비즈니스 고객들은 상호호혜적인 관계를 구축하고 유지하고자 하며, 이를 동업자관계(partnerships)라고 한다. 연구에 따르면, 심지어 소규모 공급자와 대기업 구매자 간의 동업자 관계도 매우 강력할 수 있다고 한다. 왜냐하면 높은 수준의 상호 신뢰가 관계 몰입을 높이고 이것이 기업 간 동업자 관계로까지 발전하기 때문이다.[13]

미래의 지속 가능한 식품 납품업체로서 성장할 수 있도록 중소기업을 멘토링하고 성공을 준비시키는 제트블루 항공의 프로그램을 생각해 보자. 블루버드(BlueBud) 프로그램은 자원과 기회를 지니고 있는 유망한 중소기업들과 연계하여 해당 중소기업의 리더들이 비즈니스 전략을 개발할 때 제트블루의 그것과 일치하도록 조정한다.[14]

파괴적 마케팅

항공사로부터의 중소기업에 대한 엄청난 주문 쇄도

항공사는 맛있는 기내식을 추가함으로써 어떻게 고객의 기내 경험을 향상시키려 하는가? 유나이티드 항공(United Airlines), 제트블루(JetBlue) 및 델타항공(Delta)은 기내식의 풍미를 더하기 위해 중소형 식품 업체로 눈을 돌리는 항공사들이다. 성장을 추구하는 중소규모 식품 제공업체는 이러한 항공사들의 구매가 큰 비즈니스 기회로 작용한다.

조지아에 본사를 둔 버드쿠키 컴퍼니(Byrd Cookie Company)는 유나이티드 항공사로부터 주문 전화를 받기 전까지 매년 2억 개의 쿠키를 생산하고 있었다. 유나이티드 항공사가 기내 간식으로 버드의 메이플와퍼(Byrd's Maple Wafer)를 선택했을 때, 이 거래는 기업의 폭발적인 성장을 가속화하는 "게임 체인저"였다고 버드의 회장은 이야기한다. 유나이티드가 대량으로 쿠키를 구매하고, 버드 쿠키를 맛본 승객들이 해당 브랜드의 열광적인 구매자가 되면서 연간 생산량은 20억 개에 육박하고 있다.

제트블루는 항공사의 구매요건을 충족시키는 과정을 통해 유망한 납품업자들에게 멘토역할을 담당함으로써 혁신적인 먹거리를 지니고 있는 중소기업을 돕는 데 전념하고 있다. 멘토링 프로그램에서는 제트블루가 구매 결정을 내릴 때 고려하는 요소인 지속 가능성과 사회적 책임도 포함된다. 비록 멘토링 서비스를 받은 기업들이 자동적으로 납품업자가 되는 것은 아니지만, 뉴욕의 핫브레드 키친(Hot Bread Kitchen)은 그 프로그램을 수료하고 나서 제트블루에 찰라롤(challah rolls)을 공급하기로 계약한 기업이 되었다.

다른 항공사들도 더 작은 업체를 찾고 있다. 애틀랜타에서 한국으로 가는 항공편의 경우 델타항공이 애틀랜타 운암정(Atlanta's Woo Nam Jeong Stone Bowl House restaurant)에서 구매한 쇠고기 비빔밥 등 한식을 제공하고 있다. 델타항공은 또한 포장된 글루텐을 함유하지 않은 프레첼을 워싱턴 주에 있는 퍼펙션스낵(Perfection Snacks)에서 구매한다. 델타항공의 납품업체가 된 프레첼 퍼펙션(Pretzel Perfection)은 몇 년 만에 월 10만 패키지 생산에서 800만 패키지로 생산량이 급증했다.[a]

6-3c 비즈니스 고객의 주요 관심사

구매 결정 시 비즈니스 고객은 다양한 요소를 검토한다. 그 중 우선적인 관심사는 가격, 품질, 서비스, 공급자와의 관계 등이다. 가격은 단연 핵심 고려사항이다. 왜냐하면 가격은 운영비, 원가, 판매가격, 마진 그리고 궁극적으로 경쟁력에 영향을 미치기 때문이다. 비즈니스 고객은 구매제품의 가격을 장기적인 관점에서 그 제품의 잠재수익과 비교하는 경향이 있다. 특히 주요 설비 구매 시 비즈니스 고객은 제품의 가격을 비용보다는 일종의 투자 개념으로 간주한다. 한편 우수한 서비스와 제품 품질도 구매결정에 영향을 미친다. 가격이 높은 제품은 서비스 및 품질 측면에서 구매자에게 운영비용을 낮출 수 있다. 예를 들어, 캐터필러(Caterpillar) 건설 장비는 우수한 서비스 및 부품 가용성으로 인해 높은 가격으로 판매될 수 있다.

대부분의 비즈니스 고객은 구매하는 제품에서 일정 수준의 품질을 유지하려고 한다. 이와 같은 목표를 달성하기 위해 대부분의 기업은 각 제품들에 대한 기준(보통 불량률 허용치를 기준으로 함)을 설정하고 명시적으로 표현된 특성을 기반으로 구매한다. 일반적으로 **제품 명세서product specifications**라고 하는 이러한 표준은 제품의 필수 특성, 품질 표준 및 필요한 제품에 대한 최고의 공급업체를 식별하는데 필수적인 기타 정보를 설명하는 서면 진술을 의미한다. 예를 들어, 자동차 산업에서는 차량을 만드는 원료로서 알루미늄으로 눈을 돌리고 있다. 알루미늄은 가벼운 금속이기 때문에 연료 효율성을 높일 수 있다. 자동차 제조기업에 알루미늄을 납품하고자 하는 알코아(Alcoa)와 같은 금속 회사는 금속의 강도 및 경량화 측면에서 특정 사양을 충족시켜야 한다. 구매기업은 고려 중인 제품의 품질을 평가하여 사양을 충족하는지 여부를 결정한다. 알코아의 경우 성공 여부는 자동차 제조업체가 금속판의 가격과 품질을 어떻게 평가하는가에 의해 좌우될 것이다. 제품이 최종 소비자가 요구하는 사양을 충족시키지 못하거나 오작동하는 경우, 해당 고객은 다른 공급업체의 제품으로 구매를 변경할 가능성이 있다. 한편 비즈니스 고객은 명세서를 뛰어넘는 과도한 품질을 지닌 제품도 경계한다. 왜냐하면 이와 같은 경우 불필요한 비용을 증가시켜 자사의 제품과 서비스의 가격 상승을 유발시킬 수 있기 때문이다. 따라서 비즈니스 고객은 구매 결정을 내릴 때 품질과 가격 사이의 균형을 유지해야 한다. 명세서는 고객의 요구를 충족하도록 설계되었으며, 이러한 요구를 충족시키는 데 기여하지 않는 모든 것은 낭비 요소로 간주될 수 있다.

제품명세서 제품의 필수 특성, 품질 표준 및 필요한 제품에 대한 최고의 공급업체를 식별하는데 필수적인 기타 정보를 설명하는 서면 진술

비즈니스 구매자들은 그들의 구매물량이 대량이고 구매하는 제품이 복잡하기 때문에 서비스를 중요하게 생각한다. 공급업체가 제공하는 서비스는 고객의 비용, 매출, 이익에 직접적으로 영향을 미친다. 유티엑스엘(UTXL)은 로지스틱스 서비스 광고에서 자사의 대고객 서비스에 대한 내용을 담고 있다. "역량(CAPACITY)"이라는 철자를 야간조명 이미지로 표현한 것은 그 회사가 제공하는 서비스와 물류 서비스가 어떻게 전달되는지를 설명하면서 그 기업의 운송 능력을 강조하고 있다. 비즈니스 고객이 공급업체로부터 받고자 하는 일반적인 서비스는 시장정보, 재고관리, 정시배송 및 수리 서비스 등이다. 비즈니스 구매자가 필요로 하는 정보는 제품에 적용된 기술 관련 정보, 수요 관련 정보, 일반적 경제상황에 관련된 정보 또는 공급 및 배송 관련 정보 등이다. 기계류의 구매자들은 특히 수리 서비스 및 교체 부품의 신속한 제공 등을 중요하게 생각한다. 장비가 작동 불가능해지면 수리 및 생산성 저하 측면에서 많은 비용이 발생하기 때문이다. 양질의 고객서비스를 제공하는 것이 경쟁우위를 확보하는 수단이 될 수 있으며, 이는 일부 기업이 고객 서비스를 개선할 방법을 모색하도록 유도하는 근거가 된다. 베인앤컴퍼니(Bain & Company)는 이들 업체를 대상으로 소매점, 콜센터 등 다양한 서비스 상황에서의 고객 서비스 운영 개선 프로그램을 운영하고 있다. 예를 들어, 고객지향적 서비스 제공자가 되기 위해 고객이 취할 수 있는 다양한 단계의 여러 방안을 개발했다.[15]

적정 재고 유지는 양질의 고객 서비스, 고객만족, 재고 비용 및 유통 효율성 등을 관리하는데

매우 중요하다. 또한 적시 배송은 제품이 필요할 때 사용할 수 있도록 하는데 매우 중요하다. 신뢰할 수 있는 적시배송은 비즈니스 고객이 주어진 시간에 필요한 재고만 보유하게 하기 때문에 비용 절감 효과가 발생한다.

서비스 품질에 대한 고객의 기대 수준은 시간이 지남에 따라 증가한다. 제조 및 회계시스템에만 기반을 둔 전통적인 서비스 품질 기준을 적용하는 것은 한계가 있다. 고객은 문의, 불만 접수, 주문서 제출, 배송 추적 등이 가능한 커뮤니케이션 채널에 접근할 수 있기를 기대한다. 점점 더 많은 고객들은 스마트폰이나 다른 모바일 기기를 통해 즉각적으로 그렇게 할 수 있기를 기대한다. 마케터는 서비스의 균일성, 단순성, 진실성 및 정확성을 위해 노력하면서 고객 서비스 목표를 설정하고 고객 서비스 프로그램이 해당 목표를 달성하고 있는지를 지속적으로 점검해야 한다. 기업은 정기적으로 고객에 대한 설문조사를 하거나 비공식적으로 고객에게 전화를 걸어 자신이 받는 서비스에 대해 질문하는 방식으로 자사의 서비스를 평가할 수 있다. 고객만족에 대한 이런 관심과 노력은 고객유지율 증대라는 큰 혜택으로 돌아올 것이다.

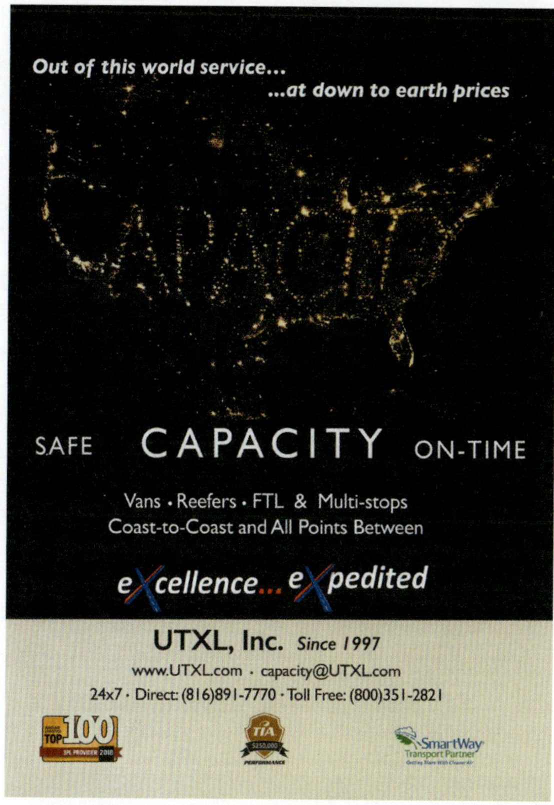

비즈니스 고객의 관심사 비즈니스 고객은 서비스, 비용 및 신뢰성을 포함한 몇 가지 주요 요소에 관심을 기울인다. 이러한 요소 중 일부가 상기 광고에서 포함되어 있다.

기업윤리와 기업의 사회적 책임에 대한 관심 또한 증가되고 있다. 특히 지속가능성은 구매 고객의 주요 고려사항으로 부상하고 있다. 관리자는 환경적 가치를 조직문화에 통합함으로써 그린마케팅 전략에서 핵심적인 역할을 담당한다.[16] 이는 지속가능하고 환경친화적인 제품을 선호하는 구매결정으로 이어진다. 실제로 환경성과의 개선은 재무성과를 간접적으로 개선할 수 있다.

마지막으로, 비즈니스 고객은 공급업체와의 관계를 개발·유지하는데 소요되는 비용에 많은 관심을 기울인다. 공급업체와 신뢰 관계를 구축함으로써 비즈니스 고객은 탐색비용을 줄이고 가격 불확실성을 낮출 수 있다. 비즈니스 고객은 유통비용과 재고비용 절감, 그리고 그와 관련한 효율성 제고라는 마케팅 목표를 달성하기 위해 적합한 공급업체를 찾고 관계를 맺으며 관계를 유지하는데 관심을 기울이는 것이다.

6-3d 비즈니스 구매방식

모든 비즈니스 구매자가 동일한 구매방식을 사용하지는 않지만, 이들은 대부분 명세서(description), 검사(inspection), 샘플링(sampling) 및 협상(negotiation)과 같은 구매방식 중 하나 이상을 사용한다. 가장 간단한 방식은 명세서에 의한 구매이다. 이 방식은 크기, 형태, 무게, 모양, 색상 등의 특성에 따라 제품이 표준화되거나 등급화되어 있는 경우, 비즈니스 구매자는 단순히 수량, 등급 및 기타 속성을 명시함으로써 구매할 수 있다. 경우에 따라서 비즈니스 구매자는 원하는 제품이 있을 때 브랜드 등을 명시하여 요청하기도 한다. 명세서에 기초한 구매는 특히 구매자와 판매자 간에 신뢰를 바탕으로 지속적인 관계를 구축하는 경우가 일반적이다.

산업용 장비, 중고차, 건물 등과 같은 제품들은 고유한 특성을 지니고 있으며, 현재의 상태에 따라 품질의 폭이 가변적이다. 이와 같은 제품들은 사용방법과 사용기간에 따라 서류 상 동일한 제품으로 보일 수 있지만 실제로는 차이를 보일 수 있다. 결과적으로 이러한 제품에 대해서 구매자는 검사를 기반으로 구매결정을 내려야 한다.

샘플링은 전체 제품 중 일부를 표본으로 추출하여 그 추출된 일부 제품이 전체 물량을 대표한다는 가정 하에 평가를 하는 방식이다. 이 방식은 제품이 곡물과 같이 동질적이거나 전체 물량을 검사하는 것이 물리적으로나 경제적으로 불가능할 경우 적합하다.

일부 비즈니스 구매는 협상 계약에 의해 이루어진다. 이러한 방식을 사용할 경우, 구매자는 자사에 필요한 것이 무엇인지를 정확하게 공시하고 판매자들에게 제안서를 제출하도록 요청한다. 그런 다음 구매자는 가장 매력적인 제안서를 제출한 판매자와 협상에 들어간다. 이러한 방식은 상업용 차량과 같이 일반적으로 규모가 크고 거액 거래인 경우 사용된다. 정부기관이 구매할 때도 협상 방식을 자주 활용한다. 그리고 주문 제작하는 경우처럼 구매자가 원하는 제품을 구체적으로 명시하기 어려운 경우에도 협상 방식이 쓰인다. 구매자와 판매자는 협상에서 기본 가격을 정하고 추가비용과 수수료 지불에 대해서도 논의한다. 협상을 통한 계약은 건물, 자본설비 등 일회성 프로젝트에 가장 일반적으로 사용된다.

Source: Progressive

비즈니스 구매의 유형 기업보험을 가입하고자 할 때, 해당 기업은 수정된 재구매 방식을 사용할 가능성이 있다.

6-3e 비즈니스 구매의 유형

대부분의 비즈니스 구매는 신규 구매, 단순 재구매, 수정 재구매라는 세 가지 형태 중 하나이다. 각 구매형태는 서로 다른 영향력이 있기 때문에 비즈니스 마케터는 상황에 따라 구매유형을 달리 적용해야 한다. **신규 구매new-task purchase**는 기업이 새로운 과업을 수행하거나 새로운 문제를 해결하기 위해 어떤 품목을 처음 구매하는 것을 의미한다. 신규 구매는 향후 제품 구매를 위해 제품 및 납품업체 명세와 절차 등을 마련해 두어야 한다. 신규 구매를 위해 비즈니스 구매자는 일반적으로 많은 정보를 획득해야 한다. 신규 구매는 고객이 만족할 경우 장기적인 거래관계로 이어질 수 있기 때문에 공급업체에게는 중요한 거래가 된다.

단순 재구매straight rebuy purchase는 구매자가 거의 동일한 판매조건으로 동일한 제품을 반복해서 구매하는 것을 의미한다. 이와 같은 구매형태는 반복구매이기 때문에 구매자의 정보 요구는 미미하며, 과거에 만족했던 친숙한 공급자와 지속적으로 거래하는 경향이 있다. 마케터는 비즈니스 고객의 주문 편의성을 위해 자동화된 시스템을 구축하기도 한다. 즉, 비즈니스 고객의 재고를 살피면서 어떤 품목이 언제 필요할지 소통하는 것이다.

수정 재구매modified rebuy purchase는 신규 구매 이후 2~3회 재주문을 거치면서 구매내용이 변경되거나, 단순 재구매에서 요구사항이 수정된 경우를 의미한다. 비즈니스 구매자는 더 빠른 배송, 더 낮은 가격, 또는 상황에 따른 적합한 수준의 품질 등에 대해 요구할 수 있다. 기업은 새로운 고객을 유치하는 것보다 기존 고객을 유지하는데 더 많은 관심을 기울여야 한다. 장기구매계약이 없다면, 기업은 고객유지전략을 개발하기 위해 사용 가능한 모든 정보를 사용해야 한다.[17] 이는 고객이 구매할 가능성이 있는 것이 어떤 것이며, 시간의 흐름에 따라 해당 구매가 어떻게 변경될 수 있는지를 파악하기 위함이다. 예를 들어, 프로그레시브 커머셜(Progressive Commercial) 광고는 중소기업 소유자의 요구사항을 충족시킬 수 있도록 유연한 기업전략을 강조한다. 용에 맞서기 위해 갑옷을 입은 화초재배자의 광고이미지는 프로그래시브 커머셜이 예상치 못한 상황으로부터 업주를 보호할 수도 있음을 시사한다. 프로그래시브 커머셜의 보험계획에 만족한 기업은 시간이 지나도 동일한 보험으로 계약을 연장할 가능성이 높지만, 특정 비즈니스 제품에 대한 수요는 고객 수요가 높고 낮음을 반영하는 주기로 변동이 발생할 가능성이 있다. 수정 재구매는 공급업체들로 하여금 관계유지를 위해 경쟁을 유발시킬 수 있다. 기업이 통신서비스 패키지의 속도 및 포괄성을 변경하는 등 서비스 계약의 내용을 변경하는 경우, 수정 재구매가 이루어지는 것이다.

신규구매 기업이 새로운 과업을 수행하거나 새로운 문제를 해결하기 위해 어떤 품목을 처음 구매하는 것

단순 재구매 구매자가 거의 동일한 판매조건으로 동일한 제품을 반복해서 구매하는 것

수정 재구매 신규구매 후 후속 구매에서 변화가 발생하거나, 단순 재구매에서 요구사항이 수정된 경우

6-3f 비즈니스 제품의 수요

비즈니스 제품의 수요(종종 산업수요(industrial demand)라고도 함)는 (1) 파생수요, (2) 비탄력적 수요, (3) 결합수요, (4) 변동수요 등의 네 가지 특성을 지닌다.

파생수요

비즈니스 고객, 특히 생산자는 그들의 최종 소비자를 위해 제품을 생산하기 때문에 생산자에게 공급되는 비즈니스 제품의 수요는 궁극적으로 최종 소비자의 수요에서 파생된 것이다. 따라서 이를 **파생수요**derived demand라고 한다. 장기적으로 보면 최종적인 개인 소비자의 수요와 무관한 비즈니스 제품의 수요는 없다고 봐야 한다. 최종 소비자의 수요로부터 파생되는 수요의 영향력은 생산 단계별로 다르다. 컴퓨터 부품에 대한 수요는 파생수요를 이해하기에 적절한 사례이다. 많은 컴퓨터에 부착되어 있는 "인텔 인사이드(Intel Inside®)" 스티커는 고객이 인텔 프로세서가 탑재된 컴퓨터 브랜드를 선택하도록 함으로써 파생수요를 자극하기 위한 것이라고 할 수 있다. 제품

파생수요 소비자 제품에 대한 수요에서 비롯된 비즈니스 제품에 대한 수요

Hadrian/Shutterstock.com

파생수요 인텔은 자사 제품이 여러 브랜드의 컴퓨터에 포함되어 있음을 홍보하여 파생수요를 창출하려 한다. 따라서 컴퓨터 판매는 인텔 제품에 대한 수요를 창출한다.

에 대한 소비자 수요의 변화는 해당 제품의 생산에 관여하는 모든 기업의 수요에 영향을 미친다.

비탄력적 수요

비탄력적 수요 가격의 변화에 따른 수요량의 변화가 상대적으로 적은 수요

비탄력적 수요inelastic demand는 가격의 변화에 따른 수요량의 변화가 상대적으로 적음을 의미한다. 이는 구매자가 가격에 대해 덜 민감하거나 해당 수요를 대체할 만한 제품이 없다는 것을 반영한다. 비즈니스 제품은 많은 경우 특화되어 있어서 가격이 오른다 해도 비즈니스 구매자가 계속 구매할 수밖에 없는 상황이 많다. 그리고 비즈니스 제품은 완성품의 한 부품인 경우가 많아서 비즈니스 제품의 가격 인상이 급격하게 전체 가격을 올리는 경우는 드물고, 단지 단위당 생산원가를 미약하게 상승시키는 요인이 된다.

그러나 완성품 내에서 비중이 큰 비즈니스 제품의 가격 인상은 전체 가격을 올려 최종 소비자의 수요까지 영향을 미칠 수 있다. 예를 들어, 태양전지판의 가격이 크게 오르면 태양광 발전 시스템의 투자수익률이 저하되어 결국 그에 대한 비즈니스 구매자와 개인 구매자의 수요가 감소할 것이다.

비록 회사 차원에서는 수요와 가격의 변동이 탄력적으로 긴밀하게 연결될 수 있지만, 전체 산업 차원에서 보면 수요는 가격에 대해 비탄력적이다. 자동차의 점화 플러그 부품을 공급하는 한 업체가 가격을 인상했다 하더라도 나머지 업체들의 가격이 그대로라면 해당 업체의 매출만 감소할 것이다. 납품을 받는 엔진회사들은 다른 업체로 공급선을 교체할 것이기 때문이다. 따라서 특정 기업은 탄력적인 수요에 취약한 상태를 유지하는 반면, 산업 전반의 수요는 크게 변동하지 않는다.

결합수요

결합수요 한 제품 생산에서 둘 이상의 품목이 함께 사용될 때 발생하는 수요

원자재나 부품과 같은 특정 비즈니스 제품에서는 결합수요가 발생하기도 한다. **결합수요joint demand**는 한 제품 생산에서 둘 이상의 품목이 함께 사용될 때 발생한다. 컴퓨터를 생산하는 기업을 예로 들어 보도록 하자. 그 기업에는 컴퓨터 모니터와 동일한 수의 CPU가 필요할 것이다. 따라서 이 두 제품은 해당 기업에 공통으로 요구된다. 산업수요의 증가 또는 제조업체 생산성의 감소 등으로 인해 CPU의 부족 현상이 발생하면, 제조업체는 더 적은 수량의 컴퓨터 모니터를 구매하게 될 것이고 컴퓨터의 생산량 또한 저하될 것이다. 결합수요의 효과를 이해하는 것은 여러 결합수요 품목을 판매하는 마케터들에게 특히 중요하다. 이러한 마케터는 고객이 결합수요 품목 중 하나를 구매할 때 관련 제품을 판매할 기회가 있음을 파악하게 된다.

변동수요

비즈니스 제품에 대한 수요는 최종 소비자의 수요에서 파생되기 때문에 급격한 수요량 변동이 발생할 수도 있다. 일반적으로 소비재에 대한 수요가 급증하면 제조업체는 장기적 생산요구량을 감안하여 대량의 원자재와 부품을 미리 확보하려는 경향이 있다. 이와 같은 제조업체는 수요를 충족시키기 위해 설비에 대한 투자 확대, 인력 충원, 더 많은 원자재 및 부품의 확보 등을 포함한 생산 능력의 향상을 꾀할 것이다. 반대로 특정 소비재에 대한 수요가 감소하면 해당 상품을 생산하는데 사용되는 비즈니스 제품의 수요 또한 감소할 것이다. 설탕이 함유된 탄산음료 및 가공식품에 대한 소비자 선호가 감소되면 설탕 원재료에 대한 수요가 감소할 것이다.[18]

때때로 가격의 변화가 놀랍고도 일시적인 수요변화를 야기하기도 한다. 비즈니스 제품의 가격 인상은 처음에는 가격이 앞으로도 계속 오를 것이라는 예상 때문에 비즈니스 고객들이 해당 품목을 더 많이 구매하게 할 수 있다. 마찬가지 가격이 인하되는 경우에는 구매자들이 추가적인 가격 인하가 있을 것이라는 기대 때문에 비즈니스 제품의 수요가 크게 감소할 수 있다. 이러한 변동수요는 가격 등락이 빈번한 비즈니스 시장에서 빈번하게 발생한다

6-4 비즈니스 구매의사결정

 # 학습목표 **구매센터, 조직구매의사결정 단계 및 이에 영향을 미치는 요인들을 설명한다.**

비즈니스(또는 조직) 구매행동Business(organizational) buying behavior은 제조업체, 정부, 기관, 유통업체 등의 구매행동을 말한다. 5장에서 언급한 개인 소비자의 구매행동에 영향을 미치는 요인들도 비즈니스 구매행동에 영향을 미치지만, 비즈니스 영역에만 특별하게 영향을 미치는 요인들이 있다. 먼저 비즈니스 구매 의사결정의 참여자를 살펴보기 위해 구매센터의 개념을 알아볼 것이다. 그런 다음 비즈니스 구매의사결정과정과 더불어 여기에 영향을 미치는 요인들을 살펴보고자 한다.

비즈니스(또는 조직) 구매행동 제조업체, 정부, 기관, 유통업체 등의 구매행동

6-4a 구매센터

비즈니스 구매의사결정은 단지 한 사람에 의해 수행되는 경우는 거의 없다. 비즈니스 구매는 구매센터를 통해 수행되는 경우가 일반적이다. **구매센터buying center**는 비즈니스 구매의사결정을 수행하는 조직의 구성원 집단을 뜻한다. 구매센터는 사용자, 영향력 행사자, 구매자, 의사결정자, 게이트키퍼 등을 포함한다.[19] 구매센터에서는 한 사람이 여러 역할을 수행할 수 있으며, 참여

구매센터 비즈니스 구매의사결정을 수행하는 조직의 구성원 집단

출처: Inbound Logistics, January 2017, p. 244.

자는 각자의 의사결정과 관련된 목표와 책임을 공유한다.

*사용자(users)*는 해당 비즈니스 제품을 실제로 사용하는 구성원들이다. 일반적으로 그들은 구매과정을 시작하거나 구매 명세서를 작성하는 업무를 담당한다. 구매 이후 사용자는 제품 성과가 구매 명세서를 충족시키는지의 여부를 평가한다.

*영향력 행사자(influencers)*는 구매할 제품 명세서를 만들어서 구매대안을 평가하는 엔지니어와 같은 기술 관련 인력인 경우가 많다. 이와 같은 기술 관련 인력은 구매하고자 하는 제품이 새로운 것이고, 고급 기술이 포함된 것일 때 특히 중요한 영향력을 미치게 된다.

*구매자(buyers)*는 공급자를 선정하고 구매 조건을 협상한다. 그들 역시 명세서 작성에 관여한다. 구매자는 종종 구매 대리인 또는 구매 관리자라고도 불린다. 구매자가 납품업체 및 제품을 선정할 때 그것이 신규 구매인 경우에는 특히 구매센터의 다른 구성원들의 영향을 많이 받게 된다. 그러나 일상적이고 반복적인 구매와 관련된 단순 재구매의 경우, 구매자는 주도적으로 제품을 선정하고 구매 협상을 진행한다.

*의사결정자(deciders)*는 비즈니스 제품을 실제로 선정하는 결정을 내리는 구성원이다. 구매자가 주로 구매결정을 하지만, 다른 구성원들이 이러한 역할을 담당하는 경우도 종종 있다. 일상적인 구매의 경우 구매자가 곧 의사결정자가 되지만, 거액 구매인 경우 의사결정자는 구매자가 아닌 회사의 고위경영진이 결정권을 갖는다.

마지막으로, *게이트키퍼(gatekeepers)*는 구매센터 내 여러 역할 간 정보의 흐름을 통제한다. 비서나 기술 관련 인력 등이 게이트키퍼 역할을 맡을 수 있다. 납품업체와 직접 거래하는 구매자도 정보흐름을 통제할 수 있기 때문에 게이트키퍼가 될 수 있다. 사용자와 의사결정자를 설득하기 위해 공급업체의 판매사원이 흘리는 정보는 종종 구매부서의 직원에 의해 통제되는데 이런 것이 게이트키퍼의 역할이다.

구매센터의 수와 구조는 회사 규모, 시장에서의 위상, 구매할 비즈니스 제품의 수량과 형태, 의사결정자의 경영철학에 영향을 받는다. 구매센터의 규모는 구매의사결정과정의 단계와 구매유형(신규 구매, 단순 재구매, 수정 재구매)에 의해 영향을 받는다. 신규 구매의 경우 단순 재구매보다 더 많은 직원이 구매센터에 참여한다. 비즈니스 제품을 판매하고자 하는 마케터는 구매센터의 참여직원이 누구인지, 어떤 역할인지, 누가 가장 영향력이 강한지 파악할 필요가 있다. 그들은 구매센터 참여자 모두를 만날 수는 없겠지만 영향력이 강한 구성원을 접촉해야 한다.

6-4b 비즈니스 구매의사결정과정

소비자의 구매의사결정과정과 마찬가지로 기업도 비슷한 형태의 구매의사결정과정을 따른다.이 과정은 그림 6.2에 간략하게 제시되어 있다.

첫 번째 단계는 한 사람 이상이 문제나 필요가 존재함을 인식하는 단계이다. 문제인식은 다양한 상황에 발생할 수 있다. 예를 들면, 기계 작동불능, 기존 제품의 수정계획, 새로운 제품의 도입 등이 이에 해당한다. 문제를 인식하는 당사자는 구매센터의 구성원일 수도 있고 다른 부서의 구성원일 수도 있다.

두 번째 단계는 제품명세서를 작성하는 단계이다. 이 단계에서 구매센터의 구성원은 문제 또는 요구사항을 평가하고 이를 해결하거나 충족시키는데 필요한 것이 무엇인가를 결정한다. 또한 사용자와 영향력 행사자는 제품 명세서 작성에 필요한 정보와 조언을 제공한다. 문제나 필요를 해결하기 위한 사항들을 평가하고 기술함으로써 기업은 제품명세서를 확정하게 된다.

세 번째 단계는 잠재적 구매제품과 공급업체를 탐색하고 평가하는 단계이다. 탐색활동은 공급업체 목록과 거래일지 열람, 공급업체 접촉 방법, 공급업체에게 제안서 요청, 인터넷이나 인쇄 출판물 검토 등을 통해 이루어진다. 서로 필요가 충족된다면 여성이나 소수자와 같은 비주류 계층이 운영하는 공급업체와도 얼마든지 계약을 맺는 것이 가능하다고 명시하는 것이 일반적이다.

이 단계에서 일부 기업은 잠재적 구매의 각 구성 요소에 대한 평가인 **가치분석**value analysis을 수행하기도 한다. 가치분석에서는 가장 비용효율적인 방식으로 제품을 획득하기 위해 품질, 디자인, 재

가치분석 잠재적 구매의 각 구성요소에 대한 평가

그림 6.2 비즈니스(조직) 구매의사결정과정 및 영향요인

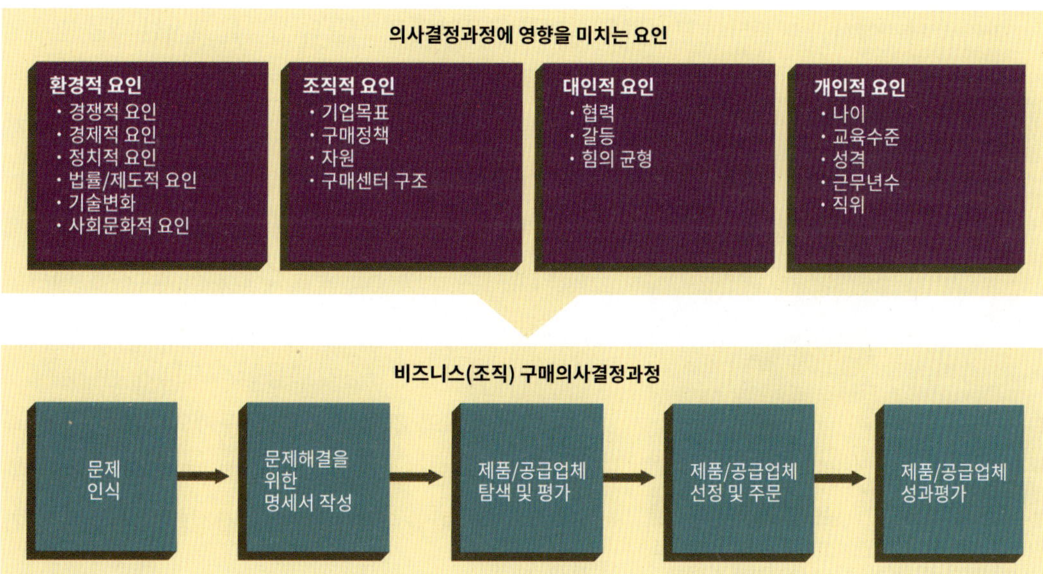

료 및 품목의 구입 축소 또는 삭제 가능성 등을 검토한다. 충분한 물량을 공급할 능력이 부족하다고 판단되는 공급업체는 제외될 수 있다. 운송능력이 부족하거나 서비스 품질이 낮은 공급업체 또한 탈락될 수 있다. 경우에 따라, 구매자는 적합한 제품을 공급할 납품업체를 찾지 못할 수도 있고, 디자인과 생산 측면에서 혁신적인 공급업체와 협업을 할 수도 있다. 이 단계에서 구매자는 해당 제품이 제품 명세서에서 기술한 품질 수준에 부합하는지 검토한다. 일반적으로 공급업체는 복합적인 평가기준에 따라 평가된다. 많은 기업들이 현재 또는 잠재적인 납품업체에 대한 공식적이고 체계적인 **납품업체 분석**vendor analysis을 실시한다. 납품업체 분석은 가격, 제품 품질, 전달 서비스, 제품 가용성 및 전반적인 신뢰성과 같은 특성에 초점을 맞춘다.

납품업체 분석 현재 및 잠재적 납품업체에 대한 공식적이고 체계적인 평가

다중 소싱 여러 공급업체와 거래하기로 한 기업의 의사결정

유일 소싱 하나의 공급업체와만 거래하기로 한 기업의 의사결정

네 번째 단계는 이전 단계에서의 평가 결과에 따라 공급업체 및 구매해야 할 제품을 선정하는 단계이다. 어떤 경우에는 구매기업은 여러 공급업체를 선정하여 거래를 하기도 하는데 이를 **다중 소싱**multiple sourcing이라고 한다. 정부와 계약을 해야하는 기업은 일반적으로 안정적인 공급을 보장하기 위해 품목에 대해 여러 납품업체를 보유해야 한다. 때로 하나의 공급업체만 선정되기도 하는데, 이를 **유일 소싱**sole sourcing이라고 한다. 급여지급 시스템을 아웃소싱하는 회사들은 대개 단 하나의 업체에 의뢰한다. 한 기업에서만 제품을 구할 수 있는 경우를 제외하고 유일 소싱은 전통적으로 권장되지 않는다. 일반적이지는 않지만 여전히 다수의 기업들이 유일소싱을 선택하고 있다. 아마도 그 이유는 유일 소싱이 구매자와 공급자 간 더 긴밀한 소통, 공급자에게는 더 큰 이익, 구매자에게는 더 낮은 가격을 보장하는 경우가 많기 때문인 것으로 여겨진다. 그러나 다중 소싱이 여전히 다수의 기업에게 인기가 있는데, 한 공급업체의 파업, 재고 부족, 파산 등으로 인한 갑작스러운 공급 중단의 위험을 분산시킬 수 있기 때문이다. 제품의 실제 주문이 바로 이 네 번째 단계에서 이루어지며, 계약조건의 세부사항 규정, 신용지불 처리, 배송일 및 배송 방법과 기술지원 등과 같이 사안들이 확정된다.

마지막 단계에서 구매센터의 구성원은 선택한 공급업체 및 제품의 성과를 제시한 제품 명세서와 비교·평가한다. 어떤 경우는 제품명세서와 부합하는 성과를 보이지만, 그렇지 않은 경우도 있다. 이 경우 제품 명세서가 수정되어야 한다. 물론 공급업체의 성과도 이 단계에서 평가된다. 공급업체의 성과가 부적합할 경우, 비즈니스 구매자는 공급업체에 시정조치를 내리거나 새로운 공급업체를 물색한다. 평가 결과는 향후 비즈니스 구매의사결정과정에 유용한 피드백이 된다.

Antonio Gravante/Shutterstock.com

유일 소싱 온라인 소매업체나 소규모 기업은 한 곳의 운송업체를 선택하는 유일소싱을 사용하곤 한다. 배송서비스를 한 업체만을 사용하면 배송비를 절감할 수 있다.

신규 구매의 경우 비즈니스 구매의사결정 전체 과정을 거치게 된다. 하지만 수정 재구매와 단순 재구매의 경우에는 이와 같은 구매의사결정과정의 일부만 거치게 된다.

6-4c 비즈니스 구매의사결정과정에 영향을 미치는 요인

그림 6.2에는 비즈니스 구매의사결정에 영향을 미치는 환경적, 조직적, 대인적, 개인적 요인 등 4개의 중요한 요인이 제시되어 있다. 환경적 요인은 경쟁적, 경제적, 정치적, 법률/제도적, 기술 변화, 사회문화적 요인 등을 포함한다. 이러한 요인들은 구매의사결정을 포함하여 기업에게 상당한 불확실성을 안겨줄 가능성이 있다. 정부의 신규 정책이나 경쟁의 격화 등과 같은 하나 또는 그 이상의 환경적 요인들의 변화는 구매의사결정과정에 영향을 미치는 기회나 위협요소로 작용할 수 있다.

구매의사결정과정에 영향을 미치는 조직적 요인은 기업의 목표, 구매정책, 자원, 구매센터의 규모와 구성 등을 포함한다. 기업에는 구매센터 담당자가 준수해야 하는 구매정책이 있다. 예를 들어, 기업의 정책에는 여러 판매자들이 받아들이기 어려운 계약기간을 요구하는 내용이 포함될 수도 있다. 기업의 재무적 사정에 따라 특별한 신용조건이 요구되기도 한다. 이와 같은 조건들이 구매의사결정에 영향을 미친다.

대인적 요인은 구매센터 구성원들 간의 관계에 관한 것이다. 신뢰는 협력적 동업자 관계의 핵심이다. 이 사실은 맞춤형 제품의 경우에 더욱 그렇다. 이 경우 구매자는 제품이 완성되기 전까지 보지 못하고 오직 생산자가 제품 명세서 그대로 제품을 만들 것이라고 신뢰해야 하기 때문이다. 신뢰와 명확한 의사소통을 통해 모든 당사자가 결과에 만족할 수 있다. 하지만 구매센터 내에서의 대인관계의 역학이나 의사소통 능력에서의 차이로 인해 구매과정은 복잡해질 수 있다.

개인적 요인은 나이, 교육수준, 성격, 근무년수, 직위 등과 같은 구매센터 구성원들의 개인적 특성에 관한 것이다. 성격과 더불어 공급업체 및 납품하는 제품에 대한 감정적 반응은 구매에서 중요한 요인으로 작용한다. 가령 25년간 근무한 55세의 관리자를 생각해 보자. 이 관리자는 2년 전 입사한 30세의 직원보다 구매센터 내에서 의사결정과정에서 더 큰 영향력과 권한을 행사할 가능성이 높다. 구매결정과정에서 관계, 나이, 근속 기간과 같은 다양한 개인적 요인의 영향은 구매상황, 제품 유형, 구매 유형(신규 구매, 단순 재구매, 수정 재구매) 등에 따라 달라진다. 직원들의 협상 스타일 또한 다양할 수 있다. 마케터는 효과적인 판매를 위해 개인적 요인이 구매의사결정에 미치는 잠재적 효과에 대해 충분히 숙지할 필요가 있다.

구매센터에서 개인을 타겟으로 프로모션을 진행하면 이러한 프로모션이 개인의 구매의사결정에 영향을 미칠 수 있다. 예를 들어, 인튜이트(Intuit)는 사상 최초의 기업 브랜드 광고캠페인을 슈퍼볼 광고에서 집행했다. 이 광고의 내용은 인튜이트의 터보택스(TurboTacx)와 퀵북스(QuickBooks) 제품이 사업주와 관리자들에게 얼마나 시간절약을 해 줄 수 있는가라는 내용을 담고 있었다.[20] 대부분의 업계 간행물이 구매자에게 영향을 미치는 광고를 게재한다. 상품에 대한 전시와 샘플 제공이 가능한 박람회(trade shows)는 매우 인기있는 프로모션 방법 중의 하나이다. 인적판매(personal selling)는 강력한 관계를 유지하는데 신뢰가 가장 영향을 미칠 수 있다는 점을

창의적 마케팅

IBM의 소셜미디어 성공사례

기술 선도 기업인 IBM이 소셜미디어에 게시물을 작성하면, 수십만명의 비즈니스맨들이 이 게시물에 주목한다. 이 기업은 최첨단 하드웨어와 소프트웨어 및 대기업 서비스 등을 제공하면서 790억 달러 규모의 글로벌 제국을 건설했다. 하지만 소셜미디어 콘텐츠는 판매를 목적으로 작성되는 것이 아니라 비즈니스 고객, 잠재 고객 및 내부 구성원들에게 흥미와 정보를 제공하고 영감을 주어 브랜드 이미지를 개선시킬 수 있는 내용들로 설계된다.

IBM의 인스타그램 계정에는 보는 사람의 상상력을 사로잡는 시각적으로 인상적인 사진들이 게시된다. 새로운 IBM 서버 뒤에 꼬인 밝은 색상의 케이블을 클로즈업해 찍은 사진으로부터 오래된 IBM 타자기의 빈티지 스타일의 사진에 이르기까지 게시물은 IBM의 유산과 미래에 대한 비전을 제시하고 있다. 사진을 클릭하면 사진에 대한 설명과 #IBMCloud와 같은 해시태그 또는 더 많은 정보를 얻기 위한 링크가 나타난다. 인스타그램 게시물은 IBM Cloud 및 IBM Sports와 같은 제목으로 분류되어 비즈니스맨이 자신의 관심사 및 욕구와 관련된 게시물을 찾을 수 있도록 도움을 준다.

IBM의 유튜브 채널에는 선별된 광고 동영상이 포함되어 있지만, 대부분의 콘텐츠는 인공 지능과 같은 최신 기술에 대한 IBM의 어떻게 관여되어 있는가를 보여준다. 이 회사의 트위터 게시물에는 시의적절한 도전과제와 발전, 신제품, 사회적 책임 등에 대한 이미지와 동영상이 포함되어 있다. 예를 들어 세계 코뿔소의 날(#WorldRhinoDay)에 IBM의 트위터, 페이스북, 인스타그램 및 텀블러 계정에는 자사의 기술이 멸종 위기에 처한 코뿔소를 보호하는 데 도움이 되는 방법에 대한 사진과 메시지가 게시되었다.

IBM은 항상 흥미로운 새로운 내용을 게시하고 있는데, 이런 내용들 때문에 팔로워들은 해당 계정을 다시 찾도록하는 유인책이 된다. IBM이 페이스북 팔로워 100만명, 인스타그램 팔로워 25만명, 유튜브 구독자 20만명 이상을 끌어들인 것은 놀라운 일이 아니다.[b]

보여주는 프로모션 방법이다. B2B 마케터는 관계마케팅의 도구로서 소셜미디어를 활용하는 것에 대해 주저하는 모습을 보인다. 소셜미디어를 사용할 때, 그들은 고객들에게 구매를 하도록 설득하는 과정에서 기능적/이성적 소구보다는 감정적 소구 방법에 초점을 맞추는 경향이 있다.[21] 트위터나 기타 소셜미디어를 활용할 때, B2B 마케터는 판매의 종결보다는 정보를 제공하고 신뢰를 구축하기 위해 콘텐츠를 게시하도록 해야 한다.

6-5 인터넷 및 기타 기술에 대한 의존도

 # 학습목표 인터넷이 기업의 구매행동과 마케팅에 미치는 영향력을 파악한다.

과거에는 특정 유형의 제품을 찾고자 하는 기업이 제품 공급업체에 연락하고, 영업담당자와 이야기하고, 카탈로그나 브로셔를 요청했다. 하지만 오늘날 비즈니스 고객은 먼저 인터넷을 통해 정보를 탐색하고 납품업체를 찾는 것이 일반적인 일이 되었다. 인터넷은 현재 조직 구매의 주요 채널로 부상하고 있으며, 이를 통한 매출액이 9,000억 달러에 달하고 있다.[22] 업계 경영진을 대상으로 한 액센츄어(Accenture)의 설문 조사에 따르면 기업 간 거래의 61%가 이제 온라인에서 시작되고 비즈니스 고객의 51%는 초기 검색을 위해 소셜 미디어로 이동하고 있다고 밝히고 있다.[23] 많은 경우에 비즈니스 구매자의 필요와 욕구는 아마존닷컴(Amazon.com), 랜즈엔드닷컴(LandsEnd.com) 및 월마트닷컴(Walmart.com) 등과 같은 사이트에서 쇼핑하는 소비자의 경험에 의해 형성된다.

조직 구매자는 필요나 문제를 인식한 후 제품 검색을 시작하곤 한다. 인터넷을 통해 구매자는 잠재적인 솔루션을 찾아보고, 블로그를 읽고, 웨비나와 유튜브 비디오를 시청하고, 제품 명세서를 검토하고, 사전 경험을 지니고 있는 동료들과 소통을 하고, 정식 구매의사결정과정을 시작하기에 한참 이전에 작성된 잠재적인 제품에 대한 평가 정보 등을 찾을 수 있다. 오늘날에는 영업 담당자와의 실제 거래가 과거보다 훨씬 늦게 진행된다. 따라서 B2B 마케터는 블로그, 웨비나, 비디오, 전자책(eBook), 백서 및 포럼 질문에 대한 응답 등을 통해 게시하는 콘텐츠에 제품이 고객의 문제와 욕구를 해결할 수 있는 방법에 대한 유용한 정보가 포함되도록 주의를 기울여야 한다. 예를 들어, 가구 도매업체인 크라벳(Kravet)은 자사의 소파, 카펫 및 기타 가정용 가구제품들을 선보이는 웹사이트를 개편했다. 이와 같은 웹사이트 개편을 통해 크라벳은 자사의 주요 고객인 전문 인테리어 디자이너들에게 기술 명세서를 검토하고, 실제 가정과 같은 환경에서 제품을 볼 수 있도록 했고, 맞춤 제품을 만들 수 있도록 상호작용 도구를 사용하도록 하여 인테리어 전문가 고객들의 욕구를 충족시킬 수 있도록 함과 동시에 영감을 불어넣을 수 있는 콘텐츠가 풍부한 블로그를 즐길 수 있도록 했다.[24]

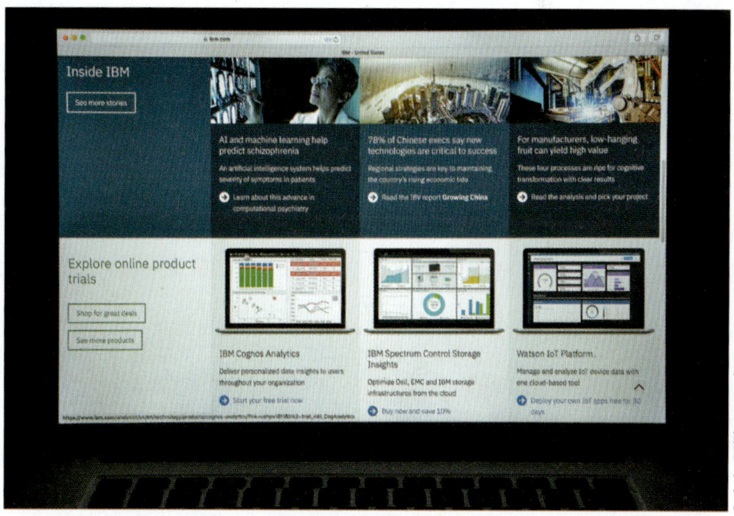

구매의사결정에 유용한 기술 기민한 B2B 마케팅 담당자는 웹사이트에서 제품에 대한 자세한 정보를 제공하여 잠재적 구매자를 위한 조사 프로세스를 간소화한다.

Casimiro PT/Shutterstock.com

대부분의 기업에서 온라인 마케팅 노력은 시

간과 비용을 절감하도록 하기 때문에 구매의사결정과정의 효율성을 높여 준다. 예를 들어 인텔리젠시아 커피(Intelligentsia Coffee)는 자사의 이커머스 시스템을 업그레이드해서 각 기능을 조정하고 모바일 기능을 개선한 이후, 모바일 주문횟수는 증가했고 커피숍 내 고객의 서비스 요구는 감소했다. 새로운 시스템은 주문 프로세스를 간소화하고 고객에게 주문에 대한 더 많은 정보를 제공하여 영업 담당자가 커피 판매에 더 많은 시간을 할애할 수 있도록 했다. 이제 도매상 비즈니스의 약 90%가 온라인에서 이루어진다.[25] 12장에서 다시 살펴보겠지만, 인터넷 기술은 물적 유통망과 기타 공급망에서의 활동을 간소화하여 상당한 비용 절감 효과를 발생시키고 있다.

기업은 컴퓨터를 구매할 때 델닷컴(dell.com) 또는 에이치피닷컴(hp.com) 같은 해당 기업의 웹사이트를 통해 직접 구매를 할 수 있다. 여러 대기업과 마찬가지로 델과 에이치피는 B2B 고객에게 아이디와 패스워드를 부여하여 보호를 받을 수 있는 자사의 포털에 접속할 수 있도록 서비스를 제공하고 있다. 이 포털을 통해 B2B 고객들은 주문한 제품을 추적하고, 과거 주문 자료를 확인할 수 있으며, 관련 정보를 얻을 수 있다. 기업은 소매업체의 웹사이트를 통해 소모품을 구매할 수도 있다. 이 장의 초반부에 제시되어 있는 마케팅 인사이트에서 살펴본 바와 같이, 아마존 비즈니스(Amazon Business)는 모회사인 아마존닷컴의 성공적이고 안전한 전자상거래 플랫폼을 이용하여 사무용품, 산업장비, 의료기기 및 레스토랑 용품 등을 포함한 수백만 개 제품을 수백만 비즈니스 구매자들에게 제공한다.

B2B 전자상거래 사이트
전 세계 구매자와 판매자가 정보, 상품, 서비스, 아이디어 및 지불수단 등이 거래되는 온라인 마켓플레이스

점차 더 많은 기업들이 **B2B 전자상거래 사이트B2B e-commerce sites**로 눈을 돌리고 있다. B2B 전자상거래 사이트는 전 세계 구매자와 판매자가 정보, 상품, 서비스, 아이디어 및 지불수단 등이 거래되는 온라인 마켓플레이스 역할을 담당한다. 거래소(trading exchanges), B2B 거래소(B2B exchanges) 및 이허브(ehub) 등 다양한 이름으로 불리는 B2B 전자상거래 사이트는 독립적이거나 민간 기업에 의해 운영될 수 있다. 독립 사이트는 중립적인 제3자 역할을 하며, 거래의 장을 제공한 댓가로 수수료를 부과한다. 일부 사이트는 특정 산업에 특화된 거래 서비스를 제공하지만, 다른 사이트는 다양한 제품을 제공하여 여러 산업의 기업을 유치한다. 예를 들어, 오토월드닷컴(AutoWurld.com)은 자동차 도소매 서비스를 제공하는 독립적 전자상거래 사이트이다. 이 사이트에서 자동차 딜러들은 월 395 달러의 고정요금을 지불하고 자신이 매매하고자 하는 상품을 무제한으로 등록하고 거래를 할 수 있다.[26] 한편, 알리바바(Alibaba)는 190개 국의 구매자와 다양한 산업 분야에서 제공하는 40개 범주의 제품을 생산하는 중국 기업을 연결하고 있다.[27] 알리바바와 같은 거래 형태는 거래 기업의 마케팅 및 구매 비용을 줄이는 동시에 고객 기반을 확장시켜 줄 수 있기 때문에 중소기업에 특히 유용하다. 민간 B2B 거래소는 모든 기업이 중요한 정보를 공유하고 거래를 용이하게 하는 보안시스템을 통해 일반적으로 공급망이나 복잡한 고객을 공유하는 회원사를 연결한다. 예를 들어 엑소스타(Exostar)는 항공우주, 국방, 의료, 제약 및 금융 시장에서의 기업을 위한 민간 거래소 역할을 한다.

기업은 제품을 찾기 위해 비-스톡 솔루션스(B-stock Solutions)이나 트레이드아웃닷컴

(TradeOut.com)과 같은 온라인 경매사이트를 이용할 수도 있다. 전통적인 경매방식과 마찬가지로 판매자는 온라인 경매사이트에 판매할 품목을 게시하고 잠재적인 구매자는 해당 품목에 대해 서로 입찰을 한다. 이런 과정에서 가장 높은 가격을 제시한 입찰자가 해당 품목을 구매할 수 있는 권리를 얻게 된다. 이와 같은 경매방식은 미판매 상품, 반품, 중고품 등을 처분하는데 특히 인기가 있다. 역경매의 경우에는 구매자가 기업을 초청하여 특정 상품이나 서비스를 공급하도록 하는 경쟁 입찰에 참여하도록 한다. 경매와는 반대로 가장 낮은 가격을 제시한 입찰자가 판매할 권리를 얻게 된다.

요약

6-1 비즈니스 시장의 네 가지 유형을 구분한다.

비즈니스(B2B) 시장은 재판매, 다른 제품의 생산 혹은 일상적인 운영을 목적으로 특정 제품을 구매하는 개인, 조직 및 집단으로 구성된다. 생산자 시장은 다른 제품을 생산하거나 기업을 운영하는데 사용하여 이윤을 창출할 목적으로 제품을 구매하는 개인이나 기업을 포함한다. 재판매자 시장은 완제품을 구매하여 이윤을 더해서 이를 다시 판매하는 유통업자들로 구성된다. 정부시장(government markets)은 중앙정부와 지방자치단체 등으로 구성되며, 이들은 내부 운영을 지원하고 시민들에게 필요한 서비스를 제공하기 위해 상품 및 서비스를 구매하는데 연간 수십억 달러를 지출한다. 기관시장은 자선단체, 교육기관, 지역사회 및 기타 비영리단체 등을 포함한다

6-2 산업분류체계에 대해 살펴보고 비즈니스 시장을 분류하여 분석하는데 이 체계가 어떻게 활용되는지를 설명한다.

비즈니스 마케터는 전략 수립 시 엄청난 양의 정보를 다루게 된다. 북미산업분류체계(North American Industry Classification System, NAICS)는 미국, 캐나다 및 멕시코에서 비교 가능한 통계를 위해 사용하는 단일 산업분류체계이다. 이는 마케터에게 비즈니스 고객 집단을 식별하도록 하는데 필요한 정보를 제공한다. 북미산업분류체계는 비즈니스 고객 규정을 목적으로 다른 정보와 결합하여 더 유용하게 쓰이기도 한다. 목표 산업 시장을 결정한 후 비즈니스 마케터는 정부간행물이나 상업적 정보를 통해 잠재 비즈니스 고객의 사업명과 소재지를 파악한다. 그리고 잠재 고객의 구매량과 산업분류체계의 활용 가능한 변수 간 관계성을 활용하여 비즈니스 고객의 구매 잠재력을 추정해야 한다.

6-3 비즈니스 고객 및 거래의 특성을 파악한다.

기업 간 거래는 여러 측면에서 개별 소비자를 대상으로 한 판매와 차이가 있다. 기업간 거래는 규모가 크고 거래 협상이 빈번하지 않으며 장기적이다. 그리고 기업간 거래는 구매 조직을 통해 하나 이상의 사람이나 부서가 관여한다. 기업간 거래는 상호주의가 개입되기도 하는데, 이는 거

래하는 두 기업이 서로의 상품을 구매하기로 합의하는 것을 말한다. 비즈니스 고객은 개인 소비자에 비해 더 많은 정보를 보유하고 있으며, 제품 특성과 기술 관련 세부사항에 대해서도 더 많은 정보를 얻고자 한다.

비즈니스 고객은 품질, 서비스, 가격, 공급자와 관계에 특히 관심이 많다. 비즈니스 제품의 품질은 구매기업이 생산하는 제품의 품질에 영향을 미치기 때문에 중요하게 취급된다. 원하는 수준의 품질을 갖춘 제품을 구입하기 위해 구매기업은 제품 특성을 구체적이고 명시적으로 표현한 제품명세서를 기반으로 구매를 결정한다. 공급업체가 제공하는 서비스는 구매기업의 원가, 매출, 이익에 직접적인 영향을 준다. 따라서 시장 정보, 적시배송, 부품의 보충 가능성에 관한 서비스는 매우 중요하다. 비즈니스 고객이 구매여부를 결정할 때 가격에만 의존하는 것은 아니지만, 가격은 수익성에 직접적인 영향을 미치기 때문에 최우선 관심사인 것은 분명하다.

비즈니스 구매자는 명세서, 검사, 샘플링, 협상 등을 포함한 구매 방식을 사용한다. 대부분 기업의 구매 형태는 신규 구매, 단순 재구매, 수정 재구매로 나뉜다. 신규 구매는 기업이 새로운 과업을 수행하거나 새로운 문제를 해결하기 위해 어떤 품목을 처음 구매하는 것을 의미한다. 단순 재구매는 구매자가 거의 동일한 판매조건으로 동일한 제품을 반복해서 구매하는 것을 의미한다. 수정 재구매는 신규구매 이후 2~3회 재주문을 거치면서 구매내용이 변경되거나, 단순 재구매에서 요구사항이 수정된 경우를 의미한다.

산업 수요는 몇 가지 차원에서 개인 소비자의 수요와 차이가 있다. 산업 수요는 소비재 수요에서 파생된다. 산업수준에서 산업수요는 비탄력적이다. 이는 특정 산업 품목의 가격에 있어서의 변화가 있더라도 제품의 수요는 비례하여 변동하지 않는다는 것이다. 일부 제품은 결합수요라는 특징을 보인다. 이는 한 제품 생산에서 둘 이상의 품목이 함께 사용될 때 발생한다. 마지막으로 기업의 수요는 소비자의 수요에서 파생되기 때문에 비즈니스 제품에 대한 수요는 크게 변동할 수도 있다.

6-4 구매센터, 조직구매의사결정과정의 단계, 이러한 과정에 영향을 미치는 요인을 설명한다.

비즈니스(또는 조직) 구매행동은 생산자, 유통업자, 정부, 기관의 구매행동을 의미한다. 비즈니스 구매의사결정은 구매센터를 통해 이루어진다. 구매센터는 비즈니스 구매의사결정을 수행하는 조직의 구성원 집단을 뜻한다. 사용자는 해당 비즈니스 제품을 실제로 사용하는 구성원들이다. 영향력 행사자는 명세서 작성에 관여하거나 유력한 대안을 비교평가한다. 구매자는 공급자를 선정하고 구매 조건을 협상한다. 의사결정자는 제품을 최종 선택한다. 게이트키퍼는 구매센터 내 참여자들 사이에서 정보흐름을 통제한다.

비즈니스 구매의사졀정과정의 단계는 문제인식, 문제해결을 위한 제품 명세서 작성, 제품 및 공급업체 탐색 및 평가, 최적 제품 선정 및 주문, 제품 및 공급업체의 성과 평가 단계로 구성된다.

비즈니스 구매의사결정에 영향을 미치는 네 가지 요인은 환경적, 조직적, 대인적, 개인적 요인이다. 환경적 요인은 경쟁적, 경제적, 정치적, 법률/제도적, 기술변화, 사회문화적 요인 등을 포함한다. 조직적 요인은 기업의 목표, 구매정책, 자원, 구매센터의 규모와 구성 등을 포함한다. 대인적 요인은 구매센터 구성원들 간의 관계에 관한 것이다. 개인적 요인은 나이, 교육수준, 성격, 근무년수, 직위 등과 같은 구매센터 구성원들의 개인적 특성에 관한 것이다.

6-5 인터넷이 기업의 구매행동과 마케팅에 미치는 영향력을 파악한다.

인터넷은 종종 문제를 해결하거나 필요를 해결하기 위해 온라인에서 정보를 검색함으로써 비공식적으로 구매의사결정과정을 시작하는 비즈니스 거래에 유용한 채널이 되었다. 조직 구매자들은 온라인 카탈로그, 블로그, 비디오, 웨비나, 백서 및 동료 리뷰 등을 통해 최상의 제품과 최고의 공급업체를 발견하는데 유용한 정보를 얻을 수 있다. 온라인 마케팅 노력은 시간과 비용을 절감하도록 하기 때문에 구매의사결정과정의 효율성을 높여 준다. 조직 구매자는 기업의 구축한 웹사이트, 온라인 소매업체, B2B 전자상거래 사이트 또는 온라인 경매를 통해 직접 구매할 수 있다. B2B 전자상거래 사이트는 전 세계 구매자와 판매자가 정보, 상품, 서비스, 아이디어 및 지불수단 등이 거래되는 온라인 마켓플레이스를 말한다.

주요 개념

- 생산자 시장
- 재판매 시장
- 정부 시장
- 기관 시장
- 북미산업분류시스템
- 상호주의
- 제품명세서
- 신규 구매
- 단순 재구매
- 수정 재구매
- 파생수요
- 비탄력적 수요
- 결합수요
- 비즈니스(조직)구매행동
- 구매센터
- 가치분석
- 납품업체 분석
- 다중 소싱
- 유일 소싱
- B2B e-커머스 사이트

마케팅 계획 수립하기

비즈니스 고객에 대한 마케팅 전략 개발 시 비즈니스 고객의 구매의사결정과정을 이해하는 것이 매우 중요하다. 비즈니스 구매행동에 대한 지식은 마케팅 계획 수립에도 중요하다. 여러분이 비즈니스 고객에 대한 마케팅 계획을 수립한다면, 다음 문제에 대한 고찰이 도움이 될 것이다.

1. 비즈니스 고객의 주요 관심사는 무엇인가? 그들의 주요 관심사는 귀사의 강점으로 해결될 수 있는가?
2. 귀사의 제품을 구매하는 비즈니스 고객의 구매형태는 어떠한가? 비즈니스 고객의 구매의사결정과정에 영향을 미치는 요인은 무엇인가?
3. 귀사의 제품을 구매하는 비즈니스 고객이 경험하는 수요의 특성은 무엇인가?

연습 문제

1. 비즈니스 시장의 네가지 유형을 정의하고, 설명하고, 각각의 예를 들어보라.
2. 산업분류체계는 마케터의 어떤 업무를 도와줄까?
3. 왜 비즈니스 고객의 구매행동이 개인 고객에 비해 더 합리적이라고 여겨질까?
4. 비즈니스 고객의 주요 관심사는 무엇인가?
5. 비즈니스 고객이 개인 고객과 다른 특성은 무엇인가?
6. 비즈니스의 구매방식에는 어떤 것들이 있는가?
7. 왜 단순 재구매는 신규 구매에 비해 정보 요구량이 더 적은가?
8. 비즈니스 고객의 수요는 개인 소비자의 수요와 어떻게 다른가?
9. 구매센터의 주요 구성원은 누구인가?
10. 비즈니스 구매의사결정과정의 단계를 설명하라. 그리고 단순 재구매의 경우 구매의사결정과정의 단계는 어떨 것 같은가?
11. 환경적, 조직적, 대인적, 개인적 요인이 비즈니스 구매에 어떻게 영향을 미치는가?
12. 인터넷은 조직의 구매의사결정과정에 얼마나 유용한 영향을 미칠까?

케이스 6

세일즈포스닷컴은 드림포스를 활용하여 비즈니스 고객에게 다가가다

1999년에 설립된 세일즈포스닷컴(Salesforce.com)은 기업이 고객 관계를 관리하고, 마케팅 담당자와의 접촉을 처리하고, 판매를 조정 및 분석하고, 고객 서비스를 관리하는데 특화된 소프트웨어로 업계의 기술 선도 기업으로 자리매김했다. 세일즈포스닷컴은 비즈니스 고객이 개별 컴퓨터에 소프트웨어를 구입·설치하기 위해 막대한 초기 비용을 지불하는 대신 원격 접속을 통해 정교한 응용 프로그램을 제공하는 클라우드 기반 소프트웨어의 초기 신봉자였다. 결과적으로 기업은 직원들이 잠재 고객 및 고객과의 접촉을 추적하고, 주문을 처리하고, 서비스 요구사항을 분석하고, 기타 기능을 관리하는 데 사용하는 소프트웨어의 진부화와 호환성을 걱정할 필요가 없어졌다. 그들은 고객의 욕구를 충족시키는데 필요한 기술을 습득하기 위해 세이즈포스닷컴에 의존하고 있다.

실제로 매일 15만 명의 비즈니스 고객이 세일즈포스닷컴의 소프트웨어를 사용하여 14억 건의 이메일 메시지를 발송하고, 240만 건의 판매안내문을 추적하며, 300만건의 고객 주문을 관리하고, 6억 건의 전자상거래 페이지 조회를 지원한다.

세일즈포스닷컴은 스타트업, 중소기업, 중견기업, 대기업과 더불어 비영리기업도 목표시장으로 하고있다. 또한 세일즈포스닷컴은 금융서비스와 헬스케어를 포함한 특정 산업의 특정 요구를 충족시킬 수 있는 맞춤형 소프트웨어를 도입했다. 세일즈포스닷컴은 IBM과의 전략적 파트너십을 통해 IBM의 인공지능 왓슨(Watson)과 더불어 자체 인공지능 세일즈포스 아인슈타인(Salesforce Einstein)을 제공하여 기업의 분석 및 예측 역량을 향상시켜 더 나은 의사결정을 내릴 수 있게 도움을 주고 있다. 구글과의 전략적 파트너십을 통해 세일즈포스닷컴은 구글의 사무용 소프트웨어 G 스위트(Suite)와 클라우드를 통합하는 옵션을 제공함으로써 생산성 향상을 꾀할 수 있도록 도움을 주고 있다. 또한 세일즈포스닷컴은 전자상거래 소프트웨어 마케터인 클라우드크레이즈(CloudCraze)를 인수함으로써 Salesforce B2B Commerce라는 클라우드 기반 솔루션을 도입할 수 있었다. Salesforce B2B Commerce는 비즈니스 고객이 맞춤형 제품 카탈로그, 간편한 체크아웃 등의 기능을 제공하는 오늘날 소매 웹사이트와 동일한 기능을 하는 자사의 B2B 전자상거래 사이트를 만들 수 있도록 해 주는 클라우드 기반 솔루션이다.

Jonathan Weiss/Shutterstock.com

세일즈포스닷컴은 직접 판매, 워크샵, 웨비나, 제품 시연 및 기타 활동 등을 통해 기업과 비영리 단체에 대한 투자도 아끼지 않고 있다. 이 회사의 가장 큰 예산 항목 중의 하나는 드림포스(Dreamforce)라는 4일 간 진행되는 연례회의인데, 이 회의에는 17만 명의 참석자들이 본사가 있는 샌프란시스코에 모인다. 드림포스는 비즈니스 및 비영리 고객을 위한 2,500개 이상의 "어떻게 (how to)" 교육세션과 청중들에게 동기를 부여하고 영감을 주는 저명한 기조 연설자의 강연을 포함하고 있다. 참석자들은 교육에 대한 인증서를 받을 뿐만 아니라 세일즈포스닷컴의 소프트웨어 제품을 사용하는 기술 전문가 및 고객으로부터 다양한 실무지식을 습득할 수 있다. 드림포스는 심지어 고위 비즈니스 리더들의 필요와 관심사에 맞춘 특별 세션을 통해 CEO 트랙도 제공한다.

드림포스는 또한 기업이 최신의 혁신 제품을 살펴보고, 세일즈포스닷컴의 소프트웨어를 개별 사양에 맞게 맞춤서비스를 제공할 수 있는 파트너를 만날 수 있는 전시관을 갖추고 있다. 회의 기간 내내 참석자들은 룸투리드(Room to Read, RED)와 같은 선의의 자원봉사 기회를 접할 수 있다. 회의 마지막 부분에서 세일즈포스닷컴은 콘서트와 파티를 열어 네트워킹의 기회를 제공함과 동시에 드림포스를 재미있는 이벤트로 기억에 남도록 한다. 드림포스는 계획 및 실행에 매년 약 3,000만 달러의 비용이 소요되지만, 전 세계적으로 이 회의가 널리 알려지고, 이 회의 참석은 비즈니스 고객의 성공을 담보한다는 상징으로 역할을 하고 있다. 드림포스는 고객의 질문에 답하고, 새로운 고객 문제와 욕구에 대해 질문하며, 제품 피드백을 얻고, 파트너와의 관계를 공고히 할 수 있는 중요한 기회로 인식된다.

현재 세일즈포스닷컴의 연간 매출은 100억 달러에 달하고 있다. 이 기업은 새로운 초등학교 교육 문제, 청소년을 위한 과학기술 프로그램, 인턴십 및 기타 취업 훈련을 지원하기 위해 수백만 달러의 보조금을 지급하고 있다. 또한 전 직원에게 연간 7일의 유급휴가를 부여하여 지역사회 참여를 독려하고 있습니다. 그 회사는 2022년까지 200억 달러, 2028년까지 400억 달러, 2034년까지 600억 달러의 연 매출을 달성하겠고 발표했다. 이와 같은 미래 성장의 야심찬 이정표를 달성하기 위해 세일즈포스닷컴은 전 세계 비즈니스 고객의 요구를 이해하고 충족시켜 고객들에게 소구할 수 있는 소프트웨어를 지속적으로 개발해야 할 것이다.[28]

토론을 위한 질문

1. 드림포스는 비즈니스 구매의사결정의 여러 단계에서 세일즈포스닷컴이 비즈니스 구매자에게 마케팅하는데 어떤 도움이 될까?
2. 드림포스가 고객사 CEO들을 위한 일련의 특별 세션을 포함한 이유는 무엇일까? 구매의사결정과정에 조직적 영향력은 어떤 것들이 있는지 설명해 보시오.
3. 세일즈포스닷컴의 자선 및 자원봉사에 참여가 회사가 비즈니스 고객의 주요 관심사를 이해하고 있음을 보여주는 좋은 방법인가?

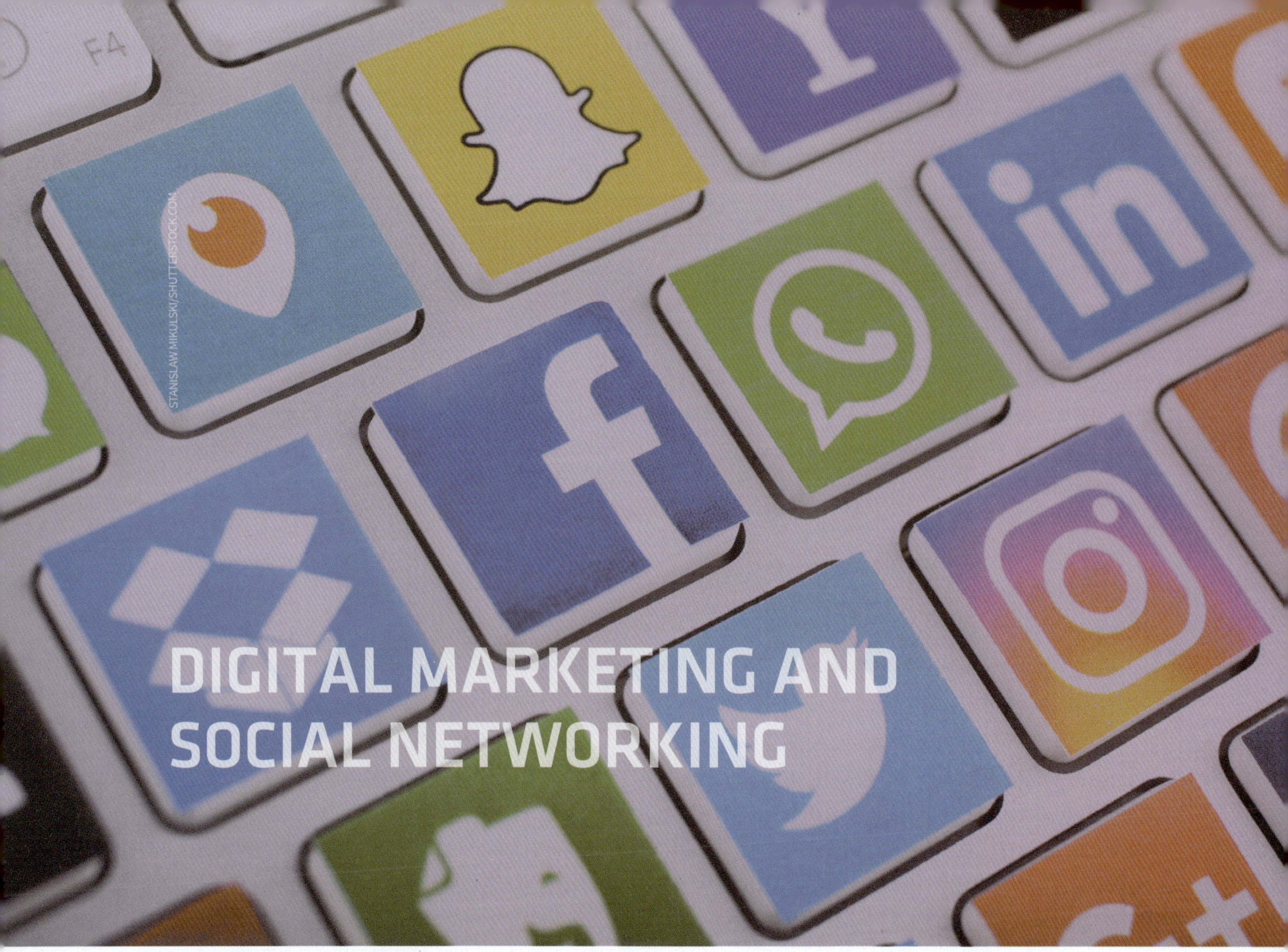
STANISLAW MIKULSKI/SHUTTERSTOCK.COM

DIGITAL MARKETING AND SOCIAL NETWORKING

CHAPTER.7
디지털 마케팅과 소셜 네트워킹

학습목표

7-1 디지털 미디어, 디지털 마케팅과 전자마케팅을 정의한다.

7-2 디지털 마케팅의 성장과 중요성에 대해 요약한다.

7-3 다양한 디지털 미디어 유형과 디지털 미디어가 마케팅에 어떻게 사용될 수 있는가를 설명한다.

7-4 마케터들이 디지털 마케팅 전략의 성공 여부를 어떻게 측정하는지 설명한다.

7-5 디지털 미디어가 마케팅믹스에 어떤 영향을 미치는가를 확인한다.

7-6 디지털 마케팅에서의 법적·윤리적 고려사항을 살펴본다.

마케팅 들여다보기

JONATHAN WEISS/SHUTTERSTOCK.COM

위조품에 대항하는 아마존의 분투

온라인 소매업체의 부상으로 소규모 브랜드가 제품을 판매할 수 있는 길이 열렸다. 하지만 이러한 동일한 경로를 통해 위조업자들도 비즈니스에 침투할 수 있게 되었다. 예를 들어, 아마존(Amazon)의 자유로운 상품 등록 과정은 위조품 등록에도 그대로 적용되어 소비자들이 진품을 구별하기 어렵게 되었다. 위조업자들은 자신의 제품을 낮은 가격으로 등록하고 아마존의 가격 알고리즘에 의해 위조품이 추천되도록 한다. 대기업 역시 중소기업과 동일한 위조문제에 직면해 있다. 애플(Apple)은 아마존 주문처리(Fulfillment by Amazon, FBA) 프로그램을 통해 가짜 충전기를 진품으로 생산·판매한 혐의로 모바일스타 엘엘씨(Mobile Star LLC)를 상대로 소송을 제기했다. 버켄스탁(Birkenstock)과 나이키(Nike)는 수 많은 위조품이 등록되어 있고 이를 단속할 수 있는 정책이 미비되어 있다는 이유로 아마존과의 파트너십을 중단했다.

온라인 소매업체는 위조품에 대항하기 위한 여러 조치를 취하고 있다. 아마존은 타사 판매자들에게 그들이 아디다스(Adidas), 아식스(ASICS), 하스브로(Hasbro), 그리고 삼성(Samsung) 등과 같은 회사로부터 상품 판매 허가를 받았다는 증거를 제시하도록 요구한다. 아마존은 위변조 방지 프로젝트인 프로젝트 제로(Project Zero)를 통해 브랜드 소유자들로 하여금 위조품으로 보이는 상품을 제거할 수 있도록 하고 있다. 이베이(eBay)는 위조품을 검열하기 위해 베로(Verified Rights Owner; VeRO) 프로그램을 시행했으며, 알리바바(Alibaba)는 빅데이터를 이용한 위조 방지 연합체(Big Data Anti-Counterfeiting Alliance)를 만들어 사이트에서 위조품을 제거하여 450개 이상의 글로벌 브랜드를 보호했다. 또한, 알리바바는 위조품을 식별해 내는 기술을 이용해 위조품의 97%가 구매 전에 적발될 수 있도록 하고 있다.[1]

IJEAB/SHUTTERSTOCK.COM

새로운 비즈니스 기회 디지털 마케팅은 전 세계 마케터에게 많은 새로운 비즈니스 기회를 제공한다.

디지털 미디어는 기업이 특정 시장을 목표시장으로 선정하여, 새로운 마케팅 전략을 개발하고, 고객에 대한 정보를 수집할 수 있는 흥미로운 기회를 제공한다. 마케터는 디지털 미디어 채널을 이용하여 소비자의 욕구를 더 잘 분석하고 해결할 수 있게 되었다. 기술 발전의 여파로 소비자들은 인터넷을 자유롭게 이용할 수 있게 되었고 그들의 권한이 강화되어 소비자 행동에서의 변화가 발생했다. 이러한 변화는 소비자와 마케터 사이의 힘에서의 균형 변화를 가져왔다.[2] 21세기 정보기술의 두드러진 특징 중의 하나는 변화를 가속화시키고 있다는 점이다. 새로운 시스템과 응용 프로그램이 너무 빠르게 개발되어 디지털 마케팅 기회에 대한 기존의 가정을 뒤엎는 예기치 못한 새로운 혁신이 나타나고 있다. 예를 들어, 개인 정보를 관리하는 기능을 가진 디지털 비서 프로그램은 몇 년 전만 해도 널리 사용되지 않았다. 현재 아마존과 구글은 음성 명령을 기반으로 소비자를 인터넷에 연결하고 있다. 사람들은 제품을 주문하고, 쇼핑 목록을 만들고, 음악, 뉴스, 날씨 등에 대한 정보도 인터넷을 통해 얻을 수 있다. 이러한 변화가 디지털 마케팅의 진화에 큰 영향을 미칠 것이다. 이메일, 스마트폰, 소셜 네트워크, 드론, 심지어 자율주행 자동차까지 마케팅 환경변화에 커다란 영향을 끼치고 있다. 이와 같은 모든 기술 발전은 소비자가 구매의사결정을 내리는 방식에도 깊이 관련되어 있다. 이 장에서는 소셜미디어 마케팅을 주로 살펴보겠지만, 디지털 마케팅은 소비자와의 관계를 발전시킬 수 있는 기회를 제공하는 보다 포괄적인 분야라는 것은 자명한 사실이 되었다.

디지털 마케팅은 여러 가지 편익과 기회를 제공하지만 여전히 해결해야 할 과제들도 남아 있다. 오늘날 소비자들은 디지털 기술을 제공받기 위해서는 자신의 개인정보를 내어 주어야 하는 희생을 감수해야 한다.[3] 기업이 마케팅 조사를 위해 소비자에 대한 정보를 수집함에 따라 소비자는 정보의 유출 및 온라인 범죄의 위험에 노출될 수도 있게 되었다. 소비자를 이해하기 위한 빅데이터와 관련된 데이터 분석은 신원 도용, 온라인 사기 및 기타 사이버 범죄의 발생 가능성을 허용하게 된다. 저장될 수 있는 소비자 데이터의 유형과 소비자 데이터를 보호하기 위해 기업이 어떻게 해야 하는지에 대한 규정이 만들어져야 한다. 이와 같은 이슈들은 이 장의 뒷부분에서 다룰 것이다. 전 세계 41억 명이 넘은 인원이 매일 인터넷에 접속을 하고 있는 상황에서 마케터는 디지털 마케팅 전략이 전례없이 세계 여러 지역에 도달할 수 있는 기회를 얻고 있다.[4]

이 장에서는 디지털 마케팅, 특히 소셜 네트워크와 같은 새로운 커뮤니케이션 채널에 초점을 맞추고, 소비자가 새로운 기술과 트렌드에 맞게 정보 검색 및 소비 행동을 어떻게 변화시키고 있는가를 살펴볼 것이다. 가장 중요한 것은 마케터가 디지털 미디어를 활용하여 소비자와 보다 효과적으로 연결하고, 목표 시장에 대한 더 많은 정보를 수집하며, 이렇게 수집한 정보를 어떻게 성공적인 마케팅 전략에 활용하는가에 대한 내용을 다루고자 한다.

7-1. 디지털 마케팅의 정의

 # 학습목표　디지털 미디어, 디지털 마케팅과 전자마케팅을 정의한다.

무엇보다도 먼저 디지털 미디어의 정의를 살펴보도록 하자. **디지털 미디어digital media**는 디지털 코드로 작동하는 전자 미디어를 말한다. 여기에서 디지털 미디어라는 용어는 최근 몇 년 동안 출시된 컴퓨터, 모바일 기기 및 기타 디지털 장치 등을 활용하는 미디어를 의미한다. 인터넷에서의 마케팅 활동을 나타내는데 수 많은 용어들이 사용되어 왔다. **디지털 마케팅digital marketing**은 고객과의 커뮤니케이션 및 거래를 하기 위해 인터넷, 모바일 및 기타 양방향 채널 등을 포함한 디지털 미디어를 사용하는 것을 의미한다. 이 장에서는 전략계획을 포함한 마케팅의 전 분야에 인터넷이 어떻게 영향을 미치는가를 살펴볼 것이다. 따라서 **전자 마케팅 또는 e-마케팅electronic marketing or e-marketing**이라는 용어는 디지털 미디어와 디지털 마케팅을 활용하여 제품의 가격결정, 유통, 촉진 및 고객의 욕구를 발견하는 전략 프로세스라고 정의할 것이다. e-마케팅에 대한 정의는 인터넷뿐만 아니라 휴대폰, 배너 광고, 디지털 옥외 마케팅 및 소셜 네트워크 등을 모두 포함한다.

디지털 미디어 디지털 코드를 통해 작동하는 전자 미디어; 최근 몇 년 동안 출시된 컴퓨터, 휴대폰, 스마트폰 및 기타 디지털 장치 등을 활용하는 미디어

디지털 마케팅 고객과의 커뮤니케이션 및 거래를 하기 위해 인터넷, 모바일 및 기타 양방향 채널 등을 포함한 디지털 미디어를 사용하는 것

전자마케팅 또는 e-마케팅 디지털 미디어와 디지털 마케팅을 활용하여 제품의 가격 결정, 유통, 촉진 및 고객의 욕구를 발견하는 전략 프로세스

7-2. 디지털 마케팅의 성장과 편익

 # 학습목표　디지털 마케팅의 성장과 중요성에 대해 요약한다.

인터넷의 놀라운 성장은 마케터에게 소비자와 상호작용하는 관계를 구축할 수 있는 전례없는 기회를 제공했다. 인터넷과 디지털 통신 기술이 발전함에 따라 마케터는 목표시장을 더 정확하게 설정할 수 있게 되었을 뿐만 아니라 이전에는 접근할 수 없었던 시장까지 도달할 수 있게 되었다. 디지털 미디어 업계가 지속적으로 성장함에 따라, e-마케팅은 인터넷을 활용하지 않던 텔레비전 광고, 기타 모바일 및 쌍방향 미디어를 포함한 거의 대부분의 디지털 미디어를 포함하는 전략을 개발할 수 있게 되었다(광고 미디어에 대해서는 14장에서 자세히 설명). 실제로 마케터는 디지털 마케팅이라는 용어를 고객에게 도달하기 위한 모든 디지털 채널을 포착하기 위한 포괄적인 의미로 사용하고 있다. 해당 분야는 급속히 성장하고 있으며, 디지털 세계는 효과적인 마케팅 전략의 수립 및 실행에 핵심적인 영역으로 자리매김하고 있다.[5]

e-마케팅의 가장 중요한 편익 중의 하나는 마케터와 고객이 서로 정보를 공유할 수 있다는 점

이다. 웹사이트, 소셜 네트워크 및 기타 디지털 미디어를 통해 소비자는 생활 속에서 소비하고 사용하는 모든 것에 대해 배울 수 있다. 결과적으로 인터넷은 마케터와 고객 간의 커뮤니케이션 및 관계의 발전 방식을 변화시키고 있다. 오늘날 마케터는 인터넷을 사용하여 고객, 내부 구성원 및 공급업체를 포함한 다양한 이해 관계자 집단과 관계를 형성할 수 있다. 예를 들어, IBM의 디지털 비서는 아이비엠 고객이 다양한 플랫폼을 통해 주요 전문가를 식별하고 디지털 방식으로 상호작용할 수 있도록 한다. 아이비엠의 왓슨(Watson)은 금융, 의학 및 교육과 같은 다양한 분야에 영향을 미치는 인지 컴퓨팅(cognitive computing)에서 조력자 역할을 담당한다. 따라서 디지털 세계에 맞게 마케팅 전략을 조정할 필요가 있다. 디지털 마케팅과 소셜 미디어는 관계 기반 상호작용에서 혁신적인 형태의 커뮤니케이션 및 공동 생성 콘텐츠를 가능하게 하고 있다.[6]

이제 대부분의 기업이 디지털 및 온라인 마케팅 활동에 참여하는 것을 경쟁우위를 유지하는 데 필수적인 요소로 인식하고 있다. 점차 더 많은 중소기업이 디지털 미디어를 사용하여 신규 시장에 도달하고 저렴한 커뮤니케이션 채널에 접근할 수 있는 전략을 개발할 수 있게 되었다. 타깃(Target)과 같은 대기업들은 오프라인 매장을 보완하기 위해 온라인 카탈로그와 웹사이트를 활용한다. 다른 한편으로 아마존과 알리바바와 같은 온라인 대기업은 전통적인 오프라인 비즈니스에 도전장을 내밀고 있다. 아마존은 백화점이나 월마트(Walmart), 홈디포(Home Depot) 등과 같은 대형마트를 인수하고 있다. 메이시스(Macy's)와 같은 백화점은 수백 개의 매장을 폐쇄해야 했으며, 일부 쇼핑센터 또한 문을 닫고 있다.[7] 소셜네트워킹 서비스 기업들은 예를 들면, 페이스북의 거래내역 조회나 상품구매 기능 등과 같은 부가기능을 제공함으로써 e-마케팅을 고도화하고 있다. 마지막으로 일부 기업의 웹사이트와 소셜 미디어 사이트는 고객이 질문하고, 불평을 토로하고, 좋아하는 브랜들에 대한 선호도를 표시하고, 기타 소비자의 필요와 욕구에 대한 의견 등을 교환할 수 있는 피드백 메커니즘을 제공하고 있다.

ANDREY_POPOV/SHUTTERSTOCK.COM

디지털 마케팅의 편익 디지털 마케팅은 소비자로 하여금 편리한 시간에 어떤 장소에서건 제품에 접근할 수 있도록 한다.

마케터가 디지털마케팅을 실행할 때 저지를 수 있는 가장 큰 실수 중 하나는 디지털마케팅을 전통적인 마케팅 채널처럼 취급하는 것이다. 디지털 미디어는 마케터가 기업의 마케팅 전략을 세울 때 고려해야 하는 기존 요소와는 전혀 다른 차원의 요소를 필요로 한다. 웹사이트 품질은 고객이 사이트에 충성도를 보이는지의 여부에 큰 영향을 미칠 것이다. 웹사이트의 디자인 요소, 정보 탐색의 용이성, 제공되는 콘텐츠 및 정보의 품질은 상거래 웹사이트에 대한 고객의 상대적 충성도 수준에 긍정적인 영향을 미친다.[8] 온라인 미디어를 전통적인 마케팅과 구별하는 몇 가지 특성에는 표 7.1에 제시된 바와 같이 고객식별, 상호 작용성, 접근성, 연결성 및 통제 가능성 등이 포함된다.

표 7.1 온라인 미디어의 특징

특징	정의	예시
고객식별 (Addressability)	구매 전에 고객을 식별할 수 있는 마케터의 능력	아마존(Amazon)은 사용자가 웹사이트를 재방문할 때 회사가 사용자를 식별할 수 있도록 사용자의 컴퓨터에 쿠키를 설치한다.
상호작용성 (Interactivity)	기업의 마케팅커뮤니케이션에 대한 반응으로 자신의 필요와 욕구를 기업에 직접 표현할 수 있는 고객의 능력	텍사스 인스트루먼트(Texas Instruments)는 페이스북 페이지에서 고객의 우려사항에 답변하고 업데이트를 게시하여 고객과 소통한다.
접근성 (Accessibility)	디지털 정보를 획득할 수 있는 마케터의 능력	구글(Google)은 검색 엔진을 통해 이루어진 웹 검색을 통해 고객의 관심사를 파악할 수 있다.
연결성 (Connectivity)	소비자가 다른 소비자와 함께 마케터와 연결될 수 있는 능력	메리케이(Mary Kay)는 고객과 뷰티 컨설턴트를 연결하고 자신만의 개인 공간을 개발할 수 있는 시스템인 마이엠케이(MyMK)에 가입할 수 있는 기회를 사용자에게 제공한다.
통제가능성 (Control)	고객이 보는 정보와 해당 정보에 대한 비율 및 노출정도를 규제할 수 있는 고객의 능력	소비자는 카약닷컴(Kayak.com)에서 최고의 여행 상품을 찾는다.

7-3. 소비자 생성 마케팅과 디지털 미디어의 유형

 # 학습목표 **다양한 디지털 미디어 유형과 디지털 미디어가 마케팅에 어떻게 사용될 수 있는가를 설명한다.**

디지털 미디어와 e-마케팅은 기업이 소비자와 상호 작용할 수 있는 흥미로운 기회를 제공했지만, 소셜미디어가 기존 미디어보다 소비자 중심적이라는 사실을 인식하는 것이 중요하다. 소비자 제작 콘텐츠의 등장은 마케팅에 엄청난 영향을 미치고 있다. 전 세계적으로 인터넷에의 접근이 더 쉬워지면서, 소비자들은 이전과는 다른 방식으로 소비자 제작 콘텐츠를 만들고, 감상하고 있다. 소셜네트워크와 소프트웨어 기술이 발전함에 따라 마케터는 소비자 제작 콘텐츠를 활용할 수 있게 되었다.

소비자가 만들어 낸 정보는 다음 두 가지 주요 트렌드 때문에 더욱 중요하게 인식되고 있다.

1. 소비자가 블로그나 기타 디지털 매체를 통해 자신의 생각, 의견, 리뷰 및 제품 토론 등을 게시하고자 하는 경향의 증가.
2. 기업보다 다른 소비자의 경험을 신뢰하는 소비자들의 경향. 소비자는 종종 구매의사결정을 내릴 때 친구, 가족 및 동료 소비자의 추천에 의존.

온라인 사용자들이 자신의 생각이나 의견을 표현할 가능성이 있는 곳을 파악함으로써, 마케터는 이와 같은 온라인 커뮤니티를 소비자와 교류하고, 문제를 해결하고, 자사를 홍보하기 위한 장으로 활용할 수 있다. 소비자가 참여할 가능성이 있는 디지털 미디어 유형에는 소셜 네트워크, 블로그, 위키, 미디어 공유 사이트, 가상 현실 게임, 모바일 기기, 디지털 보조 장치, 애플리케이션 및 위젯 등이 있다.

7-3a. 소셜 미디어 마케팅

소셜 미디어 마케팅은 소셜 미디어 사이트를 통해 소비자와 소통하는 것과 관련이 있다. 소셜 미디어 마케팅은 기업으로 하여금 복수의 플랫폼을 통해 메시지를 전달하고 온라인 대화를 할 수 있게 해 주었다. 기업은 판매 미디어(paid media), 자사 미디어(owned media) 및 평가 미디어(earned media)를 통해 대규모 시장을 목표시장으로 삼고 도달할 수 있게 되었다.[9] 기존 판매 미디어는 전통적인 인쇄 및 방송매체를 포함하지만, 지금은 페이스북이나 트위터와 같은 소셜미디어의 유료 광고가 추가된다. 마케터는 TV에 광고를 내는 것처럼 구글에도 광고를 게재할 수 있다. 기업은 700만 명이 넘는 광고주가 있는 페이스북에 비용을 지불하면 자사 브랜드에 대한 게시물을 대량으로 올릴 수 있고, 매력적인 캐러셀(대형 이미지 슬라이더) 광고를 만들고, 페이지를 홍보하는 등의 활동을 할 수 있다.[10] 판매 미디어를 활용하는 것 이외에도 마케터는 자사의 미디어를 소유해서 소셜 네트워크 등을 통해 메시지를 전달할 수도 있다. 대부분의 기업은 자사의 웹사이트를 소유하고 있지만, 페이스북 및 링크드인(LinkedIn)과 같은 소셜 네트워크 서비스를 통해 비즈니스 계정을 개설할 수도 있다. 마지막으로 기업은 소비자들이 소셜 미디어 사이트에서 커뮤니케이션을 할 때, 이 자체를 미디어로 활용할 수 있다. 이를 평가 미디어라 한다. 평가미디어의 대표적인 예는 디지털 입소문(word-of-mouth)이나 소비자들의 자체

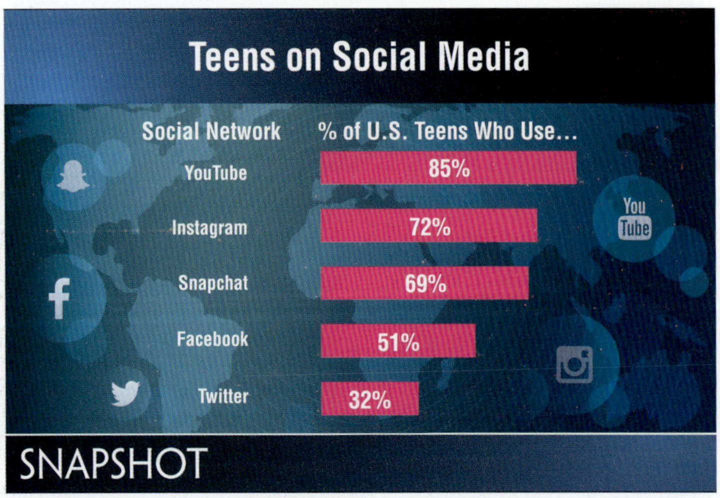

출처: Pew Research Center. Survey conducted March 7-April 10, 2018.

적인 상호작용을 통해 기업의 제품이나 기업명을 알리는 것을 들 수 있다. 광고처럼 통제할 수는 없지만, 이러한 커뮤니케이션이 긍정적이라면 매출 증대 효과가 발생한다.[11]

사용자 생성 콘텐츠는 소비자들이 게시물을 만들고, 서로 대화하고, 평가하고, 정보를 수집하고, 가입하고, 단순히 읽는 등과 같은 온라인에서의 자발적인 행동을 의미한다. 블로그와 같은 사용자 생성 사이트는 소비자들이 자신의 지식, 관심사 및 함께 하고자 하는 욕구 등을 공유하거나 서로 교류를 하기 위해 스스로를 공개하는 곳이다. 다른 사람들과 관계를 맺거나 네트워크를 형성하기 위해 토론에 참여하는 행동은 다른 사람에게 영향을 미치거나 관심사나 대의명분을 널리 퍼뜨리기 위한 것이다. 이글스네스트아웃피터스(Eagles Nest Outfitters; ENO)는 이노(ENO) 아웃도어 장비를 사용하는 사진을 공유하도록 지속적으로 사진 콘테스트를 개최한다.[12] 사용자 생성 콘텐츠는 브랜드의 진정성을 인식하도록 하는데 도움이 될 수 있다. 물론 사용자 생성 콘텐츠에 대한 많은 비판도 있다. 콘텐츠를 생성하는 소비자들은 상이한 주제에 대한 댓글을 달고, 블로그에 자신의 평가결과를 게시하고, 평점과 리뷰를 게시한다. 제품 사용 후기를 남기거나 영화에 대한 평점을 매긴 적이 있다면, 당신 역시 이러한 활동에 참여한 셈이 된다. 기업이 디지털 전략을 수립하거나 실행할 때 이와 같은 비평가들의 평가정보가 중요하게 고려되어야 한다. 소비자들은 구매의사결정을 내릴 때 이와 같은 평점 정보를 활용하기 때문이다. 옐프(Yelp)는 제품 및 기업에 대한 가장 포괄적인 평가정보를 제공하는 사이트 중의 하나이다. 1억 개 이상의 소비자 리뷰를 보유하고 있는 옐프는 플랫폼을 계속 확장하여 사용자들이 특정 분야별 질문을 하고 답할 수 있는 "질문 및 답변"을 추가했다.[13] 따라서 이러한 평가 사이트는 마케팅 조사에 사용할 정보를 수집하고 회사 평판을 모니터하는데 도움이 될 수 있다.

마케터는 목표시장을 분석하고 자사의 마케팅 목표를 달성하기 위해 소셜 미디어를 어떻게 활용해야 할 것인가를 결정해야 한다. 소셜 미디어는 기업 전략 뿐만 아니라 마케팅 전략 모두에 포함되어야 한다. 또한 소셜 미디어가 기업의 마케팅 계획 및 실행에 중요한 부분을 차지해야 한다. 소셜 미디어는 목표시장 경쟁자를 모니터하고 전반적인 사회·경제적 환경 변화를 이해하는데 사용될 수 있다. 소셜 미디어는 특정 기업 제품의 지지자나 열성팬을 배출하는 캠페인을 진행할 수 있는 잠재력을 가지고 있다. 예를 들어, 필스버리(Pillsbury)는 자사의 470만 페이스북 팔로워를 초대하여 새로운 한정판 쿠키에 대한 맛을 평가하도록 했다. 필스버리는 평가 결과 1위를 차지한 스트로베리 치즈케이크(Strawberry Cheesecake)를 출시했다. [14] 마케팅은 관계 구축에 중점을 두어야 하며, 소셜 미디어는 소비자 행동에 영향을 미치고 기업에게는 가치를 제공할 수 있어야 한다.

소셜 네트워크는 마케팅 전략에 통합되었다. **소셜 네트워크social network**는 사용자가 계정을 만들고, 다른 사용자와 상호작용하고, 정보를 게시하고, 다른 형태의 웹 기반 커뮤니케이션에 참여할 수 있는 웹사이트를 의미한다. 마케팅은 디지털 마케팅으로부터 양방향 커뮤니케이션을 용이하게 하는 전략적 인터렉티브 마케팅으로 진화하고 있다. 소비자들이 개인정보를 침해받지 않고 용이하게 커뮤니케이션을 할 수 있도록 프로그램에 개인정보수집 동의(opt-in) 또는 개인

소셜 네트워크 사용자가 계정을 만들고, 다른 사용자와 상호작용하고, 정보를 게시하고, 다른 형태의 웹 기반 커뮤니케이션에 참여할 수 있는 웹사이트

정보수집 거부(opt-out)에 대한 옵션이 제공되어야 한다.[15]

소셜 네트워크 서비스의 또 다른 혜택은 마케터에게 새로운 목표시장에 접근할 수 있게 해줄 수 있는다는 점이다. 스냅챗은 사용자가 친구에게 일정 시간 동안만 보관되는 사진, 메시지 또는 비디오를 보낼 수 있는 모바일 어플리케이션이다. 해당 시간이 지나면 게시물은 수신자의 전화와 스냅챗 서버에서 모두 삭제된다. 스냅챗은 Z세대와 밀레니얼 세대에게 엄청난 인기를 끌었는데, 이 두 세대는 인기는 높지만, 마케터가 쉽게 접근하기 어려운 집단이었다. 스냅챗의 모기업인 스냅(Snap Inc.)이 주식시장에 상장되었을 때, 해당 주가는 첫 거래일 종가 기준 44% 상승했고, 이는 스냅에 330억 달러의 기업가치 상승을 안겨 주었다.[16] 한편 많은 국가들이 규모는 작지만 자국의 소셜 네트워크 사이트를 보유하고 있기 때문에 글로벌 시장에 진출하고자 하는 마케터는 그런 사실을 염두해 두어야 한다. 예를 들어, 러시아에 본사를 두고 있는 브콘탁테(VK)는 유럽에서 인기를 끌고 있는 소셜 네트워크 사이트이고, 6억 2,500만의 사용자를 보유하고 있는 큐존(Qzone)은 중국을 대표하는 소셜 네트워크 서비스이다.[17] 마케터가 소셜 네트워크를 어떻게 사용하는가에 대한 내용은 이 장의 뒷 부분에서 다시 살펴볼 것이다.

소셜 네트워크 서비스는 경제적으로 성공할 수 있는 비즈니스 모델을 구축해 가고 있다. 그림 7.1에 나타난 바와 같이 성인들은 다양한 소셜 네트워크 서비스를 이용하고 있다. 미국에서 온라인을 이용하는 성인 중 68%가 가장 인기있는 소셜 미디어 플랫폼인 페이스북을 사용한다. 두 번째로 인기있는 플랫폼인 인스타그램은 성인 온라인 이용자의 35%를 끌어들이고 있다.[18] 소셜 네트워크 서비스가 성장함에 따라 마케터와 소셜 네트워크 사이트 소유주 모두는 이러한

그림 7.1. 플랫폼을 통한 소셜 네트워크 사용량

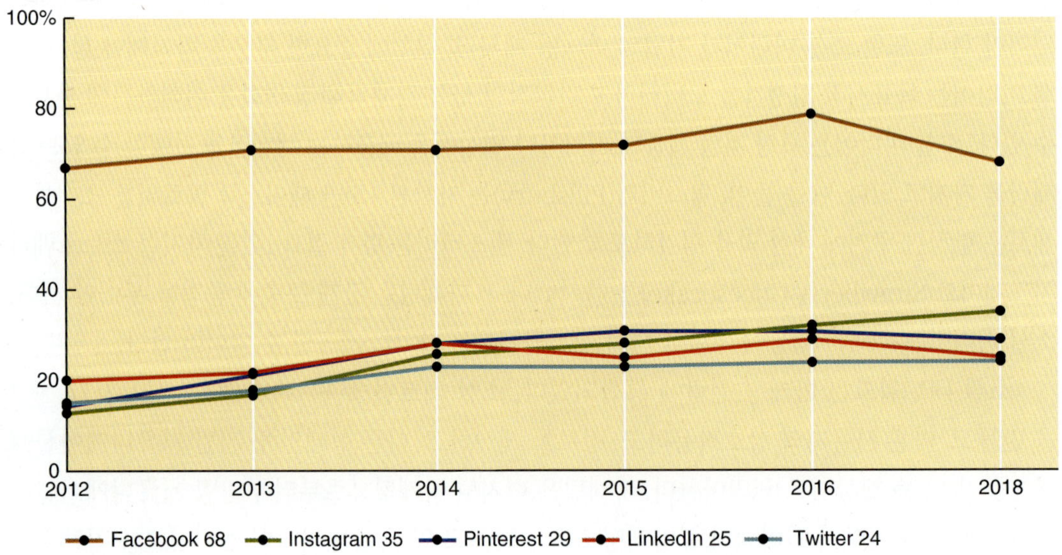

주: 성인의 소셜 네트워크 사용 비율.
출처: Pew Research Center. Survey conducted January 3.10, 2018. Trend data from previous Pew Research Center surveys.

네트워크가 제공하는 놀라운 기회, 즉 소셜 네트워크 소유자에게는 광고 수익이 창출되고 광고주에게는 큰 도달 범위가 제공된다는 사실을 깨닫고 있다. 브랜드 파워를 향상시키기 위해서, 기업은 소셜 미디어의 범위를 확장해서 보다 다양한 이해관계자들이 해당 소셜미디어를 이용할 수 있도록 해야 한다. 따라서 소셜 미디어는 기업 커뮤니케이션 및 브랜드 구축 전략의 일환이 되어야 한다.[19] 다음에 살펴볼 소셜 네트워크 서비스는 전 세계 마케터들이 가장 눈여겨 보아야 할 것들이다.

페이스북

페이스북은 세계 1위의 소셜 네트워크 서비스 사이트이다. 2004년 하버드대학교 학생이었던 마크 저커버그(Mark Zuckerberg)와 그의 친구 4명이 서비스를 처음 시작했을 때, 해당 서비스는 하버드대학교 학생들로 이용이 제한되어 있었다. 2006년 페이스북은 13세 이상의 모든 사람에게 서비스를 개방한다. 인터넷 이용자는 페이스북에 자신의 계정을 만든 다음 네트워크를 검색하여 연결할 사람을 찾는다. 이 거대 소셜 네트워크 서비스는 전 세계적으로 26억 명 이상의 사용자를 보유하고 있다.[20]

기업은 페이스북과 기타 디지털 미디어 사이트를 사용하여 뉴스를 공유하고, 제품을 선보이며, 소비자에게 제품 사용 방법을 가르친다. 예를 들어, 베네피트 코스메틱스(Benefit Cosmetics)는 페이스북을 통해 신제품과 메이크업 튜토리얼을 공유한다. 또한 페이스북 라이브(Facebook Live) 비디오를 활용하여 청중과 소통하고 브랜드 인지도를 구축한다. 페이스북에서의 광고 또한 증가하고 있다. 페이스북은 사용자의 웹에서의 활동 습관을 기반으로 광고주에게 필요한 목표고객을 정확하게 선정하여 광고를 집행할 수 있도록 하고 있다.[21]

또한 소셜 네트워크 사이트는 관계 마케팅 또는 비즈니스 고객에게 상호 이익이 되는 관계형성에 유용하게 활용될 수 있다. 페이스북 덕분에 고객관계를 구축하고 강화하는데 초점을 둔 기업은 자사의 고객이 누구이며 어떻게 고객의 욕구를 충족시킬 수 있는지 더 잘 이해할 수 있다.

트위터

트위터는 소셜 네트워크 사이트와 작은 블로그 사이트가 혼합된 형태로, 보는 사람들에게 "무슨 일이 일어나고 있습니까?"라는 간단한 질문을 던진다. 사용자는 최대 280자의 답변을 게시할 수 있으며, 이후 "팔로워"가 이를 읽을 수 있다. 280자의 글자 수 제한은 기업이 메시지를 효과적으로 전달하는데 충분치 않게 보일 수 있지만, 일부 기업은 마케팅 전략에서 트위터를 전문가처럼 사용하고 있다. 예를 들어, 미국풋볼리그(NFL)는 트위터에 하이라이트와 짧은 영상을 제공하여 스포츠 애호가들의 참여를 유도한다.[22] 다른 소셜 네트워크 사이트와 마찬가지로 트위터는 고객 서비스를 강하하고 기업 제품에 대한 홍보를 위해 사용된다. 마케터들은 트위터가 제공하는 다양한 마케팅 기회에 주목하고 있다.

INK DROP/SHUTTERSTOCK.COM

소셜 미디어 마케팅 스냅챗은 사용자가 사진, 글, 비디오 등을 공유할 수 있는 메시지 앱이다.

스냅챗

스냅챗의 모기업인 스냅(Snap Inc.)은 수익을 내지 못할 수도 있다는 점을 인정하고 있지만, 투자자들은 매일 2억 2,000만 명 이상의 적극적 사용자가 있는 스냅챗의 가치를 높게 평가하고 있다. [23] 스냅챗에서는 모바일 앱을 통해 사용자가 메시지와 일정 시간 이후 사라지는 사진과 비디오를 친구에게 보낼 수 있다. 마케터들은 스냅챗을 젊고 참여도가 높은 청중에게 다가갈 수 있는 절호의 기회로 여기고 있다. 건너뛸 수 없는 세로 동영상 광고와 맞춤형 사진 필터가 특징인 스냅챗은 주로 34세 미만의 사람들이 사용한다.[24] 도미노 피자(Dominos)는 사용자가 쇼핑 가능한 증강 현실(AR)을 사용하여 앱에서 피자를 주문할 수 있는 스냅챗 광고를 만들었다. 매일 7,000만 명 이상의 사용자가 증강 현실 렌즈를 사용하면서 여러 브랜드에 기회를 제공하고 있다.[25] 스냅챗이 해결해야 할 가장 큰 과제 중의 하나는 수익목표를 달성하기 위해 광고 비용을 늘리는 것이다.

틱톡

짧은 모바일 동영상을 공유하는 것으로 특화된 플랫폼인 틱톡(TikTok)은 밈(meme)문화, 춤, 챌린지, 코믹 스케치 등의 동영상을 제작 및 공유할 수 있는 소셜 네크워크 서비스이다. 다른 비디오 플랫폼과 달리 틱톡은 사용자가 다른 사용자의 콘텐츠를 기반으로 콘텐츠를 만들도록 장려한다. 예를 들어, 사용자는 다른 사람의 오디오를 사용하여 비디오를 만들거나, 두 개의 영상을 한 영상에 비교하는 영상을 만들어 공유할 수도 있다. 오디오는 틱톡 앱의 중요한 구성요소이며, 음악가들에게는 도약을 위한 발판 역할을 한다. 틱톡의 인기는 8억 명의 사용자를 돌파하며 치솟고 있다. 이 플랫폼은 Z세대와 밀레니얼 세대에게 특히 인기가 높다.[26]

유튜브

구글이 16억 5,000만 달러에 인수한 유튜브는 사용자들이 전 세계에서 동영상을 업로드하고 이를 공유할 수 있도록 한다. 유튜브는 매일 10억 시간의 동영상을 시청하는 사용자를 보유하고 있는 인기 있는 동영상 플랫폼으로 자리잡고 있기 때문에 마케팅 전략에서 고려해야 할 중요한 미디어로서 자리를 차지하고 있다.[27] 기업들이 자사의 브랜드를 소개하는 동영상 콘텐츠를 유튜브를 통해 제시하지만, 이 플랫폼에는 스스로 콘텐츠를 제작하는 소비자들의 숫자가 그런 브랜드 콘텐츠의 수를 압도한다. 예를 들어, 뷰티라는 검색어를 입력하면, 유튜브에서는 뷰티 관련 기업이 제공하는 동영상 콘텐츠보다 뷰티 관련 블로거들이 제작한 동영상의 수가 14배나 많이 나타

CREATIVE MARKETING

창의적 마케팅

화장품 기업 '입시'의 성공

디지털 마케팅이 순수하게 온라인에서만 영업을 하는 온라인 소매업체들의 부상을 가능하게 했다. 전통적인 소매업체들이 자리를 잡는 데까지는 몇 년이 걸릴 수 있지만, 소셜 미디어를 성공적으로 활용하는 온라인 소매업체는 짧은 시간 내에 제품에 대한 수요가 급증하는 것을 경험할 수 있다. 유튜브에서 돌풍을 일으키고 있는 미셸 판(Michelle Phan)이 공동 설립한 구독 기반 화장품 샘플링 서비스 업체인 입시(ipsy)가 바로 그런 경우이다.

판(Phan)은 랑콤 화장품(Lancome Cosmetics)으로의 취업 탈락 이후, 유튜브로 눈을 돌려 예술과 메이크업에 대한 열정을 표현하기 시작했다. 충성스러운 팔로워들이 늘어나자 그녀는 입시를 공동 설립했다. 판은 여성들이 화장품을 구매하고 만족하지 못할 수도 있다는 위험 때문에 기존 구매경험이 없었던 화장품을 구매할 때 작은 샘플 형태로 구매하는 것을 선호하고 있다는 사실에 주목을 했다. 이 회사는 구독자가 저렴한 월 구독료를 지불하고 제품을 사용해 볼 수 있도록 하여 이러한 위험을 완화시켜 주었다. 이 회사는 잘 알려진 화장품 브랜드의 소형/고급 샘플을 월 10달러에 제공하고, 월 50달러에 더 많은 제품을 포함하는 "글램백 얼티밋(Glam Bag Ultimate)" 옵션을 제공한다. 풀 사이즈 제품의 "글램백 플러스(Glam Bag Plus)"옵션은 월 25달러이다. 서비스의 인기가 급속히 상승하자 입시는 종종 신규 구독자를 대기자 명단에 올려놓는 일이 발생하기도 한다.

디지털 환경에서의 경쟁이 너무 치열했기 때문에 이를 극복하기 위해 입시는 경쟁업체와 차별화를 선택할 수밖에 없었다. 이 회사는 유튜브에 뷰티 튜토리얼을 게시하고 유튜브를 비롯한 여러 소셜 미디어에서는 온라인 인플루언서들을 활용하여 자사의 서비스를 소개했다. 온라인 인플루언서를 찾는 여성들은 입시가 제공하는 서비스를 이용할 가능성이 더 높다. 그와 같은 마케팅 노력이 성공을 거두어 입시는 현재 300만명 이상의 구독자, 1,000개 이상의 브랜드 제휴사를 보유하고 있고, 자신의 전자상거래 사이트를 운영하고 있다.[a]

난다.[28] 이러한 상황으로 인해 이 플랫폼에서는 기업의 특정 브랜드들이 자사 제품에 대한 메시지를 통제할 수 없게 만들고 있다.

유튜브는 유튜브 프리미엄 및 유튜브 TV를 통해 지속적으로 다양한 동영상 서비스의 제공을 꾀하고 있다. 유튜브 프리미엄은 사용자가 중단 없는 음악, 광고 없는 오프라인 동영상, 최고 크리에이터의 독창적인 프로그램 등에 비용을 지불하도록 하는 기존 플랫폼에서 제공하던 서비스를 확장한 서비스이다. 많은 수의 가정에서 케이블 패키지를 취소하는 추세에 따라 유튜브

TV가 대안으로 등장했다. 월 49.99달러를 지불하면, 사용자들은 ABC, CBS 및 NBC를 비롯한 주요 방송사의 방송을 시청할 수 있기 때문에, 유튜브 TV는 슬링 TV(Sling TV)나 디렉 TV 나우(DirecTV Now) 등과 같은 OTT 서비스 기업의 경쟁자로 자리매김하고 있다.[29]

링크드인

링크드인은 기업과 비즈니스 전문가를 위한 최고의 네트워크 사이트이다. 이 네트워킹 도구를 사용하면 이력서와 유사한 공개 프로필을 게시하고, 동료와 연결하고, 구인 목록을 찾고, 비공개 그룹에 가입할 수 있다. B2B 마케터의 80%는 링크드인이 비즈니스에서의 우위를 지키는데 효과적인 도움을 제공한다고 이야기했다.[30] 이 플랫폼은 기업의 브랜드 인지도를 높이고 채용을 위해서 활용할 수 있다. 44만명 이상의 팔로워를 보유한 인바운드 마케팅 및 세일즈 플랫폼인 허브스팟(HubSpot)은 링크드인을 활용하여 콘텐츠를 전파하고, 무료 웹비나를 홍보하며, 인바운드 마케팅에 대한 인지도를 높이고 있다.[31]

7-3b. 블로그와 위키

블로그 글쓴이가 다른 인터넷 사용자들과 더불어 편집하고, 상호작용할 수 있는 웹 기반 저널(블로그는 "웹로그(weblogs)"의 줄임말)

오늘날 마케터는 블로그나 위키와 같은 소비자가 만든 자료가 온라인 소비자에게 미치는 영향력이 매우 커졌기 때문에 그 영향력을 인식해야만 한다. **블로그("웹로그(weblogs)"**의 줄임말)는 글쓴이가 다른 인터넷 사용자들과 더불어 편집하고, 상호작용할 수 있는 웹 기반 저널이다. 인터넷 사용자의 4분의 3 이상이 블로그를 읽고 있다.[32] 블로그 사이트 텀블러(Tumblr)는 누구나 텍스트, 하이퍼링크, 사진 및 기타 미디어를 게시할 수 있으며, 최고의 무료 블로그 플랫폼 중의 하나이다. 10년 이상 운영된 이 사이트는 약 5억 개의 블로그와 18개 언어로 된 1,500만 개의 게시물이 매일 올라오고 있다.[33] 또 다른 인기 블로그 플랫폼인 워드프레스(Wordpress)의 소유사인 오토매틱(Automattic)은 텀블러를 300만 달러에 인수했다.[34]

블로그는 전적으로 소비자들에 의해 통제되며, 때로 소비자들의 통제력은 기업의 통제력을 능가하기도 한다. 블로그 콘텐츠의 사실 여부와 무관하게 블로거들은 특정 기업이나 해당 기업의 제품에 대해 좋아한다는 의견을 어떤 것이든 게시할 수 있다. 기업은 블로거들을 명예훼손 혐의로 소송을 제기할 수는 있지만, 해당 블로그의 내용이 입소문을 타고 퍼져 나가는 것을 막을 수는 없다. 부정적인 리뷰에 대응하는 것은 민감한 문제이다. 예를 들어, 기업의 블로거에 대한 강제삭제 요구로 해당 내용의 원본이 삭제되는 경우도 있지만, 독자들이 복사본을 만들어 원본이 삭제된 후 삭제된 블로그가 인터넷에 유포되는 경우가 흔히 발생한다. 이와는 반대로 인기있는 블로그에 게시된 제품에 대한 긍정적인 리뷰로 인해 매출이 크게 증가되는 경우도 발생한다. 이런 점들을 고려해 볼 때, 블로그는 기업에 대한 강력한 위협이자 기회가 될 수 있다.

많은 기업들이 블로그를 자사에 유리하도록 사용하고 있다. 일부 마케터는 자사에 부정적인 의견을 피력하는 블로그를 없애려 하지 않고, 블로그를 고객의 우려에 대응하거나 기업 평판을 방어하는 수단으로 활용한다. 예를 들어, 직접 판매 회사인 테이스트풀리 심플(Tastefully Simple)은 쉬운 레시피 블로그를 운영한다. 블로그 이용자들은 사용된 주재료, 식사 유형, 또는 조리 방법 등을 기반으로 레시피를 검색할 수 있다.[35] 블로그 미디어의 면모를 변화시키면서 테이스트풀리 심플과 같은 기업은 자사 제품에 대한 고객의 관심을 끌고, 고객과의 관계를 강화하는데 이 디지털 도구를 사용하고 있다.

KIWIS/SHUTTERSTOCK.COM

사용자 제작 사이트 블로그는 소비자들에게 다양한 주제에 대해 최신 정보를 얻을 수 있게 하고 있으며, 그 내용은 비공식적이거나 다이어리 형식으로 제공된다.

위키Wiki는 사용자가 일부 웹사이트 유형의 콘텐츠를 추가하거나 편집할 수 있도록 하는 인터페이스를 제공하는 일종의 소프트웨어이다. 가장 잘 알려진 것 중 하나는 상상할 수 있는 거의 모든 주제에 대해 293개 언어로 4,900만 개 이상의 기사 항목이 있는 온라인 백과사전인 위키피디아(Wikipedia)이다.[36] 위키피디아는 누구나 편집을 할 수도 있고, 읽을 수도 있기 때문에 온라인 소비자가 콘텐츠의 오류를 쉽게 수정할 수 있다.[37] 이 사이트는 자원 봉사자로 구성된 대규모 팀에 의해 확장되고, 업데이트 및 편집된다. 대부분의 경우, 위키피디아에서는 다른 출처를 통해 확인할 수 있는 정보만이 적절한 것으로 간주된다. 위키피디아는 개방적인 형식 때문에 세간의 이목을 집중시켰던 집단지성에 의해 아무런 제약없이 무차별 다수에 의해 정보가 삭제되고 파괴되는 사이버 반달리즘(vandalism)으로 어려움을 겪어왔다. 이러한 문제는 대개 빠르게 감지되어 수정되었다. 모든 소셜 미디어와 마찬가지로 위키도 기업에게 장단점을 제공한다. 월마트와 나이키와 같이 논란의 여지가 있는 기업에 대해 위키에는 근로자의 권리 침해와 같은 기업에 대한 부정적인 정보들이 실리기도 한다.하지만 일부 기업들은 문서를 많이 필요로 하는 프로젝트에서 작업하는 팀을 위한 내부 도구로 위키를 사용하기 시작했다.[38] 또한 위키를 모니터링하면 소비자가 기업 브랜드에 대해 어떻게 느끼고 있는지를 보다 정확하게 파악할 수 있게 된다.

위키 사용자가 일부 웹사이트 유형의 콘텐츠를 추가하거나 편집할 수 있도록 하는 인터페이스를 제공하는 일종의 소프트웨어

마케터가 블로그와 위키를 무시하게 되면 너무 많은 재무적 위험을 감수해야만 한다. 이러한 사실에도 불구하고 통계에 따르면 포춘 500(Forune 500)대 기업 중 약 3분의 1만이 기업의 자체 블로그를 보유하고 있다.[39] 고객과의 관계를 개선하고 기업의 제품을 홍보하려는 마케터라면 새로운 미디어 대안으로 이 두 도구의 파괴력을 과소 평가해서는 안된다.

7-3c. 미디어 공유 사이트

마케터는 미디어 공유 사이트를 통해 보다 시각적인 방식으로 기업의 메시지를 공유한다. 미디어 공유 사이트를 통해 마케터는 사진, 동영상 및 팟캐스트 등을 공유할 수 있지만, 기업이 소비자와 소통하는 방법은 범위가 더 제한적이다. 미디어 공유사이트를 통한 커뮤니케이션은 판촉지향적인 경향이 있다. 이는 기업이 동영상이나 사진을 통해 제품을 알릴 수 있기는 하지만, 일반적으로 개인적인 메시지나 응답을 통해 소비자와 상호작용하지 않는다는 것을 의미한다. 동시에 이러한 사이트의 인기는 전 세계 소비자에게 다가갈 수 있는 잠재력을 지니고 있다.

사진 공유 사이트를 통해 사용자들은 사진을 업로드하고 이를 전 세계와 공유할 수 있다. 널리 알려진 사진 공유 사이트에는 플리커(Flickr), 셔터플라이(Shutterfly), 스냅피쉬(Snapfish)와 인스타그램(Instagram)등이 있다. 플리커는 인터넷에서 가장 인기있는 사진 공유 사이트 중의 하나이다. 플리커 사용자는 대용량 이미지 파일을 이메일로 보내거나 사진을 직접 메일로 보낼 필요없이 이미지를 업로드·편집·분류하고, 사진 앨범을 만들고, 사진이나 동영상을 친구와 공유할 수 있다. 인스타그램은 인기 측면에서는 플리커를 능가하는 사진 공유 사이트이다. 인스타그램을 사용하면 10억 명의 사용자가 사진을 다양한 색조로 조작하고 친구들과 공유할 수도 있다.[40] 스냅챗과 경쟁하기 위해 페이스북은 인스타그램 스토리(Instagram Stories)와 페이스북 스토리(Facebook Stories)를 도입했다. 페이스북 스토리에서는 사용자가 24시간 안에 사라지는 메시지를 친구에게 보낼 수 있다.[41] 인스타그램 스토리의 적극적 사용자 수는 하루 기준 5억 명에 이르며, 기업에서는 비하인드 콘텐츠, 기업 공지 사항 등을 공유하여 팔로워와 상호작용할 수 있는 좋은 기회를 만들어 내고 있다.[42] 페이스북은 모바일 산업에 진출하기 위해 인스타그램을 10억 달러에 인수했다.[43] 모바일 앱을 사용하거나 스마트폰을 통해 인터넷에 접속하는 사람들이 늘어나면서 모바일 기기를 이용한 사진 공유가 증가하고 있다.

SOUTHERNTRAVELER/SHUTTERSTOCK.COM

미디어 공유 사이트 여러 브랜드가 인스타그램을 사용하여 사용자 제작 콘텐츠, 할인 정보, 설문조사, 비하인드 동영상 등을 공유한다.

사진공유를 새로운 차원으로 끌어올리는 사이트들이 등장하고 있다. 핀터레스트(Pinterest)는 북마크와 소셜 네트워크 서비스 기능이 추가된 사진공유 게시판이다. 사용자는 사진과 이미지를 다른 인터넷 사용자와 공유할 수 있으며, 대부분 자신의 보드에 "핀으로 꽂아둔(pin)" 이미지를 통해 커뮤니케이션을 한다. 다른 사용자는 이 이미지를 자신의 보드에 "리핀(repin)"하고, 서로를 팔로우하고, 이미지에 "좋아요"를 보내고, 댓글을 달 수 있다. 마케터들은 자사 브랜드를 대표하는 특정 감성을 전달하는 이미지를 게시하는 것이 핀터레스트를 통한 효과적인 마케팅 방법이라는 사실을 파악하였다.[44] 핀터레스트 사용자는 자신의 관심사를 보여주는 게시판을 만들기 때문에, 마케터는 사용자가 관심있는 제품이나 브랜드에 대한 구매 설득 메시지를 개발할 기회를 잡을 수 있다. 핀터레스트는 소비자들이 제품에 대한 관심 단계에서 제품 구매의도 단계로 발전해 나아가는지를 파악하고자 한다. 이처럼 핀터레스트가 소비자의 신제품 수용과정을 파악하게 되면, 이 웹사이트를 통해 마케팅을 하고자 하는 광고주에게 상당한 도움을 줄 수 있을 것이다.[45] 핀터레스트는 사용자가 물체의 사진을 찍고 비슷한 모양의 물체가 있는 핀 목록을 찾을 수 있는 렌즈(Lens)라는 기능을 추가함으로써 플랫폼을 쇼핑을 위한 검색도구로 발전시키고 있다.[46]

사진 공유는 기업의 이벤트, 직원, 제품 등을 소개하는 스냅사진으로 보여줄 수 있기 때문에 기업이 시각적인 마케팅을 할 수 있는 대표적인 기회로 자리잡고 있다. 나이키(Nike), 아우디(Audi), 엠티브이(MTV)는 모두 디지털 마케팅 캠페인에 인스디그램을 활용했다.[47] 제일스 쥬얼러스(Zales Jewelers)는 핀터레스트에 반지뿐만 아니라 노래, 웨딩 케이크, 웨딩 드레스 등을 포함한 사랑의 다른 테마들을 주제로 한 게시판을 보유하고 있다.[48] 디지털 마케팅 기업은 사진 공유 사이트에서 브랜드들이 어떻게 표시되거나 사용되고 있는지에 대한 인사이트를 얻기 위해 게시된 사진과 이미지를 지속적으로 검색하고 있다. 이 회사들은 크레프트(Kraft)와 같은 유명 회사에 그렇게 얻은 인사이트를 제공하고자 한다.[49] 마케터가 사진 공유 사이트를 활용하여 정보를 수집하고 브랜드를 알릴 수 있는 기회는 무궁무진하다.

또 다른 대중적인 미디어 공유 형태는 비디오 공유 사이트이다. 비디오 공유 사이트에는 포춘 500대 기업의 마케팅 전문가로부터 일반 인터넷 사용자까지 사실상 누구나 동영상을 업로드할 수 있다. 가장 인기 있는 비디오 공유 사이트로는 유튜브(YouTube)와 비메오(Vimeo)가 있다. 기업은 비디오 공유 사이트에 자사 제품의 광고나 정보를 담고 있는 동영상을 업로드할 수 있다. 일부 동영상은 짧은 시간 안에 입소문이 나기도 하며, 이렇게 입소문이 난 동영상 중 일부는 당혹스러운 주제를 포함하기 때문에 인기를 얻기도 하지만, 다른 동영상은 사람들이 재미있다고 생각하기 때문에 입소문을 타게 된다. (바이럴 마케팅에 대해서는 13장에서 자세히 다룰 것이다.) 마케터는 이러한 바이럴 특성을 활용하여 자사 제품의 인지도를 높이고 사용을 촉진할 수 있는 방법을 찾고자 한다.

비디오 마케팅에서 새롭게 등장하고 있는 트렌드는 아마추어 영상 제작자를 활용하는 것이다. 비디오 공유 웹사이트는 기업에게 소비자 생성 콘텐츠를 활용할 수 있는 기회를 제공한다. 또한 비디오 블로거가 되고자 하는 사람들에게는 자신의 이름을 올릴 수 있는 기회를 제공하여 주요 기업들로부터 관심을 끌 수 있도록 해 줄 수도 있다. 13살 때 유튜브에 동영상을 올리기 시작한 베서니 모타(Bethany Mota)의 경우를 생각해 보자. 당시 그녀는 매주 자신이 하는 메이크업과 입는 의상에 대한 동영상을 올리기 시작했다. 1,030만 명의 구독자를 보유한 카리스마 넘치는 프리젠터로서, 그녀는 다양한 패션 브랜드를 소개하는 책을 저술했으며, 에어로포스테일(Aéropostale)에 자신만의 패션, 액세서리, 향수 컬렉션까지 개발하기도 했다.[50] 이러한 유형의 동영상은 보다 진정성을 인정받고, 그런 진정성 때문에 그녀가 소개하는 제품에 대해 소비자들은 열광을 하게 된다. 그런 것들이 브랜드 이미지를 높일 수 있는 일종의 온라인 구전 커뮤니케이션이 되는 것이다.

블로거들과 제임스 찰스(James Charles)나 그레이스 헬빅(Grace Helbig)과 같은 소셜 미디어 스타들이 부상함에 따라, 기업은 자사 제품을 홍보하기 위해 인플루언서들에게 눈을 돌리기 시작했다. 기업은 자사 브랜드 이미지에 어울리는 인플루언서를 찾아 그들에게 비용을 지불하고 제품에 대한 추천을 하게 하거나 리뷰를 위해 무료제품을 보내기도 한다. 약 22%의 기업이 이메일이나 검색 마케팅과 같은 전통적인 채널보다 인플루언서 마케팅을 통해 더 높은 고객획득율 성과를 내고 있다.[51] 기업에서는 인플루언서에게 직접 연락하거나 브랜드베커(BrandBacker)와 같은 유료 플랫폼을 사용하여 이상적인 파트너를 찾아내어 캠페인을 진행할 수 있다. 인플루언스터(Influenster)는 인플루언서나 마이크로 인플루언서들에게 제품을 건네주고 실제 제품을 사용한 후 직접 제작한 진정성 있는 콘텐츠를 소셜 미디어에 올리도록 하는 제품 샘플링 프로그램이다. 인플루언스터 커뮤니티는 500만 명 이상의 사용자로 구성되어 있기 때문에 기업은 필요한 경우, 선별 질문을 통해 자사의 목표시장의 인구통계적 특성과 유사한 사용자가 누구인지를 파악할 수 있다. 이렇게 선별된 사용자가 제품을 전달받으면, 인플루언스터에서는 인플루언서들에게 "브랜드 배지(Brand Badge)"라는 인센티브를 제공하여 게시물 작성, 매장 내 행동, 제품 리뷰 등을 하도록 유도한다. 디지털 배지를 받고 회원 자격을 유지하려면 사용자는 블로그에 리뷰 작성, 인스타그램에 사진 게시 또는 유튜브에 제품 사용 동영상을 올리는 것과 같은 기업에서 지시하는 활동에 참여해야 한다.[52]

팟캐스트 인터넷에서 구독신청을 하면 새로운 콘텐츠가 청취 기기나 개인용 컴퓨터에 자동으로 전달되어 다운로드받을 수 있는 오디오 또는 비디오 파일

전통적으로 음악과 라디오 방송에 사용되었던 팟캐스트도 중요한 디지털 마케팅 도구이다. **팟캐스트**Podcasts는 인터넷에서 구독신청을 하면 새로운 콘텐츠가 청취 기기나 개인용 컴퓨터에 자동으로 전달되어 다운로드받을 수 있는 오디오 또는 비디오 파일이다. 팟캐스트는 사용자가 원하는 시간과 장소에서 콘텐츠를 듣거나 볼 수 있는 기능을 제공하여 편의성이라는 편익을 제공한다. 팟캐스트는 또한 소비자의 구매 습관에도 영향을 미치는 것으로 나타났다. 예를 들어, 식료품점에서 영양과 관련된 팟캐스트를 들으면 쇼핑객은 더 건강에 이로운 품목을 구매할 가능성이 높아진다.[53] 식품 마케터는 이 정보를 사용하여 자사 식품이 제공할 수 있는 건강 상 편익을 홍보하는 방법을 개선할 수 있다. 기업은 팟캐스트를 사용하여 제품 사용 방법을 시연하거나 특정 기능을 설명할 수도 있다. 팟캐스트가 계속해서 인기를 얻으면서 씨비씨(CBC) 라디오, 엔피알(NPR), 엠에스엔비씨(MSNBC) 및 피비에스(PBS)와 같은 라디오 및 텔레비전 방송국에서는 이러한 성장 추세에서 이익을 얻기 위해 프로그램을 팟캐스트로 제작하고 있다. 팟캐스트를 통해 많은 기업은 브랜드 인지도를 높이고 제품에 대한 커뮤니케이션을 하며 고객 충성도를 높이고자 한다.

7-3d. 모바일 마케팅

스마트폰, 테블릿 컴퓨터, 기타 모바일 컴퓨팅 기기 등의 모바일 기기를 사용하면 고객은 자신의 데스크탑 컴퓨터가 없이도 어디서나 디지털 네트워크에 접속할 수 있다. 미국인의 95% 이상이 모바일 기기를 소유하고 있다.[54] 그들이 지니고 있는 모바일 기기는 대부분 스마트폰이다. 스마트폰은 인터넷에 접속하고, 앱을 다운받고, 음악을 듣고, 사진을 찍는 등 다양한 기능을 갖추고 있다. 그림 7.2는 연령별 스마트폰 소유현황을 나타내고 있는 자료이다. 모바일 마케팅이 폭발적으로 성장하고 있으며, 마케터들은 연간 760억 달러 이상을 모바일 광고에 사용하고 있다.[55]

모바일 마케팅은 소비자의 관심을 끄는데 효과가 크다. 한 연구에 의하면, 소비자의 58%가 모바일 동영상 광고를 통해 시청한 브랜드를 회상한 반면, 텔레비전 광고를 통해 본 브랜드에 대해서는 10%만을 기억해 냈다고 한다. 이와 같은 브랜드 회상율은 광고가 넘쳐나고 있는 세상에서 이례적으로 높은 수치라고 할 수 있다. 이렇게 광고 회상율이 높은 매체로 확인되었음에도 불구하고 많은 기업이 아직 모바일 마케팅 기회를 활용하지 못하고 있다. 대부분의 주요 기업들이 웹사이트를 소유하고 있지만, 그 모든 웹사이트를 모바일 기기에서 쉽게 볼 수 있는 것은 아니다.[56]

뒤처지지 않기 위해서 기업은 모바일 마케팅의 중요성을 인식해야 한다. 일반적인 모바일 마케팅 도구에는 다음과 같은 것들이 있다:

- 에스엠에스(SMS) 메시지: 에스엠에스 메시지는 160자 이하의 단문 메시지이다. 에스엠에스 메시지는 유망 고객에게 쿠폰을 발송하는데 효과적인 방법이다.[57]
- 멀티미디어 메시지: 멀티미디어 메시지(MMS)는 기업이 모바일 기기를 통해 동영상, 오디오, 사진 및 기타 유형의 미디어를 전송할 수 있는 에스엠에스(SMS) 메시지의 발전된 형태이다. 발송된 에스엠에스(SMS)와 멀티미디어 메시지의 98%가 소비자에 의해 확인되는 것으로 추정되며, 이는 소비자를 유인하는데 효과적인 도구라는 증거가 될 수 있다.[58]
- 모바일 광고: 모바일 광고는 모바일 기기에 나타나는 시각 광고를 말한다. 기업은 검색 엔진, 웹사이트 또는 모바일 기기에서 접속하는 게임 등을 통해 광고를 할 수 있다.
- 모바일 웹사이트: 모바일 웹사이트는 모바일 전용 웹사이트를 말한다. 전체 온라인 트래픽의 약 70%가 모바일 기기에서 발생한다.[59]
- 모바일 애플리케이션: **모바일 애플리케이션mobile applications** 또는 "앱"은 모바일 기기에서 실행되어 사용자가 특정 콘텐츠에 접속할 수 있도록 하는 소프트웨어 프로그램을 말한다.[60] 기업에서는 앱을 출시하여 소비자들에게 기업에 관한 더 많은 정보에 접근할 수 있게 하거나 고객 인센티브를 제공하고자 한다. 다음 부분에서 이와 관련하여 더 자세히 살펴보도록 하자.

모바일 애플리케이션
모바일 기기에서 실행되어 사용자가 특정 콘텐츠에 접속할 수 있도록 하는 소프트웨어 프로그램

📊 그림 7.2 연령별 스마트폰 소유현황

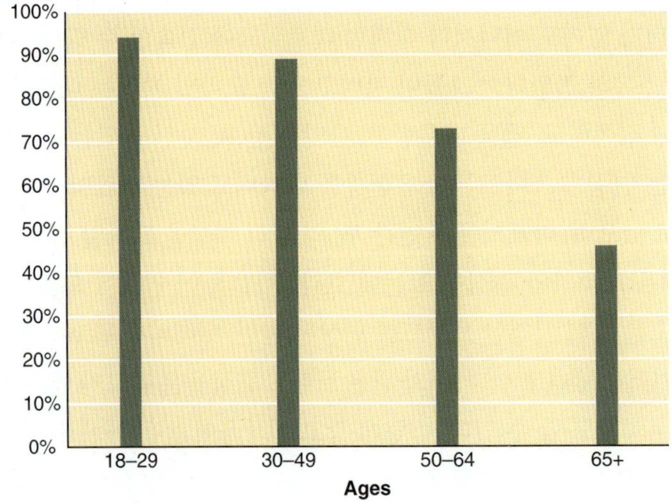

출처: Pew Research Center. Survey conducted January 3–10, 2018.

7-3e. 어플리케이션과 위젯

모든 미국 성인 스마트폰 사용자의 약 77%가 자신의 모바일 기기에서 애플리케이션을 내려받아 사용하고 있기 때문에 애플리케이션(또는 앱)은 이전과는 전혀 다른 새로운 마케팅 환경변화로 인식되고 있다.[61] 앱의 가장 중요한 기능은 앱이 소비자에게 편의성과 비용절감 효과를 제공해 준다는 점이다. 특정 앱을 통해 소비자는 제품의 바코드를 스캔하면 다른 상점에 있는 동일 제품과의 가격비교가 가능하고 매장에서 할인을 받을 수 있는 쿠폰을 내려받을 수도 있다.

기업들이 경쟁력을 유지하기 위해 모바일 마케팅을 통해 소비자에게 추가적인 인센티브를 제공하기 시작했다. 스타벅스의 앱 사용자는 해당 앱을 통해 주문을 하면 매장에서 주문을 위해 줄을 서서 기다리지 않아도 된다. 앱 주문은 스타벅스 거래의 21%를 차지하고 있다.[62] 마케터가 유용하게 사용하고 있는 또 다른 앱은 QR 스캔 앱이다. QR 코드는 잡지, 포스터, 매장 디스플레이에서 가끔 볼 수 있는 흑백 사각형을 말한다. 큐알(QR) 스캔 애플리케이션을 내려받은 스마트폰 사용자는 스마트폰을 열어 앱으로 접속할 수 있는 숨겨진 메시지가 담겨있는 코드를 스캔할 수 있다. QR 스캔 앱은 코드를 인식하고 스마트폰 화면에서 링크, 비디오 또는 이미지를 열어 준다. 마케터는 QR 코드를 사용하여 소비자에게 기업에 대한 정보나 할인쿠폰을 제공한다.[63]

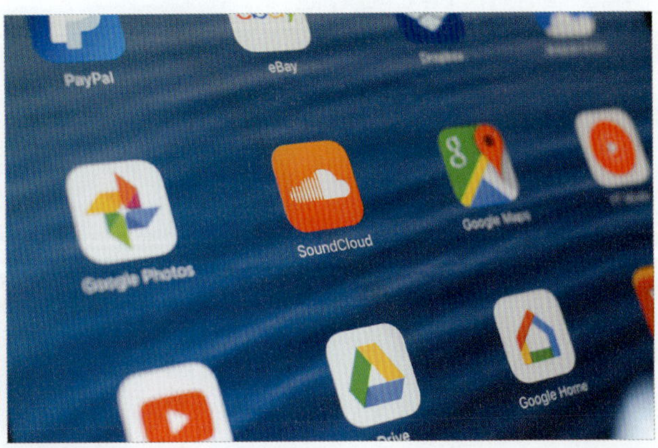

STANISLAW MIKULSKI/SHUTTERSTOCK.COM

모바일 어플리케이션 앱을 사용하면 다양한 모바일 기기에서 디지털 네트워크에 접속할 수 있다.

점차 많은 기업들이 비콘(beacon) 기술을 활용하여 앱 사용자들과 위치 기반 맞춤형 커뮤니케이션을 하고 있다. 예를 들면, 소매업체는 매장 전역에 비콘을 설치할 수 있다. 그래서 쇼핑객이 이 비콘에 접근하면, 스마트폰에 내려받아 놓은 소매업체 앱을 통해 맞춤형 메시지와 할인쿠폰 등을 자동적으로 제공할 수 있다. 메이시스 백화점은 미국 내 모든 매장에서 이 기술을 사용하여 쇼핑객의 위치를 감지하고 맞춤형 제안을 한다.[64] 메리어트 호텔의 로컬퍼크(LocalPerks) 계획은 메리어트 고객의 모바일 기기의 위치를 파악하고 매일 매일의 객실 현황과 기타 마케팅 메시지를 전한다.[65] 한 가지 어려운 점은 소비자가 비콘 신호를 수신하기 위해 자신의 스마트폰에 회사의 앱을 설치해야 한다는 점이다. 구글은 크롬 브라우저 기반 알림을 전송함으로써 이러한 어려움을 극복하고자 한다.[66] 위치 기반 기술이 적용된 애플리케이션은 기업이 고객에게 새로운 가치를 제공할 수 있는 방법으로 판단하기 때문에 지속적으로 확장될 것이다.

모바일 기술은 또한 고객의 쇼핑 경험을 급속히 변화시키고 있다. 쇼핑객은 모바일 애플리케이션을 사용하여 가격을 비교하거나, 쿠폰을 다운로드 받을 수 있을 뿐만 아니라, 스마트폰을 통해 구매내용을 확인하고 구매금액에 대한 결제까지 할 수 있다. 모발일 결제가 인기를 끌면서, 구글, 애플, 스퀘어(Square)과 같은 기업들이 이에 상당한 투자를 하고 있다.[67]예를 들어, 구글 월렛(Google Wallet)과 애플 페이(Apple Pay)는 사용자가 휴대전화로 결제할 수 있는 모바일 앱이다.[68] 스퀘어는 트위터의 공동 창업자인 잭 도시(Jack Dorsey)가 설립한 회사로 기업이 스마트폰이나 테블릿에 연결해 사용할 수 있는 신용카드 리더기를 제공한다. 디지털 기술의 발전과 함께 부상하고 있는 또 다른 결제트렌드는 디지털 화폐이다. 비트코인은 스마트폰으로 결제가 가능한 P2P(peer-to-peer) 가상화폐이다. 쇼핑경험을 혁신하는 데 있어 디지털 지갑의 성공 여부는 소매업체들이 디지털 결제 시스템을 채택하는냐에 달려 있으며, 스타벅스와 같은 기업은 이미 그 기회를 포착하고 있다.

위젯 웹사이트, 데스크탑, 또는 모바일 기기 등에서 주식 시세 제공이나 블로그 업데이트 등과 같은 단순한 과업을 수행할 수 있도록 만들어진 작은 소프트웨어

위젯widget은 웹사이트, 데스크탑, 또는 모바일 기기 등에서 주식 시세 제공이나 블로그 업데이트 등과 같은 단순한 과업을 수행할 수 있도록 만들어진 작은 소프트웨어이다. 마케터는 자사의 웹페이지에 뉴스 헤드라인이나 시계를 표시하거나 게임을 할 수 있도록 하는데 위젯을 사용할 수 있다.[69] 예를 들어, 씨엔비씨(CNBC)는 위젯을 사용하여 구독자에게 알림 및 금융 뉴스를 보내준다. 위젯은 기업에서는 바이럴 마케팅의 도구로 사용할 수 있으며, 사용자들은 클릭 한 번으로 위젯을 다운받아 해당 내용을 친구들에게 보낼 수 있다.[70] 사용자의 데스크탑에 내려받은 위젯은 사용자에게 기업 또는 제품에 대한 최신 정보를 제공함으로써 기업과 고객 간의 관계마케팅을 강화할 수 있다. 예를 들어, 호텔, 레스토랑 및 기타 관광지 등의 웹사이트에서는 트립어드바이저(TripAdvisor) 위젯을 다운로드할 수 있다. 이러한 위젯은 기업에 대한 최신 평가, 보상 및 기타 트립어드바이저 콘텐츠 등을 웹사이트에 직접 나타낸다.[71] 위젯은 웹페이지를 개인화하고 사용자에게 기업에 대한 최신 정보를 알리며 회사 제품에 대한 인지도를 확산시키는 혁신적인 디지털 마케팅 도구이다.

7-4 소비자의 디지털 미디어 행동 모니터

 # 학습목표 **마케터들이 디지털 마케팅 전략의 성공 여부를 어떻게 측정하는지 설명한다.**

소비자는 이제 자신이 어떤 정보를 얼마만큼, 어떤 순서로 볼 것인가를 통제할 수 있는 힘이 더욱 커졌다. 인터넷은 사용자가 어떤 웹사이트를 볼 것인지를 결정하기 때문에 풀(pull) 미디어라고도 한다. 마케터는 사용자들에게 제공되는 메시지의 내용과 순서만을 통제할 수 있을 뿐이다. 오늘날 블로그, 위키, 팟캐스트 및 이용자 평가 등은 기업을 홍보, 칭찬, 또는 반대하는데 활용된다. 디지털 미디어는 마케터에게 기존 마케팅과는 다른 방식으로 업무를 수행하도록 요구한다. 그러나 대부분의 미국 기업은 온라인 소셜 네트워크 사이트에 소비자가 게시한 글을 정규적으로 모니터하지 않고 있다. 많은 경우 이러한 행동은 정보를 수집할 수 있는 기회를 놓치는 것을 의미한다.

반면 일부 기업은 소비자의 힘을 최대한 활용하고 있다. 부정적인 평가나 리뷰는 기업에 피해를 주지만 긍정적인 고객 피드백은 기업이 제공하는 메시지보다 기업에 더 큰 도움이 되는 무료 홍보물이 된다. 소비자 생성 콘텐츠는 기업 메시지보다 더 진정성 있게 보이기 때문에 기업의 신뢰도를 높이는 데 크게 기여할 수 있다. 또한 소비자는 디지털 미디어를 활용하여 더 많은 정보에 접근할 수 있지만 마케터는 동일한 사이트를 사용하여 소비자에 대한 정보를 얻을 수도 있다. 이는 전통적인 마케팅 활동을 통해 얻을 수 있는 것보다 더 많은 양의 정보에 해당된다. 마케터는 소비자가 인터넷을 사용하는 방법을 검토해서 청중에게 맞춤형 메시지를 전달할 수 있다. 마지막으로 마케터는 인터넷을 활용하여 이전과는 전혀 새로운 마케팅 조사 방법으로 온라인 마케팅의 성공여부를 추적하고 있다.

WDNET CREATION/SHUTTERSTOCK.COM

온라인 모니터 및 분석 구글 애널리틱스(Google Analytics)는 웹사이트 트래픽과 더불어 클릭율, 이탈률, 사이트 속도 등을 포함한 데이터를 모니터하는 웹 분석 플랫폼이다.

7-4a. 온라인 모니터 및 분석

소셜 미디어 마케팅에서 자원을 극대화하고 비용을 최소화시키기 위해서는 디지털 미디어에 대한 모니터와 평가가 반드시 필요하다. 측정의 강점은 온라인 분석 및 측정 기준을 보유하는 능력에서 비롯된다. 소셜 미디어 모니터에는 기업의 디지털 마케팅 계획을 추적, 측정 및 평가하는 활동이 포함된다.[72] 전략적 성과평가에 대해서는 이미 2장에서 살펴보았으며, 이 장에서는 디지털 마케팅 전략을 모니터하고 평가하는 것을 살펴볼 것이다. 디지털 마케팅 성

표 7.2 소셜 미디어 성과 평가 지표

노출정도 (Exposure)	참여정도 (Engagement)	영향력 정도 (Influence)	효과 정도 (Impact)	지지 정도 (Advocacy)
정량적 지표	**정량적 지표**	**정량적 지표**	**정량적 지표**	**정량적 지표**
방문 페이지 수	재방문 수	링크	신규 구독자 수	온라인 평가
방문자 수, 순방문자 수	사이트 체류시간	브랜드 속성과 연계	웹 사이트 추천 수	추천 언급 비율
채널(소스)별 방문 수	총 게시글 작성 수	구매 고려	콘텐츠 다운로드 수	브랜드 팬/지지자 수
도달되는 총 팔로워 수(청중수)	좋아요, 공유, 댓글 수	추천 가능성	앱 다운로드 수	
노출기회	클릭율		구매하지 않은 장바구니 목록(-)	
CPM(1000명 노출 비용)	팔로워, 친구의 수		판매로 이어진 횟수	
	공유 청중 수		전환율	
	프로파일 수정 횟수		매출액	
	해시태그 사용 횟수		반복구매	
			구매빈도	
			비용절감	
	정성적 지표	**정성적 지표**	**정성적 지표**	**정성적 지표**
	언급	감성어 (긍정,중립,부정)	만족도	평가 및 후기 콘텐츠
	브랜드에 대한 사람들의 이야기	순 고객 추천 수	충성도	옹호자에 의한 순수 게시글
		클라우트 지수		직원 홍보대사

출처: Barker/Barker/Bormann/Zahay/Roberts. Social Media Marketing, 2E. © 2017 South-Western, a part of Cengage, Inc. Reproduced by permission. www.cengage.com/permissions

과평가의 장점은 전략의 성과를 나타내는 지표를 포착하는 방법에 있다. 따라서 성과 목표치를 설정하는 것은 실제 달성된 성과와 비교할 수 있는 기준을 만드는 것이다. 평가지표는 고객의 소리를 듣거나 그들의 행동을 추적함으로써 개발할 수 있다. 예를 들어, 기업이 해시태그를 만들어 그것을 홍보할 수 있다. 평가지표는 정량적인 것일 수도 정성적인 것일 수도 있다. 예를 들어, 클릭율(click-through rate; CTR)은 정량적 측정도구로서 사이트에서 링크를 클릭한 소비자의 비율을 나타내는 것이다. 또한 정성적 지표는 소비자가 제품에 대해 어떻게 느끼는지를 설문하는 것을 예로 들 수 있다.

디지털 마케팅 프로그램은 분석을 통해 관리할 수 있다. 웹사이트, 소셜 미디어 또는 고객 관계관리 프로그램의 성과를 분석하면 무엇이 가장 효과적인지를 결정하는데 도움이 될 수 있다. 성과물의 추세와 변화를 파악하는 것이 성과예측의 핵심이 될 수 있다. 예측 분석은 통계 기법을 활용하여 과거 데이터를 분석하고, 이를 향후 의사결정에 대처하기 위한 해답과 솔루션을 찾고자 하는 것이다. 예를 들어, 기계학습(machine learning)은 빅데이터와 예측모델을 이용하여 디지털마케팅의 계획과 성과를 개선하는데 활용할 수 있다. 핵심성과지표(key performance indicators; KPIs)는 소셜미디어 전략 수립의 초기 단계에 포함시켜 전략 실행과 동시에 실시간으로 성과를 측정하고 평가할 수 있도록 해야 한다. 이는 전략 및 전술 실행을 끊임없이 변경할 수 있는 기반이 된다. 3장에서 살펴본 바와 같이 마케팅 분석은 다양한 도구와 방법을 사용하여 마케팅 활동의 성과를 측정하고 해석한다. 소셜 미디어에 대한 성과분석을 하면 더 정확한

표 7.3. 구글 애널리틱스(Google Analytics)

실시간 (Real-Time)	페이지 유입 수, 상위 추천, 상위 키워드, 상위 활성 페이지, 상위 위치를 실시간으로 확인할 수 있도록 데이터 업데이트가 이루어진다.
잠재고객 (Audience)	잠재고객 보고서는 인구통계, 관심분야, 지역, 행동, 모바일 사용 등에 대한 통찰력을 제공한다.
획득 (Acquisition)	유입 트래픽은 획득 보고서를 통해 관찰되므로 검색, 추천, 이메일 및 소셜 미디어의 트래픽을 비교할 수 있다.
행동 (Behavior)	방문자가 사이트의 콘텐츠와 상호 작용하는 방식을 확인하여 콘텐츠를 평가한다. 랜딩페이지, 종료페이지, 사이트 속도, 이탈률 등을 관찰한다.
전환 (Conversions)	구글 애널리틱스를 사용하면 이메일 뉴스레터 또는 구매 완료와 같은 웹 전환을 관찰하기 위한 목표와 목적을 설정할 수 있다.

목표시장을 대상으로 소셜 미디어 캠페인을 개발할 수 있을 것이다. 타당성을 확보한 평가지표를 선택하려면 소셜 미디어 전략이 달성해야 하는 특정 목표가 필요하다. 정량적 목표에는 인스타그램의 "좋아요" 개수 혹은 페이스 북 게시물에 대한 클릭율(CTR)이 포함될 수 있다. 표 7.2에는 노출 정도, 참여 정도, 영향력 정도, 효과 정도, 지지 정도 등에 기반을 둔 평가 지표들이 제시되어 있다.

2장에서 설명한 바와 같이, 포괄적인 성과평가를 위해서는 모든 타당한 성과평가 지표를 수집해서 전략이 성과기준을 충족했는지 아니면 기대보다 성과가 저조했는지를 파악해야 한다. 이를 위한 한 가지 방법은 3,000 만개 이상의 웹사이트를 모니터하는 가장 큰 분석 플랫폼인 구글 애널리틱스를 이용하는 것이다.[73] 구글 애널리틱스의 대시보드는 실시간, 잠재고객, 획득, 행동 및 전환 등 5개 부분으로 나뉜다. 표 7.3은 각 부분의 기능을 설명한다. 이 도구를 사용하면 웹사이트의 강약점을 파악해서 성장기회를 발견할 수 있다. 예를 들어, 자연 검색을 통해 사이트로 유입되는 사용자들의 수는 많지만 소셜 미디어를 통해 유입되는 사용자 수는 상당히 적다는 사실을 확인할 수 있고, 주말에 사이트로 유입되는 사용자는 천천히 증가하지만 주중에 유입되는 사용자의 수는 급증한다는 사실 등을 파악할 수 있다. 소셜 미디어 전략의 핵심성과지표(KPIs)에는 좋아요, 공유, 도달율, 참여율, 클릭율 및 전환이 포함된다. 전환 대시보드에서 마케터는 맞춤형 전환 목표를 설정하여 소셜 미디어가 자사의 비즈니스에 미치는 영향을 확인할 수 있다. 페이스북광고매니저(Facebook Ads Manager)는 페이스북, 메신저, 인스타그램 광고를 만들고, 광고를 어디에 배치할 것인가를 결정하고, 광고성과에 대한 평가지표를 무엇으로 해야 할 것인가를 결정하는 온라인 분석도구이다. 이 도구는 맞춤형 보고서와 통찰력 있는 데이터를 내려받을 수 있는 기회를 제공하여 핵심성과지표를 개발하는데 도움이 된다. 광고배치와 성과분석은 모두 페이스북광고매니저에 내장되어 있다. 예를 들어, 소규모 소프트웨어 기업인 인퓨전소프트(Infusionsoft)는 페이스북광고매니저를 사용하여 디지털 광고를 최적화하고 모바일 영상을 사용하여 67% 이상의 영업기회를 확보했다.[74]

마케터는 풍부한 사이트 트래픽 데이터를 분석하여 고객을 더 잘 이해하고 마케팅 활동의 효과를 측정할 수 있다. 예를 들어 피비에스(PBS) 방송국은 구글 애널리틱스를 사용하여 여러 속성에 대한 웹 성능을 모니터하고 사용자 등록 및 동영상 조회와 같은 주요 이벤트를 추적한다. 검색 엔진 동향을 분석한 후 피비에스(PBS)는 분석을 시작한 첫 해에 30% 증가된 사이트 트래픽을 경험했다.[75] 구글 애널리틱스는 틀림없이 가장 강력한 웹 분석 도구이며, 구글 계정이 있는 사람이라면 누구나 무료로 사용할 수 있다. 기업이 잠재 고객을 공략할 수 있도록 설계된 프리미엄 버전인 구글 애널리틱스 360 스위트(Google Analytics 360 Suite)는 더욱 심층적인 분석에 사용할 수 있다. 이 도구는 웹 및 TV에서 모바일에 이르기까지 누군가의 습관을 식별하여 세일즈포스나 오라클(Oracle)과 같은 기업과 경쟁을 벌이고 있다.[76]

7-5 e-마케팅 전략

 # 학습목표 디지털 미디어가 마케팅믹스에 어떤 영향을 미치는가를 확인한다.

세계 인구의 약 40%가 인터넷을 사용하고 있으며, 이 수치는 빠른 속도로 증가하고 있다.[77] 이러한 추세는 점점 온라인 환경에 능숙한 인구에 도달하기 위해 기업이 인터넷을 사용해야 할 필요가 증가하고 있음을 보여주는 것이다. 더 많은 쇼핑객이 온라인에서 구매를 함에 따라 전통적인 오프라인 기업들의 영향력이 약화되고 있다.

따라서 중소기업든 대기업이든 새로운 소셜 미디어를 효과적으로 사용하는 방법을 배우는 것이 중요해졌다. 대부분의 기업은 시장점유율을 확보하거나 유지하기 위해 디지털 마케팅을 활용할 필요가 있다는 사실을 파악하고 있다. 아마존이 1990년대에 온라인 서점으로 처음 인기를 끌었을 때, 오프라인 서점 체인 반스앤노블(Barnes & Noble)은 오프라인 서점을 계속 유지하면서 웹사이트를 통해 신속하게 온라인 쇼핑이 가능하도록 조치를 취했다. 이와 같은 "온오프 혼합(bricks-and-clicks)" 모델은 이제 인근 가족 소유 레스토랑으로부터 전국 체인 소매업체에 이르기까지 비즈니스의 표준이 되었다. 다음 부분에서는 기업이 소셜 미디어 포럼을 사용하여 웹에서 효과적인 마케팅 전략을 어떻게 수립하는가에 대해 살펴볼 것이다.

7-5a 제품전략

전통적인 마케팅에서, 마케터는 소비자의 욕구와 선호를 예측해서 이러한 욕구를 충족시킬 수 있는 제품을 제공해야만 한다. 디지털 미디어를 활용하여 제품을 마케팅할 때에도 마찬가지이다. 디지털 미디어는 기존 제품에 서비스 차원을 추가해서 인터넷에서만 구매할 수 있는 새로운 제품을 만들 수 있는 기회를 제공한다. 예를 들어, 디지털 플랫폼 스팀(Steam)은 게이머들이 PC 및 Mac용 수만 개의 비디오 게임에 접속할 수 있도록 한다. 이들은 디지털 영역에서만 볼 수 있는 제품을 대표한다.

모든 제품에 대한 정보에 접근할 수 있는 능력은 구매자의 의사결정에 큰 영향을 미칠 수 있다. 그러나 대기업이 독자적인 대규모 마케팅 캠페인을 시작하고 디지털 기술의 고도화가 계속되고 있는 가운데, 많은 기업들이 소비자의 욕구를 충족시키기 위해 자사 제품의 개선이 필요하다는 사실을 깨닫게 되었다. 제품을 관리할 때, 품질, 성과, 핵심 이미지 등의 내용을 포함하고 있는 소비자 생성 브랜드 스토리에 주의를 기울이는 것이 중요하다.[78] 이 장 전체에서 살펴본 바와 같이, 인터넷은 마케터가 소비자의 욕구와 필요에 대해 더 많은 것을 파악할 수 있는 중요한 자원 역할을 한다.

일부 기업은 현재 더 나은 제품을 개발하기 위해 온라인 광고캠페인 및 공모전을 활용하고 있다. 예를 들어, 스킨 케어 및 화장품 기업인 볼리션뷰티(Volition Beauty)는 고객으로부터 신제품 아이디어를 크라우드소싱한다. 아이디어가 볼리션뷰티 내부 팀을 통과하면 볼리션뷰티 커뮤니티의 수만 명의 사람들은 제품을 생산해야 하는지 여부를 온라인으로 투표를 하고, 제품이 투표에 부쳐지면 할인을 받을 것이다. 팬층을 활용하여 새로운 아이디어를 독특하고 혁신적인 제품으로 개발할 수 있고, 소비자가 소셜 네트워크에 제품 아이디어를 공유하여 친구나 가족의 지지를 얻음으로써 이 뷰티 커뮤니티에 대한 인지도는 높아진다.[79]

7-5b 가격전략

가격은 가치에 대한 인식을 나타내며 마케팅 믹스 중 가장 가변적인 요소이다. 디지털 미디어 마케팅은 인터넷 마케팅이 소비자에게 제품과 가격에 대한 더 많은 정보를 제공하기 때문에 가격 및 비가격 경쟁 모두를 유발시킨다. 소비자들이 자신의 선택에 대해 더 많이 알게 되면서, 저가 상품에 대한 수요가 증가하고, 이로 인해 일일 거래 사이트가 생겨나게 된다. 숍스타일(ShopStyle)은 사용자에게 패션 트렌드를 알리고 그들과 패션 브랜드 및 웹사이트를 연결하는 온라인 사이트이다. 사용자는 가격 및 기타 기준으로 검색을 필터링할 수 있다. 숍스타일은 매일 쇼핑객에게 제공되는 독점 제안에 대한 약속으로 가격뿐만 아니라 광범위한 제품 제공으로 경쟁에 대처하고 있다. 또한 일부 마케터는 온라인 쿠폰이나 무료 샘플과 같은 구매 인센티브를 사용하여 제품에 대한 소비자 수요를 창출한다.

디지털 환경에서 고객들은 다양한 경쟁업체에서 제공하는 제품의 가격을 즉시 발견할 수 있다. 웹사이트에 가격 정보가 제공되면, 모바일 애플리케이션을 통해 고객은 최저가를 쉽게 찾을 수 있다. 소비자는 구매 중에도 스마트폰에 나타나 있는 최저가를 제시함으로써 매장의 소매업체와 흥정을 할 수도 있다. 가격정보에 대한 이러한 새로운 접근은 소비자에게 혜택을 제공하는 반면, 판매자에게는 경쟁력을 높이고 고객이 가격보다 속성과 혜택에 집중할 수 있도록 제품을 차별화시켜야 하는 새로운 압력으로 작용한다

소매업체 및 기타 기업들은 고객이 원하는 제품을 직접 구매할 수 있도록 페이스북 및 소셜 미디어 사이트에서 전자상거래 사이트를 개설하기 시작했다. 페이스북

VECTOREXPERT/SHUTTERSTOCK.COM

가격전략 온라인 소매업체는 가격할인, 보상 프로그램, 할인 코드 및 기타 판촉 기회 등을 통한 강력한 가치 제안으로 고객을 확보할 수 있다.

은 빅커머스(BigCommerce)와 제휴하여 판매자가 소셜 플랫폼에서 상품을 공유하고 소비자를 자신의 웹사이트로 안내할 수 있도록 페이스 북 페이지에 "쇼핑" 섹션을 만들었다.[80] 스마트울(Smartwool), 예티(YETI) 및 더폴카닷앨리(The Polkadot Alley) 등과 같은 브랜드는 통합의 이점을 활용했다. 디지털 마케팅은 가격경쟁을 원하는 기업들에게 무한한 기회를 제공한다.

7-5c 유통전략

유통의 역할은 제품을 적절한 시기, 적절한 장소, 적절한 수량으로 제공하는 것이다. 디지털 마케팅은 기업의 효율성을 높이는데 도움이 되는 새로운 유통경로로 간주될 수 있다. 디지털 마케팅은 주문을 전자적으로 처리하고 인터넷을 통해 커뮤니케이션의 속도를 높일 수 있기 때문에 비효율성, 비용 및 중복을 줄이면서 마케팅 채널 전체의 속도를 높일 수 있다. 배송시간과 비용은 소비자를 유인하는데 중요한 고려사항이 되어 많은 기업이 소비자에게 낮은 배송비 또는 익일 배송과 같은 서비스를 제공하고 있다. 디지털 마케팅은 또한 일상 제품에 대해서도 새로운 유통방법을 만들어 내고 있다. 디지털 마케팅은 또한 일상 제품에 대해서도 새로운 유통방법을 만들어 내고 있다. 예를 들어, 아마존은 식료품을 방문배송하는 방식으로 확장을 했다. 녹색의 아마존프레쉬(AmazonFresh) 트럭이 시애틀, 캘리포니아의 일부 지역, 뉴욕, 보스턴, 런던 등지에서 식료품을 배달하는 모습을 발견할 수 있다.[81] 게다가 아마존은 일부 시장에서 홀푸드(Whole Foods)의 식료품을 배달하기도 한다.

버치박스(Birchbox), 블루 나일(Blue Nile) 및 와비 파커(Warby Parker) 등과 같은 많은 온라인 소매업체들이 물리적 존재감과 인지도를 높이기 위해 전통적인 오프라인 세계에 매장을 만들고 있다. 대부분의 블루 나일 매장과 달리 "웹룸(Webroom)"이라 불리는 매장은 전시장만 있어 고객들이 제품을 직접 만져보고 느낄 수 있지만 모든 주문은 온라인으로 이루어지기 때문에 물류비와 대형 매장에서 발생하는 부동산 비용을 절감할 수 있다. 이러한 추세는 온라인에서의 경쟁이 심화되고, 소매업체가 모바일, 데스크탑 및 기존 소매 공간 전반에 걸쳐 원활한 경험을 제공하는 **옴니채널 소매omnichannel retailing**로의 변화를 나타내는 것이다. 예를 들어, 많은 소매업체는 모든 채널에서 일관된 제품 구색과 가격을 제공하고 반품 프로세스를 간소화하는 것을 목표로 한다. 고객은 온라인으로 제품을 찾아보고, 매장에서 쇼핑하고, 매장 내 디지털 카탈로그를 검색한 다음 계산대에서 소매업체 앱의 쿠폰을 사용할 수 있다. 옴니채널 소매는 고객 경험에 기여하는 모든 것을 동기화한다. 쇼핑객의 73%는 쇼핑하는 동안 여러 채널을 사용하므로 원활한 쇼핑 경험을 제공하는 것이 경쟁업체와 차별화 요인이 될 수 있다. 설문 조사에 따르면 매장에서 쇼핑하기 전에 온라인으로 검색하는 고객이 옴니채널 쇼핑객 사이에서 13% 더 많은 매출을 올려준다는 사실을 확인했다.[82]

옴니채널 소매 모바일, 데스크탑 및 기존 소매 공간 전반에 걸쳐 원활한 경험을 제공

7-5d 프로모션 전략

이 장에서는 소비자와의 연결을 위한 소셜 네트워크에 프로필을 작성하는 것부터 가상 소셜 게임에 브랜드를 삽입하는 등 마케터가 디지털 미디어를 활용하여 제품을 홍보하는 방법에 대해서 살펴보고 있다. 소셜 네트워크 사이트를 통해 마케터는 완전히 새롭고 창의적인 방식으로 프로모션을 할 수 있다. 컬러팝(ColorPop)은 디지털 마케팅 성공의 대표적인 사례이다. 이 회사는 온라인에서만 영업을 하며 전통적인 광고는 하지 않는다. 대신 디지털 마케팅을 통해 개발한 사회적 입소문을 프로모션 수단으로 활용한다. 저가격으로 유명한 이 회사는 인스타그램과 유튜브를 통해 인기를 얻어 인스타그램 계정 팔로워 960만명, 트위터 팔로워 120만명, 페이스북 좋아요 200만 등 밀레니얼 및 Z세대 팬을 보유하고 있다. 결과적으로 컬러팝은 뷰티시장이 그 어느 때보다도 경쟁이 치열한 시기에 번창을 하고 있다.[83] 이러한 기회에 참여하고자 하는 마케터는 자사의 브랜드 인지도를 높일 수 있는 기회를 얻을 수 있다. 천연 음료 회사인 캘리피아팜스(Califia Farms)는 인스타그램을 플랫폼으로 사용하여 수상 경력에 빛나는 상징적인 포장을 선보이고, 소비자에게 캘리피아팜스 음료를 즐기는 새로운 방법과 더불어 자신 제품의 재료가 지니고 있는 장점들을 가르친다.[84]

온라인 광고에는 텍스트, 로고, 애니메이션, 비디오, 사진 또는 기타 유형의 그래픽 디스플레이의 사용을 포함한 다양한 유형의 디스플레이 광고가 포함된다. 현재 인터넷 광고 수익은 880억 달러를 넘어섰고 계속해서 성장하고 있다.[85] 인터넷 광고의 주요 장점은 광고 통계를 추적할 수 있다는 점이다. 광범위하고 쌍방향 커뮤니케이션이 가능하다는 특징으로 인해 디지털 광고는 높은 수준의 총노출 효과와 반응률을 기대할 수 있다. 마케터들은 자사 제품의 가치를 향상시키기 위해 디지털 광고의 효과를 극대화시키고자 한다.[86] 이전에는 구글 애드워즈(Google AdWords)라고 불렀던 구글 애즈(Google Ads)는 클릭당 결제(pay-per-click; PPC) 방식의 온라인 광고 시장의 지배적인 업체이다.[87] 페이스북과 인스타그램 광고도 증가하고 있으며, 연간 약 550억 달러의 수익을 올리고 있다. 최근 성장세는 주로 200만 명의 광고주를 유치한 인스타그램 스토리(Instagram Stories) 광고의 증가

SOURCE: TWITTER, INC.

프로모션 전략 데이아푸드(Daiya Foods)는 소셜 미디어를 사용하여 유류 무첨가 식품을 선보이고 소비자에게 사용방법을 알려준다.

에 기인한다.[88] 인스타그램 스토리의 광고는 스폰서 콘텐츠로 포화상태에 있는 메인 피드의 광고보다 저렴하기 때문에 광고주에게 매력적인 요소가 되었다.[89] 모든 유형의 산업에서 온라인 프로모션을 폭넓게 사용하고 있음에도 불구하고 소규모 업체에서는 예산의 제약으로 인해 유료 인터넷 광고를 하지 못하고 있다. 페이스북과 기타 디지털 기업들은 중소기업도 유료 광고를 통해 기업의 가치를 끌어올릴 수 있는 방법을 찾고자 연구하고 있다.[90]

디지털 미디어는 B2B 프로모션의 기회도 열어주었다. 디지털 마케팅 전략을 채택하는 기업이 많아짐에 따라 더 나은 플랫폼과 디지털 솔루션에 대한 필요성이 커지고 있다. 디지털 프로모션은 모두 브랜드 인지도를 높이고 소비자에게 시장을 알리기 위한 시도이다. 온라인 프로모션의 결과, 소비자는 구매의사결정을 내리기 전에 사용자 생성 콘텐츠를 읽고 더 많은 정보를 얻고, 인터넷 쇼핑몰에서 구매를 하게 된다. 소비자의 소비 패턴이 급격히 변하고 있으며, 마케터들은 이러한 새로운 패턴을 충족시키기 위해 자사의 프로모션 활동을 조정해야 한다.

7-6 윤리적 및 법적 문제

 # 학습목표 디지털 마케팅에서의 법적·윤리적 고려사항을 살펴본다.

온라인과 오프라인 모두에서 마케터가 기술을 이용하여 정보를 수집하는 방법은 수많은 법적·윤리적 문제를 야기한다. 인터넷의 폭발적인 인기와 광범위한 사용 증가로 인해 글로벌 규제 시스템이 이를 따라잡지 못하고 있다. 글로벌 규제 환경도 동일하지 않은데, 유럽과 같은 지역은 미국보다 개인 정보 보호에 더 많은 관심을 기울인다. 오늘날에도 법원은 소비자의 인터넷 활동에 영향을 미칠 법안에 대해 논쟁을 벌이고 있다. 예를 들어, 페이스북 게시판에 올라있는 위협적인 글이 표현의 자유를 보장하는 미국 수정헌법 1조에 의해 보호를 받는가?와 같은 문제가 그것이다. 미국 연방 대법원은 합리적인 사람의 의사소통을 위협으로 간주할 만한 증거가 없는 한 위협의 혐의로 유죄를 선고할 수 없다고 판결했지만, 보호를 받는 발언은 사례별로 다른 판결이 내려지고 있다. 연방거래위원회(Federal Trade Commission; FTC)는 개인 정보 보호, 사기, 저작권으로 보호된 지식재산의 침해 및 기타 불법 인터넷 활동을 규제하고 법률을 제정한다.

온라인 마케팅에 대한 연방거래위원회의 규칙은 다른 형태의 커뮤니케이션 또는 광고와 동일하다. 이러한 규칙은 광고 매체로서의 인터넷의 신뢰성을 유지하는 데 도움이 된다. 속임수를 피하기 위해 모든 온라인 커뮤니케이션은 진실을 말해야 하며 소비자를 오도해서는 안 된다. 또한 모든 주장은 입증되어야 한다. 온라인 커뮤니케이션이 불공정하고, 상당한 피해를 입히고, 합리적으로 피할 수 없고, 다른 혜택보다 중요하지 않은 경우, 그것은 기만적인 것으로 간주된다.

연방거래위원회는 온라인 커뮤니케이션의 위험 영역을 식별하고 위법 행위가 보고되면 소비자에게 경고를 한다. 일부 영역에는 사용 후 품질보증과 광고에 의한 품질보증, 판매보증과 지불보증, 무료 제품, 우편 및 전화 주문이 포함된다. 연방거래위원회에서는 정기적으로 다른 법 집행 기관과 협력하여 사기, 개인정보보호 및 지식재산권 문제를 포함한 허위 또는 기만적인 온라인 주장을 모니터한다.

인플루언서 마케팅은 다른 형태의 디지털 마케팅에 비해 상대적으로 새로운 것이기 때문에, 조기수용층(early adopter)에게 어려움이 있었다는 것은 놀라운 일이 아니다. 부정직한 광고에 대한 우려로 인해 연방거래위원회는 인플루언서가 자신이 홍보하는 브랜드와의 모든 관계를 명확히 밝힐 것을 요구한다. 공개를 소홀히 하면 해당 광고는 기만광고로 간주된다. 워너 브라더스 홈 엔터테인먼트(Warner Bros. Home Entertainment) 및 티미 블렌드(Teami Blends)를 포함한 여러 기업을 상대로 소송이 제기되었다. 연방거래위원회에서는 파트너가 급여를 받든 인플루언서가 확실히 무료 제품을 받든, 모든 수준의 보상은 공개되어야 한다고 밝히고 있다.[91]

브랜드 안전성은 광고가 게재되는 위치에 대한 더 많은 통제권을 요구하는 온라인 광고주에게 점점 더 중요해지고 있다. 기업은 자사의 광고가 의심스럽거나 논란의 여지가 있는 콘텐츠와 함께 제시되는 것을 원하지 않는다. 페이스북은 논쟁의 여지가 있는 사회적 이슈, 성인용 콘텐츠, 비극과 분쟁 등의 세 가지 범주의 콘텐츠를 차단할 수 있는 기능을 광고주에게 제공했다.[92] 많은 브랜드가 불미스러운 동영상에 자사의 광고가 게재될 수도 있다는 두려움때문에 유튜브 광고를 거부한다. 에이티엔티(AT&T), 크로락스(Clorox), 네슬레(Nestlé), 맥도널드(McDonald's) 및 에픽게임즈(Epic Games)는 플랫폼에서의 광고를 모두 중단했다.[93] 광고주들의 우려를 불식시키기 위해, 페이스북이나 유튜브와 같은 플랫폼은 불미스러운 콘텐츠에 광고가 게재되는 것을 방지하고, 광고주에게 광고 게재 위치에 대해 더 많은 통제권을 부여하기 위해 자동화 통제 시스템을 더욱 고도화시켜야 한다.

7-6a. 개인정보보호

안타깝게도 개인 정보를 보호하려는 소비자나 기업은 사이버 범죄가 존재하는 인터넷 환경을 통제할 수 없다. 연방거래위원회(FTC)는 신원 도용 및 온라인 사기를 규제하고 방지하고자 하며 소비자와 마케터에게 개인정보보호에 대한 정보를 제공한다. 마케팅 분석을 위해 소비자 데이터를 사용하다 보면 해커가 파일을 훔치거나 돈을 요구하는 일이 발생할 수 있다. 2014년 야후(Yahoo!)에서는 해킹으로 인해 최소 5억 명 이상의 사용자 데이터가 유출된 바 있다. 야후 측에서는 이 사건을 조사하는데 2년 이상을 소요하는 지지부진한 조사과정을 이어간 바 있다. 사이버 보안 사고가 투자자에게 영향을 미칠 수 있다고 판단되면 기업은 관련 정보를 공개해야 한다는 규제 지침이 있다.[94]

INTEGRITY IN MARKETING

마케팅의 정직성

안티 소셜 미디어: 개인정보보호문제에 직면한 페이스북

개인 정보 보호 문제가 페이스북의 발목을 잡고 있다. 마크 저커버그(Mark Zuckerberg) 페이스북 최고경영자(CEO)는 미국 컨설팅 회사의 영국 계열사인 케임브리지애널리티카(CambridgeAnalytica)가 8,700만 페이스북 사용자에 대한 데이터를 입수했다는 사실이 폭로된 후, 페이스북의 사용자 데이터 처리에 대해 의회에서 증언하도록 요청받았다. 케임브리지애널리티카는 "페이스북이 일반 대중의 행동을 바꾸기 위해 데이터를 사용한다"고 주장한다. 이 회사는 도널드 트럼프 대통령이 당선되기 전에 공화당의 선거운동을 지지했으며, 비평가들은 이러한 데이터가 정치적 주도권을 잡기 위해 사용되었을 수 있다고 주장했다. 또한 뉴욕타임즈는 페이스북이 특정 기업이 사용자의 허락 없이 사용자의 친구나 사적인 메시지 등의 정보에 접근하는 것을 허용했다고 주장하는 보도를 내놓았다.

이러한 논란에 비추어 많은 사람들이 데이터 추적 및 수집에 대한 보다 엄격한 규칙을 요구하고 있다. 제안에는 소비자가 웹사이트에서 수집하도록 허용하는 항목을 이해할 수 있도록 권한 구조를 단순화하고, 개인정보 보호 관행을 웹사이트의 사용 약관 계약의 맨 앞에에 두며, 의료 데이터와 같은 특정 유형의 정보 수집을 금지하는 것 등이 포함된다. 그러는 동안 모질라(Mozilla) 등 많은 광고주들이 광고를 포함한 모든 페이스북 활동을 중단했다. 페이스북이 신뢰를 회복하기 위해서는 개인정보 보호 문제를 해결해야 한다.[b]

어떤 데이터가 필요한지, 어떻게 보호할 것인지를 결정하는 것이 소비자 보호를 위한 첫 번째 단계이다. 현재의 환경에서는 데이터 유출 및 불법 복제가 계속 발생할 것이다. 소셜 미디어 마케팅을 실행하고 있는 모든 기업은 관련된 위험을 이해하고 효과적인 사이버 보안책을 마련하여 소비자를 보호할 책임이 있다. 모든 기업은 정보유출 사건이 발생할 경우를 대비하여 비상계획이나 위기관리계획을 마련해 두어야 한다.[95]

가장 중요한 개인 정보 보호 문제 중 하나는 기업이 장기적인 고객 관계를 형성하기 위해 웹사이트 방문자로부터 수집한 개인 정보를 사용해야 한다는 것이다. 일부 사람들은 웹사이트 사용자로부터 개인 정보를 수집하는 것, 특히 사용자 자신도 모르는 사이에 개인 정보가 수집되어 이 정보가 누출되지 않을까 두려워한다. 또한 정부는 법적 조치를 취할 때 사용자 정보를 얻기 위해 구글이나 마이크로소프트와 같은 회사에 소환장을 발송한다. 애플과 같은 스마트폰 회사는 개인 통화기록에 접근할 수 있는 코드 공유를 거부한다. 반면 미국 법무부는 사건을 처리하는 과정에서 이메일에서 가장 결정적인 증거의 일부를 찾는다.

개인 정보 보호에 대한 소비자의 우려로 인해 연방거래위원회에서는 기업이 온라인으로 수집할 수 있는 소비자 정보의 양을 제한하여 소비자 개인 정보를 보호하는 규정의 개정을 고려하고 있다. 다른 국가들에서 유사한 조치를 취하고 있다. 유럽연합에서는 기업이 쿠키를 사용하여 정보를 추적하기 전에 사용자의 동의를 얻도록 요구하는 일반 데이터 보호 규정(General Data Protection Regulation; GDPR)을 통과시켰다. 미국에서는 일부 정부 관료들이 전화에 대한 "통화 금지" 법안과 유사한 "추적 금지" 법안을 요구하여 사용자가 자신의 정보 추적을 거부할 수 있도록 했다. 국회의원들은 기업이 부모의 허락없이 인터넷이나 모바일 장치를 통해 13세에서 15세 사이의 어린이를 추적하는 것을 불법으로 규정하는 "아동 추적 금지(Do Not Track Kids)" 법안을 다시 도입했다(현재, 마케터는 부모의 허락없이 13세 이하 소비자에 대한 정보를 수집하는 것이 금지되어 있다). 그들은 또한 10대들이 창피하게 여기는 정보를 지울 수 있는 시스템을 원한다.[96] 소셜 네트워크 앱 틱톡(TikTok)은 부모의 동의없이 어린이로부터 정보를 수집한 혐의로 연방거래위원회로부터 570만 달러의 벌금을 부과받았다.[97] 개인 정보 보호와 관련된 특정 법률은 또한 디지털 마케팅의 부상과 함께 새로운 의미를 갖게 되었다. 예를 들어, 연방 비디오 개인 정보 보호법(the Federal Video Privacy Protection Act)에 따라 소비자의 비디오 콘텐츠 소비에 대한 정보를 공개하거나 공유하려는 마케터는 소비자로부터 별도의 독립적인 동의를 얻어야 한다. 이는 기업이 사용자가 자사의 사이트에서 시청한 비디오에 대한 정보를 허가 없이 다

표 7.4. 디지털 마케팅 실행을 위한 모범 사례

1.	마케팅 캠페인의 개념화 단계에서 개인정보보호를 구현한다.
2.	정보 수집에 사용되는 수동 추적 시스템을 공개한다.
3.	제3자와 관련된 데이터 수집에는 데이터가 어떻게 사용되며 누가 소유하는지에 대한 명확한 지침이 포함되어야 한다. 사용자가 인지할 수 있는 알림을 통해 추적 또는 이메일 마케팅을 거부할 수 있는 방법을 제공한다.
4.	캠페인에 적합한 사용자의 연령을 제한한다. 만 13세 미만 아동의 개인정보 수집은 보호자의 동의가 필요하다. 아동에 대한 마케팅이 허용되는 경우, 콘텐츠와 언어가 대상 연령대에 적합한지 확인해야 한다.
5.	발생하는 모든 추적 또는 데이터 수집 활동이 기업의 온라인 개인 정보 보호 정책과 충돌하지 않는지 확인한다.
6.	사용자로부터 수집된 모든 데이터에 대해 보안 조치를 취한다. 특히 식별 가능한 사용자 정보는 보호되어야 한다.
7.	디지털 마케팅에 대한 모든 법적 요건과 업계 윤리 강령을 숙지해야 한다.

출처: Adapted from Jesse Brody, "Terms and Conditions," Marketing News, November 2014, pp. 34-41; Direct Marketing Association, Direct Marketing Association's Guidelines for Ethical Business Practice, https://thedma.org/accountability/ethics-and-compliance/dma-ethical-guidelines/ (accessed March 25, 2017).

른 당사자와 공유할 수 없음을 의미한다.[98] 마케터는 또한 데이터 수집에 대한 사용자의 불만을 역이용할 기회를 엿보고 있다. 소셜 네트워크 사이트 엘로(Ello)는 고객 데이터를 수집하지 않는다는 사실을 마케팅에 활용한다. 아티스트, 디자이너, 음악가, 일러스트레이터 및 건축가를 위해 만들어진 엘로는 광고나 개인 데이터를 제 3자에게 절대 판매하지 않는다. 모바일 메신저 앱인 위커(Wickr)는 저장되는 고객 데이터의 양을 제한하고 메시지, 비디오 및 음성 메모를 완전히 암호화하여 사용자를 보호한다.[99]

소비자는 이러한 추가 보호 기능을 환영할 수 있지만, 소비자 정보를 사용하여 온라인 소비자에게 맞춤형 광고를 원하는 온라인 광고주는 이를 위협으로 간주한다. 곧 시행될 강화된 법률에 대응하여 많은 온라인 광고주는 경쟁에서 앞서기 위해 자율 규제를 시도하고 있다. 예를 들어, 디지털 광고 연합(Digital Advertising Alliance; DAA)은 온라인 광고주를 위한 개인 정보 보호 지침을 채택했다. 디지털 광고 연합은 지침을 준수하여 신뢰할 수 있는 웹사이트라는 표시인 "트러스티드 마크(trusted mark)" 아이콘을 만들었다. 그러나 자율 규제이기 때문에 모든 디지털 광고주가 프로그램에 참여하는 것은 아니다.[100] 표 7.4에는 디지털 마케터가 디지털 마케팅 캠페인을 시작하기 전에 고려해야 할 업계 모범 사례가 소개되어 있다. 디지털 마케터는 연방거래위원회 규칙을 준수하는 캠페인을 만드는 것이 중요하다.

온라인 사기 소비자를 속여 개인정보를 유출하는 등 온라인에서 부정한 행위를 하려는 모든 시도

SOURCE: DARKTRACE

사이버보안 다크트레이스는 랜섬웨어나 보이스피싱을 포함한 사이버 공격으로부터 보호하는 인공지능 기반 사이버 보안 회사이다.

7-6b 온라인 사기

온라인 사기online fraud는 온라인에서 의도적으로 기만하려는 모든 시도를 포함한다. 온라인 사기에는 무엇보다도 소비자를 속여 개인 정보를 유출하려는 시도가 포함된다. 해킹은 디지털 영역에서도 큰 문제가 되고 있다. 해커는 웹사이트에 침입하여 사용자의 개인 정보를 훔친다. 홈디포(Home Depot), 타깃(Target), 제피 모건(J.P. Morgan)은 사이버 범죄자들이 이들 회사의 시스템을 해킹하고 정보를 빼낸 대표적인 사례이다. 소니(Sony)는 전체 컴퓨터 네트워크를 차단하고 27 기가바이트 규모의 파일을 도난당하는 치명적인 공격을 경험했다.[101]

위 광고에서 다크트레이스(Darktrace)는 치타와 방울뱀이 마주하고 있는 모습을 보여주며 인공지능(AI) 제품인 다크트레이스 안티제나(Darktrace Antigena)가 사이버 보안 위협에 얼마나 신속하게 대응할 수 있는지를 보여주고 있다. 다크트레이스는 인공지능과 기계학습을 사용하여 제품의 속도와 정확성을 높이고 있다. 연방거래위원회는 랜섬웨어를 현시점

에서 가장 어려운 사이버 보안 문제로 간주하고 있다. 사이버 범죄자는 소비자 및 비즈니스 컴퓨터에 접근하고 파일을 암호화한 다음 파일 잠금을 해제하는 키를 제공하는 대가를 요구한다.[102]

기업이나 소셜 네트워크 사이트 모두는 디지털 미디어 사이트에서 사기 행위를 방지하기 위한 방법을 개발하고 있다. 예를 들어, 브랜드를 보호하려는 기업들은 소셜 네트워크의 사기 계정을 모니터한다.[103] 기업들은 또한 고객 정보를 보호하기 위해 보다 정교한 보안 프로그램을 구매하고 있다. 그러나 소비자를 위한 최선의 보호는 온라인에 정보를 공개할 때 주의를 기울이는 것이다. 개인 정보 보호 옹호론자들은 사이트가 확실히 합법적이지 않은 한, 사회 보장 번호나 신용카드 정보와 같은 개인 정보를 제공하는 것을 피하는 것이 문제를 피하는 가장 좋은 방법이라고 조언한다. 사용자가 방문하는 웹 사이트마다 다른 비밀번호를 사용하는 것도 온라인 사기의 피해자가 되는 것을 방지할 수 있는 중요한 방법이다. 비밀번호는 사이버 범죄자가 쉽게 추측할 수 없을 정도로 복잡하게 만들어야 한다. 하지만 많은 소비자들은 여러 사이트의 복잡한 비밀번호를 기억하는 데 번거로움을 겪기 때문에 이 작업을 수행하지 않는다.[104]

7-6c 지식재산권 및 불법 행위

인터넷은 지식재산권 및 불법 전자 상거래와 관련된 문제를 야기해 왔다. 지식재산권은 문제해결, 애플리케이션 실행, 다른 사람의 교육 및 즐거움을 위해 개발된 저작권 또는 상표권이 있는 아이디어나 창작물을 말한다. 컴퓨터 프로그램, 영화, 콤팩트 디스크, 책의 불법 복제로 인한 미국 내 지식재산권 손실액은 매년 수십억 달러에 달한다. 저작권으로 보호되는 디지털 콘텐츠를 공유하도록 하는 파이러트베이(Pirate Bay)와 같은 P2P 파일 공유 사이트들이 저작권 위반을 더욱 쉽게 만들고 있다. 당국이 급습과 체포를 통해 파이러트베이를 폐쇄하려 시도했지만, 이 사이트는 다른 나라에 두고 있는 서버를 가지고 바로 서비스를 재개하였다.[105] 소프트웨어 산업은 불법 복제와 불법 파일 공유로 인해 큰 타격을 받고 있다. 사무용소프트웨어연합(Business Software Alliance)은 개인용 컴퓨터에 불법 소프트웨어의 설치로 인한 총 손실액이 522억 달러에 달할 것으로 추산하고 있다.[106] 소비자는 불법 다운로드에 대한 심각성을 행동 동기에 따라 다르게 생각한다. 불법 다운로드의 동기가 단순히 재미를 위한 쾌락적 동기에 기인한 것일 때보다 개인적 이득을 취하기 위한 실용적 동기였을 때를 좀 더 심각한 행동으로 생각하는 경향이 있다.[107]

소비자는 여러 가지 이유로 소프트웨어, 비디오 게임 및 음원 등에 대한 불법 복제를 합리화한다. 첫째, 많은 소비자들은 자신이 원하는 것을 구매할 만한 돈이 없다고 생각한다. 둘째, 친구들이 불법 복제를 하고 그렇게 복제한 디지털 콘텐츠를 교환하기 때문에 소비자들은 그와 같은 행동을 하도록 영향을 받는다고 생각한다. 셋째, 일부 사람들은 일탈의 스릴과 불법복제를 하더라도 걸릴 위험이 적다는 데서 매력을 느낀다. 넷째, 불법 복제를 하면 기술에 정통하다는 것을

과시함으로써 자신이 남들보다 똑똑하다고 생각하는 사람들도 있다.[108]

위조품 판매도 문제가 된다. 연방 공무원이 매년 압수하는 인기 제품의 모조품의 가치는 10억 달러가 넘는다. 특히 해외에서 모조품은 항만을 통해 배송될 때 세관 직원의 검사를 받지 않고 고객에게 직접 배송될 수 있기 때문에 인터넷에서 성행하고 있다. 어그부츠(UGG Boots)를 비롯한 일부 기업에서는 사용자가 주소를 입력하여 온라인 소매점이 합법적인 판매자인지 확인할 수 있는 온라인 서비스를 만들고 있다.[109]

디지털 미디어가 계속 성장함에 따라 더 많은 법적·윤리적 문제가 발생할 것이다. 결과적으로 마케터와 디지털 미디어의 다른 모든 사용자는 이 성장하는 미디어에서 사용 가능한 자원을 최대한 활용할 수 있도록 윤리적 관행을 배우고 준수하기 위해 노력해야 한다. 이를 통해 마케터는 디지털 미디어가 제공하는 엄청난 기회를 극대화시킬 수 있을 것이다.

요약

7-1 디지털 미디어, 디지털 마케팅 및 전자마케팅을 정의한다.

디지털 미디어는 디지털 코드로 작동하는 전자 미디어를 말한다. 여기에서 디지털 미디어라는 용어는 최근 몇 년 동안 출시된 컴퓨터, 모바일 기기 및 기타 디지털 장치 등을 활용하는 미디어를 의미한다. 디지털 마케팅은 고객과의 커뮤니케이션 및 거래를 하기 위해 인터넷, 모바일 및 기타 양방향 채널 등을 포함한 디지털 미디어를 사용하는 것을 의미한다. 전자 마케팅은 디지털 미디어와 디지털 마케팅을 활용하여 제품의 가격 결정, 유통, 촉진 및 고객의 욕구를 발견하는 전략 프로세스라고 정의한다. e-마케팅에 대한 정의는 인터넷뿐만 아니라 휴대폰, 배너 광고, 디지털 옥외 마케팅 및 소셜 네트워크 등을 모두 포함한다.

7-2 디지털 마케팅의 성장과 중요성에 대해 요약한다.

인터넷의 놀라운 성장은 마케터에게 소비자와 상호작용하는 관계를 구축할 수 있는 전례 없는 기회를 제공했다. 인터넷과 디지털 통신 기술이 발전함에 따라 마케터는 목표시장을 더 정확하게 설정할 수 있게 되었을 뿐만 아니라 이전에는 접근할 수 없었던 시장까지 도달할 수 있게 되었다. e-마케팅의 가장 중요한 편익 중의 하나는 마케터와 고객이 서로 정보를 공유할 수 있다는 점이다. 웹사이트, 소셜 네트워크 및 기타 디지털 미디어를 통해 소비자는 생활 속에서 소비하고 사용하는 모든 것에 대해 배울 수 있다. 결과적으로 인터넷은 마케터와 고객 간의 커뮤니케이션 및 관계의 발전 방식을 변화시키고 있다. 이제 대부분의 기업이 디지털 및 온라인 마케팅 활동에 참여하는 것을 경쟁우위를 유지하는데 필수적인 요소로 인식하고 있다.

7-3 다양한 디지털 미디어 유형과 디지털 미디어가 마케팅에 어떻게 사용될 수 있는가를 설명한다.

마케팅 분야에서 디지털 미디어는 빠른 속도로 발전하고 있다. 디지털 기술의 자생적 특성은 현재의 발전이 훨씬 더 빠른 발전을 촉진하는 촉매제 역할을 한다는 것을 의미한다. 디지털 전송 속도가 빨라짐에 따라 기업이 소비자에게 새로운 방식으로 다가갈 수 있는 기회를 제공하는 마케팅 애플리케이션이 등장하고 있다.

마케팅 도구로 사용할 수 있는 디지털 미디어에는 여러 유형이 있다. 소셜 네트워크는 사용자가 계정을 만들고, 다른 사용자와 상호작용하고, 정보를 게시하고, 다른 형태의 웹 기반 커뮤니케이션에 참여할 수 있는 웹사이트를 의미한다. 블로그("웹로그(weblogs)"의 줄임말)는 글쓴이가 다른 인터넷 사용자들과 더불어 편집하고, 상호작용할 수 있는 웹 기반 저널이다. 위키(Wiki)는 사용자가 일부 웹사이트 유형의 콘텐츠를 추가하거나 편집할 수 있도록 하는 인터페이스를 제공하는 일종의 소프트웨어이다. 미디어 공유 사이트를 통해 마케터는 사진, 동영상 및 팟캐스트 등을 공유할 수 있지만, 기업이 소비자와 소통하는 방법은 범위가 더 제한적이다. 미디어 공유의 한 유형인 팟캐스트(Podcasts)는 인터넷에서 구독신청을 하면 새로운 콘텐츠가 청취 기기나 개인용 컴퓨터에 자동으로 전달되어 다운로드받을 수 있는 오디오 또는 비디오 파일이다. 가상 사이트에는 독자적인 경제, 통화, 토지, 모든 형태와 규모의 거주자가 존재하는 사용자가 만든 3차원 세계를 포함한다. 모바일 기기는 마케팅의 중요한 메커니즘이 되고 있다. 모바일 애플리케이션(mobile applications)은 모바일 기기에서 실행되어 사용자가 특정 콘텐츠에 접속할 수 있도록 하는 소프트웨어 프로그램을 말한다. 위젯(widget)은 웹사이트, 데스크탑, 또는 모바일 기기 등에서 주식 시세 제공이나 블로그 업데이트 등과 같은 단순한 과업을 수행할 수 있도록 만들어진 작은 소프트웨어이다.

이와 같은 새로운 마케팅 채널이 등장함에 따라, 디지털 마케팅은 틈새 전략에서 마케팅 믹스의 핵심 요소로 부상하고 있다. 동시에 디지털 기술은 마케터와 소비자 사이의 역학관계를 크게 변화시키고 있다. 소비자는 소셜 네트워킹 사이트와 모바일 애플리케이션을 사용하여 다양한 활동을 한다. 디지털 미디어의 대안은 계속해서 증가하고 있어, 마케터는 전략적 접근 방식에 대해 정보에 입각한 결정을 내려야 한다.

7-4 마케터들이 디지털 마케팅 전략의 성공 여부를 어떻게 측정하는지 설명한다.

마케터에게 중요한 것은 변화하는 소비자의 사회적 행동과 그들이 소셜미디어와 어떻게 상호작용을 하고 있는가에 초점을 맞추는 것이다. 소비자는 이제 자신이 어떤 정보를 얼마만큼, 어떤 순서로 볼 것인가를 통제할 수 있는 힘이 더욱 커졌다. 인터넷은 사용자가 어떤 웹사이트를 볼 것인지를 결정하기 때문에 풀(pull) 미디어라고도 한다. 마케터는 사용자들에게 제공되는 메시지의 내용과 순서만을 통제할 수 있을 뿐이다. 마케터는 마케팅 전략을 수정해서 온라인 소비자의 변화하는 행동에 적응해야 한다

마케터는 디지털 미디어에 대한 모니터 및 평가를 통해 자원을 극대화하고 비용을 최소화할 수 있다. 특정 목표를 나타내는 핵심성과지표(key performance indicators; KPIs)는 소셜미디어 전략 수립의 초기 단계에 포함시켜 전략 실행과 동시에 실시간으로 성과를 측정하고 평가할 수 있도록 해야 한다. 구글 애널리틱스(Google Analytics)와 같은 도구들은 마케터가 마케팅 활동의 효과를 측정하고 해석하는데 도움이 된다. '좋아요'에서 '클릭 수'에 이르기까지 소셜 미디어에 대한 성과분석을 하면 더 정확한 목표시장을 대상으로 소셜 미디어 캠페인을 개발할 수 있을 것이다.

7-5 디지털 미디어가 마케팅 믹스에 어떤 영향을 미치는가를 확인한다.

디지털 마케팅 전략을 활용해야 하는 이유는 다양하다. 대다수의 디지털 미디어 채널은 비용이 저렴하기 때문에 커뮤니케이션 예산을 크게 줄일 수 있다. 디지털 마케팅을 통해 기업은 기존 미디어로는 접근하기 어려운 시장으로의 진출도 가능하다. 이러한 전략과 관련된 어려움에도 불구하고 디지털 마케팅은 기업과 소비자 간의 관계에서 새로운 길을 열어주고 있다.

제품, 가격, 유통 및 프로모션의 마케팅 믹스는 디지털 마케팅에도 그대로 적용된다. 제품전략 측면에서 디지털 미디어는 기존 제품에 서비스 차원을 추가해서 인터넷에서만 구매할 수 있는 새로운 제품을 만들 수 있는 기회를 제공한다. 많은 기업들이 소비자의 욕구를 충족시키기 위해 자사 제품의 개선이 필요하다는 사실을 깨닫게 되었다. 가격전략 측면에서 디지털 미디어는 인터넷 마케팅이 소비자에게 제품과 가격에 대한 더 많은 정보를 제공하기 때문에 가격 및 비가격 경쟁 모두를 유발시킨다. 유통전략 측면에서 주문을 전자적으로 처리하고 인터넷을 통해 커뮤니케이션의 속도를 높일 수 있는 역량은 비효율성, 비용 및 중복을 줄이면서 마케팅 채널 전체의 속도를 높일 수 있다. 마지막으로 마케터는 디지털 미디어를 통해 완전히 새롭고 창의적인 방식으로 자사 제품을 프로모션할 수 있다.

7-6 디지털 마케팅에서의 법적·윤리적 고려사항을 살펴본다.

온라인과 오프라인 모두에서 마케터가 기술을 이용하여 정보를 수집하는 방법은 수많은 법적·윤리적 문제를 야기한다. 인플루언서 마케팅은 투명성과 광고오해와 관련된 여러 문제를 만들어 내고 있다. 브랜드 안전성은 광고가 게재되는 위치에 대한 더 많은 통제권을 요구하는 온라인 광고주에게 점점 더 중요해지고 있다. 기업은 자사의 광고가 의심스럽거나 논란의 여지가 있는 콘텐츠와 함께 제시되는 것을 원하지 않는다. 가장 중요한 개인 정보 보호 문제 중 하나는 기업이 장기적인 고객 관계를 형성하기 위해 웹사이트 방문자로부터 수집한 개인 정보를 사용해야 한다는 것이다. 일부 사람들은 웹사이트 사용자로부터 개인 정보를 수집하는 것, 특히 사용자 자신도 모르는 사이에 개인 정보가 수집되어 이 정보가 누출되지 않을까 두려워한다.

온라인 사기(online fraud)는 온라인에서

의도적으로 기만하려는 모든 시도를 포함한다. 온라인 사기에는 무엇보다도 소비자를 속여 개인 정보를 유출하려는 시도가 포함된다. 또 다른 문제는 해커가 웹 사이트에 침입하여 사용자의 개인 정보를 훔쳐 신원 도용을 저지를 수 있다는 것이다. 기업이나 소셜 네트워크 사이트 모두는 디지털 미디어 사이트에서 사기 행위를 방지하기 위한 방법을 개발하고 있다.

인터넷은 불법적인 온라인 활동뿐만 아니라 지식재산권과 관련된 문제도 야기해 왔다. 지식재산권은 문제해결, 애플리케이션 실행, 다른 사람의 교육 및 즐거움을 위해 개발된 저작권 또는 상표권이 있는 아이디어나 창작물을 말한다. 컴퓨터 프로그램, 영화, 콤팩트 디스크, 책의 불법 복제로 인한 미국 내 지식재산권 손실액은 매년 수십억 달러에 달한다. 소프트웨어 산업은 불법 복제와 불법 파일 공유로 인해 큰 타격을 받고 있다. 불법 마약 및 위조품의 판매도 인터넷을 통해 더 보편화되고 있다.

주요 개념

- 디지털 미디어
- 디지털 마케팅
- 전자마케팅(또는 e-마케팅)
- 소셜 네트워크
- 블로그
- 위키
- 팟캐스트
- 모바일 애플리케이션
- 위젯
- 옴니 채널 소매
- 온라인 사기

마케팅 계획 수립하기

새로운 디지털 미디어를 사용하여 마케팅 전략을 개발할 때, 마케터는 이러한 새로운 미디어의 강약점을 알고 있어야 한다. 디지털 미디어는 마케팅 분야에서 비교적 새로운 분야이며 기존 미디어와 비교했을 때 다른 장단점을 지니고 있다. 제품 및 목표시장에 따라 디지털 미디어의 효과도 다르게 나타날 것이다.

1. 표 7.1에 제시되어 있는 고객식별, 상호작용성, 접근성, 연결성 및 통제가능성 등의 개념을 검토하고, 그 개념들이 소셜 미디어와 어떻게 관련되는지 설명하시오. 소셜 미디어에 초점을 맞춘 마케팅 전략이 기존 미디어에 의존하는 마케팅 캠페인과 어떻게 다른지 생각해 보시오.
2. 어떤 마케팅 미디어를 사용하든 기업에 적합한 마케팅 믹스를 결정하는 것은 항상 중요하다. 소셜 미디어가 마케팅 믹스에 어떤 영향을 미칠 수 있는지 생각해 보시오.
3. 다양한 디지털 미디어에 대해 논의하고, 각각의 미디어를 마케팅 계획의 일부로 사용할 때의 장단점에 대해 논의하시오.

연습 문제

1. e-마케팅은 기존 마케팅과 어떻게 다른가?
2. 마케터는 디지털 마케팅의 특성을 활용하여 어떻게 고객과의 관계를 개선할 수 있는가?
3. 소셜 네트워크가 마케팅 도구로서 중요하게 부각되는 이유는 무엇인가? 기업이 소셜 네트워크를 사용하여 마케팅 전략의 효과를 개선한 온라인 사례를 찾아보시오.
4. 뉴미디어는 소비자 행동을 어떻게 변화시켰는가? 이를 염두에 두고 마케터가 직면한 기회와 과제는 무엇인가?
5. 마케터가 디지털 전략의 성공을 측정할 수 있는 방법을 설명하시오.
6. 마케터는 어떻게 인터넷의 특성을 활용하여 마케팅 믹스의 제품전략을 개선할 수 있는가?
7. 소셜 미디어가 유통채널에서의 푸시-풀 전략에 어떻게 영향을 미치는지 설명하시오.
8. e-마케팅의 특성은 마케팅 믹스의 프로모션 전략에 어떤 영향을 미치는가?
9. 디지털 미디어가 제품 가격의 결정에 어떤 영향을 미쳤는가? 이러한 변화에 비추어 마케터에게 주어진 기회와 과제를 예를 들어 설명하시오.
10. 인터넷의 부상과 함께 나타난 주요 윤리적·법적 문제를 예를 들어 설명하시오. 정책 입안자는 이러한 문제를 어떻게 해결해야 하는가?

케이스 7

징동닷컴: 빅데이터 아니면 쪽박

리처드 리우(Richard Liu)는 1998년 소규모 오프라인 전자제품 매장으로 징동 멀티미디어(JD Multimedia)를 설립했다. 오늘날 징동닷컴(JD.com)은 세계에서 세 번째로 큰 온라인 소매업체이다. 징동닷컴은 알리바바(Alibaba)와 경쟁하는 중국 최대 온라인 소매업체 중의 하나이다. 리우(Liu)는 2003년 사스(SARS) 바이러스 발생 당시 중국에서 온라인 판매의 필요성을 절감하게 된다. 온라인으로 사업을 전환한 후, 그는 회사의 물류시스템을 구축하고 공급망 관리를 통해 고객에게 원활한 배송이 이루어지도록 하였다. 그는 징동닷컴이 현재 가지고 있는 온라인 시장에서의 입지를 더욱 공고히 하기 위해 더 다양한 제품을 제공하기 시작했다.

징동닷컴의 비전은 세계에서 가장 신뢰받는 기업이 되는 것이다. 징동닷컴은 고객우선, 진정성, 협력, 감사, 헌신, 주인의식 등을 6대 핵심 가치로 삼고 있다. 징동닷컴은 판매되는 제품을 꼼꼼히 검토하여 높은 품질의 진짜 제품을 제공하기 위해 노력한다. 위조 제품에 대한 엄격한 "무관용" 원칙을 고수하여, 위조 제품에 대한 판매가 적발된 모든 판매자에 대해 판매를 영구적으로 금지할 것을 약속한다. "이 회사의 비즈니스 모델은 징동닷컴이 온전하게 공급망을 통제하는 직접 판매 모델과 강력한 감독을 용이하게 하기 위해 판매자 수를 제한하는 시장 모델을 통해 위조를 방지하도록 설계되었다." 이 회사는 세계 유수의 글로벌 브랜드 제품을 직접 소싱하고, 제품 판매자들의 신뢰성이 최고 수준의 회사 표준에 부합하고 있다고 확신한다.

제품의 품질과 신뢰성에 대한 징동닷컴의 약속은 비즈니스 프로세스의 효율과 신뢰를 높이는데 초점이 맞춰진 기술과 혁신을 통해 이루어진다. 이 회사는 10억 명 이상의 사람들에게 신선식품, 의류, 화장품, 기술 제품 등을 제공하면서 당일 및 익일 배송의 약속을 지키고 있다. 징동닷컴은 비전과 목표를 구현하기 위해 최첨단 기술과 자동화에 크게 의존하고 있다. 징동닷컴은 빅데이터, 클라우드 컴퓨팅, 로봇공학, 드론 등을 통합하여 소비자에게 최고의 소매 경험을 제공한다. 기술의 사용으로 인해 소비자들은 국경을 넘어서는 쇼핑경험을 하게 되었다. 예를 들어, 고객 서비스 채팅창은 극히 사소한 인간의 감정까지도 감지해서 실시간으로 피드백을 제공하여 소비자의 불만을 최소화시키고자 한다. 이 채팅창을 통해 고객들은 자신이 더 잘 보살핌을 받고 더 가치있는 고객으로 인정받는다고 느끼게 된다. 고객과의 자연스럽고 효율적인 상호작용을 통해 보다 즐거운 쇼핑경험이 제공되는 것이다. 채팅창은 딥 러닝(deep learning)과 전이 학습(transfer learning) 기술을 사용하여 소비자에게 적절한 답변을 제공한다. 이 회사가 도입한 또 다른 기능은 인공 지능을 사용하는 컨설팅 도구인 스냅샵(SnapShop)이다. 스냅샵은 고객이 웹사이트에 제품 사진을 업로드하면 사진을 분석하여 취향, 유형 및 기타 품질을 기반으로 맞춤형 추천을 제공한다. 이를 통해 고객은 원하는 상품을 보다 신속하게 찾을 수 있으며 스냅샵이 권장하는 새로운 트렌드와 제품에 대해서도 알 수 있다.

징동닷컴은 온라인 소비자의 신뢰를 구축하는데 가장 중요한 영향을 미치는 요인이 제품의 원산지를 알고자 하는 고객의 욕구에서 비롯된다는 사실을 파악하고 있다. 이 때문에 징동닷컴은 블록체인 기술을 도입하여 공급망 전체의 투명성을 확보하고자 했다. 이 기술은 제품 공급망 전체를 고객들에게 투명하게 보여줄 수 있다. 즉 이 기술은 제품의 원산지가 어디인지, 원재료가 어떻게 소싱되고, 처리되고, 저장되고, 운송되는지를 고객들이 모두 파악할 수 있게 해 주었다. 징동닷컴은 블록체인의 추적 가능성이 소비자의 신뢰 수준을 크게 변화시킬 것이라고 믿는다. 징동 블록체인 오픈 플랫폼(JD Blockchain Open Platform)은 또한 회사가 출시한 애플리케이션을 통해 송장과 문서에 대한 추적가능한 시스템을 구축함으로써 회계 프로세스를 간소화했다. 징동 블록체인 오픈 플랫폼은 자체 플랫폼을 만들지 않고도 징동닷컴의 협력업체에 블록체인 기능을 제공할 수 있다.

로봇 공학 및 자동화는 징동닷컴의 창고 및 배송지에서의 주문 처리 프로세스에 중요한 역할을 한다. 배송 드론, 자율 배송 차량 및 자동화 창고를 통해 징동닷컴은 당일 또는 익일 배송 약속을 실행할 수 있다. 드론과 자율주행 차량의 통합은 취급하는 제품의 가치를 보존하면서 소비자에게 제품을 효율적으로 전달하는 능력을 크게 변화시키고 있다. 징동닷컴은 옴니 채널 소매전략으로 업계를 선도하는 것을 목표로 한다. 예를 들어, 소비자는 온라인에서 정품 자동차 부품을 찾고 징동닷컴의 오프라인 매장 네트워크를 통해 매장에서 자동차 서비스를 받을 수 있다. 30,000개 이상의 공인 오프라인 매장을 보유한 징동닷컴은 모든 채널에서 고품질 제품과 서비스를 제공하는 광범위한 네트워크를 보유하고 있다. 이 회사는 중국 전역에 수천 개의 매장을 열면서 오프라인 시장을 더욱 확대하겠다는 계획을 발표했다. 그러나, 광범위한 유통망과 물리적 상점에 대한 낮은 의존도로 인해, 징동닷컴은 코로나 19(COVID-19) 팬데믹에 잘 대비했다.

징동닷컴은 자사의 프로세스를 전 세계 온라인 소매업체와 공유하는 사명을 가지고 있다. 이 회사는 "서비스로서의 소매(Retail as a Service)"라는 계획으로 다양한 파트너와 기술 및 인프라를 공유한다. 징동닷컴은 글로벌 상거래의 미래를 바꾸려는 비전을 가지고 있으며, 다른 소매업체도 동일한 목표를 달성할 수 있도록 지원하고자 한다. 이 회사는 빅데이터 기술로 발견한 것들을 파트너와 공유하기 위해 노력하고 있으며, 전 세계적으로 많은 산업 분야에서 효율성과 혁신을 향상시키고자 한다.[110]

토론을 위한 질문

1. 징동닷컴은 파트너와 기술 및 인프라를 공유함으로써 어떤 혜택을 얻는가?
2. 징동닷컴이 인공지능 기반 스냅샵 도구의 성공을 어떻게 측정할 수 있는지 설명하시오.
3. 징동닷컴이 옴니채널 소매 전략을 실행하는 것이 왜 중요한가?

PRODUCT AND PRICE DECISIONS

TYLER OLSON/SHUTTERSTOCK.COM

PART.4
제품과 가격 의사 결정

이제 우리는 효과적인 마케팅 믹스를 개발하고 유지하는 것에 관련된 의사결정과 활동을 분석하기 위한 준비를 한다.

4부에서는 마케팅 믹스의 제품과 가격 요소를 탐색한다.

8장은 기본적인 제품 개념과 브랜딩 및 패키징 의사 결정에 초점을 맞추고 있다.

9장은 라인 확장과 제품 수정, 신제품 개발, 제품 제거와 제품으로서의 서비스 관리를 포함하는 제품 관리에 관한 다양한 차원을 분석한다.

10장에서는 가격 결정에 영향을 주는 주요 요인들을 살펴본다.

PRODUCT, BRANDING, AND PACKAGING CONCEPTS

CHAPTER.8
제품, 브랜딩 및 패키징 개념

학습목표

8-1 제품의 개념을 정의한다.

8-2 제품이 어떻게 분류되는지를 알아본다.

8-3 제품라인과 제품 믹스의 개념 및 이들이 어떻게 연관되는지 알아본다.

8-4 제품 수명 주기와 마케팅 전략에 주는 영향을 알아본다.

8-5 제품 수용 과정을 논의해 본다.

8-6 브랜드 유형, 브랜딩 전략, 브랜드 보호를 포함하는 브랜딩의 주요 요소를 알아본다.

8-7 패키징의 주요 기능, 디자인 고려요소와 패키징이 마케팅 전략에서 어떻게 사용되는지 알아본다.

8-8 라벨링의 기능과 라벨링 관련 법적 이슈를 알아본다.

MARKETING INSIDE

마케팅 들여다보기

LUTSENKO_OLEKSANDR/SHUTTERSTOCK.COM

판매하고 있는 모든 인형과 캐릭터 인형을 한 지붕 아래에 두고 있는 마텔

바비, 켄, 슈퍼맨, 원더우먼과 해리포터는 마텔(Mattel)이 판매하는 모든 인형과 캐릭터 인형처럼 한 지붕 아래인 마텔 소속이다. 대략 60전쯤에 판매되기 시작한 마텔 인형 바비와 켄은 마텔의 공동 창업자의 자녀들의 이름에서 빌려왔으며, 둘 다 크게 인기를 받았다. 마텔은 간호사, 우주 비행사, 소방관과 조종사 직업을 가진 바비를 판매해왔다. 최근에는 올림픽 스노보드 챔피언인 클로에 김(Chloe Kim)부터 NASA 수학 전문가인 캐서린 존슨(Katherine Johnson)에 이르기까지 다양한 분야의 여성 롤모델의 인형도 판매하고 있다. 더 나아가 다양한 신체 유형, 피부색, 눈색깔, 머리색 및 질감을 가진 패션니스타 바비와 켄을 판매하고 있다.

인형과의 놀이 시간을 통한 미래 지향적 자기 개발에 도움이 될 수 있다는 점을 강조함으로서 마텔은 한 동안의 침체 기간을 벗어나 바비의 판매를 다시 회복할 수 있었다.

마텔은 바비와 켄에 멈추지 않고 성장을 목표로 유명 브랜드를 인수하였다. 1990년대에는 1980년대 구매 열풍을 일으킨 말랑한 재질의 인형인 양배추 인형(Cabbage Patch Kids)을 인수했다. 그러나 기대한 만큼 판매실적을 달성하지 못한 마텔은 이 브랜드를 매각했다. 한편, 다양한 민족적 배경과 역사적 배경을 지닌 아메리칸 걸(American Girl) 인형의 플레전트 컴퍼니(Pleasant Company)를 인수하였다.

현재 마텔은 몬스터 하이(Monster High)와 에버 애프터 하이(Ever After High) 인형 브랜드도 소유하고 있으며 해리 포터(Harry Potter), 디씨 코믹(D.C. Comics) 슈퍼 히어로 및 세계 레슬링 엔터테인먼트(World Wrestling Entertainment) 레슬러를 기반으로 한 인형 및 캐릭터 인형 브랜드에 대한 라이선스도 가지고 있다. 이처럼 마텔은 미래 성장을 위한 성공적인 마케팅 전략으로 더 많은 브랜드와 제품 라인을 지속적으로 구축하고 있다.[1]

에버 애프터 하이(Ever After High)와 아메리칸 걸(American Girl)은 소비자가 특정 제품을 식별하는 데 사용되는 브랜드이다. 이 장에서는 먼저 제품을 정의하고 제품들이 어떻게 분류되는지를 논의한다. 제품라인과 제품 믹스의 개념을 알아본 다음, 제품수명주기의 단계를 살펴보고 마케팅 전략에 대한 각 단계의 효과를 알아본다. 그런 다음 제품 수용 과정을 개략적으로 살펴본다. 그러고 나서 브랜딩을 논의하고 고객과 마케터에게 있어서 브랜드의 가치, 브랜드 충성도, 브랜드 순자본을 논의한다. 브랜드의 다양한 유형을 알아보고 기업이 브랜드, 다양한 브랜딩 정책의 채택, 브랜드 확장, 공동 브랜딩과 브랜드 라이선싱을 어떻게 선정하고 보호하는지를 살펴본다. 또한 패키징의 역할, 패키징의 기능, 패키징 디자인에서 고려할 이슈와 패키지가 어떻게 마케팅 전략에서 주요 요소가 될 수 있는지를 알아본다. 라벨링 및 이와 관련된 법적 이슈들에 대한 논의로 마무리를 할 것이다.

8-1 제품이란?

 # 학습목표 제품의 개념을 설명한다.

1장에서 정의했듯이 제품product이란 교환으로 얻을 수 있는 재화, 서비스 혹은 아이디어이다. 제품은 형태가 있거나 혹은 없을 수도 있고 기능적, 사회적, 심리적 효용이나 편익을 포함하고 있다. 제품은 설치, 보증, 제품 정보, 수리 또는 유지 보수 약속과 같은 지원 서비스도 포함된다. **재화**good는 닌텐도 스위치 게임기나 스타벅스 라떼 같은 유형의 물리적 개체이다. 반대로 서비스는 무형이다. **서비스**service는 사람이나 대상물에 대한 인적 노력이나 기계적 노력의 적용 결과이다. 서비스의 예로는 테일러 스위프트(Taylor Swift)의 공연, 온라인 자동차 보험, 검강 검진, 아이돌봄 서비스 등이 있다.

재화 유형의 물리적 개체

서비스 사람이나 대상물에 대한 인적 노력이나 기계적 노력이 적용된 무형의 결과

무형의 제품을 다루는 마케터는 유형의 이미지를 보여주는 광고를 통해 무형의 제품을 보다 구체적으로 만들려고 시도한다. 피부 치료 및 성형도 서비스에 해당한다. 웨스트레이크 피부과(Westlake Dermatology) 광고는 이국적인 배경에 빨간 드레스를 입은 젊은 여성을 보여주고 있다. 이 광고는 스마트리포(SmartLipo)(지방 세포 제거 방식의 브랜드) 서비스를 받은 고객은 과시할 만큼의 멋진 피부를 갖기 때문에 자신있게 옷을 입을 수 있음을 강조하고 있다.

아이디어idea는 개념, 철학, 이미지, 혹은 이슈이다. 아이디어는 문제를 해결하거나 환경에 적응하는데 도움을 주는 심리적 자극을 제공한다. 예를 들면 음주운전을 반대하는 어머니회(Mothers Against Drunk Driving)는 주류의 안전한 소비와 더 강력한 음주운전 방지법 통과에 애를 쓰고 있다.

아이디어 개념, 철학, 이미지, 혹은 이슈

제품 제공물은 다음과 같은 세 가지 상호 의존적 요소를 갖고 있다: 핵심 편익, 그 제품의 추가적 기능과 그 제품의 상징적 혹은 경험적 편익이다(그림 8.1 참고). 제품의 핵심 편익은 제품의 기본적 효용이나 주요 편익으로 구성되고 항상 소비자의 기본적 니즈를 해결해준다. 그러나 대부분의 소비자는 추가적인 기능과 서비스를 기대한다. 예를 들어 기본적인 휴대전화는 전화를 하고 문자를 보내고 받을 수 있게 해준다. 그러나 소비자들은 고해상도 카메라, 어디서나 가능한 초고속 광대역 인터넷 접속과 앱 같은 추가적 기능을 기대한다. 또한 소비자는 전화를 구매할 때 멋진 브랜드 네임 같은 상징적 편익을 추구한다.

추가적 기능은 제품의 핵심적 효용이나 편익에 추가적으로 부가적 가치나 속성을 제공한 다. 추가적 기능은 무료 설치, 배달, 교육, 할부 등을 포함한다. 이러한 추가적 속성들은 제품의 핵심 기능을 효과적으로 만드는 데 요구되지는 않지만 자사 브랜드를 경쟁 브랜드와 차별화하는 데 도움을 주며 고객 충성도를 높여준다. 예를 들어 드루리(Drury) 호텔은 특별한 고객 서비스와 추가 혜택을 통해 고객 충성도를 창출합니다. 호텔의 밸류 패키지는 핵심 편익 외에도 "즐거운 여행을 하세요"라는 슬로건으로 무료 조식, 무료 Wi-Fi, 무료 오후(5:30-7:00pm) 간식, 24시간 비즈니스 및 피트니스 센터 운영을 포함한 추가적 기능을 제공한다.[2] 이러한 추가 편익은 고객의 마음에 호텔 체인을 차별화하여 경쟁 호텔에서 받는 것보다 더 나은 서비스를 받았다고 생각하게 만든다.

제품으로서 서비스 웨스트레이크 피부과와 같은 서비스 기업은 광고에서 자사의 서비스를 설명하기 어려울 수 있다. 그래서 서비스 기업은 자사의 서비스를 보다 구체적으로 만들기 위한 이미지를 사용한다.

마지막으로, 고객들은 많은 제품(과 브랜드)가 구매자에게 상징적 의미를 주는 제품에 대한 자신들의 경험을 기반으로 하는 편익을 받는다. 일부 고객들에게는 쇼핑이라는 단순한 행동이 상징적 가치를 제공하고 구매하려는 제품에 관하여 고객들의 태도를 향상시켜 준다. 일부 소매상들은 고객을 위한 특별하고 개인 맞춤화된 경험을 개발하여 이러한 가치를 자본화한다. 체계화가 잘된 대형 할인점도 경쟁 우위를 확보하기 위해 개별화된 고객 경험의 중요성을 인식하고 있습니다. 빠른 서비스로 유명한 맥도날드는 빵 종류, 소고기, 구운 치킨, 튀긴 치킨 같은 패티와 피코(Pico) 과카몰리, 매이플 베이컨 디종, 스위트 바비큐 베이컨 같은 토핑 묶음을 선택할 수 있게 해줌으로써 고객이 자신의 햄버거를 맞춤화할 수 있는 시그니처 크래프트 레시피 샌드위치를 소개하였다. 맞춤화로 시간이 더 걸려서 빠른 서비스를 지향해온 맥도날드의 명성과는 상충될 수 있지만, 이러한 도전에 맥도날드의 핵심 타깃 시장인 밀레니얼 세대는 시간이 지남에 따라 이 같은 맞춤화에 가치를 주는 것으로 나타나고 있다.[3]

그림 8.1 제품 편익

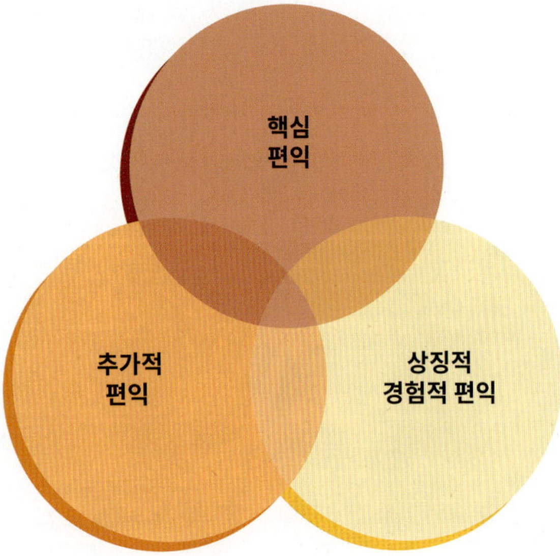

소매점의 분위기와 장식, 제품 선택의 다양성과 깊이, 고객 지원, 그리고 심지어 향기나 음향도 모두 경험적 요소가 된다. 그래서 구매자가 제품을 구매할 때는 그 제품이 제공할 것으로 생각하는 편익과 만족을 구매하는 것이다. 예를 들어, 종종 롤렉스(Rolex) 혹은 파텍 필립(Patek Philippe) 시계는 단지 시간을 알기 위해서가 아니라 높은 신분 혹은 재무적인 성공을 나타내기 위해 구매된다. 특히 서비스는 기대를 기반으로 구매된다. 이미지, 약속, 심벌뿐만 아니라 과정과 전달에 의해 제시되는 기대는 소비자가 유형 제품과 무형 제품에 대한 판단을 하는데 도움을 준다. 종종 심벌과 단서는 무형 제품을 소비자에게 더 구체적이거나 실재적으로 만들기 위해 사용된다. 예를 들어, 푸르덴셜(Prudential) 보험사는 강함과 영속성을 상징화하기 위해 자사의 로고에 지브롤터(Gibraltar)의 바위를 사용하고 있다.

8-2 제품 분류

 # 학습목표 **제품이 어떻게 분류되는지를 알아본다.**

제품은 두 가지의 일반적 범주 중 하나에 해당된다. 개인 혹은 가족의 니즈를 만족시키기 위해 구매된 제품은 **소비재**consumer product이다. 기업을 운영하는 데 사용하기 위해, 재판매를 위해, 혹은 다른 제품을 만들기 위해 구매된 제품은 **산업재**business product이다. 소비자는 자신의 개인적 욕구를 충족시키기 위해 제품을 구매하지만, 비즈니스 구매자는 기업의 목적을 충족시키는 것을 추구한다. 제품 분류는 가격, 유통, 촉진에 영향을 주기 때문에 중요하다. 이번 절에서 소비재와 산업재의 특성을 살펴보고, 이 제품들과 관련된 마케팅 활동을 알아본다.

소비재 개인 혹은 가족의 니즈를 만족시키기 위해 구매된 제품

산업재 기업을 운영하는 데 사용하기 위해, 재판매를 위해, 혹은 다른 제품을 만들기 위해 구매된 제품

8-2a 소비재

소비재를 분류하는 데 가장 널리 받아들여지는 접근방법은 소비자 구매 행동의 특성에 기반을 두고 있다. 소비재는 네 가지 범주로 나눈다: 편의품, 선매품, 전문품과 미탐색품. 그러나 특정 형태의 제품을 구매할 때 모든 구매자가 같은 방식으로 행동하지는 않는다. 따라서 하나의 제품은 여러 범주로 분류될 수 있다. 이러한 복잡성을 최소화하기 위해서 마케터는 구매자들이 특정 제

품을 구매할 때 일반적으로 어떻게 행동하는가의 관점에서 생각한다. 소비재의 네 가지 전통적 범주를 알아보는 것이 더욱 심도 있는 통찰력을 제공할 수 있다.

편의품

편의품convenience product은 구매자가 아주 최소의 구매 노력을 기울이며, 상대적으로 저렴하고, 자주 구매하는 제품들이다. 편의품은 빵, 음료와 껌에서부터 휘발유와 신문까지 다양하다. 편의품 구매자들은 구매를 계획하거나 유사한 브랜드들이나 판매자들을 비교하는 데 시간을 거의 투자하지 않는다. 심지어 특정 브랜드를 선호하는 구매자도, 만일 선호하는 브랜드를 편리하게 구입하지 못한다면, 일반적으로 대안 브랜드를 선택할 것이다. 편의품은 대개 주유소, 편의점, 드럭스토어와 슈퍼마켓 같은 많은 소매점을 통해 판매된다. 예를 들어, 코카콜라 제품들은 많은 소매점 가운데 식료품점, 편의점, 주유소, 레스토랑과 공항에서 구매가 가능하다. 편

편의품 구매자가 아주 최소의 구매 노력을 기울이며, 상대적으로 저렴하고, 자주 구매하는 제품

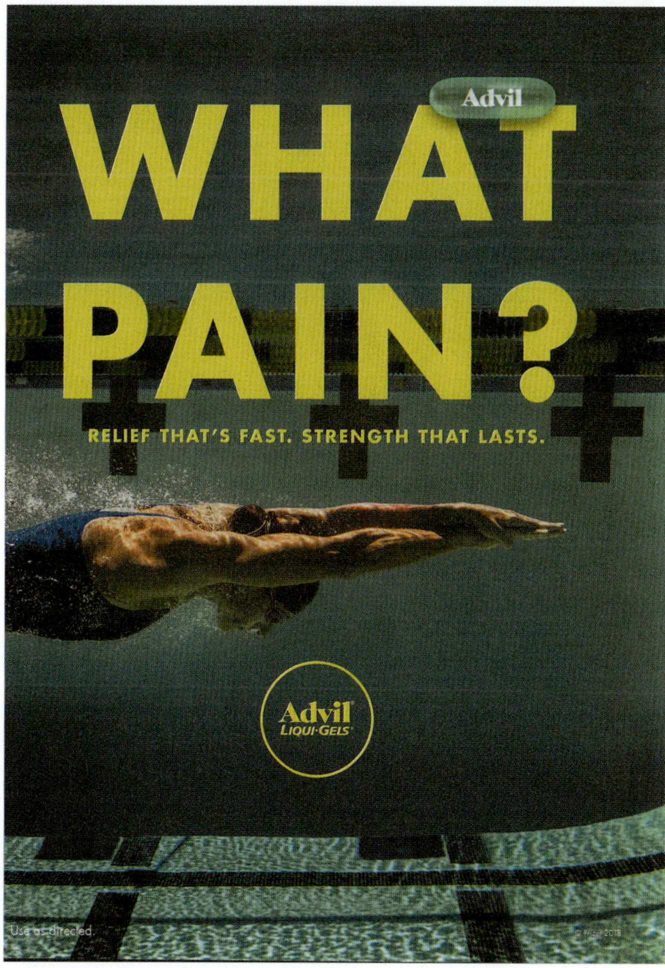

SOURCE: PFIZER CONSUMER HEALTHCARE

SOURCE: ALTRA

편의품 대 선매품 애드빌 같은 편의품은 많은 쇼핑 노력을 필요로 하지 않는다. 그러나 알트라 운동화를 구매할때 고객은 상당한 노력을 한다.

의품은 높은 재고 회전율로 인해 단위당 총이익은 상대적으로 낮다. 리글리(Wrigley) 껌 같은 편의품 생산자는 소매 차원의 촉진 노력을 거의 기대하지 않으므로 자체적으로 이 제품에 대해 광고와 판매 촉진을 해야 한다. 또한 패키징과 진열도 중요하다. 그 이유는 많은 편의품이 소매점에서 셀프서비스로 판매되고 있고 이 과정에서 패키지가 제품 판매에 주요한 역할을 하기 때문이다.

선매품

선매품 구매자가 구매를 계획하고 결정하는데 상당한 노력을 할 의지가 있는 제품

선매품shopping product은 구매자가 구매를 계획하고 결정하는 데 상당한 노력을 할 의지가 있는 제품이다. 구매자는 가격, 제품 기능, 품질, 서비스와 보증에 관하여 여러 점포들과 브랜드들을 비교하는 데 많은 시간을 투자한다. 쇼핑객들은 베스트 바이(Best Buy), 아마존닷컴, 혹은 홈디포(Home Depot) 같은 많은 점포에서 제품들을 비교하고 그들의 웹사이트에서도 구매를 할 수 있다. 가전제품, 자전거, 가구, 스테레오, 카메라, 신발 등이 선매품의 예이다. 이 제품들은 꽤 오랫동안 사용할 수 있을 것으로 기대되고 편의품보다 더 비싸지만 대부분의 소비자의 예산 범위 내에 있어야 하며 편의품보다는 덜 자주 구매된다. 선매품은 편의품보다 더 적은 수의 점포들에서 취급한다.

SOURCE: JAEGER-LECOULTRE

전문품 최고급 시계는 전문품이다. 예거 르쿨트르 시계의 가격은 5,000달러~100,000달러이며 미국 내 약 66개 지역에서만 구입할 수 있다.

선매품은 덜 자주 구매되어 재고 회전율이 더 낮기 때문에 마케팅 채널 구성원들은 더 높은 이익률을 받기를 기대한다. 어떤 상황에서는 선매품과 편의품 모두 같은 장소에서 판매될 수도 있다. 예를 들어 타깃(Target)이나 월마트(Walmart)는 TV, 가구, 카메라뿐만 아니라 식료품과 기타 편의품도 취급한다. 애드빌 리퀴-겔(Advil Liqui-Gels)은 대부분의 점포에서뿐만 아니라 주요소에서도 살 수 있는 편의품이다. 반면에 알트라(Altra) 운동화는 편의품에 비해 더 적은 수의 점포에서만 취급하는 선매품이다. 사람들은 자신의 기능성 신발 니즈를 충족시키기 위해 맞는 유형과 편한 운동화를 찾기 위해 상당한 노력을 기울일 것이다. 애드빌이 편의품이지만 회사는 애드빌 효과의 속도와 강함을 홍보하는 광고를 만들 것이다. 알트라는 자사 운동화를 보여주고 경쟁 신발과 차별화되는 기능을 강조하는 광고를 만들 것이다.

자원을 어떻게 할당할 것인가, 인적 판매가 필요한지 여부와 공급망 내의 협력을 포함하여 선매품을 효과적으로 시장에 내놓기 위해 마케터는 여러 핵심 사항들을 고려해야 한다. 선매품을 위한 광고가 많은 예산을 필요로 한다고 하지만, 인적

판매가 필요하다고 마케터가 결정한다면 전체 예산의 더 많은 부분이 인적 판매에 할당될 것이다. 대체로 생산자와 마케팅 채널 구성원은 부품과 수리 서비스를 제공하고 촉진 활동을 하는 것에 관해 서로 간의 협력을 기대한다. 따라서 마케터는 이러한 문제들을 세심하게 고려하여 선매품을 촉진하는 데 최적의 경로를 선택할 수 있어야 한다.

전문품

전문품specialty product은 하나 이상의 독특한 특성들을 갖고 있으며, 일반적으로 구매자들은 이러한 제품들을 구입하기 위해 상당한 노력을 할 의지가 있다. 전문품은 평균적으로 가장 비싼 제품군에 속한다. 구매자들은 전문품을 구매하기 위해 조사를 하고 계획을 세우며 자신들이 원하는 것을 정확히 알고 다른 대안은 수용하지 않는다. 전문품의 예는 보석류 혹은 한정판의 수집품을 포함한다. 전문품을 탐색할 때 구매자들은 대안들을 비교하지 않으며 가격을 기반으로 의사결정을 하지는 않는다. 구매자들은 미리 선정한 제품을 판매하고 있는 점포를 찾는 데 주로 관심을 갖는다. 예거 르쿨트르(Jaeger-LeCoultre)는 한정된 점포에서만 구입가능한 전문품이다. 명품 시계에 대한 열망을 불러일으키기 위해 예거 르쿨트르는 광고에서 시계를 클로즈업하여 장인 정신의 미학적 아름다움을 보여주고 있다. 광고는 시계가 오랜 역사를 가지고 있으며 외주가 아닌 직접 설계 및 제조된다는 점을 강조하고 있다.

전문품 구매자들이 구입하기 위해 상당한 노력을 할 의지가 있는 독특한 특징을 가진 제품

마케터는 편의품과 선매품과는 여러 면에서 상이한 노력을 들여 전문품에 접근해야 한다. 전문품은 대개 매우 한정된 소매점을 통해 유통된다. 선매품과 마찬가지로 전문품도 가끔씩 구매되고 재고 회전율이 낮아서 이익을 만들기 위한 높은 매출 총이익이 필요하다.

미탐색품 갑자기 문제를 해결해야 할 때 구매 되는 제품, 고객이 인지하지 못하는 제품, 그리고 소비자가 구매할 필요가 없다고 생각하는 제품

미탐색품

미탐색품unsought products은 갑자기 문제를 해결해야 할 때 구매되는 제품, 점포나 온라인에서 제품을 보기 전까지는 고객이 인지하지 못하는 제품, 혹은 소비자가 구매할 계획이 없는 제품을 말한다. 미탐색품의 예는 응급 의료 서비스와 자동차 수리처럼 신속하게 문제를 해결할 필요가 있는 제품들이다. 아프거나 다친 사람은 응급의료센터나 병원에 갈 계획을 세울 시간이 없기때문에 서비스를 받을 수 있는 가장 가까운 곳을 찾을 것이다. 이런 경우 평상시라면 의사결정을 위해 충분한 시간을 갖고 고려할 수도 있는 가격과 그 밖의 특성보다는 문제해결의 신속성이 훨씬 더 중요하다. 재난 복구, 소독 혹은 배관 수리 같은 긴급 출동 서비스를 전문으로 하는 서비스매스터(ServiceMaster) 같은 회사도 믿을 만한 미탐색품

ISTOCK.COM/FLYMINT AGENCY

미탐색품 타이어 체인은 미탐색품이다. 타이어 체인의 구매가 필요할 때도 있지만, 이러한 제품의 구매는 보통 계획하지 않고 구매된다.

을 판매하는 회사로 인정받고자 브랜드 인지도를 높이고 더 우수한 기능적 성과로 소비자들에게 신뢰를 구축해가고 있다.

8-2b 산업재

산업재는 기업의 목표와 목적을 기반으로 보통 구매된다. 일반적으로 산업재는 소비자 제품과 관련되어 있는 심리적 보상보다는 기능적 측면이 더 중요하다. 산업재는 제품의 특성과 의도된 용도에 따라서 설비, 보조장비, 원자재, 구성부품, 가공재료, 유지보수운영 용품, 비즈니스 서비스라는 7가지 범주로 분류될 수 있다.

설비

설비 시설들과 비휴대용 주요 장비

설비installations는 사무실 빌딩, 공장과 창고 같은 시설과 생산라인 및 대형 기계 같은 비휴대용 주요 장비를 포함한다. 일반적으로 설비는 비싸고 상당히 오랜 기간 동안 사용할 의도로 갖고 있다. 설비는 상당히 고가이고 자본의 장기투자가 요구되기 때문에 구매 의사결정은 대체로 기업의 상위 관리자가 한다. 설비의 마케터는 교육 훈련, 수리, 유지보수 지원과 자금 지원도 포함하는 다양한 서비스를 제공해야 한다.

보조장비

보조장비 최종 물리적 제품의 일부가 되지는 않지만 생산이나 업무 활동에 사용되는 물품

보조장비accessory equipment는 최종 물리적 제품의 일부가 되지는 않지만 생산이나 업무 활동에 사용된다. 예로는 파일 캐비넷, 소형 발전기, 계산기와 공구들이다. 주요 설비와 비교해서 보조장비는 대체로 덜 비싸고, 적은 협상으로 정기적으로 구매되고, 내구성이 길지 않기 때문에 자본 항목보다는 오히려 비용 항목으로 처리한다. 많은 점포들이 설비보다 보조장비를 유통시키기를 원하지만 판매자는 설비제품 마케터에게서 기대되는 다양한 서비스를 제공할 필요는 없다.

원자재

원자재 물리적 제품의 일부가 되는 기본 천연 재료

원자재raw materials는 실제로 물리적 제품의 일부가 되는 기본 천연 재료이다. 예로는 광물, 화학물질, 농산물, 임산물과 해양물이다. 예들 들어 옥수수는 식품, 음료(콘 시럽)과 연료(에탄올)를 포함하여 많은 상이한 제품들에 사용되는 원재료이다.

구성부품

구성부품 물리적 제품의 일부가 되는 것으로, 조립을 위한 완성품이거나 조립 전에 거의 가공할 필요가 없는 제품

구성부품component parts은 물리적 제품의 일부가 되는 것으로, 조립을 위한 완성품이거나 조립 전에 거의 가공할 필요가 없는 제품이다. 구성 부품은 더 큰 제품의 일부가 되더라도 제품을 조립한 후에도 쉽게 식별하고 구별할 수 있다. 스파크 플러그, 타이어, 시계, 브레이크와 전조등은

자동자의 구성부품이다. 구매자들은 이러한 품목들을 자사의 명세서나 산업표준에 따라서 구입하며, 이 부품들이 규정된 품질을 갖고 있고 제시간에 배달되어 생산이 늦어지거나 중단되지 않기를 기대한다. 자동차 혹은 컴퓨터 제조업자처럼 주로 조립을 하는 생산업자는 구성부품 공급업체에 상당히 의존하고 있다. 예를 들어 애플(Apple)은 아이폰(iPhone) X를 생산하기 위해 아시아 8개국의 회사로부터 부품을 조달받는다.[4]

가공재료

가공재료process materials는 다른 제품의 생산에 직접적으로 사용된다. 그러나 구성부품과 달리 가공재료는 규명하기가 쉽지 않다. 예를 들어, 샐러드 드레싱 제조업자는 드레싱 재료로 식초를 넣는다. 드레싱의 다른 재료로부터 식초를 추출하거나 규명하기 어렵기 때문에 식초는 가공재료이다. 구성부품과 마찬가지로 가공재료도 산업표준이나 구매자 명세서에 따라서 구입된다.

가공재료 다른 제품의 생산에 직접적으로 사용되나 규명하기가 쉽지 않은 재료

유지 보수 운영 용품

유지보수운영용품MRO supplies은 유지, 수리, 운영 품목으로 생산과 운영을 용이하게 해주지만 완제품의 일부가 되지는 않는다. 소비재로 구매되는 많은 제품이 비즈니스의 유지, 보수, 운영 용품이 된다. 여기에는 종이, 연필, 청소용품과 페인트가 포함된다. 유지보수운영 용품은 소비자 시장에서 편의품처럼 많은 점포에서 판매하고 있으며 정기적으로 구매된다. 용품이 필요할 때 이용 가능하게 하기 위해 구매자들은 종종 한 명 이상의 판매자들과 거래한다.

유지보수운영 용품 생산과 운영을 용이하게 해주는 유지, 보수, 운영 품목으로 완제품의 일 부가 되지는 않는 품목

비즈니스 서비스 많은 기업이 기업 운영 시 사용하는 무형의 제품

비즈니스 서비스

비즈니스 서비스business services는 많은 기업이 기업 운영 시 사용하는 무형 제품이다. 여기에는 재무적, 법적, 마케팅 조사, 정보기술과 청소 서비스가 포함된다. 기업은 이러한 서비스를 내부적으로 제공할지 혹은 기업 외부에서 조달할지 여부를 결정해야 한다. 이러한 결정은 각 대안과 관련된 비용 그리고 이런 서비스가 얼마나 자주 필요한지에 달려 있다. 예를 들어 액센추어(Accenture)는 기업의 비즈니스 프로세스 및 관리 시스템을 지원하고 앞선 기술을 기업 운영에 활용하는 데 도움이 되는 서비스 제공에 초점을 맞추고 있다.

출처: Pew Research Center, 2017.

8-3 제품 라인과 제품 믹스

 # 학습목표 제품 라인과 제품 믹스의 개념 및 이들이 어떻게 연관되는지 알아본다.

제품 품목 기업의 제품들 중에서 별개의 제공 물로 지정될 수 있는 제품의 특정 버전

제품라인 마케팅, 기술적 혹은 최종 사용의 측 면에서 같은 단위로 간주되는 밀접 하게 관련된 제품 품목들의 집단

제품 믹스 기업이 고객들에게 이용 가능하게 만들 수 있는 전체 제품 집단

제품 믹스의 폭 기업이 제공하는 제품라인의 수

제품 믹스의 깊이 제품라인에 있는 제품 품목의 수

마케터는 자사 제품의 전체 집단에 대한 마케팅을 조직화하기 위해 자사의 모든 제품들 간의 관계를 이해해야 한다. 다음 개념들은 기업의 제품들 간 관계를 설명하는 데 도움을 줄 것이다.

제품 품목product item이란 기업의 제품들 중에서 별개의 제공물로 지정될 수 있는 제품의 특정 버전이다. 아메리칸 이글(American Eagle Outfitters) 티셔츠는 하나의 제품 품목을 나타낸다. **제품라인product line**은 마케팅, 기술적 혹은 최종 사용의 측면에서 같은 단위로 간주되는 밀접하게 관련된 제품 품목들의 집단이다. 예를 들어 스타벅스에는 음료, 식품, 머그, 텀블러, 커피 메이커의 제품 라인이 있습니다. 음료 제품 라인 내에서 모카 프라푸치노(Mocha Frappuccino)는 제품 품목이다.

상이한 립스틱 쉐이드 혹은 지성과 건성 모발용 샴푸 같은 제품라인의 특정 제품 품목은 보통 상이한 목표 시장의 욕구나 소비자들의 다양한 니즈를 반영한다. 그래서 최적의 제품라인을 개발하기 위해 마케터는 구매자의 목적을 이해해야 한다. 상대적으로 높은 가격이나 한정된 제품라인을 가진 기업처럼 높은 시장 점유율을 가진 기업들은 자사의 제품라인을 공격적으로 확장할 수 있는 가능성이 더 높다.[5] 진입 장벽이 낮거나 지각된 시장 기회가 있을 때 기업들이 자사의 제품라인을 확장하기 쉬운 컴퓨터 산업 같은 많은 산업군에서 이러한 패턴을 볼 수 있다.

ZETY AKHZAR/SHUTTERSTOCK.COM

제품 라인 프리토레이Frito-Lay는 감자 칩 라인과 다른 감자 칩 및 스낵 라인을 가지고 있다.

제품 믹스product mix는 기업이 고객들에게 이용 가능하게 만들 수 있는 전체 제품 집단을 말한다. **제품 믹스의 폭width of product mix**은 기업이 제공하는 제품라인의 수로 측정된다. 디어(Deere & Co.)는 트랙터 및 적하기, 농기구 및 기술, 도구 및 중고 장비, 다용도 차량을 포함하여 농산업에 필요한 다양한 제품 라인을 갖고 있다.[6] **제품 믹스의 깊이depth of product mix**는 제품라인에 있는 제품 품목의 수이다. 프록터 & 갬블(Procter & Gamble)은 건강 관리, 미용, 세탁 및 청소, 식품과 음료, 종이 제품으로 구성된 광범위한 제품 믹스를 가지고 있다. 그림 8.2는 프록터 & 갬블 제품 믹스의 일부에 대한 폭과 깊이를 보여준다. 프록터 & 갬블은 자사의 제품 라인에 있는 개별 품목을 촉진하기 위해서 개별 브랜딩, 패키징, 세분화와 소비자 광고를 사용한다. 예를 들어 타이드(Tide), 볼드(Bold), 개인(Gain), 치어(Cheer)와 이러(Era)는 같은 유통 채널과 유사한 제조 시설을 공유하는 프록터 & 갬블 세제 제품 라인이지만 이 브랜드들은 별개로 각각 촉진된다.

그림 8.2 미국 P&G 제품에 적용된 제품 믹스 폭과 깊이의 개념

세제	구강관리	막대형비누	방취제	샴푸	화장지/키친타월	건강
드레프트1933 타이드 1946 치어1950 다우니1960 볼드 1965 개인 1966 이러 1972 페브리즈 2000	크레스트 1955 스코프 1966 오랄비 2006	아이보리 1879 세이프가드 1963 올레이 1993	올드스파이스 1948 시크리트1956	팬틴 1947 헤드 앤 쇼울더 1961 허벌 에센스 2001 오지 2003	차밍 1928 퍼프스1960 바운티 1965	펩토 비스몰 1901 빅스 1905 프릴로섹 2003

깊이 (세로 축) / 폭 (가로 축)

8-4 제품 수명 주기와 마케팅 전략

 # 학습목표 **제품 수명 주기와 마케팅 전략에 주는 영향을 알아본다.**

생물학적 주기가 출생해서 사망으로 진행하듯이 제품 수명 주기도 유사한 궤도를 따른다. 그림 8.3에서 보여주듯이, **제품수명주기product life cycle**는 도입기, 성장기, 성숙기, 쇠퇴기라는 4개의 주요 단계를 갖는다. 하나의 제품이 이러한 궤도를 따라 이동하므로 경쟁, 가격, 유통, 촉진, 그리고 시장 정보와 관련된 전략들이 주기적으로 평가되어야 하고 가능한 대로 조정되어야 한다. 유능한 마케터는 제품의 도입, 변경과 제거에 관련된 전략의 타이밍이 적절하게 집행되고 있음을 확신하기 위해 제품수명주기 개념을 이용한다. 전형적인 제품 수명주기 패턴을 이해함으로써 마케터는 수익성 있는 제품 믹스를 유지할 수 있다.

제품수명주기 제품의 네 단계 진행: 도입기, 성장기, 성숙기, 쇠퇴기

8-4a 도입기

제품수명주기의 **도입기introduction stage** 단계는 제품이 시장에 처음 출시되는 것으로 시작 된다. 기업은 제품 개발에 투자하고 판매에 앞서 시장에 내놓아야 하기 때문에 매출은 0에서 시작하고 이익은 마이너스이다. 초기 수입은 낮은 반면 기업은 일반적으로 촉진과 유통에 많은 비용을 감당해야 하기 때문에 이익은 낮거나 0 이하이다. 그림 8.3에서 시간이 지남에 따라서 매출이 0에서부터 증가하는 것처럼 이익도 증가한다.

도입기 제품수명주기의 첫 단계로, 제품이 시장에 처음 출시되는 것으로 시작되며 매출은 0에서 시작하고 이익은 마이너스이다.

잠재적 구매자는 마케팅을 통해 신제품의 특징, 사용, 장점을 알아야 하기 때문에 매출은 처음에 서서히 증가한다. 신제품의 가치를 강조하는 노력이 브랜드 충성도와 고객관계 구축을 위한 기반을 창출할 수 있다.[7] 두 가지 어려움이 도입기 동안에 발생한다. 첫째, 판매자는 제품을 성공적으

마케팅의 정직성

목적에 따른 성과를 지원하는 펩시코의 제품

마운틴 듀(Mountain Dew) 및 도리토스(Doritos) 같은 브랜드로 판매되는 다양한 청량 음료 및 스낵을 판매하는 전 세계적으로 알려진 펩시코(PepsiCo)는 목적에 따른 성과를 지원하는 제품의 마케팅에 장기 목표를 설정했다. 이 아이디어는 긍정적인 재무적 결과를 달성하는 동시에 세상에 긍정적인 효과를 주는 것이다. 이를 염두에 두고 펩시코는 제품 믹스를 조정하여 건강한 라이프스타일과 건강한 지구를 위한 식품 및 음료의 수를 늘리고 있다.

뉴욕에 기반을 둔 펩시코는 이미 퀘커오트(Quaker Oats) 시리얼 및 그래놀라 바 같은 더 영양가 있는 제품을 판매하고 있다. 최근에는 병아리콩과 기타 천연 재료로 만든 오프 더 이튼 패스(Off the Eaten Path) 칩과 같은 새로운 식품 브랜드를 선보였다. 이것은 펩시코가 제공하는 스낵바에 깊이를 확장한 것이다. 펩시코는 또한 건강에 민감한 소비자들 사이에서 충성도가 높은 소규모 식품 및 음료 브랜드도 인수했다. 한 가지 예는 치아, 호박씨 및 기타 식물성 재료로 만든 영양가 있는 스낵바로 급성장하는 브랜드인 헬스 워리어(Health Warrior)이다. 펩시코는 곡물 씨앗을 기반으로 한 추가 제품 개발을 목표로 2018년 헬스 워리어를 인수했다.

펩시코는 혁신적이고 영양가 있는 식품 및 음료를 개발하는 스타트업 기업을 육성하기 위해 소기업 지원 프로그램으로 뉴트리션 그린하우스(Nutrition Greenhouse)를 만들었다. 참여 기업은 펩시코 관리자로부터 6개월간의 전문가 멘토링과 함께 지원금을 받는다. 신제품이 출시되고 시장에서 성과를 내기 시작함으로써 펩시코와 스타트업 기업은 콜라보레이션의 가능성을 모색해 볼 수 있는 혜택이 있다.[a]

로 출시하기 위한 자원, 기술적 지식, 마케팅 전문지식이 부족하다. 대기업은 잠재 구매자에게 신제품의 출시와 그 제품의 가치를 알리기 위해 광고 및 소셜 미디어 캠페인을 사용한다. 펩시코는 무가당 탄산수 버블리(Bubly) 제품 라인을 출시하였을 때 시청률이 높은 아카데미상 시상식 기간 동안 심장에 부담이 적은 탄산수라는 광고를 내보냈다. 반면에 내셔널음료사(National Beverage Corporation)은 공격적인 소셜 미디어 캠페인을 사용하여 라크로이(LaCroix) 탄산수 제품에 대한 매출과 충성도를 빠르게 이끌어 냈다.[8] 제품을 성공적으로 진수하기 위해 많은 마케팅 예산이 요구되지 않을 수도 있다. 마케터는 무료 견본을 제공 혹은 매체 노출 같은 방법을 통해서 관심을 끌어낼 수가 있다. 리테일미낫닷컴(Retailmenot.com) 같은 웹 사이트는 고객들에게 매력적인 거래와 신규 브랜드를 노출하고자 하는 수천 개의 기업들을 위해 쿠폰과 견본을 목록화함으로서 저

그림 8.3 제품 수명 주기의 4단계

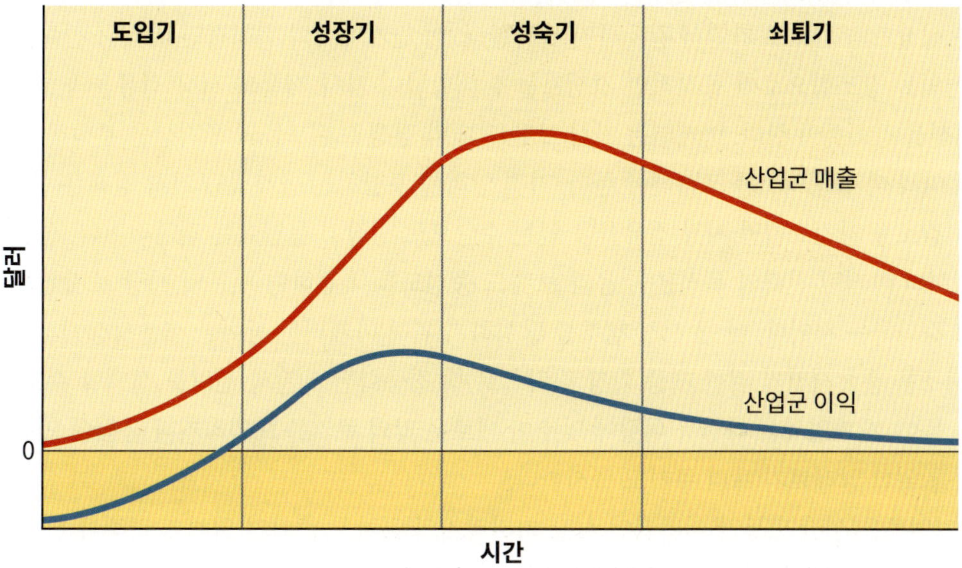

비용의 촉진으로 기업들에게 도움을 준다. 일부 기업은 신제품의 촉진과 성공을 위해 온라인 브랜드 커뮤니티를 활용하기도 한다. 애플(Apple)과 이베이(eBay)는 제품을 촉진하기 위해 온라인 브랜드 커뮤니티를 주관하는 전문가이다.[9] 둘째, 매출을 저해할 수는 있지만 마케팅 조사와 제품 개발에 투입된 많은 비용을 감당하기 위해서는 초기의 제품 가격은 높아야 한다. 이러한 어려움 때문에, 많은 제품들이 도입기를 극복하지 못하는 것이 그리 놀라운 일은 아니다.

대부분의 신제품은 서서히 시작하고 즉각적인 이익을 가져올 만큼 충분한 매출을 창출하지 못한다. 신제품의 성공률은 기업마다 그리고 산업군마다 매우 다르지만 시장에서 신제품의 성공률은 단지 15%~25%에 불과하다.[10] 기존의 성공적인 기업들 중에는 신제품의 성공률이 50%가 넘는 기업도 있다. 구매자들이 신제품에 대해서 알고 관심을 갖게 되면서 기업은 제품과 마케팅 전략의 약점을 지속적으로 모니터하고 제품의 조기 소멸을 방지하기 위해서 신속하게 개선해야 한다. 마케팅 전략은 세분시장이 제품에 많은 관심을 갖고 가장 구매하고 싶어 하게끔 매력적으로 설계되어야 한다. 도입기가 끝나면 경쟁자가 시장에 진입하면서 성장기가 시작된다

8-4b 성장기

성장기 매출은 급속히 증가하고, 이익은 정점에 도달한 후 쇠퇴하기 시작하는 제품수명주기 단계

성장기growth stage동안 매출은 급속히 증가하고, 이익은 정점에 도달한 후 쇠퇴하기 시작한다(그림 8.3 참조). 성장기 동안에 제품 성공에 대한 경쟁 기업들의 반응이 제품의 수명 기대치에 영향을 미치기 때문에 성장기는 신제품의 생존에 중요하다. 구글 홈 및 아마존 에코(Echo)와 같은

음성 지원 기능이 있는 스마트 스피커는 3D 프린터와 마찬가지로 성장 단계에 있다.

더 많은 경쟁자가 시장에 진입하여 가격은 낮추어야 하며 지나친 촉진비용이 필요하므로 이익은 성장기 후반부로 가면서 감소하기 시작한다. 이 단계에서의 전형적인 마케팅 전략은 제품의 편익을 강조함으로써 공격적인 경쟁자들에 대항하여 자사 제품의 시장 점유율과 호의적인 포지션을 강화해야 한다. 마케터는 자사 브랜드 대비 경쟁 브랜드들의 포지션을 분석하고 그 결과에 따라 마케팅 믹스를 조정해야 한다. 가격 인하를 포함하는 공격적인 가격 정책은 단기간의 이익 감소를 가져오지만 시장 점유율을 얻는 수단으로 성장기 동안에는 전형적이다. 성장기 단계에서의 마케팅 전략의 목적은 수용과 브랜드 충성도를 촉진하여 제품의 시장 포지션을 확립하고 강화하는 것이다. 더 큰 시장 침투를 달성하기 위해 마케터는 상이한 세분시장에서 소비자의 니즈를 충족시키기 위한 제품 확장 전략으로 더 집중화된 세분화 전략을 선택할 수도 있다. 예를 들어, 제과업체는 다양한 취향에 맞추어 새로운 맛의 쿠키를 도입하거나 음식에 민감한 소비자를 위한 알레르기 프리 쿠키도 출시한다.

기업들은 성장기 동안 지리적인 시장 커버리지의 격차를 줄이기 위해 노력해야 한다. 특정 제품이 시장에서 수용되면, 새로운 유통 점포들을 확보하기가 더 쉬워진다. 더 큰 시장 침투를 달성하기 위해 마케터는 전속적 혹은 선택적 노출에서 집중적으로 딜러 네트워크로 이동한다. 마케터는 고객의 주문이 정확하게 처리되고 제시간에 배달되도록 물리적 유통체계가 효율적으로 작동되고 있는지 확인해야 한다.

성장기에서 촉진비용은 도입기보다 다소 낮아질 수 있으나 여전히 많이 소요된다. 매출이 증가하면서, 비용은 전체 매출액에서 차지하는 비율이 낮아진다. 광고 메시지는 브랜드의 편익을 강조해야 한다.

8-4c 성숙기

성숙기 매출은 정점을 이룬 후 점차 감소하기 시작하고 이익도 계속 감소하는 제품수명주기 단계

성숙기maturity stage에서 매출은 정점을 이룬 후 점차 감소하기 시작하고 이익도 계속 감소한다(그림 8.3 참고). 태블릿은 매출이 10% 이상 감소하는 성숙 단계에 있는 제품의 한 예이다. 성숙기 단계에는 많은 브랜드가 시장이 존재하기 때문에 경쟁이 치열한 것이 특징이다. 경쟁자들은 자신들의 제품에 대한 개선과 차별점을 강조한다. 구글이 픽셀 슬레이트(Pixel Slate) 태블릿을 출시하는 것처럼 기업은 신제품을 내놓기도 한다. 구글 경영자들은 태블릿 시장은 애플과 삼성이 장악하고는 있지만, 크롬 기반 운영체제인 픽셀 슬레이트는 iOS 또는 안드로이드 플랫폼에서 사용할 수 없는 기능을 원하는 소비자를 위한 제품이라고 말한다.[11] 성숙기에서는 경쟁력이 약한 기업은 시장에서 퇴출된다.

많은 제품이 제품수명주기의 성숙기에 해당되기 때문에, 마케터들은 이 제품들을 어떻게 다루어야 하는지를 알아야 하고 마케팅 전략을 조정할 준비를 해야 한다. 성숙기에 마케팅 전략을

조정하는 데는 많은 방법이 있다. 성숙기 제품들의 매출을 증가시키기 위해 마케터는 기존 제품의 새로운 용도를 제안할 수 있다.

성숙기 시장에서 생존하고 있는 기업들은 촉진과 유통에 변화를 주려고 노력해야 한다. 성숙기 단계에서는 광고와 유통업체 지향적 촉진이 전형적이다. 마케터는 제품군이 성숙 단계에 도달함에 따라 구매자들 역시 이 제품에 대한 지식이 높아진다는 점도 고려해야 한다. 소비자들은 더 이상 무경험자의 일반인이 아니라 이미 경험이 있는 전문가이다. 성숙기 동안에 고객들은 제품에 관하여 특히 비즈니스 제품에 관하여 더 많은 경험과 지식을 갖기 때문에 고객들이 찾는 편익은 변할 뿐만 아니라 제품 수정을 필요로 하기도 한다. 예를 들어, 맥도날드는 더 이상 인공 방부제, 향료 또는 색소를 포함하지 않는 버거 제품으로 메뉴를 재구성했다. 많은 소비자들이 제품의 재료와 품질에 대해 관심이 높아지고 있기 때문에 맥도날드는 성숙기에 있는 자사 브랜드를 경쟁업체와 차별화할 수 있는 기회로 삼고자 했다.[12]

SOURCE: SHERWIN-WILLIAMS COMPANY

성숙기 단계의 제품 관리 페인트는 제품 수명주기의 성숙기 단계에 있습니다. 경쟁력을 높이기 위해 셔윈-윌리암은 많은 색상을 광고한다.

성숙기 동안 마케터는 자사의 제품을 지지하도록 적극적으로 재판매자/소매상을 격려해야 한다. 재판매자에게 재고비용을 낮추려는 촉진적 지원을 제공하기도 한다. 일반적으로 마케터는 재판매자를 관리하고 자사의 브랜드를 진열하고 판매하도록 인센티브를 제공하는 노력도 지속적으로 해야 한다. 성숙기 제품의 마케터는 때때로 글로벌 시장으로 유통을 확장하는데, 이때 제품은 글로벌 고객의 다양한 니즈에 보다 정확하게 맞게 조정되어야 한다.

성숙기에 시장 점유율을 유지하기 위해서 기업이 새로운 용도를 통해 제품의 시장 점유율을 높이려고 할 경우 더 많은 촉진 비용이 요구된다. 성숙기에서 광고 메시지는 브랜드를 경쟁기업과 차별화하는 데 초점을 맞추어야 하고, 판매 촉진 노력은 소비자와 재판매자 모두를 향해야 한다. 예를 들어, 셔윈-윌리암(Sherwin-Williams) 페인트 광고는 다양한 색상을 제공하는 자사 브랜드를 알리고 있다. 광고는 "색상이 모든 것을 바꾸는" 방법을 보여주기 위해 서로 다른 색으로 칠해진 벽 앞에서 다양한 색으로 칠해진 동일한 캐비닛의 24가지 이미지 컷을 보여준다. 이 광고는 페인팅에 관심 있는 소비자가 인근에 있는 셔윈-윌리암 페인트 매장이나 회사 홈페이지를 방문하여 페인팅 팁과 색상 영감을 얻을 것을 추천하고 있다.

SOUTHERNTRAVELER/SHUTTERSTOCK.COM

쇠퇴기 단계 스마트폰의 확산으로 공중 전화는 제품수명주기의 쇠퇴기 단계에 있다.

8-4d 쇠퇴기

쇠퇴기decline stage 동안 매출은 급격히 감소한다(그림 8.3 참조). 매출이 감소할 때, 마케터는 제품라인에서 더 이상 이익이 없는 제품 품목을 제거하는 것을 고려해야 한다. 마케터는 촉진 노력을 삭감하고, 중요하지 않은 유통업체를 제거하고, 끝으로 제품을 퇴출할 계획을 수립할 수도 있다. 소비자들이 고칼로리의 음료로부터 병에 담긴 차와 맛이 첨가된 물을 선호하게 됨으로써 수십 년간 지속되어왔던 소다 같은 대부분의 탄산음료에 대한 수요가 쇠퇴기로 들어왔음을 알 수 있다. 소비자 선호도의 이러한 움직임은 병 음료를 생산하는 기업들이 주스, 물과 더 건강한 음료 쪽으로 제품 확장을 하도록 방향을 바꾸게 하고 있다.

쇠퇴기 매출이 급격히 감소하는 제품수명주기 단계

쇠퇴기 단계에서 마케터는 제품 수명을 연장하기 위해 리포지셔닝을 할 것인지 제품을 제거하는 편이 더 나은지를 결정해야 한다. 쇠퇴기의 제품은 유사한 경쟁제품들 혹은 더 우수한 제품이 시장에 출시되었기 때문에 대체로 제품의 독특성을 잃게 된다. 소비자들이 미세한 제품 차별화에 덜 민감해짐에 따라 경쟁은 대체와 브랜드 전환을 증가시킨다. 이러한 이유 때문에 마케터는 쇠퇴기 동안에 제품의 스타일, 디자인 혹은 다른 속성들을 거의 바꾸지 않는다. 신기술이나 사회적 트렌드, 대체 제품 혹은 환경적 요인들이 제품을 퇴출시킬 때가 되었음을 말한다.

쇠퇴기 동안에 제품의 촉진 노력에 대한 지출은 대체로 상당히 감소된다. 특가제공을 알리는 광고와 쿠폰 및 사은품 같은 판매 촉진이 일시적으로 쇠퇴율을 늦출 수 있다. 매출의 감소율을 늦출 수도 있다. 쿠폰 및 프리미엄 같은 판매 촉진이 일시적으로 구매자의 관심을 다시 끌 수도 있다. 기업은 높은 매출을 나타내는 점포를 유지하고 이익이 되지 않는 점포는 철수할 것이다. 이익을 적절하게 내지 못하는 마케팅 채널도 제거될 것이다. 공장형 아웃렛이나 인터넷 소매상처럼 전에는 사용하지 않던 채널들이 인기가 없어지고 있는 제품의 재고 정리를 도울 수 있다. 매출 감소로 일반 소비자들이 제품을 구입하기가 더 어려워지지만, 충성 구매자들은 해당 제품을 취급하는 재판매자를 찾을 것이다. 제품의 매출이 계속해서 감소하면 판매 담당자들은 이익이 더 되는 제품을 소비자에게 권하는 쪽으로 전환해야 한다.

8-5 제품 수용 과정

#학습목표 제품 수용 과정을 논의해 본다.

신제품(특히 세상에 처음 소개된 제품)에 대한 수용은 대체로 빠르게 진행되지는 않는다. 특히 신제품이 커다란 혁신을 반영한 제품이라면, 소비자들이 신제품을 알고 신제품에 대한 회의를 극복하는 데 매우 오랜 시간이 걸릴 수 있다. 성공한 제품에 대한 몇 가지 비판적인 언급이 표8.1에 나열되어 있다. 많은 소비자는 제품의 결함이 해결되어 '2세대'라는 다음 버전이 출시될 때까지 신제품 수용을 기다리려고 한다. 소비자들은 그림 8.4에 제시된 수용 과정을 통해 신제품을 수용하게 된다. 제품 수용 과정(product adoption process)의 단계는 다음과 같다.

인지awareness: 구매자가 제품을 인지하게 된다.

관심interest: 구매자는 정보를 탐색하고 제품에 대한 정보를 받아들인다.

평가evaluation: 구매자는 제품의 편익을 고려하고 제품을 시용할지 여부를 제품의 가치와 경쟁제품을 고려하여 결정한다.

시용trial: 구매자는 제품이 자신의 니즈를 충족시킬 수 있는가를 결정하기 위해 제품을 검사하거나 시험하거나 시용한다.

수용adoption: 구매자는 제품을 구입하고 제품에 대한 니즈가 생길 때마다 이 제품을 다시 사용할 것으로 기대될 수 있다.[13]

첫 번째 단계는 소비자들이 최초로 제품의 존재를 알게 될 때로, 소비자들은 제품에 대한 정보도 거의 없고 더 많은 정보를 얻는 데도 아직 관심이 없다. 소비자들이 제품의 특징, 용도, 장점, 단점, 가격, 판매 점포에 대해 알려는 동기가 유발될 때 관심 단계에 들어선다. 평가 단계에서, 개인들은 이 제품이 자신들의 특별한 니즈를 충족시키는 중요한 기준에 부합 되는지 여부를 고려한다. 시용 단계에서, 소비자들은 가능하면 소량으로 구입하거나, 무료 견본을 이용하거나 혹은 다른 사람으로부터 제품을 빌려서 처음으로 그 제품을 사용하거나 경험한다. 새 제품이 필요할 때와 시용 단계에서 새 제품의 구매를 결정했을 때 개별 소비자들은 수용의 단계로 진입한

그림 8.4 제품 수용 과정

표 8.1 대부분의 신제품에 대한 회의론

아마도 다섯 대 정도의 컴퓨터를 위한 세계 시장이 있다고 생각한다. -토마스 와슨, IBM 회장, 1943
이 '전화'를 커뮤니케이션 수단으로 생각하기에는 너무 많은 단점이 있습니다. 이 장치는 본질적으로 우리에게는 가치가 없다. - 웨스턴 유니온 (Western Union) 내부 메모, 1876
개념은 흥미롭고 잘 구성되어 있지만 C보다 더 좋은 점수를 받기 위해서는 아이디어가 실현 가능해야 한다. -신뢰할 수 있는 익일 배송 서비스를 제안하는 프레드 스미스(Fred Smith)의 기말 보고서에 대한 예일대학교 경영 교수의 답변(페덱스를 창업하게 된 스미스)
도대체 누가 배우들의 이야기를 듣고 싶어 할까? - 에치. 엠, 워너 브라더스, 1927
쿠키 가게는 좋은 생각이 아니다. 게다가 시장 조사 보고서에 따르면 미국사람은 당신이 만든 부드럽고 쫄깃한 쿠키가 아닌 바삭한 쿠키를 좋아한다. -데비 필드(Debbie Fields)의 미스에스 필드스 쿠키(Mrs. Fields' Cookies) 창업 아이디어에 대한 은행의 반응
우리는 비틀즈의 음악을 좋아하지 않으며, 다른 그룹의 기타 음반이 곧 나올 것이다. -비틀즈를 거절한 데카 레코드(Decca Recording Company), 1962

것이다. 그러나 수용 단계에 진입했다는 것이 개별 소비자들이 최종적으로 신제품을 수용할 것이라는 뜻은 아니다. 제품 거절은 어떤 단계에서든 발생할 수 있다. 제품 수용과 제품 거절 모두가 일시적이거나 영속적일 수 있다.

기업이 신제품을 도입할 때, 목표 시장의 소비자들은 다른 속도로 수용 과정에 진입하고 이동한다. 대부분 제품의 경우 수용 과정을 시작도 하지 않는 비수용자들도 있다. 비즈니스 마케터에게 있어 제품의 혁신, 확산과 수용 관리의 성공은 유능한 적응성과 고객을 이해하는 상당한 노력을 요구한다.[14]

혁신자 신제품을 가장 먼저 수용하는 소비자

조기 수용자 신제품을 신중하게 선택하고, 이후의 수용자 범주에 있는 사람들에 의해 점검해줄 사람으로 간주되는 수용자

조기 다수자 평균보다 바로 앞서서 제품을 수용하는 소비자

후기 다수자 필요하다고 느낄 때 제품을 수용하는 소비자

소비자들이 신제품을 수용하는 데 걸리는 시간의 길이에 따라서, 소비자들은 다음과 같은 5가지 유형의 수용자들 중 한 범주에 속하게 된다. 즉 혁신자, 조기 수용자, 조기 다수자, 후기 다수자, 최종 수용자이다.[15] **혁신자innovators**는 신제품 시용을 즐기고 위험을 회피하지않기 때문에 신제품을 가장 먼저 수용한다. **조기 수용자early adopters**는 신제품을 신중하게 선택하고, 이후의 수용자 범주에 있는 사람들에 의해 점검해줄 사람으로 간주된다. **조기 다수자early majority**는 보통(평균) 사람들보다 바로 앞서서 제품을 수용한다. 조기 다수자는 신제품을 시용하는 데 신중하고 조심스럽다. **후기 다수자late majority**는 신제품에 대해 회의적이지만 경제적 필요성이나 사회적 압력 때문에 궁극적으로 제품을 수용한다. 신제품을 마지막으로 수용하는 **최종 수용자**

laggards는 과거지향적이다. 최종 수용자들은 신제품에 의구심을 가지며, 최종 수용자들이 최종적으로 신제품을 수용할 때 신제품은 더 새로운 신제품으로 이미 대체되어 있을 수 있다.

최종 수용자 신제품에 의구심을 갖는 최종 수용자

8-6 브랜딩

#학습목표 브랜드 유형, 브랜딩 전략, 브랜드 보호를 포함하는 브랜딩의 주요 요소를 알아본다.

마케터는 브랜드, 브랜드 네임, 브랜드 로고, 트레이드 마크와 트레이드 네임에 관한 선택을 비롯하여 제품에 관해 많은 의사결정을 해야 한다. **브랜드brand**는 자사 제품을 경쟁 제품들과 구별해주는 것으로 네임, 용어, 디자인, 로고 또는 다른 특징이다.[16] 브랜드는 단일 제품, 제품 집단 혹은 판매자의 모든 제품 확인을 가능하게 할 수 있다. 일부는 브랜드를 물리적 재화, 네임, 색상, 로고 혹은 광고 캠페인뿐만 아니라 상징하는 것과 경험을 포함하여 제품과 관련된 모든 것으로 정의한다.[17] 브랜드 이미지를 바꾸려는 시도를 하는 기업들은 시장 점유율을 잃는 위험에 처하기도 한다. 코카콜라는 실패한 브랜드 뉴 코크(New Coke)를 통해 이것이 어렵다는 것을 알게 되었다. 패밀리 레스토랑 체인인 애플비(Applebee's)도 부유한 밀레니얼 소비자들에게 더 어필하기 위해 현대적인 바와 그릴로 리브랜딩한 후의 반응은 별로였다. 새로운 메뉴와 리모델링된 매장은 젊은 소비자를 끌어들이지도 못했고, 애플비의 오랜 단골 고객도 등을 돌렸다. 체인 전체 매장의 매출이 떨어지면서 130개의 매장을 폐쇄해야만 했다. 남은 매장도 애플비의 주요 단골 고객을 다시 유인하고자 무한리필과 같은 예전 인기 메뉴를 다시 가져왔다.[18] 그러나 단순한 브랜드 변경으로도 주요 마케팅의 성공을 가져오기도 한다.

브랜드 자사의 제품을 경쟁자의 제품과 구 별해주는 네임, 용어, 디자인, 로고 또는 어떤 다른 특징

브랜드 네임brand name은 세븐 업(7UP)과 V8 같은 문자, 단어와 숫자를 포함해서 발음될 수 있는 것으로 브랜드의 일부이다. 브랜드 네임이 없다면 기업은 자사의 제품을 차별화할 수 없듯이, 브랜드 네임은 제품이 유일하게 구별되는 특성으로 필수적인 것이다. 소비자에게는 브랜드 네임이 제품 자체인 것처럼 기본적인 요소이다. 실제로 많은 브랜드 네임이 스카치 테이프(Scotch Tape), 제록스(Xerox) 복사기, 크리넥스(Kleenex) 휴지 같은 제품의 동의어가 되었다. 마케터는 촉진 활동을 통해 이러한 브랜드 네임들이 법으로 보호받지 못하는 일반 명칭이 되지 않도록 노력해야 한다.

브랜드 네임 발음될 수 있는 브랜드의 일부

단어들로 구성되지 않은 브랜드 요소-심벌 혹은 디자인-를 **브랜드 마크brand mark**라고 한다. 브랜드 마크로는 맥도날드의 황금 아치, 나이키의 스우시와 벤즈의 별의 세 점이 있다. **트레이드 마크trademark**는 특허청에 등록함으로서 소유자가 브랜드나 브랜드의 일부에 대한 독점적 사용

브랜드 마크 로고 혹은 디자인처럼 단어들로 구성되지 않은 브랜드의 일부

트레이드 마크 브랜드의 독점적인 사용을 위한 등록된 도형

권을 갖고 다른 사람들이 사용하는 것을 법으로 금지한다. 미국에서 기업이 브랜드 네임이나 브랜드 마크를 보호하려면 미국 특허청(Patent and Trademark Office)에 트레이드 마크로 등록을 해야 한다. 마지막으로, **트레이드 네임trade name**은 특정 제품의 네임이라기 보다는 포드 모터 회사(Ford Motor Company) 같은 등록된 기업 브랜드 네임이다.

트레이드 네임 등록된 기업 브랜드 네임

8-6a 브랜딩의 가치

구매자와 판매자 모두가 브랜딩으로부터 혜택을 받는다. 구매의사결정과정에서 브랜드는 구매자가 품질이 자신의 기준에 부합하는 특정 제품을 규명하도록 도와주고, 소비자들의 니즈를 충족시켜주는 제품의 규명을 용이하게 해주고, 제품을 확인하고 구매하는 데 필요한 시간을 단축시켜 준다. 브랜드가 없다면 구매자들은 품질과 제품의 기능을 알 수 있는 지침이 거의 없기 때문에 제품 선택은 더 어려울 것이다. 많은 소비자에게 있어 특정 브랜드를 구매하는 것은 자기표현의 한 형태이다. 예를 들어, 브랜드 네임은 소비자 자신의 라이프스타일 혹은 자아표현에 대한 시그널을 전달하기 때문에 나이키와 타미힐 피거같은 의류 브랜드 네임은 많은 소비자에게 중요하다. 특히 고객이 제품의 품질을 판단할 수 없을 때 브랜드는 고객에게 품질 수준과 이미지를 나타내어 구매에 대한 구매자의 지각된 위험을 줄여준다. 고객들은 코카콜라, 아디다스, 파네라(Panera)처럼 자신이 신뢰하는 품질의 브랜드를 구매하기를 원한다. 게다가 고객들은 메르세데스 혹은 샤넬 같은 높은 신분을 상징하는 브랜드를 구매하고 소유함으로써 심리적 보상을 받는 것이다. 반면에 주의를 끌고 시선을 받는 브랜드 사용은 경우에 따라 자아 이미지가 희석될 수도 있다. 자아와 브랜드의 연결이 낮은 브랜드 사용은 사용자와 브랜드 간의 일체감을 만들기 어렵다. 예를 들어 실내에서 구찌 선글라스를 쓰는 것과 같은 과시 행동은 브랜드 사용자에 대해 부정적으로 인식될 수 있다.[19]

브랜드는 고객들이 구매를 더 수월하게 할 수 있도록 자사 제품임을 확인해주고 그로 인해 브랜드 충성도를 조성하기 때문에 판매자도 브랜딩을 통해 혜택을 받는다. 뿐만 아니라 브랜딩은 기업이 기존 제품들 중에서 하나 혹은 그 이상의 브랜드 네임과 이미지를 이용한 신제품을 도입하는 데 도움을 준다. 구매자는 기업의 기존 브랜드 네임을 이용한 제품에 친숙하기 때문에 신제품을 구매할 가능성이 더 높다. 브랜드화된 제품을 촉진하는 것은 간접적으로 같은 브랜드의 다른 모든 제품을 촉진하기 때문에 브랜딩은 촉진 노력을 용이하게 해준다. 소비자가 특정 브랜드에 충성도를 갖게 되면, 기업의 시장 점유율은 일정 수준의 안정성을 이룰 수 있고, 기업이 자원을 더 효율적으로 사용할 수 있도록 해준다.

브랜딩에는 소비자들이 브랜드에 대한 자신의 사회적 의미를 부여하는 측면에서 문화적 차원도 있다. 브랜드는 상징적 이미지와 핵심 연상에 기반한 감성적 수준에서 고객들에게 소구한다.[20] 할리 데이비슨(Harley-Davidson)과 애플 같은 브랜드의 경우에는 브랜드가 숭배와 같은 결과를 낳을 수도 있다. 이 브랜드들은 모임, 온라인 포럼, 블로그, 팟캐스트를 비롯한 그 밖의 수단을 통해 커뮤니케이션하는 충성 고객들의 커뮤니티를 구축한다. 이러한 브랜드는 소비자들이 자신의 아이덴티티와 자아개념을 개발하도록 돕고 자아표현의 형태로 역할하는 것을 돕는다. 사실 문화적 브랜딩(cultural branding)이라는 용어는 소비자들이 자신의 아이덴티티를 확고히 하는 데 유용하다고 생각하는 강력한 신화를 브랜드가 어떻게 전달하는가를 설명하기 위해 사용된다.[21] 브랜드가 고객의 마음과 관계없이 존재하기 때문에 마케터가 브랜드를 완전히 통제하지 못하고 있다는 사실을 인정하는 것도 중요하다. 브랜드의 모든 측면은 소비자의 감성적 관여, 해석과 기억의 대상이다. 브랜딩이 어떻게 구매에 영향을 주는지를 이해함으로써 마케터는 고객충성도를 조성할 수 있다.[22]

8-6b 브랜드 순자본

잘 관리된 브랜드는 기업의 자산이다. 이 자산의 가치는 브랜드 순자본이라고도 한다. **브랜드 순자본brand equity**은 시장에서 브랜드의 강도와 관련된 마케팅과 재무적 가치이다. 특허 및 트레이드 마크 같은 실제 독점적 브랜드 자산뿐만 아니라 브랜드 네임 인지도, 브랜드 충성도, 지각된 브랜드 품질, 브랜드 연상이라는 네 가지 주요 요소가 브랜드 순자본을 이루고 있다(그림 8.5 참조).[23]

브랜드 순자본 시장에서 브랜드의 강도와 관련된 마케팅과 재무적 가치

브랜드를 알고 있다는 것은 브랜드 친밀성을 이끌어내고 그 결과로 브랜드에 대해 편안함을 갖게 된다는 것이다. 친숙한 브랜드는 신뢰할 수 있고 수용 가능한 수준의 품질로 인식될 가능성이 더 높기 때문에, 소비자들은 친숙하지 않은 브랜드보다 친숙한 브랜드를 선택할 가능성이 더 높다. 친숙한 브랜드는 친숙하지 않은 브랜드와 달리 고객의 고려군에 포함될 가능성 또한 더 크다.

브랜드 충성도 특정 브랜드에 대해 갖고 있는 고객의 호의적 태도

브랜드 충성도brand loyalty는 특정 브랜드에 대해 갖고 있는 고객의 호의적 태도이다. 만일 브랜드 충성도가 충분히 강력하다면 특정 제품군에 제품들이 필요할 때 고객들은 일관되게 이 브랜드를 구매할 것이다. 브랜드에 대한 고객만족은 해당 브랜드에 대한 충성도 때문이라는 것이 가장 공통된 이유이다.[24] 높은 브랜드 충성도를 가지고 있는 기업은 델타 항공사(Delta Air Lines;항공사), 리프트(Lyft; 앱 기반 승차 공유 서비스) , 아마존(Amazon; 온라인 소매업체), 레드불(Red Bull; 에너지 음료), 애드빌(Advil; 진통제) 및 AT&T(무선 전화 서비스)입니다.[25] 브랜드 충성도는 고객뿐만 아니라 제조업자와 판매자에게도

그림 8.5 브랜드 순자본의 주 요소들

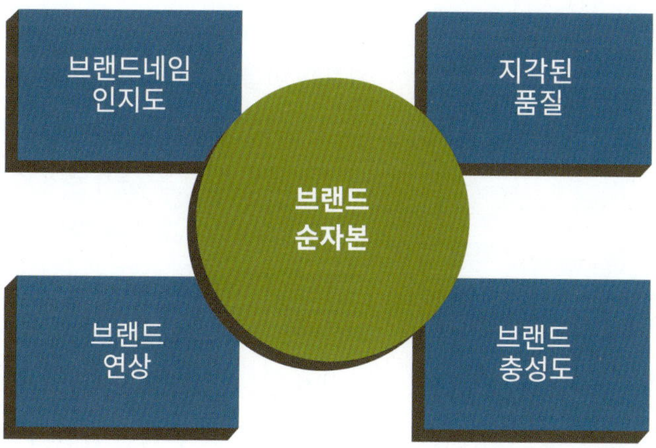

NED SNOWMAN/SHUTTERSTOCK.COM

강한 브랜드 충성도 많은 소비자들이 스타벅스에 대한 브랜드 충성도가 매우 높으며 대안을 받아들이려 하지 않는다.

이점을 준다. 브랜드 충성도는 제품을 구매할 때 위험을 줄일 수 있고 쇼핑 시간을 단축한다. 브랜드 충성도의 정도는 제품군마다 매우 다르다. 브랜드를 언급할 필요 없이 식료품점에서 과일이나 야채의 품질은 고객이 보면 바로 알 수 있기 때문에 기업이 과일과 야채 같은 제품에 대한 브랜드 충성도를 개발하는 것은 과제일 것이다. 그러나 제품이 친환경적이거나 지속 가능한 것으로 소비자가 인식할 때 브랜드에 대한 태도가 향상되는 경향이 있다.[26]

급변하는 기술 또한 마케터에게 과제이다. 심지어는 매우 빠른 속도로 시장에 진입하는 새로운 컴퓨터, 앱과 기타 디지털 기기에 대해 마케터가 소비자들의 높은 수준의 감성적 참여를 유지하고 소비자들의 충성도를 지속적으로 유지하기가 어려울 수 있다. 문화마다 특정 브랜드에 더 많이 혹은 더 적은 수준의 충성도를 보이듯이 브랜드 충성도는 나라마다 다를 수도 있다.

브랜드 보조상기 고객이 특정 브랜드가 존재한다는 사실을 알고, 만일 선호하는 브랜드를 구입할 수 없는 경우 대안적 구매로 특정 브랜드를 고려하는 브랜드 충성도의 정도

브랜드 선호도 고객이 다른 경쟁적 브랜드보다 특정 브랜드를 확실하게 선호하는 충성도 수준

브랜드 애착 고객이 대체 브랜드를 받아들이지 않으며 반드시 특정 브랜드를 구입하는 브랜드 충성도 수준

브랜드 충성도의 세 가지 수준은 보조상기, 선호도와 애착이다. **브랜드 보조상기brand recognition**는 고객이 특정 브랜드가 존재한다는 사실을 알고 만일 선호하는 브랜드를 구입할 수 없거나 구매 가능한 다른 브랜드를 잘 몰라서 대안적 구매로 특정 브랜드를 고려하고 있을 때 발생한다. 이 경우가 브랜드 충성도의 정도가 가장 약한 형태이다. **브랜드 선호도brand preference**는 브랜드 충성도가 강력한 수준이다. 고객은 다른 경쟁적 브랜드보다 특정 브랜드를 확실하게 선호하고, 만일 구입 가능하다면 그 특정 브랜드를 구매할 것이다. 그러나 만일 그 특정 브랜드가 구매 가능하지 않다면 고객은 추가적인 노력을 해서 선호하는 그 특정 브랜드를 구매하기보다는 다른 대체 브랜드를 구매한다. **브랜드 애착brand insistence**은 브랜드 충성도의 가장 강력한 수준이다. 고객은 대체 브랜드를 받아들이지 않으며, 특정 브랜드를 구입하기 위해 많은 시간과 노력의 투자를 아까워하지 않을 것이다. 만일 특정 브랜드에 애착하는 고객이 점포에 가서 그 브랜드가 없다는 사실을 알았다면, 그 고객은 대체 브랜드를 구매하기보다는 다른 곳에 가서 그 브랜드를 찾을 것이다. 브랜드 애착은 힐튼(Hilton) 호텔 같은 서비스 제품 혹은 댈러스 카우보이스(Dallas Cowboys) 같은 스포츠 팀에도 적용할 수 있다. 어렵기는 하지만 마케터들은 브랜드 애착을 만들기를 갈망한다.

브랜드 충성도는 경쟁자의 행동에 대한 자사 브랜드의 취약성을 줄일 수 있기 때문에 브랜드 충성도는 브랜드 순자본의 중요한 구성요소이다. 브랜드 충성도는 기업이 기존 고객을 계속 유지하고 새로운 고객을 확보하기 위해 지출되는 상당한 자원을 절약할 수 있도록 해준다. 충성 고객은 잠재적인 신규 고객에게 브랜드 가시성과 확신을 전달한다. 그리고 충성 고객들은 언제 어디서든지 자신이 좋아하는 브랜드를 구매할 수 있기를 기대하므로 소매점들은 고객들에게 잘 알려져 있는 브랜드들을 판매하려고 노력해야 한다.

고객들은 전반적인 품질의 특정 수준으로 특정 브랜드를 연관시킨다. 언급했듯이 고객들은

표 8.2 세계에서 가장 가치 있는 상위 10대 브랜드 2022

순위	브랜드	브랜드 가치($백만)
1	애플	947,062
2	구글	819,573
3	아마존	705,646
4	마이크로소프트	611,460
5	텐센트	214,023
6	맥도날드	196,526
7	VISA	191,032
8	패이스북	186,421
9	알리바바	169,966
10	루이비통	124,273

출처: "2022 BrandZ Top 100 Most Valuable Global Brands," https://www.rankingthebrands.com/The-Brand-Rankings.aspx?rankingID=6&year=1414 (accessed December 30, 2022)

제품 품질의 실제 평가 대용으로 브랜드 네임을 자주 사용한다. 고객은 실제로 제품의 품질을 스스로 판단할 수 없으며 대신 품질 지표로 브랜드에 의존해야만 한다. 새 차를 구입하려는 소비자는 렉서스나 도요타 차량을 한 번도 구입해 본적이 없을 수도 있다. 그러나 그 브랜드가 품질면에서 가장 높은 순위에 있기 때문에 잠재 구매자는 다른 브랜드보다 렉서스나 도요타 차량을 선호할 수 있다.[27] 브랜드의 높은 지각된 품질은 프리미엄 가격을 설정하는 데 도움이 되고 마케터가 지나친 가격 경쟁을 피할 수 있도록 해준다. 또한 브랜드에 대한 소비자의 높은 관심은 관련 제품에 대한 높은 관심으로 전환 될 수 있기 때문에 호의적 브랜드의 지각된 품질은 브랜드 확장의 도입을 수월하게 해줄 수 있다. 호의적으로 지각된 브랜드 품질은 브랜드에 대한 소비자의 높은 관심이 관련 제품에 대한 높은 관심으로 이어질 가능성이 높기 때문에 브랜드 확장의 도입을 용이하게 해준다.

브랜드와 연결된 일련의 연상들은 브랜드 순자본의 또 다른 핵심 요소이다. 때때로 마케터는 특별한 라이프스타일 혹은 개성 형태를 특정 브랜드에 연결하려고 노력한다. 브랜드 연상의 이 형태들은 브랜드 순자본에 크게 기여한다. 브랜드 연상은 때로 게이코 게코 (GEICO Gecko), 필스베리 도우 보이(Pillsbury Dough Boy)와 키블러 엘브스(Keebler Elves) 같은 캐릭터의 사용으로 더 용이해진다. 이러한 캐릭터들을 광고와 패키지에 등장시킴으로서 고객이 광고와 패키지를 브랜드와 연결하도록 도와준다. 이 방법은 어린 소비자에게 특히 효과적입니다. 그래서

ISTOCK.COM/MARC DUFRESNE

브랜드 연상 자극하기 M&M은 호의적인 브랜드 연상을 자극하기 위해 캐릭터에 빨간색과 노란색을 사용한다.

많은 시리얼과 사탕에 탐험가 도라 (Dora) 같은 라이선스 캐릭터가 등장한다.[28] 예를 들어 마스(Mars)는 M&M의 사탕을 재미있게 보일려고 오랫동안 빨강과 노란색 캐릭터를 사용하였다. 빨강과 노란색 캐릭터는 소비자의 마음에 긍정적인 브랜드 연상을 형성하는 데 도움이 된다.

비록 브랜드 순자본을 측정하기는 어렵지만 브랜드 순자본은 기업에 대한 브랜드의 가치를 나타낸다(브랜드 순자본은 유형 자산과 대중의 지각과 소비자 충성도 같은 무형 자산을 포함한다). 표 8.2는 경제적 가치가 가장 높은 상위 10대 브랜드를 보여준다. 표 8.2에 나열된 브랜드를 소유한 기업은 브랜드 순자본이 기업이 소유한 가장 대단한 단일 자산일 수 있다는 데 동의한다.

8-6c 브랜드 유형

제조업자 브랜드 생산자에 의해 주도되고 구매 시점에서 제품으로 생산자가 규명되는 것을 확실하게 해주는 브랜드

유통업자 브랜드 재판매업자에 의해 주도되고 소유되는 브랜드

브랜드의 세 가지 범주는 제조업자 브랜드, 유통업자 브랜드, 일반 브랜드이다. **제조업자 브랜드 manufacturer brands**는 생산자에 의해 주도되고 구매 시점에서 제품으로 생산자가 규명됨을 확실하게 해준다-예를 들어 그린 자이언트(Green Giant), 델(Dell) 컴퓨터, 리바이스 (Levi's) 청바지. 제조업자 브랜드는 생산자가 유통, 촉진과 어느 정도까지의 가격결정에 관여할 것을 요구한다.

유통업자 브랜드private distributor brands(자체private 브랜드, 점포store 브랜드, 딜러dealer 브랜드라고도 함)는 재판매업자(도매업자 혹은 소매업자)에 의해 주도되고 소유된다. 자체 브랜드의 주요 특징은 제조업자는 제품에 표시되지 않는다는 점이다. 소매업자와 도매업자는 더 효율적인 촉진을 개발하고 더 높은 총마진을 창출하고, 점포 이미지를 변화시키기 위해 자체 브랜드를 사용한다. 유통업자 브랜드는 소매업자와 도 매업자에게 제조업자를 알리지 않고 가장 저렴한 가격에 특정 품질의 제품을 구매할 수 있는 특권을 준다. 도매업자 브랜드의 예로는 IGA (Independent Grocers' Alliance)가 있다. 성공적인 자체 브랜드는 전국적으로 유통되며 제조업자 브랜드의 품질과 경쟁할 만해야 한다. 잘 알려진 소매업자 브랜드 네임은 타깃(Target)의 아처 팜스(Archer Farms)와 업앤업(Up and Up), 월마트(Walmart)의 그레이트 밸류(Great Value)와 홀푸드(Whole Foods)의 365 에브리데이 밸류(365Everyday Value)이다. 때로 성공적인 유통업자 브랜드를 갖고 있는 소매업자는 이익을 증가시킬 목적으로 제품 원가, 품질과 디자인을 더 많이 통제하기 위해 자신의 제품을 직접 생산하기 시작한다. 점포 브랜드의 품질이 점점 좋아짐에 따라 자체 브랜드의 매출도 상당히 증가하고 있다. 미국에서 점포 브랜드는 전체 소비재 판매의 약 18%를 차지하지만 자체 브랜드 판매는 특히 프리미엄 제품의 경우 제조업자 브

랜드보다 빠르게 증가하고 있다.[29]

반면에 일부 제품들은 전혀 브랜드화되지 않으며 일반 브랜드라 부른다. **일반 브랜드 generic brand**는 제품군만을 나타내고 기업명이나 다른 확인 가능한 용어를 포함하지는 않는다. 이러한 품목들은 설탕, 소금, 쿠킹 호일 같은 특별한 기능이 별로 없는 품목이기 때문에 전형적으로 비차별적 전략을 사용하여 시장에서 판매된다. 일반 브랜드는 통상적으로 비교 가능한 브랜드 제품보다 낮은 가격으로 판매되며, 가격과 가치 기반으로 경쟁한다. 특히 자체 브랜드의 품질과 가치가 점점 증가하므로 시간이 지나면서 일반 브랜드의 보급이 점점 감소하고 있다.

일반 브랜드 제품군만을 나타내는 브랜드

8-6d 브랜드 네임 선정

마케터는 브랜드 네임을 선정하는 데 여러 요소들을 고려한다. 첫째, 네임은 기업이 해외에 자사의 제품을 시장화할 계획이 있다면 해외 고객들을 포함하여 고객들이 발음하기 쉽고, 쓰기 쉽고, 상기하기 쉬워야 한다. 치어(Cheer)처럼 짧은 2음절로 된 네임은 이 조건을 충족시킨다. 둘째, 브랜드 네임은 어떠한 방식으로든 주요 편익을 나타내야 하고, 가능하다면 제품의 용도와 특별한 특징을 제시해야 한다. 마케터는 부정적이거나 공격적인 언급은 회피해야 한다. 그래서 예를 들어, 에이젝스(Ajax) 주방세제, 베니쉬(Vanish) 변기세제, 포뮬러(Formula) 409 다용도 세제, 캐스케이드(Cascade) 식기세척기 세제와 위스크(Wisk) 세탁 세제 같은 주방세제 제품의 브랜드 네임은 강력함과 효과성을 함축한다. 소비자들은 긍정적 속성과 편익을 전달하는 브랜드 네임을 더 쉽게 상기하고 호의적으로 평가한다.[30] 셋째, 경쟁 브랜드들과 차별화하기 위해 브랜드는 독특해야 한다. 게다가 판매한 제품과 목표 시장의 자아 이미지에 맞추어 조정된 브랜드 개성의 창출은 브랜드 성공에 중요하다. 특히, 목표 시장에 브랜드가 맞추어 조정된다면 마케터들은 브랜드 충성도를 개발하기가 더 쉬워진다는 연구결과들도 있다.[31] 만일 마케터가 제품라인을 위해 특정 브랜드를 사용할 의도가 있다면 그 특정 브랜드는 같은 제품라인에 있는 모든 제품과 호환되어야 한다. 마지막으로, 브랜드는 모든 매체에서 사용될 수 있고 인지될 수 있도록 설계되어야 한다. 많은 명확한 브랜드 네임이 이미 사용되고 있기 때문에 제대로 된 브랜드를 만들어내는 일은 점점 더 어려운 작업이 되고 있다.

마케터는 닷지 차져(Dodge Charger) 처럼 단일 혹은 여러 단어로 브랜드 네임을 만들 수 있다. 홀로 혹은 조합한 문자들과 숫자들은 BMW's i8 스포츠 자동차 혹은 WD-40 윤활 방청제 같은 브랜드를 만들기 위해 사용된다. 단어, 숫자와 문자들은 삼성 갤럭시 S23 혹은 아우디 S6 같은 브랜드 네임을 만들기 위해 조합된다. 부정적 의미가 있는 용어를 피하기 위해 마케터들은 하겐다즈(Häagen-Dazs)처럼 어떠한 의미도 없는 가공된 단어들을 사용하기도 한다. 중국에서 마케팅하기 위해 미국 브랜드는 중국어로 잘 번역되고 주요한 의미를 가진 이름을 사용하기 위해 노력하지만 브랜드의 정체성은 제대로 반영되지는 않는다. 스타벅스는 로고와 일치하는 별의 희망이라는 의미로 네이밍되었다. 나이키는 인내와 끈기를 의미하는 네이밍이며 발음은 미국과 같은 발음이지만 경쟁 브랜드인 리벅은 빠른 걸음을 의미하는 "루이 부"로 발음한다.[32]

실제로 누가 브랜드 네임을 만드는가? 브랜드 네임은 기업 내부에서 개인들 혹은 팀이 만들 수도 있다. 때로 브랜드 네임은 제품 개발에 관여한 직원들에 의해 제안되기도 한다. 어떤 기업에는 브랜드 네임을 만들고 승인에 참여하는 위원회가 있다. 매년 많은 신제품을 출시하는 대기업에는 브랜드 네임을 개발하는 부서가 대체로 있다. 때로는 외부의 브랜드 네임 개발 전문 업체를 통해 개발한다.

8-6e 브랜드 보호

마케터는 등록을 통해 쉽게 보호받을 수 있는 브랜드를 설계해야 한다. 일련의 법원 결정들 이 브랜드 형태를 기반으로 광범위한 보호 위계를 만들었다. 최대한으로 보호 가능한 것부터 최소한으로 보호 가능한 것까지, 이 브랜드 형태들은 가상적인 엑슨(Exxon), 임의적인 닥터 페퍼(Dr Pepper), 연상적인 스프레이앤 워시(Spray'n Wash), 설명적인 미닛 라이스(Minute Rice)이다. 알루미늄 호일 같은 일반적인 용어는 보호받을 수 없다. 성씨와 설명적, 지리적 혹은 기능적 네임들은 보호받기 어렵다.[33] 그러나 연구결과들에 의하면 소비자들은 설명적이고 연상적인 브랜드 네임들을 선호하고, 설명적이고 연상적인 브랜드 네임이 가상적이거나 임의적인 브랜드 네임과 비교해서 비보조 상기가 더 쉽다고 한다.[34] 등록은 국내에서 10년 동안 트레이드마크를 보호하고 트레이드마크는 무기한 갱신할 수 있지만 기업은 브랜드가 보호되고 필요에 따라 트레이드마크가 갱신되도록 보장하는 시스템도 개발해야 한다.

ISTOCK.COM/JFMDESIGN

브랜드 보호 기업은 광고와 패키징에 특정 문구와 심벌을 사용하여 브랜드를 보호하려고 한다. 라이졸 Lysol 뒤에 "브랜드"라는 용어와 ® 심벌을 모두 사용하고 있다.

브랜드에 대한 독점적 권리를 보호받기 위해, 기업은 브랜드가 미국 특허청에 이미 등록 되어 있는 어떤 브랜드도 침해하지 않도록 해야 한다. 브랜드 침해 경우들이 매우 많으나, 부분적으로는 인터넷에서 침해 가능성을 쉽게 검색할 수 있다. 법정에서는 브랜드가 제품의 원천에 대해 소비자를 헛갈리게 했거나, 실수하게 했거나, 혹은 기만했는지 여부에 대한 의사결정에 근거해서 침해를 판결하기 때문에 실제로 침해가 있었는지를 입증하는 일은 복잡하다. 맥도날드는 접두사 맥(Mc)을 사용하는 기업이 맥도날드와 관련이 있거나 소유라는 인상을 소비자에게 주는 것이 두려워 Mc 이름을 가진 많은 기업에 대해 소송을 제기하여 침해로부터 자사의 트레이드마크를 적극적으로 보호하고 있는 것으로 가장 유명한 기업이다.

일반적인 용어는 독점적 브랜드 네임처럼 보호받을 수는 없기 때문에 마케터는 브랜드 네임이 일반 용어가 되지 않도록 보호해야 한다. 예를 들어 한때는 모두가 브랜드였던 아스피린(aspirin), 에스컬레이터(escalator), 슈레드 위트(shredded wheat)이 결국에는 제품군을 나타내는 일반적 용어로 선언되었다. 따라서 이 브랜드 네임들은 더 이상 보호를 받을 수가 없다. 브랜드 네임이 일반명사가 되지 않도록 기업들은 크리넥스(Kleenex) 휴지에서처럼 브랜드 네임을 대문자로 적고, 일반 제품군의 이름을 바꾸기 위해 브랜드 네임을 형용사처럼 사용해야 한다. 기업은 자사의 브랜드가 트레이드 마크이고 일반적으로 사용해서는 안된다는 광고를 통해 이 문제를 직접 해결할 수 있다. 또한 기업은 브랜드가 심볼 ®을 사용함으로써 등록된 트레이드 마크임을 알릴 수 있다.

해외에서 브랜드를 보호하려고 하는 미국 기업은 추가적인 문제에 부딪히기 쉽다. 많은 나라에서 브랜드 등록이 가능하지 않다. 그러한 나라에서는 브랜드를 처음 사용하는 기업이 자동적으로 그 브랜드에 대한 권리를 갖는다. 어떤 경우에는 해외 기업이 그 나라에서 브랜드의 최초 사용자이기 때문에 미국 기업들은 실제로 자사의 브랜드 권리를 해외 기업으로부터 구입해야 했다.

자사의 브랜드를 보호하려는 마케터는 브랜드 모조품과도 싸워야 한다. 예를 들어, 미국에서 소비자들은 모조 GM 부품, 모조 까르띠에(Cartier)와 모조 롤렉스(Rolex) 시계, 모조 루이비통(Louis Vuitton) 핸드백, 모조 월트 디즈니(Walt Disney) 캐릭터 인형, 모조 워너 브라더스(Warner Brothers) 의류, 모조 몽블랑(Mont Blanc) 펜, 그리고 브랜드를 갖고 있지 않은 기업들이 불법으로 유통시키는 많은 모조 제품을 구입할 수 있다. 전 세계적으로 모조 제품과 불법 복제품의 전 세계 거래 규모는 1조 7,000억 달러로 추정된다.[35] 모조 제품은 제조업자에게 피해를 줄 뿐만 아니라 제조가 불량하거나 유해한 성분으로 만들어졌을 때 소비자에게도 피해를 줄 수 있다.

8.6f 브랜딩 정책

브랜딩 정책을 구축하기 전에, 기업은 자사의 제품들을 브랜드화할지를 결정해야 한다. 만일 기업의 제품이 동질적이고 경쟁기업의 제품과 유사하다면 브랜드 충성도를 창출하려는 방법으로 브랜드화하는 것은 어렵다. 석탄, 자갈, 당근 같은 원재료와 농산물은 동질적이며 물리적 특성 때문에 원재료와 농산물을 브랜드화하기가 쉽지는 않다.

만일 기업이 제품을 브랜드화하기로 선택했다면, 개별 혹은 패밀리 브랜딩, 혹은 혼합 브랜딩을 사용할 수 있다. **개별 브랜딩individual branding**은 각 제품에 대해 다른 네임을 붙이는 정책이다. 세계에서 가장 큰 식품회사 네슬레(Nestlé S.A)는 네스카페(Nescafé) 커피, 파워바(PowerBar) 영양식품과 매기(Maggi) 수프과 하겐다즈 아이스크림 같은 2,000개 이상의 브랜드들에 개별 브랜딩을 사용한다. 개별 브랜딩의 주요 장점은 만일 기업이 새로 출시한 제품이 시장에서 실패하여도 이 제품과 관련된 부정적 이미지가 그 기업의 다른 제품들에 대한 소비자 구매의사 결정에 영향을 주지 않는다는 것이다. 개별 브랜딩 전략은 기업이 같은 시장의 여러 세분 시장에 진입하기를 원할 때 시장 세분화를 용이하게 해준다. 서로 관련 없는 브랜드 네임들을 사용할 수 있고, 각 브랜드는

개별 브랜딩 각 제품에 대해 다른 네임을 붙이는 브랜드 전략

ALEXANDER OGANEZOV/SHUTTERSTOCK.COM

패밀리 브랜딩 하인즈는 자사의 소스 제품에 패밀리 브랜딩을 사용한다. 각 병에는 "하인즈"라는 브랜드가 표시되어 있다.

특정 세분 시장을 목표로 할 수 있다. 그러나 개별 브랜딩으로 기업은 성공한 제품들과 연관된 긍정적인 이미지를 자본화하기는 어렵다.

패밀리 브랜딩family branding을 사용하면, 켈로그 프로스트 플레이크(Kellogg's Frosted Flakes), 켈로그 라이스 크리스피(Kellogg's Rice Krispies), 켈로그 콘 플레이크(Kellogg's Corn Flakes) 시리얼처럼 한 기업의 모든 제품에 같은 네임 혹은 네임의 일부를 같이 사용한다. 어떤 경우 암앤해머(Arm & Hammer)라는 기업 네임 뒤에 제품 설명을 사용하는 암앤해머 강력 세제(Arm & Hammer Heavy Duty Detergent), 암앤해머 퓨어 베이킹 소다(Arm & Hammer Pure Baking Soda), 암앤해머 카펫 탈취제(Arm & Hammer Carpet Deodorizer)처럼 기업의 네임이 다른 단어들과 결합되어 사용된다. 개별 브랜딩과 달리 패밀리 브랜딩은 패밀리 브랜드의 한 제품의 촉진으로 그 기업의 다른 제품들도 촉진됨을 의미한다. 패밀리 브랜딩을 사용하는 다른 기업의 예로는 애플, 피셔프라이스(Fisher-Price) 및 하인즈가 있습니다.

기업은 단일 브랜딩 정책만을 고집하지는 않는다. 많은 제품에 대해 주로 개별 브랜딩을 사용하는 기업이 특정 제품라인에 대해서는 패밀리 브랜딩을 사용하기도 한다. 브랜딩 정책은 그 기업이 생산하는 제품 및 제품라인의 수, 경쟁제품의 수와 유형, 기업의 규모에 영향을 받는다.

8-6g 브랜드 확장

브랜드 확장 상이한 제품군의 신제품에 기존의 브랜드 네임을 사용하는 것

브랜드 확장brand extension은 기업이 자사의 기존 브랜드 중 하나를 사용하여 다른 제품 범주에 새 제품을 브랜드화할 때를 말한다. 예를 들어 디트로이트에 본사를 둔 명품 시계, 자전거, 가죽 제품을 판매하는 시놀라(Shinola)는 디트로이트에 시놀라 호텔을 오픈하면서 브랜드를 확장했다. 당연히 호텔 방에는 시놀라 제품을 제공할 것이다.[36] 브랜드 확장을 라인 확장과 혼동해서는 안 된다. 둘 사이의 주요 차이점은 라인 확장이 동일한 제품 군에서 새로운 맛을 추가하거나 크기를 변형한 새 제품에 기존 브랜드를 사용한다는 것입니다. 라인 확장은 9장에서 더 자세히 논의될 것이다.

만일 브랜드가 너무 많이 혹은 원래 제품군에서 너무 동떨어지게 확장된다면, 브랜드의 이미지와 상징적 효과의 희석으로 브랜드가 약해질 수 있다. 표8.3은 브랜드 확장이 핵심 제품군과 너무 달라서 실패한 브랜드 확장의 예를 보여준다. 연구에 따르면 프리미엄 제품군의 라인 확장은 브랜드를 활성화하는 효과적인 전략이 될 수 있지만 확장은 핵심 브랜드와 밀접하게 연결되어야 한다.[37] 새로운 제품군에 대한 성공적인 브랜딩 전략은 모 브랜드의 제품군과 얼마나 잘 맞

표8.3 최악의 브랜드 확장

브랜드 네임	핵심제품	실패한 브랜드 확장
스미스앤웨슨(Smith & Wesson)	권총	산악용자전거
빅(BIC)	펜	속옷
코스모폴리탄(Cosmopolitan)	잡지	요거트
리글리(Wrigley)	사탕	청량음료
쿠어스(Coors)	맥주	탄산수
콜게이트(Colgate)	치약	냉동식품
프리토레이(Frito-Lay)	과자	레몬에이드
할리-데이비슨(Harley-Davidson)	오토바이	향수

출처: "Top 25 Biggest Product Flops of All Time," AOL, https://www.aol.com/article/finance/2016/05/25/top-25-biggest-productflops-of-all-time/21383586/ (accessed January 3, 2019).

는지, 그리고 신제품의 포지셔닝이 모 브랜드의 포지셔닝과 얼마나 유사한지에 달려 있다.[38] 다른 연구에서도 브랜드를 이질적인 제품군으로 확장하여 브랜드가 희석되면 해당 브랜드를 사용해온 원래 제품에 대한 소비자의 고려와 선택에 부정적인 영향을 준다는 결과를 보여주고 있다.[39]

8-6h 공동 브랜딩

공동 브랜딩Co-branding은 하나의 제품에 두 개 이상의 브랜드를 사용하는 것이다. 마케터는 여러 브랜드의 브랜드 순자본을 자본화하기 위해서 공동 브랜딩을 한다. 예를 들어 힐튼 호텔 & 리조트는 아메리칸 익스프레스와 공동 브랜드 신용 카드를 출시했다. 4종류의 힐튼 어너(Honors) 아메리칸 익스프레스 신용 카드는 다양한 수준의 혜택과 힐튼 어너 보상 포인트를 제공한다.[40] 공동 브랜딩은 여러 가공식품군과 신용카드업계에서 널리 사용된다. 공동 브랜딩에 사용되는 브랜드는 동일한 기업에서 소유할 수 있습니다. 크래프트 런처블스(Kraft Lunchables) 제품은 크래프트 치즈 브랜드와 크래프트 소유의 또 다른 브랜드인 오스카 매이어(Oscar Mayer) 런천미트를 팀으로 구성하고 있다. 많은 식품이 공동 브랜드화한다. 예를 들어 시나본(Cinnabon)은 켈로그(시리얼)와 필스버리(Pillsbury), 토스터 스트루델(Toaster Strudel)가 공동 브랜드화된 것이다.

공동 브랜딩 한 제품에 대해 둘 혹은 그 이상의 브랜드를 함께 사용하며 브랜드 활동을 하는 것

효과적인 공동 브랜딩은 고객들이 브랜드들에 대해 갖고 있는 신뢰와 확신을 자본화하는 것이다. 예를 들어 배스킨로빈스(Baskin-Robbins)는 던킨(Dunkin)과 제휴하여 던킨 커피를 사용하여 슈퍼마켓에서 판매되는 커피맛 아이스크림 패키지를 만들었다.[41] 브랜드는 아이덴티티

를 잃지 않아야 하며 어떤 브랜드가 메인 브랜드인지 고객에게 명확하게 해야 한다. 공동 브랜드 제품이 성공적이지 못할 때는 두 브랜드 모두가 제품 실패에 연루된다는 사실을 공동 브랜딩 관계에 들어가기 전에 마케터가 이해하는 것이 중요하다. 고객의 수용을 얻기 위해 공동 브랜딩에 참여하는 브랜드들은 구매자의 마음에 보완적인 적합성을 대표해야 한다. 헬시 초이스(Healthy Choice) 브랜드와 할리 데이비슨(Harley-Davidson) 같은 브랜드를 연결하려는 노력은 고객들이 두 브랜드가 화합할 수 있을 것이라고 지각하기 쉽지 않기 때문에 공동 브랜딩의 목적을 달성하지 못할 것이다.

8-6i 브랜드 라이선싱

브랜드 라이선싱 한 기업이 다른 기업에게 라이선스 비용을 받고 다른 제품에 자사 브랜드를 사용하도록 허용하는 협약

인기 있는 브랜딩 전략 중 하나는 한 기업이 다른 기업에게 라이선스 비용을 받고 그 기업의 제품에 자사 브랜드를 사용하도록 허용하는 협약인 **브랜드 라이선싱brand licensing**이다. 브랜드 사용료는 적게는 도매 매출액의 2%에서부터 10% 이상이다. 사용인가를 받은 기업은 모든 제조, 판매와 광고 기능을 책임지며, 만일 라이선스 받은 제품이 실패하면 그 비용도 부담한다. 미국 최고의 라이선싱 기업은 월트 디즈니사이다. 스포츠는 라이선스 스포츠 관련 제품 소매 판매의 모든 선도자가 NFL, NCAA, NASCAR, MLB와 많은 라이선싱에 참여하고 있는 산업이다. 라이선싱의 장점은 추가 수입을 비롯해, 무료 퍼블리시티, 새로운 이미지의 개발, 트레이드 마크의 보호로 브랜드 확장에 대한 비용을 낮출 수 있다. 주요 단점은 제조 통제가 어렵고, 같은 브랜드 네임으로 너무 많은 무관한 제품이 나온다고 소비자들이 느낄 위험이 있다는 점이다.

8-7 패키징

 # 학습목표 패키징의 주요 기능, 디자인 고려요소와 패키징이 마케팅 전략에서 어떻게 사용되는지 알아본다.

패키징(packaging)은 제품을 담는 용기의 개발을 포함한다. 패키지는 제품의 중요한 일부가 될 수 있고, 제품을 더 다양하고 더 안전하고 사용을 더 쉽게 만들 수 있다. 패키지는 제품에 관한 중요한 정보를 전달하고 흥미로운 그래픽 디자인 요소를 나타낼 수 있다. 브랜드 네임처럼 패키지도 제품에 대한 소비자의 태도와 구매 의사결정에 영향을 줄 수 있다. 예를 들어 편의성을 패키징하는 것은 구매에 중요한 요소가 될 수 있다. 젤리, 소스, 케첩 생산자들은 제품의 사용과 보관을 더 편리하게 할 수 있도록 거꾸로 세워놓을 수 있고 짤 수도 있는 플라스틱 용기에 제품들을 담는다.

패키지 특성은 구매 시점이나 사용하는 동안에 구매자에게 제품에 대한 감동을 형성하도록 도와준다. 쇼핑객의 53%는 밝고 매력적인 색상의 포장에 매료되며, 40%는 포장 안의 내용물을 볼 수 있는 제품을 선택할 것이라는 연구 결과도 있다.[42] 이번 절에서는 패키징의 주요 기능을 알아보고, 주요한 패키징 의사결정을 생각해본다. 또한 마케팅 전략에서 패키지의 역할을 분석해본다.

8-7a 패키징 기능

가장 기본적인 수준에서 패키징 재료는 제품을 보호하고 기능적 형태를 유지하는 역할을 한다. 예를 들어 우유 및 오렌지 주스 같은 액체는 내용물을 보존하고 보호하기 위해 방수 및 내구성이 있는 패키지가 필요하다. 패키징은 제품의 유용성에 영향을 줄 수 있는 손상을 막아야 하므로 더 높은 비용이 요구된다. 또한 패키징 기술은 많은 기업에게 주요한 문제였던 제품의 침해를 방지하기 위해 개발되어왔다. 어떤 패키지는 도난 방지 장치가 장착되어 좀도둑을 방지하도록 설계되어 있다.

패키징의 또 다른 기능은 소비자에게 편의성을 제공하는 것이다. 예를 들어, 냉장이 필요 없는 음식과 마실 것을 위한 1인용 용기들은 휴대하기 편리해서 어린이들, 부모와 활동적인 라이프스타일의 소비자들에게 인기가 있다. 패키지는 제품 낭비를 줄일 수 있고, 소매업자와 소비자를 위해 저장을 더 쉽게 하도록 만들고, 더 많은 소비를 촉진할 수도 있다. 패키징의 또 다른 기능은 제품의 특징, 사용, 편익과 이미지를 커뮤니케이션해서 제품을 촉진하는 것이다. 때로는 제품을 더 바람직하게 만들기 위해 재사용 가능한 패키지가 개발된다. 에스씨존슨(SC Johnson)은 재활용 가능한 더 작은 리필 패키지를 판매하여 소비자에게 윈덱스(Windex) 유리 세정제 용기를 재사용할 것을 권장한다.[43]

8-7b 패키징 고려사항

마케터는 패키지를 디자인하고 생산할 때 많은 요소를 고려해야 한다. 분명히 중요한 고려 사항은 원가이다. 비록 다른 많은 패키징 재료, 과정과 디자인이 이용 가능하지만, 원가는 상당히 다양할 수 있다. 최근에 구매자들은 개선된 패키징에 더 많은 원가를 지불할 의향이 있음을 보여주었지만 거기에는 한계가 있다. 마케터는 기업에서 생산하는 서로 다른 제품의 패키지 디자인 간에 어느 정도의 일관성이 바람직한지 고려해야 한다. 많은 경우, 만일 한 기업의 제품들이 관련이 없거나 매우 상이한 목표시장을 대상으로 한다면 일관성 있는 패키지가 최선의 정책은 아니다. 그러나 전반적인 기업 이미지를 촉진하기 위해, 기업은 모든 패키지를 유사하게 하거나 주요 디자인 요소를 포함시켜야 한다. 이 접

KEITH HOMAN/SHUTTERSTOCK.COM

재사용 가능한 패키징 재사용 가능한 패키지는 제품을 다 소비한 후 패키지를 다시 사용할 수 있다는 점에서 많은 소비자에게 매력적이다.

패밀리 패키징 기업의 모든 제품에 유사한 포장을 사용하거나 하나의 공통된 디자인 요소가 있는 포장을 사용하는 것

근법을 **패밀리 패키징family packaging**이라 한다. 일반적으로 패밀리 패키징은 캠벨(Campbell)의 수프, 웨이트 워처스(Weight Watchers) 식품 혹은 플랜터스(Planters) 견과처럼 제품 라인을 위해 사용된다.

패키지의 촉진 역할은 중요한 고려사항이다. 언어와 비언어적 심벌을 통해 패키지는 잠재 구매자에게 제품의 내용, 특징, 용도, 이점과 주의사항에 관한 정보를 제공할 수 있다. 기업은 색상, 디자인, 모양, 질감의 선택을 이용하여 바람직한 이미지와 연상을 창출할 수 있다. 예를 들어, 많은 화장품 제조업자는 고급스러움과 독점성의 인상을 창출하도록 패키지를 디자인한다. 디자이너는 크기, 형태, 질감, 색상과 그래픽뿐만 아니라 기능성을 고려해야 한다. 패키지는 분명히 제품을 담기에 적당한 크기여야 하지만, 독창적인 디자인은 마케터의 바램과 소비자의 기대를 반영하여 패키지를 더 길거나 더 짧게 혹은 더 크거나 더 작게 보이도록 만드는 것이다.

패키징은 재판매업자의 니즈에도 맞추어야 한다. 도매상과 소매상은 패키지가 운송, 보관, 취급을 수월하게 하는지를 고려해야 한다. 한 예로 P&G는 자사의 타이드 세제 패키지로 기존 세제 포장보다 플라스틱을 60% 적게 사용하고 특별히 온라인 판매자에게 적합하게 무게와 배송 차량 공간을 덜 차지하는 신발 상자 같은 패키지를 개발하였다.[44] 재판매업자는 만일 패키지가 복잡하거나 너무 많은 진열공간을 필요로 한다면 그 제품의 취급을 거절한다. 농축된 버전의 세탁 세제 및 섬유 유연제는 운송, 저장 및 진열을 더 쉽게 해주도록 더 작은 용기에 제품을 제공함으로써 소매상과 구매자 모두에게 도움이 된다.

8-7c 패키징과 마케팅 전략

패키징은 마케팅 전략의 주요 구성요소가 될 수 있다. 새로운 뚜껑이나 잠금 마개, 더 나은 상자나 포장지, 혹은 더 편리한 용기는 기업에게 경쟁우위를 제공한다. 제품에 적합한 패키지 유형은 시장에서 제품을 매우 빠르게 보조상기하는데 도움을 준다. 합성 의류용 냄새 제거 세제 제조사인 헥스(HEX)는 탭과 특이한 색상의 유연한 파우치형 패키지에 제품을 담아 출시했지만 일반적이지 않은 패키지 때문에 소비자는 그 패키지 제품을 세탁 세제로 인지하지 못 했다. 헥스는 재활용 플라스틱으로 만든 보다 일반적인 플라스틱 용기로 전환했을 때 매출은 4주 만에 100% 증가했다.[45] 마케터는 특히 편의품의 경우에는 패키징을 전략적 도구로 보아야 한다. 패키징을 전략적으로 사용하려 할 때, 마케터는 패키징과 패키지 변화에 대한 원가도 분석해야 한다.

8-7d 패키지 변경

경쟁제품의 패키징과 비교했을 때 기존 디자인이 더 이상 유행에 맞지 않을 때, 마케터는 패키지 혹은 라벨에 변화를 준다. 예를 들어 내비스코(Nabisco)는 국제동물보호단체(People for

Ethical Treatment of Animals, PETA)의 캠페인에서 강조한 서커스 동물 학대에 대한 태도 변화 촉구에 대응하여 바넘 동물 크래커(Barnum's Animal Crackers)의 포장을 재설계했다. 새 패키지는 아이코닉한 쿠키의 오랫동안 사용된 색상과 글자를 유지하지만 서커스 케이지가 아닌 초원에 자유롭게 있는 동물로 바뀌었다.[46] 패키지는 신제품의 특성을 강조할 필요가 있거나 혹은 새로운 패키지 재료가 이용 가능해졌기 때문에 재설계된다. 청소용품 회사인 세븐스 제너레이션(Seventh Generation)은 플라스틱 뼈대가 있는 종이 병에 자사의 4배 농축 세제를 판매하고 있다. 디자인은 혁신적이고 재활용된 것이고 만드는데 더 적은 재료가 사용된다.[47]

기업은 제품을 더 안전하게 만들거나 더 편리하게 사용하도록 만들기 위해 제품의 패키지를 변경하기로 결정할 수도 있다. P&G가 인기 있는 타이드 캡슐POD 세제 제품을 출시했을 때 아이들이 다채로운 색상의 캡슐 패키지을 사탕으로 착각하여 의도적으로 섭취하게 될 것이라고는 예상하지 못했다. P&G는 패키지에 이중 안전 잠금장치를 개발하고 투명 용기를 불투명하게 재설계하였다. 이러한 패키지 변경은 세제 캡슐이 사탕처럼 보이지 않고 아이들이 접근하기 어렵게 만들기 위한 것이었다. 그러나 계속되는 섭취로 인해 P&G 와 다른 캡슐 세제 제조업체는 패키지를 더 안전하게 만들기 위해 추가적인 수정을 했어야만 했다.[48]

제품의 패키징은 예를 들어 외부 판지를 바꾸거나 특별한 묶음, 수축 포장 혹은 팔레트를 사용함으로써 유통 과정에서 취급을 더 용이하게 해주기 위해 변경된다. 어떤 경우에는 더 작은 선적 컨테이너에 맞게 혹은 트럭에 싣기 쉽도록 패키지 형태 자체를 바꾼다. 제품이 자동화 창고 시스템을 통해 더 쉽게 이동될 수 있도록 제품의 외부 용기를 바꾸기도 한다.

마케터는 자사 브랜드가 경쟁 브랜드보다 눈에 더 띄도록 전통적인 패키징 지침과 일치하지 않는 혁신적이거나 독특한 패키지를 사용한다. 와인 소비자는 어떤 와인을 구매할까를 미리 결정하지 않고 매장에서 결정한다는 연구결과를 기반으로 스택 와인(Stack Wine)은 자사의 제품을 독특한 한 잔용 플라스틱 잔에 담았다. 와인으로 채워진 개별 잔은 밀봉되어 네 잔이 하나의 묶음으로 포장되어 판매된다. 독특한 패키징은 단번에 눈길을 끌었으며 파티, 캠핑 혹은 와인 잔이 준비 안 되는 상황을 목적으로 설계되었다. 또한 한 잔만을 마시기 위해 와인 한 병을 따야 하는 소량 와인 소비자들에게는 편리한 제품이다.[49] 특이한 패키징은 패키지를 디자인할 때뿐만 아니라 소비자가 패키지의 독특함과 패키지가 개선된 이유를 인지하는데 상당한 비용이 발생한다. 주의를 끄는 독특한 모양의 패키지는 주의를 덜 끄는 유사 제품보다 더 많은 양의 제품을 구매할 가능성이 있다는 연구 결과도 있다.[50]

마지막으로 기업의 패키징 전략은 다중 패키징을 사용할 수 있다. 마케터는 제품을 단일 단위 묶음으로 만드는 것보다 두 단위묶음, 세 단위묶음, 여섯 단위묶음 혹은 다중 단위묶음의 형태를 사용한다. 특정 유형의 제품의 경우, 다중 패키징은 소비 시점(예: 가정에서)에 이용 가능한 제품의 양을 증가시키기 때문에 다중 패키징은 수요를 증가시킬 수 있다. 다중 패키징은 구매자가 제품을 여러 번 시용하도록 조장함으로써 제품에 대한 소비자 수용을 증가시킬 수도 있다.

8-8 라벨링

 # 학습목표 라벨링의 기능과 라벨링과 관련 법적 이슈를 알아본다.

라벨링 패키지 라벨에 식별, 촉진, 정보를 제공하는 것

라벨링labeling은 패키징과 매우 밀접한 관련이 있고 식별, 촉진, 정보제공과 법적인 목적으로 사용된다. 패키징과 마찬가지로 라벨은 소비자의 구매 결정 과정에서 중요하다. 구매 시점에 소비자의 60%는 라벨에 충분한 세부 정보가 표시되지 않으면 제품을 제외시키고 33%는 라벨 디자인이 마음에 들지 않으면 제품을 제외시킨다.[51]

라벨은 제품의 크기에 비해 작거나 클 수 있고 다양한 정보를 전달한다. 예를 들어 바나나나 사과에 붙어 있는 스티커는 매우 작아서 과일의 브랜드 네임, 종류와 재고 관리번호만 표시하고 있다. 라벨은 패키지 자체의 일부 혹은 패키지에 부착된 별도 기능이다. 코크(Coke) 캔의 라벨은 실제로 캔의 일부인 반면, 2리터짜리 코크 병에 있는 라벨은 분리되어 있어서 제거될 수도 있다. 라벨에 제시된 정보는 브랜드 네임과 로고, 등록된 트레이드 마크, 패키지 크기와 내용물, 제품 특성, 영양성분, 알레르기 유발 항원 표기, 제품의 형태와 스타일, 서비스 제공인의 수, 주의사항, 사용법 및 안전예방책, 제조업체명과 주소, 유효기간, 승인의 표시와 기타 사항들이 포함된다.

라벨은 독특한 그래픽 디자인과 결합된 브랜드 네임을 표시 함으로써 제품의 식별을 용이하게 할 수 있다. 예를 들어 하인즈 케첩과 코카콜라는 브랜드 네임과 인지할 수 있는 브랜드 마크를 보여주고 있는 자신들의 상징적 라벨 때문에 슈퍼마켓 선반에서 쉽게 식별된다. 제품과 제품의 편익에 관심을 끌게 함으로써 라벨은 기업의 촉진 노력을 강화할 수 있다. 라벨은 '같은 가격에 30% 더' 같은 촉진적 메시지를 포함한다. 또한 라벨은 '새롭고 개선된 향' 같은 제품의 새롭고 개선된 제품 기능에 관한 메시지를 제공한다. 예를 들어 로드버리팜(Rothbury Farms)의 양념된 크루톤의 모든 패키지 라벨에 세프스베스트 수상 메달 정보가 포함되어 있다. 세프스베스트는 다양한 기준을 사용하여 식품을 테스트하는 독립적인 조직이며 소비자는 세프스베스트 메달을 획득한 식품은 고품질이라고 믿는다.[52]

KAZYAVKA/SHUTTERSTOCK.COM

마케팅 전략으로서의 라벨링 라벨링은 마케팅 전략의 중요한 부분이 될 수 있다. 이 라벨은 제품이 미국에서 제조되었음을 알리기 위해 포장에 부착된다. 라벨에는 제품이 제조국과 잠재적으로 구매자에게 가치가 있는 기타 정보를 포함할 수 있다.

여러 연방법과 규제는 특정 제품의 라벨에 포함되어야 하는 정보를 규정하고 있다. 의류는 제조업체명, 제조국, 직물 함유량과 세탁 방법이 라벨에 표시되어야 한다. 샴푸나 세제 같은 비식용 항목에 대한 라벨에는 안전 예방책과 사용법이 모두 포함되어야 한다. 1990년에 규정된 영양성분 표기법(The Nutrition Labeling Act)에 따르면 영양성분, 라벨 형식, 내용물, 식품 설명과 건강 메시지에 대한 식품

라벨링과 패키징은 미국 식품 의약국(FDA)의 관리를 받는다. 영양성분 표기 의무가 있는 모든 식품은 표준화된 영양성분 라벨링을 따라야 한다. 식품 라벨은 용기당 서비스 받을 수 있는 수, 1회 서비스 양, 1회 서비스의 칼로리, 단위당 칼로리, 비만유발 칼로리, 탄수화물과 비타민 같은 특정 영양성분의 용량을 표기해야 한다.

많은 기업의 또 다른 관심은 국제적으로 제조되는 상황이 점점 증가하면서 발생되는 문제 로서 "미국산(Made in USA)" 라벨에 관한 연방거래위원회(Federal Trade Commission, FTC)의 지침이다. 게다가 많은 국가의 소비자들이 미국산 브랜드에 높은 브랜드 가치를 부여하기에 "미국산"이라는 라벨을 사용하기 위해 미국 기업들에 더 많은 인센티브를 지불하고 있다. 연방거래위원회는 만일 "미국산"이라는 라벨을 붙이려면 해당 제품 부품들의 '모두 혹은 사실상 모든' 것이 미국에서 만들어질 것을 요구한다.[53] 많은 제품이 세계의 여러 장소에서 재료가 제공되고 제조 또는 조립된 부품을 포함함으로써 "미국산" 라벨을 붙이는 문제는 복잡한 과제이다. 비즈니스의 국제화가 감소하고 있지 않기 때문에 "미국산"에 대한 연방거래위원회의 기준은 이의가 제기되기 쉽고 계속해서 바뀌거나 조정될 것이다.

요약

8-1 제품의 개념을 정의한다.

제품은 교환을 통해 받는 재화, 서비스, 아이디어 혹은 이 세 가지의 조합이다. 제품은 유형 혹은 무형일 수 있고 기능적, 사회적, 심리적 효용 혹은 편익을 포함한다. 소비자가 제품을 구매할 때 소비자들은 제품이 제공하는 편익과 만족을 구매하고 있는 것이다.

8-2 제품이 어떻게 분류되는지를 알아본다.

제품은 구매자의 의도에 기반을 두어 분류될 수 있다. 소비재는 개인적 그리고 가족의 니즈를 충족시키기 위해 구매되는 제품들이다. 비즈니스 제품은 기업 운영에 사용, 재판매, 혹은 다른 제품의 제조를 위해 구매된다. 소비재는 편의품, 선매품, 전문품, 미탐색품으로 분류될 수 있다. 산업재는 설비, 보조장비, 원자재, 구성부품, 가공재료, 유지보수운영 용품과 비즈니스 서비스로 분류될 수 있다.

8-3 제품라인과 제품 믹스의 개념 및 이들이 어떻게 연관되는지 알아본다.

제품 품목은 기업의 제품들 내에서 독특한 제공물로 지정될 수 있는 제품의 특정한 형태이다. 제품라인은 마케팅, 기술적 혹은 최종 사용의 고려 때문에 한 단위로 고려되는 밀접 하게 연관된 제품 품목들의 집단이다. 기업이 고객에게 이용 가능하게 만드는 복합적 혹은 전체적 제품들의 집단을 제품 믹스라고 부른다. 제품 믹스의 폭은 기업이 제공하는 제품라인의 수로 측정된다. 제품 믹스의 깊이는 각 제품라인에서 제공되는 상이한 제품들의 수로 측정된다.

8-4 제품 수명 주기와 마케팅 전략에 주는 영향을 알아본다.

제품수명주기는 한 산업에서 제품 품목이 네 단계(도입기, 성장기, 성숙기, 쇠퇴기)를 어떻게 이동하는가를 설명한다. 매출 곡선은 도입기에는 0이고, 성장기에는 증가비율로 상승하고, 성숙기에는 절정을 이루고, 쇠퇴기에는 상당히 감소한다. 수익은 제품수명주기의 성장기 말기에 정점을 이룬다.

8-5 제품 수용 과정을 논의해 본다.

고객들이 신제품을 채택할 때 대개 다섯 단계의 수용 과정을 거쳐서 채택한다. 첫 번째 단계는 인지로서, 구매자가 제품의 존재를 인지하게 될 때이다. 두 번째 단계는 관심으로서, 구매자가 정보를 추구하고 제품에 대한 학습을 받아들이려고 할 때이다. 세 번째 단계는 평가로서, 구매자가 제품의 편익을 고려하고 제품을 시용할지 여부를 결정한다. 네 번째 단계는 시용으로, 구매자가 제품이 자신들의 욕구를 충족시키는지 여부를 결정하기 위해 제품을 검사하거나, 시험하거나 혹은 시용하는 단계이다. 마지막 단계는 수용으로 제품에 대한 니즈가 일어날 때마다 구매자가 실제로 제품을 구매하고 사용할 때이다.

8-6 브랜드 유형, 브랜딩 전략, 브랜드 보호를 포함하는 브랜딩의 주요 요소를 알아본다.

브랜드는 자사의 재화와 서비스를 식별하고 다른 판매자의 제품들과 구별하는 하나의 네임, 용어, 디자인, 심벌, 혹은 기타 특성이다. 브랜딩은 구매자들이 제품을 식별하고 평가하는 것을 도와주고, 판매자가 제품 출시와 재구매를 용이하게 도와주며, 브랜드 충성도를 육성한다. 브랜드 순자본은 브랜드의 강도와 연관되어 있는 마케팅 및 재무적 가치를 말한다. 브랜드 순자본은 기업에 대한 브랜드의 가치를 나타낸다. 브랜드 순자본을 구성하는 네 가지 주요 요소로는 브랜드 네임 인지도, 브랜드 충성도, 지각된 브랜드 품질, 브랜드 연상이 있다.

브랜드 충성도는 세 가지 수준이 있다. 브랜드 보조상기는 고객이 특정 브랜드가 존재한다는 사실을 알고 만일 선호하는 브랜드를 구입할 수 없거나 구매 가능한 다른 브랜드들을 잘 몰라서 대안적 구매로 특정 브랜드를 고려하고 있을 때 발생한다. 브랜드 선호도는 브랜드 충성도가 더 강력한 수준이다. 브랜드 애착은 브랜드 충성도의 가장 강력한 수준이다.

제조업자 브랜드는 생산자에 의해 주도된다. 유통업자 브랜드는 재판매자에 의해 주도되고 소유되는데, 종종 점포 혹은 유통업체의 네임을 사용하기도 한다. 일반 브랜드는 단지 제품 범주만을 나타내고 기업 네임이나 다른 식별되는 용어를 포함하지 않는다. 브랜드 네임을 선택할 때, 마케터는 발음하기 쉽고, 쓰기 쉽고, 상기되기 쉬운 네임을 선택해야 하고, 제품의 용도, 편익 혹은 특별한 특성을 암시하는 네임을 선택해야 한다. 브랜드 네임은 단어, 문자, 숫자, 무의미한 단어 혹은 이들의 조합으로부터 찾을 수 있다. 기업은 특허청에 등록해서 자사 브랜드의 소유권을 보호받을 수 있다.

개별 브랜딩은 기업의 제품들 각각에 대해 독특한 네임을 지명한다. 패밀리 브랜딩은 단일 브랜드 네임으로 기업의 모든 제품을 식별한다. 브랜드 확장은 다른 제품군에 있는 신제품이나 개선된 제품에 대해 기존 브랜드를 사용한다. 공동 브랜드는 한 제품에 대해 2개 혹은 그 이상의 브랜드를 사용한다. 라이선싱 협정을 통해 라이선싱 사용료를 받고, 기업이 다른 기업에게 다른 제품에 대해 자사 브랜드를 사용하도록 허락한다. 브랜드 라이 선싱은 생산자들이 추가 수익을 얻을 수 있고, 낮은 비용이나 무료로 홍보할 수 있으며, 자신들의 트레이드 마크를 보호할 수 있다.

8-7 패키징의 주요 기능, 디자인 고려요소와 패키징이 마케팅 전략에서 어떻게 사용되는지 알아본다.

패키징은 제품의 용기 및 그래픽 디자인의 개발을 포함한다. 효과적인 패키징은 내용물 보호, 경제성, 안전과 편리성을 제공한다. 패키징은 제품 특징, 용도, 편익과 이미지를 촉진함으로써 고객의 구매 결정에 영향을 준다. 패키지를 개발할 때, 마케터는 고객이 기꺼이 지불하려고 하는 가격에 의해 차감되는 것으로 효율적이고 효과적인 패키지가 고객에게 주는 가치를 고려해야 한다. 그 밖의 고려사항으로는 어떻게 패키지가 제품의 침해를 방지할 것인지, 다중 패키징과 패밀리 패키징을 사용할지 여부, 어떻게 효과적인 촉진도구로 패키지를 디자인할 것인지, 재판매자에게 얼마나 최선으로 공간을 제공할 것인지가 포함된다. 패키징은 전반적 마케팅 전략의 중요한 부분이 될 수 있고, 특정 세분 시장을 타깃팅하는데 사용될 수 있다. 패키징의 수정은 성숙기 제품을 소생시킬 수 있고 제품수명주기를 연장할 수 있다. 생산자는 새로운 특징을 전달하거나 제품을 더 안전하게 혹은 더 편리하게 만들기 위해 패키지를 변경한다. 만일 패키지가 이차적 사용을 갖고 있다면 소비자에 대한 제품의 가치는 증가할 수 있다. 혁신적 패키징은 제품의 독특성을 더 높여준다.

8-8 라벨링의 기능과 라벨링과 관련 법적 이슈를 알아본다.

라벨링은 패키징과 밀접한 상호관계를 갖고 있고 식별, 촉진과 정보적 및 법적 목적을 위해 사용된다. 다양한 연방법과 규제는 특정 제품들에 경고, 지시, 영양성분 정보, 제조업체의 식별과 기타 정보들이 라벨화되고 표시될 것을 요구한다

주요 개념

- 서비스
- 아이디어
- 소비재
- 산업재
- 편의품
- 선매품
- 전문품
- 미탐색품
- 설비
- 보조 장비
- 원자재
- 구성부품
- 가공재료
- 유지보수운영 용품
- 비즈니스 서비스
- 제품품목
- 제품라인
- 제품믹스
- 제품믹스 폭
- 제품믹스 깊이
- 제품수명주기
- 도입기
- 성장기
- 성숙기
- 쇠퇴기
- 제품수용과정
- 혁신자
- 조기수용자
- 조기다수자
- 후기다수자
- 최종수용자
- 브랜드
- 브랜드 네임
- 브랜드 마크
- 트레이드 마크
- 트레이드 네임
- 브랜드 순자본
- 브랜드 로얄티
- 브랜드 보조상기
- 브랜드 선호도
- 브랜드 애착
- 제조업자 브랜드
- 유통업자 브랜드
- 일반브랜드
- 개별 브랜딩
- 패밀리 브랜딩
- 브랜드 확장
- 공동 브랜딩
- 브랜드 라이선싱
- 패밀리 패키징
- 라벨링

마케팅 계획 수립하기

마케팅 전략을 세울 때 소비자 그룹의 니즈를 확인하고 이러한 니즈를 충족시키는 제품을 개발하는 것이 필수적이다. 성공적인 제품 개발은 기본적 제품 개념에 대한 명확한 이해에서 출발한다. 제품 개념은 많은 마케팅 계획 결정의 기본이 된다. 이 장의 정보를 마케팅 계획 개발과 연결시킬 때 다음을 고려하십시오.

1. 그림 8.2를 기반으로 귀사의 현재 제품 구성 매트릭스를 만들기.
2. 제품 수명 주기의 각 단계를 거치면서 제품의 수익성이 어떻게 변할 것인지 논의하기.
3. 귀사의 제품에 대한 각 제품 수용자 범주를 대표할 가능성이 있는 소비자 유형에 대한 간략한 프로필을 작성하기.
4. 제품 실패의 원인이 되는 요인에 대해 논의하기. 제품 실패를 어떻게 정의할 것인가?

연습 문제

1. 소매점에서 팔린 개인 컴퓨터는 소비재인가 혹은 산업재인가?
2. 편의품과 선매품은 어떻게 다르고, 편의품과 선매품을 구별짓는 특징들은 무엇인가?
3. 기업의 제품 믹스는 제품 라인의 개발과 어떻게 관련되는가? 기업이 제품 라인 믹스의 폭보다는 제품 라인에 깊이를 추가하는 경우는 언제인가?
4. 제품이 거쳐 가는 제품수명주기의 4 단계 동안 이익은 어떻게 변하는가?
5. 제품 수용 과정의 단계들은 제시하고 각 단계들이 상업화에 어떻게 영향을 미치는가?
6. 브랜딩은 소비자와 마케터에게 어떻게 편익을 주는가?
7. 브랜드 순자본은 무엇인가? 브랜드 순자본의 주요 요소를 규명하고 설명하라.
8. 브랜드 충성도의 주요한 세 가지 수준은 무엇인가?
9. 제조업체 브랜드, 유통업자 브랜드, 그리고 일반 브랜드를 비교 설명하라.
10. 마케터가 브랜드 네임을 선정할 때 고려하는 요소들을 규명하라
11. 공동 브랜딩은 무엇인가? 공동 브랜딩을 사용할 때 고려되어야 하는 것은 무엇인가?
12. 패키지가 수행할 수 있는 기능들을 설명하라. 어떤 기능이 가장 중요한가? 그 이유는?
13. 패키지를 개발할 때 마케터가 고려해야 하는 주요 요소들은 무엇인가?
14. 어떤 방법으로 패키징은 어떤 방법으로 전략적 도구로서 사용될 수 있는가?
15. 라벨링의 주요 기능은 무엇인가?

◎ 케이스 8

실리콘 밸리에서 고기 없는 버거를 요리하는 임파서블 푸드

캘리포니아의 실리콘 밸리는 수많은 첨단기술 신생기업들이 모여있다. 그렇다면 임파서블 푸드(Impossible Foods)의 본사는 왜 실리콘 밸리에 두었을까? 이 회사는 풍미 있는 소고기 패티 햄버거처럼 보이고, 냄새도 나며, 요리하고, 맛이 나는 고기 없는 버거를 개발하고자 복잡한 기술을 사용하기 때문이다.

패트릭 브라운(Patrick O. Brown)박사는 동물이 아닌 식물을 사용하여 영양가 있고 건강에 좋은 식품을 만드는 것을 사명으로 2011년 임파서블 푸드를 창업했다. 그러나 회사는 채식주의자를 위한 제품을 특별히 만들지 않았다. 장기적인 사업 목표는 2035년까지 비싼 동물로 만든 음식을 저렴하고

맛있는 식물로 만든 음식으로 대체하는 세상을 계획하는 것으로 훨씬 더 야심적이다. 육류로부터의 전환으로 증가하는 세계 인구를 위해 곡물 및 기타 식품의 지속 가능한 경작을 위한 토지와 기타 자원을 확보할 것이다. 임파서블 푸드가 수십억 명의 소비자를 식물성 식품으로 전환하도록 유도할 수 있다면 지구촌의 기아를 획기적으로 감소시킬 수 있고, 전통적인 육류 생산 방식에 비해 많은 양의 물을 절약할 수 있고, 수요 증가로부터 이익을 얻을 수 있을 것으로 기대한다.

햄버거는 미국에서 가장 인기 있는 육류 제품이기에 처음에는 고기 없는 맛이 좋은 버거 개발에 주력하기로 했다. 연구원들은 갈은 고기의 물리적 속성을 세세하게 연구 조사하고 소고기 패티를 굽고 씹는 과정에서 육즙이 많고 맛있는 햄버거의 감각적 측면을 소비자가 어떻게 경험하는지를 분석했다. 연구원들은 햄버거에 고기 특유의 향과 맛 그리고 색을 주는 것이 헴(heme)이라는 것을 찾아냈다.

회사 연구원들은 고기 헴과 동일한 향, 맛, 그리고 색을 줄 수 있는 식물의 특정 단백질 요소를 검색한 결과 콩 뿌리에 있는 헴에 집중했다. 임파서블 푸드가 매년 수백만 파운드의 고기 없는 고기를 시장에 내놓는다는 계획을 세웠지만, 식물에서 충분한 양의 헴을 추출하는 것은 비실용적이었다. 바로 이 때문에 많은 양의 헴을 생산할 수 있는 효모를 만들기 위해 연구원들이 유전 공학을 사용하고 있는 것이다. 버거에 지방분을 주기 위해 코코넛 오일을 추가하고 질감이 있는 밀 단백질, 기타 원료 및 영양소를 혼합하여 쇠고기 같지만 고기가 없는 임파서블 버거가 된다.

다음 단계는 이 고기 없는 버거에 대한 수 많은 소비자의 구매를 이끌어 내는 것이었다. 임파서블 푸드는 새로운 버거를 포장하여 슈퍼마켓에서 소비자에게 판매하는 것보다는 뉴욕의 모모후쿠 니시(Momofuku Nishi) 같은 트렌디한 레스토랑에서 처음으로 출시 판매하였다. 미식가들은 새로운 버거에 주목하기 시작했고 음식 평론가들은 새로운 버거를 평가하기 시작했다. 더 많은 고객층을 확보하기 위해 임파서블 푸드는 우마미(Umami) 버거 및 팻버거(Fatburger) 같은 고급 버거 레스토랑 체인을 통한 판매도 시작했다. 얼마 지나지 않아 임파서블 푸드는 치즈, 피클, 양파로 구성된 임파서블 스라이더(Impossible Slider)라는 버거를 1.99달러에 화이트 캐슬(White Castle)을 통해 판매함으로써 제품의 주류를 만들었다.

최근에 임파서블 푸드는 홍콩에서 고기 없는 버거의 매력적인 맛을 소개하기 위해 홍콩의 유명 셰프들과 손을 잡았다. 회사가 생산량을 늘리면서 더 많은 국제 유통망을 주시해야 한다. 미래를 내다본, 연구원들은 이미 닭고기, 생선, 그리고 돼지고기의 기술적 특성을 분석했고 식물에서 추출한 원료로 유사한 맛을 내는 음식을 만드는 독점적인 방법도 특허를 받았다. 이러한 것들이 임파서블 푸드가 육류 대체품 메뉴 확장을 가능하게 하고 매년 더 많은 팬을 확보할 수 있게 해주는 것이다.

토론을 위한 질문

1. 임파서블 버거는 편의품인가, 선매품인가, 아니면 전문품인가? 이 고기 없는 버거를 마케팅하는 데는 어떤 의미가 있는가?'
2. 임파서블 브랜드로 고기 없는 버거를 마케팅할 때의 장점과 단점은 무엇인가?
3. 고기 없는 버거를 레스토랑을 통해 먼저 선보이기로 한 임파서블 푸드의 결정은 제품수용과정에 어떤 영향을 미쳤다고 생각하는가?

PASUWAN/SHUTTERSTOCK.COM

DEVELOPING AND MANAGING GOODS AND SERVICES

CHAPTER.9
재화와 서비스의 개발과 관리

학습목표

9-1 기업이 제품 라인 확장과 제품 수정을 통해서 기존 제품들을 어떻게 관리하는지 알아본다.

9-2 기업이 제품 아이디어를 상업화된 제품으로 어떻게 개발하는지 알아본다.

9-3 제품 차별화의 중요성 및 다른 제품과 차별화시키는 요소들을 논의한다.

9-4 기업이 제품을 어떻게 포지셔닝하는지 알아본다.

9-5 제품믹스를 개선하기 위해서 제품 제거가 어떻게 실행되는지 알아본다.

9-6 서비스 특성이 서비스 마케팅 믹스 개발에 어떻게 영향을 주는지 알아본다.

9-7 제품을 관리하기 위해 사용되는 기업 구조를 살펴본다.

마케팅 들여다보기

IMYANIS/SHUTTERSTOCK.COM

더 나은 제품 개발을 실천하는 어웨이 여행가방

젠 루비오(Jen Rubio)는 복잡한 공항에서 여행 가방이 부서져 옷가지 등이 바닥에 쏟아지는 황당한 경험으로부터 새 제품에 대한 아이디어를 얻었다. 그녀는 새 여행 가방을 사면서 구매자의 선택은 기본적인 기능만 있는 저가 제품이거나 계획한 예산을 훨씬 벗어난 매우 비싼 여행가방 중에서만 선택을 해야 됨을 알게 되었다. 이러한 경험을 바탕으로 루비오는 패션 감각과 추가 기능을 갖춘 중가의 여행 가방을 개발해야겠다는 판단을 하였다.

그녀는 동료인 스테프 코리(Steph Korey)와 협력하여 어웨이(Away) 브랜드를 시작하고 수년간 사용해도 견딜 수 있는 단단한 소재와 튼튼한 지퍼가 있는 매끄럽게 디자인된 기내용 여행 가방인 어웨이 브랜드를 설립했다. 또 다른 차별화 기능은 이동 중에 스마트폰을 충전할 수 있는 내장 배터리였다. 마찬가지로 어웨이 제품은 100일 평가판 기간과 평생 보증을 제공한다. 루비오와 코리는 소매점을 통해 판매하고 어웨이 웹 사이트를 통해서도 소비자에게 직접 판매도 한다. 이를 통해 품질과 스타일을 중요시하고 온라인 구매에 익숙한 밀레니얼 소비자를 대상으로 하는 목표시장에 알맞은 가격을 책정할 수 있었다.

어웨이는 첫 해에만 가벼운 기내용 여행 가방을 50,000개 판매했다. 두 번째 제품인 약간 더 큰 여행가방은 가장 많이 팔린 품목이 되었다. 어웨이는 계속해서 신제품을 개발하고 직영 매장을 열면서 3년도 안 되는 기간에 목표수익을 달성했다.

지금의 어웨이는 거의 모든 여행의 니즈를 충족시키기 위해 개발한 여행 가방, 세면도구 가방 및 다양한 여행용 파우치로 연간 매출 1억 달러를 달성했다.[1]

목표 고객을 만족시키고 기업의 목적을 달성하는 제품을 제공하기 위해 어웨이(Away)의 마케터가 해온 것처럼 마케터는 효과적인 제품 믹스를 개발하고, 조정하고, 유지해야 한다. 다양한 이유로 기업의 제품 믹스는 조정이 요구된다. 시간이 지나면서 고객의 태도와 제품 선호도는 변하기 때문에 특정 제품에 대한 고객들의 원츠는 줄어든다.

미국인들의 패스트푸드 선호도는 버거와 감자튀김과 같은 고칼로리, 고나트륨 음식에서 선호하는 지역, 유기농 및 비 GMO 재료로 만든 샐러드와 수프와 같이 더 건강하고, 더 신선한 음식으로 바뀌어가고 있다. 패스트푸드 체인점은 샐러드와 같은 새로운 메뉴를 도입하고 기존 메뉴를 재구성하여 더 많은 소비자에게 더 매력적으로 만듦으로써 소비자의 선호도 변화에 대응하고 있다. 예를 들어 타코벨(Taco Bell)은 인공 재료를 사용하지 않고 동물복지 계란만을 사용하는 것으로 전환하기 위해 노력하고 있다.[2] 어떤 경우에는 기업이 경쟁적인 이유로 제품 믹스를 수정할 필요가 있다. 경쟁자가 특정 제품 시장을 지배한다는 이유로 마케터는 제품 믹스로부터 특정 제품을 제거해야 한다. 마찬가지로 더욱 효율적으로 경쟁하기 위해 기업은 신제품을 도입해야 하거나, 기존제품을 수정해야 한다. 마케터는 과도한 마케팅과 생산 능력을 이용하기 위해 기업의 제품 믹스를 확장한다.

이 장에서 기업의 제품 믹스를 향상시키는 여러 가지 방법을 살펴본다. 첫째, 효과적인 제품 라인 확장과 제품 수정을 통한 기존 제품의 관리를 알아본다. 다음에는 신제품 개발 단계들을 살펴본다. 그리고, 시장에서 기업들이 자사들의 제품들을 차별화하는 방법을 논의하고 이어서 제품 포지셔닝과 리포지셔닝을 논의한다. 넷째, 취약한 제품들의 제거에 대한 중요성과 기업들이 이러한 제품들을 제거하는 데 사용하는 방법을 알아본다. 그런 다음 제품으로서의 서비스의 특성과 그 특성이 서비스 마케팅 믹스의 개발에 어떻게 영향을 미치는지 알아본다. 마지막으로, 제품을 관리하는데 사용되는 조직의 구조를 살펴본다.

9-1 기존 제품의 관리

 # 학습목표 **기업이 제품 라인 확장과 제품 수정을 통해서 기존 제품들을 어떻게 관리하는지 알아본다.**

기업은 기존 제품을 활용하여 이익을 얻을 수 있다. 마케터는 현재의 제품 믹스의 구성을 평가해서 약점과 차이를 규명할 수 있다. 이 분석은 제품 라인 확장과 제품 수정을 통해서 제품 믹스의 향상을 이끈다.

9-1a 제품 라인 확장

라인확장 다이어트 코크의 라인 확장 제품들

제품 라인 확장line extension은 기존 제품 라인 내에서 하나 혹은 그 이상의 제품들과 밀접하게 관련되어 있는 제품을 개발하는 것이지만 다소 다른 고객의 욕구를 충족시키기 위해서 특별히 디자인 된다. 켈로그는 다양한 맛을 원하는 고객을 위해 자사의 후루트루프(Froot Loops)와 프로스트 플레이크(Frosted Flakes) 시리얼에 새로운 맛의 시리얼을 출시했다. 산딸기 후루트루프 뿐만 아니라 계피 및 초콜릿 맛 프로스트 플레이크는 소비자가 아침 식사용 시리얼을 하루 중 어느 때나 간식이나 식사로 가능하도록 하려는 켈로그의 시도이다.[3]

제품라인 확장 제품라인 내에서 기존 제품들과 밀접하게 관련되어 있는 제품을 개발하는 것으로, 다른 고객의 욕구를 충족시키기 위해 특별히 디자인되는 제품

매년 신제품이라고 출시되는 많은 제품이 사실은 제품라인 확장이다. 제품라인 확장이 판매를 증가시키는 데 있어 비용이 적게 들고 위험이 낮은 대안이기 때문에 제품라인 확장은 신제품 개발보다 더 보편적이다. 라인 확장은 다른 세분 시장에 초점을 맞추거나 그 세분 시장에 있는 소비자들의 니즈를 더 정확하게 충족시킴으로써 같은 세분 시장 내에서 판매를 증가시키려는 시도이다. 예를 들어 비앤지 푸드(B&G Foods)는 인기 있는 파이렛츠부티(Pirate's Booty) 쌀 및 옥수수 퍼프에 "당신에게 더 좋은" 스낵이라는 새로운 맛의 제품으로 바삭하게 구운 옥수수 스틱인 와일드 팅(Wild Tings)을 출시하여 파이렛츠부티 라인을 확장했다.[4] 모 브랜드가 높은 품질의 브랜드 이미지를 갖고 있고 라인 확장 제품 라인군과 모 브랜드 제품군이 잘 맞는다면 라인 확장의 성공 가능성은 높다.[5]

9-1b 제품 수정

제품 수정product modification은 제품의 하나 혹은 그 이상의 특성을 바꾸는 것을 의미한다. 제품 수정은 원래 제품이 제품라인에 남아 있지 않는다는 측면에서 라인 확장과는 다르다. 예를 들어, 자동차 제조업자는 같은 브랜드의 새 모델을 만들 때 매년 제품 수정을 사용한다. 일단 새 모델을 출시하면, 제조업자는 이전 모델의 생산을 중단한다. 라인 확장과 마찬가지로 제품 수정은 신제품을 개발하는 것보다 덜 위험하다.

제품 수정 제품의 하나 혹은 그 이상의 특성을 바꾸는 것

제품 수정은 특정 상황하에서만 기업의 제품 믹스를 실제로 개선할 수 있다. 첫째, 제품이 수정 가능해야만 한다. 둘째, 고객들은 제품이 수정되었음을 지각할 수 있어야만 한다. 셋째, 제품 수정은 제품을 고객의 욕구와 더 일치하게 만들어서 더 많은 만족을 제공할 수 있어야 한다. 성공적인 제품을 수정하는 데 문제점은 원래의 제품을 경험했던 소비자가 수정된 제품을 더 위험한 구매로 볼 수 있다는 것이다. 제품을 수정하는 세 가지 주요한 방법은 품질 수정, 기능적 수정, 미학적 수정이다.

품질 수정

품질 수정 제품의 신뢰성 및 내구성과 관련된 변화

품질 수정quality modifications은 제품의 신뢰성 및 내구성과 관련된 변경이다. 변경은 보편적으로 재료나 생산 과정을 바꿈으로써 실행된다. 예를 들어, 골프공 제조업체의 경우 품질 수정에는 공을 더 멀리 또는 더 빠르게 만드는 새로운 기술이 포함될 수 있다.

제품의 품질을 낮추는 것은 기업이 제품의 가격을 낮출 수 있게 해주고 그 제품으로 다른 목표 시장을 겨냥할 수 있다. 반대로 제품의 품질을 높임으로써 기업은 경쟁 브랜드들을 넘어서는 이점을 갖게 된다. 더 높은 품질은 고객 충성도를 창출하고 가격에 대한 고객의 가격 민감도를 낮추기 때문에 기업이 더 높은 가격을 책정할 수 있게 해준다. 예를 들어 맥도날드와 타코벨과 같은 많은 기업들은 천연 재료에 대한 소비자 선호도가 높아짐에 따라 인공 색소와 향을 제거한 제품으로 수정하고 있다. 많은 소비자들이 더 단순하고 천연 재료를 사용한 제품이 인공 재료를 사용한 제품보다 품질이 더 좋다고 생각한다. 맥도날드는 방부제, 인공 향료 및 색소를 사용하지 않는 햄버거와 특제 소스로 수정했다.[6] 그러나 높은 품질은 기업이 다른 영역에서 비용 절감을 해야 하는 더 비싼 부품과 공정을 요구한다. 캐터필러(Caterpillar)처럼 일부 기업들은 품질은 높이면서 원가는 낮추는 방법을 계속해서 찾고 있다.

기능적 수정

기능적 수정 제품의 다양성, 효과성, 편의성 혹은 안전성에 영향을 미치는 변화

제품의 다양성, 효과성, 편의성 혹은 안전성에 영향을 미치는 수정을 **기능적 수정functional modifications**이라고 하며 제품을 보통 재디자인하는 것이다. 주목할 만한 기능적 수정을 한 제품군으로는 농업 장비, 가전제품, 청소용품과 통신 서비스가 있다. 포드, 닷지(Dodge) 및 토요타의 트럭과 경쟁하고 있는 쉐보레의 실버라도(Silverado) 픽업 트럭은 지속적인 기능적 수정으로 높은 매출을 만들어내고 있다. 쉐보레의 실버라도 2019 모델은 더 가볍고 효율적인 차체, 4G Wi-Fi 기능 및 스마트폰 앱을 포함한 새로운 정보 기술, 원격 작동식 전동트렁크로 수정했다. 또한 이 모델은 구매자의 니즈와 원츠에 따라 8가지 트림 옵션으로 제공된다.[7] 기능적 수정은 제품의 사용자 수를 늘려줄 수 있으므로 시장을 확대할 수 있다. 기업들은 경쟁 브랜드가 제공하지 않는 편익을 제공함으로써 제품이 호의적인 경쟁적 위치를 차지하게 할 수 있다. 추가적으로 기능적 수정은 기업이 진보적인 이미지를 달성하고 유지하는 데 도움을 줄 수 있다. 마지막으로, 기계가 오작동하는 경우를 대비해 차단 스위치를 추가하는 것처럼 기능적 수정은 종종 더 안전한 제품으로 만들어져 제품에 대한 책임 소송의 가능성도 줄여준다.

ISTOCK.COM/NOBLIGE

자동차 산업의 기능적 수정 자동차 회사가 기능적 수정에 참여하는 방법 중 하나는 전기 자동차를 개발하는 것이다.

추가적으로 기능적 수정은 기업이 진보적인 이미지를 달

INTEGRITY IN MARKETING

마케팅의 정직성

플라스틱은 버리고, 종이로 가자고 외치는 아드바크 스트로

일회용 플라스틱 스트로는 저렴하고 내구성이 있으며 몇 시간 동안 음료수에 넣어둬도 분해되지 않는다. 이러한 기능적 장점에도 불구하고 플라스틱은 분해가 느리고 바다에 버려지는 플라스틱은 해양 생물에게 위험하다. 일부 도시에서는 지구를 깨끗하게 유지하고 해양 생물을 안전하게 보호하기 위해 플라스틱 스트로를 금지하고 있다. 많은 대기업들도 플라스틱 스트로를 없애고 종이와 같은 친환경적인 대안을 찾고 있다.

플라스틱 스트로에 대한 반감을 본 아드바크는 2007년 내구성이 뛰어난 종이 스트로를 부활시켰다. 이 회사는 새로운 디자인과 맞춤형 컬러 인쇄를 포함하여 몇 가지 주요 개선 작업을 수행했다. 아드바크는 모든 스트로를 인디애나에서 제조할 뿐만 아니라 종이, 접착제 및 잉크를 포함한 모든 원자재를 중서부에 있는 공급업체로부터 받는다. 마찬가지로 중요한 것은 스트로는 식품과 직접 접촉되는 제품이기에 엄격한 정부 표준을 충족해야 한다는 것이다. 종이 스트로는 플라스틱 스트로보다 가격이 조금 더 비싸지만 고객들은 아드바크의 제품 품질과 종이의 생태학적 이점을 선호한다. 아드바크가 매일 수백만 개의 스트로를 생산하는 시설로 확장한 후에도 스트로의 수요를 간신히 따라갈 수 있다는 것은 놀라운 일이 아니다.[a]

성하고 유지하는 데 도움을 줄 수 있다. 마지막으로 기계가 오작동하는 경우를 대비해 차단 스위치를 추가하는 것처럼 기능적 수정은 종종 제품 책임 소송의 가능성을 줄여준다.

미학적 수정

미학적 수정aesthetic modifications은 제품의 맛, 질감, 소리, 냄새, 혹은 외형을 바꿈으로써 제품의 감각적 소구를 변화시키는 것이다. 구매 의사결정 시에 구매자는 제품의 모양, 냄새, 맛, 느낌 또는 소리에 영향을 받는다. 따라서 미학적 수정은 구매에 강력하게 영향을 준다. 패션산업은 계절마다 미학적 수정에 강하게 의존하는 산업이다. 예를 들어 알마니(Armani) 의류, 신발, 시계와 가죽 제품들은 고급 패션산업의 리더이다. 품질과 스타일에 있어 최상위 수준의 명성을 유지하기 위해 기업은 자사의 제품들에 정규적으로 미학적 수정을 한다. 미학적 수정으로 알마니는 최고 수준의 디자인과 품질의 명성을 유지하고 있다. 추가로 미학적 수정은 디자인의 지속적인 업그레이드를 통해 불법적인 제품 위조의 양을 최소화해줄 수 있다.

미학적 수정 제품의 감각적 소구에 관련된 변화

미학적 수정을 통해 기업은 경쟁 브랜드와 자사 제품을 차별화할 수 있고, 그로 인하여 주도적인 시장 점유율을 얻을 수 있다. 미학적 수정의 주요 문제점은 미학적 수정의 가치가 주관적으로 결정된다는 것이다. 기업은 제품의 감각적 소구를 향상시키려고 노력하지만, 실제로 고객들은 수정된 제품이 덜 매력적이라고 판단할 수도 있다는 것이다.

9-2 신제품 개발

 # 학습목표 기업이 제품 아이디어를 상업화된 제품으로 어떻게 개발하는지 알아본다.

기업은 제품 믹스를 향상시키고 제품라인에 깊이를 추가하는 수단으로 신제품을 개발한다. 신제품을 개발하고 출시하는 것은 대체로 비싸고 위험하다. 그러나 신제품을 출시하는 데 실패하는 것 또한 위험하다. 한때 세계에서 가장 유명한 브랜드 중 하나였던, 코닥은 카메라 및 이미징 제품용 필름 및 기타 제품을 판매하는 회사였다. 코닥(Kodak)은 디지털 카메라 개발에 상당한 자원을 투자했지만 잘 알고 있던 기존 카메라처럼 되고자 계속 노력을 고집했다. 소비자가 디지털 카메라로, 이후에는 스마트폰으로 빠르게 이동하고 있음이 분명해진 후에도 코닥은 계속해서 스스로를 필름 회사라고 정의했으며 디지털 기술 시장의 급속한 변화와 소비자의 선호도 변화에 적응하는데 실패했다. 코닥은 이미징 회사로는 살아 남았지만 규모는 현저히 작아졌다.[8]

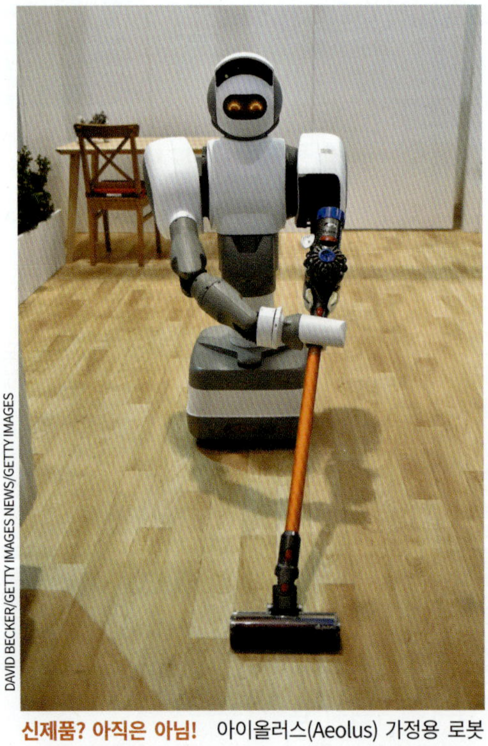

DAVID BECKER/GETTY IMAGES NEWS/GETTY IMAGES

신제품? 아직은 아님! 아이올러스(Aeolus) 가정용 로봇은 음식과 음료수 가져오기, 잡동사니 줍기, 바닥 청소, 분실물 찾기와 같은 다양한 가사 작업을 수행할 수 있다.

신제품(new product)이라는 용어는 하나 이상의 의미를 가질 수 있다. 순수하게 신제품은 혁신적 편익을 제공한다. 버디(BUDDY)는 개인 비서 역할, 사회적 상호 작용 및 멀티미디어 스테이션 역할, 집안 순찰, 아이들과 게임하기 등을 수행할 수 있는 가정용 로봇이다.[9] 그러나 다르고 분명히 더 좋은 제품은 진실로 신제품이 아닐지라도 종종 새로운 것으로 본다. 예를 들어 배리 칼리바우트(Barry Callebaut)의 새로운 루비 초콜릿은 약간 핑크빛이 도는 천연 베리 향이 나는 루비 코코아 콩으로 만들어졌다. 다른 기업에서는 레드 코코아 가루로 만들어 판매하지만 배리 칼리바우트는 천연의 붉은색 초콜릿의 최초이다.[10] 다른 기업이 이미 유사한 제품을 판매하고 있더라도 자사가 이전에 출시한 적이 없는 제품이라면 신제품이 될 수 있다. 구글 홈은 디지털 어시스턴트를 사용할 수 있는 최초의 스마트 스피커는 아니지만 구글에게는 신제품이다. 마지막으로, 제품이 다른 시장으로부터 하나 혹은 그 이상의 시장으로 옮겨졌을 때도 이 제품을 새로운 것으로 볼 수 있다.

최근 몇 년 동안 점점 더 많은 기업들이 어떤 방식으로 바꾸어야 하는지를 확인하고 나서 이를 제품 개발에 반영함으로써 성공을 거두었다. 하버드 경영대학원의 클레이튼 크리스텐슨(Clayton Christensen) 교수가 처음 언급한 파괴적 혁신(Disruptive innovation)은 새로운 방식으로 활용될 수 있는 옛 기술을 규명하거나 특정 시장의 현재 제품에서 기대하는 것보다 더 많은 것을 고객에게 제공하는 새로운 비즈니스 모델을 개발하는 것이다. 구글, 넷프릭스, 아이 튠즈(iTunes), 우버(Uber) 와 리프트(Lyft), 그리고 와비 파커(Warby Parker) 같은 회사는 만족되지 않았거나 만족이 낮은 니즈를 인지하고 이에 만족할 제품을 개발함으로써 성공을 했다. 예를 들어, 마이클 더빈(Michael Dubin)은 남성용 면도기용 리필 카트리지가 가격도 비싸며 인기가 없어 소매업체는 재고 관리 측면에서 리필 카트리지 판매에 난색을 표하고 있다는 사실을 알고 나서 달러 세이브 클럽(Dollar Shave Club)을 설립했다. 그는 또한 대부분의 남성이 카트리지를 자주 교체하지 않는다는 것을 알았다. 달러 세이브 클럽은 매월 1달러의 저렴한 비용으로 매월 4~5개의 카트리지를 보내는 구독 서비스이다. 300만 명이 넘는 회원은 다른 스킨케어 제품도 배송받을 수 있습니다. 이 서비스의 성공은 모방자를 낳았고 면도기 대기업인 질레트도 자사 제품의 구독 서비스를 출시했다.[11]

그림 9.1 신제품 개발 과정

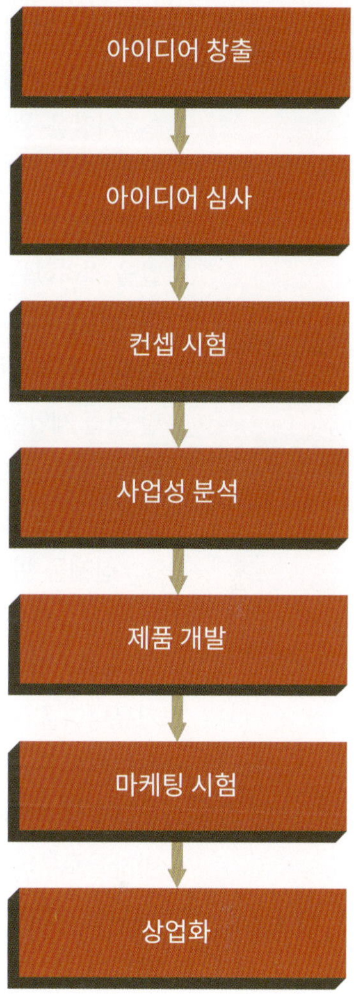

제품을 출시하기 전에 제품은 그림 9.1에서 보여주는 신제품 개발 과정new-product development process의 7단계를 거치게 된다: (1) 아이디어 창출, (2) 아이디어 심사, (3) 컨셉 시험, (4) 사업성 분석, (5) 제품 개발, (6) 마케팅 시험, (7) 상업화. 제품은 신제품 개발의 어떤 단계에서든 탈락될 수 있다. 이번 절에서는 제품들이 아이디어 창출에서부터 완전히 상업화된 제품까지 개발되는 단계를 살펴본다.

신중한 마케팅 분석이 제품 개발 프로세스를 주도하고 있다. 더 정밀한 고객 세분화, 구매 패턴 인지 및 예측 모델링을 통한 빅 데이터 분석은 고객 선호도가 그 어느 때보다 빠르게 변화하는 시기에 기업이 경쟁력을 높이는 데 도움이 될 수 있다. 패스트 패션 회사 H&M을 생각해 보자. 기업이 활용하고 새로운 패션으로 전환할 수 있는 트렌드를 파악하기 위해 스웨덴 소매업체는 분석 도구와 인공 지능을 사용하여 소셜 미디어, 블로그 게시물, 검색 엔진뿐만 아니라 각 매장으로부터 구매 패턴을 분석한다.[12]

9-2a 아이디어 창출

아이디어 창출 기업의 목표를 달성하는데 도움이 될 제품 아이디어를 찾는 것

기업들은 자사의 목표를 달성하는 데 도움을 줄 수 있는 제품 아이디어를 찾으려고 노력한다. 이러한 활동이 **아이디어 창출idea generation**이다. 단지 2~3개의 아이디어만이 상업적으로 성공할 수 있을 만큼 좋은 아이디어라는 사실이 과제에 대한 문제점을 강조한다.

시장을 응대할 새로운 방법을 규명하려는 결단력 있고 집중화된 노력이 혁신의 핵심이다.[13] 신제품 아이디어들은 마케팅 관리자, 조사자, 판매원, 엔지니어, 혹은 다른 조직원들 같은 내부 원천으로부터 나올 수도 있다. 브레인스토밍과 좋은 아이디어에 대한 인센티브는 아이디어 개발을 격려하는 전형적인 기업 내부의 기구이다. 예를 들어, 3M 포스트잇 접착식 노트에 대한 아이디어는 직원에게서 나왔다. 교회 성가대였던 그는 찬송가에 있는 노래를 표시하기 위해 종잇조각을 사용했다. 그런데 종잇조각이 계속 떨어져서, 그는 뒤에 접착제가 있는 메모 노트를 개발할 것을 제안했다. 시간이 지남에 따라, 직원들은 자신의 상사에게 제품 아이디어를 표현하는 데 있어 더 많은 자율권을 갖게 되었다. 이러한 협업은 마케터가 신제품 개념을 더 구체화하기 위한 도움을 받는 데 아주 유용할 수 있었다.[14]

신제품 아이디어는 고객, 경쟁자들, 광고대행사, 경영 컨설턴트와 조사 기관 같은 기업 외부 원천으로부터도 나올 수 있다. 많은 기업들이 온라인 캠페인을 통해 소비자들을 제품 아이디어 개발과정에 참여시킨다. 인터넷을 통해 소비자들의 제품 니즈와 원츠에 관하여 듣고 온라인 커뮤니티를 구축함으로써 마케터는 소비자의 아이디어를 활용할 수 있는 기회를 갖는다. 이 커뮤니티들은 소비자들이 자율권을 가지며, 기업에 도움이 되지 않는 신제품 아이디어에 대한 통찰력을 갖게 해준다.[15] 인터넷과 소셜미디어는 특히 기업이 더 젊은 소비자를 대상으로 할 때 소비자들로부터 정보를 수집하는 데 매우 중요한 도구가 되고 있다. 예를 들어, 프리토레이(Frito-Lay)는 소비자들이 레이의 새로운 감자칩의 맛 아이디어에 대한 사진, 비디오 또는 서면 설명을 레이의 웹사이트 또는 소셜 미디어에 제출하도록 초청하는 연례 콘테스트를 개최했다. 우승자는 현금으로 상금을 받고 프리토 레이는 새로운 맛의 아이디어를 얻는다.[16] 인터넷의 상호 작용은 다른 이해 관계자가 신제품 아이디어를 제안하고 분석할 수 있을 뿐만 아니라 이러한 아이디어를 평가하고 필터링하는 데 상호 작용할 수 있게 해준다.

오늘날 가장 성공적인 기업 중 다수는 발명가와 외부 컨설턴트에게 아이디어를 구한다. P&G가 그러한 기업 중 하나이다. P&G의 연결+개발 웹사이트는 크라우드소싱을 사용하여 창의적인 개인이 신제품에 대한 혁신적인 아이디어의 제출을 고무하는 모델이다.[17] 많은 기업이 제품 개발 컨설팅을 제공하며 신제품 아이디어 도출에 좋은 원천이 될 수 있다. 예를 들어 칼레이도스코프(Kaleidoscope)는 건강관리, 의료, 소비재, 전자 및 하이테크 산업의 기업에 제품 설계, 엔지니어링 및 개발 서비스를 제공한다.[18] 외부 기관에 신제품 개발 활동을 의뢰할 때 구체적인 업무 내용을 계약서에 상세히 명시해야 최고의 결과를 얻을 수 있다. 고객에게 제품으로부터

원하는 바를 물어보는 것은 기업이 성공하고 경쟁력을 갖는 데 도움이 된다. 더 많은 글로벌 소비자가 인터넷을 통해 연결될 수 있으므로 마케터는 글로벌 소비자들과 온라인 커뮤니티를 만들어 소비자들의 아이디어를 이용할 수 있는 기회를 갖는다.

9-2b 아이디어 심사

아이디어 심사idea screening 과정에서, 가장 잠재력이 있는 아이디어들이 추가 검토를 위해 선정된다. 심사하는 과정에서 제품 아이디어들이 기업의 미션, 목표 및 자원과 부합되는지 여부를 결정하기 위한 분석이 이루어진다. 매출 잠식도 심사 과정에서 검토해야 하는 또 다른 이슈이다. 제품 아이디어가 회사의 기존 제품과 유사한 제품을 출시하는 경우, 마케터는 신제품이 현재 제품의 판매에 어느 정도 영향을 미칠 수 있는지를 평가해야 한다. 추가로 제품을 생산하고 마케팅하기 위한 기업의 전반적 능력도 분석되어야 한다. 검토되어야하는 다른 측면은 구매자의 특성과 원츠 그리고 환경의 변화이다. 때로는 심사 의사결정을 할 때 신제품 요구 조건에 대한 체크리스트가 사용된다. 이러한 체크리스트를 활용하여 체계적으로 평가함으로서 적절한 아이디어를 간과할 수 있는 기회를 줄일 수 있다. 많은 신제품 아이디어들이 아이디어 심사단계에서 거절되어진다.

아이디어 심사 추가 검토를 위한 가장 유망한 아이디어들을 선정

9-2c 컨셉 시험

아이디어를 적절하게 평가하기 위해, 제품 컨셉에 대한 시험이 필요하다. **컨셉 시험**concept test에서 제품에 대한 소비들의 태도와 초기 구매의도를 알아보기 위해 잠재 구매자의 소규모 표본에 서면이나 구두설명(아마도 2~3장의 도안)을 통해 제품 아이디어를 제시한다.

컨셉 시험 제품 아이디어에 대한 잠재 구매자의 반응을 찾는 것

예를 들어, 쉐이크쉑은 고객에게 참여 수당을 지불하고 새로운 레시피, 재료 및 기술을 시험하기 위해 맨해튼의 한 매장 안에 조리 시험실을 운영하고 있다. 쉐이크쉑의 조리 실험실은 쉐이크쉑 메뉴에 추가될 수 있는 새로운 레시피 컨셉의 실험으로 트렌디한 버거 체인을 만들어 줄 것이다.[19] 하나의 제품 아이디어에 대해 기업은 하나 혹은 여러 개의 제품 컨셉들을 시험할 수 있다. 컨셉 시험은 낮은 비용으로 기업이 R&D에 상당한 자원을 투자하기 전에 제품 아이디어에 대한 고객의 초기 반응을 결정할 수 있도록 해주는 절차이다.

컨셉 시험 동안 컨셉이 먼저 간단히 설명되고 일련의 질문이 실험 패널에 제시된다. 식품의 경우 샘플이 제공될 수 있다. 질문들은 시험되는 제품 유형에 따라 매우 다양하다. 전형적인 질문들은 다음과 같다. 일반적으로, 당신은 제안된 이 제품이 매력적이라고 생각하는가? 특히 어떤 편익이 당신에게 매력적인가? 어떤 특징에 당신은 거의 혹은 전혀 관심이 없는가? 당신은 이 제안된 제품이 현재 당신이 사용하는 제품보다 더 좋다고 느끼는가? 기존 제품과 비교해서 이

제안된 제품의 주요 장점은 무엇인가? 만일 이 제품이 적절한 가격으로 사용 가능하다면, 당신은 구입하겠는가? 당신은 얼마나 자주 이 제품을 구매하겠는가? 이 제안된 제품에 개선되었으면 하는 점이 있는가?

9-2d 사업성 분석

사업성 분석 기업의 매출, 원가와 이익에 대한 잠재적 공헌도의 평가

사업성 분석business analysis 단계에서 제품 아이디어는 기업의 매출, 원가와 이익에 대한 잠재적 공헌도를 결정하기 위해 평가된다. 사업성 분석 과정에서 평가자는 다음과 같은 다양한 질문을 한다. 이 제품이 기업의 기존 제품 믹스에 적합한가? 시장 진입을 정당화할 수 있을 만큼의 충분히 수요가 있으며 이 수요가 지속될 것인가? 어떤 형태의 환경적 변화와 경쟁적 변화를 기대할 수 있는가? 어떻게 이런 변화가 제품의 미래 매출, 원가와 이익에 영향을 미치는가?

기업의 조사, 개발, 엔지니어링, 생산 능력이 제품을 개발하는 데 적합한가, 새로운 설비가 건설되어야 한다면 얼마나 빨리 완공될 수 있고 얼마나 비용이 소요되는가, 제품 개발과 상업화를 하는 데 필요한 자금을 확보하고 있는가 혹은 유리한 투자수익률에 상응하는 조건으로 얻을 수 있는가를 기업이 이 단계에서 해야 하는 중요한 결정이다.

사업성 분석 단계에서, 기업은 목표 시장에 관한 정보가 필요하다. 2차 자료와 함께, 소비자 조사의 결과는 잠재적 매출, 원가, 그리고 이익을 추정하는 데 필요한 구체적인 정보들을 제공한다. 이 단계에서 많은 제품 아이디어에 대한 매출을 정확하게 예측하기는 어렵다. 특히 혁신적이고 완전히 새로운 제품일 경우에는 더욱 그렇다. 종종 기업들은 얼마만큼 판매되어야 이익이 발생하기 시작하는지를 결정하기 위해 손익분기점 분석을 활용한다. 때로는 어떤 기업은 마케터가 신제품 개발에 투자된 자금을 회수하는 데 요구되는 시간을 계산하는 투자회수 분석을 사용한다. 손익분기점 분석과 투자회수 분석은 추정에 기반을 두고 있기 때문에 유용해 보이지만 정확한 도구는 아니다.

9-2e 제품 개발

제품 개발 기술적으로 제품 생산 가능 여부와 원가 효율성 여부를 결정하는 단계

제품 개발product development은 기업이 기술적으로 제품을 생산할 수 있는지 여부와 최종 가격을 합리적으로 결정하기에 충분할 정도로 낮은 원가로 생산될 수 있는지 여부를 결정하는 단계이다. 제품 개발 수용 가능성을 시험하기 위해, 아이디어나 컨셉은 시제품이나 작동 모델로 전환된다. 쥬시비 (지금은 고프로덕트(GoProducts)) 기업이 접이식 비치의자 고채어(GoChair)를 3초 만에 물병 크기의 패키지에서 편히 쉴 수 있는 의자로 펼쳐질 수 있는 적절한 시제품을 개발해 내는 시제품 개발 과정이 무려 3년이나 걸렸다.[20] 시제품은 소비자 마음에 제품과 연관되는 유형 및 무형의 속성을 나타내 주어야 한다. 제품 디자인, 기계적 특성과 무형적 측면이 시장의 원

츠와 연계되어야 한다. 마케팅 조사와 컨셉 시험을 통해 구매자에게 중요한 제품 속성이 파악된다. 이러한 특징들은 제품의 디자인을 통해 고객들에게 제공되어야 한다.

시제품이 개발된 후, 전반적 기능들이 측정되어야 한다. 이 제품의 성과, 안전, 편의를 비롯한 기타 기능적 품질이 실험실과 현장에서 검사된다. 기능적 시험은 엄격하고 제품을 철저하게 검사하기에 충분할 만큼 오랫동안 이루어져야 한다. 제품의 모양과 디자인이 소비자들의 제품에 대한 기능적 성과 판단에 영향을 준다는 연구 결과도 있다.[21] 따라서 시제품 단계에서 드러나는 제조 관련 이슈들은 해결되어야 한다.

제품 개발 과정에서 제기되는 중요한 문제는 어느 정도의 품질이 되도록 제품을 만드는 가이다. 품질의 주요 차원은 내구성이다. 더 높은 품질은 종종 더 좋은 재료와 더 비싼 공정을 요구하는데, 이는 생산원가를 증가시켜서 결국에는 제품의 가격을 높인다. 제품 품질의 특정 수준을 결정하기 위해, 마케터는 어떤 가격을 목표 시장이 수용 가능하다고 보는가를 개략적으로 확인해야 한다. 추가로 마케터는 품질 수준을 자사의 다른 제품들과 일관되게 설정하려고 노력해야 하며 경쟁 브랜드의 품질도 확실하게 고려해야 한다.

신제품의 개발 단계는 길고 비싼 과정이다. 결과적으로 비교적 적은 수의 제품 아이디어가 제품 개발에 착수된다. 만일 제품이 이 단계에서 마케팅 시험을 할 가치가 있을 정도로 충분히 성공적이라고 판단된다면, 제품 개발 단계의 후반부에서 마케터는 마케팅 시험 단계에서 사용할 브랜딩, 패키징, 라벨링, 가격 정책과 촉진에 대한 의사결정을 만들기 시작한다.

9-2f 마케팅 시험

마케팅 시험 잠재적 목표 시장을 대표할 수 있는 것으로 선정된 지역에 제한하여 제품을 출시하는 것

잠재적 목표 시장을 대표할 수 있는 것으로 선정된 지역에 제한하여 제품을 출시하는 것을 **마케팅 시험test marketing**이라고 한다. 마케팅 시험의 목적은 잠재 고객이 어느 정도나 제품을 구매할 것인가를 결정하는 데 있다. 예를 들어 치폴레 멕시칸 그릴(Chipotle Mexican Grill)은 덴버(Denver)와 미네아폴리스 세인트폴(Minneapolis-St. Paul) 일부 매장에 신 메뉴인 나초를 시험 출시했고 댈러스(Dallas)와 마이애미(Miami) 매장에 심야 메뉴를 시험 출시했다.[22] 마케팅 시험은 제품 개발 단계의 연장이 아니라 전체 마케팅 믹스에 대한 표본 출시이다. 마케팅 시험은 제품이 개발 및 기타 마케팅 믹스 변수들에 관한 초기 계획들을 통과한 후에 실시되어야 한다. 기업들은 제품 실패를 줄이기 위해 마케팅 시험을 사용한다. 시험되지 않은 제품을 출시했을 때의 위험으로는 이미 수익성이 있는 제품의 약화 그리고 신제품이 실패할 경우 유통업자와 고객의 신뢰도 손실이다.

마케팅 시험은 여러 이점을 제공한다. 이는 마케터가 신제품의 매출 성과를 측정하기 위해 제품을 정상적인 마케팅 환경에 노출하게 해 준다. 기업은 제품이나 마케팅 믹스의 다른 부분에서의 약점을 파악할 수 있다. 전국적인 출시 후에 발견된 제품의 약점을 수정하는 데는 많은 비

표 9.1 일반적인 시험 시장 도시들

콜럼버스, 오하이오
피오리아, 일리노이
올버니, 뉴욕
잭슨빌, 플로리다
렉싱턴, 켄터키
디모인, 아이오와
배틀 크리크, 미시간
그린즈버로, 노스캐롤라이나
클리블랜드, 오하이오
피닉스, 애리조나

용이 들 수 있다. 게다가 만일 소비자들의 초기 반응이 부정적이라면, 마케터는 소비자들에게 제품을 다시 시용하도록 설득할 수 없을 것이다. 따라서 마케팅 시험 후 제품을 조정하는 것은 신제품의 성공에 결정적일 수 있다. 다른 한편으로 마케팅 시험 결과는 신제품 출시를 가속화하기에 충분히 긍정적일 수 있다. 마케팅 시험은 마케터가 다른 시험 지역에서 광고, 가격, 패키징에서 편차를 실험하게 해주고 마케팅 믹스의 변경을 통해 브랜드 인지도, 브랜드 스위칭과 반복 구매의 정도를 측정할 수 있게 해 준다.

마케팅 시험 결과의 타당성은 의도된 목표 시장을 정확하게 대표하는 시험 장소의 선정에 의해 매우 중요하게 좌우되기 때문에 적절한 시험 영역의 선정은 매우 중요하다. 마케팅 시험을 위해 일반적으로 사용되는 미국 도시들을 표 9.1에 나열했다. 시험 도시를 선정하는 데 사용되는 기준은 제품의 속성, 목표 시장의 특성, 기업의 목표와 자원이다.

마케팅 시험에 위험이 없는 것은 아니다. 이 과정은 비용이 많이 들며 경쟁자들이 방해하려고 노력할 것이다. 경쟁자들은 신제품의 구매와 소비자 인지를 막기 위해 자사의 광고나 촉진을 증가시키고, 가격을 낮추며 특별 인센티브를 제공함으로써 시험 프로그램을 방해하려 시도할 수도 있다. 그러한 전술은 시험결과를 타당하지 않게 만들 수 있다. 종종 경쟁기업들은 시험 단계에서 신제품을 복제한 유사한 제품을 서둘러 출시한다. 성공적인 시험을 행한 후 가능한 한 빨리 상업화 단계로 이동하는 것이 바람직하다.

이러한 위험들 때문에, 많은 기업이 고객 선호도를 측정하는 대안적 방법들을 사용한다. 그러한 방법 중의 하나가 마케팅 시험을 시뮬레이션하는 것이다. 전형적으로, 쇼핑센터에서 소비자들에게 신제품에 대한 광고를 보여주고 집에 가져갈 무료 견본을 제공한다. 견본품 사용 후에 이 소비자들은 전화 혹은 온라인을 통해 견본품에 대해 평가를 한다. 마케팅 시험 시뮬레이션의 주요 장점은 매우 빠른 속도, 낮은 비용과 더 엄격한 보안을 들 수 있는데, 이런 장점들은 경쟁자에게 정보가 흘러들어 가는 것을 줄일 수 있고 경쟁자의 방해를 줄일 수 있다. AC닐슨(ACNielsen Company) 같은 마케팅 조사 기업은 제안된 제품에 대한 독립적 평가를 제공하도록 돕는 마케팅 시험 서비스를 제공한다. 마케팅 시험된 모든 제품이 출시되는 것은 아니다. 때로 마케팅 시험 동안에서 발견되는 문제들이 해결될 수 없는 경우도 있다.

9-2g 상업화

상업화 제품의 본격적인 제조와 마케팅 계획을 결정하고 예산을 준비하는 과정

상업화commercialization 단계 동안, 제품이 본격적으로 제조되며 마케팅에 대한 계획은 개선되어 해결되어야 하고 준비된 프로젝트 예산도 마련되어야 한다. 상업화 단계의 초기에, 마케팅 관

리자는 제품 출시 전에 마케팅 믹스에서 수정이 필요한 것을 찾아내기 위해 마케팅 시험의 결과를 분석한다. 마케팅 시험의 결과는 마케터에게 제품의 물리적 속성 하나 혹은 그 이상을 변화시키거나, 더 많은 소매점을 포함시키기 위한 유통계획을 수정하거나, 촉진 정책을 바꾸거나, 혹은 제품 가격을 조정하라고 알려준다. 그러나 마케팅 시험 결과에 근거해서 점점 더 많은 변경이 이루어질수록, 마케팅 시험 예측은 덜 유효해진다.

이 단계의 초기에, 마케터는 더 큰 규모의 생산을 대비해야 할 뿐만 아니라 보증, 수리, 부품 교체에 대한 의사결정도 해야 한다. 기업이 제공하는 보증의 형태는 구매자에게 중요한 이슈가 될 수 있다. 특히 가전제품처럼 비싸고 기술적으로 복잡한 제품이나 매트리스처럼 자주 사용하는 제품에 대해서는 더욱 그렇다. 예를 들어, 캐스퍼(Casper)는 자사의 혁신적인 매트리스에 대한 100일 동안 조건없이 가정에서 시용해 볼 수 있게 했다. 100일 동안 사용 후에 고객이 만족하지 않을 경우 회사에서 매트리스를 수거하고 구매 금액을 환불해 주는 것이다. 수리 서비스와 부품 교체 제공을 위한 효과적인 시스템을 구축하는 것은 호의적인 고객관계를 유지하는 데 필요하다. 비록 생산자가 이러한 서비스를 구매자에게 직접 제공할 수 있더라도, 생산자가 지역 서비스 센터를 통해 이러한 서비스를 제공하는 것이 더 일반적이다. 서비스가 어떻게 제공되는지에 관계없이, 이러한 서비스가 빠르고 정확하게 수행되는 것이 고객들에게는 중요하다.

제품은 상업화 단계에서 시장에 진입한다. 제품을 출시할 때 기업은 광고, 인적 판매와 다른 유형의 촉진뿐만 아니라 공장과 설비에도 거대한 지출을 한다. 이러한 지출은 여러 해 동안 회수되지 않을 수도 있다. 더 작은 규모의 기업들은 이러한 과정이 어렵다는 사실을 알고, 신제품을 촉진하는 것뿐만 아니라 신제품에 대한 빠른 피드백을 확보하기 위해 보도자료, 블로그, 팟캐스트를 비롯한 그 밖의 수단들도 이용한다. 또 다른 저비용 촉진수단은 신문, 잡지, 블로그에 게재된 제품 리뷰들이며, 이 리뷰들이 긍정적이고 동일한 고객을 대상으로 할 때 특히 도움이 된다.

제품은 하룻밤 사이에 전국적으로 출시되는 것이 아니라 첫 공개(rollout)라는 과정을 통해 출시된다. 첫 공개를 통해 제품이 특정 지역을 시작으로 출시되고 그림 9.2에 보여주는 것처럼 점차 인접 지역으로 확대된다. 제품을 전국에 걸쳐 마케팅하는 데는 여러 해가 걸릴 수도 있다. 종종 시험 도시들이 초기 마케팅 지역으로 사용되고, 제품 출시는 마케팅 시험에 따라 자연스럽게 확장 된다. 캘리포니아의 새크라멘토와 콜로라도의 포트콜린스에서 마케팅 시험된 제품은 새크라멘토와 포트콜린스에 먼저 출시될 수 있었다. 1단계 출시가 완료되면, 2단계 출시는 시험 도시가 위치한 주들의 시장으로 확대된다. 3단계에서는 인접 주들로 확대 출시하려는 마케팅 정책을 편다. 그런 후에 남은 모든 주는 4단계에서 출시가 된다.

점진적 제품 출시는 한 주씩 한 주씩 발생하는 것이 아니라, 주 경계를 넘어 걸쳐 있는 카운티 집단 같은 지리적 조합들이 종종 사용된다. 다국적 시장을 목표로 하는 제품들도 한 나라 혹은 한 지역에서 한 번에 첫 공개가 될 수 있다. 점진적 제품 출시는 여러 이유로 바람직하다. 첫째, 이는 신제품 출시에 대한 위험을 줄인다. 만일 제품이 실패했을 때, 기업이 단지 몇 개 지역

시장에만 출시했다면 전국적으로 제품을 출시했을 때보다 더 적은 손실을 경험할 것이다. 둘째, 제품을 유통하기 위한 도소매 시스템이 그렇게 빨리 구축할 수 없기 때문에 기업은 하루 만에 전국에 제품을 출시할 수 없다. 유통 네트워크의 개발은 상당한 시간이 걸릴 수 있다. 셋째, 성공적으로 출시된 제품에 대한 전국적 수요를 충족시키는 데 필요한 단위의 수는 거대할 수 있고, 기업은 요구되는 수량을 단기간에 생산할 수 없다. 마지막으로, 점진적 출시는 목표 고객을 더 잘 만족시키도록 마케팅 믹스를 적절히 조정할 수 있도록 해준다.

제품을 점진적으로 출시하는 것이 좋은 이유가 있음에도 불구하고, 마케터는 이러한 방법이 문제들을 야기한다는 사실을 알고 있다. 점진적 출시는 우리 기업이 무엇을 하고 있는지를 경쟁자들이 관찰하고 마치 우리 기업의 마케터가 하고 있는 것처럼 결과를 경쟁자들이 모니터할 수 있도록 해준다. 만일 경쟁자들이 새롭게 출시된 제품이 성공적이라고 판단한다면, 경쟁자들은 유사한 제품으로 동일한 목표 시장에 재빠르게 진입할 수 있다. 추가로 제품이 한 지역씩 출시됨으로써 경쟁자들은 신제품의 촉진을 방해하려는 마케팅 노력을 확장할 수 있다. 제품 출시의 지나친 지연은 기업이 시장 기회를 확보하고, 경쟁적 제품을 만들고, 채널 구성원들과 협력관계를 형성하는 기회를 놓치는 원인이 된다.[23]

■ 그림 9.2 상업화동안 전국 시장으로 확장하는 단계들

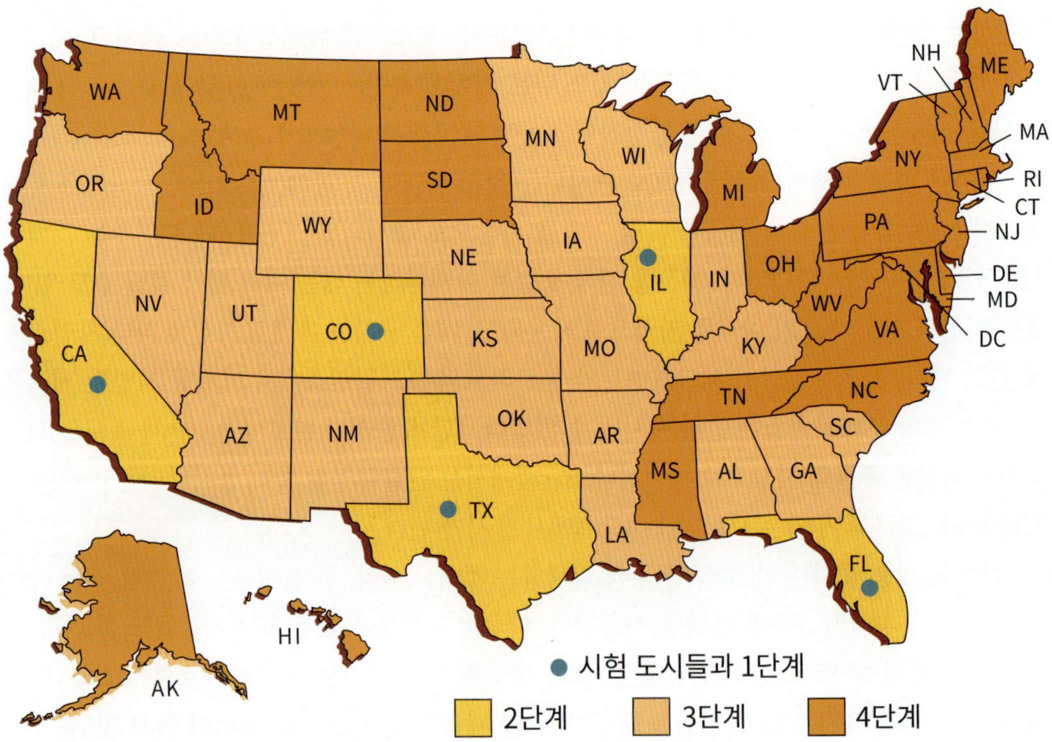

ENTREPRENEURSHIP IN MARKETING

마케팅과 기업가 정신

인스턴트 커피로 시작한 알파인 스타트

전문 암벽 등반가인 매트 시갈(Matt Segal)은 아침을 시작하는 고급 커피 한잔에 감사해 한다. 그러나 등반 중 지상에서 300미터 고지의 해먹에서 쉬면서 전통적인 방법으로 훌륭한 맛의 커피를 추출하는 것은 거의 불가능하다. 등반과 하이킹을 하는 많은 커피 애호가들이 같은 문제를 겪고 있음을 깨닫고 시갈과 알렉스 하니핀(Alex Hanifin)은 새로운 프리미엄 인스턴트 커피 시장의 가능성을 조사하기 시작했다.

시갈과 하니핀은 전체 인스턴트 커피 시장이 연간 100억 달러 이상의 가치가 있다는 것을 알았다. 자신의 경험에 비추어 볼 때, 야외 활동을 하는 소비자와 이동이 잦은 소비자가 최상의 맛과 편리함을 제공하는 인스턴트 커피에 관심을 가질 것이라고 믿었다. 이들은 새로운 제품으로 풍부한 맛의 아라비카를 선택하기 전까지 매주 다양한 종류의 커피 원두로 실험을 했다. 시갈과 하니핀은 매우 이른 아침에 등반을 시작하는 전통과 관련하여 알파인 스타트(Alpine Start)라는 브랜드 이름을 선택했다.

콜로라도에 기반을 둔 알파인 스타트는 처음에 작은 샌드위치 백에 담아 커피를 판매했다. 그러나 스포츠 소매업체 알이아이(REI)가 전국 매장에서 알파인 스타트를 판매하기로 합의했을 때 시갈과 하니핀은 전용 패키징을 도입하고 생산량을 늘리기 위해 재빠르게 움직였다. 알파인 스타트는 급속한 성장을 계속하면서 공동 창립자는 제품 라인을 확장하고 홀 푸드, 아마존 및 기타 주요 소매업체를 통해 유통을 확장했다. 시갈과 하니핀은 다음 번 제품 출시 확장 시에 사용하기 위해 시각적 소구를 높이기 위한 패키징으로 바꾸고 알파인 스타트 로고를 재디자인했다.[b]

9-3 품질, 디자인과 지원 서비스를 통한 제품 차별화

 # 학습목표 **제품 차별화의 중요성 및 다른 제품과 차별화시키는 요소들을 논의한다.**

제품의 가장 중요한 특성은 다른 제품과 구별해주는 요소이다. **제품 차별화**product differentiation는 고객들이 경쟁제품과 다르게 지각하도록 제품을 창출하고 디자인하는 과정이다. 고객 지각은 제품을 차별화하는데 결정적이다. 지각된 차이로는 품질, 특성, 스타일, 가격, 이미지 등이 있다. 한 제품을 다른 제품과 차별화하는 데 사용되는 중요한 요소는 브랜드이다. 이번 절에서는 제품을 만들어서 고객에게 제공할 때 기업들이 고려해야 하는 제품 차별화의 세 가지 측면인 제품 품질, 제품 디자인과 특징, 제품 지원 서비스를 알아본다. 이러한 측면에는 제품들 간의 실제 차이를 창출하려는 기업의 시도가 포함된다.

제품 차별화 고객들이 경쟁제품들과 다르게 지각하도록 제품을 창출하고 디자인하는 것

9-3a 제품 품질

품질 고객의 니즈를 충족시킬 것으로 기 대되는 것처럼 제품이 수행하도록 해주는 제품의 전반적 특성

품질qality은 고객의 니즈를 충족시킬 것으로 기대되는 것처럼 제품이 수행하도록 해주는 제품의 전반적 특성을 말한다. 대개 품질은 다른 고객들에게 다른 것을 의미하기 때문에 기대되는 이라는 말은 정의의 차원에서 매우 중요하다. 일부에게는 내구성이 품질을 의미한다. 노스페이스(North Face) 브랜드의 의류 및 외투는 내구성으로 정평이 나 있는 제품의 한 예이다. 실제로 노스페이스는 의류의 내구성에 대한 평생 보증을 제공한다.

품질의 개념은 소비자 시장과 비즈니스 시장 간에도 다르다. 비즈니스 시장의 경우에는 기술적 지속성, 수리 용이성과 기업의 명성이 중요한 특성이다. 소비자들과 달리, 대부분의 비즈니스 기업은 제품 품질보다 가격에 훨씬 덜 중점을 둔다. 예를 들어, 기업은 사무용 의자의 가격이나 미관보다는 기능성과 편안함에 더 관심을 갖는다.

품질 수준 제품이 보유한 품질의 양

가장 중요한 품질의 차원은 **품질 수준**level of quality, 즉 제품이 보유한 품질의 양이다. 제품의 품질 수준은 다른 제품의 수준과 비교되지 않는 한 설명하기 어렵기 때문에 품질 수준의 개념은 상대적이다. 미시간 대학의 국립 품질 연구 센터에서 발간하는 미국 소비자 만족 지수(American Customer Satisfaction Index, ACSI)는 미국 내 다양한 기업들의 고객만족 순위를 제공한다. 설문 조사에 따르면 클로락스는 개인 위생 및 청소 제품 업계에서 가장 높은 고객 만족도를 얻었다.[24] 반면에 일정 수준의 품질을 얻지 못하는 제품은 불만족한 고객이 전체 지출을 줄이는 원인이 되어 경제성장을 저해할 수 있다.

품질의 일관성 시간이 지나도 제품이 동일한 수준 의 품질을 갖는 정도

두 번째로 중요한 차원은 일관성이다. **품질의 일관성**consistency of quality은 시간이 지나도 제품이 동일한 수준의 품질을 갖는 정도를 말한다. 일관성은 제품을 구매할 때마다 고객들이 기대하는 품질을 제공하는 것을 의미한다. 품질 수준과 마찬가지로, 일관성은 상대적 개념이다. 이것은 오랜 시간 동안 동일 브랜드 내에서의 품질 비교를 의미한다.

ISTOCK.COM/JETCITYIMAGE

품질의 일관성 맥도날드와 같은 레스토랑은 다양한 위치에서 일관된 수준의 품질을 보장하기 위해 상당한 자원을 투입한다. 한 곳에서 구입한 감자튀김(및 기타 제품)이 다른 곳에서 구입한 제품과 매우 유사하도록 맥도날드는 장비, 표준화된 식품 재료, 생산 공정 및 직원 교육에 막대한 투자를 한다.

제품 품질의 일관성은 경쟁제품에 대해서도 비교될 수 있다. 이 단계에서 일관성은 기업의 성공에 결정적 요인이 된다. 일관된 기준에서 품질을 제공할 수 있는 기업은 경쟁자에 대한 주요한 경쟁우위를 갖는다. 예를 들어 UPS는 믿을 만한 택배 스케줄과 다양한 옵션을 제공하는 회사이다. 품질면에서 최고의 소비자 운송 회사 중 하나이다.[25] 어떤 회사도 고객을 만족시키지 못하는 낮은 품질의 제품을 만들고 마케팅을 하여 성공하지는 못했다. 많은 기업은 자사 제품의 품질을 개선하고 더 경쟁력을 갖추기 위해 종합적 품질 관리(total quality management, TQM) 실행 같은 주요 과정을 구현하고 있다.

9-3b 제품 디자인과 특징

제품 디자인product design은 제품이 어떻게 구상되고 계획되어 생산되는가를 말한다. 디자인은 제품의 모든 물리적 특성의 총합을 포함하기 때문에 매우 복잡한 주제이다. 제품의 뛰어난 디자인으로 잘 알려져 있는 많은 기업이 있는데, 전자 및 컴퓨터에 애플, 주방가전에 쿠진아트(Cuisinart), 하이킹 신발에 머렐(Merrell)이 그 예이다. 좋은 디자인은 어떤 브랜드든 소유할 수 있는 최고의 경쟁우위 중 하나이다.

제품 디자인 제품이 어떻게 구상되고 계획되어 생산되는가 하는 것

디자인의 한 구성요소는 **스타일링**styling, 또는 제품의 물리적 외관이다. 제품의 스타일은 어떤 제품이 매우 빨리 팔리게 할 수 있는 하나의 디자인 특징이다. 그러나 좋은 디자인은 단지 외관만이 아닌 그 이상-제품의 기능성과 유용성을 포함하는 디자인-을 의미한다. 예를 들어, 멋져 보이는 청바지라도 만일 3번 세탁 후에 제품에 손상이 있다면 분명히 디자인이 형편없는 것이다. 대부분의 소비자들은 외관과 기능이 모두 좋은 제품을 찾는다.

스타일링 제품의 물리적 외관

제품 특징product features은 제품이 특정 작업을 수행할 수 있게 해주는 특정한 디자인 특성이다. 제품 특징들의 추가나 제거로, 기업은 경쟁자의 제품들로부터 자사의 제품을 차별화할 수 있다. 제품 특징은 기업의 제품라인 믹스 내의 제품들을 차별화하는 데도 이용될 수 있다. 나이키는 조깅화부터, 러닝화, 역도화, 체육관용 신발까지 목적별로 디자인된 다양한 신발을 출시하고 있다. 일반적으로 제품이 더 많은 특징을 가질수록, 가격이 더 높고 지각된 품질도 더 높다.

제품 특징 제품이 특정 작업을 수행할 수 있게 해주는 특정한 디자인 특성

브랜드가 지속 가능한 경쟁우위를 갖기 위해, 마케터들은 고객들이 바라는 제품 디자인과 특징을 결정해야 한다. 마케팅 조사와 데이터베이스로부터 얻은 정보는 고객들의 제품 디자인과 특징에 대한 선호도를 평가하는 데 도움을 줄 수 있다. 제품 디자인과 특징에 대한 고객들의 바람을 고객들이 지불가능한 가격으로 충족시킬 수 있는 것이 제품의 장기적인 성공에 결정적이다. 마케터는 제품의 특징과 성과에 관해 잘못 표현하거나 과대 약속을 하지 않도록 주의해야 한다.

9-3c 제품 지원 서비스

많은 기업이 제품 지원 서비스를 제공함으로써 제품을 차별화한다. 통상적으로 **고객 서비스** customer services라고 말하는 것으로, 이 서비스는 제품에 가치를 추가하도록 기업이 제공 하는 인적 혹은 기계적 노력 혹은 활동을 포함한다. 고객 서비스의 예로는 배달과 설치, 할부금융약정, 고객 교육, 보증, 수리, 예약할부제, 편리한 서비스 업무 시간, 주차, 무료전화번호와 웹사이트를 통한 서비스가 포함된다. 트레이더 조스(Trader Joe's)는 뛰어난 고객 서비스를 제공하는 슈퍼마켓으로 유명하다. 트레이더 조스의 마케터는 직원들이 고객과 소통할 수 있는 긍정적인 고객 경험과 기회를 제공하기 위해 노력한다. 이러한 노력으로 구매자들은 원하는 것을 정확하게 찾아 구매할 수 있다. 보다 개인적인 환경을 조성하기 위해 점포에는 심지어 확성기도 없다.

고객 서비스 제품에 가치를 추가하도록 기업이 제공하는 인적 혹은 기계적 노력 혹은 활동

그 결과, 트레이더 조스의 고객들은 높은 충성도를 갖게 되었고 경쟁자들보다 단위면적당 3배나 더 많은 매출을 만들었다.[26]

전체 제품 제공물의 주요 부분이든 부차적 부분이든 간에, 모든 마케터들은 고객 서비스를 제공한다. 시장에 있는 모든 제품들이 본질적으로 동일한 품질, 디자인과 특징을 갖고 있는 경우에 더 나은 고객 서비스를 제공하는 것이 기업이 차별화시킬 수 있는 유일한 방법일 수 있다. 이는 특히 컴퓨터 산업에서 실제로 해당된다. 예를 들어서, 랩톱 컴퓨터를 구매할 때, 고객들은 제품 품질과 디자인보다는 빠른 배송, 기술적 지원, 보증과 가격에 더 관심을 갖는다. 기업은 마케팅 조사를 통해서 고객이 원하는 서비스의 형태를 찾아낼 수 있다. 또한, 부가적인 특징은 소비자가 보는 제품을 향상시킬 수 있다. 소비자는 종종 부가적인 서비스의 이용가능성 만으로도 더 높은 수준의 품질을 추론한다.[27]

9.4 제품 포지셔닝과 리포지셔닝

 # 학습목표 **기업이 제품을 어떻게 포지셔닝하는지 알아본다.**

제품 포지셔닝 고객의 마음속에 경쟁 브랜드와 비교하여 자사 제품의 특정한 개념을 창출하고 유지하기 위해 의도된 의사결정과 활동

제품 포지셔닝product positioning이란 고객의 마음속에 경쟁 브랜드와 비교하여 자사 제품의 특정한 개념을 창출하고 유지하기 위해 의도된 의사 결정과 활동을 말한다. 마케터가 제품을 출시할 때, 목표 시장이 가장 바라는 특징을 갖고 있는 것으로 제품을 포지션하려고 노력한다. 이렇게 계획된 이미지는 매우 중요하다. 예를 들어 크레스트(Crest)는 충치를 예방하는 불소 치약으로 포지셔닝된 반면 램브란트(Rembrandt)는 얼룩을 없애기 위한 미백 치약으로 포지셔닝되었다.

9-4a 지각도

제품의 포지션은 경쟁 브랜드들의 속성들과 비교해서 자사 제품의 속성들에 대한 고객 지각의 결과이다. 구매자들은 정기적으로 많은 구매 결정을 한다. 많은 제품에 대한 계속적인 재평가를 피하고 구매 결정을 단순화하기 위해 구매자들은 마음속에서 제품들을 집단화 혹은 "포지션" 하는 경향이 있다. 마케터는 고객들이 제품들을 독립적으로 포지션 하도록 하기보다는 광고를 통해 제품에 대한 소비자의 개념이나 지각에 영향을 미치고 형성하도록 노력한다. 종종 마케터는 그림 9.3에서 보는 것처럼 지각도를 개발해서 제품 포지션을 분석한다. 지각도(perceptual maps)는 둘 혹은 그 이상의 차원에서 제품, 브랜드와 기업에 대한 지각을 소비자 표본에게 질문해서 만들어진다. 그림 9.3과 같은 지각도를 개발하기 위해, 응답자들에게 가격과 진통제가 사용

그림9.3 진통제들의 가상의 지각도

되는 진통의 형태에 관해 선택한 진통제들을 어떻게 지각하는가를 물어본다. 또한 제품 특징의 측면에서 특정 집단 고객들의 바람에 관해 집단을 대표하는 '이상점' 혹은 '이상적 군집'을 설정하기 위해 제품 특징에 대한 선호도와 관련하여 응답자들에게 질문을 한다. 그러고 나면 마케터는 이상점과 비교해서 자사 브랜드가 어떻게 지각되는지를 알 수 있다.

9-4b 포지셔닝 기준

마케터는 제품 포지셔닝에 대한 여러 가지 기준을 이용할 수 있다. 제품 포지셔닝을 위한 일반적인 기준은 경쟁자들을 사용하는 것이다. 펩시코(PepsiCo)가 코카콜라(Coca-Cola)에 대항해서 했던 것처럼 기업은 경쟁 브랜드와 정면으로 경쟁하기 위해 제품을 포지션하거나, 혹은 세븐업(7UP)이 다른 청량음료 업체에 상대적으로 경쟁을 피하기 위해 제품을 포지션할 수 있다. 정면경쟁은 적어도 제품의 성과 특성이 경쟁 브랜드와 비슷하고 제품의 가격이 더 낮다면 마케터의 포지셔닝 목표가 될 수도 있다. 정면 포지셔닝은 만일 제품의 성과 특성이 우월하다면 제품의 가격이 더 높을 때 적절할 수도 있다. 흥미롭게도, 주도적인 경쟁자가 있는 산업에서 더 작거나 덜 알려진 브랜드는 경쟁업체 브랜드의 규모와 근접성을 자신의 브랜드와 비교하여 강조함으로써 가시성과 매출을 실제로 높일 수 있다.[28] 가정용 탄산음료 제품인 소다스트림(SodaStream)은 탄

SOURCE: GENERAL MILLS

제품 포지셔닝 라라바는 캐슈, 대추야자, 약간 단 초콜릿 칩과 바다 소금의 4가지 재료로 구성된 식품으로 포지셔닝되었다.

산음료 시장의 주도적인 업체인 펩시와 코카콜라에 맞서 정면 포지셔닝 전략을 사용한다. 소다스트림은 더 건강하고 친환경적인 브랜드로 포지셔닝하고 있으며, 매립지로 가는 많은 양의 플라스틱병 폐기물로 인해 최고의 경쟁자들을 환경에 유해한 것으로 묘사했다.

반대로 경쟁을 피하는 포지셔닝은 제품의 성과 특성이 경쟁 브랜드와 크게 다르지 않을 때 가장 효과가 있다. 더구나 경쟁을 피하기 위해 제품을 포지셔닝하는 것은 브랜드가 일부 구매자에게 주요한 독특한 특징을 갖고 있을 때 적절할 수도 있다. 예를 들어, 볼보는 자동차의 안전성에 중점을 두어 경쟁업체와 차별화된 위치를 수년간 포지셔닝했다. 일부 자동차 회사는 광고에서 안전성 이슈를 언급하지만 많은 자동차 회사는 스타일, 연료 효율성, 성능 또는 판매 조건에 더 중점을 둔다. 기업이 이미 하나 혹은 그 이상의 브랜드를 판매하고 있는 시장에 신규 브랜드를 출시할 때 경쟁을 피하는 것은 매우 중요하다. 신규 브랜드가 상당히 큰 수익을 창출하지 않는 한, 마케터는 신규 브랜드가 기존 브랜드의 매출을 잠식하는 것을 피하기를 원하기 때문이다.

제품 포지션은 제품의 특정 속성이나 특징에 기반을 둘 수 있다. 예를 들어, 애플 아이폰은 세련된 디자인과 아이튠즈 스토어를 통한 앱과 음악 같은 액세서리와 다른 애플 제품과의 호환성 같은 제품의 속성에 기반을 두고 포지션되었다. 스타일, 모양, 구조와 색상은 이미지와 매력을 창출하는데 도움을 준다. 만일 구매자가 편익을 쉽게 파악할 수 있다면, 구매자들은 그 제품을 구매할 가능성이 훨씬 더 크다. 신제품이 선호되는 속성을 제공하지 못할 때, 다른 신제품이 진입할 여지가 있다.

제품 포지셔닝을 하는 그 밖의 기준으로는 가격, 품질 수준, 그리고 제품이 제공하는 편익이 포함된다. 예를 들어, 라라바(Lärabar)는 단순한 재료를 기반으로 포지셔닝 되었다. 라라바 광고는 라라바 초콜릿 칩 쿠키 반죽에 4가지 재료를 넣었다고 표시하고 그 4가지 재료을 설명하고 있다. 광고는 라라바가 "음식으로 만든 음식"임을 강조하여 단순한 재료를 더욱 강조했다. 또한 목표 시장도 마케터에게는 포지셔닝 기준이 될 수 있다. 이런 형태의 포지셔닝은 제품을 사용하는 사람들의 유형을 촉진하는 것이 대표적이다. 라라바의 목표 시장은 천연 재료와 단순한 재료가 더 나은 품질을 나타낸다고 믿는 소비자일 수 있다.

9-4c 리포지셔닝

포지셔닝 결정은 신제품에만 해당되는 것은 아니다. 기존 제품의 포지션을 평가하는 것이 중요한 이유는 한 브랜드의 시장 점유율과 수익성은 제품 리포지셔닝에 의해 강화될 수 있기 때문이다. 신제품을 제품 라인에 도입할 때 하나 이상의 기존 브랜드는 기존 브랜드의 자기잠식을 최소화하기위한 리포지셔닝을 통해 신규 브랜드가 시장에서 유리한 위치를 확보할 수 있다.

리포지셔닝은 제품, 가격, 혹은 유통에 물리적으로 변화를 줌으로써 수행될 수 있다. 그러나 마케터는 이러한 변화를 주기보다는 촉진 노력을 통해 이미지를 바꿈으로써 제품을 리포지션 한다. 예를 들어 던킨 도넛(Dunkin 'Donuts)은 도넛과 커피 및 기타 품목을 판매하는 패스트푸드 레스토랑으로 자리를 잡았다. 오랫동안 사용된 핑크와 오렌지 색상 조합을 유지했지만, 던킨은 소비자가 새로운 메뉴를 인지하는데 도움을 줄 의도로 브래드 네임에서 "도넛"을 삭제했다.[29] 마지막으로, 마케터는 상이한 목표 시장을 대상으로 함으로써 제품을 리포지션할 수도 있다.

9-5 제품 제거

#학습목표 **제품믹스를 개선하기 위해서 제품 제거가 어떻게 실행되는지 알아본다.**

일반적으로 하나의 제품이 무한정으로 목표 시장의 고객을 만족시키고 기업의 전반적 목표를 달성하는 데 무한정으로 공헌할 수는 없다. **제품 제거product deletion**는 제품이 더 이상 충분한 수의 고객을 만족시키지 못하기 때문에 제품라인 믹스에서 그 제품을 제거하는 과정이다. 예를 들어, 폭스바겐은 소비자 선호도가 소형차에서 스포츠 유틸리티 및 대형 차량으로 이동하면서 비틀 자동차를 단종했다.[30] 수요가 감소해가는 제품은 기업의 수익성을 감소시키고 다른 제품을 수정하거나 신규 제품을 개발하기 위한 자원을 고갈시킨다. 수요가 감소하는 제품은 한계 비용이 증가할 수 있기 때문에 더 짧은 생산 운용이 필요하다. 마지막으로, 사라져가는 제품은 완전히 고객들의 호감을 상실할 때 그 부정적인 느낌들이 자사의 다른 제품으로 전이될 수도 있다.

제품 제거 제품라인 믹스에서 그 제품을 제거하는 것

대부분의 기업은 제품을 제거하기가 어렵다는 사실을 안다. 한 제품을 제거하자는 의사 결정에 대해 그 제품이 제품라인 믹스에 여전히 필요하다고 믿는 관리자와 직원들이 반대할 수도 있다. 특히 여전히 일부 충성 고객들을 보유한 판매원은 이 제품이 제거될 때 속상할 것이다. 마케팅 믹스를 변화시켜서 수요가 감소하고 있는 제품을 재활성화하여 제거를 피하기 위해서는 상당한 자원과 노력이 요구된다.

일부 기업들은 제품이 상당한 재무적 부담이 된 후에야 제품을 제거한다. 더 나은 방법은 제품라인 믹스의 전반적 효과성에 대한 영향을 결정하기 위해 각 제품을 정기적으로 평가하는 방식의 체계적 검토이다. 이러한 검토는 주어진 기간 동안 기업 매출에 대한 제품의 공헌도를 분석해야할 뿐만 아니라 제품과 관련된 미래 매출, 비용, 수익을 측정해야 한다. 또한 이 검토는 제품 성과를 향상시키기 위한 마케팅 전략의 변화에 대한 가치를 측정해야 한다. 체계적 검토는 기

그림 9.4 제품 제거 과정

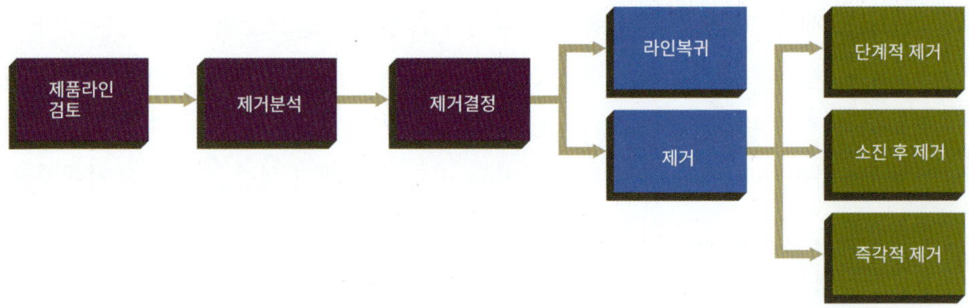

출처:Martin L. Bell, Marketing Concepts and Strategy, 3rd ed., p. 267; Copyright 1979. Houghton Mifflin Company. Reprinted by permission of Mrs. Martin L. Bell.

업이 제품 성과를 향상시키게 해주고 제품을 제거할 시기를 알 수 있게 해준다. 예를 들어 P&G는 분석에 따라 커버걸(CoverGirl), 나이스앤이지(Nice'n Easy) 및 듀라셀(Duracell)을 포함한 100개 브랜드의 포트폴리오를 줄이고 지난 2년 동안 수익성이 낮은 제품을 제거하여 보다 성공적인 브랜드에 더 많은 자원을 투자했다.[31]

제품을 제거하는 데는 단계적 제거, 소진 후 제거, 즉각적 제거라는 세 가지 방법이 있다(그림 9.4 참조) 단계적 제거(phase-out)는 마케팅 전략에 대한 변화 없이 제품이 쇠퇴하도록 두는 것이다. 이 전략에서는 제품에 새로운 생명을 부여하는 어떤 시도도 만들어지지 않는다. 소진 후 제거(run-out)는 제품에 남아있는 어떠한 강점이라도 활용하는 것이다. 핵심 시장에서 마케팅 활동을 강화하거나 광고 같은 일부 마케팅 지출을 제거하면 일시적으로 수익이 상승할 수 있다. 이러한 전략은 컴퓨터의 구형 모델처럼 기술적으로 진부화된 제품에 보편적으로 활용된다. 가격은 종종 매출 급등을 만들어내기 위해 낮추어진다. 세 번째 대안으로 수익성 없는 제품의 즉각적 제거(immediate drop)는 손실이 너무 커서 제품의 수명을 연장할 수 없을 때 최선의 전략이다.

9-6 서비스 관리

 # 학습목표 서비스 특성이 서비스 마케팅 믹스 개발에 어떻게 영향을 주는지 알아본다.

많은 제품이 유형의 제품보다는 서비스이다. 서비스 제품을 마케팅하는 기업으로는 금융 서비스, 개인적 서비스와 전문적 서비스 같은 영리기업과 교육기관, 교회, 자선단체와 정부 같은 비영리 기관이 포함된다. 이 절에서는 먼저 우리 경제에서 서비스 산업의 중요성 증가에 초점을 맞춘다. 그런 후에 서비스의 독특한 특성을 설명한다. 끝으로, 서비스에 대한 마케팅 믹스를 개발하고 관리할 때 이러한 특성이 제기하는 문제를 알아본다.

9-6a 서비스의 본질과 중요성

모든 제품이-재화, 서비스 혹은 아이디어든 간에-어느 정도는 무형이다. 서비스는 사람이나 사물에 대한 인적 노력 및/또는 기계적 작동을 통해 제공됩니다. 예를 들어, 교육과 같은 서비스는 사람(학생)을 대상으로 하는 서비스 제공자(교사)의 노력을 포함하는 반면, 청소 및 실내 장식 서비스는 사물에 대한 작동을 지시한다. 서비스는 사람(항공 또는 대중 교통) 혹은 사물(화물 운송 및 음식 준비)에 대한 기계적 작동의 사용을 포함할 수 있다. 건강관리와 조경 같은 다양한 범주의 서비스에는 인적노력과 기계적 작동을 모두 포함됩니다. 많은 서비스가 도구 및 기계 같은 유형의 것의 사용을 수반하지만, 서비스와 재화의 주요 차이점은 서비스가 제품 전체의 무형 부분의 주를 이룬다는 것이다. 제품으로서의 서비스는 고객 서비스의 관련 주제와 혼동되어서는 안 된다. 고객 서비스는 제품 마케팅의 일부이지만 서비스 마케터는 고객 서비스를 제공한다.

미국 경제에서 서비스의 중요성은 미국을 세계 최초의 서비스 경제로 알려지게 했다. 독일, 일본, 호주, 캐나다를 포함한 대부분의 선진국에서 서비스 산업은 국내총생산(GDP)의 약 70%를 차지한다. 신규 사업의 절반 이상이 서비스 사업이며 서비스 고용은 지속적으로 성장할 것으로 예상된다. 오늘날 바쁜 현대인들이 업무나 가족과 함께하는 시간 같은 다른 활동에 집중하기 위해 식사 준비, 집 청소, 세금 신고 같은 작업을 종종 단순화하거나 위탁처리하기를 원하기 때문에 시간 절약 서비스에 대한 니즈가 높아지고 있다. 정보 기술의 변화는 서비스 부문에도 영향을 미치고 확장된다. 구글페이, 스포티파이(Spotify), 인스타카트(Instacart), 틴더(Tinder), 우버(Uber) 같은 서비스 기업이 고객 니즈에 잘 대응하고 목표에 맞는 서비스와 기존의 비즈니스 수행 방식에 도전하는 서비스를 제공하기 위한 기술을 사용하는 것을 생각해 보라.

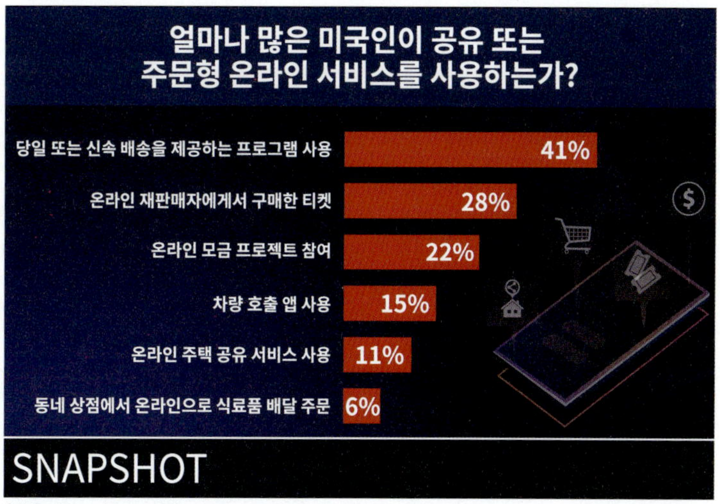

출처: Pew Research Center, 2016.

9-6b 서비스 특성

서비스의 마케팅과 관련된 이슈는 재화의 마케팅과 관련된 이슈들과 정확히 동일하지는 않다. 이러한 차이를 이해하기 위해서 우선 서비스의 특성을 이해할 필요가 있다. 서비스는 6가지 기본적 특성을 갖고 있다: 무형성, 생산과 소비의 비분리성, 소멸성, 이질성, 의뢰인 기반 관계와 고객 접촉이다.[32]

무형성

무형성 서비스는 형태가 없어서 만져볼 수 없다는 것

이미 언급했듯이, 서비스를 재화와 구별시키는 주요한 특성은 무형성이다. **무형성intangibility**이란 서비스는 형태가 없어서 만져볼 수 없다는 것을 의미한다. 예를 들어, 학생이 수업에 참여하여 얻게 되는 교육을 만져보는 것은 불가능하다-무형의 편익은 지식이 풍부해 지는 것이다. 또한, 서비스는 물리적으로 소유할 수 없다. 그림 9.5는 순수 재화(유형)에서 순수 서비스(무형)까지의 유형의 연속체를 보여 준다. 순수 재화는 비록 존재하더라도 실제로 모든 재화의 마케터들은 고객 서비스도 함께 제공하기 때문에 순수 재화는 드물다. 교육 및 건강관리와 같은 무형의 서비스 주도적 제품은 분명히 서비스 제품이다. 대부분의 제품은 이 연속체의 중간 어딘가에 있다. 레스토랑 식사나 호텔 투숙 같은 제품은 유형 및 무형 차원을 모두 갖고 있다.

생산과 소비의 비분리성

비분리성 생산과 동시에 소비가 됨

서비스의 또 다른 중요한 특성은 **비분리성inseparability**인데, 이는 서비스의 생산이 고객의 소비와 분리될 수 없다는 것을 의미한다. 예를 들어서, 항공편은 동시에 생산되고 소비된다. 다시 말해 서비스는 동시에 생산되고 소비된다. 재화 마케팅의 경우, 고객이 재화를 구매하여 집에 가져가 사용할 수 있을 때까지 보관할 수 있다. 재화의 제조업자는 실제 고객을 볼 수 없다. 그러나 고객은 서비스(예: 투자 컨설팅 혹은 수술) 생산 현장에 있어야 하며 서비스를 집으로 가져갈 수 없다. 실제로 서비스 제공자와 고객은 모두 같이 있어야 서비스의 완전한 가치를 제공받을 수 있다. 비분리성 때문에 고객은 특정 유형의 서비스를 원할 뿐만 아니라 특정인이 특정한 방식으로 제공하기를 기대한다. 예를 들어, 건강 검진의 생산과 소비가 동시에 발생하고 환자는 의사가

그림 9.5 유형의 연속체

누구인지 미리 알고 일반적으로 검진이 어떻게 수행되는지도 안다. 비분리성은 고객과 서비스 제공자 간의 공동 책임을 의미한다. 지연이나 서비스 실패가 발생하면 고객은 서비스 경험에 불만족을 갖게 된다. 서비스 부문 직원을 위한 교육 프로그램은 서비스 경험에서 고객의 중요성을 강조하여 직원들이 공동 책임이 있다는 것을 이해해야 한다. 서비스 경험에 피해를 주는 통제할 수 없거나 예측할 수 없는 상황에 대해 서비스 제공자는 문제를 고객에게 전달하는 가장 최적의 방법을 찾아야 한다. 신속한 커뮤니케이션은 서비스 실패 발생 시 고객의 불만족을 줄이는 효과가 있다.[33]

ISTOCK.COM/BRASILNUT1

서비스의 소멸성 항공사의 경우 빈 좌석은 복구할 수 없는 손실된 수익을 나타낸다. 어제의 빈 좌석을 오늘 판매할 수는 없다. 이 때문에 항공사들은 가격을 낮춰서라도 빈자리를 채우도록 인센티브를 제공한다.

소멸성

서비스는 한 시점에 사용하지 않은 서비스를 향후에 사용할 수 있도록 저장할 수 없는데, 이를 서비스의 **소멸성perishability**이라 한다. 예를 들어서,항공기의 빈 좌석들은 저장되거나 나중에 승객에게 판매될 수 없다. 서비스의 소멸성에 대한 다른 예로는 판매되지 않은 농구티켓, 비워져 있는 치과의사 예약시간, 그리고 빈 호텔방을 들 수 있다. 비록 고기, 우유, 그리고 농산물과 같은 일부 재화도 소멸 가능하지만, 일반적으로 재화는 서비스보다 덜 소멸가능하다. 만일 요가복 한 벌이 백화점 진열대에 한 달 동안 놓여있었어도, 품질에는 영향을 주지 않는다. 재화를 관리하는 마케터는 수요공급 문제를 생산 일정과 재고 관리 기법을 통해서 조절할 수 있다. 서비스를 관리하는 마케터는 동일한 이점을 갖지 못하며 수요와 공급을 맞추려고 노력하는 과정에서 여러 가지 어려움에 직면한다. 그러나 서비스 마케터는 요일, 시간, 혹은 계절에 따라 변동하는 수요에 대해 계획을 세울 수 있다.

소멸성 사용하지 않은 서비스를 향후에 사용할 수 있도록 저장할 수 없음.

이질성 품질의 편차

이질성

사람들이 제공하는 서비스는 **이질성heterogeneity** 혹은 품질의 편차가 있기 쉽다. 제조된 재화의 품질은 표준화된 공정으로 통제하기 더 쉽고 실수는 분리하고 수정하기 더 쉽다. 그러나 인간 행동의 특성 때문에 서비스 제공자가 서비스 제공에 일관된 품질을 유지하는 것은 매우 어렵다. 품질의 이러한 편차는 동일한 서비스 설비 내에서 조직 간에, 서비스 담당자 간에, 동일한 기업 내에서 서비스 설비 간에도 발생할 수 있다. 예를 들어, 한 애완동물 매장의 직원은 같은 체인의 다른 애완동물 매장의 직원보다 더 많은 지식이

ISTOCK.COM/JOVAN_EPN

서비스의 이질성 당신은 지난 번과 같은 미용사에게 가고 싶은가? 그렇다면, 당신은 이제까지 그 미용사에게서 받은 미용 서비스와 같은 비슷한 미용 서비스를 원하기 때문일 것이다.

있어서 고객에게 더 많은 도움을 줄 수 있다. 통상적으로 노동집약성의 정도가 증가할수록 이질성이 증가한다. 자동차 수리, 교육과 미용업 같은 서비스들은 인적 노동에 많이 의존한다. 통신, 헬스클럽과 대중교통 같은 서비스들은 장비 집약적이다. 사람 기반 서비스는 종종 서비스 제공 시점마다 변동되는 경향이 있다. 예를 들어, 오늘 고객에게 멋지게 머리손질을 해준 미용사로부터 다음에 동일한 품질의 머리손질을 받을 수 있다는 보장을 할 수가 없다. 반면에 장비 기반 서비스는 사람 기반 서비스보다 이러한 문제로부터 좀 더 자유로울 수 있다. 예를 들어, 현금 자동입출금기는 은행에서 은행원 서비스 품질의 비일관성을 줄였고 바코드 스캐너는 식품점의 계산대에서 서비스의 정확성을 개선하였다.

의뢰인 기반 관계

의뢰인 기반 관계 서비스를 반복적으로 사용하는 만족한 고객을 만드는 고객과의 상호 작용

많은 서비스의 성공은 **의뢰인 기반 관계client-based relationship**의 구축과 유지 즉, 오랜 기간 동안 서비스를 반복적으로 사용하는 만족한 고객을 만드는 고객과의 상호 작용에 달려 있다.[34] 사실 변호사, 회계사, 그리고 금융 설계사 같은 일부 서비스 제공자들은 자신들의 고객을 의뢰인(client)이라고 부르고 이들과의 긴밀하고 장기적인 관계를 구축하고 유지한다. 이러한 서비스 제공자들의 경우, 고객을 유치하는 것만으로는 충분하지 않다. 계속해서 이러한 서비스를 사용하는 의뢰인 집단을 유지할 수 있을 정도일 때 비로소 이들은 성공적이다. 예를 들어, 회계사는 수십 년 동안 자신의 지역에서 한 가족에게 서비스할 수 있다. 만일 이 가족의 구성원들이 회계사의 서비스 품질을 좋아한다면, 이들은 다른 고객들에게 이 회계사를 추천하려고 한다. 만일 여러 가족들이 이러한 긍정적 구전 커뮤니케이션을 반복한다면, 회계사는 만족한 의뢰인에 대한 명단을 확보할 것이다.

서비스 기업은 유용한 정보를 공유하고 커뮤니케이션에 응답하며 일반적으로 기업의 개성과 브랜드를 보여줌으로써 고객 관계를 구축하기 위해 소셜 미디어, 특히 페이스북과 인스타그램을 점점 더 많이 사용하고 있다. 예를 들어 200만 명 이상의 팔로워가 있는 웬디스(Wendy's)는 트위터에서 맥도날드 같은 경쟁자들에 대한 재치있는 트윗과 조롱으로 유명해졌다.[35] 구전 (혹은 온라인에서는 바이럴)은 의뢰인 기반 관계를 구축하고 유지하는데 핵심 요소이다. 구전이 실제로 발생하도록 확신하기 위해서, 서비스 제공자는 신뢰를 구축하고, 고객 약속을 입증하고, 고객을 만족시켜서 서비스 제공자에 대한 충성도가 매우 높아 경쟁자에게로 전환하지 않도록 하는 단계를 밟아야 한다.

ISTOCK.COM/ASISEEIT

고객 접촉이 높은 수준의 서비스 건강관리 서비스는 높은 수준의 고객 접촉이 필요하다.

고객 접촉

모든 서비스에 높은 수준의 고객 접촉이 필요한 것은 아니지만 많은 서비스에서 필요하다. **고객 접촉Customer contact**은 서비스를 제공하는데 필요한 서비스 제공자와 고객 간의 상호 작용의 수준을 말한다. 높은 수준의 접촉 서비스로는 건강관리, 부동산과 법률 서비스가 포함된다. 낮은 수준의 접촉 서비스로는 세금, 자동차 수리와 세탁소 서비스가 있다. 기술(technology) 덕분에 많은 서비스 중심적 기업이 고객 접촉 수준을 낮출 수 있었다. 예를 들어, 대부분의 항공사는 승객이 휴대전화나 태블릿에서 항공편 예약, 좌석 선택, 체크인 등을 수행할 수 있는 앱을 가지고 있다. 기술 사용은 직원이 고객과의 관계 구축의 상호 작용에 많은 관여를 하지 않아도 되는 상황에서 가장 효과적이다. 높은 수준의 접촉이 요구되는 경우에, 기술의 사용은 고객의 심리적 불편을 초래할 수 있으며, 궁극적으로 기술을 사용하지 않은 경우보다 서비스의 평가가 낮아질 수 있다.[36]

고객 접촉 서비스를 제공하는데 필요한 서비스 제공자와 고객 간의 상호 작용의 수준

일반적으로 높은 수준의 접촉 서비스는 고객을 대상으로 하는 행동이 포함되며, 이때 고객은 서비스 생산 현장에 있어야 한다. 예를 들어, 미용실의 고객은 머리 손질 과정 현장에 있어야 한다. 고객이 서비스 생산 현장에 있어야하는 경우, 서비스 생산 과정은 최종 결과물만큼 중요하다. 때로는 서비스 제공자가 고객에게 가는 것도 가능하지만, 높은 수준의 접촉 서비스는 일반적으로 고객이 서비스 생산설비로 가야 한다. 따라서 서비스 설비의 물리적 외관은 서비스에 대한 고객의 전반적 평가의 주요한 구성요소가 될 수 있다. 낮은 수준의 접촉 서비스 상황에서도 고객이 서비스 거래를 시작하고 완료하기 위해 참석을 해야 하는 경우에도 서비스 설비의 물리적 외관이 중요하다. 자동차 수리 서비스의 경우가 그렇다. 고객들은 차를 가져와서 고장 증상을 설명하고 대개 수리 중에는 현장에 있지는 않는다.

높은 수준의 접촉 서비스 제공자의 직원들은 만족한 고객을 창출하는 데 매우 중요한 요소이다. 고객 접촉의 기본 원칙은 만족한 직원이 만족한 고객을 창출한다는 것이다. 조사에 의하면, 직원의 만족도가 높은 서비스 품질을 제공하는 가장 중요한 단일 요소이다. 따라서 고객 접촉으로 인해 발생할 수 있는 문제를 최소화하기 위해 서비스 조직은 직원을 적절하게 교육하고 의사결정 권한을 부여하며 고객 지향적인 행동에 대해 보상을 함으로써 직원의 니즈를 이해하고 충족시키는 과정을 밟아야 한다.[37] 사우스웨스트 항공사는 직원 교육과 소셜 미디어 채널을 통해 고객 만족과 고객 서비스 우수 사례의 방송으로 고객 충성도와 직원 유지를 고무하고 있다. 소셜 미디어는 직원 교육과 참여뿐만 아니라 고객 서비스에 대한 인지를 확산시키는데 저렴하고 효과적인 수단이다.[38]

9-6c 서비스의 마케팅 믹스 개발과 관리

서비스의 특성은 서비스 마케터에게 여러 이슈를 야기한다(표 9.2 참조). 이러한 이슈는 서비스

를 위한 마케팅 믹스의 개발 및 관리에서 더 명확해진다. 마케팅 믹스에는 4가지 주요 마케팅 믹스 변수(제품, 가격, 유통 및 촉진)가 포함되지만, 서비스의 특성에는 마케터가 추가적인 이슈를 고려해야 한다.

표 9.2 서비스 특성과 마케팅 이슈

서비스 특성	마케팅 이슈
무형성	• 고객이 평가하기 어렵다. • 고객이 물리적으로 소유하지 못한다. • 광고와 진열이 어렵다. • 가격 설정과 정당화하기 어렵다. • 서비스 과정이 특허로 보호받지 못한다.
생산과 소비의 비분리성	• 서비스 제공자는 서비스를 대량 생산할 수 없다. • 고객은 생산 현장에 있어야 한다. • 소비자가 서비스 결과에 영향을 준다. • 서비스 유통이 어렵다.
소멸성	• 서비스는 보관할 수 없다. • 수요공급의 균형이 매우 어렵다. • 사용하지 않은 서비스는 영구히 소멸된다. • 수요는 시간에 매우 민감하다.
이질성	• 서비스 품질을 통제하기 어렵다. • 서비스 배달이 표준화하기 어렵다.
의로인 기반 관계	• 성공은 장기적으로 고객을 만족시키고 유지하는 데 달려있다. • 반복적 비즈니스를 창출하는 것은 어렵다. • 관계 마케팅이 중요하다.
고객 접촉	• 서비스 제공자가 전달에 매우 중요하다. • 높은 수준의 서비스 직원 교육과 동기 부여가 필요하다. • 고객 만족도를 낮추지 않으면서 비용 절감을 위해 접촉이 많은 서비스를 접촉이 적은 서비스로 변경할 수 있다.

출처:K. Douglas Hoffman and John E. G. Bateson, Services Marketing: Concepts, Strategies, and Cases, 5th ed. (Mason, OH: Cengage Learning, 2017); Valarie A. Zeithaml, A. Parasuraman, and Leonard L. Berry, Delivering Quality Service: Balancing Customer Perceptions and Expectations (New York: Free Press, 1990); Leonard L. Berry and A. Parasuraman, Marketing Services: Competing through Quality (New York: Free Press, 1991), 5.

9-6d 서비스 개발

일반적으로 기업에서 제공하는 서비스는 핵심 서비스와 하나 이상의 부가 서비스로 구성된 패키지 혹은 묶음 서비스이다. 핵심 서비스(core service)는 고객이 받기를 기대하는 기본적인 서비스경험이나 상품이다. 부가 서비스(supplementary service)는 핵심 서비스와 관련되면서 경쟁기업의 서비스와 차별화시키는 데 사용되는 보조적 서비스이다. 예를 들어서, 학생이 수업을 위한 개인지도 시간에 참석할 때 핵심 서비스는 개인지도이다. 핵심 서비스에 부가되는 서비스에는 추가 정보가 포함된 개요, 연습문제를 포함한 유인물 또는 앱, 혹은 지정된 개인지도 시간 이외에 수업 질문을 위한 대화방 같은 온라인 서비스에 대한 제공이 포함될 수 있다.

앞에서 언급했듯이, 이질성은 서비스 품질에 대한 편차를 초래하여 서비스를 표준화시키는 것을 어렵게 만든다. 예를 들어 리프트 라이드 서비스는 고객의 출발지와 목적지, 운전자의 차량, 교통 상황에 따라 달라집니다. 그러나 이질성은 서비스 마케터에게 하나의 이점을 제공한다: 이질성은 개인별 고객의 특정한 니즈와 조화시키도록 서비스를 고객 맞춤화를 제공할 수 있다. 고객 맞춤화는 서비스 제공자에게 경쟁 우위를 제공하는 데 핵심적인 역할을 한다. 고객의 정확한 니즈에 맞게 서비스를 개인화할 수 있다는 것은 개인의 니즈, 원츠 또는 욕구를 수용하는 것이다.[39] 예를 들어 치폴레 맥시칸 그릴, 서브웨이, 카바(Cava)와 프리버드 월드 브리또(Freebirds World Burrito)에서는 고객이 메뉴에서 취향대로 선택하는 맞춤형 식사를 주문할 수 있다. 건강관리는 최대한으로 맞춤화된 서비스의 예이다. 제공되는 서비스는 환자마다 다르다.

이런 맞춤화된 서비스는 서비스 제공자와 고객 모두에게 비쌀 수 있다. 그래서 일부 서비스 마케터는 딜레마에 직면하고 있다: 어떻게 효율적이고 경제적인 방법으로 수용 가능한 수준의 서비스 품질을 제공해서 개별 고객의 니즈를 만족시키는가? 이런 문제에 대처하기 위해서, 일부 서비스 마케터들은 표준화된 패키지를 제공한다. 예를 들어 변호사는 논쟁의 여지가 없는 이혼에 특화된 가격의 이혼패키지를 제공할 수 있다. 서비스 묶음이 표준화되면, 서비스 제공자의 세부적 행동과 활동이 구체화 된다. 자동차 오일교환 서비스 제공자는 종종 단일 가격으로 서비스 묶음을 제공한다; 고객의 차에 무엇을 할 것인가에 대해서 해야 할 구체적인 행동이 상세하게 제시된다. 여러 다른 장비 기반 서비스도 패키지 서비스로 표준화된다. 예를 들어서, 케이블 TV 제공자는 종종 "기본", "표준", "프리미어", 그리고 "헐리우드"같이 여러 등급의 패키지를 제공한다.

무형성의 특성은 고객이 구매하기 전에 서비스를 평가하기 어렵다. 무형성은 미용사와 변호사 같은 서비스 마케터가 고객에게 제공할 약속을 마케팅할 것을 요구한다. 고객은 이러한 약속을 충족하거나 그 이상으로 충족시킬 수 있도록 서비스를 실행한 서비스 제공자를 어느 정도 신뢰해야 한다. 서비스 마케터는 소비자가 기업이 제공할 수 있는 것 이상으로 고객의 기대치를 높이는 약속으로 해석할 수 있는 메시지를 보내지 않도록 주의해야 한다. 무형성의 문제에 대처하기 위해 마케터는 고객에게 서비스의 품질과 전문성에 대해 확신을 주기위해 잘 차려입고 전문가처럼 보이는 접점 담당자와 깨끗하고 매력적인 물리적 시설 같은 유형적 신호를 사용해야 한다.

생산과 소비의 비분리성과 고객접촉수준도 서비스의 개발과 관리에 영향을 준다. 고객이 서비스 제공현장에 있어야 한다는 것은 다른 고객들이 서비스 결과에 영향을 미칠 수 있다는 것을 의미한다. 패밀리 레스토랑은 종종 음식을 기다리는 동안 아이 손님들에게 크레용과 색칠놀이 종이를 제공하여 모든 손님들이 더 좋은 방문 경험을 갖도록 한다. 서비스 마케터는 모든 고객들이 서비스의 의도된 혜택을 받을 수 있도록 환경을 유지 관리하는 책임을 고객에게 공유하도록 권장함으로써 이러한 문제를 줄일 수 있습니다.

9-6e 서비스의 가격책정

서비스는 소비자 가격 민감도, 거래의 본질과 원가를 염두에 두고 가격이 책정되어야 한다.[40] 서비스에 대한 가격은 여러 다른 기준으로 책정될 수 있다. 해충 방제, 세탁소, 스포츠 이벤트, 의사 상담 같은 서비스의 가격은 일반적으로 특정 업무의 성과를 기반으로 한다. 다른 서비스의 가격은 업무에 소요된 시간을 기준으로 한다. 예를 들어서, 변호사, 컨설턴트, 상담사, 피아노 강사, 배관공은 시간당 혹은 일당으로 가격을 책정한다.

일부 서비스는 수요에 기반하여 가격을 책정한다. 서비스에 대한 수요가 많을 때는 가격이 높고, 반대로 서비스에 대한 수요가 적을 때는 가격도 낮다. 서비스의 소멸성이란 수요가 적을 때 사용되지 않은 나머지 서비스가 저장될 수 없어서 결국 영원히 잃어버리는 것이다. 비행기나 영화관의 빈 좌석은 수익손실을 나타낸다. 일부 서비스는 시간에 매우 민감한 경우도 있는데, 이는 상당수의 고객이 같은 시간대에 서비스를 원하는기 때문이다. 이 시점을 성수기 수요라고 한다. 시간 민감형 서비스 제공자는 수요가 가장 많을 때 수익의 대부분을 가져온다. 항공사의 경우 성수기 수요는 일반적으로 하루 중 이른 시간과 늦은 시간이다. 시간에 민감한 서비스 제공자는 수요와 공급의 균형 문제를 관리하기 위해 수요 기반 가격책정을 사용한다. 이들은 성수기 수요에는 최고 가격을 책정하고 성수기 수요가 아닐 때는 더 많은 고객이 서비스를 사용하도록 유도하기 위해 낮은 가격을 책정한다. 이것이 같은 영화 관람의 가격이 낮 시간대가 저녁 시간대에 보다 일반적으로 더 낮은 이유이다. 디즈니 월드와 다른 많은 테마파크는 수요 기반 가격 책정을 사용한다. 디즈니 월드 개별 티켓 원가는 요일과 시즌 예상 인파에 따라 오르거나 내릴 수 있다.[41] **비수기 가격책정off-peak pricing**은 수요를 늘리기 위해 비수기에는 서비스 가격을 낮추어 책정한다.

비수기 가격책정 수요를 늘리기 위해 비수기에 사용하는 서비스의 가격을 낮추어 책정

서비스가 묶음으로 고객에게 제공될 때, 마케터는 서비스를 하나의 가격으로 제공할지, 분리해서 가격을 책정할지, 혹은 두 가지 방법을 조합해서 사용할지 여부를 결정해야 한다. 일부 서비스 제공자는 특정 서비스의 묶음에 대해서 단일 가격 옵션을 제공해서 부가적 서비스는 추가 가격으로 이용가능하게 만든다. 대부분의 케이블 TV 회사는 기본 패키지를 제공하며 고객은 추가 요금으로 필요에 따라 서비스를 추가할 수 있다. 그러나 단품 유료 TV 서비스의 추세가 증가

하고 있다. 더 많은 소비자들이 케이블이나 위성을 선택하기보다는 스트리밍하려는 채널에 대해서만 비용을 지불하려고 한다. 그 결과로 HBO 및 CBS와 같은 네트워크는 전체 패키지를 원하지 않는 고객을 위해 독립형 스트리밍 서비스를 제공하고 있다.

서비스의 무형성 때문에 고객은 때로 품질의 지수로 가격에 크게 의존한다. 고객이 서비스 범주에서 제공되는 서비스의 품질이 비슷하다고 지각되거나 해당 서비스를 구매한 후에도 해당 서비스의 품질을 판단하기 어려운 경우라면 고객은 가장 낮은 가격의 서비스 제공자를 찾으려고 할 것이다. 예를 들어, 보험 회사는 회사 간에 쉽게 비교할 수 있는 패키지를 제공하는 경향이 있기 때문에 많은 고객이 가장 낮은 가격의 자동차 보험사를 검색한다. 서로 다른 서비스 제공자의 품질이 다를 가능성이 있는 경우 고객은 가격-품질 연관성에 크게 의존할 수 있다. 예를 들어, 맹장 절제술을 받아야 하는 경우 1,500달러를 청구하는 외과의사 또는 399달러만 청구하는 외과의사중에 당신은 누구를 선택할 것인가?

9-6f 서비스의 유통

마케터는 다양한 방식으로 서비스를 유통한다. 어떤 경우에는 고객이 서비스 제공자의 서비스 시설이 있는 곳으로 간다. 예를 들어, 대부분의 건강관리, 세탁소와 스파 서비스는 서비스 제공자의 서비스 시설에서 제공된다. 일부 서비스는 고객의 집이나 사업장에서 받을 수 있다. 잔디관리, 컴퓨터 설치와 카펫 청소가 예들이다. 일부 서비스는 기본적으로 고객과 서비스 제공자 사이에 면대면 접촉이 발생하지 않음을 의미하는 "공정 거래"로 제공된다. 전기, 인터넷, 케이블 TV, 그리고 전화 서비스를 포함한 여러 설비 기반 서비스는 대면 접촉이 없이 전달된다. 기업이 고품질 고객 서비스를 제공하는 데 필요한 시스템을 설치하는 데 비용이 많이 들 수 있으나, 이것은 고객을 만족시키고 시장 점유율을 유지하는 데 필수적이다. 반면에 매출이나 고객 유지에 너무 집중한다면 고객의 니즈에 귀를 기울이지 못할 수 있다. 공정거래 방식으로 서비스를 제공하는 컴캐스트(Comcast), 케이블 TV 회사는 열악한 고객 서비스로 유명해졌는데, 이는 부분적으로 고객 서비스 담당자가 고객이 서비스 구독을 취소하는 데 너무 어렵거나 꺼려하는 것으로 지각되었기 때문이다.[42]

서비스에 대한 마케팅 채널은 일반적으로 짧고 직접적이므로 서비스 제공자가 최종 사용자에게 직접 서비스를 제공한다. 일부 서비스 제공자는 중간상을 이용한다. 예를 들어, 여행사는 항공사 서비스 제공을 용이하게 해주고, 독립 보험대리점은 다양한 보험 상품들을 마케팅하는 데 참여하고, 금융설계사는 투자 서비스를 제공한다.

ISTOCK.COM/NODEROG

서비스의 유통 많은 서비스가 디지털 방식으로 유통된다.

집, 직장 또는 호텔 방에서 나가기를 원하지 않는(또는 나갈 수 없는) 고객에게 따뜻한 음식을 배달하기 위해서 레스토랑이 다른 중간상을 점점 더 많이 이용하고 있다. 그루허브(Grubhub), 도어대쉬(DoorDash), 우버이츠(Uber Eats) 같은 음식 주문 및 배달 플랫폼 서비스가 웹사이트 혹은 스마트폰 주문 및 신속한 배송을 통해 레스토랑과 고객을 연결해 준다.

서비스 마케터는 유형제품 마케터보다 창고보관이나 수송에 별로 관심이 없다. 그러나 이들은 재고 관리, 특히 서비스에 대한 수요와 공급의 균형에 대해 매우 관심이 높다. 서비스의 비분리성 특성과 고객 접촉 수준은 수요 관리 문제에 관련되어 있다. 어떤 경우에는 서비스 마케터가 서비스 제공 일정을 잡기 위한 방법으로 약속과 예약을 사용한다. 의료 서비스 제공자, 변호사, 회계사 및 레스토랑은 서비스 제공을 계획하고 실행하기 위해 예약 또는 약속을 사용한다. 서비스 공급을 늘리기 위해 마케터는 여러 서비스 사이트를 사용하고 각 사이트의 접촉 서비스 제공자의 수도 늘린다.

고객이 보다 쉽게 배송을 이용할 수 있도록 하고 서비스 공급을 늘리고 인건비를 줄이기 위해 일부 서비스 제공업체는 직원의 대면 의존도를 낮추고 기계로 대체했다. 예를 들어 맥도날드와 파네라(Panera) 제빵점은 비용을 줄이고 고객에게 더 많은 옵션을 제공하기 위해 셀프 서비스 주문 키오스크와 모바일 주문을 추가하고 있다.[43] 현금 자동 입출금기를 설치함으로써 은행은 생산 능력을 높이고 고객 대면을 줄였다. 그러나 보다 자동화된 서비스로의 전환이 항상 더 나은 방안은 아니다. 일부 고객은 자동화된 서비스가 덜 인간적이라서 좋아하지 않고 직원과 이야기하는 것을 선호한다. 서비스 제공을 설계할 때 마케터는 목표 시장의 고객이 원하는 개인화 정도에 주의를 기울여야 한다.

9-6g 서비스의 촉진

서비스의 무형성은 서비스 마케터에게 촉진과 과련된 어려움을 야기한다. 광고에서 서비스의 실제 성과를 묘사하거나 매장에 전시하는 것이 불가능할 수 있기 때문에 고객에게 서비스를 설명하는 것은 어려운 작업이다. 서비스에 대한 촉진에는 전형적으로 서비스를 상징화하는 유형적 단서가 포함된다. 예를 들어 로고에 자유의 여신상이 있는 리버티 뮤추얼 보험사(Liberty Mutual Insurance)의 이미지는 소비자에게 강인함과 신뢰성을 상징한다. 비록 이러한 상징이 실제 서비스와 관계가 없을지라도, 고객이 서비스와 관련된 무형적 속성을 훨씬 더 쉽게 이해할 수 있도록 한다.

서비스를 더 유형적으로 만들기 위해서, 서비스에 대한 촉진은 서비스 시설, 장비와 서비스 직원의 사진을 보여준다. 예를 들어, 체육관에 대한 광고에는 사용 가능한 장비를 보여준다. 마케터는 소비자의 라이프스타일을 유형적으로 표현하여 자사의 서비스를 촉진할 수 있다. 브랜드 마케팅은 서비스 회사가 최대의 효과를 내기 위한 자사의 메시지를 만들어 내는 데 도움이 된다. 서비스 촉진은 유머러스한 방식으로 사람이 서비스를 사용하는것을 보여줄 수 있다. 디지털 결제 서비스 젤(Zelle)을 소개할 때 사용한 광고 캠페인은 현금 사용이 어려워 답답해하고 있는 래퍼 겸 배우 더비드디그스(Daveed Diggs)와 젤을 사용하여 편리한 금융 거래를 하는 다양한 사람들이 출연하는 재미있는 캠페인을 사용했다. 광고는 젤이 여러 대형 은행을 통해 제공되며 사용자의 결제를 더 쉽고 빠르게 만들어 줄 수 있어서 서비스의 인지도와 앱 다운로드가 증가하고 있음을 보여준다.[44]

재화 마케팅 담당자와 비교할 때 서비스 제공자는 가격, 보증, 성능 문서, 가용성, 직원 교육 및 인증을 촉진할 가능성이 더 크다. 예를 들어 체육관, 요가 또는 에어로빅 스튜디오에서는 운동 관리 목표를 달성하는 데 트레이너가 자격이 있음을 고객에게 확신시키기 위해 트레이너의 학위와 자격증을 강조하는 것이 일반적이다. 광고를 준비할 때 서비스 마케터는 고객의 마음에 서비스를 더 유형적으로 만들기 위해 확실하고 구체적인 언어를 사용하는 데 유의해야 한다. 서비스 기업은 고객의 기대가 도달할 수 없는 수준으로 높아지지 않도록 서비스에 대해 너무 많은 약속을 하지 않도록 주의해야 한다.

이러한 행동을 통해서, 서비스 접점 직원들은 서비스에 대한 인적 판매에 직접적으로나 간접적으로 관여될 수 있다. 개인적 영향력이 고객으로 하여금 주어진 서비스의 혜택을 시각화하는데 도움이 될 수 있기 때문에 인적 판매는 중요하다. 서비스 접점 직원은 인적 판매에 관여될 수 있기 때문에 일부 기업은 직원 교육에 많은 투자를 한다.

서비스의 이질성과 무형성 때문에, 구전 커뮤니케이션은 서비스 촉진에 중요하다. 서비스제공자에 대해서 다른 사람들이 얘기하는 것은 고객이 그 서비스 제공자를 이용할지를 결정하는데 엄청난 영향을 미칠 수 있다. 일부 서비스 마케터는 만족한 고객에게 서비스에 대해 친구와 동료에게 얘기하고 지역 검색 사이트 옐프(Yelp)에서 높은 평가를 주도록 요청하여 긍정적인 구전 커뮤니케이션을 만들려고 노력한다. 그루폰(Groupon)과 리빙쇼셜(Living Social)은 참가자가 자신의 지역에서 사용 가능한 할인쿠폰을 제공하며 새로운 고객이 된 친구를 추천한 고객에게는 무료 쿠폰을 제공한다.

9-7 제품의 개발과 관리를 위한 조직화

 # 학습목표 제품을 관리하기 위해 사용되는 기업 구조를 살펴본다.

제품 관리가 복잡한 과제라는 것이 이제는 분명해져야 한다. 기업의 전통적인 기능적 형태는 기업의 제품 관리 니즈에 적합하지 않은 경우가 많다. 이런 경우 관리자는 제품을 개발하고 관리하는 데 필요한 과업을 성취하는 조직적 접근법을 찾아야 한다. 기능적 조직에 대한 대안에는 제품 혹은 브

ALPHASPIRIT/SHUTTERSTOCK.COM

제품 관리자의 책임 제품 관리자는 광고, 브랜딩, 디자인 및 유통을 포함하여 제품과 관련된 마케팅 활동을 조정하기 위해 상호 기능적으로 업무를 본다.

랜드 관리자 접근법과 벤처팀 접근법이 있다.

제품 관리자product manager는 다양한 제품을 생산하는 기업 내에서 상호 관련된 집단을 구성하는 제품, 제품라인 혹은 여러 독특한 제품들에 책임을 진다. **브랜드 관리자brand manager**는 단일 브랜드에 책임을 진다. 예를 들어 몬덜리즈 인터내셔널(Mondelez International Inc.)에는 오레오(Oreos) 브랜드 관리자 한 명과 칩스 아호이!(Chips Ahoy!) 브랜드 관리자 한 명이 있다. 제품 및 브랜드 관리자는 할당된 제품 마케팅과 관련된 활동, 정보 및 전략을 조정하기 위해 상호 기능적으로 업무를 본다. 제품 관리자와 브랜드 관리자는 유통, 촉진(특히 판촉과 광고), 가격의 믹스를 조화시킴으로써 목표를 달성하기 위한 마케팅 활동을 계획한다. 제품 혹은 브랜드 관리자 접근법은 대규모의 다양한 제품을 판매하는 많은 기업에 의해 사용된다.

제품 관리자 제품, 제품라인 혹은 그룹을 구성하는 여러 개별 제품들에 책임을 지는 기업 내부인

브랜드 관리자 단일 브랜드에 책임을 지는 직원

제품 관리는 재화뿐만 아니라 무형의 제품이나 서비스에도 사용된다. 예를 들어, 소프트웨어 산업은 단순히 기능을 관리하는 것이 아니라 브랜드 제품인 소프트웨어 응용 프로그램을 책임지기 위해 P&G의 브랜드 관리자 개념을 채택했다. 마이크로소프트는 엑셀(Excel)과 같은 소프트웨어 브랜드에 대해 제품 관리자 접근법을 사용한다.[45]

벤처 팀 새로운 시장을 목표로 하는 완전히 새로운 제품을 개발하는 상호 기능적 집단

벤처 팀venture team은 새로운 시장을 목표로 하는 완전히 새로운 제품을 개발한다. 제품 관리자와는 달리, 벤처 팀은 제품을 개발하는 모든 측면-연구와 개발, 생산과 엔지니어링, 재무와 회계, 마케팅-의 책임을 진다. 벤처 팀 구성원은 기업의 상이한 기능적 부서들에서 각각 선발되어 구성된다. 외부 부서에서 작업할 때, 벤처 팀은 매력적인 세분 시장에서 기회를 활용할 수 있는 신제품을 개발하기 위한 독창적 접근법을 적용할 수 있도록 더 많은 유연성을 가져야 한다. 기업들은 제품 품질을 높이기 위한 노력으로 제품 개발을 위해 이러한 상호 기능적 팀의 사용을 늘리고 있다. 품질은 팀 내에서의 정보 통합, 제품 개발 과정에서의 고객의 영향과 기업 내의 품질 지향성에 긍정적으로 연관이 되어있다. 신제품의 상업적 잠재력이 입증될 때 팀원들은 각자의 부서로 복귀하거나 제품을 관리하기 위해 새로운 부서나 기존 부서에 합류할 수 있다.

요약

9-1 기업들은 라인확장과 제품 수정을 통해 기존 제품들을 어떻게 관리하는지 알아본다.

기업은 효과적으로 경쟁하고 목표를 달성하기 위해 제품라인 믹스를 조정할 수 있어야 한다. 기존 제품들을 이용해서 제품라인 믹스는 라인확장과 제품 수정을 통해 개선될 수 있다. 라인확장은 기존 제품라인에 있는 하나 혹은 그 이상의 제품들과 밀접하게 관련된 제품을 개발하는 것이지만 상이한 고객 니즈를 충족시키기 위해 특별히 설계된 것이다. 제품 수정은 제품의 하나 혹은 그 이상의 특성을 변화시키는 것이다. 이 방법은 품질 수정, 기능적 수정, 미학적 수정을 통해 달성될 수 있다.

9-2 기업들이 제품 아이디어를 어떻게 상업적 제품으로 개발하는지를 알아본다.

제품을 출시하기 전에 7단계의 신제품 개발 단계를 거치게 된다. 아이디어 창출 단계에서 신제품 아이디어는 내부 및 외부 원천에서 얻을 수 있다. 아이디어 심사 과정에서는 아이디어가 기업의 전반적 목표와 자원과 일치하는지를 결정하기 위해 평가된다. 세 번째 단계인 컨셉 시험은 일부 잠재적 고객의 표본들을 대상으로 제안된 제품에 대한 초기 지각과 초기 구매의도를 결정하기 위해 제품 아이디어에 대한 간단한 설명을 검토한다. 사업성 분석단계에서 기업의 매출, 원가와 이익에 대한 잠재적 공헌을 결정하기 위해 제품 아이디어가 평가된다. 제품 개발 단계에서 기업은 제품을 생산하는 것이 기술적으로 적합한지 여부와 최종 가격을 합리적으로 책정할 만큼 충분히 낮은 원가로 생산할 수 있는지 여부를 결정한다. 마케팅 시험은 의도된 목표 시장을 대표할 수 있도록 선정된 지역에서 제품을 제한적으로 출시한다. 마지막으로, 상업화 단계에서는 제품의 본격적 생산을 시작하고 완전한 마케팅 전략이 개발된다.

9-3 제품 차별화의 중요성과 제품을 다른 제품으로부터 차별화하는 요소들에 대해 논의한다.

제품 차별화는 고객들이 경쟁제품들과 다르게 지각하는 제품을 창출하고 디자인하는 과정이다. 제품 품질, 제품 디자인과 특징, 제품 지원 서비스가 기업들이 제품을 창출하고 마케팅할 때 고려하는 제품 차별화의 세 가지 차원이다.

9-4 기업들이 자사의 제품들을 어떻게 포지션하는지 알아본다.

제품 포지셔닝은 고객의 마음속에 기업 제품의 특정 개념을 창출하고 유지하는 의사결정과 활동들을 말한다. 기업은 제품의 성과가 경쟁 브랜드의 성과와 최소한 동일하고 제품 가격이 더 낮은 경우 다른 브랜드와 정면으로 경쟁하기 위해 제품을 포지셔닝할 수 있다. 브랜드가 일부 구매자에게 중요한 고유한 특성을 보유하고 있다면 경쟁을 피하는 포지셔닝을 하는 것이 적절하다. 또한 기업은 제품 리포지셔닝을 통해 기존 브랜드의 시장 점유율과 수익성을 높인다.

9-5 제품 믹스를 개선하기 위해 제품 제거가 어떻게 실행되는지 알아본다.

제품 제거는 더 이상 충분한 수의 고객을 만족시키지 못하는 제품을 제거하는 과정이다. 비록 기업의 직원이 제품 제거를 반대할 수 있을지라도, 취약한 제품은 수익성이 없고, 너무나 많은 시간과 노력을 허비하고, 생산 운용을 단축시키고, 자사의 다른 제품들에게 비호의적 인상을 형성할 수 있다. 제품 믹스는 언제 제품을 제거할지를 결정하기 위해 체계적으로 검토되어야 한다. 제거될 제품들은 단계적 제거, 소진 후 제거, 혹은 즉각적으로 제거될 수 있다.

9-6. 서비스 특성이 서비스 마케팅 믹스 개발에 어떻게 영향을 주는지 알아본다.

서비스는 행동, 성과, 또는 물리적으로 소유할 수 없는 노력을 포함하는 무형의 제품이다. 서비스는 무형성, 생산과 소비의 비분리성, 소멸성, 이질성, 의뢰인 기반 관계 및 고객 접촉이라는 6가지 기본적 특성을 갖고 있다. 무형성은 서비스가 보거나, 만지거나, 맛을 보거나 냄새를 맡을 수 없음을 의미한다. 비분리성은 서비스의 생산과 소비를 분리할 수 없다는 것이다. 소멸성이란 한 시점에서 사용하지 않은 서비스를 향후 사용을 위해 저장할 수 없음을 의미한다. 이질성은 서비스 품질의 편차이다. 의뢰인 기반 관계는 서비스를 오랫동안 반복적으로 사용하도록 유도하는 고객과의 상호작용이다. 고객 접촉은 서비스 제공자와 고객 간에 서비스를 제공하는 데 필요한 상호 작용이다.

9-7 제품을 관리하기 위해 사용되는 기업 구조를 살펴본다.

종종 기업의 전통적인 기능적 형태는 제품을 개발하고 관리하는 복잡한 과업에 적합하지 않다. 대안적 조직 형태는 제품 혹은 브랜드 관리자 접근법과 벤처 팀 접근법이 포함된다. 제품 관리자는 다양한 제품들을 만드는 기업 내 상호 관련된 제품 집단을 구성하는 제품, 제품 라인, 혹은 일부 독특한 제품들에 대한 책임을 진다. 브랜드 관리자는 단일 브랜드를 책임지는 제품 관리자이다. 벤처 팀은 때로 새로운 시장을 목표로 하는 완전히 새로운 제품을 창출하는 데 사용된다.

주요 개념

- 라인확장
- 제품 수정
- 품질 수정
- 기능 수정
- 미학적 수정
- 파괴적 혁신
- 신제품개발과정
- 아이디어 창출
- 아이디아 심사
- 컨셉 시험
- 사업성 분석
- 제품 개발
- 마케팅 시험
- 상업화
- 제품 차별화
- 품질
- 품질 수준
- 품질 일관성
- 제품 디자인
- 스타일링
- 제품 특성
- 고객 서비스
- 제품 포지셔닝
- 제품 제거
- 무형성
- 비분리성
- 소멸성
- 이질성
- 의뢰인 기반 관계
- 고객 접촉
- 비성수기 가격책정
- 제품 관리자
- 브랜드 관리자
- 벤쳐 팀

마케팅 계획 수립하기

기업의 마케팅 전략이 기업의 SWOT 분석과 제품 믹스에서 환경적 요인들의 영향을 고려하는 것처럼 기업 마케팅 전략은 신제품이 포함되어 수정될 수도 있다. 마케팅 계획을 개발할 때 기업은 신제품이 제품 믹스에 포함되어야 할지 혹은 기존 제품을 수정해야 할지를 결정해야 한다. 이번 장에서 다룬 정보들이 어떻게 귀사의 마케팅 계획 구축에 관련 되는지 이해를 돕기 위해 다음 질문들을 살펴보자.

1. 귀사의 제품은 귀사의 제품 믹스에서 기존 제품의 수정이 될 것인지 혹은 완전한 신제품이 될 것인지를 규명하라.
2. 만일 제품이 귀사의 제품 믹스에 있는 기존 제품의 확장이라면 제품 수정의 형태를 결정하라.
3. 그림 9.1을 사용하여 신제품 개발 과정에서 귀사의 신제품 아이디어가 어떻게 이동하는지를 논의하라. 신제품 개발 과정에 포함된 시험과 분석들을 사용하여 귀사의 신제품 아이디어를 검토하라.
4. 제품 관리가 어떻게 귀사의 조직 구조에 적합한지를 논의하라.

연습 문제

1. 제품 라인 확장은 무엇이고 제품 수정과 어떻게 다른가?
2. 제품을 수정하는 세 가지 주요 방법을 비교 설명하라.
3. 신제품 개발 과정의 7가지 과정을 제시하고 간략하게 설명하라.
4. 단지 2~3개의 제품을 생산하는 소규모 기업들은 제품들을 개발하고 관리하는데 집중할 필요가 있는가? 그 이유는 무엇인가?
5. 기업 내에서 제품 개발이 재무, 엔지니어링, 제조, 그리고 다른 기능적 영역을 포함하는 상호 기능적 활동인 이유는?
6. 컨셉 시험의 주요 목적은 무엇이며, 어떻게 행해지는가?
7. 마케팅 시험의 이점과 단점을 무엇인가?
8. 상업화 과정이 상당한 시간이 소요되는 이유는 무엇인가?
9. 제품 차별화는 무엇이고 어떻게 수행되는가?
10. 품질이란 용어가 최근에 자동차 산업에서 제품을 차별화하기 위해 어떻게 사용되는지를 설명하라. 고품질과 저품질이란 용어를 들었을 때 마음속에 떠오르는 자동차 제조사와 모델은 무엇인가?
11. 제품 포지셔닝은 무엇인가? 어떤 조건에서 정면 제품 포지셔닝이 적절한가? 언제 정면 포지셔닝을 피해야 하는가?
12. 취약한 제품은 제품라인 믹스에 어떤 형태의 문제를 야기하는가? 그러한 문제들을 피할 수 있는 가장 효과적인 방법을 설명하라.
13. 미국 경제에서 서비스가 얼마나 중요한가?
14. 주요 서비스 특성을 제시하고 설명하라.
15. 개별 마케팅 믹스 요소에 대해 어떤 서비스 특성이 영향을 미칠 가능성이 가장 높은가?
16. 어떤 형태의 기업이 신제품 개발을 위해 벤쳐 팀을 사용하는가? 벤쳐 팀의 장점과 단점은 무엇인가?

◎ 케이스 9

칼날의 품질: "삶을 위한 칼" 컷코

영원히 사용할 수 있는 고품질 주방용 칼을 가질 수 있다면 어떨까? 그 이상인 컷코(Cutco)를 살펴보자. 컷코는 알코아(Alcoa Corp.)와 케이스 컬트러리(Case Cutlery)라는 두 회사가 합작 투자를 통해 고품질 양식기 세트를 만들고자 1949년 뉴욕주 올리언에서 칼 제작을 시작했다. 그 이후 컷코는 고품질의 미국산 제품으로 전국적으로 인정받는 브랜드로 성장했다. 컷코의 모든 칼에는 고객이 칼을 언제 구입했는지에 상관없이 칼을 무료로 수리해 주는 "영원한 보증"이 제공된다. 컷코 칼은 자녀에게 물려준다.

1949년부터 컷코는 직접 채널을 사용해 왔다. 벡터(Vector)는 1981년에 필라델피아에 설립된 영업전담부서이다. 이후 250개 이상의 지역으로 영업 사무소를 확장하였다. 벡터의 관리팀이 영업 대표부였다. 영업 담당자와 관리자는 미래 경력에 필요한 기술을 교육받는다. 컷코의 직접 채널의 판매원은 여름 동안 추가 소득을 만들려는 대학생이 대부분이었다. 이 학생들은 시간을 관리하는 방법, 다른 사람들과 인터페이스하는 방법, 컷코를 경쟁 제품과 차별화하는 고유한 제품 속성을 표현하는 방법을 교육받는다.

직접 채널의 판매원 보상에는 다단계 및 단일 수준 보상의 두 가지 모델이 있습니다. 다단계 보상은 판매원이 자신의 판매에 대한 수수료를 받고 자신이 모집하고 교육한 판매원들로부터 수수료을 받는 것을 의미한다. 컷코의 보상 방식은 단일 수준 보상 방식이다. 이는 판매원이 직접 만든 판매에 대해서만 수수료를 받고 다른 판매원을 모집하지는 않는 것이다.

컷코 유통 모델의 추진요인은 직접 채널 판매인 가운데, 다양한 판매방식을 시도하기 시작했다. 컷코는 2005년부터 기존 고객에게 칼 서비스를 제공하는 동시에 잠재 고객이 제품을 시용해 볼 수 있는 장소를 제공하기 위해 16개의 직영점을 열었습니다. 이 직영점들은 고객이 칼을 시용해 보고 요리, 꽃꽂이, 정원 가꾸기 등의 수업을 들을 수 있는 "컷코 체험"을 제공하는 데 중점을 두고 있다. 이 컷코 매장에서는 칼 외에도 100가지 이상의 주방 조리용품을 판매하고 있다. 컷코의 직영점은 식기, 주방 가위, 납작한 식기, 조리도구 및 스포츠 칼을 취급하고 있다.

컷코의 직영점은 컷코가 고객과 장기적인 관계를 유지할 수 있도록 설계되었다. 컷코의 영업력은 1~2년 후 알바를 중단하는 대학생들이 주를 이루고 있기 때문에 고객들이 컷코와 연락을 끊게 된다. 이에 컷코는 직영점에서의 컷코 체험을 통해 고객 관계를 개선하였고 소매업계에서는 주목할 만한 존재감을 유지하고 있다.

직영점을 개점하는 것 외에도 컷코는 제품을 온라인으로도 고객에게 직접 판매한다. 컷코는 또한 로드쇼 프로그램에서 컷코 제품을 판매하는 코스트코와도 계약을 체결했다. 컷코가 구현한 이러한 추가적인 유통방식으로 소비자에게 컷코 제품의 더 많은 노출을 만들었고 컷코의 직접 판매 방식과 시너지 효과를 내는 방식으로 관리된다.

컷코는 역사와 전통을 내세우는 미국 칼 제조업체이다. 제품의 품질 그리고 직원과 지역 사회에 대한 공정한 처우가 컷코의 최우선 순위이다. 컷코의 칼은 고품질의 재료로 만들어진다. 컷코의 칼날은 날이 잘 서 있고 부식에 대한 내성을 극대화하고 압력을 받아도 부러지지 않도록 3단계 열처리 공정을 거친 고탄소 스테인리스 스틸로 만들어진다. 모든 칼은 안전성을 위해 칼날의 금속이 칼 손잡이 끝까지 들어와 있는 완전 슴베 구조로 되어있다. 손잡이는 높은 강도, 인성 및 내마모성을 높이기 위해 아세탈 혼성중합체 썰모레진으로 제작된다. 손잡이를 고정하는 리벳은 열에 의해 팽창하거나 수축되지 않는 니켈-은 합금으로 제작된다. 이 과정은 품질이 오래 지속되는 고품질의 칼을 만든다. 그러나 마모와 손상은 불가피하므로 고객은 언제든지 칼을 수리받을 수 있다. 컷코는 현재 미국에서 제조를 유지하는 몇 안 되는 미국 칼 제조 회사 중 하나이다. 컷코의 미국산 약속이 항상 지켜지

기만 했던 것은 아니었다. 회사가 납작한 식기 사업으로 확장한 이후, 미국 공급업체가 파산하여 사업을 접었었다. 모든 납작한 식기는 미국 외 지역에서 제조되었다. 미국산 칼에 대한 약속을 지키기 위해 컷코는 식탁용 스테인리스 칼의 제조 장비를 구입하여 뉴욕 올린에 있는 자체 공장에서 제품을 생산했다. 이는 미국에 일자리 제공과 미국산에 대한 초유의 약속이었다.

컷코는 사회적 책임과 특히 고향 커뮤니티에 긍정적인 변화를 만들어가고 있다고 믿는다. 컷코 재단은 고향인 올레안 커뮤니티의 성장과 발전에 기여한다는 사명으로 1996년에 설립되었다. 재단은 교육, 삶의 질 향상 및 주요 기관 지원 분야의 자선 활동에 중점을 두고 있다. 재단은 지역 병원과 대학에서부터 불우한 사람들을 위해 변화를 주는 소규모 비영리 단체에 이르기까지 많은 단체를 지원한다. 컷코의 직원들은 지난 20년 동안 구세군의 자선냄비 캠페인을 지원하기 위해 휴가철에 매년 수백 시간을 자원봉사 해오고 있다. 또한 컷코 직원들은 매년 소외된 어린이들을 위한 장난감 나눔 행사, 연례 음식 나눔 행사, 다양한 자선 걷기 행사에 참여하고 있다.

컷코의 고품질 제품과 독특한 비즈니스 방식 덕분에 컷코는 품질에서도 전국적으로 인정받는 양식기 세트 브랜드이다. 컷코는 제품군을 계속 확장하고 있으며 소매 및 인터넷 판매로 직접 판매 채널을 보완하기 시작했다. 마케팅 전략이 진화됨에도 불구하고, 높은 품질의 칼과 직접 판매 방식은 1949년에 컷코가 설립된 이래로 일관되게 유지하고 있다.[46]

토론을 위한 질문

1. 컷코는 제품을 차별화하기위해 품질을 어떻게 사용하는가?
2. 컷코는 "영원한 보증"을 통해 어떻게 자사 제품에 가치를 더하는가?
3. 직접 판매 채널이 컷코의 고품질 칼을 시장에 포지셔닝하는데 도움이 되는가?

PRICING CONCEPTS AND MANAGEMENT

CHAPTER.10
가격책정 개념과 경영

학습목표

10-1 가격 경쟁과 비가격 경쟁을 비교할 수 있다.

10-2 가격책정 목표 개발과 관련된 이슈를 알아본다.

10-3 표적시장의 가격 평가를 검토하는 것의 중요성에 대해 이해한다.

10-4 수요의 역할과 수요의 가격 탄력성을 이해한다.

10-5 수요, 비용 및 이익 간의 관계를 이해한다.

10-6 마케터가 경쟁업체의 가격을 어떻게 평가하는 지에 대해 이해한다.

10-7 가격을 설정하는 기준을 분석한다.

10-8 다양한 유형의 가격책정 전략을 비교한다.

10-9 구체적 가격을 선택할 수 있다.

10-10 산업재와 관련된 세 가지 주요 가격책정 유형을 이해한다.

마케팅 들여다보기

Kencana Studio/Shutterstock.com

메르세데스 A-클라스로 저렴한 사치를 부려본다

메르세데스-벤츠(Mercedes-Benz) 차량은 고급 기능과 고급 브랜드를 반영하는 가격표를 달고 사치품으로 오랫동안 알려져 왔다. 이제 독일 자동차 제조업체는 시장 점유율을 확대하는 또 다른 경로를 갖게 되었다. 메르세데스를 처음 구매하는 젊은 층을 위해 저렴한 고급 세단을 선보임으로써, 자동차 회사는 이러한 고객을 충성도 높은 구매자로 유지함으로써 장기적인 시장 점유율을 구축하는 것을 목표로 하고 있다.

2019년 처음 출시된 A-클라스 세단은 미국 벤츠 차량 중 가장 저렴한 가격을 자랑한다. 기본 가격은 약 35,000달러에서 시작하지만 추가 기능은 최종 가격을 50,000달러 근처로 끌어올릴 수 있으며, 후드에 유명한 메르세데스 로고가 있고 후드 아래에 회사의 최고 품질 엔지니어링이 탑재된 합리적인 보급형 가격을 자랑하는 명품이다.

메르세데스는 이 모델에 화려한 새로운 인포테인먼트(정보-오락융합) 시스템을 선보임으로써 A-클라스를 대대적으로 홍보하고 있다. MBUX(Mercedes-Benz User Experience의 줄임말)라고 하는 2개의 화면 대시보드 디스플레이는 음성 명령과 터치 스크린 작동을 허용한다. A-클래스 운전자나 승객이 "Hey Mercedes"라고 말하면 인공지능이 지원하는 MBUX 시스템이 대기하여 음악 재생, 날씨 확인, 목적지 탐색 등의 질문이나 지시에 응답한다. 대시보드 외에도 프리미엄 인테리어 터치부터 무선 전화 충전에 이르기까지 표준 장비 목록이 방대하다.

회사는 A-클래스 구매자의 약 절반이 벤츠의 첫 고객이 될 것으로 예상하고 있다. 저렴한 가격에 고급스러움을 느낄 수 있도록 함으로써 메르세데스는 이러한 구매자가 다시 구매할 준비가 되었을 때 브랜드 충성도를 유지하기를 희망한다.

그림 10.1 가격책정 8단계

1. 가격책정 목표 개발
2. 표적시장의 가격 평가 검토
3. 제품 수요 결정
4. 수요, 비용, 이익 간의 관계 분석
5. 경쟁사 가격 평가
6. 가격책정에 대한 기준 선택
7. 가격책정 전략 선택
8. 구체적 가격 결정

아이디어, 서비스, 권리, 상품 등 가치 있는 거의 모든 것이 가격으로 평가될 수 있다. 금융 사회에서 가격은 달러, 엔, 인민폐, 비트코인 또는 물물교환의 경우 유사한 상품으로 명시되었는지 여부에 관계없이 일반적으로 상품 거래 간에 사용되는 가치의 척도이다. 가격은 종종 마케터가 수요, 경쟁사의 활동 또는 마케팅 환경의 변화에 대응하여 신속하게 조정할 수 있는 유일한 것이다. 그러나 특정 상황에서는 가격 변수가 상대적으로 유연하지 않을 수 있다. 가격은 총 수익 창출과 직접적인 관련이 있기 때문에 마케팅 믹스의 핵심 요소이기도 하다.

이 장에서는 먼저 가격 경쟁 및 비가격 경쟁의 몇 가지 특성을 고려한다. 그런 다음 마케터가 가격을 책정할 때 사용할 수 있는 8단계 과정을 살펴본다. 그림 10.1은 이러한 단계를 보여준다. 1단계는 조직의 전체 마케팅 목표와 호환되는 가격책정 목표를 개발하는 것이다. 2단계에서는 표적시장의 가격 평가를 검토한다. 3단계에서 마케터는 제품의 수요와 수요의 가격 탄력성을 파악해야 한다. 4단계는 수요, 비용, 이익 관계 분석으로 구성되며 다양한 가격 대안의 경제적 타당성을 추정하는 데 필요한 단계이다. 5단계는 경쟁업체의 가격을 평가하는 것으로 마케팅 전략에서 가격의 역할을 결정하는 데 도움이 된다. 6단계에서는 가격책정을 위한 기준을 선택해야 한다. 7단계는 가격책정 전략을 선택하거나 마케팅 믹스에서 가격의 역할을 결정하는 것이다. 8단계에서는 최종 가격을 결정한다. 이 마지막 단계는 환경적 요인과 마케터의 이해와 가격 설정에 대한 체계적인 접근 방식의 사용에 달려 있다. 이러한 단계는 엄격하지 않으며 모든 마케터가 모든 단계를 따르는 것도 아니다. 이 단계들은 가격을 설정하기 위한 논리적 순서를 제공하는 지침일 뿐이다. 마지막으로 기업이 산업재의 가격을 책정하는 데 사용할 수 있는 방법을 알아본다.

10-1 가격 경쟁 및 비가격 경쟁

#학습목표 **가격 경쟁과 비가격 경쟁을 비교할 수 있다.**

가격 경쟁 가격을 이슈로 강조하고 경쟁업체의 가격과 일치하거나 추월하는 행위

제품의 가격을 설정하기 전에 기업은 가격만으로 경쟁할지 아니면 여러 요인의 조합으로 경쟁할지 결정해야 한다. 명품 향수 제조업체를 비롯한 많은 기업에서 가격을 도구로 사용하여 자사의 제품을 다른 회사의 제품과 차별화한다. 그러나 경쟁 기업들도 가격책정을 주요 경쟁 도구로 사용할 수 있다. **가격 경쟁Price competition**은 판매자가 제품의 저렴한 가격을 강조하고 경쟁자와 동일하거나 능가하는 가격을 설정할 때 발생한다.

iStock.com/MichaelGordon1

iStock.com/PeopleImages

가격 경쟁 및 비가격 경쟁 일반적으로 무선 전화 서비스 제공자는 가격 경쟁을 기반으로 경쟁한다. 의료 서비스 제공자는 비가격 경쟁에 관여한다.

예를 들어, 플래닛 휘트니스(Planet Fitness)는 다른 스포츠 클럽 회원이 월 평균 50달러인 반면에 체육관 회원에게 월 10달러를 제공함으로써 극적인 성장을 경험했다. 플래닛 휘트니스는 더 적은 수의 편의 시설을 제공하지만 저렴한 가격은 대부분의 체육관 편의 시설을 사용하지 않는소비자에게 매력적이다.

가격 기반으로 효과적으로 경쟁하기 위해서는 기업이 제품의 저비용 판매자가 되어야 하고, 경쟁사의 행동에 따라 신속하고 공격적으로 가격을 변경할 수 있는 유연성이 있어야 한다. 월마트의 영원한 상시 저가 전략을 고려해보자. 이 회사는 심지어 아마존을 비롯한 다른 소매업체의 더 낮은 가격과 일치시키겠다고 약속한다. 가격 경쟁을 통해 마케터는 제품 수요에 따라 또는 회사 재정 변화에 따라 가격을 책정할 수 있지만 경쟁업체도 그렇게 한다는 것을 잊어서는 않된다. 자사가 다른 회사의 가격 인하에 빠르게 일치하거나 이를 능가하면 가격 전쟁이 발생할 수 밖에 없다.

이에 반해 **비가격 경쟁nonprice competition**은 가격 이외의 요인에 의한 경쟁이다. Disney와 같은 기업에서 마케터가 차별화된 제품 품질, 우수한 고객 서비스, 효과적인 판촉, 포장 또는 기타 고유한 기능을 통해 제품을 구별할 수 있을 때 가장 효과적으로 사용된다. 그러나 구매자는 이러한 구별되는 특성을 인식하고 바람직하다고 생각할 수 있어야 한다. 장점은 고객이 고유한 기능과 같은 비가격적인 이유로 브랜드를 선택하면 경쟁 회사 및 브랜드에 쉽게 끌리지 않을 수 있다는 것이다. 예를 들어 샤넬은 명품 브랜드라는 위상 때문에 언제나 프리미엄 가격을 요구한다. 특정 브랜드를 경쟁업체의 제품과 구별시키는 차별화 기능은 구매자에게 중요해야 하고 경쟁업체가 모방하기는 불가능하지는 않더라도 반드시 어려워야 한다. 마지막으로, 기업은 구매자의 마음에 브랜드의 우월성을 확립하고, 경쟁사와 차이를 두기 위해 브랜드의 차별화된 특성을 홍보할 수 있어야 한다.

비가격 경쟁 제품을 경쟁 브랜드와 차별화하기 위해 가격 이외의 요소를 강조하는 것비가격으로 경쟁하는 마케터라도 경쟁사의 가격을 무시할 수는 없다. 기업은 이를 인지해야 하며 때로는 경쟁 브랜드와 비슷하거나 약간 높은 가격을 책정할 준비가 되어 있어야 한다. 따라서 가격은 비가격 경쟁을 요구하는 환경에서도 여전히 중요한 마케팅 믹스 구성 요소이다.

10-2 가격책정 목표의 개발

 # 학습목표 **가격책정 목표 개발과 관련된 이슈를 알아본다.**

가격책정 목표 기업이 가격책정을 통해 달성하고자 하는 것을 기술한 목표

가격 설정의 첫 번째 단계는 기업이 가격책정을 통해 달성하고자 하는 목표를 설명하는 **가격책정 목표pricing objectives**를 개발하는 것이다. 가격책정 목표를 결정하는 것은 가격책정의 다른 단계에 대한 결정의 기초를 형성하기 때문에 중요한 작업이다. 따라서 가격책정 목표는 명확하고 측정 가능한 용어로 명시되어야 하며 이를 달성하기 위한 기간도 포함해야 한다.

마케터는 가격책정 목표가 재무, 회계 및 생산을 포함한 비즈니스의 여러 기능 영역에서 의사 결정에 영향을 미치기 때문에 가격책정 목표가 기업의 마케팅 및 전반적인 목표와 일치하도록 해야 한다. 마케터는 단기 및 장기 목표를 모두 사용할 수 있으며 하나 또는 여러 가지 가격책정 목표를 사용할 수 있다 예를 들어, 기업은 향후 3년 동안 시장 점유율을 18% 증가시키고 투자 수익을 15% 달성하며 시장에서 제품 품질 이미지를 홍보하기를 원할 수 있다. 이 섹션에서는 기업이 설정할 수 있는 몇 가지 가격책정 목표를 알아본다.

10-2a 생존

생존은 가장 기본적인 가격책정 목표 중 하나이다. 일반적으로 이 목표를 달성한다는 것은 더 많은 매출를 유치하기 위해 비용보다 낮은 경우에도 일시적으로 가격을 낮게 설정하는 것을 의미한다. 가격은 마케팅 믹스의 유연한 요소이기 때문에 매출을 늘려 기업을 유지하는 것이다. 대부분의 기업은 생존을 위해 필요한 경우 단기 손실 및 내부 격변과 같은 차질을 용인할 것이다.

10-2b 이익

기업이 소유자의 이익을 극대화하는 것이 목표라고 주장할 수 있지만 이윤 극대화의 목적은 성과를 측정하기 어렵기 때문에 거의 수행되지 않는다. 따라서 이익 목표는 소유자와 최고 수준의 의사 결정자가 만족스럽고 달성 가능한 수준으로 설정되는 경향이 있다. 구체적인 이익 목표는 실제 금액 또는 판매 수익의 비율로 명시될 수 있다.

10-2c 투자 수익률

기업의 투자에 대해 지정된 수익률을 달성하기 위한 가격책정은 이익 관련 가격책정 목표이다. 투자 수익율(ROI) 가격책정 목표는 가격을 설정할 때, 모든 필수 데이터를 사용할 수 있는 경우가 드물기 때문에 일반적으로 시행착오가 발생한다. 많은 제약 회사는 연구 개발에 대한 막대한 투자로 인하여 투자수익률 가격책정 목표를 활용한다.

10-2d 시장 점유율

많은 기업들이 전체 산업 매출 대비 제품 매출인 시장 점유율을 유지하거나 늘리기 위해 가격책정 목표를 설정한다. 예를 들어 W.W. 그레인저(W.W. Grainger)는 경쟁업체와 아마존의 아마존 비즈니스 브랜드에 빼앗긴 시장 점유율을 되찾기 위해 공산품 가격을 낮췄다. 가격 인하가 매출 회복을 촉진하는 데 도움이 되었고 회사는 경쟁사에게 빼앗겼던 비즈니스 고객으로부터 새로운 비즈니스를 확보했다. 많은 기업은 높은 시장 점유율이 기업의 높은 이익으로 이어진다는 것을 인식한다. 지난 50년 동안 수행된 PIMS(Profit Impact of Market Strategies)의 조사에 따르면 시장 점유율과 제품 품질이 모두 수익성에 영향을 미치는 것으로 나타났다. 따라서 마케터는 시장 점유율 증가를 주요 가격책정 목표로 사용한다.

시장 점유율을 유지하거나 늘리는 것을 전체 산업 매출의 성장에 의존할 필요는 없다. 기업은 전체 산업의 매출이 정체되거나 감소하더라도 시장 점유율을 높일 수 있다. 반면, 전체 시장이 성장하면 기업의 판매량은 증가하지만 시장 점유율은 감소할 수 있다.

10-2e 현금 흐름

일부 회사는 가능한 한 빨리 현금을 회수할 수 있도록 가격을 책정한다. 재무 관리자는 당연히 제품 개발에 사용된 자본을 회수하기를 원한다. 마케터가 이 가격책정 목표를 선택하는 것은 짧은 제품 수명 주기를 예상하는 경우이다.

일부 상황에서는 용인될 수 있지만 현금 흐름의 회수를 목적으로 사용하면 이익에 대한 가격 기여도가 지나치게 단순화된다. 이 가격책정 목표가 높은 가격으로 귀결되면 더 낮은 가격을 가진 경쟁사가 시장에서 큰 점유율을 얻을 수 있다.

10-2f 현상 유지

어떤 경우에는 기업이 유리한 위치에 있어 현재 상태를 유지하는 것 이상을 원하지 않는다. 현상 유지 목표는 특정 시장 점유율 유지, 경쟁 업체에 대한 가격 유지, 가격 안정성 달성, 우호적인 대중 이미지 유지와 같은 여러 차원에 초점을 맞출 수 있다. 현상 유지 가격책정 목표는 제품에 대한 수요를 안정화하는 데 도움을 주어 기업의 위험을 줄일 수 있다. 현상 유지 가격책정 목표를 선택하는 기업은 가격책정을 경쟁 도구로 최소화할 수 있으며, 이는 비가격 경쟁 분위기로 이어질 수 있다. 회계사 및 변호사와 같은 전문가는 종종 이러한 환경에서 활동한다.

Source: Dooney & Bourke

제품 품질 두니 앤 버크는 고품질 핸드백을 제공하고 고품질을 반영하도록 가격을 책정한다.

10-2g 제품 품질

회사는 제품 품질에서 업계를 선도하는 목표를 가질 수 있다. 제품의 높은 가격은 고객에게 제품의 품질이 우수하다는 신호일 수 있다. 재료, 연구 및 개발 비용이 더 많이 들 수 있기 때문에 높은 수준의 제품 품질을 달성하는 것은 기업에게 더 많은 생산 비용을 지불하게 한다. 고품질 핸드백와 같은 고급 액세서리를 설계 및 제조하는 두니 앤 버크(Dooney & Bourke)가 이런 경우이다. 광고는두니 앤 버크사의 해티(Hattie) 핸드백의 클로즈업을 보여준다.

두니 앤 버크 지갑의 가격은 수백 달러이기 때문에 광고 문구는 고급스러운 플로렌틴 바케타(Florentine Vachetta) 가죽으로 만들어졌다는 사실을 강조하면서 지갑의 큰 이미지가 그 자체로 고급스러움을 말하게 한다. 앞서 언급한 바와 같이, PIMS 조사에서 제품 품질과 시장 점유율은 모두 수익성의 좋은 지표임을 보여주었다. 고객이 고품질이라고 인식하는 제품 및 브랜드는 가격이 더 높더라도 이러한 제품을 더 신뢰하기 때문에 경쟁 시장에서 생존할 가능성이 더 높다.

10-3 표적시장의 가격 평가

 # 학습목표 **표적시장의 가격 평가를 검토하는 것의 중요성에 대해 이해한다.**

가격책정 목표를 개발한 후 마케터는 다음으로 표적시장의 가격을 평가해야 한다. 가격이 구매자에게 중요한 문제라는 일반적인 가정에도 불구하고 가격의 중요성은 제품의 유형, 표적시장의 유형 및 구매 상황에 따라 다르다. 예를 들어, 구매자는 수하물 가격보다 휘발유 가격에 더 민감하다. 이것은 휘발유를 정기적으로 구매하기 때문에 가격 변동을 감지하는 경향이 있어 그러하다. 표적시장의 유형과 관련하여 성인은 의류, 식사, 영화 티켓을 포함한 상품 및 서비스에 대해 어린이보다 더 많은 비용을 지불해야 한다.

구매 상황은 가격에 대한 구매자의 관점에도 영향을 미친다. 대부분의 영화 관람객은 매점에서 청량음료, 팝콘, 사탕에 부과되는 가격을 다른 상황에서는 절대 지불하지 않을 것이다. 영화관에서 팝콘에 대한 가산액은 최대 1,275%일 수 있다. 그럼에도 불구하고 소비자들은 극장에서 버터가 듬뿍 들어간 팝콘을 즐기면서 영화를 보는 즐거움을 향상시키기 위해 이 가격을 기꺼이 지불할 용의가 있다.

표적시장에서 책정된 가격을 평가함으로써 마케터는 전체 마케팅 전략에서 가격을 얼마나 강조해야 하는지 더 잘 알 수 있다. 표적시장의 가격 평가에 대한 정보는 마케터가 가격을 설정해야 하는 경우 경쟁업체보다 얼마나 높은지 파악하고, 가격을 결정하는 데 도움이 될 수 있다.

오늘날 일부 소비자는 저렴한 제품을 찾고, 소비자는 그 어느 때보다 인터넷상에서 선택적으로 쇼핑할 수 있기 때문에 일부 제조업체와 소매업체는 고객과의 커뮤니케이션에서 제품의 가치에 집중하고 있다. 가치는 제품의 가격 그 이상이다. 가격과 품질 속성을 결합하여 고객은 경쟁 브랜드를 구별하고 있다. 일반적으로 소비자는 지불한 가격에 비해 제품의 가치를 극대화하기를 원한다. 소비자는 원하는 기능이나 특성이 있는 경우, 유기농 제품과 같이 저렴하지 않은 제품이 더 큰 가치를 갖는다고 인식할 수도 있다. 소비자는 또한 편리함과 시간을 절약해 주는 제품에 대해 더 높은 가격을 기꺼이 지불할 수 있다. 블루 에이프런(Blue Apron) 및 헬로프레시(HelloFresh)의 식단(meal-kit) 배달 서비스의 인기가 높아짐에 따라, 많은 슈퍼마켓 회사에서 수요를 맞추기 위해 자체 식단 서비스를 출시하게 되었다. 타깃과 같이 저렴한 가격과 높은 품질을 모두 제공하는 회사는 저렴한 가격을 위해 제품 품질을 많이 희생해야 될 것이라고 생각하는 소비자의 기대를 변경했다. 얼마든지 기업들은 타깃과 같이 저렴한 가격과 꽤 높은 품질로 제품을 소비자에게 제공할 수 있다. 품질과 가치에 대한 고객의 기대 뿐 만 아니라 고객이 제품을 얼마나 중요하게 생각하는 지를 이해하게 되면 마케터가 표적시장의 가격 평가를 올바르게 검토하는 데 도움이 된다.

10-4 수요 분석

 # 학습목표 **수요의 역할과 수요의 가격 탄력성을 이해한다.**

가격책정의 또 다른 중요한 요소는 수요이다. 마케터는 판매 가능성을 추정하고 제품 가격과 수요 수량 간의 관계를 결정하기 위해 마케팅 조사 및 예측 기술을 사용한다.

10-4a 수요 곡선

대부분의 제품에서 수요와 가격은 반비례한다. 가격이 하락하면 수요량이 증가하고 그 반대의

그림 10.2 가격/수량 관계를 보여주는 수요 곡선

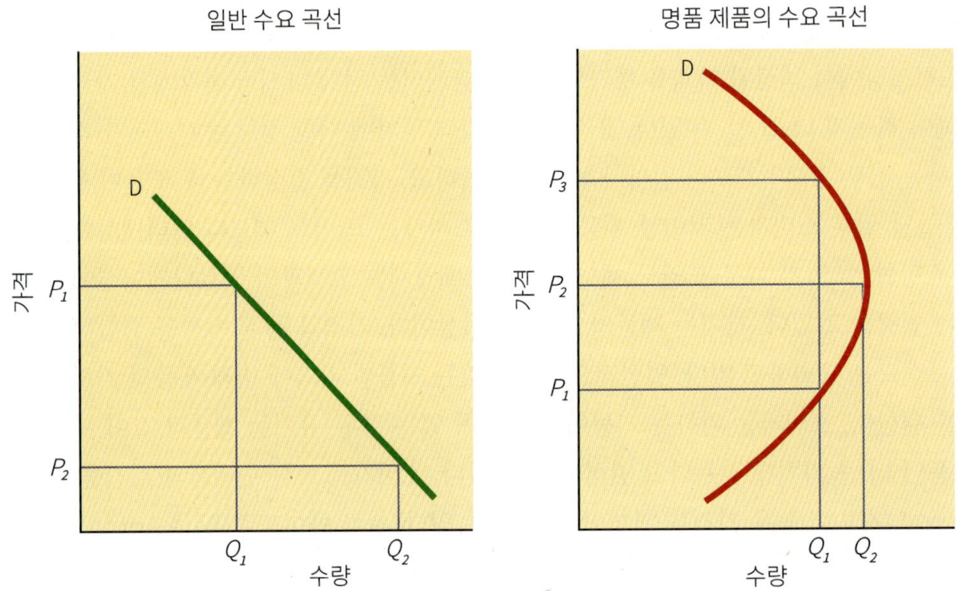

경우도 마찬가지이다. 평면 TV 세트의 가격이 어떻게 급격히 떨어졌는지 생각해 보자. 이러한 가격 변동은 주로 4K 및 쉽게 구부러지는 스크린과 같은 새로운 기술과의 치열한 경쟁으로 인한 것이다. 새로운 기술을 장착하지 못한 대부분의 평면 TV 제조업체는 보상으로 가격을 계속 낮추는 방식으로 대응했다. 그로 인하여 가격과 수요량 사이에는 반비례 관계가 형성되었다. 마케팅 환경, 구매자의 니즈, 구매 능력(구매력), 구매 의향, 구매 권한이 안정적으로 유지되는 한 이러한 근본적인 반비례 관계가 유지된다.

수요 곡선 다른 요인이 일정할 경우 기업이 다양한 가격으로 판매할 것으로 기대하는 제품의 수량 그래프

그림 10.2는 가격이 달라짐에 따른 제품의 수요량에 미치는 영향을 보여준다. 일반 **수요 곡선demand curve**(D)은 회사가 다른 요소를 일정하게 유지하면서, 가격이 P1에서 P2로 변화함에 따라 판매될 것으로 예상되는 제품의 수량을 그래픽으로 나타낸 것이다. 보시다시피 가격이 하락하면 일반 수요 곡선을 따르며, 제품의 수요량(Q)이 증가함을 볼 수 있다. 수요는 제품 품질, 판촉 및 유통을 포함한 마케팅 믹스에 따라 달라진다. 이러한 요인 중 하나라도 개선되면 일반 수요 곡선이 오른 쪽으로 이동하여 수요가 증가함을 보인다. 이로 인해 기업은 동일한 가격에 더 많은 제품을 판매할 수 있다.

여러 유형의 수요가 존재하며 모두 그림 10.2에 표시된 일반수요 곡선을 따르지는 않는다. 일부 화장품과 같은 명품 제품은 낮은 가격보다 높은 가격에 더 잘 팔리는 경향이 있다. 명품 제품은 가격이 구매자를 엘리트로 느끼게 하기 때문에 부분적으로 기업에게는 바람직한 현상이다. 가격이 급격히 하락하여 많은 사람들이 사용할 수 있는 제품을 만들면 매력을 잃게 될 것이다. 그림 10.2의 오른쪽 수요 곡선은 명품에 대한 가격과 수요량의 관계를 보여준다. 보시다시피, 곡선은 매우 다른 모

양을 가지고 있어 가격이 높을수록 수요가 적은 것이 아니라 어느 정도 증가한다는 점을 보여준다.

명품 제품의 수요 곡선은 특정 가격 범위(P1에서 P2까지)에 대해 수요량은 Q1은 Q2로 증가한다. 그러나 그 시점 이후에 가격을 계속 인상하면 역효과가 발생하고 수요가 다시 감소한다. 그림은 가격이 P2에서 P3으로 상승하면 수요량이 Q1 수준으로 돌아옴을 보여준다.

10-4b 수요 변동

수요는 가격이외의 다양한 요인에 의해 영향을 받는다. 구매자 니즈의 변화, 다른 마케팅 믹스 변수의 효율성 변화, 대체품의 존재, 역동적인 환경 요인 모두가 수요에 영향을 미칠 수 있다. 레스토랑과 가스 공급업체와 같은 설비 회사는 하루 중 다양한 시간대에서 수요가 크게 변동한다. 장난감 제조업체, 불꽃놀이 공급업체, 에어컨 및 난방 계약업체는 제품의 계절적 특성으로 인해 다양한 수요 변동에 직면해 있다. 꽃은 발렌타인 데이와 어머니의 날 전후에 미국에서 수요가 더 높다는 것을 고려해야 한다. 레스토랑과 같은 경우에는 수요 변동을 어느 정도 예측할 수 있다. 그러나 일반적으로 제품에 대한 수요의 변화는 예측하기 어려워 일부 기업에 문제가 발생할 수 있다. 여러 기업들은 수요 변동을 예상하고 소비자의 변화하는 요구를 충족시키기 위해 신제품과 가격을 개발한다.

10-4c 수요의 가격 탄력성 평가

마케터가 다양한 제품에 대한 표적시장의 가격 개념을 분석하는 방법과 이것이 일반 및 명품 수요 곡선에서 판매되는 제품의 수량에 어떻게 영향을 미치는지 살펴 보았다. 다음 단계는 **수요의 가격 탄력성Price elasticity of demand**을 평가하는 것이다. 수요의 가격 탄력성은 제품 또는 제품

수요의 가격 탄력성 가격 변동에 대한 수요의 민감도 측정

그림 10.3 수요의 가격 탄력성

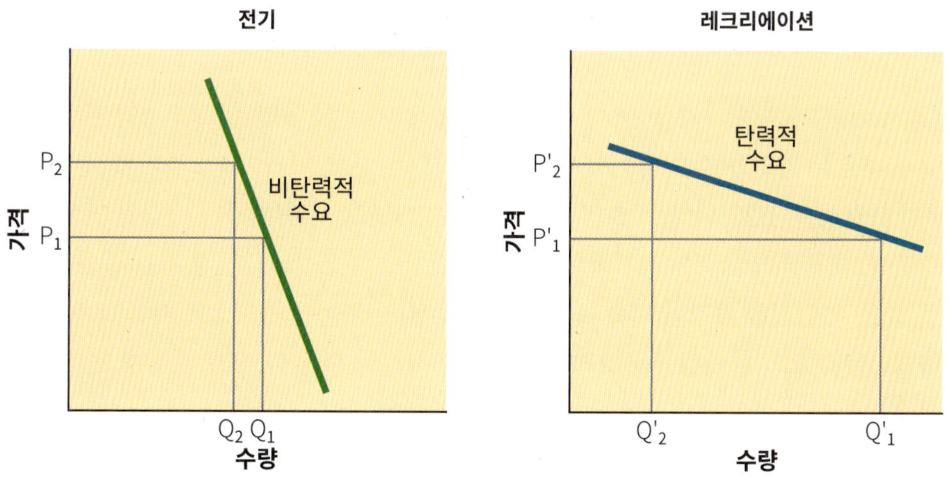

iStock.com/anouchka

수요의 가격 탄력성 휘발유는 수요가 비탄력적인 제품의 예이다. 휘발유 가격이 올라도 소비자들은 소비를 크게 줄이지 않는다. 가격이 내려가도 소비자들은 소비를 크게 늘리지 않는다.

범주에서 발생한 가격 변화에 대한 소비자 수요의 민감도를 측정한다. 가격 탄력성은 공식적으로 가격의 주어진 백분율 변화에 대한 수요량의 백분율 변화로 정의된다(그림10.3 참조).

수요가 비탄력적인 제품의 경우 가격 인상(P1에서 P2로)은 수요량(Q1에서 Q2로)에 큰 영향을 미치지 않는다. 가스나 전기와 같은 유틸리티와 휘발유는 가격이 오르더라도 정상적인 일상을 유지해야 하기 때문에 상당히 비탄력적인 제품의 예이다. 수요 탄력성이 높은 제품의 경우 P'1에서 P'2로와 같이 상대적으로 작은 가격 인상이 Q'1에서 Q'2로 판매 수량에 큰 변화를 가져온다는 것을 알 수 있다. 비필수 제품 또는 대체제가 준비되어 있는 제품들은 더 탄력적인 수요를 갖는 경향이 있다.

마케터가 제품의 수요에 대한 가격 탄력성을 결정할 수 있다면 가격을 설정하는 것이 더 쉬울 것이다. 가격 변동에 따른 총수익을 분석하여 마케터는 제품이 가격 탄력적인지 여부를 결정할 수 있다. 총수익은 가격에 판매 수량을 곱한 값이다. 따라서 1년에 10,000캔의 페인트를 캔당 10달러의 가격으로 판매하면 총수익은 10만 달러가 된다. 수요가 탄력적 elastic이라면 가격의 변화는 총수익에 반대의 변화를 가져올 것이다. 가격이 오르면 총수익이 감소하고 가격이 내리면 총수익이 증가한다. 비탄력적 Inelastic수요는 총수익과 같은 방향으로 변화한다. 가격이 오르면 총수익이 증가하고 가격이 내리면 총수익이 감소한다. 다음 공식은 수요의 가격 탄력성을 결정한다:

$$\text{수요의 가격 탄력성} = \frac{\text{수요의 변동률(\%)}}{\text{가격 변동률(\%)}}$$

예를 들어, 판매자가 가격을 2% 올렸을 때 수요가 8% 감소하면 수요의 가격 탄력성은 -4입니다(음수 부호는 가격과 수요 사이의 반비례 관계를 나타냄). 가격이 4% 증가할 때 수요가 2% 감소하면 탄력성은 -1/2입니다. 수요의 가격 탄력성이 낮을수록 판매자가 가격을 인상하는 것이 더 유리하다. 대부분의 제품은 장기적으로 비탄력적이다. 예를 들어, 일정 기간 동안 새 차를 사는 것을 참을 수 있지만 가격이 계속 높게 유지되면 결국 더 높은 가격으로 차를 교체해야 한다.

마케터는 수요의 탄력성만을 고려하여 가격을 책정할 수 없다. 또한 다양한 판매량과 관련된 비용을 조사하고 이익에 변동이 발생하는지 평가해야 한다.

10-5 수요, 비용 및 이익 간의 관계

 # 학습목표 **수요, 비용 및 이익 간의 관계를 이해한다.**

소비자가 전 세계 소매업체의 품목을 비교할 수 있는 마케팅 환경에서 마케터는 수요, 비용 및 이익에 미치는 영향을 인식해야 한다. 고객들은 가격 인상에 민감하게 되었고, 제조업체들은 높은 품질과 낮은 비용을 유지하는 방법을 찾아야 하는 처지에 놓이게 되었다. 비즈니스를 유지하기 위해 회사는 비용을 충당할 뿐만 아니라 품질, 기능 및 가격에 대한 고객의 기대를 충족시키는 가격을 설정해야 한다. 이 섹션에서는 마케터가 수요, 비용 및 이익 관계를 분석하기 위해 취하는 두 가지 접근 방식인 한계 분석과 손익분기 분석을 살펴본다.

10-5a 한계 분석

한계 분석은 생산량(또는 판매량)이 단일 단위로 변경될 때 회사의 비용과 수익에 어떤 일이 발생하는지 조사하는 것이다. 생산 비용과 수익을 모두 평가해야 한다. 생산 비용을 결정하려면 여러 유형의 잠재적 비용을 식별해야 한다. **고정비용Fixed costs**는 생산되거나 판매된 제품의 단위 수의 변화에 따라 변하지 않는다. 예를 들어, 제조업체의 공장 임대료는 생산량이 증가하거나 더 많은 직원이 고용되거나 매출이 증가한다고 해서 변하지 않는다. 임대료는 인상될 수 있지만 생산이나 수익과는 관련이 없다. **평균 고정비용Average fixed cost**은 생산된 제품 단위당 고정 비용으로, 고정비용을 생산된 단위 수로 나누어 계산한다.

변동비용Variable costs은 생산 또는 판매된 제품 단위 수의 변화와 직접적으로 관련된다. 근로자를 2교대 추가하는 데 따른 임금과 2배의 제품을 생산하기 위한 투입된 생산 비용은 생산량이 증가함에 따라 증가하기 때문에 변동비용이다. 변동비용은 일반적으로 단위당 일정하게 유지된다. 즉, 효율성의 증가가 없는 한, 2배의 작업자와 2배의 원자재로 인해 2배의 생산량만이 발생한다. 생산된 제품 단위당 변동비용인 **평균 변동비용Average variable cost**은 변동비용을 생산된 단위 수로 나누어 계산한다.

총비용Total cost은 평균 고정비용과 평균 변동비용의 합계에 생산량을 곱한 것이다. **평균 총비용average total cost**은 평균 고정비용과 평균 변동비용의 합입니다. **한계비용Marginal cost(MC)**은 기업이 제품 1단위를 추가로 생산할 때 발생하는 추가 비용이다.

표 10.1은 다양한 비용 간의 관계에 대한 예를 보여준다. 평균 고정비용은 생산량이 증가함에 따라 감소한다. 이는 고정비용이 평균 총비용에서 차지하는 비중이 작아지고, 생산자가 생산 효율성 측면을 고려하여 더 많은 생산량을 통해 비용과 생산 절감 효과를 얻을 수 있게 한다.

고정비용 생산 또는 판매된 단위의 수의 변화에 따라 달라지지 않는 비용

평균 고정비용 생산 단위당 고정 비용

변동비용 생산 또는 판매 단위 수의 변화에 따라 직접적으로 달라지는 비용

평균 변동비용 생산 단위당 변동비용

총비용 평균 고정 비용과 평균 변동비용의 합계에 생산량을 곱한 값

평균 총비용 평균 고정비용과 평균 변동비용의 합

한계비용 제품을 한 단위 더 생산할 때 발생하는 추가 비용

고정비용과는 다르게 평균 변동비용과 평균 총비용은 모두 U자형 곡선을 따른다. 이 예에서 평균 총비용은 5개의 생산 단위에서 가장 낮고 평균 총비용은 22.00달러인 반면 평균 변동비용은 10.67달러의 비용으로 3개의 단위에서 가장 낮다. 이는 추가 제품 생산 비용이 증가하기 시작한 후에도 평균 총비용은 5단위가 될 때까지 계속 하락한다는 것을 의미한다.

그림 10.4는 이 현상을 보여준다. 한계비용은 제품 한 단위를 추가로 생산하는 데 필요한 것임을 기억하자. 한계비용 곡선은 생산이 비용면에서 가장 효율적인 지점인 평균 총비용 곡선의 최저점에서 교차한다. 이 최저점은 제조업체가 생산을 유지해야 하는 마지막 지점이다. 이 지점 이 후로 평균 총비용과 한계비용은 동시에 증가한다. 표 10.1에 나와 있는 예에서 이 지점은 5~6개의 생산 단위 사이에서 발생한다. 그림 10.4에서 보는 것과 같이, 평균 총비용은 한계비용이 평균 총비용보다 작으면 감소하고 한계비용이 평균 총비용보다 높아지면 증가한다.

한계수익 제품의 추가 단위의 판매로 인한 총수익의 변화

한계수익Marginal revenue (MR)은 제품의 추가 단위 판매로 인해 발생하는 총수익의 변화이다. 그림 10.5는 한계수익과 수요 곡선을 보여준다. 대부분의 기업은 제품에 대해 우하향하는 수요 곡선에 직면해 있다. 즉, 추가 단위를 판매하려면 가격을 낮춰야 한다. 이 상황은 그림 10.5에

표 10.1 여러 비용 간의 관계

1 수량	2 고정비용	3 평균 고정비용 (2)/(1)	4 평균 변동비용	5 평균 총비용 (3)+(4)	6 총비용 (5)x(1)	7 한계비용
1	40달러	40.00달러	20.00 달러	60.00 달러	60 달러	
						10달러
2	40	20.00	15.00	35.00	70	
						2
3	40	13.33	10.67	24.00	72	
						18
4	40	10.00	12.50	22.50	90	
						20
5	40	8.00	14.00	22.00	110	
						30
6	40	6.67	16.67	23.33	140	
						40
7	40	5.71	20.00	25.71	180	

그림 10.4 한계비용과 평균 총비용과의 관계

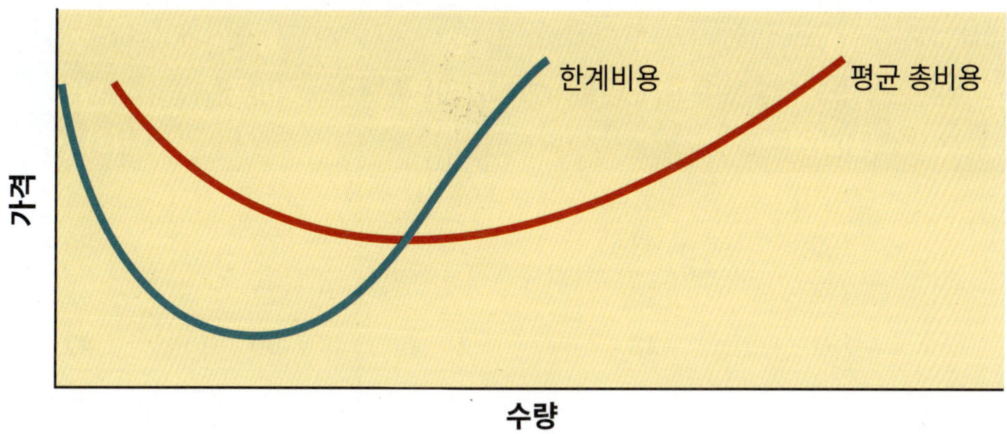

서 볼 수 있는 것처럼 판매된 제품의 각 추가 단위가 이전에 판매된 단위보다 적은 수익을 회사에 제공한다는 것을 의미한다.

한계수익은 가격이 하락하고 판매량이 증가함에 따라 감소한다. 결국 한계수익은 0에 도달하고 추가 단위의 판매는 실제로 회사의 손실을 초래한다.

기업은 제품 단위가 수익성이 있는지 여부를 결정하기 전에 비용과 수익을 계산해야 한다. 이익은 수익에서 비용을 뺀 값과 같기 때문이다. MR이 제품의 단일 추가 단위 판매로 인해 발생하는 수익의 증가이고 MC가 회사에 추가되는 단일 단위의 추가 비용인 경우 MR에서 MC를 빼면 해당 단위가 수익성(단위 당 이익)이 있는지 여부를 알 수 있다. 표 10.2는 가격, 판매 수량, 총수익, 한계수익, 한계비용 및 총비용 간의 관계의 예를 나타낸다. 이것은 마케터에게 최대의 이익이 가능한 가격과 비용의 다양한 조합을 나타낸다. 표 10.2의 총비용과 한계비용은 표 10.1에도 나타난다.

이익(총수익에서 총비용을 뺀 값)은 MC = MR인 지점에서 가장 높다. 표 10.2에서 이 점은 4개 단위와 33달러의 가격에서 발생한다. 이 지점을 넘어서면 다른 단위를 생산하는 데 드는 추가 비용이 생성된 추가 수익을 초과하고 이익이 감소한다.

가격이 최소 평균 총비용(표 10.1의 22달러)을 기반으로 하는 경우, 30달러의 가격으로 책정(표 10.2의 30달러)되어 5개 단위가 판매되어 이익(표 10.2의 40달러)이 발생한다. 그러나 33달러의 가격으로 책정(표 10.2의 33달러)하여 4개의 단위를 판매하면 이익이 42달러(표 10.2의 42달러)가 발생되므로 최소 평균 총비용을 기반으로 가격

그림 10.5 한계수익과 평균수익과 관계

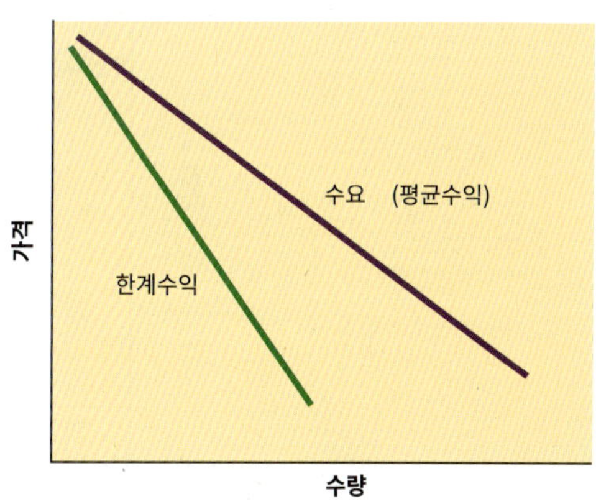

표 10.2 가장 수익성이 높은 가격을 결정하기 위한 한계 분석 방법

1 가격	2 판매 수량	3 총수익 (1)x(2)	4 한계수익	5 한계비용	6 총비용	7 이익 (3)-(6)
57달러	1	57달러	57달러	60달러	60달러	-3 달러
50	2	100	43	10	70	30
38	3	114	14	2	72	42
33*	**4**	**132**	**18**	**18**	**90**	**42**
30	5	150	18	20	110	40
27	6	162	12	30	140	22
25	7	175	13	40	180	-5

* 굵은 글씨체는 최적의 가격과 이익 조합을 나타낸다.

을 책정하면 더 낮은 이익이 발생할 수 있음을 알 수 있다.

그림 10.6은 그림 10.4와 그림 10.5에 주어진 정보를 결합한 것이다. MR이 MC를 초과하는 단위는 기업에 이익이 추가되고 MC가 MR을 초과하는 단위는 이익이 감해지는 것을 나타낸다. 기업이 생산하기에 가장 좋은 수준은 MR과 MC가 일치하는 곳인데, 이것이 가장 수익성 있는 생산 수준이기 때문이다.

그림 10.6 최적의 이익을 위해 한계비용과 한계수익 개념의 결합

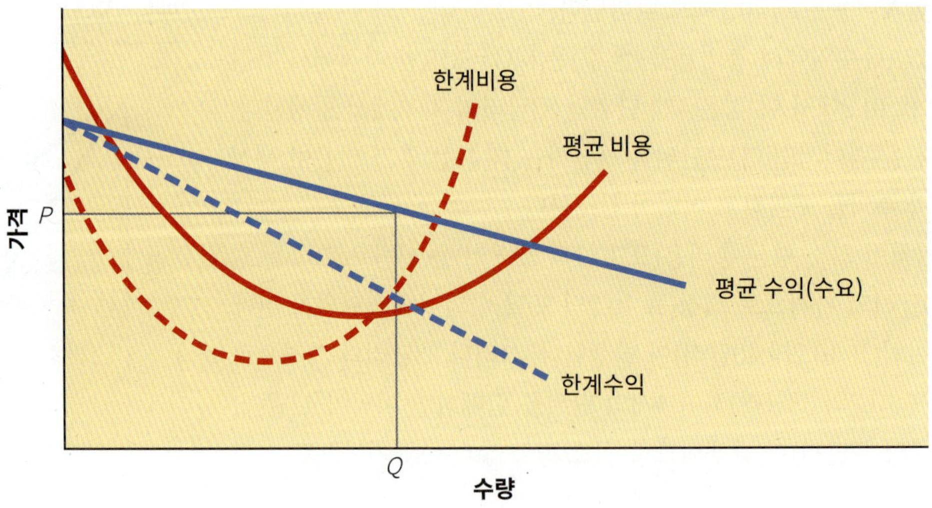

한계 분석에 대한 이러한 논의는 가격책정이 매우 정확하고 수학적일 수 있다는 잘못된 인상을 줄 수 있다. 수익(수요)과 비용(공급)이 일정하다면 마케터는 최대 이익을 위해 가격을 설정할 수 있다. 그러나 실제로는 비용과 수익이 자주 변경된다. 다른 기업의 경쟁 전술이나 정부의 조치는 빠르게 마케팅 환경을 변화시키고, 변화하는 경제 상황과 마찬가지로 수익에 대한 기업의 기대치는 약화될 수 있다. 따라서 한계 분석은 하나의 모델에 불과하다. 게다가 비용과 수익이 확정되기 전에 신제품의 가격이 책정되므로 거의 도움이 되지 않는다. 반면에 대부분의 마케터는 기존 제품의 가격을 설정할 때 한계비용과 한계수익 간의 관계를 이해함으로써 도움을 얻을 수 있다.

10-5b 손익분기 분석

제품을 생산하는 데 드는 비용과 제품을 판매하여 얻은 수익이 일치하는 지점이 **손익분기점** **breakeven point**이다. 페인트 제조업체의 총비용이 10만 달러 이고 같은 해에 10만 달러 상당의 페인트를 판매하면 회사는 손익분기점을 넘은 것이다.

손익분기점 제품을 생산하는 데 드는 비용이 제품을 판매하여 얻은 수익과 일치하는 지점

그림 10.7은 손익분기점을 결정하는 데 관련된 비용, 수익, 이익 및 손실 간의 관계를 보여준다. 손익분기점에 필요한 단위 수를 아는 것은 가격을 설정하는 데 중요하다. 기업이 다양한 가격대에서 비용을 회수하는 데 걸리는 시간을 계산하는 데 도움이 되기 때문이다. 예를 들어 단위당 가격이 100달러인 제품의 평균 변동비용이 단위당 60달러인 경우 고정비용에 대한 기여는 40달러다. 총고정비용이 12만 달러인 경우 단위 기준으로 손익분기점은 다음과 같이 결정된다:

$$\begin{aligned} \text{손익분기점} &= \frac{\text{고정비용}}{\text{고정비용에 대한 단위당 기여}} \\ &= \frac{\text{고정비용}}{\text{단위당 가격} - \text{단위당 평균 변동비용}} \\ &= \frac{\$120{,}000}{\$40} \\ &= 3{,}000\text{개(단위)} \end{aligned}$$

달러 매출로 손익분기점을 계산하기 위해서 수량 단위 손익분기점에 단위당 가격을 곱한다. 앞의 예에서 손익분기점은 3,000(단위) x 100달러 또는 30만 달러 이다.

손익분기 분석을 효과적으로 사용하려면 마케터는 총수익, 총비용 및 손익분기점에 대한 상대적 효과를 비교하기 위해 몇 가지 대체 가격의 손익분기점을 결정해야 한다. 이 비교 분석은 마케터에게 정확히 어떤 가격을 책정할지 알려주지 않을 수 있지만, 확실히 피해야 할 매우 바람직하지 않은 가격을 식별한다.

손익분기 분석은 간단하고 우회하지 않는 직설적인 분석 방법이다. 그러나 수요는 고정되어 있으며 가격을 설정하는 주요 작업은 비용을 회수하는 것이라는 가정을 필요로 한다. 이 분석은

그림 10.7 손익분기점 결정하기

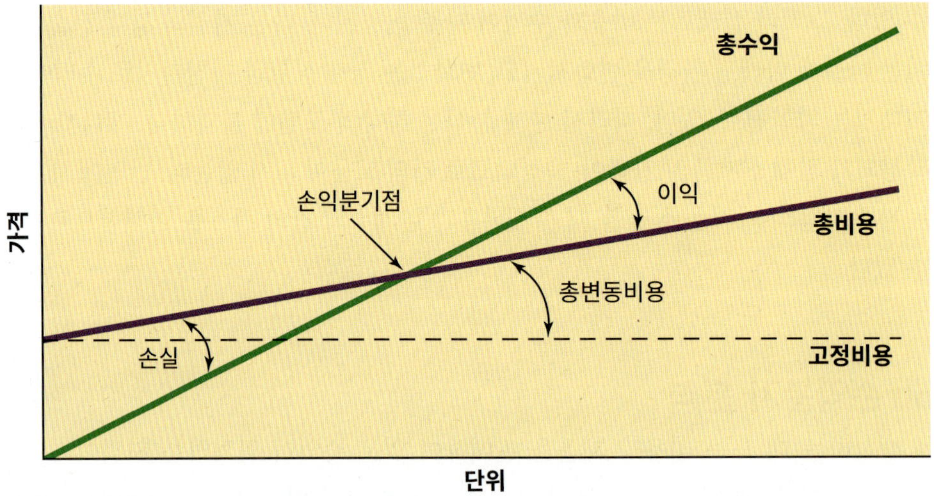

시장 점유율이나 투자 수익률과 같은 가격책정 목표를 달성하는 방법보다 손익분기점을 맞추는 방법에 더 중점을 둔다. 그럼에도 불구하고 마케터는 이 개념을 사용하여 제품의 수량이 손익분기점을 달성할 지 여부와 달성하는 시기를 결정할 수 있다.

10-6 경쟁사 가격 평가

 # 학습목표 마케터가 경쟁업체의 가격을 어떻게 평가하는 지에 대해 이해한다.

대부분의 경우 마케터는 경쟁 브랜드에 부과되는 가격을 알고 있을 때 가격을 설정하는 데 유리한 위치에 있게 된다. 경쟁사의 가격을 알아내는 것은 마케팅 조사의 정기적인 부분이어야 한다. 일부 식료품점과 백화점에서는 가격에 대한 데이터를 체계적으로 수집하는 비교 쇼핑객을 고용하기도 한다. 기업은 마케팅 조사 서비스업체로부터 가격 정보를 구매할 수도 있다. 마케터가 경쟁업체의 가격 목록에 접근할 수 있다 할 지라도, 시장에서의 협상이 포함되기 때문에 그 가격 목록은 경쟁 제품이 판매되는 원래의 실제 가격을 반영하지 않을 수 있다.

경쟁 브랜드의 가격을 아는 것은 마케터에게 필수적이다. 기업의 실제 비용에 관계없이 제품이 잘 팔리지 않을 수 있기 때문에 경쟁사보다 훨씬 높은 가격에 제품을 판매하고 싶지 않고, 고객이 제품의 품질이 낮다고 생각할 수 있기 때문에 너무 낮은 가격으로 제품을 판매하고 싶지 않을 것이다. 기업은 경쟁이 적거나 강력한 기술 지향성을 유지하는 시장 환경에서 제품 가격을 높게 평가하는 경향이 있다. 과도한 가격책정은 단기적으로는 조직에 도움이 될 수 있지만 장기적으로는 부정적인 영향을 미칠 수 있다. 특히 가격 경쟁이 만연한 산업에서 마케터는 기업의 가격이 경쟁사와 같거나 약간 낮은지 확인하기 위해 경쟁력 있는 가격 정보가 필요로 한다. 그러나, 애플은 독점적이라는 이미지를 제공하기 위해 제품 가격을 경쟁사의 가격보다 매우 높게 설계한 경우가 있다. 예를 들어, 애플은 소비자의 마음에 품질과 독창적인 디자인에 대한 기대치를 심어주기 위해 새로운 아이폰 X의 가격을 당시 놀라운 가격인 999달러로 책정했다.

10-7 가격책정 기준의 선택

 # 학습목표 **가격을 설정하는 기준을 분석한다.**

가격 설정의 여섯 번째 단계는 비용, 수요 및/또는 경쟁사의 가격과 같은 가격책정 기준을 선택하는 것이 포함된다. 적절한 가격책정 기준은 제품 유형, 업계의 시장 구조, 경쟁 브랜드에 대한 브랜드의 시장 점유율 위치 및 고객 특성에 영향을 받는다. 이 섹션에서 각 기반을 개별적으로 논의하지만 기업은 일반적으로 최소 두 가지 또는 세 가지 이상의 가격에 영향을 주는 기준을 모두 고려한다. 예를 들어, 기업이 가격을 설정하기 위한 기본 기준으로 비용을 사용하는 경우, 마케터는 여전히 경쟁사의 가격을 인식하고 우려한다.

기업이 가격책정의 기준으로 수요를 사용한다면 마케터는 여전히 비용과 경쟁업체의 가격을 고려해야 한다. 실제로 비용은 최저 원가 가격으로 설정되기 때문에 모든 가격책정 결정의 기반 요소이다. 마찬가지로 수요는 고객이 제품을 구매할 가능성이 있는 최대 유효 가격을 설정한다. 이와 같이 수요와 비용 사이에서 기업이 적절한 가격을 설정하는 것은 기업에게 어려운 균형 잡기가 될 수 있다. 높은 가격은 제품에 대한 수요를 감소시킬 수 있지만 낮은 가격은 이윤을 해치고 고객에게 제품의 품질이 낮다는 인식을 심어줄 수 있다. 기업은 가격을 책정할 때 비용, 경쟁, 고객 구매행동 및 가격 민감도, 제조 능력, 제품 수명 주기 등 다양한 요소를 고려해야 한다.

10-7a 원가기반 가격책정

원가기반 가격책정cost-based pricing을 사용하면 고정 금액 또는 백분율이 제품 생산 비용에 추가된다. 즉, 마케터는 원하는 수준의 이익을 제품 생산 비용에 적용한다. 원가기반 가격책정은 수요와 공급의 경제적 측면을 필수적으로는 고려하지 않으며, 하나의 가격책정 전략이나 가격책

원가기반 가격책정 원하는 수준의 이익을 제품 생산 비용에 추가하는 것

정 목표와만 관련되지 않는다. 간단하고 구현하기 쉬운 방법이고, 원가기반 가격책정의 두 가지 일반적인 형태로는 원가플러스 가격책정과 가산액 가격책정이 있다.

원가플러스 가격책정

원가플러스 가격책정 제품 생산 비용에 고정 금액 또는 백분율을 추가하는 것

원가플러스 가격책정cost-plus pricing을 사용하면 판매자의 비용이 결정되고(일반적으로 제품 생산 중 또는 제품 생산이 완료된 후), 그 때 지정된 금액 또는 비용의 백분율이 판매자의 가격에 추가되어, 즉, 원가에 플러스되어 가격이 결정된다. 생산 비용을 예측하기 어려운 경우 원가플러스 가격책정이 적절하다. 주문 제작 장비 및 상업용 건설과 관련된 프로젝트는 종종 이 기법을 사용하여 가격이 책정된다. 정부는 또한 방위 계약을 승인할 때 원가플러스 가격책정을 자주 사용한다. 한 가지 단점은 판매자가 더 큰 수익 기반을 얻기 위해 명시된 비용을 늘릴 수 있다는 것이다. 또한 간접비와 같은 일부 비용은 결정하기 어려울 수 있다. 빠른 인플레이션이 일어나는 시기에, 특히 생산자가 가격이 자주 변동하는 원자재를 사용해야 하는 경우 생산 비용에 더한 원가플러스 가격책정이 널리 사용된다.

가산액 가격책정

가산액 가격책정 미리 결정된 비율을 제품 비용에 추가하는 것

가산액 가격책정markup pricing으로 일반적으로 소매업체에서 사용하며, 제품의 가격은 가산액이라고 하는 미리 결정된 비율을 제품 비용에 추가하여 가격을 책정한다. 예를 들어, 대부분의 주류 판매점은 가격을 25~45% 인상하는 반면 창고형 매장인 코스트코는 맥주, 와인 및 증류주에 대한 평균 인상률이 10~14% 로 보다 더 낮다. 이처럼 가산액은 제품과 상황에 따라 매우 다양할 수 있다. 소매점의 가산액 비율은 상품 범주에 따라 다르지만(예: 하드웨어 품목의 경우 비용의 35%, 인사말 카드의 경우 비용의 100%), 단일 제품 범주 내서는 동일한 비율이 품목의 가격을 결정하는 데 자주 사용되며 비율 인상률은 소매 수준에서 산업 전반에 걸쳐 표준화될 수 있다. 특정 제품 범주에 대해 엄격한 백분율 가산액을 사용하면 가격책정을 빠르게 수행할 수 있는 일상적인 작업으로 될 수 있다.

다음 예는 백분율 가산액이 결정되는 방법과, 가산액을 표시하는 두 가지 방법을 구별하는 방식을 보여준다. 소매업체가 참치 한 캔을 45센트에 구입하고 비용에 15센트 인상을 추가하여 가격을 60센트로 만든다고 가정하자. 다음과 같이 가산액을 비용 백분율 또는 판매 가격 백분율로 보는 두 가지 방법이 있다 :

$$\text{비용 백분율 가산액} = 15/45 = 33.3\%$$

$$\text{판매 가격 백분율 가산액} = 15/60 = 25\%$$

비용 대비 인상률은 33.3%인 반면 판매 가격 대비 인상률은 25%에 불과하다. 백분율 가산액을 논의할 때 가산액이 비용을 기반으로 하는지 판매 가격을 기반으로 하는지 구분 하는 것이 아주 중요하다.

10-7b 수요기반 가격책정

마케터는 때때로 제품에 대한 수요 수준에 따라 가격을 책정한다. **수요기반 가격책정demand-based pricing**을 사용하면 고객은 제품에 대한 수요가 강할 때 더 높은 가격을 지불하고 수요가 약할 때 더 낮은 가격을 지불한다. 많은 놀이 공원 및 놀이 시설 장소에서 수요를 기반으로 가격을 책정하여 티켓을 판매하고 있다. 예를 들어 월트 디즈니사는 디즈니 테마파크 및 리조트에 대한 수요기반 가격책정을 구현하여 전통적으로 붐비지 않은 날에는 더 저렴한 티켓이나 추가 특전을 제공하고 여름 주말과 같이 전통적으로 붐비는 날에는 더 비싼 티켓 또는 시설 이용에 더 큰 제한을 두고 있다. 이 전략을 사용하면 혼잡한 상황을 완화하기 위해 시설 이용자들을 분산시킬 수 있으며, 붐비지 않은 날의 매출도 높일 수 있다. 저렴한 티켓 판매로 낮은 이윤을 취하는 것이 매출이 전혀 없는 것보다 낫다는 것이 이 가격책정의 또 하나의 이유이다.

수요기반 가격책정
제품에 대한 수요 수준에 따른 가격책정

항공, 호텔, 버스, 자동차 대여, 승차 공유 및 놀이 시설 장소를 포함한 많은 서비스 산업은 동적 가격책정(dynamic pricing)을 이용하여 수요와 공급의 균형을 유지한다. 예를 들어, 승차 공유 서비스인 Uber와 Lyft는 토요일 밤과 기타 현지에서 붐비는 수요 시간에 더 높은 요금을 부과한다. 마찬가지로 일부 산업에서 수율 관리(yield management)는 수요, 경쟁자의 가격 또는 환경 조건에 따라 수많은 가격 변화를 만들어 수익을 극대화하는 전략으로 활용된다. 예를 들어, Uber는 운송 및 여행 산업의 많은 회사와 마찬가지로 예상 교통량, 예상 경로의 예상 시간 및 거리, 승객의 실시간 수요에 맞춘 이용 가능한 운전자 수와 같은 요인에 따라 요금을 지속적으로 조정한다고 설명한다.

수요기반 가격책정을 활용하려면, 마케터는 소비자가 서로 다른 시기에 요구하는 수요량과 가격 변경으로 인해 수요가 어떻게 영향을 받는지 추정할 수 있어야 한다. 그런 다음 마케터는 가장 높은 총수익을 창출하는 가격을 선택한다.

수요기반 가격책정은 항공사 좌석, 호텔 객실, 콘서트 좌석 등과 같이 사용 가능한 자원이 한정되어 있는 산업에 적합하다. 수요기반 가격책정의 효율성은 수요를 정확하게 추정하는 마케터의 능력에 달려 있다. 원가기반 가격책정과 비교하여 수요기반 가격책정은 수요가

iStock.com/AlexeyPetrov

수요기반 가격책정 항공사는 수요기반 가격책정에 관여한다. 특정 항공편에 대한 수요가 높으면 운임이 높아지고 수요가 낮으면 운임이 낮아진다.

창의적 마케팅

비수기 가격으로 커피 고객을 유혹한다

아침은 최고로 커피가 소비되는 시간이다. 그래서 던킨과 스타벅스는 오후에 커피 애호가를 유치하기 위해 비수기 가격을 사용한다. 커피 및 관련 품목의 비수기 가격책정은 던킨과 스타벅스가 점심 식사 후에 고객을 유치함으로써 점포의 위치를 보다 생산적으로 활용하는 데 도움이 되게 한다.

예를 들어, 던킨은 오후 2시에서 오후 6시까지 2달러 가격의 아이스 커피와 뜨거운 라떼를 선보였다. 특히 밀레니얼 세대에 어필하기 위해 오후 특별 가격으로 진한 맛의 에스프레소를 출시했다. 커피 제품을 보완한 던킨도 제철 달콤하고 짭짤한 스낵을 비수기 가격으로 제공하기 시작했다. 최고 마케팅 책임자(CMO)는 "아침은 일상이고 의식입니다. 그러나 오후는 육체적 또는 감정적 휴식을 위한 잠시 정지(pit stop)하는 시간 입니다."라고 비수기 가격책정에 대한 이유를 설명한다.

이제 회사는 잠깐 던킨에 들러 커피를 마시며 간식을 즐기는 "던킨 Run" 슬로건을 테스트하며, 이동 중 커피와 스낵을 위해 던킨에 잠시 들러야 한다는 아이디어를 홍보하고 있다.

스타벅스는 마케팅 조사를 통해 누가 무엇을 언제 구매하는지 더 잘 이해하였다. 스타벅스 보상 회원 고객과 비회원 고객의 구매 패턴을 비교한 결과, 마케터는 오후에 구매하는 비회원이 회원보다 더 많이 지출한다는 사실을 발견했다. 또한 마케터들은 비회원들이 차가운 음료를 선호하는 경향이 있다는 것을 발견했다. 비회원을 더 자주 재방문하도록 매장 방문자 수를 늘리기 위해 스타벅스는 비수기 오후 가격으로 다양한 종류의 차가운 커피와 차 음료를 출시했다. 또한 정기적으로 "해피 아워" 스페셜을 변경하여 회원과 비회원 모두에게 어필할 수 있는 기간 한정 음료와 연중 냉온 제품을 선보인다.

때때로 강하고 구매자가 제품 비용보다 충분히 높은 수준에서 해당기업 제품의 가치를 매긴다고 가정할 때, 높은 이윤 수준을 달성할 수 있는 더 나은 위치에 기업을 올려놓는다.

10-7c 경쟁기반 가격책정

경쟁기반 가격책정 주로 경쟁업체의 가격에 의해영향을 받는 가격책정

경쟁기반 가격책정competition-based pricing을 수행하는 기업은 비용보다는 경쟁업체의 가격책정이 더 중요하다고 간주한다. 이것은 특히 표적시장이 가격을 중요한 구매 고려 사항으로 간주할 때 상대적으로 동질적인 제품의 생산자 사이에서 사용하는 일반적인 방법이다. 경쟁기반 가

격책정을 사용하는 회사는 경쟁사 가격보다 낮거나 동일한 수준으로 가격을 책정할 수 있다. 아마존의 경쟁기반 가격책정 모델이 소매 시장에 대한 독점 통제권을 얻으려는 시도였다고 경쟁자들은 생각한다. 아마존은 고도로 정교한 분석을 사용하여 소비자 수요를 측정하고 가격을 경쟁업체와 비교하여 우위를 선점한다. 경쟁에서 앞서 나가기 위해 아마존은 가장 인기 있는 품목에서 경쟁업체보다 저렴하도록 매일 여러 번 가격을 조정한다.

10-8 가격책정 전략

#학습목표 다양한 유형의 가격책정 전략을 비교한다.

가격책정 전략(pricing strategy)은 가격책정 목표를 달성하기 위해 고안된 행동 과정이며, 이는 마케터가 가격책정의 실질적인 문제를 해결하는 데 도움이 되도록 설정된다. 기업은 가격 및 마케팅 목표, 제품 시장, 제품 차별화 정도, 제품 수명 주기 단계 및 기타 요인에 따라 다르게 다양한 가격책정 전략을 사용한다. 그림 10.8은 가격책정 전략의 주요 유형 목록을 포함한다. 이 섹션의 나머지 부분에서 다양한 가격책정 전략에 대해 논의할 것이다.

10-8a 신제품 가격책정

신제품 가격책정 전략의 두 가지 주요 유형은 초기고가책정과 침투 가격책정이다. 기업은 신제품 가격책정을 위해 일정 기간 동안 하나 또는 둘 다를 사용할 수 있다.

초기고가책정

일부 소비자는 참신함이나 소유권이 부여하는 명성 또는 지위 때문에 혁신적인 제품에 대해 높은 가격을 기꺼이 지불한다. **초기고가책정Price skimming**은 제품 수명 주기의 도입 단계에서 제품에 대해 가능한 가장 높은 가격을 부과하는 전략이다. 판매자는 본격적으로 시장에서 "가격 거품 걷어내기"를 하기 전에 회사가 연구 개발(R&D)에 드는 높은 비용을 더 빨리 회수할 수 있도록 하는 가격책정 방법이다. 또한, 초기고가책정 정책은 도입 단계에서 회사의 생산 능력이 제한적이 되는 경우, 제품에 대한 수요를 억제할 수 있다. 이 전략은 잠재적인 경쟁자에게 제품이 실제보다 더 수익성이 있는 것처럼 보이게 할 수 있다는 것이고, 또한 기업은 수요를 잘못 판단하고 높은 가격으로 빈약한 판매에 직면할 위험이 있다.

초기고가책정 제품을 가장 원하는 구매자가 지불이 가능한 가장 높은 가격을 부과하는 것

그림10.8 가격책정 전략의 범주와 유형

침투 가격책정

침투 가격책정 시장에 빠르게 침투하여 상당한 시장 점유율을 확보하기 위해 경쟁 브랜드보다 낮은 가격으로 설정

반대로, **침투 가격책정penetration pricing**은 신제품에 대해 낮은 가격을 설정하는 전략이다. 낮은 가격을 설정하는 주요 목적은 시장 점유율을 빠르게 구축하여 표적시장의 제품 판매를 장려하고 경쟁자의 시장 진입을 억제하는 것이다. 낮은 가격이 판매를 자극하면 기업은 더 오랫동안 생산을 할 수 있어 규모의 경제가 증가하고 단위당 생산 비용이 감소할 수 있다. 침투 가격책정의 단점은 기업이 덜 유연한 가격책정 위치에 놓이게 된다는 것이다. 가격을 낮추는 것보다 가격을 높이는 것이 더 어렵게 된다.

10-8b 차별적 가격책정

가격책정 결정에서 고민스러운 문제는 동일한 제품에 대해 단일 가격을 사용할지 아니면 다른 가격을 사용할지 여부이다. 단일 가격은 직원과 고객 모두가 쉽게 이해할 수 있다. 많은 판매원과 고객이 가격 협상을 싫어하기 때문에 단일 가격을 사용하면 마케터가 고객과 적대적인 관계를 만들 위험이 줄어든다.

차별적 가격책정 동일한 품질과 수량의 제품에 대해 다른 구매자에게 다른 가격을 부과하는 것

차별적 가격책정Differential pricing이란 동일한 품질과 수량의 제품에 대해 다른 구매자에게 다른 가격을 부과하는 것을 의미한다. 예를 들어, 많은 극장에서 주간 마티네 공연에 대해 할인된 티켓을 제공하고, 항공사는 고객이 일찍 탑승하기 위해 추가 비용을 지불했는지 또는 기타 특전에 대해 지불했는지에 따라 항공사 좌석에 대해 다른 가격 체계를 보유하고 있다. 차별적 가격책정이 효과적이기 위해서는 시장이 가격 민감도가 서로 다른 여러 세분시장으로 구성되어

야 한다. 이 방법을 사용할 때는 고객을 혼란스럽게 하거나 적대감을 주지 않도록 주의해야 한다. 차별적 가격책정은 협상 가격책정, 2차시장 가격책정, 정기 할인, 비정기 할인 등 여러 방식으로 수행할 수 있다.

협상 가격책정

협상 가격책정 Negotiated pricing은 판매자와 고객 간의 협상을 통해 최종 가격이 결정될 때 발생한다. 협상된 가격책정은 여러 산업과 모든 유통 수준에서 발생한다. 정해진 가격이나 가격표가 있는 경우에도 제조사, 도매상, 소매상이 최종 판매가를 결정하기 위해 협상할 수 있다. 예를 들어, 자동차 판매점을 방문한 고객은 고객과 판매자 모두에게 만족스러운 가격에 도달할 때까지 판매자와 협상하기를 기대하기 때문에 자동차의 정가를 거의 지불하지 않는다. 영업 사원과 협상에 참여하는 충성도가 높은 고객은 기업과의 관계 및 충성도에 대한 특정 보상을 기대하기 때문에 통큰 할인을 받는 경우가 많다.

협상 가격책정 판매자와 고객 간의 흥정을 통한 최종 가격 결정

협상가 간의 개인적인 관계를 관리하는 것은 가격을 결정하는 것만큼이나 중요하다. 협상 과정은 공급 체인 관계에서 서로 다른 당사자 간의 관계를 구축하고 이해를 높이는 데 도움이 될 수 있다.

2차시장 가격책정

2차시장 가격책정secondary-market pricing은 1차 표적시장에 대해 하나의 가격을 설정하고 다른 시장에 대해 다른 가격을 설정하는 것을 의미한다. 종종 2차 시장에서 부과되는 가격은 더 낮다. 그러나 2차시장 서비스 비용이 정상보다 높을 경우 2차시장 고객은 더 높은 가격을 지불해야 할 수 있다. 2차시장의 예로는 지리적으로 고립된 국내 시장, 외국 시장 또는 비수기에 제품 구매가 이루어지는 세분시장(예: 레스토랑 및 비수기때의 "얼리 버드(조기)" 식당)등이 있다. 2차시장은 기업이 초과 역량을 사용하고 자원 배분을 안정화할 수 있는 기회를 제공한다.

2차시장 가격책정 주요 표적시장에 대해 하나의 가격을 설정하고 다른 시장에 대해 다른 가격을 설정하는 것

정기 할인

정기 할인periodic discounting은 주기적 혹은 체계적인 방식으로 가격을 일시적으로 인하하는 것이다. 예를 들어, 많은 소매업체는 연례 휴일 세일을 하고 일부 의류 매장은 정기적인 계절 세일을 한다. 마케터의 관점에서 볼 때 정기 할인의 주요 문제는 고객이 할인이 언제 발생할지 예측할 수 있고 더 낮은 가격을 이용할 수 있을 때까지 구매를 지연할 수 있다는 것이다. 정기할인은 온라인 쇼핑환경에서 보다 쉽게

iStock.com/praetorianphoto

협상 가격책정 이 이미지에 표시된 부부와 같은 자동차 구매자가 협상 가격책정에 관여한다. 구매자가 자동차의 붙은 스티커 가격(정찰가격)을 지불하고 자동차를 구매할 것이라고 예상되지는 않는다.

소비자들이 비교 쇼핑을 할 수 있기 때문에 비효과적일 수 있다.

비정기 할인

비정기 할인 비체계적인 가격인하

할인이 언제 발생할지 알고 대기하는 고객의 문제를 완화하기 위해 일부 기업은 **비정기 할인 random discounting**을 활용한다. 즉, 비체계적으로 일시적으로 가격을 인하한다. 가격 인하가 무작위로 발생하는 경우 해당 브랜드의 현재 사용자는 언제 인하가 발생할지 예측할 수 없다. 따라서 그들은 더 낮은 가격에 제품을 구매하기 위해 구매를 미룰 가능성이 적다. 마케터는 또한 신규 고객을 유치하기 위해 비정기 할인을 사용한다. 그러나 마케터는 비정기 할인을 너무 자주 사용하지 않도록 주의해야 한다. 고객이 할인을 기다리는 법을 배우기 때문이다.

10-8c 심리적 가격책정

심리적 가격책정 경제적 합리성보다는 소비자의 감성적인 반응을 바탕으로 구매를 유도하는 전략

심리적 가격책정Psychological pricing 전략은 경제적으로 합리적인 것이 아니라 소비자의 감성적 반응을 기반으로 구매를 장려한다. 이러한 전략은 대부분의 산업재 구매가 체계적이고 합리적인 접근 방식을 따르고 있기에 산업재 보다는 소비재 구매에 주로 사용된다. 소매 환경에서 가격 공정성, 제품의 가치 및 특정 매장의 가격에 대한 고객의 감정을 어떻게 해석하느냐는 것은 재구매 의도 뿐만 아니라 해당 매장의 가격 이미지에 대한 인식에 영향을 미친다.

단수 가격책정

단수 가격책정 전체 달러 금액보다 약간 낮은 단수 숫자를 사용하여 가격을 설정하는 전략

많은 소매업체는 소비자가 5달러와 같은 가격보다 4.99달러와 같은 잔전을 표시하는 홀수 가격에 더 긍정적으로 반응한다고 믿는다. 이러한 **단수 가격책정Odd-number pricing**은 전체 달러 금액보다 약간 낮은 센트 금액 영역에서 홀수 번호를 사용하여 가격을 설정하는 전략이다. 9와 5는 단수 가격의 가장 인기 있는 종료 숫자이다.

이 전략을 사용하는 판매자는 소비자가 센트가 아닌 달러 금액을 등록하기 때문에 단수 가격이 상대적으로 저렴해 보여 판매를 증가시킨다고 믿는다. 이러한 단수 가격책정 전략은 저가 품목에 국한되지 않는다. 자동차 제조업체는 자동차 가격을 12,000달러가 아닌 11,999달러로 설정할 수 있다. 단수 가격책정은 다양한 심리학 연구의 주제였지만 결과는 결정적이지 않고 논쟁 중이다.

다중단위 가격책정

다중단위 가격책정 두 개 이상의 단위에 대하여 단일 가격을 설정하는 전략

많은 소매업체(특히 슈퍼마켓)는 **다중단위 가격책정multiple-unit pricing**을 시행하여 두 개 이상의 제품 단위에 대해 단일 가격을 설정한다. 특히 자주 구매하는 제품의 경우 이 전략은 소비자가 한 번에 하나만 구매했을 때 여러 개를 구매하도록 유도하여 매출을 높일 수 있다.

단일 단위(1개) 가격과 여러 단위로 묶은 가격을 비교하여, 제품을 한 단위 이상 사용할 것

으로 예상되는 고객은 여러 단위를 묶은 상품을 구매할 것이다.

준거 가격책정

준거 가격책정Reference pricing은 고객이 더 높은 가격을 기준가격(즉, 비교 가격)으로 사용하기를 바라면서 제품의 가격을 적당한 수준에서 책정하고 더 비싼 모델이나 브랜드 옆에 물리적으로 위치시키는 것을 의미한다. 비교 때문에, 제품과 제품의 가격이 고립되어 고려된 경우보다 적당한 준거 가격을 고객들이 더 호의적으로 볼 것으로 기대한다.

Casimiro PT/Shutterstock.com

묶음 가격책정 일부 여행 서비스 제공업체는 묶음 가격책정을 활용한다.

묶음 가격책정

묶음 가격책정Bundle pricing은 일반적으로 보완적인 성격을 띠는 둘 이상의 제품을 함께 포장하여 단일 가격으로 판매하기 위한 것이다. 고객에게 매력적이기 위해 묶음 가격은 일반적으로 개별 제품의 가격 합계보다 상당히 낮다. 묶음 상품을 한 번의 거래로 구매할 수 있다는 것은 고객에게 편의성과 저렴한 가격으로 인한 제품 구매에 만족을 제공한다. 예를 들면 샴퓨와 컨디셔너와 같은 경우로 고객은 함께 저렴한 가격으로 구매할 때 편리함을 더 느낀다. 묶음 가격은 고객 만족도를 높이는 데 도움이 될 수 있다. 또한 기업이 회전율이 높은 제품(잘 판매되는 제품)과 함께 재고를 묶어서 판매하여 수익을 늘리는 데 기여할 수 있다.

Sundry Photography/Shutterstock.com

상시저가판매 월마트는 상시저가판매 전략의 주요 사용자이다.

상시저가판매

빈번한 단기 가격 인하 사용을 줄이거나 없애기 위해 일부 기업에서는 **상시저가판매everyday low prices(EDLPs)**라는 접근 방식을 사용한다. 상시저가판매를 사용할 때 마케터는 높은 가격을 설정하고 자주 할인하기보다 일관되게 제품에 대해 낮은 가격을 설정한다. 상시저가판매는 크게 할인되지는 않았지만 고객이 좋은 거래를 하고 있다고 확신할 수 있을 정도로 가격이 낮게 설정된다. 상시저가판매는 월마트와 같은 소매업체와 프록터 앤드 갬블과 같은 제조업체에서 사용한다. 상시저가판매를 활용하는 회사는 판촉 비용 절감, 잦은 가격 인하로 인한 손실 감소, 보다 안정적인 판매 등의 이점을 누릴 수 있다. 조사에 따르면 고객이 매장 가격에 대해 확신이 없을 때 큰 폭의 할인을 드물게 제공하는 소매업체보다 상시저가판매 전략을 사용하는 소매 시설을 선

준거 가격책정 적당한 수준에서 제품의 가격을 책정하고 더 비싼 모델이나 브랜드 옆에 배치하는 것

묶음 가격책정 2개 이상의 상호 보완적인 제품을 함께 포장하여 단일 가격으로 판매하는 것

상시저가판매 일관된 기준으로 제품에 대해 지속적으로 저렴한 가격을 설정하여 판매

택할 가능성이 더 높다. 이 접근 방식의 주요 문제는 고객이 이에 대해 엇갈린 반응을 보일 수 있다는 것이다. 경우에 따라 고객은 상시저가판매가 마케팅 속임수일 뿐 실제로 그들이 주장하는 좋은 거래가 아니라고 생각한다.

관습 가격책정

관습 가격책정 전통에 기초한 가격책정

종속 가격책정 기본 제품의 가격을 제품라인에서 낮게 책정하지만 관련 품목은 더 높은 수준으로 가격을책정하는 것

프리미엄 가격책정 최고 품질의 제품 또는 제품라인에서 기능과 성능이 뛰어난 버전에 가장 높은 가격을 책정하는 것

관습 가격책정customary pricing에서 특정 상품은 전통에 따라 가격이 책정된다. 관례적이거나 전통적인 가격의 예로는 캔디나 풍선껌에 대해 설정된 가격이다. 그 가격은 아마도 당신이 기억하는 한 그 수준을 유지했을 것이다. 관습 가격책정은 과거보다 지금은 덜 일반적인 가격책정 전략이다.

10-8d 제품라인 가격책정

가격책정 전략을 결정할 때 품목별로 제품을 고려하는 대신 일부 마케터는 제품라인(제품군) 가격책정 방법을 사용한다. 제품라인 가격책정(Product- line pricing)은 제품라인 내에서 여러 제품의 가격을 설정하고 조정하는 것을 의미한다. 제품라인 가격책정은 마케터에게 가격 설정에 유연성을 제공할 수 있다. 예를 들어 마케터는 한 제품의 가격을 높게 책정하여 수익을 올리는 반면, 다른 제품은 시장점유율을 높이기 위해 낮은 가격을 책정한다. 마케터가 제품라인 가격책정을 사용할 때 선택할 수 있는 몇 가지 전략이 있다. 여기에는 종속 가격책정, 프리미엄 가격책정 및 단계 가격책정이 포함된다.

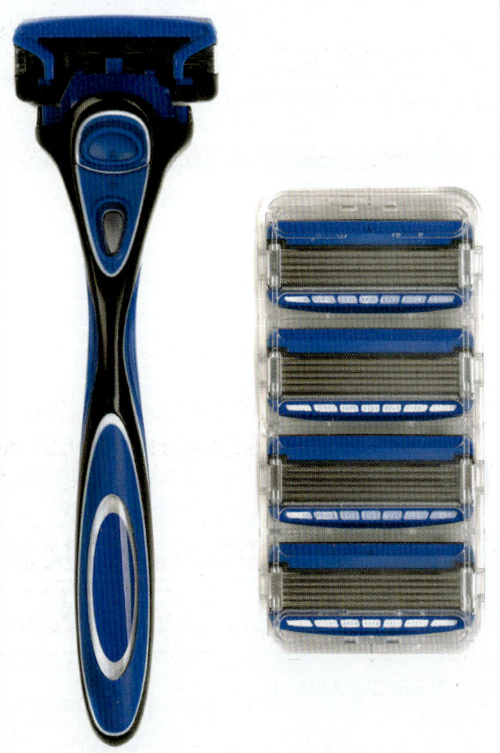

Ruslan Kudrin/Shutterstock.com

종속 가격책정 면도기를 생산하고 판매하는 회사는 교체용 면도날 카트리지에 높은 가격을 부과함으로써 종속 가격을 책정한다. 특정 면도기를 계속 사용하려면 고객이 면도날 카트리지를 추가로 구매해야 한다.

종속 가격책정

마케터가 **종속 가격책정captive pricing**을 사용하는 경우 제품라인의 기본 제품은 낮은 가격으로 책정되지만, 이 제품을 운용하거나 성능을 강화하는 데 필요한 제품의 가격은 높게 책정된다. 종속 가격책정의 일반적인 예는 프린터 잉크이다. 프린터는 일반적으로 가격이 상당히 저렴하지만 프린터 잉크 교체 카트리지는 일반적으로 매우 비싸다. 이 가격책정 전략은 소비자가 평생 동안 프린터보다 교체 카트리지를 훨씬 더 많이 구매해야 하기 때문에 효과적이다.

프리미엄 가격책정

프리미엄 가격책정Premium pricing은 최고 품질의 제품 또는 제품라인에서 가장 기능과 성능이 우수한 버전의 제품에 가장 높은 가격이 할당될 때 발생한다. 제품라인의 다른 제품은 가격에 민감한 쇼핑객이나

제품별 기능을 찾는 사람들에게 어필할 수 있도록 가격이 상대적으로 낮게 책정된다. 프리미엄 가격책정을 활용하는 마케터는 종종 프리미엄 가격 제품에서 상당한 수익을 실현한다.

프리미엄 가격책정이 적용되는 일반적인 제품 범주의 예로는 소형 주방 가전, 맥주, 아이스크림 및 TV 케이블 서비스가 있다. 애완 동물 사료가 또 다른 예로 포함된다. 애완 동물 소유자는 애완 동물에게 더 건강하다는 믿을 수 있는 사료에 프리미엄 가격을 기꺼이 지불하고 있다.

단계 가격책정

단계 가격책정 Price lining은 명확한 가격 차이를 반영하여 미리 결정된 특정 가격으로만 상품을 판매하는 전략이다. 예를 들어, 어떤 상점에서 남성용 넥타이를 22달러와 37달러로만 판매하는 것이다. 이 전략은 의류 및 액세서리 매장에서 널리 사용된다. 이는 고객과 이러한 상점에서 판매할 상품을 구매하는 마케터 모두에게 구매 결정에서 사소한 가격 차이를 제거하여 혼란을 줄여준다.

단계 가격책정 명확한 가격 차이를 반영하여 미리 정해진 특정 가격으로만 상품을 판매하도록 한 것

10-8e 촉진 가격책정

마케팅 믹스의 한 요인으로서 가격은 종종 촉진활동으로 인하여 조정된다. 가격과 촉진은 경우에 따라 서로 상호 관련되어 있어 가격책정 정책이 촉진 지향적으로 된다. 촉진 가격책정의 예로는 유도 가격, 특별행사 가격책정 및 비교 할인이 있다.

유도 가격

기업은 가산액을 낮게 하거나, 원가 또는 원가 이하로 일부 제품의 가격을 책정하여 가격을 결정하는 경우가 있다. 이 유형의 가격은 슈퍼마켓과 레스토랑에서 가장 자주 사용되어 일부 품목에 대해 특히 저렴한 가격으로 고객을 유치하므로 이를 **유도 가격**Price Leaders이라 한다. 이런 경우, 마케터는 고객이 정상적으로 가격이 책정된 제품을 구매하여 유도 가격으로 인한 수익 감소를 상쇄하기를 희망한다.

유도가격 가산액을 낮추거나, 원가 또는 원가 이하로 일부 제품의 가격을 책정하는 것

특별행사 가격책정

판매량을 늘리기 위해 많은 기업이 계절 또는 특별한 행사를 위한 광고나 촉진 활동으로 가격을 조정한다. **특별행사 가격책정**special-event pricing에는 연말연시, 시즌 또는 이벤트와 연결되어 광고된 제품 판매를 위한 가격 인하가 포함된다. 가격책정 목표가 기업의 생존인 경우, 특별행사 가격책정은 필요한 운영 자본을 생성하도록 설계될 수 있다.

특별행사 가격책정 계절 또는 특별한 행사에 연계된 가격 할인

비교 할인 특정 수준에서 제품의 가격을 설정하고 더 높은 가격과 비교하는 것

비교 할인

비교 할인comparison discounting은 특정 수준에서 제품의 가격을 설정하고 더 높은 가격과 비교

한다. 더 높은 가격은 제품의 과거 가격, 경쟁 브랜드의 가격, 다른 소매 점에서 판매되는 제품의 가격, 또는 제조업체의 권장 소비자 가격 일 수 있다. 비교 할인은 고객의 구매의사결정에 큰 영향을 미칠 수 있다.

그러나, 이 가격책정 전략은 기만적인 가격책정 관행으로 이어질 수 있기 때문에 연방 통상 위원회 (Federal Trade Commission)는 비교 할인에 대한 지침을 수립했다. 비교가 대상인 더 높은 가격이 과거 제품에 대해 부과된 가격인 경우, 판매자는 합리적인 일정 기간 동안 고객에게 과거 가격을 제공해야 한다. 판매자가 동일한 거래 지역의 다른 소매업체의 비교 제품 가격보다 더 높은 가격을 제시하는 경우, 가격 청구의 진실성을 입증할 수 있어야 한다. 그리고 제조업체의 권장 소매 가격으로 높은 가격을 제시할 경우라도, 그 가격은 합리적이라고 판매되었던 제품의 가격과 유사하게 설정되어야 한다. 일부 제조업체의 권장 소매 가격은 너무 높아서 실제로 해당 가격으로 판매되는 제품은 거의 없다. 이러한 경우 비교 할인을 활용하는 것은 기만적이다. 소비자가 온라인 상에서 제품의 표시된 가격을 쉽게 비교할 수 있기 때문에 비교 할인에 대해 더 경계하고 속임수에 쉽게 넘어가지 않는다.

10-9 구체적 가격 결정

 # 학습목표 구체적 가격을 선택할 수 있다.

가격책정전략에서 가격책정 과정의 마지막 단계는 구체적 가격 또는 가격 범위를 산출하는 것이다. 그러나 마케터는 경기 침체와 같은 상황과 특정 시장 또는 산업의 가격책정 관행과 일치하도록 이 가격을 수정해야 할 수도 있다.

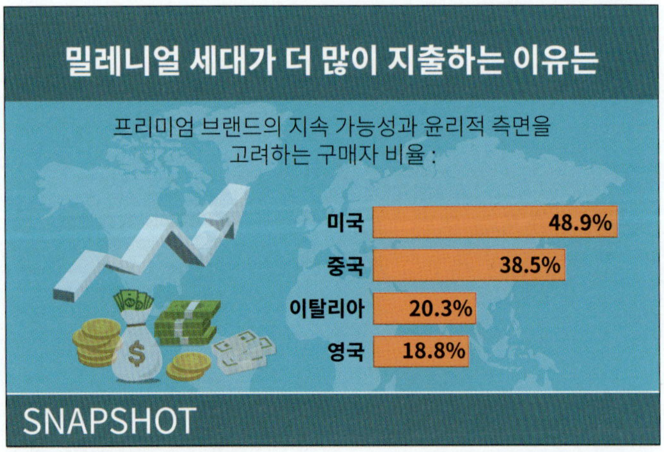

출처 : Bling It On: What Makes a Millennial Spend More, Deloitte, 2017.

예를 들어 존슨 앤드 존슨은 많은 기업들이 생명을 구하는 약의 가격을 빠르게 인상하여 비난을 받고 있는 시기에 자사의 제약 제품에 대한 가격 전략을 투명하게 공개하겠다고 약속했다. 이 회사는 심지어 5년 동안 평균 정가 상승률을 10% 미만으로 유지하고 있음을 보여주는 투명성 보고서를 발표한다. 가격책정 전략은 기업이 최종 가격을 설정하는 데 도움이 되어야 한다. 그렇게 하려면 마케터는 가격책정 목표를 설정하고 표적시장 고객에 대한 상당한 지식을 가지고 수요, 가격 탄력성, 비용 및 경쟁 요인을 결정해야 한다. 또한 마케터가 마케팅 믹스에서 가격책정 전략을 활용함으로서 최종 가격에 영향을 미치게 될 것이다.

INTEGRITY IN MARKETING

마케팅의 정직성

에버레인의 "근본적으로 투명한" 가격책정

에버레인(Everlane)은 투명성을 기반으로 하는 의류 사업으로 이름을 알리고 있다. 2011년에 설립된 이 회사는 고객이 수년을 두고 입을 수 있는 잘 만들어진 고전적인 스타일을 특징으로 하는 고품질의 남성용 및 여성용 의류와 액세서리를 제조하고 판매한다.

설립자이자 CEO인 마이클 프레이스먼은 에버레인의 가격 결정에 포함된 비용을 포함하여, 기업에서 거의 공개하지 않는 세부 사항을 대중에게 알리는 "급진적인 투명성"을 믿는다.

이 회사는 재료비, 지퍼와 같은 원자재 비용, 인건비, 관세, 운송비의 5가지 범주에 따라 모든 제품에 대한 정확한 비용을 웹사이트에 게시한다. 총액은 해당 제품의 "실제 비용"으로 표시된다. 다음으로 에버레인은 자사의 제품 가격과 기존 소매업체를 통해 구할 수 있는 유사한 품목의 가격을 나열한다. 이러한 가격 비교는 에버레인의 원가기반 가산액 가격책정이 더 낮은 가격을 초래한다는 것을 보여준다.

에버레인은 재고 정리를 위해 품목을 할인하는 경우가 드물지만 고객에게 세 가지 더 낮은 가격 중 하나를 선택할 수 있는 기회를 제공한다. 최저 할인 가격은 비용(원가)을 반영하고 두 개의 할인 가격에는 에버레인이 미래 제품에 재투자할 수 있는 마진이 포함된다. 회사는 고객 8명 중 1명은 최저 할인 가격보다 더 많은 비용을 지불하는 것을 선택한다고 보고한다.

품질과 투명성 덕분에 에버레인은 충성도 높은 고객 기반을 확보하고 연간 수익을 1억 달러 이상으로 끌어 올렸다. 이제 에버레인이 제품 소개 발표를 할 때 수천 명의 고객이 대기자 명단에 이름을 올리고 있다. 그리고 에버레인이 예상치 못한 낮은 비용으로 인해 제품의 정가를 낮추면 수천 명의 고객이 이를 알아차리고 클릭하여 구매한다.

10-10 산업재의 가격책정

 # 학습목표 산업재와 관련된 세 가지 주요 가격책정 유형을 이해한다.

이 장에서 지금까지 논의된 많은 가격책정 문제는 일반적인 소비재의 가격책정을 다룬 것이다. 그러나 산업재의 가격책정은 구매 규모, 운송 고려 사항 및 지리적 문제와 같은 요인으로 인해 소비재의 가격을 설정하는 것과 다르다. 산업재과 관련된 세 가지 가격책정의 유형, 즉 지리적 가격책정, 이전 가격책정 및 할인에 관하여 살펴볼 것이다.

10-10a 지리적 가격책정

지리적 가격책정 구매자와 판매자 간의 물리적 거리와 관련된 운송 및 기타 비용 을 절감하는 가격책정.

지리적 가격책정geographic pricing 전략은 운송비용을 감안한 가격책정이고. 구매자와 판매자 사이의 물리적 거리와 관련하여 운송 및 기타 비용을 절감할 수 있다. 이것은 FOB 원산지 가격과 FOB 목적지 가격으로 구성된다.

FOB 원산지 가격은 "출발 지점에서 무료 탑승 "을 의미하며, 이는 가격에 운임이 포함되지 않음을 의미한다. 판매자(생산자)의 창고에서 구매자의 사업장까지의 운송을 포함하여 구매자가 배송 비용을 지불해야 한다. FOB 목적지 가격은 제품 가격에 운임이 포함되어 있으므로 판매자(생산자)가 이러한 비용을 부담해야 함을 나타낸다.

10-10b 이전 가격책정

이전 가격책정 기업의 단위(부서) 간에 판매로 청구된 가격

기업 내의 한 부서에서 다른 부서로 제품을 판매하면 **이전 가격책정transfer pricing**이 발생한다. 가격은 제품의 비용을 계산하여 결정된다. 이전 가격은 가격 계산에 포함된 비용 유형에 따라 달라질 수 있다. 포함할 비용의 선택은 기업의 경영전략과 부서 간의 상호작용의 특성에 따라 달라진다. 또한 기업은 구매와 관련된 이전 가격이 모든 부서에서 공정한지 확인해야 한다.

10-10c 할인

할인 개별 품목 가격에서 차감

할인discount은 개별 품목의 가격에서 차감된다. 생산자와 판매자는 거래, 수량, 현금, 계절 할인 및 수당을 포함하여 고객에게 다양한 할인을 제공한다. 거래 할인(Trade discounts)은 마케팅 중개업자 또는 중개상에게 제공되는 정가에서 할인을 하게 된다. 수량 할인 (Quantity discounts)은 대량구매고객에게 주어지는 할인으로, 판매자의 단위당 판매 비용은 더 낮아지게 된다. 신속한 결제를 위해 현금 할인(Cash discounts)이라는 인센티브가 제공되기도 한다. 판매자는 "2/10, net 30"의 할인을 제공 할 수 있으며, 이는 구매자가 10일 이내에 전체 지불이 발생하는 경우 2% 할인을 받을 것을 의미하며, 그렇지 않으면, 전체 금액은 30일 이내에 모두 지불해야 한다. 계절 할인(seasonal discount)은 계절에 따라 구매하는 구매자에게 가격을 인하하는 것이다. 이 할인은 비수기 판매를 장려하고 일년 내내 꾸준한 생산을 보장한다. 수당(allowance)은 원하는 목표를 달성하기 위해 가격을 인하하는 것이다. 예를 들어, 보상판매 수당은 새로운 장비를 구입하기 위해 기존의 장비를 반납하는 경우에 보장하는 가격 할인이다. 표 10.3은 이러한 할인 기술을 사용하는 몇 가지 이유와 일부 예를 설명한 것이다.

표 10.3 산업재 시장에서 사용되는 할인

서비스 특성	사용이유	예제 유형
거래 할인	• 운송, 창고 보관, 판매 및 신용 제공과 같은 특정 기능을 수행하도록 보상함으로 재판매업자들을 유치하고 유지함.	• 대학 서점은 새 교과서에 대해 학생이 지불하는 소매 가격보다 약 1/3을 저렴하게 지불한다.
수량 할인	• 구매 시 고객이 대량 구매하도록 장려하고 누적 할인의 경우, 고객 충성도를 장려할 수 있음.	• 대형 백화점 체인은 개인 소유의 전문점보다 일부 여성 의류를 저렴한 가격에 구매한다.
현금 할인	• 계정의 신속한 지불을 장려하여 채권 및 미수금 징수와 관련된 비용을 절감	• 산업재 시장에 서비스를 제공하는 수많은 회사는 계정이 10일 이내에 지불되는 경우 2% 할인을 허용한다.
계절 할인	• 비수기 때 판매를 자극하여 마케터들이 자원을 보다 효율적으로 사용할 수 있도록 함	• 플로리다 호텔은 여름 동안 전국 및 지역 영업 회의를 개최하는 회사에 대폭 할인된 숙박 시설을 제공한다.
수당	• 보상 판매 수당의 경우 구매자가 중고 장비를 구매하고 잠재적으로 중고 장비 재판매로 이익을 얻을 수 있도록 지원함. 판촉 수당의 경우 딜러가 광고 및 판매 지원 프로그램에 참여할 수 있도록 유도함	• 농기구 딜러가 농부의 중고 트랙터를 새 트랙터로 교환하는 경우이다. 나비스코는 2주 동안 대형 통로 끝에 디스플레이를 설치하고 유지하기 위해 슈퍼마켓에 판촉 수당을 지급한다.

요약

10-1 가격 경쟁과 비가격 경쟁을 비교할 수 있다.

가격 경쟁은 가격을 이슈로 강조하고 경쟁자의 가격과 일치하거나 낮추어 이길 수 있는 전략을 마련한다. 가격 기준으로 효과적으로 경쟁하기 위해서는 기업이 제품의 저비용 판매자가 되어야 한다. 비가격 경쟁은 차별화된 기능, 서비스, 제품 품질 또는 기타 요소를 통한 제품 차별화를 강조한다. 비가격 경쟁을 통해 브랜드 충성도를 구축하는 것은 제품의 품질이 물리적으로 차별화될 수 있고 고객이 이러한 차이점을 인식할 수 있을 때 가장 잘 작동한다.

10-2 가격책정 목표 개발과 관련된 이슈를 알아본다.

가격책정 목표는 모든 후속 단계의 결정에 기반이 되므로 가격책정 목표를 설정하는 것이 중요하다. 기업은 단기 및 장기 목표를 포함하여 다양한 가격책정 목표를 사용할 수 있으며 가격책정 목표는 제품 및 시장 세분화에 따라 달라진다. 가격책정 목표는 회사의 장기 계획에서 가격의 역할을 설명하는 전반적인 목표이다. 가격책정 목표에는 몇 가지 주요 유형이 있다. 가장 기본적인 가격책정 목표는 조직의 생존이다. 가격은 일반적으로 판매량을 늘리거나 조직이 생존할 수 있도록 경쟁사와 싸우기 위해 쉽게 조정할 수 있어야 한다. 일반적으로 매출 금액 또는 백분율 변화의 측면에서 언급되는 이익(예, 5% 이익)을 추구하는 가격책정 목표는 이익을 극대화하도록 설계된 수준보다는 만족스러운 수준에서 설정된다. 수익 최대화 목표는 판매량을 높여 이익 기반을 늘리는 데 중점을 둔다. 투자 수익률(ROI) 가격책정에는 목표로 지정된 구체적인 이익(백분율)이 있다. 시장 점유율을 유지하거나 늘리기 위한 가격책정 목표는 시장 지위에 성공적으로 도달되도록 한다. 다른 유형의 가격책정 목표에는 현금 흐름, 현상 유지 및 제품 품질이 포함된다.

10-3 표적시장의 가격 평가를 검토하는 것의 중요성에 대해 이해한다.

표적시장에서의 가격을 평가하는 것은 마케터에게 가격을 얼마나 강조해야 하는지를 알려주고 기업이 경쟁하는 시장에서 가격을 얼마나 더 높게 설정할 수 있는지 결정하는 데 도움이 될 수 있다. 품질에 대한 고객의 기대뿐만 아니라 다른 제품에 비해 자사 제품이 고객에게 얼마나 중요한지(중요도)를 이해하면 마케터가 표적시장의 가격 평가를 수행하는 데 도움이 된다.

10-4 수요의 역할과 수요의 가격 탄력성을 이해한다.

기업은 제품에 대한 수요 정보를 알아야 한다. 일반 수요 곡선은 다른 요인이 일정하게 유지될 경우 다양한 가격으로 판매될 것으로 예상되는 제품의 수량을 그래프로 나타낸다. 가격이 하락함에 따라 요구되는 수요는 일반적으로 증가한다. 그러나 고급 제품의 경우 가격과 수요량 사이에는 부분적인 양의 관계가 성립한다. 즉, 가격이 오르면 수요가 증가한다. 가격 변동에 따른 총수익을 분석하여 마케터는 제품이 가격 탄력적인지 여부를 결정할 수 있다. 수요가 탄력적이라면 가격의 변화는 총수익에 반대의 변화를 가져올 것이다. 가격이 오르면 총수익이 감소하고 가격이 내리면 총수익이 증가한다. 비탄력적 수요는 총수익과 같은 방향으로 변화한다. 가격이 오르면 총수익이 증가하고 가격이 내리면 총수익이 감소한다.

10-5 수요, 비용 및 이익 간의 관계를 이해한다.

수요, 비용 및 이익 관계의 분석은 한계 분석 또는 손익분기 분석을 통해 수행할 수 있다. 한계 분석은 생산량(또는 판매량)이 한 단위 변경될 때 회사의 비용과 수익에 어떤 일이 발생하는지 조사한다. 한계 분석은 수요 곡선과 기업의 비용을 결합하여 최대 이익을 낼 가격을 결정한다. 고정비용은 생산되거나 판매되는 단위 수의 변화에 따라 변하지 않는 비용이다. 평균 고정비용은 생산 단위당 고정 비용이다. 변동비용은 생산 또는 판매된 단위 수의 변화에 따라 직접적으로 달라진다. 평균 변동비용은 생산된 단위당 변동비용이다. 총비용은 평균 고정비용과 평균 변동비용의 합계에 판매량을 곱한 것이다. 최적 가격은 한계비용(제품을 한 단위 더 생산하는 데 드는 비용)이 한계 수익(제품 한 단위가 추가로 판매될 때 발생하는 총 수익의 변화)과 일치하는 지점이다. 한계 분석은 모델일 뿐이다. 즉, 지침을 제공할 수는 있지만 비용과 수익이 확정되기 전에 신제품 가격을 책정하는 데는 거의 도움이 되지 않는다.

손익분기점을 위해 판매되어야 하는 단위 수를 결정하는 손익분기점 분석은 가격을 설정하는 데 중요하다. 생산 비용이 제품 판매 수익과 일치하는 지점이 손익분기점이다. 손익분기점 분석을 효과적으로 사용하려면 마케터는 여러 대체 가격 각각에 대한 손익분기점을 결정해야 한다. 이를 통해 고려중인 각 가격에 대한 총수익, 총비용 및 손익분기점에 대한 효과를 비교할 수 있다. 그러나 이 접근 방식은 수요량이 기본적으로 고정되어 있고 비용을 회수하기 위해 가격을 설정하는 것이 주요 임무라고 가정할 경우에 적합하다

10-6 마케터가 경쟁업체의 가격을 어떻게 평가하는 지에 대해 이해한다.

마케터는 경쟁 브랜드에 부과되는 가격을 알고 있어야 한다. 이를 통해 기업은 비가격 경쟁이 적용될 때 경쟁업체의 가격과 일치하도록 가격을 유지할 수 있다. 기업이 가격을 경쟁 도구로 사용하면 경쟁 브랜드보다 낮은 가격을 책정할 수 있게 된다.

10-7 가격을 설정하는 기준을 분석한다.

가격 설정의 기반이 될 수 있는 세 가지 주요 차원은 비용, 수요 및 경쟁사의 가격이다. 원가기반 가격책정을 사용할 때 기업은 제품 비용에 사용된 금액 또는 백분율을 추가하여 가격을 결정한다. 두 가지 일반적인 원가기반 가격책정 방법은 원가플러스 가격책정 및 가산액 가격책정이다. 수요기반 가격책정은 제품

에 대한 수요 수준을 기반으로 가격을 설정한다. 이 방법을 사용하려면 마케터는 구매자가 다양한 가격으로 요구할 제품의 양을 추정할 수 있어야 한다. 수요기반 가격책정은 제품에 대한 수요가 강할 때 높은 가격을, 수요가 약할 때 낮은 가격으로 귀결된다. 경쟁기반 가격책정의 경우 비용과 수익은 경쟁자의 가격에 비해 이차적 요인이 된다.

10-8 다양한 유형의 가격책정 전략을 비교한다.

가격책정 전략은 가격책정 및 마케팅 목표를 달성하기 위해 설계된 접근 방식 또는 행동 과정이다. 가격책정 전략은 마케터가 가격책정의 실질적인 문제를 해결하는 데 도움이 된다. 가장 일반적인 가격책정 전략은 차별적 가격책정, 신제품 가격책정, 제품라인 가격책정, 심리적 가격책정 및 촉진 가격책정이다.

마케터가 차별적 가격책정을 사용하면 동일한 품질과 수량의 제품에 대해 다른 구매자에게 다른 가격을 부과한다. 예를 들어, 협상 가격책정은 판매자와 고객 간의 협상을 통해 최종 가격이 결정된다. 2차시장 가격책정에는 1차 표적시장에 대해 하나의 가격을 설정하고 다른 시장에 대해 다른 가격을 설정하는 것이 포함된다. 종종 2차시장에서 부과되는 가격은 1차(기본)시장 보다 낮다. 마케터는 주기적 이거나 체계적인 기반으로 일시적으로 가격을 낮출 때 정기 할인을 사용한다. 정기 할인의 이유는 계절적 변화, 연식 변경 또는 휴일일 수 있다. 비정기 할인은 비체계적으로 발생한다.

신제품 가격책정에 사용되는 두 가지 전략은 초기고가책정과 침투 가격책정이다. 초기고가책정을 통해 기업은 제품을 가장 원하는 구매자가 지불할 최고 가격을 부과한다. 침투 가격책정은 시장에 침투하여 상당한 시장 점유율을 빠르게 확보하기 위해 설계된 저렴한 가격이다.

제품라인 가격책정은 제품라인 내 여러 제품의 가격을 설정하고 조정한다. 이 전략에는 마케터가 제품군의 기본 제품 가격을 낮게 책정하고 관련 품목의 가격을 높게 책정하는 종속 가격책정이 포함된다. 프리미엄 가격책정을 통해 더 높은 품질 또는 더 다양한 기능의 제품 가격이 제품라인의 다른 모델보다 높게 책정된다. 단계 가격책정은 기업이 선택한 제품 또는 제품 라인에 대해 제한된 수의 가격을 설정하는 경우이다.

심리적 가격책정은 제품의 가격을 더 매력적으로 만들기 위해 가격에 대한 고객의 인식에 영향을 미치려고 한다. 준거 가격책정을 통해 마케터는 제품 가격을 중간 수준으로 책정하고 더 비싼 모델이나 브랜드 옆에 배치한다. 묶음 가격책정은 두 개 이상의 보완 제품을 함께 포장하여 단일 가격으로 판매하는 것이다.

다중단위 가격책정은 동일한 제품을 두 개 이상 함께 포장하여 단일 가격으로 판매하는 방식이다. 빈번한 단기 가격 인하의 사용을 줄이거나 없애기 위해 일부 기업에서는 상시저가판매(EDLPs)를 사용하여 제품에 대해 지속적으로 낮은 가격을 설정한다. 단수(잔전표시) 가격책정을 사용할 때 마케터는 가격을 특정 홀수 숫자로 끝맺음으로써 가격이나 제품에 대한 구매자의 인식에 영향을 주려고 한다. 관습 가격책정은 전통적인 가격을 기준으로 한다.

유도 가격은 가격이 일반적인 가산액 가격 보다 낮거나, 원가에 가깝거나, 원가보다 낮게 가격을 책정한다. 특별행사 가격책정에는 휴일, 시즌 또는 이벤트와 관련되어 광고된 제품의 판매 가격 인하가 포함된다. 비교 할인 전략을 사용하는 마케터는 특정 수준에서 제품 가격을 책정하고 더 높은 가격과 비교하도록 한다.

10-9 구체적 가격을 선택할 수 있다.

가격책정전략에서 가격책정 과정의 마지막 단계는 구체적 가격 또는 가격 범위를 산출하는 것이다. 그러나 마케터는 경기 침체와 같은 상황과 특정 시장 또는 산업의 가격책정 관행과 일치하도록 이 가격을 수정해야 할 수도 있다. 가격책정 전략은 기업이 최종 가격을 설정하는 데 도움이 되어야 한다.

10-10 산업재와 관련된 세 가지 주요 가격책정 유형을 이해한다.

산업재의 가격 설정은 구매 규모, 운송 고려 사항 및 지리적 문제와 같은 여러 요인으로 인해 소비재의 가격 설정과 다를 수 있다. 산업재와 관련된 세 가지 가격책정 유형은 지리적 가격책정, 이전 가격책정 및 할인이다.

지리적 가격책정에는 구매자와 판매자 간의 물리적 거리와 관련된 운송 및 기타 비용 절감이 포함된다. FOB 원산지 가격은 구매자가 공장에서 배송하는 비용을 지불하는 것이고 FOB 목적지 가격은 생산자가 배송료를 지불함을 의미한다.

이전 가격책정은 기업의 한 부서가 기업 내의 다른 부서에 제품을 판매할 때 발생한다. 이전 가격을 계산할 때 포함할 비용의 선택은 기업의 경영 전략과 부서 간의 상호 작용하는 특성에 따라 다르다.

할인에는 거래, 수량, 현금, 계절 및 수당이 포함된다. 거래 할인은 저장, 운송, 최종 처리 또는 신용 서비스 제공과 같은 기능을 수행하기 위한 가격 인하이다. 중개자가 충분히 많은 양을 구매하는 경우 생산자는 누적 또는 비누적일 수 있는 수량 할인을 제공한다. 현금 할인은 즉시 결제 또는 현금 결제 시 가격을 인하하는 것이다. 비수기 상품이나 서비스를 구매하는 구매자는 시즌 할인을 받을 수 있다. 보상 판매 수당과 같은 수당은 원하는 목표를 달성하기 위해 가격을 양보하는 것이다.

주요 개념

- 가격 경쟁
- 비가격 경쟁
- 가격책정 목표
- 수요 곡선
- 수요의 가격 탄력성
- 고정비용
- 평균 고정비용
- 변동비용
- 평균 변동비용
- 총비용
- 평균 총비용
- 한계비용(MC)
- 한계수익(MR)
- 손익분기점
- 원가기반 가격책정
- 원가플러스 가격책정
- 가산액 가격책정
- 수요기반 가격책정
- 경쟁기반 가격책정
- 초기고가책정
- 침투 가격책정
- 차별적 가격책정
- 협상 가격책정
- 2차시장 가격책정
- 정기 할인
- 비정기 할인
- 심리적 가격책정
- 단수 가격책정
- 다중단위 가격책정
- 준거 가격책정
- 묶음 가격책정
- 상시저가판매(EDLPs)
- 관습 가격책정
- 종속 가격책정
- 프리미엄 가격책정
- 단계 가격책정
- 유도 가격
- 특별행사 가격책정
- 비교 할인
- 지리적 가격책정
- 이전 가격책정
- 할인

마케팅 계획 수립하기

제품에 대한 적절한 가격을 설정하는 것은 마케팅 전략의 중요한 부분이다. 가격은 소비자의 마음에 제품의 위치를 정하는 데 도움이 되며 제품을 경쟁 제품과 차별화할 수 있다. 마케팅 계획에 의한 여러 결정은 선택한 가격책정 전략에 의해 영향을 받는다. 이 장에서 습득한 정보를 마케팅 계획 개발과 관련시키는 데 도움이 되도록 다음 사항에 중점을 두고 생각해 보자.

1. 7가지 가격책정 목표에 대해 먼저 살펴보자. 귀하의 제품에 사용할 가격책정 목표는 무엇인가? 물론 표적 시장의 제품 수명 주기, 경쟁 및 제품 포지셔닝을 고려해야한다.
2. 다양한 유형의 가격책정 전략을 검토한다. 다음 중 귀하의 제품에 가장 적합한 가격책정 전략은 무엇인가?
3. 비용, 수요 및/또는 경쟁사의 가격을 기반으로 판매 제품의 가격책정 기준을 선택하라. 가격책정 전략을 수정해야 할 시점을 어떻게 알 수 있는가?

연습 문제

1. 가격을 결정하는 8단계를 서술하라.
2. 투자수익률(ROI) 가격책정 목표는 시장 점유율 가격책정 목표와 어떻게 다른가?
3. 가격책정 결정을 내릴 때 마케팅 목표와 가격책정 목표를 고려해야 하는 이유는 무엇인가?
4. 마케터가 경쟁업체의 가격을 알아야 하는 이유는 무엇인가?
5. 왜 대부분의 일반 수요 곡선이 가격과 수량 사이에 반비례 관계를 나타내는가?
6. 비탄력적 수요가 있는 제품의 특성을 나열하고 그러한 제품의 몇 가지 예를 제시하라.
7. 한계 비용이 한계 수익과 같을 때 최적의 이익이 발생하는 이유를 설명하라.
8. 원가기반 가격책정의 이점은 무엇인가?
9. 가산액 가격책정에 가장 적절한 조건은 무엇인가?
10. 소매점에서 수프 한 캔을 24센트에 구입하여 36센트에 판매한다. 가산액을 비용의 백분율과 판매 가격의 백분율로 계산하라.
11. 차별적 가격책정은 무엇인가? 어떤 방법으로 그것을 달성할 수 있는가?
12. 어떤 유형의 제품에 초기고가책정이 가장 적합한가? 어떤 유형의 제품에 대해 침투 가격책정이 더 효과적인가?
13. 묶음 가격책정을 설명하고 다른 산업에 적용되는 예를 제시하라.
14. 고객이 가격과 품질을 연관 짓는 이유는 무엇인가?
15. 거래 할인과 수량 할인을 비교하고 대조하라.

◎ 케이스 10

노르웨이 항공사는 저렴한 비용과 낮은 가격으로 상승을 계속한다

1993년 노르웨이 항공사(Norwegian Air Shuttle) 은 현지 목적지로 운항하는 3대의 소형 비행기를 보유한 소형 항공사였다. 10년 이내에 회사는 마케팅 방향을 변경하고 비용 절감, 운임 인하 및 장거리 운용을 가능하게 하는 야심찬 새 전략으로 저가 항공사의 최상위 계층으로의 상승을 시작했다. 오늘날 노르웨이 오슬로 외곽에 위치한 수상 경력에 빛나는 이 회사는 연간 3,700만 명이 넘는 승객에게 서비스를 제공하는 유럽에서 세 번째로 큰 저가 항공사가 되었다. 또한 뉴욕시 지역에 서비스를 제공하는 가장 큰 외국 항공사가 되었다

노르웨이 항공사의 극적인 성장은 수십 대의 새 제트기를 구매하기로 한 결정에 힘입은 것이다. 이 장거리의 연료 효율적인 항공기는 회사의 기존 항공기보다 훨씬 저렴한 비용으로 더 많은 승객을 더 많은 목적지로 운송할 수 있었다. 연료 비용이 오르든 내리든, 노르웨이의 새 항공기는 운영 비용을 통제할 수 있었다. 이를 통해 항공사는 저렴한 항공료를 홍보하고 가격에 민감한 비즈니스 여행객과 휴가객을 유치하고 스칸디나비아를 넘어 자사의 브랜드를 구축할 수 있었다. 이제 노르웨이 항공사는 뉴욕, 런던 및 수백 개의 기타 국제 목적지로 비행하는 200대의 항공기를 보유하고 있으며, 더 많은 목적지로 더 많은 노선으로 지양하는 항공사의 향후 확장 계획을 지원하기 위해 더 많은 항공기를 보유하고 있다.

또한, 새로운 항공기에 대한 투자는 회사가 새로운 시장에 진입하고 현장에서 비용을 관리하는 데 도움이 되었다. 노르웨이항공사의 젊은 항공기는 항속거리가 더 길기 때문에, 이 항공사는 다른 인기 있는 국제 노선 중에서 바쁘고 수익성 있는 대서양 횡단 시장에서 경쟁할 수 있는 새로운 기회를 가지게 되었다. 게다가 새로운 비행기는 더 작은 공항의 더 짧은 활주로에 착륙할 수 있다. 대형 공항은 일반적으로 작은 공항보다 높은 착륙 수수료를 부과하기 때문에 이것은 중요하다. 따라서 노르웨이 항공사는 뉴욕, 시카고 및 로스앤젤레스와 같은 주요 허브로 운항하지만, 로드 아일랜드의 프로비던스 및 뉴욕의 오렌지 카운티와 같은 더 작고 저렴한 공항으로도 운항한다. 이 공항은 대도시 공항보다 덜 중앙에 위치하지만 수백만 명의 승객이 많은 비용을 절약하기 위해 약간의 불편함을 기꺼이 감수하고 이 공항들을 이용한다.

노르웨이항공사가 비용을 낮추는 또 다른 방법은 고객을 웹 사이트로 유도하여 티켓을 구매토록 하는 것이다. 실제로 노르웨이 항공사는 전화나 공항에서 구매한 항공권에 대해 더 많은 요금을 부과한다. 티켓 가격에 모든 것을 묶는 대신 고객이 지불할 옵션에 대한 결정권을 주도록 하려는 것이다. 따라서 노르웨이 항공사는 위탁 수하물 및 지정 좌석에서 기내 스낵 및 식사에 이르기까지 모든 추가 비용에 대해 별도의 가격을 설정하였다. 즉, 사전에 좌석을 예약하거나 공항에서 여행 가방을 확인하려는 승객은 해당 옵션을 유료로 선택할 수 있다.

또한, 노르웨이 항공사와 함께 여행하고 호텔 및 렌터카 파트너와 묶어 예약하기로 선택한 충성도 높은 고객에게 포인트를 보상하는 상용 고객 프로그램을 보유하였다. 그리고 항공사가 새로운 노선을 개설할 때마다 인지도를 높이고 수요를 높이기 위해 제한된 수의 좌석

을 저렴한 가격에 제공하였다.

iStock.com/rebius

많은 기업과 가정에서 여행 예산을 늘리려고 하는 상황에서 노르웨이 항공사는 라이언 에어(Ry-anair), 이지젯(easyJet) 및 위즈에어(Wizz Air)와 같은 군더더기 없는 저렴한 항공사로 점점 더 붐비는 글로벌 하늘에서 경쟁해야 한다. 오랜 역사를 지닌 대형 항공사들도 저예산 항공 사업에 뛰어들고 있다. 예를 들어 독일의 루프트한자(lufthansa)는 저가 자회사로 유로윙스(Eurowings)를 운영하고, 영국항공의 모회사는 레벨(Level)을 저가 자회사로 운영하고 있다.

아메리칸 항공 및 델타와 같은 미국 기반 항공사는 가격에 민감한 승객에게 필요한 서비스에 대해서만 비용을 지불할 수 있도록 하는 옵션을 제공하기 위해 묶음 가격책정을 취소했다. 그리고 텍사스에 본사를 둔 사우스웨스트 항공은 저비용, 저가 포지셔닝으로 잘 알려져 있다. 사우스웨스트는 아직 유럽으로 운항하지 않지만 멕시코와 카리브해에 취항하며 묶음 가격에는 승객당 위탁 수하물 2개가 포함되어있다. 사우스웨스트가 최신 제트기를 도입하며, 유럽의 목적지로 노선을 확장할까? 노르웨이 항공사는 연료 효율이 높은 항공기로 확장하고 해마다 새로운 노선을 추가함에 따라 새로운 경쟁에 뛰어들 준비를 계속하고 있다.

토론을 위한 질문

1. 노르웨이 항공사가 새로운 목적지로 서비스를 시작할 때 저가 가격책정이 적절한 이유는 무엇인가?
2. 노르웨이 항공사가 추구하는 주요 가격책정 목표는 무엇이며 그 이유는 무엇인가?
3. 노르웨이 항공사가 저렴한 저가 항공사로 포지셔닝(자리매김)한 점을 감안하면서 마케터가 가격을 책정할 때, 경쟁업체의 가격책정에 얼마나 비중을 두어야 할까?

DISTRIBUTION DECISIONS

TYLER OLSON/SHUTTERSTOCK.COM

PART.5
유통의사결정

소비자를 만족시키는 제품을 개발하는 것도 중요하지만, 그와 같이 제품을 개발하는 것 만으로는 마케팅전략의 성공을 담보할 수는 없다. 소비자들은 기본적으로 원하는 시간에 접근 가능한 장소에서 원하는 만큼의 제품을 구매하기를 원한다.

5부에서는 소비자들이 제품을 이용할 수 있게 하는 제품의 유통, 유통경로 및 유통기관들에 대해 다룬다.

11장에서는 공급망관리, 마케팅채널, 로지스틱스 관리와 관련된 의사결정 및 활동 등에 대해 살펴보면서 주문처리, 자재관리, 창고관리, 재고관리, 운송 등에 대해 구체적으로 살펴본다.

12장에서는 도소매업에 대해 알아보는데, 특히 도매업과 소매업의 종류, 직접 판매와 소매 관련 전략적인 문제들을 살펴본다.

CHAPTER.11
유통 및 공급망 관리

학습목표

11-1 공급망관리의 기초를 설명한다.

11-2 마케팅 채널과 공급망의 역할과 중요성을 설명한다.

11-3 경로커버리지의 정도를 파악한다.

11-4 경로리더십, 경로협력, 경로갈등을 포함한 유통경로에서 발생하는 전략적 문제들을 살펴본다.

11-5 공급망 관리에서 로지스틱스 활동과 역할에 대해 설명한다.

11-6 유통경로 관리와 관련된 법적 문제들을 살펴본다.

마케팅 들여다보기

GOLUBOVY/SHUTTERSTOCK.COM

'크래프트맨' 브랜드를 위한 유통전략 수립

수십 년 동안 시어스(Sears)는 자사의 대표 유명 브랜드인 크래프트맨(Craftman)으로 판매되고 있는 고품질의 망치, 드릴 및 기타 공구를 구매하려는 디아이와이(DIY; Do It Yourself) 사용자들에게 성지와도 같은 곳으로 인식되었다. 크래프트맨 공구는 시어스가 2005년 할인점 체인인 케이마트(Kmart)를 인수하여 해당 점포에서 크래프트맨 공구의 판매를 시작할 때까지 시어스에서만 독점적으로 판매되고 있었다. 몇 년 후, 시어스가 에이스 하드웨어(Ace Hardware)와 코스트코 매장을 통해 크래프트맨 브랜드를 일부 판매하기 시작한 후에도 대부분의 크래프트 품목은 시어스와 케이마트를 통해 판매되었다.

심각한 재정난에 시달리던 시어스는 2017년 초 코네티컷(Connecticut) 소재 스탠리 블랙앤데커(Stanley Black and Decker)에 상징적인 브랜드 크래프트맨을 매각했다. 하지만 시어스는 오프라인 매장과 온라인 매장에서 크래프트맨 제품을 15년 동안 판매할 권리는 유지했다. 시어스는 또한 새로운 소유주의 크래프트 브랜드 매출의 일부를 수익으로 얻을 수 있을 것이라고 예상하고 있다.

스탠리 블랙앤데커는 이미 스탠리, 블랙앤데커나 디월트(DeWalt)와 같은 기존 브랜드로 공구시장에 진출하고 있었다. 이제 크래프트맨의 뛰어난 평판과 충성도 높은 고객 기반에 걸맞는 유통전략이 필요했다. 주택 개량 및 개선 용품을 판매하던 로우스(Lowe's)의 전국 네트워크를 통해 성공적인 공구 판매 경험을 지니고 있었던 스탠리 블랙앤데커는 로우스 매장에 크래프트맨 제품 일부를 신속하게 입점시키고 매달 새로운 제품을 점진적으로 추가했다.

시어스가 2018년 말 파산 구조조정을 신청할 무렵, 스탠리 블랙앤데커의 유통전략은 한창 진행 중이었다. 로우스 매장에는 휴가철을 맞아 다양한 크래프트맨 제품이 가득했다.[1]

유통 고객이 구매하고자 하는 시간과 장소에서 해당 제품을 구매할 수 있도록 하는 기업의 의사결정과 활동

마케팅 믹스 요소 중 하나인 **유통distribution**은 고객이 구매하고자 하는 시간과 장소에서 해당 제품을 구매할 수 있도록 하는 기업의 의사결정과 활동을 말한다. 스탠리 블랙앤데커는 다양한 유통경로를 통해 고객들이 원할 때 공구를 구매할 수 있도록 하는 전문기업이 되었다. 적시에 고객에게 도달하기 위해 어떤 유통경로를 사용할지 선택하는 것은 마케팅 전략 수립에서 중요한 의사결정 중의 하나이다.

이 장에서은 유통경로와 공급망 관리에 대해 살펴볼 것이다. 첫째, 공급망의 개념과 다양한 활동을 살펴본다. 둘째, 유통경로와 중간상들의 필요성에 대해 알아보고 그들이 수행하는 기능을 파악해 본다. 이후 유통경로의 유형과 특성을 개략적으로 설명하고, 유통경로가 어떻게 선택되는지 논의하며, 마케터가 제품의 적절한 시장 커버리지 정도를 어떻게 결정하는지를 살펴본다. 그런 다음 경로 리더십, 경로 협력 및 경로 갈등 등과 같은 유통관리에서의 전략적 이슈들을 검토한다. 또한 로지스틱스 관리의 목표와 기본 기능을 포함하여 공급망 내에서의 로직스틱스의 역할을 알아본다. 마지막으로 공급망 관리에 영향을 미치는 법적 문제를 검토한다.

11-1 공급망 관리의 기초

 # 학습목표 **공급망관리의 기초를 설명한다.**

공급망 원자재에서 최종 고객에 이르기까지 제품의 흐름과 변환에 관련된 모든 조직과 활동

유통의 중요한 기능은 효과적인 공급망을 만드는 것이다. 여기서 **공급망supply chain**은 원자재에서 최종 고객에 이르기까지 제품의 흐름과 변환에 관련된 모든 조직과 활동을 포함한다. 전체 유통 시스템에 포함되는 조직들이 개념적 흐름인 유통경로를 구성하고 이러한 유통경로가 제대로 역할을 할 때 비로소 효율적인 공급망을 구성한다. 공급망의 후방부문(예, 공급업체)과 전방부문(예, 도소매업체)에 있는 기업들은 서로 협력해서 고객에게 서비스를 제공하고 경쟁우위를 창출하고자 한다. 전통적으로 마케팅은 공급망의 전방부문의 일부 활동에 초점을 맞추었지만, 최근 마케팅 전문가들은 공급망 전체의 활동을 효과적으로 통합함으로써 비용을 절감하고, 이익을 증대하며, 고객에게 더 나은 서비스를 제공할 수 있다고 인식하고 있다. 그렇게 하려면 마케팅 관리자는 조달, 물류 및 운영 등의 다른 부문의 관리자들과 밀접하게 협력해야 한다.

조달 공급관리라고도 하며, 소싱, 구매 및 재활용을 통해 가치를 창출하기 위해 자재 및 정보를 포함한 자원을 확보하는 프로세스

조달procurement은 공급관리(supply management)라고도 하며, 소싱, 구매 및 재활용을 통해 가치를 창출하기 위해 자재 및 정보를 포함한 자원을 확보하는 프로세스를 의미한다. 조달은 종종 "구매"와 동의어로 사용되지만, 구매는 공급망 내에서 조달활동에 포함된 것 중의 일부에 불과하다. 물론 구매는 상품, 자재 및 서비스를 사고 파는 거래를 협상하고 실행하는 행위를

말한다. 조달에는 소싱과 재활용도 포함된다. 소싱은 기업이 어떤 자재를 필요로 하는지 뿐만 아니라 이러한 자재를 국내 또는 해외와 같이 어느 곳에서 들여올 것인지에 대한 의사결정을 포함한다. 재활용은 폐기물을 재사용 가능한 재료로 변환하고, 재처리, 재생 또는 소모품 및 최종 제품을 재사용하는 것을 의미한다. **로지스틱스관리logistics management**는 고객의 필요와 욕구를 충족시키기 위해 원산지에서 소비시점에 이르기까지 상품, 서비스 및 정보의 효율적이고 효과적인 흐름과 저장을 계획, 실행 및 통제하는 과정을 말한다. 미국 기업들의 물류비용은 연간 1조 4,900억 달러로 엄청난 규모이다. 이를 고려하면 물류비용은 미국 GDP의 7.7%를 차지한다.[2] 이 장의 뒷 부분에서 물류에 대해 더 자세히 설명할 것이다. **운영관리operation management**는 기업이 투입요소를 상품, 서비스 혹은 둘 모두로 변환시키는 총체적인 관리활동을 의미한다.[3] 그림 11.1은 시리얼 제조업체 공급망의 원재료 및 정보의 흐름을 보여준다.

로지스틱스관리 고객의 필요와 욕구를 충족시키기 위해 원산지에서 소비시점에 이르기까지 상품, 서비스 및 정보의 효율적이고 효과적인 흐름과 저장을 계획, 실행 및 통제하는 과정

운영관리 기업이 투입요소를 상품, 서비스 혹은 둘 모두로 변화시키는 총체적인 관리활동

공급망관리 공급망 전반에 걸쳐 최종 소비자에게 공급품, 제품 및 정보의 흐름 및 변환과 관련된 모든 활동의 조정

공급망관리supply chain management는 공급망 전반에 걸쳐 최종 소비자에게 공급품, 제품 및 정보의 흐름 및 변환과 관련된 모든 활동의 조정을 의미한다. 공급망 관리는 운영관리, 로지스틱스관리, 조달 및 유통관리 등의 기능을 통합하여 제품이 적절한 수량, 적절한 장소, 절적한 시기에 생산·유통되도록 한다. 여기에는 생산, 연구개발, 판매, 광고, 배송 등과 같은 활동이 포함된다. 공급망 관리에는 상품과 서비스를 생산하는데 필요한 원자재 및 기타 부품의 공급업체, 물류업체, 운송업체, 통신업체와 기타 마케팅 교환에 간접적으로 참여하는 모든 기업을 포함하여 제품 유통을 촉진하고 협력 노력의 혜택을 받는 모든 업체들이 포함된다. 공급망 관리자는 공급망에 참여하는 업체 간 협력을 장려하고 최적을 효율성과 서비스 수준을 달성하는 데 필요한 거래조건을 이해해야 한다.

효율적인 공급망에서 후방기업들은 제품을 만들기 위한 직간접적인 투입물를 제공하고, 전

그림 11.1 시리얼 제조업체의 공급망

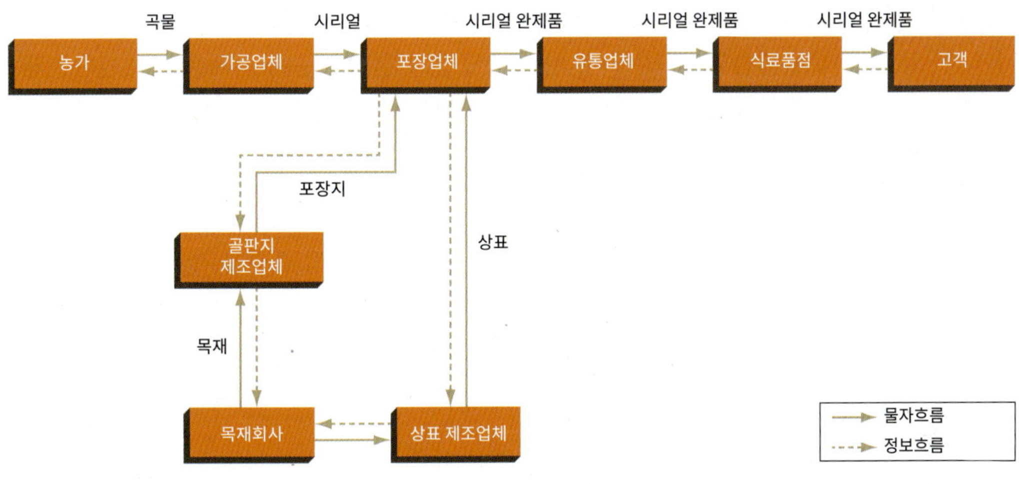

SOURCE: SELDAT INC.

기술이 공급망 관리를 쉽게 만들어 준다 셀닷은 비즈니스 고객에게 공급망 관리를 용이하게 하는 소프트웨어 솔루션을 제공한다.

방기업들은 최종 고객에게 제품 및 사후 서비스 제공의 역할을 담당한다. 품질을 보증하고 고객만족을 달성하기 위해 기업은 관계된 전후방 모든 기업들과 긴밀한 파트너십을 맺고 공급망 전체를 관리해야 한다. 이러한 이유때문에 여러 기업들이 광고에 제시된 셀닷(Seldat)과 같은 기업을 찾고 있다. 광고에서는 셀닷의 기술이 기업의 공급망을 단순화하기 위해 유연성, 확장성, 가시성을 어떻게 제공하는지를 설명하고 있다. 다양한 공급망 활동에 대한 사진들을 포함하고 있는 이 광고는 잠재 고객들에게 자사의 전문지식과 능력에 대해 더 상세한 내용을 알고 싶다면 전화를 하거나 웹사이트를 방문하도록 권하고 있다.

공급망 관리는 최종 고객에 초점을 맞추어 출발을 해야 한다. 최종 고객을 만족시키는 것이 모든 유통경로 구성원들의 목표가 되어야 한다는 것이다. 경로 구성원 간의 협력은 고객만족을 높이는 동시에 이해관계의 조정을 가능하게 하며, 비용을 줄이고, 이익을 증가시키는 효과를 발생하게 한다. 구매업체, 판매업체, 중간상, 기타 협력업체 등이 서로 협력관계를 구축하여 일을 하게 되면, 납품, 일정, 포장 및 기타 요구사항 등에 대해 고객의 욕구를 충족시킬 수 있는 방향으로 타협과 조정이 가능해 진다. 예를 들어, 피앤지(P&G)는 아마존에서 주문하는 고객들에게 더 쉽게 배송할 수 있도록 주요 브랜드에 대한 새로운 포장을 개발하고 있다. 타이드(Tide) 세탁세제의 새로운 포장은 신발 상자 크기의 용기 내부에 돌려서 세제를 따를 수 있도록 꼭지를 부착해서 환경친화적이며 배송이 용이하다.[4]

혁신적인 상품과 서비스에 대한 수요는 시간이 지남에 따라 계속 증가하는 추세로 변화하고 있다. 마케터는 신제품 개발 및 유통, 기존 제품 수정 등을 통해 고객의 변화하는 욕구에 유연하게 대처할 수 있어야 한다. 공급망 관리자는 개선된 정보기술을 통해 제공되는 데이터를 사용하여 고객에 대해 학습할 수 있으며, 이는 공급망의 전방부문에서 제품을 개선하는데 도움이 될 수 있다. 이제 마케터는 공급망 전체를 관리하는 것이 고객이 원하는 시간, 장소, 방법으로 제품을 구매할 수 있도록 하는데 매우 중요하다는 사실을 이해한다. 아마존은 제품 사용후기와 평가, 다양한 배송 옵션, 손쉬운 반품 정책을 제공하여 사용자 친화적인 웹사이트를 통해 고객이 상상할 수 있는 거의 모든 것을 제공하는 공급망 관리의 표준을 설정했다. 이 회사는 대도시 지역에서도 당일 배송이 가능한 원활한 유통시스템을 구축하기 위해 전 세계 공급업체와 협력하고 있다. 많은 기업들이 이처럼 크고 유연한 경쟁자와 경쟁하고 적응하기 위해 고군분투하고 있다.

기술의 발전으로 인해 전 세계적인 공급망 관리의 기능이 향상되고 있다. 특히 정보기술에서의 발전은 공급망 후방부문에 있는 제조업체의 재고 요구와 전방부문에 있는 고객의 재고 요구를 일치시켜 원활한 유통 프로세스를 만들었다. 유통경로 구성원 간의 통합된 정보공유를 통해 기업은 비용을 절감하고 서비스를 개선하며 최종 고객에게 향상된 가치를 제공할 수 있다. 정보는 공급망을 효율적이고 효과적으로 운영하는데 중요한 요소이다.

새롭게 부상하고 있는 기술 중 **블록체인**blockchain은 공급망 내에서 커뮤니케이션과 투명성을 개선하는데 도움이 될 수 있는 위·변조가 불가능한 디지털 기록 보관 시스템이다. 블록체인 기술을 이용하여 공급망 내의 모든 기업은 제품 및 부품의 소싱, 가공 및 저장되는 모든 이동 과정과 함께 이동이 끝났을 경우 최종 소비자에 이르기까지의 모든 경로를 기록할 수 있다. 예를 들어, 드비어스(De Beers)는 블록체인 기술을 사용하여 채굴 시점부터 최종 판매 시점까지 다이아몬드를 추적하여 "분쟁"지역의 보석이 아니라 진짜 보석을 구매하고 있음을 확신시킨다.[5] 공급망 관리를 개선하는 또 다른 기술은 인공지능(AI)으로, 인공지능은 복잡한 컴퓨팅 작업을 수행하는 기업에서 마케팅 분석을 개선하는데 도움이 된다. 예를 들어, 유피에스(UPS)는 실시간 통합 최적화 시스템(ORION; On-road Integrated Optimization and Navigation)이라는 인공지능 운행 통제 시스템을 사용하여 운전자를 위한 최적의 경로를 결정한다. 이 시스템은 고객, 운전자, 차량의 데이터를 수집한 후 이상적인 경로를 실시간으로 찾아 교통 체증을 피하도록 해준다. 오리온(ORION)은 고객이 주문한 상품을 더 빠르게 배달하고, 트럭의 배기가스와 마모를 줄일 수 있도록 한다.[6] 인공지능 기술은 더 많은 기업이 그것을 사용함에 따라 공급망 관리를 계속 변화시킬 것이다.

블록체인 위·변조가 불가능한 디지털 기록 보관 시스템

11-2 공급망에서 유통경로의 역할

#학습목표 **마케팅 채널과 공급망의 역할과 중요성을 설명한다.**

유통경로marketing channel는 공급망 내에서 생산자에서 고객으로의 제품흐름에 관여하는 일련의 개인과 조직을 말한다. 유통경로의 주요 역할은 제품을 적절한 시기에 적절한 장소에서 적절한 수량으로 고객들이 구매할 수 있도록 해 주는 것이다. 이것은 운영관리, 물류관리, 조달 간의 시너지를 통해 달성된다. 고객만족도를 제고하는 하는 것이 유통경로 관련 의사결정의 원동력이 되어야 한다. 따라서 경로구성원들은 구매자의 욕구와 행동에 깊은 관심을 기울여야 한다.

유통경로 공급망 내에서 생산자에서 고객으로의 제품흐름에 관여하는 일련의 개인과 조직

일부 유통경로는 제품이 생산자에서 소비자에게 직접 전달되는 직접유통경로의 형태를 가진다. 예를 들어, 농장 가판대에서 과일을 구입하면 이는 제품이 생산업체에서 고객에게 직접 전달됨을 의미한다. 하지만 대부분의 유통경로에는 계약이나 제품 구매 및 재판매를 통해 생

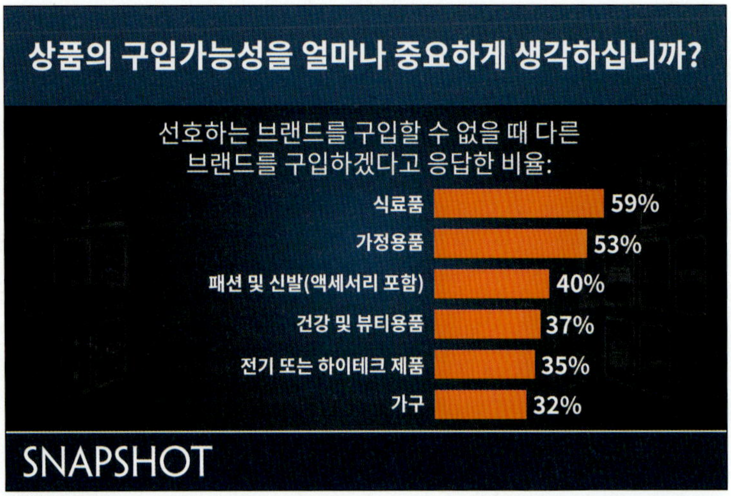

출처: YouGov, 2018.

산자를 다른 중간상이나 최종 소비자와 연결시키는 **중간상**marketing intermediaries이 존재한다. 중간상들은 표 11.1에 제시된 내용과 같은 활동을 수행한다. 그들은 또한 유통 활동뿐만 아니라, 유통경로 구성원 모두가 효과적으로 고객관계를 유지할 수 있도록 데이터베이스 및 정보시스템을 유지·관리함으로써 고객관계관리에도 중요한 역할을 담당한다. 예를 들어, 울트라십 티엠에스(UltraShip TMS)는 물류를 합리화하고 공급망 전체의 효율성을 제고시킬 수 있는 운송관리 소프트웨어를 제공한다.[7]

중간상 계약이나 제품 구매 및 재판매를 통해 생산자를 다른 중간상이나 최종 소비자와 연결시키는 중개자

도매상과 소매상은 중간상의 대표적인 예이다. 도매상은 제품을 구매해서 다른 도매상, 소매상 및 산업재 고객에게 재판매한다. 소매상은 제품을 구매해서 최종 소비자에게 판매한다. 도매상으로부터 애드빌(Advil) 진통제를 구매해 진열하고 있는 주위의 수퍼마켓을 생각해 보자. 도매상은 타이레놀의 제조사인 맥닐 컨슈머 헬스케어(McNeil Consumer Healthcare)와 같은 제조업체로부터 진통제 및 기타 일반 약품 및 처방약과 함께 해당 진통제를 구입했을 것이다. 도매와 소매에 대해서는 다음 장에서 자세히 살펴볼 것이다.

표 11.1 중간상이 수행하는 마케팅 활동

마케팅 활동	활동의 예
마케팅 정보	- 데이터베이스 및 정보시스템의 판매데이터와 기타 정보에 대한 분석 - 마케팅조사 수행 및 외부 의뢰
마케팅 관리	- 고객관계 개선 및 기업 생산성 향상을 위한 전략/전술 계획 수립
교환의 촉진	- 고객의 욕구를 충족시키는 상품구색 마련 - 경로구성원 간의 협력을 통한 파트너십 구축
프로모션	- 프로모션 목표 설정 - 광고, 인적판매, 판매촉진, PR 및 패키징 등의 촉진도구 조정
가격	- 판매조건 및 가격정책의 설정
로지스틱스	- 운송관리, 창고관리, 원자재관리, 재고관리 및 커뮤니케이션 관리

11-2a 유통경로의 중요성

유통경로에 대한 의사결정이 다른 마케팅 의사결정보다 꼭 선행되어야 하는 것은 아니지만, 유통경로는 다른 마케팅 믹스(예, 제품, 가격, 촉진)에 미치는 영향력이 크다. 유통경로에 대한 의사결정이 중요한 이유는 제품이 시장에 존재한다는 사실과 그것을 구매할 수 있다는 사실을 고객에게 알리는 역할을 담당하기 때문이다. 유통경로가 없다면 기업이 최고의 제품과 서비스를 출시한다고 해도 그것을 필요로 하는 소비자에게 제때 전달하지 못할 것이다. 중소기업은 베스트 바이(Best Buy)나 스테이플스(Staples)와 같은 전문점 체인에서 컴퓨터를 구매할 가능성이 높기 때문에 이러한 판매점을 유통망으로 사용하지 못하는 컴퓨터 회사는 당연히 불리한 입장에 놓이게 된다. 실제로 컴퓨터 업계에서 직접 판매 모델을 개척한 바 있는 델(Dell)도 베스트 바이에서 컴퓨터를 판매하고 있다. 델에서 델컴퓨터를 직접 구매하거나 베스트 바이와 같은 소매점에서도 구매할 수 있는 선택권의 제공은 고객이 원하는 시간과 장소에서 필요한 제품을 구입할 수 있음을 의미하는 것이다. 매장 내 판매의 경우에는 구매하기 전에 고객이 직접 컴퓨터를 테스트할 수 있는 기회를 가질 수 있다는 이점이 있다.

유통경로에 대한 의사결정이 전략적으로 중요한 이유는 다양한 기업들(예를 들면, 공급업체, 물류업체, 운영업체 등) 간의 장기적인 관계 유지가 필요하기 때문이다. 특정 기업이 특정 유통경로를 선택하고 나면, 이를 번경하는 것은 상당히 어려운 일이다. 유통경로는 효용을 창출하고 교환의 효율성을 촉진하는 등 여러 가지 기능을 한다. 이러한 기능 중 일부는 한 경로구성원이 수행할 수도 있지만, 대부분의 기능은 경로 구성원의 공동 노력을 통해 이루어진다.

유통경로: 효용의 창출

유통경로는 시간, 장소, 소유, 형태라는 네 유형의 효용을 창출한다. *시간 효용(time utility)*은 소비자가 원하는 시간에 제품을 제공하는 것이다. 무비 온 디멘드(Movies On Demand)나 넷플릭스(Netflix)와 같은 서비스를 통해 고객들이 원하는 시간에 영화나 TV 쇼를 시청할 수 있다. *장소 효용(place utility)*은 소비자가 원하는 곳에서 제품을 구매할 수 있도록 하는 것이다. 예를 들어, 자포스(Zappos)는 고객이 모바일 기기와 인터넷 연결이 가능한 곳이면 어디에서든 신발과 엑세서리를 쇼핑할 수 있도록 해 준다. *소유 효용(possession utility)*는 고객이 제품을 구매해서 바로 사용하거나 향후 사용을 위해 보관할 수 있음을 의미한다. 소유 효용은 소유권의 이전이나 약정(리스, 렌탈)을 통해 소비자에게 제품 사용권리를 양도하는 것을 포함한다. 경로구성원은 때때로 개별 고객의 욕구에 맞게 제품을 조립, 준비 또는 수정하여 *형태 효용(form utility)*을 창출하기도 한다.

유통경로: 교환 효율성 촉진

생산자와 구매자가 같은 도시에 있어도 제품과 서비스의 교환에는 비용이 발생한다. 유통경로

■■ 그림 11.2 중간상이 제공하는 교환의 효율성

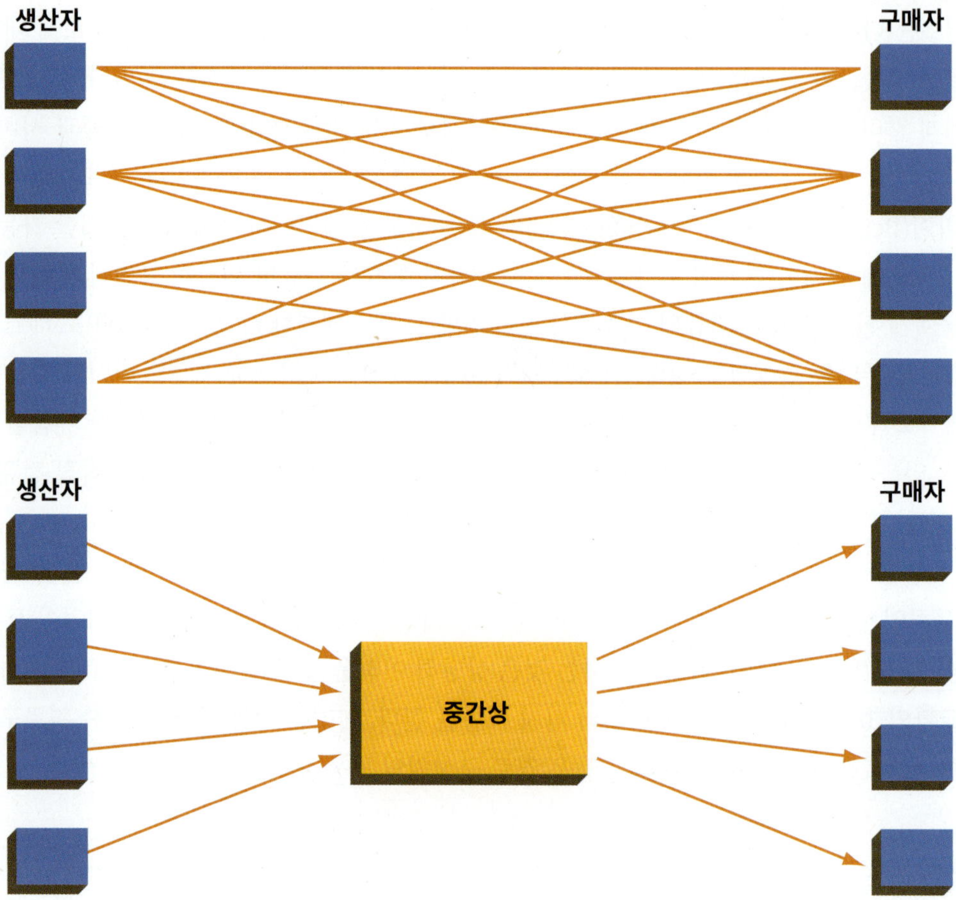

내에서 중간상들은 특정 서비스와 기능을 효율적으로 수행함으로써 교환비용을 줄일 수 있다. 그림 11.2에 나타난 바와 같이 4명의 구매자가 4명의 생산자와 개별적인 교환을 할 경우, 총 16번의 거래를 해야 한다. 하지만 한 명의 중간상이 생산자와 구매자 모두에게 서비스를 제공하는 경우, 총 거래수는 8번으로 줄어든다. 중간상은 이렇듯이 교환을 촉진하는 전문적인 역할을 한다. 중간상은 유통경로가 제대로 기능을 발휘하는데 사용되는 중요한 자원으로의 접근 및 통제가 가능하기 때문에 중요하다.

그럼에도 불구하고 언론, 소비자, 공무원, 심지어 다른 마케터들까지도 중간상, 특히 도매상을 거침없이 비난한다. 비방하는 사람들은 도매상이 비효율적이며 비용을 증가시키는 주범이라고 주장한다. 구매자들은 유통경로를 최대한 짧게 하면 상품의 가격이 낮아진다고 생각하지만, 사실은 그렇지 않다. 도매상을 없애면 소비자들에게 낮은 가격으로 제품을 공급할 수 있다고 하는 비평가들은 도매상이 제공하는 서비스의 필요성을 없애지 못한다는 점을 인식하지 못한다.

■■ 그림 11.3 소비재 유통경로의 유형

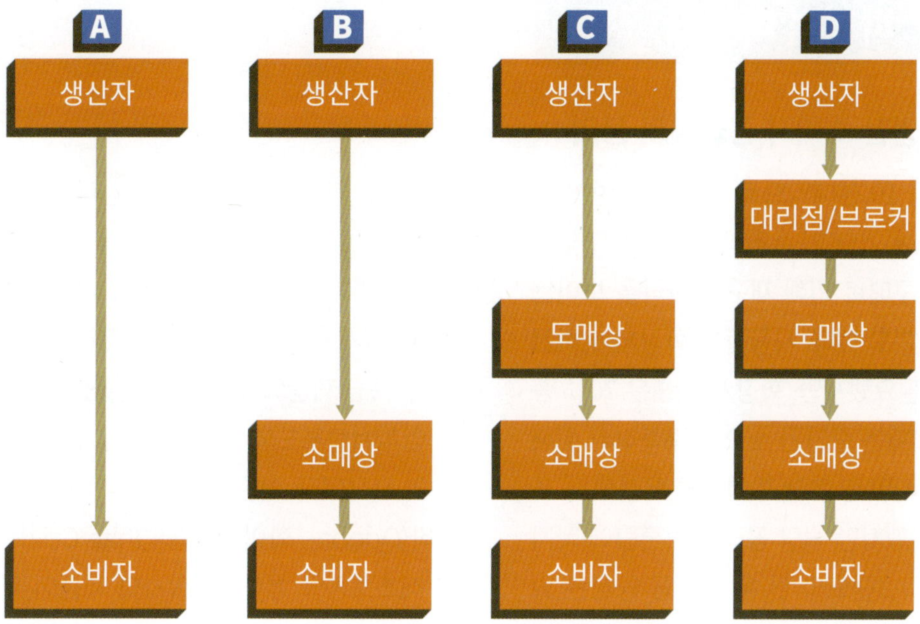

도매상을 제거할 수는 있지만, 그들이 수행하는 기능은 없앨 수가 없다. 도매상을 제거할 경우, 다른 경로 구성원이 도매상의 기능을 대신 수행해야 하고, 그런 기능 수행의 효율성이 떨어질 가능성이 높으며, 그럼에도 불구하고 고객들은 여전히 해당 기능에 대한 비용을 지불해야 한다. 또한 생산자는 소매상이나 소비자와 직접 거래를 해야 하기 때문에 모든 생산자는 방대한 고객 기록을 유지하고 다수의 고객을 응대할 적절한 인력을 고용해야만 한다. 결국 비효율적인 유통경로의 비용이 가격에 반영되기 때문에 고객은 제품에 대해 훨씬 더 많은 비용을 지불하게 될 것이다. 이러한 비판을 완화하기 위해 도매상은 바람직한 것으로 인정받고 효율적이며 고객중심적인 마케팅 활동만을 수행해야 한다.

11-2b 유통경로의 종류

어떤 제품에 적합한 유통경로가 다른 제품에는 적합하지 않을 수 있기 때문에 기업은 다양한 유통경로를 선택할 수 있다. 가장 일반적인 유통경로의 종류는 소비재 유통경로와 산업재 유통경로로 구분할 수 있다.

소비재 유통경로

그림 11.3에는 소비재 유통경로의 유형이 제시되어 있다. 경로 A는 생산자에서 소비자로 제품

DISRUPTIVE MARKETING

파괴적 마케팅

팬데믹으로 인한 소비자 공급망의 붕괴

2020년 코로나 19 팬데믹으로 인해 글로벌 경제는 붕괴되었다. 위기 초기 수퍼마켓은 소비자의 공황구매와 비축구매로 인해 재고가 바닥을 보이는 현상이 발생하기도 했다. 사람들은 화장지가 이전보다 40% 더 필요했지만, 화장지 매출은 70% 증가했다. 공급업체는 증가된 수요를 충족하기 위해 생산량을 늘렸지만 향후 재고 과잉을 우려했다. 또한 식량은 풍부했지만 식량 공급망은 혼란에 빠지게 되었다. 클리브랜드의 한 우유 가공 공장은 일반적으로 매일 스타벅스에 3 배치의 우유를 생산한다고 보고했지만, 위기 기간 동안 스타벅스는 3일에 1 배치만 필요로 했다. 하지만 젖소는 하루에 여러 번 착유해야 하므로 공장이 처리하고 저장할 수 있는 것보다 더 많은 우유가 쌓이게 되었다. 공급망의 복잡성으로 인해 이 우유는 소비자에게 쉽게 전달되지 않았다.

많은 브랜드들이 생존을 위해 적응해야 했다. 팬데믹으로 외식산업이 타격을 받자, 임파서블푸드(Impossible Foods)는 소매확장을 가속화하여 자사의 유통망을 조정하고 식물성 버거 대안을 전국 1,700여개 크로거(Kroger) 식료품점에 공급했다. 일부 육류 제품의 부족 현상이 발생하자 소비자들은 임파서블푸드와 같은 육류 대체품을 구매하여 먹기 시작했다. 기존에는 버거킹(Berger King), 쿠도바(Qdoba), 화이트캐슬(White Castle) 등과 같은 레스토랑을 통해 이 회사의 제품이 주로 판매되었다. 파네라(Panera)와 같은 일부 레스토랑은 매장 내 영업의 정지로 레스토랑 매출이 감소함에 따라 우유, 신선 농산물, 치즈와 같은 식료품 판매를 시작했다. 콜로라도에 있는 레스토랑 체인 모던마켓이터리(Modern Market Eatery)는 소비자를 위한 식료품 상자를 만들어 공급망의 복잡성으로 인해 식료품점에서 품절되어 이용할 수 없었던 많은 상품을 이용할 수 있도록 만들었다.[a]

이 직접 이동하는 경로를 나타낸다. 예를 들어, 미용실에서 미용사가 직접 소비자의 머리를 손질하는 것인데, 이 때 서비스를 제공하는 미용사와 소비자 사이에는 어떤 중간상도 없기 때문이다. 인터넷을 통한 직접 마케팅은 여러 기업들의 유통전략에서 중요한 부분을 차지하고 있으며, 이는 전통적인 소매상을 통한 판매를 보완하는 수단으로 활용되고 있다. 안경 디자인 브랜드 와비파커(Warby Parker), 침대 매트리스 브랜드 캐스퍼(Casper), 남성 면도 용품 브랜드 해리스(Harry's) 및 온라인 커머스 기업 브랜드리스(Brandless) 등을 포함한 점증하는 수의 기업들이 소비자에게 직접 판매(direct to consumer; D2C) 전략을 사용하여 온라인으로 소비자에게 직접 판매를 함으로써 업계를 혼란에 빠뜨리고 있다. 기업은 직접 판매 유통경로와 중간상을 활용하는 유통경로 가운데 어느 하나를 결정할 때 반드시 수익-비용분석을 면밀히 수행해야 한다.

경로 B는 생산자로부터 소매상을 통해 소비자에게 제품을 전달하는 형태로 이러한 형태는 제조업체로부터 대량 구매가 가능하기 때문에 대형 소매상들이 자주 선택하는 경로유형이다. 타깃(Target)이나 월마트(Walmart)와 같은 소매업체는 생산자로부터 직접 구매한 많은 상품들을 소비자에게 판매한다. 신규 개발 자동차나 대학 교재 등도 이런 형태의 유통경로를 주로 이용한다.

경로 C는 가장 일반적인 형태의 소비재 유통경로이다. 이는 생산자로부터 제품을 구매한 도매상이 다시 소매상을 통해 최종 소비자에게 제품을 전달하는 방식이다. 이 유형은 수많은 소매상을 통해 수 많은 고객들에게 제품을 판매해야 하는 생산자에게는 가장 현실적인 선택대안이 된다. 일부 가전제품, 하드웨어 및 대다수의 편의품이 이러한 유통경로를 통해 판매되고 있다. 리글리(Wrigley) 껌을 판매하는 소매점을 생각해 보면, 리글리社는 개별적인 소매점들과 일일이 거래하기란 매우 어려운 일일 것이다.

경로 D는 생산자로부터 대리점을 거쳐 도매상, 소매상, 소비자로 전달되는 형태의 유통경로이며, 가공식품과 같이 대량 유통을 목적으로 하는 제품에 자주 사용된다. 예를 들어, 수제 크리스마스 트리 장식품의 생산자는 대리점을 통해 도매상에게 제품을 판매한다. 이어서 도매상은 그 장식품을 소매상들에게 판매한다.

일반적인 생각과는 달리, 특정 소비재에 있어서 긴 유통경로가 가장 효율적인 경로대안이 될 수 있다. 그 이유는 유통경로의 각 구성원들이 각자의 전문성을 발휘할 때 한 구성원이 모든 역할을 할 때보다 비용은 낮아지고 효율성은 높아질 수 있기 때문이다. 생산을 하는 기업이 생산을 담당하고 유통을 하는 기업이 유통을 담당하는 것이 생산기업이 생산과 유통까지 모두 담당하는 경우보다 훨씬 더 효율적이고, 이러한 각각의 전문성 실현은 고객에게 좀 더 나은 부가가치를 제공하면서 비용을 줄이는 길이 된다.

산업재 유통경로

그림 11.4는 가장 일반적인 4가지 유형의 산업재 유통경로를 나타낸다. 소비재와 마찬가지로 산업재 또한 적어도 하나 이상의 도매상과 협력한다.

경로 E는 산업재를 직접 거래하는 유통경로를 나타낸다. 소비재와는 달리 산업재, 특히 고가의 장비는 이와 같은 직접 경로를 통해 판매될 가능성이 높다. 비즈니스 고객은 특별히 복잡하거나 고가의 제품인 경우 생산자와 직접 거래하기를 원한다. 예를 들어, 보잉(Boeing)社의 제트기 구매자는 수천만 달러에 달하는 항공기와 부품뿐만 아니라 지속적인 유지보수와 기술지원도 받아야 한다. 이와 같이 커뮤니케이션과 고객지원이 중요한 상황에서 중간상을 통해 이를 달성하기는 어렵다.

11.4 산업재 유통경로의 유형

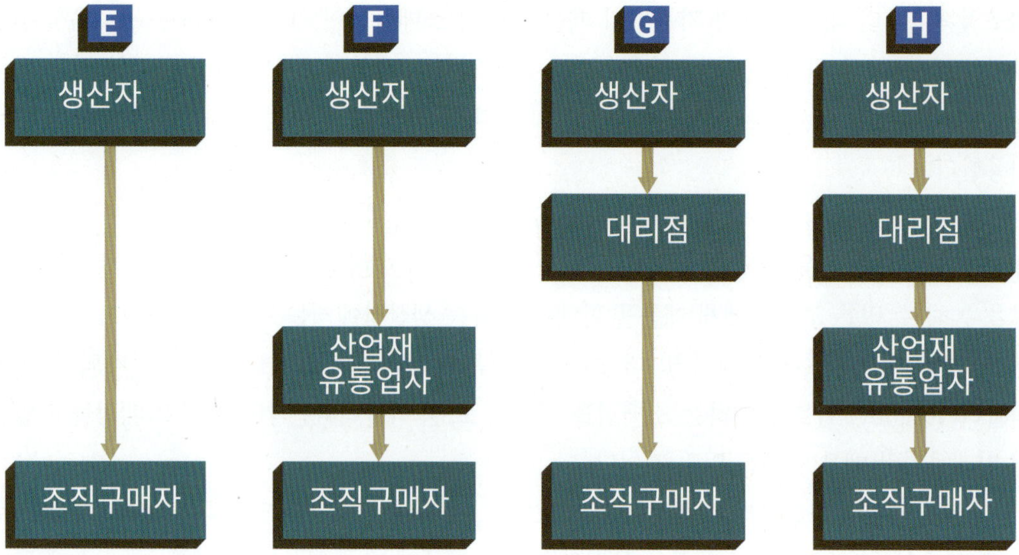

산업재 유통업자 제품에 대한 소유권을 갖고 재고를 유지하며 독립적인 사업을 하는 주체

경로 F에서 산업재 유통업자는 생산자와 고객 사이에서 교환을 촉진하는 역할을 담당한다. **산업재 유통업자industrial distributor**는 제품에 대한 소유권을 갖고 재고를 유지하며 독립적인 사업을 하는 주체이다. 산업재 유통업자는 일반적으로 유지보수 용품, 공구류 및 소형 장비 등과 같은 표준화된 품목을 판매한다. 일부 산업재 유통업자는 다양한 제품 라인을 보유한다. 예를 들어, 어플라이드 인더스트리얼 테크놀로지(Applied Industrial Technologies Inc.)는 4,000개 이상의 기업이 생산한 500만 개 이상의 산업재 부품을 취급하고 있으며, 소규모 청소 서비스업체에서부터 거대 제조업체에 이르는 다양한 기업들과 협력을 하고 있다.[8] 기타 산업재 유통업자는 한 개 또는 소수의 제품을 전문적으로 취급한다. 산업재 유통업자가 산업재를 취급하는 비중은 계속 증가하고 있다. 이와 같은 산업재 유통업자는 제품을 광범위한 시장에 소구할 수 있고, 재고 및 서비스 제공이 용이하고, 소량판매가 가능하고, 높은 손실을 피하고자 하는 욕구가 높을 때 가장 효과적인 경로대안이라고 할 수 있다.

산업재 유통업자는 판매자에게 몇 가지 혜택을 제공한다. 그들은 생산자를 대신하여 비교적 낮은 비용으로 현지 시장에 적합한 판매활동을 수행하며, 고객에게 신용서비스를 제공함으로써 생산자의 재정 부담을 줄여줄 수 있다. 또한 산업재 유통업자는 종종 고객과 긴밀한 관계를 유지함으로써 고객들의 실제적인 욕구를 파악하여 이를 생산자에게 전달하는 역할도 할 수 있다. 현지 시장에서 적절한 재고를 유지함으로써 산업재 유통업자는 생산자의 자본 투입에 대한 부담을 감소시켜 준다.

산업재 유통업체를 활용할 때 단점도 존재한다. 그들은 독립적인 주체이기 때문에 관리 상의 어려움이 발생할 수 있다. 그들은 일반적으로 경쟁사의 제품도 취급하기 때문에 자사 제품을 의욕적으로 판매해 주기를 기대하기 어려울 수도 있다. 특히 이들 업체는 자체 재고를 보유하고 있기 때문에 재고 유지비용이 발생해서 수량이 많거나, 판매주기가 긴 제품이거나, 판매를 위해 특별한 시설이나 노력이 필요한 제품들은 취급하기를 꺼려할 수도 있다. 어떤 경우에는 산업재 유통업자가 기술 제품을 판매하고 서비스를 제공하는데 필요한 전문지식이 부족할 수도 있다.

산업재 유통의 세 번째 경로 G는 생산자가 중간상으로 제조업체 대리점을 두는 경우인데, 이들은 약정된 지역에서 여러 업체의 유사한 보완적 제품을 판매하고 수수료를 받는 독립적인 개인 사업자들이다. 산업재 유통업자와는 달리 이들은 판매하는 제품에 대한 소유권을 갖지 않으며 일반적으로 제품을 보유하지도 않는다. 생산자를 대신하여 판매만을 담당하기 때문에 제조업체 대리점은 가격이나 판매 조건과 관련한 협상 재량권은 거의 없거나 미미한 정도이다.

제조업체 대리점을 활용하면 기업의 마케터에게 도움이 될 수 있다. 그들은 일반적으로 상당한 기술 및 시장 정보를 보유하고 있으며 확실한 고객 기반을 확보하고 있다. 제조업체 대리점은 판매자가 연간 영업 인력을 지원할 필요가 없기 때문에 계절적 수요가 있는 기업에게는 큰 이득이 될 수 있다. 제조업체 대리점은 판매에 대한 수수료를 받고 역할을 수행하기 때문에 정규 영업 인력을 고용하기 어려운 자본력를 갖고 있는 기업에게는 합리적인 대안이 될 수 있다.

제조업체 대리점을 활용하는 것에도 문제는 있다. 판매자는 제조업체 대리점의 행동을 거의 통제할 수 없다. 그들은 수수료를 받고 영업을 하기 때문에, 제조업체 대리점은 수수료 규모가 큰 고객사를 더 선호할 것이다. 그들은 제품 판매 후 고객 관리를 하거나, 제품의 후속 판매를 위해 노력하거나, 판매자에게 시장정보를 제공하는 등의 일은 수수료를 받는 업무가 아니기 때문에 이런 업무의 수행을 꺼려하고 수수료를 받을 수 있는 업무에만 신경을 쓸 가능성이 높다. 게다가 이들은 재고를 전혀 보유하지 않기 때문에 소비자에게 부품의 교환이나 수리 같은 서비스를 신속하게 제공할 수 없다.

마지막으로, 경로 H는 제조업체 대리점과 산업재 유통업자 모두를 보유하는 유통경로이다. 이 경로는 생산자가 넓은 지역을 공략하고 싶지만 자금력이 부족하거나 제품에 대한 수요가 계절적으로 편차가 심할 때 적합한 유통경로이다. 이 경로는 영업 인력을 늘리지 않고 신규 지역 시장에 진입하려는 기업에게도 유용하게 활용될 수 있다.

복수유통경로와 경로제휴

다양한 목표시장에 접근하기 위해 제조업체는 서로 다른 중간상을 포함하고 있는 하나 이상의 유통경로를 동시에 사용할 수 있다. 제조업체는 그들이 제품이 일반 소비자나 비즈니스 고객 모두를 대상으로 할 때 여러 유통경로를 활용할 수 있다. 예를 들어, 하인즈(Heinz)는 케첩을 소비자용으로 판매할 때는 식료품 도매상을 활용해서 슈퍼마켓에 공급하거나 직접 소매상을 활용하여 판매하지만, 식당이나 기관과 같은 대형 구매처에 판매할 경우에는 다른 유통경로를 활용한다.

전략적 경로제휴 특정 기업이 자사의 제품을 다른 기업의 유통경로를 활용하여 유통시키고자 할 때 맺는 협정

전략적 경로제휴strategic channel alliance는 특정 기업이 자사의 제품을 다른 기업의 유통경로를 활용하여 유통시키고자 할 때 맺는 협정을 의미한다. 두 기업의 제품은 목표시장이나 용도 면에서는 유사하지만 직접적인 경쟁관계에 있지는 않다. 특정 브랜드의 생수는 청량음료의 유통경로를 통해 유통될 수 있고, 미국의 시리얼 생산자는 유럽 식품 가공업체와 전략적 경로제휴를 맺어 글로벌 시장에 진출할 수 있다. 이러한 제휴는 유통경로를 소유하고 있는 기업과 자체 유통경로가 없어 타사 유통경로를 활용해서 브랜드를 유통시키고자 하는 기업 모두에게 이익을 제공할 수 있다.

복수유통경로 유통망을 최대로 확보하기 위해 다양한 유통경로를 사용하는 유통전략

디지털 유통경로 인터넷을 통해 컴퓨터나 기타 기기로 콘텐츠를 유통시키는 것

오늘날 상당히 많은 기업들이 동일한 목표시장에 제품을 유통시키기 위해 복수의 유통경로를 사용한다. 예를 들어, 엘엘빈(L.L. Bean)은 자사의 유서깊은 카탈로그, 웹사이트 및 자체 소매점을 통해 제품을 판매한다. 이러한 경우, 기업은 유통망을 최대로 확보하기 위해 다양한 유통경로를 사용하는 **복수유통경로multichannel distribution** 전략을 사용한다. 이를 옴니채널 전략이라고도 한다. 복수유통경로 전략을 사용하는 주된 이유는 목표 고객이 기업 또는 해당 기업 제품에 시간과 장소에 구애받지 않고 접근할 수 있도록 하기 위함이다. 어떤 소비자는 제품을 직접 비교하고 시식도 할 수 있는 오프라인 매장에서 쇼핑하는 것을 선호하는 반면, 어떤 소비자는 제품에 대한 구매 필요성을 인식하는 순간 바로 스마트폰을 통해 쇼핑하는 것을 선호할 수도 있다. 이러한 이유로 온라인에서 매트리스를 직접 판매하여 빠른 성공을 거두었던 캐스퍼(Casper)는 노드스트롬(Nordstrom)과 웨스트엘름(West Elm)과 제휴를 통해 유통망을 확장했고, 나아가서는 더 많은 고객에게 접근하기 위해 자체 매장도 개설했다.[9] 이브생로랑(Yves Saint Laurent) 스퀘어 립스틱(Square Lipstick)의 립스틱과 립라이너에 대한 광고는 소비자가 구입가능한 색상과 사용법을 소개하면서, 이 제품은 이브생로랑 웹사이트 뿐만 아니라 오프라인 매장에서도 구매할 수 있다는 내용을 포함하고 있다.

SOURCE: YVES SAINT LAURENT SAS

복수유통경로 이용 이브생로랑은 복수유통경로를 활용한다. 이 제품은 YSLbeauty.com을 통해 직접 구입할 수 있으며, 오프라인 매장 및 아마존닷컴을 통해서도 구입할 수 있다.

일부 제품의 경우에는 물적유통을 완전히 포기할 수도 있다. **디지털 유통경로digital distribution**는 인터넷을 통해 컴퓨터나 기타 기기로 콘텐츠를 유통시키는 것을 의미한다. 예를 들어, 넷플릭스(Netflix)나 훌루(Hulu)에서 TV 프로그램을 시청할 때 해당 네트워크는 소비자들이 자신의 기기를 통해 시차없이 실시간으로 동영상을 시청할 수 있도록 하고 있다. 오늘날 첨단 기술의 세계에서는 교과서와 같은 디지털 콘텐츠를 대여하거나 오피스 365(Office 365)와 같은 소프트웨어를 구독하는 것이 가능한데, 이와 같이 대여하거나 구독한 디지털 콘텐츠는 컴퓨터, 태블릿, 혹은 스마트폰에 다운로드 받은 후 일정 기간동안 이용할 수 있다. 익스피디아닷

ENTREPRENEURSHIP IN MARKETING

마케팅과 기업가 정신

팬데믹으로 인한 식사 배달 서비스의 부상

2020년 3월 코로나 19 팬데믹으로 인해 미국 경제 시설들에 대한 폐쇄가 단행되자, 소비자들은 바이러스 확산을 최소화하기 위해 "집에서 대피"해야 했다. 필수적인 업체들만이 영업을 할 수 있었다. 매출에서의 손실을 줄이기 위해 식당들은 테이크아웃과 배달로 눈을 돌리기 시작했다. 주문을 받고 배달을 위한 인프라가 부족한 식당의 경우, 도어대시(DoorDash), 우버이츠(Uber Eats) 및 그럽허브(GrubHub)에서 제공하는 식사 배달 서비스는 배고픈 소비자를 위한 준비된 플랫폼이 되었다. 본질적으로 이러한 기업들은 웹사이트와 앱을 통해 각 주문의 일정 비율을 받는 대가로 식당들의 주문 접수자, 배달 운전사, 때로는 마케터 역할을 대신했다.

미국에서 대부분의 기업들이 경제적으로 어려움을 겪거나 심지어 문을 닫아야 하는 경우도 발생했지만, 팬데믹은 식사 배달 서비스 기업들에게는 새로운 기회로 작용했다. 배달 서비스의 수익은 팬데믹 발생 후 첫 달에 21% 증가했으며, 이 중 대부분은 시장 선두 업체였던 도어대시의 몫이었다. 식사 배달에 대한 지출은 전년 대비 70% 급증했으며, 소비자들이 자가 격리 상태에 들어감에 따라 평균 주문 규모도 증가했다. 또한 일부 서비스는 약국에서 처방된 약과 기타 필수품도 배달하기도 했다.

일부 식당 주인은 배달 앱에서 부과하는 수수료가 영업을 유지하기 위해 분투하고 있는 시기에 큰 타격이 된다고 불평하기도 했다. 일부 도시에서는 주문당 수수료를 15%로 제한하기도 했다. 도어대시, 그럽허브 및 우버이츠는 결국 대형 체인점이 중소 독립 식당들에 대한 수수료를 인하하여 중소 자영업자들이 그들의 주문을 더 많이 유지할 수 있도록 했다.[b]

컴(Expedia.com) 또는 호텔스닷컴(Hotels.com)을 이용하여 여행과 관련된 서비스를 예약을 하는 것과 같이 일부 서비스는 디지털 유통경로를 통해 유통될 수도 있다.

각기 다른 유통경로 간의 경계가 점점 모호해지고 있음을 인정하는 것이 중요하다. 오늘날 소비자는 홈디포(Home Depot)나 타깃(Target)과 같은 곳에서 온라인으로 제품을 주문하고 자신과 가장 가까운 소매점에서 제품을 픽업하여 배송료를 아끼고자 한다. 슈퍼마켓들은 고객이 점포앱을 통해 식료품을 선택하고 결제한 다음, 지나는 길에 자신이 주문한 상품을 가져갈 수 있도록 함으로써 한 단계 더 진화된 모습을 보이고 있다. 많은 기업들이 오프라인 소매점뿐만 아니라 아마존닷컴이나 이베이 등의 복수의 유통경로를 활용한다. 오늘날 젊은 소비자들은 스마트폰을 통해 어디에서든 온라인 쇼핑을 할 수 있다는 것을 알고 있지만, 소매점을 방문하여 제품을 직접 평가한 다음 제조업체 웹사이트나 아마존에서 직접 주문을 할 수도 있다. 마케터는 목표시장이 선호하는 모든 유통경로를 사용하고 모든 유통경로에 걸쳐 일관된 메시지를 전달함으로써 복수유통경로의 사용으로 발생하는 경로 간 경계가 모호해 지는 문제를 해결해야 한다.

11-2c 유통경로의 선택

유통경로는 한번 선택하면 변경이 어렵기 때문에 적절한 유통경로를 선택하는 것은 매우 중요한 의사결정이다. 기업마다 상황은 다를 수 있지만 일반적으로 유통경로 선택에 대한 의사결정에는 고객 특성, 제품 속성, 기업 유형, 경쟁, 마케팅 환경요인, 중간상 특성 중 하나 이상의 요인이 영향을 미친다(그림 11.5 참조).

고객 특성

마케팅 관리자는 유통경로를 선택할 때 목표시장 고객의 특성을 고려해야 한다. 이미 살펴본 바와 같이, 소비재와 산업재 고객에게 적합한 유통경로는 다르다. 제품 사용방법의 차이, 제품의 복잡성, 소비량, 서비스 요구 정도 등에 따라 기업은 다른 마케팅 전략을 선택해야 한다. 비즈니스 고객은 특히 메인프레임 컴퓨터, 항공기 또는 중장비 등 엄격한 사양과 기술지원이 필요한 고도로 기술적이거나 값비싼 제품에 대해 생산자(또는 산업재 유통업자와 같은 매우 지식이 풍부한 유통 중간상)와 직접 거래하고자 한다. 기업 구매의 경우 구매량은 상당한 경우가 많다.

반면에 소비자들은 일반적으로 소매상으로부터 소량으로 구매를 하고 제한된 고객서비스를 개의치 않는 경우가 많다. 고객들이 좁은 지역에 집중되어 있는 경우에는 직접 유통경로가 가장 좋은 대안이지만, 많은 고객이 광범위한 지역에 분산되어 있는 경우에는 여러 중간상을 통한 유통이 더 효율적일 것이다.

그림 11.5 유통경로의 선택에 영향을 미치는 요인

제품 속성

제품의 속성은 유통경로의 선택에 매우 중요한 영향을 미친다. 자동차와 같이 복잡하고 고가의 제품이나 유제품, 과일 및 야채 등과 같이 부패하기 쉬운 식료품을 판매하는 마케터는 모두 짧은 유통경로를 사용할 가능성이 높다. 청량음료나 통조림 제품과 같이 저가의 유통기한이 긴 표준화된 제품들은 많은 중간상이 개입하는 긴 유통경로를 선택할 것이다. 파손이 쉬운 제품은 취급량과 손상 위험을 줄이기 위해 짧은 유통경로를 선택할 가능성이 높다. 제품의 희소성과 특별한 이미지를 강조하고 싶은 기업은 판매 매장의 수를 제한할 것이다.

기업 특성

기업의 특성 또한 유통경로 선택에 상당한 영향을 미친다. 대기업은 규모가 크기 때문에 납품업체나 경로구성원들과의 협상에서 유리한 위치를 점할 수 있다. 대기업은 또한 더 많은 유통센터를 보유할 가능성이 높기 때문에 고객으로의 배달시간이 단축될 수 있다. 또한 대기업은 다양한 제품믹스를 경쟁도구로 사용할 수도 있다. 지역이나 현지 경로구성원을 사용하는 중소기업의 경우, 해당 지역 시장에서는 유연성이 떨어지는 대기업에 비해 더 높은 수준의 유통 서비스를 제공할 수도 있다. 하지만 중소기업들은 큰 시장을 겨냥하여 판매인력을 보강하거나, 제품을 장거리로 배송하거나, 많은 재고를 유지하거나, 신용을 제공할 수 있는 자원이 부족할 수 있다. 이러한 경우 고객에게 서비스를 제공할 수 있는 자원을 보유한 경로구성원을 찾아 해결책을 모색할 수 있다.

경쟁

경쟁은 공급망 관리자가 고려해야 할 중요한 요소 중의 하나이다. 경쟁사의 유통경로 선택의 성패는 다른 기업이 유사한 접근방법을 취하거나 피하는 의사결정을 내리는데 영향을 미칠 것이다. 경쟁이 치열한 시장에서 기업은 필요한 경우 경쟁사보다 낮은 가격을 제공할 수 있도록 비용효율적인 유통경로를 선택해야 한다.

마케팅 환경요인

환경요인도 유통경로 선택에 중요한 역할을 담당한다. 불경기일 때 기업은 소비자의 만족도가 다소 떨어지더라도 어쩔 수 없이 비용효율적인 경로를 택할 수 있다. 반대로 호경기에는 이전에는 비용문제로 선택할 수 없었던 유통경로를 선택할 수도 있다. 신기술의 발전으로 인해 기업은 온라인 소매점을 추가하는 것과 같이 새로운 유통경로의 추가 또는 기존 유통경로의 수정 등과 같은 유통전략에서의 변화를 꾀할 수 있게 되었다. 정부 규제도 유통경로 선택에 영향을 미칠 수 있다. 노동 및 환경 관련 법률이 개정되면 기업은 새로운 법률을 준수하기 위해 기존 유통경로의 구조를 수정해야 하는 경우가 발생할 수 있다. 일부 기업은 선제적인 대응의 모습을 보이기 위해 법 개정 이전에 경로수정을 할 수도 있다. 국가마다 법률이 다르기 때문에 국제적인 정부 규제는 공급망을 상당히 복잡하게 만들 수 있다.

중간상 특성

기업이 현재 중간상들이 자사 제품에 대한 커뮤니케이션 노력을 게을리한다거나 올바른 서비스 믹스를 제공하지 못한다고 생각하면 기존 경로 구성원을 바꿀 수도 있다. 이러한 경우 기업은 자사의 제품을 취급할 다른 경로구성원을 추가하거나, 전혀 새로운 중간상을 선택하거나, 모든 중간상을 제거하고 기업이 직접 유통 기능을 수행하는 것을 고려할 수도 있다.

11-3 경로커버리지

 # 학습목표 **경로커버리지의 정도를 파악한다.**

제품을 유통시키는데 필요한 유통경로는 결정하는 것 외에도 마케터는 적절한 경로커버리지, 즉 제품을 판매할 매장의 수와 종류를 결정해야 한다. 이 결정은 제품의 특성과 목표 시장의 성격에 따라 달라질 수 있다. 적절한 경로커버리지를 달성하려면 소비자들의 구매양식과 부합해야 한다. 8장에서 소비재를 소비자가 구매하는 방식에 따라 편의품, 선매품, 전문품, 미탐색품 등 4가지 유형으로 분류한 바 있다. 소비자는 제품을 구매할 때 교체주기, 제품의 수정(서비스), 사용기간, 제품 탐색 시간과 같은 요인들을 고려한다.[10] 이러한 변수들이 경로커버리지 결정에 직접적인 영향을 미친다. 경로커버리지는 집약적 유통, 선택적 유통, 전속적 유통 등 세 수준으로 나뉘어진다.

11-3a 집약적 유통

집약적 유통 활용 가능한 모든 중간상을 이용하여 제품을 유통시키는 것

집약적 유통intensive distribution은 활용 가능한 모든 중간상을 이용하여 제품을 유통시키는 것을 말한다. 집약적 유통은 자주 구매되고, 서비스가 거의 필요 없으며 가격 탄력적으로 구매가 이루어지는 제품에 적합하다.집약적 유통에 적합한 제품은 빵, 껌, 청량음료, 신문 등과 같은 편의품이다. 집약적 유통은 가능한 모든 중간상을 통해 판매하기 위해 복수 유통경로가 사용될 수 있다. 집약적 유통을 통해 유통되는 제품을 구매하고자 하는 소비자를 만족시키려면 최소한의 노력으로 근처에서 쉽게 구매할 수 있도록 해야 한다. 이와 같은 제품에 대해 소비자들은 어느 정도 신뢰할 만한 품질을 유지하면서도 가능한 저렴한 가격으로 편리한 장소에서 신속하게 구매하기를 원한다. 저렴한 편의품의 제공이 제품의 구매가능성에 직접 영향을 미칠 수 있다.

11-3b 선택적 유통

선택적 유통 지역에서 일부 이용 가능한 중간상만을 이용하여 제품을 유통시키는 것

선택적 유통selective distribution은 지역에서 이용 가능한 일부 중간상만을 이용하여 제품을 유통시키는 것을 말한다. 선택적 유통은 TV와 오디오 같은 내구재를 포함한 선매품에 적합하다. 선매품은 편의품보다 고가이며 제품의 특성, 디자인, 스타일 및 기타 기능을 비교하기 위해 더 많은 시간을 소비하고 여러 소매점이나 웹사이트를 방문할 가능성이 높은 제품이다.

선택적 유통은 고객들이 경로 구성원이 제공하는 고객 서비스와 같은 특별한 노력을 중요하게 생각할 때 적합하다. 선매품은 구매시점에 차별화가 필요하다. 선택적 유통은 적절한 서비스를 소매상들이 소비자에게 제공할 수 있도록 동기부여하는데 사용된다. 애플 공식 대리점이나 애플 전용 매장을 통해서만 유통되는 애플 제품, 특정 백화점에서만 유통되는 일부 화장품 등 제품이 선별적으로 유통될 때 대리점은 높은 품질의 고객 서비스를 제공할 수 있다.

전속적 유통 규모가 넓은 지역에서 하나의 중간상을 이용하여 제품을 유통시키는 것

11-3c 전속적 유통

전속적 유통exclusive distribution은 규모가 넓은 지역에서 하나의 중간상을 이용하여 제품을 유통시키는 것을 말한다. 전속적 유통은 자주 구매되지 않고, 장기간에 걸쳐 사용하거나, 높은 수준의 고객 서비스나 정보가 필요한 제품에 적합하다. 전속적 유통은 포르쉐(Porsche), BMW, 그리고 다른 고급 자동차와 같이 높은 이윤의 고가/고품질 제품에 사용된다. 편의품과 대부분의 선매품에는 전속적 유통이 적합하지 않다. 편의품이나 선매품은 마진이 낮기 때문에 허용 가능한 수준의 이익을 창출하기 위해서는 판매량이 부족하기 때문이다.

전속적 유통은 제한된 시장에서만 제품을 구입할 있도록 할 때만 판매자들에게 인센티브가 될 것이다. 10,000달러 이상으로 판매될 수도 있는 파텍 필립(Patek Philippe) 시계를 생각해 보자. 고급 자동차와 마찬가지로 이 시계들은 일부 선택된 지역에서만 구입할 수 있다. 전속적 유통을 사용하는 생산자는 딜러들이 완전한 재고를 보유하고, 높은 수준의 제품 지식과 고품질의 고객 서비스를 보장하도록 직원을 교육하며 촉진 프로그램에 관여하기를 기대한다.

일부 제품은 출시 초기에는 전속적 유통이 적합하지만, 경쟁자가 시장에 진입하고 제품 수명 주기가 성숙기로 옮겨감에 따라 가격이 하락하고 다른 형태의 경로 커버리지나 유통경로가 필요할 수도 있다. 전속적(선택적) 유통의 문제는 제조사와 공식 대리점 간의 계약을 위반하여 다른 경로를 통해 제품을 구매하여 판매하거나 가짜 상품을 판매하는 경우에 발생한다.

POJ THEVEENUGUL/SHUTTERSTOCK.COM

ISTOCK.COM/TARIK KIZILKAYA

집약적 유통과 선택적 유통 시리얼과 같은 식료품은 일반적으로 집중적 유통을 통해 판매된다. 소비자들은 다양한 매장에서 이러한 제품을 발견할 수 있다. 청바지와 같은 의류는 선택적 유통을 통해 판매되며 많은 소매점에서 구매할 수는 없다.

11-4 유통경로에서의 전략적 문제들

 # 학습목표 **경로리더십, 경로협력, 경로갈등을 포함한 유통경로에서 발생하는 전략적 문제들을 살펴본다.**

고객 만족과 효과적인 공급망 유지를 위해 관리자는 경로 리더십 개발, 경로 구성원 간의 협력 증진, 경로 갈등 관리 및 경로 통합을 통한 유통경로의 조정 등을 포함하여 특정 경쟁 우선순위에 전략적 초점을 맞춰야 한다.

11-4a 유통경로에서 경쟁적 우선순위

공급망에 대한 의사결정은 비즈니스의 모든 기능 영역에 영향을 미치기 때문에, 점차 많은 기업들이 공급망 자체가 경쟁우위의 원천이자 시장지향성을 유지하는 강력한 수단이 될 수 있다는 사실을 인정하고 있다. 효과적이고 효율적인 공급망을 구축하면 기업은 지속적으로 경쟁력을 유지할 수 있으며, 자원을 좀 더 효율적이고 효과적으로 사용할 수 있다. 아마존, 델, 페덱스, 도요타, 월마트 등을 비롯한 많은 유명 기업들은 독특한 공급망 역량을 갖춤으로써 경쟁사들을 압도하는데 성공할 수 있었다.

현재 많은 국가에서는 기업에게 효과적이고 효율적인 공급망을 구축할 수 있는 기회를 제공하고 있다. 미국이나 독일과 같은 선진국은 제조업 측면에서 여전히 높은 경쟁력을 보유하고 있지만, 중국은 딜로이트(Deloitte)의 글로벌 제조업 경쟁력 조사에서 1위를 차지하며 저렴한 가격으로 제품을 생산하고 필요한 곳에 효율적으로 유통시키는 우수한 능력을 자랑하고 있다.[11] 인도, 멕시코, 그리고 대만도 높은 점수를 받는 나라들이다.

공급망이 효율적으로 작동하기 위해서 기업은 모든 활동이 효율적으로 연계되어 효과적인 시스템으로 통합되어야 한다. 기업이 설정한 목표를 달성하기 위해 공급망은 성과 목표로서 속도, 품질, 비용, 또는 유연성 중 "경쟁적 우선 순위"를 결정해야 한다. 하지만 관리자는 "속도"나 "비용"과 같은 목표를 달성하기 위해 공장 근로자의 불만족, 저임금, 부당노동행위 등을 초래하지 않도록 공급망 전체를 면밀하게 관리해야 한다. 특히 해외 공장에서 제품을 생산하는 기업은 근무환경을 모니터하기 어렵기 때문에 이에 더욱 신경을 써야 한다.

11-4b 경로리더십, 경로협력, 경로갈등

개별 경로구성원들은 유통시스템에서 각자의 역할을 수행하고, 권리와 책임, 관행 불이행에 따른 제재, 보상 등을 (명시적 또는 암묵적으로) 수용한다. 각 경로구성원은 다른 경로구성원에 대해 기대하는 바가 있다. 예를 들어, 소매상은 도매상이 적절한 재고를 유지하고 적시에 제품을 배송해 주기를 기대한다. 도매상은 소매상이 대금을 잘 지급하고 필요한 재고량을 계속 알려 주기를 바란다. 제조업체, 도·소매업체에서는 운송회사들이 합리적인 비용으로 일정을 준수하여 제품을 배송해 주기를 기대한다. 유통경로 내에서 한 주체가 이와 같은 기대를 충족시키지 못하면 전체 공급망이 혼란에 빠질 수 있다. 한국의 한진해운이 파산을 선언한 후, 전 세계 항구에서는 한진해운이 항만 수수료를 지불할 자금을 확보할 수 있을 때까지 한진 선박의 입항을 거부했다. 그 결과 수백만 달러에 달하는 전 세계 제품을 선적한 한진 선박은 몇 달 동안 하역을 할 수 없이 근해에 정박을 당하는 일이 발생해 다양한 제품의 공급망을 교란시켰다.[12]

공급업체의 제품과 관련된 로지스틱스 활동의 목표, 정책, 절차 등에 대해 경로 구성원들이 동의함으로써 발생하는 경로파트너십은 효과적인 공급망 관리를 가능하게 한다. 그런 파트너십 하에서는 시스템 전체의 효율성을 극대화하기 위해 중복 기능을 제거하고 업무를 재배정한다. 경로협력은 시간, 에너지 또는 원자재 등과 같은 낭비되는 자원을 줄인다. 조정된 공급망이 좀 더 환경친화적일 수 있는데, 환경에 대한 고려는 많은 기업과 이해관계자에게 점점 더 중요한 고려사항으로 부상하고 있다. 예를 들어, 미국 자동차 산업 생산 과정의 이산화탄소 배출량을 줄이기 위해 장비 제조업체와 공급업체는 환경보호국과 협력하여 환경보호를 위한 공급업체 파트너십(Suppliers Partnership)을 체결했다. 이는 기업과 공급망 파트너가 환경 모범 사례를 공유하고 공급망 생산성을 최적화할 수 있는 포럼이다. 이 포럼을 통해 더 효율적이고 덜 오염된 공급망 구축을 기대한다.[13] 이 부분에서는 마케터가 효과적인 경로 의사결정을 내리는 데 필요한 경로리더십, 경로협력, 경로 갈등 등을 포함한 경로 구성원 행동에 대해 설명할 것이다.

경로리더십

유통경로에 대한 의사결정은 더 나은 유통경로를 최종 목표로 하여 경로 구성원 간의 타협을 통해 결정된다. 하지만 일부 유통경로는 **채널캡틴**channel captain 또는 경로리더(channel leader)라고 불리는 한 리더에 의해 조직되고 통제된다. 경로리더는 생산자, 도매상 또는 소매상일 수도 있다. 경로리더는 유통정책을 수립하고 마케팅 믹스를 조정할 수 있다. 바람직한 목표를 달성하기 위해, 경로리더는 경로파워를 보유해야 한다. **경로파워**channel power는 다른 경로구성원의 목표달성에 영향을 미칠 수 있는 능력을 말한다.

채널캡틴 또는 경로리더 유통경로나 공급망에서 지배적인 힘을 가진 리더

경로파워 다른 경로구성원의 목표달성에 영향을 미칠 수 있는 능력

만일 제조업체가 경로리더이고 생산 효율성 향상을 위해 판매량을 늘려야 하는 상황이라면, 제조업체는 경로구성원들에게 금융, 경영지원, 주문지원, 광고대행, 판매 및 서비스 교육 등의 제공을 통해 판매량 목표를 달성하려 할 것이다. 이러한 혜택은 일반적으로 판매량, 서비스 품질, 교육 및 고객 만족과 관련된 요구사항과 함께 제공된다.

소매상도 경로리더가 될 수 있다. 예를 들어, 월마트는 기업의 순수한 크기, 자원의 규모, 전국적이고 강력한 고객기반을 바탕으로 공급망을 지배한다. 월마트의 공급망의 일원이 되고자 하는 경로구성원은 월마트의 규정을 따라야 한다. 소형 소매상도 현지나 일부 지역에서 강한 고객충성

SOMBAT MUYCHEEN/SHUTTERSTOCK.COM

경로리더십 스케처스(Skechers)는 자사 제품의 유통에서 경로리더십을 제공한다.

도를 확보하고 있을 경우에 경로리더가 될 수 있다. 소매상이 경로리더인 경우, 그들은 많은 브랜드를 통제하고 경우에 따라서는 비협조적인 생산자를 교체하기도 한다. 주요 소매업체들이 점차 더 적은 수의 공급업체에 자사의 구매력을 집중함으로써 공급망 전반에 걸친 높은 수준의 품질과 투명성을 조정·유지하고자 한다. 이와 같은 선별적인 관계는 장기적인 관계몰입으로 발전하기도 하는데 이러한 장기적인 관계구축은 소매업체들이 필요할 때 소량으로 자주 구매할 수 있는 환경을 조성해 준다. 또한 소매업체들이 대량주문을 통해 수량할인을 받거나 필요 이상의 많은 재고보유를 함으로써 발생할 수 있는 위험감수의 가능성을 약화시켜 준다.

도매상도 경로리더가 될 수 있다. 도매상 리더는 여러 소매상들과 자발적 체인을 형성할 수 있으며, 이와 같은 자발적 체인에 대량 구매 또는 관리 서비스를 제공하고 자사의 브랜드를 판매할 수도 있다. 그 대가로 소매상은 자신의 구매물량 대부분을 도매상 리더에게로 이전한다. 도매상 경로리더는 매장 배치, 회계 및 재고 관리 등의 서비스를 소매상에게 제공할 수도 있다.

경로협력

공급망은 상호연계된 시스템이기 때문에 유통경로 내에서 특정 기업의 성공은 부분적으로 다른 경로 구성원과의 협력에 의해 좌우된다. 소매상, 도매상, 공급업체, 물류업체 등은 협력을 통해 빠른 재고 확충, 고객 서비스 개선, 소비자에게 제품을 제공하는 비용의 절감 효과 등이 가능해진다.[14] 공급망 전체의 목표나 개별 기업의 목표는 상호협력 없이는 달성이 어렵다. 따라서 경로구성원들은 시장 요구 사항을 충족시키기 위해 협력적인 노력을 기울여야 한다. 경로협력은 경로구성원 간의 신뢰를 높이고 유통경로 전반이 제 기능을 발휘할 수 있도록 한다. 경로협력은 또한 경로구성원들 간의 관계만족으로 이어질 수 있다.

경로협력을 개선할 수 있는 여러 가지 방법이 있다. 특정 유통경로가 공급망의 일원으로서 다른 시스템과 경쟁하고 있다고 인식된다면, 유통경로가 다른 시스템과 경쟁하는 통합 공급망으로 간주되는 경우, 개별 경로 구성원은 다른 경로구성원에게 불이익이 되는 행동을 취할 가능성을 줄일 것이다. 경로구성원들은 공동의 목표에 합의를 하고, 효율적으로 업무를 처리할 수 있도록 각자의 역할을 정확하게 정의해서 공동 목표달성에 기여할 수 있도록 해야 한다. 공동 목표를 기반으로 시작하면 경로구성원들은 중간상의 성과를 검토하기 위한 벤치마크를 설정할 수 있고 각 경로구성원이 기대하는 바를 알 수 있기 때문에 갈등을 줄이는데 도움이 된다.

경로갈등

모든 경로구성원이 제품의 유통을 통해 수익창출과 효율성을 높이고자 하는 공동의 목표 달성을 위해 노력하지만, 공동의 목표를 달성하는 방법에 대해서는 서로 이견이 있을 수 있다. 인터넷이 제조업체와 중간상 간의 잠재적 갈등과 적개심을 증가시켰다. 애플이나 델 같은 제조업체가 인터넷을 통해 자사 제품을 판매하면, 이 직접 유통경로는 해당 제품을 판매하는 기존 소매상들과 경쟁관계에 놓인다는 사실을 의미한다. 한 주체의 이익 추구가 역할 기대에 대한 오해를 만들어내고 결국 전체 유통경로의 좌절과 갈등을 야기할 수 있다. 개별 기업들이 함께 기능을 발휘하기 위해선 개별 경로구성원이 각자의 역할에 대해 무엇을 기대하고 있는가를 명확하게 소통하고 이해해야 한다. 예를 들어, 소셜 미디어를 활용하여 커뮤니케이션을 하면 공급업체-소매업체 파트너들이 공동의 목표를 달성하고, 관계를 발전시키고, 고객과의 상호작용을 증가시키며, 공급업체, 브랜드 및 경쟁환경에 대해 다른 단계에 있는 주체들에게 홍보를 할 수 있는 가능성을 높여준다.[15] 반면에 소통의 어려움은 불만, 오해, 전략의 조정 실패, 협력의 파기를 야기하므로 경로갈등의 가능성을 높인다.

STOCK.COM/SCANRAIL

경로갈등 전통적으로 캠퍼스 서점을 통해 교재를 판매하고 이제는 자체 웹사이트를 통해 교재를 판매하는 교재 출판사는 경로갈등을 경험하고 있을 수도 있다.

유일한 갈등의 해결책은 존재하지 않지만, 두 가지 조건이 충족되면 경로 파트너는 관계를 개선할 수 있다. 첫째, 각 경로구성원의 역할을 명확히 정의하고 이를 준수하는 것이다. 경로구성원은 목표와 기대치뿐만 아니라 다른 구성원이 진행 상황을 측정하고 인센티브 비율을 결정하는데 어떤 성과기준을 사용하는지를 명확하게 이해해야 한다.[16] 오해를 최소화하려면 모든 구성원이 서로에게 기대할 수 있는 명확한 성과 수준을 알고 있어야 한다. 둘째, 경로구성원들은 경로 협력을 위해 필요한 수단들에 대해 합의를 해야 하며, 이를 위해서는 강력하지만 양극화되지 않은 리더십이 필요하다. 경로갈등을 방지하기 위해 생산자나 기타 경로구성원은 경쟁관계에 있는 판매업자에게 다른 브랜드를 제공하고, 판매업자들 사이에 명확한 시장의 구획을 제공하고, 직접 판매에 대한 정책을 정의해서 대형 거래처에 대한 잠재적 갈등을 피하고, 지역 유통업체 간의 판매지역 분쟁을 협상하고, 특정 재판매업자가 제품을 유통하는 것에 대한 중요성을 인정해 줄 수도 있다.

11-4c 경로통합

경로구성원들은 자신의 역할을 직접 수행 또는 조절하거나 다른 구성원에게 그 역할을 대신 수행하도록 할 수 있다. 경로기능은 중간상과 생산자 심지어 고객에게까지 이전될 수 있다. 이 장의 서두에서 언급한 바와 같이, 공급망 기능은 제거될 수 없다. 구매자 스스로가 기능을 수행하지 않으면, 해당 기능을 수행하는데 필요한 노동력과 자원에 대한 비용을 지불해야 한다.

경로 리더의 주도하에 다양한 경로단계는 수평적 또는 수직적으로 통합될 수 있다. 이러한 통합은 안정적인 제품 공급을 확보하고, 비용을 절감하며, 경로구성원 간의 협력을 증진시킬 수 있다.

수직적 경로통합

수직적 경로통합 한 관리 주체 하에 둘 이상의 단계 경로를 통합하는 것

수직적 경로통합vertical channel integration은 한 관리 주체 하에 둘 이상의 단계 경로를 통합하는 것이다. 이는 유통경로에서 한 구성원이 다른 구성원의 활동을 구매하거나 기능을 대신하여 경로구성원의 단계를 축소하는 것을 말한다. 예를 들어, 사무용품 소매업체 스테이플스(Staples)는 사무용품과 산업용품을 유통하는 에센던트(Essendant)를 인수했다.[17]

수직적 경로통합은 유통에 있어서 좀 더 진보된 접근 방법으로서, 하나의 관리주체 아래에서 유동적으로 부족한 부분을 메꾸는 통합을 한다. 수직적으로 통합된 경로는 좀 더 효율적인 경쟁력을 갖게 되는데, 그 이유는 협상력이 커지고 정보와 책임의 공유를 수반하기 때문이다. 수직적 통합에서 한 쪽 끝을 대표하는 제조업체는 광고와 판매원 교육을 제공할 수 있고, 다른 한 쪽 끝인 소매상들은 제조업체의 제품을 대량으로 구매하여 적극적인 판촉노력을 기울일 수 있다.

수직적 마케팅시스템 목표시장 고객의 만족을 목표로 효율적이고 경제적인 유통을 실현하기 위해 단일 경로구성원이 관리하는 유통경로

유통경로에서 통합이 성공적으로 제도화된 것이 수직적 마케팅시스템vertical marketing system; VMS이다. 수직적 마케팅시스템은 유통경로 비용을 줄이고 경로 효율성을 최대화하기 위해 단일 경로구성원이 모든 활동을 조정하거나 관리하는 것을 말한다. 수직적 통합은 일부나 전체 유통경로를 공동의 통제나 소유권 아래 두게 된다. 이를 통해 제품이 빠르게 유통될 수 있다. 소비재 시장에서 수직적 마케팅시스템은 소매점 매출의 큰 비중을 차지한다.

대부분의 수직적 마케팅시스템은 기업형, 관리형, 계약형의 세 가지 형태 중 하나를 취한다. *기업형 수직적 마케팅시스템(기업형 VMS)*은 생산자에서 소비자에 이르는 유통경로의 모든 단계를 한 주체가 소유하고 있는 형태를 말한다. 예를 들어, 인기 의류 소매업체인 자라(Zara)를 보유하고 있는 인디텍스 그룹(Inditex Group)은 기업형 VMS를 활용하여 경로 효율성을 달성하고 공급망에 대한 최대의 통제력을 유지하고 있다. 자라의 의류는 유행에 민감하기 때문에 제품 개발부터 매장 입점까지의 시간을 최대한 단축하는 것이 관건이다. 재고의 특성을 보면 회전율은 높고 품목의 변화가 심하다. 인디텍스는 속도와 저가격 정책을 통해 경쟁우위를 유지할 수 있다.[18] 식품가공 공장을 소유하고 있는 슈퍼마켓 체인과 도매 및 생산 시설을 구매하는 대형 소매업체는 기업형 VMS의 다른 예라 할 수 있다.

*관리형 수직적 마케팅시스템(관리형 VMS)*는 각 주체들이 독립적인 형태로서 비공식적인 조정을 통해 고도의 조직간 통합을 이루는 시스템을 말한다. 관리형 VMS의 구성원은 통일된 회계 및 주문 절차를 채택하고 촉진활동도 협력할 수 있다. 개별 경로구성원은 기존 유통경로와 마찬가지로 자율성을 유지하지만, 한 경로구성원(예 : 생산자 또는 대형 소매업체)이 관리형 VMS를 지배해서 경로 의사결정이 전체 시스템을 고려한 상태에서 이루어지도록 한다.

*계약형 수직적 마케팅시스템(계약형 VMS)*는 가장 일반화된 수직적 마케팅시스템 유형이다. 경로구성원은 각 회원의 권리와 의무를 명시한 법률적 계약으로 연계되어 있다. 맥도날드와 케이에프씨(KFC)와 같은 프랜차이즈 조직이 계약형 VMS를 대표한다. 다른 형태의 계약형 VMS에는 도매

상이 후원하는 자발적인 체인이 포함되며, 여기서 독립 소매업체는 도매업체의 계약에 의한 리더십 하에 협력한다. 자체 도매업체를 소유·운영하는 소매업체 후원 협동조합이 세 번째 유형의 계약형 VMS이다. 에이스 하드웨어(Ace Hardware)는 홈디포(Home Depot)나 로우스(Lowe's)와 같은 대형 매장과의 경쟁에도 불구하고 전 세계적으로 5,000개 이상의 매장으로 구성된 소매상 협동조합으로 57억 달러의 매출과 강력한 성장을 기록하고 있다.[19] 각 에이스 하드웨어 매장은 그룹 전체의 광고 및 마케팅에 기여하고 있으며 잘 알려진 브랜드를 활용하여 인근에 매장을 새로 만들 수도 있다.

수평적 경로통합

수평적 경로통합horizontal channel integration은 한 관리 주체 아래 동일한 수준의 기업들을 결합하는 것이다. 기업은 유통경로에서 같은 수준에 있는 다른 기업을 합병하여 수평적인 통합을 할 수 있다. 예를 들어, 드라이 클리닝 회사의 소유주는 여러 다른 기존 드라이 클리닝 사업체를 인수하여 통합할 수 있는 것이다. 마찬가지로 아비스(Arby's)와 불포 와일드 윙스(Bulfo Wild Wings) 레스토랑 체인을 소유하고 있는 인스파이어 브랜드(Inspire Brands)는 레스토랑 메뉴의 다양화와 더 많은 고객들을 만족시키기 위해 패스트푸드 체인 소닉(Sonic)을 23억 달러에 인수했다.[20]

수평적 경로통합 한 관리 주체 아래 동일한 수준의 기업들을 결합하는 것

수평적 통합은 구매, 마케팅 조사, 광고 및 전문 인력 측면에서 효율성과 규모의 경제효과를 누릴 수 있지만 그것이 유통을 개선하는 가장 효과적인 방법은 아니다. 규모가 커지면서 발생하는 문제들이 종종 뒤따르면서 유연성이 떨어지고, 구성원 간 조율에 어려움을 겪으며, 추가적인 마케팅 조사와 대규모 계획의 필요성이 대두된다. 수행되어야 할 유통기능이 이전에 분리된 관리 하에서보다 통합된 관리 하에서 효율적으로 수행될 수 없다면 수평적 통합은 비용을 절감하거나 통합 기업의 경쟁력을 향상시키지 못할 것이다.

11-5 공급망 관리에서의 로지스틱스

 # 학습목표 공급망 관리에서 로지스틱스 활동과 역할에 대해 설명한다.

물적유통(physical distribution)을 포함하는 로지스틱스는 제품의 효율적 흐름과 저장을 계획, 실행, 통제하는 과정을 의미한다. 물적유통은 로지스틱스의 중요한 부분이며 제품을 생산자로부터 소비자나 기타 최종 사용자에게 전달하는 활동을 말한다. 이러한 활동에는 주문처리, 재고관리, 자재관리, 창고관리, 운송 등이 포함된다. 로지스틱스시스템은 공급망과 최종 소비자 모두의 욕구를 충족시켜야 한다. 따라서 유통 활동은 공급망 관리의 주요 부분이며 높은 수준의 협력이 요구된다.

유통경로 내에서 로지스틱스 활동은 생산자, 도매상, 또는 소매상에 의해 수행되거나 외주

를 통해 조달될 수도 있다. 유통 관점에서 본다면, 외주(outsourcing)는 로지스틱스 활동을 제3자에게 위탁하는 것을 의미한다. **제3자 물류 기업**third-party logistics(3PL) firms은 창고관리, 운송, 재고관리 및 정보기술과 같은 핵심 물적유통 활동에 대한 특별한 전문성을 보유하고 있으며 이러한 활동을 보다 효율적으로 수행할 수 있는 경우가 많다. 최근 몇 년 동안 제3자 물류 기업들은 그들이 제공하는 서비스를 더욱 정교화하고 있다. 오늘날 트럭 운송 회사, 창고회사, 데이터 서비스 공급업체와 같은 제3자 기업에 로지스틱스 활동을 외주를 주게 되면 유통경로 비용을 절감하고, 정보의 흐름과 분석을 개선하며, 모든 공급망 파트너의 고객서비스와 만족도를 높일 수 있다.

제3자 물류 기업 창고관리, 운송, 재고관리 및 정보기술과 같은 핵심 물적유통 활동에 대한 특별한 전문성을 보유하고 있으며 이러한 활동을 보다 효율적으로 수행할 수 있는 기업

인터넷과 기술의 발전으로 인해 많은 제조업체들은 온라인 상에서 로지스틱스 관련 활동 및 서비스를 완전히 수행할 수 있게 되었으며, 적시 배송, 정확한 재고 파악 및 즉각적인 배송 추적 능력을 활용함으로써 로지스틱스에서의 혁신을 이루었다. 예를 들어, 마이크로소프트(Microsoft)나 소니(Sony)와 같은 비디오 게임 및 컴퓨터 소프트웨어 제조업체에서는 다운로드받아 사용할 수 있는 제품의 수를 지속적으로 늘리고 있다. 지게차, 로봇, 드론, 심지어 자율주행 트럭에 적용된 자율 주행 차량 기술은 로지스틱스 발전을 계속해서 이끌고 있다. 기술 개발은 고객이 매장에 들어가지 않거나 판매원을 만나지 않을 때 높은 수준의 고객 서비스를 유지하는 방법, 물리적 형태로 존재하지 않는 제품의 반품을 처리하는 방법 등 제조업체에 새롭고 다양한 과제를 안겨 주고 있다. 그러나 기술을 통해 기업은 막대한 비용을 감수해야 하는 실수를 피하고, 비용을 절감하며, 수익성을 높일 수 있다. 또한 정보기술은 모든 유통경로 구성원들이 공급망 전체에서 제품의 이동을 추적하고 고객 서비스를 개선할 수 있도록 함으로써 공급망의 투명성을 향상시키고 있다.

로지스틱스 시스템을 효율적으로 계획하면 비용을 절감하고 고객 만족도를 높일 수 있기 때문에 효과적인 마케팅 전략을 수립하는데 매우 중요하다. 유통경로 관련 의사결정을 내릴 때 배송 속도, 유연성, 서비스 품질 등은 가격만큼이나 고객에게 중요한 요소들이다. 적절한 제품을 적절한 장소에서, 적절한 시간에, 적절한 수량으로 적절한 지원서비스와 함께 제공하는 기업은 그렇지 못한 기업보다 경쟁우위를 누릴 것이다. 제품에 대한 수요를 예측할 수 없는 경우에도 공급업체는 재고 요구에 신속하게 대응할 수 있어야 한다. 그런 경우, 로지스틱스 비용은 서비스, 안정성 및 적시성 등에 비하면 사소한 것으로 생각될 수 있다.

로지스틱스 관리자가 주문처리, 재고관리, 자재관리, 창고관리, 운송과 관련된 비용을 최소화하려고 노력하지만 한 영역에서 비용을 줄이면 종종 다른 영역에서의 비용이 증가한다. 그림 13.6은 전체 유통비용 중 각 로지스틱스 기능이 차지하는 비율을 나타내고 있다. 이러한 다양한 기능을 모두 고려한 로지스틱스에 대한 총비용 접근 방식을 통해 관리자는 로지스틱스를 시스템으로 볼 수 있으며, 개별 비용을 절감하는 것에서 전체 비용을 최소화하는 형태로 초점을 바꿀 수 있다.

따라서 로지스틱스 관리자는 비용 상쇄 문제에 민감해야 한다. 비용의 상쇄는 최대의 비용 효율성을 위해 자원을 결합(재결합)하는 전략적 의사결정이다. 목적이 항상 최저 비용을 찾는 것

은 아니다. 유통시스템의 한 영역에서의 비용 증가로 인해 다른 영역에서의 비용이 낮아질 수도 있다. 유통 관리자가 유통 시스템을 하나의 통합된 네트워크로 간주할 때 상쇄 문제는 통합적이고 비용효율적인 유통전략을 실행하는데 유용한 도구가 된다.

로지스틱스의 또 다른 중요한 목적은 프로세스를 완료하는데 필요한 시간을 나타내는 **사이클 타임cycle time**에 관한 것이다. 예를 들어, 비용을 유지하거나 줄이면서 그리고/또는 고객 서비스를 유지하거나 늘리면서 사이클 타임을 단축하는 것은 공급망 관리의 성공을 나타내며, 이는 고객 만족으로 이어진다. 기업은 비용을 유지 또는 절감하고 고객 서비스를 유지 또는 개선하는 동시에 사이클 타임을 단축시킬 수 있는 방법을 모색해야 한다. 불손한 바이럴 동영상을 가진 작은 기업에서 전국의 구독자에게 면도날을 배송하는 대기업으로 성장한 달러 쉐이브 클럽(Dollar Shave Club)을 예로 들어 보도록 하자. 높은 고객 만족과 품질을 유지하면서 사이클 타임을 줄이기 위해, 달러 쉐이브 클럽은 제3자 물류 전문가에게 의뢰하여 구독자에게 정시 배송을 보장하면서 우수한 고객 서비스를 제공하는데 집중할 수 있어다.[21] 다음 부분에서는 주문처리, 재고관리, 자재관리, 창고관리, 운송과 같은 로지스틱스 활동에 대해 자세히 살펴볼 것이다.

그림 11.6 전체 유통비용 중 개별 로지스틱스 기능이 차지하는 비율

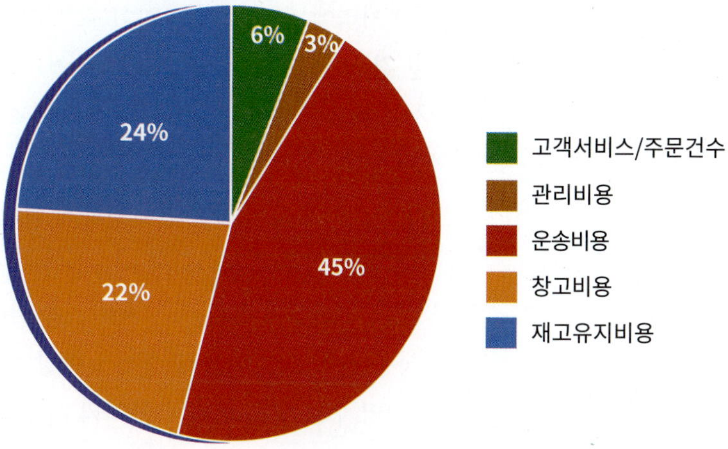

출처: From Davis Database, 2005. Reprinted by permission of Establish Inc./Herbert W. Davis and Company.

사이클 타임 프로세스를 완료하는데 필요한 시간

11-5a 주문처리

주문처리order processing는 주문 정보를 받은 뒤 이를 전달하는 것을 말한다. 경영진은 때로 이러한 활동의 중요성을 간과하지만 효율적인 주문처리는 제품의 흐름을 원활하게 한다. 컴퓨터화된 주문처리는 정보관리를 위한 플랫폼을 제공하여 모든 공급망 구성원의 생산성을 향상시킨다. 주문처리가 신속하고 정확하게 수행되면 고객 만족, 비용 및 사이클 타임 단축, 수익 증대의 효과로 이어진다.

주문처리 주문 정보를 받은 뒤 이를 전달하는 것

주문처리는 주문 입력(order entry), 주문 처리(order handling), 주문 배달(order delivery)의 세 가지 주요 과업으로 구성된다. 주문입력은 고객 또는 영업사원이 고객 서비스 창구, 전화, 일반 우편, 이메일, 또는 웹사이트를 통해 주문을 함으로써 시작된다. 전자 주문이 일상화되고 있다. 이는 종이 기반 주문시스템보다 시간이 덜 걸리고 비용이 절감된다. 일부 기업에서는 영업

담당자가 직접 주문을 받고 이를 입력하고, 불만사항을 처리하고, 진행보고서를 작성하며, 판매 주문 정보를 전달하는 역할을 한다.

주문처리에는 몇 가지 과업이 포함된다. 주문이 들어오면, 창고에 재고가 있는지 확인하고, 필요한 경우 신용부서로 전송되어 조건과 가격을 정하고 고객의 신용등급을 확인한다. 신용 부서에서 구매를 승인하면 창고에서는 제품의 구성을 맞추어 준비를 한다. 많은 창고에서는 자동화된 시스템을 통해 이 절차를 수행한다. 요청한 제품의 재고가 없는 경우 공장에 생산 주문을 넣거나 고객에게 대체제품을 추천하게 된다.

주문받은 상품이 준비되면 배송을 위해 포장이 이루어지고, 창고에서는 운송업체와 배송 일정을 정한다. 고객이 빠른 배송 서비스를 위해 비용을 지불하면 특급 배송 서비스를 통한 익일 배송이 사용된다. 그런 다음 고객에게 송장이 발송되고, 재고 기록이 조정되며, 제품이 배송된다.

기업이 수동 또는 전자 주문처리 시스템 중 어느 것을 사용하는지 여부는 어떤 방법이 제한된 비용으로 더 빠른 속도와 정확성을 제공하느냐에 따라 달라진다. 수동 처리는 소량 주문에 적합하고 특정 상황에서는 더 유연하게 대응할 수도 있다. 하지만 대부분의 기업은 주문처리를 생산, 재고, 회계 및 운송과 통합하기 위해 컴퓨터 기술을 적용한 **전자 문서 교환**electronic data interchange: EDI 시스템을 활용한다. 공급망 내에서 전자문서교환 시스템은 유통경로 구성원과 외주 기업들을 연결하는 정보시스템 역할을 한다. 전자문서교환 시스템은 정확성을 높이고 공급망의 모든 구성원에 대한 서류작업을 줄이며, 송장, 주문, 결제, 문의 및 일정에 대한 정보를 공유할 수 있도록 한다. 많은 기업들이 유통비용과 사이클 타임을 줄이기 위해 공급업체가 전자문서교환 시스템을 채택하도록 권장하고 있다.

전자 문서 교환 주문처리를 생산, 재고, 회계 및 운송 등과 컴퓨터로 통합하여 사용하는 시스템

11-5b 재고관리

재고관리inventory management는 고객의 욕구를 충족시키기 위해 적절한 제품구색을 개발하고 유지하는 것을 말한다. 이는 효과적인 로지스틱스 시스템의 핵심 구성 요소이다. 재고 관련 결정은 로지스틱스 비용과 대고객 서비스 수준에 큰 영향을 미친다. 소량의 제품을 재고로 보유하게 되면 그 결과는 *재고소진(stockouts)* 즉, 제품 부족으로 나타난다. 재고가 소진되면 고객은 불만족하게 되고 이는 매출 저하와 고객 이탈 및 브랜드 전환으로 이어질 수 있다. 기업이 너무 많은 제품(특히 회전율이 낮은 제품)을 재고로 보유하면 제품 진부화, 도난, 파손 등의 위험 증가와 더불어 비용이 증가한다. 재고관리의 목적은 재고비용을 최소화하면서 고객을 만족시킬 수 있는 적정 재고를 유지하는 것이다. 이러한 목적을 달성하기 위해 마케터는 주문 시점과 주문 수량이라는 두 가지 주요 문제에 초점을 맞추어야 한다.

재고관리 고객의 욕구를 총족시키기 위해 적절한 제품구색을 개발하고 유지하는 것

주문 시점을 결정하기 위해 마케터는 *발주점(reorder point)*, 즉 새로운 주문을 해야 함을 나타내는 재고 수준을 계산해야 한다. 발주점을 산정하기 위해 마케터는 주문리드타임, 사용률,

안전재고량을 파악해야 한다. *주문리드타임(order lead time)*은 주문 시점으로부터 제품이 도착하기까지의 평균시간을 말한다. *사용률(usage rate)*는 특정 기간 동안 특정 제품의 재고가 사용되거나 판매된 비율이다. *안전재고량(safety stock)*은 평균 이상의 사용률 및/또는 예상보다 긴 리드 타임으로 인한 재고소진을 방지하기 위해 기업이 유지해야 하는 추가 재고량을 말한다. 발주점은 다음의 식으로 산정된다.

발주점 = (주문리드타임 X 사용률) + 안전재고량

따라서 주문리드타임이 10일이고, 사용률이 3단위/일이고, 안전재고량이 20단위라면, 발주점은 50단위가 된다.

정확한 발주점을 통한 효율적인 재고관리는 **JIT**just-in-time 방식을 사용하는 기업에게 중요한데, JIT 방식은 생산 또는 재판매를 위해 필요한 제품이나 자재를 바로 공급해 주는 방식을 말한다. JIT(린 유통이라고도 함)를 사용하는 기업은 낮은 재고 수준을 유지하면서 필요할 때만 소량의 제품과 자재를 구매한다. 공급자들은 일관되게 고품질의 제품을 제공할 것으로 기대된다. JIT 재고관리는 생산자와 공급업체 간 긴밀한 협력관계가 요구되지만, 제품이나 자재의 낭비를 피하고 재고비용을 현저히 줄일 수 있다. 이 접근방식은 도요타, 델 컴퓨터 및 할리-데이비슨(Harley-Davidson)을 비롯한 여러 유명 기업에서 널리 사용된다. 최근 미국에서 90개 이상의 병원을 운영하는 트리니티 헬스(Trinity Health)는 제3자물류 파트너 엑스포 로지스틱스(XPO Logistics)의 도움으로 약 2,000만 달러의 재고 운반 비용을 절감하고 공급망 효율성 향상을 JIT 유통방식을 적용하기 시작했다.[22] JIT 접근방식이 공급망에서 사용되는 공급업체는 가능한 빠르게 제품을 공급하기 위해 주요 고객과 가까운 곳으로 사업장을 이전할 수도 있다.

JIT 생산 또는 재판매를 위해 필요한 제품이나 자재를 바로 공급해 주는 방식

11-5c 자재관리

자재관리material handling는 유형 상품, 공급품, 자원 등에 대한 물리적 관리를 의미하며, 생산 시점에서 소비 시점까지 창고 운영 뿐만 아니라 운송에서 중요한 요소이다. 효율적인 자재관리 절차와 기술은 재고관리 비용을 최소화하고, 제품이 처리되는 횟수를 줄이며, 고객 서비스를 개선하고 나아가 고객 만족도를 향상시킨다. 포장, 라벨링, 적재 및 이동을 위한 시스템은 비용을 최소화하고 고객만족을 극대화할 수 있도록 조정되어야 한다.

자재관리 유형 상품, 공급품, 자원 등에 대한 물리적 관리

여러 기업들이 자재 관리의 모든 단계에서 특수 마이크로칩이 부착된 자재를 식별하고 추적하기 위해 전파를 사용하는 태그 및 판독기 시스템인 **RFID**radio frequency identification의 사용을 점차 늘려가고 있다. RFID는 재고관리, 장비추적, 인력추적, 자산추적, 제조 등 다양한 분야에서 사용되고 있다. 또한 RFID는 위조 약품이나 의료기기뿐만 아니라 변조된 제품 등의 유통을 저지하는 데도 활용될 수 있다. RFID는 배송 추적을 크게 개선하고 사이클 타임을 단축했

RFID 특수 마이크로칩이 부착된 자재를 식별 및 추적하기 위해 전파를 사용하는 태그 및 판독기 시스템

다. RFID는 수백 개의 태그를 한 번에 읽을 수 있어 바코드를 능가하는 성능을 지닌다. 기업들은 RFID 기술이 재고 추적에서 상품이나 서비스 대금지불에 이르기까지 다양한 분야에 적용될 수 있다는 점을 파악하고 있다. RFID는 자산관리와 데이터 수집에도 유용하다. 예를 들어, 인디텍스(Inditex)는 48개국 2,000개 자라(Zara) 매장에서 의류의 보안태그 내부에 RFID 칩을 사용한다. 상품이 판매되면 RFID 태그가 시간을 기록하고 회사 창고에서 동일한 제품을 주문한다. 이를 통해 재고 프로세스가 간소화되고 재고관리가 용이해진다. RFID를 사용하면 자라매장에서 적절한 제품을 적시에 구비할 수 있기 때문에 고객 서비스가 향상된다.[23]

제품의 특성에 따라 자재관리의 방식이 결정되는 경우가 흔히 있다. 예를 들어, 부피가 큰 액체나 가스는 그 특성으로 인해 이동 및 저장방법이 결정된다. 자재관리에서는 내부 포장도 매우 중요하다. 제품의 취급과 운송 과정에서 파손이나 손상을 방지할 수 있도록 포장이 되어야 한다. 많은 기업은 제품의 디자인 설계 단계에서부터 포장 전문가들을 고용하여 가장 효율적인 자재관리를 할 수 있는 포장 재료와 방법을 결정하도록 하고 있다.

단위적재 및 컨테이너 수송은 자재관리에 사용되는 일반적인 방법이다. *단위적재(unit loading)*는 하나 이상의 박스들이 하나의 팔레트나 스키드에 적재한다. 그런 다음 이러한 단위 적재물은 지게차, 트럭 또는 컨베이어 시스템과 같은 기계적 수단을 통해 효율적으로 적재된다. *컨테이너 수송(containerization)*은 여러 품목이 원산지에서 봉해지고 목적지에서 개봉되어 큰 컨테이너로 이동하는 방식이다. 컨테이너는 일반적으로 너비 8피트, 높이 8피트, 길이 10~40피트의 규격을 가진다. 컨테이너는 규격이 일정하기 때문에 높이 쌓아 기차, 바지선 또는 선박에 쉽게 선적할 수 있다. 컨테이너가 목적지에 도착하면 바퀴를 달아 트럭으로 육상 운송에 적합하도록 만들 수도 있다. 컨테이너는 운송과정에서 일정 단위로 운반되기 때문에 선적과 운송에 있어 효율성과 안정성을 향상시킨다.

11-5d 창고관리

창고관리 제품을 저장하고 운반하기 위한 시설의 설계 및 운영

창고관리warehousing는 제품을 저장하고 운반하기 위한 시설의 설계 및 운영을 말하며, 또 다른 중요한 로지스틱스 기능이다. 창고관리는 기업에게 생산시점과 소비시점의 불일치를 해소시켜 줌으로써 시간 효용을 제공한다. 대량 생산으로 인해 즉시 판매할 수 있는 물량보다 더 많은 재고가 생성되면, 기업은 고객이 해당 상품을 구매할 때까지 재고로 보관하고 있어야 한다. 창고관리는 또한 가격을 안정시키고 계절성 상품의 안정적인 수급에도 도움을 준다.

적절한 창고 시설을 선택하는 것은 전략적으로 중요하게 고려해야 할 사항이다. 이러한 시설을 통해 기업은 운송 및 재고비용을 줄이고 대고객 서비스를 개선할 수 있기 때문이다. 창고 시설을 잘 못 선택하게 되면, 로지스틱스의 효율성이 떨어지고 추가 비용이 발생할 수 있다. 일반적으로 창고는 자가창고와 영업창고의 두 가지 유형으로 구분할 수 있다. 많은 경우, 자가 및 영

업창고를 결합하여 사용하는 것이 가장 유연한 창고관리 방식이다.

기업은 자사 제품을 선적하고 보관하기 위해 **자가창고private warehouses**를 운영한다. 기업은 일반적으로 특정 지역시장에서 창고에 대한 요구가 상당히 높고 고정 시설로 장기적이고 안정적인 관계를 보증해야 할 만큼 충분한 요구가 있을 때 자가창고를 임대하거나 구매한다. 자가창고는 특별한 용도의 관리와 보관이 요구되고 창고 설계와 운영에 대한 통제권을 필요로 하는 기업에게 적합하다. 소매업체는 자사의 소매점포들이 판매할 제품을 구매하고 유통시키기 위해서 자가창고를 활용하는 것이 경제적이라고 판단할 수 있다. 판매가 안정적이라면 자가창고를 소유하여 통제하는 것이 가장 편리하고 비용효율적일 수 있다. 그러나 자가창고를 보유·운영하면 보험, 세금, 유지보수 및 부채비용 등과 같은 고정비용의 발생을 피할 수 없다. 또한 재고를 다른 지역으로 이동시켜야 할 경우 자가창고를 보유하면 기업의 유연성에서의 제약이 뒤따를 수 있다. 생산자와 고객 간의 직접 거래, 사이클 타임의 단축, 창고 서비스를 통한 제3자 물류기업으로의 외주 등으로 인해 많은 자가창고들이 사라지고 있다.

ISTOCK.COM/JOHNNYGREIG

창고관리와 재고관리 창고관리 및 재고관리 노력은 비용은 많이 들지만 고객만족을 제공하는데 중요한 요소이다.

자가창고 자사 제품을 선적하고 보관하기 위해 기업이 운영하는 창고

영업창고public warehouses는 저장공간과 관련 물류시설을 다른 기업으로부터 임대하는 것을 말한다. 영업창고는 제품수령, 하역, 검사, 주문작성, 금융지원, 제품진열, 선적조정 등과 같은 유통서비스를 제공한다.예를 들어, 디스트리뷰션 언리미티드(Distribution Unlimited Inc.)는 총 800만 평방피트 규모의 창고 공간이 있는 뉴욕 소재 자사의 시설을 통해 그와 같은 다양한 서비스를 제공한다.[24]

영업창고 저장공간과 관련 물류시설을 다른 기업으로부터 임대하는 것

영업창고는 생산 및 수요에서 계절성이 있고, 소량보관이 필요하고 여러 지역에서 유지·관리해야 하는 재고가 있는 기업에게 특히 유용하다. 또한 신규 시장에 진입 또는 테스트하거나 추가적인 저장 공간이 필요한 기업에게도 유용하다. 영업창고는 제품을 리콜할 때 보관하는 장소로도 사용된다. 자가창고를 활용할 때 고정비용이 발생하는 반면, 영업창고는 공간을 임대하고 필요할 때만 창고서비스를 구매하기 때문에 변동(아마도 더 낮은) 비용이 발생한다.

유통센터distribution center는 매장이나 소비자에게 전달되기 전 제품을 입고, 보관, 재분류하기 위해 사용되는 대규모 시설을 말한다. 유통센터는 제품을 빠르게 이동시킬 수 있도록 주요 고속도로나 철도와 같은 교통망으로의 접근성이 좋은 곳의 단층 건물을 주로 이용한다. 대부분의 유통센터는 컴퓨터 제어 로봇, 지게차, 호이스트 등의 자동화된 기기를 이용하여 제품을 집하하고 하역장으로 옮긴다. 예를 들어, 아마존은 로봇, 컴퓨터 시스템, 수백 명의 인력 등을 사용하여 고객의 주문을 처리하고 이행하는 "주문이행센터(fulfillment centers)"를 전 세계에 두고 있다.[25] 광범위한 지역을 유통이 커버하는 일은 복잡하지만, 전략적 입지에 유통센터를 두면 기업은 고객의 욕구를 충족시키는데 유리할 수 있다. 일부 영업창고가 이와 같은 전문화된 서비스를 제공하지만, 대부분의 유통센터는 자사 소유로 운영하고 있다. 유통센터는 지역시장에서 고

유통센터 제품의 저장보다는 이동에 초점을 맞춘 대규모의 집중화된 창고

객에게 서비스를 제공하고, 특정 상황에서는 지리적으로 분리되어 있는 기업 창고들의 지역거점으로 활용되기도 한다.

11-5e 운송

운송 산지에서 중간상과 최종 사용자로의 제품의 이동

운송transportation은 산지에서 중간상과 최종 사용자로의 제품의 이동을 의미하며, 가장 비용이 많이 소요되는 로지스틱스 기능이다. 미국의 운송비용은 연간 9,660억 달러로 전체 로지스틱스 활동 비용의 64.6%를 차지한다.[26] 제품의 구매가능성과 적시배송이 운송기능에 의해 좌우되기 때문에 운송에 대한 의사결정은 대고객 서비스에 직접적인 영향을 미친다. 어떤 경우, 기업은 독특한 운송시스템을 중심으로 자사의 유통 및 마케팅 전략을 구축하여 정시배송을 보장하고 경쟁우위를 확보하는 수단으로 사용할 수 있다. 기업은 자사 소유의 운송회사를 직접 설립하거나 전문기업에게 운송기능을 외주로 맡길 수도 있다.

운송수단

물리적 상품의 이동을 위한 가장 기본적인 운송 수단은 철도, 트럭, 해상운송, 항공, 파이프라인 등이다. 각 수단은 각자의 장점을 지니고 있다. 대다수의 기업이 효율성을 향상시키기 위해 둘 이상의 운송수단을 조합하여 사용한다. 표 11.2는 운송수단별 특징을 설명하고 있다.

유니온 퍼시픽(Union Pacific)이나 캐나디언 내셔널(Canadian National)과 같은 철도는

표 11.2 운송수단별 특징과 평가

선택기준	철도	트럭	파이프라인	해상운송	항공
비용	중간	고가	저가	초저가	초고가
속도	평균	빠름	느림	매우 느림	매우 빠름
신뢰성	평균	높음	높음	평균	높음
하역편의성	높음	평균	매우 낮음	매우 높음	낮음
접근성	높음	매우 높음	매우 제한적	제한적	평균
빈도	낮음	높음	매우 높음	매우 낮음	평균
적합한 제품	석탄, 곡물, 목재/종이/펄프제품, 화학제품	의류, 컴퓨터, 도서, 식료품, 농축산품	정유, 석탄, 천연가스	화학제품, 보크사이트, 곡물, 차량, 농기계	꽃, (상하기 쉬운) 음식, 전문공구, 비상 부품 및 장비, 익일 우편물

육로로 장거리 운송을 해야 하는 무겁고 부피가 큰 화물을 운송한다. 철도는 일반적으로 광물, 모래, 목재, 화학물질, 농산물, 자동차, 저가 공산품 등의 운송에 적합하다. 여러 기업들이 편리한 선적 및 하역을 위해 철도 근처에 공장이나 창고를 두고 있다.

트럭은 거의 어디든 갈 수 있다는 장점 때문에 미국의 모든 주요 운송수단 중 가장 유연하게 일정과 경로를 선택할 수 있는 수단이다. 트럭은 도로가 있는 곳이면 어디든 공장이나 창고에서 고객에게로 직접 상품을 옮길 수 있기 때문에 정해진 일정을 따를 필요가 없고, 해상이나 철도처럼 택배가 불가능한 다른 형태의 운송수단과 함께 사용되는 경우가 많다. 트럭은 일반적으로 철도보다 고가이고 날씨에 더 많은 영향을 받는다. 또한 트럭은 운반하는 화물의 크기와 무게에 제약이 있다. 트럭은 높은 수준의 화물 손실과 손상, 작은 화물을 작은 트럭으로 재배송하는 데 따른 시간지연 등이 문제점으로 지적되기도 한다

해상운송은 무겁거나 낮은 가치의 부패되지 않는 상품들을 운송하는 가장 저렴한 운송수단이다. 해상운송은 엄청난 물량을 운송할 수 있다. 예인선과 견인선을 동력원으로 하는 바지선은 철도보다 최소 10배 이상의 무게를 싣고 운하, 강 등을 따라 운항할 수 있고, 원양선박은 수천 개의 컨테이너를 운반할 수 있다. 대부분의 국제화물은 적어도 일부는 해상을 통해 운송이 된다. 하지만 대부분의 시장은 해상운송만으로는 접근할 수 없으며 철도나 트럭으로 보완되어야 한다. 가뭄과 홍수도 내륙을 통한 해상운송 사용자에게 어려움을 줄 수 있다. 그럼에도 불구하고 전 세계적으로 상품을 장거리 운송해야 하는 필요성이 증가함에 따라 해상운송의 활용도는 계속 증가할 것이다.

항공운송은 가장 빠르지만 가장 고비용의 운송수단이다. 항공운송은 부패가 쉽고, 고가의 소규모 상품, 장거리 빠른 배송이 필요한 상품 등에 가장 많이 활용된다. 일부 항공사는 승객, 화물, 우편물 등을 함께 취급하기도 한다. 높은 비용에도 불구하고 항공운송은 창고 및 포장비용이나 도난 및 파손 때문에 발생하는 비용을 줄일 수 있기 때문에 전체 운송비용을 낮추는데 어느 정도는 기여할 수 있다. 항공운송은 전체 화물 운송량 중 소수를 차지하지만, 비즈니스 환경에서 시간의 중요성이 커지는 상황에서 중요한 운송수단으로 주목을 받고 있다.[27] 실제로 많은 기업들의 성공은 유피에스(UPS), 페덱스(FedEx), 디에이치엘(DHL), 알피에스에어(RPS Air) 등과 같은 특송 서비스 업체의 익일 배송 항공 서비스의 제공을 기반으로 한다. 여러 기업들이 고객에게 익일 또는 당일 배송 서비스를 제공한다.

가장 자동화된 운송수단인 파이프라인(pipelines)은 보통 화주의 소유이며 화주의 제품을 운반한다. 대부분의 파이프라인은 석유제품이나 화학물질을 수송한다. 슬러리(slurry) 파이프라인은 분쇄된 석탄, 곡물 또는 톱밥 등을 운반하기도 한다. 파이프라인은 속도는 느리지만 지속적으로 비교적 저렴하게 제품을 운송할 수 있다. 파이프라인은 신뢰성이 높고 제품 손상이나 도난과 관련된 문제를 가장 줄일 수 있다. 하지만 운반되는 내용물이 일반적으로 증발로 인해 소멸되어 1% 정도의 손실이 발생할 수 있다. 환경론자들은 파이프라인이 동물들의 이동경로를 방해하고 누출로 인해 동식물에 해를 끼치고 수질을 악화시킬 수도 있다고 우려한다.

운송수단의 선택

로지스틱스 관리자는 자사 제품에 가장 적합한 운송비, 속도, 신뢰성, 배송 유연성, 접근성, 빈도의 조합을 기반으로 운송수단을 선택하여 바람직한 수준의 고객 서비스를 제공하고자 한다. 표 11.2에는 이와 같은 선택 기준에 따라 각 운송수단을 비교·평가한 결과가 제시되어 있다.

마케터는 각 운송수단 별 수익-비용에 대한 비교 분석을 통해 가장 가치있는 운송수단을 결정해야 한다. 글로벌 유통망을 구축하고자 하는 기업은 거대한 글로벌 파트너 네트워크를 갖춘 대형 로지스틱스 기업을 고려할 수 있다. 예를 들어, 익스피다이터스 인터내셔널(Expeditors International)은 전 세계 300개 이상의 지역에 17,000명의 직원을 두고 있는 기업이다. 이 회사는 전 세계에서 공급망 관리 기능을 수행하기 위해 맞춤형 솔루션과 통합 정보 시스템을 제공하고 있다.[28]

운송의 통합

복합운송 둘 이상의 운송수단을 복합적으로 사용하는 것

화물운송업체 여러 기업으로부터의 화물을 통합하여 효율적인 로트사이즈로 배송하는 기업

다양한 운송수단이 제공하는 장점을 활용하고 단점을 보완하기 위해 마케터는 여러 운송수단을 복합적으로 활용하곤 한다. 운송산업의 발달로 인해 **복합운송**intermodal transportation은 그 어느 때보다 쉬워졌다. 복합운송은 트럭운송의 유연성과 다른 형태의 저렴한 비용 또는 속도를 낼 수 있는 운송수단을 복합적으로 활용한다. 컨테이너 수송은 *피기백(piggyback; 트럭 트레일러 및 철도 플랫카 사용)*, *피시백(fishyback; 트럭 트레일러 및 수상 운송업체 사용)* 및 *버디백(birdyback; 트럭 트레일러 및 항공 운송업체 사용)*으로 운송하기 위해 균일한 크기의 밀봉된 컨테이너로 선적물을 통합함으로써 복합운송을 용이하게 한다. 운송 비용이 증가하고 기업이 가능한 가장 효율적인 방법을 모색함에 따라 복합 운송이 인기를 끌고 있다.

또 다른 형태의 통합 수송 서비스를 제공할 수 있는 곳은 전문화된 외주 대행사이다. **화물운송업체**freight forwarders로 알려져 있는 이와 같은 회사들은 여러 기업들로부터의 선적물을 효율적인 로트사이즈(lot size)로 결합한다. 소형 화물(500파운드 미만)은 차량 1대 분량의 트럭 적재보다 운송비용이 훨씬 더 비싸며, 소규모 기업에서는 운송비용을 감당하기 어려울 수도 있다. 화물운송업체는 다양한 기업으로부터의 소량 화물들을 모아서 효율적인 비용으로 운송을 대행해 준다. 화물운송업체의 이익은 화주가 지불해야 하는 높은 요금과 화물운송업체가 차량 한 대 전체에 적재를 했을 경우에 발생하는 낮은 요금 사이의 차이에서 발생한다. 대형 화물은 처리가 간단하기 때문에 화물운송업체는 배송시간과 화물 손상 가능성을 줄일 수 있다. 화물운송업체는 또한 가장 효율적인 이동경로와 운송수단을 결정할 수 있는 전

ISTOCK.COM/THITIVONG

복합운송 컨테이너는 선박, 기차, 트럭으로 운송할 수 있기 때문에 복합운송을 용이하게 한다.

문성도 갖추고 있으며, 해외 시장으로 상품을 운송하는데 유용하다. 일부 기업은 화물운송업체가 방문 서비스를 제공하기 때문에 그들에게 운송을 외주로 맡기는 것을 선호하기도 한다.

운송에 있어서 또 다른 혁신은 철도, 트럭, 항공 서비스를 포함한 여러 운송 수단을 제공하는 **매가케리어**megacarrier의 등장이다. 매가케리어가 등장하기 전, 운송회사는 일반적으로 한 가지 운송방법에만 특화되어 있었다. 매가케리어와 경쟁하기 위해 일반 항공사는 지상 운송서비스를 강화했다. 운송수단이 다양해짐에 따라, 운송업체들은 경쟁우위를 점하기 위해 다양한 고객 서비스 제공에 중점을 두고 있다.

매가케리어 여러 개의 운송수단을 제공하는 화물 운송 기업

11-6 유통경로 관리에서의 법적 문제들

 # 학습목표 유통경로 관리와 관련된 법적 문제들을 살펴본다.

미국에서 유통경로 관리를 관장하는 연방, 주, 지방 등의 법률은 경쟁과 자유무역을 보호함으로써 일반 대중들에게 가장 좋은 서비스를 제공한다는 원칙을 기반으로 한다. 셔먼 독점금지법(Sherman Antitrust Act)과 연방거래위원회법(Federal Trade Commission Act)과 같은 법률에 따라, 법원과 규제기관은 어떤 상황에서 유통관리 관행이 기본원칙을 위반하고 제약을 받아야 하는지를 결정한다. 경로 관리자들이 법률 전문가가 될 수는 없겠지만, 경로관리자들은 유통기능을 통제하려는 시도가 법률적 문제가 될 수도 있다는 사실을 알아야 한다. 국제 배송의 경우, 관리자들은 자사의 유통활동에 영향을 미칠 수 있는 국제법과 규정을 반드시 숙지해야만 한다. 다음의 관행들은 법적인 문제를 불러일으킬 수 있는 유통관리 상의 문제들이다.

11-6a 판매지역 제한

제품 유통에 대한 통제를 강화하기 위해 제조업체는 중간상들이 지정된 판매지역을 벗어나 판매하는 것을 금지할 수도 있다. 중간상들은 이와 같은 판매지역 제한 관행을 선호하는데, 그 이유는 그들이 경쟁이 최소화된 판매지역을 확보할 수 있기 때문이다. 지난 몇 년 동안 법원은 판매지역 제한과 관련하여 상반된 입장을 취해왔다. 법원은 판매지역 제한 관행이 동일한 브랜드를 취급하는 중간상들 사이의 거래를 제한한다고 간주했지만(소규모 또는 신규 업체는 예외), 지역 독점권이 다른 브랜드를 취급하는 딜러들 간의 경쟁을 실제로 촉진할 수도 있다고 판결하기도 했다. 따라서 지역독점권 관행을 고수하려는 제조업체의 의도와 그렇게 함으로써 시장에 미치는 전반적인 효과는 사례별로 다르게 평가된다.

11-6b 끼워팔기 계약

끼워팔기 계약 공급업체가 경로 구성원에게 다른 제품도 구매해야 한다는 조건으로 제품을 제공하는 계약

공급업체(일반적으로 제조업체나 프랜차이즈 업체)가 경로 구성원에게 다른 제품도 구매해야 한다는 조건으로 제품을 제공하는 계약을 **끼워팔기 계약** tying agreement이라고 한다. 공급업체는 오랫 동안 쌓여 있는 재고를 없애는 수단으로 끼워팔기 계약을 이행하거나, 프랜차이즈 본사는 가맹점을 모집할 때 장비와 물품 구매를 연계하면서 품질관리와 프랜차이즈 본부의 명성 보호를 위해 필요한 정책이라고 정당화할 수도 있다.

이와 같은 관행을 *포괄판매(full-line forcing)*라 하며, 이는 경로 구성원이 공급업체의 특정 제품을 구매하기 위해서는 공급업체의 모든 제품을 구매해야 하는 것을 말한다. 제조업체는 중간상이 신제품을 수용하고 고객이 적절한 범위의 제품을 구매할 수 있도록 하기 위해 포괄판매를 사용하는 경우가 있다.

법원은 공급업체가 특정 품질의 제품을 제공할 수 있는 유일한 업체일 경우, 중간상이 경쟁기업의 제품도 자유롭게 구매할 수 있을 경우, 또는 신규로 시장에 진입한 기업인 경우에 한해서 끼워팔기 계약을 인정한다. 대부분의 다른 끼워팔기 계약은 불법으로 간주한다.

11-6c 전속거래

전속거래 제조업체가 자사의 제품을 취급하는 중간상에게 경쟁업체의 제품을 취급하지 못하도록 하는 계약

제조업체가 자사의 제품을 취급하는 중간상에게 경쟁업체의 제품을 취급하지 못하도록 하는 계약을 **전속거래**exclusive dealing라고 한다. 제조업체는 전속거래계약을 통해 시장에서 보호받을 수 있으며, 전속거래계약을 위반하는 중간상에게는 제품 공급을 중단할 수 있다.

전속거래계약의 적법성은 일반적으로 3가지 테스트를 통해 알 수 있다. 전속거래로 인해 경쟁사가 전체 시장의 15% 밖에 차지하지 못하거나, 전속계약 관련 매출의 규모가 매우 크거나, 제조업체가 전속계약한 중간상보다 현저하게 규모가 크다면 불공정거래라고 간주한다. 특정 시장의 딜러와 고객이 유사한 제품을 구입할 수 있거나, 전속거래계약이 약한 경경사를 강화시키는 경우에 전속거래계약은 허용된다.

11-6d 거래의 거부

거의 1세기 동안 법원은 생산자가 함께 사업을 수행할 경로구성원을 선택하거나 거부할 권리가 있다고 판결해 왔다. 그러나 기존 유통경로 내에서 공급업체는 경쟁을 제한하거나 거래를 제한하는 정책에 저항한다는 이유로 도매상이나 딜러와의 거래를 법적으로 거부할 수 없었다. 공급업체의 불법적인 정책에 반대해서 순응하지 않는 도소매상 같은 경로구성원에게 불이익을 주기 위한 행동은 법으로 금지된다.

요약

11-1 공급망관리의 기초를 설명한다.

마케팅 믹스 요소 중 하나인 유통은 고객이 구매하고자 하는 시간과 장소에서 해당 제품을 구매할 수 있도록 하는 기업의 의사결정과 활동을 말한다. 유통의 중요한 기능은 효과적인 공급망을 만드는 것이다. 여기서 공급망은 원자재에서 최종 고객에 이르기까지 제품의 흐름과 변환에 관련된 모든 조직과 활동을 포함한다. 조달은 소싱, 구매 및 재활용을 통해 가치를 창출하기 위해 자재 및 정보를 포함한 자원을 확보하는 프로세스를 의미한다. 로지스틱스 관리는 고객의 필요와 욕구를 충족시키기 위해 원산지에서 소비시점에 이르기까지 상품, 서비스 및 정보의 효율적이고 효과적인 흐름과 저장을 계획, 실행 및 통제하는 과정을 말한다. 운영관리는 기업이 투입요소를 상품, 서비스 혹은 둘 모두로 변환시키는 총체적인 관리활동을 의미한다.

공급망관리는 공급망 전반에 걸쳐 최종 소비자에게 공급품, 제품 및 정보의 흐름 및 변환과 관련된 모든 활동의 조정을 의미한다. 공급망 관리는 운영관리, 로지스틱스 관리, 조달 및 유통관리 등의 기능을 통합하여 제품과 서비스가 적절한 수량, 적절한 장소, 적절한 시기에 생산·유통되도록 한다. 여기에는 생산, 연구개발, 판매, 광고, 배송 등과 같은 활동이 포함된다. 공급망에는 상품과 서비스를 생산하는데 필요한 원자재 및 기타 부품의 공급업체, 물류업체, 운송업체, 통신업체와 기타 마케팅 교환에 간접적으로 참여하는 모든 기업을 포함하여 제품 유통을 촉진하고 협력 노력의 혜택을 받는 모든 업체들이 포함된다.

11-2 마케팅 채널과 공급망의 역할과 중요성을 설명한다.

유통경로는 공급망 내에서 생산자에서 고객으로의 제품흐름에 관여하는 일련의 개인과 조직을 말한다. 유통경로의 주요 역할은 제품을 적절한 시기에 적절한 장소에서 적절한 수량으로 고객들이 구매할 수 있도록 해 주는 것이다. 대부분의 유통경로에서 생산자와 소비자는 중간상들에 의해 연결된다. 중간상은 소매상과 도매상으로 크게 구분할 수 있는데, 소매상은 제품을 구매해서 최종 소비자에게 판매하고, 도매상은 제품을 구매해서 다른 도매상, 소매상 및 산업재 고객에게 재판매한다.

유통경로는 여러 기능을 수행한다. 유통경로는 고객이 원하는 시간, 장소, 가격으로 제품을 구매할 수 있도록 하고 판매 또는 임대를 통해 제품을 사용할 수 있게 함으로써 시간, 장소, 소유의 효용을 창출한다. 유통경로 내에서 중간상들은 특정 서비스와 기능을 효율적으로 수행함으로써 교환비용을 줄일 수 있다. 도매상을 제거해야 한다는 일부 비판도 있지만, 중간상들이 수행하는 기능은 없앨 수 없다. 유통경로 내에서 기업이 중간상을 제거할 경우, 다른 경로 구성원이 그 기능을 대신 수행해야 한다. 중간상은 생산자와 구매자 모두를 대신하여 기능을 수행하기 때문에 생산자로부터 최종 소비자로의 제품이동에 필요한 총 거래비용을 줄일 수 있다.

일반적으로 유통경로는 소비재 유통경로와 산업재 유통경로로 구분할 수 있다. 이와 같은 두 가지 유통경로 내에서 제품이 상이하면 다른 유통경로가 필요하다. 소비재는 생산자가 소비자에게 직접 상품을 제공할 수도 있지만, 도매상과 소매상을 포함한 소비자 유통경로로 제품을 제공하는 하는 것이 여러 상품에 대해서 더 경제적이다. 산업재 유통경로는 사용하는 경로유형이 소비재 유통경로와는 다르다. 산업재 유통경로에서는 직접 유통경로가 일반적이다. 산업재 유통경로에는 산업재 유통업자, 제조업자 대리점, 그 둘이 혼합된 형태 등이 있다. 대부분의 생산자들은 복수의 유통경로를 활용하기 때문에 다양한 목표시장에 맞춰 유통시스템을 조정할 수 있다.

전략적 경로제휴는 특정 기업이 자사의 제품을 다른 기업의 유통경로를 활용하여 유통시키고자 할 때 맺는 협정을 의미한다. 기업은 유통망을 최대로 확보하기 위해 다양한 유통경로를 사용하는 복수유통경로 전략을 사용한다. 복수유통경로 전략을 사용하는 주된 이유는 목표 고객이 기업 또는 해당 기업 제품에 시간과 장소에 구애받지 않고 접근할 수 있도록 하기 위함이다. 일부 제품의 경우에는 인터넷을 통해 컴퓨터나 기타 기기로 콘텐츠를 유통시키는 디지털 유통경로를 사용한다. 각기 다른 유통경로 간의 경계가 점점 모호해지고 있음을 인정하는 것이 중요하다.

적절한 유통경로는 선택하는 것은 공급망 관리자에게 매우 중요한 의사결정이다. 어떤 유통경로가 가장 적합한지를 결정하기 위해, 관리자들은 고객 특성, 제품 속성, 기업 유형, 경쟁, 마케팅 환경요인, 중간상 특성 등을 고려한다. 위와 같은 요인들을 주의 깊게 고려하면 공급망 관리자가 올바른 채널을 선택하는 데 도움이 될 것이다.

11-3 경로커버리지의 정도를 파악한다.

효과적인 유통경로는 제품이 적절한 경로커버리를 갖도록 관리된다. 경로커버리지는 집약적 유통, 선택적 유통, 전속적 유통 등 세 수준으로 나뉘어진다. 서로 다른 유형의 제품은 서로 다른 경로커버리지를 적용해야 가장 효과적이다. 집약적 유통을 선택한 생산자는 가능한 모든 중간상을 이용하여 제품을 유통시키고자 한다. 선택적 유통은 소비자 입장에서 더 많은 고민과 노력이 필요한 제품을 유통시키기기 위해 지역 내 일부 매장만을 활용하는 방식이다. 전속적 유통은 고가 상품의 유통에 활용되며 넓은 지역에서 한 중간상에게만 제품을 판매할 수 있는 권리를 부여한다.

11-4 경로리더십, 경로협력, 경로갈등을 포함한 유통경로에서 발생하는 전략적 문제들을 살펴본다.

개별 경로구성원들은 유통시스템에서 각자의 역할을 수행하고, 권리와 책임, 관행 불이행에 따른 제재, 보상 등을 수용한다. 유통경로에 대한 의사결정은 경로 구성원 간의 타협을 통해 결정되지만, 일부 유통경로의 의사결정은 채널캡틴에 의해 조직되고 통제된다. 경로리더는 생산자, 도매상 또는 소매상일 수도 있다. 유통경로의 기능은 경로구성원들이 협력적일 때 가장 효과를 발휘한다. 경로구성원들이 일탈행위를 하거나 자신의 역할을 망각했을 경우, 경로갈등이 발생할 수 있다.

경로구성원은 바뀔 수 있지만 공급망 기능은 제거될 수 없다. 경로 리더의 주도하에 다양한 경로단계는 수평적 또는 수직적으로 통합될 수 있는데 이를 경로통합이라고 한다. 수직적 경로통합은 한 관리 주체 하에 둘 이상의 단계 경로를 통합하는 것이다. 수직적 마케팅시스템은 모든 경로구성원들의 상호이익을 위해 단일 경로구성원이 관리하는 유통경로를 말한다. 수직적 마케팅시스템의 종류는 기업형, 관리형, 계약형으로 구분할 수 있다. 수평적 경로통합은 한 관리 주체 아래 동일한 수준의 기업들을 결합하는 것이다. 수평적 통합은 비용을 절감하지 못하거나 통합 기업의 경쟁력을 향상시키지 못할 경우 문제가 될 수 있다.

11-5 공급망 관리에서 로지스틱스 활동과 역할에 대해 설명한다.

물적유통을 포함하는 로지스틱스는 제품의 효율적 흐름과 저장을 계획, 실행, 통제하는 과정을 의미한다. 물적유통은 로지스틱스의 중요한 부분이며 제품을 생산자로부터 소비자나 기타 최종 사용자에게 전달하는 활동을 말한다. 이러한 활동에는 주문처리, 재고관리, 자재관리, 창고관리, 운송 등이 포함된다. 로지스틱스 시스템을 효율적으로 계획하면 비용을 절감하고 고객 만족도를 높일 수 있기 때문에 효과적인 마케팅 전략을 수립하는데 매우 중요하다. 유통경로 내에서 로지스틱스 활동은 주로 도매상에 의해 수행되지만, 생산자, 소매상 또는 제3자의 외주에 의해서도 수행될 수 있다. 제3자 물류 기업은 창고관리, 운송, 재고관리 및 정보기술과 같은 핵심 로지스틱스 활동에 대한 특별한 전문성을 보유하고 있으며 이러한 활동을 보다 효율적으로 수행할 수 있는 경우가 많다. 효율적인 로지스틱스 시스템은 비용과 운송시간을 감소시킴과 동시에 고객 서비스를 향상시킬 수 있다.

주문처리는 주문접수로부터 제품 또는 서비스의 성공적인 배달에 이르는 일련의 단계를 말한다. 주문처리는 주문입력, 주문처리, 주문배달 등의 세 가지 주요 과업으로 구성되며, 이러한 과업은 수작업으로 처리될 수도 있으며 전자문서교환 시스템으로도 처리될 수 있다. 재고관리는 고객의 욕구를 충족시키기 위해 적절한 제품구색을 개발하고 유지하는 것을 말한다. 로지스틱스 관리자는 재고비용을 낮추면서 고객의 욕구를 충족시킬 수 있는 최적의 재고수준을 찾기 위해 노력해야 한다. 자재관리는 제품들에 대한 물리적 관리를 의미하며, 창고와 운송에서 중요한 요소이다. RFID는 자재 관리의 모든 단계에서 특수 마이크로칩이 부착된 자재를 식별하고 추적하기 위해 전파를 사용한다. 창고관리는 제품을 저장하고 운반하기 위한 시설의 설계 및 운영을 말하며, 창고에는 자가창고와 영업창고가 있다. 운송은 산지에서 중간상과 최종 사용자로의 제품의 이동을 의미하며, 가장 비용이 많이 소요되는 로지스틱스 기능이다. 상품을 운송하는 수단에는 철도, 트럭, 해상운송, 항공, 파이프라인 등이 있다. 운송수단들은 각기 지니고 있는 장점을 활용하기 위해 복합적으로 사용될 수 있는데, 이를 복합운송이라 한다.

11-6 유통경로 관리와 관련된 법적 문제들을 살펴본다.

연방법, 주법, 현지법, 국제법 등은 경쟁과 자유무역을 보호하기 위해 유통관리를 규제한다. 법원은 주요 관행의 위반 여부에 따라 해당 관행을 허용하거나 금지한다. 판매지역 제한, 끼워팔기 계약, 전속거래, 거래의 거부 등을 포함한 유통관리의 관행은 법적인 구속을 받는다. 이러한 관행들 중 약한 경쟁기업을 강하게 하거나 중간상들 간의 경쟁을 유발하는 관행은 허용된다. 하지만 많은 경우 그러한 관행들로 인해 자유로운 경쟁이 막히게 되고 이는 결국 법적인 제재를 받게 된다.

주요 개념

- 유통
- 공급망
- 조달
- 로지스틱스 관리
- 운영관리
- 공급망관리(SCM)
- 블록체인
- 유통경로
- 중간상
- 산업재 유통업자
- 전략적 경로제휴
- 복수유통경로
- 디지털 유통경로
- 집약적 유통
- 선택적 유통
- 전속적 유통
- 채널캡틴
- 경로파워
- 수직적 경로통합
- 수직적 마케팅시스템
- 수평적 경로통합
- 제3자 물류(3PL) 기업
- 사이클타임
- 주문처리
- 전자문서교환(EDI)
- 재고관리
- JIT
- 자재관리
- RFID
- 창고관리
- 자가창고
- 영업창고
- 유통센터
- 운송
- 복합운송
- 화물운송업체
- 메가케리어
- 끼워팔기 계약
- 전속거래

마케팅 계획 수립하기

마케팅 전략에 있어 가장 중요한 요소 중 하나는 제품을 소비자에게 잘 전달하는 것이다. 소비자가 제품을 어디에서, 언제, 어떻게 구매할 수 있게 되는지에 대한 최선의 의사결정을 내리기 위해서는 마케팅 계획을 수립할 때 유통관리 의사결정과 기타 마케팅 믹스 요소들 간의 관계를 명확하게 파악하고 있어야 한다. 이 장에서 설명한 여러 정보를 활용하여 좀 더 나은 마케팅 계획을 세울 수 있도록 다음 내용을 생각해 보도록 하자.

1. 중간상은 많은 활동을 수행한다. 표 11.1을 참조해서 경로구성원이 필요한 지원을 제공할 수 있는 활동의 유형에 대하여 논의해 보시오.
2. 그림 11.3 또는 11.4(제품이 산업재인 경우)을 사용하여 자사 제품에 가장 적합한 유통경로를 선택해 보시오. 자사 주력 상품의 특성 상 하나 이상의 유통경로를 활용할 수 있는지 논의해 보시오.
3. 자사 제품의 특성에 적합한 경로커버리지 수준을 선택해 보시오. 목표시장의 특성, 제품속성, 환경요인도 함께 고려해 보시오.
4. 자재관리, 창고관리, 운송에 초점을 맞춰 자사 제품의 유통에 필요한 물적기능이 무엇인지 논의해 보시오.

연습 문제

1. 공급망 관리를 정의와 중요성을 제시해 보시오.
2. 유통경로의 주요 기능을 설명해 보시오. 이러한 기능들이 경로구성원 간의 협력을 통해 더 잘 수행될 수 있는 이유를 설명해 보시오.
3. 소비자들이 유통의 비효율성에 대해 중간상들을 비난하는 근거를 기술해 보시오.
4. 네 가지 유형의 소비재 유통경로를 비교해 보시오. 아래 제시된 제품에 가장 적합한 유통경로는 무엇인지 설명해 보시오.
   a. 신차
   b. 짭짤한 크래커
   c. 셀프 크리스마스 트리
   d. 새 교과서
   e. 소파
   f. 청량음료
5. 네 가지 종류의 가장 일반적인 산업재 유통경로를 설명해 보시오. 마케터가 각 유통경로를 선택할 때 제품과 상황 특성이 어떤 영향을 미치는가를 설명해 보시오.
6. 산업재 유통업자에 대해 설명해 보시오. 산업재 유통업자를 통한 유통에 적합한 제품 유형을 무엇인가를 제시해 보시오.
7. 어떤 경우에 제조업자가 복수유통경로를 사용하는지 설명해 보시오.
8. 유통경로 선택에 영향을 미치는 요인들을 제시하고 그 이유를 설명해 보시오.
9. 집약적, 선택적, 전속적 유통의 차이를 설명해 보시오.
10. 기업형·관리형·계약형 수직적 마케팅시스템 각각의 주요 특성을 설명해 보시오.
11. 수평적 통합의 장단점을 제시해 보시오.
12. 로지스틱스 시스템 개발에 관련된 비용과 서비스의 상쇄관계(trade-off)를 설명해 보시오.
13. 주문처리의 주요 과업을 설명해 보시오.
14. 재고관리자들이 제품이나 공급품을 재주문할 때 직면하는 상쇄관계(trade-off)를 설명해 보시오. 발주점의 계산방법을 설명해 보시오.
15. 자가창고와 영업창고의 주요 차이점을 설명해 보시오. 창고와 유통센터의 차이점을 설명해 보시오.
16. 비용, 속도, 신뢰성 측면에서 5개 주요 운송수단 각각을 비교해 보시오.
17. 끼워팔기 계약, 전속거래, 복수유통 등은 어떤 경우에 불법으로 간주되는지 설명해 보시오.

◎ 케이스 11

더코코아 익스체인지의 공급망 스윗스팟

세계 최대 초콜릿 기업인 마스(Mars, Incorporated)는 2017년 5월 더코코아 익스체인지(The Cocoa Exchange)라는 새로운 독립 자회사의 설립을 발표했다. 마스는 모든 유통채널에서 구매할 수 있는 스니커즈(Snickers)와 엠앤엠즈(M&M'S)와 같은 브랜드의 양산에 주력하고, 더코코아 익스체인지는 포드앤빈(Pod & Bean), 도브 시그니처(Dove Signiture), 퓨어 다크(Pure Dark)와 같은 독점적 프리미엄급 초콜릿 브랜드를 개발해서 세 상품라인을 전담하는 독자적인 영업인력을 활용해서 소비자에게 직접 판매를 하고자 하였다. 더코코아 익스체인지의 사명은 대중 시장보다는 개별 소비자를 목표로 하는 틈새 시장을 통해 마스의 점진적이면서도 제살깎기 식이 아닌 성장을 이루고자 하는 것이다. 더코코아 익스체인지는 모회사 덕분에 공급망의 효율성을 만들어 내고, 직접 판매 비즈니스 모델을 사용함으로써 그와 같은 사명을 달성하고자 한다. 직접 판매 방식은 더 관계적이고 맞춤형 판매 형식으로 시장 도달 범위의 확대와 시장세분화를 가능하게 한다.

조달은 마스와 더코코아 익스체인지 관계의 가장 중요하고 상호이익이 되는 측면 중의 하나이다. 초콜릿은 전 세계 극히 일부지역에서만 재배되는 코코아로 만든다. 더코코아 익스체인지는 서아프리카 아이보리코스트와 가나와 같은 개발도상국 농민들로부터 대부분의 코코아를 공급받는다. 이 농장의 대부분은 가족 단위로 운영되며, 가족 중 여성들이 대부분의 일을 한다. 코코아의 수확은 코코아 나무 줄기와 가지에서 잘 익은 꼬투리를 따는 것으로부터 시작된다. 다음으로 꼬투리를 까고 그 안의 코코아 콩을 털어낸다. 그 후 코코아 콩은 초콜릿으로 가공하기 전에 발효·건조과정을 거친다.

더코코아 익스체인지는 마스의 견고한 공급망을 활용할 수 있다는 이점이 있다. 더코코아 익스체인지는 마스와 마찬가지로 농부들로부터 직접 코코아 콩을 공급받을 수 있다. 그러나 초콜릿 제품의 생산이 완료되면 더코코아 익스체인지는 독자적인 계약을 맺은 영업인력을 이용하게 되며, 시장진입전략으로 고객에게 직접 판매하는 방식을 선택한다. 이러한 점이 도매상과 소매상 같은 전통적인 중간상을 활용하는 마스와는 다른 모습이다. 더코코아 익스체인지의 목표는 더 세분화된 시장에 소구할 수 있는 포드앤빈 카푸치노(Pod & Bean Cappuccino), 카라멜 에스모어(Caramel S'mores), 도브 시그니처 씨쏠트 카라멜 컬렉션(Dove Signature Sea Salt Caramel Collection)과 같은 특별한 초콜릿을 만드는 것이다. 집약적 유통전략을 완화하게 되면 프리미엄 제품의 독점성이 증가하고 명품 브랜드로서의 매력이 더욱 높아진다.

독립적인 영업인력을 통해 소비자에게 직접 마케팅하고 판매하는 개념을 직접 판매라고 한다. 더코코아 익스체인지는 직접 판매 모델을 채용해서 "큐레이터"라고 불리는 성과급 영업인력을 활용해서 가족 파티에 자사의 제품을 판매하도록 했다. 파티 참석자들은 더코코아 익스체인지에서 만든 다양한 제품들의 샘플을 맛보고 자신들이 좋아하는 제품을 온라인으로 구매할 수 있다. 큐레이터는 개별 온라인 점포에서 판매된 제품에 대해 25%에서 40%의 수수료를 받고 성과에 따라 최대 50%까지 독점 할인을 받을 수 있다. 큐레이터들은 팀을 만들어 훈련함으로써 수익을 높일 수 있는 기회가 주어지며, 팀 매출에서 3내지 5%의 수수료를 받을 수 있다. 더코코아 익스체인지는 스타터 키드와 큐레이터가 파티를 개최하고 주문한 품목에 대해 무료 배송을 제공한다.

또한 큐레이터의 매출이 증가하면 그들은 쇼핑하는데 사용할 수 있는 크레딧을 얻는다. 이 회사는 제품을 소비자에게 직접 배송하기 때문에 큐레이터는 재고관리 및 제품보호의 부담을 지지 않는다. 프리미엄 초콜릿과 기타 코코아 익스체인지의 제품은 신선하고 만들어질 때의 상태 그대로 도착되도록 조심스럽게 취급된다. 직접판매는 초콜릿 판매자의 기업가 정신을 장려하고, 더코코아 익스체인지가 새로운 고객을 찾을 수 있도록 하며, 회사가 견고하고 효율적인 공급망을 유지하는데 도움을 준다.

기업들은 환경문제에 지속적으로 관심을 기울이고 있으며 더코코아 익스체인지 또한 예외는 아니다. 농업에 투자를 하는 것과 같이 지속가능성이 모든 일의 핵심이 되어야 한다는 것이 이 회사의 판단이다. 특히 인도와 같은 개발도상국에서 초콜릿에 대한 수요가 지속적으로 증가하고 있다. 코코아는 적도 근처의 특정 지역에서만 자랄 수 있기 때문에 이를 지속적으로 조달하는 것은 매우 어려운 일이다. 이러한 도전과제 때문에 더코코아 익스체인지는 농부들이 작업 조건을 개선해서 더 많은 코코아 공급을 할 수 있도록 노력하고 있다. 더코코아 익스체인지는 글로벌 빈곤을 종식시키는 것이 목적인 인도주의 단체 대외원조물자발송협회(CARE)와의 제휴를 통해 서아프리카 마을 금융 조합(Savings & Loan Associations in West African villages)을 만들어 농부들에게 자본을 활용하고 비즈니스 역량을 키울 수 있도록 지원을 하고자 한다. 또한 마스는 인증을 받은 코코아 공급원만 사용하기로 약속했다. 더코코아 익스체인지가 초콜릿을 공급하고 구매하는 공급업체에 투자함으로써 이 회사는 공급망의 지속가능성에 더 큰 영향을 미치고 있다.

더코코아 익스체인지는 프리미엄의 독점적인 초콜릿과 독특한 식품을 소비자에게 직접 판매하기 위해 설립된 독특한 기업이다. 마스의 자회사로서 더코코아 익스체인지는 고급 초콜릿 제품과 식품들을 만드는데 필요한 모든 자원을 제공할 수 있는 확고한 공급망의 혜택을 받고 있다. 큐레이터는 직판 채널을 통해 고객에게 직접 판매하는 제품에 대한 판매수수료를 받을 수 있다. 또한 대외원조물자발송협회와 협력을 통해 시골 농부들이 대출을 받아 자본을 구축하게 함으로써 더코코아 익스체인지는 코코아의 공급을 늘리고 지속가능성을 향상시키는데 일조하고 있다.

토론을 위한 질문

1. 더코코아 익스체인지와 모회사(마스)의 차이점은 무엇인가?
2. 직접판매모델의 장점은 무엇인가? 직접판매모델은 공급망에 어떻게 영향을 미치는가?
3. 더코코아 익스체인지의 지속가능성 확보 노력은 어떤 파급효과가 있는가?

ISTOCK.COM/NATA_RASS

RETAILING, DIRECT MARKETING, AND WHOLESALING

CHAPTER.12
소매업, 직접 마케팅, 도매업

학습목표

12-1 유통 경로에서 소매상의 목적과 기능에 대해 알아본다.

12-2 온라인 소매에 대해 알아보고 온라인 소매가 소매업을 어떻게 변화시키는지 이해한다.

12-3 소매상의 주요한 유형을 파악한다.

12-4 소매업에서 중요한 전략적 이슈들을 살펴본다.

12-5 직접 마케팅, 직접 판매, 자판기에 대해 알아본다.

12-6 도매업의 본질과 기능에 대해 알아본다.

마케팅 들여다보기

HELEN89/SHUTTERSTOCK.COM

프라이마크 미국에 대형 할인 매장을 열다.

아일랜드 더블린에 본사를 둔 패스트패션 기업인 프라이마크(Primark)는 50 년간의 할인 소매업 경험을 바탕으로 11개국에서 100억 달러의 연매출을 올리고 있다. 프라이마크는 처음에는 페니스(Penneys)란 이름으로 아일랜드에 첫 매장을 열었다. 몇 년 후, 영국으로 사업을 확장하면서 페니스가 아닌 다른 이름이 필요했는데, 영국에는 미국에 본사를 둔 제이씨페니(JCPenney)란 백화점이 페니스란 이름의 법적 권리를 소유하고 있었기 때문이다. 이에 프라이마크라는 새로운 이름이 탄생하게 되었으며 현재는 아일랜드 밖 전 세계에 300개 이상의 점포를 운영하고 있다.

이 소매상은 남성, 여성, 아이들을 위한 유통업자 브랜드 옷 판매와 가정용 제품과 선물 판매에 집중하고 있다. 프라이마크는 대량 구매와 최적화된 유통, 그리고 제한된 광고를 통해 판매하는 제품 가격을 저렴하게 유지하고 있다. 온라인 판매에 집중하는 대부분의 경쟁자들과 달리 프라이마크는 온라인 판매에 따른 높은 배송 비용과 환불 처리 비용 때문에 온라인 판매는 하지 않고 있다.

프라이마크는 2015년 미국 보스턴에 최초의 미국 매장을 개장한 후, 펜실베니아, 뉴저지, 코네티컷과 뉴욕주에 매장들을 열었다. 프라이마크는 미국 뉴욕주 브루클린에 대형 매장을 열어 56개 피팅룸과 42개 계산대, 매장 내 무료 와이파이에 무료로 스마트폰을 충전할 수 있는 공간까지 마련하였다. 또한 매년 수백만 명의 관광객을 끌어들이는 미국 남부 플로리다에도 거대한 아울렛 매장을 개장하기도 하였다.

프라이마크의 미국 내 매장들은 좋은 성과를 내고 있지만, 프라이마크는 보다 공격적인 성장 전략을 시작하기 전에 자사의 소매 전략을 향상시키고자 한다. 예를 들어, 프라이마크는 매장의 생산성을 향상시키기 위해 최근 뉴저지주에 위치한 자사의 매장 규모를 축소하였다. 미국 소비자들에 대해 더 알아가고 미국 고객들의 니즈와 기대를 더 잘 만족시키기 위해 프라이마크는 더 많은 전략 수정을 해나갈 것이다.[1]

프라이마크와 같은 소매상들은 소비자들에게 가장 눈에 띠고 접근 가능한 유통 채널이다. 소매상은 제품을 최종 소비자에게 판매하는 마케팅 담당자이면서 동시에 제조업체와 도매상에게는 그들의 제품을 구매하는 고객이기 때문에 유통 경로에서 중요한 역할을 담당한다. 소매상은 공급망 안에 존재하는 다양한 기능들을 수행하고 있는데, 그들은 구매, 판매, 위험을 감수하는 역할뿐만 아니라 최종 소비자에 대한 정보 데이터베이스를 개발하고 유지하는 기능도 담당한다. 소매상은 최종 소비자들과 관계를 수립하는 접점에 위치하고 있으며 유통 경로에서 제조업자와 중간상들과 파트너십을 맺어야 하는 전략적 위치를 차지하고 있다.

본 12장에서는 소매업과 직접 마케팅, 도매업의 본질을 알아보고, 최종 소비자에게 제품과 서비스를 공급하는 데 있어 이들이 담당하고 있는 역할이 무엇인지 살펴 볼 것이다. 우선 소매업이 무엇인지 정의 내린 후, 소매업의 중요성을 살펴볼 것이다. 그 후, 점점 더 많이 활용되고 있는 온라인 소매업을 집중적으로 살펴 볼 것이다. 소매상에는 다양한 유형이 존재하므로 그들의 주요한 유형을 살펴볼 것이다. 이 후 성공적인 소매업을 위한 핵심적인 이슈들인 소매매장의 위치, 프랜차이징, 소매업에 적용되는 기술, 소매업의 포지셔닝, 매장 이미지, 카테고리 관리라는 핵심 이슈들을 논의할 것이다. 다음으로 온라인 소매, 카탈로그 마케팅, 직접반응 마케팅, 텔레마케팅, TV 홈쇼핑을 포함하는 직접 마케팅에 대해서도 논의할 것이다. 직접 판매와 자판기를 통한 소매업까지 살펴보고 난 후, 마지막으로 마케팅 유통 경로에서 도매업의 중요성, 기능, 유형들을 살펴 볼 것이다.

12-1 소매

 # 학습목표 **유통 경로에서 소매상의 목적과 기능에 대해 알아본다.**

소매 최종 소비자인 고객이 개인적 용도나 가족 혹은 전체 가정에서 사용할 목적으로 제품을 구매하는 거래

소매상 제품을 최종 소비자에게 재판매하기 위해 제품을 구매하는 조직

소매retailing는 최종 소비자인 고객이 개인적 용도나 가족 혹은 전체 가정에서 사용할 목적으로 제품을 구매하는 거래를 말한다. **소매상**retailer은 제품을 최종 소비자에게 재판매하기 위해 제품을 구매하는 조직을 말한다. 대부분 소매상의 매출은 최종 소비자에게 제품을 직접 판매하여 발생하지만 때로는 소매상이 최종 소비자가 아닌 다른 기업에게 제품을 판매하는 소매가 아닌 거래도 포함하곤 한다.

소매업은 미국 경제에 있어서 중요한 위치를 차지하고 있다. 고객이 소매상으로부터 식사, 스마트폰, 영화 티켓, 혹은 다양한 제품들을 구매할 때마다 고객이 지불한 돈은 소매상의 종업원, 정부, 다른 기업과 소비자에게 흘러간다. 미국에는 100만 개가 넘는 소매 매장이 존재하며 그들은 거의 1,600만 명에 해당하는 관련 종사자를 고용하고 있다. 소매상은 미국 전체 국내총생산의 5.9%에 해당하는 1조 1400억 달러정도의 규모에 해당하며 미국 경제의 상당한 부분을

차지한다.[2]

소매상은 최종 소비자들에게 서비스를 제공하고 고객이 원하는 다양한 제품 구성을 제공함으로써 가치를 더한다. 또한 소매상들은 무료 배송 서비스나 모바일 쇼핑 옵션을 제공하는 등 고객들의 쇼핑 경험을 보다 쉽고 편하게 만들어 줌으로써 고객들이 소매상이 판매하는 제품을 보다 가치 있게 인식하도록 돕는다. 소매상은 유사한 제품들을 한 곳에 모아 놓고 보여줌으로써 고객들이 다양한 제품 옵션들을 평가하고 비교할 수 있도록 돕는다. 예를 들어 다양한 브랜드의 자동차 딜러샵들은 가까운 지역에 몰려 있는 경향이 있는데, 이를 통해 고객들이 자동차의 다양한 옵션들을 비교 할 수 있다. 때로는 소매상이 제품과 관련된 기술적 지원, 배송, 수리, 금융지원 등의 서비스를 제공하여 제품의 가치를 높여주기도 한다. 마지막으로 소매업에 속한 판매 사원들은 훈련되어 고객들에게 제품이 어떻게 고객의 니즈를 만족해 줄 수 있는지를 잘 설명해줌으로써 고객의 선택을 돕는다.

이처럼 소매상은 최종 소비자들이 제품의 가치를 더 높게 인식하는데 도움이 된다. 뿐만 아니라 소매상은 공급망에 중요한 가치를 더한다. 소매상은 제조업자와 최종 소비자 사이에 위치하여 소매상을 통해 교환이 일어날 수 있는 환경을 조성하는 중요한 역할을 한다. 소매상은 때로 시간, 장소, 소유, 형태 효용을 창조하는데 중요한 역할을 하기도 한다. 특히 소매상은 소비자의 니즈나 문제를 해결할 수 있는 광범위한 제품 구색을 제공함으로써 최종 소비자들에게 도움을 준다.

역사적으로 보면, 소매업은 오프라인 매장을 통해 고객들이 자신이 원하는 것을 발견하기 위해 제품들을 둘러보고 비교해 볼 수 있는 물리적 공간을 제공해 왔다. 그러나 전통적인 소매업은 점차 변화하는 고객 구매 행동 패턴을 반영하기 위해 새로운 기술을 소매업에 적극 활용하여 고객들의 쇼핑 경험을 향상시키고 있다. 오늘날 많은 소매상은 다양한 형태의 소매업을 활용하면서 **멀티채널 소매업multichannel retailing**을 하고 있다. 멀티채널 소매업을 운영하는 기업들은 자사의 오프라인 매장을 웹사이트, 앱, 카탈로그, TV 홈쇼핑 등 다양한 형태의 소매업과 보완하여 운영하고 있다. 오프라인 매장이 아닌 다양한 형태의 소매업은 소비자들이 자유롭게 제품을 검색하고 고객들의 리뷰를 읽고 실제 구매를 간편히 할 수 있는 환경을 제공함으로써 오프라인 매장이 갖는 단점을 보완해 준다. 가장 효과적인 멀티채널 소매 전략은 기업의 목표, 제품, 시스템과 기술을 다양한 채널 안에서 끊김없이 잘 통합하는 것이다.

멀티채널 소매업 기업이 다양한 유형의 소매업을 통합하여 소매업을 운영하는 것

기업이 운영하는 다양한 채널들을 잘 통합하여 운영하면 고객은 집에서 기업 웹사이트를 통해 제품을 검색하고 제품에 대한 구체적인 정보를 모은 후, 차를 타고 이동하면서 자신의 스마트폰 앱을 통해 그 제품을 판매하는 가장 가까운 매장을 찾고, 오프라인 매장 혹은 온라인으로 제품을 구매, 결제할 수 있다. 구체적인 예를 들어 보면, 피자회사인 도미노의 애니웨어(Domino's AnyWare) 프로그램은 도미노 피자를 자주 이용하는 고객들이 기업에 자신의 정보와 자주 주문하는 선호하는 피자 정보를 이미 등록해 놓고 인공지능 스피커, 스마트 TV나 자동차에서 메시지를 보내거나, 도미노의 앱을 활용하거나 혹은 자신의 위치와 가까운 오프라인 도미노 매장에 전화를 걸어 어떤 채널이든지에 관계없이 자신이 주로 주문하던 자신이 선호하는 피자를 손쉽게 주문할 수 있는 시스템이다.[3]

소매업에서 성공하기 위한 핵심은 목표 시장 고객들이 원하는 수준의 서비스, 제품 품질, 혁신을 고객에게 제공하도록 강력한 고객 지향성을 갖는 것이다. 새로운 형태의 매장, 서비스 혁신, 정보 기술의 발전은 소매상이 고객에게 더 나은 서비스를 제공할 수 있도록 돕는다. 대형 온라인 소매상들은 새로운 기술과 제반 시설에 적극적으로 투자함으로써 주문한 다음 날 혹은 당일 오프라인 매장에서 물건을 찾을 수 있게 하거나 핵심 도시에서는 주문한 제품을 집까지 신속하게 배송 가능하도록 하여 고객들을 만족시키고 전통적인 소매상들과 효과적으로 경쟁하고 있다. 이러한 신속한 배송 서비스는 구매한 제품을 당장 사용하고자 하는 고객들을 끌어모으고 있지만 소매상에게는 많은 비용이 드는 일이다. 따라서 아마존의 당일 배송 옵션은 아무 소매상이나 실행할 수 있는 전략이 아니며, 아마존이 신속한 배송을 원하는 고객 집단에게 이점을 갖도록 한다.

소매업은 점점 더 글로벌화 해지고 있다. 특히 많은 소매상들은 글로벌 시장에서 상당한 성장 가능성을 감지하고 있다. 스마트폰 제품 시장은 북미나 유럽 시장에서는 이미 성숙기에 접어들었지만 인도, 중국, 브라질과 같은 시장에서는 미래에 큰 수요가 있을 시장으로 예상된다. 특히 이러한 국가들은 상대적으로 많은 수의 중산층 소비자들을 보유하고 있다. 예를 들어 인도의 경우 가계에서 소비할 수 있는 소득을 의미하는 가처분 소득이 점점 늘고 있는 중산층의 수가 상당수기 때문에, 아마존, 이케아, 할리-데이비슨, 넷플릭스와 같은 기업들은 이미 인도 시장에 진입하여 비즈니스를 확장하고 있다.[4] 또한 많은 미국 소매상들은 글로벌 성장 기회를 잡기 위해 글로벌 시장에 매장을 갖고 있다. 반면, 독일 할인 슈퍼마켓인 알디(Aldi), 스페인 패스트 패션 브랜드인 자라(Zara)는 미국 시장에서 비즈니스를 넓혀가고 있다.

온라인 소매 인터넷을 통해 고객에게 제품 구매가 가능하게 하는 소매

12-2 온라인 소매

 # 학습목표 **온라인 소매에 대해 알아보고 온라인 소매가 소매업을 어떻게 변화시키는지 이해한다.**

MIRTMIRT/SHUTTERSTOCK.COM

온라인 소매 아마존은 40여개의 카테고리에 속하는 수백만개의 제품들을 온라인으로 판매한다.

멀티채널 소매업에서 급속히 증가하고 있는 것 중 하나는 온라인 소매(online retailing)이다. **온라인 소매online retailing**는 인터넷을 통해 고객에게 제품 구매가 가능하게 하는 소매를 말한다. 대부분의 소매상들은 온라인 소매를 자신의 비즈니스에 중요한 부분으로 인식하고 있다. 미국에서 온라인 소매 매출은 4,530억 달러, 전체 소매 매출의 약 13%를 차지하고 있으며 49% 성장률을 보이고 있다.[5] 전 세계적으로도 온라인 판매액은 모바일을 통한 판매 증가에 힘입

어 2조 3천억 달러를 넘어섰다.[6] 가구계의 아마존을 꿈꾸며 가구를 온라인으로만 판매하는 웨이페어(Wayfair)를 생각해 보자. 이 기업은 700만 제품의 가구를, 7,000개의 공급업자 네트워크를 통해 판매, 유통한다. 웨이페어(Wayfair) 웹사이트는 하나의 제품을 소개할 때 100여 개의 세심한 정보를 소개하여 가구를 직접 보지 않고 구매할 때 고객들이 느끼는 불안감을 줄여주고 있다.[7]

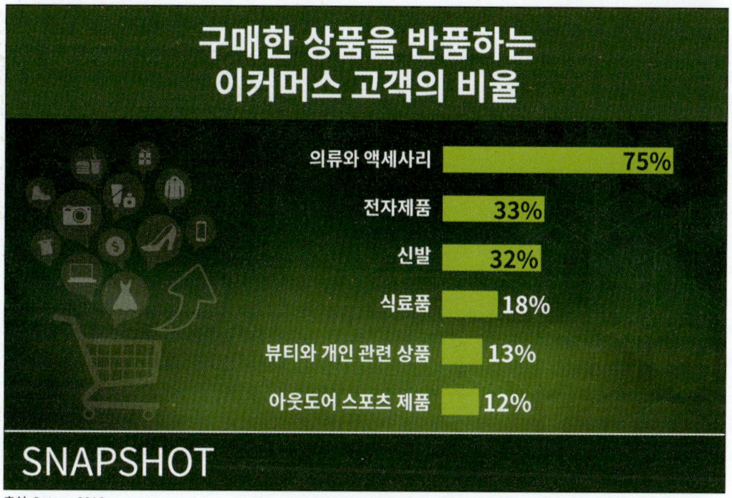

출처: Optoro, 2016

온라인 소매업은 자신이 원하는 제품을 편리하게 다양한 채널을 통해 구매하고자 하는 고객들의 증가하는 니즈를 만족시키고 있다. 오늘날 소비자들은 온라인으로 다양한 쇼핑 관련 일들을 할 수 있다. 고객들이 원하는 제품을 온라인으로 구매하는 것부터 흔히 볼 수 없는 귀한 소장품을 추적하거나 처방 안경을 온라인으로 재구매하거나 심지어 고가의 보석이나 신선식품인 식료품도 온라인으로 구매할 수 있다. 온라인 소매를 통해 구매한 제품은 고객의 집이나 사무실로 배송되거나 고객과 가까운 매장에서 직접 받을 수도 있다. 마이어(Meijer), H-E-B부터 타깃(Target), 코스트코(까지 오늘날 유통체인들은 고객들이 온라인으로 주문한 식료품 리스트들을 모아 고객들이 직접 픽업하게 하거나 적은 배송비를 받고 배송해주는 서비스를 제공하고 있다. 은행들 역시 고객들이 온라인으로 자신의 계좌에 접속하여 예금 이체, 주식 거래 등 다양한 업무를 온라인으로 처리할 수 있도록 한다. 아마존과 같은 온라인 소매상들은 온라인 거래를 통해 획득한 다양한 고객 거래 정보들을 분석하여 고객들의 과거 거래 기록을 바탕으로 고객들이 원할 것으로 예상되는 제품들을 추천하고 있다. 컴퓨터 기술이 점점 더 발전하고 고객들은 점점 시간에 쫓기게 됨에 따라 온라인 소매업은 지속적으로 성장할 것으로 예상된다.

12-3 오프라인 소매상의 주요 형태

 # 학습목표 **소매상의 주요한 유형을 파악한다.**

소매상들은 소비자들의 인구통계학적 구조와 선호의 변화에 따라 과거와 다른 다양하고 새로운 형태의 소매 방식을 목격하고 있다. 예를 들어, 오늘날 많은 소비자들은 온라인으로 제품에 대한 정보를 찾고 실제 제품은 오프라인 매장에 방문하여 구매하는 웹루밍(webrooming)의 소매 형태를 보인다. 대부분의 고객들에게 오프라인 매장, 소매상의 웹사이트, 소매상의 애플리케이션 사이에 명확한 구분은 무의미하며, 고객들은 자신들의 상황과 니즈에 따라 다양한 형태의 온, 오프라인 소매상을 돌아다닌다. 온라인 소매상인 아마존은 심지어 시애틀에 새로운 형태의 편의점을 열어 전통적인 소매상 유형 구분을 무의미하게 만들었다. 아마존이 개장한 새로운 형태의 소매 매장은 섬세한 카메라, 마이크를 장착하고 아마존 고(Amazon Go)라는 앱을 이용하여 쇼핑을 하러 매장에 들어가고 제품을 찾고, 종업원이 결제를 해주는 과정 없이 첨단 기술을 이용하여 자동적으로 결제가 이뤄지는 형태이다.

이처럼 오늘날 소매상은 전통적인 형태에서 벗어나 다양한 형태로 확장되고 있지만 여전히 다양한 형태의 다분히 전통적인 형태의 오프라인 소매점이 존재한다. 이러한 오프라인 소매상의 유형을 구분하는 하나의 기준은 소매상이 제공하는 제품의 넓이에 따르는 것이다. 이 기준에 따라 오프라인 소매상은 일반 소매상(general-merchandise retailers)과 전문품 소매상(specialty retailers)으로 크게 구분할 수 있다.

표 12.1 일반 소매상의 유형

소매상 유형	설명	예
백화점	다양한 제품 구색을 갖춘 대형 소매상으로, 제품라인별로 매장을 구분하여 운영함	메이시스(Macy's), 콜(Kohl's), JC페니(JCPenney)
할인마트	제조업자와 유통업자 브랜드 제품을 저렴한 가격에 판매하는 셀프 서비스 일반 소매상	월마트(Walmart),타깃(Target), 달러 제너럴(Dollar General)
편의점	고객이 방문하기 편한 위치에 자리잡은 셀프 서비스 소규모 소매상으로 소수의 제품 품목을 판매함	세븐 일레븐(7-Eleven), 올썹(Allsup's)
슈퍼마켓	거의 완전한 식료품 라인과 일부 비식료품 품목을 판매하는 셀프 서비스 소매점	크로거(Kroger), 세이프웨이(Safeway), 퍼블릭스(Publix), HEB
슈퍼스토어	슈퍼마켓에서 취급하는 모든 식료품, 비식료품뿐만 아니라 주기적으로 구매되는 제품들을 판매하는 거대한 소매점	월마트 슈퍼센터(Walmart Supercenters), 슈퍼 타겟(Super Target)
하이퍼마켓	슈퍼마켓과 할인마트의 혼합형으로 슈퍼스토어보다 규모가 큼	까르푸(Carrefour), 루루(Lulu)
창고형 클럽	대규모의 회원제 매장으로, 주로 현금을 내고 자신이 가져가는 형태의 도매업과 할인된 소매업을 함께 함	샘즈 클럽(Sam's Club), 코스트코(Costco)
창고형 쇼룸	저렴한 임대료의 넓은 매장을 보유하고 매장 안에 충분한 자체 재고를 유지하면서 최소한의 서비스를 제공하는 소매점	이케아(IKEA)

12-3a 일반 소매상

백화점 노드스트롬 같은 백화점은 다양한 제품라인들을 판매한다.

일반 소매상general-merchandise retailer은 상당한 재고를 보유하면서 다양한 제품라인을 제공하는 소매상 유형을 말한다. 그러나 일반 소매상으로 분류되는 소매상들 역시 판매하는 제품의 유형, 고객 서비스 믹스, 소매상 운영 스타일에 따라 다양한 형태가 존재한다. 백화점, 할인마트, 편의점, 슈퍼마켓, 슈퍼스토어, 하이퍼마켓, 창고형 클럽과 창고형 쇼룸은 일반 소매상으로 분류되는 소매상 형태이다 (표 12.1 참고).

백화점

백화점department stores은 최소한 25명의 종업원을 보유하면서 다양한 제품 믹스를 판매하는 대규모 소매 조직이다. 메이시스(Macy's)와 노드스트롬(Nordstrom) 같은 백화점은 관련된 제품라인들을 화장품, 가정용품, 의류, 가구, 전자제품과 같은 별도의 파트로 구분하여 운영한다. 이렇게 제품라인 별로 구분하여 운영하는 것은 마케팅 활동의 효율성을 높이고 내부 관리를 효과적으로 하는 데 도움이 된다. 때로는 백화점 안의 각각의 파트는 마치 별도의 비즈니스 인 것처럼 움직이는데, 각각의 파트를 방문한 고객들은 제품 구매를 위해 자율적으로 움직인다. 전형적인 백화점 매출의 상당 부분은 의류, 액세사리, 화장품 판매에서 발생한다. 대부분의 백화점은 다양한 품목을 판매하는데, 앞서 언급한 품목들 말고 선물용 제품, 여행용 가방, 전자제품, 스포츠 물품도 취급한다. 또한 백화점들은 제품 판매뿐만 아니라 자동차 보험, 헤어 케어 서비스, 연말정산 서비스, 여행 서비스, 시력검사 서비스 등 다양한 서비스를 제공하기도 한다. 백화점은 이러한 서비스를 제공하는 자영업자들에게 백화점 공간을 빌려주고 점포에 대한 임대료를 받는다. 오늘날 대부분의 백화점들은 다양한 제품을 자사의 웹사이트를 통해 판매하기도 하는데, 이는 작은 도시에 거주해서 백화점 오프라인 매장에 방문하기 어렵거나 온라인 혹은 모바일 쇼핑을 선호하는 고객들의 니즈를 만족시킨다.

일반 소매상 폭넓고 다양한 제품라인을 제공하는 소매상

백화점 다양한 제품믹스를 제공하면서 마케팅 관련 효율성과 내부 관리를 촉진하기 위해 제품라인별로 구분하여 운영하는 대규모 소매 조직

백화점은 고객에게 훌륭한 서비스를 제공하는 데 초점을 맞춘다. 따라서 백화점에서 판매하는 제품은 제품 자체뿐만 아니라, 신용거래, 배송, 개인 서비스 제공, 제품 반품 서비스, 쾌적한 환경까지 포함한다 할 수 있다. 비록 일부 백화점이 사실은 대규모의 전문점 형태를 띠고 있기도 하지만, 대부분의 백화점 매장들은 일반적인 품목을 취급하는 상점이다. 고객들은 한 매장의 제품 가격과 품질, 서비스를 경쟁 매장과 비교할 수 있다. 일반적으로 대형할인마트와 함께 백화점은 커뮤니티 소매업 리더로 인식되며 인구가 5만명이 넘는 지역에서 일반적으로 백화점을 볼 수 있다. 그러나 최근 들어 백화점은 할인 마트와 온라인 소매업과의 극심한 경쟁에 직면하고 있으며, 그 결과 많은 백화점 체인들이 비용을 줄이기 위해 매장을 폐쇄하고 있다.

할인마트

할인마트 저렴한 가격으로 제조업자와 유통업자 브랜드 제품을 판매하는 셀프 서비스 일반 소매상

할인마트discount stores는 저렴한 가격으로 제조업자와 유통업자 브랜드 제품을 판매하는 셀프 서비스 일반 소매상이다. 할인마트는 대량 판매를 기본으로하기 때문에 전통적인 소매상들 보다 단위당 이윤이 적다. 할인마트는 재고 회전율을 높이기 위해 가전제품에서 가정용품, 의류까지 다양하지만 신중하게 선택된 제품들을 판매한다. 할인마트는 식료품뿐만 아니라 장난감, 자동차 서비스, 가드닝 용품들, 스포츠 용품들까지 판매한다.

월마트와 타깃은 미국에서 가장 큰 할인마트로 성장했을 뿐만 아니라 전 세계적으로도 대규모 소매상 중 하나이다. 월마트는 전 세계에서 가장 큰 소매상으로 소매 판매액에서 13위를 차지하고 있는 타깃 보다 거의 7배에 해당하는 매출을 올리고 있다.[8] 그러나 할인마트가 모두 대규모로 전 세계에서 운영하는 형태는 아니다. 예를 들어 마이어(Meijer)와 같은 할인 마트는 미국의 중서부에 주로 매장을 갖고 있는 지역 할인 마트이다. 일반적으로 할인마트는 넓은 매장에서 (50,000에서 80,000 평방피트) 인테리어 장식도 화려하지 않은 시설을 이용한다. 할인마트는 일반적으로 판매를 위한 이벤트를 활용하기 보다는 매일 낮은 가격으로 제품을 판매하는 정책을 사용한다.

할인마트는 전후 생산 능력이 소비자들의 제품에 대한 강력한 수요를 감당할 수 있게 된 1950년 대 초, 대규모로 시작되었다. 처음에 할인마트는 다소 도심에서 떨어진 곳에 위치하여 최소한의 서비스만 제공하면서 전통적인 소매점보다 20에서 30% 저렴하게 제품을 판매하고 현금만 받는 형태를 취하곤 했다. 그 후 백화점과 다른 할인 마트들과의 경쟁에 직면하여, 할인마트들은 자사의 서비스와 쇼핑 환경을 향상시키고, 매장의 위치도 보다 편리한 곳으로 이동하면서 제품 가격을 상승시켰다. 이러한 변화는 할인마트와 백화점 사이의 구분을 모호하게 만들기도 했다.

일반적인 할인 마트들이 최근 들어 점점 규모가 커지고 취급하는 제품도 비싸게 판매하기 시작하면서 저소득층 고객들은 할인마트가 아닌 1달러 매장과 같은 매우 저렴한 매장으로 이동하고 있다. **극한 할인점**extreme-value stores은 일반적으로 1달러에서 10달러 사이의 매우 저렴한 가격에 상하지 않는 가정용품들을 소규모로 판매하는 할인점 형태이다. 달러 제너럴(Dollar General), 달러 트리(Dollar Tree), 파이브 빌로우(Five Below)가 예라 할 수 있다. 이들 극한 할인점은 제품을 소규모로 구매할 때 저렴한 특징이 있는데 극한 할인점에서 제품 한 단위당 가격은 할인마트보다 저렴하지만, 극한 할인점에서 제품을 대량 구매할 때의 가격은 제품을 대량으로 구매하여 쌓아 두고 쓸 수 있는 경제적 여력이 있는 고객들을 위한 소매점보다는 비싼 경향이 있다.

극한 할인점 일반적으로 1달러에서 10달러 사이의 매우 저렴한 가격에 상하지 않는 가정용품들을 소규모로 판매하는 할인점

편의점

편의점 편의품과 같은 소량의 제품라인만을 취급하면서 장시간 운영하는 소규모 셀프 서비스 소매상

편의점convenience store은 장시간 운영하는 소규모 셀프 서비스 소매상 형태인데, 일반적으로 탄산음료나 음료수, 과자, 신문, 담배, 휘발유, ATM 서비스와 같은 소규모 제품라인만을 판매한다. 고객과 가까이에 위치한 편의점이 제공하는 가장 큰 혜택은 편리함이다. 전미 편의점 협회에 따

르면 미국에만 154,958개의 편의점이 있으며 이들은 도합 년간 거의 5,500억 달러에 해당하는 매출을 발생한다.[9] 편의점은 일반적으로 5,000 평방 피트 보다 작은 면적에 1주일 내내 24시간 운영하며, 약 500개 정도의 품목만 취급한다. 편의점 개념은 1927년 시작되었는데 미국 달러스에 위치한 사우스랜드 아이스(Southland Ice)라는 기업이 고객들을 위해 얼음, 우유, 달걀과 같은 생필품을 판매하기 시작하면서부터 이다. 편의점은 전국을 대상으로 하는 프렌차이즈 체인 형태뿐만 아니라 가족이 소유 경영하는 독립된 형태의 편의점들도 있다.

슈퍼마켓

슈퍼마켓supermarkets은 식료품 전 품목과 화장품과 비처방 약과 같은 비식료품 제품의 일부를 판매하는 대규모 셀프서비스 소매상을 말한다. 슈퍼마켓은 때로는 식료품점이라 불리기도 하는데 제품 진열과 취급의 효율성을 극대화하기 위해 유사한 제품별로 구획이 구분되어 있지만 결제를 위한 계산대들은 중앙에 집중 배치되어 있다. 슈퍼마켓은 일반적으로 무료 주차를 제공하며, 개인 수표 현금화, 약국, 매장 길가에서 제품 픽업 서비스와 같은 서비스도 제공한다.

슈퍼마켓 식료품 전 품목과 비식료품 제품 일부를 판매하는 대규모 셀프 서비스 소매상

고객들은 슈퍼마켓에서 대부분의 식료품 품목 구매를 해결할 수 있다. 그러나 할인마트에서도 점점 식료품 품목을 많이 취급함에 따라 슈퍼마켓을 통해 판매된 식료품 비중은 감소하고 있다. 대도시에 등장한 온라인 식료품점들은 고객들이 직접 오프라인 식료품점에 갈 필요를 없앴다. 이에 슈퍼마켓들은 그들의 쇼핑 경험을 보다 편리하게 만들어야 하는 상황에 직면하고 있다.

크로거(Kroger), 홀푸드(Whole Foods), 코스트코(Costco)와 같은 소매상들은 인스타카트(Instacart)와 파트너십을 맺어 대도시 지역에서 인스타카트가 제공하는 종업원이 고객을 대신하여 식료품 쇼핑을 슈퍼마켓에서 직접하고 배달을 해주는 서비스를 제공하고 있다. 또한 많은 슈퍼마켓은 바쁜 고객들의 시간을 절약해 주기 위해 밀키트를 판매하고 슈퍼마켓 체인 자체가 식료품 배송 혹은 매장 길가 픽업 서비스를 제공하고 있다. 오늘날 슈퍼마켓들은 다양한 고객, 고객 거래 관계 데이터를 분석하여 끊임없이 경쟁력을 갖추기 위해 노력한다. 예를 들어, 크로거는 고객관련 데이터를 분석하여 어떤 제품을 진열하고, 어디에 제품을 위치할지, 심지어 고객들에게 보다 나은 매장 경험을 선사하기 위해 매장 레이아웃은 어떻게 디자인 하면 좋을 지를 분석한다.[10]

슈퍼스토어

유럽에서 시작된 **슈퍼스토어**Superstores는 슈퍼마켓에서 취급하는 식료품과 비식료품 뿐만 아니라 가정용품, 소형 가전제품, 의류 및 개인 위생 제품 등과 같은 주기적으로 구매되는 소비재 제품을 취급하는 대규모 소매상을 말한다. 슈퍼스토어는 할인마트와 슈퍼마켓의 특성을 합쳐 놓은 것으로 일반적으로 슈퍼마켓 보다 4배 정도 많은 품목을 취급한다. 또한 슈퍼스토어는 세탁 서비스, 자동차 수리 서비스, 개인 수표 현금화 서비스와 공과금 납부 서비스를 포함한 추가적인

슈퍼스토어 슈퍼마켓에서 취급하는 식료품과 비식료품 뿐만 아니라 주기적으로 구매되는 소비재 제품을 취급하는 대규모 소매상

창의적 마케팅

온라인 소매상들이 오프라인 매장도 열다

아마존(Amazon), 보노보스(Bonobos), 캐스퍼(Casper)와 와비 파커(Warby Parker)는 온라인 소매상으로 비즈니스를 시작하여 오프라인 매장없이도 시장 점유율을 높이고 고객 충성도를 쌓아 왔다. 아마존은 온라인 책 판매, 보노보스는 남성 바지 판매, 캐스퍼는 침대 매트릭스, 와비 파커는 안경을 온라인으로 판매함으로써 유명세를 얻었다. 이들 4개 기업은 현재 새로운 트렌드인 온라인 소매상이 실제 오프라인 매장을 여는 일에 동참하고 있다. 고객들은 이들 기업의 오프라인 매장으로 몰려들고 있다.

아마존은 책과 식료품 판매를 위해 팝업 스토어나 계산 출납원이 없는 매장과 같은 혁신적인 소매형태를 실험하고 있다. 보노보스는 30개 이상의 오프라인 매장을 설치하여 남성 고객의 의류 구매를 위한 치수를 재주고 전문가의 도움을 제공하고 있다. 캐스퍼는 처음에는 침대 매트리스를 판매하기 위해 일정 기간 동안만 운영하는 팝업 스토어를 열었다. 이러한 오프라인 매장이 인기를 끌자 캐스퍼는 곧 20개의 지속적으로 운영하는 오프라인 매장을 열었으며 앞으로 200개까지 매장을 늘려나갈 계획이다. 와비 파커는 안경테를 직접 써보고 싶다는 고객의 요청들을 반영하여 오프라인 소매점을 열기 시작했다. 현재 와비 파커는 북아메리카 시장에 100개의 오프라인 매장을 갖고 있으며 더 많은 매장을 열 계획이다.

이와 같은 온라인 소매상들은 그들이 보유하고 있는 정밀한 고객 데이터 덕분에 자사 목표 고객들을 정교하게 집어 낼 수 있고, 이러한 데이터 분석의 결과로 어디에 새로운 오프라인 매장을 내야하는지를 결정할 수 있다. 오프라인 매장은 고객들이 제품을 테스트하고 고객에게 직접 제품을 보여줄 수 있는 좋은 수단이며, 고객과 직접 만나 구매 경험을 향상시킬 수 있는 접점이기도 하다. 때로 온라인 소매상들은 새로운 위치에 오프라인 매장을 여는 재정적 위험을 줄이기 위해 전통적인 오프라인 매장이 문을 닫아 임대할 수 있는 공간이 나오면 그 공간에 오프라인 매장을 열기도 한다. 점점 더 온라인 소매상들이 오프라인 매장을 열어 새로운 마케팅 기회를 발견하는 것을 볼 수 있을 것이다.[a]

서비스를 제공한다. 월마트 슈퍼 센터(Walmart Supercenters)나 몇몇 크로거 매장, 슈퍼타겟(Super Target) 매장이 슈퍼스토어의 예라 할 수 있다.

슈퍼스토어는 재고와 취급 비용을 줄이기 위해 사람이 아닌 정밀한 운영 기술을 활용하고 다양한 구색의 전 제품을 진열하기 위해 매우 높은 매장 선반을 사용한다. 슈퍼마켓이 45,000평방피트의 사이즈라면, 슈퍼스토어는 일반적으로 20만 평방피트 정도의 규모를 차지한다. 슈퍼스토어 매출 규모는 슈퍼마켓의 2-3배에 해당하는데 슈퍼스토어는 교통이 좋은 곳에 가깝게 위치하여 오프라인 매장 안에 고객이 보다 많이 방문하게 만들어 수익성을 끌어 올리고 있다.

하이퍼마켓

하이퍼마켓 한 장소에서 쇼핑하는 슈퍼마켓과 할인 마트를 합쳐 놓은 형태의 소매상

하이퍼마켓hypermarkets은 한 장소에서 쇼핑하는 슈퍼마켓과 할인 마트를 합쳐 놓은 형태의 소매상이다. 하이퍼마켓과 유사한 슈퍼스토어보다 규모면에서 더 큰 특징이 있는데, 225,000에서 325,000 평방 피트 규모 매장에 45,000에서 60,000개의 다양한 제품을 저렴하게 판매한다. 하이퍼마켓은 일반적으로 매장의 40~50%의 공간을 식료품에 할당하고 나머지 공간을 의류, 전자제품, 가정용품, 보석, 자동차 부품 등의 일반 공산품 판매에 사용한다. 또한 하이퍼마켓은 은행이나, 안경점, 패스트푸드 음식점과 같은 경쟁자가 아닌 비즈니스에 공간을 임대해 주기도 한다. 하이퍼마켓은 저렴한 가격과 매우 다양한 제품 품목에 혜택을 제공하는 소매상 형태라 할 수 있다.

미국에서 소매상들은 이러한 하이퍼마켓의 개념을 도입하려고 했지만 쉽지 않았다. 마이어, 월마트와 까르푸가 미국에서 하이퍼마켓 형태의 매장을 열었지만 대부분은 결국 폐쇄하고 말았다. 하이퍼마켓은 바쁜 미국 쇼핑객들에게는 쇼핑하기에 너무 큰 매장이었을 지도 모른다. 미국에서는 실패했지만 하이퍼마켓은 유럽, 남아메리카, 멕시코, 중동, 인도 시장에서는 보다 성공적으로 운영되고 있다.

창고형 클럽

창고형 클럽 현금을 주고 직접 구매해 가져가는 도매상 형태와 할인된 소매상 형태를 결합한 대규모 회원제 형태

창고형 클럽warehouse clubs은 매스 머천다이징 분야에서 성장하는 형태로, 현금을 주고 직접 구매해 가져가는 도매상 형태와 할인된 소매상 형태를 결합한 대규모 회원제 형태이다. 창고형 클럽은 할인마트와 동일한 제품 유형을 판매하지만 제품의 사이즈나 스타일이 한정된다. 대부분의 할인마트가 약 40,000개의 품목을 취급하는 반면, 창고형 클럽은 단지 3,500~5,000개 사이의 제품, 일반적으로는 브랜드 리더 제품들을 취급한다. 예를 들어, 창고형 클럽의 예인 샘즈 클럽(Sam's Club)은 약 4,000개의 품목을 취급한다. 창고형 클럽 형태에서 코스트코는 현재 시장을 리드하고 있으며 1,260억 달러 이상의 매출을 올리고 있다. 샘즈 클럽(Sam's Club)은 창고형 클럽 분야에서 2위를 차지하고 있는데 590억 달러의 매출을 달성하고 있다.[11] 창고형 클럽은 음식, 음료, 책, 전자제품, 가정용용품, 자동차 부품, 가구를 포함하는 넓은 제품 믹스를 판매하고 있다.

ISTOCK.COM/MARCUSAMELIA

창고형 클럽 코스트코는 다양한 마케팅 제품들을 제한된 사이즈와 스타일로만 판매하는 창고형 클럽 형태이다.

창고형 클럽은 슈퍼마켓이나 할인마트보다 저렴한 가격을 유지하기 위해 고객들에게 제한적인 서비스를 제공한다. 또한 광고도 최소한으로만 유지하고 있다. 창고형 클럽 매장은 콘크리트 바닥에 지게차가 충분히 돌아다닐 수 있게 넓은 통로를 확보하고 있다. 판매되는 제품들도 투박한 형태의 판자나 파이프

랙에 전시되어 있다. 창고형 클럽은 가격에 민감한 최종 소비자와 유통업자로부터 도매로 물건을 제공 받을 수 없는 소규모 소매상에게 매력적인 물건 구매 장소로 인식되고 있다.

창고형 쇼룸

창고형 쇼룸 대규모의 저렴한 임대 공간에서 많은 제품의 재고를 보유하면서 최소한의 서비스를 제공하는 소매상 형태

창고형 쇼룸warehouse showrooms은 대규모의 저렴한 임대료 건물을 이용하여 창고형 물품 관리 기술 활용, 수직적 제품 전시, 대규모 재고 저장 공간, 최소한의 서비스 제공을 특징으로 하는 소매상 형태이다. 스웨덴 기업인 이케아가 대표적인 예로 이케아는 가구, 가정 용품, 주방 액세사리 등을 창고형 쇼룸과 카탈로그를 이용하여 판매하고 있다. 창고형 쇼룸은 높은 매출 대비 저렴한 비용으로 최소한의 서비스와 종업원을 고객에게 제공하면서 운영하고 있다. 이들 창고형 쇼룸은 일부 마케팅 활동을 소비자가 직접 담당하게 함으로써 비용을 낮추고 있다. 즉, 창고형 쇼룸을 이용하여 제품을 구매하는 고객들은 운송 서비스, 대출 서비스, 물건 조립 서비스 등을 모두 고객 스스로 해야만 한다. 창고형 쇼룸이 수수료를 지불한 고객을 위해 배송을 해주기도 하지만 대부분의 고객들은 직접 물건을 구매하여 그 물건을 직접 배송한다.

12-3b 전문품 소매상

다양한 제품 품목들을 판매하는 일반 소매상과 달리, 전문품 소매상은 제한된 제품 품목을 매우 다양한 형태로 취급하는 소매상이다. 그들의 이름이 "전문품" 소매상이긴 하지만 이들은 전문품을 취급하지는 않는다. 그 대신 전문품 소매상은 몇몇 제품라인에 해당하는 제품을 상당히 다양하고 깊이 있게 취급하는 특징을 보인다. 본 장에서는 3가지 유형의 전문품 소매상인 전통적인 전문품 소매상, 카테고리 킬러, 상시할인 전문품 소매상에 대해 알아보도록 하겠다.

전통적인 전문품 소매상

전통적인 전문품 소매상 몇몇 제품라인에 한정하여 그 제품라인에 관해서는 다양한 품목을 제공하는 소매상

전통적인 전문품 소매상traditional specialty retailers은 몇몇 제품라인에 한정하여 그 제품라인에 관해서는 다양한 품목을 제공하는 소매상이다. 때로 제한된 제품라인 소매상(limited-line retailers)이라 불리기도 한다. 만약 전통적인 전문품 소매상이 특정 제품 카테고리 하나에 대하여 매우 다양한 품목들을 취급, 판매한다면 싱글 제품라인 소매상(single-line retailers)이라 불릴 수 있다. 전문품 소매상은 일반적으로 의류, 보석, 스포츠 용품, 직물, 컴퓨터, 반려동물 물품과 같은 선매품을 취급한다. 더 리미티드(The Limited), 빅토리아 시크릿(Victoria's Secret), 풋라커(Foor Locker) 등 의류, 속옷, 신발과 같은 제한된 제품라인을 취급하지만 그 제품라인 안에서 다양한 품목을 제공하는 소매상들이 전통적인 전문품 소매상의 예라 할 수 있다.

전통적인 전문품 소매상은 일반적으로 작은 규모이기 때문에 매출 대비하여 비용이 높은 경향이 있고 제품 회전율도 낮다. 그러나 이들 소매상은 제한된 제품라인들을 대량 구매하기

때문에 공급업자로부터 보다 저렴한 가격으로 구매 할 수 있다. 전문품 소매상이 성공하기 위해서는 고객들의 니즈를 이해하여 매장 안에서 판매해야 하는 제품을 적절히 선택하여 판매가 잘 되지 않는 제품이 늘어나지 않도록 해야 한다. 전문품 소매상들은 일반적으로 백화점 보다 더 나은 제품 구색을 제공하고 제품을 판매할 때 보다 전문적인 의견을 제공한다. 전문품 소매상은 더 나은 서비스, 전문적인 종업원, 매장 환경과 위치적인 장점을 활용하여 특정 세분 시장 고객들에게 어필하고 있다. 예를 들어, 미국 텍사스 오스틴에 기반을 둔 테라 토이(Terra Toys)는 지난 40년 간 전문적 지식으로 무장한 친절한 종업원이 존재하는 매장에서 전통적이고 교육적인 장난감을 판매하는데 집중함으로써 아이들과 어른들에게 어필해 왔다. 그러나 전통적인 전문품 소매상 역시 온라인 소매업이 증가하고 이로 인해 경쟁이 치열해 짐에 따라 어려움을 겪고 있다.

카테고리 킬러

보다 최근에 등장한 전문품 소매상의 형태로 카테고리 킬러가 있다. **카테고리 킬러**category killer는 특정 제품 카테고리에 집중하면서 저렴한 가격과 다양한 제품 구색을 제공하는 대규모 전문품 소매점을 말한다. 이들 매장이 카테고리 킬러라 불리는 이유는 시장에서 빠르게 확장하여 고비용 소규모 상점들을 잠식하여 시장 점유율을 확장해 나가고 있기 때문이다. 카테고리 킬러의 예로 셀프 집 수리 및 향상을 위한 모든 제품을 판매하는 홈 디포(Home Depot)와 로우즈(Lowe's), 오피스 관련 용품만을 취급하는 스테이플즈(Staples), 서적 판매에 집중하는 반즈앤노블(Barnes & Noble), 반려동물 관련 용품을 판매하는 펫코(Petco)와 펫스마트(PetSmart), 소비자 전자제품 판매에 집중하는 베스트 바이(Best Buy)가 있다. 온라인 소매상은 카테고리 킬러에게도 영향을 미치고 있는데 최근에는 온라인 소매상의 인기 때문에 카테고리 킬러가 시장 점유율을 잃고 있다. 이에 대응하기 위해 베스트 바이(Best Buy)와 같은 몇몇 카테고리 킬러는 경쟁력 있는 웹사이트를 개설하고 온라인 소매상이 판매하는 가격과 제품 가격을 동일하게 매칭해주는 정책을 사용하고 있다.

카테고리 킬러 주요 제품 카테고리에서 저렴한 가격과 다양한 제품 구색을 통해 다른 소매점들과 경쟁하는 큰 규모의 전문품 소매점

상시할인 전문품 소매상

상시할인 전문품 소매상off-price retailers은 제조업체의 기준 미달품, 초과 생산 제품, 반품된 제품, 철 지난 제품을 도매 가격 이하로 구매해 대폭 할인된 가격으로 최종 소비자에게 판매하는 소매상을 말한다. 제품을 도매 가격에 구매하여 보통은 기존 브랜드 이름과 다른 세컨드 라인 브랜드 이름으로 판매하는 할인마트와 달리 상시할인 소매상은 널리 알려진 브랜드 혹은 디자이너 브랜드의 의류, 신발 혹은 가정용품 등의 제한된 품목을 판매한다. 소비자들은 상시할인 소매상을 통해 대폭 할인된 가격으로 널리 알려진 브랜드 제품을 구매할 수 있다는 점을 좋아한다. 이러한 소비자들의 선호에 힘입어 T.J. 맥스(T.J. Maxx), 마샬(Marshalls), 스타인마트(Stein

상시할인 전문품 소매상 제조업자의 기준 미달품, 초과 생산 제품, 반품된 제품, 철 지난 제품을 대폭 할인된 가격으로 소비자에게 판매하는 소매상

DISRUPTIVE MARKETING

파괴적 마케팅

트랙터 서플라이는 트랙터는 안 파나요?

다수의 유서 깊은 소매상들이 합병되어 사라져 가고 있음에도 불구하고 트랙터 서플라이(Tractor Supply)는 매년 성장을 거듭하고 있다. 이 기업은 1938년 우편 주문 비즈니스로 사업을 시작한 이후 현재는 온라인 판매와 미국 49개 주에 1,725개 오프라인 매장을 운영하고 있으며 앞으로 더 많은 오프라인 매장을 열 예정이다. 트랙터 서플라이는 이름과 달리 트랙터를 판매하지는 않지만, 잔디 깍는 기계부터 농장 생활에 필요한 용품들과 반려견을 위한 음식까지 전원 생활에 필요한 다양한 제품들을 웹사이트와 오프라인 매장을 통해 판매하고 있다. 이 기업의 웹사이트는 펜스를 설치하는 방법, 벌집을 유지하거나 새에게 먹이는 주는 방법과 같은 전원 생활에 필요한 활동들을 설명하는 기사도 제공하고 있다.

트랙터 서플라이는 자사의 고객들을 잘 이해하기 위해 노력함으로써 경쟁자가 많은 시장에서도 여전히 살아남고 있다. 이 기업의 마케팅 담당자들은 각 오프라인 매장이 커버하는 지역의 특징을 신중하게 분석하고 각 매장 관리자들로부터 직접 의견을 청취한다. 이 기업은 모든 오프라인 매장에 동일한 품목들을 구성하는 대신 각 매장 품목의 약 15%까지는 그 지역의 특별한 니즈를 만족시켜 주기 위한 품목들로 채운다. 예를 들어, 트랙터 서플라이 뉴저지 매장은 이 지역 토양에 부족한 미네랄을 함유하고 있는 솔트 릭(동물들이 소금을 핥으러 오는 곳)을 판매하고 있다. 이 기업의 웹사이트는 고객에 대한 인사이트를 얻을 수 있는 또 다른 정보 원천이다. 웹사이트에서 벌집에 대한 소개 페이지를 많은 고객들이 방문했다면, 이 기업은 벌을 유지하기 위한 용품들의 재고를 더 많이 확보하기 시작할 것이다.

트랙터 서플라이의 관리자들은 실험을 통한 학습 효과를 믿는다. 이 기업은 고객들이 온라인이나 앱을 통해 물건을 구매하고 가까운 오프라인 매장에서 구매한 물건을 픽업하는 프로세스를 시작하기 전에 시장에서 유사한 업무를 이미 실행하고 있는 업체들의 과정을 면밀히 조사했다. 그 후, 온라인과 오프라인이 결합된 구매과정을 자사의 2개 오프라인 매장에서 실제로 실험해 보았고 여기서 밝혀진 부족한 점들을 개선한 후 이 프로세스를 전국적으로 실행하였다. 온라인으로 물건을 구매하는 것은 매우 편리할 뿐만 아니라 물건을 픽업하기 위해 오프라인 매장을 방문한 고객들은 계획하지 않았던 다른 제품까지 구매하기도 하였다.[b]

Mart), 벌링턴(Burlington)과 같은 상시할인 소매상의 매출은 증가해 왔다. 상시할인 소매상은 이름있는 브랜드 제품을 좋은 가격에 구매하고자 하는 고객들의 니즈를 만족시켜 줌으로써 경기 침체기에 특히 좋은 성과를 거두고 있다. 이와 같은 상시할인 소매상의 성공은 메이시스와 같은 백화점들의 매출 감소로 이어졌고 결국 백화점들은 다수의 매장을 폐쇄해야만 했다. 이에 메이시스는 경쟁에서 살아남기 위해 메이시스 백스테이지(Macy's Backstage)라는 상시할인 소매상을 도입하였다. 메이시스 백스테이지는 백화점 매장 안에 위치하고 있지만 대폭 할인된 가격으로 제품을 판매하며 별도의 고객층을 목표로 삼고 있다.[12]

상시할인 소매상은 백화점과 비교하여 유사한 제품을 20~50% 저렴하게 판매하지만 고객 서비스는 매우 제한적으로 제공한다. 이들 소매상은 탈의실을 공유하거나 중앙에 위치한 계산대를 통해서만 계산을 할 수 있다. 또한 몇몇 상시할인 소매상들은 심지어 반품이나 교환을 허용하지 않기도 한다. 상시할인 소매상은 판매하는 제품의 원래 브랜드 라벨을 제거하거나 혹은 그대로 둔 상태로 판매를 하기도 한다. 이들은 판매하는 제품을 1년에 9에서 12번 정도 새롭게 공급하는데 이는 전통적인 전문품 소매상 보다 3배 정도 자주 판매 물품을 새롭게 공급하는 것이다. 상시할인 소매상은 브랜드 제품을 잘 알면서 가격에 민감한 고객들을 목표로 삼는 다는 점에서 백화점과 다소 유사한 고객층을 두고 경쟁하고 있다고 할 수 있다.

BCFC/SHUTTERSTOCK.COM

JONATHAN WEISS/SHUTTERSTOCK.COM

전통적인 전문품 소매상과 상시할인 소매상 풋 라커(Foor Locker)는 전통적인 전문품 소매상인 반면 벌링턴(Burlington)은 상시할인 전문품 소매상의 예이다.

상시할인 소매상은 매장에 정기적으로 좋은 제품을 공급하기 위해, 저렴한 가격으로 많은 수의 제품을 공급할 수 있는 다양한 공급자들과 장기적인 관계를 맺고 있다. 제조업자들은 제품의 샘플이나 단종된 제품 혹은 잘 팔리지 않은 제품들이 있으면 상시할인 소매상을 찾아갈지도 모른다. 상시할인 소매상은 제조업자들이 오프시즌에 생산한 제품들을 현금을 지불하고 구매하여 판매하기도 한다. 제조업자들이 상시할인 소매상에 이렇게 물건을 판매하는 것은 물론 제조업자에게 이익을 주기도 하지만, 제조업자 브랜드의 특별함을 감소시키고 백화점 고객을 잃을 수 있는 위험이 존재한다. 백화점은 상시할인 소매상이 브랜드 제품을 판매한다는 사실을 부각하지 않고, 시즌 최종 정리 상품이나 낮은 품질의 제품만 한정하여 판매하고 백화점과 멀리 떨어진 곳에 위치한다면 경쟁이 덜 치열할 수 있다. 그러나 상시할인 소매상이 시즌 품목, 높은 품질의 제품을 판매하게 되면 백화점과 그러한 제품을 납품한 제조업자 간의 갈등이 일어날 수 있다.

12-4 소매업의 전략적인 이슈

 # 학습목표 **소매업에서 중요한 전략적 이슈들을 살펴본다.**

기업들이 행하는 구매행동은 다분히 경제적인 계획과 필요에 바탕을 두고 있지만 개인 소비자들의 구매행동은 사회적, 심리적 요소들에 영향을 받는 경우가 많다. 소비자들은 특정 제품을 구매하기 위해, 지루함을 달래기 위해, 새로운 무언가를 탐색하기 위해서 등 다양한 이유로 쇼핑을 한다. 따라서 소매상은 단지 매대를 채워 제품을 판매하는 것 이상을 고려하여야 소비자들의 구매행동을 자극할 수 있다. 기본적으로 소매상들은 고객이 원하는 제품을 매장에서 구매할 수 있게 제품을 보유하고 있어야 하며, 쇼핑 환경을 보다 흥미롭게 구성하고 소비자들의 매장 충성도를 높이기 위한 마케팅 전략을 개발해야 한다. 이 절에서는 소매상들이 소매상의 매장 위치, 프랜차이즈, 소매업에 적용된 기술, 소매업 포지셔닝, 매장 이미지, 카테고리 관리를 통해 소매업을 어떻게 전략적으로 운영하고 있는지 알아보도록 하겠다.

12-4a 소매상 매장 위치

아마도 당신은 부동산 비즈니스 광고에서 흔히 사용하는 "첫째도 위치, 둘째도 위치, 셋째도 위치"라는 문구를 들어봤을지도 모른다. 이 문구에서처럼 비즈니스 성공에 있어 매장의 위치는 매우 중요하다. 한 번 매장의 위치를 정하면 위치를 변경하는 것은 매우 어렵기 때문에 좋은 위치를 선정하는 것은 훨씬 더 중요할 지도 모른다. 매장의 위치는 그 매장이 고객을 끌어들일 수 있는 제한된 지역적 범위를 결정하기 때문에 중요한 전략적 의사결정이라 할 수 있다. 소매상은 매장의 잠재적 위치를 평가할 때 여러 가지 요소들을 고려한다. 그 기업의 목표 고객이 어느 지역에 위치하고 있는지, 어떤 종류의 제품을 판매하려 하는지, 대중 교통이 연결되어 있는지, 고객들의 특성과 경쟁 회사의 매장 위치까지 다양한 요소들을 고려한다. 오늘날 기업들은 새로운 매장을 위한 최적의 위치를 선정하기 위해 기업의 마케팅 정보 시스템을 통해 수집된 빅데이터를 적극적으로 분석, 활용한다. 예를 들어, 스타벅스는 현재 존재하는 스타벅스 매장 위치, 고객들의 인구통계학적 정보, 자동차 트래픽 패턴 등에 관한 방대한 정보를 아틀라스(Atlas)라 불리는 예측 모델링 기법을 이용하여 분석하고, 그 결과로 새로운 매장 위치를 추천한다. 그 후, 분석 결과를 이용하여 새롭게 매장이 개설된다면 가까운 곳에 위치한 기존 스타벅스 매장의 매출은 어떻게 변화될 것인지도 예측한다.[13] 마케팅 애널리틱스의 도움이 없다면 근처에 존재하는 자사 매장의 매출을 자기잠식하지 않는 새로운 매장 위치를 발견하는 것은 매우 어려운 작업일 수 있다.

매장 위치를 선정할 때, 소매상은 매장을 임대할 것인지, 리스할 것인지, 소유할 것인지와 같은 자산 소유에 관한 결정과 그 매장 자체의 특성이 무엇인지를 명확히 고려해야 한다. 소매상들은 매장이 위치할 지역에 존재하는 점포 유형, 점포 규모, 주차장과 빌딩 상황 등도 조사해야 한다. 또한 소매상들은 보행자와 자동차 트래픽, 주차, 교통 상황 등 그 매장을 방문하거나 그 매장을 떠날 때의 전반적인 이동 상황이 얼마나 편리한지도 평가해야 한다. 추가적으로 매장 주변에 우리 매장에서 판매하는 제품을 보완해 줄 수 있는 제품을 판매하는 매장이 있다면 보다 많은 고객들을 끌어들일 수 있기 때문에 주변 소매상들과의 보완성 역시 확인할 필요가 있다.

소매상들은 도심 중심부나 쇼핑센터 안에 매장을 위치시키는 것을 선호한다. 월마트, 홈 디포, 패스트푸드 레스토랑들은 다른 빌딩들과 연결되지 않는 독자적인 건물을 선호하지만 계획된 쇼핑센터 안에 위치하기도 한다. 그러나 때로 소매상들은 경쟁자가 적거나 소비자에게 다른 대안이 주어지지 않는 비교적 일반적으로 좋은 위치라고 알려지지 않은 위치에 매장을 열기도 한다. 팝업 스토어(Pop-ups)는 다른 소매상 매장 안에 독립적으로 위치하면서 며칠 혹은 몇 주 동안 특별한 이벤트 형식으로 운영되는 매장을 의미한다. 팝업 스토어를 통해 소비자들의 입소문을 창조하고 팝업 스토어를 기획한 소매상이 특정 위치에 막대한 예산을 투자하여 정식 소매매장을 열기 전에 자사 매장의 컨셉이 소비자들에게 충분히 흥미로운지 평가할 수 있는 기회를 제공한다. 소매상들이 비용을 절감할 수 있는 또 다른 전략으로는 서로 보완적인 다른 소매상과 하나의 매장을 공유하는 것이다. 이를 통해 복수의 소규모 소매상들은 보다 매력적인 매장 위치에서 비용을 분담할 수 있다. 미국의 몇몇 지역에서는 일반적인 매장 위치가 아닌 푸드 트럭의 형태로 외부 푸드코트를 구성하여 소규모 비즈니스가 적은 비용으로 성장할 수 있는 기회를 제공하기도 한다.

BCFC/SHUTTERSTOCK.COM

JONATHAN WEISS/SHUTTERSTOCK.COM

소매 매장의 위치 포에버21 (Forever 21) 매장은 일반적으로 지역 쇼핑몰에 위치해 있는 반면, 홈디포 매장은 사람들의 통행이 많은 지역에 독립적인 빌딩 형태로 존재한다.

쇼핑센터는 다양한 형태가 존재하는데 근린 쇼핑센터, 커뮤니티 쇼핑센터, 지역쇼핑센터, 초대형 쇼핑센터, 라이프스타일 쇼핑센터, 파워 쇼핑센터와 아울렛 쇼핑센터 등이 있다. **근린 쇼핑센터neighborhood shopping centers**는 일반적으로 소규모 식료품점, 주유소, 패스트푸드 음식점과 같은 소규모 편의품 소매상과 전문품 소매상으로 구성된 쇼핑센터이다. 이들 쇼핑센터의 목표 시장은 2-3마일 안에 거주하거나 도보나 운전으로 몇 분 안에 매장에 도착 가능한 소비자들이다. 이들 고객들은 매장 안에서 쉽게 상호작용할 수 있기 때문에 근린 쇼핑센터 안에 속한 매장들은 일반적으로 판매에 엄청난 노력을 들이지 않는다. 판매하는 제품은 주로 필수품들로 구성되어 있고 특정 제품라인 안에 속하는 다양한 품목을 제공하지는 않는다.

근린 쇼핑센터 소규모 편의품 소매상과 전문품 소매상으로 구성된 쇼핑센터

커뮤니티 쇼핑센터
1-2개의 백화점과 전문품 그리고 편의품 매장으로 구성된 쇼핑센터

커뮤니티 쇼핑센터community shopping centers는 1-2개의 백화점과 전문품 그리고 편의품 매장으로 구성된다. 이들 쇼핑센터는 근린 쇼핑센터에서 취급하지 않는 선매품이나 전문품을 구매하고자 하는 고객들을 목표로 하고 있다. 커뮤니티 쇼핑센터는 다양한 매장들을 포함하고 있기 때문에 보다 넓은 지역에 위치한 고객들을 끌어드리며 고객들은 기꺼이 쇼핑을 위해 커뮤니티 쇼핑센터까지 보다 먼 거리를 운전해서 방문한다. 커뮤니티 쇼핑센터는 계획에 따라 건립되고 소매상들은 쇼핑객들을 끌어 모으기 위해 노력한다. 예술전시회, 자동차쇼, 길거리 판매와 같은 이벤트를 개최하여 보다 많은 고객들이 쇼핑센터에 방문하도록 노력한다. 커뮤니티 쇼핑센터의 관리자들은 쇼핑센터 전체 제품 구색에 도움이 되는 소매상에게 매장을 임대해 주려 한다. 커뮤니티 쇼핑센터는 다양한 제품 종류들을 제품라인 별로 다양하게 제공한다.

지역 쇼핑센터 다양한 쇼핑센터 형태 중, 가장 큰 백화점을 보유하고 가장 다양한 제품들과 제품라인별 품목들을 제공하는 쇼핑센터

지역 쇼핑센터regional shopping centers는 일반적으로 다양한 쇼핑센터 형태 중, 가장 큰 백화점을 보유하고 가장 다양한 제품들과 제품라인별 품목들을 제공한다. 몇몇 쇼핑몰이 커뮤니티 쇼핑센터의 형태를 취하기도 하지만, 많은 쇼핑몰들은 지역 쇼핑센터의 형태를 취한다. 지역 쇼핑센터는 15만명 이상의 목표 시장 규모를 갖고 있으며 잘 조율된 관리 시스템과 마케팅 활동을 갖추고 있다. 지역 쇼핑센터의 목표 시장은 자신이 사는 지역에 공급되지 않는 제품과 저렴한 가격을 찾아 일정 거리를 운전하고자 하는 고객들이다. 지역 쇼핑센터 안에 매장 공간을 빌려 쓰는 것은 비용이 비싸기 때문에 임차 매장은 전국적인 체인인 경우가 많다. 대규모 지역 쇼핑센터들은 광고를 하고 특별한 이벤트를 개최하기도 하며, 고령자와 같은 고객들을 위해 교통 서비스를 제공하기도 하고 스스로의 보안요원을 운영하고 있으며 입점 매장들을 신중히 선정하고 있다. 때로 지역 쇼핑센터 중 가장 규모가 큰 형태를 **초대형 지역쇼핑센터superregional shopping centers**라 한다. 이들 초대형 쇼핑센터는 가장 넓고 깊은 제품믹스를 제공함으로써 수마일 떨어진 곳의 고객까지 끌어 들인다. 초대형 지역 쇼핑센터는 때로는 매장뿐만 아니라 스케이트장, 놀이공원, 고급 레스토랑과 같은 특별한 볼거리를 제공한다. 미국 미네아폴리스에 위치한 몰 오브 아메리카(Mall of America)는 노드스트롬(Nordstrom)과 블루밍데일즈(Bloomingdale's)와 같은 주요 백화점과 50개의 레스토랑을 포함하여 500개 이상의 매장을 보유한 미국에서 가장 큰 쇼핑몰이다. 이 쇼핑몰은 수족관, 미니 골프코스, 7 에이커의 니켈로디언 테마파크와 스포츠, 가상현실 엔터테인먼트 센터, 호텔과 콤플렉스까지 보유하고 있으며 매년 수백개의 특별 이벤트를 개최한다.[14]

초대형 지역쇼핑센터
지역 쇼핑센터 중 가장 큰 규모로 가장 넓고 깊은 제품믹스를 제공하여 멀리 떨어진 고객까지 유인하는 쇼핑센터 형태

오늘날 전통적인 쇼핑몰의 매출이 감소하기 시작하자 쇼핑센터 개발업자들은 전통적인 쇼핑센터와는 다른 새로운 형태의 쇼핑센터를 개발하고 있다. **라이프스타일 쇼핑센터lifestyle shopping center**는 고급 전문품점, 레스토랑과 엔터테인먼트를 제공하는 실외에 구성된 쇼핑센터이다. 이 쇼핑센터는 대부분 전국적인 체인을 갖고 있는 기업이 소유하고 있다. 예를 들어 산호세에 위치한 산타나 로우(Santana Row)는 부유한 사람들의 거주 지역에 가깝게 위치하고 있으며, 쇼핑센터 안에 분수대, 벤치, 고객들이 편안히 둘러볼 수 있는 시설들을 제공하고 있다.

라이프스타일 쇼핑센터
실외에 위치하여 고급 전문품점과 식당가, 엔터테인먼트를 제공하는 쇼핑센터

라이프스타일 쇼핑센터는 매력적인 건축물 디자인을 보여주며 고객들에게 가고 싶은 곳이라는 느낌을 심어줌으로써 고객 충성도를 창출하고자 한다. 텍사스 오스틴에 위치한 더 도메인(The Domain)과 같은 라이프스타일 쇼핑센터는 매장들뿐만 아니라 거주지와 같은 느낌을 창조하기 위해 다양한 활동들을 진행한다. 다양한 형태의 활동들과 문화 이벤트를 제공하여 많은 사람들을 쇼핑센터로 끌어 모으고 있다.

백화점을 쇼핑센터의 근간으로 삼는 전통적인 쇼핑센터 형태를 거부하고 상시 할인 소매상과 카테고리 킬러를 통합하는 새로운 형태의 쇼핑센터인 **파워 쇼핑센터**power shopping center도 존재한다. 이러한 쇼핑센터는 갭(Gap), 펫스마트(PetSmart), 홈 디포(Home Depot)와 같은 소매상을 중심으로 구성된다. 파워 쇼핑센터의 수는 늘어나고 있으며 이로 인해 다양한 형태의 소매상들이 보다 치열한 경쟁을 하고 있다.

파워 쇼핑센터 상시할인 소매상과 카테고리 킬러를 통합한 쇼핑센터

공장형 아울렛 몰은 폴로 랄프 로렌(Polo Ralph Lauren), 나이키(Nike), 게스(Guess), 선글라스 훗(Sunglass Hut)과 같은 전통적인 제조업자 브랜드를 취급하는 할인 공장형 아울렛을 말한다. 몇몇 아울렛 센터는 지난 시즌의 고가 제품을 신속히 판매하기 위해 할인하여 판매하기도 한다. 제조업자들은 그들 스스로 공장형 아울렛 매장을 소유하고 자사의 제품을 판매하는 소매상들과 갈등이 일어나지 않도록 특별한 노력을 기울이고 있다. 제조업자들은 공장형 아울렛 매장을 대도시 외각의 경쟁이 적은 지역에 위치시킨다. 공장형 아웃렛은 제품 품질과 브랜드 이름을 중시하지만 저렴하게 구매하는 데 관심이 많은 고객층을 목표로 삼는다. 공장형 아울렛은 지역 쇼핑센터와 유사한 방식으로 운영되지만 보통은 더 먼 곳에서 특별히 방문하는 여행객일지도 모르는 고객들까지 끌어 들인다. 따라서 이들 쇼핑센터는 촉진 활동을 활발히 하고 있다. 공예품 쇼, 골동품 쇼와 같은 특별한 이벤트들이 더 많은 고객들이 쇼핑센터를 방문하도록 이끈다.

12-4b 프랜차이징

매장의 위치뿐 아니라, 소매상은 소매업의 소유 형태에 대한 결정도 내려야 한다. 대부분의 사람들은 메이시스(Macy's), 레드 랍스터(Red Lobster), 스테이플(Staples) 같이 많은 주에서 운영되는 복수의 체인점을 직접 소유하고 운영하는 형태에 익숙할 것이다. 그러나 이러한 형태의 소매상과 달리 특정 지역에 한 개 혹은 소수의 매장만을 갖고 소유주가 직접 운영하는 형태도 있다. 또 다른 형테의 소매상은 **프랜차이징**franchising이라 불리는 소매상 소유 형태를 따르는데, 공급자인 가맹주가 딜러인 가맹점에게 대가를 받고 자사의 브랜드를 이용하여 제품을 팔 수 있는 권리를 제공해 주는 형태를 말한다. KFC나 피자헛과 같은 가맹주는 가맹점에게 설비, 매장 공간, 운영 노하우, 마케팅 도움 들을 제공하고 가맹점 전체 매출의 일정 부분을 제공 받을 지도 모른다. 반면 가맹점은 노동과 자본을 가맹주에 제공하고, 가맹점 비즈니스를 운영하며, 가맹주와의 계약을 지키는 데 동의한다. 표 12.2는 미국의 대표적인 가맹주들 리스트와 그들이 판매하는 제

프랜차이징 공급자인 가맹주가 딜러인 가맹점에게 대가를 받고 자사의 브랜드를 이용하여 제품을 팔 수 있는 권리를 제공해주는 방식

ISTOCK.COM/TENNESSEEPHOTOGRAPHER

프랜차이징 서브웨이는 가맹주이며, 개별 서브웨이 매장은 가맹점이 소유하고 운영한다.

품 종류와 가맹점 창업 비용을 정리한 것이다.

글로벌 시장으로의 전환, 미국내 에서 고용 형태의 변화, 미국 경제에서 서비스가 차지하는 비중의 증대, 기업들이 혼자 창업하는 것보다는 조인트 벤처 형태를 선호하는 변화에 따라 프랜차이징은 매우 인기 있는 소매업 형태가 되었다. 미국에 745,290개의 가맹점이 존재하며 이는 다양한 산업에 걸쳐 780만 일자리를 창출하고, 7,130억 달러의 매출을 발생시킨다.[15]

프랜차이징은 가맹주와 가맹점 모두에게 다양한 이점을 제공한다. 우선 프랜차이징은 가맹점이 제한된 자본을 갖고 비즈니스를 시작하여 가맹주의 비즈니스 경험을 통해 도움을 받을 수 있도록 한다. 일반적으로 말해서 가맹점은 독립적으로 창업한 소매상보다 성공할 가능성이 큰데, 이는 가맹점이 가맹주의 전국적인 브랜드의 명성을 바탕으로 비즈니스를 시작할 수 있기 때문이다. 그러나 가맹점 실패 확률은 가맹주에 따라 크게 차이가 날 수 있다. 서브웨이나 버거킹과 같은 전국적으로 광고되는 가맹주들은 고객들이 이미 그 브

표 12.2 미국의 상위 가맹주와 창업 비용

등수	가맹주와 가맹업 종류	창업 비용
1	맥도널드(McDonald's) / 패스트 푸드	$1.1M-$2.2M
2	던킨(Dunkin') / 베이커리	$229K-$1.7M
3	소닉 드라이브 인(Sonic Drive-In) / 패스트 푸드	$865K-$3.6M
4	타코벨(Taco Bell) / 멕시칸 음식	$525K-$2.6M
5	UPS 스토어(The UPS Store) / 비즈니스 지원 센터	$169K-$398K
6	컬버스(Culver's) / 햄버거, 냉동 커스터드	$2M-$4.7M
7	플래닛 피트니스(Planet Fitness) / 피트니스 클럽	$970K-$4.2M
8	그레잇 클립스(Great Clips) / 헤어케어	$137K-$258K
9	저지 마이크 썹(Jersey Mike's Subs) / 샌드위치	$179K-$746K
10	세븐 일레븐(7-Eleven) / 편의점	$47K-$1.2M

랜드를 잘 알고 있기 때문에 가맹점이 새롭게 비즈니스를 시작하자마자 매출이 어느 정도 보장될 수 있다. 만약 가맹점에 문제가 발생하였을 경우, 가맹점은 가맹주로부터 적거나 거의 비용을 지불하지 않고 문제 해결을 위한 조언을 얻을 수도 있다. 또한 가맹점은 가맹주로부터 지역 매장에서 광고하는 데 활용되는 광고 자료를 제공받으며 가맹주가 진행하는 전국적인 촉진 캠페인으로부터 혜택을 얻을 수도 있다.

반면 프랜차이징 형태는 가맹주에게도 이점이 있다. 가맹 계약을 통해 가맹주는 높은 비용으로 매장을 건설하거나 스스로 매장을 운영할 필요 없이 빠르게 제품 유통 채널을 확장해 나갈 수 있다. 따라서 가맹주는 여유 자본을 활용하여 늘어나는 생산과 광고에 사용할 수 있다. 또한 가맹 계약을 통해 가맹점은 가맹주의 기준에 따라 유지되고 운영되어야만 한다. 그러나 몇몇 가맹주들은 가맹점이 목표 시장 고객들의 니즈를 보다 잘 만족시키기 위해 메뉴나 운영시간 혹은 다른 운영 요소들을 수정하는 것을 허락하기도 한다. 가맹주는 가맹점이 대부분의 경우 스스로 성공하고자 하는 의욕이 아주 높아 열심히 운영한다는 점에서 혜택을 얻기도 한다. 가맹점의 성공은 더 많은 매출이 발생함을 의미하고 이는 결국 가맹주에게 더 높은 이익을 가져다준다.

그러나 가맹점 형태 역시 다양한 단점도 갖고 있다. 가맹주는 가맹점의 인테리어, 메뉴, 종업원 유니폼 디자인, 간판의 형태나 운영 시간, 비즈니스에 관한 다양한 세부 사항까지 비즈니스의 많은 부분을 결정하여 따르도록 요구한다. 또한 가맹점은 가맹주의 브랜드 이름과 제품을 사용하고 비즈니스 도움을 받는 댓가로 비용을 지불해야 한다. 일반적으로 한 번만 지불하는 형태의 가맹점비가 있고 가맹점 매출에 비례하여 지속적으로 지불해야 하는 로열티와 광고 비용이 있다. 가맹점은 대개 일주일에 6일 혹은 6일을 하루에 10시간에서 12시간까지 비즈니스를 운영해야만 한다. 어떤 경우에는 가맹점 계약이 가맹점마다 동일한 것이 아니어서 동일한 서비스에 대해 어떤 가맹점은 다른 가맹점보다 더 많은 비용을 지불해야 할지도 모른다. 마지막으로 가맹주는 가맹점 계약이 시작되면 때로 잘 케어를 해주지 않아, 개별 가맹점이 가맹주의 기준에 따라 정확히 운영되지 않을 위험도 존재한다.

12-4c 소매에 적용된 기술

오늘날 고객들은 쇼핑몰이든, 지하철 안이든, 교실이든, 거실이든 어떤 곳이든 상관없이 그들이 원할 때는 어디서나 언제든지 제품을 검색하고 구매할 수 있다. 특히 젊은 쇼핑객들은 소매상이 편리하고 충분한 정보를 제공하며 다양한 쇼핑 플랫폼 안에서 끊김없는 서비스 경험을 제공해 주길 기대한다. 고객과 고객을 응대하는 종업원들이 스스로 권한을 갖고 결정할 수 있도록 함으로써 환상적인 고객 경험을 제공하자란 미션으로 유명한 노드스트롬 백화점을 생각해 보자. 그 백화점은 판매시점에 활용할 수 있는 시스템에 전략적인 투자를 해왔다. 이러한 시스템을 이용하여 판매사원들은 고객의 요구사항과 니즈를 온라인으로 확인할 수 있고 모바일 결제도 가능하며, 문자메시지도 보낼 수 있고 각각의 고객에게 맞춤화된 의류 서비스 정보를 클라우드에 저장할 수도 있고, 고객과 관계를 맺고 고객들이 구전을 창출할 수 있도록 소셜 미디어를 활용하는 것도 지원한다. 기업의 웹사이트와 애플리케이션을 자사의 재고관리 시스템과 통합하여 고객들이 특정 물품을 매장이나 온라인에서 발견하고 이를 고객의 집이나 사무실로 배송되게 할 수도 있다. 모바일 결제는 판매사원이 매장에서 고객을 응대하고 있을 때 계산대로 가서 결제할 필요없이 고객을 응대하는 장소에서 직접 결제가 가능하게 해준다. 이러한 기술적인 지원들은 노드스트롬 백화점의 미션을 달성하는데 기여하여 기업의 수익을 높일뿐만 아니라 고객들이 기업의 다양한 쇼핑플랫폼 안에서 더 나은 경험을 하도록 돕는다.[16]

오늘날은 고객이 매장에 있든 스마트폰으로 물건들을 살펴보든 고객들의 쇼핑 경험을 향상시키는데 도움이 되는 새로운 기술들이 존재한다. 대규모 소매상들은 자신의 애플리케이션을 별도로 만들어 고객들을 매장으로 오도록 하고 고객들이 제품을 찾고 구매할 수 있는 도구를 제공한다. 예를 들어, 스타벅스 앱은 고객들이 스마트폰으로 직접 주문, 결제할 수 있도록 하며, 리워드 포인트도 앱을 이용하여 쌓을 수 있다. 스마트폰으로 주문, 결제한 고객은 매장에서 기다리지 않고 음료를 픽업할 수 있다. 스타벅스는 1,300만 리워드 프로그램 가입자들로부터 수집된 데이터와 스타벅스가 진행한 프로모션 결과들, 날씨 패턴까지 다양한 데이터를 마케팅 애널리틱스 기술을 이용하여 분석한다. 이를 통해 고객들에게 보다 개인 맞춤화된 제안을 제공할 수 있다.[17]

다양한 화장품 브랜드들을 판매하는 화장품 편집샵인 세포라(Sephora) 역시 자사의 애플리케이션을 개발하여 뷰티팁을 제공하고 고객들에게 그들의 과거 구매이력을 바탕으로 제품을 다시 구매해야 할 때가 되면 이를 상기시켜 준다. 세포라 앱의 가상 아티스트라는 기능은 인공 지능과 증강 현실 기술을 이용하여 고객들이 다양한 화장품을 가상으로 테스트해 볼 수 있게 도와주는데 이를 통해 고객들은 이상적인 제품을 발견할 수 있다. [18]

다양한 규모의 소매상들은 기술을 소매점 안에 적용하여 고객들의 매장 안에서의 경험을 향상시킬 수 있다. 소매매장 안에서 기술을 활용하는 하나의 예로 비콘(beacon)의 사용을 들 수 있는데, 비콘은 블루투스가 장착된 스마트폰을 갖고 있는 고객들에게 실시간으로 메시지나 상품오퍼를 보낼 수 있는 무선 통신 장치이다. 비콘은 점점 더 다양한 곳에서 활용되고 있는데, 공항, 스포츠 스타디움, 호텔, 패스트푸드점, 은행 지점에서 널리 사용되고 있다. 구체적인 예로 미국의 대형할인마트인 타깃은 비콘 기술을 활용하여 쇼핑객들에게 자신들의 쇼핑리스트에 포함된 제품들을 효율적으로 구매하기 위해 쇼핑객들이 타깃 매장을 어떻게 이동해야 하는지에 대한 정보를 보내준다.[19] 소매 매장에서 기술을 활용하여 고객들의 매장 경험을 향상시키는 또 다른 예는 긴 결제 라인을 피하고자 하는 고객들을 위한 것이다. 월마트와 타깃은 쇼핑객이 몰리는 피크 타임에는 갖고 다닐 수 있는 결제 디바이스를 장착한 매장 종업원들이 매장의 이곳저곳에 위치하여 긴 결제 라인에 서지 않고 결제를 그 곳에서 할 수 있도록 해준다. 물론 제품보안태그를 제거하기 위해서는 별도의 키오스크에 방문해야하긴 하지만 메이시스 백화점은 고객들이 백화점 앱을 이용하여 자신이 구매한 제품을 직접 스캔하고 결제할 수 있는 시스템을 시험하고 있다. 아마존 매장의 경우에도 고객들은 구매할 제품들을 선택한 후, 결제라인에 설 필요 없이 아마존 매장 앱을 이용하여 손쉽게 결제할 수 있다.[20]

소매상들은 고객들의 쇼핑 경험을 보다 흥미롭고 효율적으로 만들기 위해 다양한 기술들에 투자하고 있다. 예를 들면, 랄프 로렌(Ralph Lauren)과 레베카 민코프(Rebecca Minkoff) 매장에는 스마트 거울이 설치되어 있어 고객들이 다양한 의상들을 입어보는 경험을 개선시키고 있다. 구체적으로 스마트 거울은 고객이 다양한 옷들을 직접 입어 볼 필요 없이 다양한 색과 사이즈의 옷들을 스마트 거울을 이용하여 체험해 볼 수 있게 돕는다. 머지않아 고객들은 스마트 거울을 통해 옷을 결정하고 자신의 스마트폰을 이용하여 결정한 의상을 구매할 수도 있을 것이다.[21] 가상 핏은 스마트 기기에 장착되어 있는 카메라를 이용하여 실제로 착용해 보는 것은 아니지만 선글라스와 같은 제품을 착용했을 때 고객들이 어떻게 보이는지 보여준다. 셀프 계산대는 쇼핑객들이 그들이 구매한 제품들을 자신의 스마트폰을 이용하여 직접 스캔하고 애플 페이와 같은 디지털 결제 수단으로 결제를 하도록 도와주기 때문에 쇼핑객들은 더 이상 결제 라인에 줄을 서서 기다릴 필요가 없다. 소매상에 도입된 기술들은 심지어 매장의 로열티 프로그램에 가입한 쇼핑객들이 자신이 구매한 제품들을 스캔할 때 로열티 포인트도 쉽게 적립할 수 있도록 돕는다.[22] 보다 최신 스마트폰에서 이용 가능한 증강 현실 기술은 하우즈(Houzz), 로우즈(Lowe's), 빌트닷컴(Build.com)의 고객들이 제품을 삼차원 영상으로 볼 수 있도록 돕고 있고, 그 결과 이들 소매상들의 주문이 늘고 있다.[23] 소매상들이 소매점에 도입된 기술이 매장의 수익과 고객 만족을 어떻게 향상하는데 도움이 되는지 깨닫게 됨에 따라, 소매점들은 점점 기술 도입을 늘려나가고 있다.

12-4d 소매 포지셔닝

소매상들의 기술 도입이 늘어나고 있는 것과 함께, 다양한 형태의 쇼핑센터가 등장하고 전통적인 소매점들도 자신이 취급하는 제품 믹스를 확장해 나감에 따라 소매상들의 경쟁은 점점 치열해지고 있다. 따라서 소매점이 자신을 어떻게 포지셔닝해야 하는지는 매우 중요한 전략적 결정요소이다. **소매 포지셔닝retail positioning**이란 아직 서비스가 제공되지 못하거나 부족하게 제공되는 세분시장을 파악하여 그 세분시장 고객들의 마음속에 자사 소매점을 다른 소매점들과 차별적으로 인식되도록 만드는 전략적 과정을 말한다. 예를 들어 일본의 유니클로(Uniqlo)는 자사 소매점을 모든 사람들을 위한 스타일리쉬하고 잘 디자인된 혁신적인 옷을 판매하는 소매점으로 포지셔닝하고 있다.[24] 이러한 유니클로의 포지셔닝은 시간과 예산적 제한 속에 저렴한 가격과 편리한 소매점 위치 등의 요소에 어필해 왔던 기존 할인 의류 체인들의 포지셔닝과 대조를 이룬다. 이러한 독특하고 차별적인 유니클로의 포지셔닝은 유니클로가 시장점유율을 넓혀 나가는데 도움이 되었다.

소매 포지셔닝 아직 서비스가 제공되지 못하거나 부족하게 제공되는 세분시장을 파악하여 그 세분시장 고객들의 마음속에 자사 소매점을 다른 소매점들과 차별적으로 인식되도록 만드는 전략적 과정

12-4e 매장 이미지

매장 분위기 소비자들의 감성에 소구해서 제품의 구매로 연결되게 하는 매장의 물리적인 요소

고객들을 매장으로 끌어들이기 위해 소매 매장은 목표 시장 고객들에게 어필할 수 있는 기능적 또는 심리적 이미지를 고객들의 마음속에 전달해 줄 수 있어야 한다. 매장 환경, 매장에서 판매하는 제품들의 품질, 서비스 품질은 매장 이미지를 결정하는 중요한 요소들이다. **매장 분위기 atmospherics**는 고객들의 감성에 소구해서 제품의 구매로 연결되게 하는 매장의 물리적인 요소들을 의미하는데, 소매점이 특정 이미지를 창조하고 차별화되게 포지셔닝 하도록 돕는다. 소매상들은 고객들의 주목을 끌고 분위기를 향상시키고 고객들의 구매를 유도하기 위해 다양한 요소들, 음악, 색감, 매장 구조의 복잡성, 제품 진열 방식들을 이용하여 매장 이미지를 창조하고 있다.

매장 이미지를 결정하는 외부 요소들은 매장 앞의 외관, 진열창, 매장 입구와 매장 앞 교통 혼잡도 등을 포함한다. 매장 외부 요소들은 특히 매장에 처음 방문하는 고객들에게 중요한 요소이다. 왜냐하면 새로운 고객들은 잘 알지 못하는 매장을 매장의 외관에 의해 결정하는 경향이 있고 새로운 고객들이 매장이 친근하게 느껴지지 않다거나 주차장이 불편하다고 느끼면 매장 자체를 방문하지 않을 수도 있기 때문이다.

반면 매장 분위기를 결정하는 내부 요소들로는 조명, 벽과 바닥재, 탈의실, 매장구조물과 같은 미적인 요소들을 포함한다. 매장 내부 감각적 요소들은 매장 분위기를 창조하는데 많은 기여를 한다. 바(bar)를 예로 들면, 매장 담당자는 매장 분위기를 창조하기 위해 바 안의 배경 음악 속도, 볼륨, 조명, 청결도, 물리적 레이아웃과 같은 다양한 요소들을 고려한다. 대부분의 바(bar)는 비슷한 제품들을 판매하고 있기 때문에 자신의 매장과 경쟁자의 매장을 차별화하고 보다 독특한 매장 환경을 제공하기 위해 바 담당자들은 매장 분위기를 관리하기 위해 노력한다. 바(bar)가 성공적으로 고객들을 유지하기 위해서는 바 담당자들은 다양한 매장 분위기 결정요소들을 주기적으로 모니터하고 그들의 목표 시장 고객들이 매장 안에서 편안함을 느낄 수 있도록 매장 분위기를 유지해야 한다. 바에 방문하는 고객들은 바에서 일을하기 위한 것이 아니라 즐기고 다른 이들과 어울리려는 목적이기 때문에, 바 안의 전체적인 구성은 고객들이 빽빽하게 밀폐된 것과 같은 기분을 느끼지 않고 여유롭게 편안한 곳에서 즐기고 있는 분위기를 창조해야 한다.[25]

ZETY AKHZAR/SHUTTERSTOCK.COM

매장 분위기 레스토랑의 매장 분위기는 고객들의 매장 경험에 큰 영향을 미칠 수 있다. 따라서 레드 랍스터는 매장 구조물, 조명, 매장 안 음악과 가구와 같은 매장 요소들에 상당한 자원을 투자하여 고객 경험을 긍정적으로 만들고 고객 만족을 향상시키기 위해 노력하고 있다.

매장에서 사용하는 색도 고객들의 이목을 끌고 매장 분위기를 결정하는 중요 요소이다. 많은 패스트푸드 레스토랑들은 빨강이나 노랑과 같은 밝은 색을 주로 활용하는데, 이는 밝은 색들이 고객들이 배고픔을 느끼게 하고 음식을 보다 빨리 섭취하도록 만들어 패스트푸드 매장의 고객회전율을 높이는데 도움이 되기 때문이다. 음악 혹은 소리 역시 매장 분위기를 결정하는 중요한 감각

적 요소이다. 예를 들어, 저렴한 가족 중심 레스토랑들은 매장 안에서 빠른 템포의 팝음악을 틀어 고객들이 매장 안에서 신속히 식사를 하고 떠나도록 유도하고 이를 통해 고객 회전율과 매출을 올리고 있다. 이와 달리 고급 레스토랑들은 클래식 음악을 틀어 고객들이 매장 안에서 식사를 하는 경험 자체를 즐기고 다양한 코스 음식들을 음미하도록 돕는다. 또한 다양한 소매상들은 고객들을 유인하기 위해 향기, 특히 음식향을 이용하기도 한다. 대부분의 고객들은 매장에서 나는 향이 그 매장에서 판매하는 제품의 향과 동일하다고 생각한다. 예를 들어, 스타벅스 매장 향은 커피와 유사하고 파네라(Panera) 매장에서는 막 구운 빵의 향을 느낄 수 있고 양키 캔들(Yankee Candle) 매장에서는 매장에서 판매하는 초의 향을 느낄 수 있다. 조사에 따르면 고객들이 쉽게 이해할 수 있는 향은 고객들의 소비를 촉진하는 경향이 있는 반면, 복잡한 향기는 그렇지 않다고 한다.[26] 온라인 소매상 역시 매장 분위기를 신경 써야 하는데, 온라인 사이트의 레이아웃과 온라인 사이트에 보이는 디지털 광고와 같은 온라인 매장 분위기를 결정하는 요소들은 온라인 사이트를 방문한 고객들의 기분과 쇼핑 행동에 영향을 미친다.[27]

12-4f 카테고리 관리

카테고리 관리category management란 각기 다른 제조업체들이 제조하는 유사하고 대체 가능한 제품들을 그룹별로 관리하는 소매 전략을 의미한다. 음식 산업에서 처음 시작된 카테고리 관리의 개념은 슈퍼마켓에 다양한 제조업체들이 많은 제품들을 공급하여 경쟁이 치열해지면서 시작되었다. 슈퍼마켓은 카테고리 관리를 통해 화장품, 시리얼, 스프와 같은 다양한 제품 카테고리 각각을 위한 공간을 배정한다. 이 때 슈퍼마켓이 각 카테고리 제품들을 위한 공간을 어떻게 배정할 것인지는 매우 전략적인 결정이며 매장의 매출을 향상시키고 고객 만족도를 높일 수 있는 방향으로 결정되어야 한다.

카테고리 관리 각기 다른 제조업체들이 제조하는 유사하고 대체 가능한 제품들을 그룹별로 관리하는 소매 전략

카테고리 관리는 고객들에게 가치를 향상시키는 데 필수적인 공급망 관리와 밀접한 연관이 있다. 성공적인 카테고리 관리는 고객과 매출에 관한 데이터를 수집하고 분석하며 소매상과 제조업체 간에 정보를 공유하는 것을 포함한다. 월마트의 경우 공급업체들과 매우 밀접한 관계를 갖고 있는데 P&G와는 수요, 소비자 행동, 제품의 최적 할당 같은 시스템을 구축했다. 카테고리 관리의 핵심은 공급망 내 모든 주체의 성공을 극대화하기 위한 협력적 상호작용이다. 이처럼 카테고리 관리는 소매상들에게 매우 중요한 전략적 고려 사항이기 때문에, 많은 글로벌 기업들은 카테고리 관리 협회(Category Management Association)에 가입하여 소속된 기업들과 네트워킹하며 정보를 교환하고 있다.[28]

12-5 직접 마케팅, 직접 판매와 자판기

 # 학습목표 **직접 마케팅, 직접 판매, 자판기에 대해 알아본다.**

소매상은 공급망을 구성하는 핵심 구성원이지만 많은 제품들은 소매점의 범위를 벗어난 형태를 통해 판매되고 있다. 이미 살펴본 바와 같이 온라인 판매는 현재 소매 매출에서 점점 더 많은 비중을 차지하고 있으며, 직접 판매와 직접 마케팅 역시 전 세계적인 제품 매출에서 더 많은 부분을 설명하고 있다. 뿐만 아니라 제품들은 자판기를 통해 판매가 이뤄지기도 하는데, 자판기를 통한 제품 판매는 전체 소매점 매출의 아주 작은 부분만 차지한다.

12-5a 직접 마케팅

직접 마케팅 전화와 인터넷 같은 비대면적인 미디어를 통해 제품과 회사의 정보를 소비자에게 전달하면 소비자들이 제품을 우편, 전화, 혹은 인터넷을 통해 구매하는 방식

직접 마케팅direct marketing은 전화와 인터넷 같은 비대면적인 미디어를 통해 제품과 회사의 정보를 소비자에게 전달하면 소비자들이 제품을 우편, 전화 혹은 인터넷을 통해 구매하는 방식을 말한다. 직접 마케팅은 앞서 12-2절에서 이미 논의한 온라인 소매를 통해 일어날 수도 있고, 카탈로그 마케팅, 직접반응 마케팅, 텔레마케팅, TV 홈쇼핑을 통해서도 일어날 수 있다.

카탈로그 마케팅

카탈로그 마케팅 기업이 제품안내와 회사정보를 포함한 카탈로그를 제공하면 고객이 제품을 선택하고 우편, 전화, 인터넷으로 주문하여 구매하는 마케팅 유형

카탈로그 마케팅catalog marketing은 기업이 제품안내와 회사정보를 포함한 카탈로그를 제공하면 고객이 제품을 선택하고 우편, 전화, 인터넷으로 주문하여 구매하는 마케팅 유형이다. 미국에는 수천 종류의 카탈로그 마케팅을 하는 기업들이 존재하며 이들 기업 중 많은 수의 기업은 카탈로그를 온라인으로 볼 수 있게 등록해 놓기도 한다. 몇몇 카탈로그 마케팅 담당자들은 다양한 제품 라인에 속하는 제품들을 판매하기도 하며, 다른 카탈로그 마케팅 기업들은 단지 전문화된 분야에 속한 제품만을 판매하기도 한다. 랜즈 엔드(Lands' End), 파터리반(Pottery Barn), 크레이트 앤배럴 (Crate & Barrel)을 포함한 많은 카탈로그 마케팅 기업들은 멀티채널 유통 전략을 주로 사용하는데 자사의 제품을 카탈로그뿐만 아니라, 온라인으로도 판매하고 대도시의 오프라인 매장을 통해서도 판매하고 있다. 이들 카탈로그 마케팅 소매상들은 일반적으로 몇 개 제품라인에 속하는 다양한 제품들을 판매한다. 100년이 넘은 JC위트니즈(JC Whitney's)의 자동차 부품 판매 카탈로그와 같이 하나의 특정 제품라인에 속한 제품들만을 특화하여 판매하는 카탈로그 마케팅 기업도 존재한다.

HADRIAN/SHUTTERSTOCK.COM

카탈로그 마케팅 이케아(IKEA)는 자사의 제품을 판매하기 위해 카탈로그 마케팅을 활용한다. 동시에 이케아는 온라인과 오프라인 매장을 통해 제품 판매도 함께하고 있다.

카탈로그 소매의 장점은 고객들이 직접 매장을 방문할 필요가 없기 때문에 효율성과 편의성이 높다는 점이다. 카탈로그 소매 기업들은 멀리 떨어진 저렴한 지역에 위치하여 값비싼 매장 비용을 아낄 수 있고 인적 판매나 매장 운영 비용도 들지 않는 장점이 있다. 반면, 카탈로그 소매는 유연하지 못하고 제한된 서비스만을 고객에게 제공할 수 있어 특정한 제품들에게만 효율적인 마케팅 방식이라 할 수 있다.

직접반응 마케팅

직접반응 마케팅direct-response marketing은 소매상이 제품을 광고하면 고객이 우편, 전화, 인터넷을 통해 주문하는 마케팅 유형을 말한다. 일반적으로 고객들은 직접반응 마케팅을 통해 구매할 때 신용카드를 사용하지만 다른 종류의 결제수단도 가능하다. 직접반응 마케팅이 인터넷 쇼핑 등으로 고객들을 빼앗기고는 있지만 TV를 통한 직접반응 마케팅은 여전히 수십억 달러 비즈니스로 남아 있다. 이러한 마케팅 방법은 특히 몇몇 제품 카테고리에서 큰 인기를 얻어왔다. 많은 사람들이 세이크 웨이트(Shake Weight), 스너기(Snuggie), 매직 불릿(Magic Bullet)과 같은 이름들을 들어 봤을텐데, 이들 기업들은 모두 TV를 통한 직접반응 마케팅 캠페인으로 유명해진 기업들이다. 직접반응 마케팅은 TV 뿐만 아니라 고객들에게 직접 편지, 제품 샘플, 브로셔를 보내 광고하고 고객들이 우편이나 전화로 광고한 제품을 주문하도록 유도하고 있다. 일반적으로 직접반응 마케팅을 통해 판매하는 제품들은 기업들의 광고비와 직접반응 마케팅을 하느라 소요되는 유통 비용을 감당하기 위해 20달러 이상의 가격으로 책정된다.

직접반응 마케팅 소매상이 제품을 광고하면 고객이 우편, 인터넷, 전화를 통해 주문을 하는 마케팅 유형

텔레마케팅

많은 기업들은 전통적인 마케팅 방법들의 효과성을 강화하기 위해 전화를 활용하기도 한다. **텔레마케팅**telemarketing은 전화를 통해 마케팅 활동을 펼치는 것을 말한다. 기업들은 자사의 고객이 될 것으로 예상되는 잠재 고객들의 리스트를 만들어서 텔레마케팅에 활용한다. 텔레마케팅은 잠재 고객을 확보하고 고객 서비스를 향상시키며 비용 납부 기한을 넘긴 고객들이 납부를 할 수 있도록 유도하고 비영리 조직의 모금활동, 마케팅 데이터 확보에 기여한다.

텔레마케팅 전화를 통한 마케팅 활동

그러나 오늘날 텔레마케팅은 텔레마케팅활동에 다양한 제한을 부과하는 법들로 인해 덜 매력적인 마케팅 방법으로 인식되고 있다. 2003년 미국 국회는 전국적으로 기업으로부터 텔레마케팅 전화를 받길 원치 않는 고객들의 번호를 등록하는 작업을 실행하여 2억 2,900만 개 이상의 번호가 이 리스트에 등록하였다. 미국 연방거래위원회(FTC: Federal Trade Commision)는 이 리스트에 등록된 번호로 텔레마케팅 기업이 전화를 하면 한 통의 전화마다 최대 41,000달러의 벌금을 부과하기로 결정하였다. 미국 연방통신 위원회(FCC: Federal Communications Commission) 역시 기업들이 더 이상 미리 녹음된 마케팅 내용을 바탕으로 고객에게 텔레마케팅 활동을 하는 것을 금지시켰을 뿐만 아니라 텔레마케팅 전화를 원치 않는 고객들에게 전화

가 갈 경우, 자신의 번호를 텔레마케팅 전화 리스트에서 삭제하는 옵션을 필수적으로 제공하도록 하고 있다. 텔레마케팅 전화를 하는 기업들은 텔레마케팅 전화를 원치 않는 고객들의 리스트에 돈을 지불하고 접속해야 하며, 최소 3일마다 그 리스트를 업데이트하면서 원치 않는 고객들에게 텔레마케팅 활동이 가지 않도록 해야 한다. 몇몇 예외사항이 존재하는데 예를 들어 자선단체, 정치적 혹은 전화 설문조사 기관들은 이러한 리스트에 제한되지 않고 텔레마케팅 활동을 할 수 있다. 그러나 새로운 기술과 저렴한 전화 비용 때문에 몇몇 기업들은 여전히 텔레마케팅 전화를 원치 않는 고객들 리스트를 무시한 채, 텔레마케팅 활동을 위해 녹음된 마케팅 전화를 계속하고 있다. 미국 애리조나에 기반한 어도비 카펫 클리닝(Adobe Carpet Cleaning)이란 기업은 반복적으로 리스트에 등록된 번호로 텔레마케팅 전화를 걸어 100만 달러의 벌금을 부과 받았다.[29]

TV 홈쇼핑

TV 홈쇼핑 TV에 제품을 홍보하고 무료전화나 스마트폰 앱으로 신용카드를 이용하여 주문하는 형태

TV 홈쇼핑television home shopping은 TV를 통해 제품을 홍보하고 무료전화나 스마트폰 앱으로 신용카드를 이용하여 주문하는 형태를 말한다. TV 홈쇼핑은 미국의 홈쇼핑 채널인 홈쇼핑네트워크(Home Shopping Network)부터 시작되었으며 그 후 이러한 형태의 마케팅 방식이 인기를 끌었다. TV 홈쇼핑을 통해 판매되는 가장 인기 있는 제품은 TV 홈쇼핑 전체 매출의 40%를 차지하는 보석류와 옷, 가정용품과 전자기기이다. 미국 대부분의 가정은 최소한 1개의 홈쇼핑 채널에 노출되어 있는데 홈쇼핑네트워크(Home Shopping Network)와 QVC가 가장 큰 홈쇼핑 채널들이다.

TV 홈쇼핑 방식은 다양한 장점을 지닌다. 우선 TV 홈쇼핑을 통해 마케팅되는 제품들은 고객들에게 어떻게 활용되는지 쉽게 보여질 수 있고 충분한 시간이 제품을 설명하는데 할애되어 고객들이 제품에 관한 충분한 정보를 습득할 수 있다. TV 홈쇼핑에서 특정 제품이 소개되는 시간은 제품을 어떻게 활용하는지 설명하는데 필요한 시간을 고려할뿐만 아니라 그 제품이 얼마나 잘 팔리는 지에도 영향을 받는다. TV 홈쇼핑을 진행하는 호스트는 제품에 대한 구매가 정점을 찍고 줄어들기 시작하면 새로운 제품을 TV 홈쇼핑을 통해 마케팅하기 시작한다. TV 홈쇼핑의 또 다른 장점은 고객들이 자신의 집에서 편리하고 편안하게 쇼핑을 할 수 있다는 점이다.

12-5b 직접 판매

직접 판매 판매원이 고객의 집이나 직장으로 직접 찾아가서 판매하는 형태

직접 판매direct selling는 판매원이 고객의 집이나 직장으로 직접 찾아가서 고객들에게 대면으로 제품을 판매하는 형태이다. 글로벌 5대 직접 판매 기업은 암웨이(Amway), 에이본(Avon), 허벌라이프(Herbalife), 포베르크(Vorwerk), 인피니투스(Infinitus)이다. 이들 기업 중 3개 기업인 에이본, 암웨이와 허벌라이프는 미국에 기반을 두고 있다. 직접 판매는 높은 가치를 만드는 산업인데 암웨이 혼자 거의 86억 달러에 해당하는 연매출을 올리고 있다.[30] 직접 판매는 한때 집집마

다 무작위로 찾아다니는 방문 판매 형태를 띠었으나 현재는 전문적인 산업으로 성장하여 온라인 커뮤니케이션이나 대면 접촉을 통해 고객과의 만남을 미리 조율한 후 이뤄진다. 오늘날 직접 판매 기업들은 우편, 전화, 인터넷, 소셜 미디어나 쇼핑몰 대면 접촉을 통해 고객들을 발굴하고 그 후 판매원과 약속을 잡는다. 직접 판매는 특히 중국과 같은 집단주의 사회에서 크게 성공하는 경향이 있는데, 암웨이는 미국보다 중국시장에서 더 많은 매출을 올리고 있다.

직접 판매 메리 케이(Mary Kay)는 자사의 컨설턴트를 통해 직접 판매를 한다. 메리 케이는 직접 판매뿐만 아니라 제품을 온라인으로도 판매하고 있다.

대부분의 직접 판매는 개인 차원에서 일어나지만, 때로는 그룹 형태로 이뤄지기도 한다. 그룹 형태의 직접 판매는 소비자 한 명이 호스트의 역할을 맡고 자신의 친구들이나 아는 사람들을 초대하여 그룹을 구성한 후, 이러한 그룹에 직접 판매 기업의 판매원이 참여하여 제품들을 보여주는 형태이다. 이러한 형태의 캐쥬얼한 분위기는 고객들이 직접 판매 사원을 만날 때의 거부감을 줄이고 그룹 고객들이 제품을 구매하도록 촉진한다. 주방 및 가정용품을 판매하는 타파웨어(Tupperware)와 화장품 직접 판매 기업인 메리 케이(Mary Kay)는 이러한 그룹 형태 직접 판매의 선구자이며 글로벌 리더로 남아 있다.

직접 판매 방식 역시 장점과 단점이 있다. 우선 직접 판매는 마케팅 담당자가 고객의 집과 같은 편안한 환경과 고객이 그 제품을 이용하는 환경에서 제품을 어떻게 활용하는지를 직접 보여줄 수 있는 방식이다. 직접 판매 과정에서 판매사원은 고객에게 개인적인 관심을 보여주며, 편안한 시간과 장소에서 고객에게 그 제품을 보여주고 설명해 줄 수 있다. 화장품, 개인 케어 제품, 건강 관련 제품, 보석류, 액세사리와 가정용품은 직접 판매를 통해 성공적으로 판매된 제품들이다. 직접 판매 과정에서 판매사원이 고객에게 보여주는 개개인에 대한 관심은 직접 판매가 성공할 수 있는 근간이 된다. 그러나 몇몇 고객들은 직접 판매를 부정적으로 인식하는 경우가 있는데, 이는 몇몇 직접 판매자들이 고객을 기만하는 등의 적절치 못한 방식을 활용하기 때문이다. 이에 몇몇 커뮤니티에서는 직접 판매를 통제하거나 금지하는 지역 조례를 갖고 있기도 하다. 이렇게 직접 판매에 대한 부정적인 견해가 존재하기는 하지만, 직접 판매는 여전히 성공적으로 사업을 운영하고 있으며 미국 내에서 연간 349억 달러 이상, 전 세계적으로 연간 1,896억 달러 이상의 매출을 올리고 있다.[31]

12-5c 자판기

자판기Vending는 제품을 공급하는 기계를 이용하여 판매하는 방식을 말한다. 자판기는 소매업 중 가장 비대면적인 판매 방식 중 하나라 할 수 있으며, 전체 소매 매출의 아주 작은 비중을 차지

자판기 제품을 공급하는 기계를 이용하여 판매하는 방식

한다. 과자나 음료수와 같이 주기적으로 구매되는 작고 표준화된 제품들, 고객들이 편의성을 위해 다양한 장소에서 구매하고자 하는 제품들이 자판기를 통해 판매하기에 적합하다. 사람들의 왕래가 많은 지역에 위치한 자판기는 고객들에게 효율성과 서비스를 제공한다. 대도시의 상업센터나 공항처럼 사람들의 왕래가 많은 지역이 다양한 제품들을 자판기를 통해 판매하기에 적절하다. 도시에 사는 사람들에게 자판기는 선풍적인 인기를 끌어 왔다. 몇몇 도시에서 고객은 자판기를 통해 살아있는 게, 막 구운 피자, 신발, 심지어 순금바와 샴페인과 같은 고가 제품까지 다양한 제품들을 구매할 수 있었다.[32]

자판기를 통한 판매 방식은 다른 소매 방식에 비해 아주 좁은 공간만 갖추고 있어도 가능하며 판매사원이 필요 없다는 장점이 있다. 그러나 자판기 자체 가격이 고가이며, 수리와 서비스가 필요하다는 단점이 있다. 오늘날 자판기는 인터넷을 통해 자판기의 재고 상태 등을 관리자에게 알려 줄 수 있는데, 이를 통해 자판기 담당자는 어떤 품목이 잘 팔리고 재고를 다시 채워 놓아야 하는지 어떤 제품은 자판기에서 잘 팔리지 않아서 잘 팔릴 가능성이 있는 다른 제품들로 교체하는 것이 좋은 지를 판단할 수 있다.

12-6 도매

 # 학습목표 **도매업의 본질과 기능에 대해 알아본다.**

도매 재판매를 위해, 다른 제품을 만들기 위해, 일반적인 사업 운영을 위해 제품이 구매되는 모든 거래

도매상 재판매, 타제품 제조, 그리고 일반 사업 운영을 위해 제품을 파는 개인이나 조직

도매Wholesaling는 재판매를 위해, 다른 제품을 만들기 위해, 일반적인 사업 운영을 위해 제품이 구매되는 모든 거래를 말한다. 도매는 최종 소비자와의 교환 거래를 포함하지 않는다. 따라서 **도매상Wholesaler**은 재판매, 타제품 제조, 그리고 일반 사업 운영을 위해 제품을 파는 개인이나 조직을 말한다. 다시 말해, 도매상은 제품을 구매한 후, 구매한 제품을 재판매업자, 정부, 혹은 조직 구매자에게 재판매하는 일을 담당한다. 예를 들어, 미국 내 제 1의 음식 서비스 유통업자인 시스코(Sysco)는 레스토랑, 호텔, 학교, 케이터링 업체, 병원에 냉동, 신선 식품, 종이 제품과 클리닝 제품까지 공급하고 있는 도매상이다. 그런데 도매 활동은 제품에만 국한된 것이 아니다. 금융기관 같은 서비스 기업들도 도매 네트워크를 활발히 이용한다. 미국 내에만 412,526개의 도매기업이 존재하며, 미국 내에서 판매되는 모든 제품의 절반 이상이 도매 기업을 통해 유통된다.[33]

도매상은 다양한 공급망 관리 활동에 참여한다. 도매상은 제품을 제조업자에서 소매상에게 물리적으로 유통하는 일을 주된 책임으로 삼는다. 또한 도매상은 정보 시스템을 만들어 제조업자와 소매상에게 제조업자에서 최종 소비자에게 제품이 전달되는 전체적인 공급망을 더 잘 관리할 수 있는 정보를 제공한다. 많은 도매상들은 정보기술과 인터넷을 활용하여 중간상, 종업

원, 고객, 공급업자 운송회사나 창고 회사와 같은 협력 기업들 사이에 필요한 정보를 적극 공유한다. 몇몇 도매 기업은 자사의 데이터베이스와 마케팅 정보 시스템을 공급망에 속한 파트너 기업들에게 공개하여 주문과정, 배송 과정을 보다 원활히 촉진시키고, 시장 상황의 변화나 고객 욕구의 변화에 대한 정보도 신속히 공유한다. 그 결과 도매상들은 공급망 관리에 있어 중요한 역할을 담당하고 있다.

12-6a 도매상이 제공하는 서비스

도매상은 제조업자와 소매상에게 중요한 서비스를 제공한다. 우선 도매상은 제조업자의 다양한 제품들을 소매상에게 판매하는 역할을 담당하여 제조업자의 확장된 판매조직과 같은 역할을 맡는다. 도매상은 금융 지원을 제공하기도 하는데, 제품 운송비를 도매상이 부담하거나 제조업자 대신 재고를 부담하여 제조업자의 창고 비용을 줄여주기도 한다. 도매상은 신용을 제공하고 만일 도매상이 구매한 제품이 좋지 않다면 손실을 감수해야 한다. 뿐만 아니라 도매상은 유통 경로 안의 정보 전달자로서, 제조업자에게 시장 상황에 대한 최신 정보를 제공하고 제조업자의 촉진 계획을 다른 중간상들에게 전달하기도 한다. 따라서 도매상을 잘 활용하여 시장에 관한 중요 정보를 얻어 반영하는 것은 제조업자가 고객의 니즈와 욕구에 맞는 제품을 개발, 생산하게 할 수 있고, 결국 제조업자에게 경쟁우위를 제공하기도 한다.

도매상은 소매상에게도 서비스를 제공한다. 도매상은 소매상의 유통과 관련된 마케팅 전략 설정을 돕는다. 도매상은 시장 상황을 잘 알고 있기 때문에 소매상이 어떤 제품을 구매하여 비축할 것인지 선택하는 결정을 돕기도 한다. 적재적소에 필요한 제품을 공급 받는 것이 중요한 산업에서 숙련된 구매가 필수적이다. 효과적인 도매상은 그들의 기업 고객들의 비즈니스를 이해하기 위해 많은 노력을 기울인다. 도매상은 적재적소에 필요한 제품을 공급해 줌으로써 소매상이 적절한 공급자를 찾고 공급 과정을 조율하는 것의 어려움을 덜어준다. 만약 도매상이 복수의 서로 다른 구매 기업들을 위해 제품을 구매한다면, 제품 구매에 드는 비용은 모든 기업 고객들에게 분담될 수 있기 때문에 구매 비용은 감소한다. 게다가 제조업자의 판매사원들은 단지 몇몇 제품들만 소매상에게 판매하지만, 독립적인 도매상들은 항상 다양한 종류의 제품 판매가 가능하여 소매상이 다양한 제품을 구매하고자 할 때 편리하다. 그러므로 도매상과 소매상은 파트너십을 통해 성공적인 관계를 구축하는 것이 도움이 된다. 미국 도매상협회(National Association of Wholesaler-Distributors)와 같은 기관들은 다양한 서비스를 제공할 수 있는 적절한 도매상을 찾는 일과 도매와 관련된 이슈를 갖고 있는 기업들에게 해결책을 제공하고 있다.[34]

최근에는 공급망 안에서 도매상이 담당하는 영역이 불명확해지고 있다. 월마트, 홈디포, 베스트 바이 같은 강력한 소매 체인의 성장을 포함한 경쟁 상황의 변화는 공급망 안 관련자들 사이의 관계를 변화시키고 있다. 전자기기, 가구, 심지어 음식 제품 같은 카테고리에서 소매상들은 도매상을 거치는 대신 그들이 직접 제조업자로부터 제품을 구매하여 비용을 낮추고 있다. 그러나 이처럼 도매상이 유통 경로 안에서 제거되면 도매상이 담당하던 활동과 서비스는 제조업자, 소매상 혹은 다른 공급망 관련 기업들이 맡아 담당해야만 한다. 대부분의 소매상들은 컴퓨터 기술을 활용하여 주문 처리, 배송 관리, 제품 관리 등의 도매상이 제공하던 업무를 수행한다. 그러므로 기술의 발전은 소매상들이 도매상의 기능을 어느 정도 담당할 수 있도록 돕는다.

12-6b 도매상의 종류

도매상은 여러 가지 기준을 바탕으로 분류된다. 도매상이 독립적인 주체인지 아니면 제조업자의 소유인지, 도매상이 취급하는 제품들의 소유권을 갖고 있는지 여부, 도매상이 제공하는 서비스의 범위, 그리고 도매상이 취급하는 제품라인의 넓이와 깊이에 따라 도매상의 종류가 구분될 수 있다. 이러한 다양한 기준들을 이용하여 상인 도매상, 대리인과 중개인, 그리고 제조업자의 영업 지점과 사무소의 세 가지로 도매상을 구분하여 설명하겠다.

상인 도매상

상인 도매상 제품에 대한 소유권을 가지고 위험을 감수하는 독립된 사업체로서, 일반적으로 다른 도매상, 다른 기업 고객, 소매상에게 제품을 재판매하는 역할을 담당

상인 도매상merchant wholesalers은 제품에 대한 소유권을 가지고 위험을 감수하는 독립된 사업체로서, 일반적으로 다른 도매상, 다른 기업 고객, 소매상에게 제품을 재판매하는 역할을 담당하는 도매상을 말한다. 제조업자는 고객에게 직접 제품을 판매하는 것이 경제적으로 이익이 되지 않을 때, 상인 도매상을 활용한다. 상인 도매상은 제조업자 대신 넓은 시장을 커버할 수 있고, 다양한 판매자 접촉, 제품을 저장하고 주문을 처리하고 시장 정보를 모으고 고객 지원 서비스를 제공하는 역할을 담당할 수 있다. 심지어 몇몇 상인 도매상들은 패키징이나 유통업자 브랜드를 개발하는데 참여하기도 한다. 상인 도매상은 도매상, 중개상, 유통업체, 수집상, 수출상, 수입상을 포함한 다양한 이름으로 불리기도 한다. 상인 도매상은 제공하는 서비스가 얼마나 광범위한지에 따라 완전서비스 도매상과 한정서비스 도매상의 두 가지로 구분된다.

완전서비스 도매상

완전서비스 도매상 제품의 보유, 구색 갖춤, 소량 판매, 금융 및 기술 지원과 서비스 제공을 포함하여 가장 광범위한 기능을 담당하는 도매상

완전서비스 도매상full-service wholesaler은 가장 광범위한 범위의 도매상 기능을 수행한다. 완전서비스 도매상은 자사 고객들에게 제품 보유, 구색 갖춤, 소량 판매, 금융 및 기술 지원, 서비스를 제공한다. 완전서비스 도매상은 소비재 혹은 산업재 제품을 취급하며, 그들의 고객들에게 다양한 서비스를 제공한다. 대형 식료품 도매상의 예를 보면, 이들 도매상은 소매상에게 매장 디자인, 입지 선정, 직원 관리, 금융, 제품 기획, 광고, 쿠폰 상환 등의 업무를 돕는다. 맥도널즈컨솔리데이티드(Macdonalds Consolidated)는 북미시장에서 육류, 낙농제품, 식료품을 취급하는 캐나다 완전서비스 도매상이다. 이 기업은 자사의 고객들을 위해 다양한 서비스를 제공하는데 커뮤

니케이션 관리, 서류 관리, 소매점 광고, 제품 기획, 우수고객 리베이트 제공 등의 기능을 담당한다.[35] 완전서비스 도매상은 다른 도매상들 보다 높은 마진을 얻지만 다양한 서비스를 담당하고 있기 때문에 운영 비용 역시 높다.

완전서비스 도매상은 다시 양판 도매상, 한정라인 도매상, 전문품라인 도매상으로 분류될 수 있다. **양판 도매상general-merchandise wholesalers**은 다양한 제품 믹스를 취급하지만 한정된 깊이의 제품을 취급하는 완전서비스 도매상이다. 양판 도매상은 의약품, 비신선식품, 화장품, 세제, 담배와 같은 제품을 취급한다. **한정라인 도매상limited-line wholesalers**은 취급하는 제품라인은 적지만 제품라인 안에서 다양한 제품들을 취급하는 완전서비스 도매상으로 식료품, 조명, 혹은 기름 시추 용품 등을 취급한다. 예를 들어 미국의 아메리소스버전 코퍼레이션(AmerisourceBergen Corportation)은 의약품과 건강 제품에 관한 한정라인 도매상이다.[36]

KEN WOLTER/SHUTTERSTOCK.COM

상인 도매상 그레인저(Grainger)는 전기 장비와 관련 용품이라는 한정된 제품라인을 취급하는 완전서비스 도매상이다.

일반 제품라인 도매상(general-line wholesaler)은 양판 도매상과 유사하다. 반면 **전문품 라인 도매상specialty-line wholesaler**은 가장 좁은 제품 믹스를 취급하며, 일반적으로 하나의 제품라인이나 하나의 제품라인에 속한 몇 개의 제품만을 취급하는 완전서비스 도매상을 말한다. **진열 도매상rack jobber**은 전문품라인 도매상으로서 슈퍼마켓, 약국, 대형마트, 다양한 매장의 진열대를 소유하고 제품의 재고 관리 및 유지를 하는 완전서비스 도매상을 말한다. 이들은 소매상이 진열 공간만 제공하면 제품을 진열하고, 재고를 관리하고 판매대금의 정산을 책임진다. 진열 도매상은 건강이나 뷰티 제품, 책, 잡지, 스타킹류, 카드류 등의 마진이 높은 비식료품 제품에 특화되어 있다.

양판 도매상 다양한 제품 믹스를 취급하지만 한정된 깊이의 제품을 취급하는 완전서비스 도매상

한정라인 도매상 종류는 적지만 매우 다양한 제품을 취급하는 완전서비스 도매상

전문품라인 도매상 가장 좁은 제품 믹스를 취급하며, 일반적으로 하나의 제품라인이나 하나의 제품라인에 속한 몇 개의 제품만을 취급하는 완전서비스 도매상

진열 도매상 도매상으로서 슈퍼마켓, 약국, 대형마트, 다양한 매장의 진열대를 소유하고 제품의 재고 관리 및 유지를 담당하는 완전서비스 도매상

한정서비스 도매상 완전서비스 도매상보다 적은 마케팅 서비스를 제공하며 특정 기능에 집중하는 경향이 있는 상인 도매상

한정서비스 도매상

한정서비스 도매상limited-service wholesalers은 완전서비스 도매상보다 적은 마케팅 서비스를 제공하며 특정 기능에 집중하는 경향이 있는 상인 도매상을 말한다. 한정서비스 도매상은 한정된 서비스에 집중하기 때문에 제조업자는 이들이 담당하지 않는 기능을 직접 담당하거나 그 기능들을 고객이나 다른 중간상에게 맡겨야 한다. 한정서비스 도매상은 제품에 대한 소유권을 지니지만 제품 배송, 금융 제공, 마케팅 정보 제공, 재고 보유, 고객들의 미래 니즈에 대한 계획 제공 등의 서비스는 일반적으로 제공하지 않는다. 한정서비스 도매상은 제한된 서비스만을 제공하기 때문에 완전서비스 도매상에 비해 낮은 비용을 청구하며 더 낮은 마진을 갖는다.

기업이 한정서비스 도매상을 활용할지, 완전서비스 도매상을 활용할지의 의사결정은 마케팅 유통 구조와 경쟁 우위를 창조하기 위해 공급망 관리의 필요성이 얼마나 큰지에 달려 있다. 한정서비스 도매상이 덜 보편적이기는 하지만, 전문 식품, 신선식품, 건설 재료, 석탄과 같은 특

별한 제품들의 유통에서 한정서비스 도매상은 중요한 역할을 담당하고 있다.

표 12.3은 네 가지의 전형적인 한정서비스 도매상인 현금 무배달 도매상, 트럭 도매상, 직송 도매상, 우편주문 도매상이 각각 어떤 서비스를 제공하는지를 요약한 것이다. **현금 무배달 도매상**cash-carry wholesaler은 보통 소규모 사업자인 고객들이 현금을 지불하고 제품을 구매하여 직접 운반해 갖고 가도록 하는 도매상을 말한다. 현금 무배달 도매상은 회전율이 높은 식품, 건축재, 전자, 사무용품 같은 제한된 제품라인을 취급한다. 규모가 작아 일반적인 도매상들이 서비스를 제공하려 하지 않는 소규모 소매상들은 이러한 현금 무배달 도매상에 의해 도매 서비스를 받을 수 있다. **트럭 도매상**truck wholesalers은 일부 제한된 제품라인을 고객에게 직접 운송해주면 그 자리에서 고객이 제품을 검수하고 인수하는 형태의 서비스를 제공하는 도매상을 말한다. 이 도매상들은 대부분 소형 트럭을 직접 보유하고 운영하는 소규모 도매상들로서, 일정 판매루트가 있고 고객들의 요청을 받고 방문 한다. **직송 도매상**drop shippers은 판매제품에 대한 소유권을 갖지만 실제 제품을 소유하지 않는 도매상이다. 이들은 제품을 산지에 보관하다가 소매상, 기업 고객 혹은 다른 도매상으로부터 주문이 들어오면 이 주문을 제조업자에게 직접 전달하고 제조업자가 고객에게 직접 제품을 운송할 수 있도록 한다. 직송 도매상은 미판매제품에 대한 비용은 물론 거래 전 과정에서 제품에 대한 책임을 진다. **우편주문 도매상**mail-order wholesalers은 제품을 소매상과 기업 고객에게 판매하기 위해 판매 사원 대신에 카탈로그를 보내주고 주문을 받아서 판매하는 형태이다. 이 도매상이 주로 취급하는 제품은 화장품, 전문 식품류, 스포츠 용품, 사무용품, 자동차 부품 등이다. 우편주문 도매상은 소비자가 편안하게 원하는 제품을 카탈로그에

현금 무배달 도매상 고객인 소규모 사업자가 직접 현금을 지불하고 구매, 직접 운반하도록 하는 도매상

트럭 도매상 일부 제한된 제품라인을 사업자가 고객에게 직접 운송하면 그 자리에서 고객이 제품을 검수 후 인수하는 형태의 서비스를 제공하는 도매상

직송 도매상 판매제품에 대한 소유권을 갖지만 실제 제품을 소유하지 않고 산지에 보관하다가 고객과 연결해주는 한정서비스 도매상

우편주문 도매상 카탈로그를 보내주고 주문을 받아서 판매하는 한정서비스 도매상

표 12.3 한정서비스 도매상이 제공하는 서비스

	현금 무배달 도매상	트럭 도매상	직송 도매상	우편 주문 도매상
제품의 물리적 소유	예	예	아니요	예
개별적 고객 관리	아니요	예	아니요	아니요
시장 상황 관련 정보	아니요	일부	예	예
고객에게 조언 제공	아니요	일부	예	아니요
고객 매장 내, 제품 보관 및 유지관리	아니요	아니요	아니요	아니요
고객에게 금융 제공	아니요	아니요	예	일부
제품 배달 여부	아니요	예	아니요	아니요

서 골라 주문하면 각종 택배수단을 통해 배달해 준다. 이러한 도매서비스는 너무 외딴 곳에 위치해 있어서 다른 도매상들이 수익이 나지 않아 서비스를 제공하지 않는 고객들에게 제품을 편리하고 효과적으로 판매하는 방식이다. 인터넷은 우편주문 도매상이 더 많은 고객들을 응대할 수 있는 기회를 제공해 왔으며, 이들 도매상은 자신들의 제품을 자사의 웹사이트를 통해 판매하고 제조업자가 제품을 고객에게 우편 배송하도록 한다.

대리인과 중개인

대리인과 중개인은 제품에 대한 소유권을 갖지 않지만 거래를 성사시키는 역할을 한다. 이들은 기능적인 중간상(functional middlemen)이라고도 불리며, 제한적인 서비스를 제공하고 제품의 판매 가격에 따른 수수료를 받는다. **대리인**Agents은 판매자나 구매자 중 한편을 영속적으로 대표하는 반면, **중개인**brokers은 판매자나 구매자가 일시적으로 고용한 중간상이다.

대리인 소유권을 갖지 않지만 판매자나 구매자를 영속적으로 대리하는 중간상

중개인 제품의 소유권을 갖지 않고 일시적으로 판매자나 구매자를 대표하는 중간상

비록 대리인이나 중개인이 한정서비스 도매상보다 적은 기능을 담당하지만, 일반적으로 이들은 취급하는 제품 혹은 고객에 대해 전문가이며, 따라서 판매 관련 전문지식을 제공할 수 있다. 대리인과 중개인은 그들이 담당하는 시장을 잘 이해하고 있으며 담당하는 고객들과 장기적인 관계를 형성한다.

대리인과 중개인은 제조업자들이 자원이 한정되어 제조업자의 자체 영업 인력을 확장할 수 없을 때, 영업인력 관련 비용을 축소하면서 효율적으로 활용할 수 있다. 표 12.4는 대리인과 중개인에 대한 서비스 기능을 보여준다.

제조업자 대리인manufacturers' agents은 모든 대리인 도매상 중 절반을 넘게 차지하는 중요한 도매상이다. 이들은 2개 이상의 제조업체의 제품을 취급하여 고객에게는 완벽한 제품라인을 제공하는 독립적인 중간상이다. 이들은 제조업체의 영업 인력처럼 연중 내내 주문을 받고 처리한다. 제조업자 대리인은 특정 지역에 국한되어 그 지역에서만 제품을 담당하며 비경쟁적인 보완적인 제품을 취급한다. 제조업자와 제조업자 대리인 사이의 관계는 서면 계약에 의해 결정되는데, 이 계약에서는 제조업자 대리인이 어떤 지역에서 얼마의 가격으로 주문을 받고, 판매와 관련된 배송, 서비스, 보증에 관해서는 어떻게 하는 지에 관한 내용을 포함하고 있다. 제조업자 대리인은 판매하는 제조업자 제품의 가격이나 마케팅 전략에는 거의 혹은 전혀 통제권을 갖고 있지 않다. 또한 이들은 신용을 제공하지 않고 기술적인 조언을 고객들에게 제공하는 일도 담당하지 않는다. 제조업자 대리인은 일반적으로 의상, 기계류, 설비류, 강철, 가구, 자동차 제품, 전자기기와 식품류를 취급하는데 활용된다.

제조업자 대리인 2개 이상의 제조업체의 제품을 취급하여 고객에게는 완벽한 제품라인을 제공하는 독립적인 중간상

판매 대리인selling agents은 제조업체의 전체 제품라인을 취급하거나 아니면 일부 특정 제품라인을 취급하는 중간상을 말한다. 이들은 제품에 대한 소유권을 갖지는 않지만 도매상이 담당하는 업무를 수행한다. 판매 대리인은 일반적으로 다수의 제조업체의 제품을 판매하며, 그 기업들의 마케팅 부서 역할을 한다. 판매 대리인은 규모가 작은 제조업체들이나 계절적 생산과 같은

판매 대리인 제조업체의 전체 제품라인을 취급하거나 아니면 일부 특정 제품을 취급하는 중간상

요소 때문에 마케팅 부서를 유지하기 어려운 제조업체들이 주로 사용한다. 제조업체 대리인과 달리 판매 대리인은 일반적으로 판매 지역에 제한이 없으며 판매하는 제품의 가격, 촉진, 유통에 관한 권한을 갖고 있다. 판매 대리인은 이해관계자들 사이의 갈등을 피하기 위해 비경쟁적인 제품라인을 취급, 판매한다. 판매 대리인은 광고, 마케팅 조사, 그들이 대신하는 판매자의 신용 정책 집행 등 중요한 역할을 하며, 때로는 제품 개발 및 포장 관련 조언도 제공한다.

수수료 상인 지역 판매자로부터 위탁받아서 대형 중앙시장에서 판매 협상을 하는 대리인

수수료 상인(commission merchants)은 지역 판매자로부터 위탁받아서 대형 중앙시장에서 판매 협상을 대리하는 상인을 말한다. 이들은 위탁 판매인(factor merchants)이라고도 불리는데, 수수료 상인은 가격과 판매 조건에 대한 폭넓은 협상력을 갖고 있다. 이들은 시장의 주어진 조건 하에서 최적의 가격으로 거래를 성사시키는데 전문이다. 대부분의 수수료 상인은 농업 관련 마케팅과 관련이 되어 있는데, 트럭 가득한 농산물을 소유하고 필요한 등급 책정이나 보관을 하고 경매나 필요한 대상들에게 판매할 수 있는 시장으로 운송한다. 판매가 종료된 뒤 수수료 대리인은 수수료와 제반비용을 제외하고 나머지 수익을 생산자에게 넘겨준다. 그리고 수수료 상인들은 생산자의 제품 판매를 위한 계획과 신용 공여를 제공하기도 하지만 일반적으로 판매 촉진 지원은 하지 않는다.

중개인의 주요 목적은 구매자와 판매자를 연결해주는 것이다. 그러므로 중개인은 다른 중간상들에 비해 적은 역할을 담당한다. 중개인은 자금 조달, 제품의 실제 보유, 가격 책정, 위험 부담은 담당하지 않는다. 그 대신 이들은 특정 제품에 대한 전문지식 및 기존 보유 네트워크에 대한 지식을 제공하는 역할을 한다. 중개인은 특히 슈퍼마켓에서 판매하는 제품이나 부동산 거래와 같은 제품의 판매자들에게 유용한 서비스를 제공한다. 예를 들어, 식품 중개인은 식품과 일반 제품들을 소매상이 보유한 제품 도매상, 식품 체인, 음식가공업체, 기업 고객에게 판매하는 역할을 담당한다.

표 12.4 대리인과 중개인이 제공하는 서비스

	제조업자 대리인	판매 대리인	수수료 상인	중개인
제품의 물리적 소유	일부	일부	예	아니요
판매자/구매자와 영속적 관계	예	예	예	아니요
경쟁제품라인의 대행 판매	아니요	아니요	예	예
한정된 지역 영역	예	아니요	아니요	아니요
고객에게 신용 제공 여부	아니요	예	일부	아니요
고객에게 제품의 배달 여부	일부	예	예	아니요

제조업자의 영업지점과 사무소

때로 제조업자 도매상(manufacturers' wholesalers)이라 불리는 제조업자 영업지점과 사무소는 상인 도매상과 운영 면에서 비슷하다. 제조업자의 **영업지점**sales branches은 제조업자가 소유한 중간상으로 제조업자의 제품을 판매하며, 제조업자의 영업 인력에게 지원 서비스를 제공한다. 영업지점은 제조업자 제조시설로부터 멀리 떨어져 있으며 수요가 많고 고객들이 몰려 있는 곳에 위치한다. 이들은 신용을 제공하고 제품을 배달하며 판촉 지원 및 여러 서비스를 제공한다. 영업지점의 고객은 소매상, 기업 고객, 다른 도매상들이다. 전기용품 제조자, 배관 용품 제조자, 목재, 자동차 부품회사들은 종종 영업지점을 운영한다.

영업지점 제조업자가 소유한 중간상으로 제조업자의 제품을 판매하며 제조업자의 영업 인력에게 지원 서비스를 제공

반면 **영업 사무소**sales offices는 제조업체가 소유한 업체로서, 대리인에게 일반적인 서비스를 제공한다. 제조업자의 영업지점처럼 영업 사무소는 제조업체의 제조시설로부터 멀리 위치해 있다. 그러나 영업지점과 달리 영업 사무소는 직접 재고를 보유하지 않는다. 제조업자 영업사무소(혹은 영업지점)는 제조업자들의 제품라인을 향상시키는 제품을 판매한다.

영업 사무소 제조업체가 소유한 업체로서 대리인에게 일반적인 서비스를 제공

제조업체들은 이러한 지점 혹은 사무소의 설치를 통해 고객에게 좀 더 쉽게 접근하면서 도매상의 역할을 수행하게 된다. 제조업자들이 기존의 일반적인 중간상을 활용하기 어려울 때 사무소나 영업지점을 설치하기도 한다. 제조업자들이 사무소와 지점을 통해 도매 및 물적 유통 활동을 수행하면 공급망의 효율성을 향상시킬 수 있다. 어떤 경우에는 제조업자들이 사무소나 지점을 전혀 활용하지 않고 제조업자가 대형 소매상 고객들을 직접 담당하여 영업활동을 하기도 한다.

요약

12-1 유통 경로에서 소매상의 목적과 기능에 대해 알아본다.

소매는 개인이나 가족, 가구가 사용할 목적으로 제품을 구매, 소비하고자 하는 최종 소비자가 포함되는 모든 거래를 말한다. 이처럼 제품을 주로 최종 소비자에게 판매하는 기업인 소매상은 최종 소비자에게는 마케팅 업무를 담당하고 도매상과 제조업자에게는 물건을 구매하는 고객의 역할을 담당하기 때문에 유통 경로 안에서 유연한 연결을 위해 중요하다. 소매상은 가치를 더하고, 서비스를 제공하고 제품 구색을 갖추는 것을 돕는다. 오늘날 많은 소매상들은 오프라인 매장에 웹사이트, 카탈로그, 앱 등의 복수 유통 채널을 더하여 서로의 단점을 보완하는 멀티 유통 채널 전략을 활용하고 있다.

12-2 온라인 소매에 대해 알아보고 온라인 소매가 소매업을 어떻게 변화시키는지 이해한다.

오늘날 멀티채널 소매업에서는 온라인 소매업이 급격히 부상하고 있다. 온라인 소매는 컴퓨터 연결을 통해 고객에게 제품을 온라인으로

보여주고 판매할 수 있게 만드는 형태이다. 온라인 판매는 급격히 증가하고 있다. 온라인 소매는 자신들이 원하는 제품과 서비스를 편리하게 얻고자하는 고객들의 니즈를 만족시켜주고 있다. 오늘날 고객들은 쇼핑과 관련된 다양한 업무들을 온라인으로 처리할 수 있다.

12-3 소매상의 주요 유형을 파악한다.

소매업은 판매하는 제품의 넓이에 따라 구분될 수 있다. 소매업은 가장 넓게 분류하여 일반 소매상과 전문품 소매상으로 구분할 수 있다. 일반 소매상 역시 다양한 형태가 존재한다. 백화점은 유사한 제품라인별로 구분되어 진, 거대한 소매 기업으로 다양한 제품 믹스를 상당히 깊이 있게 제공한다는 특징이 있다. 할인마트는 셀프서비스에 저렴한 가격을 제공하는 일반 소매상 형태이다. 극한 할인점은 전통적인 할인 마트보다 훨씬 작은 규모지만 몇몇 신선식품이 아닌 브랜드 가정용품을 할인마트보다도 저렴한 가격으로 판매한다. 편의점은 소규모의 셀프 서비스 매장으로 오랜 시간 매장을 운영하며 보통 편의품인 몇몇 제품라인들만을 취급하는 소매상 형태를 말한다. 슈퍼마켓은 대규모의 셀프서비스 소매상으로 식료품 판매와 몇몇 비식료품 제품들을 취급한다. 슈퍼스토어는 슈퍼마켓에서 취급하는 제품들과 대부분의 소비자들이 정기적으로 구매하는 품목들을 취급하는 거대한 소매상 형태이다. 하이퍼마켓은 슈퍼마켓과 할인마트의 특징을 통합한 형태이다. 창고형 클럽은 대규모의 회원제 할인 소매상 형태를 말한다. 마지막으로 창고형 쇼룸은 창고형 자재 관리 기술, 수직적 제품 전시, 대규모 재고 보유와 최소한의 서비스를 특징으로 하는 저렴한 소매상을 말한다.

반면 전문품 소매상은 몇몇 제품라인에 한정하여 상당한 제품 종류들을 제공하는 소매 형태이다. 이들은 몇 개의 제품라인만을 취급하지만 제품라인별로 다양한 제품 품목을 취급하는 특징이 있다. 전문품 소매상의 한 형태인 카테고리 킬러는 하나의 제품 카테고리에 집중하여 저렴한 가격과 다양한 제품 구색을 바탕으로 경쟁하는 대규모 전문품 소매상을 말한다. 상시할인 전문품 소매상은 유명한 브랜드를 갖고 있는 제조업자의 다소 흠이 있는 제품이나 과다 생산된 제품을 대폭 할인하여 판매하는 형태를 말한다.

12-4 소매업 관련 전략적 이슈를 확인해 본다.

소매상은 매출과 고객 충성도를 높이기 위해 중요한 전략적 이슈들을 고려해야만 한다. 우선 매장의 위치는 매장이 고객을 끌어 들일 수 있는 지역을 결정한다. 매장의 위치는 한 번 결정하면 변경하기 쉽지 않기 때문에 마케팅 믹스 변수들 중 가장 유연하지 않은 변수라 할 수 있고 따라서 신중하게 결정해야 한다. 소매상들은 매장 장소를 선정할 때 그 기업의 목표 시장 고객들의 위치, 기업이 판매하는 제품의 종류, 대중 교통이 가능한지, 고객의 특성, 경쟁자의 위치 등 다양한 요소들을 고려해야 한다. 소매상들은 자사 매장을 별도의 독립된 구조물 형태로 만들지, 전통적인 상업 지구 안에 위치시킬지, 혹은 전통적인 쇼핑센터나 비전통적인 쇼핑센터 안에 위치시킬지도 결정해야 한다.

프랜차이징은 공급자인 가맹주가 딜러인 가맹점에게 대가를 받고 자사의 브랜드를 이용하여 제품을 팔 수 있는 권리를 제공해주는 방식을 말한다. 프랜차이징은 가맹점이 제한된 자본을 갖고도 새로운 비즈니스를 시작할 수 있도록 도와주며 다른 가맹점들의 창업 경험으로부터 조언을 얻을 수 있는 장점이 있다. 또한 가맹점은 가맹주로부터 거의 아무런 비용 없이 비즈니스 운영에 관한 조언을 얻을 수 있으며, 가맹주가 실시하는 전국적인 촉진 캠페인이나 가맹주가 지역에서 촉진 활동을 위해 사용하라고 제공해주는 지역 촉진물을 활용하여 촉진활동에 도움을 받을 수 있다. 그러나 프랜차이징 형태는 단점도 갖고 있다. 가맹주는 가맹점에게 비즈니스의 다양한 측면들을 어떻게 하라고 정해놓은 경향이 있고 가맹점은 가맹주의 브랜드와 제품을 사용하는 것과 도움을 받는 비용을 지불해야만 한다. 가맹점 계약은 모든 가맹점에게 동일하게 적용되지 않을 수도 있는데, 특정 가맹점이 동일한 서비스에 대해 다른 가맹점보다 더 많은 비용을 지불할 수도 있다. 마지막으로 가맹주는 가맹점 계약을 맺고 나면 약속한 것과 다르게 가맹점을 적절히 관리해 주지 않을 수도 있다.

고객의 인구통계학적 특성과 쇼핑 트렌드가 변화함에 따라 소매상은 앱, 비콘, 가상 핏을 포함한 새로운 기술을 소매점 안에 적용하여 고객들의 매장 경험을 향상시키고 더 많은 쇼핑 플랫폼을 제공하기 위해 노력하고 있다. 소매 포지셔닝은 아직 서비스가 제공되지 못하거나 부족하게 제공되는 세분시장을 파악하여 그 세분시장 고객들의 마음속에 자사 소매점을 다른 소매점들과 차별적으로 인식되도록 만드는 전략적 과정을 말한다. 매장 이미지는 고객이 느끼는 주관적인 요소인데, 매장 안의 분위기, 매장 위치, 매장에서 판매되는 제품, 고객 서비스, 가격, 촉진활동과 매장의 전반적인 평판에 의해 영향 받는다. 매장 분위기는 소비자들의 감성에 소구해서 제품의 구매로 연결되게 하는 매장의 물리적, 감각적인 요소를 말한다. 카테고리 관리는 각기 다른 제조업체들이 제조하는 유사하고 대체 가능한 제품들을 그룹별로 관리하는 소매 전략을 의미한다.

12-5 다양한 형태의 직접 마케팅, 직접 판매, 자판기에 대해 알아본다.

직접 마케팅은 전화와 인터넷 같은 비대면적인 미디어를 통해 제품과 회사의 정보를 소비자에게 전달하면 소비자들이 제품을 우편, 전화, 인터넷을 통해 구매하는 방식을 말한다. 직접 마케팅은 온라인 소매를 통해 온라인에서 이뤄질 수도 있고 카탈로그(카탈로그 마케팅), 광고(직접 반응 마케팅), 전화(텔레마케팅), 혹은 TV (TV 홈쇼핑)를 활용하여 이뤄진다. 직접 판매는 판매원이 고객의 집이나 직장으로 직접 찾아가서 고객들에게 대면으로 제품을 판매하는 형태이다. 자판기는 제품을 공급하는 기계를 이용하여 판매하는 방식을 말한다.

12-6 도매상의 본질과 기능을 알아본다.

도매는 재판매를 위해, 다른 제품을 만들기 위해, 일반적인 사업 운영을 위해 제품이 구매되는 모든 거래를 말한다. 도매상은 도매 거래를 촉진, 실행하는 개인이나 조직을 말한다. 도매상은 제조업자에게 다양한 이점을 제공하는데, 도매상은 금융적 지원이나 정보를 제조업체에게 제공한다. 또한 도매상은 전문적인 저장과 분배의 기능을 담당함으로써 제조업체들이 제품을 생산하는데 집중할 수 있도록 돕는다. 뿐만 아니라 도매상은 소매상에게도 이점을 제공하는데, 도매상은 소매상을 위해 다양한 제품 구색, 효율적인 유통, 저장 업무를 제공한다.

상인 도매상은 제품에 대한 소유권을 가지고 위험을 감수하는 독립된 사업체로서, 일반적으로 다른 도매상, 다른 기업 고객, 소매상에게 제품을 재판매하는 역할을 담당한다. 이들은 도매 기능에 관한 가능한 모든 기능을 담당하는 완전서비스 도매상과 도매 관련하여 마케팅 서비스나 몇 가지 제한된 서비스만을 담당하는 한정서비스 도매상으로 구분된다. 완전서비스 상인 도매상은 다양한 형태를 포함한다. 양판 도매상은 다양한 제품 믹스를 취급하지만 한정된 깊이의 제품을 취급하는 완전서비스 도매상이다. 한정라인 도매상은 종류는 적지만 매우 다양한 제품을 취급하는 완전서비스 도매상이다. 전문품 라인 도매상은 가장 좁은 제품 믹스를 취급하며, 일반적으로 하나의 제품라인이나 하나의 제품라인에 속한 몇 개의 제품만을 취급하는 완전서비스 도매상을 말한다. 마지막으로 진열 도매상은 전문품라인 도매상으로서 슈퍼마켓, 약국, 대형마트, 다양한 매장의 진열대를 소유하고 제품의 재고 관리 및 유지를 하는 완전서비스 도매상을 말한다. 한정서비스 도매상 역시 다양한 형태가 존재한다. 현금 무배달 도매상은 고객인 소규모 사업자가 직접 와서 현금을 지불하고 제품을 구입해서 가는 형태로 배달이 없다는 특징이 있다. 트럭 도매상은 일부 제한된 제품라인을 직접 사업자에게 운송하며 고객이 제품을 검사하고 선택하게 하는 형태를 말한다. 직송 도매상은 판매제품에 대한 소유권을 갖지만 실제 제품을 소유하지 않고 산지에 보관하다가 고객과 연결해주는 도매상이다. 우편주문 도매상은 소매상이나 기업 고객에게 물건을 판매하기 위해 판매원을 파견하는 것이 아니고 카탈로그를 보내주고 주문을 받아서 판매를 하는 형식이다.

대리인과 중개인은 제품에 대한 소유권은 없지만 거래를 성사시키고 수수료를 받는다. 이들은 일반적으로 특정 제품에 관해 전문 지식을 갖추고 판매를 위한 전문 노하우도 제공할 수 있다. 대리인은 판매자나 구매자를 영속적으로 대리하는 중간상인 반면 중개인은 일시적으로 판매자나 구매자를 대표하는 중간상을 말한다. 제조업자 대리인은 2개 이상의 제조업체의 제품을 취급하여 고객에게는 완벽한 제품라인을 제공하는 독립적인 중간상을 말한다. 판매 대리인은 제품에 대한 소유권을 보유하지는 않지만 제조업체의 전체 제품라인을 취급하면서 모든 도매 기능을 담당한다. 마지막으로 수수료 상인은 지역 판매자로부터 위탁받아서 대형 중앙시장에서 판매 협상을 하는 대리인을 말한다.

제조업자의 영업 지점과 사무소는 제조업자가 소유하고 있는 형태이다. 영업 지점은 특정한 지역에서 제품을 판매하고 그 지역에서 활동하는 제조업자의 영업 인력을 위한 지원 서비스를 제공한다. 반면 영업 사무소는 재고를 보유하지는 않지만 대리인이 담당하는 업무들을 제공하고 있다.

주요 개념

- 소매
- 소매상
- 멀티채널 소매업
- 온라인 소매
- 일반 소매상
- 백화점
- 할인 마트
- 극한 할인점
- 편의점
- 슈퍼마켓
- 슈퍼스토어
- 하이퍼마켓
- 창고형 클럽
- 창고형 쇼룸
- 전통적인 전문품 소매상
- 카테고리 킬러
- 상시할인 전문품 소매상
- 근린 쇼핑센터
- 커뮤니티 쇼핑센터
- 지역 쇼핑센터
- 초대형 지역쇼핑센터
- 라이프스타일 쇼핑센터
- 파워 쇼핑센터
- 프랜차이징
- 소매 포지셔닝
- 매장 분위기
- 카테고리 관리
- 직접 마케팅
- 카탈로그 마케팅
- 직접 반응 마케팅
- 텔레마케팅
- TV 홈쇼핑
- 직접 판매
- 자판기
- 도매
- 도매상
- 상인 도매상
- 완전서비스 도매상
- 양판 도매상
- 한정라인 도매상
- 전문품라인 도매상
- 진열 도매상
- 한정서비스 도매상
- 현금 무배달 도매상
- 트럭 도매상
- 직송 도매상
- 우편주문 도매상
- 대리인
- 중개인
- 제조업자 대리인
- 판매 대리인
- 수수료 상인
- 영업 지점
- 영업 사무소

마케팅 계획 수립하기

마케팅 계획 과정에서 유통관련 의사결정은 제품을 제조업체로부터 최종 소비자까지 어떻게 효율적으로 운송할 것인지와 관련이 있다. 따라서 고객이 어떻게 어디에서 제품을 구매하고자 하는 지를 잘 이해하는 것은 유통 관련 마케팅 계획을 세우는데 중요하다. 이 장에서 배운 내용들을 활용하여 좀 더 나은 유통관련 마케팅 계획을 세울 수 있도록 다음의 내용들을 생각해 보자.

1. 자사 제품의 속성과 목표 시장의 구매행동을 고려하면서 자사 제품은 최종 소비자를 대상으로 하는지 혹은 유통 경로 내의 다른 구성원들을 대상으로 판매하고자 하는지 생각해 보자.
2. 자사의 제품이 최종 소비자에게 판매될 것이라면, 이 장에 등장하는 다양한 소매업 형태 중 어떤 형태가 그 제품 판매에 가장 적합할 것이라 생각하는가? 이러한 의사결정을 위해 판매하는 제품의 특성과 목표 시장 고객 행동을 꼼꼼히 고려하고, 표 12.1에 등장하는 다양한 일반 소매상의 형태를 참고하세요.
3. 매장의 위치, 매장 이미지와 같은 소매매장의 특징들이 그 매장에서 판매되는 자사 제품에 대한 고객들의 인식에 어떻게 영향을 미치는지 이야기해 보자.
4. 직접 마케팅 혹은 직접 판매 방법이 자사 제품과 목표 시장에 적절한 방법인지 논의하세요.
5. 만약 자사의 제품이 최종 소비자에게 판매되는 것이 아니라 유통 경로 안에 다른 구성원에게 판매되는 형태라면, 상인 도매상, 대리인 혹은 중개인 등 다양한 형태 중 어떤 유통 경로 구성원을 통해 제품을 판매하는 것이 가장 적절할 것이라 생각하는지 논의하세요.

연습 문제

1. 소매상은 제품에 어떤 가치를 추가할 수 있나요? 소매상은 제조업자와 최종 소비자를 위해 어떤 가치를 더할 수 있는지 논의해보자.
2. 온라인 소매가 다른 형태의 소매업과 어떻게 조화롭게 통합될 수 있는지 논의해 보자.
3. 할인 마트와 백화점의 큰 차이점은 무엇인가?
4. 전통적인 전문품 소매상과 상시할인 소매상의 유사한 점과 상이한 점은 무엇인가?
5. 소매 매장의 위치를 결정할 때 고려할 사항은 무엇인가?
6. 세 가지의 전형적인 쇼핑센터의 종류들을 설명하고 각 종류 쇼핑센터의 예를 들어 보세요.
7. 만약 당신이 소매 비즈니스를 창업하고자 한다면, 독립적인 형태 혹은 프랜차이징 형태 중 어떤 형태를 더 선호하는지 설명해 보세요.
8. 소매매장의 이미지를 결정하는데 영향을 미치는 중요한 요소들을 토론해보자. 매장 분위기가 매장에서 팔리는 제품에 어떻게 가치를 더할 수 있는지 토론해보자.
9. 집집마다 찾아가 방문 판매하는 것이 소매의 한 형태라고 할 수 있는가? 일부 소비자들은 직접반응 마케팅은 유통업체를 지나쳐 버린다고 생각한다. 이 말이 옳다고 생각하는지 토론해보자.
10. 도매상은 제조업체와 소매상에게 어떤 서비스를 제공하는지 논의해 보자.
11. 완전서비스 도매상과 한정서비스 도매상의 차이는 무엇인가?
12. 직송 도매상은 제품의 소유권을 갖지만 제품을 보유하지는 않는다. 반면, 수수료 상인은 제품을 보유하지만 소유권을 갖지는 않는다. 그렇다면 직송 도매상은 완전서비스 도매상이고 수수료 상인은 대리인인데 이렇게 구분하는 것이 옳다고 생각하는가?
13. 제조업자의 영업사무소와 영업지점이 왜 도매상으로 분류되었다고 생각하는가? 어떤 독립적인 도매상이 제조업자의 영업사무소와 영업지점에 의해 대체되었다고 생각하는가?

케이스 12

소매업의 경쟁우위를 위해 기술을 적용하고 있는 로우즈

로우즈(Lowe's)는 사다리부터 목재, 전구까지 소비자나 건축업자가 집을 짓거나 수리하거나 유지하는데 필요한 모든 제품들을 판매하는 소매상이다. 로우즈는 미국 노스 캐롤라이나에 본사를 둔 주택 개량과 관련된 모든 제품을 판매하는 소매상으로 북미 시장에서 2,200개가 넘는 거대한 매장을 운영하고 있다. 이 소매상은 어마어마한 종류의 제품들을 보유하고 매장마다 넓은 무료 주차장을 갖추고, 매주 1,800만 고객들이 방문하고 연간 710억 달러에 해당하는 매출을 창출한다.

DAVID NELSON/ALAMY STOCK PHOTO

고객들은 로우즈의 매장에 방문하여 전문가의 도움을 받아 자신의 집의 마루를 직접 설치하거나 부엌의 싱크대를 직접 교환하기 위해 필요한 도구나, 재료, 액세사리를 구매할 수 있다. 또한 로우즈는 주택 개량을 위한 프로젝트를 직접 운영하고 싶지 않은 고객들에게는 매장을 통해 지역 전문가를 연결해주는 서비스도 제공한다. 로우즈는 소비자뿐만 아니라 건축업자에게도 서비스를 제공하는데, 건축업자들에게는 별도의 계산대를 제공하고 B2B 주문과 신용 제공, 픽업, 배송 서비스에 관한 정보를 제공한다.

로우즈는 최종 소비자와 건축업자 같은 비즈니스 고객을 위해 각각의 니즈를 만족시켜주기 위한 별도의 웹사이트를 만들어 제공한다. 최종 소비자를 위한 웹사이트인 Lowes.com은 일반 고객들이 스스로 DIY 프로젝트를 진행하는 것을 돕기 위해 다양한 비디오 가이드를 제공하고 고객들이 자신의 프로젝트에 참고할 수 있는 다양한 완성된 프로젝트 사진들을 공유한다. 웹사이트가 제공하는 온라인 계산 옵션을 이용하여 방에 페인트를 칠하기 위해 몇 통의 페인트가 필요할지 집 마당에 잔디를 키우기 위해 얼만큼의 씨앗을 구매하여 뿌려야 할지 등을 계산할 수 있도록 돕는다. 반면, LowesForPros.com은 건축업자와 같은 기업 고객을 위해 로우즈가 운영 중인 웹사이트인데 기업 고객들이 자주 구입하는 제품들을 리스트화하거나 건축 프로젝트를 진행하는데 소요되는 시간과 자재들을 계산하는 것을 도와주는 계산기 등을 제공한다.

로우즈는 홈디포나 소규모 하드웨어 가게로부터 경쟁이 점점 치열해지고 있다. 이에 대응하기 위해 로우즈는 고객이 매장이나 웹사이트를 방문하기 전, 방문하는 중, 방문한 후에 보다 나은 고객 경험을 제공하기 위해 다양한 기술들을 적극적으로 도입하고 있다. 예를 들어 "The Measured by Lowe's"라 불리는 앱을 통해 고객들이 자신의 스마트폰이나 태블릿을 이용하여 길이, 넓이, 높이를 측정할 수 있는 서비스를 제공하고 있다. 로우즈가 제공하는 또 다른 앱은 증강현실을 이용하여 고객들이 가구를 자신의 집이나, 사무실에 배치하면 어떻게 보일지를 미리 예측하는 것을 돕는다. 또한 고객들은 로우즈의 앱을 활용하여 매장 안에 진열대들을 살펴보고 특정 제품이나 제품 카테고리가 진열되어 있는 정확한 진열대를 발견하여 찾아가기 쉽게 한다. 이러한 앱들은 과학자와 디지털 전문가들이 소비자의 행동을 연구하고 최신 소프트웨어와 장비를 갖고 실험하는 로우즈의 혁신랩에서 실험하고 있는 단지 몇 가지 기술들에 불과하다. 로우즈의 혁신랩에서 실험하고 있는 다른 기술 중에는 증강현실과 가상현실을 활용하여 고객들이 자신이 구매한 제품에 대한 확신을 갖도록 돕거나 종업원과 고객들에게 보다 나은 경험을 선사하고 각각의 도구들을 어떻게 사용해야 하는지를 상세히 보여주는 것들을 포함한다.

로우즈의 고객담당 최고 임원은 이러한 앱과 디지털 도구들을 "프로젝트를 기획하는 것부터 고객과 관계를 맺고 관리하고 우리 제품과 서비스를 전달하고 고객들을 몰입하게 만드는 고객 경험을 창조하는 모든 과정을 전체적으로 잘 통합된 고객 경험으로 만드는 핵심"이라 말한다. 로우즈 고객담당 최고 임원은 미래에는 로우즈가 "고객 니즈를 보다 신속하게 파악하여 기술을 활용하여 고객 니즈를 만족시키는 솔루션을 제공"할 계획이라 밝혔다.

집에서 사용되는 많은 제품들이 스마트한 기술을 점점 포함하게 됨에 따라 로우즈는 고객들이 이러한 스마트한 디바이스들을 어떻게 선택하고 사용할 수 있는지 이해하도록 돕고 있다. 로우즈는 소프트웨어 소매상인 b8ta와 파트너십을 맺고 몇몇 로우즈 매장 안에 매장 안 매장 형태인 SmartSpot을 만들었다. 이 SmartSpot에는 전문적으로 훈련받은 영업사원들이 상주하면서 디지털 실내 온도 조절기, 디지털 보안 시스템과 같은 스마트홈 관련 제품들을 고객들에게 설명하고 있다. 매장 안에서 고객들은 이들 전문가의 도움으로 스마트홈 관련 제품들이 어떻게 작동하는지를 시험해 볼 수 있다. 이러한 경험은 고객들이 정보에 근거한 의사결정을 내리고 있다는 확신을 심어 주고, 제품을 자신의 집에 설치했을 경우 그 제품들을 적극적으로 사용할 수 있도록 도와준다. 로우즈는 SmartSpot의 서비스를 보다 향상시키기 위해 SmartSpot을 방문하는 고객들의 피드백으로부터 시사점을 도출하고 고객 니즈와 행동에 대한 깊이 있는 지식을 쌓아가고 있다.[37]

토론을 위한 질문

1. 로우즈는 주택 개량과 관련된 다양한 제품들을 집중 판매하는 소매상으로 카테고리 킬러로 분류할 수 있다. 로우즈의 웹사이트 역시 카테고리 킬러로 분류할 수 있을까?
2. 로우즈의 매장 내외부 분위기가 주택 개량 제품을 판매하는 소매상인 로우즈의 이미지에 얼마나 중요한 역할을 하는지 논의해 보자.
3. 로우즈는 소프트웨어 소매상과 협력하여 매장 안에 스마트홈 관련 제품을 설명하는 별도의 매장을 마련하였다. 이러한 전략은 로우즈의 소매 포지셔닝 측면에서 어떠한 의미가 있다고 생각하는지 논의해 보자.

PROMOTION DECISIONS

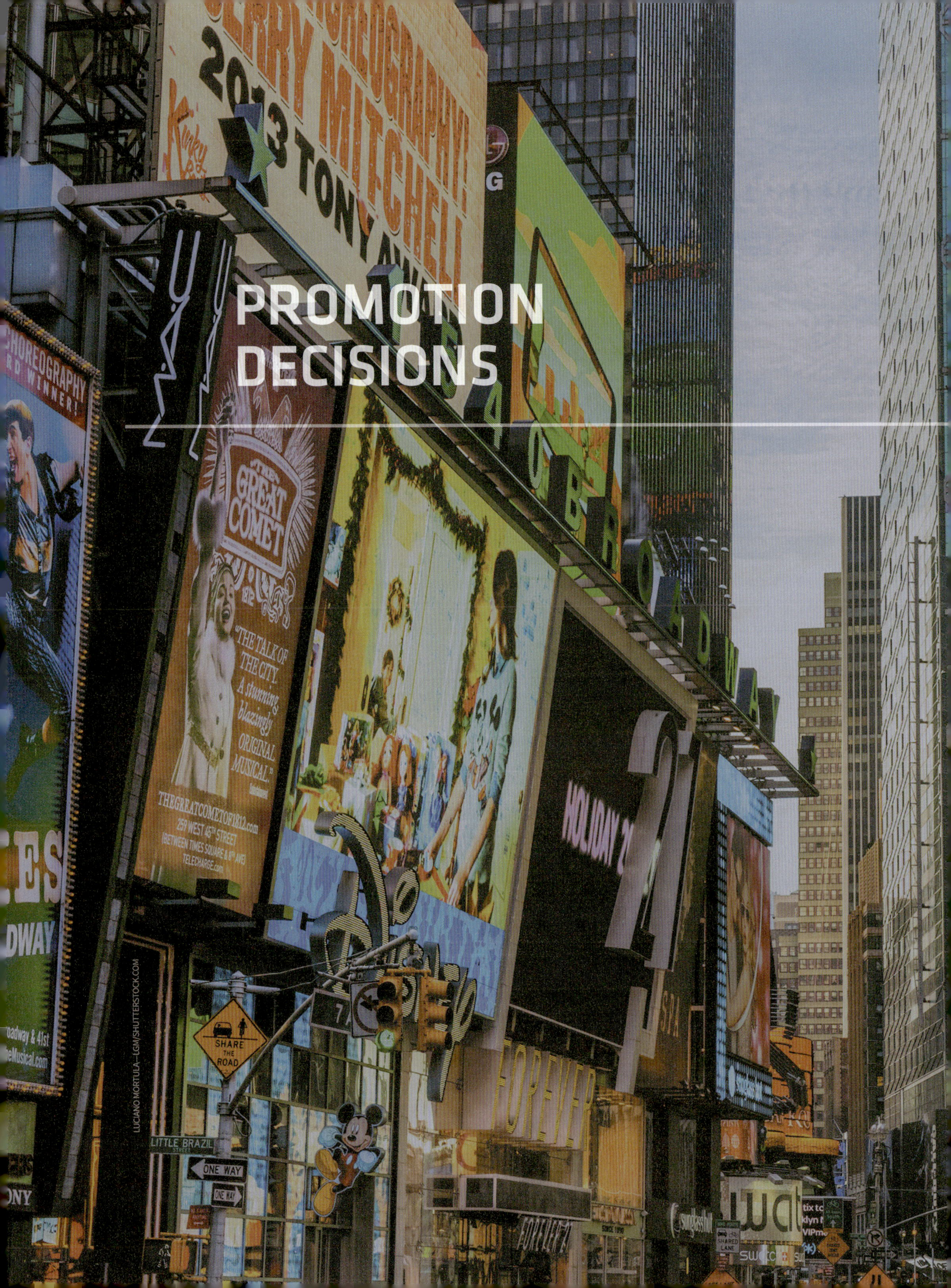

LUCIANO MORTULA—LGM/SHUTTERSTOCK.COM

PART.6 촉진 의사결정

6부에서는 목표 시장의 구성원 및 그와 관련된 여러 집단과의 커뮤니케이션에 관한 내용을 다룬다. 일부 마케팅 믹스는 특정한 목표 시 장에 있는 사람들이 해당 제품을 인식하고 어디에서 그것을 찾을 수 있는지를 알고 있어야만 그들을 만족시킬 수 있다. 일부 촉진 결정은 그러한 마케팅 믹스와 관련이 있으며, 그 외 촉진 결정은 전체 조직 을 촉진하는 데 적합하도록 맞춰져 있다.

13장에서는 통합마케팅커뮤니케이션에 관해 논하고, 커뮤니케이션 과정과 촉진 믹스에 포함 되는 주요 촉진수단에 대해 알아본다.

14장은 광고 캠페인을 개발하는 주요 단계들을 분석하고, PR이 무엇이며 어떻게 사용되는지를 설명한다.

15장에서는 인적 판매와 회사의 홍보 노력에 있어서 할 수 있는 역할을 다룬다. 또한 이 장에서는 판매 촉진의 일반적인 특징을 살펴보고 판매 촉진 기법을 설명한다.

SORBIS/SHUTTERSTOCK.COM

INTEGRATED MARKETING COMMUNICATIONS

CHAPTER.13
통합마케팅 커뮤니케이션

학습목표

13-1 통합마케팅커뮤니케이션을 정의한다.

13-2 커뮤니케이션 과정의 단계를 서술한다.

13-3 촉진의 정의와 목적을 파악 한다.

13-4 촉진 믹스의 네 가지 요소를 요약해본다.

13-5 제품의 촉진 믹스를 결정하는데 이용되는 요인들을 알아본다.

13-6 구전 커뮤니케이션이 촉진에 미치는 영향을 알아본다.

13-7 간접광고가 촉진에 미치는 영향에 대해 논의해본다.

13-8 촉진에 관한 비판과 필요성에 대해 알아본다.

마케팅 들여다보기

HELEN89/SHUTTERSTOCK.COM

버키스의 통합 마케팅의 강화

편의점 체인 버키스(버키스)는 텍사스에 있는 아치 애플린(Arch Aplin) 3세에 의해 설립되었다. 애플린은 다른 주유소들과 차별화된 원스톱 숍을 만들고 싶어 월마트 크기의 편의점을 만들었다. 이는 일부 지역에 100개가 넘는 주유기와 최대 40개의 화장실을 갖추고 있었다. 버키스는 뛰어난 기업으로 성장하기 위해 자사의 통합 마케팅 커뮤니케이션 전략을 완성했다. 애플린의 어릴 적 별명은 비버였는데, 이는 버키스의 비버 로고와 마스코트 형성에 영향을 끼쳤다. 버키스는 광고판과 브랜드 셔츠, 브랜드 음식, 그리고 버키스의 인형 비버를 포함한 매장 내 장식과 기념품에 많은 돈을 투자한다. “262마일만 가면 버키스야. 참을 수 있어(Only 262 Miles to 버키스. You Can Hold It,)”와 같은 유머러스한 말을 광고판에 사용하여 사람들이 도로 여행 중 휴식을 위해 버키스에 들르도록 유도한다. 또한 구전 커뮤니케이션은 편의점 체인들의 주요 홍보 방법이기도 하다. 전국의 사람들이 이 인상적인 주유소를 보기 위해 버키스에 들른다. 버키스를 방문하는 것에 대한 흥미는 소셜 미디어 게시물로 유기적으로 흘러들어 회사에 대한 더 많은 인식을 형성하고 열광적인 관심을 형성한다. 버키스는 텍사스 전역의 아이콘이 되었고 확장되고 있다. 버키스는 앨라배마와 플로리다에 매장을 열었고, 더 많은 매장 오픈을 계획하고 있다.

버키스 같은 조직들은 그들의 목표 시장과 커뮤니케이션을 하기 위해 다양한 촉진수단을 이용한다. 때때로 전달 메시지는 미리 계획되기도 하며, 그 내용은 마케팅 환경의 급격한 변화에 대한 반응으로 나타나기도 한다. 고객과 이해당사자들에게 정보를 제공하는 행위는 그들과 장기적인 관계 맺기를 시작하고 이를 발전시키기 위해 필수적이다.[1]

이번 장은 촉진에 대한 일반적인 부분을 다루고 있다. 먼저 통합마케팅커뮤니케이션의 본질을 논한 다음, 커뮤니케이션의 의미와 과정을 분석한다. 이후에는 촉진이 하는 역할과 사용되는 이유를 탐구해본다. 또한 주요 촉진수단과 특정한 수단을 사용하는 시장의 결정에 영향을 미치는 요인들을 고찰해볼 예정이다. 그리고 오프라인 구전 커뮤니케이션(대면)과 온라인 구전 커뮤니케이션(비대면)의 긍정적인 효과와 부정적인 효과에 대해 논해보고, 마지막으로는 촉진의 비판적인 부분과 긍정적인 부분을 검토해볼 것이다.

13-1 통합마케팅커뮤니케이션의 성격

 # 학습목표 통합마케팅커뮤니케이션을 정의한다.

통합마케팅커뮤니케이션
고객들에게 최대치의 정보를 제공하고 설득력 있는 효과를 강화하기 위한 다른 여러 마케팅 활동과 촉진의 조합

통합마케팅커뮤니케이션integrated marketing communications 고객들에게 최대치의 정보를 제공하고 설득력 있는 효과를 강화하기 위한 다른 여러 마케팅 활동과 촉진의 조합을 말한다. 상승효과를 내는 복합적인 마케팅 도구의 조합을 위해서 마케터는 넓은 시각을 가져야 한다. 통합마케팅커뮤니케이션의 주요 목표는 고객에게 일관된 메시지를 전달하는 것이다. 타코벨(Taco Bell)은 이 제한된 시간에만 제공되는 서비스의 유용성을 보여주기 위해 나초 프라이스(Nacho Fries)의 홍보를 위한 통합 마케팅 캠페인을 개발했다. 제임스 마스든(James Marsden)과 같은 유명인들이 등장하는 영화 예고편에서 영감을 받은 일련의 비디오인 그것의 광고는 슈퍼볼(NFL 결승) 동안 상영되었다. 그 패스트푸드 체인은 캠페인을 지원하기 위해 홍보와 소셜 미디어를 활용했다. 나초 프라이스의 소개는 타코 벨(Taco Bell)의 역대 가장 큰 데뷔였다.

SOURCE: CAPITAL ONE FINANCIAL CORPORATION

통합마케팅커뮤니케이션 캐피털 원(Capital One)은 제니퍼 가너(Jennifer Garner)가 등장하는 인쇄 및 비디오 광고를 제작하여 고객에게 자사의 벤처 카드로 벌어들인 항공사 마일리지는 블랙아웃(Black-out) 날짜에 적용되지 않는다는 일관된 메시지를 전달한다.

대부분의 회사들이 갖고 있는 다양한 내외부적 부서가 전통적으로 촉진 활동을 계획하고 실행하기 때문에 고객은 항상 일관된 메시지를 받지 못하는 것이다. 통합마케팅커뮤니케이션은 조직이 일관된 메시지를 전송하도록 촉진 활동을 조직화하고 운영하도록 만든다. 또 한 통합마케팅커뮤니케이션은 촉진요소들 간에 동기화가 가능하게 하고, 촉진 예산 절감의 효과와 효율성을 높이기도 한다. 따라서 이러한 접근은 장기적인 고객관계 유지뿐만 아니라 촉진요소의 효율적인 사용도 가능하게 한다.

캐피털 원(Capital One) 벤처 신용 카드 광고를 생각해보자. 캐피털 원(Capital One)은 자사의 항공사 보상 마일리지에 블랙아웃 날짜가 없다

는 메시지를 지속적으로 전달하기 위해 마케팅 노력을 조정한다. 인쇄 광고와 비디오 광고 모두 일관성을 만들기 위해 제니퍼 가너(Jennifer Garner)가 등장한다.

통합마케팅커뮤니케이션의 개념은 몇 가지 이유로 갈수록 더 효과적이 되어가고 있다. 과거에 매우 인기 있는 촉진수단이었던 대중매체 광고는 일부 목표 시장에 도달하는 데 있어 고비용, 저효율성으로 오늘날 덜 이용된다. 현재 마케터들은 TV, DM, 인터넷, 특정한 관심사를 다루는 잡지, 스마트폰, 모바일 앱, 소셜 미디어, 판매 전화, 옥외 광고 같은 촉진 도구를 더 정확하게 선별적으로 이용할 수 있다. 데이터베이스 마케팅 과 마케팅 애널리틱스 또한 마케터들이 더 정확하게 개별적인 고객을 목표로 할 수 있게끔 만들어주고 있다.

인공지능과 데이터 분석이 부상하면서 마케팅 커뮤니케이션은 계속 진화하고 있다. 기업은 방대한 양의 데이터를 수집하고 인공지능(AI)을 사용하여 데이터를 정렬하여 관련 정보를 찾을 수 있다. 그런 다음 마케터는 데이터를 분석하여 마케팅 전략을 결정하는 데 도움을 준다. 인공지능의 정제된 데이터를 활용하면 마케팅 전략을 개선하고 소비자를 보다 효율적으로 공략할 수 있다. 예를 들어, 유튜브는 구글의 인공지능 연구 부서인 구글 브레인(Google Brain)을 사용하여 사용자에게 개인화된 콘텐츠를 제공하는 동시에 플랫폼에서 시청 시간을 늘리기 위해 추천 비디오 목록에 힘을 실어준다. 인공지능와 분석 덕분에 마케터는 타깃 소비자층을 위한 개인화된 광고를 더 많이 만들기 위해 틈새 시장을 타깃으로 삼을 수 있다.

최근까지 마케팅 커뮤니케이션의 공급자는 전문가들이었다. 광고대행사가 광고 캠페인을 진행하고, 판매 촉진 회사가 판매 촉진 활동과 자료를 제작하고, PR 조직이 퍼블리시티(publicity) 활동을 이끌었다. 하지만 오늘날에는 다수의 촉진 관련 회사들이 광고와 판매 촉진, 그리고 PR을 찾고 있는 고객들에게 원스톱 쇼핑 서비스를 제공한다. 이렇게 하여 촉진의뢰사를 위한 통합 문제를 줄이는 것이다. 마케팅 커뮤니케이션의 전체 비용이 상당히 증가했기 때문에 마케터들은 커뮤니케이션 효과에 대한 체계적인 측정과 합리적인 투자수익률을 요구한다.

정보 기술과 고객의 관심이 점점 더 역동적으로 변함에 따라 사용되는 커뮤니케이션의 유형과 사용 방법이 변화하고 있다. 예를 들어, 시청자가 트위터를 통해 던진 질문을 회사와 정치인이 TV 화면으로 대답할 수 있는 기자회견을 하기도 하는 것이다.

일부 회사들은 고객이 정보를 얻는 장소로 통하는 많은 매개체를 개발하기 위해 자신들의 브랜드를 내세운 콘텐츠를 만들어가고 있다.

기업들은 전통적인 마케팅 메시지가 넘쳐나는 것에 대한 압박감을 느끼지 않고 사용자가 즐거움을 느낄 수 있는 방식으로 사용자를 참여시키기 위해 브랜드 콘텐츠 및 기타 혁신적인 커뮤니케이션 매체로 전환하고 있다.

오늘날 마케터와 고객은 서로의 정보에 자유롭게 접근할 수 있다. 고객의 사생활을 보호하면서 마케팅 커뮤니케이션을 통합하고 고객화하는 일은 큰 과업이 되었다. 디지털 매체를 통해서 회사는 전통적인 촉진 활동과 제품정보, 그리고 서비스를 조화롭게 제공할 수 있다.

실제로, 사람들이 온라인을 이용하는 가장 큰 이유 중 하나는 제품과 서비스에 관한 정보를 수집하기 위해서이다. 이것은 디지털 마케팅을 성장하는 사업으로 만들었다. 전 세계적으로 마케팅 담당자들은 매년 디지털 마케팅에 거의 1,000억 달러를 지출한다. 마케터들의 가장 큰 관심사는 가짜 뉴스, 의심스러운 지표, 소셜 미디어 플랫폼이 만들어낸 윤리 문제, 크리에이터가 인지하는 위험, 정밀 조사 등이다. 거의 50%의 광고주들은 위험한 플랫폼에 돈을 쓰지 않을 것이다. 특히 대학생들은 온라인에서 제품을 구입하거나 제품 구매를 위한 검색을 할 때 인터넷 광고에 영향을 받는다고 말한다. 정보의 교환과 구매자와 판매자 간의 의사소통을 가능하게 하는 수단을 이용하는 것은 성공적인 고객관계 관리에 있어 필수적이다.

13-2 커뮤니케이션 과정

 # 학습목표 커뮤니케이션 과정의 단계를 서술한다.

커뮤니케이션 정보전달을 통한 의미 공유

커뮤니케이션은 기본적으로 정보의 전달이다. 커뮤니케이션이 발생하려면, 정보의 송신자와 수신자가 몇 가지 공통된 화제를 나누어야 한다. 그들은 정보의 전달에 사용된 상징과 단어, 이미지에 대한 이해가 있어야 한다. 그리하여 우리는 **커뮤니케이션**communication을 의미의 공유로 정의한다. 이 정의가 내포하고 있는 것은 정보의 공유에 대한 개념이다. 공유는 전달을 필요로 하기 때문이다.

정보원천 수신자 또는 청중과 공유하려는 의미를 가진 개인 집단 조직

수신자 부호화된 메시지를 해독하는 개인집단 또는 조직

그림 13.1을 보면 커뮤니케이션은 정보원천에서 시작한다. 정보원천은 청중과 공유하려는 의미를 가진 개인, 집단, 조직을 말한다. 이러한 **정보원천**source은 상점에서 구매자에게 OLED 4K TV의 특징을 알려주고 싶어 하는 전자제품 판매원이 될 수도 있고, 수천 명의 소비자에게 그들의 제품을 알리기 위해 TV 광고를 내보내고 있는 TV 제조회사가 될 수도 있다. 고객에게 경쟁제품을 고려하는 것을 막는 것과 같이, 판매원이 고객의 결정에 영향을 주려는 전략은 효과적이라고 알려져 있다. **수신자**receiver는 부호화된 메시지를 해독하는 개인, 집단, 또는 조직이며 청중은 둘 이상의 수신자를 말한다.

부호화 과정 의미를 일련의 기호나 상징으로 전환하는 것

의미를 전달하기 위해서, 정보원천은 그 의미를 발상이나 개념을 나타내는 일련의 기호나 상징으로 전환해야 한다. 이것을 **부호화 과정**coding process 또는 부호화(encoding)라고 부른다. 의미를 메시지로 부호화할 때 정보원천은 수신자 또는 청중의 정확한 성격을 고려해야 한다. 이는 특히 광고에 있어서 더욱 그러하다. 소비자가 메시지를 수신받고 있는 자신의 상태를 자각하는 것을 막기 위해 의미를 부호화하는 것이 중요하다. 집중과 시간, 정서적 반응에 쏟는 소비자의 노력은 메시지의 효과를 약화할 수 있다. 클라우드 기반 소프트웨어 시스템 인포트랙스(InfoTrax)

■ 그림 13.1 커뮤니케이션 과정

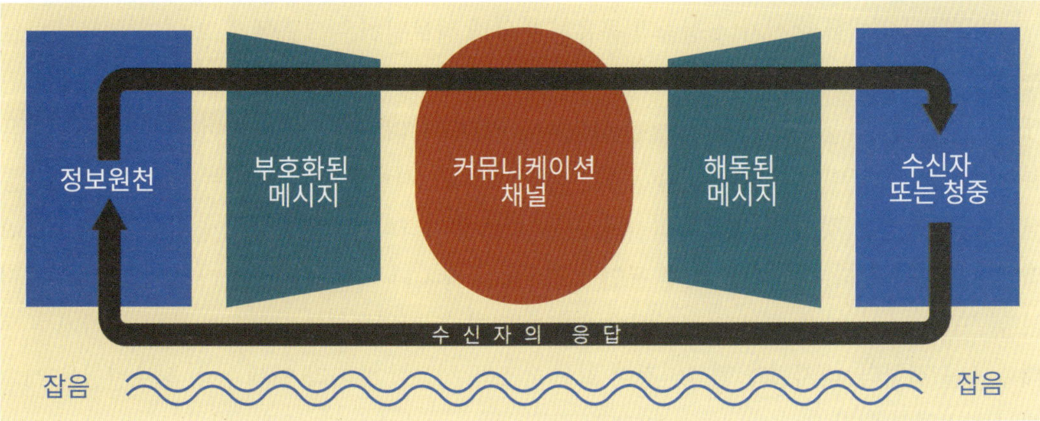

는 혀가 기둥에 달라붙은 아이의 이미지를 사용하여 기업이 막혔다고 느끼도록 비유한다. 인포트랙스는 자사의 엔터프라이즈 소프트웨어 솔루션이 기업이 성장함에 따라 비즈니스를 따라잡을 수 있다고 주장한다. 이러한 기호 또는 기호는 소비자가 광고 메시지를 더 잘 이해하고 기억하는 데 도움이 된다.

정보원천은 의미를 공유하기 위해 수신자 또는 청중에게 친숙한 기호나 상징을 사용해야 한다. 마케터들이 소비자들을 설득하기 위해 노력함에 따라, 그들은 그들의 메시지의 효과를 향상시키기 위해 각 목표 시장이 받아들일 수 있는 구체적인 생활 양식과 태도를 이해할 필요가 있다.

시각화를 통한 의미 창출 인포트랙스는 혀가 기둥에 달라붙은 아이의 이미지를 사용하여 고객이 성장함에 따라 확장 가능한 소프트웨어 솔루션을 만들겠다는 약속을 강조한다.

이것을 알고 있는 마케터들은 목표 시장을 정확하게 알고, 광고와 촉진 활동에 있어 목표 시장이 이해하는 언어를 사용하며, 문화 내에서 허용될 수 있는 상황을 그려내야 하는 것에 대한 중요성을 인지하고 있다. 히스패닉 시장이 급성장함에 따라 마케터들은 광고와 메세지에 있어 점차 스페인어를 사용하는 매체를 이용하고 있다.

정보원천은 의미를 부호화할 때, 그들이 전달하려고 의도한 개념을 알리기 위해 수신자나 청중이 쓰는 기호와 상징을 이용해야 한다. 기술적 용어 대신 소비자가 메시지를 이해할 수 있는데 도움이 되는 사려 깊은 언어가 긍정적인 태도와 구매 의도를 불러일으킬 가능성이 더 높다. 마케터는 청중이 여러 가지 의미로 해석할 수 있는 기호와 상징은 피하려고 노력해야 한다. 한 예로, 청량음료를 대신하는 일반적인 용어인 소다(soda)를 사용하는 데 있어서 전국적으로 광고가 잘 되고 있지 못하다고 볼 수도 있다. 미국 내 일부 지역은 해당 용어의 의미를 탄산음료로 사용하고 있지만, 다른 지역에서는 탄산음료에 들어간 중탄산염 또는 아이스크림, 알코올 음료와 섞인 어떤 식품이라는 의미를 내포하고 있기 때문이다.

커뮤니케이션 채널 정보원천으로부터 수신자에게 부호화된 의미를 실어 나르는 전달매체

부호화된 의미를 수신자나 청중과 공유하기 위해 정보원천은 그들에게 그 의미를 실어 나르는 전달매체로 **커뮤니케이션 채널**communications channel을 선택하고 이용한다. 전달 매체는 인쇄된 단어(신문 및 잡지), 방송 매체(텔레비전 및 라디오), 디지털 커뮤니케이션(페이스북 및 유튜브와 같은 소셜 미디어 플랫폼)을 포함한다. 표 13.1은 사람들이 정보와 뉴스를 얻는 주요 통신 채널을 요약한 것이다. 대부분의 미국인들은 표에 나타나 있듯이 뉴스에 접근하기 위해 여러 장치를 사용한다. 대다수는 하루 동안 4개의 다른 장치나 기술을 사용한다. 텔레비전은 여전히 뉴스를 얻기에 가장 흔한 정보원천이지만, 미국인 중 절반 이상이 낮 동안 모바일 기기를 통해 뉴스를 접한다. 디지털과 텔레비전이 최신 뉴스를 제공함에 따라 인쇄 뉴스 정보원천은 계속해서 감소하고 있다.

해독화 과정 기호나 상징을 관념과 생각으로 전환하는 것

잡음 커뮤니케이션의 명확성과 정확도를 감소시키는 모든 것

해독화 과정decoding process에서 기호나 상징은 관념과 생각으로 전환된다. 수신자가 정보원천이 의도한 것과 같은 의미로 정확하게 해독하는 경우는 그리 많지 않다. 해독 결과가 부호화된 것과 다를 경우 잡음이 존재한다. **잡음**Noise이란 커뮤니케이션의 명확성과 정확도를 감소시키는 모든 것을 일컫는 말로, 출처가 다양하며 커뮤니케이션 과정 전체 또는 일부에 영향을 줄 수 있다. 때때로 잡음은 커뮤니케이션 채널 그 자체 내에서 발생한다. 라디오 또는 TV 방송(위성 또는 케이블) 장애, 열악하고 느린 인터넷 연결망 등은 잡음의 근원이다. 잡음은 정보원천이 수신자가 익숙하지 않은 기호나 상징을 사용하거나 의도한 것과 다른 의미를 갖는 기호나 상징을 사용할 때도 일어난다. 잡음은 수신자 내부에서 비롯될 수도 있는데, 수신자가 인지 과정을 차단할 경우 암호화된 메시지를 알지 못하는 경우가 발생한다.

수신자의 응답 해독한 메시지에 대한 수신자의 응답

해독한 메시지에 대한 **수신자의 응답**feedback은 정보원천에 대한 반응이다. 대개 정보원천은 수신자의 반응을 기대하는데, 수신자는 즉각적이지는 않더라도 보통은 반응을 한다. 반응을

표 13.1 미국인들이 어떻게 뉴스를 얻는지에 대한 통계

매체의 종류	각 매체 사용 %
TV (cable, local, network nightly)	44%
온라인 (social media, websites, apps)	34%
라디오	14%
종이 신문	7%

출처: Pew Research Center. Survey conducted July 302August 12, 2018.

할 때, 수신자 또는 청중은 최초의 정보원천에게 메시지에 대한 응답을 준다. 반응은 부호화되고 커뮤니케이션 채널을 통해 보내지며 수신자가 된 최초 커뮤니케이션의 정보원천에 의해 해독된다. 무료 스낵박스에 대한 이 광고의 성공에 대해 그레이즈(Graze)에게 제공되는 반응은 교환된 쿠폰의 수다. 쿠폰, 웹 사이트 방문, 디지털 마케팅 응답률과 같은 행동 요구는 영향을 측정하고 제안의 수용성에 대한 소비자로부터 반응을 수집할 수 있는 가장 좋은 방법 중 하나다. 그러므로 커뮤니케이션은 표 13.1에 나타나 있듯이 순환한다.

SOURCE: NATURE DELIVERED LTD

반응 수집 그레이즈는 디지털 쿠폰 광고를 사용하여 판매를 촉진하고 잠재 고객이 이러한 유형의 촉진에 얼마나 관심이 있는지 피드백을 수집한다.

마케터가 인적 판매 촉진을 통해 소비자와 직접적으로 상호작용할 때, 반응은 즉시 마케터에게 제공된다. 즉각적인 반응은 마케터가 커뮤니케이션의 효과를 높이기 위해 메시지를 빨리 조절할 수 있도록 만들어준다. 예를 들어 판매원이 반응을 통해 고객이 제품설명을 이해하지 못하고 있다는 사실을 깨달았을 때, 그 판매원은 고객이 좀 더 이해할 수 있도록 설명을 조절한다. 이것이 바로, 디지털, 웹 기반, 비대면 커뮤니케이션에 비해 대면 커뮤니케이션이 가장 적응적이고 유연한 이유이다. 대인관계 커뮤니케이션에서 반응은 말하기, 만지기, 미소 짓기, 끄덕이기, 눈의 움직임, 기타 신체 움직임, 자세 등을 통해 일어난다.

광고처럼 매스 커뮤니케이션을 사용할 때, 반응은 종종 느리고 알아차리기 어렵다. 그 촉진의 효과가 드러나기 전까지 몇 달 혹은 몇 년이 걸릴지도 모른다. 유의미하고 시기적절한 반응은 판매 증가, 제품 문의, 촉진 또는 보상 프로그램을 위한 온라인 등록과 같은 형태로 일어날 수 있다. 그러나 페이스북과 트위터 같은 소셜 미디어 플랫폼 때문에 기업들은 종종 즉시 반응을 받을 수 있다. 질레트가 #MeToo 운동을 지지하고 남성들에게 여성들에게 더 잘 행동하도록 하는 새로운 광고를 발표했을 때, 소셜 미디어는 부정적인 의견으로 폭발했다. 질레트는 광고에 대한 반응을 즉각적으로 가늠할 수 있었다.

각 커뮤니케이션 채널은 해당 채널이 효과적으로 다룰 수 있는 정보의 용량에 있어 한계를 가진다. **채널 수용력channel capacity**이라고 하는 이러한 한계는 커뮤니케이션 과정에서 가장 작고 효율적인 구성요소에 의해 결정된다. 말하기에 의존한 커뮤니케이션을 생각해보자. 정보원천은 그저 빠르게 말하려고 하지만 그것을 듣는 수신자가 받아들일 수 있는 정보의 양에는 한계가 존재한다. 그 한계를 넘어서는 추가적인 메시지는 해독될 수 없으며, 이에 따라 의미도 공유되지 못한다. 효과적이기 위해 30초짜리 광고 메시지는 75단어를 초과해서는 안 된다. 왜냐하면 대부분의 아나운서가 1분당 150개 이상의 단어를 이해하기 쉬운 메시지로 설명할 수 없기 때문이다.

채널 수용력 커뮤니케이션 채널이 효과적으로 다룰 수 있는 정보 용량의 한계

13-3 촉진의 기능과 목적

 # 학습목표 **촉진의 정의와 목적을 파악 한다.**

촉진 한 명 또는 그 이상의 청중에게 제품을 알리고 그들을 설득하면서 관계를 형성하고 유지하려는 커뮤니케이션

촉진Promotion은 한 명 또는 그 이상의 청중이 긍정적으로 조직을 생각하고, 조직의 제품을 받아들이도록 알리고 설득하면서 청중과 호의적인 관계를 형성하고 유지하려는 커뮤니케이션이다. 많은 조직은 다른 주주들뿐만 아니라 현재 고객과 잠재 고객과의 관계를 형성하고 강화하기 위해서 촉진을 할 때 많은 지략을 이용한다. 신중한 프로모션은 경쟁사 대비 시장 포지셔닝을 강화하고 구매 이유를 만든다. 마케터는 환경 단체와 소비자 단체 같은 이익 단체, 현재 고객과 잠재 고객, 규제기관, 그리고 사회를 기업 활동과 제품정보에 이목을 집중시킴으로써 간접적으로 호의적인 관계를 이루려고 한다. 일부 조직은 담배, 술, 폭력적인 영화나 비디오 게임처럼 사회의 비판을 받는 것들에 대해 책임감 있는 소비를 촉진한다. 예를 들어, 미국식품의약국(FDA)은 10대들의 전자담배 사용을 억제하기 위한 캠페인을 만들었다. 이 캠페인은 학교 화장실과 같은 환경에 있는 10대들의 이미지를 사용했고 전자담배의 화학성분에 대한 경고를 표시했다. 이 광고들은 유튜브와 인스타그램과 같은 소셜 미디어 채널에서 10대 이용자가 방문할 가능성이 가장 크다. 때로 회사는 단체를 선정하여 그들을 돕는 프로그램을 홍보하기도 한다. 대의명분 마케팅은 제품 구매를 하나 또는 그 이상의 명분에 대한 고객의 자선적 노력과 연결시킨다. 이 마케팅은 목표 시장이 지지하는 명분에 따라 기부를 함으로써 마케터가 판매를 신장하고 고객 충성도를 증가시키며 기업에 호감이 생기도록 돕는다.

마케터는 촉진의 효율성을 극대화하기 위해 커뮤니케이션을 적절히 계획하고 실행하며, 조정하고 통제하려고 노력한다. 통합마케팅커뮤니케이션의 효과적인 관리는 조직의 마케팅 정보시스템에서 얻은 고객 정보와 반응 그리고 마케팅 환경을 기반으로 한다(그림13.2 참조). 마케터는 조직이 입수하고 고객들에게서 들은 정보의 양과 질에 일정 정도 의존하여 긍정적인 관계를 유지하기 위해 촉진을 유용하게 이용한다. 소셜 미디어, 블로그, 웹사이트를 통한 고객 반응은 고객의 말을 듣는 데 매우 효과적인 방법이었다. 고객들은 다양한 정보원천을 통해 정보와 의견을 공유하기 때문에, 통합 마케팅 커뮤니케이션 계획도 이러한 비형식적인 커뮤니케이션 방법을 고려한다.

옴니채널 소매업(7장에서 다룬)은 가치 전달에 대한 다차원적 접근법을 요구한다. 옴니채널은 통신, 제품 및 서비스, 공급망 관리, 결제 옵션 및 조건, 고객 서비스 등을 하나의 고객으로 통합해 소비자를 위한 원활한 경험을 제공하는 개념이다. 예를 들어, 바지 한 벌을 구입하기 위해 이용자는 온라인 검색을 통해 스타일을 찾고, 가까운 소매점을 온라인으로 검색하고, 매장에서 옷을 입어보고, 앱에서 디지털 쿠폰을 사용할 수 있다. 이는 다양한 플랫폼에서 일관된 메시지

■ 그림 13.2 정보의 흐름은 통합마케팅커뮤니케이션에 있어 중요하다

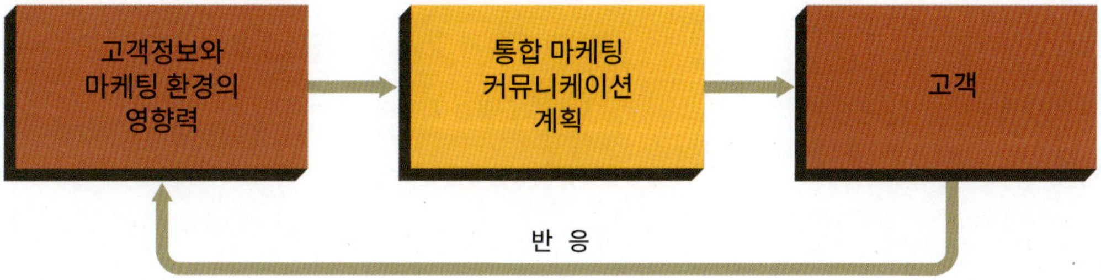

를 통해 고객과 소통하는 것의 중요성을 강조한다. 옴니채널의 개념은 소유, 운영, 운송 및 공급 관리와 관련된 전통적인 마케팅 채널 활동뿐만 아니라 이메일, 앱, 페이스북, 트위터 및 고객 서비스 제공의 모든 유형의 인터넷 마케팅을 포함한 고객 경험의 모든 접점을 포함한다. 일반적으로, 그것은 통신을 동기화하고, 여러 채널을 혼합하며, 높은 수준의 개인화를 제공한다. 옴니 채널 소매업은 원활한 고객 접촉을 제공한다. 홍보 및 유통목표 달성을 위한 통합 마케팅 커뮤니케이션을 제공한다.

촉진의 목적은 조직마다 다르고, 시간이 지남에 따라 조직 내에서도 달라진다. 다양한 촉진 프로그램을 운영하는 큰 회사들은 그만큼 동시에 매우 다양한 촉진 목적을 가질 것이다. 표 13.2에서 보여주는 분석 목적을 위한 촉진의 10가지 목적을 살펴보자. 완전한 목록은 아니지만, 하나 또는 그 이상의 많은 촉진 프로그램이 이것들에 기저를 이루고 있다

13-3a 인지 형성하기

촉진 활동의 상당 부분이 인지 형성에 집중하고 있다. 신제품이나 제품라인 확장을 소개하고 있는 조직에게는 고객이 해당 제품을 인지할 수 있도록 만드는 것이 제품 선정 과정 시작에 있어 매우 중요하다. 제품 개발에 많은 투자를 하고 있는 마케터는 제품 개발과 소개에 사용되는 높은 비용을 상쇄할 만한 수익을 만들어내기 위해 제품 인지를 빠르게 형상하려고 노력한다. 애플(Apple)은 종종 신제품을 출시하기 몇 달 전부터 그 제품에 대한 인지를 형성하기 시작한다. 그것은 매년 콘퍼런스를 개최하는데, 이 콘퍼런스에서 애플 CEO인 팀 쿡(Tim Cook)은 신제품에 대한 관심과 흥미를 생성한다.

인지 형성은 제품을 존재하게 하는 데 있어서도 중요하다. 트라이던트(Trident)는 수십 년 동안 무설탕 껌을 만들어 왔다. 그러나 이 광고는 잦은 껌 씹는 사람들의 편의를 위해 포장되지 않은 껌이 다량 함유된 고 컵(Go Cup) 제품에 대한 인지도를 높인다. 촉진 활동은 브랜드와 제품 특징, 조직의 규모나 사회적 책임 활동 같은 회사 이미지와 관련된 이슈, 또는 영업시간, 위치, 신용카드 사용 여부 같은 운영 형태에 등에 대한 인지를 증가시키는 것을 목표로 한다. 일부

표 13.2 촉진의 다양한 목적

인지 형성하기	충성고객 유지 및 새로운 충성고객 생성하기
수요 자극하기	소매 및 도매업 지원에 힘쓰기
제품 시험 권장하기	경쟁자들의 촉진 활동에 맞서기
전망 식별하기	매출 변동 줄이기
입소문 자극하기	긍정적인 소셜 미디어 게시물 작성하기

촉진 프로그램은 마케터가 목표 시장 구성원들 사이에서 중요한 이슈를 만들어내는 데 실패하여 성공하지 못한다.

13-3b 수요 자극하기

일차 수요 특정 브랜드보다는 제품 범주에 대한 수요

새로운 소개 촉진 소비자들에게 새로운 제품을 알리는 프로모션

선택적 수요 특정 브랜드에 대한 수요

조직은 혁신적인 제품을 최초로 소개할 때, 새로운 소개 촉진을 통해 **일차 수요primary demand**(특정 브랜드보다는 제품 범주에 대한 수요)를 자극하려고 노력한다. 캘리포니아의 아몬드 이사회는 광고로 건강과 피트니스 지향 시장에 초점을 맞추고 있다. 그 광고는 캘리포니아에서 재배되는 아몬드의 일차 수요를 추정한다. **새로운 소개 촉진New introductory promotion**은 잠재 고객들에게 해당 제품이 어떤 것인지, 무엇을 하는지, 어떻게 사용하는지, 어디서 구매할 수 있는지 등 제품에 대해 알려준다. 왜냐하면 이 촉진은 브랜드명을 강조하거나 브랜드들끼리 비교하지 않아도 되는 경쟁 브랜드가 없는 상태인 제품 수명주기의 도입기에 이용되기 때문이다. 이 전술은 식품 시장에 치아 씨앗(chia seeds) 을 도입할 때 취해졌다. 따라서 광고주들은 특정 브랜드에 초점을 맞추기 전에 제품 카테고리의 인식을 확산시키기 위해 새로운 소개 광고에 참여해야 했다.

선택적 수요selective demand(특정 브랜드에 대한 수요)를 형성하기 위해서는 마케터가 특정 브랜드의 강점과 혜택을 언급하는 촉진 활동을 이용해야 한다. 또한 선택적 수요를 형성하는 것은 잠재적 구매자들로 하여금 중요한 속성을 뽑아내는 것을 필요로 한다. 선택적 수요는 잠재적 구매자들의 머릿속에 있는 경쟁 브랜드와 자사 제품을 차별화하는 것으로서 자극된다. 선택적 수요는 제품 사용 횟수를 증가시키고 가격 할인, 무료 샘플, 쿠폰, 소비자 콘테스트와 게임, 추첨, 광고 캠페인을 통해 제품을 촉진하는 것으로도 자극될 수 있다. 예를 들어 메이시스(Macy's) 백화점은 원데이 세일즈를 사용하여 메이시스 제품에 대한 수요를 창출하고, 브랜드 노출을 증가시키며, 선택적 수요를 구축한다. 전통적인 소매업체들이 온라인 경쟁업체들과 경쟁하기 위해 고군분투하고 있는 상황에서 할인은 선택적 수요를 창출하는 전술이 될 수 있다. 또한 선택적 수

요는 기존 고객들이 제품을 계속 사용하도록 부추김으로써 자극될 수 있다.

13-3c 제품 시험 권장하기

제품 선정 주기를 통해 고객을 움직이려고 할 때, 마케터가 성공적으로 고객의 인지와 흥미를 형성했더라도 그들은 평가 단계에서 시간을 끌 수도 있다. 이 경우 무료 샘플, 쿠폰, 시승, 한정된 무료 사용권, 콘테스트, 게임 같은 촉진 유형들이 제품 시험을 부추기는 것으로 이용된다. 코스트코는 매장 전체에 무료 샘플링을 사용한다. 넷플릭스와 훌루(Hulu)와 같은 엔터테인먼트 스트리밍 회사들은 잠재적인 사용자들이 그 서비스를 테스트할 수 있는 30일의 시험 기간을 제공한다. 평가판이 종료된 후 사용자는 구독을 취소하거나 서비스 요금을 지불하기 시작할 수 있다. 새로운 제품 범주 안에서 최초로 선보이는 제품, 이미 존재하는 제품 범주 내 신규 브랜드, 고객을 찾고 있는 현존하는 브랜드 등 그 어떤 제품이나 브랜드이든 시험을 유도하는 촉진 활동은 제품 시험을 편리하게 만들고 잠재 고객들의 위험 부담을 줄이는 것을 목표로 한다.

SOURCE: MONDELĒZ INTERNATIONAL AND/OR ITS AFFILIATE(S)

브랜드 인지 형성 트라이던트의 고 컵에 포장된 껌은 각각의 껌들이 포장되어 있지 않기 때문에 다른 껌들과의 차별성을 지닌다. 이 광고는 브랜드 인지형성을 자극한다.

SOURCE: ALMOND BOARD OF CALIFORNIA

일차 수요 자극하기 캘리포니아 아몬드(California almonds)를 위한 이 광고는 특정 브랜드의 제품보다는 제품 카테고리에 대한 수요를 자극한다.

13-3d 전망 식별하기

촉진 활동의 어떤 유형들은 회사 제품에 관심을 보이고 잠재적 구매자로 예상되는 고객을 식별하는 것을 목적으로 한다. TV 광고는 시청자가 회사로부터 가치 있는 것을 받기 위해 회사의 웹사이트를 방문하고 개인 정보를 공유하도록 장려할 수 있다. 이러한 메시지에 응답하는 고객은 대개 제품에 대한 관심이 높아 잠재적 고객이 된다. 조직은 고객의 응답에 전화, 이메일, 판매원의 개별 연락으로 대응할 수 있다.

13-3e 충성고객 유지하기

장기적인 고객관계는 대부분 마케터들의 주요 목적이다. 타코 벨(Taco Bell)과 같은 패스트푸드 업체에서 BMW와 같은 자동차 제조업체에 이르기까지 많은 회사들이 그들의 제품에 대한 장기적인 고객 가치를 알고 있다. 대체로 신규 고객을 확보하는 데 드는 비용보다 기존 고객을 유지하는 데 비용이 상당히 더 적게 들기 때문이다. 항공사, 자동차 렌탈 업체, 호텔 등이 후원하여 관리되는 프로그램 중 하나인 충성고객 관리 프로그램은 충성고객들에게 보상을 제공하고, 그들이 충성심을 유지하도록 한다.

크로거(Kroger)와 그 계열 브랜드와 같은 많은 슈퍼마켓들은 가게에서 쓰는 1달러당 연료 적립 포인트를 주는 로열티 프로그램을 제공한다. 할인은 연료 1갤런당 0.10달러에서 1달러까지 할인된다. 메리어트(Marriott)는 메리어트 리워즈(Marriott Rewards), 리츠 칼튼 리워즈(Ritz-Carlton Rewards), 스타우드 프리퍼드 게스트(Starwood Preferred Guest)를 통합한 통합 로열티 프로그램 이름인 '본보이(Bonvoy)'를 소개했다. 본보이를 특집으로 다룬 첫 번째 광고는 60초짜리 광고로, 미국 애리조나주와 일본 교토에 있는 메리어트 호텔의 여행객들을 소개했다. 그 해, 이 프로그램은 710만 명 이상의 여행자들이 투표한 최고의 여행 충성도 상인 프레디 어워드(Freddie Awards)부터 올해의 호텔 프로그램을 수상했다.

일부 조직들은 기존 고객들만 이용할 수 있는 특별 할인을 활용한다. 마케터는 충성고객을 유지하기 위해 보상 프로그램을 촉진하는 것 외에도 강화 광고를 이용하는데, 이는 현재 사용자에게 올바른 브랜드를 선택했다는 확신을 주고 제품에 있어 가장 높은 만족을 얻는 방법을 말해준다.

13-3f 재판매업자 지원에 힘쓰기

재판매업자 지원은 쌍방향으로 이루어진다. 일반적으로 제조회사는 제품 판매를 돕기 위해 재판매업자를 지원하고 싶어 하며, 그 이후에 다시 재판매업자가 자신들의 제품을 지원하기를 기대한다. 프록터 앤 갬블(Procter & Gamble)과 같은 제조회사가 가정용 및 건강제품을 소비자들, 소매업자들, 도매업자들에게 광고할 때, 소매업자들과 도매업자들은 이를 제조회사의 강력한 지원이라 여겨야 한다. 일부의 경우, 제조회사는 재판매업자가 회사의 제품을 알리는 데 지불한 광고비용에 있어 정확한 몫을 지불할 것을 약속한다. 제조회사가 매우 경쟁력 있는 제품 범주에 신규 소비자 브랜드를 내놓을 때, 슈퍼마켓 운영자가 그 브랜드를 취급하도록 설득하는 것은 쉽지 않을 것이다. 그러나 제조회사가 해당 신규 브랜드를 재판매업자의 영업 구역에서 무료 샘플, 쿠폰과 함께 배부하며 촉진 활동을 한다면, 슈퍼마켓 운영자는 이러한 행위를 강력한 지원으로 보고, 그 제품을 취급할 확률이 훨씬 더 높아질 것이다. 도소매업자들이 해당 제품의 재고를 늘리도록 하기 위해 제조업자는 그들에게 특별 할인과 구매 공제를 제공할 수도 있다. 특정 분야의 산업에서는 제조업자의 판매원이 제품설명과 촉진 활동을 할 때 도매업자의 고객(소매업자)과 함께 일하는 것으로 도매업자를 지원할 수도 있다. 소매업자와의 강력한 관계는 지속 가능하고 경쟁력 있는 위치를 유지하려는 회사의 역량 중 하나로 중요한 부분이다. 다양한 프로모션 방법의 사용은 매출 성장을 지원할 수 있다.

13-3g 경쟁력 있는 촉진 활동 펼치기

때때로 촉진을 사용하는 마케터의 목표는 경쟁사의 촉진이나 마케팅 프로그램에 도전하는 것이다. 이러한 대응적 접근법은 판매 또는 시장 점유율 손실을 방지하기 위한 것이다. 이 전투적인 촉진 목적은 패스트푸드, 편의점, 케이블/인터넷/휴대폰 시장 같은 매우 경쟁력 있는 소비자 시장에서 가장 자주 이용된다. 가격 매칭 프로그램을 제공하는 상점에는 베스트바이(Best Buy), 프라이스 일렉트로닉스(Fry's Electronics), 홈디포(The Home Depot), 로우스(Lowe's), 타깃(Target), 월마트(Walmart), 스테이플스(Staples), 오피스 디포(Office Depot), 오피스 맥스(Office Max) 등이 있다. 이처럼 경쟁사들이 가격 책정 전략을 내세우거나 서로 간의 가격 책정에 대응하는 것은 드문 일이 아니다.

13-3h 매출 변동 줄이기

제품들에 대한 수요는 날씨, 공휴일, 계절, 경제 같은 요소들에 의해 매달 달라진다. 매출이 심하게 변동을 거듭할 때, 사업은 효율성이 최고조에 있는 것처럼 운영할 수 없다. 매출량의 변화는 생산, 재고 수준, 직원 수, 재원의 변화로 이어진다. 촉진 기법을 이용하여 정체기에도 매출을 발생시킴으로써 변동을 줄이려고 할 때 회사는 자원을 더욱 능률적으로 사용할 수 있다. 촉진 기법은 종종 판매 불황 시기에 판매를 활성화하기 위해 고안된다. 예를 들어 스내퍼(Snapper)는 판매 시즌을 연장하여 가을 시즌에도 잔디 깎는 기계에 대한 할인 가격을 제시한다. 성수기 동안, 마케터는 회사가 이를 감안한 모든 수요를 감당할 수 없는 지점까지 판매가 활성화되는 것을 막기 위해 광고를 자제할 수도 있다. 가끔 회사는 고객들이 특정 일자에 오면 더 많은 것을 제공받을 수 있다고 광고한다. 예를 들어, 대부분의 주에서 로건스 로드하우스(Logan's Roadhouse)는 12세 이하의 어린이가 수요일에 구입한 성인 식사당 한 끼의 무료 어린이 식사를 먹을 수 있도록 허용한다. 이제까지 살펴본 주요 촉진 목적을 달성하기 위해 회사들은 적절한 촉진 프로그램을 개발해야 한다. 다음 절에서는 촉진 믹스 요소 같은 프로그램의 기본 요소들을 살펴보자.

13-4 촉진 믹스

 # 학습목표 촉진 믹스의 네 가지 요소를 요약해본다.

촉진 믹스 특정 제품을 촉진하기 위해 사용되는 촉진 수단들의 조합

다양한 촉진수단들이 개인과 집단, 그리고 조직과의 커뮤니케이션을 위해 사용될 수 있다. 조직이 특정 제품을 위한 통합마케팅커뮤니케이션을 관리하기 위해 특정 수단들을 조합하는 경우, 이러한 조합을 해당 제품을 위한 촉진 믹스라고 볼 수 있다. **촉진 믹스promotion mix**의 네 가지 요소는 광고, 인적 판매, PR, 판매 촉진(그림 13.3 참조)이다. 어떤 제품들에 대해서는 회사가 네 가지 요소를 모두 이용하고, 어떤 제품들에 있어서는 두세 가지만 이용하기도 한다. 이번 절에서는 각 촉진 믹스 요소들의 개요를 설명하고, 더 많은 세부사항들은 이어지는 두 개의 장에 걸쳐 살펴볼 것이다.

13-4a 광고

광고는 TV, 라디오, 인터넷, 신문, 잡지, 비디오 게임, 광고용 우편, 옥외 전시, 대중교통 광고판을 포함하는 매스미디어를 통해 목표 청중에게 노출된 조직과 제품에 대해 비용을 지불한 비개인적 커뮤니케이션이다. 광고는 소비자의 매스미디어 소비 습관에 따라 변화한다. 회사는 그들의 존재와 영향력을 디지털 미디어를 통해 극대화하기 위해 분투한다. 광고는 더 소 규모화되고 개인화된 청중에 맞춰 만들어지고 있고, 신문 같은 전통적인 미디어는 독자 수의 감소로 인해 쇠퇴하고 있다. 개인과 조직은 제품, 서비스, 아이디어, 이슈, 그리고 사람을 알리고 촉진하기 위해 광고를 이용한다. 광고는 상당히 유연하여 아주 많은 목표 청중에게 도달할 수 있고, 소규모의 정확히 한정된 청중에게만 주력할 수도 있다. 예로, 서브웨이(Subway)의 광고는 아이부터 어른까지 패스트푸드를 먹을 가능성이 있는 고객에 속하는 많은 청중에게 초점을 맞추고 있는 반면, 걸프스트림 제트기(Gulfstream Jets)는 훨씬 더 작고 전문화된 고객 시장을 목표로 한다.

광고는 다양한 이점을 제공한다. 한 사람당 적은 비용으로 광범위하게 많은 사람에게 닿는 것을 보면, 이는 대단한 비용 효과를 갖는다. 예를 들어 타임 매거진에 4색 전면 광고를 내는 데

그림 13.3 촉진 믹스의 네 가지 요소

드는 비용은 265,000달러이다. 200만 명의 잡지 구독자를 가지고, 이것은 약 천 명의 구독자에 도달하는 데 드는 비용을 132.55달러로 만든다. 뿐만 아니라 특정한 방식으로 특정 제품을 광고하는 것은 제품의 가치를 더할 수 있고, 조직이 광고를 통해 얻는 가시성은 그들의 이미지를 강화할 수 있다. 긍정적인 감각적 반응을 일으킬 수 있는 요소들을 결합하는 것은 설득력 있는 좋은 도구가 될 수 있다. 때때로 회사는 광고에 유명 연예인을 내세움으로써 그들 자신 혹은 제품 이미지를 강화하려고 한다. 덴버 브롱코스(Denver Broncos)의 전 쿼터백인 페이턴 매닝 (Peyton Manning)은 게토레이, 다이렉TV (DirecTV), 전국상호보험회사(Nationwide Insurance), 뷰익(Buick)의 유명인사 광고를 한다. 반면에, 연예인들이 부적절하게 행동할 때 그들을 광고에 이용하는 것은 부정적인 측면도 있다. 나이키가 가정폭력 의혹으로 연예인 후원사와의 계약을 해지하거나 중단했다.

광고에는 물론 약점도 있다. 광고는 도달하는 사람 한 명당 비용은 상대적으로 낮을지라도 절대적인 지출비용이 매우 고가일 수 있다. 인기 있는 TV 프로그램이 방영될 때 나오는 광고나 유명한 웹사이트와 관련된 광고가 특히 그러하다. 높은 비용은 촉진 믹스 중 광고의 사용을 제한하고 때로 불가능하게 할 수 있다. 게다가 광고는 좀처럼 빠른 반응을 제공하지 못한다. 판매에 대한 광고 효과를 측정하는 일은 대체로 어렵고, 일반적으로 인적 판매보다 설득력을 갖지 못한다. 리테일미낫(RetailMeNot)과 같은 온라인 정보원천에는 많은 소매업체들의 쿠폰 코드가 있다. 쿠폰 코드의 사용은 소매업체들이 다양한 촉진 제공의 사용 및 흥미를 추적할 수 있게한다.

13-4b 인적 판매

인적 판매는 방문 상황에서 제품을 구매하도록 고객들에게 알리고 설득하려는 인적 커뮤니케이션이다. 제품 구입이라는 표현은 의견과 논쟁의 수용을 포함한 말로 광범위하게 해석된다. 인적 판매는 기업 간 거래 시장에서 가장 많이 이용되며 집, 차, 전자 제품, 가구 같은 고가품에 해당되는 기업과 소비자 간 거래 시장에서도 이용된다.

인적 판매는 광고와 비교하여 장점과 한계를 둘 다 갖고 있다. 광고는 비교적 많은 목표 청중을 겨냥하는 일반적 커뮤니케이션인 반면, 인적 판매는 한 명 또는 일부 사람들을 향한 더욱 구체적인 커뮤니케이션을 수반한다. 인적 판매를 통해 한 사람에 이르기까지 드는 비용은 광고보다 상당히 높지만, 인적 판매 활동은 고객에게 더 큰 효과를 갖는다. 또한 인적 판매는 마케터가 커뮤니케이션을 개선하기 위해 메시지를 조절할 수 있도록 하여 즉각적인 반응을 제공한다. 이러한 상호작용은 고객이 결정을 내리고 그들이 요구하는 정보에 응답하는 데 도움을 준다.

신체적 커뮤니케이션
머리, 눈, 팔, 손, 다리, 몸통의 움직임을 이용한 커뮤니케이션

공간적 커뮤니케이션
대면 상호작용에서 신체적 거리에 변화를 주는 것으로 이루어지는 커뮤니케이션

접촉을 통한 커뮤니케이션
접촉을 통해 이루어지는 커뮤니케이션

판매원과 고객이 대면할 때 그들은 다양한 유형의 대인적 커뮤니케이션을 이용한다. 두드러지는 커뮤니케이션 형태는 말하고 문자로 표현되는 언어이다. 판매원과 고객은 종종 **신체적 커뮤니케이션kinesic communication**, 즉 머리, 눈, 팔, 손, 다리, 몸통의 움직임을 통한 커뮤니케이션을 이용한다. 눈 깜빡임, 고개 끄덕임, 손동작, 팔 움직임은 신체적 커뮤니케이션의 형태이다. 훌륭한 판매원은 고객과의 눈 맞춤, 그들의 고개 끄덕임에 주의를 하면서 제품이나 설명에 있어 고객의 흥미 정도를 평가할 수 있다. **공간적 커뮤니케이션proxemic communication**은 인적 판매 환경에서 이용되는 조금 덜 분명한 유형의 커뮤니케이션으로, 서로 간 떨어져 있는 신체적 거리에 변화를 줄 때 일어난다. 예를 들어, 고객이 판매원 뒤로 물러나는 것은 제품에 대한 부족한 흥미를 드러내거나 판매원에 대한 반감을 표현하는 것일지도 모른다. 다른 많은 나라에 비해 미국에서는 덜 대중적이긴 하나, **접촉을 통한 커뮤니케이션tactile communication** 역시 커뮤니케이션의 한 유형이다. 악수는 미국을 비롯해 여러 나라에서 촉각을 이용한 커뮤니케이션의 일반적인 형태에 속한다.

판매 관리자는 판매 조직을 감독할 수 있는 다양한 기술들이 필요하다. 이러한 기술에는 대인관계, 기술 및 전략적 기술이 포함된다. 이 다양한 유형의 기술의 중요성은 관리 수준에 크게 좌우된다. 예를 들어, 판매 관리자는 강력한 리더쉽 기술을 필요로 하며, 그들은 판매 관리 기술을 사용하여 판매 전략을 추적하고 제어할 수 있어야 한다. 그러나 판매 사원은 매우 높은 대인관계 기술과 제품의 지식을 필요로 하며 고객의 요구에 친절하고 응답할 필요가 있다.

13-4c PR

많은 촉진 활동이 고객들에게 초점을 맞추고 있으나, 조직에게 있어 공급회사, 직원, 주주, 미디

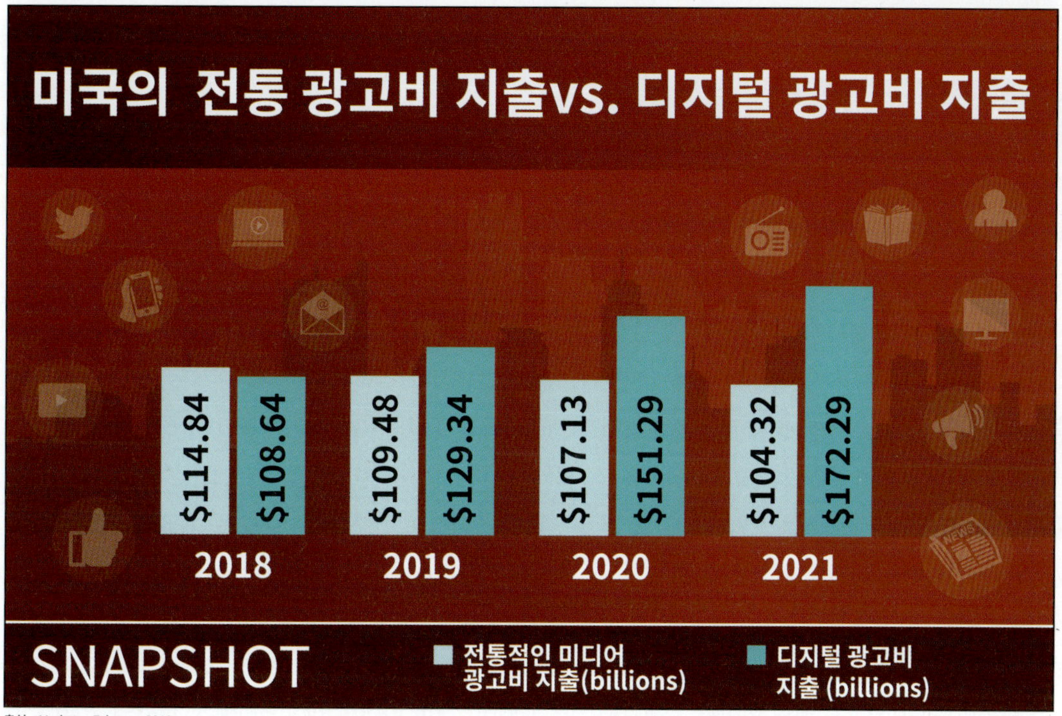

출처: eMarketer, February 2019

어, 교육기관, 잠재 투자자, 정부관계자, 사회단체 같은 공중들 또한 중요하다. 고객 그리고 공중들과 커뮤니케이션을 하기 위해 회사는 PR을 이용한다. PR은 조직과 공중과의 호의적인 관계를 형성하고 유지하기 위해 널리 이용되는 커뮤니케이션 활동이다. 하나 혹은 다수의 공중들과 호의적인 관계를 유지하는 것은 회사의 현재 매출과 수익뿐 아니라 장기적인 생존에 영향을 미칠 수 있다. 유나이티드 레코드 프레싱 유한책임회사(United Record Pressing LLC)가 내슈빌(Nashville)에서 확장을 발표했을 때, 이는 상점에서 구할 수 있는 모든 레코드판의 30-40%를 생산하는 회사에 많은 신호를 보냈다. 이는 소비자들에게 레코드판 판매의 부활, 사업 모델 강화, 그리고 이 개인 소유의 회사의 성장 모드를 알렸다. 더하여 체스트넛 스트리트(Chestnut Street)에 있는 기존 건물을 "음악사에서 중요한 장소"로 유지하겠다는 풍부한 역사(1949년으로 거슬러 올라가)에 대한 헌신을 보여주었다.

PR은 연례 보고서, 안내 책자, 이벤트 스폰서쉽, 환경보호나 사회적 약자들에 대한 후원을 목적으로 하는 사회적 책임 활동 등을 포함한 다양한 수단을 활용한다. PR의 목적은 조직에 대한 긍정적인 이미지를 형성하고 강화하는 것이다. 갈수록 더 소셜 미디어를 통한 PR로 마케터들이 소비자들에게 직접 다가가고 있다. 팸퍼드 셰프(Pampered Chef)는 소비자들이 특정 요리법을 어떻게 만드는지를 보여주는 콘텐츠를 유튜브에 올린다. 이 콘텐츠는 소비자들에게 팸퍼드 셰프를 친숙하게 하고 팸퍼드 셰프를 주방 보조로서의 역할에 위치하게 한다.

DISRUPTIVE MARKETING

파괴적 마케팅

전통적인 광고 방식을 뛰어넘은 테슬라

전기차와 청정에너지 회사인 테슬라는 미국에서 가장 가치 있는 자동차 제조사 중 하나이다. 흥미롭게도 그 자동차 회사는 0달러의 광고 예산으로 현재의 위치에 이르렀다. 테슬라는 거의 전적으로 PR을 통해 관심을 불러일으켜 소비자들의 관심을 쉽게 끌어왔다. 이 회사는 머스크(Musk)가 업계 관계자와 미디어를 포함한 대규모 군중들을 대상으로 연설하는 신제품 런칭으로 잘 알려져 있다. 사이버트럭(Cybertruck)의 런칭에서 테슬라가 자동차 유리의 내구성을 시연하는 도중 유리가 깨졌는데 많은 사람들은 이 또한 사전에 계획된 일이라고 생각했다. 데니스(Denny's), 스테이크 음(Steak-umm), 펩시(Pepsi), 유튜브와 카스닷컴(Cars.com)을 포함한 브랜드들이 소셜 미디어 대화에 참여하면서 테슬라에 더 많은 무료 홍보의 장을 제공했다. 하지만 테슬라의 퍼블리시티 방법이 항상 긍정적인 것만은 아니다. 머스크는 많은 공개적인 망언을 했다. 예를 들어, 머스크는 사우디 국부펀드의 돈을 사용하여 회사의 비상장 계획을 트위터에 발표했다. 결국 실패한 이 계획은 빠른 거래를 통해 회사의 주가를 10% 증가시켰고 미국증권거래위원회(SEC)의 소송까지 이르렀다. 머스크는 거침없고 카리스마 있는 성격으로 인하여 그 자체로 유명인사가 되었다. 비록 많은 회사들이 이 현상에서 혜택을 받았지만, 테슬라는 회사의 자산이자 부채인 머스크를 통제해야할 필요가 있다. 이러한 모든 부정적인 퍼블리시티도 불구하고 페이드 미디어(Paid Media)에 투자하는 것보다 언드 미디어(Earned Media)를 활용하는 것이 테슬라의 승리 전략이었다. 그러나 포드(Ford)나 제너럴 모터스(General Motors)와 같은 주류 자동차 회사들과의 경쟁이 증가함에 따라, 테슬라는 광고에 투자할 수도 있지만, 시간만이 말해줄 것이다.

그 밖의 수단들은 PR의 한 종류인 퍼블리시티를 활용한다. 퍼블리시티는 조직이나 제품 혹은 둘 다와 관련된 보도기사 형식의 비개인적 커뮤니케이션으로, 이에 대한 비용 지불 없이 무료로 매스미디어를 통해 전파된다. 퍼블리시티를 위한 PR 수단의 몇 가지 예로는 보도자료, 기자회견, 특집 기사, 유튜브 및 트위터와 같은 소셜 미디어가 있다. 예를 들어, 제너럴 모터스는 페이스북 팬들에게 새로운 자동차 모델을 가까이서 볼 수 있게 하면서 페이스북 라이브에서 방송한 첫 번째 자동차 회사로 헤드라인을 장식했다. 회사는 때때로 퍼블리시티를 위해, 유명인들이 회사 제품과 함께 있는 모습이 노출되고 그 장면이 사진 찍히기를 기대하며 그들에게 제품을 나누어주고 사진을 통해 팬들은 제품 인지 형성과 제품 시험을 자극받게 될 것이다. 그래미(Grammy) 후보자들은 "스웨그 백(Swag Bag)"으로 알려진 선물 가방을 받는다. 이 가방들은 약 30,000달러의 가치가 있으며 최대 13,400달러상당의 옥시제네이팅 브리더블 파운데이션(Oxygenetix Breathable Foundation) 및 산소 함유 수분크림(Oxygenated Moisturizer)의 10년 공급, 8,850달러 상당의 골든 도어(Golden Door) 스파의 일주일간 여행 및 기타 고급 제품 및 서비스로 구성될 수 있다. 이 선물들의 기부자들은 그들의 제품에 대한 인식을 만들고 또한 높은 인지도를 가진 연예인들이 그들의 제품을 사용하기를 희망하기 위해 퍼블리시티에 의존한다. PR 활동은 개인 또는 조직 내에 한 부서가 책임을 맡는데, 그렇지 않을 경우 조직이 외부에서 PR 대행사를 고용할 수도 있다.

제품 훼손이나 환경재난처럼 좋지 않은 상황이나 부정적인 사건은 공중으로 하여금 조직과 비호의적인 관계를 형성하게 만들 수 있다. 서브웨이는 서브웨이 샌드위치를 먹으며 약 200파운드를 감량한 대변인 자레드 포글(Jared Fogle)을 고용한 것에 대해 상당한 부정적인 언론을 얻었다. 비록 그 회사가 파트너쉽으로 수백만 달러를 벌었지만, 서브웨이는 포글이 아동 포르노를 소지하고 유포한 혐의로 기소되고 위법 행위로 인해 16년의 징역형을 선고 받았을 때 그와 관계를 끊어야 했다. 비호의적인 보도로 인한 악영향을 최소화하기 위해 실제 마케터들은 PR을 할 때 생기는 문제점들을 관리하기 위한 방침과 절차를 가진다. 이러한 계획을 위기관리 계획이라고 종종 불리며 무엇이 잘못될 수 있고 어떻게 대응할지 예측하려고 시도한다. PR을 위기 상황일 때만 이용하는 일련의 수단으로 보아서는 안 된다. 조직은 내부적으로든 외부적으로든 PR을 관리하는 PR 담당자가 있어야 하며, 지속적인 PR 프로그램이 있어야 한다.

13-4d 판매 촉진

판매 촉진은 재판매업자, 판매원, 또는 소비자들에게 제품에 대한 부가가치와 인센티브를 제공하는 직접적 유인 활동이나 그 역할을 하는 도구로, 그 예로는 무료 샘플, 게임, 리베이트, 추첨, 콘테스트, 프리미엄, 쿠폰 등이 있다. 판매 촉진은 전체 촉진 중 하나의 요소일 뿐, 촉진과 혼동해서는 안 된다. 마케터는 광고보다 판매 촉진을 더 많이 이용하며, 광고보다 빠르게 성장하고 있는 분야이다. 쿠폰과 쿠폰 코드는 소매업체들과 제조업체들에게 중요하다. 테라티어스(TheraTears)와 같은 제조업체는 엑스트라 드라이 아이 테라피 안약(Extra Dry Eye Therapy Lublic Eye Drops) 광고에 나온 것처럼 쿠폰을 사용하여 제품을 홍보한다. 이 광고는 소비자들이 3달러 할인 쿠폰으로 안약을 시도해보도록 권장하고 있다.

일반적으로 회사가 광고나 인적 판매를 이용할 동안에는 지속적으로 또는 주기적으로 그것에 의존한다. 그러나 마케터가 판매 촉진을 이용함에 있어서는 불규칙적인 경향이 있다. 많은 제품이 계절을 타는데, 예로 장난감은 남아도는 재고품을 처리하기 좋은 판매 시즌인 연말

SOURCE: AKORN CONSUMER HEALTH

판매 촉진으로 이용되는 쿠폰 테라티어스는 쿠폰을 사용하여 보습 안약의 제품 시험사용을 지원한다.

연시 이후 1월에 할인을 하는 편이다. 종종 마케터는 특히 광고와 인적 판매 같은 촉진 요소들의 효과를 높이기 위해 판매 촉진을 이용한다. 쿠폰은 식품과 포장 상품 마케터들에게 더 효과적인 것으로 보인다. 밀레니얼 세대 10명 중 9명은 쿠폰닷컴(coupon.com), 이베이츠(Ebates), 그리고 전통적인 종이 쿠폰과 같은 쿠폰 코드 웹사이트를 사용하여 쿠폰을 사용한다. 모바일 기기는 개인적인 장비로 소비자가 어딜 가든 모바일 쿠폰을 받아볼 수 있는 기회를 제공한다. 모바일 인터넷 사용량은 데스크톱 컴퓨터 사용량을 앞질렀다. 모바일 앱은 소비자 및 유통업체와 가까운 곳에서 쿠폰 등 판매촉진 아이템을 통해 소비자를 끌어들이는 도구로 사용된다.

효과적인 촉진 믹스는 요소들의 올바른 조합을 필요로 한다. 지금부터는 촉진 믹스가 어떻게 조합되는지 알기 위해 각 요소들을 분석하고, 기업이 특정 제품을 위해 선택한 촉진수단에 영향을 미치는 조건들을 검토해보자.

13-5 촉진 믹스 요소 선택하기

 # 학습목표 **제품의 촉진 믹스를 결정하는데 이용되는 요인들을 알아본다.**

마케터는 여러 가지 이유로 촉진 믹스의 구성을 달리한다. 촉진 믹스가 네 가지 요소를 모두 포함할 수도 있지만, 마케터들은 대개 그중 3개 이하로 선택한다. 시장에 다양한 제품라인을 내놓은 많은 회사는 몇 가지 촉진 믹스를 동시에 이용한다.

13-5a 촉진 자원과 목적, 방침

조직의 촉진 예산 규모는 촉진 믹스에 포함된 촉진수단의 개수와 그것들의 상대적 강도에 영향을 미친다. 만약 회사의 촉진 예산이 상당히 제한되어 있다면, 회사는 인적 판매에 의존 할 가능성이 크다. 판매에 있어 광고의 효과를 측정하는 것보다 판매원의 기여도를 측정하는 편이 더 용이하기 때문이다. 기업들은 지방 또는 전국적 광고를 위해 꽤 많은 촉진 예산을 필요로 한다. 프록터 앤 갬블(Procter & Gamble), 유니레버(Unilever), 제너럴 모터스, 코카콜라 같은 회사들은 전 세계적으로 미디어 이용 비용에 있어 최고이다. 광범위한 촉진 자원들을 이용하는 조직은 촉진 믹스에 더 많은 요소를 포함시킨다. 그러나 많은 촉진비용이 있다고 해서 꼭 더 많은 촉진수단을 이용해야 하는 것은 아니다. 연구자들은 촉진 활동에 쓰이는 자원들이 주주가치에 긍정적인 영향을 미친다는 사실을 발견했다.

조직의 촉진 목적과 방침 역시 선택되는 촉진 유형에 영향을 미친다. 만약 회사의 목적이 새로 출시하는 아침 식사 대용의 간편한 시리얼에 대한 대중의 인식을 형성하는 것이라면, 촉진 믹스로 광고, 판매 촉진 그리고 가능하다면 추가로 PR을 아마도 선택할 것이다. 만약 회사가 소비자들에게 내구성이 좋은 다량의 가전제품의 특징에 대해 교육하고 싶다면, 촉진 믹스로 적당량의 광고와 상점에서 고객들을 끌어들일 수 있도록 만들어진 몇 가지 판매 촉진, 그리고 다량의 인적 판매를 선택할 것이다. 왜냐하면 이러한 촉진 믹스 조합이 고객에게 그러한 제품의 특징을 알려주기에 효율적인 방법이기 때문이다. 혹은 내구성이 떨어지는 그릇의 즉각적인 판매가 회사의 목적이라면, 아마도 촉진 믹스로 광고와 판매 촉진에 중점을 둘 것이다. 드라이클리닝 업체와 카펫 청소 회사의 경우에는 인적 판매보다 쿠폰이나 할인과 함께 광고를 이용할 가능성이 더 크다.

13-5b 목표 시장의 특성

조직이 목표로 하는 시장의 규모, 지리적 분포, 인구 통계적, 사회문화적 특성은 제품의 촉진 믹스에 포함 시킬 요소들을 선택하는 데 영향을 준다. 어느 정도까지는 시장 규모와 다양성이 촉진 믹스 의 요소를 결정한다. 규모가 제한적일 때는 프로모션 믹스는 보통 인적 판매와 같은 표적화된 형태의 마케팅을 사용하는데, 이는 소규모의 사람들을 설득하기에 매우 효과적일 수 있다. 이는 소셜 미디어의 저렴한 비용과 함께 작은 틈새 시장에서 점점 더 효과적이다. 산업용품 시장에서 제품을 판매하거나 소수의 도매업자들을 통해 제품을 판매하는 회사들은 종종 촉진 믹스 중 인적 판매를 중요한 요소로 본다. 제품 시장이 수백만 명의 고객들로 이루어져 있을 때, 조직은 인당 적은 비용으로 많은 대중에게 도달하는 광고와 판매 촉진을 통한 대중 마케팅에 의존한다. 인구 밀도가 세계적으로 고르지 않을 경우, 마케터는 더 작은 규모의 시장을 목표로 하기 위해 지역 광고를 활용할 것이다.

회사 고객들의 지리적 분포 역시 촉진수단을 선택할 때 영향을 미친다. 고객들이 광범위한 지역 곳곳에 흩어져 있는 것이 아니라 작은 지역에 집중되어 있다면 인적 판매가 더 알맞을 수 있고, 만약 고객들이 많고 흩어져 있다면 지역 또는 국가 광고가 더 실용적일 수 있다. 나이, 소득, 교육 수준 같은 목표 시장의 인구 통계적 특성은 사용되는 메시지와 이미지뿐만 아니라 마케터가 선택하는 촉진 기법의 유형에도 영향을 준다. 미국 통계국(Census Bureau)에 따르면, 두 명의 부모를 둔 가정에서 사는 아이들의 비율은 1960년 88명에서 69명으로 감소하였다. 한 부모, 미혼부부, 싱글, "빈집"(다 큰 자녀가 집을 떠난 가정) 등으로 구성된 가정에 다가가기 위해 많은 기업이 홍보와 마케팅 채널에 사용된 이미지를 수정한다.

SOURCE: GEICO

서비스 제품의 특성을 보여준다 가이코는 고객이 자사의 보험을 사용하면 절약하는 돈을 보여주기 위해 고급 소파를 사용한다.

13-5c 제품의 특성

일반적으로 산업용 제품에 대한 촉진 믹스는 인적 판매에 집중하는 반면, 소비자 제품의 촉진에 있어서는 광고가 중요한 역할을 한다. 그러나 이러한 일반화는 조심스럽게 다뤄져야 한다. 산업용 제품에 있어 마케터는 제품을 촉진하기 위해 약간의 광고를 이용한다. 컴퓨터, 도로 건설 장비, 항공기에 대한 광고는 상당히 흔하며, 일부 판매 촉진 역시 사업용 제품을 촉진하기 위해 빈번하게 이용된다. 인적 판매는 가전제품, 자동차, 집 같은 내구 소비재에 있어 광범위하게 이용되며, 소비자 편의 제품들은 주로 광고와 판매 촉진을 통해 촉진된다. PR은 사업용 제품과 소비자 제품 둘 다의 촉진 믹스 요소로 이용된다.

계절 제품은 주로 광고에 중점을 두며, 때로는 판매 촉진에 주력하기도 한다. 비수기 판매는 일반적으로 광범위하게 연중 계속되는 판매에 투입되는 인력만큼의 지원을 받지 못하기 때문이다. 존 디어(John Deere), 스내퍼, 혼다와 같은 대부분의 잔디 관리 회사는 홈 디포, 로우스, 에이스 하드웨어(Ace Hardware) 같은 소매업체에 판매하는 판매 인력을 보유하고 있다. 게다가, 이러한 회사들은 다양한 소매업자와 유통업자들에게 그들의 제품을 홍보하기 위해 광고와 판매 촉진에 높게 의존한다.

제품가격 또한 촉진 믹스의 구성요소에 영향을 미친다. 고가의 제품은 인적 판매를 필요로 하는데 그 이유는 그러한 제품을 구입할 때 소비자는 더 큰 위험을 동반하게 되고, 대개는 판매원으로부터 구체적이고 비교적인 정보를 얻고 싶어 하기 때문이다. 종이 타월과 델리 고기 같은 저가의 편의성 제품의 경우, 마케터는 인적 판매보다는 광고를 이용한다. 제품이 집중적인 유통을 거쳐 시장에 나왔을 때, 기업은 광고와 판매 촉진에 많이 의존한다. 로션, 시리얼, 커피와 같은 많은 편의 상품들은 샘플, 쿠폰, 그리고 환불을 통해 홍보된다. 마케팅 담당자들이 집중과 독점 사이의 유통 형태인 선택적 유통을 선택할 때, 촉진 믹스는 상당히 달라진다. 고가의 시계, 고가 전자제품, 고급가구처럼 독점적 유통을 통해 거래되는 품목들은 보통 상당한 노력의 인적 판매를 필요로 한다.

제품 사용 역시 촉진요소의 조합에 영향을 미친다. 변비약, 처방전이 필요 없는 피임약, 여성 위생용품 같은 매우 사적인 제품을 생산하는 회사들은 광고에 의존하는데, 이는 그러한 제품들에 관해 판매원과 이야기하고 싶어 하는 고객들이 많지 않기 때문이다. 서비스업은 종종 무형의 서비스를 촉진하기 위해 유형의 제품을 이용한다. 보험 제공자로서, 가이코(GEICO)는 고객의 돈을 절약하는 데 초점을 맞추고 있다. 이 광고는 고객들이 여분의 돈으로 무엇을 할 수 있는지를 보여주기 위해 디자이너 소파가 있는 가이코로 바꾸면 절약될 수 있는 돈을 특징지어 보여준다.

13-5d 비용과 촉진수단의 유효성

촉진수단에 쓰이는 비용은 촉진 믹스를 진행할 때 검토하는 중요한 요소이다. 국가 광고와 판매 촉진에는 많은 지출이 따른다. 그러나 만약 이러한 촉진 활동을 통해 매우 많은 청중에게 영향을 미치는 데 성공한다면, 고객 한 명당 드는 비용은 몇 푼 정도로 꽤 적게 드는 셈이 될 것이다. 광고의 일부 유형은 비교적 저렴한 편이다. 많은 소규모의 지역 회사들이 지역 신문, 잡지, 라디오, TV 방송국, 옥외 광고판, 인터넷 광고, 대중교통 광고판을 이용하여 제품을 광고하고 있다.

마케터가 촉진 믹스를 조합할 때 살펴봐야 할 또 다른 고려사항 중 하나가 촉진 기법의 유효성이다. 미국 내에 엄청난 양의 매체수단이 있음에도 불구하고, 회사는 정확한 목표 시장에 효과적으로 도달하는 광고 매체가 유효하지 않다는 사실을 발견할 수 있다. 매체 유효성에 대한 문제는 마케터가 다른 국가에서 광고를 할 때 더욱 드러난다. TV 같은 매체들이 유효하지 않거나 TV에 광고를 내보내는 것은 심하게 규제받을 수 있다. 예를 들어, 스웨덴은 어린이들을 대상으로 한 음식 광고를 가장 엄격하게 통제하고 있다. 마케터들은 건강에 좋지 않은 음식이나 음료로 16세 이하의 아이들을 광고 대상으로 삼지 않기로 합의했다. 어떤 나라에서는 TV에서 광고주가 브랜드를 비교하는 것이 금지되어 있다. 다른 촉진수단 역시 제한이 있을 수 있다. 예를 들어 회사는 판매인력을 증가시키기를 바라지만 유능한 직원을 찾기가 쉽지만은 않다.

13-5e 푸시와 풀 채널 정책

마케터가 촉진 믹스 계획을 세울 때 고려하는 또 다른 요소는 푸시 정책을 사용할지 풀 정책을 사용할지 결정하는 것이다. **푸시 정책push policy**을 쓰는 제조회사는 마케팅 채널 상에서 바로 다음 단계로 제품을 촉진한다. 도소매업자가 포함된 마케팅 채널에서 제조회사는 도매업자들에게 촉진하는데, 그 이유는 도매업자가 제조회사 바로 아래에 있는 채널 구성원이기 때문이다. (그림 13.4 참조). 각 채널 구성원은 순서대로 바로 다음 채널 구성원에게 촉진한다. 푸시 정책은 보통 인적 판매를 중시한다. 소비자들은 재활용 포장과 그것이 지속 가능성을 어떻게 가능하게 하는가를 좋아한다. 소매업자는 제품의 이러한 기능을 최종 소비자에게 직접 홍보하기 위해 푸시 전략을 사용한다. 채널을 통해 차례로 제품을 촉진하기 위해 때로 판매 촉진과 광고도 인적 판매와 함께 이용된다.

푸시 정책 마케팅 채널 상에서 바로 다음 단계로 제품을 촉진하는 것

그림 13.4가 보여 주듯이, **풀 정책pull policy**을 사용하는 회사는 제품에 대한 강력한 소비자 수요를 끌어올리기 위해 고객에게 직접적으로 제품을 촉진하는데 이 역시 주로 광고와 판매 촉진을 통해 이루어진다. 소비자들은 점포 안에서 제품을 찾고 구매하도록 설득되기 때문에, 소매업자들은 구비할 제품을 사기 위해 차례로 도매업자나 제조업체를 찾는다. 이 정책은 소비자 단계에서 수요를 만들어냄으로써 제품을 촉진하는 것을 의도하고 있다.

풀 정책 마케팅 채널 상에서 제품을 요구하는 강력한 소비자 수요를 끌어올리기 위해 소비자에게 직접적으로 제품을 촉진하는 것

만약 상점에 원하는 제품이 없을 경우, 소비자는 그 제품을 상점에서 취급하도록 요구할 수

그림 13.4 푸시 촉진 전략과 풀 촉진 전략 비교

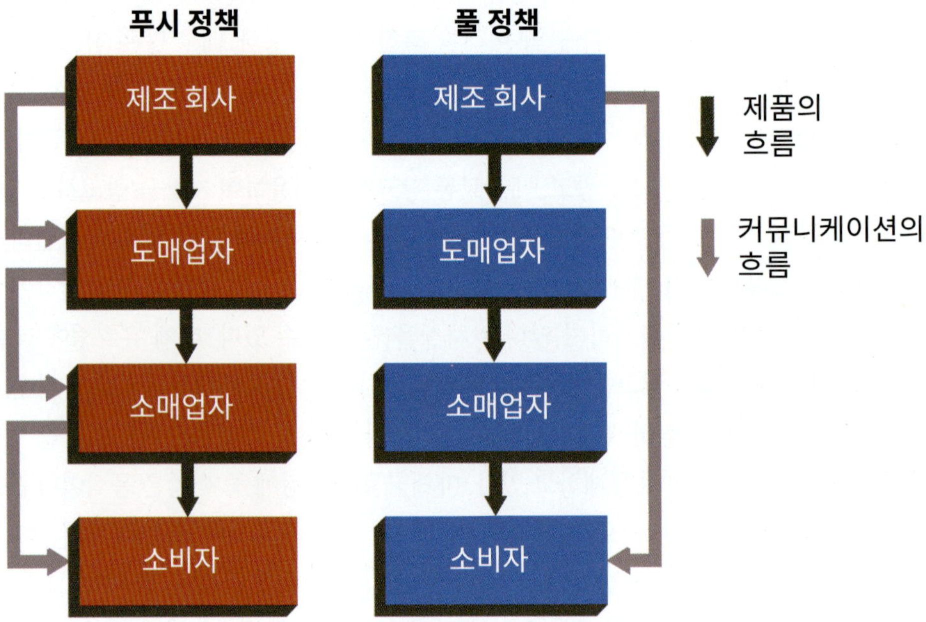

있다는 사실을 알고 있다. 풀 정책의 예로는 애플의 아이폰이 있다. 애플에서 생산하는 아이폰의 새로운 반복(아이폰 시리즈)는 사람들의 관심을 받고 입소문을 타게 되면서 수요를 창출한다. 소비자들은 애플의 새로운 제품들에 대해 듣고 더 많은 정보를 찾도록 유도된다. 푸시와 풀 정책은 상호 배타적이다. 기업은 때로 두 정책을 동시에 사용하기도 한다.

13-6 높아지는 구전 커뮤니케이션의 중요성

 # 학습목표 구전 커뮤니케이션이 촉진에 미치는 영향을 알아본다.

구전 커뮤니케이션
소비자가 다른 사람과 제품, 브랜드, 회사에 대해 공유하는 인적 정보 교환 커뮤니케이션

촉진 믹스의 구성요소에 관한 결정을 할 때 마케터는 소비자들에게 정보를 알려주고 그들을 설득하여 구매를 하도록 만들기까지 메시지에 제한이 있다는 사실을 인식하고 있어야 한다. 광고, 인적 판매, 촉진, PR 중 어느 것이든 그 메시지는 제한을 갖는다. 관련된 소비자와 제품의 유형에 따라 구매자는 가족 구성원이나 친구 같은 인적 자원으로부터 발생하는 구전 커뮤니케이션에 어느 정도 의존한다. **구전 커뮤니케이션**word-of-mouth communication은 소비자가 다른 사람과 제품, 브랜드, 회사에 대해 구두 또는 소셜 미디어를 통해 공유하는 비공식적, 인적 커뮤니케

이션의 교환이다. 대부분의 고객들은 물건을 살 때 친구와 가족 구성원의 영향을 받을 가능성이 크다. 게다가, 고객들은 회사뿐만 아니라 제품과 서비스에 대한 정보와 의견을 얻기 위해 점점 더 온라인에 접속하고 있다. 온라인 구전은 웹사이트, 블로그, 이메일, SNS, 온라인 포럼을 통해 제품에 관해 커뮤니케이션하는 것이다. 구매자는 인터넷 기반 뉴스 그룹, 포럼 및 블로그를 통해 구전 정보들을 찾을 수 있다. 사용자는 테스트프릭(TestFreaks)와 같은 여러 소비자를 위한 웹사이트를 방문하여 특정 제품에 대한 다른 소비자의 느낌과 경험을 배울 수 있다. 일부 사이트는 심지어 소비자들이 시도한 제품을 평가하도록 권장하기도 한다. 사용자는 또한 제품 카테고리 내에서 검색하여 다양한 브랜드와 모델에 대한 소비자의 관점을 비교할 수 있다. 당연하게도 신뢰성은 평가 웹사이트의 가장 중요한 속성으로 확인되었고, 위험을 줄이고 검색을 하는 노력을 절약하는 것이 이 사이트를 사용하는 주요 동기로 밝혀졌다. 표 13.3에서 알 수 있듯이 브랜드 정보에 대해 정통하고 신뢰할 수 있는 출처로 인플루언서에 대한 소비자 신뢰도는 낮다. 블로거들에게 그들의 제품에 관한 게시글을 작성하기 위해 돈을 지불하는 회사들은 소셜 미디어의 신뢰성을 떨어뜨렸다. 사람들이 자동차, 의료, 법률, 은행 및 헤어 케어와 같은 개인 서비스와 함께 레스토랑과 엔터테인먼트를 선택할 때 사람 및 온라인 커뮤니케이션은 매우 중요하다. 유니레버가 인수한 달러 셰이브 클럽(Dollar Shave Club)은 구전 마케팅의 덕을 본 성공 사례이다. 달러 셰이브 클럽을 유명하게 만든 유튜브 비디오는 2,600만 번 이상 조회되었고, 달러 셰이브 클럽은 그들의 친구와 가족을 언급하기 위해 거의 400만 명의 회원들에게 크게 의존한다. 달러 셰이브 클럽 CEO는 매달 5만 명의 회원이 자사 클럽에 친구를 추천한다고 보고했다. 구전 커뮤니케이션은 고객의 참여와 만족도가 있을 때 신규 고객 가입에 긍정적으로 영향을 미친다. 이러한 이유로, 조직은 그들의 구전 커뮤니케이션을 적극적으로 관리해야 한다.

표 13.3 인플루언서 추천에 대한소비자 신뢰도

%	당신이 누군가 어떠한 제품을 대가를 받고 홍보하는 것을 알게 되었을 때, 그들의 추천을 덜 신뢰할 것 같습니까?
31.7	나는 대가를 받은 추천을 절대 믿지 않는다.
22.9	대가를 받은 추천은 아닌 것과 같은 신뢰를 가지고 있다.
44.2	내가 그 인플루언서에 대해 기존에 가지고 있던 신뢰에 달려있다.
1.2	다른 사항들

출처: CPC Strategy, "The 2018 Influencer Marketing Report: The Rise of Micro-Influencers & How Consumer Trust Drives Sales," 2018, 9.

버즈피드(Buzzfeed), 티엠제트(TMZ), 테크크런치(TechCrunch), 페레즈 힐튼(Perez Hilton), 엔가젯(Engadget)와 같은 수백 개의 블로그와 온라인 뉴스 사이트는 가십거리부터 시작해서 정치, 소비자 제품까지 모든 것과 관련하여 온라인 구전 커뮤니케이션을 전파하는데 필수적인 역할을 한다. 이들은 트렌드에 대한 정보, 제품에 대한 리뷰 및 기타 정보를 제공하고 소비자들에게 새로운 제품을 소개하고 이에 대한 소비자들의 견해를 형성하는 데 매우 영향력이 커져서 마케터들은 새로운 트렌드를 찾기 위해 점점 더 이들을 관찰하고 있다. 마케터들은 기업, 상품 및 서비스에 대한 소비자 인식에 점점 더 큰 영향력을 행사하는 블로거들에게 환심을 사도록 노력해야 한다. 구전 커뮤니케이션의 중요성을 잘 아는 유능한 마케터들은 인플루언서가 누군지 찾고, 자신들에 대한 호의적인 퍼블리시티가 확산되기를 바라며 제품을 써보도록 장려한다. 예를 들어, 애플은 맥북, 애플 워치, 아이폰, 그리고 아이패드와 같은 애플 제품에 대한 만족을 입소문으로 퍼뜨리기 위해 오랫동안 거의 컬트 소비자들에 의존해 왔다. 소비자가 만든 커뮤니케이션(기업이 만들지 않은 커뮤니케이션)의 영향은 강력하고 상업적 메시지에 비해 매우 효과적이다. 브랜드에 관하여 트윗하는 연예인들은 팔로워 수가 많으면 출처 신뢰성을 가지고 있다. 케이티 페리(Katy Perry)와 저스틴 비버(Justin Bieber)는 각각 1억 명 이상의 팔로워를 가지고 있다. 만약 팔로워들이 연예인과 심리적으로 사회적 공감을 갖는다면, 그들은 제품에 관여할 가능성이 더 높다. 흥미롭게도, 남성과 달리 여성들은 사회적 유대가 약한 사람들보다 강한 사회적 유대를 가진 사람들과 부정적인 구전 커뮤니케이션을 나눌 가능성이 더 높다. 일반적으로 소비자들은 좋은 경험에 대한 칭찬을 나누는 것보다 나쁜 경험을 호소할 가능성이 훨씬 더 높다.

버즈 마케팅 창의적인 이벤트를 통해 제품을 둘러싼 매스컴의 관심과 공중의 흥분을 조장하려는 시도

버즈 마케팅Buzz marketing은 창의적인 이벤트를 통해 제품을 둘러싼 매스컴의 관심과 공중의 흥분을 선동하려는 시도이다. 이벤트 참여는 브랜드 가치에 긍정적인 영향을 미친다. 일부 마케터는 이벤트나 제품 출시를 위한 긴 줄을 마케팅 기회로 사용하여 다른 회사의 이벤트를 편승하고 있다. 긴 줄이 애플의 런던 매장 밖에서 최신 아이폰을 기다리는 동안, 영국의 한 사과 주스 브랜드는 "최신 사과 기술"을 광고하는 플래카드를 내걸었다. 버즈 마케팅은 회사가 경쟁 브랜드로부터 차별화되도록 하는 효과적인 방법이 될 수 있다. 레드 불(Red Bull)은 버즈 마케팅에 뛰어난 또 다른 브랜드이다. 버즈 마케팅은 광고, 인적 판매, 판매 촉진, 퍼블리시티를 이용하는 통합마케팅커뮤니케이션 프로그램의 한 요소일 때 가장 효과적이다. 그러나 마케터는 버즈 마케팅 캠페인이 법률을 어기거나 오해를 불러일으킬 가능성이 있고, 과도한 불안을 초래할 수 있다는 점 등을 조심해야 한다. 예를 들어, 길가의 도보에 브랜드 이름이나 로고를 스텐실로 붙이는 것은 효과적인 버즈 마케팅 기법일 수도 있지만 시 당국에 의해 불법 그래피티로 간주될 수도 있다.

바이럴 마케팅 마케터의 메시지를 공유하려는 소비자를 잡기 위한 전략으로 보통 이메일, 온라인 영상을 통해 극적이고 빠르게 확산되는 방식으로 이루어짐

바이럴 마케팅Viral marketing은 보통 이메일, 유튜브와 같은 온라인 영상을 통해 마케터의 메시지를 공유하려는 소비자를 잡기 위한 전략으로, 극적이고 빠르게 확산되는 방식으로 이루어진다. 강력한 주방용 믹서기인 블렌텍(Blendtec)은 믹서기의 날이 구슬, 심지어 애플 아이패드까지 모든 것을 분쇄하는 동영상을 제작했다. "Will It Blend" 비디오는 2억 8,000만 번 이상의 조회수를

얻었고 거의 100만 명의 구독자를 끌어모았다. 유머와 예상치 못한 것들이 바이럴 마케팅 성공의 핵심 요소들이다. 흥미롭게도 바이럴 마케팅은 본질적으로 덜 실용적인(실용적이고 기능적인) 제품에 더 효과적인 것으로 보인다. 페이스북과 같은 소셜 공유 메커니즘을 통해 실용적인 제품을 홍보하는 것은 노 프릴(no-frill) 제품에 실제로 불리할 수 있다. 구전이 어떻게 퍼져나가든지 간에, 그것이 모든 제품군에 효과적인 것은 아니다. 시장에 새로 들어온 제품이나 비교적 고가의 제품에 가장 효과적인 것으로 보인다. 긍정적인 구전의 명확한 이점에도 불구하고 마케터는 부정적인 구전이 가질 수 있는 위험들에 대해서도 알고 있어야 한다. 이는 특히, 더 많은 사람에게 도달할 수 있고 소비자들이 회사나 제품을 집단적으로 공격할 수 있는 온라인 플랫폼을 다룰 때 더욱 중요하다.

13-7 간접광고(PPL)

 # 학습목표 **간접광고가 촉진에 미치는 영향에 대해 논의해본다.**

소비자에게 도달하기 위해 사용이 증가하고 있는 기법 중 하나가 목표 시장이 시청하는 TV프로그램의 장면에 제품을 선택적으로 노출하는 것이다. 이러한 **간접광고Product placement**는 광고의 한 유형으로, 제품의 목표 시장에 도달하기 위해 엔터테인먼트 매체 내에 전략적으로 제품 또는 제품 촉진을 배치하는 것을 말한다. 영화 레고(Lego)는 아마도 최고의 브랜드 간접광고의 사례를 보여준다. 워너 브라더스.(Warner Bros.)는 레고 브랜드를 사용하여 레고 캐릭터의 주연을 만드는 것에 라이선스 비용을 지불했다. 그 영화는 성공적이었을 뿐만 아니라, 레고는 마텔(Mattel)을 제치고 세계 최대의 장난감 제조사가 되었다. 이러한 간접광고는 시청 선택권이 확장됨으로써 TV 시청자들의 분열이 심해짐과 더불어 티보(TiVo) 같은 디지털 비디오 녹화기처럼 광고를 걸러낼 수 있는 기술의 등장으로 인해 더욱 중요해지고 있다. 한 연구는 응답자의 60%가 광고를 건너뛰기 위해 디지털 비디오 녹화기를 다운로드하거나 사용한다는 것을 발견했다. 프로그램 속 간접광고는 소비자들이 프로그램을 즐기는 동안 그들에게 성공적으로 도달하고 있다. 연구는 텔레비전 시리즈의 영향력이 해당 텔레비전 쇼에 등장한 브랜드를 구매하려는 소비자들의 의도에 어떻게 영향을 미치는지 보여준다. 물론 사회적 영향에 대한 소비자의 민감성과 같은 개인의 특성은 특정 브랜드를 구매하려는 의도를 높이거나 낮출 수 있다. 특히 리얼리티 프로그램에 있어 출연자와 제품 간의 밀접한 상호관계는 간접광고에 자연스럽게 들어맞는다. 예를 들어, 타이니 하우스(Tiny House)는 재사용 가능한 벽걸이 3M 코맨드(3M's Command) 브랜드를 포함한 많은 광고주들과 제휴했다. 간접광고에 대한 전 세계 지출은 현재 105억 달러 이상으로 증가하고 있다. 간접광고는 미국 TV 쇼와 영화에만 등장하는 것이 아니다. 유럽 의회는 제한된 간접광고의 사용을

간접광고 제품의 목표 시장에 도달하기 위해 엔터테인먼트 매체 콘텐츠 내에 이루어지는 제품 또는 제품 촉진을 전략적으로 배치하는 것

ENTREPRENEURSHIP IN MARKETING

마케팅과 기업가 정신

완벽한 간접광고를 만드는 B-릴

간접광고와 광고는 거의 같은 의미로 쓰이고 있는데, 한 회사는 그것들을 집행하는 데 있어 다른 모습을 보여주고 있다. B-릴(B-Reel,크리에이티브 에이전시)은 광고와 간접광고를 발전된 단계로 끌어올렸다. 광고 제작회사인 B-릴은 소비자들 간에 상호작용을 유도하는 캠페인을 제작함으로써 전통적인 마케팅을 거부했다. 나이키, H&M, 넷플릭스를 포함한 고객들은 모두 B-릴을 사용하여 시청자를 끌어들이고 그들의 브랜드를 마케팅하는 마케팅 캠페인을 만들었다. B-릴은 설립 이후 구글 크롬을 홍보하기 위한 더 와일더니스 다운타운(The Wilderness Downtown) 캠페인과 새로운 앨범을 홍보하기 위해 가상 밴드 고릴라즈(Gorillaz)와의 협력을 포함하여 여러 주요 프로젝트에 참여했다. B-릴은 밴드 팬들을 위한 몰입형 디지털 세계인 고릴라즈 앱에 증강현실(AR)과 가상현실(VR) 기술을 사용했다. 새 앨범 발매의 일환으로 가상 하우스 파티가 만들어졌고 앱을 가지고 있는 사람들은 비공개 행사에 참석할 수 있었다. B-릴이 도와준 최신 프로젝트 중 하나는 구글 어스 스튜디오(Google Earth Studio)로, 비디오와 같은 창의적인 프로젝트에 사용하기 위해 지구의 3D 애니메이션을 사용하여 제공한다.

허락했는데, 이는 특정 종류의 프로그램에 한하며 프로그램 시작 부분에서는 반드시 기업이 제품 노출을 위해 비용을 지불했다는 사실을 소비자들에게 공지해야 한다. 일반적으로 유럽에서는 간접광고에 대한 견해가 호의적이지 않으며, 특히 영국에서는 이에 대해 많은 논란이 있다. 그러나 새로운 제정법은 영국의 TV 프로그램에서 간접광고를 합법화했다. 간접광고의 사용은 간접광고가 건강한 식습관과 같은 친 사회적 행동을 촉진할 수 있다는 발견을 지지한다. 예를 들어, 간접광고는 어린이들을 대상으로 과일과 채소의 소비를 촉진하는 데 효과적이다.

13-8 촉진에 대한 비판과 옹호

 # 학습목표 **촉진에 관한 비판과 필요성 에 대해 알아본다.**

촉진 활동이 소비자들의 구매 결정에 도움을 줄 수 있음에도 불구하고, 소비자 단체, 정부 기관, 그리고 일반적 사회 구성원들은 오랫동안 촉진을 비판해오고 있다. 이러한 비판에는 두 가지 중요한 이유가 있는데, 그 첫 번째는 촉진에는 결점이 있다는 것이고 두 번째는 우리의 일상에 파고드는 매우 명백한 상업적 활동이라는 것이다. 심한 촉진 활동에 대한 불평은 거의 세계적으로 동일하며, 구체적인 비판이 더 많이 제기되고 있다. 표 13.4는 이러한 비판에 대해 더 자세히 설명한다.

표 13.4 촉진에 대한 비판과 옹호

쟁점	토론
촉진은 기만적인가?	법률, 정부 규제 및 산업 자율 규제는 가장 의도적으로 기만적인 판촉을 줄이는 데 도움이 되었다. 몇몇의 단어들은 다양한 의미를 가지고 있기 때문에 고객들은 의도하지 않게 현혹될 수 있다. 대부분의 촉진은 기만적이지 않다.
촉진은 가격을 상승시키는가?	촉진이 수요를 자극할 때, 더 높은 생산 수준은 더 낮은 단위 생산 비용을 초래하여 가격을 낮게 유지할 수 있다. 그러나 수요가 자극되지 않을 때, 추가된 촉진은 비용 때문에 가격이 상승한다. 촉진은 가격을 낮게 유지하는 것에 도움이 되는 가격 경쟁을 부채질한다.
촉진은 욕구를 불러일으키는가?	많은 마케터들은 그들의 촉진 호소력을 이러한 니즈에 기초함으로써 사람들의 니즈를 활용한다. 그러나 마케터들은 실제로 이러한 니즈를 창출하지 않는다. 만약 촉진이 없다면, 사람들은 여전히 음식, 옷, 교통, 사회적, 생리학적 같은 기본적인 니즈를 가지고 있을 것이다.
촉진은 물질주의를 조장하는가?	촉진이 상품에 대한 인식과 가시성을 만들어내기 때문에 영화, 스포츠, 연극, 예술, 문학이 물질주의에 기여할 수 있는 것과 같은 방식으로 물질주의에 기여할 수 있다. 촉진이 없었다면, 몇몇 고대 집단들 사이에 물질주의가 존재했다는 것을 보여주듯이, 일부 집단들 사이에는 여전히 물질주의가 존재할 가능성이 있다.
촉진은 고객들이 과도한 비용을 지불하지 않도록 돕는가?	고객은 촉진을 통해 제품을 학습하여 제품 정보를 얻고 보다 현명한 구매 결정을 내릴 수 있다. 촉진은 경쟁을 만드는 것에 도움된다.
잠재적으로 유해한 제품을 촉진해야 하는가?	일부 비평가들은 건강에 해로운 제품에 대한 촉진이 전혀 허용되어서는 안 된다고 제안하고, 다른 비평가들은 그러한 제품을 판매하는 것이 합법적인 이상 제품을 촉진하는 것은 허용되어야 한다고 주장한다. 상업적 표현의 자유가 있는 사회에서는 항상 다양한 의견이 있을 것이다.

요약

13-1 통합마케팅커뮤니케이션을 정의한다.

통합마케팅커뮤니케이션은 소비자들에게 최대한의 정보를 제공하고 설득력 있는 영향을 미치기 위해 행하는. 다른 여러 마케팅 활동과 촉진의 조합이다.

13-2 커뮤니케이션 과정의 단계를 서술한다.

커뮤니케이션은 의미를 공유하는 것이다. 커뮤니케이션 과정은 몇 가지 단계를 포함한다. 먼저 정보원천은 의미를 부호로 바꾸는데, 이를 코드화 또는 부호화 과정이라 한다. 정보원천은 수신자 또는 청중에게 익숙한 기호나 상징을 이용해야 한다. 부호화된 메시지는 커뮤니케이션 채널을 통해 수신자나 청중에게 전달된다. 그 이후에 그들은 전달받은 메시지를 해독하고, 일반적으로 정보원천에게 다시 반응을 보낸다. 해독한 메시지가 처음 부호화된 메시지와 다른 경우, 잡음이 발생한 상황이라고 본다.

13-3 촉진의 정의와 목적을 파악한다.

촉진은 한 명 이상의 청중에게 알리고 그들을 설득함으로써 관계를 형성하고 유지하려는 커뮤니케이션이다. 촉진의 목적은 조직마다 다르고 시간이 지남에 따라 조직 내에서도 달라지지만 10가지 주 된 목적이 많은 촉진 프로그램의 기저를 이루고 있다. 촉진은 새로운 제품이나 브랜드, 또는 현존하는 제품에 대한 인식을 형성하는 것을 목적으로 하는데, 이는 일차 수요와 선택적 수요를 자극하고, 무료 샘플사용과 쿠폰, 제한적인 무료 쿠폰, 콘테스트, 게임을 통해 제품 시험을 유도하기 위함이다. 또한 구전을 자극하고, 재판매업자 지원을 용이하게 하고, 경쟁적인 촉진 활동을 펼치며, 매출 변동 줄이기와 긍정적인 소셜 미디어 게시물 생성을 목적으로 한다.

13-4 촉진 믹스의 네 가지 요소를 요약해본다.

제품을 위한 촉진 믹스는 네 가지 주요 촉진수단을 포함하 는데, 광고, 인적 판매, PR, 판매 촉진이 바로 그것이다. 광고는 매스미디어를 통해 목표 청중들에게 방송되는, 소식과 조직의 제품에 대해 비용을 지불한 비대인 적 커뮤니케이션이다. 인적 판매는 직접 대면한 상황에서 고객들에게 정보를 제공하고 그들이 제품을 구매하도록 설득을 시도하는 비용을 지불한 대인적 커뮤니케이션이다. PR은 조직과 그들의 이해관계자들 간에 호의적인 관계를 형성하고 유지하기 위해 널리 이용되는 커뮤니케이션 활동이다. 판매 촉진은 재판매업자, 판매원 또는 소비자들에게 제품에 대한 부가가치나 인센티브를 제공하면서 직접적으로 권유하는 활동 또는 그에 이용되는 요소들이다.

13-5 제품의 촉진 믹스를 결정하는데 이용되는 요인들을 알아본다.

제품의 촉진 믹스에 이용되는 촉진수단은 조직의 촉진 자원과 목적, 방침, 목표 시장의 특성, 제품의 특성, 가격과 촉진수단의 유효성에 의해 결정된다. 마케터는 또한 푸시 정책과 풀 정책 중 어느 것을 선택할지 숙고한다. 푸시 정책을 쓴다면, 제조회사는 마케팅 채널상의 바로 다음 단계로 제품을 촉진한다. 보통 푸시 정책은 인적 판매에서 강조된다. 풀 정책을 쓰는 회사는 제품에 대한 강력한 소비자 수요를 높일 목적으로 소비자에게 직접적으로 촉진을 한다. 촉진으로 인해 소비자가 가게로 가서 제품을 찾도록 설득됐을 때, 소매업자는 소비자가 원하는 제품을 구입하기 위해 도매업자 또는 제조회사를 찾아간다.

13-6 구전 커뮤니케이션이 촉진에 미치는 영향을 알아본다.

대부분의 소비자들은 구매를 할 때 친구나 가족 구성원의 영향을 받을 가능성이 크다. 구전 커뮤니케이션은 소비자가 다른 사람과 제품, 브랜드, 회사에 대해 공유하는 비형식적인 인적 커뮤니케이션의 교환이다. 소비자들은 제품이나 회사에 관한 온라인 구전을 찾기 위해 인터넷에 접속할 수도 있다. 버즈 마케팅은 창의적인 이벤트를 통해 제품을 둘러싼 언론의 관심과 공중의 흥분을 선동하려는 시도이다. 바이럴 마케팅은 마케터가 메시지를 공유하기 위해 소비자를 잡기 위한 전략으로, 종종 이메일이나 온라인 영상을 통해 극적이고 빠르게 확산되는 방식으로 이루어진다.

13-7 간접광고가 촉진에 미치는 영향에 대해 논의해본다.

간접광고는 제품의 목표 시장에 도달하기 위해 엔터테인먼트 프로그램 콘텐츠 내에서 제품 또는 제품 촉진을 전략적으로 배치하는 것이다. 프로그램 내 간접광고는 경쟁적인 중간광고 시간대보다 시청자들이 좀 더 즐겁게 시청할 수 있기 때문에 소비자들에게 성공적으로 도달하고 있다.

13-8 촉진에 관한 비판과 필요성에 대해 알아본다.

촉진 활동은 소비자들이 구매 결정에 도움이 되는 정보를 얻을 수 있도록 하지만, 많은 비판을 불러일으키고 있다. 촉진은 기만적이라는 비난을 받고 있는데, 비록 속이고 오도하는 촉진이 일부 있기는 하지만 법, 정부 규제, 산업 내 자체적인 규제가 기만적인 촉진을 최소화하고 있다. 또한 촉진은 가격을 상승시킨다는 비난을 받고 있다. 그러나 일반적으로 그 반대의 경향을 된다. 수요가 높으면 제품과 마케팅 가격은 하락하며, 이는 가격을 낮추는 결과를 가져올 수 있다. 더욱이 촉진은 가격 경쟁을 용이하게 함으로써 가격이 더 낮게 유지될 수 있도록 돕는다. 촉진 활동에 대한 다른 비판으로는 소비자들이 필요하지도 않은 물건을 구매하도록 조장하고, 물질주의 사회로 이끌며, 촉진 활동에 드는 높은 비용만큼의 충분한 혜택을 소비자들이 받고 있지 않다는 것을 들 수 있다. 마지막으로, 촉진에 대해 비판하는 일부 사람들은 특히 폭력과 섹스, 건강에 유해한 활동과 관련이 있는 해를 끼칠 수도 있는 제품을 촉진해서는 안 된다고 주장하고 있다.

주요 개념

- 통합마케팅커뮤니케이션,
- 커뮤니케이션
- 정보원천
- 수신자
- 부호화 과정
- 커뮤니케이션 채널
- 해독화 과정
- 잡음
- 반응
- 채널 수용력
- 촉진
- 일차 수요
- 새로운 소개 촉진
- 선택적 수요
- 촉진 믹스
- 신체적 커뮤니케이션,
- 공간적 커뮤니케이션
- 접촉을 통한 커뮤니케이션,
- 푸시 정책
- 풀 정책
- 구전 커뮤니케이션
- 버즈 마케팅
- 바이럴 마케팅
- 간접광고

마케팅 계획 수립하기

성공적인 마케팅 전략에 있어 필수적인 요소는 회사가 이해 관계자들과의 커뮤니케이션을 위해 계획을 수립하는 것이다. 커뮤니케이션 계획의 한 부분은 촉진요소로서 마케팅 믹스 안에 포함된다. 여러 촉진수단을 비롯해 촉진이 하는 역할을 분명하게 이해하는 것은 촉진 계획을 전개하는데 있어 중요하다. 다음 질문들은 이번 장에서 배운 내용과 여러분이 앞으로 마케팅 계획을 세울 때 내리는 결정들을 결부시키는데 도움이 될 것이다.

1. 그림 13.1에 나타난 커뮤니케이션 과정을 검토하라. 당신의 제품을 촉진하기 위해 커뮤니케이션 과정에 포함되는 다양한 요소들을 확인하라.
2. 당신이 촉진을 하는 목적은 무엇인가? 표 13.2를 이용하 여 설명하라.
3. 촉진 믹스의 네 가지 요소 중 당신의 목적을 달성하기 위해 가장 적절한 것은 어떤 것들인가? 각각의 장단점을 논하라.
4. 구전 커뮤니케이션, 버즈 마케팅 또는 간접광고가 당신의 촉진 계획에서 해야하는 역할은 무엇인가?

연습 문제

1 '통합마케팅커뮤니케이션' 용어의 의미는 무엇인가?

2. 커뮤니케이션을 정의하고 커뮤니케이션 과정을 설명하라. 커뮤니케이션 과정에 포함되는 요소 중 일부가 없어도 커뮤니케이션이 가능한가? 만약 그렇다면, 어떤 것이 생략될 수 있는가?

3. 잡음이 발생하는 원인들을 찾아보라. 정보원천은 잡음을 어떻게 줄일 수 있는가?

4. 촉진의 중요한 과업은 무엇인가? 회사는 과업을 달성 하기 위해 촉진을 이용하다가 실패하기도 하는가? 만약 그렇다면, 몇 가지 예를 들어보라

5. 촉진의 다양한 목적에 대해 설명하라. 그리고 각각의 목적이 될 만한 상황에 대해 논하라.

6. 조직이 촉진 믹스 안에 포함시킬 수 있는 촉진요소 네 가지를 간단하게 설명하라.
7. 대인 커뮤니케이션의 유형은 무엇인가? 또한 인적 판매에서는 어떤 유형의 언어가 사용될 수 있는가?
8. 목표 시장 특성이 촉진 믹스에 포함시킬 촉진수단을 어떻게 결정하는가? 회사가 성인과 아이들 모두에게 시리얼을 촉진할 계획을 세우고 있다고 가정하라. 촉진 활동을 각각 다르게 하는 중요한 관점은 무엇인가?
9. 제품 특성이 촉진 믹스 요소에 어떤 영향을 미칠 수 있는가?
10. 다음의 문장을 평가하라. "만약 회사가 매체에 대한 비용을 지불할 여유가 있다면, 적절한 광고 매체를 항상 이용할 수 있다."
11. 풀 정책과 푸시 정책의 차이를 설명하라. 각각 어떤 상황에서 이용되는가?
12. 구전 커뮤니케이션이 어떤 방식으로 제품의 촉진 믹스 효과에 영향을 주는가?
13. 촉진에 대한 비판 중 어떤 것이 가장 타당하다고 생각하는가? 그 이유는 무엇인가?
14. 합법적으로 판매되고 있는 공격적이고 폭력적인 제품 또는 몸에 해로운 제품을 조직이 촉진할 수 있도록 허가해야 하는가? 당신의 의견을 설명해보라.

◎ 케이스 13

프랭크 페페의 피자리아 나폴레타나는 프리미엄 피자로 유지하기 위해 긍정적 구전을 사용한다.

프랭크 페페의 피자리아 나폴레타나(Frank Pepe's Pizzeria Napoletana)는 구전을 이용한 미국에서 가장 인지도가 높은 피자 가게 중 하나이다. 제1차 세계 대전에서 돌아온 후, 초기에 프랭크 페페는 주중에는 빵을 만들고 주말에는 피자를 만드는 것으로 시작했다. 자신의 제품에 대한 수요를 파악한 후 그는 기업가 정신을 활용하여 오로지 피자에만 집중했다. 프랭크 페페는 1925년 뉴 헤이븐(New Haven), 코네티컷(Connecticut)에서 그의 이탈리아 문화로부터 큰 영향을 받은 페페의 피자리아(Pepe's Pizzeria)를 설립했다.

프랭크 페페는 뉴 헤이븐 스타일인 씬 크러스트 피자를 개발하여 미국 프리미엄 피자 가게들 중 한 곳의 주인으로서 명성을 얻었다. 많은 사람들이 프랭크 페페를 "오래된 신뢰(Old Reliable)"이라고 부르기 시작했고, 이는 다양한 커뮤니티들로부터 긍정적인 반응을 계속 이끌어낼 수 있었다. 페페의 대표 피자인 화이트 클램 피자는 1960년대 중반 만들어진 이래 가장 주목할 만한 레시피였다.

처음에 프랭크 페페의 피자리아 나폴레타나는 가족 운영 사업이었다. 프랭크의 아내와 아이들은 모두 본점에서 일을 하였다. 은퇴한 후 그들은 피자 사업을 오늘날에도 여전히 사업 지분을 가지고 있는 아이들에게 물려주었다.

가족 세대 간 교체를 통하면서도 페페는 일관되고 고객에게 맞는 프리미엄 제품을 제공하는 것을 항상 목표로 해 왔다. 사람들이 매장에 들어오면 페페의 직원들은 다양한 메뉴를 소개하며 개인 판매에 나선다.

현재 CEO인 켄 베리(Ken Berry)는 매일 제품 품질에 대한 약속과 보장을 제공하는 것에 높은 중점을 두고 있다. 최고 경영자로서, 그는 이 약속을 이행하는 것이 페페 가족이 처음에 설립했던 브랜드를 보호하고 구축하는 데 도움이 되는 의무로 보고 있다. 그는 회사가 계속 성장하기에 브랜드 자산을 유지하고 충성 고객의 피드백을 반영하는 것에 노력하고 있다.

1호점과 플래그십 스토어를 포함하여 현재 코네티컷, 뉴욕, 로드아일랜드, 매사추세츠에 11개의 피자 가게를 두고 있다. 각각의 새로운 가게마다 새롭고, 장래의, 충성 고객들을 위해 오리지날의 경험을 제공하는 데는 어려움이 있었다. 페페가 지속적으로 가게를 확장하기 시작했을 때 일부 고객은 실망한 것처럼 보였다. 다른 곳의 고객들이 프리미엄 피자의 명성을 시험하기 위하여 긴 줄을 기다리는 동안 개장일에 항의와 불매운동이 일어났다.

새로운 가게에서 고객 만족을 보장하기 위해 켄 베리는 오리지날 피자를 고객들에게 제공하는 것의 중요성에 대해 논의했다. 바뀌지 않은 레시피를 제공하는 것에서부터 가게의 디자인과 색상에 이르기까지 모든 것이 성공하기 위해 일치해야만 했다. 그는 페페를 고객이 옛 그대로의 오리지날 제품을 경험할 수 있게 하는 것이라 말한다

새로운 장소에서 가게 수요를 발전시키는 또 다른 측면은 사용된 광고 전략이었다. 페페가 늘 하였듯이 그들은 새로운 고객을 확보하고 유지하기 위해 구전에 의존했다. 그들은 경험에 초점을 두고 양질의 제품을 제공하고 있는가에 관한 고객 피드백을 듣는다. 때때로 그들은 효과적인 광고 전략이 될 수 있는 DM을 사용하여 고객들과 소통하기 위해 트위터, 인스타그램, 페이스북을 사용한다. 이는 때때로 전자 구전이라고 불린다. 주요 촉진 방법으로는 무료 피자를 제공하는 것인데, 이는 판매 촉진이다. 페페는 일반적으로 매장 오픈 일주일 전에 새로운 오븐을 부수어 직원들이 페페의 문화를 이해할 수 있게 하고 페페가 자신들의 피자에 대해 가지고 있는 자신감을 지역 사회에 보여주기 위해 새로운 오픈 매장 지역에서 일주일 동안 무료 피자를 나누어준다.

회사의 PR 측면을 고려하여 페페는 고객들이 자사 웹사이트를 통해 기부 요청을 할 수 있게 하고 웹사이트를 통해 고객들은 페페의 기프트 카드를 신청할 수 있다. 또한 그들은 자선 행사를 개최하여 한 단체가 어느 지역에서나 모금 행사를 열 수 있게 한다. 행사를 통해 벌어들인 수익의 15%는 그 단체에 기부된다. 비록 페페는 수익의 일부를 잃게 되지만 이러한 행사는 양질의 지역 사회와의 관계를 형성할 수 있게 하고 잠재적인 고객 형성에 도움을 줄 수 있게 한다. 그들은 또한 모금 목적으로 비영리 단체에 기프트 카드를 기부한다.

오랜 시간동안 페페는 오리지널 제품에 충실함으로써 고객에게 약속을 전달해왔다. 그들은 고객, 가족, 그리고 제품과 관련된 모든 공중이 정한 기준과 헌신을 통해 브랜드 자산을 유지해왔다. 페페의 사례를 통해 우리는 광고를 위한 비용이 많이 쓰일 필요는 없다는 것을 긍정적인 구전을 근거로 하여 알 수 있다.

토론을 위한 질문

1.페페가 고객들과 소통하기 위해 사용한 다양한 촉진 요소들은 무엇인가?

2.구전이 페페의 통합 마케팅 커뮤니케이션에서 어떤 역할을 하고 있는가?

3.지역 사회에 무료로 나누어 준 피자를 페페의 성공에 관한 판매 촉진의 한 형태로 평가하시오.

SORBIS/SHUTTERSTOCK.COM

ADVERTISING AND PUBLIC RELATIONS

CHAPTER.14

광고와 PR

학습목표

14-1 광고와 광고의 다른 유형들을 설명한다.

14-2 광고 캠페인 전개의 주요 8단계를 요약해본다.

14-3 광고 캠페인을 전개하는 책임자를 파악한다.

14-4 PR을 정의한다.

14-5 PR의 다른 수단들을 알아본다.

14-6 PR이 어떻게 이용되고 측정되는지를 분석해본다.

MARKETING INSIDE

마케팅 들여다보기

DANIEL M ERNST/SHUTTERSTOCK.COM

인플루언서 광고 유행이되다.

인플루언서 마케팅은 효과적인 마케팅 도구가 되었다. 인플루언서는 수천 명의 팔로워에서 수십억 명에 이르는 팔로워와 함께 업계 내에서 신뢰성을 지닌 사람이다. 브랜드는 제품과 서비스를 촉진하고 잠재적인 구매자에게 영향을 끼치기 위해 인플루언서를 고용한다. 소비자들이 전통적인 광고 전략에 대해 점점 더 회의적인 태도로 변함에 따라, 인플루언서 마케팅을 사용하는 것은 소비자들이 이미 신뢰하는 제품과 연결하는 데 도움이 된다. 예를 들어 NBA 스타 스테판 커리(Steph 커리)와 유튜버 루디 맨쿠소(Rudy Mancuso)는 새해 결심을 다짐하는 유머러스 비디오를 제작하여 물 정수 필터 회사인 브리타(Brita)와 파트너가 되었다. 커리와 맨쿠소는 유튜브와 인스타그램을 함께 이용하여 1,970만 명 이상의 팔로워와 시청자에게 광고를 전파하며 브리타 정수 필터 브랜드에 대한 관심을 높였다. 모든 종류의 광고는 대중의 비판을 받게 되며, 인플루언서 마케팅 또한 마찬가지로 다르지 않다. 브랜드들은 논란을 일으킨 인플루언서들과의 관계로 인해 부정적 퍼블리시티를 받았고, 인플루언서들은 파트너십이 진정성이 없어 보일 때 비판을 받았다. 인플루언서 광고가 주류가 됨에 따라 규제에 대한 필요성이 분명해졌다. 인플루언서 광고는 몇 가지 어려움을 지니고 있을 수 있지만, 광고가 계속 효과적인 한 기업들은 대중의 비판을 처리하고 판매를 얻기 위해 인플루언서 광고를 사용하려고 할 것이다.

크고 작은 회사들 모두 자신들의 이미지에 변화를 주거나 브랜드 순자본을 형성하기 위해, 또는 새로운 제품을 출시하거나 현재 브랜드를 촉진하기 위해 광고 같은 전통적인 온라인 촉진 활동을 이용한다. 이번 장에서는 광고와 PR에 관한 몇 가지 측면을 탐구해보자. 우선 광고의 성격과 유형을 중점적으로 다루고, 다음으로는 광고 캠페인을 전개하는 주요 단계와 캠페인 전개의 책임자가 누구인지를 살펴볼 것이다. 그런 다음에는 PR의 성격과 그것이 어떻게 이용되는지를 논할 것이다. 마지막으로 다양한 PR 수단과 PR 효과를 측정하는 방법을 검토해 보자.

14-1 광고의 성격과 유형

 # 학습목표 광고와 광고의 다른 유형들을 설명한다.

광고 기업과 기업의 제품에 관해 비용을 지불한 비인적 커뮤니케이션으로, 매스미디어를 통해 목표 청중들에게 전달됨.

광고는 마케팅에서 가장 눈에 띄는 분야 중 하나이다. 사실, 어떤 사람들은 광고가 마케팅이라고 잘못 생각한다. 광고는 소비자들에게 다가갈 수 있는 통신 수단을 향상시키는 기술이기에 매우 역동적이다. 소비자에게 오가는 정보의 통합적 흐름은 데이터를 캡처하고 인공지능(AI)과 예측 분석과 같은 새로운 기술을 사용하여 메시지를 구체적인 세그먼트로 개인화할 수 있는 능력을 만들었다. 디지털 미디어는 방송 미디어, 인쇄 미디어, 옥외 광고와 같은 전통적인 커뮤니케이션 수단에 도전하고 있다.

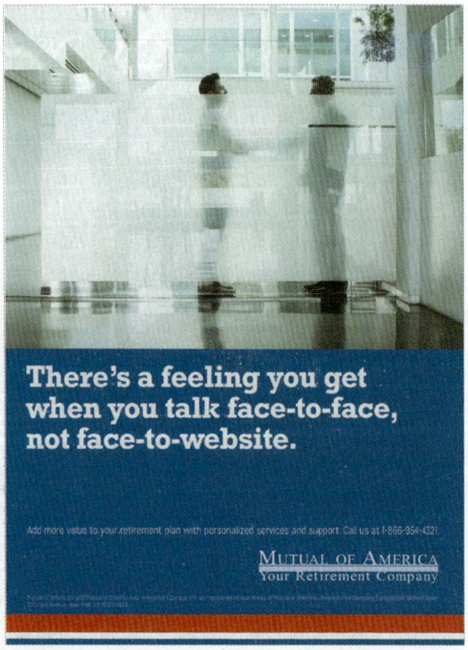

SOURCE: THE MUTUAL OF AMERICA LIFE INSURANCE COMPANY

기업 광고 뮤추얼 오브 아메리카는 개인화된 서비스를 촉진하면서 조직의 긍정적인 시각을 만들기 위해 기업 광고를 사용한다.

13장에서 언급하였듯이, **광고advertising**는 비용을 지불한 형태로 TV, 라디오, 인터넷, 광고용 우편, 옥외 광고, 대중교통 광고 같은 대중매체를 통해 목표 청중에게 전달되는 비대인적 커뮤니케이션이다. 광고는 소비자들이 특정 제품에 대해 생각하는 견해에 엄청난 영향을 줄 수 있다. 현지에서 재배된 유기농 제품의 촉진을 한 예로 들 수 있다. 소비자들은 현지에서 화학비료를 쓰지 않고 재배한 제품이 더 건강하다고 생각할 가능성이 크다. 비록 제품 그 자체로 신선하다는 견해를 지지하는 증거가 없음에도 불구하고 말이다. 홀푸드(Whole Foods)와 다른 슈퍼마켓들은 음식을 멀리 운송하는 과정에서 배출되는 배기가스를 없애고 지역 농부들을 지원하기 때문에 지역에서 재배된 음식을 더 지속 가능한 것으로 촉진한다. 광고는 심지어 브랜드의 영업 인력이 제품을 보는 시각에도 영향을 미친다. 브랜드 광고에 대한 판매원의 인식은 판매원이 브랜드를 인지하는 방법에 영향을 미치기 때문에 노력 및 성과에 긍정적인 관련이 있다. 회사는 "와이오밍(Wyoming) 동전 수집가들" 같은 소규모의 특정한 단체에서 부터 "운동화를 구매하는 미국에 사는 모든 사람"

과 같이 대단히 큰 규모의 집단에까지 이르는 여러 유형의 청중을 조사하기 위해 광고를 이용한다.

주요 광고 회사들의 이름을 말해보라 한다면, 대부분의 사람들은 곧바로 기업 형태의 조직들을 거론할 것이다. 하지만 정부, 교회, 대학, 자선단체를 포함한 많은 비영리조직도 그들의 이해관계자들과 소통하기 위해 광고를 이용한다. 매년 미국 정부는 미국 시민들의 구매행동에 영향을 미치고 그들에게 구매를 권하기 위한 광고에 수억 원을 지출한다. 비록 이 장에서는 기업 조직의 맥락에서 광고를 분석하지만, 비영리 단체를 포함한 모든 유형의 조직들도 다음과 같은 개념들이 많이 적용된다.

광고는 제품, 서비스, 아이디어, 이미지, 이슈, 사람들 또는 광고주가 알리고 홍보하고 싶은 모든 것을 촉진하는 데 이용된다. 무엇이 촉진되느냐에 따라 광고는 **기업 광고**Institutional advertising 또는 제품 광고로 분류된다. 기업 광고는 조직의 이미지와 아이디어, 정치적 사안들을 촉진한다. 이는 조직의 이미지를 형성하고 유지하기 위해 이용된다. 기업 광고는 조직의 강점 또는 조직원들의 친절함 같은 전반적인 이미지와 관련된 문제들을 다루고 주주, 소비자 보호 단체, 잠재적 주주, 일반 대중과 같이 고객이 아닌 사람들의 시각에서 조직에 대한 긍정적인 견해를 형성하는 것을 목표로 한다. 생명보험 기업인 뮤추얼 오브 아메리카(Mutual of America)의 광고를 생각해보자. 그 회사는 대면 소통 및 개인 서비스 지원으로 개인적이라는 이미지를 홍보하기 위해 기업 광고를 사용한다. 기업 광고는 조직 또는 그들의 산업에 대한 긍정적 시각을 만들기 위해 사전 대응적일 수 있고, 반대로 조직의 평판에 부정적 영향을 미칠 수 있는 것에는 사후 대응적일 수 있다.

기업 광고 조직의 이미지, 아이디어, 정치적 사안들을 촉진하는 광고

회사가 세금 인상, 환경보호, 규제, 국제 무역 통상 같은 공공 문제에 대한 입장을 알리는 경우 기업 광고는 **옹호적 광고**advocacy advertising로 볼 수 있다. 이러한 광고는 재활용이나 주류 소비 절제처럼 사회적으로 승인되고 찬성 받는 행동을 촉진하기 위해 이용된다. 예로, 필립 모리스(Philip Morris)는 부모들이 자녀들에게 흡연을 해서는 안 된다고 말할 것을 장려하는 TV 광고를 내보내고 있다. 흡연자의 90%가 18세 이전에 첫 담배를 피우기 때문에 흡연과 관련된 건강 위험에 관하여 10대들과 효과적으로 소통하는 것은 매우 중요하다. 이러한 광고 유형은 사회적 이점을 가질 뿐만 아니라 조직의 이미지를 형성하는 데 도움이 된다.

옹호적 광고 공공 문제에 대한 회사의 입장을 촉진하는 광고

제품 광고 Product advertising는 제품의 용도, 특징, 장점을 촉진한다. 제품 광고에는 **파이어니어 광고**Pioneer advertising과 경쟁 광고(Competitive advertising)가 있다. 파이어니어 광고는 특정 브랜드보다는 제품군에 대한 수요를 자극하는 데 중점을 두고서 제품의 특징, 용도, 장점에 관해 잠재 고객들에게 알려주는 광고이다. 제품 광고는 사람들이 제품에 대해 더 생각하게 하고 긍정적으로 평가하도록 하게 만드는 경향이 있다. 또한 파이어니어 광고는 제품수명주기의 도입기 단계에 이용된다. 테슬라가 정교한 기술과 카메라 패키지와 함께 "오토파일럿(autopilot)"으로 불리는 소프트웨어 업데이트 버전 7.0을 테슬라 자동차에 적용시켰을 때 테슬라 차들은 일반 자동차가 할 수 없었던 일들을 수행할 수 있었다. 이 테슬라 차량들은 운전자들의 사고를 막을 수 있을 뿐만 아니라 조향, 차선 변경, 속도 조절, 주차도 할 수 있다. 이 카테고리의 초기 파이어니어 광고들은 소비

제품 광고 제폼의 용도, 특징, 장점을 촉진하는 광고

파이어니어 광고 잠재 구매자들에게 제품에 관해 알려주면서 특정 브랜드보다 제품군에 대한 수요를 자극하려고 하는 광고

경쟁 광고 경쟁 브랜드와 비교하여 제품의 특징, 용도, 장점을 촉진함으로써 특정 브랜드에 대한 수요를 자극하려는 노력

자들에게 제품과 그들의 이점에 대해 교육해야 했다. **경쟁 광고Competitive advertising**는 때때로 경쟁 브랜드와 간접 비교 또는 직접 비교를 통해 브랜드의 특징, 용도, 장점을 촉진함으로써 특정 브랜드에 대한 수요를 자극하려는 시도를 말한다. 컴캐스트(Comcast), 에이티앤티(AT&T), 다이렉TV(DirecTV), 슬링TV(Sling TV) 같은 케이블, 위성 스트리밍 인터넷 TV 서비스 업체는 그들의 브랜드를 우위에 두기 위해 경쟁 광고를 이용한다. 판매에 대한 광고 효과는 반드시 경쟁사의 광고 활동을 반영해야 한다. 가장 효과적인 접근 방법은 경쟁 환경의 성격 및 정도에 따라 결정될 것이다.

비교 광고 한 가지 이상의 제품 특징을 바탕으로 하여 지원하고 있는 브랜드와 1개 이상의 다른 브랜드를 비교하는 광고

마케터는 직접적인 제품 비교를 위해 경쟁 광고의 유형 중 **비교 광고comparative advertising**를 이용하는데, 비교 광고란 한 가지 이상의 제품 특징을 바탕으로 하여 지원하고 있는 브랜드당 1개 이상의 구분되는 경쟁 브랜드를 비교하는 것이다. 설문조사에 의하면, 창의적이고 실력 있는 광고 실무자들은 비교 광고에서 경쟁 상대를 분명하게 밝혔을 때 비교 광고를 호의적으로 여긴다고 한다. 비교 광고를 통해 촉진되고 있는 브랜드들은 시장 점유율이 낮은 편으로, 같은 제품 범주 내 가장 높은 시장 점유율을 보유한 경쟁 브랜드들과 종종 비교된다. 예를 들어, 요플레(Yoplait)는 경쟁 회사인 초바니(Chobani)의 요구르트와 직접적으로 비교한 "요플레 그릭 테이스트 오프(The Yoplait Greek Taste Off)"라는 광고를 사용했다. 요플레는 그리스 요구르트 산업에 비교적 늦게 진출한 후 시장 선두주자 초바니를 따라잡기 위해 노력하고 있다. 일반적으로 비교 광고를 이용하는 제품군에는 청량음료, 치약, 진통제, 식품, 타이어, 자동차, 세제 등이 속한다. 1988년 상표법 개정(Trademark Law Revision Act)에 따라 미국 내에서 비교 광고를 이용하는 마케터들은 경쟁 제품의 품질이나 특징에 대한 정보를 잘못 전달해서는 안된다.

리마인더 광고 기존 브랜드로서 용도, 특징, 이점들에 관한 내용을 소비자들에게 상기시키기 위해 이용되는 광고

강화 광고 이용자들에게 자신이 올바른 브랜드를 선택했다는 확신을 심어주고, 제품으로부터 가장 큰 만족을 얻는 방법을 말해주는 광고

경쟁 광고의 다른 유형으로 **리마인더 광고Reminder advertising**와 **강화 광고Reinforcement advertising**를 들 수 있다. 리마인더 광고는 기존 브랜드로서 여전히 굳건하며, 그 브랜드만의 특징과 용도를 가지고 계속해서 고객들에게 장점을 제공하고 있음을 말해주는 광고이다. 예를 들어, 치키타 바나나(Chiquita Banana)는 세계 바나나의 날에 바나나를 특징으로 한 렌즈와 필터를 만들기 위해 스냅챗(Snapchat)과 제휴를 하고 이용자들에게 바나나를 상기시켰다. 강화 광고는 지금 현재 해당 브랜드를 이용하고 있는 사람들에게 올바른 선택을 했다는 확신을 심어주고, 브랜드를 통해 가장 최상의 만족감을 얻을 수 있는 방법에 대해 말해주는 광고를 말한다. 가이코(GEICO)같은 보험회사들은 새로운 잠재 고객들이 전화로 보험료 견적을 받아보는 데 15분을 소요하도록 유도하면서, 그들의 보험 증권에서 15% 이상의 금액을 절약하도록 장려한다. 가치 제안은 소비자들로 하여금 자신들이 신규 고객 또는 현재 고객으로서 자신들이 올바른 결정을 내리고 있다는 생각을 강화할 수 있다.

네이티브 광고 포함된 콘텐츠의 외적 형식과 목적이 유사하게 노출되는 디지털 광고

마케터들 사이에서 떠오르는 한 가지 경향은 **네이티브 광고native advertising**, 즉 콘텐츠의 디자인과 목적에 맞는 디지털 광고를 사용하는 것이다. 네이티브라는 단어는 이러한 형태의 광고가 광고 내용 자체와 유사하다는 사실을 의미한다. 네이티브 광고는 일반적인 배너 광고보다 개선된 브랜드 인식, 인식 및 참여와 더 관련되어 왔다. 네이티브 디지털 광고는 모든 디지털 디스

플레이 광고 지출에서 거의 65%를 차지한다. 광고가 넘쳐나는 세상에서, 네이티브 광고는 마케터들에게 새롭고 혁신적인 방법으로 소비자들에게 다가갈 수 있는 기회를 제공한다. 또한 네이티브 광고는 그 광고를 주최하는 사이트의 광고 수입을 증가시킨다. 반면, 소비자들이 비디오나 게시물이 조직의 후원을 받는다는 것을 깨닫지 못할 때, 네이티브 광고는 잠재적으로 오해를 낳을 수도 있다. 한 설문조사는 50% 이상의 소비자들이 기사나 비디오가 후원을 받은 콘텐츠라는 것을 깨닫고 속았음을 느낀다고 밝혔다. 기만 및 잠재적인 법적 영향을 피하기 위해 브랜드는 디지털 미디어 사이트에 있는 후원 콘텐츠를 명확하게 구분해야 한다.

14-2 광고 캠페인 전개하기

 # 학습목표 **광고 캠페인 전개의 주요 8단계를 요약해본다.**

광고 캠페인advertising campaign은 일련의 광고를 고안하고 특정한 목표 청중들에게 도달하기 위해 그것들을 다양한 광고 매체에 내보내는 과정을 포함한다. 그림 14.1에서 보듯이. (1) 목표 청중 구분하고 분석하기, (2) 광고 목표 분명히 하기, (3) 광고 플랫폼 개발하기. (4) 광고예산 책정하기, (5) 매체 계획 전개하기, (6) 광고 메시지 만들기, (7) 캠페인 실행하기 (8)광고 효과 측

광고 캠페인 특정한 목표 청중과 커뮤니케이션하기 위한 일련의 광고 제작과 실행

그림 14.1 광고 캠페인을 전개하고 실행하는 일반적인 순서

정하기가 광고 캠페인을 제작하는 데 있어 가장 중요한 단계라고 할 수 있다. 각 단계와 이행되는 정확한 순서는 조직의 자원, 제품의 성격, 도달하는 목표 청중의 유형에 따라서 달라질 수 있다. 하지만 광고 캠페인을 전개하는 데 있어 이러한 기준은 모든 유형의 조직에 있어 적합하다.

14-2a 목표 청중 구분하고 분석하기

목표 청중 광고가 목표로 하는 사람들의 집단

목표 청중target audience이란 광고가 목표로 하는 사람들의 집단이다. 다이슨(DYSON) 진공 청소기 광고는 부유한 주택 소유자를 목표로 하는 반면, 더트 데블(Dirt Devil)은 그보다 낮은 중산층 가정을 목표로 한다. 블루 윌더니스(BLUE Wilderness)는 인공 방부제나 부산물 고기를 재료로 사용하지 않은 고급 반려동물 사료로 잘 알려져 있다. 또한 퓨리나 캣 차우(Purina Cat Chow)도 고품질의 단백질 제조법을 광고하지만, 블루 윌더니스 제품 시장은 퓨리나 캣 차우보다 더 풍부한 시장을 가지고 있다. 목표 청중을 구분하고 분석하는 것은 매우 중요한 과정이다. 캠페인을 전개하는 과정에 있어 이 단계에서 산출된 정보가 다음 단계들을 결정한다. 목표 청중은 조직의 목표 시장 안에 있는 모든 사람을 포함할 수 있다. 그러나 마케터는 목표 시장의 일부만을 겨냥한다. 예를 들어 고급 요가복 전문 회사인 룰루레몬 아틀레티카(Lululemon

SOURCE: BLUE BUFFALO CO., LTD.

SOURCE: NESTLÉ PURINA PETCARE

다른 시장을 목표로 하기 블루 윌더니스는 퓨리나 캣 차우보다 높은 가격에 고단백의 고양이 사료를 소비자들에게 제공한다.

Athletica)는 최근까지 주로 여성들에게 초점을 맞추었다. 그러나 회사가 남성복 라인을 새로 만들면서부터 건강에 관심이 있는 남성들에게까지 청중을 확장하고 있다. 미국에서 요가를 하는 사람의 30%가 남성인 것으로 추정된다. 이 숫자는 지난 4년 동안 2배로 증가하며 빠르게 성장하는 시장을 보여준다. 룰루레몬 아틀레티카와 같은 적극적인 회사들은 이 시장에서 변화하는 인구통계를 이용하고 있다. 홀푸드는 아마존이 유명한 식료품 체인점을 인수한 후 3분에서 5분 동안 미세하게 방문이 증가하였음을 확인했다. 이러한 엄청나게 빠른 쇼핑의 증가는 아마존을 위한 안전한 배송 시스템인 아마존 로커(Amazon Lockers)의 설치를 원인으로 볼 수 있다. 홀푸드는 바쁜 직장인들이 충동 구매를 할 수 있도록 장려할 수 있다.

광고주들은 캠페인을 위한 정보 기반을 구축하기 위해 광고 대상을 조사하고 분석한다. 필요로 하는 정보는 대개 목표 집단의 지역과 지리적 분포, 나이, 수입, 인종, 성별, 교육 수준 같은 인구통계적 요소의 분포와 라이프스타일 정보, 그리고 광고주의 제품과 경쟁사 제품 구매와 이용에 따른 소비자 태도를 포함한다. 조직에 유용한 정확한 정보는 광고되고 있는 제품의 유형, 목표 청중의 성격, 경쟁 유형과 수준에 의해 결정된다. 그리고 광고주들은 반드시 목표 시장에 반향을 불러일으킬 만한 캠페인을 제작해야 하는 것을 목표로 해야 한다. 사생활 침해에 대한 염려, 자극적인 광고 등으로 회피될 수 있으나, 온라인과 광고용 우편 광고를 통해 정보를 개인화하는 경우 그러한 광고를 받아들이는 경향은 증가한다. 일반적으로 목표 청중에 대해 광고주가 더 많이 알면 알수록 회사는 효과적인 광고 캠페인을 전개할 가능성이 커진다. 광고의 목표대상이 잘 이해되지 않고 차별화되지 않으면 캠페인은 실패할 확률이 높다.

14-2b 광고 목표 분명히 하기

광고주가 진행할 다음 단계는 회사가 캠페인 달성을 하여 이루고 싶은 것이 무엇인지를 결정하는 것이다. 광고 목표는 캠페인 전개의 길잡이가 되므로 광고주는 목표를 신중하게 정해야 한다. 광고 목표는 분명하고 정확하게 그리고 측정 가능한 용어로 명시되어야 한다. 정량화할 수 있는 측정 기준을 통해 광고주는 캠페인 종료 시 목표 달성 여부에 따라 광고의 성공을 평가할 수 있다. 정확성과 측정 가능성을 제공하기 위해 광고 목표는 벤치마크를 포함하고 광고주가 달성하고자 하는 바를 나타내야 한다. 만약 매출 증가가 목표라면, 광고주는 현재의 판매 수준(기준)과 광고를 통해 추구하는 총판매 증가량을 명시해야 한다. 또한 광고주가 목표를 달성하는 데 어느 정도의 시간이 걸리는지 정확하게 알기 위해서 광고 목표 달성을 위한 기간을 설정해야 한다. 매달 매출액이 평균 45만 달러(기준)인 광고주는 "우리의 주요 광고 목표는 12개월 이내에 매달 매출액을 45만 달러에서 54만 달러(20%)로 올리는 것이다."와 같은 목적을 설정할 수 있다.

만약 광고주가 매출을 기반으로 하여 목표를 정한다면, 그 목표는 달러 매출액 또는 판매 수량의 증가, 특정한 비율만큼의 매출 증가, 회사의 시장 점유율 증가 등에 중점을 둘 것이다. 광고

주의 장기 목표가 매출 증대라고 할지라도 모든 캠페인이 즉각적인 판매를 만들어내기 위해서 고안되는 것은 아니다. 일부 캠페인은 제품 또는 브랜드 인지도 높이기, 호의적인 소비자 태도 이끌어내기, 제품 특징에 대한 소비자들의 지식 강화하기, 그리고 '건강한 삶과 식단'과 같이 긍정적이고 건강한 소비자 행동에 관한 인식 형성하기 등을 목표로 한다. 만약 제품 인지도를 높이는 것이 목표라면, 그 목표는 커뮤니케이션 측면에서 정의될 것이다. 구체적인 커뮤니케이션 목표는 사우스웨스트 래피드 리워즈 프리미어 비자 카드(Southwest Rapid Rewards Premier Visa card)가 사우스웨스트 항공편 및 여행 파트너에 지출되는 달러당 2포인트를 제공하는 것처럼 새로운 제품에 대한 인식을 높이는 것이다.

14-2c 광고 플랫폼 개발하기

광고 플랫폼 광고 캠페인 안에 포함되는 기본적인 이슈 또는 판매에 유리한 제품의 장점

정치 캠페인을 시작하기 전에 당대표들은 해당 캠페인을 바탕으로 한 중요한 사안이 명시된 정치 강령을 개발할 것이다. 정치 강령과 마찬가지로, **광고 플랫폼advertising platform**은 기본적인 이슈 또는 광고주가 광고 캠페인에 포함되길 바라는 판매에 유리한 제품의 장점으로 구성되어 있다. 예로, 맥도날드는 식당 광고 플랫폼의 일부로 종일 먹을 수 있는 아침 식사를 광고한다. 광고 캠페인 안에 속하는 개별 광고는 플랫폼이 다루는 이슈 중 한 가지 이상을 포함한다. 플랫폼은 기본적인 이슈들로부터 설정되지만 어떻게 그 내용을 표현할지를 보여주지는 않는다.

광고 플랫폼은 소비자들에게 중요한 이슈들로 구성되어야 한다. 그러한 이슈를 결정하는 가장 좋은 방법 중 하나가 소비자들이 관여하는 제품 선택과 이용에 있어 가장 중요하게 생각하는 것이 무엇인지를 조사하는 것이다. 훌루(Hulu)는 500명의 회원들로 구성된 "훌루 브레인 트러스트(Hulu Brain Trust)"소비자 패널을 조사하고 그들이 훌루를 본 가장 최고의 장소에 대해 "진정한 고백"을 요구했다. 상위 5개 장소에는 화장실, 미팅, 빨간불, 결혼식, 장례식이 포함된다. 훌루는 디지털 미디어와 다른 형태의 광고에서 이러한 흥미로운 위치를 이용하여 사용자들과 더 좋은 관계를 맺을 수 있다. 제품 특징을 다룰 경우에는 비단 소비자들에게 중요한 특징뿐만 아니라 광고되고 있는 브랜드의 강력하고 경쟁력 있는 특징들이 나타나 있어야 한다. 예를 들어 다른 많은 항공사들은 위탁 수화물에 대해 요금을 부과하는 반면 사우스웨스트 항공은 "수하물은 무료(bags fly free)"로 홍보하면서 많은 경쟁사들에 비해 훌륭한 판매 제안을 소비자들에게 제공한다. 광고 플랫폼에 포함시킬 사안들을 결정하기 위한 가장 효과적인 방법은 조사이지만 소비자 연구는 많은 비용을 필요로 할 수도 있다. 종종 경쟁자와 시장에 대한 분석은 유용한 판매 특징을 알 수 있게 해준다.

광고 플랫폼은 광고 메시지를 형성하는 기반이 되므로 마케터는 이 단계를 신중하게 분석해야 한다. 메시지가 유용하다고 생각될 경우에 좀 더 큰 브랜드 신뢰도가 형성되는 것으로 밝혀져 있다. 목표 청중의 선택과 분석, 목적의 분명화, 매체 전략, 메시지와 전달 형태의 측면에서 성공적이더라도, 광고가 소비자들이 제품을 선택하고 이용할 때 중요하게 생각하지 않는 정보를 전

창의적 마케팅

파타고니아는 쇼핑객들에게 "이 재킷을 사지 마세요" 라고 말하다.

아웃도어 의류 소매업체인 파타고니아(Patagonia)는 '이 재킷을 사지 마세요'라는 대표 문구를 내세워 베스트셀러인 R2 코트를 내세운 광고로 유명하다. 광고는 R2가 재활용 소재를 이용하지만 재킷의 제작과 배송은 아직까지 환경에 부정적인 영향을 미친다고 설명했다. 파타고니아는 세 가지 환경 원칙에 기초하여 설립되었다: 높은 퀄리티의 제품을 판매하고, 불필요한 피해를 야기하지 않고, 환경 문제에 대한 경영 해결책을 찾는다. 과소비는 폐기물을 발생시키기 때문에 소비자들의 구매를 낮추도록 유도하는 것은 파타고니아의 환경에 대한 책임을 보여준다. 파타고니아는 소비자들이 필요한 의류만을 구매하기를 원한다. 또한 파타고니아는 PR 활동도 캠페인에 포함시켰다. 예를 들어, 파타고니아는 오래된 파타고니아 옷을 덕트 테이프로 묶은 팬들을 보여주는 필름을 제작하여 적게 소비하는 것의 가치를 보여주었다. 파타고니아의 사회 및 환경 책임을 맡고 있는 부사장은 파타고니아 회사가 의류의 70%를 재활용하거나 재생 가능한 소재를 사용하는 방향으로 나아가고 있다고 전했다. 파타고니아 의류는 수명이 길기 때문에 오래된 의류를 계속해서 바꿔야 하는 문제의 해결책으로 파타고니아 마케팅은 간접적으로 자사 제품을 촉진한다. 심지어 회사는 파타고니아가 다른 옷으로 재활용할 수 있도록 소비자들에게 오래된 상품을 반품하라고 촉구한다. 2025년까지 파타고니아는 탄소중립을 희망하고 있으며 미래에는 탄소 포지티브(carbon positive)가 이루어지기를 바란다.

달한다면 그 캠페인은 궁극적으로 실패할 것이다. 넷플릭스 광고가 조금 지나쳤다고 여겨지면서 독일의 옥외 게시판에서 철수된 사례가 있다. 넷플릭스는 좀비 코미디 시리즈 '산타 클라리타 다이어트(Santa Clarita Diet)'를 홍보하기 위해 유머를 사용하고 있었고 사람 손가락을 잘라 포크가 튀어나온 특별 요리를 보여준 광고판을 선보였다. 특히 청소년들과 어린이들은 이 광고에 불쾌감을 느꼈고 많은 사람들은 그 광고에 혐오감을 느끼고 구역질을 했다. 그 광고는 역효과를 냈을 수도 있지만 논란을 통해 상당한 홍보를 이룰 수 있었다.

14-2d 광고예산 책정하기

광고예산 특정 기간동안 소비되는 광고비용

광고예산advertising appropriation이란 특정 기간 동안 마케터가 광고를 위해 할당하는 총금액을 말한다. 가이코는 같은 시기에 버라이존(Verizon), 프로그레시브(Progressive), 포드(Ford), 라

그림 14.2 미국의 총 미디어 광고에 대한 지출, 2017~2022

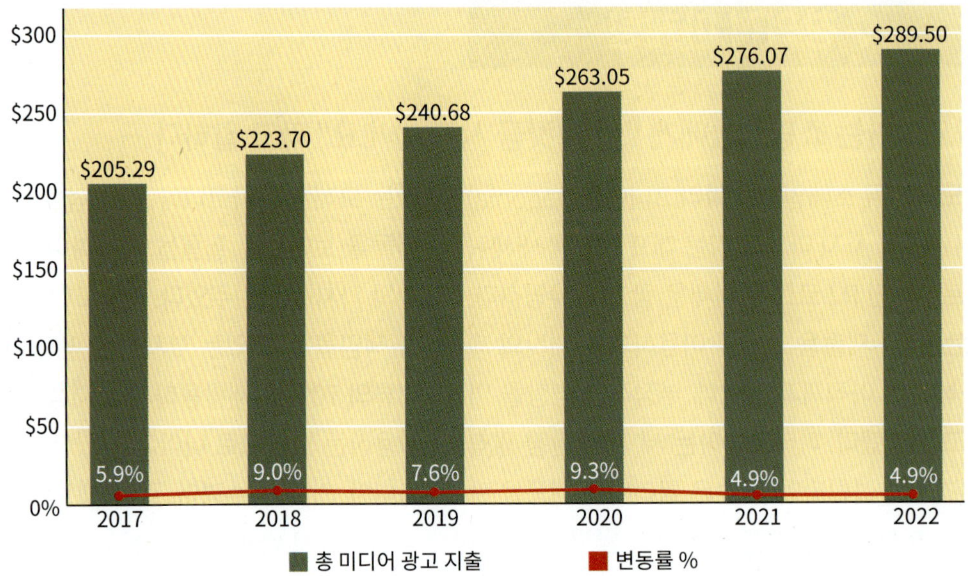

Note: Includes digital (online and mobile), directories, magazines, newspapers, outdoor, radio, and TV.
출처: eMarketer, March 2018.

이온스게이트(Lionsgate), T-모바일(T-Mobile), 에이티엔티(AT&T)를 능가하여 같은 시기에 미국시장을 선도하는 회사가 적당한 광고금액을 결정하는 데는 많은 요소가 영향을 미친다. 시장의 지리적 규모와 시장 내 소비자 분포는 그 결정에 있어 연관성이 높으며, 광고되고 있는 제품과 경쟁사의 판매고에 비례하는 회사의 판매고 또한 수익의 어느 정도를 광고에 지출할지 결정하는 데 영향을 준다. 소비자 제품에 비해 산업용 제품을 위한 광고비용은 일반적으로 상당히 적게 드는 반면, 메이블린(Maybelline) 같은 소비자 편의제품은 대개 판매에 비해 많은 광고비용이 든다. 월마트같은 소매업체들은 보통 매출액에서 그보다 훨씬 더 낮은 비율의 금액을 광고로 지출한다. 그림 14.2는 수년간 광고가 어떻게 성장해왔는지를 보여준다.

목표 과업법 먼저 캠페인의 목표를 결정하고, 그것을 달성하는 데 필요한 모든 과업 비용을 산정하는 광고 캠페인 예산 책정 방법

매출 비율법 회사의 과거 매출액이나 예상 매출액에 백분율을 곱하는 광고 캠페인 예산 책정 방법

광고예산을 결정하는 데 사용되는 가장 논리적인 방법 중 하나가 **목표 과업법**objective-and-task approach이다. 이 방법을 사용하여 마케터는 캠페인 목표를 결정하고, 다음으로는 그 목표를 성취하기 위해 요구되는 과업들에 대한 목록을 작성한다. 과업에 드는 비용은 총 광고 예산에 맞추어 산정되고 더해진다. 이 방법에는 한 가지 중요한 문제점이 있는데, 마케터가 특정한 목표를 이루기 위해 필요로 하는 노력의 정도를 정확하게 추정하는 데 이따금 어려움을 겪는다는 것이다. 예로, 도넛 가게 체인점은 브랜드 점유율을 8%에서 10%로 높이기 위해 TV 광고를 전국적으로 얼마만큼 늘려야 할지를 결정하는데 상당히 어려움을 느낄 수 있다.

좀 더 널리 사용되는 방법으로는 **매출 비율법**percent-of-sales approach이 있다. 마케터는 단순

하게 회사의 과거 매출액 또는 예상되는 판매 증가량 또는 감소량을 과거 매출액에 더한 값에 회사가 전통적으로 광고에 들이는 비용과 업계 평균을 근거로 하는 백분율로 곱하면 된다. 하지만 이 방법 또한 광고가 매출을 불러일으키기보다는 매출이 광고를 만들어낸다는 부정확한 가정을 바탕으로 한다는 중대한 결점이 있다. 매출이 감소할 때 마케터가 이 방법을 사용하고 있다면 광고에 들이는 총비용을 줄이려고 할 것이다. 그러나 이는 더 나아가서 매출을 감소시킬 수도 있다. 비록 비논리적일지라도 이 방법은 시행하기가 쉬워 선호되고 있다.

광고예산을 결정하는 또 다른 방법은 **경쟁사 대항법competition-matching approach**이다. 이 방법을 따르는 마케터는 주요 경쟁사의 광고예산에 절대 달러로 맞추거나 경쟁사가 광고에 들이는 매출액 대비 일정 비율과 같은 비율로 할당하려고 시도한다. 그러나 이 경우 마케터는 경쟁사의 광고비용을 알아야 하며, 경쟁사는 아마도 다른 광고 목표와 광고에 이용할 수 있는 다른 자원을 갖고 있을 것이므로 이 방법만 단독으로 사용해서는 안된다. 많은 회사와 광고대행사들은 그들만의 지출 규모를 가지고서 경쟁사가 인쇄물, 라디오, TV에 들이는 달러 비용과 비교해가며 분기별로 경쟁적인 지출을 하는 것을 검토한다. 이러한 형태의 경쟁적 추적은 국가적, 지역적 수준에서 발생한다.

경쟁사 대항법 경쟁사의 광고 경비에 맞추려고 하는 광고예산 결정 방법

때로 마케터는 임의적 방법을 사용하기도 하는데, 이 경우 일반적으로 회사의 고위 임원이 특

그림 14.3 일상에서 매체를 소비한 시간 점유

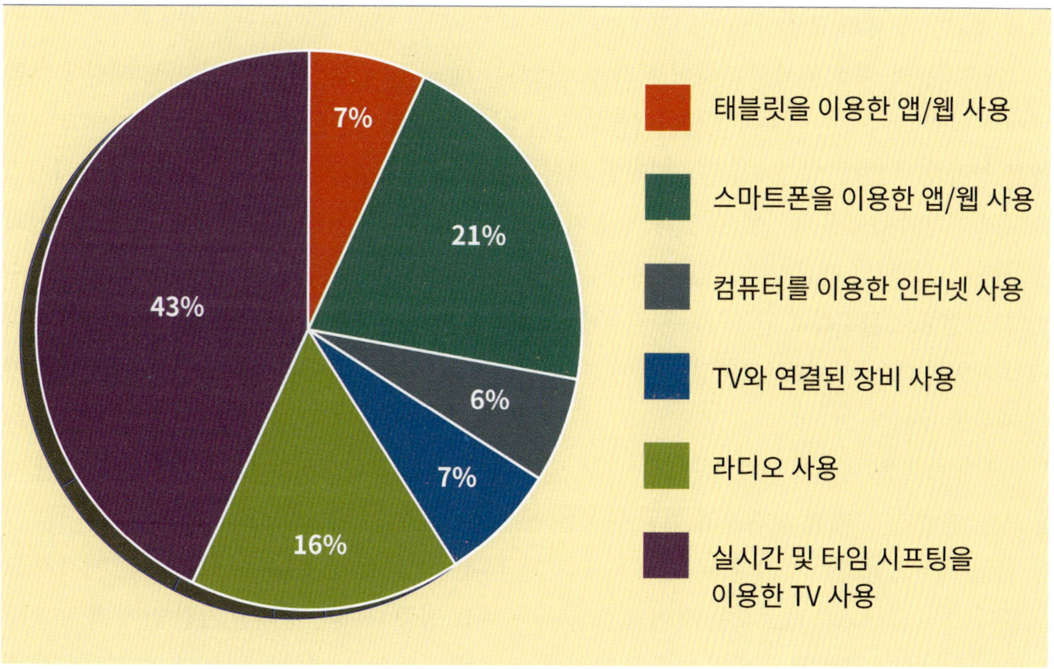

출처: Nielsen, "The Nielsen Total Audience Report: Q1, 2018," July 31, 2018, https://www.nielsen.com/us/en/insights/report/2018/q1-2018-totalaudience-report/ (accessed August 5, 2019).

임의적 방법 회사의 고위 임원이 지정한 대로 광고 캠페인 예산을 결정하는 것

정 기간 동안 광고에 어느 정도의 비용을 지출할지를 정한다. **임의적 방법arbitrary approach**은 종종 지출을 적게 하거나 너무 많이 쓰게 되는 결과로 이어진다. 과학적인 예산 책정 방법이라 하기는 어렵지만 편리한 방법이다. 일반적으로 기업 문화는 광고 예산 결정을 이끌 것이며 종종 수익을 극대화하지 못한다. 그러나 예산 책정은 "경험에 바탕을 둔 결정(rules of thumb)"에 의존하는 것보다 더 복잡하다. 마케터들이 광고비 지출의 효과를 적절히 배분하고 최적화할 수 있도록 소비자의 전통 미디어와 디지털 미디어 소비를 통일적으로 측정할 필요가 있다는 연구결과가 나왔다. 광고 효과를 측정하는 방법과 얼마나 많은 비용을 지출해야 하는지를 아는 것은 쉽지 않다.

14-2e 매체 계획 전개하기

매체 계획 이용할 매체수단과 광고 진행을 위한 일정을 구체적으로 명시하는 계획

광고주는 광고 매체에 엄청난 금액을 지불한다. 이러한 비용은 지난 20년 동안 급속도로 상승해 왔다. 그림 14.3은 사람들이 다른 디지털 미디어 범주와 함께 보내는 시간의 비율을 보여준다. 인쇄 광고가 감소하고 있지만 온라인과 텔레비전은 인기 있는 광고 장소이다. 매체 비용으로부터 최대의 결과를 끌어내기 위해 마케터는 효과적인 **매체 계획media plan**을 전개해야 한다. 매체 계획은 이용되는 정확한 매체수단(특정 잡지, TV 방송국, 소셜미디어, 신문 등)과 광고를 내보낼 날짜, 시간을 제시한다. 그 계획은 목표 청중 내에서 얼마나 많은 사람에게 메시지를 노출할지 결정하고 매체수단 또한 특정 목표 시장에 대한 메시지의 효과를 어느 정도 결정한다. 메체를 계획하는 것은 철저한 목표 청중 분석을 요하는 복잡한 일이다. 매체 계획의 효과를 극대화하기 위해 정교한 컴퓨터 모델이 발전되고 있다.

인공지능과 예측 분석은 미디어 계획을 개발하는 데 사용되고 있다. 소비자 매체 패턴에 대한 방대한 양의 데이터로 인하여 빅데이터를 이용한 머신 러닝은 다양한 매체 수단에서 기대되는 결과를 결정할 수 있다. 인공지능은 효과적인 계획을 위해 목표 청중을 올바른 매체 선택에 일치시킴으로써 인간의 능력을 능가할 수 있다. 인공지능은 전통적인 매출 비율 접근법을 넘어 광고예산과 결과를 극대화하고 객관적이고 업무 초점적인 접근에 집중하는 결정을 내리는 것에 도움을 줄 수 있다. 그럼에도 불구하고 인공지능은 결정에 필요한 전통적인 변수와 요소를 이용하여 매체 기획자가 개발한 데이터로 프로그래밍 되어야 한다. 미래에 정보 기술은 매체 계획 결정을 추진하는 것을 계속할 것이다.

매체 계획을 세우기 위해 설계자는 캠페인을 위한 매체를 선택하고 각 매체를 위한 시간 계획표를 준비한다. 매체 설계자의 주된 목적은 예산이 허용되는 한 광고 목표 대상 내 최대한 많은 사람에게 도달하는 것이다. 두 번째 목표는 예산 내에서 목표 청중들로부터 적절한 메시지 도달률과 그 노출빈도를 확보하는 것이다. 도달률은 목표 청중 내에서 정해진 기간 안에 특정한 광고에 정확하게 노출되는 소비자 비율을 말한다. 노출빈도는 목표 대상이 되는 소비자들이 몇 번 광고에 노출되는지를 합한 숫자이다.

매체 설계자는 전반적인 것들을 결정하는 일부터 시작하지만 결국에는 매우 분명한 무언가를 이루어낸다. 그들은 먼저 라디오, TV, 신문, 디지털 또는 온라인 광고, 잡지, DM, 옥외 광고, 대중교통 광고 중 어떤 매체를 이용할지부터 결정한다. 특히 디지털 마케팅은 성장하고 있으며 모바일 및 온라인 광고에 대한 지출이 광고 비용의 38% 이상을 차지하고 있다. 실제로 디지털 광고 매출은 TV 광고 매출을 30억 달러 이상 앞질렀다. 오프라인 매체 매출이 감소함에 따라 디지털 광고 매출이 800억 달러로 증가할 것으로 예상되어 격차는 더욱 커질 것으로 예상된다. 매체 설계자는 어떤 매체가 가장 효과적인지를 결정하기 위해 여러 구성 방식으로 접근을 꾀한다. 일부 매체 계획은 하나의 매체에만 중점적으로 초점을 맞추는 반면, 일부는 매우 복잡하고 역동적일 수도 있다.

매체 설계자는 매체 계획을 세울 때 많은 요소를 고려한다. 그들은 목표 청중에 속하는 소비자의 지역과 인구통계적 특성을 분석하는데, 그 이유는 매체에 대한 사람들의 취향이 인구층과 지역에 따라 다르기 때문이다. 또한 매체 설계자는 특정 매체가 도달하는 청중의 규모와 유형을 고려한다. 내셔널 지오그래픽은 종종 매우 영향력이 있는 의사결정자들이 속해 있는 비교적 교육을 잘 받은 소비자들에게 도달한다. 이 잡지는 미국에서만 2,800만 독자들을 보유하고 있다. 자동차, 비영리조직, 전자제품과 관련 있는 많은 마케터가 이 유용한 인구통계적 특성을 고려할 것이다. TV 방송 시청률 그리고 신문과 잡지 독자 수의 감소로 인해 많은 회사가 케이블 TV 및 디지털 광고뿐만 아니라 모바일 광고, 비디오 게임 내 간접광고 등 그 밖의 대안들을 찾게 되었다. 소셜네트워킹 사이트와 모바일 광고 같은 새로운 매체들은 높은 도달률로 인해 광고주들을 끌어당기고 있다. 소셜네트워킹 사이트가 광고를 포함하고 있을 경우 소비자들은 그러한 광고들을 유익한 것으로 봐야 하는데, 그렇지 않을 경우에는 소비자들이 사이트를 나갈 수도 있다. 광고주들은 소셜미디어를 고객을 이해하고 통찰력을 얻기 위한 도구로 사용하고 있다. 한편, 디지털 미디어 시대임에도 불구하고 광고에 있어 TV는 여전히 가장 성공적인 매체로 남아 있다.

메시지의 내용은 때때로 매체 선택에 영향을 미친다. 1개의 광고 안에 복잡한 이슈들이나 많은 세부 내용을 보여주기에는 방송 매체보다 인쇄 매체가 효과적으로 이용될 수 있다. 만약 광고주가 아름다운 색감과 무늬, 질감을 광고하고 싶어 한다면 신문 대신 잡지나 TV처럼 고품질의 색 재현을 제공하는 매체를 이용해야 한다. 예를 들어, 식품은 흑백 매체보다 전면 컬러 잡지에서 훨씬 효과적으로 촉진될 것이다. 의사결정은 또한 다양한 미디어 플랫폼에서 영어를 사용하지 않는 청중을 위한 선택에서 이루어진다. 다양한 민족문화의 경우 뚜렷한 문화적 특성과 선호도에 대한 광고주의 평가가 더 중요한 것으로 보여진다.

매체비용은 중요하지만 골칫거리인 사안이다. 설계자는 돈을 지출할 때마다 가능한 한 최대의 보급률을 확보하려고 노력한다. 그러나 TV 광고비용과 그 광고 효과, 그리고 잡지 광고비용과 그 광고 효과를 비교하는 정확한 방법은 없다. **비용 비교 지표cost comparison indicator**는 특정 매체 내 여러 광고 수단들이(예: 2개의 다른 잡지) 각각 총 몇 명의 사람들에게 도달되는지에 대한 비

비용 비교 지표 광고에 노출된 사람 수와 관련하여 특정 매체 내 광고수단들의 비용을 비교하는 방법

표 14.1 주요 매체들의 장점과 단점

매체	장점	단점
신문	많은 청중에게 도달 / 지리적 유연성 / 잦은 발행 / 협동광고에 유리 / 읽기 위해 구매됨 / 짧은 소요 시간 / 판매 촉진되는 서비스	사회경제적 집단 또는 목표 시장을 선택할 수 없음 / 짧은 수명 / 제한된 재현 능력 / 광고 노출에 있어 광고 양이 제한됨
잡지	인구통계적으로 선택 가능 / 훌륭한 재현 능력 / 긴수명 / 위신을 가짐 / 지역적 이슈를 다룰 경우 지리적 선택 가능 / 한가로운 상황에서 읽힘	높은 비용 / 평균 30~90일의 발행 소요 시간 / 제한된 도달률 / 소통이 빈번하게 이루어지지 않음
DM	낭비되는 발송 부수가 거의 없음 / 매우 선택적임 / 광고주가 발송 부수를 관리할 수 있음 / 주의 집중에 방해되는 요소가 거의 없음 / 사적임 / 행동을 자극함 / 참신한 요소들을 추가할 수 있음 / 성과를 측정하기가 비교적 용이함 / 경쟁사에 노출되는 것을 피할 수 있음	매우 높은 비용 / 구독자들을 끌어당기는 내용이 편집적으로 부족 / 종종 스팸메일로 치부되어 읽히지 않고 버려짐 / 사생활 침해로 비난받음 / 소비자들이 광고를 받아보기로 선택해야만 가능함
라디오	소비자의 95%에 도달 / 매우 유동적이며 유연함 / 비교적 매우 적은 비용 / 광고를 빠르게 바꿀 수 있음 / 지리학적, 인구통계적으로 높은 수준의 선택성을 가짐 / 상상력을 일으킴	시각적 이미지의 부족 / 메시지의 짧은 수명 / 다른 활동들에 의해 청취자의 주의가 제한됨 / 시장 세분화 / 어려운 구매 절차 / 매체와 청중에 대한 조사가 제한적임
TV	많은 청중에게 도달 / 높은 빈도의 확보가 용이 / 소리와 영상이라는 이중 효과 / 매우 시각적임 / 높은 위신 / 지리학적. 인구통계적 선택이 가능 / 무시하기 어려움	매우 높은 비용 / 메시지가 변질되기 상당히 쉬움 / 청중의 규모를 보장하기 어려움 / 제한된 길이의 황금 시간대 / 목표 시장 안에서 선택적이지 못함
디지털 매체	즉각적인 반응 / 목표 청중에게 거의 정확하게 도달할 수 있음 / 고객들을 추적하고 데이터베이스를 형성할 수 있음 / 매우 쌍방향적인 매체 / 실시간 분석	즉각적인 반응 / 목표 청중에게 거의 정확하게 도달할 수 있음 / 고객들을 추적하고 데이터베이스를 형성할 수 있음 / 매우 쌍방향적인 매체
옥외	빈번한 반복 노출이 가능 / 적은 비용 / 매장과 가까운 곳에 메시지를 배치할 수 있음 / 지리적 선택이 가능 / 하루 24시간 노출됨 / 창의적이고 효과적임	메시지가 짧고 간결해야 함 / 인구통계적 선택이 불가능 / 보는 사람들의 완전한 주의를 끌어당기기 어려움 / 교통 장애를 일으키고 시골 지역의 경관을 망친다는 비난 / 낭비되는 광고가 많음 / 제한된 역량

출처: Adapted from William F. Arens and Michael F. Weigold, Contemporary Advertising (Burr Ridge, IL: Irwin/McGraw-Hill, 2017); George E. Belch and Michael A. Belch, Advertising and Promotion (Burr Ridge, IL: Irwin/McGraw-Hill, 2015).

용을 비교할 수 있게 도와준다. 스트리밍 광고주들은 닐슨(Nielsen)과 같은 회사의 빅데이터를 이용하여 어떤 회사가 그들의 특정 목표 시장에 관심을 보이는지 판단하고 있다. 목표 상호적 광고 기술은 수년 동안 이용 가능해 왔지만, 특정 앱과 기기에서 캠페인이 어떻게 수행되는지를 찾게 되어 마케터들은 목표 시장에 도달하면서도 비용이 적게 드는 매체를 선택할 수 있다. 경비 효율 지표는 잡지 광고를 위한 비용 비교 지표로 1,000명의 사람들에게 하나의 광고를 노출하는 데 드는 비용을 보여준다. 매체는 각각의 다양한 장점과 단점을 고려하여 선택된다. (표 14.1 참조).

매체 선택 결정과 마찬가지로 매체 스케줄에 대한 결정 또한 목표 청중의 성격, 제품 속성, 제품의 계절적 변동, 고객 매체 행동, 광고예산 규모 같은 많은 요소에 영향을 받는다. 일반적인 매체 스케줄 유형으로는 연속형, 집중형, 파동형이 있다. 연속형 스케줄은 광고가 캠페인 기간 내내 거의 변동 없이 일정한 수준으로 계속될 때 이용된다. 맥도날드는 연속형 스케줄을 이용하는 대표적인 회사이다. 집중형 스케줄은 정해진 특정 기간 동안에 내보내는 광고일 경우 이용되는데, 이 기간은 광고를 내보내지 않는 기간과 교대로 관리된다. 예로, 광고 캠페인을 하는 동안 하나의 광고를 2주간 내보낸 뒤에 다음 2주간은 그 광고를 중단하고, 그 이후에 다시 2주간 내보내는 것이다. 탈마크(Tallmark), 존 디어(John Deere), 레이밴(Ray-Ban) 같은 회사들은 집중형 스케줄을 이용한다. 파동형 스케줄은 계속형 스케줄과 집중형 스케줄을 결합한 것이다. 전체 캠페인이 진행되는 동안, 일부 특정한 광고를 계속적으로 내보내면서 특정 기간 동안은 추가적인 광고를 목표 청중과의 커뮤니케이션 수준을 강화하는데 이용한다.

14-2f 광고 메시지 만들기

광고 메시지의 기본 내용과 형태는 다양한 요소들이 기능하는 것이다. 제품의 특징, 용도, 장점은 메시지의 내용에 영향을 미친다. 광고의 강도 또한 영향력을 갖는데, 예로 디지털 기기에서의 밀어내기식 광고는 이용자들이 원치 않는 광고라고 볼 수 있다. 밀어내기식 광고는 일부 소비자들을 멀어지게 만들지만, 정보원천을 신뢰할 수 있고 광고가 허가된 상태이며 메시지가 적절하거나 재미있을 경우에는 젊은 소비자들이 이를 좀 더 관대하게 받아들일 것이다. 소비자들이 불편함을 느낄 정도로 심하게 밀어붙이는 광고는 소비자들이 해당 제품을 부정적으로 생각하게 할 수도 있다. 디지털 기술의 증가와 함께 광고비용은 줄어들고 있고, 광고는 모바일 게임과 소셜미디어 같은 광고수단 내에서 더욱 빈번해지고 있다. 광고가 우리 삶에 더 많은 영향을 주기에 광고주들은 너무 널리 퍼지거나, 명백하거나, 침해를 주지 않음으로써 소비자들을 지킬 수 있도록 노력해야 한다.

기술은 메시지의 성격과 맥락뿐만 아니라 소비자가 메시지에 접근하는 방식을 바꾸었다. 소비자 프로필 및 콘택트 기록을 기반으로 개인화된 메시지를 보내는 것은 소비자와의 콘택트 증가와 연결된다. 모바일 메시지는 예측 및 실시간으로 목표로 한 메시지를 제공한다. 인공지능은 이

제 메시지를 다양한 형태와 채널로 변환할 수 있다. 언어 처리, 이미지 인식 및 음성 인식은 더 효과적이고 영향력 있는 메시지를 가능하게 한다. 주요 광고 회사들은 인공지능을 이용하여 광고 메시지를 작성하고 있다. 더불어 음악과 예술작품은 인공지능이 만든 광고 카피로 만들어지고 있다. 렉서스(Lexus)는 새로운 ES 모델을 위한 60초 광고를 만들기 위해 인공지능을 사용했다. 이 차는 직관적인 차량으로 자리 잡게 되었고, 직관적인 운전 경험과 흡사한 광고를 만들기 위해 머신 러닝이 사용되었다.

목표 청중에 속하는 사람들의 성별, 연령대, 교육 수준, 인종, 소득, 직업 같은 특성은 내용과 형태 둘 다에 영향을 미친다. 예를 들어, 성별은 '~일지도 모른다', '아마도'와 같은 얼버무리는 단어들을 사용하는 광고 주장과 '확실히' 틀림없이'와 같은 약속을 담보로 하는 단어들을 사용하는 광고 주장에 각각 어떻게 반응할지에 대해 영향을 미친다. 연구자들은 여성들의 경우 두 가지 유형의 주장에 모두 부정적으로 반응하며, 약속을 보장하는 주장은 남성들에게 영향을 거의 주지 않는다고 밝혔다. 프록터 앤 갬블(P&G) 은 아이들에게 크레스트(Crest) 치약을 촉진할 때 '재미'와 버블껌 같이 달콤한 '맛'에 초점을 맞추어 매일 양치질을 하는 행위와 충치 억제를 강조한다. 그리고 성인들에게 똑같은 치약을 광고할 때는 화이트닝, 에나멜 보호, 구취 제거, 치석과 치태 억제를 강조하며 기능에 중점을 둔다. 효과적인 커뮤니케이션을 위해 광고주는 의미 있고 익숙하며 목표 청중에 속하는 사람들의 관심을 끌 수 있는 단어들을 사용한다.

광고에 대한 또 다른 논란은 아이들에게 광고를 하느냐 마느냐이다. 많은 나라가 아이들에게 광고하는 것을 규제하고 있다. 스웨덴과 노르웨이는 아이들을 겨냥한 광고를 금하며, 영국은 16세 이하의 아이들에게 TV나 라디오에서 지방, 소금, 설탕 함량이 높은 식품을 광고하는 것을 제한한다. 유럽연합과 미국 내 많은 회사가 이러한 유형의 광고에 대한 행동 수칙을 만들어 자율 규제를 실행하려 하고 있다. 코카콜라, 유니레버, 다논, 제너럴 밀스(General Mills)는 어린이 식품 및 음료 광고 규정(Children's Food & Beverage Advertising Initiative)에 따라 12세 미만 어린이를 대상으로 한 광고를 제작하지 않겠다고 약속한 몇 가지의 브랜드에 불과하다.

광고 캠페인의 목표와 플랫폼 또한 메시지의 내용과 형태에 영향을 준다. 회사의 광고 목표 중에 판매량 대폭 증가가 있다면, 메시지는 직설적이고 강렬한 단어와 상징, 내용을 포함할 것이다. 홈디포(Home Depot)의 기본 메시지와 같은 슬로건 "더 많은 절약. 더 많이 하기"는 브랜드 상기에 도움이 될 수 있다. 마케터는 슬로건을 고안할 때 짧게, 그리고 오랫동안 유지할 수 있는 것으로 만들어야 한다. 기억에 남을 만한 슬로건을 만들기 위해서는 많은 마케팅 예산을 마련해야 한다. 캐릭터 모델 또는 디자인 요소를 활용하는 것 또한 매우 효과적일 수 있다. 키블러(Keebler)는 쿠키의 캐릭터 모델로 요정들을 사용한다. 이는 광고를 보는 이들로 하여금 요정들을 회사와 관련지어 생각하도록 만든다. 광고에서 키블러는 새로운 미니 샌드위치 크래커를 홍보하기 위해 요정들을 사용한다. 캐릭터 모델들이 회사의 광고에서 매우 영향력 있는 역할을 맡고 있기 때문에 브랜드들은 심지어 그들의 캐릭터와 함께하기 위해 전기적 요소를 만들기도 하였다. 예를 들어, 프록터 앤 갬블의 미스터 클린(Mr. Clean) 청소 제품의 캐릭터 모델인 미스터 클린은 어느 날 아침 한 농부가 작고 대머리이고 힘센 아기가 현관 계단을 청소하는 것을 발견하면서 회사의 캐릭터 모델로 되었다. 그는 입양되어 자신의 청소 브랜드의 얼굴이 되었다. 캐릭터 모델은 개성을 부여하고, 직간접적으로 열광을 불러일으키며 정직성, 신뢰를 강화함으로써 브랜드 순자본을 향상시킬 수 있다. 이렇듯 광고 플랫폼은 캠페인 메시지가 만들어지는 토대가 된다.

매체 선택은 분명히 메시지의 내용과 형태에 영향을 미친다. 효과적인 옥외 광고와 짧은 방송 삽입 광고는 간결하고 단순한 메시지를 필요로 한다. 잡지와 신문 광고는 많은 세부 사 항과 긴 설명을 담을 수 있다. 몇몇 매체 유형은 지리적 선택을 가능하게 하여 메시지를 목표 청중들 중 지리적으로 선택된 특정 사람들에게 좀 더 잘 맞출 수 있다. 일부 잡지 출판사는 광고를 할 때 **지역별 발행regional issues**을 하여 편집내용을 다르게 한다. 이러한 지역적 선택은 회사가 다른 시기에 다른 지역에서 같은 메시지를 이용할 수 있도록 한다.

캐릭터 모델 광고 키블러는 그들의 새로운 클럽 바이트 크래커(Club Bites crackers)를 광고하기 위해 요정들을 이용한다.

매체 선택은 분명히 메시지의 내용과 형태에 영향을 미친다. 효과적인 옥외 광고와 짧은 방송 삽입 광고는 간결하고 단순한 메시지를 필요로 한다. 잡지와 신문 광고는 많은 세부 사항과 긴 설명을 담을 수 있다. 몇몇 매체 유형은 지리적 선택을 가능하게 하여 메시지를 목표 청중들 중 지리적으로 선택된 특정 사람들에게 좀 더 잘 맞출 수 있다. 일부 잡지 출판사는 광고를 할 때 지역별 발행을 하여 편집내용을 다르게 한다. 회사는 한 지역 내에서만 광고하기로 할 수도 있다. 이러한 지역적 선택은 회사가 다른 시기에 다른 지역에서 같은 메시지를 이용할 수 있도록 한다.

지역별 발행 지리적인 지역마다 다른 잡지 형태

카피

카피Copy는 광고 언어의 일부로 헤드라인, 부제, 본문, 시그니처 등을 포함한다. 모든 광고에 이러한 카피 요소들이 다 들어가 있는 것은 아니다. 심지어 DM 광고에 " 경험해보세요. 탁월합니다!"라고 적힌 자필로 쓴 내용도 무료 샘플 요청을 증가시키는 것으로 여겨지고 있다. 헤드라인은 사람들이 읽는 카피의 전부일 경우가 많으므로 매우 중요하다. 그리고 읽는 사람들의 주의를 끌 수 있어야 하며 본문을 읽게 하거나 웹사이트를 방문하게 할 만큼 충분히 흥미롭게 만들어야 한다. 카피에 부제가 포함되어 있다면, 그것은 헤드라인과 본문을 연결하고 때때로 헤드라인을 설명하는 역할을 한다.

카피 광고의 언어적 부분

대부분의 광고에서 본문은 도입부에 들어가는 설명 또는 단락, 몇 가지 특기 사항으로 이루어진 문단, 그리고 마무리 문단으로 구성된다. 일부 카피라이터들은 본문을 조직적으로 전개하

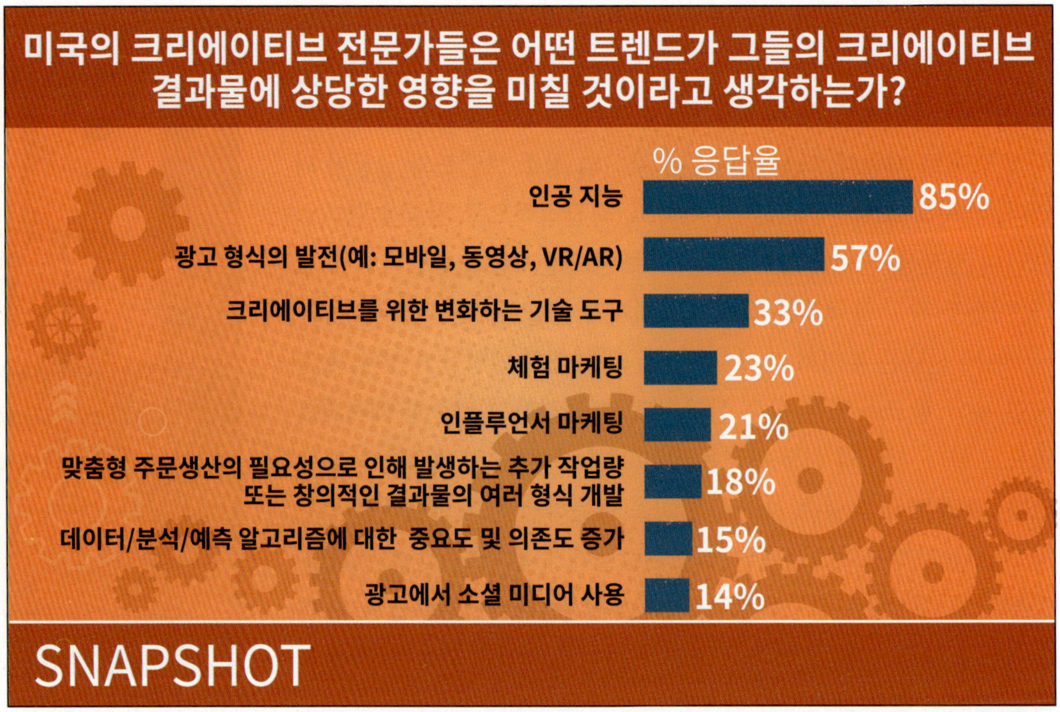

출처: eMarketer, February 2019

기 위해 다음과 같은 가이드라인을 활용한다. (1) 구체적인 욕구나 문제를 확인하라. (2) 욕구를 만족시키고 문제를 해결하기 위한 가장 최고의 방법을 제시하는 제품을 추천하라. (3) 제품의 편익을 명시하고, 특정 상황에 있는 구매자들에게 왜 그 제품이 가장 적합한지를 나타내라. (4) 광고 주장을 입증하라. (5) 구매자들이 결정하도록 요청하라. 광고 주장을 입증할 때에는 신뢰할 수 있는 태도로 그것을 표현하는 것이 중요하다. 주장에 대한 증명은 제품 이미지와 회사의 성실성을 강화하는 데 도움이 된다. 고객 구매 행동 모델(AIDA모델)은 광고가 무엇을 성취하기 위해 만들어졌는지에 대한 간략한 설명이다. 광고는 관심(Attention)을 유도하고, 흥미(Interest)를 유발하며, 욕구(desire)를 불러일으켜, 궁극적으로 구매(Action)에 이르게 한다. 서체 선택은 매력적이고 안정적이며 눈에 잘 띄는 폰트를 사용함으로써 광고주가 바라는 인상을 만드는 데 도움을 준다.

시그니처는 광고주가 누구인지를 알려주는 것으로 회사의 트레이드 마크, 로고, 이름 및 주소를 비롯한 여러 요소가 포함될 수 있다. 시그니처는 매력적이고, 읽기 쉽고, 독특하고, 다양한 크기에서도 식별하기 쉬워야 한다.

종종 라디오 청취자들은 그들이 라디오에서 듣는 내용에 정신적으로 완전히 집중하고 있지 않으므로 라디오 카피는 청취자들의 주의를 끌기 위해 격식에 얽매이지 않은 구어적 형태여야 한다. 라디오 메시지는 매우 변질되기 쉬워 짧고 친숙한 용어들로 구성되어야 하며 이는 메시지의 효과를 상승시킨다. 메시지 길이는 말하는 속도에서 초당 약 2.5개의 단어를 초과해서는 안 된다.

TV 카피의 경우에는 청각적 요소가 시각적 요소를 압도해서는 안 된다. TV 메시지는 시각적인 부분을 최적화해야 하며 이는 제품의 용도와 응용, 설명을 하는데 있어 매우 효과적이다. TV 광고를 위한 카피는 때때로 병렬식 원고 형태로 처음에 쓰여진다. 영상은 왼쪽, 음성은 오른쪽에서 표현되어야 한다. 병렬식 원고를 이용하기로 승인이 난 후에 카피라이터와 아티스트는 **스토리보드storyboard**를 이용하여 카피를 시각적 소재와 어우러지도록 결합한다. 스토리보드는 광고 속에 중요한 장면들을 순서대로 보여주는 것으로, 일련의 축소된 TV 화면의 묘사이다. 각 화면 아래에는 해당 영상에 들어가는 청각적인 부분에 대한 묘사가 적혀 있다. 기술 담당자는 광고를 만들 때 스토리보드를 청사진으로 이용한다.

SOURCE: CFA INSTITUTE

인쇄 광고의 구성 요소 이 CFA 연구소 광고에는 헤드라인, 부제목 또는 태그라인, 본문 카피, 일러스트 등 인쇄 광고의 구성 요소가 포함되어 있다.

광고 아트워크

광고 아트워크Artwork는 광고의 일러스트와 레이아웃을 구성한다. **일러스트Illustrations**는 종종 사진의 형태이지만 그림, 그래프, 도표, 목록이 될 수도 있다. 일러스트는 청중의 주의를 끌고 카피를 읽거나 듣도록 유도하기 위해 이용될 뿐만 아니라 아이디어에 관해 신속하게 소통하고, 표현하기 어려운 내용을 전달하기 위해서도 이용된다. 일러스트는 주의를 사로잡는 데 있어 그 크기에 상관없이 글이나 브랜드 구성요소보다 더 중요할 수 있다. 특히 중요한 이유는 소비자들이 광고의 시각적 요소를 언어적 요소보다 더 많이 상기하기 때문이다. 광고주는 다양한 일러스트 기술을 이용한다. 일러스트는 정해진 배경에 제품이 사용되고 있는 장면 또는 제품 하나만을 보여주거나 제품 사용 후의 결과를 보여줄 수도 있다. 예를 들어, CFA(공인 재무 분석가)연구소 광고의 일러스트는 시청자들이 헤드라인에서 "당신의 자산 관리자는 측정하는가?"라는 질문을 스스로에게 던지도록 하기 위해 사람의 머리 주위에 있는 물음표이다. 일러스트는 또한 비교, 대조, 도표 및 추천서의 형태를 가질 수 있다.

광고의 **레이아웃layout**은 일러스트와 카피(헤드라인, 부제, 본문, 시그니처)의 물리적인 배열이다. 이러한 요소들은 다양한 방법으로 배열될 수 있다. 최종 레이아웃은 레이아웃 준비를 위한 몇 가지 단계를 거친 결과물이다. 이러한 단계가 진행됨에 따라 레이아웃은 광고 캠페인을 전개하는 사람들 사이에 의견 교환을 촉진하고 제작자들에게 설명을 제공한다.

스토리보드 광고 속 주요 장면들을 순서대로 보여주기 위해 카피와 시각적 요소를 결합한 청사진

광고 아트워크 광고의 일러스트와 레이아웃

일러스트 광고에서 청중의 주의를 끌기 위해 사용되는 그림, 그래프, 도표, 목록

레이아웃 광고 일러스트와 카피의 물리적인 배열

14-2g 캠페인 실행하기

광고 캠페인의 실행은 광범위한 계획과 합동을 필요로 한다. 많은 과업이 반드시 정해진 시간에 완료되어야 하며 여러 사람들과 회사들이 연루되어 있기 때문이다. 제작업체, 연구단체, 언론사, 인쇄회사, 광고 아티스트들은 캠페인에 기여하는 일부일 뿐이다. 캠페인을 위한 여러 단계들이 반드시 제때 완료되도록 하기 위해서는 실행에 있어 세부적인 스케줄이 필요하다. 광고 관리 관련자들은 반드시 결과물의 질을 평가해야 하며 필요시에는 시정 조치를 취해야 한다. 어떤 경우에는 캠페인을 하는 동안 변화가 이루어지면서 더욱 효과적으로 목표에 도달하기도 한다. 예를 들어, 연비에 중점을 두는 어느 자동차 회사는 목표 달성을 위한 경쟁 상황에 따라 더 많은 정보를 추가적으로 필요로 할 수도 있다.

14-2h 광고 효과 측정하기

광고 효과를 측정하는 데는 다양한 방법들이 있는데, 광고 목표의 성과 측정, 카피, 일러스트레이션 또는 레이아웃의 효과 측정, 특정 매체 측정 등을 포함한다.

예비조사 캠페인 시작 전에 실시되는 광고 측정

소비자 평가단 광고를 예비조사하는 제품 구매자 또는 잠재 구매자로 구성된 패널

광고는 캠페인을 하기 전, 하는 도중, 그리고 하고 난 뒤에 측정된다. 캠페인 시작 전에 실행되는 측정을 예비조사라 한다. **예비조사pretest**는 보통 메시지를 구성하는 1개 이상의 요소들의 효과를 측정하기 위해 시도된다. 광고 예비조사를 위해 마케터는 때때로 광고된 제품의 구매자들 또는 잠재 구매자들로 구성된 **소비자 평가단consumer jury**을 이용한다. 배심원들은 2개 이상의 광고를 한 가지 이상의 관점에서 심사한다. 이러한 조사는 소비자가 광고 담당자보다 어떤 것들이 자신들에게 영향을 주는지 좀 더 잘 알 것이라는 믿음을 바탕으로 한다. 또한 회사는 인포메이션 리소스(Information Resources Inc., IRI) 같은 마케팅 조사업체에 광고 측정을 위한 도움을 요청할 수 있다.

캠페인을 하는 동안 광고 효과를 측정하기 위해 마케터는 일반적으로 '문의'나 응답에 의존한다. 캠페인 초기 단계에서 광고주는 잠재 고객들이 정보를 요청할 수 있는 수단이 되는 쿠폰, 양식, 무료 전화번호, QR 코드, 소셜미디어, 웹사이트 등을 포함하는 몇 개의 광고를 동시에 이용할 수 있다. 광고주는 각기 다른 유형의 광고들로부터 돌아온 문의나 응답의 총횟수를 기록한다. 만약 광고주가 광고 A로부터 78,528번, 광고 B로부터 37,072번, 광고 C로부터 47,932번의 문의를 받았다면, 광고 A는 광고 B와 C보다 우수하다고 판단할 것이다. 인터넷 광고 역시 좀 더 많은 제품정보를 얻기 위해 얼마나 많은 사람이 광고를 클릭했는지를 측정한다. 옥외 광고 산업을 위하여 독립 감사원은 광고에 영향받을 가능성이 있는 청중을 결정하기 위해 "out-of-home" 레이팅 시스템을 개발했다. 이전의 측정 시스템은 "일별 유효 순환(Daily Effective Circulation)"을 이용했는데 이는 실질적으로 관심 있는 청중이 아니라 트래픽 수를 중심으로 발전했다. 그 산업은 차량 속도와 교통 혼잡을 포함한 새로운 정보를 고려하기 위해 등급 시스템을 수정했다.

캠페인 종료 후에 시행되는 광고 효과에 대한 측정은 사후조사라 부른다. 광고 목적에 따라 종종 어떤 종류의 사후조사가 적절한지 결정된다. 만약 제품 특징이나 브랜드의 인지도를 증가시키기 위해 또는 더욱 호의적인 소비자 태도를 형성하기 위해, 중점적인 목적을 커뮤니케이션에 두고 있다면 사후조사는 이러한 관점에서 일어난 변화를 측정해야 할 것이다. 가끔 광고주는 커뮤니케이션 목적을 기반으로 하는 캠페인을 측정하기 위해 소비자 조사 또는 소비자 실험을 이용하는데, 이러한 방법들에는 많은 비용이 들어간다. 사후조사에서는 왜 광고가 실패했는지, 또는 왜 그 매체 수단이 바라던 결과를 가져오지 못했는지에 대한 일반화가 이루어질 수 있다.

매출과 관련된 캠페인 목표의 경우, 광고주는 캠페인으로 인한 매출 또는 시장 점유율의 변화를 밝혀내야 한다. 그러나 광고는 정확하게 측정될 수 없고 광고의 많은 독립적 요소가 회사의 매출과 시장 점유율에 영향을 미친다. 경쟁사의 행위, 규제 조치, 경제 상황의 변화, 소비자 선호, 그리고 날씨는 회사의 판매나 시장 점유율을 강화하거나 약화하는 경우 몇 가지 요소들에 불과하다. 예를 들어, 뉴 멕시코 주 전체에 걸친 경제 침체는 매우 유명한 "New Mexico True" 캠페인에 자금을 지원하는 주의 능력에 영향을 미쳤다. 그 캠페인은 그 주의 문화, 사람들, 그리고 천연자원을 성공적으로 촉진했다. 그러나 예산이 부족하여 샌프란시스코와 같은 새로운 시장에 진입하는 데 필요한 350만 달러 투자를 할 수 없게 될 것이다. 과거와 현재의 매출량과 광고비용에 관한 데이터를 이용함으로써 광고주는 매출 또는 시장 점유율 상에서 캠페인 효과를 전반적으로 측정할 수 있다. 매출에 따른 직접적인 광고 효과를 알아내기가 어렵기 때문에 많은 광고주는 소비자가 얼마나 그 광고를 잘 기억할 수 있는지에 따른 인쇄 광고 효과를 측정한다. 더 많은 광고주들이 모바일 기술로 눈을 돌리면서, 총 지출은 320억 달러로 추정된다. 미국인의 36%가 스마트폰과 태블릿에서 컴퓨터와 스마트 워치에 이르기까지 동시에 둘 이상의 장치를 사용하고 소비자는 그 어느 때보다 더 많은 장치에 관심을 기울이고 있기 때문에 광고비를 현명하게 사용하는 것이 중요하다. 연구자들은 사회적으로 바람직한 주제를 다루는 영상이 다른 사람들이 있는 데서 재생될 때 더욱 기억하기 쉽다는 결과를 내놓았다.

기억을 기반으로 하는 **사후조사**posttest 방법은 보조 상기 조사와 비보조 상기 조사를 포함한다. 이러한 조사는 대개 연구기관의 설문조사를 통해 수행된다. **보조 상기 조사**recognition test에서 응답자들은 실제 광고를 보게 되고 그것을 인식하는지에 대한 질문을 받는다. 만약에 기억한다면, 인터뷰 진행자는 각 응답자들이 본 광고가 어떠한지를 알아내기 위해 추가적인 질문을 한다. 회상을 측정할 때는 응답자들에게 실제 광고를 보여주지 않고, 최근에 보거나 들은 광고에 대한 질문을 한다. 연구에 따르면 인터넷 광고의 경우, 방문자가 배너 광고를 포함하는 웹사이트에서 오랫동안 노출될수록 그 광고를 더 잘 상기하는 경향이 있다고 한다. 비보조 상기는 비지원 비보조 상기법 또는 지원 비보조 상기법을 통해 측정될 수 있다. **비지원 비보조 상기 조사**unaided recall test에서 응답자들은 기억을 돕는 어떠한 단서도 제공되지 않은 상태에서 최근에 본 광고를 찾아낸다. **지원비보조 상기 조사**aided recall test도 비슷한 방법으로 진행된다. 그러나 이때 응답자들에

사후조사 캠페인이 완료된 후에 실시되는 광고 효과에 대한 측정

보조 상기 조사 응답자들에게 실제 광고를 보여주고 그 광고를 인식하는지를 묻는 사후 검사

비지원 비보조 상기 조사 응답자들에게 어떠한 회상 단서도 주지 않은 상태로 최근에 본 광고를 찾아내도록 하는 사후검사

지원 비보조 상기 조사 응답자들에게 최근에 본 광고를 찾아내도록 하고 기억을 건드리기 위해 단서들을 제공하는 사후검사

게는 기억을 상기시키기 위한 제품, 브랜드, 회사명 또는 트레이드 마크를 보여준다. 많은 성공적인 마케터들은 광고대행사들과 협력하여 소비자들이 광고를 떠올리는 것을 돕기 위해 기억하기 쉬운 청각적 효과를 만들어왔다. 캠벨(Campbell)의 수프인 "음음 좋아(Mmm Mmm Good)", 맥도날드의 "당신은 오늘 휴식을 취할 자격이 있습니다(You deserve a break today)", 코카콜라의 "나는 세상에 노래하는 법을 가르치고 싶다(I'd Like to Teach the World to Sing)"는 모두 상징적인 청각적 효과이다. 청각적 효과가 컴백하고 있다. 아이하트미디어(iHeartMedia)는 바카디(Bacardi)와 함께 "오늘 밤 바카디를 마셔라(Drink Bacardi tonight)"라는 청각적 효과를 내놓았다. 그 캠페인은 구매 의도를 54% 증가시켰다. 그러나 목표 광고는 소비자와 규제 기관 모두에게 부정적으로 보일 수 있으며, 광고를 통해 수익을 창출하는 무료 웹사이트는 광고 게재 허가를 요청할 때 웹사이트가 제공하는 이점을 소비자에게 상기시키는 것이 좋다.

보조 상기와 비보조 상기 방법을 이용하는 것이 타당한 이유는 만약 사람들이 제품에 관한 광고를 기억한다면 그렇지 않은 경우보다 그 제품을 구매할 가능성이 크기 때문이다. 그러나 광고를 상기한다고 해서 그것이 반드시 광고 속 제품이나 브랜드의 구매로 이어지지는 않는다. 연구자들은 또한 광고 측정을 돕기 위해 단일 원천 데이터라는 정교한 기법을 이용한다. 이 기법을 이용하여 TV에서 계산대까지 한 사람의 행동을 추적할 수 있다. 미리 정해진 표본 가정에 TV 모니터가 설치된다. 그리고 TV가 켜지면 초소형 컴퓨터가 그 가정에서 어떤 TV 프로그램 방송이 시청되고 있는지를 기록한다. 또한 슈퍼마켓 계산대에서, 표본 가정에 속하는 사람은 신분증을 제시하고 이후 계산대 직원은 구입한 물품들을 스캐너로 기록한다. 그리고 그 데이터는 연구기관에 보내진다. 일부 단일 원천 데이터 회사들은 쇼핑에서 돌아온 후 구매한 물품들을 가정에서 직접 기록하는 경우를 위해 표본 가구에 스캔 장비를 제공하기도 한다. 단일 원천 데이터는 광고에 노출되는 것과 구매행동을 연결하는 정보를 공급한다.

마케터들은 구글 애널리틱스(Google Analytics)를 이용하여 온라인 광고와 소셜미디어의 효과를 평가할 수 있다. 이 강력한 도구는 웹사이트를 통해 고객 경험을 추적하여 참조 URL 및 캠페인에 관한 데이터를 제공하고 검색을 추적할 수 있다. 예를 들어, 한 회사가 여러 광고를 사용하고 구글 애널리틱스를 통해 어떤 광고가 더 많은 온라인 판매를 유도하는지 확인할 수 있다. 또한 구글 애널리틱스는 소셜미디어를 위한 매우 강력한 플랫폼이 되었다. 마케터들은 어떤 소셜미디어 플랫폼이 가장 많은 트래픽을 제공하고 있는지, 웹 사용자의 인구통계, 소셜미디어에서 얼마나 많은 판매가 유입되는지 알 수 있다. 구글 애널리틱스가 제공하는 유용한 도구의 한 가지 예는 사용자 흐름 보고서이다. 이 보고서는 고객들이 방문하는 페이지의 데이터를 제공하는 것에 초점을 맞추고 있다. 이는 사용자가 방문하는 페이지와 종료하는 페이지에 대한 구체적인 내용을 제공한다. 이 정보를 통해 고객이 제공된 정보를 사용하여 무엇을 생각하고 무엇을 하는지에 대한 통찰력을 얻을 수 있으며, 기업은 발생한 문제를 쉽게 찾고 수정할 수 있다. 광고 효과를 측정하고 평가하는 것은 매우 중요하다.

14-3 누가 광고 캠페인을 전개하는가?

 # 학습목표　광고 캠페인을 전개하는 책임자를 파악한다.

광고 캠페인은 개인, 회사 내 일부 직원들, 회사의 광고부서, 또는 광고대행사에 의해 다뤄진다. 매우 소규모인 회사에서는 한두 명이 광고 책임자가 되며 그들은 다른 많은 업무에 대한 책임도 같이 지게 된다. 대개 이들은 카피라이팅, 아트워크, 매체 일정 관리에 관한 권고에 있어 지역 매체(TV, 라디오, 뉴스)에 매우 의존한다. 특히 대규모의 소매회사 같은 일부 대형 기업의 경우 광고부서가 광고 캠페인을 제작하고 시행한다. 광고부서 또는 광고대행사는 광고 프로그램의 규모에 따라서 여러 분야에 숙련된 일부 사람들 또는 카피라이터, 아티스트, 소셜미디어 전문가, 매체 구매자, 기술 생산 담당자를 포함하는 상당수의 전문가들로 구성될 것이다. 광고부서는 특정한 프로젝트를 위해 필요한 경우에는 때때로 독립된 조사기관에 도움을 구하고, 프리랜서로 활동하는 전문가를 고용하기도 한다.

대부분의 대기업들은 광고 캠페인을 전개하기 위해 광고대행사를 고용한다. 조직이 광고대행사를 이용할 때, 회사와 대행사는 보통 함께 광고 캠페인을 전개한다. 캠페인의 전체적인 개발에 얼마나 참여하는지는 회사와 대행사 간의 업무 관계에 따라 달라진다. 일반적으로 회사는 카피라이터, 예술작품, 기술적 제작, 그리고 미디어 계획의 수립을 위해 대행사에 의지한다. 예를 들어 오르빗 화이트(Orbit White) 광고의 경우, 리글리(Wrigley)는 광고대행사인 Energy BBDO 및 CLM BBDO와 공동작업하여 "빛나는 시간(Time to Shine)" 광고 캠페인을 만들었다. 그 캠페인은 잡지 광고와 방송 광고로 구성되었다. 새로운 슬로건은 이전의 "방금 닦은 깨끗한 느낌(just brushed clean feeling)"의 슬로건보다 더 야심적인 것으로 의도되었다. 그 광고들은 오르빗 화이트의 향, 부드러운 씹기, 그리고 치아를 하얗게 유지하는 능력을 강조한다.

광고대행사는 몇 가지 방법으로 사업을 돕는다. 특히 대형 대행사는 카피라이터, 아티스트, 생산 전문가뿐 아니라 매체 전문가, 조사원, 법률상담가 같은 고도로 숙련된 전문가들의 도움을 제공할 수 있다. 대행사 직원들은 보통 방송 광고 경험이 있으며, 조직의 제품에 관해 보편적으로 회사직원들보다 더 객관적이다.

대행사는 관례적으로, 구매를 일으키는 매체가 지불한 15%의 수수료에서 대부분의 수익을 벌어들이기 때문에 회사는 낮거나 저렴한 가격에 일부 대행사의 도움을 받을 수 있다.

만약 대행사가 회사를 대신하여 40만 달러에 TV 시간을 계약한다면 그들은 TV 방송국으로부터 6만 달러의 수수료를 받게 된다. 대행사에 대한 관례적인 보상 방법이 변하고 있고 현재는 다른 요인들을 비용에 포함시키고 있지만, 여전히 매체 수수료가 대행사를 이용하는 비용의 일부를 메우고 있다. 광고와 마찬가지로, PR도 촉진 믹스 내에 필수적인 요소가 될 수 있다. 계속해서 이 주제로 넘어가 보자.

14-4 PR

 # 학습목표 PR을 정의한다.

PR 기업과 기업의 이해관계자들 간에 호의적인 관계를 형성하고 유지하기 위해 이용되는 일련의 광범위한 커뮤니케이션 활동

PR**Public relations**은 기업과 기업의 이해관계자들 간에 호의적인 관계를 형성하고 유지하기 위해 이용되는 일련의 광범위한 커뮤니케이션 활동이다. 기업은 여러 이해관계자들과 내외부적으로 소통하며, PR 활동은 그들 중 일부 또는 모두를 대상으로 할 수 있다. 기업의 이해 관계자들은 고객, 공급자, 직원, 주주, 언론, 교육 전문가, 잠재적 투자자, 정부관계자, 일반적 사회를 포함한다. 또한 PR은 부정적인 사건에 대응하기 위해서도 이용된다. 대개, 기업이 위기 상황에서 PR을 어떻게 이용하는지에 따라 얼마나 빨리 그 상황이 회복될지가 결정된다. 매니저들은 긍정적 구전을 촉진하는 것보다 부정적 구전을 이해하고 반응하는 데 더 많은 능력을 소비한다. 종종 회사 스캔들은 CEO나 이사회와 같은 고위 관리들의 사임에도 영향을 끼칠 수 있다. 폭스바겐 CEO는 폭스바겐이 차량에 배기가스 임의조작 장치를 설치하여 규제 당국을 속인 사실이 드러나자 사임하였다. 반면에 소비자들에게 정직하고 그들의 필요에 즉각 대응하는 것은 장기적으로 개방적 의사소통과 신뢰를 위한 기반을 형성한다.

PR은 사람, 장소, 아이디어, 활동, 그리고 심지어 나라를 촉진하는 데 이용될 수 있다. 그리고 종종 비영리조직의 목적 달성을 위해 이용되기도 한다. PR은 전체 조직의 이미지를 강화하는 데 중점을 둔다. 대중의 태도를 평가하고 호의적인 이미지를 형성하는 것은 기업의 제품을 직접적으로 촉진하는 것만큼이나 중요하다. 회사에 대한 대중의 태도는 제품 판매에 영향을 미칠 것이므로 긍정적인 대중의 인식을 유지하는 것은 매우 중요하다. 게다가, 대중이 기업을 긍정적으로 인지하는 경우에는 직원들의 사기도 강화된다. PR은 사람들이 기업의 제품, 브랜드, 또는 활동에 대해 알도록 만들 수 있고, '혁신적이다' 또는 '믿음직스럽다'와 같은 기업에 대한 이미지 또한 형성할 수도 있다. PR은 회사의 업적에 대해 알리기 위해 매체를 확보함으로써 회사가 긍정적인 대중적 가시성을 만드는 데 도움을 준다. 기업들은 PR을 단일 목적으로 이용하기도 하며, 여러 목적으로 이용하기도 한다.

14-5 PR 수단

 # 학습목표 PR의 다른 수단들을 알아본다.

회사는 메시지 전달과 이미지 형성을 위해 다양한 PR 수단을 이용한다. PR 담당자들은 여러 이

INTEGRITY IN MARKETING

마케팅의 정직성

스스로 궁지에 몰아넣은 셔윈-윌리엄스

많은 사람들은 위험한 제품을 광고하는 회사들은 책임을 져야 한다는 것에 동의할 것이다. 그러나 만약 이 광고가 100년 이상 된 것이라면 어떻게 할 것인가? 이는 셔윈-윌리엄스(Sherwin-Williams)와 같은 페인트 제조업체가 가정을 대상으로 납 페인트를 판매한 마케팅에 대해 손해배상을 청구한 캘리포니아 소송에서 직면한 딜레마이다. 셔윈-윌리엄스는 1900년대 초 납을 소재로 한 페인트 광고를 만들었다. 1943년에 회사는 실내용 흰색 납 페인트의 판매를 중단했다. 하지만 캘리포니아 법원은 비록 1978년까지 납 페인트가 불법은 아니었지만, 셔윈-윌리엄스와 다른 회사들은 제품의 일부 위험성을 인지하고 있었고 사람들을 대상으로 계속해서 이를 마케팅했다고 주장했다. 법원은 셔윈-윌리엄스, NL 인더스트리즈(NL Industries), 그리고 콘아그라 브랜즈(ConAgra)가 책임이 있다고 판결했다. 그 후에 1950년 이전에 집에서 사용된 페인트가 피해로 제한되었다. 왜냐하면 이 시기에 페인트 제조업체들이 납 페인트의 위험성을 공공연하게 인정했기 때문이다. NL 인더스트리는 6,000만 달러에 합의했다. 2018년 셔윈-윌리엄스와 콘아그라 브랜즈는 이 사건의 심리를 거부한 미국 대법원에 항소했다. 결국, 세 회사는 30,500만 달러에 합의했다. 이 소송은 공익소송이며 두 회사는 이번 소송이 언론의 자유와 마땅한 절차를 침해하고, 수십 년 된 광고에 대해 책임을 지게 한다고 주장했다. 이 소송이 광고계에 어떠한 영향을 미칠지는 불확실하다. 사회적 책임은 기업들 사이에서 주요 관심사이다. 또한 광고주들은 광고의 과거, 현재 및 미래의 영향에 대해 더 많은 재량과 고려를 요구받을 수 있다.

해관계자들에게 도달되고 영향을 미치는 브로슈어, 소식지, 사보, 보도 자료, 블로그, 운영하고 있는 소셜미디어 사이트, 연례보고서 등을 전달하기 위해 글로 표현된 자료들과 디지털 매체를 활용한다. 때때로 조직은 PR 캠페인을 할 때 관례적인 수단을 덜 이용하기도 한다. 에이티앤티의 "나중에 해도 돼요(It Can Wait)" 캠페인은 운전 중 문자 메시지의 위험성에 대한 인식을 확산시킨다. 에이티앤티는 서약 활동을 했을 뿐만 아니라 광고대행사인 BBDO와 협력하여 다큐멘터리를 개발하고 개인들에게 문자 메시지가 운전에 미치는 영향을 보여주기 위해 400개의 지역 행사를 개최했다. 에이티앤티는 15mph 이상의 속도로 운전하는 동안 수신되는 문자 메시지를 무음화하기 위하여 드라이브 모드(DriveMode)앱을 도입했다. 이 캠페인은 500만 건 이상의 앱 다운로드와 1,400만 건의 서약을 달성했다. 또한 PR 담당자는 기업을 즉각적으로 쉽게 식별할 수 있도록 해주는 기업 이미지를 통합하는 물리적 자원들을 만드는데, 로고, 명함, 사무용

LEONARD ZHUKOVSKY/SHUTTERSTOCK.COM

스폰서십 이벤트 스폰서십은 브랜드 인지도를 높이고 제품 시도를 유도하기 위한 PR 수단이다.

품, 상징적 기호, 촉진적 자원 등이 그 예이다. 연설도 PR 수단 중 하나이다. 회사 중역이 회의에서 또는 매체를 통해 공개적으로 하는 말들은 조직의 이미지에 영향을 줄 수 있으므로, 연설을 할 때는 원하는 메시지를 반드시 명확하게 전달해야 한다. 회사가 자선음악회나 테니스 대회 같은 특별한 이벤트에 들어가는 비용의 일부 또는 전체를 지불하는 이벤트 스폰서십 또한 PR 수단에 포함된다. 담배회사들은 전 세계 대도시에서 술, 음악, 흥미있는 파티를 즐기는 사람들을 위한 럭셔리 행사를 개최함으로써 새로운 세대의 흡연자들에게 다가가기 위해 시도하고 있다. 이러한 파티들은 페이스북 라이브와 인스타그램을 통해 생중계된다. 소셜미디어는 빅 타바코(Big Tobacco)가 젊고 새로운 세대의 흡연자들을 위해 그들의 필요를 만족시킬 수 있는 최적의 장소이다. 미국 젊은 사람들의 88%가 소셜미디어를 매일 정기적으로 사용하기 때문이다. 흡연과 관련된 건강 문제에 대해 우려하는 사람들은 담배회사들이 이 홍보수단을 사용하는 것을 우려한다. 특별한 이벤트를 후원하는 것은 비교적 매우 적은 투자액으로 기업 또는 브랜드 인식을 증가시키는 효과적인 수단이 될 수 있다. 이벤트 스폰서십은 회사에 대한 상당한 양의 매체 보도가 무료로 이루어질 수 있게 해준다. 조직은 반드시 그들의 제품과 후원하는 이벤트가 비슷한 청중을 대상으로 하고 소비자들의 생각에 그 두 가지가 결부될 수 있도록 노력한다. 기업뿐만 아니라 개인도 자선 기부를 한다. 이벤트 스폰서쉽과 마찬가지로 브랜드 홍보대사와 협력하는 것도 강력한 홍보수단이다. 더 블랙쉽(The Black Sheep)은 '캠퍼스 인플루언서 모임(campus influencers)'로 불리는 대학생들과 함께 개인 인스타그램계정을 통해 캠퍼스 주변의 주택 및 아파트 옵션을 광고하는 크리에이티브 에이전시다. 더 블랙쉽은 전국에 약 500명의 인플루언서들을 가지고 있다.

퍼블리시티 매스미디어를 통해 무료로 전달되는 조직 또는 조직의 제품에 관한 보도 기사 형식의 커뮤니케이션

퍼블리시티Publicity는 PR의 한 부분으로 기업과 그들의 제품, 또는 이 모두에 관한 보도 기사 형식의 커뮤니케이션이다. 보도 기사는 매스미디어를 통해 무료로 전송된다. 예를 들어 애플의 최고경영자 팀 쿡(Tim Cook)이 아이폰과 아이패드의 새로운 모델을 선보일 것이라고 알릴 때 마다 그 이야기는 그 후 몇 달 동안 전 세계의 신문과 텔레비전 뉴스에서 다루어진다. 비록 PR이 더 크고 보다 포괄적인 커뮤니케이션 기능을 하지만 퍼블리시티는 PR의 측면에서 매우 중요하다. 퍼블리시티는 제품 또는 서비스에 관한 정보를 제공하기 위해 이용될 수 있다. 뿐

만 아니라, 그것들의 확장과 축소, 인수, 조사, 또는 신제품 출시를 알리고 기업 이미지를 강화하기 위해서도 이용된다.

보도 자료news release는 퍼블리시티를 기반으로 하는 가장 보편적인 PR 수단으로 언론 자료라 불리기도 한다. 보도 자료는 보편적으로 300개 이하의 단어로 이루어져 있으며, 회사의 이벤트나 제품에 대해 서술하고 있는 타자로 친 한 장의 문서로, 회사나 대행사의 이름, 주소, 휴대폰 번호, 담당자 이름을 제공한다. 기업들은 신제품을 내놓거나 중대한 발표를 할 때 이러한 보도 자료를 이용한다. 나이키, 스타벅스, 그리고 다른 클린에너지 기업들을 포함한 많은 조직이 보도자료와 다른 매체들을 통해 국가기후와 에너지 법안의 혜택에 대한 인지를 형성하기 위해서 협력을 맺고 있다. 표 14.2가 보여주듯이 보도 자료는,수많은 특정 이슈들을 다룬다. **특집 기사**feature article는 특정한 내용을 발표하기 위해 준비된 3000개 이상의 단어로 이루어진 원고이다. **캡션사진**captioned photograph은 기사의 내용을 간략하게 설명해주는 글이 함께 있는 사진으로, 매우 도드라진 특징을 가진 신제품이나 특징이 향상된 제품을 시각적으로 분명히 보여주는 데 효과적이다.

보도 자료 이벤트나 제품을 홍보하는 한 장의 간략한 문서

특집 기사 특정한 내용을 발표하기 위해 준비된 3000개 이상의 단어로 이루어진 원고

캡션사진 기사의 내용을 간략하게 설명한 글이 있는 사진

퍼블리시티를 기반으로 하는 PR 수단에는 여러 종류가 있다. 그중 하나인 **기자 회견**press conference은 중대 뉴스를 발표하기 위해 소집된 모임이다. 매체 담당자는 기자 회견에 초청을 받으며, 대개는 다양한 문서 자료와 사진을 제공받는다. 때로 신문사와 잡지사에 있는 담당 기자와 편집장들을 위한 편지가 미리 준비되어 보내지기도 한다. 또한 방송되기를 기대하며 방송국에서 이용할 수 있도록 영상을 만들기도 한다. 퍼블리시티를 기반으로 하는 PR 수단은 다양한 장점을 가지는데 여기에는 신뢰성, 뉴스 가치, 방대한 구전 커뮤니케이션, 언론 지지에 대한 인식 등이 포함된다. 대중은 뉴스 매체가 비용을 받지 않고 정보를 제공한다는 이유로 광고보다 신문 보도를 더 정직하고 신뢰할 수 있는 것으로 생각하는 경향이 있다. 한 예로 신제품 소개나 환경적으로 책임을 가지는 새로운 기업 정책과 관련된 이야기를 한 건의 뉴스로 다루고 난 뒤 주목을 받을 수도 있다. 마지막으로 광고보다 퍼블리시티에 드는 비용이 더 적다.

기자 회견 중대 뉴스를 알리기 위해 이용되는 모임

퍼블리시티를 기반으로 하는 PR 수단에는 몇 가지 제한이 있다. 기업의 메시지를 최종적으로 공표하거나 방송에 내보낼 경우, 매체 담당자는 그 메시지에 뉴스 가치가 있는지를 반드시 판단해야 한다. 메시지는 시기적절하고 흥미로우며 정확하고 대중의 관심 속에 있는 것이어야 한다. 보도 자료의 뉴스 가치에 대해 매체 담당자를 납득시키는 데는 상당한 시간과 노력이 걸리며, 다수의 커뮤니케이션이 이에 실패한다. PR 담당자는 보통 정해진 시간에 매체가 보도 자료를 내보내도록 유도하지만 그들은 커뮤니케이션의 내용과 시간 중 어느 것도 통제할 수 없다. 매체 담당자는 보도 자료의 길이와 내용을 출판사 또는 방송사의 요구에 맞추기 위해 고치고, 심지어는 메시지에서 기업 인사들이 가장 중요하게 여기는 부분을 삭제하는 경우도 있다. 그들은 그뿐 아니라 보도 자료를 가장 그들의 편의에 맞는 시간대나 상황에 이용한다. PR 메시지 외 다른 것들이 주요 뉴스거리가 없는 때에 선택될 수도 있다. 이처럼 메시지는 때때로 회사의 목표

표 14.2 홍보 자료에 포함될 수 있는 이슈

사회적 대의에 대한 지지	신제품
개선된 품질 보증	연구 개발
이미 출시된 제품의 새로운 사용법	회사의 획기적인 사건이나 기념일
제품 보증	고용, 생산, 판매에 대한 변화
품질 관련 상 수상	계약 체결
회사명 교체	새로운 시장 개척
회사 임원 인터뷰	재무 상태의 개선
개선된 유통 정책	박람회 개최
국제적 사업 활동	브랜드의 역사
스포츠 행사 후원회사	공모의 우승자
유명인의 방문	로고의 변화
새로운 발견에 대한 보고	최고 경영진의 연설
혁신적인 사업 실행가치	관련된 상 수상
경제 전망	인수와 협력

청중에 도달하지 않을 수도 있는 지역이나 시간대에 나가게 될 수도 있다. 이러한 제한들 때문에 불만족스럽기는 하지만, 적절하게 관리된 퍼블리시티를 기반으로 한 PR 수단은 조직에게 상당한 이익을 제공한다.

14-6 PR 효과 측정하기

 # 학습목표　PR이 어떻게 이용되고 측정되는지를 분석해본다.

훌륭한 PR로 인한 잠재적 이익을 위해 조직이 PR 캠페인의 효과를 측정하는 것은 필수적이다. 회사가 메시지나 이미지를 목표 청중들에게 얼마나 잘 전달하고 있는지를 알아내기 위해 조사가 이루어질 수 있다. 환경 모니터링은 조직에 영향을 미치는 여론의 변화를 찾아낸다. PR 감사는 대중들 사이에서 조직의 이미지를 평가하거나 특정 PR 프로그램의 효과를 측정하는 데 이용된다. 커뮤니케이션 감사는 메시지의 내용 분석, 가독성 연구, 또는 독자 설문조사를 포함한다. 만약 조직이 사회적 책임을 다하고 있는지에 대해 이해관계자들이 생각하는 정도를 측정하기를 원한다면 사회적 감사를 실시할 수 있다.

퍼블리시티를 기반으로 하는 PR 효과를 측정하기 위한 한 가지 접근 방법은 매체 내 총 노출빈도를 계산하는 것이다. 어떤 보도 자료가 얼마나 자주 인쇄 매체에 게재되는지를 알아보기 위해 조직은 의뢰한 회사에게 언론 자료를 발췌하여 보내주는 클리핑 서비스 업체를 고용할 수 있다. TV 보도의 효과를 측정하기 위해서는, 방송 담당자가 항상 이러한 요구에 응하지는 않지만 뉴스 기사가 나갈 때 TV 방송국이 회사명과 날짜를 기록해줄 것을 요청하는 카드를 보도 자료와 함께 동봉하여 보낼 수 있다. 일부 멀티미디어 트래킹 서비스가 존재하지만 이러한 서비스는 꽤 많은 비용이 든다.

총 매체 노출빈도를 계산하는 것이 얼마나 많은 사람이 정확하게 회사의 메시지를 읽거나 들었는지 또는 이후 그들이 메시지에 대해 어떠한 생각을 했는지를 나타내는 것은 아니다. 그러나 퍼블리시티 활동으로 인한 제품에 대한 인지도와 지식, 태도의 변화를 측정하면 정보를 산출하는 데 도움이 된다. 이러한 변화를 파악하기 위해 기업은 반드시 PR 캠페인 전후로 이 정도 규모의 측정을 해야 한다. 비록 정확한 측정을 하기는 어렵지만 마케터는 조직의 매출에 대한 PR 활동의 영향을 평가하려는 시도를 해야 한다. 예를 들어, 기업에 대한 비평가들의 평가는 기업의 흥행성과에 영향을 미친다. 흥미롭게도, 기업의 보도가 나간 뒤 처음 몇 주간은 긍정적인 평가로 인해 수익이 오르기보다는 오히려 부정적인 평가로 인해 수익에 손해를 본다.

지금까지는 PR을 촉진 믹스 중 하나로 설계된 요소로서 논해보았다. 그러나 기업은 안전하지 못한 제품 때문에 야기된 예기치 못한 비호의적인 퍼블리시티, 제품 사용으로 인한 사고, 논란의 여지가 많은 직원의 행위, 또는 어떤 부정적인 사건이나 상황 등을 다루게 될 수도 있다. 제품 리콜이나 소비자에게 피해를 줄 수 있는 제품은 위기를 야기하고 브랜드에 피해를 줄 수 있다. 부정적인 퍼블리시티의 정도와 브랜드가 공개적으로 책임을 져야 하는지가 피해 규모에 영향을 미칠 것이다. 많은 회사들이 자동차 부품 결함, 패스트푸드의 대장균, 반려동물 사료의 산업용 화합물과 같은 결함 및 오염된 제품과 관련하여 비호의적 퍼블리시티를 경험했다. 비호의적인 보도는 빠르고 극적인 효과를 보인다. 코카콜라는 환타(Fanta)의 75주년을 기념하기 위해 독일에서 선보인 광고를 빨리 종료할 수밖에 없었다. 그들의 마케팅은 1940년대를 "그때가 좋았지(the good old times)"이라고 불렀다. 코카콜라는 1940년대 독일이 나치 시대로 표시되면서 즉각적인 반발을 경험했다.

PR을 만들어내는 부정적인 사건은 회사의 호의적인 이미지를 없애버리고 수년간의 값비싼 광고 캠페인과 기타 촉진 활동들을 통해 확립된 긍정적인 고객 태도를 무너뜨릴 수 있다. 예로 해커들이 타깃(Target)의 시스템을 해킹하여 신용카드 정보를 훔쳐 간다면 타깃은 자사의 평판에 손상을 입게 된다. 평판은 종종 회사의 귀중한 자산으로 간주된다. 비호의적인 행동과 그 결과에 회사가 어떻게 대처하느냐는 조직 평가에 상당한 영향을 미친다. 온라인 서비스와 인터넷을 포함하는 오늘날의 매스미디어는 그 어느 때보다도 정보를 더욱 빠르게 전파하며, 일반적으로 기업의 나쁜 소식은 자사의 사회적 책임 활동보다 더 많은 매체의 주목을 받는다.

기업은 이미지를 보호하기 위해 비호의적인 PR이 만들어지는 것을 방지해야 하며, 그러한 상황이 발생했을 경우에는 최소한 그 영향을 줄일 필요가 있다. 다른 무엇보다도 조직은 안전 프로그램, 점검, 교육, 효과적인 품질 관리 절차를 통해 부정적인 일과 사건을 방지하기 위한 노력을 해야만 한다. 전문가들은 전체 커뮤니케이션을 하는 동안 항상 일관된 브랜드 메시지와 이미지를 전달하는 것이 위기 상황에서도 브랜드의 강점을 유지하는 데 도움이 될 것이라 주장한다. 그러나 아무리 신중을 기하는 기업이라도 부정적인 사건에 맞닥뜨릴 수 있기 때문에 기업은 그러한 상황에 처했을 때 해결할 수 있는 방침을 갖고 있어야 한다. 기업은 위기나 논란을 야기하는 뉴스 보도의 부정적인 영향을 줄이기 위한 정책과 절차를 반드시 세워야 한다. 대부분의 경우에 있어, 조직은 부정적인 사건에 대한 뉴스 보도를 막거나 차단하려고 하지 말고 신속하게 처리해야 한다. 만약 뉴스 보도를 억제한다면 루머와 다른 오보가 사실로 대체되고 공개 조사에 대한 촉구가 일어날 수도 있다.

부정적인 사건은 쉽게 심각한 문제나 공공의 문제로 확대될 수 있으며, 매우 치명적으로 바뀔 수 있다. 언론과 대중들에게 솔직하게 행동하며 즉각적인 조치를 취함으로써 회사는 그러한 상황에 대처하는 자신들의 진실된 노력으로 대중들을 설득할 수 있을 것이다. 그러면 보도 담당자는 대중들에게 복잡한 문제에 대해 해명할 수 있도록 기업을 기꺼이 도와줄 수 있을지도 모른다. 부정적인 사건을 효과적으로 다룰 수 있다면 기업의 이미지에 좋지 않은 영향을 완화할 수 있다. 전문가들은 보편적으로 부정적인 평판에 대처하고 있는 회사들에게 신속하고 솔직하게 그 상황에 대응하고 모든 이해관계자와의 커뮤니케이션 경로를 열어놓을 것을 충고한다. 디지털 매체는 조직으로 하여금 가장 중요한 이해관계자들과의 커뮤니케이션 능력을 향상시키고 현안에 대한 대화를 발전시키고 있다.

요약

14-1 광고와 광고의 다른 유형들을 설명한다.

광고는 TV, 라디오, 인터넷, 신문, 잡지, DM, 옥외 광고, 대중교통 광고 같은 매스미디어를 통해 소비자들에게 전달되는, 비용을 지불한 비대인적 형태의 커뮤니케이션이다. 기업과 비영리조직 모두 광고를 이용한다. 기업 광고는 조직의 이미지와 아이디어, 정치적 사안들을 촉진한다. 회사가 조세 같은 공공의 관심사에 대한 입장을 알리는 경우 기업 광고를 옹호적 광고라 부른다. 제품 광고는 제품의 용도, 특성, 혜택을 광고한다. 제품 광고의 두 가지 유형으로는 특정 브랜드보다는 제품 범주에 대한 수요를 자극하는 데 중점을 두는 파이어니어 광고와 브랜드의 특성, 용도, 편익을 알림으로써 특정 브랜드에 대한 수요를 자극하려고 하는 경쟁 광고가 있다. 직접적인 제품 비교를 하기 위해서는 2개 이상의 브랜드를 비교하는 비교 광고를 이용한다. 경쟁 광고의 두 가지 유형으로는 고객들에게 기존 브랜드의 용도, 특성, 편익들을 상기시키는 리마인더 광고와, 현재 이용자들에게 그들이 현명한 브랜드 선택을 했다는 것을 확인해주는 강화 광고가 있다.

14-2 광고 캠페인 전개의 주요 8단계를 요약해본다.

마케터가 광고 캠페인을 전개하는 방법에는 여러 가지가 있지만 보편적인 방식을 따른다. 먼저, 그들은 광고가 목적으로 하는 사람들의 집단인 목표 청중을 구분하고 분석해야 한다. 그리고 두 번째로, 광고 목표를 규정하여 캠페인을 통해 무엇을 달성하고 싶은지를 설정해야 한다. 목표는 명확하고 정확하며 측정할 수 있는 용어들로 표현되어야 한다. 세 번째로, 마케터는 캠페인이 보여주고자 하는 기본적인 이슈들을 포함하는 광고 플랫폼을 형성해야 한다. 광고 플랫폼은 소비자들에게 중요한 이슈들로 구성되어야 한다. 다음으로, 광고주는 캠페인에 얼마나 많은 돈을 지출할지를 결정해야 한다. 그들은 목표 과업법, 매출 비율법, 경쟁사 대항법 또는 임의적 방법을 통해 그것을 산출한다. 다섯 번째로, 광고주는 캠페인에 이용할 매체를 선별하고 그것들의 일정을 관리하는 매체 계획을 전개해야 한다. 매체 계획에 영향을 미치는 요소들로는 목표 청중의 지역과 인구통계적 특성, 메시지의 내용, 다양한 매체별 비용을 들 수 있다. 인공지능과 예측 분석은 미디어 계획을 개발하는 데 사용되고 있다. 여섯 번째 광고 메시지가 생성된다. 광고 캠페인의 기본적인 내용과 형태는 제품의 특성과 용도 그리고 장점, 목표 청중에 포함되는 사람들의 특성, 캠페인의 목적과 플랫폼, 매체 선택에 영향을 받는다. 광고주는 메시지를 만들기 위해 카피와 아트워크를 이용한다. 일곱 번째로, 광고 캠페인 실행에는 광범위한 계획 과정과 합동이 필요하다. 마지막으로, 광고주는 광고 효과를 측정하기 위해 한 가지 이상의 방법을 고안해야 한다. 예비조사는 캠페인을 시작하기 전에 실행하고, 사후조사는 캠페인이 종료된 후에 실시하는 측정이다. 사후조사의 두 가지 유형에는 보조 상기 조사와 비보조 상기 조사가 있는데, 응답자들에게 실제 광고를 보여주고 그들이 그것을 상기하는지를 묻는 것이 보조 상기 조사이다. 지원 비보조 상기 조사에서는 응답자들에게 제품, 브랜드, 회사명, 또는 기억을 건드릴 수 있는 트레이드 마크 등을 나열하여 보여준다. 비지원 비보조 상기 조사에서는 어떠한 단서도 제공하지 않는다.

14-3 광고 캠페인을 전개하는 책임자를 파악한다.

광고 캠페인은 회사 내 또는 광고대행사와 협력관계에 있는 관계자들에 의해 전개된다. 회사 관계자들에 의해 제작된 캠페인은 한 명 이상의 개인 또는 회사 내 광고 담당 부서에 의해 발전된다. 광고대행사를 이용할 경우, 숙련된 기술과 폭넓은 경험이 있는 객관적인 전문가들의 도움을 적은 비용으로 제공받을 수 있다는 점에서 유리하다.

14-4 PR을 정의한다.

PR은 조직과 조직의 이해관계자들 간에 호의적인 관계를 형성하고 유지하기 위해 이용되는 일련의 커뮤니케이션 활동이다. PR은 사람, 장소, 아이디어, 활동, 나라를 알리기 위해 이용될 수 있으며 긍정적인 회사 이미지를 만들고 유지하기 위해서도 이용된다. 한 가지 목적을 위해 PR을 이용하는 회사도 있고, 여러 가지 목적으로 PR을 이용하는 회사도 있다.

14-5 PR의 다른 수단들을 알아본다.

PR 수단에는 브로슈어, 소식지, 연례보고서 같은 글로 표현된 자료와 명함이나 서명 같은 기업 이미지를 통합하는 자원, 그리고 연설, 이벤트 스폰서십, 특별한 이벤트가 포함된다. 퍼블리시티는 조직, 조직의 제품, 또는 둘 다에 관한 보도 기사 형식으로 무료로 매스미디어를 통해 전파된다. 퍼블리시티를 기반으로 하는 PR 수단에는 보도 자료, 특집 기사, 캡션용 사진, 기자 회견이 있다. 기업이 퍼블리시티를 기반으로 하는 PR을 이용할 때 직면하게 되는 문제로는, 지면 보도나 방송 보도에 대한 매체 담당자의 저항과 메시지를 내보내는 시간대와 메시지 내용에 대한 통제의 어려움을 들 수 있다.

14-6 PR이 어떻게 이용되고 측정되는지를 분석해본다.

PR 프로그램의 효과를 측정하기 위해 회사는 그들의 메시지가 목표로 하는 청중들에게 얼마나 잘 도달되고 있는지를 알아보는 조사를 실시해야 한다. 환경 모니터링, PR 감사, 매체 노출빈도 계산은 모두 PR 효과를 측정하는 방법들이다. 기업은 비호의적인 퍼블리시티를 야기하는 부정적인 사건을 막기 위한 조치를 취하는 방법으로 대중과의 부정적인 관계를 방지해야 한다. 비호의적인 PR이 미치는 영향을 줄이기 위해 기업은 부정적인 사건이 발생했을 경우, 보도 담당자와 대중에 대처하기 위한 정책과 절차를 만들어야 한다.

주요 개념

- 광고
- 기업 광고
- 옹호적 광고
- 제품 광고
- 파이어니어 광고
- 경쟁 광고
- 비교 광고
- 리마인더 광고
- 강화 광고
- 네이티브 광고
- 광고 캠페인
- 목표 청중
- 광고 플랫폼
- 광고예산
- 목표 과업법
- 매출 비율법
- 경쟁사 대항법
- 임의적 방법
- 매체 계획
- 비용 비교 지표
- 지역별 발행
- 카피
- 스토리보드
- 광고 아트워크
- 일러스트
- 레이아웃
- 예비조사
- 소비자 평가단
- 사후조사
- 보조 상기 조사
- 비지원 비보조 상기 조사
- 지원 비보조 상기 조사
- 퍼블리시티
- 보도 자료
- 트집 기사
- 캡션용 사진
- 기자 회견

마케팅 계획 수립하기

광고가 고객들에게 전달하려고 하는 메시지를 결정하는 것은 마케팅 전략을 실행하는 데 있어 중요한 부분이다. 다양한 유형의 광고와 각 매체 형태에 대한 충분한 이해는 메시지를 전달하기 위한 적절한 방법을 선택하는 데 있어서 필수적이다. 이러한 선택은 마케팅 계획에서 매우 중요한 부분을 형성한다. 이번 장에서 다룬 정보들이 어떻게 귀사의 마케팅 계획 구축과 연결되는지 이해를 돕기 위해 다음 질문들을 살펴보자.

1. 귀사의 제품에 가장 적합한 광고의 종류와 유형은 무엇인가?
2. 광고예산을 책정하기 위한 여러 가지 방법들에 대해 논하라.
3. 표 14.1을 참고로 하여 각 매체 유형들을 평가하고, 귀사의 촉진 목적을 충족시키는 가장 효과적인 매체를 결정 하라(15장 내용 참고).
4. 귀사의 광고 캠페인 효과를 측정하기 위해 어떤 방법을 이용할 것인가?
5. 표 14.2를 검토한 후에 귀사의 촉진 계획에 있어 퍼블리시티를 위해 이용 가능한 방법들에 대해 논하라.

연습 문제

1. 기업 광고와 제품 광고의 차이점은 무엇인가?
2. 경쟁 광고와 비교 광고의 차이점은 무엇인가?
3. 광고 캠페인을 전개하는 주요 단계에는 어떤 것들이 있는가?
4. 목표 청중이란 무엇인가? 목표 청중을 구분하고 난 뒤에 마케터는 어떻게 그들을 분석하는가?
5. 광고 목적을 규정하는 것이 필수적인 이유는 무엇인가?
6. 광고 플랫폼이란 무엇이며, 그것은 어떻게 이용되는가?
7. 광고예산의 규모에 영향을 미치는 요소들은 무엇인가? 광고예산을 결정하기 위해 이용되는 방법에는 어떤 것들이 있는가?

8. 매체 계획을 전개하는 단계를 설명하라.
9. 광고 메시지에서 카피의 기능은 무엇인가?
10. 광고 효과를 사후조사하기 위해 이용되는 여러 방법들을 설명하라.
11. 광고 캠페인을 전개하는 데 있어 광고대행사가 하는 역할은 무엇인가?
12. PR이란 무엇인가? PR을 통해 조직이 도달할 수 있는 사람은 누구인가?
13. 조직은 PR 수단을 어떻게 이용하는가? 최근에 목격한 몇 가지 예를 들어보라.
14. 퍼블리시티를 기반으로 하는 PR과 관련된 문제점과 제약들을 설명하라.
15. PR 효과는 어떤 방법으로 측정되는가?
16. 부정적인 대중과의 관계에 있어 근본적인 원인에는 어떤 것들이 있는가?

◎ 케이스 14

스크립스 네트웍스 인터액티브: 광고주와 프로그래밍을 연결하는 전문가

소비자들이 넷플릭스, 훌루 같은 스트리밍 서비스로 눈을 돌리면서 TV 광고주들은 어려움에 직면했다. 시청자들이 프로그램을 시청하면서 광고를 빨리 감을 수 있기 때문에 디지털 비디오 레코더(DVR)의 사용 또한 이러한 어려움에 영향을 끼쳤다. 푸드 네트워크(Food Network), HGTV, 트래블 채널(Travel Channel), 매그놀리아(Magnolia), 쿠킹 채널(Cooking Channel), 그레이트 아메리칸 컨트리(Great American Country)의 모회사인 스크립스 네트웍스 인터액티브(Scripps Networks Interactive)는 제품 간접 광고, 소셜미디어 플랫폼 사용 및 촉진을 통해 이 문제의 해결책을 찾았다.

스크립스 네트웍스는 회사의 프로그래밍이 비슷한 관심사를 가진 시장을 목표로 하는 점에서 특별하다. 스크립스 네트웍스 인터액티브의 디지털 미디어 및 데이터베이스 마케팅 책임자는 "우리의 프로그래밍은 라이프 스타일과 사람들이 열정적으로 관심을 갖고 있는 것에 대해 이야기하는 것에 매우 적합하며, 우리의 마케팅 커뮤니케이션 전략은 이의 자연스러운 확장이라고 생각한다."라고 말한다. 이는 광고를 통해 회사가 광고주들과 강력한 관계를 구축할 수 있는 기회를 제공한다. 동시에 이러한 촉진들은 항상 시청자들에게 광고처럼 보이지 않는다. 이를 이루는 한 가지 방법은 네트워크를 통해 교차 촉진 활동을 하는 것이다. 예를 들어 시청자들은 푸드 네트워크에서 프로그램을 시청하는 동안 다른 스크립스 채널에서 프로그램의 광고를 볼 수 있다. 이러한 마케팅 촉진은 방해로 여겨지는 광고보다 시청하는 프로그램의 자연스러운 확장처럼 보인다.

제품 간접 광고는 시청자들이 제공되는 콘텐츠에 관심이 있기 때문에 회사 프로그래밍의 라이프스타일 콘텐츠와 잘 어울린다. 대부분의 경우 스크립스의 마케팅 수석 부사장은 "시청자들은... 실제로 아이디어와 리소스를 위한 광고주의 제품을 찾습니다."라고 말한다. 이는 회사가 광고주들과 깊은 관계를 구축할 수 있는 기회를 제공한다. 광고주들은 프로그램에서의 간접광고뿐만 아니라 그들의 소셜미디어 공간으로의 통합을 위해 스크립스 네트웍스를 찾는다. 텔레비전 간접 광고와 소셜미디어 광고의 통합은 두 당사자에게 모두 이익이 되었다. 양방향 광고 마케팅의 수석 부사장은 "만약 우리가 특정 광고주를 아이언 셰프(Iron Chef)나 챱드(Chopped)와 연결시킨다면, 그들이 방송에서 '이 특정화의 레시피를 온라인 foodnetwork.com에서 확인하라'고 말할 수 있는 기회가 있다"고 설명한다. 이러한 프로그램의 요리특징에도 불구하고 스크립스가 설립한 광고 플랫폼은 자동차 제조업체를 포함한 다른 판매업체들을 끌어들인다. 예를 들어 렉서스는 레스토랑 임파서블(Restaurant Impossible)의 진행자 로버트 어바인(Robert Irvine)이 운전하는 차로 특징지어졌다. 이 클립들은 렉서스 광고로 구성되어 프로그램의 웹페이지에 표시되었다.

스크립스는 또한 제품 간접 광고를 오프라인 매장과 디지털 공간에 통합하는 방법을 찾았다. 푸드 네트워크 진행자 가이 피에리(Guy Fieri)가 "The Next Food Network Star"로 인정받은 후 그는 TGI프라이데이스와 파트너 관계를 체결했다. 피에리는 푸드 네트워크에서 레시피 대결을 주최하였고 TGI프라이데이스는 레스토랑에서 이러한 레시피를 홍보했다. 공동 브랜드 제품을 만들기 위해 요리사와 브랜드 간의 파트너십도 개발되었다. 컷티드(Cutded)의 심사위원인 알렉스 과르나셀리(Alex Guarnaschelli)는 피셔 너트(Fisher Nuts)에 의해 그 제품의 레시피를 공유하기 위해 접촉되어졌다. 이러한 광고들은 푸드 네트워크와 쿠킹 채널에서 모두 방영되었다.

이 통합의 다른 장점은 회사와 광고주가 서로 다른 방향에서의 작업을 통해 프로그램과 제품을 동시에 홍보하는 공동 마케팅 파트너가 되는 것이다. 푸드 네트워크의 신규 비즈니스 총괄 책임자는 콜스(Kohl's) 및 미국 최악의 요리사(Worst Cooks in America)의 이러한 관계를 나타내는 예를 다음과 같이 설명한다. "콜스가 광고 및 후원을 하고 있습니다. 그들은 핀터레스트나 트위터를 이용하고 있습니다. 우리는 캐릭터의 맥락에서 같은 일을 하고 있기 때문에 하향식 및 상향식 작업을 함께 하게 됩니다."

촉진은 이 플랫폼에서 잘 작동한다. 스크립스 네트워스의 한 디지털 마케터는 촉진의 효과에 대해 이렇게 설명한다. "단순히 돈을 주는 것 이상으로 만드는 것은 사람들이 경품 행사에 등록하여 여행에 당첨될 뿐만 아니라 엔터테인먼트 경험의 일부가 되도록 연결시키는 것입니다. "예를 들어, 푸드 네트워크는 사람들에게 페이스북 페이지로 가서 사람들이 가장 좋아하는 지역의 푸드 트럭을 선택하거나 투표를 요구하는 프로그램 "푸드 트럭 레이스(The Great Food Truck Race)"의 촉진을 하였다. 그리고 우승자들은 프로그램의 웹사이트에 소개되었다. 이 행사는 화제를 일으켰고 후보에 오른 전국의 푸드트럭에 집중을 시켰다. 후보자들은 프로그램 중에 방영된 광고에 출연하여 시청자에게 온라인 투표를 요청했다. 팬, 기업, 프로그램은 모두 화제를 불러일으키고 서로의 홍보에 참여하여 모든 당사자들에게 이점을 주는 효과를 만들어냈다. 스크립스는 디스커버리(Discovery)에 150억 달러에 인수되어 디스커버리의 수익을 늘렸다. 새로운 회사인 디스커버리 유한 책임회사는 "실생활 엔터테인먼트"의 선두주자가 되는 것을 목표로 하고 있다.

토론을 위한 질문

1. 왜 푸드 네트워크가 많은 광고주들에게 중요한 장소로 되었는가?
2. 푸드 네트워크에서 스크립스가 제품 간접 광고를 사용하는 방법에 대해 설명하시오.
3. 왜 식품의 분야가 아닌 광고주들도 푸드 네트워크에 관심을 가진다고 생각하는가?

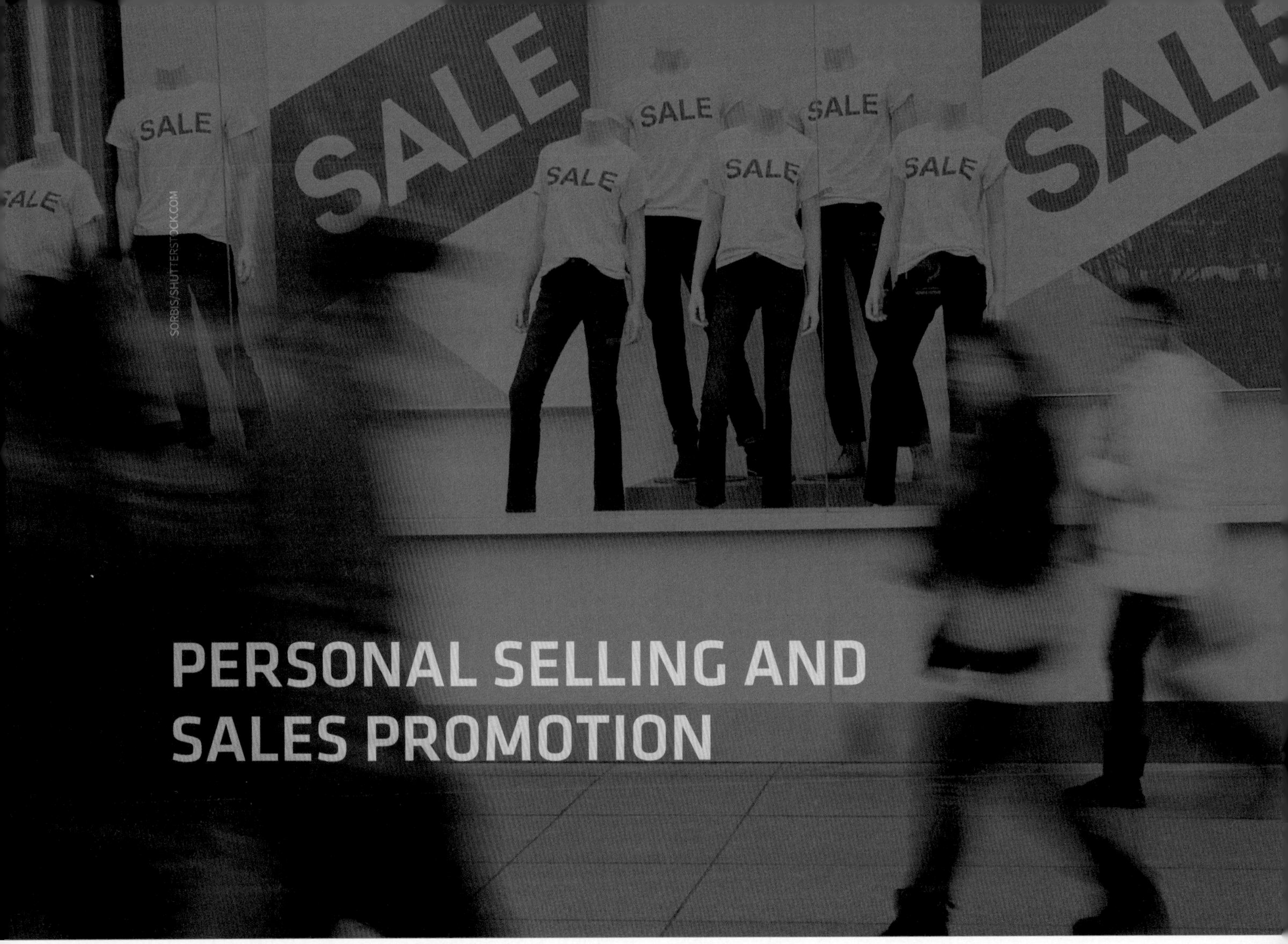

SORBIS/SHUTTERSTOCK.COM

PERSONAL SELLING AND SALES PROMOTION

CHAPTER.15
인적 판매와 판매 촉진

학습목표

15-1 인적 판매의 주요 목적을 알아본다.

15-2 인적 판매 과정의 기본 7단계를 요약해 본다.

15-3 판매인력의 유형을 살펴본다.

15-4 팀 판매와 관계 판매를 알아본다.

15-5 인력 관리의 8가지 주요 사항들에 대해 논해본다.

15-6 판매 촉진과 이의 사용에 대해 알아본다.

15-7 구체적인 소비자 판매 촉진 방법을 검토해본다.

15-8 중개인 판매 촉진 방법을 검토해본다.

MARKETING INSIDE

마케팅 들여다보기

TIM BOYLE/GETTY IMAGES NEWS/GETTY IMAGES

코스트코 사은품 효과를 거두다.

무료 샘플을 제공하는 것은 비용이 많이 드는 판매 촉진의 한 형태이다. 하지만 많은 회사들에게 있어서 무료 샘플을 고객들에게 제공하는 것은 비용을 감수할 가치가 충분히 있다. 무료 샘플은 고객들이 실패할 부담 없이 제품을 시험해 볼 수 있을 뿐만 아니라 호혜적인 감정을 느끼도록 할 수 있다. 다시 말해 무료 샘플을 사용한 고객들은 제품을 구매하고 매출을 높임으로써 보답해야 할 의무를 종종 무의식적으로 느낀다. 게다가, 초콜릿과 같은 특정한 음식을 시식하는 것은 그 음식에 대한 욕구를 더 많이 생성한다. 이러한 현상을 이용하여 샘플을 제공하는 업체들은 고객들이 욕구를 충족시키기 위해 샘플 제품을 구매하도록 유도한다. 다양한 무료 샘플을 제공하기로 유명한 점포 중 하나는 코스트코이다. 코스트코는 이 판매 촉진 방법을 많은 고객들에게 흥미로운 사회적 이벤트로 바꾸어 놓았다. 예를 들어, 고객들은 데이트로 코스트코로 가는 것을 소셜 미디어에 게시했다. 이러한 형태의 판매 촉진은 코스트코가 아마존과 같은 온라인 쇼핑 사이트와 경쟁하는 데 도움이 되었다. 온라인 쇼핑의 편리성이 고객들을 어필하고 있지만, 코스트코는 온라인에서 경험할 수 없는 엔터테인먼트 경험을 오프라인 매장에서 만들어냈다. 그렇기 때문에 그 회사는 디지털 시대에 경쟁력을 유지할 수 있었다. 코스트코가 회원권 판매를 통해 대부분의 수익을 얻지만, 무료 샘플은 고객을 유치하고 소셜 미디어를 통해 소식을 알리고 구매를 증가시키는 데 틀림없이 도움이 된다

고객 관계를 만족시키면서 그것을 장기적으로 유지하기 위해 적합한 인적 판매 기법, 판매 촉진, 그리고 메시지를 가지고 목표 고객을 정하는 것은 많은 조직들에 있어 중요한 역할을 한다. 그리고 이는 회사의 성공에도 기여한다. 마케팅 전략 개발은 모든 개발과 실행 단계에서 판매 조직을 수반해야 한다. 최고 담당자들은 고객을 더 잘 이해하기 위해 판매인력으로부터 상당히 많은 피드백(반응)을 필요로 하며, 판매 데이터 분석을 사용하여 판매인력과 판매 촉진을 위한 정보를 제공하기 위해 많은 노력을 기울여야 한다. 판매 담당자는 판매원들이 편하게 느끼는 언어로 마케팅 전략을 전달해야 한다. 13장에서 살펴봤듯이, 인적 판매와 판매 촉진은 촉진 믹스에 이용할 수 있는 두 가지 요소이다. 인적 판매는 때때로 회사가 단독으로 이용하는 촉진수단으로, 좀 더 전문적인 상담가와 조언자, 또는 동업자 같은 판매인력을 동반하며 점점 전문화되고 정교해지고 있다.

이번 장에서는 인적 판매와 판매 촉진을 중점적으로 살펴볼 것이다. 먼저 인적 판매의 목적에 대해 생각해보고 그것의 기본 단계들을 검토해보자. 다음으로는 판매원의 유형과 그들이 어떻게 선택되는지를 알아보고, 이후 인적 판매의 몇 가지 새로운 유형을 살펴볼 것이다. 그런 다음에는 인력 관리의 목표 수립과 인력 규모, 채용, 선정, 교육, 보상, 판매원 동기부여, 판매지역 관리, 판매인력 성과 관리와 측정에 대한 내용을 포함한 인력 관리의 주요 사항들에 대해 논할 것이다. 마지막으로, 판매 촉진의 몇 가지 특징과 판매 촉진을 이용하는 이유, 그리고 촉진 믹스에 이용될 수 있는 판매 촉진 수단들을 살펴볼 것이다.

15-1 인적 판매의 성격

 # 학습목표 인적 판매의 주요 목적을 알아본다.

인적 판매 대면 상황에서 고객들에게 정보를 알려주고 그들이 제품을 구매하도록 설득하는 대인적 커뮤니케이션

인적 판매 Personal selling는 대면 상황에서 고객들에게 정보를 알려주고 그들이 제품을 구매하도록 설득하는 대인적 커뮤니케이션이다. 예를 들어 회사 서비스, PC, 프린터의 혜택에 대해 소기업 고객에게 설명하는 휴렛팩커드(Hewlett-Packard, HP)의 판매원은 인적 판매에 해당되는 일을 하고 있는 것이다. 또한, 미국 마케팅협회(American Marketing Association, AMA)의 회원이 행사에서 행사 관계자들에게 미국 마케팅협회 가입에 따른 혜택에 대해 알려주는 상담 업무를 담당하는 것 역시 인적 판매에 속한다. 인적 판매는 마케터가 고객들의 정보 욕구를 만족시키기 위해 메시지를 조절할 수 있는 최대의 자유를 제공한다. 이는 모든 촉진수단 중 가장 정확하여 마케터가 매출 전망을 가장 잘 예측할 수 있도록 해준다. 또한 인적 판매는 고객과의 관계를 형성하는 데 가장 효과적인 방법이다. 인적 판매는 엄청난 양의 제품 구매와 관련된 기업 간

의 거래에서 가장 중요한 수단일 수도 있다. 위험성이 큰 요인들을 수반하기 때문에 인적 판매는 대개 제품의 품질에 관해 예상 고객들을 납득시키고 질문에 대한 답변을 해주기 위해 필요하다. 하지만 이러한 이점이 있는 반면, 촉진 믹스 중 일반적으로 가장 비용이 많이 든다. 기업 간의 판매를 위한 방문 판매에 드는 평균 비용은 215달러에서 400달러 사이이다.

수백만 명의 사람들이 인적 판매에 종사한다. 판매 경력은 높은 수입과 많은 자유, 높은 수준의 교육과 직업 만족도를 제공한다. 대중은 인적 판매를 부정적으로 인식하고 있으나, 대기업이나 전문판매연합체 등은 대중들의 고정관념을 극복하기 위해 노력하고 있다. 인적 판매는 윤리 실천규범을 개발하고 시행해나가며 전문판매연합체로서 계속해서 존중받을 것이다. 오늘날에는 진행 중인 고객 관계를 발전시키기 위해 대인관계에 능숙하고 기술적인 능력과 더불어 높은 수준의 전문성을 갖춘 판매 전문가가 요구된다.

인적 판매의 목표는 회사마다 각기 다르다. 그러나 대개 가능성 발견하기, 기업의 필요사항 알아내기, 예상 고객 구매 설득하기, 판매에 대한 후속 조치 취하기. 그리고 고객 만족 유지하기 등이 그에 포함된다. 제품에 관심이 있는 잠재 구매자를 파악하는 것은 매우 중요하다. 그들 대부분이 구매하기 전에 정보를 찾으려 하기 때문에 판매원은 그들의 정보에 대한 욕구를 확인한 뒤에 적절한 정보를 제공할 수 있다. 그러기 위해서 판매 전문가는 기업의 제품과 일반적인 판매 절차에 관해 반드시 잘 숙달된 사람이어야 한다.

판매원은 경쟁업체들에 대해 반드시 알고 있어야 한다. 그들의 신제품 개발을 예의주시하고, 판매지역 내에서 벌이는 판매 활동에 있어 얼마나 자주, 그리고 언제 고객을 방문하는지, 또한 제품에 대해 어떻게 말하는지와 같은 정보를 잘 파악하고 있어야 한다. 판매원은 특히 경쟁업체의 제품이 자사 제품이 제공하는 것과 같은 혜택을 갖고 있지 않을 때, 자사 제품의 혜택을 꼭 강조해야 한다. 판매원은 종종 회사를 대표하는 지식 전문가로서의 역할을 하며, 마케팅 결정에 있어 핵심적인 정보를 제공한다.

오늘날 인적 판매는 새로운 기술과 고객이 제품에 관한 정보를 얻는 방법, 그리고 고객이 구매 결정을 내리는 방법을 기반으로 변화하고 있다. 소셜미디어와 애플리케이션을 통한 고객 정보 공유 그리고 전자장비를 이용한 제품 설명은 인적 판매의 성격에 영향을 주고 있다. 기술과 소셜 미디어는 판매원과 고객 사이에 전례없는 수준의 투명성과 커뮤니케이션을 제공한다. 많은 기업들은 고객들을 찾아내고 이끄는 데 있어 필요한 데이터를 관리하기 위해 소셜 미디어 기술을 이용한다. 예를 들어, 회사가 고객과의 관계를 관리할 수 있도록 하기 위해 세일즈포스닷컴(Salesforce.com)이 제공하는 클라우드 컴퓨팅 모델은 인적 판매의 판매 관리를 돕는다. 디지털 기술은 판매원들이 스마트폰을 이용하여 고객 관계 관리 시스템에 접근하는 것이 일반적일 정도로 우리 삶에서 매우 중요한 요소가 되었다. 내부 소비자 데이터는 판매원들이 과거에 존재하지 않았던 방식으로 고객을 이해하고 협력하는 데 도움이 될 수 있다.

인공지능(AI)과 예측 분석은 판매 전략과 계획을 세우는 데 사용된다. 방대한 양의 판매 데이터를 이용하여 머신러닝은 판매 활동의 최적화를 위한 트렌드와 지표를 생성하는 알고리즘 및 규칙을 만들 수 있다. 머신러닝은 판매원들이 최고의 성과 수준을 이루기 위해 필요한 판매 활동에 집중할 수 있는 데이터를 제공한다. 판매 분석은 명확하고 직관적인 방식으로 정보를 신속하게 전달하여 조치와 결과를 이끌 수 있다. 이 데이터는 단순히 판매 마케팅 인터페이스가 아닌 전체 공급망을 통해 조직 간 인터페이스를 허용한다. 미래에는 판매 사원이 복잡한 해법을 찾기 위해 회사 파트너와 협력에 더 많은 노력을 기울일 것이다. 디지털화 및 인공지능을 포함한 판매 정보기술의 영향력은 이전 기술보다 더 지대한 결과를 가져올 것이다.

몇몇 회사들은 일회성 손님들의 수익만으로 간신히 연명한다. 장기적인 생존을 위해 대부분의 마케터들은 반복매매에 의존하므로 그들은 고객들을 만족시켜야만 한다. 게다가 만족감을 느낀 고객들은 호의적인 구전 또는 다른 형태의 커뮤니케이션을 제공하는데, 그렇게 함으로써 신규 고객을 끌어들일 수 있다. 고객 만족을 달성하는 데 있어 조직 전체가 책임이 있음에도 불구하고 회사 내 다른 누구보다 거의 매일을 고객과 가까이 붙어 있고 판매 이후에도 종종 구매자들에게 정보와 서비스를 제공한다는 이유로, 상당한 부담이 판매원의 몫이 된다. 실제로, 회사의 시장지향은 판매원의 태도와 헌신, 그리고 고객의 구매 의사에 미치는 영향력에 결정적인 영향을 준다. 판매와 다른 마케팅 분야의 협력은 고객을 가장 중시하는 시장지향과 관련이 있으며, 이는 조직의 성과에 분명한 영향을 미친다. 이러한 관계로 인해 판매원들은 추가적인 매출을 만들어낼 수 있는 기회를 얻게 되고 회사 제품, 다른 마케팅 믹스 요소들의 강점과 약점을 평가하는 데 유리한 위치에 서게 된다. 판매원의 관찰은 회사와 고객 모두를 좀 더 만족시키는 마케팅 믹스를 개발하고 관리하는 데 도움을 준다. 판매는 더 이상 전 세계적으로 업계에서 분리된 기능을 하는 것이 아니다. 판매는 고객 관리에 대한 교차기능 전략책의 일부가 되어 그 역할을 수행하고 있다. 이로 인해 관리 능력과 전략적 기술 모두를 가진 판매원이 요구된다.

15-2 인적 판매의 과정

 # 학습목표 인적 판매 과정의 기본 7단계를 요약해 본다.

판매 과정에 포함되는 특정 활동들은 판매원, 판매 상황, 그리고 문화에 따라 차이가 있다. 정확하게 같은 판매수단을 이용하는 판매원은 없다. 그렇지만 많은 판매원이 일반적인 판매 과정에 따라서 행동한다. 그 과정은 고객예측, 사전준비, 접근, 제품 소개, 의견 조정, 구매 권유, 사후관리라는 7단계로 구성되어 있으며 개요는 그림 15.1에 나타나 있다.

15-2a 고객예측

잠재 고객의 데이터베이스를 개발하는 것을 **고객예측prospec-ting**이라 한다. 판매원은 회사의 판매 기록, 박람회, 상용 데이터베이스, 신문 공고(결혼, 출생, 사망 소식 등), 공공 기록, 업종별 안내 책자, 그리고 다른 많은 자료를 통해서 예상 고객들을 찾는다. 또한 판매 전문가는 기존 광고 및 온라인 광고를 통해 소비자들이 보이는 관심을 활용하기도 하며, 변호사 또는 회계사와 같은 특정한 유형의 고객들은 세미나 또는 회의에 참여하는 회원들의 정보를 참고하기도 한다.

그림 15.1 인적 판매 과정의 일반적인 단계

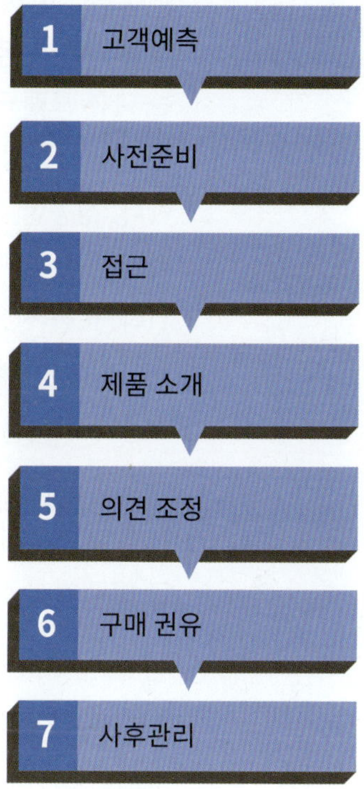

대부분의 판매원은 잠재 고객을 찾아내기 위해 기존 고객들로부터 이루어지는 추천이나 소개를 이용하는 것을 선호한다. 예로, 고품질의 칼과 주방 식기류를 판매하는 컷코 커트러리(Cutco Cutlery)의 판매원은 우선적으로 친구와 가족들을 방문하여 판매하고 이후 새로운 잠재 고객을 찾아내기 위해 그 사람들로부터 소개를 받는다. 소개를 받는 데 있어 판매원은 기존 고객과 좋은 관계를 맺을 필요가 있으며, 이 때문에 고객에게 도움을 요청하기 전까지 반드시 올바르게 행동하고 있어야 한다. 당연한 일이지만, 판매원에 대한 고객들의 신뢰와 만족은 그들이 자진하여 소개를 하는데 영향을 미친다. 한 번의 소개가 잘 모르는 잠재 고객들에게 12번 접촉하는 것만큼의 가치가 있다는 연구결과가 있다. 또한 80%의 고객이 자발적으로 소개를 해주었던 반면, 20%만이 소개해줄 것에 대한 요청을 받았다고 한다. 소개를 이용했을 때의 장점은 매우 훌륭한 판매 단서를 확보하고 더 큰 판매율과 더 많은 최초 거래를 기대할 수 있다는 것이다. 심지어, 일부 기업들은 신규고객을 추천해주는 기존고객에게 제품 가격을 할인해 주기도 한다. 판매원의 일관된 활동은 성공적인 고객예측에 있어 매우 중요하다. 판매원은 목표 시장의 성격에 맞는 적합한 예측을 위해 고객 정보를 적극적으로 탐색해야 한다. 예상 고객들의 목록을 만든 다음 판매원은 각 고객들이 제품을 구매할 수 있는지, 구매할 의사가 있는지, 또는 구매할 역량이 있는지를 평가한다. 이러한 평가를 기반으로 예상 고객은 그 유익함이나 가능성에 따라 분류된다.

고객예측 잠재 고객의 데이터베이스를 개발하는 것

LEONARD ZHUKOVSKY/SHUTTERSTOCK.COM

고객예측 회사들은 판매 대리인들이 가장 최근에 출시된 회사 제품을 선보일 수 있는 박람회에서 종종 고객예측을 하고 회사가 제공하는 것들에 관심을 보이는 것 같은 소비자들에 대한 정보를 수집한다. 회사의 판매원은 그 정보를 나중에 인적 판매 과정의 사전준비와 접근 단계에서 이용할 수 있다.

15-2b 사전준비

판매원은 수용할 수 있는 예상 고객이라 판단되는 사람들에게 접근하기 전에 각각의 예상 고객들에 대한 정보를 찾아내고 분석한다. 특정 제품에 대한 욕구, 현재 이용하는 브랜드, 시중에 있는 다른 브랜드들에 대한 생각, 개인적 성격 등이 그에 해당된다. 요컨대, 판매원은 잠재 구매자들과 의사결정자들이 무엇을 가장 중요하게 생각하고 왜 특정 제품을 필요로 하는지를 알아야 한다. 성공한 판매원들은 사전준비에 있어 철저하다. 사전준비에는 가장 중요한 의사결정자를 식별하고, 과거 이용 경험과 거래 문제를 확인하며, 정보를 위해 다른 고객과 접촉하는 것이 포함된다. 또한 신용 기록과 신용 문제 파악, 제품 소개 준비, 제품 욕구 확인, 관련 문헌 습득도 이에 해당된다. 마케터는 데이터베이스를 철저히 탐색하는데 이 과정을 통해 자신들에게 가장 유익한 제품과 고객들을 구별해내기 위해 갈수록 더 많이 마케팅 애널리틱스와 고객 관계 관리(CRM) 시스템을 이용한다. CRM 시스템은 영업부가 고객 명단을 관리하고 그들을 추적하며, 매출액을 예측하고 판매 실적을 평가하는 데 도움이 된다. 예상 고객에 대한 많은 정보를 가진 판매원은 그 고객에게 정확하게 전달할 설명을 만들어낼 준비가 된 것이다.

15-2c 접근

판매원이 잠재 고객과 접촉하는 접근 단계는 판매 과정에서 매우 중요하다. 최초 방문 목적의 80% 이상이 구매자의 욕구와 목적에 관한 정보를 모으기 위해서이다. 판매원에 대한 첫인상은 보통 오래 지속되기 때문에 호감 가는 인상을 주고 친밀감을 형성하는 것은 예상 고객에게 접근하는 단계에서 중요한 과제이다. 최초 방문에서 판매원은 제품을 강요하기보다는 관계를 발전시키기 위해 노력한다. 실제로, '판매원'으로서 인상을 주는 것은 최고의 접근 방법이라 하기 어렵다. 일부 사람들은 강한 판매 전술을 싫어하기 때문이다. 예상 고객이 제품을 고려하게 되기까지 판매원은 수차례 예상 고객을 방문해야 할 수도 있다. 접근은 목표로 하는 고객들에게 가치를 전달하기 위해 이루어져야 한다. 만약 접근이 부적절했다면 판매원의 노력은 좋지 않은 결과를 가져올 수도 있다.

접근의 한 유형으로는 앞서 예상 고객에 대한 부분에서 설명했듯이, 소개를 기반으로 하는 것이다. 포괄 방문 접근법을 이용하는 판매원은 사전동의 없이 예상 고객을 방문하는 것으로 이 방법은 감소하고 있으며, 예상 고객에게 최초 접근을 할 때에 소셜미디어를 이용하는 것이 더욱 일반화되고 있다. 반복 연락 또한 보편적인 접근법 중 하나로, 예상 고객에게 접촉을 할 때 판매원이 과거의 만남을 언급하는 것이다. 가장 정확한 접근법은 판매원 그 자신의 지식 및 선호를 따르고, 판매하고 있는 제품, 회사의 자원, 그리고 예상 고객에 대한 확신을 갖는 것이다.

15-2d 제품 소개

제품 소개를 하는 동안 판매원은 반드시 예상 고객의 관심과 주의 끌어당기고 흥미를 자극하며 제품에 대한 욕구를 유발해야 한다. 판매 상황을 주의 깊게 관찰하며 예상 고객의 욕구를 충족시키기 위해 설명을 조절하는 판매원이 일반적으로 더 효과적인 판매성과를 낸다. 판매원은 정보 교환, 추천, 데드라인, 보장, 아부, 자극을 주는 호소 등의 전술들 중에서 예상 고객에게 영향을 미칠 만한 전술을 상황에 맞춰 사용해야 한다. 저마다의 구매자들이 각기 다른 전술들에 반응하지만 보통 정보 교환과 추천에 가장 많은 반응을 보이며, 사실상 위협에 반응하는 예상 고객은 없다. 그리고 가능하다면 판매원은 제품을 시연해 보이고, 예상 고객이 그것을 이용해보도록 권해야 한다. 고객이 이에 긍정적이면 의심은 없어지고 제품 소개에 힘이 실릴 것이다. 판매원은 설명을 하는 동안 말하기와 더불어 반드시 경청하는 자세를 지녀야 한다. 경청은 커뮤니케이션 과정의 절반을 차지하며, 일반적으로 판매원에게 있어 가장 중요한 부분이다. 비언어적 커뮤니케이션의 유형은 제품 설명을 하는 동안 특히 신뢰를 형성하는 데 유익하다. 비언어적 신호는 더 깊은 이해를 낳는다. 제품 설명은 판매원이 예상 고객의 질문을 듣고 자신의 의견을 얘기하며 반응을 관찰하면서 그들의 특정 욕구를 알아낼 수 있는 최대의 기회를 제공한다. 예를 들어, 질문하는 구매자를 칭찬하는 것은 판매를 증대시킨다. 판매원이 미리 제품 설명에 대한 구상을 했을지라도 예상 고객이 필요로 하는 정보에 맞게 전달한 메시지를 조절할 수 있어야 한다. 일반적으로 고객의 필요에 따라 메시지를 조절하는 것은 성과를 향상시키며, 특히 두 번째 판매 이후 주문이 변경되어 이루어지는 신규 구매 또는 수정 재구매 상황에서 더욱 그러하다.

15-2e 의견 조정

실력 있는 판매원은 예상 고객이 제기하는 이의를 두려워하지 않는다. 만약 예상 고객이 분명한 표현을 하지 않는다면 판매원은 그들을 상대할 수 없으며, 그들은 제품을 사지 않을 것이다. 예상 고객의 부정적인 의견을 극복하는 최선의 방법 중 하나는 그들이 이의를 제기하기 전에 그것을 예상하고 미리 대응하는 것이다. 그러나 이 방법은 판매원이 예상 고객이 제기하지 않았을지도 모를 이의를 자진해서 언급하는 셈이 되므로 위험할 수 있다. 가능한 한 판매원은 이의가 제기되었을 때 그것을 다루어야 하며, 그것은 제품 설명의 마지막 단계에 이루어질 수도 있다.

15-2f 구매 권유

권유Closing는 인적 판매 과정 중 판매원이 예상 고객에게 제품 구매를 부탁할 때의 단계이다. 제품 설명을 하는 동안 판매원은 예상 고객이 제품을 구매할 것이라고 추정하는 질문을 하며 계약 성사 시도를 할 것이다. 판매원은 그들에게 재정적 측면, 원하는 색깔이나 치수, 또는 전달 방식에 관해

권유 인적 판매 과정 중 판매원이 예상 고객에게 제품을 구매할 것을 부탁하는 단계

물을 수 있다. 이러한 질문들에 대한 반응은 일반적으로 예상 고객이 제품 구매에 얼마나 가까워졌는지를 보여준다. 판매원이 던지는 적절한 질문은 예상 고객으로 하여금 스스로 궁금한 점들을 찾아내고 해답을 알아낼 수 있게 만들어준다. 질문하기 접근법은 판매 상황을 분명히 하고 구매 권유를 하기 위해서 정보를 모으거나 구체적인 사항들(누가, 언제, 어디서)을 알아내기 위한 광범위한 질문들(무엇을, 어떻게, 왜)을 던지는 것이다. 구매 권유는 때로 예상 고객이 하기 어려운 "구매할게요." 라는 말 대신에 제품을 구매할 것이라는 의사의 간접적인 표현도 허용한다.

판매원은 제품 설명을 하는 동안 예상 고객은 제품을 살 준비가 되었을 것이므로 몇 가지 의견들을 좁히려고 시도한다. 구매를 권유하려는 노력은 예상 고객의 거부를 야기할 수도 있다. 권유는 숨기고 있는 거부 의사를 드러내게 할 수 있으며 이후 판매원은 고심하게 될 수도 있다. 잠재 고객에게 위험도가 낮은 시험 주문을 해보도록 요청하는 것도 권유 전략에 속한다.

15-2g 사후관리

성공적인 구매 권유를 끝낸 후에, 판매원은 판매에 대한 사후관리를 해야 한다. 이 단계에서 판매원은 주문이 제때 배송되었는지, 설치를 요구한 경우에는 제대로 설치가 되었는지를 알아낸다. 제품이 서비스인 경우 우려 사항이 있는지, 경험상 개선이 가능한지 판단하는 것이 중요하다. 만약 제품에 관한 문제가 발생했을 경우, 그 사실을 파악하기 위해 고객에게 연락해야 한다. 또한 사후관리 단계는 고객의 미래 제품에 대한 욕구를 파악하는 데도 이용된다.

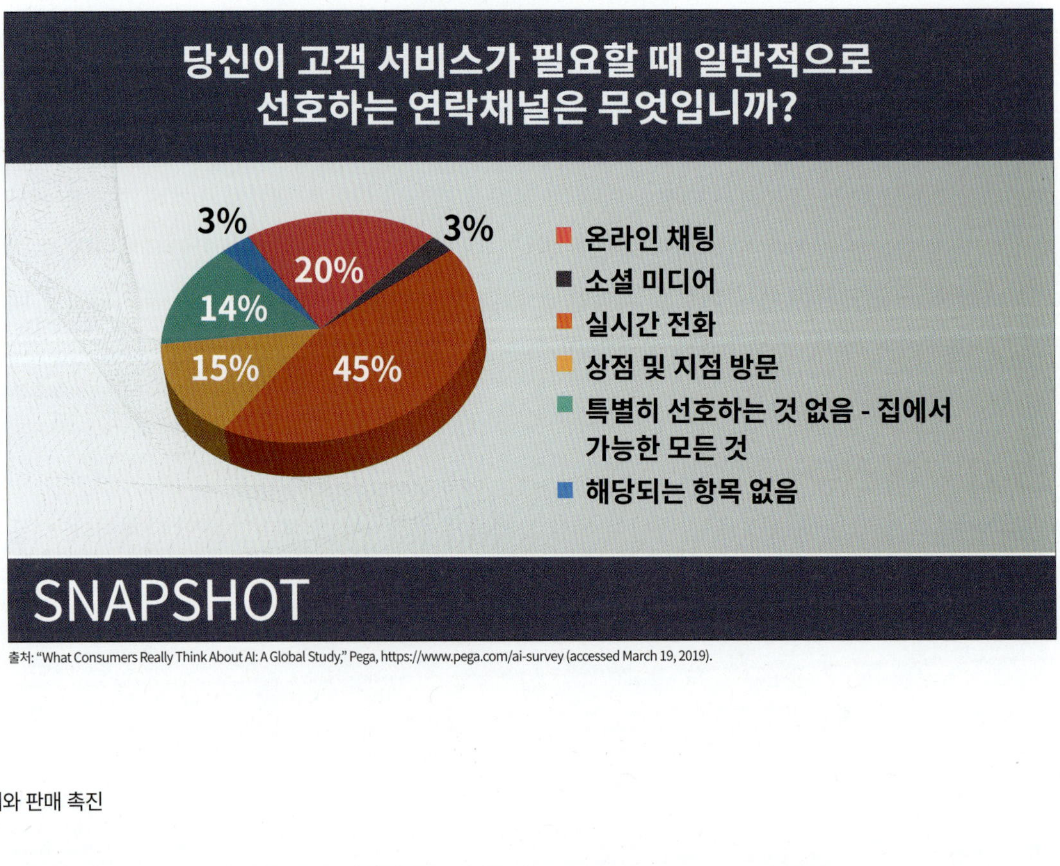

출처: "What Consumers Really Think About AI: A Global Study," Pega, https://www.pega.com/ai-survey (accessed March 19, 2019).

15-3 판매원의 유형

 # 학습목표 **판매인력의 유형을 살펴본다.**

판매인력 개발을 위해 마케팅 담당자는 어떤 유형의 판매원이 가장 효과적으로 회사 제품을 판매할 것인지를 결정한다. 대부분의 기업 조직들은 다양한 유형의 판매 전문가를 이용한다. 수행하는 직무를 기반으로 판매원을 집단으로 분류할 수 있다. 한 명의 판매원이 다양한 직무를 모두 수행할 수도 있으며, 종종 그렇게 하기도 한다.

15-3a 판매 구조

대부분의 회사들은 내부 판매인력을 보유하고 있다. 내부 영업 직원들은 직원을 지원하거나 주문을 받고, 배송에 대한 사후 조치를 취하고, 기술 정보를 제공한다. 또한 외부 영업 인력도 중요하다. 대개 회사 밖의 영업 상담은 더 상담적이고 장기적인 관계를 발전시키는 것을 기반으로 한다. 내부 및 외부 영업 직원을 모두 사용하여 고객을 관리하는 것은 매우 일반적이다. 이 업무를 창의적 판매라고 부르기도 한다. 이는 판매원들이 잠재적인 구매자들의 요구를 파악하고 그들에게 필요한 정보를 줄 것을 요구한다. 점점 더 내부 영업 사원들이 판매에 대해 디지털 접근 방식으로 관리하고 있으며, 외부 영업 사원들은 보다 직접 대면 및 관계 유지를 지향한다. 인공지능 기술뿐만 아니라 디지털화된 영업 정보는 고객 가치를 높이는 데 도움이 될 것이다. 사실 이러한 것들이 판매액 창조 기능을 바꿀 수 있다. 영업 기능이 서비스와 컨설팅으로 바뀌면서 고객과의 장기적인 관계가 형성된다.

기존 고객 판매

기존 고객에 집중하는 판매 전문가는 이전에 회사로부터 제품을 구매한 적이 있는 개인고객과 기업고객을 방문한다. 판매원은 이전 판매에 대한 사후관리를 함으로써 기존 고객들로부터의 더 많은 제품 판매를 탐색한다. 기존 고객 또한 새로운 예상 고객의 단서를 제공하는 공급원이 될 수 있다.

FIZKES/SHUTTERSTOCK.COM

외부 영업 외부 영업 인력들은 종종 대면 상호작용을 통해 인적 판매에 참여한다. 외부 영업 인력들은 잠재적인 구매자들의 니즈를 파악하고 그들에게 필요한 정보를 제공해야 한다.

신규 사업 판매

기업 조직은 신규 고객 매출에 일정 정도 의존한다. 신규 사업 판매 전문가는 예상의 정확한 소재를 파악하여 그들을 구매자로 전환한다. 판매원은 기업이 신규 사업 개발을 할 수 있도록 돕는데, 이는 부동산, 보험, 가전제품, 자동차, 그리고 기업 간의 공급과 서비스를 판매하는 기업들이 좀 더 큰 영향을 받는다. 이러한 기업은 신규 고객 판매에 상당 부분 의존한다.

15-3b 지원 영업 사원

지원 영업 사원 판매를 용이하게는 하지만 일반적으로 단독으로 판매 활동에 관여하지 않는 판매 사원 구성원

지원 영업 사원Support personnel은 판매를 용이하게 해주지만 대개 단독으로 판매 활동과 관계하지는 않는다. 그들은 주로 산업용 제품 마케팅, 예상 고객 위치 파악, 고객 교육, 신뢰관계 형성, 판매 이후 서비스 제공 등에 관여한다. 많은 유형의 판매 지원 전문가가 있는데, 그중 가장 일반적인 세 유형으로는 고객 성공 관리자, 거래 판매원, 기술영업 판매원이 있다.

고객 성공 관리자

B2B 솔루션이 점점 더 복잡해짐에 따라 가치와 만족도를 높일 수 있는 새로운 고객 참여 방법을 찾는 것이 중요하다. 오늘날 영업 팀은 제품 및 복잡한 솔루션 전반에 걸쳐 고객 관계를 관리하기 위해 사전 판매 및 사후 판매 지원을 필요로 한다. 사후 판매 지원에 있어서는 고객이 판매 과정에서 초기의 가치 제안을 인지하고 고객의 라이프사이클에 걸쳐 제품 사용 성공을 지속적으로 가능하게 하는 것이다. 많은 기업에서 **고객 성공 관리자 CSMCustomer Success Manager**의 역할은 시간이 지남에 따라 고객 가치 실현을 높이는 목표와 함께 사전적 지원을 제공하는 사후 판매의 접점을 맡는 것이다. CSM은 고객이 변화하는 제품의 기존 기능 및 새로운 기능을 이해하고 사용하여 원하는 결과를 얻고 유지할 수 있도록 돕는다. 이는 고객이 기대했던 가치를 얻지 못했다고 생각할 때 발생할 수 있는 고객의 이탈을 방지한다. 가입 해지율은 특정 기간 동안 제품 사용을 중단하는 고객의 비율이다. 기존 고객을 만족시키는 것보다 새로운 고객을 얻는 데 더 큰 비용이 든다. CSM은 데이터 및 기타 지표를 통해 고객이 회사의 제품 및 솔루션에 충성할 수 있는 지속적인 가치를 인지하도록 한다.

고객 성공 관리자 고객에게 사전적 지원을 통해 시간이 지남에 따라 고객 가치 실현을 높이는데 도움을 준다.

RAWPIXEL.COM/SHUTTERSTOCK.COM

고객 성공 관리자 고객 성공 관리자는 고객에게 사전적 지원을 제공하여 고객이 변화하는 제품의 기존 기능 및 새로운 기능을 이해하고 사용하여 원하는 결과를 얻을 수 있도록 한다.

서비스형 소프트웨어(SaaS)업계에서는 지속 가능성이 유지율에 큰 영향을 받기 때문에 기업이 구매한 제품에서 가치를 얻고 있는지를 파악하는 것은 중요한 과정이다. 고객 성공 소프트웨어 회사 게인사이트(Gainsight)는 기업이 고객이 제품을 통해 진정한 가치를 얻고 있는지 쉽게 추적하고 모니터링할 수 있도록 한다. 여기에는 달성된 결과, 기업이 구매한 제품을 선택 및 사용 여부, 전반적인 경험이 긍정적인가에 관해 조직 전체의 이해를 포함한다. 이 소프트웨어는 세일즈포스닷컴과 같은 자동화 툴을 보완한다. 이러한 혁신

적인 소프트웨어 사용은 강력한 관계와 고객 충성도를 구축하는 인적 판매 과정 및 고객 라이프사이클 전반에 걸쳐 영업 사원과 CSM의 활동을 지원할 수 있다.

거래 판매원

거래 판매원 Trade salespeople은 대개 주문을 받는 일 또한 같이 하기 때문에 엄격하게는 지원적 영업 사원이 아니다. 그러나 고객(특히 소매상점)이 제품을 촉진하는 것과 관련하여 많은 활동을 총괄한다. 그들은 진열대를 채우고 진열공간을 확보하며 전시를 할 뿐만 아니라, 매장 내에서 제품 시연을 제공하고 내방 고객들에게 샘플을 배포한다. 식품 제조업자와 가공업자들은 대개 거래 판매원을 고용한다.

거래 판매원 주로 제조업체의 고객이 제품을 촉진하는 것을 도와주는 데 관여하는 판매원

기술영업 판매원

기술영업 판매원 Technical salespeople은 조직의 기존 고객에게 제품 특성과 적용법, 시스템 설계, 설치 방법에 대해 조언을 해주면서 기술적 지원을 제공한다. 이 일은 대개 고도의 기술직이므로 판매원은 일반적으로 물리학, 정보 기술이나 공학기술 중 한 분야에서 정규 교육을 받는다. 기술영업 판매 전문가는 종종 컴퓨터, 중장비, 철강 같은 기술적 산업 제품을 판매한다. 기술영업 판매원들은 폭스바겐이 영국 경찰에게 차량을 판매하는 것을 돕고 있다. 판매원은 경찰 차량의 필요사항과 관련된 상세한 성능 정보를 제공한다.

기술영업 판매원 회사의 기존 고객에게 기술적 지원을 제공하는 지원적 영업 사원

판매 전문가를 고용할 때 하나의 범주 안에 그 자신을 제한하는 마케터는 없다. 대부분의 회사들이 여러 유형의 판매원들을 필요로 하기 때문이다. 일부 요소들은 한 회사가 고용해야 하는 각기 다른 유형의 판매원들의 규모에 영향을 미친다. 총고객 수, 고객 특성과 더불어 제품 용도와 성격, 복잡성, 가격 등이 이와 같은 판매 전문가들의 고용에 영향을 미친다. 마케팅 채널의 유형, 그리고 광고의 강도와 유형 또한 판매인력의 구성에 영향을 준다.

15-4 팀 판매와 관계 판매

 # 학습목표 **팀 판매와 관계 판매를 알아본다.**

인적 판매 과정은 급속한 기술적 혁신 덕에 점점 더 복잡해지고 있다. 가장 중요한 것은 인적 판매의 초점이 특정 제품을 판매하는 것에서 고객들의 욕구, 문제점, 시련에 대한 해법을 찾는 것처럼 고객과의 장기적인 관계를 형성하는 것으로 옮겨가고 있다는 점이다. 결과적으로, 판매원의 역할은 변하고 있다. 인적 판매의 새로운 개념 중에는 팀 판매와 관계 판매가 있다.

15-4a 팀 판매

팀 판매 인적 판매 과정을 수행하기 위해 회사 내 모든 기능적 분야에서의 전문가들로 구성된 팀을 이용하는 판매로, 판매원들에 의해 통솔됨

많은 제품 중 특히 고가의 첨단기술 산업 제품은 매우 복잡하여 더 이상 한 명의 판매원이 제품과 구매 과정의 모든 부분에서 전문가가 될 수 없다. 회사 내 금융, 공학기술, 그리고 기타 기능적 분야의 사람들과 함께 일하는 판매원들을 수반하는 **팀 판매Team selling**는 그러한 제품들에 적절하다. 판매원이 인적 판매 과정에서 지도적 위치를 차지하는 반면, 팀 내 각기 다른 구성원들은 고객들로 하여금 업무적 문제들에 대한 해답을 찾을 수 있도록 도와주기 위해 특별한 기술, 지식, 자원들을 이용한다. 판매팀은 단기적인 특수한 상황을 다루기 위해 조직될 수 있으며, 공식적으로 계속 운영되는 팀이 있을 수도 있다. 팀 판매는 항공 장비나 의료기구 같은 새롭고 복잡하며 역동적인 기술에 대한 세부적인 지식을 필요로 하는 상황에서 유리하다. 또한 고객을 건설, 컨설팅 및 기타 전문 서비스에 참여시키는 데도 사용된다. 그러나 경쟁력 있는 판매원들이 팀 판매 환경에 적응하는 것은 어려울 수 있다.

15-4b 관계 판매

관계 판매 오랜 기간동안 정기적인 커뮤니케이션을 통해 고객과 상호 간에 유익한 장기적인 유대를 형성하는 것

자문적 영업으로도 알려져 있는 **관계 판매Relationship selling**는 오랜 시간 동안 정기적인 커뮤니케이션을 통해 고객과 상호 간에 유익한 장기적 유대를 형성하는 것과 관련이 있다. 팀 판매와 마찬가지로, 관계 판매 또한 특히 기업 간의 마케팅에 이용된다. 그리고 관계 판매는 고객들의 말을 경청하고 조직에 대한 상세한 이해를 바탕으로 조직의 욕구나 과업을 이해하고 그것들에 관심을 가지며, 판매 이후에도 지원을 제공함으로써 그들의 욕구에 대한 해답을 찾은 활동들을 수반한다. 일라이 릴리(Eli Lilly) 같은 조직의 영업 사원들은 그들의 판매 전략을 관계 형성에 초점을 맞추어 바꾸기 시작했다. 일라이 릴리의 영업 사원들은 많은 양의 시간을 제품의 혜택 및 좋은 약들을 소개하는 데 이용하기보다는 의사들의 말을 경청하는 데 시간을 보내고 있다. 소프트 셀링(Soft Selling)으로 알려져 있는 이 판매 전략은 종종 거의 알지도 못하는 제품을 반드시 구매해야 한다는 압박감을 느끼는 고객들로부터 많은 판매를 이끌어내고 있다. 또한 판매 관계는 고객들이 서비스에 대한 부분을 염려하고 있을 때 그것을 만회할 수 있는 상황에서 형성된다. 만회를 위해 고객의 욕구를 파악하려고 적극적으로 행동하는 것은 관계 판매에 있어 중요한 부분이다. 그러므로 만약 배송 시간이 예상보다 길어진다면 고객에게 연락을 하여 무슨 일이 일어났으며, 언제 제품이 배송될지 설명을 해주는 것이 중요하다.

고객 관계 관리(CRM) 시스템은 고객에 대한 정보를 제공하여 판매 성공과 장기적인 관계의 발전에 중점을 둔다. 세일즈포스닷컴과 같은 CRM 시스템 이전에는 정보의 중앙 집중화를 위해 광범위한 데이터 입력을 필요로 했다. 세일즈포스닷컴의 가장 유명한 기능으로는 판매 예측, 협업, 연락처 관리 및 보고 기능이 있다. 그 애플리케이션들은 수익의 30% 증가를 위해 사용

ENTREPRENEURSHIP IN MARKETING

마케팅과 기업가 정신

로단+필즈, 직접 판매를 통해 개인적인 것이 되다.

로단+필즈(Rodan+Fields)는 여드름 스킨케어 제품 프로액티브(Proactive)를 설립한 의사인 케이티 로단(Katie Rodan)과 캐시 필즈(Kathy Fields)에 의해 설립되었다. 프로액티브로 광범위한 성공을 거둔 두 사람은 보다 "성숙한" 인구를 위한 스킨케어 제품으로 로단+필즈를 마케팅했다. 이 회사는 처음에 에스티 로더(Estée Lauder)가 매입한 고급 백화점을 통해 제품을 판매하기로 결정했다. 그러나 매장에서 제한적인 성공을 이루면서 설립자들은 회사를 다시 사들였고 직접 판매하는 디지털 회사로 다시 시작하기로 결정했다. 설립자들은 소셜 커머스가 미래라는 것을 깨달았다. 로단+필즈는 매장에서 제품을 판매하는 대신 독립 컨설턴트와 웹사이트를 통해 제품을 판매한다. 컨설턴트는 고객과 연결되기 위해 페이스북과 인스타그램을 사용할 가능성이 높으며, 관심 있는 당사자는 주문을 하기 위해 컨설턴트의 개인 로단+필즈 웹사이트로 안내된다. 이 회사는 직접 판매하는 디지털 모델이 광범위한 지리적 영역에서 소비자에게 도달하는 것이 중요하다고 생각한다. 로단+필즈의 비즈니스 모델은 큰 성공을 거두었다. 최근 몇 년 동안, 회사는 연간 15억 달러의 수익을 올렸다. 또한 회사는 십대들과 젊은 성인들을 대상으로 스팟리스(Spotless)라는 새로운 라인을 출시했다. 새로운 십대 중심으로 유행이 될지는 시간이 지나야 알 수 있겠지만, 로단+필즈는 성공적인 인적 판매 사업임이 분명하다.

되었다. 또한 세일즈포스닷컴 소프트웨어는 판매 생산성, 고객 유지 및 예측 정확도를 향상시킨다. 판매 과정을 관리하는 것은 어려울 수 있기 때문에, 세일즈포스닷컴은 소셜 미디어 분석과 같은 기업을 위한 추가 서비스 역시 제공한다. 최근 몇 년 동안 회사가 크게 성장한 것은 고객들이 세일즈포스닷컴의 CRM 솔루션에 만족하고 있다는 것을 나타낸다. 세일즈포스닷컴은 세계에서 가장 빠르게 성장하는 소프트웨어 회사 중 하나이다.

관계 판매는 판매자에게 상당한 영향을 준다. 회사가 신규 고객을 찾는 것은 기존 고객을 유지하는 것보다 6배의 시간이 더 소요된다는 연구결과가 있다. 그러므로 충실한 장기적 관계를 만들어내는 관계 판매는 신규 고객을 찾는 데 들어가는 돈을 절약할 뿐 아니라 반복구매 상황에서도 도움이 된다. 회사의 입장에서 매우 수익성이 있다고 볼 수 있다. 인적 판매 산업은 점점 경쟁이 심화되어가고 있기 때문에 관계 판매는 회사가 경쟁력 있는 장점을 갖기 위해 경쟁사들과 스스로를 차별화할 수 있는 방법이다.

15-5 판매인력 관리

 # 학습목표　인력 관리의 8가지 주요 사항들에 대해 논해본다.

판매인력은 판매 수익이라는 조직의 중요한 투입자원 중 하나를 만들어내는데 직접적인 책임이 있다. 충분한 판매 수익이 없는 회사는 살아남을 수 없다. 게다가 회사의 평판은 종종 판매인력의 윤리강령에 의해 결정된다. 실제로, 기업문화를 구성하는 요소 중 하나인 긍정적인 윤리적 풍토는 판매업에 있어 판매자의 역할에 대한 압박과 이직 의사의 감소, 그리고 직무 태도 및 업무능력의 향상과 관계가 있다. 부정적인 윤리적 분위기를 갖고 있는 회사는 윤리적 분위기의 회사보다 그만두는 우수한 판매원들이 더 많을 것이라는 연구결과가 있다. 궁극적으로, 회사 판매인력의 사기와 이들의 성공은 적절한 보상, 승진의 기회, 충분한 교육, 관리 지원에 대부분이 달려있다. 그리고 이러한 것들은 모두 판매 관리에서 가장 핵심적인 부분으로, 이러한 요소들에 만족감을 느끼지 못하는 판매원들은 회사를 그만둘지도 모른다. 판매원의 투입을 측정하는 것은 회사의 성공과 관련된 일로, 판매인력 관리에서 중요한 부분이다. 판매원들이 중요한 기여자로서 느낄 수 있도록 리더십을 강화하는 것은 판매팀이 고객에게 정보를 전달하는 방식에 긍정적인 영향을 끼친다. 또한 창의성을 강조하는 판매 환경은 판매원들의 선발 및 배치, 판매인력 교육, 인사고과 및 보상 시스템에 더 큰 중요성을 두는 것으로 보인다. 표 15.1은 어떻게 하면 가장 우수한 판매인력을 끌어당기고 보유할 수 있는지에 대한 방향을 제공한다.

판매인력 관리의 8가지 보편적인 사항으로는 판매인력의 목표 수립, 판매인력의 규모 결정, 판매원 채용과 선택, 판매인력 교육, 판매원 보상, 판매원 동기부여, 판매지역 관리, 판매인력 성과 조절과 측정이 있다.

15-5a 판매인력의 목표 수립

판매인력을 효과적으로 관리하기 위해 판매관리자는 반드시 판매 목표를 수립해야 한다. 판매 목표는 판매원들에게 구체적인 기간 동안 달성하려고 하는 것들에 대해 말해준다. 이는 판매인력에게 방향과 목적을 제시해주고 판매원의 성과를 조절하고 측정하는 기준을 제공한다. 판매 목표는 판매 기간과 관여하는 지리적 범위를 구체화하는 것으로 정확하고 측정할 수 있는 용어로 명시되어야 하며 성취할 수 있는 것이어야 한다.

판매 목표는 일반적으로 전체 판매인력과 개별 판매원 모두를 위해 수립되어야 한다. 전체 인력을 위한 목표는 보통 판매량, 시장 점유율, 또는 회사 수익과 관련이 있다. 양적인 목표는 액수 또는 판매 수량으로 나타낸다. 어느 전기드릴 제조사의 판매인력 목표는, 예를 들어 1년에 1,800만 달러어치의 드릴 또는 60만 개의 드릴을 판매하는 것이 될 수 있다. 판매 목표가 시장 점

표 15.1 최고의 판매인력을 끌어당기고 보유하기 위한 제안

교육과 성장	• 현장 연수 • 온라인 개인 학습 • 세미나 • 현장 교육실 강의
보상	• 판매 역할에 대한 보상 구조가 위험하지 않도록 한다(높은 수수료, 낮은 기본 수입) • 기본 월급에 수수료나 상여금, 또는 두 가지 모두를 더하라 • 상여금/수수료가 개별적 판매 수익보다 판매 목표에 도달하는 것에 근거를 둔다 • 경쟁력 있는 혜택을 유지하고 경비 상환을 실행한다.
업무/생활 자율성	• 탄력적인 시간을 제공한다 • 재택근무 선택권을 고려하라
제품 품질과 서비스	• 제품과 서비스가 반드시 고객의 욕구에 부합하도록 하라 • 판매 이후 적절한 서비스를 제공하라

출처: "Attracting & Retaining a Top Sales Force," Where Great Workplaces Start, http://greatworkplace.wordpress.com/2010/02/10/attracting-retaining-a-top-sales-force/(accessed March 29, 2019).

유율과 관련이 있을 경우에는 대개, 관련된 산업에 종사하는 모든 회사에서 판매되는 총 제품 수와 관련하여 회사 판매율을 증가시킬 것을 요한다. 그리고 수익을 기반으로 하는 판매 목표일 경우에는 일반적으로 액수나 투자수익률과 관련된 내용이 명시된다.

개별 판매원을 위한 판매 목표 또는 할당량은 보통 액수 또는 제품 판매 수량과 관련이 있다. 개별적 판매의 목표로 이용되는 그 밖의 요소로는 평균 발주량, 기간당 평균 방문 수, 방문 대비 주문 비율 등이 있다.

오늘날 판매 목표는 종종 예측 분석을 통해 설정된다. 세일즈포스닷컴과 같은 플랫폼을 통해 개발된 CRM 전략은 목표를 설정하고 달성하는 데 도움이 될 수 있다. 이는 달성할 수 있는 목표를 결정하는 데 필요한 데이터를 수집함으로써 가능하게 된다. 예측 분석은 성공을 위한 목표를 결정하고 수정하기 위해 트렌드와 환경적 요인을 모델링 및 예측하는 데 사용될 수 있다.

15-5b 판매인력 규모 결정

판매인력의 규모는 회사가 매출과 수익을 창출해내는 역량에 영향을 미치는 중요한 부분이다. 게다가 이용하고 있는 보상 방법, 판매원의 사기, 전체 판매인력 관리에도 영향을 준다. 회사의

INTEGRITY IN MARKETING

마케팅의 정직성

웰스파고, 공격적인 판매 목표에 대한 대가를 치르다

오늘날까지도 웰스파고(Wells Fargo)는 대중에게 보여진 이미지를 회복하기 위해 노력하고 있다. 고객들 몰래 가짜 통장이 만들어졌다는 사실이 알려지면서 직원 수천 명이 해고됐다. 이는 수백만 달러의 합의금과 연방준비제도에 의한 웰스파고의 자산의 상한선이 뒤따랐다. 웰스파고에서의 부정행위가 사기성 은행 계좌와 위조 서명을 훨씬 넘어선다는 것이 곧 명백해졌다. 판매관리자는 일정 기간 동안 팀이 기대치를 개략적으로 설명하기 위해 판매 목표를 계획한다. 웰스파고의 공격적인 판매 목표는 매출 목표를 달성하기 위해 사기 행위를 하는 부정적 기업문화로 이끈다. 이러한 목표에 도달하지 못한 직원들은 종종 해고되었다. 판매 목표는 항상 달성 가능해야 한다. 웰스파고는 대중의 이미지를 회복하기 위해 "재건"이라는 광고 캠페인을 시작했다. 한 광고는 "우리는 길을 잃을 때까지 항상 길을 찾았습니다."라고 말했다. 광고는 계속해서 웰스파고가 고객에 대한 재약속에 집중함으로써 고객을 위한 일을 바로잡을 계획이라고 말했다. 웰스파고 직원들이 은행이 필요한 고객들을 돕는 모습을 보여주며 긍정적인 고객 서비스를 입증하는 것에 중점을 둔 “This is Wells Fargo” 캠페인이 이어졌다. 또한 웰스파고는 촉진 자료에 시각적 변화를 주었는데, 로고에 있는 역마차 디자인을 바꾸고 노란색 글자를 흰색으로 변경하였다. 웰스파고는 소비자, 규제기관, 그리고 무엇보다도 직원들과의 신뢰를 회복하기 위해 노력해야 할 길이 멀다.

마케팅 계획은 시장에 따라 변하고 마케팅 환경을 받아들이도록 강요되기 때문에 회사는 판매인력 규모를 반드시 주기적으로 조정해야 한다. 수익을 올리기 위해 판매인력 규모를 줄이는 데 따르는 위험은 회사가 이후 성장을 하여 더 나은 시장 환경을 맞이했을 때 다시 도약하는 것을 막고, 결국 자신들의 세력과 회복 능력을 잃게 될 수도 있다는 것이다.

최적의 판매인력 규모는 몇 가지 분석 방법을 통해 결정할 수 있다. 하나는, 조직이 효과적으로 고객들에게 서비스를 제공하기 위해 1년에 몇 번의 방문 판매를 필요로 하는지를 계산하고 그것을 판매원이 1년에 만들어내는 총 방문 판매 횟수의 평균값으로 나누는 방법이다. 한계분석을 기반으로 하는 두 번째 방법은 추가적인 판매인력을 투입하고, 그로 인해 발생하는 비용은 투입된 판매원이 만들어내는 추가 매출과 같아질 때까지 그 인력을 이용하는 것이다. 마케팅 담당자는 하나 또는 둘 이상의 분석 방법을 사용할 수 있는데, 그들은 대개 주관적 판단으로 결단을 누그러뜨린다.

15-5c 판매원 채용과 선택

효과적인 판매인력을 구성하고 유지하기 위해 판매 담당자는 반드시 적절한 유형의 판매원을 채용해야 한다. **채용(recruiting)**에 있어, 판매 담당자는 판매직에 적합한 지원자 명단을 조직한다. 효과적인 채용 활동은 전략적인 판매인력 계획을 실행하는 데 있어 필수적인 부분이며, 조직이 성공적인 성과를 보장할 수 있도록 도와준다. 제품 지식, 서비스 요구 사항 및 기술이 요구됨에 따라 판매원의 고용과 교육에 드는 비용이 증가한다. 따라서 채용에 실수가 있을 때는 큰 비용이 들게 된다.

채용 판매직에 적합한 지원자 목록을 작성

채용 과정에서 고용에 적합한 지원자들임을 확실히 하기 위해 판매 담당자는 채용 시작 전에 일련의 자격 조건들을 내세운다. 마케터들은 수년 동안 능력 있는 판매원들이 갖고 있는 특징들을 분류하기 위해 노력하고 있지만, 일반적으로 용인되는 어떠한 유형의 특성도 아직까지는 존재하지 않는다. 전문가들은 좋은 판매원은 낙관적이고 융통성이 있으며 자발성을 가지고 있고 시간 관리 능력이 뛰어나며 공감을 잘하고 장기적인 고객 관계를 형성하고 유지하는 능력이 있다는 특징을 보인다는 데 동의한다. 오늘날 회사들은 갈수록 팀 판매 활동에 있어 효과적으로 임무를 수행할 수 있는 능력과 더불어 관계 형성과 상담 접근에 능한 지원자들을 찾고 있다. 잘 교육 받았고, 시간 관리를 할 수 있는 판매원을 고용하는 것이 바람직하다.

판매 담당자는 일반적으로 회사 내 부서, 타 회사, 취업 알선업체, 광고 응답자, 웹사이트 예: Indeed.com, 그리고 기존 직원들의 추천 등 여러 곳의 출처를 통해 지원자를 채용한다. 출처는 요구되는 판매원의 유형, 담당자의 경험과 특정한 채용 전략에서의 성공 경험 등에 따라 결정된다.

판매원 채용과 선택 과정은 회사마다 상당히 다르다. 판매인력 이직률을 줄이려고 추진하는 회사들은 엄격한 채용 절차와 선택 과정을 갖고 있을 가능성이 크다. 판매 관리부는 회사의 특정 욕구를 만족시키는 선택 과정을 고안해야 한다. 일부 조직들은 판매 전문가를 고용하기 위해 다른 회사의 전문화된 서비스를 이용한다. 인공지능 및 자동화 신기술은 직원 채용을 돕는 데 사용되고 의사결정 방식을 바꾸고 있지만 때로는 엇갈린 결과를 초래하기도 한다. 만약 제어 장치가 충분하지 않다면 머신 러닝의 사용은 편견이나 차별을 초래할 수 있다. 절차에는 정확한 선택 결정을 하는 데 필요한 정보를 산출하는 단계들이 포함되어야 한다. 그러나 각 단계마다 일정 정도의 비용이 들기 때문에 필요 이상의 단계는 없애야 한다. 선택 과정에서 신체 검사처럼 비교적 비용이 많이 드는 단계는 마지막 무렵에 이루어지도록 차례대로 진행해야 한다. 그렇게 되면 비교적 소수의 사람들만이 비용이 많이 드는 단계를 거치게 될 것이다.

채용은 산발적으로 이루어져서는 안 되며, 최고의 지원자를 얻는 것을 목표로 한 계속적인 활동이어야 한다. 선택 과정에서는 특정 판매 업무의 필요조건에 잘 어울리는 지원자의 성격과 욕구를 체계적이고 효과적으로 연결할 수 있어야 한다. 마지막으로, 선택 과정은 새로운 판매 담당자가 언제 어디서든 필요로 할 때 일을 할 수 있는지를 반드시 확실히 해야 한다.

15-5d 판매인력 교육

많은 조직이 공식적인 교육 프로그램을 가지며 일부는 비공식적인 사내 연수에 의존하기도 한다. 몇몇 체계적인 교육 프로그램은 꽤 광범위한 내용을 다루는 반면, 간략하고 가장 기본적인 것만을 다루는 것들도 있다. 교육 프로그램이 복잡하든 단순하든 간에 개발자들은 무엇을 가르치고, 누구를 교육할 것이며, 그들을 교육시키는 방법 등에 대해 고찰해야 한다.

판매 교육 프로그램은 회사나 회사의 제품 또는 판매 방법에 집중하는데, 종종 세 가지 모두를 다룬다. 이러한 프로그램은 최근에 고용된 판매원, 경험이 풍부한 판매원 또는 둘 다를 목표로 한다. 리더십의 유형은 판매 과정에 막 익숙해지는 신입 판매원에게 특히 중요하다. 변혁적 리더십은 판매 매니저가 신입 판매원에게 고객과의 상호작용 중에 실수를 하고 이를 통해 배우도록 교육할 때 매우 효과적인 것으로 입증되었다. 이는 신입 판매원들이 판매 과정에서 어려움을 겪을 때 무력감을 줄여준다.

경험이 많은 회사 판매원을 위한 교육은 일반적으로 제품 정보나 새로운 기술의 사용을 강조하지만, 판매원들은 새로운 판매 기법과 회사 계획, 정책, 절차의 변화에 대해서도 알아야 한다. 예를 들어, 인도 회사인 인포시스(Infosys)는 3개의 교육 회사와 협력하여 자사의 최첨단 기술과 솔루션을 설명하는 방법에 대해 판매팀을 대상으로 교육했다. 판매 교육을 재구성하기 위한 노력의 일환으로 이 회사는 이전에 사용했던 "종 모양 곡선" 대신 보다 신뢰할 수 있는 성과 측정 방법을 채택했다. 판매관리자들은 윤리적 분위기 형성, 직원들의 만족도 향상, 부정행위를 예방하기 위해 윤리 교육을 해야 한다. 종합적인 교육을 통해 판매인력에게 권한을 부여하면 판매 효율성이 높아진다. 가장 성공적인 판매인력은 판매 과정의 단계를 명확하게 정의하고, 매월 판매 담당자의 파이프 라인 관리에 시간을 할애하고, 판매관리자에게 효율적인 관리 방법을 교육하는 경향이 있다. 일반적으로 신규 판매인력은 종합 교육을 받아야 하는 반면, 경력직은 이미 출시된 제품에 대한 재교육과 신제품에 대한 정보와 기술의 변화에 대한 교육을 필요로 한다. 더 컨테이너 스토어(The Container Store)에서는 신규 정규직 매장 직원들에게 263시간의 교육이 제공된다. 소매점 직원들은 고객들과 지속적으로 상호작용하기 때문에 회사는 광범위한 교육이 직원들의 인적 판매 기술을 향상시키고 고객들과의 관계 형성에 도움이 될 것이라 믿는다. 광고를 통해 볼 수 있듯

SOURCE: THE CONTAINER STORE

판매 교육 더 컨테이너 스토어는 직원들이 만족하는 고객을 유지하는 데 중점을 두고 있기 때문에 각 직원에게 263시간의 교육을 제공한다.

이 더 컨테이너 스토어는 직원들의 행복을 매우 강조한다.

판매 교육은 현장에서 이루어질 수도 있고, 교육기관이나 회사 자체 교육기관 또는 웹 기반 기술을 이용해 온라인에서 실시될 수도 있다. 많은 회사에 있어 온라인 교육은 시간과 돈을 절약해주고 판매원들이 새로운 제품을 빠르게 배울 수 있게 도와준다. 판매관리자는 판매직원들과 소통하기 위해 고투미팅(GoToMeeting) 또는 줌(Zoom) 같은 회사들이 제공하는 온라인 플랫폼을 선택하여 이용하기도 한다. 고투미팅은 온라인 플랫폼을 제공하여 영상을 통해 서로 얼굴을 마주 보며 판매 교육과 회의가 진행될 수 있게 도와준다. 이 회사의 기술은 컴퓨터, 스마트폰, 태블릿에서 작동한다. 일부 회사들은 구체적인 판매직이 배정되기 전에 신입사원들을 교육한다. 어떤 회사들은 사원들을 바로 현장으로 밀어 넣어 약간의 경험을 얻고 난 뒤에 공식적인 교육을 제공하기도 한다. 신입사원들을 위한 교육 프로그램은 며칠이면 되는 정도로 짧을 수도 있고, 3년의 기간이 걸릴 정도로 길 수도 있다. 심지어 더 긴 프로그램도 존재한다. 경험이 있는 판매원을 위한 판매 교육은 보통 주기적인 재교육을 필요로 하기 때문에 회사의 판매관리부서는 반드시 재교육의 빈도와 순서, 지속기간을 정해야 한다.

ANDREY POPOV/SHUTTERSTOCK.COM

가상 판매 교육 화상 회의 도구는 판매 교육과 회의에 참가할 수 있도록 대면이 가능한 고화질 영상을 컴퓨터, 태블릿, 스마트폰을 통해 가상으로 이용방법을 제공한다.

다른 판매원들뿐만 아니라 판매관리자들 또한 근무 중에 매번 혹은 판매 회의 때마다 정기적으로 판매 교육에 참가한다. 그리고 많은 외부 회사가 판매 교육 프로그램을 전문적으로 제공하고 있다. 판매 교육 프로그램을 위한 자료는 영상, 문자, 온라인 콘텐츠, 설명서에서부터 프로그램화된 학습기기와 디지털 미디어에 이른다. 강연, 설명, 모의실험, 역할극, 사내교육 등도 모두 효과적인 교육 방법이 될 수 있다. 전통적인 판매 교육을 보충하기 위한 자기 주도 학습은 판매성과를 향상시키는 가능성을 제공한다. 많은 회사들이 이제 교육을 개선하기 위해 인공지능ㅇ을 사용하고 있다. 이는 판매원들이 비디오를 보고 있는지 아니면 교육하는 동안 업무에 방해를 받고 있는지를 판단할 수 있다. 교육을 통해 측정 가능한 결과를 확인할 수 있다. 특정한 판매 교육 프로그램을 위한 방법과 자료의 선정은 교육을 받는 사람들의 유형과 인원, 프로그램의 내용과 복잡성, 시간과 지역, 교육예산 규모, 교육자의 수, 교육자의 전문지식에 따라 달라진다.

15-5e 판매원 보상

생산적인 판매인력의 개발과 유지를 위해 조직은 매력적이고, 동기부여를 하며, 가장 우수한 사원들을 유지할 수 있는 보상 방안을 고안하고 유지해야 한다. 그 방안은 판매 경영진에게 원하는 수준의 관리를 제공하고, 판매원들에게는 허용할 수 있는 수준의 수입과 자유 그리고 인센티

■■ 그림 15.2 판매관리자의 평균 급여

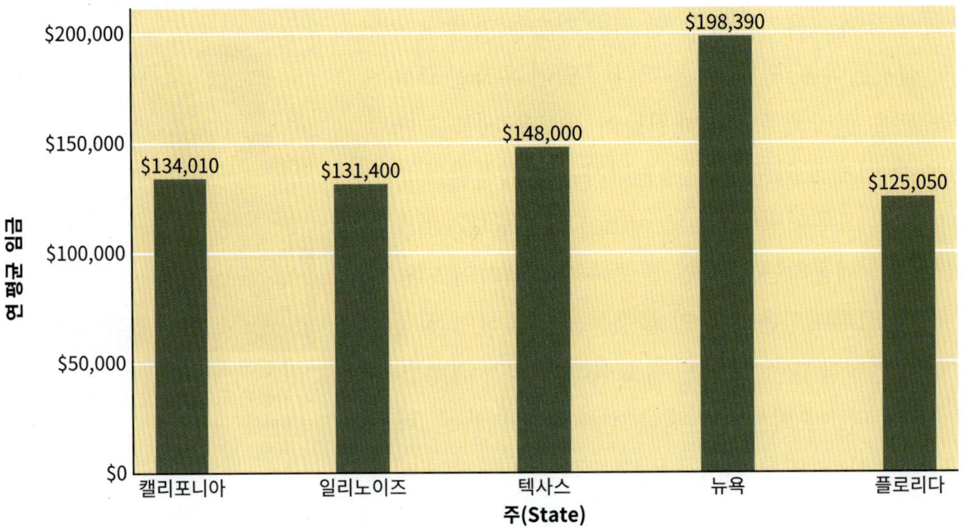

Note: States listed are those with the highest employment level in this occupation.
출처: Bureau of Labor Statistics, "Occupational Employment and Wages, May 2018," https://www.bls.gov/oes/current/oes112022.htm (accessed May 20, 2019).

브를 제공해야만 한다. 또한 운영하기에 탄력적이고 공정해야 하며, 쉽게 이해할 수 있는 것이어야 한다. 좋은 보상 프로그램은 적절한 고객 처우를 용이하게 하고 장려한다. 분명하게도, 이러한 모든 필요조건을 하나의 프로그램으로 통합하기란 매우 어렵다. 그림 15.2는 판매관리자의 평균 급여를 보여준다.

보상 프로그램 개발자는 일반적으로 요구되는 보상 수준과 그것을 계산하기 위해 가장 원하는 방법을 결정해야 한다. 필요한 보상 방안을 분석하는 과정에서 판매 경영진은 회사에서 판매원들의 가치를 그들의 판매직과 관련된 업무와 책임에 근거하여 확인해야 한다. 판매관리자는 많은 요소를 고려하는데, 여기에는 회사 내 다른 유형의 판매원들의 급여, 경쟁사의 보상 방안, 판매인력의 총매출액, 비급여 판매경비 등이 포함된다. 판매 대리인의 전국 평균은 6만 달러(수수료 및 보너스 포함)이다. 판매원의 보상은 업종에 따라 다르며 종종 고객과 관련된 기술이나 지식을 기반으로 한다. 높은 지위의 고성과를 내는 판매원 또는 판매관리자는 같은 기간에 수십만 달러를 만들어낼 수 있다.

판매 보상 프로그램은 일반적으로 판매원들의 판매경비를 변제하고 약간의 부가 혜택을 제공하며 요구되는 보상 수준을 제시한다. 이러한 프로그램을 구축하기 위해 회사는 고정급여, 고정수수료, 또는 그 둘의 결합이라는 세 가지 기본적인 보상 방법 중 한 가지 이상을 이용한다. 표 15.2는 각 보상 방법의 주요 특성과 장단점을 보여준다. **고정급여 보상 방안straight salary compensation plan**에서 판매원은 판매 활동에 상관없이 기간당 특정 정도의 보수를 받는다. 급여

고정급여 보상 방안
판매 활동과 상관없이 판매원들에게 기간당 일정 정도의 비용을 지불하는 것

인상이나 감소가 있기 전까지 그 금액은 동일하게 유지된다. 이 방법은 집행하기가 용이하고 판매원들에게 경제적 안정감을 제공하지만 판매 활동을 신장시키는 인센티브는 거의 제공하지 않는다. **고정수수료 보상 방안**straight commission compensation plan에서 판매원의 보상은 오로지 주어진 시간 동안 만들어낸 판매에 의해 결정된다. 수수료는 판매에 대한 단일 비율 또는 다양한 판매 수준과 비율을 수반하는 차등제를 기반으로 측정할 수 있다. 예를 들어, 한 분기에 50만 달러 이하의 판매를 냈다면 50만 달러 이상의 판매를 냈을 때보다 더 적은 수수료를 받게 될 것이다. 이 방법은 판매직원들에게 판매 활동을 증가시키는 동기를 부여하지만 경제적 안정감은 거의 제공하지 못하며, 판매관리자가 판매인력에 대한 통제를 계속하기 어려울 수도 있다. 많은 신입 판매원은 고정수수료와 관련된 위험부담을 받아들이는 데 못마땅해한다. 그러나 비교적 경험이 풍부한 판매원들은 이 방법이 가장 많은 수입을 낼 가능성을 갖고 있다는 사실을 알고 있다. 이러한 이

고정수수료 보상 방안
주어진 기간 내 판매량에 따라서 판매원들에게 비용을 지불하는 것

표 15.2 판매인력 보상 방법의 특성

보상 방법	특히 유용한 경우	장점	단점
고정 급여	• 신입 판매원에게 보상할 때 • 회사가 개발작업이 요구되는 새로운 판매지역으로 이동할 때 • 장시간이 걸리는 예약판매와 판매 후 서비스가 필요한 판매일 경우	• 판매원에게 안정감을 준다 • 판매관리자가 판매원을 통제할 수 있다 • 관리가 쉽다 • 비교적 예측가능한 판매비용을 산출할 수 있다.	• 인센티브를 제공하지 않는다. • 판매원에 대한 세밀한 감독을 필요로 한다. • 매출이 감소하는 동안에도 판매비용은 계속해서 나간다.
고정 수수료	• 매우 적극적인 판매가 요구되는 경우 • 비판매 업무가 최소화된 경우 • 회사가 계약직 사원과 시간제 근무 직원을 이용할 때	• 최고 액수의 인센티브를 제공한다. • 수수료를 올리는 방법을 통해 판매관리자는 판매원에게 특정 제품을 판매하도록 장려할 수 있다. • 판매비용은 곧바로 판매자원으로 연결된다.	• 판매원이 경제적 안정감을 거의 갖지 못한다. • 판매관리자는 판매인력에 대해 최소한의 통제만 하면 된다. • 판매원들이 소규모의 단골고객들에게 부적절한 서비스를 제공하는 문제가 야기될 가능성이 있다. • 판매비용을 비교적 예측하기 어렵다.
결합된 보상	• 판매지역이 비교적 비슷한 매출 가능성을 보일 때 • 회사가 인센티브를 제공하기를 원함과 동시에 계속해서 판매인력 활동을 관리하고 싶을 때	• 일정 수준의 경제적 안정감을 제공한다. • 일부 인센티브를 제공한다. • 판매인력 활동을 수익성이 있는 방향으로 옮겨갈 수 있다.	• 판매비용을 비교적 예측하기 어렵다

출처: Charles Futrell, Sales Management, http://people.tamu.edu/~c-futrell/436/sm_home.html (accessed April 1, 2017).

유들로 인해 많은 회사는 판매원들에게 고정급여와 더불어 판매량을 근거로 한 수수료를 지불하는 **결합된 보상 방안**combination compensation plan을 제공한다. 일부 결합된 보상 프로그램의 경우 판매원이 수수료 수익을 벌기 전에 일정 정도의 판매 수준을 넘어설 것을 요구하는 반면, 판매 수준에 상관없이 수수료를 제공하는 프로그램도 있다.

결합된 보상 방안 판매원들에게 고정급여와 함께 그들의 판매량을 근거로 한 수수료를 지불하는 것

보상 방안을 선택할 때 판매관리자는 표에 나열된 장점과 단점을 비교한다. 연구자들은 높은 수수료가 가장 선호하는 보상의 형태이며 뒤를 잇는 것이 급여 인상이라고 밝히고 있다. 그러나 산업에 따라 선호하는 보상 방법은 다르다. 슈퍼마켓 체인 트레이더 조(Trader Joe's)는 정규직 직원들에게 4만 달러에서 6만 달러 정도의 초봉을 지급한다. 직원들에 대한 이러한 투자는 경쟁 회사보다 이직률을 낮추는 결과를 낳았다. 보상은 판매원들의 동기부여의 중심 역할을 한다. 판매 데이터와 예측 분석을 이용하여 인센티브 보상 전략을 계획, 관리 및 개발할 수 있다. 판매 행동, 인센티브 계산을 발전시키기 위한 아나플랜(Anaplan)과 같은 플랫폼이 있고, 창의적인 계획을 평가하고 변경해야 하는 "what if" 시나리오가 있다.

15-5f 판매원 동기부여

재정적인 보상도 중요한 인센티브이지만, 판매직원들에게 동기를 부여하기 위해서는 추가적인 프로그램이 필요하다. 직업의 성격, 직업 안정성, 그리고 급여는 오늘날 판매 분야로 입문하려는 대학생들이 고려하는 가장 중요한 요소들이다. 판매관리자는 판매원들이 생산적이 되도록 동기부여를 하는 체계적인 접근법을 개발해야 한다. 효과적인 판매인력 동기부여는 회사의 판매 관리자에 의해 지속적으로 수행되는 일련의 조직화된 활동을 통해 얻어진다.

다른 사람들과 마찬가지로 판매직원은 개인적 욕구를 만족시키고 개인적 목표를 달성하기 위해 단체에 가입한다. 판매관리자는 반드시 그러한 욕구와 목표를 확인하여 각 판매원들이 그것들을 채울 수 있게 도와주는 조직 분위기를 만들기 위해 노력해야 한다. 즐거운 업무 환경, 영향력과 권한, 직업 안정성, 그리고 두각을 나타낼 수 있는 기회는 효과적인 동기가 되므로, 회사의 이러한 노력들은 판매직을 더 생산적이고 효과적으로 만들 것이다. 예를 들어 편의점 퀵트립(QuikTrip)은 월급을 받는 정규직원의 경우 매년 24시간, 시급을 받는 정규직 직원의 경우 매년 30시간의 교육에 투자한다. 이는 다른 편의점이 제공하는 것보다 훨씬 많다. 긍정적인 기업문화는 더 높은 수준의 직업 만족과 조직몰입을 이끌어내고, 낮은 수준의 직업 스트레스를 제공한다.

판매 콘테스트와 다른 인센티브 프로그램 또한 효과적인 동기부여가 될 수 있다. 이러한 것들은 판매원들로 하여금 판매를 증가시키고 새로운 충성고객들을 늘리거나 특별한 제품을 촉진하고 방문당 많은 수량을 확보하며 더 철저히 판매 구역을 다루도록 하는 동기부여가 될 수 있다. 그러나 회사는 판매원들을 판매 증가에 있어 더욱 생산적으로 만들기 위해 콘테스트를 고안할 때 판매원이 선호하는 것들에 대해 이해해야 한다. 일부 회사들은 그러한 콘테스트를 판매직

원이 회사 목표를 달성하도록 동기를 부여하는 영향력 있는 수단으로 여긴다. 담당자는 판매원들에게 동기를 부여하는 것과 더불어 강력한 고객 지향성을 지지하는 판매 콘테스트를 공들여 만들기 위해 신중을 기해야 한다. 공식적인 인센티브 프로그램을 위한 자원이 부족한 소규모 회사의 경우, 간단하지만 공식적인 감사 인사, 판매 회의에서 소액의 상품권과 함께 경영진으로부터 받는 인정 등이 곧 보상이 될 수 있다.

적절하게 고안된 인센티브 프로그램은 꾸준히 계속해서 이익을 가져다주고 있으며, 판매관리자는 그 어느 때보다도 인센티브에 의존하고 있다. 상징적인 상패 등과 함께 뛰어난 성과를 인정하는 인정 프로그램은 동료집단 환경에서 이행될 때 매우 효과적일 수 있다. 회사에서 제공하는 가장 보편적인 인센터브는 현금이고, 그 뒤를 잇는 것이 상품권과 여행이다. 여행 보상 프로그램은 다른 사람들의 이목을 끄는 포상을 수여하고, 받는 사람이 특별함을 느끼게 만들어주는 경험을 제공한다. 그리고 상을 받은 판매원들 간에 동지애를 만들어준다. 그러나 여행 보상을 받는 일부 수상자들은 근무 중에 이미 너무 많은 여행을 하고 있다고 느낄 수도 있다. 또한 제한된 여행 프로그램은 턴 오프(turnoff)가 될 수도 있다. 한 연구에서 참가자의 70%는 여행지에 대한 선택권이 더 많으면 높은 동기부여가 될 것이라고 주장했다. 현금 보상은 운영하기가 쉽고 수상자들에게 항상 환영을 받으며 모든 사람의 관심을 끈다. 하지만 현금은 가시적인 '전리품'의 가치를 갖고 있지 않으며, 전리품은 거의 제공하지 않는다. 제품 시상의 장점은 그것이 가시적인 전리품으로서의 가치를 갖는다는 것이다. 게다가 제품 선택이 허용되는 수상자는 통제감을 경험하고, 제품 수여는 판매인력에게 탄력을 부여하는 데 도움을 준다. 제품 시상의 단점은 직원들이 제품에 대해 비교적 낮은 지각된 가치를 가질 가능성이 있고, 회사가 큰 행정상의 문제를 겪게 될 수도 있다는 점이다. 일부 회사들은 인센터브 프로그램을 이러한 프로그램 개발과 관리를 전문으로 하는 회사에 위탁하기도 한다.

15-5g 판매지역 관리

소비자들을 방문해야 하는 판매인력의 효율성은 판매지역에 대한 경영진의 결정에 어느 정도 영향을 받는다. 지역을 결정할 때 판매관리자는 반드시 그 크기와 지리적 형태, 방문 경로, 그리고 일정을 고려해야 한다.

일부 요소들은 판매지역의 크기와 지리적 형태의 설계에 영향을 미친다. 먼저, 판매관리자는 판매 잠재력이 있는 것으로 판단되는 지역을 구축한다. 판매지역은 종종 조사지구, 도시, 나라, 또는 주 같은 몇 개의 지리적 단위로 이루어져 있기 때문에 시장 데이터를 얻을 수 있다. 판매관리자는 일반적으로, 비슷한 잠재력을 갖고 있거나 동일한 양의 작업을 필요로 하는 판매지역을 개발하기 위해 노력한다. 판매 잠재력이 같은 지역들이 있다면 그것들은 거의 지리적 크기 면에서 차이를 보일 것이다. 더 큰 지역을 맡은 판매원은 어느 정도의 판매고를 만들어내기 위해 더 오랫동안 그리고 더 열심히 활동해야 한다. 반대로, 같은 양의 활동이 요구되는 판매지역이 개발된 경우에는 판매 잠재력이 대개 다를 것이다. 몬타나(Montana)와 와이오밍(Wyoming) 같이 더 넓고 인구 밀도가 비교적 낮은 지역에서 요구되는 판매 활동과 대조적으로, 뉴욕과 코네티컷(Connecticut) 내에서 판매를 위해 요구되는 활동에 대해 생각해보라. 판매직원들이 수수료를 통해 부분적 또는 완전한 보상을 받는 경우, 그들은 각기 다른 수입 잠재력을 갖는다. 많은 판매관리자는 차등 수수료를 적용하는 방법으로 지역 업무량과 수익 잠재력의 균형을 유지하려고 노력한다. 때로 판매관리자는 이러한 요소들이 판매지역과의 균형을 이루는 것을 돕기 위해 상용 프로그램을 이용하기도 한다. 판매관리자가 판매지역을 개발하고 유지할 때 공평성을 추구함에도 불구하고 약간의 불공평은 만연하게 일어난다. 지역의 크기와 지리적 형태 또한 판매인력이 최선의 잠재적 고객 범위를 제공받고 판매가격을 최소화하는 데 도움을 줄 수 있어야 한다. 고객 밀도와 분포도 중요한 요소이다. 판매원이 이상적으로 느끼는 빈도와 일관성으로 고객과 접촉할 수 있도록 지역을 설계하는 것이 중요하다.

판매지역의 지리적 크기와 형태는 방문 경로와 일정에 영향을 주는 가장 중요한 요소이다. 다음으로 중요한 것이 지역 내 고객 수와 분포이며, 방문 판매 빈도와 기간이 그 뒤를 따른다. 경로와 일정을 담당하는 직원은 반드시 방문하는 고객의 순서와 구체적인 도로 또는 이용할 교통편의 시간표, 정해진 기간 동안 이루어지는 방문 횟수, 방문이 이루어질 시간을 고려해야 한다. 일부 회사들의 경우, 판매원이 판매관리자의 도움 없이 스스로 자신들의 경로와 시간을 계획하는 반면, 일부에서는 판매관리자가 상당한 책임을 지기도 한다. 누가 경로와 일정을 계획하든 간에 그것의 주요 목표는 판매원의 비판매 시간(이동하고 기다리는 데 보내는 시간)을 최소화하고 판매 시간을 최대화하는 것이어야 한다.

15-5h 판매인력 성과 관리와 측정

판매인력 성과를 적절하게 관리하고 측정하기 위해 판매관리자는 정보를 필요로 한다. 판매관리자는 판매인력 현장을 매일 관찰할 수 없으므로 판매원의 방문 보고서, 고객 반응(피드백), 계약서, 청구서에 의존한다. 방문 보고서는 방문한 고객과 그 고객과의 교류와 관련된 현재의 세부적인 정보를 알려준다. 판매직원은 반드시 구체적인 기간 동안 자신이 가려고 계획하는 장소를 보여주는 업무 일정을 정리하여 보관해야 한다. 판매원이 관계를 맺고 있는 고객과 예상 고객과의 교류에 관한 데이터는 회사의 고객 관계 관리 시스템 안에 포함될 수 있다. SAS와 같은 기업은 빅데이터의 분석을 통해 기회를 발견하고 최적의 효과를 찾기 위해 판매인력 리소스를 배치하는 분석 기능을 제공한다.

판매원의 성과를 측정하는 데 이용되는 정보의 범위는 주로 판매 목표에 의해 결정되며 그 목표는 보통 판매 담당자에 의해 정해진다. 만약 개인의 판매 목표가 판매량과 관련이 있다면 그 사람은 만들어낸 판매량을 기반으로 평가되어야 한다. 판매원은 중대한 목표를 할당받음과 동시에 일반적으로 그것과 관련된 다른 몇 가지 목표들 또한 성취할 것으로 기대된다. 이와 같이 판매원은 종종 몇 가지 기준에 따라 평가된다. 판매 담당자는 하루 동안 평균 방문 횟수, 고객당 평균 판매량, 판매 가능성 대비 실제 판매량, 신규 고객 주문 횟수, 방문당 평균 판매 비용, 고객당 평균 총수익을 포함한 많은 성과지표를 측정한다.

JIRAPONG MANUSTRONG/SHUTTERSTOCK.COM

판매성과 평가하기 기업은 빅데이터를 분석하여 판매인력의 효과를 평가하는 것이 중요하다

판매원을 평가하기 위해 판매관리자는 미리 결정된 성과 기준을 가지고 하나 또는 둘 이상의 요소들을 비교할 것이다. 그러나 판매관리자는 보통 판매원의 성과를 비슷한 판매 환경에 있는 다른 직원들의 성과와 비교하거나 판매원의 현재 성과와 과거 성과를 비교한다. 때때로 경영진은 개인 용모, 제품 지식, 윤리 규범 같은 판매성과와 관련이 있으면서 비교적 덜 직접적인 요소들을 평가하기도 한다. 한 가지 문제는 비윤리적 판매 활동을 하는 것과 관련하여 최고 위치에 있는 판매원들이 낮은 성과를 내는 직원들에 비해 덜 질책받는 경향이 있다는 것이다.

판매원을 평가한 후에 판매관리자는 판매인력 성과를 향상시키기 위해 필요한 어떠한 시정조치를 취해야 한다. 또한 성과 기준을 조절하거나 추가적인 교육을 제공하고 동기를 부여 하는 방법을 시도할 수도 있다. 시정조치는 판매인력의 광범위한 변화를 요구할 수도 있다.

15-6 판매 촉진의 성격

 # 학습목표 **판매 촉진과 이의 사용에 대해 알아본다.**

판매 촉진 재판매업자나 판매원이 물건을 팔도록, 또는 고객이 물건을 사도록 유도하기 위한 활동이나 자료

판매 촉진sales promotion이란 재판매업자, 판매원, 그리고 고객에게 부가가치를 제공하여 제품을 구매하도록 직접적인 동기부여 역할을 하는 활동이나 자료를 의미한다. 이는 인적 판매나 광고 또는 PR을 제외한 모든 촉진 활동과 자료를 포함한다. 소매업체는 종종 자사 제품을 대상으

로 하나를 구매하면 하나를 무료로 제공하는 판매행사를 진행하는데 이는 보너스 또는 프리미엄이라고 알려진 판매 촉진 전략이다. 제품들이 다 비슷비슷한 경쟁 시장에서 판매 촉진은 제품을 시연해보거나 구매하도록 하기위해 추가적인 동기를 부여한다. 홀푸드(Whole Foods)와 같은 슈퍼마켓은 구매를 장려하기 위해 음식 샘플을 제공한다.

마케터는 종종 인적 판매나 광고, 또는 그 두 가지 모두를 촉진하기 위해 판매 촉진을 이용한다. 회사들 또한 판매 촉진 활동을 지원하기 위해 광고나 인적 판매를 활용한다. 예를 들어, 마케터 들은 콘테스트나 무료 샘플, 제품을 촉진하기 위해 자주 광고를 이용한다. 가장 효과적인 판매 촉진 활동들은 다른 촉진 활동들과 밀접한 관련이 있다. 판매 촉진과 관련된 결정들은 종종 광고나 인적 판매 결정에 영향을 미치며, 또한 그 반대로 영향을 받을 수도 있다.

판매 촉진은 추가적인 구매 인센티브를 제공함으로써 판매를 증가시킬 수 있다. 고객과 재판매업자, 그리고 판매원이 원하는 행동을 취하도록 동기를 부여하는 많은 기회가 있다. 판매 촉진의 몇몇 수단은 특히 재판매업자의 수요와 효과를 자극하도록 고안되었으며, 일부는 고객 수요 증가를 목적으로, 일부는 재판매업자와 고객 모두에 맞춰서 고안된다. 어떤 목적이든 관계없이, 마케터들은 판매 촉진의 목표가 회사의 전체적인 목표와 마케팅 목표, 촉진 목표와 일치하도록 만들어야 한다.

어떤 판매 촉진 도구를 사용할지 고려할 때, 마케터는 여러 가지 요소를 고려해야 하며 특히 제품 특성(가격, 크기, 무게, 비용, 내구성, 사용법, 특성, 위험)과 목표 시장 특성(나이, 성별, 수입, 위치, 인구 밀도, 사용률, 쇼핑 패턴)을 고려해야 한다. 제품의 판매 방식, 재판매업자의 수와 유형이 판매 촉진 방법을 결정할 수도 있다. 경쟁 환경이나 법적인 환경 또한 선택에 영향을 미친다.

지난 30년 동안 판매 촉진의 사용은 급속도로 증가하고 있는데, 주로 광고비가 증가했다. 이러한 촉진 예산 사용의 변화는 여러 가지 원인에 따른다. 가치에 대한 염려가 고조되면서 고객들은 촉진 제안에 더욱 반응을 보이게 되었고, 특히 가격 할인이나 구매 시점 광고에 반응을 보이게 되었다. 소매상은 그 규모와 계산대 스캐너 데이터 덕분에 공급망에 있어 상당한 힘을 갖게 되었고, 소매 이익을 증대시키기 위해 제조사에 더 큰 촉진 활동을 하도록 요구하고 있다. 브랜드 충성도의 하락은 곧 고객들로 하여금 브랜드를 바꾸도록 설득하는 판매 촉진이 더 큰 효과를 가져오는 환경을 낳았다. 게다가, 아마존을 포함한 온라인 소매업체들과의 경쟁은 소매업체들이 더 많은 판매 촉진 인센티브를 사용하도록 압박했다. 결국, 단기성과 증대를 더욱 강조하다 보니 수명은 짧을지 모르지만 빠른 판매 증대를 일궈낼 수 있는 판매 촉진의 사용이 더욱 커지게 된 것이다.

이 장의 나머지 부분에서는 일부 소비자 판매 촉진과 B2B 판매 촉진 도구들을 살펴보도록 한다. 그 도구들이 어떤 것을 수반하는지 그리고 마케터가 그것들을 이용해 어떤 목표들을 달성할 수 있는지를 알아볼 것이다.

15-7 소비자 판매 촉진 방법

 # 학습목표 **구체적인 소비자 판매 촉진 방법을 검토해본다.**

소비자 판매 촉진 방법Consumer-sales-promotion methods은 고객으로 하여금 특정 소매상점을 애용하거나 특정 제품을 구매하도록 자극한다. 온라인 판매 촉진은 더 높은 수준의 제품 및 브랜드 인지도 생성을 가능하게 한다. 소매상은 주로 고객들을 특정 장소로 끌어들이는 데 목표를 두고 판매 촉진 방법을 이용하며, 제조 회사는 보통 신제품이나 브랜드를 소개하는 것을 목표로 두고 사용한다. 지금부터는 쿠폰, 할인 제안, 금전 환불, 리베이트, 충성고객 인센티브, 구매 시점 광고, 시연, 무료 샘플, 프리미엄, 소비자 콘테스트와 게임, 경품 추첨에 대해 알아볼 것이다.

소비자 판매 촉진 방법 고객들이 특정 상점을 애용하거나 특정 제품을 사용하도록 유도하는 판매 촉진 기술

쿠폰 고객이 특정 제품을 구매하도록 유도하기 위해 할인가격을 명시해놓은 것

15-7a 쿠폰과 할인 제안

쿠폰(Coupons)은 제품의 가격을 낮추어 고객이 새 제품이나 기존의 제품을 시도해보도록 유도하고, 빠르게 판매량을 늘리며, 재구매를 유도하고, 새로운 포장 상자나 특성을 소개하려는 목적을 갖는다. 할인 금액은 구매가격에서 차감된다. 광고를 생각해보자. 타깃(Target)에 있는 CVS파머시(CVS Pharmacy)에서 처방전을 작성하도록 하기 위해 CVS파머시는 10개의 처방전마다 5달러쿠폰을 제공한다. 쿠폰은 가장 널리 쓰이는 판매 촉진 도구이다. 비록 쿠폰이 더 큰 구매력을 제공하지만, 고객들은 쿠폰을 사용하지 않는 주된 이유가 사고 싶은 품목에 해당하는 쿠폰을 찾을 수 없어서라고 말한다. 웹사이트나 모바일 앱을 이용한 디지털 쿠폰이 점점 인기를 얻고 있다. 그루폰(Groupon)같은 소셜 커머스 사이트들은 쿠폰의 영역에 해당한다고 할 수는 없지만 고객들이 더 나은 거래나 가격을 찾아볼 수 있도록 한다. 베드 배스 앤드 비욘드(Bed Bath & Beyond)는 종종 메일을 통해 소비자들에게 20% 할인 쿠폰을 보낸다. 하지만 이러한 쿠폰들은 너무 흔해져서 일부 분석가들은 소비자들이 쿠폰에 너무 익숙하여 쿠폰 없이는 쇼핑을 하지 않을 것이기 때문에 베드 배스 앤드 비욘드에 오히려 부정적 영향을 끼칠 수 있다고 생각한다. 디지털 쿠폰의 증가에도 불구하고 여전히 인쇄물에서

쿠폰 타깃은 10개의 처방전을 작성할 때마다 5달러의 쿠폰을 제공함으로써 구매자들이 약국에서 처방전을 작성하도록 장려한다.

쿠폰을 얻으려고 하는 사람들이 많다. 쿠폰의 90% 이상은 책자의 독립된 페이지에서 나오는 것으로 추정된다. 심지어 밀레니엄 세대들도 다른 연령대보다 디지털 쿠폰을 더 많이 사용할 가능성이 있지만 디지털보다 인쇄 쿠폰을 사용한다. 결과적으로 제너럴 밀스(General Mills)와 같은 회사들은 쿠폰을 수익성 있는 판매 촉진으로 고려하고 종종 주요 공휴일에 쿠폰의 배포를 늘릴 것이다. 쿠폰에 관심이 있는 신규 고객을 얻기 위해 모바일과 소셜, 여러 플랫폼을 포함한 디지널 마케팅이 쿠폰의 통로로 쓰이고 있다.

쿠폰의 배포 방법을 결정할 때 마케터들은 전략과 목표, 상환율, 가용성, 유통성, 독점성을 고려해야 한다. 쿠폰 배포 상환 분야는 경쟁이 매우 심화되어 있다. 고객을 잃지 않기 위해 많은 식료품점이 경쟁사에서 배포된 어떤 쿠폰이라도 상환해줄 것이다. 또한 고객을 상점으로 이끌기 위해 식료품점들은 고객 쿠폰의 가치를 두 배, 때로는 세 배로 올려주기도 한다.

쿠폰은 여러 장점이 있다. 쿠폰이 있는 인쇄 광고는 그렇지 않은 인쇄 광고보다 브랜드 인식 향상도가 높다. 대개 쿠폰에서 제공하는 할인금액이 높을수록, 브랜드 인식은 더욱 올라간다. 쿠폰은 현재 해당 제품을 사용하고 있는 이들에게 보상을 제공하며, 이전 사용자들을 되찾을 수 있고, 제품을 더 많이 구매하도록 장려한다. 쿠폰은 되돌아오기 때문에 제조 회사가 의도했던 목표 시장에 도달 했는지 여부를 판단하는 데 도움을 준다. 종이 쿠폰에 비해 전자 쿠폰을 사용할 때의 이점으로는 상환별 비용이 적고, 목표 시장에 도달하는 능력이 더 크며, 데이터 수집 가능성이 크고, 최적의 액면가나 만료주기를 결정하기 위한 실험을 할 수 있는 가능성이 더 크다는 것 등이 있다.

쿠폰 사용의 단점으로는 사기, 쿠폰 미상환 등이 있으며, 제조사는 많은 비용을 지불해야 한다. 쿠폰 사기란 가짜 인터넷 쿠폰이나 가짜 소매상 이름으로 상환된 쿠폰 등을 포함하며 제조 회사에 매년 수백만 달러의 손해를 불러일으킨다. 몇몇 전문가들에 따르면 쿠폰의 또 다른 단점은 쿠폰이 그 가치를 잃어가고 있다는 점이다. 너무 많은 제조 회사가 쿠폰을 제공하면서 고객들은 쿠폰이나 환불 같은 어떤 보상이 없이는 제품을 구매하지 않게 되었다. 더욱이 쿠폰을 많이 사용하는 고객들의 브랜드 충성도는 증가했으며, 많은 고객이 대개 구매하는 제품을 구매할 때만 쿠폰을 사용한다. 쿠폰의 4분의 3이 이미 쿠폰을 통해 그 브랜드 제품을 사용하고 있는 사람들에 의해 상환된다고 한다. 따라서 쿠폰은 새로운 브랜드나 제품을 시도해보려는 고객들에 대한 보상으로서는 미심쩍은 성공을 거뒀다고 할 수 있겠다. 쿠폰의 또 다른 문제는 상점들이

SOURCE: ITSA10HAIRCARE

할인 제안 잇쳐텐It's a 10은 할인 제안과 함께 모발 관리 리브-인(leave - in) 제품을 사용해보도록 장려한다.

쿠폰이 적용되는 제품의 재고를 충분히 갖고 있지 못하다는 점이다. 이는 상점과 제품 모두에 악감정이 생기도록 만든다.

할인 제안 고객들이 정가보다 낮은 가격으로 구매하도록 하여 구매를 장려하는 촉진 방법

할인 제안cents-off offers이란 구매자들이 제품의 라벨이나 상자에 적힌 정가에서 적정 금액을 제하고 지불하는 것이다. 쿠폰과 마찬가지로, 이 방법은 새로운 제품이나 낯선 제품을 시도하는 것에 대한 강한 보상으로 작용할 수 있으며 새 제품이 나왔을 때 주로 쓰이는 방법이다. 잇츠어텐(It's a 10)은 고객들이 15% 할인된 가격에 상환할 수 있는 디지털 코드를 광고에서 제공한다. 이 할인은 다양한 모발 관리 리브-인(leave-in) 제품을 사용해 볼 수 있는 인센티브를 제공한다. 인기 있는 음식 배달 서비스인 헬로 프레시(Hello Fresh)와 블루 에이프런(Blue Apron)은 종종 가입자의 첫 번째 상자(주문한 첫 번째 상자)에 가격 할인을 통해 신규 가입자들을 유인한다. 할인 제안은 제품 판매와 다량 구매를 촉진하며 단기간의 판매 증가에 효과가 있고 비수기에 제품을 촉진한다. 식료품점들은 종종 구매 시점에 할인된 가격으로 식품을 촉진한다.

할인 제안은 제어하기 쉽고 주로 특정 목적을 가지고 사용된다. 하지만 계속적으로 사용할 경우 할인 제안은 정가에 구매할 고객들에게도 낮은 가격을 제공하게 되며 제품의 이미지를 떨어뜨릴 수 있다. 또한 이 방법은 판매 시 할인을 제공하는데 책임이 있는 소매상의 특별한 관리가 필요하다.

15-7b 금전 환불 및 리베이트

금전 환불 고객이 구매 후 구매 증명서를 우편으로 보냈을 때 명시된 금액을 되돌려주는 판매 촉진 도구로 주로 다수의 제품을 구매했을때 해당된다.

금전 환불money refunds의 경우, 고객은 구매했다는 증거를 제출한 후 특정 금액을 돌려받는다. 대개, 제조 회사들은 금전 환불의 대상을 다량의 제품을 구매한 고객으로 한정한다. 마케터들은 판매를 촉진하기 위해 쿠폰을 대신해 금전 환불 방법을 이용한다. 금전 환불은 주로 제품을 사용해보도록 촉진하기 위해 사용되는 방법이며, 상대적으로 비용이 적게 든다. 그러나 때때로 반응률이 낮고 그로 인해 판매에 크게 영향을 미치지 못한다.

리베이트 고객이 제품을 구매했을 때 명시된 금액을 받을 수 있게 하는 판매 촉진 기술

리베이트rebates의 경우 고객이 제품을 한 번 구매함으로써 명시된 금액을 받는 것이다. 리베이트는 보통 금전 환불에 비해 더 비싼 제품에 적용되며 고객을 장려하기 위해 사용된다. 마케터들은 브랜드 충성도를 강화하고 제품 구매를 촉진하기 위해 리베이트를 이용한다. 자동차처럼 큰 제품의 경우, 리베이트는 종종 판매 시점에 주어진다. 하지만 대부분의 리베이트는 특히 작은 제품의 경우, 판매 후에 주어지며 우편을 통해 이루어진다. 연구는 이러한 우편을 통한 리베이트의 경우 고객들이 제품을 구매할 이유를 찾으려 할 때 가장 효과적이라는 사실을 알아냈다. 반면 즉각적인 만족을 주는 리베이트, 즉 구매 시에 바로 리베이트가 지급되는 경우에 더욱 효과가 있다.

금전 환불과 리베이트의 한 가지 문제점은 많은 사람이 상환 절차를 너무 복잡하다고 느낀다는 것이다. 최소 40%의 고객들이 요구 조건을 충족시키지 못하기 때문에 돈을 돌려받지 못하는 것으로 추산한다. 이러한 복잡함을 없애기 위해, 많은 마케터는 고객이 온라인에서 리베이트

절차를 밟을 수 있도록 하며, 고객들을 헷갈리게 하고 소매상들을 힘들게 만드는 서류의 필요성을 없앤다. 고객들은 또한 제조 회사가 리베이트를 제공하는 이유에 대해 부정적인 인식을 가질 수도 있다. 제품이 검사 되지 않았다거나 잘 팔리지 않는다고 생각할 수 있는 것이다. 이러한 인식이 바뀌지 않는다면, 리베이트는 결국 제품 이미지와 호감도를 하락시킬 수 있다.

15-7c 구매자 충성도 및 충성고객 인센티브

단골 제품 사용자와 충성고객을 위한 다양한 인센티브가 존재한다. 슈퍼마켓과 같은 회사는 사용자에게 고객의 구매를 추적할 수 있는 포인트 적립 또는 쇼핑 카드를 종종 제공하고 또한 지속적인 구매를 위하여 쇼핑객에게 주기적인 할인을 제공한다. 쇼핑 카드는 2차 브랜드에 대한 충성 구매에는 영향을 끼치지만 성과가 좋은 브랜드에는 영향을 미치지 않는 경향이 있다. 쇼핑객과 단골 고객 카드의 핵심 목적은 지속적인 충성도를 장려하는 것이다. 화장품 회사 세포라(Sephora)는 뷰티 인사이더(Beauty Insider) 라고 불리는 마일리지 서비스를 가지고 있다. 고객에게는 로열티 카드가 제공되며 매 구매마다 포인트가 부여된다. 일정 포인트를 달성한 후 고객들은 무료 화장품을 받을 자격이 생긴다.

많은 회사가 반복(잦은) 구매를 하는 고객들에게 보상을 제공하기 위한 유사한 인센티브 프로그램을 가지고 있다. 예로 대형 항공사는 자주 비행하는 고객들을 위한 프로그램을 제공하며, 그로써 명시된 마일 이상 비행을 한 고객에게 다음 비행에 사용할 수 있는 무료 티켓을 보상으로 제공하는 것이다. 충성고객 인센티브는 특정 회사나 협업 회사 전체에 대한 고객 충성도를 높인다. 주로 서비스업에서 이 방법을 즐겨 사용하며, 항공사, 자동차 임대 업체, 호텔, 지역 카페 등이 이에 속한다. 충성고객 프로그램은 충성도 있는 고객들에게 보상을 제공할 뿐 아니라, 프로그램으로부터 발생되는 데이터로 고객에 대한 많은 양의 정보를 얻을 수 있으며, 이는 마케터들이 바람직한 고객 관계를 발전시킬 수 있도록 돕는다.

15-7d 구매 시점 광고와 시연

구매 시점 광고 고객을 끌어들이기 위해 이용되는 광고판, 제품 전시, 선반 진열 등

구매 시점 광고 Point-of-purchase (POP) materials는 옥외 광고판, 제품 전시, 계산대 진열, 선반 진열 등을 포함한다. 구매 시점 광고의 발전된 형태로는 스니프티저(sniffteasers)가 있는데, 이것은 반경 4피트 거리 내에 고객이 지나갈 때 제품의 향을 풍기는 것을 말한다. 또 컴퓨터화된 인터랙티브 디스플레이도 여기에 속한다. 이것들은 제조 회사가 공급하며, 고객의 관심을 끌고 그들에게 정보를 전달하며, 소매상들이 특정 제품을 판매하도록 장려한다. 소매상들도 새로운 구매 시점 광고 기술들을 시도하기 시작했는데, 예로 인터랙티브 키오스크를 통해 고객들이 제품을 둘러보게 하는 것 등이 있다. 소매상은 구매 시점 광고가 매력적이거나, 정보를 주거나, 잘 구

성된 경우, 그리고 점포 이미지에 적합한 경우 사용할 가능성이 크다.

시연Demonstrations 은 고객의 이목을 잘 이끌어 낸다. 제조사들은 일시적으로 시연을 진행하여 고객들이 제품을 써보고 구매를 하도록 장려하며 어떻게 제품을 사용할 수 있는지를 보여준다. 인건비가 매우 비싸기 때문에 시연은 널리 이용되는 방법은 아니다. 특정 유형의 제품을 촉진하는 데 있어서 시연은 매우 효과적인 방법이 될 수 있다. 예로 가전제품이나 화장품, 청소 용품이 그러하다. 심지어 자동차도 시연이 가능한데, 판매원뿐 아니라 잠재 고객에 의해서도 시운전으로 진행될 수 있다. 예스티로더(Estée Lauder)나 클리니크(Clinique) 같은 화장품 회사들은 종종 잠재 고객에게 "메이크 오버(makeover)"를 제공하여 제품의 장점을 보여주며 올바른 사용법을 알려준다.

시연 제조사가 일시적으로 사용하는 판매 촉진 도구로, 제품을 사용해보고 구매하도록 장려하며 어떤 제품인지 보여주는 것

15-7e 무료 샘플 및 프리미엄

마케터들은 제품의 시험 사용을 장려하고 제품의 생명주기 초기에 판매량을 올리기 위해, 그리고 바람직한 배포를 위해 **무료 샘플free samples**을 사용한다. 트레이더 조(Trader Joe)는 커피 샘플을 무료로 제공하며 고객들이 구매하도록 유도한다. 무료 샘플은 가장 비싼 판매 촉진 방법인데 생산과 분배 과정(지역 이벤트, 우편이나 직접 방문 배달, 온라인, 매장, 소포 배달 등)에서 높은 비용이 들기 때문이다. 하지만 동시에 이는 가장 효과적인 판매 촉진 도구가 될 수 있다. 한 설문조사에서 응답자의 92%가 무료 샘플을 받은 후 마음에 들면 제품을 구매하겠다고 말했다. 샘플은 새로운 제품을 시도할 위험을 제거하고 소비자들이 무언가를 공짜로 얻는 것처럼 느낄 수 있게 해준다. 다른 연구는 샘플링이 동일한 브랜드 이름으로 다른 제품을 구매하는 것뿐만 아니라 반복적인 구매로 이어질 수 있다는 것을 밝힌다. 높은 비용에도 불구하고 무료 샘플은 더욱 많이 사용되고 있다. 한 해에 거의 4분의 3에 가까운 소비재 회사들이 무료 샘플을 사용한다. 스타벅스(Starbucks)는 신제품에 대한 관심을 끌기 위해 종종 새로운 음료의 샘플을 무료로 제공한다.

무료 샘플 제품의 시험 사용과 구매를 장려하기 위해 배포되는 제품의 샘플

프리미엄Premiums은 제품을 구매함으로써 무료로 또는 최소한의 금액으로 주어지는 보너스 개념의 제품이다. 1896년에 최초의 정크 푸드로 소개된 크래커 잭(Cracker Jack)은 과자 안에 작은 상품을 포함하고 있었다. 이제 크래커 잭은 고객의 스마트폰에서 플레이할 야구 게임을 다운로드할 수 있는 QR 코드를 가지고 있다. 프리미엄이란 경쟁사의 고객들을 끌어오기 위해, 기존 제품의 다른 크기를 소개하기 위해, 촉진 활동에 다양함을 주기 위해, 또는 고객의 충성도를 고무하기 위해 이용된다. 고객들은 할인보다 프리미엄을 더 선호하는 경향이 있는데, 이는 무엇인가를 '공짜'로 얻는다는 인식 때문이다. 프리미엄을 이용할 때는 창의성이 매우 중요하다. 고객의 눈에 띄어 많은 수의 상환을 달성하기 위해 프리미엄은 목표 고객과 브랜드 이미지 모두에 부합해야 한다. 프리미엄은 또한 쉽게 알아볼 수 있어야 하며,

프리미엄 제품을 구매한 보상으로 무료로 또는 최소한의 금액으로 주어지는 제품

매력적이어야 한다. 고객들은 브랜드가 높은 가치를 지닌 경우에 프리미엄을 더욱 선호하며, 제품과 프리미엄 간에는 서로 잘 맞는 조합들이 존재한다. 프리미엄은 제품 포장 위나 안에 들어갈 수 있고, 소매상에 의해 직접 분배될 수 있으며, 우편으로 보내질 수도 있다. 프리미엄의 예로는, 주유를 하는 경우 무료 세차를 해주는 것, 면도기를 구매하는 경우 면도 크림을 제공하는 것, 치즈 과자를 구매했을 때 보관할 플라스틱 통을 주는 것 등이 있다. 크리넥스(Kleenex)를 위한 월마트(Walmart)광고는 특별히 표시된 크리넥스 패키지를 구매하는 소비자들에게 월마트에서 4달러의 부두(Vudu) 영화 크레딧으로 보상한다.

15-7f 소비자 콘테스트, 소비자 게임, 경품 추첨

소비자 콘테스트 개인들이 상을 목표로 각자의 분석적 또는 창조적 기술을 이용해 겨루도록 하는 판매 촉진 도구

소비자 콘테스트consumer contests는 상을 목표로 개인들이 각자의 분석적 또는 창조적 기술을 이용해 겨루는 것이다. 이 방법은 고객들이 소매상을 더 많이 방문하도록 하고, 촉진 메시지가 자주 노출될 수 있도록 하기 위해 사용된다. 전체 참가자 수는 적을지 모르지만, 참가자들은 대개 게임이나 경품 추첨에 비해 소비자 대회에 훨씬 관심이 많다. 또한 소비자 대회는 쿠폰 등의 판매 촉진 도구들과 함께 사용될 수 있다. 오레오(Oreo)는 소비자들이 오레오를 우유에 담그는 사진이나 동영상을 페이스북, 인스타그램, 트위터에 올리는 "오레오덩크 챌린지; OreoDunk Challenge)"라는 대회를 만들었다. 우승자들은 크리스티나 아길레라(Christina Aguilera), 샤킬 오닐(Shaquille O'Neal), 네이마르 다 실바 산토스 주니어(Neymar da Silva Santos Junior) 등 캠페인에 참여한 유명인사들 중 한 명을 만날 수 있는 VIP 기회를 얻었다.

SOURCE: WAL-MART STORES, INC.

프리미엄 월마트는 매장에서 크리넥스패키지를 구매하면 보너스로 무료 영화 크레딧의 프리미엄을 제공한다.

소비자 게임consumer games에서 개인들은 상을 목표로 운에 기반해 게임에 참여한다. 주로 병뚜껑이나 감자튀김 상자의 스티커 같은 게임 조각들을 모으는 방식으로 진행된다. 맥도날드의 모노폴리(Monopoly)는 게임 방법을 명확하게 전달하고 다양한 승리의 방법을 제공하기 때문에 수년간 성공을 거두었다. 맥도날드는 플레이어가 일반적인 사람들이 이기고 있다는 것을 알 수 있도록 큰 상의 승리자를 홍보한다. 마지막으로 게임에서 지더라도 막다른 지경으로 남기지 않는다. 맥도날드는 10번 구매한 후에도 당첨되지 않은 경우 상품을 제공한다. 소비자 게임의 개발과 관리는 종종 개별 PR 회사에 아웃소싱 되곤 하는데, 이로써 마케터는 게임을 통제하는 연방법과 주법을

살피는 데 도움을 받을 수 있다. 게임은 판매를 단기간 동안 촉진할지는 모르나, 회사의 장기간 판매에 영향을 끼친다는 증거는 전혀 없다.

소비자 경품 추첨consumer sweepstakes에서 참가자들은 경품 추첨 뽑기에 참가하기 위해 자신의 이름을 제출한다. 경품 추첨은 콘테스트에 비해 더 많이 사용되며 더 많은 수의 참여자를 이끌어내는 경향이 있다. 하지만 총참가자 수는 낮을지 모르나 콘테스트 참가자들은 경품 추첨에 참가하는 사람들이 경품 추첨에 관심이 있는 것보다 콘테스트 그 자체에 더욱 빠져 있는 경우가 많다. 콘테스트와 게임, 경품 추첨은 쿠폰 같은 여러 다른 판매 촉진 도구와 같이 쓰일 수 있다.

DANIEL ACKER/BLOOMBERG/GETTY IMAGES

소비자 게임 맥도날드의 모노폴리는 맥도날드 제품을 구매하면 경품에 당첨될 수 있는 기회를 제공하는 유명한 소비자 게임이다.

15-8 거래점 판매 촉진 방법

 # 학습목표 **중개인 판매 촉진 방법을 검토해본다.**

재판매업자, 그리고 특히 소매상들이 제품을 유통하고 또 효과적으로 그 제품들을 촉진하게 하기 위해, 생산자들은 **거래점 판매 촉진 방법**Trade-sales-promotion methods을 사용한다. B2B 판매 촉진 도구들은 도매업자와 소매업자로 하여금 제조사의 물건을 유통하고 더욱 공격적으로 판매하도록 설득하는 역할을 한다. 마케터들은 이 거래점 판매 촉진 방법을 여러 가지 이유로 이용하게 되는데, 저가 브랜드의 효과에 맞서거나 가격에 민감한 시장 흐름을 따라 할인으로 넘어가기 위해, 목표 고객들에게 브랜드 노출을 더 늘리기 위해, 여분의 재고를 움직이기 위한 추가 인센티브를 제공하기 위해, 또는 경쟁사에 대응하기 위한 추가 인센티브 제공을 위해 이용하게 된다. 이런 방법들에는 구매 공제, 환매거래 공제, 역추적 공제, 제품 공제, 협력 광고, 딜러 명단, 무료 제품, 딜러 지원, 프리미엄 머니(특별 장려금), 판매 콘테스트 등이 있다.

소비자 게임 개인들이 운에 기반해 상을 놓고 서로 경쟁하도록 하는 판매 촉진 도구

소비자 경품 추첨 경품 추첨에 참가하기 위해 참가들이 자신의 이름을 제출하도록 하는 판매 촉진 도구

거래점 판매 촉진 방법 도매업자와 소매업자로 하여금 제조 회사의 물건을 유통하고 더욱 공격적으로 판매하도록 설득하기 위한 방법

구매 공제 재판매업자가 명시된 양만큼 제품을 구매할 때 주어지는 일시적인 가격 할인

15-8a 거래 공제

많은 제조 회사는 거래 공제를 제공하여 재판매업자로 하여금 제품을 유통하고 재고를 더욱 많이 쌓도록 장려한다. 그러한 거래 공제 중 하나가 바로 **구매 공제**buying allowance인데, 이는 재판매업자가 제품을 명시된 양만큼 구매할 때 주어지는 일시적인 가격 할인을 의미한다. 종이

공급자는 사무용품점에 종이를 구입할 때마다 3달러를 할인해 줄 수 있다. 이러한 제안이 바로 재판매업자가 새 제품을 얻을 수 있도록 하는 보상이며, 일시적인 가격 할인을 얻을 수 있게 하고 보통 이상의 양을 구매하도록 장려하는 것이다. 구매 공제의 경우 현금으로 지불되어 재판매업자의 수익을 늘리며, 매우 간단하다. 재판매업자가 어떻게 돈을 써야 한다는 제한사항이 없고, 이런 점은 이 방법의 효율성을 더욱 높인다. 구매 공제의 한 가지 단점은 고객이 '미리' 제품들을 다 사놓을 수 있다는 것이다. 즉, 한 번에 대량으로 구매를 한 후에 여러 달 동안 재고를 유지할 수가 있다는 점이다. 또 다른 문제는 경쟁사가 할인된 가격에 맞추거나 그보다 더 낮은 가격을 제시할 수도 있다는 것이며, 그런 경우 판매자 모두의 이익이 줄어드는 결과를 낳게 된다.

환매 거래 공제 최초의 촉진 거래가 종료된 후 재판매업자가 구매하는 제품에 대해 제조 회사가 지불하는 금액의 총합

환매 거래 공제buy-back allowance란 최초의 촉진 거래가 종료된 후에 재판매업자가 구매하는 제품에 대해 제조 회사가 지불하는 금액의 총합이다. 이 방법은 부차적인 인센티브이며, 재판매업자가 받는 돈의 총량은 쿠폰 같은 초기 소비자 촉진 때의 재판매업자 구매에 비례한다. 환매 거래 공제는 초기 판매 촉진 활동 시 협력을 촉진하며, 이후 재구매를 자극한다. 최초의 촉진 이후 소매업체의 재고가 적어지면 환매 거래 공제는 소매업체의 재입고에 도움이 된다. 이것은 종종 빵과 다른 부패하기 쉬운 제품들을 위해 사용된다. 이 방법의 주된 단점은 비용이다.

역추적 공제 특정 기간 동안에 소매상의 계산대를 거친 제품의 수를 기준으로 제조 회사가 소매상에게 주는 보상

역추적 공제scan-back allowance는 제조 회사가 소매상에게 주는 보상을 의미하며, 이는 특정 기간 동안에 소매상의 계산대에 얼마나 많은 제품이 지나갔는가를 기준으로 한다. 이 역추적 프로그램에 참가하려면, 소매상들은 대개 이 보상 금액을 고객들을 위한 특별 할인의 형태로 전이하여 제공해야 한다. 거래 지출을 소매상의 제품 유통에 직접적으로 연결할 수 있기 때문에 역추적 공제는 제조업체들에 의해 점점 더 널리 이용되고 있다.

제품 공제 재판매업자가 광고나 구매 시점 진열 등의 촉진 활동을 제공할 때, 제조 회사가 특정 금액을 지불하겠다고 동의하는 것

제품 공제merchandise allowance는 재판매업자가 광고나 구매 시점 진열 등의 촉진 활동을 제공할 때, 제조 회사가 특정 금액을 지불하겠다고 동의하는 것을 말한다. 이 방법은 대량이며 높은 이윤을 내면서도 다루기 쉬운 제품에 가장 적합하다. 하나의 단점은 몇몇 소매상들이 단순히 공제를 받기 위해 최소한의 선을 유지하는 정도에서만 촉진 활동을 수행한다는 점이다. 소매상에게 지불하기 전에 제조사업체들은 보통 활동을 했는지 확인을 거친다. 제조사들은 소매상의 이런 추가적인 촉진 활동이 많은 양의 판매 증가로 이어지기를 바란다.

15-8b 협력 광고와 딜러 명단

협력 광고 제조 회사의 제품을 광고해주는 대가로 제조 회사가 소매상의 광고비용 일부를 지불하겠다고 동의하는 것

협력 광고cooperative advertising는 제조 회사의 제품을 광고해주는 대가로 제조 회사가 소매상의 광고비용 일부를 지불하겠다고 동의하는 것이다. 그 금액은 주로 구매하는 제품의 수량을 기준으로 한다. 제품 공제와 마찬가지로, 소매상은 제조 회사가 합의했던 광고비를 지불하기에 앞서 광고를 했다는 사실을 증명해야만 한다. 이것으로 인해 소매상은 광고를 위한 추가적인 자금을 확보할 수 있는 것이다. 몇몇 소매상들은 한 광고에 너무 많은 제품을 넣어 협력 광고를 부당

하게 이용하기도 한다. 모든 협력 광고 자금이 다 이용되는 것은 아니다. 몇몇 소매상들은 광고를 할 자금이 부족하며, 일부는 자금은 있지만 광고를 하고 싶어 하지 않는다. 협력 광고 자금의 많은 부분이 신문 광고에 쓰인다.

딜러 명단Dealer listings은 제품을 촉진함과 동시에 제품을 판매하는 소매상들을 알려주는 광고를 말한다. 딜러 명단은 소매상들이 제품을 유통하도록 영향을 미칠 수 있고, 소매 수준의 트래픽을 발생시키며, 고객들로 하여금 제품을 판매하는 소매상을 찾아 제품을 구매하도록 장려한다.

딜러 명단 제품을 촉진함과 동시에 제품을 판매하는 소매상들을 알려주는 광고

15-8c 무료 제품과 선물

무료 제품free merchandise 제조 회사들은 종종 명시된 수량의 제품을 구매하는 재판매업자에게 무료 제품을 제공한다. 때때로, 무료 제품은 다른 판매 촉진 도구에 대한 공제 금액 대신 주어지기도 한다. 관리나 부기 문제들을 피하기 위해 '무료' 제품들은 대개 축소된 송장 형식으로 진행된다.

무료 제품 명시된 수량의 제품을 구매하는 재판매업자가 받는 선물로, 대개는 전시된 것 중 일부를 받음

딜러 지원dealer loader이란 명시된 수량의 제품을 구매하는 소매상에게 주어지는 선물이다. 딜러 지원은 종종 진열에 필요한 부분들을 프리미엄으로 제공함으로써 소매상이 특별한 진열 활동을 하게 하기 위해 이용된다. 예를 들어 뉴 벨기에 브루잉(New Belgium Brewing)은 술집에 걸 수 있는 팻 타이어(Fat Tire) 자전거를 제공할 수 있다. 마케터들은 새로운 판매업자를 얻기 위해, 그리고 더 많은 양의 제품을 판매하기 위해 딜러 지원을 이용한다.

딜러 지원 명시된 수량의 제품을 구매하는 소매상에게 주어지는 선물로, 주로 진열 시 이용되는 물건

15-8d 프리미엄 머니

프리미엄 머니Premium money란 제품의 한 라인을 더욱 촉진하기 위해 판매원들에게 제조 회사로부터 추가적으로 주어지는 보상이다. 이 방법은 인적 판매가 마케팅 활동의 중요한 부분을 차지하는 경우에 적합하다. 또한 이 방법은 셀프 서비스를 통해 판매되는 제품을 촉진하려는 경우 적합하지 않다. 특별 장려금은 제조사로 하여금 판매인력들의 충성도를 얻도록 도울 수 있지만, 비용이 매우 많이 든다. 이 인센티브를 사용할 경우에는 소매상 정책과 주법, 지방법 모두를 준수해야 한다.

프리미엄 머니 제품라인을 촉진하기 위해 제조 회사로부터 판매원에게 추가적으로 주어지는 보상

15-8e 판매 콘테스트

판매 콘테스트sales contest란 눈에 띄는 실적을 인정함으로써 판매업체와 소매상, 판매인력들 모두에게 동기를 부여하기 위해 고안되었다. 효과가 있으려면 참가자 모두에게 공정성을 유지해야 한다. 이 방법의 장점은 유통 레벨 전체의 참가를 얻을 수 있다는 점이다. 그러나 긍정적인 효과는 일시적일 수 있으며, 부상에 비용이 많이 든다.

판매 콘테스트 실적을 인정함으로써 판매업체와 소매상, 판매인력들 모두에게 동기를 부여하기 위한 판매 촉진 도구

요약

15-1 인적 판매의 주요 목적을 알아본다.

인적 판매란 교류 상황에서 돈을 받고 직접 대화를 나누며 고객에게 정보를 전달하고 제품을 구매하도록 설득하는 과정을 뜻한다. 인적 판매의 주된 세 가지 목표로는 잠재 고객 파악, 잠재 고객에게 구매하도록 설득하는 것, 고객을 계속해서 만족할 수 있도록 하는 것이 있다.

15-2 인적 판매 과정의 기본 7단계를 요약해 본다.

많은 판매원은, 의식적으로든 무의식적으로든 제품을 판매할 때 일반적인 판매 과정을 거치게 된다. 탐사 과정에서 판매원은 잠재 고객 데이터베이스를 구축한다. 잠재 고객에게 연락을 하기 전, 판매원은 사전접근을 먼저 시행하는데, 이는 잠재 고객에 대한 정보를 미리 찾고 분석하며 그 욕구를 파악하는 것을 포함한다. 접근이란 판매원이 잠재 고객에게 연락하는 것을 말한다. 제품을 소개하는 동안 판매원은 잠재 고객의 관심을 끌어서 제품에 대한 관심과 욕구가 생기도록 자극해야 한다. 거부 반응이 나오더라도 판매원은 가능한 한 이를 잘 처리할 수 있어야 한다. 마무리하는 과정에서 판매원은 잠재 고객에게 제품을 구매할 의사가 있는지를 묻는다. 성공적으로 마무리가 된 후, 판매원은 사후관리를 꼭 해야 한다.

15-3 판매인력의 유형을 살펴본다.

판매인력을 모을 때, 마케팅 관리자는 어떤 판매원이 회사의 제품을 가장 효과적으로 판매할 수 있을지 고민한다. 판매 구조는 내부 및 외부 판매인력으로 구성된다. 판매 기능은 현재 고객에게 판매하는 것과 새로운 비즈니스 판매를 창출하는 것 모두 초점을 맞춘다. 판매원은 판매를 진행하기도 하지만 보통 판매 외의 업무들도 담당한다. 지원적 영업 사원의 세 가지 유형에는 고객 성공 관리자, 거래, 기술 판매원이 있다.

15-4 팀 판매와 관계 판매를 알아본다.

판매원들의 역할이 바뀌어감에 따라 팀 판매와 관계 판매에 대한 관심이 증가하고 있다. 팀 판매는 판매원이 그 회사의 회계부서, 기술부서 등 다른 부서 사람들과 함께 하는 것을 포함한다. 관계 판매란 고객과 오랜 시간에 걸쳐 주기적으로 대화를 나누면서 상호 이익이 되는 장기간의 관계를 쌓아가는 것을 포함한다.

15-5 인력 관리에서 8가지 중요 사항들에 대해 논해본다.

판매인력은 회사의 판매 수익을 창출하는 데 직접적인 책임이 있다. 따라서 판매인력 관리는 회사의 성공에 있어 중요하고도 결정적인 요인이다. 따라서 중요한 의사결정이 필요한 부분들과 활동들이 판매인력 목표에 포함되며, 그러한 것들로는 판매인력 규모 결정, 채용, 선택, 교육, 보상, 판매원 동기부여, 판매지역 관리, 판매인력 성과 관리와 평가 등이 있다. 판매 목표는 정확하고 측정 가능한 용어로 명시되어야 하며, 기간과 지리적 위치 또한 정확히 명시되어 있어야 한다. 판매인력 크기의 경우 때에 따라 조정되어야만 하는데, 이는 마케팅 환경의 시장이나 힘에 따라 회사의 마케팅 계획이 변하기 때문이다.

판매인력의 채용과 선택은 효과적인 판매 인력을 유지하기 위해 알맞은 유형의 판매원을 모집하고 고르는 과정이다. 교육 프로그램을 고안할 때에 관리자는 여러 가지 면을 다 고려해야 한다. 누가 교육받아야 할지, 무엇을 가르쳐야 할지, 어떤 방식으로 교육을 진행할 것인지 등이 그것이다. 많은 기업들이 이제 교육을 개선하기 위해 인공지능을 사용하고 있다. 판매원 보상이란 알맞은 유형의 판매원을 모으고, 동기를 부여하고, 유지하게 하는 보상 계획을 세우고 관리하는 것을 포함한다. 동기부여가 된 판매원들은 높은 생산성을 내야 한다. 판매지역 관리는 주로 그 크기, 모양, 경로 설정, 일정 같은 요소들에 집중해야 한다. 판매인력 성과를 관리하고 평가하기 위해, 판매관리자는 판매원들의 전화 보고, 고객 평가, 송장 등을 통해 얻은 정보를 사용한다.

15-6 판매 촉진과 그 사용에 대해 알아본다.

판매 촉진이란 직접적인 장려책의 역할을 하는 활동이나 자료이며, 재판매업자와 판매원 또는 고객에게 부가가치나 제품에 대한 인센티브를 사거나 제공하는 것을 의미한다. 마케터들은 신규 고객을 찾고 끌어들이기 위해, 새 제품을 소개하기 위해, 재판매업자의 재고를 증가시키기 위해 판매 촉진을 사용한다. 판매 촉진은 대개 소비자와 거래점으로 나뉜다.

15-7 소비자 판매 촉진 방법을 검토해본다.

소비자 판매 촉진 활동은 고객으로 하여금 특정 상점을 애용하도록 하거나 특정 제품을 사용해보도록 장려한다. 이러한 판매 촉진 방법은 쿠폰, 할인, 금전 환불, 리베이트, 구매자, 충성, 단골 인센티브, 구매 시점 광고, 시연, 무료 샘플과 프리미엄, 소비자 대회, 게임, 경품 추첨을 포함한다.

15-8 거래점 판매 촉진 방법을 검토해본다.

거래점 판매 촉진은 재판매업자에게 제조 회사의 제품을 유통하도록, 그리고 제품을 더욱 공격적으로 홍보하도록 동기를 부여할 수 있다. 이러한 판매 촉진 방법에는 구매 공제, 환매 거래 공제, 역추적 공제, 제품 공제, 협력 광고, 딜러 명단, 무료 제품, 달러 지원, 프리미엄, 판매 콘테스트가 있다.

주요 개념

- 인적 판매
- 고객 예측
- 접근
- 권유
- 지원 영업 사원
- 고객 성공 관리자
- 거래 판매원
- 기술영업 판매원
- 팀 판매
- 관계 판매
- 채용
- 고정급여 보상 방안
- 고정수수료 보상 방안
- 결합된 보상 방안
- 판매 촉진
- 소비자 판매 촉진 방법
- 쿠폰
- 할인 제안
- 금전 환불
- 리베이트
- 구매 시점 광고
- 시연
- 무료 샘플
- 프리미엄
- 소비자 콘테스트
- 소비자 게임
- 소비자 경품 추첨
- 거래점 판매 촉진 방법
- 구매 공제
- 환매 거래 공제
- 역추적 공제
- 제품 공제
- 협력 광고
- 딜러 명단
- 무료 제품
- 딜러 지원
- 프리미엄 머니
- 판매 콘테스트

마케팅 계획 수립하기

마케팅 전략을 발전시킬 때 회사는 각양각색의 소비자들과 관계하는 데 필요한 여러 커뮤니케이션 형태를 고려해야 하며, 몇 가지 종류의 촉진이 요구된다. 마케팅 계획을 발전시키고자 할 때, 각 촉진 요소들의 장단점에 대한 지식은 필수적이다. 당신의 촉진 믹스를 평가할 때, 이번 장에 나온 정보를 고려해보길 바란다.

1. 이번 장에서 묘사된 여러 유형의 판매원에 대해 복습하라. 당신의 촉진 목표들을 고려해볼 때(15장에서부터), 판매원의 여러 유형 중 당신의 촉진 계획에서 쓰이는 유형이 있는가?
2. 당신의 유통경로에서 재판매업자를 확인해보라. 재판매업자에 대한 업자 간 매매 촉진이 당신의 촉진 계획을 발전시키는 데 어떤 역할을 했는지 논의해보라.
3. 각각의 소비자 판매 촉진 방법들을 당신의 촉진 목표들을 성취하는 것과 관련하여 평가하라.

연습 문제

1 인적 판매란 무엇인가? 인적 판매는 다른 유형의 촉진 활동과 어떻게 다른가?

2 인적 판매의 기본 목적은 무엇인가?

3 인적 판매 절차의 단계를 정의하라. 소비자에게 제품을 판매할 때, 판매자가 모든 단계에 포함되어야만 하는가? 그 이유는 무엇인가?

4 판매자는 어떻게 잠재고객을 찾고 평가하는가? 당신은 그 방식들 중 윤리적으로 문제의 여지가 있는 것이 있다고 보는가? 설명하라.

5 다양한 유형의 지원 영업 사원에 대해 설명하라.

6 팀 판매와 관계 판매가 일반적이 되어가고 있는 이유는 무엇인가?

7 효과적인 판매 목적의 몇 가지 유형들을 구분하라.

8 판매관리자는 판매직원을 뽑는 기준을 어떻게 설립하는가? 좋은 판매원의 일반적인 특징은 무엇이라고 생각하는가?

9 판매인력 교육 프로그램을 개발할 때, 관리자들이 고려해야 할 주요 사항들과 문제들에는 무엇이 있는가?

10 판매원에게 지급하는 세 가지 기본 지급 방법의 주된 장단점을 설명하라. 일반적으로 어떤 방식을 선호하는가? 그 이유는 무엇인가?

11 판매지역의 크기과 형태를 설계할 때, 고려해야 할 주요 요소는 무엇인가?

12 판매원과 현장에서 매일 동행하지 못한다면, 판매관리자는 어떻게 판매인력의 업무를 관리할 수 있는가?

13 판매 촉진이란 무엇인가? 이것이 왜 이용되는가?

14 아래 각 사항에 대한 세 가지 요소를 묘사하여 정의를 내리고, 몇 가지 예를 제시하라.

a 소비자 판매 촉진 방법

b 거래점 판매 촉진 방법

15. 최근 어떤 종류의 판매 촉진법을 발견했는가? 그 효용성에 대해 언급하라.

◎ 케이스 15

고객 성공 관리자와 함께 판매 지원 제공

2009년에 설립된 게인사이트(Gainsight)는 기업들이 고객과의 관계를 유지하고 높임으로써 매출을 늘릴 수 있도록 돕는 소프트웨어를 제공한다. 게인사이트는 기업들이 고객을 유지할 수 있도록 돕기 위해 서비스형 소프트웨어(SaaS) 시장에 진출했다. SaaS는 게인사이트와 같은 서드파티가 애플리케이션을 호스팅하고 기업의 고객에게 직접적으로 서비스를 제공하는 소프트웨어 모델이다. 게인사이트는 기업이 고객 관리에 사용할 수 있는 플랫폼과 인프라를 제공하기 위한 SaaS 비즈니스 모델을 개발했다. 이 회사는 600명 이상의 직원을 보유하고 있고 미국에서 가장 빠르게 성장하고 있는 회사 중 하나로 선정되었다. 게인사이트는 기업이 고객을 유지하고 고객 기반을 성장시키는 데 도움이 되는 창의적인 솔루션을 개발하기 위해 설립되었다. 고객 유지를 높이고 고객 이탈 또는 손실을 줄이기 위한 전략의 수요는 새로운 시장에서 비즈니스 기회로 고려되었다. 해지율은 고객들이 서비스 가입을 갱신하지 못한 비율을 나타내며 잘 관리되지 않으면 SaaS 업체들에게 문제가 된다. 예를 들어 해지율 산업별로 다르지만, 일반적으로 5~7%의 해지율은 허용 가능한 것으로 간주한다. 하지만 최근 연구에 따르면 델, 오라클, GE, 히타치, 마이크로소프트 등과 같은 기업들이 있는 SaaS 기업의 해지율은 30%에 달한다. 따라서 고객 성공의 개념은 고객에 대한 확고한 투자를 판매함으로써 "이탈 문제"를 개선하기 위해 처음 정립되었고 제품 및 거듭 발생하는 가치로 성공을 하도록 돕는다. 이 일을 수행하기 위해 CSM(Customer Success Manager)

의 역할이 만들어졌고 게인사이트는 이 새로운 직종의 사람들을 돕는 소프트웨어를 개발했다. CSM의 역할은 고객을 능동적으로 참여시키고, 고객 문제를 처리하며, 문제를 해결하여 각 고객의 상태를 높이는 것을 목표로 한다. 고객 상태는 게인사이트가 깔끔하게 축적하는 데이터로 작동되는 메트릭으로 고객의 이탈 가능성을 나타낸다. CSM은 기본적으로 제품 사용의 갱신을 보장하기 위해 각 고객의 건강 점수를 향상시킬 방법을 찾는 데 시간을 보낸다. 긍정적인 이점은 이상 없는 고객이 갱신할 뿐만 아니라 확장하고 더 많이 구입한다는 것이다. 게인사이트는 당시 거의 존재하지 않았던 직종의 수요를 충족시키기 위해 제품을 가지고 시장에 진출했다. 우버와 에어비앤비와 같은 소비자 개척자들과 마찬가지로 게인사이트는 솔루션을 아직 모르는 기존의 시장에 알려야 했다.

시장 개척의 필요성

게인사이트는 단순히 시장을 개척한 것이 아니라 기업이 고객을 유지하는 방식이 근본적으로 바뀌고 있기 때문에 시장에 등장했다. 클라우드 기반 SaaS 제품의 등장은 구매자에서 판매자에게 초기의 위험을 부여하는 방식을 변화시켰다. 과거에는 대부분의 판매가 제품 또는 대규모 사전 "구매"(예: 제품 또는 소프트웨어 구매, 인프라 구축 및/또는 인력 증가) 및 장기적 라이센스 계약과 함께 서비스를 구매 회사로 전환하였다. 이러한 상황에서 고객은 높은 전환 비용과 구매 제품에 대한 장기적인 책임 때문에 제자리에 막혀버렸었다. 고객들이 반드시 장기적인 책임을 보증하는 "제자리에 막혀버린" 시대는 빠르게 사라지고 있다. 오늘날 고객은 위험을 덜 감수하기 때문에 힘을 가진다. 따라서 게인사이트 제품 시장이 존재한다.

위험부담이 구매 회사에서 판매 회사로 이동하여 구매자에게 보다 유연한 옵션을 제공할 수 있다. 이러한 변화는 기업들에게 중요한 문제들을 야기했다. 위험의 책임은 구매 회사에서 판매 회사로 옮겨져 구매자에게 더 유연한 옵션을 제공한다. 이러한 변화는 기업들에게 큰 문제들을 야기했다. 예를 들어, 세일즈포스닷컴은 자사의 클라우드 기반 CRM 시스템을 판매하기는 쉽지만 고객을 유지하는 것은 다양한 이유(예: 제품의 복잡성, 낮은 전환 비용)에서 매우 어렵다는 것을 깨달았다. 세일즈포스닷컴은 많은 새로운 고객들의 구독을 얻고 있었지만 그들 대부분은 나중에 갱신되지 않았다. 대부분의 SaaS 기업은 위기에 직면해 있다. 새로운 고객을 찾을 수 있지만 이러한 고객들이 가치를 보고 구독을 계속 갱신할 것이라는 보장은 없기 때문이다.

이것이 어떻게 되는지를 설명하기 위해 소비자 구독을 생각해보아라. 많은 사람들이 넷플릭스, 스포티파이, 판도라, 아마존 프라임 또는 훌루와 같은 서비스에 가입한다. 만약 고객들이 별 생각 없이 매달 갱신한다면 그들은 아마도 지불된 것에 대해 충분한 가치를 얻을 것이다. 그러나 많은 고객들은 단기 구독을 무료로 제공하고 짧은 시간이 지나면 고객에게 요금을 청구하는 "프리미엄(freemium)"에 또한 반응을 보인다. 하버드 비즈니스 리뷰(Harvard Business Review)의 연구에 따르면 "프리미엄"에 가입하는 사람들 중 실제로 유료 서비스를 계속하는 사람은 2~5%에 불과하다는 것이다. 소비자들은 서비스를 유지하면 구독자가 되지만 그렇지 않을 때는 이탈 고객이 된다. 세일즈포스닷컴과 같은 B2B SaaS 회사에서 또한 문제는 유사하며, 고객의 이탈은 고객 유지에 대한 새로운 철학을 이끌었고 제품 사용의 가치를 지속적으로 확인하여 고객이 성공할 수 있도록 하는 것에 중점을 두게 되었다.

시장 수요 다루기

게인사이트의 경우 첫 번째 단계는 기업이 고객을 효과적으로 유지할 수 있도록 새로운 역할을 만드는 것이었다. CSM의 구체적인 역할은 대학 수업이나 경영 서적에서 찾을 수 없었기 때문에 이는 어려운 일이었다. 물론 수업과 책에서는 고객 관계 관리(CRM)를 다루었다. CRM은 고객과의 긍정적인 관계 유지를 위해서는 판매원과 다른 직원들이 회사에 대한 고객의 신뢰를 높이는 데 노력해야 한다고 생각한다. CRM은 고객 관계 기간을 높이고 늘리기 위해 고객에 대한 정보를 사용하는 데 중점을 둔다. 그러나 과거부터 CRM은 고객 거래 관리에 사용되었으며 고객 장기 보유를 목적을 두고 만들어지지 않았다. 게인사이트는 관련은 있지만 다른 것을 제안했다. CSM의 역할은 판매 및 개별 판매 수입 증가에 주로 중점을 두는 것이 아니라 고객이 전반적인 회사 유지 목표를 이룰 수 있도록 지원하기 위한 능동적 가치 창출 개념에 초점을 맞추고 있다. 효과적이기 위해 게인사이트는 CSM이 자체적으로 직접 판매하는 것이 아니라 행동을 통해 판매해야 한다고 주장했다. 오히려 고객이 복잡한 소프트웨어로 성공할 수 있도록 충분히 존중받으려면 먼저 고객들에게 신뢰를 받는 조언자가 되어야 했다. 간단히 말해서, CSM의 주요 업무는 고객에게 도움이 되는 고객 경험과 가치 결과를 제공하는 것이며 이를 통해 고객이 더 쉽게 갱신하도록 하거나 상향 판매의 기회를 얻을 수 있다.

게인사이트처럼 새로운 마케팅 직업 범주를 만드는 스타트업의 경우, 새로운 것을 시도하도록 기업을 설득하는 것이 장기적인 지속 가능성에서 가장 중요한 구성 요소이다. 쉽지는 않았지만 회사 설립 초기에 구독 기반 관련 유지 문제를 다룰 필요성이 분명해졌다.세일즈포스닷컴의 이전 이야기와 이의 해지 문제(대부분 SaaS 기업 관련 문제)에 대해 잘 알려지면서 대기업에서 중소기업에 이르기까지 기업들은 게인사이트가 제공하는 것이 무엇인지 살펴보기 시작했다. 예를 들어, 어도비, 시스코, IBM 및 GE와 같은 대기업에서 문제가 발생하고 있었다. 중소기업들도 마찬가지로 해지 문제로 어려움을 겪고 있었다. 문제가 너무 만연해서 실리콘 밸리의 신생 기업들은 투자자들의 자금 지원을 고려하기 전에 해지 문제 부터 해결해야했다.다행히도 게인사이트가 다루고 있는 시장은 실제 수요에 기반을 두고 있었고 많은 기업들에게 게인사이트의 CS(고객 성공) 플랫폼이 이러한 문제를 해결할 수 있었다.

오늘날 게인사이트는 계속해서 변하는 환경에 대처하고 있으며 CS 분야에서 성장하고 번창하는 업계 리더이다. 그들의 확장되는 고객 목록은 많은 유명인사 및 새로운 스타들을 포함하고 있다. 게인사이트는 고객 성공에 관한 책을 출판했으며 이 새로운 비즈니스 기능을 배우려는 수천 명의 사람들이 모이는 컨퍼런스를 매년 전 세계에서 개최한다. 최근 시장을 공고히 하는 이니셔티브는 대학과 새로운 산업 전반에 걸쳐 CS와 CSM에 대한 인식에 중점을 두고 있다.

게인사이트의 가치관

그 과정에서, 게인사이트는 목적 의식을 가지고 정신을 형성하는데 노력해왔다. 게인사이트 CEO인 닉 메타(Nick Mehta)는 회사의 목적에 대해 다음과 같이 설명한다. "살아있는 증거가 되기 위해서는 인간으로서 먼저 사업에서 승리할 수 있습니다. 우리는 고객이 단지 거래, 계약 또는 리드가 아님을 깨닫게하는 마음의 움직임을 제공합니다. 당신의 고객들은 다 당신과 같은 사람들입니다. 그리고 당신처럼, 그들은 그들이 하는 일로 성공하기를 원합니다. 어떤 면에서 고객 성공과 게인사이트는 기술 중심의 세계로 인류를 다시 불러들이는 것입니다." 게인사이트는 다음 가치관을 통해 목적을 달성한다.

- 황금률(Golden Rule): 우리는 우리가 대접받기를 원하는 방식으로 사람들을 대해야한다고 믿는다.
- 모두를 위한 성공(Success for All): 우리는 고객, 팀원, 가족, 투자자 및 지역 사회를 위해 균형 잡힌 성공을 끊임없이 추구해야한다고 믿는다.
- 어린애 같은 기쁨(Childlike Joy): 우리는 매일 내면에 있는 아이같은 마음으로 일하는 것을 믿는다.
- 구두닦이(Shoeshine): 우리는 초심자의 마음을 믿는다.
- 구두닦이(Stay Thirsty): 우리는 위대함을 위해 모두 내부 주도적 노력을 믿는다.

이러한 가치들은 말 이상의 의미를 갖는다. 테일러 스위프트(Taylor Swift)의 "Blank Space"를 CSM 리믹스한 메타의 랩 비디오 및 고객 만족 사례 연구는 모두 기업문화를 보여준다. 고용주로서, 게인사이트의 600명 이상의 직원들 또한 글래스도어(Glassdoor)에서 5점 만점에 4.4점으로 회사를 높게 평가한다. 리더십과 관련하여 96%가 게인사이트의 CEO에 대해 찬성을 했다.전반적으로, 게인사이트는 핵심 신념과 "모두를 위한 성공"의 목표를 유지하면서 새로운 B2B 서비스 역할이 필요한 시장을 개척하고 대응할 수 있는 방법을 찾았다.

게인사이트가 한 모든 것이 성과를 내고 있는 것처럼 보인다. 최근의 링크드인 보고서에 따르면 CSM은 플랫폼에서 세 번째로 빠르게 성장하는 일자리이다. 마이크로소프트는 수천 개의 새로운 CSM 역할(이전에는 존재하지 않았던)을 포함하기위해 판매 활동을 개편했다. 게인사이트의 산업 컨퍼런스인 펄스(Pulse)는 샌프란시스코, 런던 및 시드니에서 열린 행사를 통해 수백 명의 참석자에서 전 세계 10,000명 이상이 참가하는 행사로 발전했다. 게인사이트의 고객 기반은 계속해서 성장하고, 다양한 기능적 전문 분야에 걸친 40,000명 이상의 비즈니스 전문가가 제품과 서비스를 사용하고 있다. 모든 것이 게인사이트와 CSM 커뮤니티의 바라는 대로 계속된다면, “고객 성공 관리”라는 용어는 많은 사람들이 그 역할을 맡고 수행하는 사람들과 함께 일반적인 용어가 될 것이다. 결국은 노력과 헌신, 원칙에 대한 책임은 여전히 적용된다.

토론을 위한 질문

1. 게인사이트의 강력한 고객 성공 관리로 인해 해지율이 어떻게 감소했는지 설명하시오.
2. 왜 CSM의 역할이 빠르게 증가하고 있다고 생각하는가?
3. "프리미엄" 서비스 모델의 장단점을 설명하시오.

Endnotes

Chapter 1

1 Whole Foods Market, "Whole Foods Market's Core Values," www.wholefoodsmarket.com/values/corevalues.php#supporting (accessed January 21, 2019); Kate Taylor, "Here Are All the Changes Amazon Is Making to Whole-Foods," *Business Insider*, November 15, 2017, http://www.businessinsider.com/amazon-changes-whole-foods-2017-9/#whole-foods-immediately-slashed-prices-and-announced-another-round-of-price-cuts-in-november-1 (accessed January 21, 2019); Whole Foods Market, "Whole Foods Market History," https:// www.wholefoodsmarket.com/company-info/whole-foods-market-history (accessed January 21, 2019); Daniel B. Kline, "Amazon Says It Won't Open Any More Whole Foods 365 Locations," *The Motley Fool*, January 16, 2019, https://www.fool.com/investing/2019/01/16/ amazon-wont-open-any-more-whole-foods- 365-location.aspx (accessed January 21, 2019); Joe Fassler, "With the End of 365 Stores, Whole Foods Cements Its Future as Amazon's House Brand," *The New Food Economy*, January 15, 2019, https://newfoodeconomy.org/whole-foods-365-brand-amazon-private-label/ (accessed January 21, 2019).

2 Kate Maddox, "American Marketing Association Releases New Definition of Marketing," *AdAge*, January 14, 2008, https://adage.com/article/btob/american-marketing-association- releases-definition-marketing/270184/ (accessed February 12, 2019).

3 Cruzbike, "Design and Performance," https://cruzbike.com/pages/performance (accessed February 16, 2019).

4 Becky Krystal, "Why More and More Restaurants in D.C. are Offering Half Portions," *The Washington Post*, March 30, 2017, https://www.washingtonpost.com/goingoutguide/why-more-and-more-restaurants-in-dc-are-offering-half-portions/2017/03/29/9b549532-0f0a-11e7-9d5a-a83e627dc120_story.html (accessed February 16, 2019).

5 Molly Soat, "Turning Heads," *Marketing News*, July 2015, 12–13.

6 "Top 15 Most Popular Recipe Websites," http://www.ebizmba.com/articles/recipe- websites (accessed February 12, 2019).

7 Rajneesh Suri, Chiranjeev Kohli, and KentB. Monroe, "The Effects of Perceived Scarcity on Consumers' Processing of Price Information," *Journal of the Academy of Marketing Science* 35, 1 (2007): 89–100.

8 Natalie Mizik and Robert Jacobson, "Trading Off Between Value Creation and Value Appropriation: The Financial Implications and Shifts in Strategic Emphasis," *Journal of Marketing* 67, 1 (January 2003): 63–76.

9 Kasey Wehrum, "How May We Help You?"*Inc.*, March 2011, 63–68.

10 O. C. Ferrell and Michael Hartline, *Marketing Strategy* (Mason, OH: Cengage Learning, 2017), 108.

11 Sara Leroi-Werelds, Sandra Streukens, Michael K. Brady, and Gilbert Swinnen, "Assessing the Value of Commonly Used Methods for Measuring Customer Value: A Multi-Setting Empirical Study," *Journal of the Academy of Marketing Science* 42, 4 (July 2014): 430–451.

12 Isabelle Maignan, Tracy Gonzalez-Padron, G. Tomas Hult, and O. C. Ferrell, "Stakeholder Orientation: Development and Testing ofa Framework for Socially Responsible Marketing," *Journal of Strategic Marketing* 19, 4 (2011): 313–338.

13 Vijay K. Patel, Scott. C. Manley, O. C. Ferrell, Torsten M. Pieper, and Joseph F. Hair, Jr., "Stakeholder Orientation: Proactive and Responsive Components and Firm Performance," *European Management Journal* (2016): 1–11.

14 "Modern Market Sharing Supply Chain with Customers," *Fast Casual*, April 14, 2020, https://www.fastcasual.com/news/modern-market-sharing-supply-chain-with-customers/ (accessed May 26, 2020).

15 Ajay K. Kohli and Bernard J. Jaworski, "Market Orientation: The Construct, Research Propositions, and Managerial Implications," *Journal of Marketing* 54, 2 (April 1990): 1–18;O. C. Ferrell, "Business Ethics and Customer Stakeholders," *Academy of Management Executive* 18, 2 (May 2004): 126–129.

16 "Starbucks CEO Howard Schultz Is All Abuzz," *CBS News*, March 27, 2011, http://www. cbsnews.com/stories/2011/03/27/business/ main20047618.shtml (accessed March 30, 2011).

17 Eugene W. Anderson, Claes Fornell, and Sanal K. Mazvancheryl, "Customer Satisfaction and Shareholder Value," *Journal of Marketing* 68, 4 (October 2004): 172–185; Xeuming Luo and Christian Homburg, "Neglected Outcomes of Customer Satisfaction," *Journal of Marketing* 70, 2 (2007): 133–149.

18 Kohli and Jaworski, "Market Orientation: The Construct, Research Propositions, and Managerial Implications."

19 Kwaku Atuahene-Gima, "Resolving the Capability-Rigidity Paradox in New Product Innovation," *Journal of Marketing* 69, 4 (October 2005): 61–83.

20 Maryalene LaPonsie, "15 Stores with the Best Return Policies," *CBS*, November 22, 2017, https://www.cbsnews.com/news/15-stores-with-the-best-return-policies/ (accessed January 6, 2018).

21 Gary F. Gebhardt, Gregory S. Carpenter, and John F. Sherry Jr., "Creating a Market Orientation: A Longitudinal, Multifirm, Grounded Analysis of Cultural Transformation," *Journal of Marketing* 70, 4 (October 2006): 37–55.

22 James D. Doyle and Anahit Armenakyan, "Value-Creating Mechanisms within the Market Orientation—Performance Relationship: A Meta-Analysis," *Journal of Strategic Marketing* 22, 3 (2014): 193–205.

23 Sunil Gupta, Donald R. Lehmann, and Jennifer Ames Stuart, "Valuing Customers," *Journal of Marketing Research* 41, 1(February 2004): 7–18.

24 "Bazaarvoice Enables Rubbermaid to Listen, Learn, and Improve Products Based on Customer Conversations," *Business Wire*, January 21, 2010, http://www.businesswire.com/portal/site/home /permalink/?ndmViewId=news_view& newsId=20100121005613&newsLang=en (accessed January 12, 2012); Tara DeMarco, "User-Generated R&D: Clay Shirky Explains How to Feed Innovation with Customer Insights," Bazaarvoice, May 3, 2011, http://www.bazaarvoice.com/blog /2011/05/03/user-generated-rd-clay-shirky-explains-how-to-feed-innovation-with-customer-insights/ (accessed December 1, 2014).

25 Ray A. Smith, "The Reinvention of Jason Wu—and What It Means for American Fashion," *The Wall Street Journal*, February 6, 2019, https://www.wsj.com/articles/the-reinvention-ofjason-wu-11549463068?mod=hp_lead_pos8(accessed February 16, 2019).

26 Jacquelyn S. Thomas, Robert C. Blattberg,and Edward J. Fox, "Recapturing LostCustomers," *Journal of Marketing Research* 41, 1 (February 2004): 31–45.

27 Jagdish N. Sheth and Rajendras Sisodia, "More Than Ever Before, Marketing Is Under Fire to Account for What It Spends," *Marketing Management* (Fall 1995): 13–14.

28 Stephen L. Vargo and Robert F. Lusch, "Service-Dominant Logic: Continuing the Evolution," *Journal of the Academy of Marketing Science* 36, 1 (2008): 1–10.

29 Southwest Airlines, "About Southwest," http://www.southwest.com/html/aboutsouthwest/ (accessed November 12, 2014).

30 Chezy Ofir and Itamar Simonson, "The Effect of Stating Expectations on CustomerSatisfaction and Shopping Experience," *Journal of Marketing Research* 44, 1(February 2007): 164–174.

31 Robert W. Palmatier, Lisa K. Scheer, and-Jan-Benedict E. M. Steenkamp, "Customer-Loyalty to Whom? Managing the Benefits and Risks of Salesperson-Owned Loyalty," *Journal of Marketing Research* 44, 2 (May 2007): 185–199.

32 Ruth M. Stock and Marei Bednareck, "As They Sow, So Shall They Reap: Customers' Influence on Customer Satisfaction at the Customer Interface," *Journal of the Academy of Marketing Science* 42, 4 (July 2014): 400–414.

33 "The Riches in Returns: The Business of Reselling Returned Shop Items," *The Economist*, November 26, 2016, 12.

34 Richard Waters and Hannah Kuchler, "SocialNetworks Now a Staple of Office Life," *Financial Times*, November 19, 2014, 15.

35 Ibid.

36 Rene Bruemmer, "Grocery Shoppers Click Online Instead of Standing in Line," *Montreal Gazette*, January 19, 2019, https://montrealgazette.com/news/local-news/grocery-shoppers-click-online-instead-ofstanding-in-line (accessed February 12, 2019).

37 David Weil, "Lots of Employees Get Misclassified as Contractors. Here's Why It Matters." *Harvard Business Review*, July 5, 2017, https://hbr.org/2017/07/lots-of-employeesget-misclassified-as-contractors-heres-why-itmatters(accessed February 12, 2019).

38 "Here to Help," *The Economist,* March 31, 2018, 40–41.

39 New Belgium, http://www.newbelgium.com (accessed January 9, 2017); Brad Tuttle, "Craft Beer's Crazy Sales Rise Is Starting to Go Flat," *Time*, June 28, 2016, http://time.com/money/4385458/craft-beer-sales-rise-peak (accessed January 9, 2017); Darren Dahl, "How New Belgium Brewing Has Found Sustainable Success," *Forbes*, January 27, 2016, http://www.forbes.com/sites/darrendahl/2016/01/27/how-newbelgium-brewing-has-found-sustainablesuccess(accessed January 9, 2017); "NewBelgium Brewing: Ethical and EnvironmentalResponsibility," in O. C. Ferrell, John-Fraedrich, and Linda Ferrell, *BusinessEthics: Ethical Decision Making and Cases*,9th ed. (Mason, OH: Cengage Learning, 2013), 355–363; New Belgium, "The Tinkerer," YouTube, https://www.youtube.com /watch?v=8UfTzX-hdz5Y (accessed March 27, 2012); Devin Leonard, "New Belgium and the Battle of the Microbrews," *Bloomberg Businessweek*, December 1, 2011, https://www.businessweek.com/magazine/new-belgium-and-the-battle-ofthe-microbrews-12012011.html (accessed November 6, 2014); New Belgium, "Kim's Joy Ride: Fat Tire Ale," YouTube, https://www.youtube.com/watch?v=L94PE12VaFY(-accessed March 27, 2012); "Case 15: New Belgium Brewing: Engaging in Sustainable Social Responsibility," in O. C. Ferrell, Debbie Thorne, and Linda Ferrell, *Business & Society: A Strategic Approach to Social Responsibility and Ethics*, 5th ed. (Chicago, IL: Chicago Business Press, 2016), 556–563; Gary Stoller, "Craft Breweries Dominate the Top 50, But Guess Which Giants Rule the Beer Market," *Forbes*, March 20, 2018, https://www.forbes.com/sites/garystoller/2018/03/20/craft-breweriesdominate-the-top-50-but-guess-whichgiants-rule-the-beer-market/#20d42180dcad(-accessed February 12, 2019); New Belgium,"Rankings," https://www.newbelgium.com/brewery/company/craft-beer-rankings-andfinancials/(accessed February 12, 2019).

40 Kif Leswing, "Apple Just Broke its Own Record as the Most Valuable Publicly TradedCompany of All Time," *Business Insider*, May 8, 2017, www.businessinsider.com/apple-becomes-the-most-valuable-publicly-traded-company-of-all-time-2017-5 (accessed December 24, 2017); Aaron Pressman, "Why Wall Street is Getting Worried About Apple's Stock Price," *Fortune*, November 27, 2017, http://fortune.com/2017/11/27/wall-streetapple- stock/ (accessed December 6, 2017); "The World's Most Valuable Brands," *Forbes*, https://www.forbes.com/powerful-brands / list/ (accessed December 6, 2017); Gina Hall, "These Silicon Valley Firms Make Top 10 List of the Best Managed Companies in the U.S.," *Silicon Valley Business Journal*, December 6, 2017, https://www .bizjournals.com/sanjose/news/2017/12/06 /wsj-management-top-250-amzn-aapl-googjnj- ibm-msft.html (accessed December 6, 2017); Kaitlyn Wang, "Tim Cook Credits Apple's Success to Two Basic Principles," *Inc.*, June 15, 2017, https://www.inc.com /kaitlyn-wang/apple-tim-cook-people. html (accessed December 6, 2017); Adam Lashinsky, "Apple's Tim Cook Leads Different," *Fortune*, March 26, 2015, http://fortune.com/2015/03/26/tim-cook/ (accessed December 6, 2017); "Apple Chronology," *CNNMoney*, January 6, 1998, http://money. cnn.com/1998/01/06/technology /apple_chrono/ (accessed June 6, 2011); Apple History, www.apple-history.com/ (accessed June 6, 2011); Apple, "Apple Introduces iTunes—World's Best and Easiest to Use Jukebox Software," *Apple*, January 9, 2001, www.apple.com/pr/library/2001/jan/09itunes. html (accessed June 6, 2011); John Brownlee, "What It's Like To Work At Apple," *Cult of Mac*, July 7, 2010, www.cultofmac.com /what-its-like-to-work-at-apple (accessed June 6, 2011); "The Evangelist's Evangelist," *Creating Customer Evangelists*, www.creatingcustomerevangelists.com/resources /evangelists/guy_kawasaki.asp (accessed June 6, 2011); "Former Apple Evangelist on Company's History," *CNET News*, March 29, 2006, http://news.cnet.com/1606-2_3-6055676.html (accessed June 6, 2011); "World's Most Admired Companies: Apple," *CNNMoney*, http://money.cnn.com/magazines/fortune/mostadmired/2011/snapshots/670.html (accessed June 6, 2011);Pamela N. Danziger, "3 Things Retailers Need to Learn from Apple About the Experience Economy," *Forbes*, December 13, 2017, https://www.forbes.com/sites/pamdanziger/2017/12/13/three-thingsretailers-need-to-learn-from-apple-aboutthe-experience-economy/#48f0ecda1307(accessed January 11, 2018); Alex Eule,"Strong Apple Earnings Could Push the Company Above $1 Trillion Once Again," *Barron's*, April 30, 2019, https://www.barrons.com/articles/apple-earnings-marketcap-51556650489 (accessed May 27, 2019).

Chapter 2

1 Based on information in: Kitty Adams, "Groceries and Clothing? Kroger Thinks You'll Love Its New Fashion Line," *Louisville Courier Journal,* September 26, 2018, www.courier-journal.com/story/life/shopping/2018/09/26/kroger-marketplacestores-add-fashion-line-dip/1356117002/ (accessed January 3, 2019); Gina Acosta,"Kroger's Plan to Conquer America Pays Off," *Retail Leader,* June 21, 2018, https://retailleader.com/krogers-plan-conqueramerica-pays (accessed January 3, 2019); Alexander Coolidge, "Kroger Says You Won't See ClickList at Its Supermarkets Anymore," *Cincinnati Enquirer,* September 25, 2018, www.usatoday.com/story/money/nationnow/2018/09/25/kroger-clicklist-grocerypickup/1418622002/ (accessed January 3, 2019); "Kroger Lets Shoppers Build

Their Own Quick Meals at the Freezer," *Progressive Grocer,* September 25, 2018, https://progressivegrocer.com/kroger-letsshoppers-build-their-own-quick-mealsfreezer (accessed January 3, 2019); www.thekrogerco.com (accessed January 3, 2019).

2 O. C. Ferrell and Michael Hartline, *MarketingStrategy*, 6th ed. (Mason, OH: Cengage Learning, 2014), 9.

3 Christian Homburg, Karley Krohmer, and John P. Workman Jr., "A Strategy Implementation Perspective of Market Orientation," *Journal of Business Research* 57, 12 (2004): 1331–1340.

4 Facebook, "About," https://www.facebook.com/pg/facebook/about/ (accessed September 18, 2018).

5 Peter High, "Slack's CEO on the Future of the Fastest Growing Workplace Software Ever,"*Forbes,* November 7, 2016, http://www.forbes.com/sites/peterhigh/2016/11/07/slacks-ceo-on-the-future-of-the-fastest-growingwork-place-software-ever/#53ea2e812641(accessed November 9, 2018); Carrie Melissa Jones, "What a Mission-Driven Company Looks Like," *CMS Wire,* February 16, 2016, http://www.cmswire.com/social-business/what-a-mission-driven-company-looks-like/(accessed November 9, 2018).

6 Danielle Wiener-Bronner, "Hershey's Buys Pirate's Booty to Double Down on Healthy Snacks," *CNN,* September 13, 2018, https://money.cnn.com/2018/09/13/news/hersheys-pirate-brands/index.html (accessedSeptember 19, 2018).

7 "About Us," *GSK*, https://www.gsk.com/en-gb/about-us/ (accessed September 20, 2018).

8 Stanley F. Slater, G. Tomas M. Hult, and Eric M. Olson, "On the Importance of Matching Strategic Behavior and Target Market Selection to Business Strategy in High-Tech Markets," *Journal of the Academy of Marketing Science* 35, 1 (2007): 5–17.

9 "Search Engine Market Share United States of America," *GlobalStats Statcounter,* November 2018, http://gs.statcounter.com /search-engine-market-share/all/united-statesof-america (accessed December 13, 2018).

10 Robert D. Buzzell, "The PIMS Program of Strategy Research: A Retrospective Appraisal," *Journal of Business Research* 57, 5 (2004): 478–483.

11 Wayne Duggin, "Nvidia Is Winning the Graphics Card War," *US News,* August 23, 2018, https://money.usnews.com/investing / stock-market-news/articles/2018-08-23/nvidia-corporation-nvda-stock (accessed September 20, 2018).

12 Phil Serafino and Manuel Baigorri, "Sanofi to Sell Generics for $2.4 Billion to Focus on Biotech," *Bloomberg,* April 17, 2018, https://www.bloomberg.com/news/articles/2018-04-17/sanofi-to-sell-genericsfor-2-4-billion-to-focus-on-biotech (accessed September 21, 2018).

13 Mike Esterl, "'Share a Coke' Credited with a Pop in Sales," *The Wall Street Journal,* September 25, 2014, http://www.wsj.com/articles/share-a-coke-credited-with-a-pop-in-sales-1411661519 (accessed September 21, 2018); Jay Moye, Coca-Cola Company, "Share a Coke and Share the Summer: 2018 Campaign Focuses on Special Moments," May 8, 2018, https://www.coca-colacompany.com/stories/share-a-coke-and-share-thesummer-2018-campaign-focuses-on-specialmoments(accessed September 21, 2018).

14 Nathaniel Meyersohn, "Why Diapers Are in Trouble: Americans Are Having Fewer Babies," *CNN,* June 14, 2018, https://money.cnn.com/2018/06/14/news/companies/pampers-huggies-diapers/index.html(accessed September 21, 2018).

15 "Nokia, Onetime Cell-Phone Champ, Turns to Bathroom Scales," *Fox Business,* April 27, 2017, http://www.foxbusiness.com/markets/2017/04/27/nokia-onetime-cell-phone-champ-turns-to-bathroom-scales.html (accessed September 24, 2018).

16 Robert Klara, "How Away Shook Up the Sleepy Luggage Market with a Simple, Colorful Carry-On," *Adweek*, September 23,2018, https://www.adweek.com/brand-marketing/how-away-shook-up-thesleepy-luggage-market-with-a-simple-colorfulcarry-on/ (accessed September 24, 2018).

17 Derek F. Abell, "Strategic Windows," *Journal of Marketing* 42, 3 (1978): 21.

18 Nathaniel Meyersohn, "How Costco Thrives in the Amazon Era," *CNN,* August 21, 2018, https://money.cnn.com/2018/08/21/news/companies/costco-warehouse-kirklandsignature-amazon-retail/index.html (accessed September 24, 2018).

19 Brian Deagon, "Amazon vs Walmart: LockingHorns in a Battle for Retail's Future," *Investor's Business Daily,* February 27, 2018, https://www.investors.com/news/technology/walmart-vs-amazon-retail-stores-ecommerce/ (accessed September 24, 2018).

20 Nathaniel Meyersohn, "Trouble in Big Food: America's Cereal, Soda, and Soup Companies Are in Turmoil," *CNN,* May 21, 2018, https://money.cnn.com/2018/05/21/news/companies/campbell-soup-general-mills-hershey-pepsi/index.html (accessed September 25, 2018).

21 Robert F. Everett, "A Crack in the Foundation: Why SWOT Might Be Less Than Effective in Market Sensing Analysis," *Journal of Marketing and Management,* Special Issue 1, 1 (2014): 58–78.

22 Patrick Kulp, "Amazon Is Losing Its Smart Speaker Dominance," *Adweek,* August 17, 2018, https://www.adweek.com/digital/amazon-is-losing-its-smart-speakerdominance-according-to-new-report/(accessed September 25, 2018).

23 Jared M. Hansen, Robert E. McDonald, and Ronald K. Mitchell, "Competence Resource Specialization, Causal Ambiguity, and the Creation and Decay of Competitiveness: The Role of Marketing Strategy in New Product Performance and Shareholder Value," *Journal of the Academy of Marketing Science*, 41, 3 (2013): 300–319.

24 Tilottama G. Chowdhury, Sreedhar Madhavarm, S. Ratneshwar, and Rhetta Standifer, "The Appropriateness of Different Modes of Strategy from a Product-Market Perspective," *Journal of Strategic Marketing*, 22, 5 (2014): 442–468.

25 Welby Chen, "It's Time for Brands to Stop Ignoring the Mobile Gaming Market," *Adweek,* August 8, 2018, https://www.adweek.com/digital/its-time-for-brands-tostop-ignoring-the-mobile-gaming-market/ (accessed September 25, 2018).

26 Myles Edwin Mangram, "The Globalization of Tesla Motors: a Strategic Marketing Plan Analysis," *Journal of Strategic Marketing*, 20, 4 (2012): 289–312.

27 T. L. Stanley, "Harley-Davidson Is Trying to Cultivate Millennials While Catering to Loyalists," *Adweek*, October 2, 2017, https://www.adweek.com/brand-marketing/harleydavidson-seeks-new-generation-of-riders-viagaming/(accessed September 25, 2018).

28 Shikhar Sarin, Goutam Challagalla, and Ajay K. Kohli, "Implementing Changes in Marketing Strategy: The Role of Perceived Outcome- and Process-Oriented Supervisory Actions," *Journal of Marketing Research*, 49, 4 (2012): 564–580.

29 Jessica Wohl, "McDonald's: 'There's a Big Mac for That' Boosted Results," *AdAge*, April 25, 2017, http://adage.com/article/cmostrategy/mcdonald-s-h-a-big-mac-boostedresults/308795/ (accessed September 25, 2018).

Chapter 3

1 Nicole Martin, "How AI and Predictive Analytics Drive Marketing Success," *Forbes*, January 16, 2019, https://www.forbes.com/sites/nicolemartin1/2019/01/16/how-aiand-predictive-analytics-drive-marketingsuccess/#14f8a38a7b78 (accessed February 21, 2019); Denise Persson, "Transitioning from Descriptive to Predictive Analytics in Your Marketing," *Forbes*, December 11, 2018, https://www.forbes.com/sites /forbescommunicationscoun-

cil/2018/12/11/transitioning-from-descriptive-to-predictiveanalytics-in-your-marketing/#4cfe25033528 (accessed February 21, 2019); Clutch, "Top Big Data & BI Marketing Companies," February 21, 2019 (last updated), https://clutch.co/it-services/analytics/marketing/leaders-matrix (accessed February 21, 2019); Halo, "Descriptive, Predictive, and Prescriptive Analytics Explained," 2019, https://halobi.com/blog/descriptive-predictiveand-prescriptive-analytics-explained/ (accessed February 21, 2019).

2 Tripp Mickle and Valerie Bauerlein, "Nascar, Once a Cultural Icon, Hits the Skids," *The Wall Street Journal*, February 21, 2017, https://www.wsj.com/articles/long-in-victory-lane-nascar-hits-the-skids-1487686349?tesla=y (accessed March 12, 2017); Nick Bromberg, "With a 700K+ Drop in 2018, NASCAR Has Lost over 5M Viewers in 13 Years," *Yahoo! Sports,* November 28, 2018, https://sports. yahoo.com/700k-drop-2018-nascar-lost-8mviewers-13-years-170757685.html (accessed March 23, 2019).

3 Allison Enright, "Surviving 2010," *Marketing News*, February 28, 2010, 30–33.

4 Jack Clark, "How to Manage Data Like Facebook," *Bloomberg Businessweek*, October 16, 2014, 35–36.

5 Dhruv Grewal Parasuraman and R. Krishnan, *Marketing Research* (Boston: Houghton Mifflin, 2007).

6 Barry Babin and William Zikmund, *Exploring Marketing Research* (Mason, OH: Cengage Learning, 2016), 113.

7 John Webb, "Oracle Hosts PeopleSoft Customer Advisory Boards," Oracle, August 21, 2013, https://blogs.oracle.com/peoplesoft/entry/peoplesoft_customer_advisory_board (accessed November 19, 2017).

8 Anthony Karr, "Focus Groups Gave Us the Silverado HD's Controversial Grille," *MSN*, February 19, 2019, https://www.msn.com/en-us/autos/autos-trucks/focus-groups-gaveus-the-silverado-hds-controversial-grille/ ar-BBTMZTd (accessed March 23, 2019).

9 Daniel Gross, "Lies, Damn Lies, and Focus Groups," *Slate*, October 10, 2003, www.slate.com/articles/business/moneybox/2003/10/lies_damn_lies_and_focus_groups.html(accessed November 19, 2014).

10 Barry Babin and William Zikmund, *Exploring Marketing Research* (Mason, OH: Cengage Learning, 2016), 113.

11 Andreas Persson and Lynette Ryals, "Making Customer Relationship Decisions: Analytics v Rules of Thumb," *Journal of Business Research* 67, 8 (August 2014): 1725–1732.

12 Donna F. Davis, Susan L. Golicic, Courtney N. Boerstler, Sunny Choi, and Hanmo Oh, "Does Marketing Research Suffer from Methods Myopia?" *Journal of Business Research* 66, 9 (2013): 1245–1250.

13 Vikas Mittal and Wagner A. Kamakura, "Satisfaction, Repurchase Intent, and Repurchase Behavior: Investigating the Moderating Effects of Customer Characteristics," *Journal of Marketing Research* 38, 1 (February 2001): 131–142.

14 Melinda F. Emerson, "Using Social Media to Test Your Idea Before You Try to Sell It," *The New York Times*, August 3, 2012, http://boss.blogs.nytimes.com/2012/08/03 /using-social-media-to-test-your-idea-beforeyou-try-to-sell-it/ (accessed November 19, 2014).

15 Robert M. Graves, "Nonresponse Rate and Nonresponse Bias in Household Surveys," *Public Opinion Quarterly* 70, 5 (2006): 646–675.

16 William E. Gibson, "Most U.S. Households Do without Landline Phones," *AARP*, January 10, 2018, https://www.aarp.org/home-family/personal-technology/info-2018/landline-phones-fd.html (accessed March 24, 2019).

17 Ray Poynter, "Mobile Market Research, 2014," *International Journal of Market Research* 56, 6 (2014): 705–707.

18 Joshua Brustein, "How an Online Survey Company Joined the $1 Billion Club," *Bloomberg Businessweek*, September 24, 2014, www.businessweek.com/articles/2014-09-24/how-qualtrics-turnedonline-surveys-into-a-1-billion-business (accessed December 16, 2014).

19 "About Qualtrics," Qualtrics website, www.qualtrics.com/about/ (accessed March 23, 2019); Joshua Brustein, "How an Online Survey Company Joined the $1 Billion Club," *Bloomberg Businessweek*, September 24, 2014, www.businessweek.com/articles/2014-09-24/how-qualtrics-turnedonline-surveys-into-a-1-billion-business (accessed December 16, 2014); "After Snap, Will One of These 12 Tech Companies Be the Next to IPO?" *Silicon Republic*, February 10, 2017, https://www.siliconrepublic.com/companies/snapchat-ipo-who-is-next (accessed March 17, 2017).

20 Joshua Brustein, "How an Online Survey Company Joined the $1 Billion Club," *Bloomberg Businessweek*, September 24, 2014, www.businessweek.com/articles/2014-09-24/how-qualtrics-turnedonline-surveys-into-a-1-billion-business (accessed December 16, 2014).

21 Sarah Vizard, "Starbucks Explores Dark Social for Market Research," *Marketing Week*, March 14, 2019, https://www.marketingweek.com/2019/03/14/starbucks-social-market-research/ (accessed March 23, 2019).

22 Gill Hyslop, "PepsiCo Announces Lay's Next Million-Dollar Potato Chip Flavor," *Bakery and Snacks*, October 12, 2017, https://www.bakeryandsnacks.com/Article/2017/10/12/PepsiCo-announces-Lay-s-next-milliondollar-potato-chip-flavor (accessed March 23, 2019).

23 Amazon Mechanical Turk website, http://aws.amazon.com/mturk/ (accessed December 16, 2014).

24 Michael Buhrmester, Tracy Kwang, and Samuel B. Gosling, "Amazon's Mechanical Turk: A New Source of Inexpensive, Yet High-Quality Data?" *Perspectives on Psychological Science* 6, 1 (2011): 3–5.

25 James Vincent, "Amazon's Mechanical Turkers want to be recognized as 'actual human beings'," *The Verge*, December 4, 2014, www.theverge.com/2014/12/4/7331777/amazonmechanical-turk-workforce-digitallabor (accessed January 11, 2016); Utpal Dholakia, "My Experience as an Amazon Mechanical Turk (MTurk) Worker," *LinkedIn*, July 20, 2015, https://www.linkedin.com/pulse/my-experience-amazon-mechanical-turkmturk-worker-tpaldholakia (accessed January 11, 2016).

26 Sue Shellenbarger, "A Few Bucks for Your Thoughts?" *The Wall Street Journal*, May 18, 2011, http://online.wsj.com/article/SB10001424052748703509104576329110724411724.html (accessed November 19, 2014).

27 Bas Donkers, Philip Hans Franses, and Peter C. Verhoef, "Selective Sampling for Binary Choice Models," *Journal of Marketing Research* 40 (November 2003): 492–497.

28 Hsin-Hui Lin and Shu-Fei Yang, "An Eye Movement Study of Attribute Framing in Online Shopping," *Journal of Marketing Analytics*, 2(2), June 2014, 72–80.

29 Charles Duhigg, "How Companies Learn Your Secrets," *The New York Times*, February 19, 2012, www.nytimes.com/2012/02/19/magazine/shopping-habits.html (accessed November 19, 2014).

30 Piet Levy, "10 Minutes with…Gregory A. Reid," *Marketing News*, February 28, 2010, 34.

31 Marr, Bernard, "How Much Data Do We Create Every Day? The Mind-Blowing Stats Everyone Should Read," *Forbes*, July 9 2018, www.forbes.com/sites/bernard-marr/2018/05/21/how-much-data-dowe-create-every-day-the-mind-blowing-statseveryone-should-read/#7a793a6960ba.

32 Oracle Big Data. "*What Is Big Data?*," www.oracle.com/big-data/guide/what-is-big-data.html.

33 Douglas Laney, "The Importance of 'Big Data': A Definition," Gartner Research, June 2012.

34 Peter Daboll, "5 Reasons Why Big Data Will Crush Big Research," *Forbes*, December 3, 2013, www.forbes.com/sites/onmarketing/2013/12/03/5-reasons-whybig-data-will-crush-big-research (accessed November 19, 2014).

35 Danny Bradbury and Tim Anderson, "Big Data and Marketing: An Inevitable Partnership," *The Guardian*, October 16,

2013, www.theguardian.com/technology/2013/oct/16/big-data-andmarketing-an-inevitable-partnership (accessed November 19, 2014).

36 Steven Norton, "Big Companies Rein In Data Sprawl," *The Wall Street Journal*, October 22, 2015, B4.

37 Paula B. Goes, "Editor's Comments: Big Data and IS Research," *MIS Quarterly* 38, 3 (September 2014): iii–viii.

38 Columbus, Louis. "LinkedIn's Fastest- Growing Jobs Today Are in Data Science and Machine Learning." *Forbes*, Forbes Magazine, December 12, 2017, www.forbes.com/sites/louiscolumbus/2017/12/11/linkedins-fastest-growing-jobstoday-are-in-data-science-machinelearning/#1aa7f09151bd.

39 Mark Troester, "Big Data Meets Big Data Analytics," *SAS White Paper*, 2019.

40 Amrit Kirpalani, "What Marketing Executives REALLY Think of Big Data," *Direct Marketing News*, November 22, 2013, www.dmnews.com/what-marketing-executivesreally-think-of-big-data/article/322236 (accessed November 19, 2014).

41 Tyler Loechner, "Big Data Generating Big Results for Marketers, But Not All Have Adopted It," *RTM Daily*, October 24, 2013, www.mediapost.com/publications/article/212007/big-data-generating-bigresults-for-marketers-but.html (accessed November 19, 2014).

42 Bradbury and Anderson, "Big Data and Marketing: An Inevitable Partnership."

43 Mehboob Feelani, "Watson, Come Here. I Want You," *Fortune*, October 27, 2014, 36.

44 Kashmir Hill, "How Target Figured Out a Teen Girl Was Pregnant Before Dad Did," *Forbes*, February 16, 2012, www.forbes.com /sites/kashmirhill/2012/02/16/how-targetfigured- out-a-teen-girl-was-pregnant-beforeher- father-did (accessed November 19, 2014).

45 SAS, "Big Data, Bigger Marketing," www.sas .com/software/customer-intelligence/big-datamarketing. html (accessed November 19, 2014).

46 James Rubin, "Survey Demonstrates the Benefits of Big Data," *Forbes*, November 15, 2013, www.forbes.com/sites/forbesinsights/2013/11/15/survey-demonstrates-the-benefits-of-big-data (accessed November 19, 2014).

47 Daboll, "5 Reasons Why Big Data Will Crush Big Research."

48 Edd Wilder-James, "Breaking Down Data Silos," *Harvard Business Review*, Winter 2017, 11–13.

49 Anja Lambrecht and Catherine Tucker, "The Four Mistakes Managers Make with Analytics," *Harvard Business Review*, Winter 2017, 16–17.

50 Aamer Madhani, "White House Raises Concerns about 'Big Data'," *USA Today*, May 2, 2014, 5A; Melissa S. Barker, Donald I. Barker, Nicolas F. Bormann, Mary Lou Roberts, and Debra Zahay, *Social Media Marketing* (Mason, OH: Cengage Learning, 2016), 25–26.

51 David Aaker, V. Kumar, George Day, and Robert Lane, *Marketing Research*, 10th ed. (New York: Wiley & Sons, 2010).

52 Ed Targett, "Brands Seek Data Control as Frustration Grows with 'Walled Garden' Ad Platforms," *Computer Business Review*, March 14, 2019, https://www.cbronline.com/news/adobe-marketing-survey (accessed March 23, 2019).

53 "BehaviorScan Rx," IRI, www.iriworldwide.com/default.aspx?TabId=159&productid=75 (accessed November 19, 2014).

54 Forrester Consulting, "AI: The Next Generation of Marketing: Driving Competitive Advantage Throughout the Customer Life Cycle," February 2017.

55 Ibid.

56 Jayson DeMers, "2014 Is the Year of Digital Marketing Analytics: What It Means for Your Company," *Forbes*, February 10, 2014, www.forbes.com/sites/jaysondemers/2014/02/10/2014-is-the-yearof-digital-marketing-analytics-what-it-meansfor-your-company/ (accessed December 15, 2014).

57 Marketing Science Institute, "MSI Closes Knowledge Gap on Marketers' Top Concerns," *Marketing Science Institute Review*, Fall 2014, 1–2.

58 Lawrence A. Crosby, "Marketing Faces Shifts in Technology Demographics in 2019," *Marketing News*, January 2019, 18.

59 Thomas H. Davenport, "How Analytics Has Changed in the Past 10 Years (and How It's Stayed the Same)," *Harvard Business Review*,

Winter 2017, 13–14. 60 Elisabeth A. Sullivan, "Marketing Analytics," *Marketing News*, December 2014, 24–33.

61 Regina Pefanis Schlee and Katrin R. Harich, "Teaching Students How to Integrate and Assess Social Networking Tools in Marketing Communications," *Marketing Education Review* 23, 3 (2013): 209–223.

62 Elisabeth A. Sullivan, "Marketing Analytics," *Marketing News*, December 2014, 24–33.

63 Doug Henschen, "Big Data Success: 3 Companies Share Secrets," *InformationWeek*, October 4, 2013, www.informationweek.com/big-data/big-data-analytics/big-data-success-3-companies-share-secrets/d/d-id/1111815? (accessed December 15, 2014).

64 Frank Germann, Gary L. Lilien, and Arvind Rangaswamy, "Performance Implications of Deploying Marketing Analytics," *International Journal of Research in Marketing* 30, 2 (2013): 114–128.

65 Thomas C. Redman, "Does Your Company Know What to Do with All Its Data?" *Harvard Business Review*, Winter 2017, 10–11.

66 Thomas C. Redman, "Does Your Company Know What to Do with All Its Data?" *Harvard Business Review*, Winter 2017, 11.

67 Chares Duhigg, "How Companies Learn Your Secrets," *The New York Times*, February 15, 2012, www.nytimes.com/2012/02/19/magazine/shopping-habits.html (accessed November 19, 2014).

68 Emily Steel and Julia Angwin, "The Web's Cutting Edge, Anonymity in Name Only," *The Wall Street Journal*, August 4, 2010, http://online.wsj.com/article/SB1000142405274870 3294904575385532109190198.html (accessed November 19, 2014).

69 Morgan Downs (Producer), *Inside the Mind of Google* [DVD], United States: CNBC Originals, 2010.

70 "Top 25 Global Research Organizations," *Marketing News*, August 2014, 40.

71 Reprinted with permission of The Marketing Research Association, P.O. Box 230, Rocky Hill, CT 06067-0230, 860-257-4008.

72 Ellen Byron, "From Diapers to 'Depends': Marketers Discreetly Retool for Aging Boomers," *The Wall Street Journal*, February 5, 2011, http://online.wsj.com/article/SB100 01424052748704013604576104394209062 996.html (accessed March 30, 2012); Bruce Horovitz, "Big-Spending Baby Boomers Bend the Rules of Marketing," *USA Today*, November 16, 2010, www.usatoday.com/money/advertising/2010-H-16-1Aboomer buyers16_CV_N.htm (accessed March 30, 2012); Mark Bradbury, "The 7 Incredible Facts about Boomers' Spending Power," *The Huffington Post*, March 17, 2015, www.huffingtonpost.com/mark-bradbury/the-7-incredible-facts-about-boomersspending_b_6815876.html (accessed January 21, 2016); Synchrony Financial, "These Findings about How Millennials and Baby Boomers Shop May Surprise You," *Business Insider*, April 22, 2015, www.businessinsider.com/sc/how-millennials-and-baby-boomers-shop-2015-4 (accessed January 21, 2016).

Chapter 4

1 Based on information in: Nancy Trejos, "A Preview of the LEGOLAND New York, the Largest LEGO Theme Park in the World," *USA Today,* August 17, 2018, www.usatoday.com/story/travel/2018/08/17/lego-model-gives-preview-legoland-new-yorko-pen-2020/1016178002/ (accessed January 4, 2019); Gary White, "Legoland Introduces Virtual-Reality Roller Coaster," *Sarasota Herald-Tribune (FL),* March 23, 2018, www.heraldtribune.com/news/20180323/legolandin-troduces-virtual-reality-roller-coaster (accessed January 4, 2019); Lori Weisberg, "Sneak Peek at Legoland's Latest Hotel: A Castle," *San Diego Union Tribune,* April 23, 2018, www.sandiegouniontribune.com /business/tourism/sd-fi-legoland-castle-hotel-20180423-story.html (accessed January 4, 2019); Christopher Palmeri, "Disney and Legoland Lure More Visitors While SeaWorld Attendance Drops," *Bloomberg.com*, May 17, 2018, www.bloomberg.com/news /articles/2018-05-17/disney-legoland-luremore- visitors-as-sea-world-attendance-drops (accessed January 4, 2019); www.legoland.com/ (accessed January 4, 2019).

2 Costanza Nosi, Carlo Alberto Pratesi, and Antonella D'Agostino, "A Benefit Segmentation of the Italian Market for Full Electric Vehicles," *Journal of Marketing Analytics 2*, 2 (2014): 120–134.

3 Happy Campers Gluten Free, http://happycampersgf.com/ (accessed September 27, 2018).

4 Stephanie Pandolph, "Stitch Fix Aims to Grow Business," *Business Insider,* December 26, 2017, https://www.businessinsider.com/stitch-fix-aims-to-grow-business-2017-12 (accessed September 27, 2018).

5 Cheerwine, www.cheerwine.com (accessed October 1, 2018).

6 Art Weinstein, "Target Market Selection in B2B Technology Markets," *Journal of Marketing Analytics* 2, 1 (2014): 59–69.

7 Richard Fry, "Millennials Approach Baby Boomers as America's Largest Generation in the Electorate," Pew Research Center, April 3, 2018, http://www.pewresearch.org/fact-tank/2018/04/03/millennials-approachba-by-boomers-as-largest-generation-in-u-selec-torate/ (accessed October 1, 2018).

8 "Median Age of the Resident Population of the United States from 1960 to 2017," Statista, https://www.statista.com/statistics/241494/median-age-of-the-uspopulation/(accessed December 14, 2018).

9 Lucinda Shen, "Hilton's New 'Hostel on Steroids' Could Help It Steal Millennials from Airbnb," *Fortune,* September 26, 2017, http://fortune.com/2017/09/26/hil-ton-hostel-htelcheap/ (accessed October 1, 2018), "Hilton Announces Innovative New Hotel Brand; 'Motto by Hilton' Will Deliver Affordable Style in Coveted Urban Destinations," *Hilton Press Center*, October 23, 2018, https://newsroom.hilton.com/corporate/news/hilton-announces-innovative-new-hotel-brand-motto-by-hilton-will-deliver-affordable-style-in-coveted-urban-destinations (accessed-February 11, 2019).

10 Kate Taylor, "Millennial's Tastes Brought about the Downfall of One of America's Most Iconic Beer Brands—and Now It's Banking on Women to Survive," *Business Insider,* April 10, 2018, https://www.businessinsider.com/bud-light-orange-aims-to-win-overwomen-2018-4 (accessed October 2, 2018).

11 United States Census Bureau, "QuickFacts," http://www.census.gov/quickfacts/table/PST045215/00 (accessed December 14, 2018).

12 "Marketing to Women—Quick Facts," She-Conomy, http://she-conomy.com/report/marketing-to-women-quick-facts (accessed December 14, 2018).

13 Iman Cosmetics, http://www.imancosmetics.com/ (accessed December 14, 2018).

14 Molly Soat, "Inside the Mind of the Wedding Consumer," *Marketing News*, November 2015, https://www.ama.org/publications / MarketingNews/Pages/inside-mind-wedding-consumer.aspx (accessed October 2, 2018); Anna Bahney, "Here's What Americans Are Spending on Weddings," *CNN*, January 16, 2018, https://money.cnn.com/2018/01/16/pf/wedding-cost/index.html (accessed October 2, 2018).

15 Teresa Bonner, "Here's How the American Family Has Changed in the Past 50 Years," *Penn Live*, June 15, 2018, https://www.pennlive.com/expo /news/erry-2018/06/3dd6b-fa9da3775/heres_how_the_american_family.html (accessed October 3, 2018); United States Census Bureau, "More Children Live with Just Their Fathers," press release, November 16, 2017, https://www.census.gov/newsroom/press-releases/2016/cb16-192.html (accessed October 3, 2018).

16 Aaron Terrazos, "All Ages Welcome: Why Living Alone Isn't Just for America's Young and Old Anymore," *Zillow*, June 28, 2016, http://www.zillow.com/research/americansliv-ing-alone-12639/ (accessed October 3, 2018).

17 Renee Stepler, "Number of U.S. Adults Cohabitating with a Partner Continues to Rise, Especially among Those 50 and Older," Pew Research Center, April 6, 2017, http://www.pewresearch.org/fact-tank/2017/04/06 / number-of-u-s-adults-cohabiting-with-apart-ner- continues-to-rise-especially-amongthose-50-and-older/ (accessed October 3, 2018).

18 United States Census Bureau, "Characteristics of Same-Sex Couple Households Table Package," February 15, 2018, https://www.census.gov/newsroom/press-releases/2018/same-sex.html (accessed October 3, 2018).

19 Claritas PRIZM, https://claritas360 .claritas.com/mybestsegments/# (accessed December 14, 2018).

20 Katherine Rosman, "Weather Channel Now Also Forecasts What You'll Buy," *The Wall Street Journal,* August 14, 2013, https://www.wsj.com/articles/weather-channel-nowal-so-forecasts-whats-youll-buy-1376522336 (accessed April 5, 2019).

21 Alexandra Samuel, "Psychographics Are Just as Important for Marketers as Demographics," *Harvard Business Review,* March 11, 2016, https://hbr.org/2016/03/psychograph-ics-are-just-as-importantfor-marketers-as-de-mographics (accessed October 4, 2018).

22 Joseph T. Plummer, "The Concept and Application of Life Style Segmentation," *Journal of Marketing* 38, 1 (1974): 33.

23 Claritas PRIZM.

24 Philip Kotler and Kevin Keller, *Marketing Management*, 15th ed. (Englewood Cliffs, NJ: Prentice Hall, 2016).

25 Jason Lynch, "Netflix Thrives by Programming to 'Taste Communities,' Not Demographics," *Adweek,* https://www.adweek.com/tv-video/netflix-thrives-byprogram-ming-to-taste-communities-notdemographics/ (accessed April 5, 2019).

26 Charles W. Chase Jr., "Selecting the Appropriate Forecasting Method," *Journal of Business Forecasting* 16, 3 (1997): 2, 23, 28–29.

27 Ed Thompson, "Striking a Balance between Sales and Operations in the Forecasting Process," *Journal of Business Forecasting*, *32*, *4* (Winter 2013–2014): 29–31.

28 William Thornton, "Chick-fil-A Is Test Marketing Meal Kits in Atlanta," *Alabama.com*, July 24, 2018, https://www.al.com/business/in-dex.ssf/2018/07/chick-fil-a_is_test_marketing.html (accessed December 14, 2018).

29 Based on information in: Nicholas Thompson, "Do Nike's New Marathon Shoes Actually Make You Run Faster?" *Wired*, November 7, 2017, www.wired.com/story/do-nikezoom-vaporfly-make-you-run-faster; Carola Long, "Sole Woman: Nike Embraces Female Footwear," *Financial Times,* February 28, 2018, www.ft.com/content/564eb2ec-1bcf-11e8-956a-43db76e69936; Jonathan Ringen, "Nike Has a New Digital Playbook—and It Starts with Sneakerheads," *Fast Company,* April 17, 2018, www.fastcompany. com/40547805/nike-has-a-new-digitalplaybook-and-it-starts-with-sneakerheads; Andy Giegerich, "Nike Revenue

Rises by 5%, Net Income Falls as North American Sales Continue to Lag," *Portland Business Journal,* December 21, 2017, www.bizjournals.com/portland/news/2017/12/21/nike-revenuerises-by-5-percent-net-income-falls.html; Jake Woolf, "These 4 Nike Sneakers Are Why the Swoosh Won 2017," *GQ,* December 21, 2017, www.gq.com/story/nike-sneakers-2017-vapormax-vaporfly-lebron-off-white; www.nike.com; Video: "The Shoe That Could Make a Sub-Two-Hour Marathon Possible," *Wired,* March 7, 2017, www.youtube.com/watch?v=8q1XCW_9F50&t=0s&list=PLibNZv5Zd0dxcjS2fN-z6Pes82V0jeRHr&index=37.

Chapter 5

1 Based on information in Steve Olenski, "Kraft Heinz Cracks Open a New Brand," *Forbes*, March 27, 2018, www.forbes.com/sites/steveolenski/2018/03/27/kraft-heinz-cracksopen-a-new-brand/#598c65bc109d (accessed January 4, 2019); Dale Buss, "Kraft Heinz Joins Breakfast Club with Ore-Ida's Just Crack an Egg," *Brandchannel*, February 27, 2018, www.brandchannel.com/2018/02/27/kraftheinz-ore-ida-just-crack-an-egg/ (accessed January 4, 2019); Beth Kowitt, "Why Kraft Heinz Is Betting Big on Eggs," *Fortune*, .com/2018/02/26/kraft-heinz-new-product-launch-just-crack-an-egg (accessed January 4, 2019); Monica Watrous, "Kraft Heinz Boasts 'Strongest Innovation Pipeline' in Its History," *Food Business News*, August 7, 2018, www.foodbusinessnews.net/articles/12295-kraft-heinz-boasts-strongest-innovation-pipeline-inits-history (accessed January 4, 2019); www.justcrackanegg.net (accessed January 4, 2019).

2 Kathleen Mortimer and Andrew Pressey, "Customer Information Search and Credence Services: Implications for Service Providers," *Journal of Services Marketing* 27, 1 (2013): 49–58.

3 Bjorn Frank, Takao Enkawa, and Shane J. Schvaneveldt, "How Do the Success Factors Driving Repurchase Intent Differ between Male and Female Customers?" *Journal of the Academy of Marketing Science* 42, 2 (2014): 171–185.

4 Sarah O'Brien, "Consumers Cough up $4,500 a Year on Impulse Purchases," *CNBC*, February 23, 2018, https://www.cnbc.com/2018/02/23/consumers-cough-up-5400-a-year-on-impulse-purchases.html (accessed October 8, 2018).

5 Athina Nella and Christou Evangelos, "Segmenting Wine Tourists on the Basis of Involvement with Wine," *Journal of Travel & Tourism Marketing* 31, 7 (2014): 783–798.

6 Russell W. Belk, "Situational Variables and Consumer Behavior," *Journal of Consumer Research* 2, 3 (1975): 157–164.

7 Cara Salpini, "30 Minutes with Sephora's Head of Marketing," *Retail Dive*, November 29, 2017, https://www.retaildive.com/news/30-minutes-with-sephorashead-of-marketing/510300/ (accessed on October 8, 2018).

8 Tracey S. Dagger and Peter J. Danaher, "Comparing the Effect of Store Remodeling on New and Existing Customers," *Journal of Marketing* 78, 3 (2014): 62–80.

9 Ryan S. Elder and Ariadna Krishna, "The Effects of Advertising Copy on Sensory Thoughts and Perceived Taste," *Journal of Consumer Research* 36, 5 (2010): 748–756.

10 George E. Newman, Margarita Gorlin, and Ravi Dhar, "When Going Green Backfires: How Firm Intentions Shape the Evaluation of Socially Beneficial Product Enhancements," *Journal of Consumer Research* 41, 3 (2014): 823–839.

11 Some of this information was adapted from Barry J. Babin and Eric G. Harris, *CB8* (Boston: Cengage Learning, 2018), 92–95; Wayne D. Hwer, Deborah J. MacInnis, and Rik Pieters, *Consumer Behavior*, 7th ed. (Boston: Cengage, 2018), 44–48.

12 Blake Morgan, "How Amazon Has Reorganized Around Artificial Intelligence and Machine Learning," *Forbes*, July 16, 2018, https://www.forbes.com/sites/blakemorgan/2018/07/16/how-amazon-hasre-organized-around-artificial-intelligenceand-machine-learning/#623196a77361 (accessed April 3, 2019).

13 Matt Meltzer, "Why People Are Weirdly Obsessed with Southwest Airlines," *Thrillist*, March 8, 2018, https://www.thrillist.com/travel/nation/southwest-airlines-customerloyalty#(-accessed October 9, 2018); Brendan Murphy and Emma DeFelice, "Permission to Connect: How 'Human Era' Brands Become More Likeable," *CampaignUS*, December 15, 2016, http://www.campaignlive.com/article/permission-connect-human-era-brandsbecome-likable/1418763 (accessed October 9, 2018).

14 Barry J. Babin and Eric G. Harris, *CB5* (Mason, OH: Cengage Learning, 2014).

15 Aric Rindfleisch, James E. Burroughs, and Nancy Wong, "The Safety of Objects: Materialism, Existential Insecurity, and Brand Connection," *Journal of Consumer Research* 36, 1 (June 2009): 1–16.

16 Claritas PRIZM, https://claritas360.claritas.com/mybestsegments/?ID=70&pageName=Learn%2BMore&menuOption=learnmore# (accessed October 10, 2018).

17 Harry L. Davis and Benny P. Rigaux, "Perception of Marital Roles in Decision Processes," *Journal of Consumer Research* 1, June 1974, 5–14; Mandy Putnam and William R. Davidson, *Family Purchasing Behavior: 11 Family Roles by Product Category* (Columbus, Ohio: Management Horizons, Inc., A Division of Price Waterhouse, 1987).

18 "Marketing to Women Quick Facts," She-Conomy, http://she-conomy.com/facts-onwomen (accessed October 10, 2018).

19 William J. Qualls, "Household Decision Behavior: The Impact of Husbands' and Wives' Sex Role Orientation," *Journal of Consumer Research* 14, September 1987, 264–279; Larry Neale, Renee Robbie, and Brett Martin, "Gender Identity and Brand Incongruence: When in Doubt, Pursue Masculinity," *Journal of Strategic Marketing*, 23, May 2015, 1–13.

20 Paul A. Eisenstein, "A Minivan for Millennials? Is That, Like, Even Possible?" *NBC News*, January 5, 2017, http://www.nbcnews.com/business/autos/minivanmillennials-even-possible-n702641 (accessed October 10, 2018).

21 Lucy Handley, "Under Armour's Collaboration with Dwayne Johnson Tops List of the Best Celebrity Endorsements," *CNBC*, August 3, 2018, https://www.cnbc.com/2018/08/03/under-armour-and-dwaynejohnson-top-celebrity-endorsements-list.html (accessed October 10, 2018).

22 "How Social Media Influences Shopping Behavior," *eMarketer*, March 17, 2016, https://www.emarketer.com/Article/How-Social-Media-Influences-Shopping-Behavior/1013718 (accessed October 10, 2018).

23 Gavin O'Malley, "Women's Purchasing Influenced by Social Media," *Social Media Daily*, July 18, 2016, http://www.mediapost.com/publications/article/280569/womenspurchasing-influenced-by-social-media.html (accessed October 10, 2018).

24 Kasey Lobaugh, "Digital Influence Report: Global Findings from Nine Countries," Deloitte Digital, February 24, 2016, https://www.deloittedigital.com/us/en/bloglist/2016/digital-influence-report--globalfindings-from-nine-countries.html (accessed October 10, 2018).

25 Jon Bird, "Target Hits the Mark by Going Beyond Cheap and Chic," *Forbes*, August 26, 2018, https://www.forbes.com/sites/jonbird1/2018/08/26/target-hits-the-mark by-going-beyond-cheap-and-chic/#2f3571df1b75 (accessed October 10, 2018); "Hunter and Target Team Up on New Design Partnership, and You're Going to Want Everything," Target, news release, March 1, 2018, https://corporate.target.com/article/2018/03/hunterfor-target (accessed October 10, 2018).

26 Barbara Thau, "How Big Data Helps

Stores Like Macy's and Kohl's Track You Like Never Before," *Forbes*, January 24, 2014, https://www.forbes.com/sites/barbarathau/2014/01/24/why-the-smartuse-of-big-data-will-transform-the-retailindustry/#44bb8abf6de8 (accessed April 3, 2019).

27 Sandra L. Colby and Jennifer M. Ortman, "Projections of the Size and Composition of U.S. Population: 2014 to 2060," United States Census Bureau, March 2015, https://www.census.gov/content/dam/Census/library/publications/2015/demo/p25-1143.pdf (accessed October 11, 2018).

28 Lucy Handley, "'I Suppressed My Mexican Heritage for Fear of Being Labeled,' Says February 26, 2018, http://fortuneP&G Chief Marketer," *CNBC*, November 13,2017, https://www.cnbc.com/2017/11/13 /pgs-chief-marketer-marc-pritchard-has-fearedracial-bias-at-work.html (accessed October 11, 2018); "Tide's Multicultural Marketing Formula," *WARC*, November 14, 2017, https://www.warc.com/newsandopinion/news/tides_multicultural_marketing_formula/39594 (accessed October 11, 2018).

29 United States Census Bureau, "QuickFacts," https://www.census.gov/quickfacts/table / PST045216/00 (accessed October 11, 2018).

30 "Nielsen Examines the Digital Habits and Impact of Black Consumers," *Nielsen*, press release, September 13, 2018, https://www.nielsen.com/us/en/press-room/2018/nielsen-examines-the-digital-habits-andimpact-of-black-consumers.print.html (accessed October 11, 2018); Janie Boschma, "Black Consumers Have 'Unprecedented Impact' in 2015," *The Atlantic*, February 2, 2016, http://www.theatlantic.com/politics/archive/2016/02/black-consumers-haveunprecedented-impact-in-2015/433725/ (accessed October 11, 2018).

31 "Allstate Black History Month Campaign Highlights Modern-Day African Americans Whose Stories Are 'Worth Telling'," Allstate, press release, January 30, 2017, https://www.prnewswire.com/news-releases/allstate-black-history-month-campaign-highlights-modern-day-african-americanswhose-stories-are-worth-telling-300397259.html (accessed October 11, 2018).

32 "Hispanics in the US Fast Facts," *CNN*, March 22, 2018, https://www.cnn.com/2013/09/20/us/hispanics-in-the-u-s-/index.html (accessed October 11, 2018).

33 Lee Vann, "Hispanic Purchasing Power Packs a Punch at the Grocery Store," *The MarketingInsider*, January 25, 2018, https://www.mediapost.com/publications/article/313510/hispanic-purchasing-powerpacks-a-punch-at-the-gro.html (accessed October 11, 2018).

34 Cecilia M.O. Alvarez, Peter R. Dickson, and Gary K. Hunter, "The Four Faces of the Hispanic Consumer: An Acculturation-Based Segmentation," *Journal of Business Research* 67, 2 (February 2014): 108–115.

35 Maria Carrasco, "Brands Spend Billions Annually to Reach Hispanic Market: Is the Investment Misplaced?" *The Market ingInsider*, https://www.mediapost.com/publications/article/315848/brands-spendbillions-annually-to-reach-hispanic-m.htmlMarch 12, 2018 (accessed October 11, 2018).

36 Parker Morse, "3 Hispanic Marketing Campaigns that Are Awesome," *The MarketingInsider*, December 6, 2017, https://www.mediapost.com/publications/article/311189/3-hispanic-marketingcampaigns-that-are-awesome.html (accessed October 11, 2018).

37 Rick Wartzman, How Macy's Found Its Fit in the Hispanic Market," *Fortune*, April 17, 2015, http://fortune.com/2015/04/17/macysdiversity-hispanic-consumers/ (accessed October 11, 2018).

38 Eli Bishop, "6 Brands That Succeed at Understanding Hispanic Marketing," *Business 2 Community*, October 7, 2014, http://www.business2community.com/marketing/6-brands-succeed-understanding-hispanicmarketing-01030311 (accessed October 11, 2018).

39 "Asian Americans: Digital Lives and Growing Influence," Nielsen, May 8, 2018, https://www.nielsen.com/us/en/insights/reports/2018/asian-americans-consumers.html (accessed October 12, 2018); United States Census Bureau, "State & Country QuickFacts."

40 "Asian-Americans Are Not One Big Group," *Washington Examiner*, March 16, 2015, http://www.washingtonexaminer.com/asian-americans-are-not-one-big-group/article/2561445 (accessed October 12, 2018).

41 Alexia Fernandez Campbell, "The Overlooked Consumer with Billions to Spend," *The Atlantic*, August 24, 2016, http://www.theatlantic.com/business/archive/2016/08/the-overlooked-consumergroup-with-billions-to-spend/497105/ (accessed October 12, 2018).

42 Amy Jo Coffey, "Understanding the Invisibility of the Asian-American Television Audience: Why Marketers Often Overlook an Audience of 'Model' Consumers," *Journal of Advertising Research* 53 (1, 2013): 101–118.

43 Lewis Lazare, "State Farm Targets Asian-American Audience in New Ads," *Chicago Business Journal*, August 2, 2018, https://www.bizjournals.com/chicago/news/2018/08/02/state-farm-targets-asian-americans-in-new-ads.html (accessed October 12, 2018).

44 Daniel B. Kline, "Retailers Lost Less to Theft, Fraud in 2017; Retail Cyber Crime Growing," *USA Today*, June 11, 2018, https://www.usatoday.com/story/money/retail/2018/06/11/retailers-lost-less-to-theftfraud-in-2017/35921369/ (accessed October 12, 2018).

45 Matt Lincoln, "ORC Theft Trends and Impact," *Loss Prevention Media*, September 6, 2018, https://losspreventionmedia.com/insider/shoplifting-organized-retail-crime/orc-theft-trends-and-impact/ (accessed October 12, 2018).

46 Lauren Thomas, "Retail Fraud Is on the Rise as Companies Grapple for Solutions,"*CNBC*, December 7, 2017, https://www.cnbc.com/2017/12/07/retail-fraud-is-on-the-rises-companies-grapple-for-solutions.html (accessed October 12, 2018).

47 Don Reisinger, "BSA's 2018 Global Software Survey Shows Better Software Management Can Improve Security and Boost Bottom Line," *BSA Software Alliance*, June 5, 2018, https://www.bsa.org/news-and-events/news/2018/june/gl06052018gss/ (accessedOctober 15, 2018).

48 "Can New Strategies Keep Campbell Soup from Going Cold?" Knowledge@Wharton (University of Pennsylvania), May 30, 2018, https://knowledge.wharton.upenn.edu/article/campbells-can-rebound/ (accessed April 29, 2019); Beth Howitt, "Consumers' Obsession with Snacking Is Reshaping the Food Industry," *Fortune*, December 18, 2017, http://fortune.com/2017/12/18/cambell-hersheysnacking-acquisitions/ (accessed January 17, 2018); Monica Watrous, "Campbell Soup Completes Pacific Foods Acquisition," *Food Business News*, December 14, 2017, www.foodbusinessnews.net/articles/news_home/Business_News/2017/12/Campbell_Soup_completes_Pacifi.aspx-?ID=%7B441BBC89-62E4-40D5-A718-FC-C9988419AE%7D (accessed January 17, 2018); Mark Gurman and Craig Giammona, "Campbell Is Testing Online Soup Delivery," *Bloomberg News*, December 1, 2017, www.bloomberg.com/news/articles/2017-12-01/campbell-is-testingonline-soup-ordering-as-part-of-comeback-bid (accessed January 17, 2018); Monica Watrous, "Campbell Soup Is Watching These Six Trends in 2018," *Food Business News*, December 15, 2017, www.foodbusinessnews.net/articles /news_home/Consumer_Trends/2017/12 /Campbell_Soup_is_watching_thes. aspx?ID=%7B-81F95CEA-51A9-464E-9374- D7867985C-55D%7D (accessed January 17, 2018); www.campbells.com (accessed January 17, 2018, April 29, 2019).

Chapter 6

1 Based on information in "Amazon B2B SeeksDominance—But Grainger Isn't Rolling Over," *PYMNTS.com*, September 14, 2018, www.pymnts.com/news/b2b-payments/2018/amazon-business-commerce-supply-chain-grainger (accessed January 4, 2019); Eugene Kim, "After Less than Four Years, Amazon's Business Supplies Site Is on Pace to Pass $10 Billion a Year," *CNBC*, September 11, 2018, www.cnbc.com/2018/09/11/amazon-business-on-pace-to-pass-10-billion-insales.html (accessed January 4, 2019); Spencer Soper, "Amazon Says Business Sales on Pace for $10 Billion Annually," *Bloomberg*, September 11, 2018, www.bloomberg.com/news/articles/2018-09-11/amazon-says-business-sales-reach-10-billionannualized-rate (accessed January 4, 2019); "Amazon Business Booms as UK Companies Increasingly Rely on It as a Supplier," *The Telegraph (U.K.)*, September 11, 2018, www.telegraph.co.uk/technology/2018/09/10/amazon-business-booms-uk-companiesincreasingly-rely-supplier/ (accessed January 4, 2019); www.amazon.com/b2b/info/amazon-business(accessed January 4, 2019).

2 United States Census Bureau, "2015 SUSBAnnual Data Tables by Establishment Industry," January 2018, https://www.census.gov/data/tables/2015/econ/susb/2015-susbannual.html (accessed January 4, 2019).

3 "2015 SUSB Annual Data Tables by Establishment Industry;" Kimberly Amadeo, "U.S. Retail Sales Report, Statistics, and Recent Trends," *The Balance*, October 15, 2018, https://www.thebalance.com/u-s-retailsales-statistics-and-trends-3305717 (accessed October 17, 2018).

4 Deloitte, *Global Powers of Retailing 2018:Transformative Change, Reinvigorated Commerce*, January 2018, https://www2.deloitte.com/content/dam/Deloitte/global/Documents/consumer-industrial-products/cip-2018-global-powers-retailing.pdf (accessed October 17, 2018), 16.

5 "What Is the Total Government Spending in Percent GDP?" *US Government Spending*, http://www.usgovernmentspending.com/percent_gdp (accessed October 17, 2018).

6 Aramark, "Aramark Named to Fortune's 'World's Most Admired Companies' List in 2018," press release, March 20, 2018, https://www.aramark.com/about-us/news/aramark-general/fortune-worldsmost-admired-companies-2018 (accessed October 17, 2018).

7 United States Department of Labor, "North American Industry Classification Systems (NAICS)," https://www.osha.gov/oshstats/naics-manual.html (accessed October 17, 2018).

8 "Notable Contract Awards," Booz Allen Hamilton, https://www.boozallen.com/e/contracts/notable-contract-awards.html (accessed October 17, 2018).

9 Amanda Macias, "Boeing Wins $9.2 Billion to Build Air Force's Next Trainer Aircraft," *CNBC*, September 27, 2018, https://www.cnbc.com/2018/09/27/boeing-wins-9point2-billion-to-build-air-forces-next-traineraircraft.html (accessed October 18, 2018).

10 "Staples Reworks Its Marketing to Target Business Customers," *Digital Commerce 360*, May 3, 2017, https://www.digitalcommerce360.com/2017/05/03/staples-reworks-marketing-target-businesscustomers-2/ (accessed October 18, 2018).

11 Anne Maarit Jalkala and Joona Keranen, "Brand Positioning Strategies for Industrial Firms Providing Customer Solutions," *Journal of Business & Industrial Marketing*, 29, 3 (2014): 253–264.

12 Hannu Sakari Makkonen and Wesley J. Johnston, "Innovation Adoption and Diffusion in Business-to-Business Marketing," *Journal of Business & Industrial Marketing*, 29, 4 (2014): 324–331.

13 Das Narayandas and V. Kasturi Rangan, "Building and Sustaining Buyer–Seller Relationships in Mature Industrial Markets," *Journal of Marketing* 68, 3 (2004): 63.

14 "Valuing Nature Is Our Second Nature," Jet Blue, https://www.jetblue.com/sustainability/sustainable-tourism/ (accessed October 18, 2018).

15 Bain & Company, "Service Design & Operations," http://www.bain.com/consultingservices/performance-improvement/serviceoperations.aspx (accessed October 18, 2018); Oliver Straehle, Michael Fuellemann, and Oliver Bendig, "Service Now! Time to Wake up the Sleeping Giant," Bain & Company, November 27, 2012, http://www.bain.com/Images/Bain%20study_Service_Now.pdf (accessed October 18, 2018).

16 Elena Fraj, Eva Martinez, and Jorge Matute, "Green Marketing in B2B Organisations: an Empirical Analysis from the Natural- Resource-Based View of the Firm," *Journal of Business & Marketing* 28, 5 (2013): 396–410.

17 Ali Jahromi Tamaddoni, Stanislav Stakhovych, and Michael Ewing, "Managing B2B Customer Churn, Retention and Profitability," *Industrial Marketing Management* 43, 7 (2014): 1258–1268.

18 Julie Wernau, "The War on Sugar's Biggest Casualty: Global Prices," *The Wall Street Journal*, August 12, 2018, https://www.wsj.com/articles/the-war-on-sugars-biggest-casualty-globalprices-1534086000 (accessed October 18, 2018).

19 Frederick E. Webster Jr. and Yoram Wind, "A General Model for Understanding Organizational Buyer Behavior," *Journal of Marketing* 36, 2 (1972): 12–19.

20 Eric Oster, "Intuit Creatively Uses Its 15 Seconds in the Super Bowl to Skip Its Own Ad," *Adweek*, February 4, 2018, https://www.adweek.com/brand-marketing/intuit-creatively-uses-its-15-seconds-in-thesuper-bowl-to-skip-its-own-ad/ (accessed October 19, 2018).

21 Kunal Swani, Brian P. Brown, and George R. Milne, "Should Tweets Differ for B2B and B2C? An Analysis of Fortune 500 Companies' Twitter Communications," *Industrial Marketing Management* 43, 4 (2014): 873–881.

22 Fareeha Ali, "Infographic: B2B E-Commerce by the Numbers," *Digital Commerce 360*, July 30, 2018, https://www.digitalcommerce360.com/2018/07/30/infographic-b2b-e-commerce-by-thenumbers/(accessed October 19, 2018).

23 "On the Verge: B2B Digital Commerce Is at an Inflection Point," Accenture, https://www.accenture.com/t20180522T025432Z__w__/us-en/_acnmedia/PDF-78/Accenture-Verge-B2B-Digital-Commerce.pdf#zoom=50 2018 (accessed October 19, 2018).

24 Paul Demery, "New Web Content Hits Home for a Home Furnishings Distributor," *Digital Commerce 360*, October 8, 2018, https://www.digitalcommerce360.com/2018/10/08/new-web-content-hits-home-for-ahome-furnishings-distributor/ (accessed December 20, 2018).

25 Bill Briggs, "How a Coffee Roaster's E-commerce Site Serves B2B and B2C Clients," *Digital Commerce 360*, January 8, 2018, https://www.digitalcommerce360.com/2018/01/08/coffee-roasters-e-commercesite-serves-b2b-b2c-clients/ (accessed October 19, 2018).

26 AutoWurld, "About Us," https://www.autowurld.com/page/show/pagename/about-us (accessed October 19, 2018);Paul Demery, "AutoWurld.com Launches as a Wholesale and Retail Marketplace," *Internet Retailer*, March 9, 2015, https://www.internetretailer.com/2015/03/09/autowurldcom-launches-wholesale-and-retailmarketplace (accessed October 19, 2018).

27 "About Alibaba," Alibaba, http://activities.alibaba.com/alibaba/following-about-alibaba.php?spm=a2700.7848340.0.0.zec1aK (accessed October 19, 2018).

28 Paul Demery, "Salesforce Launches B2B Commerce Software," *DigitalCommerce360*,- June 14, 2018, https://www.digitalcommerce360.com/2018/06/14/salesforce-launches-b2b-commerce-software/(accessed April 29, 2019); "Masterful Salesmanship Has Pushed

Salesforce to Ever-Greater Heights," *The Economist*, January 4, 2018, www.economist.com/news/business/21734037-will-worlds-fourth-largest-software-firm-live-upits-founders-soaring (accessed April 29, 2019); Ron Miller, "Salesforce Wants to Reach $60 Billion Revenue Goal by 2034," *TechCrunch*, January 4, 2018, https://techcrunch.com/2018/01/04/salesforcewants-to-be-a-60-billion-company-by-2034/(accessed April 29, 2019); Matt Rosoff, "Salesforce COO Keith Block Explains How to Win Even If You're Not One of the 'Big Five'," *CNBC*, November 11, 2017, www.cnbc.com/2017/11/11/salesforce-cookeith-block-interview-at-dreamforce-2017.html (accessed April 29, 2019); Brent Leary, "Small Business Takeaways from Dreamforce 2017," *Small Business Trends*, November 29, 2017, https://smallbiztrends.com/2017/11/small-business-takeaways-fromdreamforce-2017.html (accessed April 29,2019); www.salesforce.com (accessed April 29, 2019).

Chapter 7

1 Daphne Howland, "Amazon's Fakes Problem Hits Lower-Priced Brands Hardest," *Retail Dive,* April 2, 2018, https://www.retaildive.com/news/amazons-fakes-problem-hits-lowerpriced-brands-hardest/530875/ (accessed March 1, 2019); Laura Stevens, "On Amazon, Fake Products Plague Smaller Brands," *The Wall Street Journal,* July 19, 2018, https://www.wsj.com/articles/on-amazon-fakeproducts-plague-smaller-brands-1532001601 (accessed March 1, 2019); Edgar Alvarez, "Amazon Needs to Get a Handle on Its Counterfeit Problem," *Engadget,* May 31, 2018, https://www.engadget.com/2018/05/31/fulfilled-by-amazon-counterfeit-fake/ (accessed March 1, 2019); Yiling Pan, "Alibaba's Anti-Counterfeiting Efforts Appear to Pay Off," *Jing Daily*, May 21, 2018, https://jingdaily.com/alibaba-anti-counterfeiting/(accessed March 1, 2019); Laura Stevens, "Amazon's Project Zero Aims to Help Brands Target Scammers," *The Wall Street Journal*, February 28, 2019, https://www.wsj.com/articles/amazon-shifts-power-to-brands-infight-against-fake-products-11551349920(accessed March, 2019).

2 Lauren I. Labrecque, Jonas vor dem Esche, Charla Mathwick, Thomas P. Novak, and Charles F. Hofacker, "Consumer Power: Evolution in the Digital Age," *Journal of Interactive Marketing* 27, 4 (2013): 257–269.

3 O. C. Ferrell, "Broadening Marketing's Contribution to Data Privacy," *Journal of the Academy of Marketing Science* 43 (March 2017).

4 "Internet Users," Internet Live Stats, 2016, www.internetlivestats.com/internet-users/(accessed March 10, 2019).

5 Piet Levy, "The State of Digital Marketing," *Marketing News*, March 15, 2010, 20–21.

6 Maria Teresa Pinheiro Melo Borges Tiago and Jose Manuel Cristovao Verissimo, "Digital Marketing and Social Media: Why Bother?" *Business Horizons* 57, 6 (2014): 703–708.

7 Charisse Jones, "Department Stores Become Endangered," *USA Today*, January 6–8, 2017: 1A.

8 Sanjit Kumar Roy and Gul T. Butaney, "Customer's Relative Loyalty: An Empirical Examination," *Journal of Strategic Marketing* 22, 3 (2014): 206–221.

9 Melissa S. Barker, Donald I. Barker, Nicholas F. Bormann, Mary Lou Roberts, and Debra Zahay, *Social Media Marketing: A Strategic Approach*, 2nd ed. (Mason, OH: Cengage Learning, 2017).

10 Kerry Flynn, "Cheatsheet: Facebook Now Has 7m Advertisers," *Digiday,* January 2019, https://digiday.com/marketing/facebookearnings-q4-2018/ (accessed February 9, 2019).

11 Melissa S. Barker, Donald I. Barker, Nicholas F. Bormann, Mary Lou Roberts, and Debra Zahay, *Social Media Marketing: A Strategic Approach*, 2nd ed. (Mason, OH: Cengage Learning, 2017).

12 Eagles Nest Outfitters, "Photo Contest," https://www.eaglesnestoutfittersinc.com/photo-contest/ (accessed June 26, 2020).

13 Darius Fisher, "How to Handle Negative Yelp Reviews," *The Huffington Post*, June 7, 2016, www.huffingtonpost.com/darius-fisher/how-to-handle-negative-ye_b_10324196. html (accessed March 2, 2017).

14 LeighAnne Coleman, "Pillsbury Releases Ready-to-Bake Strawberry Cheesecake Sugar Cookies," *KRDO*, January 19, 2019, https://www.krdo.com/news/pillsbury-releases-ready-to-bake-strawberry-cheesecake-sugarcookies/982214976 (accessed March 10, 2019).

15 V. Kumar, Xi Zhang, and Anita Luo, "Modeling Customer Opt-In and Opt-Out in a Permission-Based Marketing Context," *Journal of Marketing Research* 51, 4 (2014): 403–419.

16 Michael Durkheimer, "For Young Investors with at Least $50,000, Snapchat Usage Almost Ties Facebook," *Forbes*, March 5, 2017, https://www.forbes.com/sites/michaeldurkheimer/2017/03/05/for-younginvestors-with-at-least-50000-snapchatusage-almost-ties-facebook/#ea016564886d (accessed March 5, 2017).

17 Christie Baraket, "QZone Tops WeChat as China's Biggest Open-Platform Social Network," *Adweek*, March 12, 2014, www.adweek.com/digital/qzone-tops-wechatchinas-biggest-open-platform-social-network/ (accessed March 5, 2017).

18 Aaron Smith and Monica Anderson, "Social Media Update 2018," *Pew Research Center*, March 1, 2018, https://www.pewinternet.org/2018/03/01/social-media-use-in-2018/(accessed March 25, 2019).

19 Maria Vernuccio, "Communicating Corporate Brands through Social Media: An Exploratory Study," *Journal of Business Communication* 51, 3 (2014): 211–233.

20 Facebook, "Company Info," https://newsroom.fb.com/company-info/ (accessed March 10, 2019).

21 Anita Balakrishnan, "Facebook Ad Revenue Shoots Up 53%, Sending Shares Climbing Up," *CNBC*, February 1, 2017, www.cnbc.com/2017/02/01/facebook-earnings-q4-2016.html (accessed March 5, 2017).

22 Amol Sharma, "NFL Throws in with Twitter," *The Wall Street Journal*, September 26, 2013, B2; Brad Stone, "Twitter Wants to Be Your TV," *Bloomberg Businessweek*, (April 28–May 4, 2014): pp. 39–40.

23 Natalie Jarvey, "Snapchat Loses 2 Million Daily Active Users," *The Hollywood Reporter*, October 25, 2018, https://www.hollywoodreporter.com/news/snapchatloses-2-million-daily-active-users-1155168 (accessed March 10, 2019); Josh Enomoto, "3 Reasons Why You Shouldn't Chase Snap Stock," *Investor Place*, February 19, 2019, https://investorplace.com/2019/02/3-reasonswhy-you-shouldnt-chase-snap-stock-fimg/ (accessed March 10, 2019).

24 Haley Tsukayama, "Snapchat Files for its Initial Public Offering: Here Are the 10 Most Interesting Things We've Learned so Far," *The Washington Post*, February 3, 2017, https://www.washingtonpost.com/news/the-switch/wp/2017/02/03/snapchat-files-for-its-initial-public-offeringhere-are-the-10-most-interesting-things-welearned-so-far/?utm_term=.591d0ee20f98 (accessed March 5, 2017).

25 Kathleen Chaykowski, "Snapchat's Big Weakness: The Olds," *Forbes*, March 1, 2017, https://www.forbes.com/sites/kathleenchaykowski/2017/03/01/snapchatsbig-weakness-the-olds/#15eb5908230b (accessed March 5, 2017).

26 Paige Leskin, "Inside the Rise of TikTok, the Viral Video-Sharing App Whose Ties to China Are Raising Concerns in the US," *Business Insider*, January 23, 2020, https://www.businessinsider.com/tiktok-app-onlinewebsite-video-sharing-2019-7 (accessed June 11, 2020).

27 Douglas A. McIntyre, "YouTube Viewership Hits a Billion Hours of Content a Day," *24/7 Wall St.*, February 27, 2017, http://247wallst.

com/appssoftware/2017/02/27/youtube-viewershiphits-100-billion-hours-of-content-a-day/ (accessed March 5, 2017).

28 Rachel Strugatz, "Beauty's Battle for Views: Brands vs. Vloggers," *WWD*, February 23, 2017, http://wwd.com/beauty-industry-news/beauty-features/youtube-12-beautys-battlefor-views-brands-vs-bloggers-10814639/(accessed March 5, 2017).

29 Mike Snider, "How YouTube TV compares to rivals Sling, PlayStation, DirecTV," *USA Today*, March 5, 2017, www.usatoday.com/story/tech/talkingtech/2017/03/05/how-youtube-tv-compares-rivals-slingplaystation-directv/98551276/ (accessed March 5, 2017).

30 Sujan Patel, "How LinkedIn Uses LinkedIn for Marketing," *Forbes*, March 4, 2017, https://www.forbes.com/sites/sujanpatel/2017/03/04/how-linkedin-useslinkedin-for-marketing/2/#3b96f9d3657f (accessed March 5, 2017).

31 Amanda Walgrove, "5 B2B Brands that Rock LinkedIn Marketing," *Contently*, February 24, 2017, https://contently.com/strategist/2015/02/24/5-b2b-brands-thatrock-linkedin/ (accessed March 5, 2017).

32 KBK Communications, "Social Media,"2013, www.kbkcommunications.com/(accessed December 11, 2014).

33 Tumblr, "Press Information," https://www.tumblr.com/press (accessed June 26, 2020).

34 Max Willens, "With Tumblr Aquisition, Automattic Gets a Chance to Win More Brands' Business," Digiday, August 15, 2019, https://digiday.com/media/tumblr-acquisition-automattic-gets-chancewin-brands-business/ (accessed June 26, 2020).

35 Easy Recipes for Real Life: Tastefully Simple blog, https://www.tastefullysimple. com/(accessed December 11, 2014); Stacie Schaible, "Dunedin Woman Says 'Mommy' Blogs Hit the Target," *wfla*, December 10, 2013, www.wfla.com/story/24184742/mommy-blogs-hit-the-target (accessed December 11, 2014).

36 "Wikipedia Statistics: All Languages," *Wikipedia*, https://stats.wikimedia.org/EN/TablesWikipediaZZ.htm (accessed March 25, 2019).

37 Charlene Li and Josh Bernoff, *Groundswell* (Boston, MA: Harvard Business Press, 2008), 24.

38 Charlene Li and Josh Bernoff, *Groundswell* (Boston, MA: Harvard Business Press, 2008), 25–26.

39 Robert Wulff, "Why Aren't Fortunate 500 Companies Blogging?" Tribute Media, June 11, 2015, https://www.tributemedia.com/blog/why-arent-fortune-500-companies-blogging (accessed March 5, 2017).

40 Ashley Carman, "Instagram Now Has 1 Billion Users Worldwide," *The Verge*, June 20, 2018, https://www.theverge.=com/2018/6/20/17484420/instagram-usersone-billion-count (accessed March 10, 2019).

41 Bryan Clark, "Snapchat Growth Slowed Significantly after Launch of Instagram Stories," *The Next Web*, February 3, 2017, https://thenextweb.com/socialmedia/2017/02/03/snapchat-growthslowed-significantly-after-the-launchof-instagram-stories/ (accessed March 5, 2017).

42 Dakota Shane, "Still Not Sold on Instagram Stories? Here's Why You Need to Use Them in 2019," *Inc.*, February 27, 2019, https://www.inc.com/dakota-shane/still-not-sold-oninstagram-stories-heres-why-you-need-touse-them-in-2019.html (accessed March 10,2019).

43 Scott Martin, "Action! Facebook Rolls Out Video Features," *USA Today*, June 21, 2013, B1; Victor Luckerson, "A Year Later, Instagram Hasn't Made a Dime. Was It Worth $1 Billion?" *Time*, April 9, 2013, http://business.time.com/2013/04/09/a-yearlater-instagram-hasnt-made-a-dime-was-itworth-1-billion/ (accessed December 11,2014).

44 Laura Schlereth, "Marketers' Interest in Pinterest," *Marketing News*, April 30, 2012, 8–9; The Creative Group, "Pinterest Interest: Survey: 17 Percent of Marketers Currently Using or Planning to Join Pinterest," August 22, 2012, www.sacbee.com/2012/08/22/4747399/pinterestinterest-survey-17-percent.html (accessed August 24, 2012); Jason Falls, "How Pinterest Is Becoming the Next Big Thing in Social Media for Business," *Entrepreneur*, February 7, 2012, www.entrepreneur.com/article/222740 (accessed December 10, 2014); Pinterest website, http://pinterest.com/ (accessed December 10, 2014); "Whole Planet Foundation," *Pinterest*, http://pinterest.com/wholefoods/whole-planet-foundation/(accessed December 10, 2014).

45 Jeff Bercovici, "Social Media's New Mad Men," *Forbes*, November 2014, 71–82.

46 Nicole Lee, "Pinterest Uses AI and Your Camera to Recommend Pins," *Engadget*, February 8, 2017, https://www.engadget.com/2017/02/08/pinterest-uses-ai-andyour-camera-to-recommend-pins/ (accessed March 5, 2017).

47 Kelly Clay, "3 Things You Can Learn about Your Business with Instagram," *Forbes*, August 9, 2012, www.forbes.com/sites/kellyclay/2012/08/09/3-things-you-canlearn-about-your-business-with-instagram/(accessed December 12, 2014).

48 Zale Jewelers Pinterest page, https://www.pinterest.com/zalesjewelers/ (accessed December 9, 2014).

49 Douglas MacMillan and Elizabeth Dwoskin, "Smile! Marketers Are Mining Selfies," *The Wall Street Journal*, October 10, 2014, B1-B2.

50 Cari Sommer, "YouTube Sensation Bethany Mota on How to Use Your Platform for Good," *Forbes*, December 12, 2016, https://www.forbes.com/sites/carisommer/2016/12/12/how-youtubesensation-bethany-mota-is-using-herplatform-for-good/#2a6d839c322c (accessed March 5, 2016); Emma Oulton, "Bethany Mota's Book 'Make Your Mind Up' Promises to be an Empowering Read," *Bustle*, October 17, 2016, https://www.bustle.com/articles/189997-bethany-motas-book-make-your-mind-up-promises-to-be-anempowering-read (accessed March 5, 2017).

51 Kate Rockwood, "Why Spending $1,000 on an Instagram Post Might Actually Be Worth It," *Inc.*, February 2017, www.inc.com/magazine/201702/kate-rockwood/tip-sheetsocial-media-influencers.html (accessedMarch 5, 2017).

52 "About Influenster," *Influenster*, https://www.influenster.com/about (accessed March 5,2017).

53 Ann Lukits, "Podcasts Send Shoppers to Omega-3s," *The Wall Street Journal*, December 9, 2014, D2.

54 "Mobile Fact Sheet," *Pew Research Center*, February 5, 2018, www.pewinternet.org/fact-sheet/mobile/ (accessed March 10, 2019).

55 "Mobile Ad Spending to Surpass All Traditional Media Combined by 2020," *eMarketer*, October 16, 2018, https://www.emarketer.com/content/mobile-adspending-to-surpass-all-traditional-mediacombined-by-2020 (accessed March 10, 2019).

56 Thomas Claburn, "Google Tells Businesses 'Fall In Love With Mobile'," *Information Week*, February 28, 2012, www.informationweek.com/news/mobility/business/232601587 (accessed December 12, 2014); Lauren Johnson, "Mobile Video Generates 58pc Brand Recall: Study," *Mobile Marketer*, November 12, 2012, www.mobilemarketer.com/cms/news/research/14222.html (accessed December 12, 2014).

57 Mark Milian, "Why Text Messages Are Limited to 160 Characters," *Los Angeles Times*, May 3, 2009, http://latimesblogs.latimes.com/technology/2009/05/invented-text-messaging.html (accessed December 12, 2014); "Eight Reasons Why Your Business Should Use SMS Marketing," *Mobile Marketing Ratings*, www.mobilemarketingratings.com/eight-reasons-sms-marketing.html (accessed December 12, 2014).

58 Sara Angeles, "How to Put Text Message Marketing to Work This Holiday Season,"

Fox Business, November 7, 2013, http://smallbusiness.foxbusiness.com/marketing-sales/2013/11/07/how-to-put-text-messagemarketing-to-work-this-holiday-season/(accessed December 12, 2014).

59 Samantha Ann Schwartz, "70% of InternetTraffic Comes from Mobile Phones," *CIODive*, November 6, 2017, *CIO Dive,* https://www.ciodive.com/news/70-of-internettraffic-comes-from-mobile-phones/510120/(accessed March 25, 2019).

60 Anita Campbell, "What the Heck Is an App?"*Small Business Trends*, March 7, 2011, http://smallbiztrends.com/2011/03/what-is-an-app. html (accessed December 12, 2014).

61 Kenneth Olmstead and Michelle Atkinson, "Chapter 1: The Majority of Smartphone Owners Download Apps," Pew Research Center, November 10, 2015, www.pewinternet.org/2015/11/10/the-majorityof- smartphone-owners-download-apps/ (accessed March 5, 2017).

62 Olga Khariff and Leslie Patton, "StarbucksTakes Its Pioneering Mobile-Phone Appto Grande Level," *Bloomberg*, March 30,2016, https://www.bloomberg.com/news/articles/2016-03-30/starbucks-takes-itspioneering-mobile-phone-app-to-grandelevel(accessed March 5, 2017).

63 Umika Pidaparthy, "Marketers Embracing QR Codes, for Better or Worse," *CNN Tech*, March 28, 2011, http://articles.cnn.com/2011-03-28/tech/qr.codes.marketing_1_ qr-smartphone-users-symbian?_s=PM:TECH (accessed December 12, 2014).

64 Brad Tuttle, "The Creepy New Way Macy's Tempts You to Make Impulse Purchases," *Time*, September 16, 2014, http://time.com/money/3432693/macys-shopkick-ibeacon/ (accessed April 1, 2017).

65 Deanna Ting, "What Marriott Learned fromStarwood's Loyalty and Digital Expertise,"*Skift*, February 13, 2017, https://skift.com/2017/02/13/what-marriott-learned-from-starwoods-loyalty-and-digital-expertise/ (accessed April 1, 2017).

66 Greg Sterling, "Beacon Marketers Have New Ways Around App Download Requirement," *Marketing Land*, April 19, 2016, http://marketingland.com/beaconmarket-matures-marketers-drop-173651(accessed April 1, 2017).

67 Brad Stone and Olga Kharif, "Pay as You Go," *Bloomberg Businessweek*, July 18–July 24, 2011, 66–71.

68 "Google Wallet," www.google.com/wallet/what-is-google-wallet.html (accessed December 10, 2014); Brett Molina and Marco della Cava, "CVS Says No Way to Apple Pay," *USA Today,* October 28, 2014, 2A-2B.

69 Vangie Beal, "All about Widgets," *Webopedia*™, August 31, 2010, www.webopedia.com/DidYouKnow/Internet/2007/widgets.asp (accessed December 10, 2014).

70 Rachael King, "Building a Brand with Widgets," *Bloomberg Businessweek*, March 3, 2008, www.businessweek.com/technology/content/feb2008/tc20080303_000743.htm (accessed December 12, 2014).

71 TripAdvisor, "Welcome to TripAdvisor's Widget Center," www.tripadvisor.com/ Widgets (accessed December 12, 2014).

72 Melissa S. Barker, Donald I. Barker, Nicholas F. Bormann, Mary Lou Roberts, and Debra Zahay, *Social Media Marketing: A Strategic Approach*, 2nd ed. (Mason, OH: Cengage Learning, 2017).

73 Matt McGee, "As Google Analytics Turns 10, We Ask: How Many Websites Use It?" Marketing Land, November 12, 2015, http://marketingland.com/as-google-analytics-turns-10-we-ask-how-many-websites-use-it-151892(accessed March 5, 2017).

74 Facebook, "Infusionsoft: Facebook Ads CaseStudy," https://www.facebook.com/business/success/infusionsoft (accessed March 10,2019).

75 "By Tailoring the Features of Google Analytics, LunaMetrics Helps PBS Increase both Conversions and Visits by 30%," *Google Analytics*, https://static.googleusercontent.com/media/www.google.com/en//intl/pt_ALL/analytics/customers/pdfs/pbs.pdf(accessed March 24, 2017).

76 Quentin Hardy, "Google Introduces Productsthat Will Sharpen Its Ad Focus," *The New York Times*, March 15, 2016, https://www.nytimes.com/2016/03/16/technology/googleintroduces-products-that-will-sharpen-its-adfocus.html (accessed March 24, 2017).

77 Internet Live Stats, "Internet Users," www.internetlivestats.com/internet-users/ (accessed March 10, 2019).

78 Sonja Gensler, Franziska Volckner, Yuping Liu-Thompkins, and Caroline Wiertz, "Managing Brands in the Social Environment," *Journal of Interactive Marketing* 27, 4 (2013): 242–256.

79 Emily Orofino, "Can This Genius Beauty Brand Crowdsource the Next Big Thing?" *POPSUGAR*, July 10, 2016, https://www-popsugar.com/beauty/Volition-Beauty-Custom-Made-Beauty-Products-41873521(accessed March 25, 2017).

80 Maghan McDowell, "More Merchants to Add 'Shop' Section on Facebook Page," *WWD*, April 14, 2016, http://wwd.com/business-news/media/more-merchantsto-add-shop-section-on-facebookpage-10410194/ (accessed March 25, 2017).

81 Sarah Perez, "AmazonFresh Drops to $14.99per Month for Prime Members," *TechCrunch*, October 6, 2016, https://techcrunch.com/2016/10/06/amazonfresh-drops-to-14-99-per-month-for-prime-members/ (accessed March 5, 2017).

82 Emma Sopadjieva, Utpal M. Dholakia, and Beth Benjamin, "A Study of 46,000 Shoppers Shows that Omnichannel Retailing Works," *Harvard Business Review*, January 3, 2017, https://hbr.org/2017/01/a-study-of-46000-shoppers-shows-that-omnichannel-retailing-works (accessed March 5, 2017).

83 Cheryl Wischhover, "How ColourPop Became the Most Popular (and Most Mysterious) Beauty Brand on the Internet," *Fashionista*, January 22, 2016, http://fashionista.com/2016/01/colourpopinstagram-beauty (accessed March 5, 2017).

84 Lindsay Kolowich, "14 of the Best Brands on Instagram Right Now," *HubSpot*, February 21, 2017, https://blog.hubspot.com/marketing/instagram-best-brands#sm.000009ty2hnlotct2w4p7tr8o6gpc (accessed April 1, 2017).

85 IAB Internet Advertising Revenue Report, PwC, May 2018, p 2.

86 Shawn D. Baron, Caryn Brouwer, and Amaya Garbayo, "A Model for Delivering Branding Value through High-Impact Digital Advertising," *Journal of Advertising Research* 54 (3), September 2014, 286–291.

87 Alistair Barr, "Google Earnings: What to Watch," *The Wall Street Journal*, April 16, 2014, http://blogs.wsj.com/digits/2014/04/16/google-earnings-what-to-watch-4/ (accessed January 7, 2015); Conor Dougherty, "Analysts Ask What's Next for Google?" *The New York Times*, October 16, 2014, www.nytimes.com/2014/10/17/technology/googlesearch-ad-growth-slows.html (accessed January 7, 2015).

88 Amy Gesenhues, "Facebook Ad Revenue Tops $16.6 Billion, Driven by Instagram Stories," *MarTech Today*, January 31, 2019, https://martechtoday.com/despite-ongoingcriticism-facebook-generates-16-6-billionin-ad-revenue-during-q4-up-30-yoy-230261(accessed March 10, 2019).

89 Adam Levy, "Will Stories Ads Ever Catch Up to Feed Ads?" *The Motley Fool*, February 28, 2019, https://www.fool.com /investing/2019/02/28/will-stories-ads-evercatch-up-to-feed-ads.aspx (accessed March10, 2019).

90 Cotton Delo, "Facebook Wants to Turn 25 Million Small Businesses into Advertisers," *Advertising Age*, April 7, 2014, http://adage .com/article/digital/facebook-turn-smallbusinesses-advertisers/292495/ (accessed January 7, 2015).

91 "FTC Cracking Down on Social Influencers' Labeling of Paid Promotions," *AdAge*, August 5, 2016, http://adage.com/article /digital/ ftc-cracking-social-influencerslabeling-promotions/305345/ (accessed March 5, 2017).

92 Tim Peterson, "'So Much Questionable Content': Advertisers Want Better Brand- Safety Tools for Facebook Video Ads," *Digiday*, January 18, 2019, https://digiday.com/marketing/advertisers-better-brandsafety-tools-facebook-video-ads/ (accessed March 10, 2019).

93 Nat Ives, "AT&T Joins Latest Brand Pullback from YouTube Over 'Unsafe' Content," *The Wall Street Journal*, February 21, 2019, https://www.wsj.com/articles/at-t-joins-latest-brand-pullbackfrom-youtube-over-unsafe-content-11550778819 (accessed March 10, 2019).

94 Aruna Viswanatha and Robert McMillan, "Yahoo Faces SEC Probe Over Data Breaches," *The Wall Street Journal*, January 23, 2017, A1.

95 O. C. Ferrell, "Broadening Marketing's Contribution to Data Privacy," *Journal of the Academy of Marketing Science* 43 (2) March 2017.

96 Cecilia Kang, "Bill Would Curb Tracking of and Advertising to Children on Internet," *The Washington Post*, November 14, 2013, www.washingtonpost.com/business/technology/bills-would-curb-tracking-of-andadvertising-to-children-oninternet/2013/11/14/dee03382-4d58-11e3-ac54-aa84301ced81_story.html (accessed January 20, 2016); Anne Flaherty, "Senate Chairman Calls for 'Do Not Track' Bill," *Yahoo! News*, April 24, 2013, phys.org /news/2013-04-senate-chairman-track-bill.html (accessed January 20, 2016).

97 Bree Fowler, "FTC Fines Owners of TikTok App $5.7 Million for Illegal Collection of Children's Data," *Consumer Reports*, February 27, 2019, https://www.consumerreports.org/privacy/ftc-finestiktok-for-illegal-collection-of-childrensdata/(accessed March 10, 2019).

98 Jesse Brody, "Terms and Conditions," *Marketing News*, November 2014, 34–41.

99 Will Bourne, "Birth of the Resistance," *Inc.*, July/August 2014, 24–32, 110.

100 Jesse Brody, "Terms and Conditions," *Marketing News*, November 2014, 34–41.

101 Elizabeth Weise, "Sony Hack Leaves Intriguing Clues," *USA Today*, December 4, 2014, 1B.

102 Ben Rossen, "Ransomware—A Closer Look," *Federal Trade Commission*, November 10, 2016, https://www.ftc.gov/news-events/blogs / business-blog/2016/11/ransomware-closerlook (accessed March 25, 2017).

103 Sarah Needleman, "Social-Media Con Game," *The Wall Street Journal*, October 12, 2009, http://online.wsj.com/article/SB100014 24052748704471504574445502831219412.html (accessed December 12, 2014).

104 Elizabeth Weise, "Consumers Have to Protect Themselves Online," *USA Today*, May 22, 2014, 1B.

105 "Pirate Bay Sets Sail Again after Servers Raided in Sweden Are Migrated to New Base in Ukraine," *KOAM TV*, January 7, 2015, www.koamtv.com/story/27783382/pirate-bay-sets-sail-again-after-serversraided-in-sweden-are-migrated-to-new-basein-ukraine (accessed January 7, 2015).

106 Business Software Alliance, "Seizing Opportunity through License Compliance," *BSA*, 2016, http://globalstudy.bsa.org/2016/ (accessed March 29, 2017).

107 Aubry R. Fowler III, Barry J. Babin, and May K. Este, "Burning for Fun or Money: Illicit Consumer Behavior in a Contemporary Context," presented at the Academy of Marketing Science Annual Conference, May 27, 2005, Tampa, FL.

108 Kevin Shanahan and Mike Hyman, "Motivators and Enablers of SCOURing: A Study of Online Piracy in the US and UK," *Journal of Business Research* 63 (2010): 1095–1102.

109 Erica E. Phillips, "U.S. Officials Chase Counterfeit Goods Online," *The Wall Street Journal*, November 28, 2014, www.wsj.com/articles/u-s-officials-chase-counterfeitgoods-online-1417217763 (accessed December 10, 2014).

110 "JD.com Delivering the Future of Shopping," YouTube, January 5, 2019, https://www.youtube.com/watch?v=sJmIqA3TPrg (accessed May 28, 2019); "JD.com: Everything You Need to Know About China's Largest Retailer," YouTube, October 12, 2018, https://www.youtube.com/watch?v=0v5Ffok7It4&feature=youtu.be (accessed May 28, 2019); Yuan Yang and Christian Shepherd, "JD.com Returns to Profits as Margins Widen," *Financial Times*, May 10, 2019, https://www.ft.com/content/82197b42-7316-11e9-bbfb-5c68069fbd15 (accessed May 28, 2019); JD.com, "JD Leverages Omni-Channel Capabilities to Grow Automotive Aftermarket Business," March 14, 2018, https://jdcorporateblog.com/jd-leverages-omni-channel-capabilitiesto-grow-automotive-aftermarket-business/(accessed May 28, 2019); Liesbeth Mortier, "JD.com to Launch 1,000 Stores Per Day," *Retail Detail*, April 17, 2018, https://www.retaildetail.eu/en/news/general/jdcom-launch-1000-stores-day (accessed May 28, 2019).

Chapter 8

1 Based on information in Matthew Townsend, "Barbie Is on a Roll: The Good News From Mattel's Dismal Quarter," *Bloomberg,* July 26, 2018, www.bloomberg.com/news/articles/2018-07-26/barbie-is-rollingthe-good-news-from-mattel-s-dismalquarter (accessed January 4, 2019); CarlyMallenbaum, "Barbie in 2018 and Beyond:How the Doll Is Getting More 'Inclusive'," *USA Today,* April 25, 2018, www.usatoda.com/story/life/entertainthis/2018/04/25/tiny-shoulders-rethinking-barbie-huludocumentary-curvy-doll/540663002/ (accessed January 4, 2019); "Not Your Mother's Barbie: How Mattel's New Dolls Aspire to Inspire," *Knowledge@Wharton,* March 29, 2018, http://knowledge.wharton.upenn.edu/article/not-your-mothers-barbiehow-mattels-new-dolls-aspire-to-inspire/(accessed January 4, 2019); www.mattel.com.

2 "Drury Hotels Earns 13th-Consecutive J.D. Power Award, Sets Record," Drury Hotels, press release, July 24, 2018, https://druryhotels.com/about/pressreleases/JDPower2018 (accessed October 24, 2018).

3 Sue Gleiter, "McDonald's Launches Line of 'Signature Crafted' Sandwiches with Higher-End Ingredients," *PennLive*, May 1, 2017, http://www.pennlive.com/food/index.ssf/2017/05/mcdonalds_signature_crafted.html (accessed October 25, 2018); "Here's How McDonald's Is Now Seeking to Attract Millennials," *Forbes*, November 17, 2016, http://www.forbes.com/sites/greatspeculations/2016/11/17/heres-howmcdonalds-is-now-seeking-to-attractmillennials/#1d1312862d09 (accessed October 25, 2018).

4 Ramish Zafar, "Taiwan Dominates iPhone X Supply List with 42 Countries, US Second and China Fourth Reveals Detailed Study," *WCCFTech*, December 21, 2017, https://wccftech.com/apple-supplier-breakdowntaiwan-ranks-first/ (accessed October 25, 2018).

5 William P. Putsis Jr. and Barry L. Bayus, "An Empirical Analysis of Firms' Product Line Decisions," *Journal of Marketing Research* 38, 1 (2001): 110–118.

6 "Agriculture," John Deere & Co. website, https://www.deere.com/en_US/industry/agriculture/agriculture.page (accessed October 26, 2018).

7 Michael D. Johnson, Andreas Herrmann, and Frank Huber, "Evolution of Loyalty Intentions," *Journal of Marketing* 70, 2 (2006): 122–132.

8 Jennifer Kaplan, "PepsiCo Takes on LaCroix in Sparkling-Water Battle," *Bloomberg*, February 8, 2018, https://www.bloomberg.com/news/articles/2018-02-08/pepsico-takeson-lacroix-as-sparkling-water-battle-gathersfizz(accessed October 26, 2018).

9 Richard L. Gruner, Christian Homburg, and

Bryan A. Lukas, "Firm-Hosted Online Brand Communities and New Product Success," *Journal of the Academy of Marketing Science*, 42, 1 (2014): 29–48.

10 Joan Schneider and Julie Hall, "Why Most Product Launches Fail," *Harvard Business Review*, April 2011, https://hbr.org/2011/04/why-most-product-launches-fail (accessed October 26, 2018).

11 Jonathan Vanian, "Why Google Thinks Its New Pixel Slate Will Win the Shrinking Tablet Market," *Fortune*, October 9, 2018, http://fortune.com/2018/10/09/google-pixelslate-tablet/ (accessed October 26, 2018).

12 Jordan Valinsky, "McDonald's Removing Artificial Additives from Its Burgers," *CNN*, September 27, 2018, https://money.cnn.com/2018/09/27/news/companies/mcdonalds-artificial-ingredients/index.html (accessed October 26, 2018).

13 Adapted from Everett M. Rogers, *Diffusion of Innovations* (New York: Macmillan, 1962): 81–86.

14 Arch G. Woodside and Wim Biemans, "Managing Relationships, Networks, and Complexity in Innovation, Diffusion, and Adoption Processes," *Business & Industrial Marketing* 20, 7 (2005): 335–338.

15 Rogers, *Diffusion of Innovations*, 247–250.

16 "Common Language in Marketing," American Marketing Association, http://www.marketing-dictionary.org/Brand (accessed October 29, 2018).

17 Warren Church, "Investment in Brand Pays Large Dividends," *Marketing News*, November 15, 2006, 21.

18 Ana Lucia Murillo, "Applebee's Gives Up on Millennials after Failed Rebranding Efforts," *NPR*, August 15, 2017, https://www.npr.org/sections/thesalt/2017/08/15/543707953/applebeesditches-millennials (accessed October 29, 2018).

19 Rosellina Ferraro, Amna Kirmani, and Ted Matherly, "Look At Me! Look At Me! Conspicuous Brand Usage, Self-Brand Connection, and Dilution," *Journal of Marketing Research* 50, 4 (2013): 477–488.

20 C. D. Simms and P. Trott, "The Perception of the BMW Mini Brand: The Importance of Historical Associations and the Development of a Model," *Journal of Product & Brand Management* 15, 4 (2006): 228–238.

21 Douglas Holt, "Branding as Cultural Activism," from *How Brands Become Icons: The Principle of Cultural Branding* (Boston: Harvard Business School Press, 2004).

22 Nigel Hollis, "Branding Unmasked," *Marketing Research* 17, 3 (2005): 24–29.

23 David A. Aaker, *Managing Brand Equity: Capitalizing on the Value of a Brand Name* (New York: Free Press, 1991): 16–17.

24 Don E. Schulz, "The Loyalty Paradox: What Is Brand Loyalty after All?" *Marketing Management* 14, 5 (2005): 10–11.

25 "2018 Brand Keys Customer Loyalty Engagement Index," Brand Keys, http://brandkeys.com/wp-content/uploads/2018/01/2018-Category-WinnerstableFINAL.pdf (accessed October 24, 2018).

26 Mitchell C. Olsen, Rebecca J. Slotegraaf, and Sandeep R. Chandukala, "Green Claims and Message Frames: How Green New Products Change Brand Attitude," *Journal of Marketing*, 78, 5 (2014): 119–137.

27 "Who Makes the Most Reliable Cars?" *Consumer Reports*, October 24, 2018, https://www.consumerreports.org/carreliability-owner-satisfaction/who-makesthe-most-reliable-cars/ (accessed October 29, 2018).

28 Simone M. de Droog, Patti M. Valkenburg, and Moniek Buijzen, "Using Brand Characters to Promote Young Children's Liking of and Purchase Requests for Fruit," *Journal* of Health Communication: International *Perspectives* 26, 1 (2010): 79–89.

29 Elaine Watson, "Nielsen on Private Label: We've Seen a Complete Reversal in Growth Trajectory Compared to Manufacturer Branded Items," *Food Navigator USA*, April 5, 2018, https://www.foodnavigator-usa.com/Article/2018/04/05/Nielsen-on-private-label-We-ve-seen-acomplete-reversal-in-growth-trajectorycompared-to-manufacturer-branded-items#(accessed October 30, 2018).

30 Chiranjeev S. Kohli, Katrin R. Harich, and Lance Lethesser, "Creating Brand Identity: A Study of Evaluation of New Brand Names," *Journal of Business Research* 58, 11 (2005): 1506–1515.

31 Richard R. Klink, and Gerard A. Athaide, "Creating Brand Personality with Brand Names," *Marketing Letters*, 23, 1 (2012): 109–117.

32 Sophia Yan, "What's in a Brand Name? In China, Everything," *CNN Money*, September 7, 2015, http://money.cnn.com/2015/09/07/news/foreign-firms-china-branding/(accessed October 30, 2018).

33 Dorothy Cohen, "Trademark Strategy," *Journal of Marketing* 50, 1 (1986): 63.

34 Chiranjeev Kohli and Rajheesh Suri, "Brand Names That Work: A Study of the Effectiveness of Different Brand Names," *Marketing Management Journal* 10, 2 (2000): 112–120.

35 Wade Shephard, "Meet the Man Fighting America's Trade War Against Chinese Counterfeits (It's Not Trump)," *Forbes*, March 29, 2018, https://www.forbes.com/sites/wadeshepard/2018/03/29/meet-theman-fighting-americas-trade-war-againstchinese-counterfeits/#771be0b1c0d6 (accessed October 30, 2018).

36 Michelle Herrmann, "Shinola Opens Shinola Hotel in Detroit," *Forbes*, January 2, 2019, https://www.forbes.com/sites/micheleherrmann/2019/01/02/shinola-openshotel-in-downtown-detroit/#32be879558b4 (accessed January 3, 2019).

37 Shantini Munthree, Geoff Bick, and Russell Abratt, "A Framework for Brand Revitalization," *Journal of Product & Brand Management* 15, 3 (2006): 157–167.

38 Kaleel Rahman and Charles S. Areni, "Generic, Genuine, or Completely New? Branding Strategies to Leverage New Products," *Journal of Strategic Marketing*, 22, 1 (2014): 3–15.

39 Chris Pullig, Carolyn J. Simmons, and Richard G. Netemeyer, "Brand Dilution: When Do New Brands Hurt Existing Brands?" *Journal of Marketing* 70, 2 (2006): 52–66.

40 "Hilton and American Express Celebrate New Co-Branded Credit Cards with Special Bonus Offers and Experience," Hilton, press release, January 30, 2018, http://newsroom.hilton.com/hiltonhonors/news/hiltonand-american-express-celebrate-newcobranded-credit-cards-with-special-bonusoffers-and-experience (accessed October 30, 2018).

41 "Baskin-Robbins Launches Dunkin Donuts Coffee Inspired Ice Cream Flavors in Grocers' Freezers Across the Country," Baskin-Robbins, press release, April 17, 2018, https://news.baskinrobbins.com/news/baskin-robbins-launches-dunkin-donutscoffee-inspired-ice-cream-flavors-in-grocersfreezers-across-the-country (accessed January 4, 2019).

42 Pamela DeLoatch, "Survey: Packaging, Labeling Determine Whether a Shopper Buys a Product," *FoodDive*, January 4, 2018, https://www.fooddive.com/news/surveypackaging-labeling-determine-whether-ashopper-buys-a-product/513919/ (accessed October 31, 2018).

43 "SC Johnson Accelerates Progress Boosting Plastic Recycling and Reuse," SC Johnson, press release, October 28, 2018, https://www.prnewswire.com/news-releases/sc-johnson-accelerates-progress-boostingplastic-recycling-and-reuse-300739179.html (accessed October 31, 2018).

44 Nathaniel Meyersohn, "Tide in a Box Is Coming to Amazon for Easier Shipping," *CNN*, November 12, 2018, https://www.cnn.com/2018/11/10/business/tide-laundrydetergent-procter-and-gamble/index.html (accessed January 4, 2019).

45 Jenni Spinner, "Detergent Takes a Fresh Approach to Traditional Packaging," *Packaging Digest*, August 20, 2018, https://www.packagingdigest.com/packagingdesign/detergent-takes-a-fresh-approach-totradition-al-packaging-2018-08-20 (accessed October 31, 2018).

46 "Iconic Animal Cracker Box Gets Redesign after Pressure from PETA," *New York Post*, August 21, 2018, https://nypost .com/2018/08/21/iconic-animal-crackerbox-gets-redesign-after-pressure-from-peta/(accessed October 31, 2018).

47 "Laundry," Seventh Generation, http://www.seventhgeneration.com/laundry-detergent(accessed October 31, 2018).

48 Kimberly Janeway, "Laundry Pod Makers Are Facing More Pressure to Make Packaging Safer," *Consumer Reports*, February 7, 2018, https://www.consumerreports.org/laundry-detergents/new-york-proposes-law-for-pod-packaging/ (accessed October 31, 2018); Barrett J. Brunsman, "P&G Redesigns Packaging, Launches New Ad Campaign As Poison Concerns Mount," *Cincinnati Business Courier*, April 21, 2016, http://www.bizjournals.com/cincinnati/news/2016/04/21/p-g-redesigns-packaging-launches-new-adcampaign.html (accessed October 31, 2018); Serena Ng, "P&G, Other Laundry Pod Makers Agree to New Safety Standards," *The Wall Street Journal*, September 4, 2015, http://www.wsj.com/articles/p-g-other-laundry-pod-makersagree-to-new-safety-standard-1441397456 (accessed October 31, 2018).

49 Stack Wine website, http://drinkstack.com/ (accessed October 31, 2018); Steve Ferree, "Take Stack Wine with You for International Picnic Day," *Examinor.com*, June 7, 2015, http://www.examiner.com/article/take-stack-wine-with-you-forinternational-picnic-day (accessed February 26, 2016).

50 Valerie Folkes and Shashi Matta, "The Effect of Package Shape on Consumers' Judgments of Product Volume: Attention as a Mental Contaminant," *Journal of Consumer Research* 31, 2 (2004): 390.

51 DeLoatch, "Survey: Packaging, Labeling Determine Whether a Shopper Buys a Product."

52 Lisa McTigue Pierce, "How Rothbury Farms Labels Its Award-Winning Croutons," *Packaging Digest*, October 25, 2018, https://www.packagingdigest.com/labeling/howrothbury-farms-labels-its-award-winningcroutons-2018-10-25 (accessed October 31, 2018).

53 Federal Trade Commission, "Made in USA," https://www.ftc.gov/tips-advice/businesscenter/advertising-and-marketing/made-inusa (accessed October 31, 2018).

54 Based on information in: Joseph Hincks, "Meet the Founder of Impossible Foods, Whose Meat-Free Burgers Could Transform the Way We Eat," *Time*, April 23, 2018, http://time.com/5247858/impossible-foodsmeat-plant-based-agriculture/; Eustance Huang, "The Meatless 'Impossible Burger' Makes Its First Foray Outside the US," *CNBC*, April 19, 2018, https://www.cnbc.com/2018/04/19/the-meatless-impossible-burger-makes-its-first-foray-outside-the-us.html; Christina Troitino, "Impossible Foods Brings Its 'Bleeding' Veggie Burgers to White Castle," *Forbes*, April 12, 2018, https://www.forbes.com/sites/christinatroitino/2018/04/12/impossible-foods-brings-its-bleeding-veggie-burgers-to-white-castle/#ea79eb850927;www.impossiblefoods.com/; video:"The Strange Science of the Impossible Burger," *Wired*, September 20, 2017, www.youtube.com/watch?v=nIiLqNQOgPA&t=1s&list=PLibNZ-v5Zd0dxcjS2fN-z6Pes82V0jeRHr&index=11.

Chapter 9

1 Based on information in Robert Klara, "How Away Shook Up the Sleepy Luggage Market with a Simple, Colorful Carry-On," *Adweek*, September 23, 2018, www.adweek.com/brand-marketing/how-away-shook-upthe-sleepy-luggage-market-with-a-simplecolorful-carry-on/ (accessed January 9, 2019); Cathaleen Chen, "Away Raises $50 Million to Build a Better Carry-On Bag," *Business of Fashion*, June 28, 2018, www.businessoffashion.com/articles/newsanalysis/away-raises-50-million-in-series-cfunding-after-reaching-profitability (accessed January 9, 2019); Elizabeth Segran, "Up, Up, and Away: the Luggage Upstart Taking on Industry Giants," *Fast Company*, July 2, 2018, www.fastcompany.com/40590583/up-up-andaway-the-luggage-upstart-taking-on-industrygiants (accessed January 9, 2019); www.awaytravel.com (accessed January 9, 2019).

2 Leanna Garfield, "American Fast Food as We Know It Is Dying—and Healthier Chains May Be Replacing It," *Business Insider*, November 15, 2017, https://www.businessinsider.com/future-of-fast-foodhealthy-affordable-2017-11 (accessed November 2, 2018).

3 Nathaniel Meyersohn, "Chocolate, Cinnamon, and Unicorns: Inside the Last-Ditch Effort to Save Sugary Cereals," *CNN*, May 23, 2018, https://money.cnn.com/2018/05/23/news/companies/kellogg-froot-loops-frostedflakes-cereal/index.html (accessed November 2, 2018).

4 "Pirate's Booty Line Extension," *Progressive Grocer*, March 14, 2017, https://progressivegrocer.com/pirates-booty-lineextensions (accessed November 2, 2018).

5 Robert E. Carter and David J. Curry, "Perceptions versus Performance When Managing Extensions: New Evidence about the Role of Fit between a Parent Brand and an Extension," *Journal of the Academy of Marketing Science* 4, 2 (2013): 253–269.

6 Jordan Valinsky, "McDonald's Removing Artificial Additives from Its Burgers," *CNN*, September 27, 2018, https://money.cnn.com/2018/09/27/news/companies/mcdonalds-artificial-ingredients/index.html (accessed November 2, 2018).

7 Nick Kurczewski, "Chevrolet's Big Bet: The Larger, Lighter 2019 Silverado Pickup Truck," *Consumer Reports*, January 15, 2018, https://www.consumerreports.org/pickuptrucks/2019-chevrolet-silverado-pick-up-truckpreview/(accessed November 2, 2018).

8 Scott Anthony, "Kodak's Downfall Wasn't About Technology," *Harvard Business Review*, July 15, 2016, https://hbr.org/2016/07/kodaks-downfall-wasnt-abouttechnology(accessed January 8, 2019).

9 "Buddy: The First Companion Robot," Blue Frog Robotics, http://www.bluefrogrobotics.com/en/buddy/ (accessed November 5, 2018).

10 Isis Almeida and Corinne Gretler, "Don't Call It Pink Chocolate," *Bloomberg*, September 5, 2017, https://www.bloomberg.com/news/articles/2017-09-05/chocolate-gets-firstaddition-to-color-palette-in-80-years-ruby(accessed November 5, 2018).

11 Daphne Howland, "What Dollar Shave Club Says About the Future of Subscription Services," *Retail Dive*, November 6, 2017, https://www.retaildive.com/news/whatdollar-shave-club-says-about-the-future-of-subscription-services/509834/ (accessed November 5, 2018); Lanre Bakare, "The Best a Man Can Get? Dollar Shave Club, Harry's Lead Shaving's Young Turks," *The Guardian*, October 20, 2015, http://www.theguardian.com/fashion/2015/oct/20/dollar-shave-club-harrys-shaving-gillette-young-turks-razors(accessed February 15, 2017); Dollar ShaveClub, https://www.dollarshaveclub.com/(accessed November 5, 2018).

12 Saabira Chaudhuri, "H&M Pivots to Big Data to Spot Next Big Fast-Fashion Trends," *The Wall Street Journal*, May 7, 2018, https://www.wsj.com/articles/h-m-pivotsto-big-data-to-spot-next-big-fast-fashiontrends-1525694400 (accessed April 8, 2019).

13 Christoph Fuchs and Martin Schreier,"-Customer Empowerment in New Product Development," *Journal of Product Innovation Management* 28, 1 (2011): 17–31.

14 Arina Soukhoroukova, Martin Spann, and Bernd Skiera, "Sourcing, Filtering, and Evaluating New Product Ideas: An Empirical Exploration

of the Performance of Idea Markets," *Journal of Product Innovation Management* 29, 1 (2012): 100–112.

15 Fuchs and Schreier, "Customer Empowerment in New Product Development."

16 Madison Flager, "Exclusive: Lay's Debuts Its Next Potato Chip Flavor," *Delish*, October 10, 2017, http://www.delish.com/food-news/news/a56027/2017-lays-next-new-potatochip-flavor/ (accessed November 5, 2018).

17 Procter & Gamble, Connect + Develop website, http://www.pgconnectdevelop.com/ (accessed November 5, 2018).

18 Kaleidoscope, http://kascope.com/ (accessed November 5, 2018).

19 Kevin J. Ryan, "An Exclusive Look Inside Shake Shack's New NYC Headquarters and Test Kitchen," *Inc.*, September 14, 2018, https://www.inc.com/kevin-j-ryan/inside-shake-shack-new-office-restaurantin-novation-kitchen.html (accessedNovember 5, 2018).

20 Suzie Dundas, "Three Years of Prototyping Led to This Beach Chair's Multimillion Dollar Funding," *Forbes*, October 11, 2018, https://www.forbes.com/sites/suziedundas/2018/10/11/three-years-ofpro-totyping-led-to-this-beach-chairs-multimil-lion-dollar-funding/#6f986e091ab2 (accessed November 5, 2018).

21 JoAndrea Hoegg and Joseph W. Alba, "Seeing Is Believing (Too Much): The Influence of Product Form on Perceptions of Functional Performance," *Journal of Product Innovation Management* 28, 3 (2011): 346–359.

22 Nancy Luna, "Chipotle to Test Bacon, Nachos, Late-Night $2 Menu," *Nation's Restaurant News*, August 9, 2018, https://www.nrn.com/fast-casual/chipotle-testbacon-na-chos-late-night-2-menu (accessed November 6, 2018).

23 Roger J. Calantone and C. Anthony Di Benedetto, "The Role of Lean Launch Execution and Launch Timing on New Product Performance," *Journal of the Academy of Marketing Science* 40, 4 (2012): 526–538.

24 "Benchmarks by Company: Personal Care and Cleaning Products," American Customer Satisfaction Index, https://www.theacsi.org/index.php?option=com_content&view=arti-cle&id=149&catid=&Itemid=214&i=Person-al+Care+and+Cleaning+Products (accessed November 7, 2018).

25 "Benchmarks by Company: Consumer Shipping," American Customer Satisfaction Index, https://www.theacsi.org/index.php?op-tion=com_content&view=article&id=149&-catid=&Itemid=214&i=Consumer+Shipping (accessed November 7, 2018).

26 Jess Ekstrom, "Why Your Business Should Be More Like Trader Joe's," *Entrepreneur*, April 3, 2018, https://www.entrepreneur.com/article/309701 (accessed November 7, 2018); Jeanne Bliss, "Trader Joe's Customer Experience Obsession," *1 to 1*, May 24, 2012, www.1to1media.com/weblog/2012/05/trad-er_joes_customer_experienc.html (accessed November 7, 2018).

27 Marco Bertini, Elie Ofek, and Dan Ariely, "The Impact of Add-On Features on Consumer Product Evaluations," *Journal of Consumer Research* 36, 1 (2009): 17–28.

28 Neeru Paharia, Jill Avery, and Anat Keinen, "Positioning Brands against Large Competitors to Increase Sales," *Journal of Marketing Research* 51, 6 (2014): 647–656.

29 Peter Romeo, "Dunkin' Plans to Drop 'Donuts'," *Restaurant Business*, September 25, 2018, https://www.restaurantbusinessonline.com/marketing/dunkin-plans-drop-donuts (accessed November 7, 2018).

30 Jackie Wattles, "The Last Volkswagen Beetle Will Roll off the Line Next Year," *CNN*, September 13, 2018, https://money.cnn.com/2018/09/13/news/companies/volkswa-gen-beetle/index.html (accessed November 7, 2018).

31 Alexander Coolidge, "P&G Bids Beauty Care Adieu This Week," *Cincinnati Enquirer*, September 24, 2016, http://www.cincinnati.com/story/money/2016/09/24/pg-bidsbeauty-care-adieu-week/90408548/ (accessed November 8, 2018).

32 The information in this section is based on Hoffman and Bateson, *Services Marketing: Concepts, Strategies, and Cases* (Mason, OH: Cengage Learning, 2011): 57; Valarie A. Zeithaml, A. Parasuraman, and Leonard L. Berry, *Delivering Quality Service: Balancing Customer Perceptions and Expectations* (New York: Free Press, 1990).

33 K. Sivakumar, Mei Li, and Beibei Dong, "Service Quality: The Impact of Frequency, Timing, Proximity, and Sequence of Failures and Delights," *Journal of Marketing* 78, 1 (2014): 41–58.

34 J. Paul Peter and James H. Donnelly, *A Preface to Marketing Management* (Burr Ridge, IL: Irwin/McGraw-Hill, 2011).

35 Tim Nudd, "10 Things We Learned About Wendy's Twitter from Its Reddit AMA," *Adweek*, December 15, 2017, http://www.adweek.com/creativity/10-things-we-learned-about-wendys-twitter-from-its-reddit-ama/ (accessed November 8, 2018).

36 Michael Giebelhausen, Stacey G. Robinson, Nancy J. Sirianni, and Michael K. Brady, "Touch Versus Tech: When Technology Functions as a Barrier or a Benefit to Service Encounters," *Journal of Marketing* 78, 4 (2014): 113–124.

37 Michael D. Hartline and O. C. Ferrell, "Service Quality Implementation: The Effects of Organizational Socialization and Managerial Actions on Customer Contact Employee Behavior," *Marketing Science Institute Report*, no. 93–122 (Cambridge, MA: Marketing Science Institute, 1993).

38 Shep Hyken, "How Southwest Airlines Keeps the Romance Alive with Its Customers," *Forbes*, March 18, 2018, https://www.forbes.com/sites/shephyken/2018/03/18/how-south-west-keeps-the-romancealive-with-its-custom-ers/#5b5d95a31656 (accessed November 8, 2018); Kare Anderson, "The Priceless Power of Socially Empowered Employees," *Forbes*, August 11, 2013, http://www.forbes.com/sites/kareanderson/2013/08/11/3000/ (accessed November 8, 2018).

39 Hoffman and Bateson, *Services Marketing: Concepts, Strategies, and Cases*, 69–70.

40 Hoffman and Bateson, *Services Marketing: Concepts, Strategies, and Cases*, 163.

41 Ken Storey, "Disney World Shifts to Date-Specific, Demand-Based Pricing for All Tickets," *Orlando Weekly*, September 25, 2018, https://www.orlandoweekly.com/Blogs/ar-chives/2018/09/25/disney-worldshifts-to-date-specific-demand-basedpricing-for-all-tickets (accessed November 8, 2018).

42 Samuel Stebbins, Evan Comen, Michael B. Sauter, and Charles Stockdale, "Bad Reputation: America's Top 20 Most-Hated Companies," *USA Today*, February 1, 2018, https://www.usatoday.com/story/money/business/2018/02/01/bad-reputation-americas-top-20-most-hated-companies/1058718001/ (accessed November 9, 2018); Danielle Muoio, "That Comcast Customer Service Rep Wasn't Going Rogue," *Bloomberg Businessweek*, July 18, 2014, http://www.businessweek.com/articles/2014-07-18/thatcomcast-custom-er-service-rep-wasnt-goingrogue (accessed November 9, 2018).

43 Ed Rensi, "McDonald's Says Goodbye to Cashiers, Hello Kiosks," *Forbes*, July 11, 2018, https://www.forbes.com/sites/edren-si/2018/07/11/mcdonalds-says-goodbyeca-shiers-hello-kiosks/#644abec76f14 (accessed November 9, 2018).

44 David Henry, "What's Zelle? Banks Hope the Commercials Get Customers to Notice the App," *Los Angeles Times*, January 29, 2018, https://www.reuters.com/article/us-usa-banks-payments-zelle/whats-zelle-banks-hope-commercials-get-customersto-no-tice-the-app-idUSKBN1FI0GB (accessed November 9, 2018); Zelle on YouTube, https://www.youtube.com/channel/UCB1MzN-

2pFtOWKbd0Cks-Uyg/videos (accessed November 9, 2018).

45 Ellen Chisa, "Evolution of the Product Manager," *Communications of the ACM* 57, 11 (2014) 48–52.

46 Cutco, "The Cutco Story," https://www.cutco.com/ (accessed August 1, 2018); Dan Miner, "Long an Olean Anchor, Cutco Corp. Keeps Growing," *Buffalo Business First*, May 4, 2018, https://www.bizjournals.com/buffalo/news/2018/05/04/long-anolean-anchor-cutco-corp-keeps-growing.html (accessed August 1, 2018); Bob Clark, "New, Former Cutco Heads Look to the Future," *Olean Times Herald*, December 3, 2017, http://www.oleantimesherald.com/news/new-former-cutco-heads-look-tothe-future/article_a7675356-d7d6-11e7-82da-3b9402086723.html (accessed August 1, 2018); John S. McClenahen, "The Cutting Edge: Cutco Cutlery Corp. Manufactures Knives in the United States to Maintain Quality and Flexibility," *Industry Week* 255.4 P. 11, April 2006, http://link.galegroup. com/apps/doc/A145161140/ITOF?u=naal_aub&sid=ITOF&xid=6eb7ea52 (accessed August 1, 2018); Barbara E. Stefano, "Spotlight: Cutco Cutlery," *Feast*, December 4, 2013, http://www.feastmagazine.com/dine-out/spot-light/article_7814337e-5d39-11e3-909b-0019bb30f31a.html (accessed August 1, 2018); Kavita Kumar, "Cutco Sharpens Its Business by Adding Retail Stores," *St. Louis Post-Dispatch*, April 27, 2012, https://www.stltoday.com/business/local/cutco-sharpens-its-business-by-addingretail-\stores/article_707e846c-8fbc-11e1-a44a-0019bb30f31a.html (accessed August 1, 2018); Karen Dybis, "Knife Seller Aims to Keep an Edge," *The Detroit News*, April 12, 2013, https://advance.lexis.com/document/index?crid=fd685b54-4284-47df-bb22-421d70c-c90a1&pdpermalink=45f47ae0-2d07-4192-8256-e49ea25f-4f1b&pdmfid=1516831&pdisurlapi=true (accessed August 1, 2018).

Chapter 10

1 Based on information in Erik Johnson, "2019 Mercedes-Benz A-Class First Drive: Small Car, Big Tech," *Autoweek*, September 28, 2018, https://autoweek.com/article/carreviews/2019-mercedes-benz-class-first-drives-mall-car-big-tech#ixzz5TS6f4Urs (accessed January 17, 2019); Chris Velazco, "Mercedes' New, Affordable A-Class Sedan Is as Smart as It Is Sleek," *Engadget*, July 26, 2018, www.engadget.com/2018/07/26/mercedesa-class-sedan-2019-impressions/ (accessed January 17, 2019); Peter Valdes-Dapena, "Mercedes-Benz Is Trying to Get Cheap Luxury Cars Right," *CNN Money*, July 26, 2018, https://money.cnn.com/2018/07/26/autos/mercedes-benz-a-class/index.html (accessed January 17, 2019).

2 Nathaniel Meyersohn, "Planet Fitness Is Winning by Charging $10 a Month," *CNN*, January 12, 2018, http://money.cnn.com/2018/01/12/news/companies/planet-fitness/index.html?iid=hp-stack-dom (accessed November 14, 2018).

3 Walmart, "Walmart's Price Matching Policy," http://help.walmart.com/app/answers/detail/a_id/31/~/walmarts-price-matchingpolicy(accessed November 14, 2018).

4 "Grainger's Pricing Strategy Wins Over Investors," *Digital Commerce 360*, April 18, 2018, https://www.digitalcommerce360.com/2018/04/18/graingers-pricing-strategy-wins-over-investors/ (accessed November 15, 2018).

5 "The Profit Impact of Market Strategies (PIMS) Overview," The Strategic Planning Institute, http://pimsonline.com/about_pims_db.htm (accessed February 20, 2017).

6 "10 Outrageous Markups You'd Never Guess You Were Paying," *Reader's Digest*, June 21, 2018, https://www.rd.com/advice/saving-money/10-outrageous-markups-youd-never-guess-you-were-paying/ (accessed November 16, 2018).

7 *Dictionary of Marketing Terms*, American Marketing Association, https://www.ama.org/resources/Pages/Dictionary.aspx (accessed February 21, 2017).

8 Alexander Rusetski, Jonlee Andrews, and Daniel C. Smith, "Unjustified Prices: Environmental Drivers of Managers' Propensity to Overprice," *Journal of the Academy of Marketing Science* 42, 4 (2014): 452–469.

9 Rafi Mohammed, "The Psychology Behind the New iPhone's Four-Digit Price," *Harvard Business Review*, September 21, 2017, https://hbr.org/2017/09/the-psychology-behindthe-new-iphones-four-digit-price (accessed November 16, 2018).

10 "Costco's Kirkland Signature Alcohol Boosting Stores' Bottom Line in a Big Way," *Fox News*, March 17, 2017, http://www.foxnews.com/food-drink/2017/03/17/costcos-kirkland-signature-alcohol-boostingstores-bottom-line-in-big-way.html (accessed November 16, 2018).

11 Lizette Chapman, "Disney Raises Park Prices, Plans Fixed-Date Ticketing," *Bloomberg*, February 11, 2018, https://www.bloomberg.com/news/articles/2018-02-11/disney-raisespark-prices-weighs-plan-for-fixed-dateticketing (accessed November 19, 2018).

12 Uber Help, "What Is Dynamic Pricing?" Uber, https://help.uber.com/h/34212e8bd69a-4d8a-a923-095d3075b487 (accessed November 19, 2018).

13 Bill Snyder, "Report Analyzes Amazon's Dynamic Pricing Strategy," *CIO*, January 16, 2015, http://www.cio.com/article/2870961/consumer-technology/report-analyzesamazons-dynamic-pricing-strategy.html(accessed November 19, 2018).

14 Jan Wieseke, Sascha Alavi, and Johannes Habel, "Willing to Pay More, Eager to Pay Less: The Role of Customer Loyalty in Price Negotiations," *Journal of Marketing* 78, 6 (2014): 17–37.

15 Shu-Hao Chang and Kai-Yu Wang, "Investigating the Antecedents and Consequences of an Overall Store Price Image in Retail Settings," *Journal of Marketing* 22, 3 (2014): 299–314.

16 Shai Danziger, Liat Hadar, and Vicki G. Morwitz, "Retailer Pricing Strategy and Consumer Choice Under Price Uncertainty," *Journal of Consumer Research* 41 (2014): 761–774.

17 Sy Mukherjee, "Johnson & Johnson Is Dialing Down Crazy Drug Price Hikes," *Fortune*, February 27, 2017, http://fortune.com/2017/02/27/pharma-drug-price-hikes/(accessed November 19, 2018).

18 Michael Goldstein, "In Praise of Low- Fare Airlines," *Forbes*, April 29, 2019, https://www.forbes.com/sites/michaelgoldstein/2019/04/29/in-praise-oflow-fare-airlines/#397a80857fc7 (accessed April 30, 2019); "Norwegian Reports Record High Year-End Traffic Figures: Carried over 37 Million Passengers in 2018," Norwegian Air, press release, January 7, 2019, https://media.uk.norwegian.com/pressreleases/norwegian-reports-record-high-year-endtraffic-figures-carried-over-37-millionpassengers-in-2018-2820619 (accessed April 30, 2019); Michael Thomas, "Low Fares and Snack Fees—How No-Frills Favorite Norwegian Air Went Global," *Fast Company*, August 14, 2017, www.fastcompany.com/40401500/how-travelfavorite-norwegian-air-went-global-withlow-fares-and-snack-fees (accessed March 14, 2018); Tanya Powley and Richard Milne, "Investors Fret over Norwegian Air's Rapid Growth," *Financial Times*, December 8, 2017, www.ft.com/content/a013d226-daa8-11e7-a039-c64b1c09b482 (accessed March 14, 2018); Dan Reed, "Norwegian What? Little-Known Oslo-Based Discounter Is Disrupting Big Airlines' Profit Model," *Forbes*, November 7, 2017, https://www.forbes.com/sites/danielreed/2017/11/07/norwegian-what-little-known-oslo-baseddiscounter-is-disrupting-big-airlines-profitmodel/#6e2f402c1c30 (accessed March 14, 2018); www.norwegian.com (accessed March 14, 2018; April 30, 2019).

Chapter 11

1 Based on information in Stephen Singer, "Stanley Black & Decker Launches Revamped Craftsman Products," *Hartford Courant,* August 18, 2018, www.courant.com/business/hc-biz-stanley-craftsman-20180817-story.html (accessed January 21, 2019); Lauren Zumbach, "Stanley, Sears to Have Competing Craftsman Tool Brands," *Chicago Tribune*, August 20, 2018, www.chicagotribune.com/business/ct-biz-stanley-craftsman-toolsrollout-0820-story.html (accessed January 21, 2019); Daphne Howland, "Lowe's Now Selling Craftsman," *Retail Dive*, May 15, 2018, www.retaildive.com/news/lowesnow-selling-craftsman/523530 (accessed January 21, 2019); Matthew Rocco, "After Sears Sale, Craftsman to Launch New Tools through Amazon, Lowe's," *Fox Business*, September 19, 2018, www.foxbusiness.com/retail/after-sears-sale-craftsman-to-launchnew-tools-through-amazon-lowes (accessed January 21, 2019); Lauren Zumbach and Lorraine Mirabella, "Sears to Close Five Maryland Stores as Struggling Retailer Files for Bankruptcy," *Baltimore Sun*, October 15, 2018, www.baltimoresun.com/business/bs-bz-sears-bankruptcy-maryland-20181015-story.html (accessed January 21, 2019); www.craftsman.com/history (accessed January 21, 2019).

2 Dan Gilmore, "State of the Logistics Union 2018," *Supply Chain Digest*, June 21, 2018, http://www.scdigest.com/first-thoughts/18-06-21.php?cid=14356(accessed November 27, 2018).

3 Ricky W. Griffin, *Fundamentals of Management*, 8th ed. (Mason, OH: Cengage Learning, 2016: 18).

4 Nathaniel Meyersohn, "Tide in a Box Is Coming to Amazon for Easier Shipping," *CNN*, November 12, 2018, https://www.cnn.com/2018/11/10/business/tide-laundrydetergent-procter-and-gamble/index.html(accessed November 29, 2018).

5 Bernard Marr, "How Blockchain Will Transform the Supply Chain and Logistics Industry," *Forbes*, March 23, 2018, https://www.forbes.com/sites/bernardmarr/2018/03/23/how-blockchainwill-transform-the-supply-chain-and-logistics-industry/#5961564f5fec (accessed December 3, 2018).

6 Blake Morgan, "5 Examples of How AI Can Be Used Across the Supply Chain," *Forbes*, September 17, 2018, https://www.forbes.com/sites/blakemorgan/2018/09/17/5-examplesof-how-ai-can-be-used-across-the-supplychain/#48b0166b342e (accessed April 8, 2019).

7 UltraShipTMS, http://www.ultrashiptms.com/ (accessed November 27, 2018).

8 Applied Industrial Technologies, Inc., https://www.applied.com/about (accessed November 27, 2018).

9 Nathaniel Meyersohn, "Why Casper Wants to Open 200 Stores," *CNN*, August 9, 2018,https://money.cnn.com/2018/08/09/news/companies/casper-mattress-firm-sleepys/index.html (accessed November 29, 2018).

10 Leo Aspinwall, "The Marketing Characteristics of Goods," in *Four Marketing Theories* (Boulder, CO: University of Colorado Press, 1961): 27–32.

11 "2016 Global Manufacturing Competitiveness Index," Deloitte, https://www2.deloitte.com/global/en/pages/manufacturing/articles/global-manufacturing-competitiveness-index.html (accessed January 21, 2019).

12 Andrew Khouri and James F. Peltz, "Hanjin Bankruptcy Disrupts Shipping at L.A. and Long Beach Ports," *The Los Angeles Times*, September 1, 2016, http://www.latimes.com/business/la-fi-hanjin-bankruptcy-20160901-snap-story.html (accessed November 30, 2018).

13 Suppliers Partnership for the Environment, www.supplierspartnership.org/ (accessed November 30, 2018).

14 Wroe Alderson, *Dynamic Marketing Behavior* (Homewood, IL: Irwin, 1965), 239.

15 Adam Rapp, Lauren Skinner Beitelspacher, Dhruv Grewal, and Douglas E. Hughes, "Understanding Social Media Effects across Seller, Retailer, and Consumer Interactions," *Journal of the Academy of Marketing Science* 41, 31 (2013): 547–566.

16 M. Kelly Cunningham, "Reducing Channel Conflict," *Journal of Marketing Development & Competitiveness* 7, 1 (2013): 78–83.

17 Paul Demery, "Staples Buys Essendant for $996 Million," *Digital Commerce 360*, September 14, 2018, https://www.digitalcommerce360.com/2018/09/14/823254/(accessed November 30, 2018).

18 "Inditex Press Dossier," Inditex, https://www.inditex.com/documents/10279/269733/Press+dossier (accessed November 30, 2018), 6.

19 "Ace Hardware Reports Fourth Quarter and Full Year 2018 Results," Ace Hardware, press release, February 14, 2019, https://newsroom.acehardware.com/ace-hardware-reportsfourth-quarter-and-full-year-2018-results/(accessed February 28, 2019).

20 Chris Morris, "Here's Why the Parent Company of Arby's Is Buying Sonic," *Fortune*, September 25, 2018, http://fortune.com/2018/09/25/inspire-brands-arbys-sonic-drive-in/ (accessed November 30, 2018).

21 Adam Lashinsky, "The Cutting Edge of Care," *Fortune*, March 9, 2015, http://fortune.com/2015/03/09/dollar-shave-club/ (accessed November 30, 2018); Darren Dahl, "Riding the Momentum Created by a Cheeky Video," *The New York Times*, April 11, 2013, http://www.nytimes.com/2013/04/11/business/smallbusiness/dollar-shave-club-fromviral-video-to-real-business.html (accessed November 30, 2018).

22 Mark B. Solomon, "Hospital Chain Trinity Health, XPO Partner to Take Supply Chain in House," *DC Velocity*, March 9, 2016, http://www.dcvelocity.com/articles/20160309-hospital-chain-trinity-health-xpo-partnerto-take-supply-chain-in-house/ (accessed November 30, 2018).

23 Christopher Bjork, "Zara Builds Its Business around RFID," *The Wall Street Journal*, September 16, 2014, http://www.wsj.com/articles/at-zara-fast-fashion-meets-smarterinventory-1410884519?autologin=y (accessed November 30, 2018); "RFID Talking Blog,"*RFID 24-7*, March 17, 2016, http://rfid24-7.com/2016/03/17/inditex-continues-rfidroll-out-to-2000-zara-locations/ (accessed November 30, 2018).

24 Distribution Unlimited Inc., http://www.distributionunlimited.com/ (accessed November 30, 2018).

25 Amazon, "Amazon's Fulfillment Network," https://www.aboutamazon.com/working-at-amazon/amazons-fulfillmentnetwork(-accessed November 30, 2018).

26 "2018 State of Logistics Report," ATKearney, https://www.atkearney.com/transportation-travel/state-of-logistics-report (accessed December 3, 2018).

27 David Hummels and Georg Schaur, "Time as a Trade Barrier," *National Bureau of Economic Research*, January 2012, No. 17758, http://papers.nber.org/papers/w17758#fromrss (accessed November 30, 2018).

28 Expeditors International, "About Us," https://www.expeditors.com/about-us/company(accessed December 3, 2018).

29 International Cocoa Organization, "How Exactly Is Cocoa Harvested?" May 26, 1998, https://www.icco.org/faq/58-cocoaharvesting/130-how-exactly-is-cocoaharvested.html (accessed June 19, 2018); The Cocoa Exchange, "Sustainable and Responsibly-Sourced Cocoa," http://www.mytcesite.com/pws/homeoffice/tabs/sustainable-cocoa.aspx (accessed June 19, 2018); Ashley Beyer, "The Cocoa Exchange Visits Fresh Living," *KUTV*, May 31, 2018, http://kutv.com/features/fresh-living/thecocoa-exchange-visits-fresh-living (accessed June 19, 2018); Oliver Nieburg, "'The Cocoa Exchange': Mars Sets Up E-Commerce Party Program for Chocolate," *Confectionary News*, May 16, 2017, https://www.confectionerynews.com/Article/2017/05/15/

Cocoa-Exchange-Mars-sets-up-e-commerce-party-program-for-chocolate (accessed June 19, 2018); Keith Loria, "Candy Maker Mars Gets into the Party Business," *Food Dive*, May 10, 2017, https://www.fooddive.com/news/candy-maker-mars-gets-into-theparty-business/442160/ (accessed June 19, 2018); Bernie Pacyniak, "One-on-One: Berta de Pablos-Barbier, President of Mars Wrigley Confectionary U.S.," *Candy Industry*, November 1, 2017, https://www.candyindustry.com/articles/87940-one-onone-berta-de-pablos-barbier-president-ofmars-wrigley-confectionery-us (accessed June 19, 2018).

Chapter 12

1 Based on information in Mary Hanbury, "An Irish Clothing Chain Is Suddenly the Fastest-Growing Retailer in America," *Business Insider,* August 25, 2018, www.businessinsider.com/primark-is-fastestgrowing-retailer-in-america-historydetails-2018-8 (accessed January 21, 2019); Anne Stych, "Irish Deep-Discount Clothing Chain Expands in U.S.," *Bizwomen,* July 3, 2018, www.bizjournals.com/bizwomen/news/latest-news/2018/07/irish-deep-discount-clothing-chain-expandsin-u-s.html (accessed January 21, 2019); James Davey, "Primark Encouraged by First U.S. Stores," *Reuters,* April 17, 2018, https://www.reuters.com/article/us-ab-foods-results/primark-owner-encouraged-by-first-u-ss-tores-idUSKBN1HO1B4 (accessed January 21, 2019); Andrea Felsted, "Primark Hearts America," *Bloomberg,* April 17, 2018, www.bloomberg.com/news/articles/2018-04-17/primark-hearts-america (accessed January 21, 2019).

2 United States Census Bureau, "2016 SUSB Annual Data Tables by Establishment Industry," December 2018, https://www.census.gov/data/tables/2016/econ/susb/2016-susb-annual.html (accessed February 28, 2019); Kimberly Amadeo, "The Retail Industry and Its Impact on the Economy," *The Balance*, November 7, 2018, https://www.thebalance.com/what-is-retailing-why-it-simportant-to-the-economy-3305718 (accessed December 10, 2018).

3 Domino's, "Domino's AnyWare," https://anyware.dominos.com/ (accessed January 21, 2019).

4 Sandesh Chaurasia, "How India's Middle Class Is Drawing Big MNC Consumer Companies," *The Economic Times*, August 30, 2018, https://economictimes.indiatimes.com/industry/services/retail/how-indiasmiddle-class-is-drawing-big-mnc-consumercompanies/articleshow/65611421.cms (accessed December 10, 2018).

5 Stefany Zaroban, "US e-Commerce Sales Grow 16% in 2017," *Internet Retailer,* February 16, 2018, https://www.digitalcommerce360.com/article/us-ecommerce-sales/ (accessed December 10, 2018).

6 "Worldwide Retail and Economic Sales: eMarketer's Updated Forecast and New Mcommerce Estimates for 2016–2021," *eMarketer,* January 29, 2018, https://www.emarketer.com/Report/Worldwide-Retail-Ecommerce-Sale-seMarketers-Updated-Forecast-New-Mcommerce-Estimates-20162021/2002182 (accessed December 10, 2018).

7 Khadeeja Safdar, "Why Wayfair Thinks It Can Be the Amazon of Furniture," *The Wall Street Journal,* October 2, 2016, http://www.wsj.com/articles/why-wayfair-incthinks-it-can-be-the-amazon-of-furniture-1475460361?mod=djem_jiewr_MK_domainid *Wall Street Journal* (accessed December 10, 2018).

8 "Global Powers of Retailing 2018," Deloitte, https://www2.deloitte.com/global/en/pages/consumer-business/articles/global-powers-of-retailing.html (accessed December 10, 2018).

9 "Fact Sheets," National Association of Convenience Stores, https://www.convenience.org/Research/FactSheets (accessed December 10, 2018).

10 Donna Boss, "Kroger Unveils Plan to Invest in Technology, Store Resets," *Supermarket News,* October 12, 2017, https://www.supermarketnews.com/news/kroger-unveilsplan-invest-technology-store-resets (accessed April 9, 2019); Heather Haddon, "The Future of Grocery Shopping Is All About Data," *MarketWatch*, October 24, 2017, https://www.marketwatch.com/story/the-futureof-grocery-shopping-is-all-aboutdata-2017-10-24 (accessed April 9, 2019).

11 "Company Facts," Sam's Club, http://corporate.samsclub.com/our-story/companyfacts (accessed December 10, 2018); "Why Become a Member," Costco, http://www.costco.com/membership-information.html (accessed December 10, 2018).

12 Walter Loeb, "Macy's Is Betting Big on Backstage, Its Off-Price Offshoot," *Forbes,* May 3, 2018, https://www.forbes.com/sites/walterloeb/2018/05/03/macys-offprice-efforts-are-on-target/#2b428b6728c1 (accessed December 10, 2018).

13 Bernard Marr, "Starbucks: Using Data, Analytics, and Artificial Intelligence to Boost Performance," *Forbes,* May 28, 2018, https://www.forbes.com/sites/bernardmarr/2018/05/28/starbucks-using-bigdata-analytics-and-artificial-intelligence-toboost-performance/#3b5d342665cd (accessed April 9, 2019).

14 Mall of America, www.mallofamerica.com(accessed December 10, 2018).

15 "Franchise Business Economic Outlook for 2018," International Franchise Association Franchise Education and Research Foundation, January 2018, https://franchiseeconomy.com/files/Franchise_Business_Outlook_Jan_2018.pdf (accessed January 22, 2019).

16 Jeanne W. Ross, Cynthia M. Beath, and Ina Sebastian, "Why Nordstrom's Digital Strategy Works (and Yours Probably Doesn't)," *Harvard Business Review,* January 14, 2015, https://hbr.org/2015/01/why-nordstromsdigital-strategy-works-and-yours-probablydoesnt(-accessed December 11, 2018); Paul R. La Monica, "Nordstrom Racks up Big Gain in Digital Sales," *CNN,* August 17, 2018, https://money.cnn.com/2018/08/16/news/companies/nordstrom-earnings-retail/index.html (accessed December 11, 2018).

17 Marr, "Starbucks: Using Big Data, Analytics, and Artificial Intelligence to Boost Performance."

18 Ann-Marie Alcantara, "How These 4 Brands Are Using Their Apps to Personalize Customer Experience," *Adweek,* February 19, 2018, http://www.adweek.com/digital/4-brands-explain-how-their-apps-improvecustomer-experience/ (accessed December 11, 2018).

19 Sarah Perez, "Target Rolls out Bluetooth Beacon Technology in Stores to Power New Indoor Maps in Its App," *TechCrunch,* September 20, 2017, https://techcrunch.com/2017/09/20/target-rolls-out-bluetooth-beacon-technology-in-stores-to-power-new-indoor-maps-in-its-app/ (accessed December 11, 2018).

20 Lisa Lacy, "Holiday Shopping Minus Checkout Lines Is Finally Here," *Adweek,* November 16, 2018, https://www.adweek.com/digital/holiday-shopping-minuscheckout-lines-is-finally-here/ (accessed December 11, 2018).

21 Matthew Townsend, "'Smart Mirrors' Come to the Dressing Room," *Bloomberg Businessweek,* February 16, 2017, https://www.bloomberg.com/news/articles/2017-02-16/-smart-mirrors-come-to-the-fitting-room(accessed December 11, 2018); Kaya Yurieff, "No Checkout Lines and Smart Everything: 8 Futuristic Store Concepts," *CNN,* January 16, 2018, https://money.cnn.com/gallery/technology/2018/01/05/retail-storestechnology-innovation/3.html (accessed December 11, 2018).

22 Sara Halzack, "5 New Technologies that may Change How You Shop," *The Washington Post,* January 14, 2015, http://www.washingtonpost.com/news/business/wp/2015/01/14/5-new-technologies-thatmaychange-how-you-shop/ (accessed March 8, 2017).

23 April Berthene, "Retailers Debut Augmented Reality Apps for Android," *Internet Retailer,* March 20, 2018, https://www.digitalcommerce360.com/2018/03/20/retailers-debut-aug-

mented-reality-apps-forandroid/(accessed December 6, 2018).

24 Kieron Johnson, "Uniqlo's Four Secrets for Building a Global Brand," *Fortune*, October 12, 2017, http://fortune.com/2017/10/12/uniqlo-clothing-global/ (accessed December 11, 2018).

25 Rollo A. S. Grayson and Lisa S. McNeill, "Using Atmospheric Elements in Service Retailing: Understanding the Bar Environment," *Journal of Services Marketing* 23, 7 (2009): 517–527.

26 Andreas Herrmann, Manja Zidansek, David E. Sprott, and Eric R. Spangenberg, "The Power of Simplicity: Processing Fluency and the Effects of Olfactory Cues on Retail Sales," *Journal of Retailing* 89, 1 (2013): 30–43.

27 Charles Dennis, J. Brakus, and Eleftherios Alamanos, "The Wallpaper Matters: Digital Signage as Customer-Experience Provider at the Harrods (London, U.K.) Department Store," *Journal of Marketing Management* 29, 3/4 (2013): 338–355.

28 The Category Management Association, http://catman.global/ (accessed December 11, 2018).

29 Do Not Call, www.donotcall.gov (accessed December 12, 2018); Natalie Olivo, "FTC Reaches Settlement with Alleged Illegal Telemarketers," *AZCentral*, March 13, 2018, https://www.azcentral.com/story/money/business/consumers/2018/03/13/phoenix-company-adobe-carpet-cleaningharassed-people-federal-do-not-calllist/421298002/ (accessed December 12, 2018).

30 "Global 100 List," *Direct Selling News*, May 2, 2018, https://www.directsellingnews.com/global-100/ (accessed December 7, 2018).

31 "Industry Fact Sheets," Direct Selling Association, http://www.dsa.org/benefits/research/factsheets (accessed December 12, 2018); "Global Statistics," World Federation of Direct Selling Associations, http://wfdsa.org/global-statistics/ (accessed December 12, 2018).

32 "25 Unique Vending Machines from Around the World," *Healthy Vending*, October 24, 2018, http://www.healthyvending.com/blog/unique-vending-machines/ (accessed December 12, 2018).

33 "2016 SUSB Annual Data Tables by Establishment Industry."

34 The National Association of Wholesaler- Distributors, www.naw.org (accessed December 12, 2018).

35 Macdonalds Consolidated, http://macdonaldsconsolidated.ca/ (accessed December 12, 2018).

36 AmerisourceBergen, "About Us," http://www.amerisourcebergen.com/abcnew/about.aspx (accessed December 12, 2018).

37 Lowe's, "Lowe's 2018 Analyst & Investor Conference," https://lowes.gcs-web.com/investor-overview (accessed April 30, 2019); Suman Bhattacharyya, "Lowe's Is Using VR and AR to Get People into Stores," *Digiday,* July 25, 2018, https://digiday.com/retail/lowes-using-vr-ar-get-people-stores/(accessed April 30, 2019); Lauren Thomas, "Lowe's Is Bringing 'Smart Home' Centers to Its Stores Just in Time for the Holidays," *CNBC,* November 7, 2017, https://www.cnbc.com/2017/11/07/lowes-is-bringing-smarthome-centers-to-its-stores.html (accessed March 28, 2018); Natalie Gagliordi, "Lowe's Taps Former Amazon Exec for First Chief Digital Officer Role," *ZDNet*, December 19, 2017, www.zdnet.com/article/lowes-taps-former-amazon-exec-for-first-chief-digitalofficer-role/ (accessed March 28, 2018); Jeremy Kaplan, "Lowe's Prints Comic Books Imagining Sci-Fi Futures—Then Makes Them Real," *Digital Trends*, September 6, 2017, www.digitaltrends.com/virtual-reality/lowes-innovation-lab-comics/ (accessed March 28, 2018); Natalie Gagliordi, "Lowe's Taps Apple's ARKit for New Home Improvement Apps," *ZDNet*, September 25, 2017, www.zdnet.com/article/lowes-tapsapples-arkit-for-new-home-improvementapps/(accessed March 28, 2018); www.lowes.com (accessed March 28, 2018, April 30, 2019).

Chapter 13

1 Peter Carbonara, "How Two Texans Made Buc-ee's Convenience Stores A Phenomenon," *Forbes,* August 23, 2017, www.forbes.com/sites/petercarbonara/2017/08/22/buc-ees-gameof-porcelain-thrones/#4c06d-d7a7626(accessed March 4, 2019); Paul Takahashi and Julian Gill, "Buc-ee's Opens an Outpost in Alabama," *Houston Chronicle*, January 21, 2019, www.houstonchronicle.com/business/article/Bucee-s-opens-an-outpostin-Alabama-13550528.php (accessed March 4, 2019); Kristin MacKenzie, "Made in Texas: The Buc-ee's Success Story," *Texas Monthly*, February 26, 2013, www.texasmonthly.com/articles/made-in-texasthe-buc-ees-success-story/ (accessed March 4, 2019); Hollis Johnson and Kate Taylor, "Bucee's, the Convenience-Store Chain with a Cult Following and 'World-Famous' Bathrooms, is Growing Outside of Texas for the First Time. Here's What its Stores are Like to Visit," *Business Insider*, January 30, 2019, www.businessinsider.com/buc-ees-has-a-cultfollowing-photos-review-2018-7 (accessed March 4, 2019); Eric Benson, "Buc-ee's: The Path to World Domination," *Texas Monthly*, March 2019, www.texasmonthly.com/articles/buc-ees-the-path-to-world-domination/ (accessed March 4, 2019).

2 David Griner, "The 25 Best Ads of 2018," *Adweek*, December 13, 2018, www.adweek.com/creativity/the-25-best-ads-of-2018/(accessed April 7, 2019); "Taco Bell's Nacho Fries are Officially Back on the Menu for $1.29," *QSR*, January 24, 2019, www.qsrmagazine.com/news/taco-bells-nachofries-are-officially-back-menu-129 (accessed April 7, 2019).

3 Casey Newton, "How YouTube Perfected the Feed," *The Verge*, August 30, 2017, https://www.theverge.com/2017/8/30/16222850/youtube-google-brain-algorithm-videorecommendation-personalized-feed (accessed April 7, 2019).

4 Amine Bentahar, "How AI Will Change Marketing as We Know It," *Forbes*, May 23, 2018, www.forbes.com/sites/forbesagencycouncil/2018/05/23/howai-will-change-marketing-as-we-knowit/# 797d1b4878b7 (accessed March 28, 2019).

5 "Global Spending on Digital Marketing Nears $100 Billion: Study," *Reuters*, September 23, 2018, www.reuters.com/article/us-advertising-digital/global-spending-ondigital-marketing-nears-100-billion-studyidUSKCN-1M30XN (accessed April 7, 2019).

6 George Slefo, "40% of Marketers Say They Plan Facebook Audits," *Advertising Age*, January 19, 2017, http://adage.com/article/digital/marketers-facebook-audits-digital-adtrust/307539/ (accessed January 26, 2017).

7 Pierre Berthon, Karen Robson, and Leyland Pitt, "The Theory and Practice of Advertising: Counting the Cost to the Consumer," *Journal of Advertising Research* 53, 3 (2013): 244–246.

8 "How Americans Get Their News," *American Press Institute*, March 17, 2014, http://www.americanpressinstitute.org/publications/reports/survey-research/how-americans-getnews/(accessed December 18, 2014).

9 Tovia Smith, "Backlash Erupts After Gillette Launches a New #MeToo-Inspired Ad Campaign," *NPR*, January 17, 2019, www.npr.org/2019/01/17/685976624/backlash-eruptsafter-gillette-launches-a-new-metoo-inspiredad-campaign (accessed March 27, 2019).

10 Maggie Fox, "FDA Launches New Anti-Vaping Campaign Aimed at Teens," *NBC News*, September 18, 2018, www.nbcnews.com/health/health-news/fda-launches-antivaping-campaign-aimed-teens-n910691 (accessed March 27, 2019).

11 Marriott International, "Travelers Have Spoken: Marriott Bonvoy Wins Hotel Program of the Year at the Coveted Freddie Awards," April 26, 2019, https://news.marriott.com/news/2019/04/26/travelers-havespoken-marriott-bonvoy-wins-hotel-programof-the-year-at-the-coveted-freddie-awards (accessed June

26, 2020).

12 *AAM: Total Circ for Consumer Magazines*, 2018, http://abcas3.auditedmedia.com/ecirc/magtitlesearch.asp (accessed April 22, 2019).

13 Joann Peck and Jennifer Wiggins, "It Just Feels Good: Customers' Affective Response to Touch and Its Influence in Persuasion," *Journal of Marketing* 70 (October 2006): 56–69.

14 Thomas L. Powers, J'Aime C. Jennings, and Thomas E. DeCarlo, "An Assessment of Needed Sales Management Skills," *Journal of Personal Selling & Sales Management* 34, 3 (Summer 2014): 206–222.

15 Ryan Burleson, "Vinyl Record Manufacturer in Nashville Is Said to Be Expanding," *The New York Times*, December 25, 2016, www.nytimes.com/2016/12/25/arts/music/vinyl-record-manufacturer-in-nashville-is-said-to-be-expanding.html?_r=0 (accessed February12, 2017).

16 Pampered Chef YouTube Channel, http://www.youtube.com/user/PamperedChefVideo(accessed January 6, 2015).

17 Joel Comm, "What GM's Live Video Says about Content Marketing Strategy In 2017," *Forbes*, February 14, 2017, http://www.forbes.com/sites/forbescoachescouncil/2017/02/14/what-gms-live-video-says-about-content-marketing-strategy-in-2017/#24e70273cdac (accessed February 15, 2017).

18 Meghan Friedman, "Here's What's Inside the $30,000 Swag Bags at this Year's Grammys," *Harper's Bazaar*, February 7, 2017, http://www.harpersbazaar.com/culture/art-booksmusic/news/a20473/grammys-gift-bag-2017-distinctive-assets/ (accessed February 12, 2017).

19 Mallory Schlossberg, "Brands Are Playing a 'Deadly Game of Russian Roulette' with Celebrities That's Costing Them Millions," *Business Insider*, August 27, 2016, http://www.businessinsider.com/celebrityendorsements-can-be-dangerous-2016-8 (accessed January 12, 2017).

20 Polly Mosendz, "Penny-Pinching Millennials Are Keeping the Coupon Alive," *Bloomberg*, June 16, 2016, www.bloomberg.com/features/2016-millennials-coupons/ (accessed February 12, 2017).

21 "Mobile and Tablet Internet Usage Exceeds Desktop for First Time Worldwide," StatCounter, November 1, 2016, http://gs.statcounter.com/press/mobile-and-tabletinternet-usage-exceeds-desktop-for-first-timeworldwide (accessed April 22, 2019).

22 United States Census Bureau, "The Majority of Children Live with Two Parents, Census Bureau Reports," November 17, 2016, http://www.census.gov/newsroom/pressreleases/2016/cb16-192.html (accessed February 19, 2017).

23 "Restrictions of Food Marketing and Advertisements Aimed at Children," *Food Directions LLC*, February 6, 2017, http://fooddirectionsllc.com/2017/02/06/restrictions-of-food-marketing-andadvertisements-aimed-at-children/ (accessed February 17, 2017).

24 Pratibha A. Dabholkar, "Factors Influencing Consumer Choice of a 'Rating Web Site': An Experimental Investigation of an Online Interactive Decision Aid," *Journal of Marketing Theory and Practice* 14 (Fall 2006): 259–273.

25 Ramona Sukhraj, "How Dollar Shave Club Grew from Viral Video to $1 Billion Acquisition," *Impact Branding & Design*, July 21, 2016, www.impactbnd.com/blog/how-dollar-shave-club-grew-from-justa-viral-video-to-a-615m-valuation-brand(accessed February 19, 2017); Molly Fleming, "Dollar Shave Club Shifts Business Model as Subscription Growth Slows," *Marketing Week*, October 18, 2018, https://www.marketingweek.com/2018/10/18/dollar-shave-club-changes-business-modelas-subscriber-growth-slows/ (accessed May 11, 2019).

26 Tomas Bayon, "The Chain from Customer Satisfaction via Word-of-Mouth Referrals to New Customer Acquisition," *Journal of the Academy of Marketing Science* 35, 2 (June 2007): 233–249.

27 Rodolfo Vazquez-Casielles, Leticia SuarezAlvarez, and Ana-Belen Del Rio-Lanza, "The Word of Mouth Dynamic: How Positive (and Negative) WOM Drives Purchase Probability: An Analysis of Interpersonal and Non- Interpersonal Factors," *Journal of Advertising Research* 53, 1 (2013): 43–60.

28 Seung-A Annie Jin and Joe Phua, "Following Celebrities' Tweets About Brands: The Impact of Twitter-Based Electronic Word-of-Mouth on Consumers' Source Credibility Perception, Buying Intention, and Social Identification with Celebrities," *Journal of Advertising* 43, 2 (2014): 181–195.

29 Lia Zarantonello and Bernd H. Schmitt, "The Impact of Event Marketing on Brand Equity: The Mediating Roles of Brand Experience and Brand Attitude," *International Journal of Advertising* 32, 2 (2013): 255–280.

30 Simon Zekaria, "Apple's Crowds Draw a Crowd of Guerilla Marketers," *The Wall Street Journal*, September 19, 2014, http://blogs.wsj.com/digits/2014/09/19/apple-scrowds-draw-a-crowd-of-guerrilla-marketers/ (accessed January 9, 2015).

31 "Blendtec Celebrates 10 Years of Viral Marketing Success," *Nasdaq GlobeNewswire*, November 7, 2016, https://globenewswire.com/news-release/2016/11/07/887174/10165944/en/Blendtec-Celebrates-10-Years-of-Viral-Marketing-Success.html (accessed February 17, 2017).

32 Christian Schulze, Lisa Scholer, and Bernd Skiera, "Not All Fun and Games: Viral Marketing for Utilitarian Products," *Journal of Marketing* 78, 1 (January 2014): 1–19.

33 Suzanne Vranica, "The Best and Worst of Marketing in 2014," *The Wall Street Journal*, December 29, 2014, B1, B4.

34 Alan Wolk, "Time Is Running Out for the 30-Second TV Commercial," *The Guardian*, June 22, 2015, www.theguardian.com/medianetwork/2015/jun/22/30-second-commercialadvertising-outdated (accessed February 19, 2016).

35 Valeria Noguti and Cristel Antonia Russell, "Normative Influences on Product Placement Effects: Alcohol Brands in Television Series and the Influence of Presumed Influence," *Journal of Advertising* 43, 1 (2014): 2014, 46–62.

36 "Global Product Placement Spending 2012–2019," www.statista.com/statistics/261454/global-product-placement-spending/(accessed February 17, 2017).

37 Lilly Vitorovich, "Product Placement to Be Allowed in U.K. TV Programs," *The Wall Street Journal*, December 21, 2010, B5.

38 Karine M. Charry, "Product Placement and the Promotion of Healthy Food to Preadolescents—When Popular TV Series Make Carrots Look Cool," *International Journal of Advertising* 33, 3 (2014): 599–616.

39 Dan Myers, "The Best Pizza in America Has No Tomato Sauce—or Mozzarella," *The Daily Meal*, March 15, 2019, www.thedailymeal.com/eat/best-pizza-americano-sauce (accessed April 7, 2019); Pepe's Pizzeria website, http://www.pepespizzeria.com/ (accessed April 7, 2019); Kara Baskin, "The Fireplace to Stay in Brookline Home; Pepe's Pizzeria Won't Move In," *Boston Globe*, September 18, 2014, http://www.bostonglobe.com/lifestyle/food-dining/2014/09/18/the-fireplace-staybrookline-home-pepe-pizzeria-won-move/Bz2r5Ad-CR9jI1dNMH3eVkM/story.html (accessed April 7, 2019); "Good Neighbor Night: Avon Walk for Breast Cancer," http://pepespizzeria.com/pizza/category/pepespizza-good-neighbor-nights/ (accessed January 9, 2015).

Chapter 14

1 Joel Mathew, "Understanding Influencer Marketing and Why It Is So Effective," *Forbes*, July 30, 2018, www.forbes.com/sites/theyec/2018/07/30/understandinginfluencer-marketing-and-why-it-is-soeffective/#f5f-92d171a94 (accessed March 8, 2019); Eric

Olsen et al., "What Every Marketer Needs to Know About Influencer Marketing and Buying Followers," *Marketing News*, February 2019, 3; Emma Knightley, "20 Influencer Marketing Statistics That Will Surprise You," *Digital Marketing Institute*, September 5, 2018, https://digitalmarketinginstitute.com/en-us/blog/20-influencer-marketing-statisticsthat-will-surprise-you (accessed March 8, 2019); Mediakix Team, "Celebrity Influencer Marketing: How Brands Win with the World's Biggest Stars," *Mediakix*, March 22, 2018, http://mediakix.com/2018/03/celebrity-influencer-marketing-instagramexamples/# gs.03of5h (accessed March 8, 2019); Luke Darby, "Steph Curry Stars in the Most 'Inspirational' Brita Ad You'll Ever Watch," *GQ*, January 6, 2018, https://www.gq.com/story/steph-curry-brita-ad (accessed March 8, 2019).

2 Douglas E. Hughes, "This Ad's for You: The Indirect Effect of Advertising Perceptions on Salesperson Effort and Performance," *Journal of the Academy of Marketing Science* 41, 1 (2013): 1–18.

3 Centers for Disease Control and Prevention, "Youth and Tobacco Use," February 28, 2019, www.cdc.gov/tobacco/data_statistics/fact_sheets/youth_data/tobacco_use/index.htm (accessed April 28, 2019).

4 Micael Dahlen, Helge Thorbjørnsen, and Henrik Sjodin, "A Taste of 'Nextopia'," *Journal of Advertising* 40, 1 (Winter 2011): 33–44.

5 Fred K. Beard, "Practitioner Views of Comparative Advertising: How Practices Have Changed in Two Decades," *Journal of Advertising Research* 53, 3 (2013): 313–323.

6 E. J. Schultz, "Yoplait Calls Out Chobani by Name in Greek Yogurt Taste Test Campaign," *Advertising Age*, January 19, 2014, http://adage.com/article/news/yoplait-calls-chobanigreek-taste-test-ads/291188/ (accessed November 10, 2014).

7 Andy Nelson, "Chiquita Teams with Snapchat for World Banana Day Promotion," *Supermarket Perimeter*, March 27, 2019, www.supermarketperimeter.com/articles/3372-chiquita-teams-with-snapchatfor-world-banana-day-promotion (accessed April 28, 2019).

8 Nicole Perrin, "US Native Advertising 2019," *eMarketer*, March 20, 2019, https://www.emarketer.com/content/us-nativeadvertising-2019 (accessed July 1, 2020).

9 Joe Lazauskas, "3 Ways Brands Can Make Native Advertising More Effective in 2017," *Contently*, January 4, 2017, https://contently.com/strategist/2017/01/04/better-nativeadvertising-2017/ (accessed February 25,2017).

10 Marlynn Wei, "New Survey Reveals the Rapid Rise of Yoga and Why Some People Still Haven't Tried It," *Harvard Health Publications*, June 15, 2016, www.health.harvard.edu/blog/new-survey-reveals-therapid-rise-of-yoga-and-why-some-peoplestill-havent-tried-it-201603079179 (accessed February 25, 2017).

11 "Short Visits Rise at Whole Foods Stores with Amazon Lockers," *CNBC*, March 26, 2018, https://www.cnbc.com/2018/03/26/short-visits-rise-at-whole-foods-stores-withamazon-lockers.html (accessed April 28, 2019).

12 Tae Hyun Baek and Mariko Morimoto, "Stay Away from Me," *Journal of Advertising* 41, 1 (Spring 2012): 59–76.

13 Sami Main, "Hulu Users Reveal the Weirdest Places They've Watched TV," *Adweek*, February 24, 2017, www.adweek.com/tv-video/hulu-users-reveal-the-weirdestplaces-theyve-watched-tv/ (accessed February 25, 2017).

14 Daniel A. Sheinin, Sajeev Varki, and Christy Ashley, "The Differential Effect of Ad Novelty and Message Usefulness on Brand Judgments," *Journal of Advertising* 40, 3 (Fall 2011): 5–17.

15 Tim Nudd, "Netflix's Ads for Santa Clarita Diet Are Good Gross Fun, but One Went a Little Too Far," *Adweek,* February 22, 2017, www.adweek.com/creativity/netflixs-adsforsanta-clarita-diet-are-good-gross-fun-butonewent-a-little-too-far/ (accessed February 25, 2017).

16 "Leading TV Advertisers in the United States from February 17 to 23, 2017, by Weekly Advertising Spending (in million U.S. dollars)," Statista, https://www.statista.com/statistics/384835/estimated-tv-ad-spend-us-companies/(accessed February 26, 2017).

17 Douglas West, John B. Ford, and Paul W. Farris, "How Corporate Cultures Drive Advertising and Promotion Budgets: Best Practices Combine Heuristics and Algorithmic Tools," *Journal of Advertising Research* (June 2014): 149–162.

18 Amy Mitchell, "How Bad Data Can Blindside Your Marketing Analytics," *Adweek*, www.adweek.com/sponsored/where-data-projects-fall-short/ (accessed February 26, 2017).

19 "Digital Ad Spending to Surpass TV Next Year," *eMarketer*, March 8, 2016, https://www.emarketer.com/Article/Digital-Ad-Spending-Surpass-TV-Next-Year/1013671 (accessed March 12, 2017).

20 Jeanine Poggi, "Digital Advertising Tops TV in the U.S. for the First Time," *AdvertisingAge*, March 29, 2017, http://adage.com/article/advertising/magna-u-s-digitalad-sales-top-tv-time-2016/308468/ (accessed April 5, 2017).

21 "National Geographic Media Kit," *National Geographic,* www.nationalgeographic.com/mediakit/pdf/ng-magazine/NGM_Media_Kit_2017.pdf (accessed March 12, 2017).

22 David G. Taylor, Jeffrey E. Lewin, and David Strutton, "Friends, Fans, and Followers: Do Ads Work on Social Networks? How Gender and Age Shape Receptivity," *Journal of Advertising Research* 51, 1 (2011): 258–275.

23 Sonia Dickinson-Delaporte and Gayle Kerr, "Agency-Generated Research of Consumer-Generated Content: The Risks, Best Practices, and Ethics," *Journal of Advertising Research* 54, 4 (December 2014): 469–478.

24 Geoffrey Precourt, "What We Know about TV Today (and Tomorrow)," *Journal of Advertising Research* 53, 1 (2013): 3–4.

25 Mike Shields, "Advertising on Streaming TV Devices Is About to Get More Targeted," *The Wall Street Journal,* February 27, 2017, https://www.wsj.com/articles/advertising-onstreaming-tv-devices-is-about-to-get-moretargeted-1488193202 (accessed March 12, 2017).

26 Shintaro Okazaki and Patrick Barwise, "Has the Time Finally Come for the Medium of the Future? Research on Mobile Advertising," 50th Anniversary Supplement, *Journal of Advertising Research* 51, 1 (2011): 59–71.

27 Brittaney Kiefer, *Campaign,* November 2018, 65–66.

28 Ilona A. Berney-Reddish and Charles S. Areni, "Sex Differences in Responses to Probability Markers in Advertising Claims," *Journal of Advertising* 35 (Summer 2006): 7–17.

29 Better Business Bureau, "Children's Food & Beverage Advertising Initiative," www.bbb.org/council/the-national-partner-program/national-advertising-review-services/childrens-food-and-beverage-advertisinginitiative/ (accessed April 5, 2017).

30 Chiranjeev Kohli, Sunil Thomas, and Rajneesh Suri, "Are You in Good Hands?Slogan Recall: What Really Matters," *Journal of Advertising Research* 53, 1 (2013): 31–42.

31 Judith Anne Garretson Folse, Richard G. Netemeyer, and Scot Burton, "Spokescharacters," *Journal of Advertising* 41, 1 (Spring 2012): 17–32.

32 Daniel J. Howard and Roger A. Kerin, "The Effects of Personalized Product Recommendations on Advertisement Response Rates: The 'Try This. It Works!' Technique," *Journal of Consumer Psychology* 14, 3 (2004): 271–279.

33 Pamela W. Henderson, Joan L. Giese, and Joseph A. Cote, "Impression Management Using Typeface Design," *Journal of Marketing* 68 (October 2004): 60–72.

34 Rik Pieters and Michel Wedel, "Attention Capture and Transfer in Advertising: Brand, Pictorial, and Text-Size Effects," *Journal of Marketing* 68 (April 2004): 36–50.

35 Nathalie Tadena, "What Traffic Congestion, Car Speeds Mean for Outdoor Ads," *The Wall Street Journal,* June 17, 2014, http://blogs.wsj.com/cmo/2014/06/17/measuringthe-other-type-of-on-the-go-ads/ (accessed January 20, 2015).

36 Bruce Krasnow, "New Mexico Tourism Chief: No Funds to Grow Ad Campaign," *Taos News,* January 29, 2017, www.taosnews.com/stories/new-mexico-tourism-chief-no-funds-to-grow-ad-campaign,38564 (accessed April 5, 2017).

37 Marissa Delisle, "Mobile Marketing Trends 2017," *Digital Turbine,* January 6, 2017, https://www.digitalturbine.com/blog/mobile-marketing-trends-2017/ (accessed April 5, 2017).

38 Peter J. Danaher and Guy W. Mullarkey, "Factors Affecting Online Advertising Recall: A Study of Students," *Journal of Advertising Research* 43 (2003): 252–267.

39 "The Power of the Jingle," *AdvertisingAge*, February 8, 2017, http://adage.com/article/iheart-media/power-jingle/307801/ (accessed April 5, 2017).

40 Jan H. Schumann, Florian von Wangenheim, and Nicole Groene, "Targeted Online Advertising: Using Reciprocity Appeals to Increase Acceptance Among Users of Free Web Services," *Journal of Marketing* 78 (January 2014): 59–75.

41 Martin Williams and Francis Buttle, "Managing Negative Word-of-mouth: An Exploratory Study," *Journal of Marketing Management* 30, 13/14 (2014): 1423–1447.

42 George E. Belch and Michael A. Belch, *Advertising and Promotion* (Burr Ridge, IL: Irwin/McGraw-Hill, 2008), 570.

43 "AT&T: It Can Wait: The Power of Movement," *FleishmanHillard,* http://fleishmanhillard.com/work/att-can-waitpower-movement/ (accessed January 21, 2015).

44 Carmen Gonzalez Caldwell, "AT&T Campaign: When Driving, Texting and Other Smartphone Activities Can Wait," *Miami Herald,* April 5, 2017, www.miamiherald.com/news/local/crime/article142979794.html(accessed April 5, 2017).

45 Robert Kozinets, "How Big Tobacco Is Using Instagram to Hook a new Generation of Smokers," *Men's Health,* March 27, 2019, https://www.menshealth.com/health/a26965393/big-tobacco-social-mediaadvertising-cigarettes/ (accessed April 28, 2019).

46 Jared Ebanks, "Campus Brand Representatives Are Social Media Savvy," *The Daily Illini*, April 3, 2019, https://dailyillini.com/features/2019/04/03/campusbrand-representatives-social-media-savvy/ (accessed April 28, 2019).

47 Suman Basuroy, Subimal Chatterjee, and S. Abraham Ravid, "How Critical Are Critical Reviews? The Box Office Effects of Film Critics, Star Power, and Budgets," *Journal of Marketing* 67 (October 2003): 103–117.

48 Kathleen Cleeren, Harald J. van Heerde, and Marnik G. Dekimpe, "Rising from the Ashes: How Brands and Categories Can Overcome Product-Harm Crises," *Journal of Marketing* 77 (March 2013): 58–77.

49 Zoe Szathmary, "Coca-Cola pulls 'Nazi' Fanta advertisement which referred to the 1940s as 'the good old times'," *Daily Mail*, March 4, 2015, http://www.dailymail.co.uk/news/article-2979582/Coca-Cola-pulls-Nazi-Fanta-advertisement-referred-1940s-goodold-times.html (accessed February 11, 2016).

50 Deborah L. Vence, "Stand Guard: In Bad Times, an Ongoing Strategy Keeps Image Intact," *Marketing News*, November 16, 2006, 15.

51 Brian Steinberg, "Food Net's Endorsements Are Woven Inconspicuously Into Its Programming Mix," *Variety*, November 5, 2013, http://variety.com/2013/tv/features/food-net-brand-tie-ins-that-sizzle-but-dontburn-1200796087/ (accessed November 13, 2014); Carey Polis, "'From Scratch' Goes Behind the Scenes at the Food Network," *The Huffington Post*, October 1, 2013, www.huffingtonpost.com/2013/10/01/fromscratch-food-network_n_3984233.html (accessed November 13, 2014); Stuart Elliot, "Two Media Mainstays Expand Their Video Presence," *The New York Times*, October 2, 2013, www.nytimes.com/2013/10/03/business/media/two-media-mainstaysexpand-their-video-presence.html (accessed November 13, 2014); John Moulding, "Scripps Networks Hails the Impact of Dynamic Advertising Insertion," *Videonet*, October 31, 2013, www.v-net.tv/scrippsnetworks-hails-the-impact-of-dynamicadvertising-insertion/ (accessed November 13, 2014); Tony Maglio, "Discovery Returns to Q1 Profitability Thanks to Scripps Acquisition," *Wrap Pro*, May 2, 2019, https://www.thewrap.com/members/2019/05/02/discovery-q1-earnings-scripps-hgtv/ (accessed May 28, 2019).

Chapter 15

1 Joe Pinsker, "The Psychology Behind Costco's Free Samples," *The Atlantic,* October 1, 2014, http://www.theatlantic.com/business/archive/2014/10/the-psychology-behind-costcos-freesamples/380969/ (accessed March 11, 2019); Mary Hanbury, "People Are Obsessed with Costco's Free Samples—But It's Actually a Brilliant Business Strategy," *Business Insider*, March 24, 2018, https://www.businessinsider.com/costco-free-samplesstrategy-2018-3 (accessed March 11, 2019); Zofia Antonow, "Are Free Samples a Good Investment for Businesses?" *Ascend*, July 7, 2017, https://www.agencyascend.com/blog/are-free-samples-good-investmentbusinesses (accessed March 11, 2019); Nathaniel Meyersohn, "How Costco Thrives in the Amazon Era," *CNN Business*, August 21, 2018, https://www.cnn.com/2018/09/14/business/costco-warehouse-kirklandsignature-amazon-retail/index.html (accessed March 11, 2019); Kali Hawlk, "The Science of Free Samples: How Freebies Can Keep Customers Coming Back for More," *Shopify Blogs*, June 21, 2017, https://www.shopify.com/retail/the-scienceof-product-samples-how-free-samples-canhook-customers-on-your-products (accessed March 11, 2019).

2 Avinash Malshe and Avipreet Sohi, "What Makes Strategy Making across the Sales- Marketing Interface More Successful?" *Journal of the Academy of Marketing Science* 37, 4 (Winter 2009): 400–421.

3 "Advantages of Personal Selling," KnowThis.com, www.knowthis.com/principles-ofmarketing-tutorials/personal-selling/advantages-of-personal-selling/ (accessed April 2, 2012).

4 Kim Zimmerman, "B2B Inside Sales Teams Leverage Social, Video and Data to Reach Top Prospects," *Demand Gen Report*, January 20, 2016, http://www.demandgenreport.com/features/industry-insights/b2b-insidesales-teams-leverage-social-video-and-datato-reach-top-prospects (accessed March 29, 2017).

5 Jon M. Hawes, Anne K. Rich, and Scott M. Widmier, "Assessing the Development of the Sales Profession," *Journal of Personal Selling & Sales Management* 24 (Winter 2004): 27–37.

6 Dawn R. Deeter-Schmelz and Karen Norman Kennedy, "A Global Perspective on the Current State of Sales Education in the College Curriculum," *Journal of Personal Selling & Sales Management* 31, 1 (Winter 2011): 55–76.

7 Willem Verbeke, Bart Dietz, and Ernst Verwaal, "Drivers of Sales Performance: A Contemporary Meta-Analysis. Have Salespeople Become Knowledge Brokers?" *Journal of the Academy of Marketing Science* 39 (2011): 407–428.

8 Lisa Terry, "Customer Service," *Inbound Logistics,* December 2014, 33–36.

9 Michael Rodriguez and Robert M. Peterson, "Generating Leads via Social CRM: Early Best Practices for B2B Sales," abstract in Concha Allen (ed.), "Special Abstract Section: 2011 National Conference in Sales Management," *Journal of Personal Selling* 31, 4 (Fall 2011): 457–458.

10 Jagdip Singh, Karen Flaherty, Ravipreet S. Sohi, Dawn Deeter-Schmelz, Johannes Habel,

Kenneth LeMeunier-FitzHugh, Avinash Malshe, Ryan Mullins, and Vincent Onyemah, "Sales Profession and Professionals in the Age of Digitization and Artificial Intelligence Technologies: Concepts, Priorities, and Questions," *Journal of Personal Selling & Sales Management* 39, 1.

11 Eli Jones, Paul Busch, and Peter Dacin, "Firm Market Orientation and Salesperson Customer Orientation: Interpersonal and Intrapersonal Influence on Customer Service and Retention in Business-to-Business Buyer–Seller Relationships," *Journal of Business Research* 56 (2003): 323–340.

12 Kenneth Le Meunier-FitzHugh and Nigel F. Piercy, "Exploring the Relationship Between Market Orientation and Sales and Marketing Collaboration," *Journal of Personal Selling & Sales Management* 31, 3 (Summer 2011): 287–296.

13 Kaj Storbacka, Pia Polsa, and Maria Saaksjarvi, "Management Practices in Solution Sales—A Multilevel and Cross- Functional Framework," *Journal of Personal Selling & Sales Management* 31, 1 (Winter 2011): 35–54.

14 Julie T. Johnson, Hiram C. Barksdale Jr., and James S. Boles, "Factors Associated with Customer Willingness to Refer Leads to Salespeople," *Journal of Business Research* 56 (2003): 257–263.

15 Ralph W. Giacobbe, Donald W. Jackson Jr., Lawrence A. Crosby, and Claudia M. Bridges, "A Contingency Approach to Adaptive Selling Behavior and Sales Performance: Selling Situations and Salesperson Characteristics," *Journal of Personal Selling & Sales Management* 26 (Spring 2006): 115–142.

16 Richard G. McFarland, Goutam N. Challagalla, and Tasadduq A. Shervani, "Influence Tactics for Effective Adaptive Selling," *Journal of Marketing* 70 (October 2006).

17 Thomas E. DeCarlo and Michael J. Barone, "The Interactive Effects of Sales Presentation, Suspicion, and Positive Mood on Salesperson Evaluations and Purchase Intentions," *Journal of Personal Selling & Sales Management* 33 (1), Winter 2013, 53–66.

18 John Andy Wood, "NLP Revisited: Nonverbal Communications and Signals of Trustworthiness," *Journal of Personal Selling & Sales Management* 26 (Spring 2006), 198–204.

19 John Dunyon, Valerie Gossling, Sarah Willden, and John S. Seiter, "Compliments and Purchasing Behavior in Telephone Sales Interactions," abstract in Dawn R. Deeter- Schmelz (ed.), "Personal Selling & Sales Management Abstracts," *Journal of Personal Selling & Sales Management* 31, 2 (Spring 2011): 186.

20 Stephen S. Porter, Joshua L. Wiener, and Gary L. Frankwick, "The Moderating Effect of Selling Situation on the Adaptive Selling Strategy—Selling Effectiveness Relationship," *Journal of Business Research* 56 (2003): 275–281.

21 Mark Albertson, "Gainsight's Formula for SaaS Customer Success May Turn It into a Unicorn," *Silicon Angle*, September 18, 2017, https://siliconangle.com/2017/09/18 / gainsights-formula-for-saas-customersuccess-may-turn-it-into-a-unicornpdsummit17/ (accessed May 19, 2019).

22 Cristian Gnaticov, "VW Crafter Riot Van Comes with Police-Spec Updates—And a Prison Cell," *Carscoop*, April 29, 2019, https://www.carscoops.com/2019/04/vw-crafter-riot-van-comes-with-police-specupdates-and-a-prison-cell/ (accessed May 20, 2019).

23 Jonathon D. Rockoff, "Drug Sales Reps Try a Softer Pitch," *The Wall Street Journal*, January 10, 2012, B1–B2; J. K. Wall, "Lilly's Latest Sales Strategy: The Soft Sell," *Indianapolis Business Journal*, http://www.ibj.com/articles/47717-lilly-s-latest-sales-strategy-the-soft-sell (accessed January 21, 2015).

24 Gabriel R. Gonzalez, K. Douglas Hoffman, Thomas N. Ingram, and Raymond W. LaForge, "Sales Organization Recovery Management and Relationship Selling: A Conceptual Model and Empirical Test," *Journal of Personal Selling & Sales Management* 30, 3 (Summer 2010): 223–238.

25 Trevir I. Nath, "How Salesforce CRM Works," *Investopedia*, January 29, 2015, https://www.investopedia.com/articles/professionals/012915/how-salesforce-crmworks.asp (accessed May 20, 2019).

26 "The Right Questions and Attitudes Can Beef Up Your Sales, Improve Customer Retention," *Selling* (June 2001): 3.

27 Eli Jones, Steven P. Brown, Andris A. Zoltners, and Barton A. Weitz, "The Changing Environment of Selling and Sales Management," *Journal of Personal Selling & Sales Management* 25, 2 (Spring 2005): 105–111.

28 Fernando Jaramillo, Jay Prakash Mulki, and Paul Solomon, "The Role of Ethical Climate on Salesperson's Role Stress, Job Attitudes, Turnover Intention, and Job Performance," *Journal of Personal Selling & Sales Management* 26 (Summer 2006): 272–282.

29 Christophe Fournier, John F. Tanner Jr., Lawrence B. Chonko, and Chris Manolis, "The Moderating Role of Ethical Climate on Salesperson Propensity to Leave," *Journal of Personal Selling & Sales Management* 3, 1 (Winter 2009–2010): 7–22.

30 Bulent Menguc, Seigyoung Auh, and Aypar Uslu, "Customer Knowledge Creation Capability and Performance in Sales Teams," *Journal of the Academy of Marketing Science* 41 (2013), 19–39.

31 Leonidas A. Zampetakis, "Sales Force Management Practices in Organizations with a Supportive Climate towards Creativity," *Journal of Strategic Marketing* 22, 1 (2014): 59–72.

32 Jeffrey P. Boichuk, Willy Bolander, Zachary R. Hall, Michael Ahearne, William J. Zahn, and Melissa Nieves, "Learned Helplessness among Newly Hired Salespeople and the Influence of Leadership," *Journal of Marketing* 78 (January 2014), 95–111.

33 "Infosys Working to Improve Sales Team's Efficiency, Revamps Training," *The Economic Times,* December 19, 2014, http://articles.economictimes.indiatimes.com/2014-12-29/news/57494843_1_basab-pradhan-vishalsikka-sales-engine (accessed January 22, 2015).

34 Jason Jordan and Robert Kelly, "Companies with a Formal Sales Process Generate More Revenue," *Harvard Business Review,* January 21, 2015, https://hbr.org/2015/01/companieswith-a-formal-sales-process-generate-morerevenue (accessed January 22, 2015).

35 Glassdoor, "Sales Salaries," May 21, 2019, https://www.glassdoor.com/Salaries/us-salessalary-SRCH_IL.0,2_IN1_KO3,8.htm (accessed May 21, 2019).

36 Tara Burnthorne Lopez, Christopher D. Hopkins, and Mary Anne Raymond, "Reward Preferences of Salespeople: How Do Commissions Rate?" *Journal of Personal Selling & Sales Management* 26 (Fall 2006): 381–390.

37 Jolie Lee, "Container Store Pays Workers on Average $50,000," *USA Today,* October 17, 2014, http://www.usatoday.com/story/money/business/2014/10/17/container-store-salariesretail/17426865/ (accessed January 23, 2015).

38 Denny Bristow, Douglas Amyx, Stephen B. Castleberry, and James J. Cochran, "A Cross-Generational Comparison of Motivational Factors in a Sales Career Among Gen-X and Gen-Y College Students," *Journal of Personal Selling & Sales Management* 31, 1 (Winter 2011): 35–54.

39 "Best Companies 2014," *Fortune,* http://fortune.com/best-companies/quiktrip-48/(accessed January 23, 2015).

40 Lee, "Container Store Pays Workers on Average $50,000."

41 John W. Barnes, Donald W. Jackson Jr., Michael D. Hutt, and Ajith Kumar, "The Role of Culture Strength in Shaping Salesforce Outcomes," *Journal of Personal Selling & Sales Management* 26 (Summer 2006): 255–270.

42 Patricia Odell, "Motivating the Masses," *Promo*, September 1, 2005, http://promomagazine.com/research/pitrends/marketing_motivating_masses/ (accessed April 20, 2011).

43 Anne Hamilton, "Incentive Travel That Pays," *Direct Selling News* 10, 8 (August 2014): 60–61.

44 G. Alexander Hamwi, Brian N. Rutherford, Hiram C. Barksdale, Jr., and Julie T. Johnson, "Ideal Versus Actual Number of Sales Calls: An Application of Disconfirmation Theory," *Journal of Personal Selling & Sales Management* 33, 3 (Summer 2013): 307–318.

45 George E. Belch and Michael A. Belch, *Advertising and Promotion* (Burr Ridge, IL: Irwin/McGraw-Hill, 2004), 514–522.

46 Esmeralda Crespo-Almendros and Salvador Del Barrio-Garcia, "The Quality of Internet-User Recall: A Comparative Analysis by Online Sales-Promotion Types," *Journal of Advertising Research* 54, 1 (March 2014): 46–60.

47 Brad Tuttle, "Why Americans Are Cutting Coupons out of Their Lives," *Time*, February 28, 2013, http://business.time.com/2013/02/28/why-americans-arecutting-coupons-out-of-their-lives (accessed February 11, 2016).

48 Sarah Halzack, "The Trouble with Those 20 Percent Off Coupons from Bed, Bath & Beyond," *The Washington Post*, https://www.washingtonpost.com/news/business/wp/2015/09/30/the-trouble-with-those-20-percent-off-coupons-from-bed-bath-beyond/ (accessed February 12, 2016).

49 Venessa Wong, "Clipping Forever: Why the Humble Coupon Isn't Going Away," *Bloomberg Businessweek*, November 7, 2014, http://www.businessweek.com/articles/2014-11-07/clipping-forever-why-the-humble-coupon-isnt-going-away (accessed January 23, 2015).

50 Arthur L. Porter, "Direct Mail's Lessons for Electronic Couponers," *Marketing Management Journal* (Spring/Summer 2000): 107–115.

51 Coupon Information Corporation, http://www.cents-off.com/faq.php?st=1fe91 (accessed February 5, 2011).

52 John T. Gourville and Dilip Soman, "The Consumer Psychology of Mail-in Rebates," *Journal of Product & Brand Management* 20, 2 (2011): 147–157.

53 Don E. Schultz and Martin P. Block, "Sales Promotion Influencing Consumer Brand Preferences/Purchases," *Journal of Consumer Marketing* 31, 3, 212–217.54 Sephora, "Beauty Insider Program & Rewards," http://www.sephora.com/customerService/customerServiceTemplate.jsp?mediaId=10800052#100Point (accessed January 23, 2015).

55 Jeana Delano, "The Power of Product Samples," *Global Cosmetic Industry* (November 2014): 46–48.

56 Kenneth Hein, "Sampling Inspires Repeat Purchases," *Adweek*, August 4, 2009, http://www.adweek.com/news/advertising-branding/sampling-inspires-repeat-purchases-99961 (accessed January 24, 2013).

57 Bruce Horovitz, "Social Media Drives Week of Freebies," *USA Today*, July 11, 2012, 1B.

58 Katherine Hobson, "A Sales Promotion That Works for Shoes May Not for Chocolate," *The Wall Street Journal*, February 8, 2011, http://blogs.wsj.com/health/2011/02/08/a-sales-promotion-thatworks-for-shoes-may-not-for-chocolate/ (accessed April 3, 2012).

59 Teresa Montaner, Leslie de Chernatony, and Isabel Buil, "Consumer Response to Gift Promotions," *Journal of Product & Brand Management* 20, 2 (2011): 101–110.

60 Jessica Wohl, "Oreo Enlists Celebs to Demonstrate the Perfect Dunk in Latest Global Push," *AdvertisingAge*, February 8, 2017, http://adage.com/article/cmo-strategy/oreo/307896/ (accessed April 1, 2017).

61 Rob Verheul, "McDonald's Monopoly - A Promotional Masterclass," *Graphite*, April 3, 2017, https://www.graphitedigital.com/blog/mcdonalds-monopoly-promotionalmasterclass(accessed May 20, 2019).

62 Contributed by Bryan W. Hochstein, Assistant Professor of Marketing, University of Alabama; Lincoln Murphy, "SaaS Churn Rate: What's Acceptable?" *Customer Centric Growth*, https://sixteenventures.com/saas-churn-rate (accessed June 10, 2019);Vineet Kumar, "Making 'Freemium' Work,"*Harvard Business Review*, May 2014, https://hbr.org/2014/05/making-freemiumwork(accessed June 11, 2019); Bryan Hochstein, Personal interview by O. C. Ferrell, April 16, 2019; Gainsight, "Hundreds of Customers Like You," https://www.gainsight.com/customers/ (accessed June 11, 2019); Gainsight, "Company," https://www.gainsight.com/company/ (accessed June 11, 2019).

Feature Notes

Chapter 1

a Centers for Disease Control and Prevention, "Coronavirus Disease 2019 (COVID-19)," April 19, 2020, https://www.cdc.gov/coronavirus/2019-ncov/cases-updates/summary.html#covid19-pandemic (accessed May 20, 2020); "A Regularly Updated List Tracking Marketers' Response to Coronavirus," *AdAge*, May 19, 2020, https://adage.com/article/cmo-strategy/regularly-updated-list-tracking-marketersresponse-coronavirus/2244251 (accessed May 20, 2020); Robert Williams, "IAB: Mission-Based Marketing Jumps 42% Amid Coronavirus," *Marketing Dive*, March 30, 2020, https://www.marketingdive.com/news/iab-mission-based-marketing-jumps-42-amid-coronavirus/575079/ (accessed May 20, 2020).

b Warby Parker, "Buy a Pair, Give a Pair," https://www.warbyparker.com/buy-a-pairgive-a-pair (accessed January 21, 2019); Warby Parker, "Pupils Project Collection," https://www.warbyparker.com/pupilsproject (accessed January 21, 2019); "5 Minutes with Neil Blumenthal," *Delta Sky*, September 2014, 30; David Zax, "Fast Talk: How Warby Parker's Cofounders Disrupted the Eyewear Industry and Stayed Friends," *Fast Company*, February 22, 2012, www.fastcompany.com/1818215/fast-talk-howwarby-parkers-cofounders-disruptedeyewear-industry-and-stayed-friends (accessed January 21, 2019).

Chapter 2

a Based on information in Paul Lienert, "Ford Buying San Francisco-Area E-Scooter Startup Spin," *Reuters,* November 8, 2018, www.reuters.com/article/us-ford-scooter/ford-buying-san-francisco-area-e-scooterstart-up-spin-idUSKCN1ND0F2 (accessed November 15, 2018); Joshua Brustein, "A New Way to Uber," *Bloomberg Businessweek,* September 3, 2018, 23–24; Marrian Zhou and Dara Kerr, "Lyft Is Rolling Out Its First Electric Scooters Today," *CNet News*, September 6, 2018, www.cnet.com/news/lyftis-rolling-out-its-first-electric-scooters-today (accessed November 15, 2018).

b Based on information in Sarah Cascone, "Brooklyn's Museum of Pizza Is Now Open—and It's Exactly as Cheesy as You'd Expect," *Artnet,* October 16, 2018, https://news.artnet.com/exhibitions/brooklynsmuseum-of-pizza-is-now-open-and-itscheesy-1371946 (accessed November 14, 2018); Emily McCormick, "Snap 'Til You Shop," *Bloomberg Businessweek*, August 20, 2018, 62; Max A. Cherney, "Museum of Ice Cream Generates Massive Revenue—along with Environmental Complaints and a Slew of Imitators," *MarketWatch*, June 1, 2018, www.marketwatch.com/story/insanelypopular-museum-of-ice-cream-generatesmassive-revenue-along-with-environmentalcomplaints-and-legal-threats-2018-05-31 (accessed November 14, 2018); Ann- Christine Diaz, "Creativity 50: Manish Vora and Maryellis Bunn, Founders, Museum of Ice Cream," *Advertising Age,* December 18, 2017, https://adage.com/article/news/creativity-50-2017/311602/#BunnVora (accessed November 14, 2018).

Chapter 3

a Six Spoke, "Our Clients Are Industry-Changers," 2019, https://www.sixspokemedia.com/ (accessed February 18, 2019); Noah Davis, Interview with Edward Kim, "How I Turned Big Data Into Viral Marketing," *Inc*., September 2014, 134; Six Spoke website, www.sixspokemedia.com/ (accessed October 31, 2014); "Six Spoke Media Enters Their Sixth Year with an Invite-only Celebration on the Evening of August 28th," *PR Newswire*, August 15, 2014, www.prweb .com/releases/2014/08/prweb12096331.htm (accessed February 21, 2019); "CEOs share stories from the frontlines," *San Francisco Business Times*, October 21, 2014, https://www.bizjournals.com/sanfrancisco/feature/fast-100-ceos-quoted-on-their-fast-growth. html (accessed February 21, 2019); Jenalta Interactive Inc., "Discoverability," *Techopedia*, www.techopedia.com/definition/28144/discoverability-marketing(accessed February 21, 2019).

b Cindy Zhou, "How Artificial Intelligence Can Help Transform Customer Engagement and Sales," *Destination CRM*, March 1, 2018, https://www.destinationcrm.com/Articles/Columns-Departments/Customer-Experience/ How-Artificial-Intelligence-Can-Help-Transform-Customer-Engagement-and-Sales-123447.aspx (accessed February 18, 2019); Billy Duberstein, "Inside Kroger and Microsoft's New Smart-Grocery Partnership," *The Motley Fool*, January 17, 2019, https:// www.fool.com/investing/2019/01/17/insidekroger- and-microsofts-new-smart-grocerypar. aspx (accessed February 18, 2019); Will Thiel, "The Role of AI in Customer Experience," *Pointillist*, 2018, https://www.pointillist.com/blog/role-of-ai-in-customerexperience/(accessed February 18, 2019).

Chapter 4

a Based on information in Tom Henderson, "UM's Social Venture Fund Invests in Bugs as Food," *Crain's Detroit Business*, June 13, 2018, www.crainsdetroit.com/article/20180613/news/663471/ums-socialventure-fund-invests-in-bugs-as-food (accessed November 16, 2018); Neetish Basnet, "This San Francisco Startup Is Aiming to Solve the World's Food Crisis," *Dallas Business Journal*, August 15, 2018, https://www.bizjournals.com/dallas/news/2018/08/15/this-san-francisco-startupis-aiming-to-solve-the.html (accessedNovember 16, 2018); Emma Drew, "Mark Cuban's New Snack: Cricket Chips Lands Deal on 'Shark Tank,'" *School of Visual Arts Features*, February 7, 2017, www.sva.edu/features/mark-cubans-new-snack-cricketchips-lands-deal-on-shark-tank (accessed November 16, 2018); "Startup Focus: Taking Insect Protein into America's Snacks Pantries," *Food Ingredients First*, March 19, 2018, www.foodingredientsfirst.com/news/start-up-focus-taking-insect-protein-intoamericas-snacks-pantries.html (accessed November 16, 2018).

b Based on information in Ally Marotti, "SpotHero Is Getting Parking Garages Ready for Driverless Cars," *Chicago Tribune*, July 23, 2018, www.chicagotribune.com/business/backstory/ct-biz-back-story-marklawrence-spothero-20180716-story.html (accessed November 19, 2018); "Focus on Value, not Volume–SpotHero Founder on B2C Marketplaces (Part I)," *Techweek*, January 11, 2018, https://techweek.com/focus-value-not-volume-spothero-foundcrb2c-marketplaces-part/ (accessed November 19, 2018); Melia Robinson, "The CEO of a Startup That's Raised a Modest $57 Million in Funding Explains How He's Outlasted All of His Better-Funded Rivals—and the Lesson to Be Learned," *Business Insider*, July 7, 2018, www.businessinsider.com/spotheroceo-explains-the-death-of-on-demandvalet-2018-6 (accessed November 19, 2018).

Chapter 5

a Based on information in Mary Hanbury, "These Are the Tricks that Zara Uses to Figure Out the Styles You Want Before You Even Do," *Business Insider*, November 11, 2018, www.businessinsider.com/zara-designprocess-beats-trends-2018-11 (accessed November 26, 2018); Anna Hirtenstein, "Fast Fashion Goes Green with Mushrooms, Lumber Scraps, and Algae," *Bloomberg News*, May 1, 2018, www.

bloomberg.com/news/articles/2018-05-01-fast-fashiongoes-green-with-mushrooms-lumber-scrapsand-algae (accessed November 26, 2018); "Retailer Responses," *CBC (Canada)*, January 19, 2018, www.cbc.ca/marketplace/blog/retailer-responses; Hannah Gould, "Zara and H&M Back In-store Recycling to Tackle Throwaway Culture," *The Guardian (U.K.)*, May 26, 2017, www.theguardian.com/sustainable-business/2017/may/26/zara-hmstep-up-in-store-recycling-tackle-throwawayculture(accessed November 26, 2018); www.inditex.com (accessed November 26, 2018).

b Based on information in Sheila Marikar, "Cruel Runnings," *Bloomberg Businessweek*, September 17, 2018, 50–53; Lisa Eadicicco, "Working Out Is Hard. Streaming Just Might Make It Easier," *Time*, May 31, 2018, http://time.com/5296639/streaming-exercisepeloton-workout/ (accessed November 27, 2018); Laura Entis, "How Peloton Created a Cult Workout in Your Living Room," *Fortune*, July 26, 2018, http://fortune.com/2018/07/26/how-peloton-created-a-cult-workout-in-yourliving-room/ (accessed November 27, 2018); Jeff Bercovici, "This Entrepreneur Built One of America's Fastest-Growing Fitness Companies for People Who Hate Yoga," *Inc.*, September 2018, www.inc.com/magazine/201809/jeff-bercovici/2018-inc-5000-y7-studio-yoga-fitness-trends.html (accessed November 27, 2018).

Chapter 6

a Based on information in Shivani Vora, "Small Snack Brands Have Friends in High Places," *The New York Times*, October 21, 2018, TR-2; Kelly Yamanouchi, "Byrd's Cookies from Savannah Taking Flight on Delta Rival," *The Atlanta Journal-Constitution*, June 25, 2018, www.ajc.com/business/byrd-cookiesfrom-savannah-taking-flight-delta-rival/vg1B57GlD-M8Gr1NevvvIYO/ (accessed November 28, 2018); Rachel Taylor, "Atlanta Restaurant Scene: Local Korean Restaurant to Supply In-Flight Meals for Delta," *The Atlanta Journal-Constitution*, May 30, 2017, www.ajc.com/blog/atlanta-restaurants/local-korean-restaurant-supply-flight-mealsfor-delta/s0Eqdek-FLEKXL7VbaVXn3L/(accessed November 28, 2018).

b Based on information in Sean Cole, "Four Great B2B Company Instagram Accounts and Why They Work So Well," *Econsultancy*, October 15, 2018, https://econsultancy.com/four-great-b2b-company-instagram-accountsand-why-they-work-so-well/ (accessed November 28, 2018); Peter Adams, "HowMacy's and IBM Tackle 'Thumb Scrolling' on Digital Video," *Marketing Dive*, May 8, 2018, www.marketingdive.com/news/howmacys-and-ibm-tackle-thumb-scrolling-ondigital-video/522971/AUTHOR (accessed November 28, 2018); Kate Talbot, "How Millennial Marketing Is Changing the Future of B2B," *Forbes*, January 18, 2018, www.forbes.com/sites/katetalbot/2018/01/18/how-millennial-marketing-is-changing-the-future-of-b2b/#318578a03491 (accessed November 28, 2018); www.ibm.com (accessed November 28, 2018).

Chapter 7

a Erin Griffith, "YouTube Star Michelle Phan's Beauty Startup Ipsy Raises $100 Million," *Fortune,* September 14, 2015, http://fortune.com/2015/09/14/ipsy-glam-bag-michelle-phan-funding/(accessed February 28, 2019); Geoff Weiss, "How Ipsy, Michelle Phan's Million-Member Sampling Service, Is Giving Birchbox a Run for Its Money," *Entrepreneur,* March 31, 2015, https://www.entrepreneur.com/article/244536 (accessed February 28, 2019); Khadeeja Safdar, "Birchbox, a Pioneer in Subscription Beauty Sales, Scales Back," *The Wall Street Journal,* June 15, 2016, www.wsj.com/articles/birchbox-retrenchesamid-rapid-rise-in-competition-cashsqueeze-1465983002 (accessed February 28, 2019); Ipsy website, https://www.ipsy.com/ (accessed February 28, 2019); Michelle Phan, "Lady Gaga Bad Romance Look," *YouTube*, https://www.youtube.com/watch?v=bHVOxhEpjp0 (accessed February 28, 2019); Elizabeth Segran, "Watch Out, Sephora! Beauty Subscription Box Ipsy Is Thinking Bigger," *Fast Company*, August 27, 2018, https://www.fastcompany.com/90227785/watch-out-sephora-beautysubscription-box-ipsy-is-thinking-bigger (accessed February 28, 2019); Sarah Perez, "Ipsy's New Subscription Delivers Full-Size Beauty Products, Not Samples," *TechCrunch*, August 27, 2018, https://techcrunch. com/2018/08/27/ipsys-new-subscriptiondelivers-full-size-beauty-products-notsamples/(accessed March 10, 2019).

b Jessica Rich, "Beyond Facebook: It's High-Time for Stronger Privacy Laws," *Wired*, April 8, 2018, https://www.wired.com/story/beyond-facebook-its-high-time-forstronger-privacy-laws/ (accessed February 28, 2019); Bloomberg, "Facebook Cambridge Analytica Scandal: 10 Questions Answered," *Fortune*, April 10, 2018, http://fortune.com/2018/04/10/facebook-cambridgeanalytica-what-happened/ (accessed February 28, 2019); Daisuke Wakabayashi and Jack Nicas, "Facebook Takes the Punches While Rest of Silicon Valley Ducks," *The New York Times*, April 13, 2018, https://www.nytimes.com/2018/04/13/technology/facebook-siliconvalley. html (accessed February 28, 2019); Kevin Granville, "Facebook and Cambridge Analytica: What You Need to Know as Fallout Widens," *The New York Times*, March 19, 2018, https://www.nytimes.com/2018/03/19/technology/facebook-cambridge-analyticaexplained.html (accessed February 28, 2019); Gabriel J. X. Dance, Michael LaForgia, and Nicholas Confessore, "As Facebook Raised a Privacy Wall, It Carved an Opening for Tech Giants," *The New York Times*, December 18, 2018, https://www.nytimes.com/2018/12/18/technology/facebook-privacy.html (accessed February 28, 2019); Salvador Rodriguez, "Some Advertisers Are Quitting Facebook, Chiding the Company's 'Despicable Business Model,'" *CNBC*, March 6, 2019, https://www.cnbc.com/2019/03/06/some-advertisers-are-quitting-facebook-after-privacy-scandals.html (accessed March 10, 2019).

Chapter 8

a Based on information in Suman Bhattacharyya, "From Chickpea Milk to Bean Snacks, PepsiCo Pivots to Healthier Options," *Digiday*, November 13, 2018, https://digiday.com/retail/pepsico-healthier-options-snacks/(accessedNovember 29, 2018); RebekahSchouten, "Meet the 10 Start-Ups Chosenfor PepsiCo's Nutrition Greenhouse," *Food Business News*, November 12, 2018, www.foodbusinessnews.net/articles/12866-meetthe-10-start-ups-chosen-for-pepsicos-nutritiongreenhouse (accessed November 29, 2018); Beth Kowitt, "Exclusive: PepsiCo Acquires Snack Bar Brand Health Warrior, Betting on Plant-Based Superfoods," *Fortune*, October 31, 2018, http://fortune.com/2018/10/31/pepsicoacquires-health-warrior-superfoods-chia/(accessed November 29, 2018); www.pepsico.com.

b Based on information in Maria Cramer, "After Aunt Jemima, Reviews Underway for Uncle Ben, Mrs. Butterworth and Cream of Wheat," *New York Times,* June 17, 2020, https://www.nytimes.com/2020/06/17/business/aunt-jemima-mrs-butterworth-uncleben.html (accessed June 23, 2020); Maria Cramer, "Maker of Eskimo Pie Ice Cream Will Retire 'Inappropriate' Name," *New York Times,* June 20, 2020, https://www.nytimes.com/2020/06/20/business/dreyers-eskimo-piename-change.html (accessed June 23, 2020); Ben Kesslen, "Aunt Jemima Brand to Change Name, Remove Image that Quaker Says Is 'Based on a Racial Stereotype," *NBCNews,* June 17, 2020, https://www.nbcnews.com/news/us-news/aunt-jemima-brandwill-change-name-remove-image-quakersays-n1231260 (accessed June 23, 2020).

Chapter 9

[a] Based on information in Sarah Bowman, "An Indiana Company Is about to Up Its Straw Production by 700 Percent," *Indianapolis Star*, November 15, 2018, www.indystar.com/story/news/environment/2018/11/15/could-indiana-aardvark-straws-supplypaper-straws-starbucks-disney/1999170002/ (accessed December 3, 2018); Emily Canal, "Demand for This Company's Products Soared 4,900 Percent in a Year. The Only Way to Keep Customers Happy Was to Sell," *Inc.*, August 10, 2018, www.inc.com/emilycanal/plastic-straw-ban-paper-straw-company.html (accessed December 3, 2018); Beth Edwards, "Fort Wayne Company Revives Original Paper Straw Patent," *Indiana Environmental Reporter*, June 12, 2018, www.indianaenvironmentalreporter.org/posts/fort-wayne-company-revives-original-paper-straw-patent (accessed December 3, 2018); Kate Krader, "Manufacturing: The Good Straw," *Bloomberg Businessweek*, October 8, 2018, 46–47.

[b] Based on information in Stephen J. Bronner, "How This Coffee Startup Rocketed to National Retail Within a Few Months of Its Launch," *Entrepreneur*, August 27, 2018, www.entrepreneur.com/article/318403 (accessed December 4, 2018); Charlie Heller, "The $9 Instant Coffee Inspired by Waking Up Suspended 1,000 Feet Over a Cliff," *Food and Wine*, January 11, 2018, www.foodandwine.com/coffee/alpine-start-coffee-good (accessed December 4, 2018); "Alpine Start Foods Redesigns Packaging for Instant Coffee Line," *Beverage Industry*, October 17, 2018, www.bevindustry.com/articles/91533-alpine-start-foods-redesigns-packaging-for-instant-coffeeline (accessed December 4, 2018).

Chapter 10

[a] Based on information in Sarah Whitten, "Dunkin' Says Its New Espresso Is So Good, 'You Don't Have to Go to Starbucks,'" *CNBC*, November 13, 2018, www.cnbc.com/2018/11/13/dunkin-our-espressois-so-good-you-dont-have-to-go-to-starbucks.html (accessed December 10, 2018); Julie Jargon, "Starbucks Trying to Woo Afternoon Customers," *The Wall Street Journal*, May 8, 2018, www.wsj.com/articles/starbucks-trying-to-woo-afternooncustomers-1525795013 (accessed December 10, 2018); Sarah Whitten, "Here's Dunkin' Donuts' Plan to Get You to Buy More Coffee and Doughnuts in the Afternoon," *CNBC*, February 8, 2018, www.cnbc.com/2018/02/08/dunkin-donuts-unveilsplan-to-boost-afternoon-sales.html (accessed December 10, 2018).

[b] Based on information in Mara Leighton, "Everlane's Rare 'Choose What You Pay' Sale Is a Different Kind of Cyber Monday Deal," *Business Insider*, November 25, 2018, www.businessinsider.com/everlane-choosewhat-you-pay-cyber-monday-sale-2018-11 (accessed December 10, 2018); Elizabeth Segran, "How Everlane Is Building the Next-Gen Clothing Brand," *Fast Company*, February 22, 2018, www.fastcompany.com/40525607/how-everlane-is-building-thenext-gen-clothing-brand (accessed December 10, 2018); Raisa Bruner, "Everlane: Bringing Fairness to Fashion," *Time*, October 15, 2018, 39.

Chapter 11

[a] Based on information in O.C. Ferrell, Michael D. Hartline, and Bryan W. Hochstein, *Marketing Strategy: Text and Cases*, (Mason, OH: Cengage, 2022); "Modern Market Sharing Supply Chain with Customers," *Fast Casual*, April 14, 2020, https://www.fastcasual.com/news/modern-market-sharing-supply-chain-withcustomers/(accessed June 24, 2020); Jen Wieczner, "The Case of the Missing Toilet Paper: How the Coronavirus Exposed U.S. Supply Chain Flaws," *Fortune*, May 18, 2020, https://fortune.com/2020/05/18/toilet-papersales-surge-shortage-coronavirus-pandemicsupply-chain-cpg-panic-buying/ (accessed May 20, 2020); David Yaffe-Bellany and Michael Corkery, "Dumped Milk, Smashed Eggs, Plowed Vegetables: Food Waste of the Pandemic," *The New York Times*, April 11, 2020, https://www.nytimes.com/2020/04/11/business/coronavirus-destroying-food.html (accessed June 24, 2020).

[b] Based on information in Eric J. Savitz, "Food Delivery Is Soaring Because of Covid-19, Why It's Still No Place to Invest," *Barrons*, April 24, 2020, https://www.barrons.com/articles/food-deliveryfrom-doordash-uber-eats-and-grubhub-issoaring-because-of-covid-19-51587752806 (accessed June 18, 2020); Chris A. Williams, "DoorDash Is the Fastest Growing Meal Delivery Business During the Coronavirus Lock Down," Philadelphia Inquirer, April 27, 2020, https://www.inquirer.com/news/virus-doordash-grubhand-profitscompetition-sales-20200427.htm (accessed June 18, 2020); Megan Cerullo, "Restaurant Owners Clash with Delivery Services over High Fees," CBS News, May 22, 2020, https://www.cbsnews.com/news/deliveryapp-fees-clash-restaurant-owners/ (accessed June 18, 2020.

Chapter 12

[a] Based on information in Daphne Howland, "Digitally Native Brands Set to Open 850 Stores in 5 Years," *Retail Dive*, October 10, 2018, www.retaildive.com/news/e-commerce-pure-playsset-to-open-850-stores-infive-years/539320/(accessed December 19, 2018); Connie Chen, "22 Direct-to-Consumer Brands That Started Online But Now Have Brick-and-Mortar Stores," *Business Insider*, August 23, 2018, www.businessinsider.com/online-direct-to-consumerbrands-with-retail-stores-locations-2018-2 (accessed December 19, 2018); Lauren Thomas, "Watch Out for These 8 Retailers—They're Ready to Grow in the US," *CNBC*, May 26, 2018, www.cnbc.com/2018/05/25/watch-outfor-these-8-retailers--theyre-ready-to-grow-inthe-us.html (accessed December 19, 2018); Matthew Townsend, "Digital Brands Go Brick and Mortar," *Bloomberg Businessweek*, October 29, 2018, 18–20.

[b] Based on information in Kyle Stock, "Outstanding in Its Field," *Bloomberg Businessweek*, October 22, 2018, 52–55; Daniela Forte, "How Tractor Supply Executed Its Omnichannel Strategy," *Multichannel Merchant*, August 9, 2018, https://multichannelmerchant.com/operations/tractor-supply-executed-omnichannelstrategy (accessed December 18, 2018); Gina Acosta, "Sunny Days Ahead for Tractor Supply Company," *Retail Leader*, July 27, 2018, https://retailleader.com/sunny-daysahead-tractor-supply-company (accessed December 18, 2018); www.tractorsupply.com.

Chapter 13

[a] Diana Bradley, "Brands React to Elon Musk's Live Cybertruck Demo Gone-Wrong," *PR Week*, November 22, 2019, https://www.prweek.com/article/1666729/brands-reactelon-musks-live-cybertruck-demo-gonewrong (accessed May 18, 2020); Neha Malara and Noel Randewich, "Tesla Overtakes GM as Most Valuable U.S. Automaker, Short Sellers Burned," *Reuters*, October 24, 2019, https://www.reuters.com/article/us-tesla-stock/tesla-overtakes-gm-as-mostvaluable- us-automaker-short-sellers-burnedidUSKBN1X31NG (accessed November 13, 2019); Jay Peters, "Elon Musk Says Tesla's Stock Price Is Too High, and Now It Has Fallen," *The Verge*, May 1, 2020, https://www.theverge.com/2020/5/1/21244136/elonmusk-Josh Dean, "The Company That's Changing Advertising," *Inc.*, May 28, 2012, www.inc.com/magazine/201206/josh-dean/b-reel-changing-advertising.html (accessed March 4, 2019); B-Reel website, https://b-reel.com/work (accessed March 4, 2019); Campaign, "Digital 40 Over 40 2018: Petter Westlund, Chief Creative Officer, B-Reel," *Campaign*, March 23, 2018, www.campaignlive.com/

article/digital-40-40-2018-petter-westlund-chief-creative-officer-b-reel/1460338(accessed March 4, 2019); Google Earth Studio website, www.google.com/earth/studio/ (accessed March 4, 2019); B-Reel website, "Gorillaz," www.b-reel.com/work/client/gorillaz (accessed April 7, 2019).

Chapter 14

a Tim Nudd, "Ad of the Day: Patagonia," *Adweek*, November 28, 2011, www.adweek.com/news/advertising-branding/ad-daypatagonia-136745 (accessed March 8, 2019); Kyle Stock, "Patagonia's Confusing and Effective Campaign to Grudgingly Sell Stuff," *Bloomberg*, November 25, 2013, https://www.bloomberg.com/news/articles/2013-11-25/patagonias-confusing-and-effectivecampaign-to-grudgingly-sell-stuff (accessed March 8, 2019); Andrew Cave, "'Don't Buy This Racket': Patagonia to Give Away All Retail Revenues on Black Friday," *Forbes*, November 21, 2016, www.forbes.com/sites/andrewcave/2016/11/21/dont-buy-this-racketpatagonia-to-give-away-all-retail-revenueson-black-friday/#1ea56050230c (accessed March 8, 2019); Daniel Bentley, "Doing Good and Making a Profit: These Apparel Companies Are Proving They Aren't Mutually Exclusive," *Fortune*, January 23, 2019, http://fortune.com/2019/01/23/patagonia-art-eden-sustainability/ (accessed March 8, 2019).

b Alexander Bruell, "Sherwin-Williams Lands in Trouble Over 114-Year-Old Paint Ad," *The Wall Street Journal*, September 2, 2018, www.wsj.com/articles/sherwin-williamslands-in-trouble-over-114-year-old-paint-ad-1535886000?mod=searchresults&page=1&pos=1 (accessed March 8, 2019); Jon Bilyk, "Lead Paint Makers Lose Another Round in Long-Running, $1.1 Billion California Lawsuit," *Forbes*, November 14, 2017, https://www.forbes.com/sites/legalnewsline/2017/11/14/lead-paint-makerslose-another-round-in-long-running-1-1-billion-california-lawsuit/#e4d5c343b398 (accessed March 8, 2019); "$60 Million Settlement Reached in Lead Paint Lawsuit; Companies Fight to Overturn Court Ruling," *San Jose Inside*, May 18, 2018, https://www.sanjoseinside.com/2018/05/18/60-millionsettlement-reached-in-lead-paint-lawsuitcompanies-fight-to-overturn-ruling/ (accessed March 8, 2019); Liam Dillon, "Paint Companies Pull Lead Cleanup Measure from California's November Ballot," *Los Angeles Times*, June 28, 2018, www.latimes.com/politics/essential/la-pol-ca-essential-politics-may-2018-paint-companies-pull-lead-cleanup-1530233556-htmlstory.html (accessed March 8, 2019); John O'Brien, "Attack on Paint Industry Spreads to Pennsylvania; Sherwin-Williams Asks Judge for Help," *Forbes*, October 31, 2018, www.forbes.com/sites/legalnewsline/2018/10/31/attack-on-paint-industry-spreads-topennsylvania-sherwin-williams-asks-judgefor-help/#-43c739a1400c (accessed March 8, 2019); William Sassani, "Delaware County Fights for Its Right to Sue; Sherwin-Williams Wants to Block Pa. Lead Paint Litigation Pushed by Private Lawyers," *PennRecord*, January 23, 2019, https://pennrecord.com/stories/511719277-delaware-county-fightsfor-its-right-to-sue-sherwin-williams-wantsto-block-pa-lead-paint-litigation-pushedby-private-lawyers (accessed March 8, 2019); Sam Allard, "Sherwin-Williams, ConAgra Must Pay $400 Million for Lead Paint Remediation in California, Supreme Court Says," *Cleveland Scene*, October 16, 2018, https://www.clevescene.com/scene-and-heard/archives/2018/10/16/sherwin-williams-conagra-must-pay-400-million-for-lead-paint-remediation-incalifornia-supreme-court-says (accessed March 8, 2019).

Chapter 15

a Business Wire, "Rodan + Fields Begins Global Expansion," February 5, 2015, www.businesswire.com/news/home/20150205005260/en/RODANFIELDS%C2%AE-Begins-Global-Expansion (accessed March 13, 2019); Sarah Robbins, "Rodan and Fields Canada – Rodan and Fields Review from Top Earner Sarah Robbins," *YouTube*, September 10, 2013, https://www.youtube.com/watch?v=24PAnAqd0jU (accessed March 13, 2019); Lauren Lipton, "The Social Networkers," *Allure*, October 2015, 142–148; Dana Hanson, "20 Things You Didn't Know about Rodan and Fields," *Money Inc.*, 2019, https://moneyinc.com/rodan-and-fields/ (accessed March 11, 2019); Kathleen Chaykowski, "Skin Care Billionaires Rodan and Fields Return to the Teen Acne Market," *Forbes*, February 14, 2019, https://www.forbes.com/sites/kathleenchaykowski/2019/02/14/skin-care-billionaires-rodan-and-fields-return-to-the-teen-acne-market/#5b37945466dc (accessed March 11, 2019); Direct Selling Association, "DSA Honors Four Companies with Industry Awards," *Direct Selling Association*, June 15, 2010, https://www.dsa.org/events/news/individual-press-release/dsa-honors-fourcompanies-with-industry-awards (March 13, 2019); "NEW Rodan + Fields SPOTLESS Regimen Fights Teen and Young Adult Acne," *YouTube*, February 13, 2019, https://www.youtube.com/watch?v=xsL9gKP-1mI (accessed March 13, 2 h 12, 2019)

b BusinessWire, "Wells Fargo Launches New Brand Campaign, 'This is Wells Fargo,' Focused on Customer Experience," *AP News*, January 24, 2019, https://www.apnews.com/b4c9232e49194007918362683506086a (accessed March 12, 2019); Steve Cocheo and Bill Streeter, "Wells Fargo Unveils New Logo to Rebuild Its Battered Brand," *The Financial Brand*, 2019, https://thefinancialbrand.com/80290/wells-fargo-logo-rebrand/ (accessed March 12, 2019); Jackie Wattles, Ben Geier, Matt Egan, and Danielle Wiener-Bronner, "Well Fargo's 20-Month Nightmare," *CNN Business*, April 24, 2018, https://money.cnn.com/2018/04/24/news/companies/wells-fargotimeline-shareholders/index.html (accessed March 12, 2019); Matt Egan, "The Twoyear Wells Fargo Horror Story Just Won't End," *CNN Business*, September 7, 2018, https://money.cnn.com/2018/09/07/news/companies/wells-fargo-scandal-two-years/index.html (accessed March 12, 2019); Erika Fry, "How Wells Fargo is Dealing with Its Fake Accounts Scandal," *Fortune*, October 3, 2018, http://fortune.com/2018/10/02/wells-fargo-fake-phony-accounts-scandal/ (accessed March 12, 2019); James F. Peltz, "Wells Fargo Launches Ad Campaign to Leave Accounts Scandal Behind. Not Everyone Is Buying It," *Los Angeles Times*, May 9, 2018, https://www.latimes.com/business/la-fi-wellsfargo-ad-campaign-20180509-story.html (accessed March 12, 2019).

Index

ㅅ

ㅇ

ㅈ

ㅊ

ㅋ

ㅌ

ㅍ